Werner G. Faix/Stefanie Kisgen/Alexander Lau
Annette Schulten/Tassilo Zywietz

Praxishandbuch Außenwirtschaft

Werner G. Faix/Stefanie Kisgen/Alexander Lau
Annette Schulten/Tassilo Zywietz

Praxishandbuch Außenwirtschaft

Erfolgsfaktoren im Auslandsgeschäft

GABLER

Bibliografische Information Der Deutschen Nationalbibliothek
Die Deutsche Nationalbibliothek verzeichnet diese Publikation in der Deutschen Nationalbibliografie; detaillierte bibliografische Daten sind im Internet über <http://dnb.d-nb.de> abrufbar.

1. Auflage November 2006

Lektorat: Ulrike M. Vetter

Der Gabler Verlag ist ein Unternehmen von Springer Science+Business Media.
www.gabler.de

Umschlaggestaltung: Nina Faber de.sign, Wiesbaden
Druck und buchbinderische Verarbeitung: Wilhelm & Adam, Heusenstamm
Gedruckt auf säurefreiem und chlorfrei gebleichtem Papier
Printed in Germany

ISBN-10 3-8349-0248-9
ISBN-13 978-3-8349-0248-1

Vorwort

Die wirtschaftliche Entwicklung Deutschlands in den letzten Jahren zeigt, dass sich das verstärkte Auslandsengagement der Unternehmen als tragende Säule der Konjunktur erwiesen hat. Dabei ist es vor allem dem Pioniergeist und der Innovationsfähigkeit der deutschen Unternehmen zu verdanken, dass sich die deutsche Wirtschaft im weltweiten Wettbewerb so gut behauptet. Hervorzuheben sind dabei insbesondere die schätzungsweise 400.000, in der überwiegenden Zahl mittelständischen deutschen Unternehmen[1], die sich in ganz unterschiedlichen Branchen, Aktivitätsformen und Zielmärkten im Auslandsgeschäft behaupten.

Der deutsche Export macht inzwischen einen Anteil von ca. 25 % an unserem Bruttoinlandsprodukt aus. Fast 9 Millionen, also knapp ein Viertel unserer Arbeitsplätze, hängen von der Exportwirtschaft ab. Doch wir sind nicht nur Exportnation, da unser Wohlstand auch ganz entscheidend von den Importen sowie von den Kapitalverflechtungen mit dem Ausland abhängt. Durch die Internationalisierung ihrer Wertschöpfungsketten bleiben die deutschen Unternehmen auf den heimischen und den internationalen Märkten wettbewerbsfähig und sichern damit auch hierzulande Beschäftigung und schaffen Ausbildungsplätze.

Die robuste Außenwirtschaftskonjunktur liefert konstante Wachstumsbeiträge, ohne die sich Deutschland seit Jahren in einer tiefen Rezession befände. Zur Einbindung in die Weltwirtschaft gibt es keine Alternative. Internationalisierung ist für unsere Wirtschaft überlebenswichtig. Gerade weil die erfolgreichen Verflechtungen der deutschen Unternehmen auf den Weltmärkten der Konjunkturmotor unserer Volkswirtschaft sind, müssen wir weitere Anstrengungen unternehmen, um diese Position zu halten oder gar weiter auszubauen. Um Wohlstand und Arbeitsplätze in Deutschland zu sichern, müssen insbesondere kleine und mittlere Unternehmen die Globalisierungschancen intensiver nutzen.

Denn trotz aller bisherigen Erfolge liegt in der Erschließung neuer Märkte noch viel Potenzial. Dieses Potenzial können neben den bereits in der Außenwirtschaft aktiven Unternehmen auch die Unternehmen nutzen, die sich bisher noch nicht auf das internationale Parkett gewagt haben – gefragt sind sowohl die „alten Hasen“ im Auslandsgeschäft als auch die „Newcomer“, die allesamt mit ihren Waren und Dienstleistungen auf den Weltmärkten wettbewerbsfähig sind.

[1] Nach Berechungen des Instituts für Mittelstandsforschung Bonn (IfM), Forschungsergebnisse abrufbar z. B. unter „Vorträge“ im Internet: http://www.ifm-bonn.de.

Um dieses gesamtwirtschaftliche Ziel zu erreichen, bedarf es unternehmerischer Zielsetzungen und geeigneter Strategien, um für die sich stetig wandelnden Märkte, die zunehmenden Ansprüche der Kunden und die wachsame Konkurrenz gerüstet zu sein.

Wie haben die Unternehmen dies bisher gemacht? Mit dem vorliegenden Werk freuen wir uns, Ihnen eine Hilfestellung aus der Praxis für Ihr Auslandsengagement zu präsentieren. Wie erfolgreich sind Unternehmen auf den Auslandsmärkten, welche Strategien wenden sie dabei an, wie lange dauert die Vorbereitung ihrer Auslandsaktivität, welche Probleme erwarten die Unternehmen dabei? Das sind einige der Fragen, die die bundesweite IHK-Umfrage „Going International 2005" beantwortet, an der rund 4.400 Unternehmen im Frühjahr 2005 teilgenommen haben. Die Auswertung der Umfrage bietet einen umfassenden Überblick über den Stand und die Perspektiven des internationalen Geschäfts deutscher Unternehmen.

Vor dem Hintergrund der zunehmenden Bedeutung des Auslandsengagements für die deutsche Wirtschaft wollen wir mit dieser ersten Auflage ein Standardwerk für die Außenwirtschaft begründen, in dem Bestreben, dieses auf der Basis der Erfahrungen der Unternehmen und der Außenwirtschaftsexperten in den Industrie- und Handelskammern, den deutschen Auslandshandelskammern und in der Steinbeis-Hochschule aktuell zu halten.

Wir danken allen Unternehmen und Industrie- und Handelskammern, die sich an der Umfrage beteiligt und damit auch dieses Praxishandbuch erst ermöglicht haben, dabei insbesondere den Mitgliedern des Redaktionsteams zur Studie „Going International 2005": Frau Sylvie Taboré-Straub, Herrn Volkmar Herr, Herrn Philipp Gläser, Herrn Hans-Werner Dickmann, Frau Cornelia Kahl, Herrn Prof. Dr. Bodo Risch, Frau Dr. Karin Zeni, Herrn Dr. Manfred Gößl, Frau Regina Straub, Herrn Christian Treichel, Frau Dr. Gabriele Rose, Herrn Dr. Volker Treier, Frau Friederike Ehrke und Frau Diana Effinger. Unser Dank gebührt zudem Herrn Ludwig Georg Braun, Präsident des Deutschen Industrie- und Handelskammertages, Herrn Michael Pfeiffer, Bereichsleiter Internationales des Deutschen Industrie- und Handelskammertages, sowie Prof. Dr. Dr. h.c. Johann Löhn, Präsident der Steinbeis-Hochschule Berlin. Für die zuverlässige Mitarbeit am Praxishandbuch danken wir zudem Frau Isabell Bott, Frau Nadine Buschhaus, Frau Meike Drexler, Herrn Oliver Kettner, Frau Marie Kreipe, Herrn Alexander Sproedt und Frau Kerstin Stark.

Berlin/Herrenberg/Stuttgart, im Juli 2006

Werner G. Faix, Stefanie Kisgen,
Alexander Lau, Annette Schulten
& Tassilo Zywietz

Inhaltsverzeichnis

Abbildungsverzeichnis

Abkürzungsverzeichnis

Abb.	Abbildung
ADB	Asian Development Bank, Asiatische Entwicklungsbank
AHK	Deutsche Auslandshandelskammern
ALADI	Organisation zur wirtschaftlichen Integration der lateinamerikanischen Staaten
ANZUS	Australia-New Zealand-United States Security Treaty
APEC	Pazifische Wirtschaftsorganisation
ARF	ASEAN Regional Forum, ein Regionalforum über Sicherheitspolitik der ASEAN (Südostasiatische Staatengemeinschaft)
AU	Afrikanische Union
BdB	Bundesverband deutscher Banken
BDI	Bundesverband der Deutschen Industrie
BENELUX	Belgien, Niederlande und Luxemburg
BGA	Bundesverband des deutschen Groß- und Außenhandels
BIP	Bruttoinlandsprodukt
BITD	The International Customs Tarifs Bureau
BIZ	Bank für internationalen Zahlungsausgleich
BMWi	Bundesministerium für Wirtschaft und Technologie
BNDS	Entwicklungsbank/Banco Nacional de Desenvolvimento Econômico e Social
BRD	Bundesrepublik Deutschland
BSEC	Schwarzmeer-Wirtschaftskooperation, Organisation of the Black Sea Economic Cooperation
CACO	Zentralasiatische Wirtschaftskooperation
CCC	Zollabkommen über Behälter
CEFTA	Zentraleuropäisches Freihandelsabkommen, Central European Free Trade Agreement

CENCOOP	multinationales Kooperationsprogramm für friedensunterstützende Operationen, Central European Nations' Cooperation in Peace Support
CERN	Europäische Organisation für Kernforschung
Chem.	Chemisch
CIPM	Comité International des Poids et Mesures
d.h.	das heißt
DIE	Deutsches Institut für Entwicklungspolitik
DIHK	Deutscher Industrie- und Handelskammertag
DIW	Deutsches Institut für Wirtschaftsforschung
DK	Internet Society
EAG	Europäische Atomgemeinschaft
EBRD	Internationale Bank für Wiederaufbau und Entwicklung, International Bank for Reconstruction and Development
ECE	Economic Commission for Europe
EDV	Elektronische Datenverarbeitung
EEA	European Environment Agency
EFTA	Europäische Freihandelsvereinigung, European Free Trade Association
EG	Europäische Gemeinschaft
EGKS	Europäische Gemeinschaft für Kohle und Stahl
EhWR	Einheitlicher Wirtschaftsraum von Russland, Weißrussland, Ukraine und Kasachstan (noch in Planung)
ESA	Europäische Raumfahrtorganisation, European Space Agency
ESCAP	Wirtschafts- und Sozialkommission für Asien und den Pazifik
EU	Europäische Wirtschafts- und Währungsunion
EURATOM	Europäischen Atomgemeinschaft
EUREKA	Europäisches Netzwerk für anwendungsorientierte und grenzüberschreitende Forschung
Eurocontrol	Europäische Organisation zur Sicherung der Luftfahrt
Eurostat	Statistisches Amt der Europäischen Gemeinschaften
EUTELSAT	European Telecommunications Satellite Organization
EWG	Europäische Wirtschaftsgemeinschaft
EWU	Europäische Wirtschafts- und Währungsunion

FAO	Ernährungs- und Landwirtschaftsorganisation der Vereinten Nationen, Food and Agriculture Organization of the United Nations
FICCI	Federation of Indian Chambers of Commerce and Industry
FPDA	Fünf-Mächte-Verteidigungsagreement
FuE	Forschung und Entwicklung
GATT	Allgemeines Zoll- und Handelsabkommen, General Agreement on Tariffs and Trade
GCC	Golf-Kooperationsrat, Gulf Cooperation Council
gg.	gegenüber
GKV	Gesamtverband Kunststoffverarbeitende Industrie
GUS	Gemeinschaft unabhängiger Staaten
HELCOM	Helsinki Commission, Baltic Marine Environment Protection Commission
HIV	Humanes Immundefizienz-Virus
Hj.	Halbjahr
Hrsg.	Herausgeber
IADB	Inter-American Development Bank
IAEA/ IAEO	International Atomic Energy Agency/Internationale Atomenergieorganisation
IAO	Internationale Arbeitsorganisation
IATA	Dachorganisaiton internationaler Fluglinienbetreiber
IBRD	Internationale Bank für Wiederaufbau und Entwicklung
IBSFC	International Baltic Sea Fishery Commission
ICAO	International Civil Aviation Organisation, Sonderorganisation der Vereinten Nationen für die Planung des zivilen Luftverkehrs
ICC	Internationaler Strafgerichtshof
ICFTU	Internationaler Bund der Freien Gewerkschaften
ICRM	Internationale Rotkreuz- und Rothalbmond-Bewegung
IDA	Internationale Entwicklungsorganisation
i. d. R.	in der Regel
IEA	Internationale Energie-Agentur
IFAD	Internationaler Fonds für Landwirtschaftliche Entwicklung
IFC	Internationale Finanz-Corporation

IfM	Institut für Mittelstandsforschung Bonn
IFRCS	Internationale Föderation der Rotkreuz- und Rothalbmond-Gesellschaften
IHK	Industrie- und Handelskammer
IHO	Internationale Hydrographische Organisation
ILO	Internationale Arbeitsorganisation, International Labour Organization
IMCO	Internationale Seeschifffahrts-Organisation; International Maritime Organization
IMO	International Maritime Organization
Inmarsat	Internationale Maritime Satelliten-Organisation
Intelsat	Internationale Telekommunikations-Satelliten-Organisation
INTERSPUTNIK	Internationale Satellitenorganisation
IOM	International Organization for Migration, Internationale Seeschiffahrts-Oraganisation
IPU	Interparlamentarische Union
ISO	Internationales Normungsgremium
IT	Informationstechnologie
ITU	Internationale Fernmeldeunion, International Telecommunication Union
IWF/IMF	Internationale Währungsfonds, International Monetary Fund
Jg.	Jahrgang
k. A.	keine Angaben
Kap.	Kapitel
KfW	Kreditanstalt für Wiederaufbau
KSZE	Konferenz für Sicherheit und Zusammenarbeit in Europa
MENA	Middle East and North Africa, Naher und Mittlerer Osten und Nordafrika
MERCOSUR	Gemeinsamer Markt des Südens, Mercado Común del Sur. Die portugiesische Bezeichnung lautet MERCOSUL für Mercado Comum do Sul.
MIGA	Multilateral Investment Guarantee Agency
MOFCOM	Handelsministerium der Volksprepublik, Ministry of Commerce of the People's Republic of China
MPFSEE	multinationale Friedenstruppe für Südosteuropa, Multinational Peace Forces South East Europe
Mrd.	Milliarde
NAFTA	Nordamerikanische Freihandelsabkommen; North American Free Trade

NAM	Bewegung der blockfreien Staaten
NATO	Nordatlantikvertrag-Organisation, North Atlantic Treaty Organisation
NE-Metall-wirtschaft	Nicht-Eisen-Metallwirtschaft
NEA	Nuklear-Energie-Agentur
NORAD	Nordamerikanisches Luftverteidigungsabkommen
NSG	Organisation der nuklearen Lieferländer
NVV	Atomwaffensperrvertrag; Treaty on the Non-proliferation of Nuclear Weapons
OAS	Organisation der Amerikanischen Staaten
OAU	Organisation für Afrikanische Einheit, Organisation of African Unity
OECD	Organisation für wirtschaftliche Zusammenarbeit und Entwicklung, Organisation for Economic Cooperation and Development
OEZE	Organisation für Sicherheit und Zusammenarbeit in Europa
OIC	Organisation Islamische Konferenz
OIML	International Organisation of Legal Metrology
OPANAL	Organisation zum Verbot von Kernwaffen in Lateinamerika und Karibik
OPCW	Organisation für das Verbot von Chemiewaffen
OSShD	Organisation for cooperation of railways
OSCE/OSZE	Organisation für Sicherheit und Zusammenarbeit in Europa
p	Prognose
p. a.	pro anno, pro Jahr
PCA	Ständiger Schiedshof in Den Haag für die Beilegung internationaler Konflikte
PfP	Partnerschaft für den Frieden, Partnership for Peace
PIF	Pacific Islands Forum
PPP	Public Private Partnership
Qrt.	Quartal
Rep.	Republik
RUS	Russland
s	Schätzung
SAARC	„South Asian Association for Regional Cooperation“, Südasiatische Wirtschaftsgemeinschaft

SADC	Entwicklungsgemeinschaft des südlichen Afrika
SCO	Shanghaier Organisation für Zusammenarbeit
SECI	Stabilitätspakt für Südosteuropa, South East European Cooperation Initiative
SEECP	Südosteuropäischer Kooperationsprozess, South-East European Cooperation Process
SELA	Lateinamerikanisches Wirtschaftssystem
Sparteca	South Pacific Regional Trade and Economic Cooperation Agreement
SPC	Sekretariat der Pazifischen Gemeinschaft
SPECTARIS	Deutscher Industrieverband für optische, medizinische und mechatronische Technologien
St.	Stück
UMTS	Universal Mobile Telecommunications Systems
UN	Vereinte Nationen, United Nations
UNCCD	Übereinkommen der Vereinten Nationen zur Bekämpfung der Wüstenbildung, United Nations Convention to Combat Desertification
UNCTAD	Konferenz der Vereinten Nationen für Handel und Entwicklung, United Nations Conference on Trade and Development
UNDP	United Nations Development Programme, Entwicklungsprogramm der Vereinten Nationen
UNESCO	Organisation der Vereinten Nationen für Bildung, Wissenschaft und Kultur United Nations Educational, Scientific and Cultural Organization
UNEP	Umweltprogramm der Vereinten Nationen, United Nations Environment Programme
UNHCR	Der Hohe Flüchtlingskommissar der Vereinten Nationen, United Nations High Commissioner for Refugees
UNICEF	Kinderhilfswerk der Vereinten Nationen, United Nations International Children's Emergency Fund
UNIDO	United Nations Industrial Development Organization, Organisation der Vereinten Nationen für industrielle Entwicklung
UNITAR	Ausbildungs- und Forschungsinstitut der VN
UNO	United Nations Organisation, Vereinte Nationen
UPOV	Internationaler Verband zum Schutz von Pflanzenzüchtungen
UPU	Weltpostverein, Universal Postal Union
VAE	Vereinigte Arabische Emirate

VCI	Verband der Chemischen Industrie
VDMA	Verband deutscher Maschinen- und Anlagenbau
Vj.	Vorjahr
VN	Vereinte Nationen, United Nations
VR China	Volksrepublik China
WEU	Westeuropäische Union
WFTU	Weltgewerkschaftsbund
WHO	Weltgesundheitsorganisation, World Health Organization
WIPO	World Intellectual Property Organization, Weltorganisation für geistiges Eigentum
WMO	World Meteorological Organization, Spezialorganisation der Vereinten Nationen für Meteorologie, Hydrologie und damit verbundene Geophysik
WPU	World Postal Union
WTO	Welthandelsorganisation, World Trade Organization
ZC	Zangger Komitee zur Nichtverbreitung von Atomwaffen
ZVEI	Zentralverband Elektrotechnik- und Elektronikindustrie

Einleitung

Die deutsche Wirtschaft hat sich im Außenhandel auf den Weltmärkten in der Spitzengruppe etabliert und erzielt seit Jahren einen deutlichen Exportüberschuss – im Durchschnitt wuchs dieser seit 1990 jährlich um über 17 %, seit 2000 sogar um 25 % auf über 160 Milliarden Euro. Dies ist aber kein Selbstläufer – aufgrund der weiterhin hohen Dynamik hängt der zukünftige Erfolg der deutschen Wirtschaft im internationalen Geschäft sowohl vom Engagement der deutschen Unternehmen als auch von Verbesserungen bei den politischen Rahmenbedingungen ab – auf nationaler und europäischer Ebene wie auch durch offene Märkte weltweit.

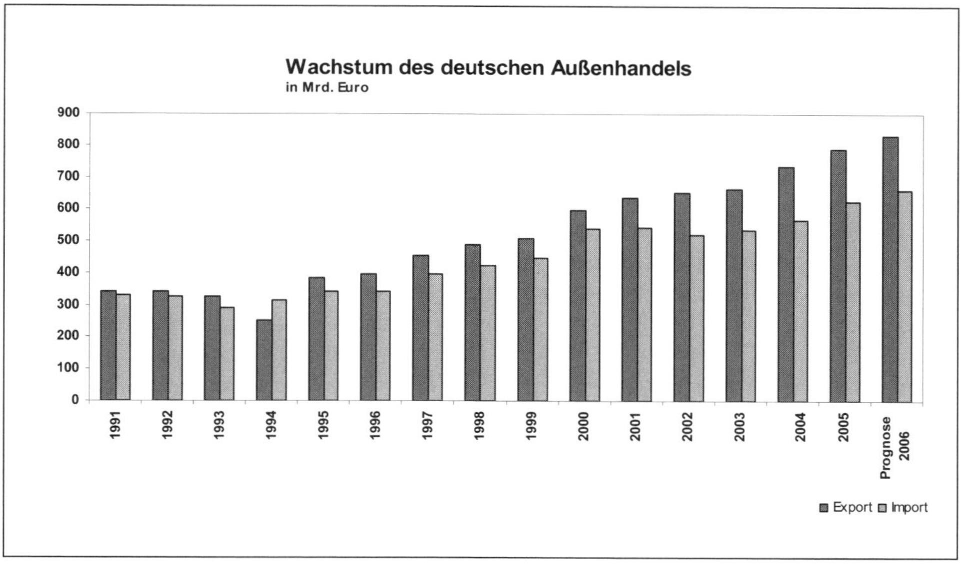

Quelle: Statistisches Bundesamt, eigene Berechnungen des DIHK
Abbildung 1: *Entwicklung des deutschen Außenhandels 1991-2006*

Vor dem Hintergrund einer schwächeren Binnenkonjunktur hat sich die Außenwirtschaft in den letzten Jahren immer mehr zu einem Hauptwachstumsträger der deutschen Wirtschaft entwickelt, vor allem durch den deutlichen Anstieg der Ausfuhren in der zurückliegenden Dekade (Abb. 1). So wäre beispielsweise das im Jahr 2005 erzielte Wirtschaftswachstum von real 1,0 % ohne das starke Exportwachstum deutlich niedriger ausgefallen. Rechnet man den

Außenbeitrag aus der Wachstumsrate heraus, so verbleibt für 2005 lediglich 0,4 % binnenwirtschaftliches Wachstum.[2]

So gehören weltweiter Handel und grenzüberschreitende Investoren zu den wichtigsten Voraussetzungen für Wachstum, Beschäftigung und Wohlstand in Deutschland. Wie kaum ein anderes Land profitiert unser Wirtschaftsstandort von offenen Weltmärkten und seinen internationalen Verflechtungen.

In der Diskussion über die Globalisierung wird bisweilen der Vorwurf laut, dass das zunehmende Auslandsengagement deutscher Unternehmen heimischen Produktionsstandorten schade. Globalisierungskritiker fordern daher, den Internationalisierungsprozess bei Handel und Arbeitsteilung einzudämmen. Die Ergebnisse der Umfrage „Going International – Erfolgsfaktoren im Auslandsgeschäft“, deren Ergebnisse im August 2005 vom DIHK und der Steinbeis-Hochschule Berlin in der gleichnamigen Studie veröffentlicht wurden, zeigen, dass dieser Vorwurf falsch ist.

Die in der Umfrage zusammengetragenen Erfahrungen und Bewertungen der vorwiegend mittelständischen Unternehmen zeigen über alle Branchen hinweg eindrucksvoll auf, dass in den nächsten Jahren die Bedeutung internationaler Geschäftsbeziehungen und mit ihr die Komplexität der Internationalisierungsprozesse weiter zunehmen werden. So haben die befragten auslandsaktiven Unternehmen für das Jahr 2004 im Durchschnitt einen Auslandsumsatzanteil von über 38 % angegeben. Für das Jahr 2009 planen die Unternehmen im Durchschnitt bereits mit einem Auslandsumsatzanteil von fast 49 %.

Auch immer mehr kleine und mittelständische Unternehmen wollen und müssen sich international orientieren, um neue Märkte zu erschließen oder Geschäftsprozesse zu optimieren. Die internationale Markterschließung ist allerdings im Vergleich zum Inlandsgeschäft mit zusätzlichen Anforderungen verbunden, die zu berücksichtigen sind. So spielen Fragen technischer oder rechtlicher Art beim Export von Produkten ebenso eine Rolle wie kulturelle Unterschiede oder Sprachprobleme bei Geschäftsverhandlungen im Ausland. Wer zum ersten Mal den Gang auf das internationale Parkett wagt, steht vor einer Reihe von Fragen, die er sorgfältig klären muss, um auf dem weiteren Weg zum Erfolg im Auslandsgeschäft nicht in eine Reihe von „Fettnäpfchen“ zu treten. Ohne Investition in Zeit und Ressourcen zusätzlich zum laufenden Alltagsgeschäft ist diese Herausforderung nicht zu meistern. Nur diejenigen Unternehmen, die sich rechtzeitig und umfassend auf ihr Auslandsengagement vorbereitet haben, können die vielfältigen Herausforderungen, die die Internationalisierung von Geschäften mit sich bringen, meistern.

Das „Praxishandbuch Außenwirtschaft“ basiert auf der Umfrage „Going International“ und den in der DIHK/Steinbeis-Studie von August 2005 ausgewerteten Ergebnissen. Umfrage und Studie „Going International“ haben sich zum Ziel gesetzt, die Erfahrungen, Präferenzen und Perspektiven von Unternehmen, die bereits über internationale Geschäftserfahrungen verfügen, aufzuzeigen und zu hinterfragen.

---

[2] Quelle: Eigene Berechnungen des DIHK im Rahmen seiner laufenden Konjunkturberichterstattung, in: http://www.dihk.de.

Der Studie ging eine bundesweite schriftliche Befragung von 74 Industrie- und Handelskammern bei ca. 55.000 international tätigen Unternehmen quer durch alle Wirtschaftszweige und Betriebsgrößen voraus. Knapp 4.400 Unternehmen haben sich am Ende mit statistisch verwertbaren Antworten beteiligt.[3] Die Befragung wurde in den IHK-Bezirken mit Hilfe eines einheitlichen Fragebogens im April/Mai 2005 durchgeführt.

Aufgrund des reichhaltigen Erfahrungsschatzes der befragten auslandsaktiven Unternehmen dient das vorliegende Werk als Hilfestellung aus der Praxis zur Vorbereitung auf ein Auslandsengagement. So soll die nachfolgende Einführung in die Außenwirtschaft zunächst einen Einblick in die grundlegenden Themenstellungen der Außenwirtschaft gewähren, wobei dies nicht nur in volkswirtschaftlicher Hinsicht, sondern vor allem mit Blick auf die Bedeutung für die unternehmerische Praxis herausgearbeitet wird.

Vor diesem Hintergrund werden in Teil II zunächst die wesentlichen, in der Studie aufgearbeiteten Umfrageergebnisse hinsichtlich der Grunddaten[4] dargestellt und ergänzt. Fokussiert werden vor allem die Praxis des Auslandsengagements und die damit verbundenen Gründe und Formen des Auslandsengagements sowie die weltweiten Zielmärkte, die Art der Vorbereitung der Aktivitäten, besondere Aspekte der Geschäftsentwicklung und Erfolgsfaktoren sowie Probleme, mit denen sich die Unternehmen konfrontiert sehen. Flankiert werden diese Ergebnisse aus der Praxis von theoretischen Erklärungsansätzen.

Da das Auslandsengagement der Unternehmen gemeinhin daran ausgerichtet ist, bestimmte Zielregionen und Länder nach konkreten Vorgaben zu erschließen oder sich die Unternehmen – länderübergreifend – aus ihrem ganz konkreten branchenbezogenen Fokus heraus für die Marktbearbeitung im Ausland orientieren, werden in den nachfolgenden Teilen III und IV die Ergebnisse der Studie „Going International“ mit Blick auf die „Zielmärkte“ und „Branchen“ genauer beleuchtet und Unterschiede herausgearbeitet. Aus diesem Grund sind sowohl Teil III „Zielmärkte“ als auch Teil IV „Branchen“ eng an der unternehmerischen Praxis orientiert. Nach einer allgemeinen Einleitung zur Zielregion bzw. zu den Branchen stehen auch hierbei die entsprechenden Ergebnisse der Studie im Vordergrund. Den Zielregionen schließen sich zudem allgemeine Länderanalysen an. Damit werden in diesen beiden Teilen die Erfahrungen der befragten Unternehmen weitergegeben, aber auch zusätzliche Analysen geboten, um eine Entscheidungsgrundlage für ein künftiges Auslandsengagement zu liefern.

Um das vorliegende Praxishandbuch abzurunden, wird dem Leser abschließend eine Checkliste mit an die Hand gegeben, die zur direkten Vorbereitung des Auslandsengagements einlädt.

---

3 Wenn nachfolgend im Zusammenhang mit der Studie von Unternehmen die Rede ist, so beziehen sich diese Aussagen lediglich auf die in der Außenwirtschaft aktiven Unternehmen.

4 Diese entsprechen im Wesentlichen der Studie „Going International“. S. dazu: Lau et al. 2005.

Teil I

Einführung in die Außenwirtschaft

Globalisierung – ein neues Phänomen?

> „Indische Landwirte bauen Baumwolle an und benutzen dazu Pestizide und Düngemittel aus Deutschland. Dann liefern sie die Baumwolle in die Türkei, wo sie zu Garn gesponnen wird. Gleich danach wird sie nach Taiwan transportiert und zu Stoff gewebt. Dann kommen die Franzosen ins Spiel. Sie färben die Stoffe mit chemischen Farbstoffen ein, bevor sie ihre Reise ins mittelamerikanische Honduras fortsetzen. Dort werden sie mit Hilfe britischer Kurzwaren zu Jeans genäht. Das Ganze geschieht im Auftrag einer US-amerikanischen Firma, die auch den deutschen Markt beliefert …“[5]

Dieses Zitat verdeutlicht Globalisierung am Beispiel Jeans. Globalisierung umfasst dabei Prozesse des Zusammenwachsens, zumindest des Näherrückens von Staatengemeinschaften.[6] Neben den politischen, kulturellen, sozialen und ökologischen Aspekten sind davon auch die wirtschaftlichen Aspekte, die Ausweitung des grenzüberschreitenden Austauschs von Waren, Dienstleistungen, Kapital, d. h. sämtliche außenwirtschaftliche Aktivitäten und Interdependenzen sowie wechselseitige Investitionen zwischen den Ländern erfasst, womit nicht nur Chancen, sondern auch Risiken verbunden sind. Das Schlagwort „Globalisierung“ und die damit verbundenen Auswirkungen avancieren zunehmend zu einem der Hauptthemen in den Medien und der Wirtschaftsliteratur.[7]

Doch ist Globalisierung keine neuzeitliche Entwicklung; denn die Ursprünge der internationalen Geschäftstätigkeit liegen ca. 2000 v. Chr. und sind im Alten Orient zu finden. Fortan standen Begriffe und Namen wie Seidenstraße, Marco Polo, Hanse, Fugger, Medici und Überseegesellschaften der Kolonialmächte als Synonyme für umfangreiche internationale Handelsaktivitäten.[8] Mit anderen Worten: „Globalisierung wurde praktisch vollzogen durch die christlich-kapitalistische Seefahrt und politisch implantiert durch den Kolonialismus der alteuropäischen Nationalstaaten.“[9] Einer der berühmtesten Ökonomen, Paul Krugman, drückt

---

5 Kessler 2003, S. 27.

6 Vgl. Bauer 2005.

7 Trotz der inflationären Verwendung des Begriffs in journalistischen, populärwissenschaftlichen und wissenschaftlichen Werken gibt es keine einheitliche Abgrenzung zwischen den Begriffen Globalisierung und Internationalisierung. Definitionen mit dem Beispiel einer begrifflichen Abgrenzung s. Kutschker/Schmid 2005, S. 14 ff., S. 153 ff. S. auch Beck 1997.

8 Ausführlich dazu s. Kutschker/Schmid 2005, S. 7 ff.

9 Bauer 2005.

dies so aus: „The United States is not now and may never be as open to trade as the United Kingdom has been since the reign of Queen Victoria.“[10]

Während zunächst der Handel die internationalen Geschäftsbeziehungen dominierte, erhielten ausländische Direktinvestitionen[11], zunächst zum Abbau von Rohstoffen, dann zur Reduzierung von Kosten und heute vermehrt zur Erschließung neuer Märkte, eine größere Bedeutung. Dazu haben nicht zuletzt weltweite und regionale Wirtschaftsabkommen wie die Welthandelsorganisation (WTO)[12] und die Europäische Union (EU)[13] beigetragen, durch die eine Angleichung politischer und wirtschaftlicher Ordnungsvorstellungen erzielt wurde. Die WTO konstatiert ein starkes Wachstum des Welthandels. So wuchs das Welthandelsvolumen im Zeitraum von 1950 bis 1997 um das 14fache, wobei vor allem seit Mitte der achtziger Jahre ein starkes Wachstum zu verzeichnen ist.[14]

---

10 Krugman 1993, S. 24.

11 Die deutsche Bundesbank definiert Direktinvestitionen als grenzüberschreitende Investitionen, die darauf abzielen, einen dauerhaften Einfluss auf eine bestimmte Unternehmung in einem anderen Land zu erzielen, vgl. Deutsche Bundesbank 1997, S. 81. Weitere Definitionen vom IMF und der OECD. Zu Direktinvestitionen s. auch: Kutschker/Schmid 2005, S. 80 ff.

12 Zur WTO s. Senti 2000; Stoll/Schorkopf 2002. Informationen zum aktuellen Status der WTO-Welthandelsrunde (aktuell Doha Development Agenda) bietet das BMWi, in: http://www.bmwi.de.

13 S. dazu auch Teil III, S. 189 ff.

14 Quelle: WTO, in: http://www.wto.org.

Volkswirtschaftliche Erklärungsansätze

Auf die Frage, warum es zu Außenhandel kommt, gibt es aus volkswirtschaftlicher Perspektive verschiedene Erklärungsansätze, womit sich ein ganzer Zweig der Volkswirtschaftslehre beschäftigt.[15] Dabei ist die zumeist angeführte pauschale Antwort mit dem Hinweis auf die Vorteile der internationalen Arbeitsteilung um die Gründe der Verfügbarkeit bestimmter Ressourcen, Preisunterschiede, Transportkosten und Produktdifferenzierungen zu ergänzen.[16]

Als Ausgangspunkt für die Erklärung dient jedoch die aus dem Jahr 1776 auf Adam Smith zurückgehende Theorie der absoluten Kostenvorteile.[17] Dabei geht Smith davon aus, dass jedes Land bei bestimmten Produkten absolute Kostenvorteile aufweist, bei anderen jedoch absolute Kostennachteile. Ein Land hat nach Smith dann einen absoluten Kostenvorteil, wenn es in der Herstellung eines bestimmten Produkts effizienter operiert als andere Länder, und hat umgekehrt dann einen absoluten Kostennachteil, wenn die Herstellung des Produktes weniger effizient erfolgt als in anderen Ländern. Ausschlaggebend für die Effizienz kann z. B. eine höhere Arbeitsproduktivität oder eine bessere Faktorausstattung sein. Daher solle sich ein Land auf die Herstellung eines Gutes spezialisieren, um dieses dann zu exportieren. Der internationale Handel ermöglicht es dann, im Austausch gegen diese Güter andere Produkte zu beziehen, die im eigenen Lande nur zu höheren Kosten erzeugt werden können. D. h. durch Spezialisierung werden Wohlstandsgewinne und damit einhergehend eine Verbesserung des Lebensstandards eines Landes erzielt.[18]

SmithsTheorie der absoluten Kostenvorteile wurde jedoch rasch durch David Ricardos Theorie der komparativen Kostenvorteile überholt.[19] Denn Ricardo hat die Frage aufgeworfen, ob ein Land, das alle Produkte zu geringeren Kosten herzustellen vermag, oder umgekehrt, ein Land, das bei keinem Produkt Kostenvorteile aufweist, als Konsequenz nur exportieren bzw. importieren könne. Ricardo ist mit seiner Theorie der Nachweis gelungen, dass auch in einem solchen Falle der Außenhandel für die beteiligten Länder durchaus von Interesse ist. Dies ist

---

15 Die nachfolgenden Ausführungen dienen daher dem allgemeinen Überblick. Zur Vertiefung sei auf die weiterführenden Quellen verwiesen.

16 Vgl. Rose/Sauernheimer 1999, S. 375 ff. Zu den nachfolgenden Theorien im Überblick: s. z. B. Borchert 2001, S. 25 ff.; Dieckheuer 2001, S. 47 ff.; Kutschker/Schmid 2005, S. 375 ff.; Siebert 2000, S. 29 ff.; Welge/Holtbrügge 2003, S. 51 ff.

17 S. dazu der 1776 von Adam Smith veröffentlichte Klassiker „An inquiry into the Nature and Causes of the Wealth of Nations", s. dazu die deutsche Übersetzung: Smith 1999.

18 Vgl. Kutschker/Schmid 2005, S. 377 ff.

19 Der Klassiker zu diesem Thema ist David Ricardos „The Principles of Political Economy and Taxation", erstmals erschienen 1817, s. dazu Ricardo 1821. Zu Ricardos Theorie s. auch Krugman/Obstfeld 2004, S. 37 ff.

dann der Fall, wenn trotz absoluter Kostenunterschiede in der Herstellung aller Produkte komparative Kostendifferenzen bestehen, sodass die absoluten Unterschiede bei den einzelnen Produkten auftreten. Die Unterschiede in den relativen Kosten können sich durch unterschiedliche Produktionsmöglichkeiten ergeben. Ricardos Theorie der komparativen Kostenvorteile besagt nun, dass sich jedes Land auf die Erzeugung jenes Gutes spezialisieren soll, bei dem es einen komparativen Vorteil besitzt. Diese können dann gegen andere Güter getauscht werden, die sich in inländischer Produktion nur mit komparativen Kostennachteilen herstellen lassen. Durch die Konzentration auf die Produktion, bei der relative Vorteile existieren, entstehen in Konsequenz Wohlstandseffekte. Ricardo selbst drückt dies wie folgt aus: „Bei einem System des vollkommen freien Handels wendet natürlich jedes Land sein Kapital und seine Arbeit solchen Zweigen zu, die jedem am vorteilhaftesten sind. Dieses Verfolgen des individuellen Vorteils ist bewundernswert mit dem allgemeinen Wohle des Ganzen verbunden.“[20]

Während Ricardo vor allem Produktivitätsunterschiede als Ursache für komparative Vorteile betont und dabei insbesondere auf Unterschiede in der Produktivität des Produktionsfaktors Arbeit hinweist, betrachten Eli Heckscher und Bertil Ohlin weitere Produktionsfaktoren (Kapital und Boden) und messen der Ausstattung mit Produktionsfaktoren eine größere Bedeutung bei als den Produktivitätsunterschieden. Die beiden schwedischen Wissenschaftler gehen davon aus, dass die unterschiedlichen Länder mit unterschiedlichen Produktionsfaktoren ausgestattet sind. Je stärker ein Land über einen bestimmten Faktor verfügt, desto geringer sind die Kosten für diesen Faktor, die sogenannten Faktorkosten. Damit sollte sich ein Land auf die Herstellung eines Gutes spezialisieren, zu dessen Produktion es den Produktionsfaktor reichlich besitzt, und im Gegenzug das Gut importieren, bei dem der zur Herstellung notwendige Produktionsfaktor in vergleichsweise geringerem Ausmaß vorhanden ist.[21] Deutschland würde demnach „kapitalintensive Güter exportieren und arbeitsintensive Güter importieren.“[22] Führt Ricardo die Existenz des Außenhandels auf Produktivitätsunterschiede beim Produktionsfaktor Arbeit und damit auf unterschiedliche Produktionsfunktionen in unterschiedlichen Ländern zurück, so gehen Heckscher/Ohlin von identischen Produktionsfunktionen und qualitativ identischen Produktionsfaktoren aus und sehen die unterschiedliche Ressourcenausstattung als Begründung für die Aufnahme von Außenhandel an. Beiden Ansätzen ist gemein, dass sie Außenhandel über relative Kostenvorteile erklären.[23]

Aufgrund der vereinfachenden Annahmen, die sich hinter diesen Theorien verbergen, wurden und werden diese Theorien häufig kritisch kommentiert[24] und in der Folge auch weiter-

---

[20] Deutsche Übersetzung in: Tietje 2003, S. XI; Original in: Ricardo 1821, S. 133 f.

[21] Vgl. Kutschker/Schmid 2005, S. 382; s. ausführlicher Krugman/Obstfeld 2004, S 105 ff.

[22] Welge/Holtbrügge 2003, S. 53. Auch Bofinger 2006, S. 299 bezieht die Theorie nach Heckscher/Ohlin auf die Situation in Deutschland, so „dass die Globalisierung für die Arbeitnehmer mit einer schlechten Ausbildung eher nachteilig ist, während sie für Hochqualifizierte mit Einkommensnachteilen verbunden ist. Dabei sind die Gewinne der Qualifizierten insgesamt größer als die Einbußen der Unqualifizierten.“

[23] Vgl. Kutschker/Schmid 2005, S. 383.

[24] S. dazu Kutschker/Schmid 2005, S. 383 ff.; Empirische Beweise für das Ricardo- und das Heckscher-Ohlin-Modell s. Krugman/Obstfeld 2004, S. 64 ff., 123 ff.

entwickelt.[25] Und trotz aller Kritik und Weiterentwicklung vermögen diese klassischen Außenhandelstheorien nach wie vor die insgesamt wohlstandsfördernden Effekte des Außenhandels auf die beteiligten Volkswirtschaften zu erklären.[26] Sie zeigen treffend das Potenzial der Nutzung von Kostenvorteilen auf, die aus betriebswirtschaftlicher Perspektive die Grundlage für Wettbewerbsvorteile von Unternehmen bilden.

---

[25] Zur Weiterentwicklung sowie zu Theorien der internationalen Direktinvestitionen s. Kutschker/Schmid 2005, S. 386 ff. u. 411 ff.; Welge/Holtbrügge 2003, S. 53 ff. Anzumerken sei zudem, dass es kein Modell gibt, das eine Art ökonomische Weltformel enthält und die Gesamtheit der Weltwirtschaft abzubilden vermag. Es bedarf nach wie vor einer Vielzahl einzelner Modelle.

[26] S. dazu auch Samuelson, in: Hornig/Jung 2005, S. 151.

Internationalisierung von Unternehmen

1. Dynamische Unternehmensentwicklung

Die aus der Außenwirtschaft zu erlangenden Wettbewerbsvorteile sind essenziell für die deutschen Unternehmen. Denn wie das einleitende Beispiel (s. S. 47) der internationalisierten Jeansproduktion zeigt, sind Deutschland bzw. die deutschen Unternehmen in diesen internationalen Prozess dermaßen eingebunden, dass sie sich einer tendenziell gar zunehmenden Entwicklung der Internationalisierung nur schwerlich entziehen können. Vielmehr bedeutet dies, dass sich die deutschen Unternehmen eindeutig positionieren müssen, um weiterhin zur Gewinnerseite der Globalisierung zu gehören.

Doch treten die wohlfahrtsfördernden Effekte des internationalen Handels nicht von selbst ein, wie der Vergleich mit einzelnen Volkswirtschaften zeigt. Dazu bedarf es neben einem verlässlichen Ordnungsrahmen auch – und vor allem – der Beteiligung der einzelnen Wirtschaftssubjekte. Unternehmen, die sich bisher auf das Inland konzentrieren, haben zu erwägen, ihre Geschäftstätigkeit ins Ausland auszudehnen, d. h. ihre Geschäftstätigkeit zu internationalisieren. Unternehmen, die bereits im Ausland aktiv sind, haben eine Ausweitung ihres Auslandsengagements in Betracht zu ziehen.[27] So entspringt es nicht zuletzt dem Kern des Unternehmertums, eine dynamische Unternehmensentwicklung zu gestalten. Der Ökonom Joseph A. Schumpeter hat bereits 1911 in der Theorie der wirtschaftlichen Entwicklung[28] angemerkt, dass unternehmerisches Handeln einen wirtschaftlichen Gleichgewichtszustand nicht zuzulassen darf, sondern vielmehr Wachstum anzustreben hat. Dazu hat Schumpeter fünf Faktoren der unternehmerischen Entwicklung definiert (Abb. 2), wobei eine Ausrichtung an wenigstens einem der fünf Faktoren erfolgen soll, um ein nachhaltiges Wachstum zu bewirken.[29] „Da die prosperierenden Unternehmen ein wirtschaftliches Gleichgewicht nicht

---

[27] Häufig wird eine Wasserfall-Strategie verfolgt, d. h. von erschlossenen Märkten werden im Zeitablauf verwandte und schließlich auch fremde Märkte erschlossen; bei kürzeren Produktzyklen wird hingegen meist eine Sprinkler-Strategie verfolgt, wobei ein Produkt gleichzeitig und parallel in unterschiedlichen Märkten eingeführt wird. Eine weitere Alternative stellt die kombinierte Wasserfall-Sprinkler-Strategie dar, s. dazu Altmann 2001, S. 26 f.; Kutschker/Schmid 2005, S. 963 ff.

[28] S. dazu der Klassiker Schumpeters „Theorie der wirtschaftlichen Entwicklung“, der erstmals 1911 veröffentlicht wurde, s. Schumpter 1934/1997.

[29] Vgl. Faix 2006, S. 3 f.

zulassen, bedeutet dies für Unternehmen, die ‚stehen bleiben', dass sie automatisch zurückfallen."[30]

Dabei ziehen zwei der fünf Faktoren der unternehmerischen Entwicklung (Abb. 2) explizit eine Internationalisierung der Geschäftstätigkeit nach sich. So ist einerseits die Erschließung neuer Absatzmärkte ein wichtiger Erfolgsfaktor geworden, um im Rahmen der globalisierten Märkte zum Erfolg zu kommen. Vor dem Hintergrund gesättigter Märkte in den Industrieländern müssen nicht nur die großen, sondern auch die kleinen und mittelgroßen Unternehmen international wachsen, um weitere Marktanteile zu gewinnen.

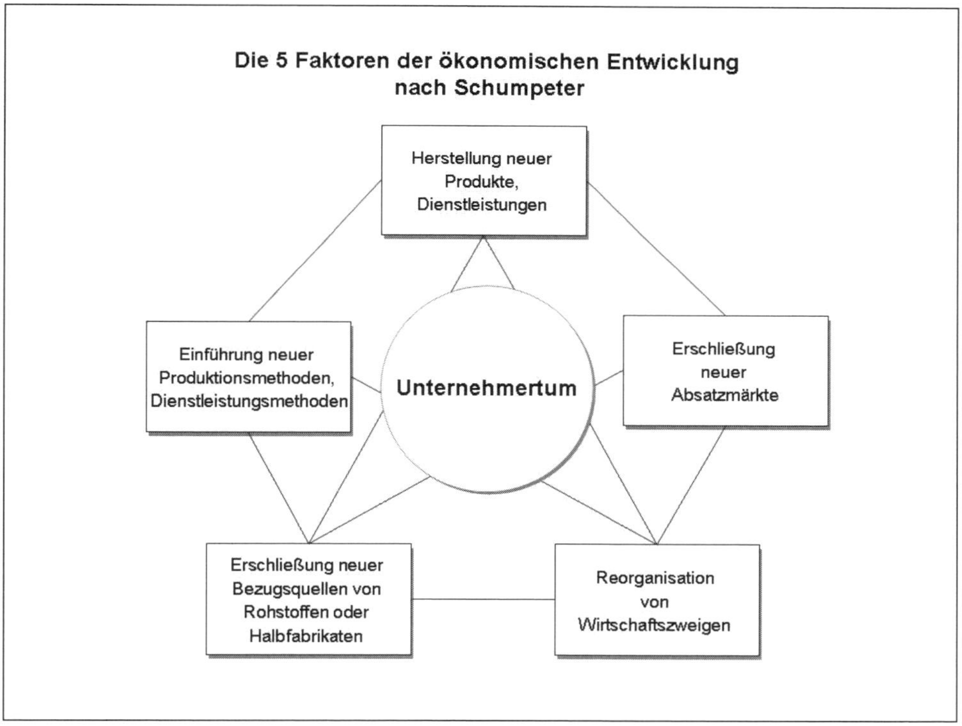

Quelle: Faix 2006, S. 4

Abbildung 2: *Fünf Faktoren der ökonomischen Entwicklung nach Schumpeter (1934/1997)*

Eine Internationalisierung ist jedoch auch beim Einkauf und in der Produktion erforderlich. Inzwischen können Lieferanten weltweit die geforderte Qualität gewährleisten, was eine globale Organisation des Bezugs von Modulen, Komponenten und Teilen ermöglicht. Unterstützt durch sinkende Transportkosten wird der Einkauf gebündelt und weltweit abgewickelt,

30 Faix 2006, S. 3.

um so Kosten einzusparen. In diesem Zusammenhang sei auch die in vielen Industrieländern heftig diskutierte Verlagerung der Produktion ins lohnkostengünstige Ausland anzuführen.[31]

Quelle: Eigene Darstellung
Abbildung 3: *Ziele der Internationalisierung der Geschäftstätigkeit*

Vor diesem Hintergrund lassen sich die Umsatz- und Gewinnsteigerung durch die Erschließung neuer Absatzmärkte und die Kostenreduzierung und damit einhergehend die Steigerung der Wettbewerbsfähigkeit durch die Erschließung neuer Einkaufsmärkte (Abb. 3) als die zwei wesentlichen und allen anderen übergeordneten Ziele zur Internationalisierung der Geschäftstätigkeit herauskristallisieren.[32]

Den unumgänglichen Trend zur Internationalisierung haben auch die deutschen Unternehmen erkannt, wie die Entwicklung der Exportunternehmen zeigt. Während die Zahl der Unternehmen im Zeitraum von 1994 bis 2003 um 4,6 % angestiegen ist, beträgt der Zuwachs bei den Exportunternehmen im selben Zeitraum 14,6 %[33] (Abb. 4), mit weiterhin zunehmender Tendenz. „Nur Unternehmen, die sich ‚global integrieren', besitzen eine Überlebenschance."[34]

---

31 Vgl. Faix 2006, S. 34.

32 S. dazu Teil II, S. 74 f.

33 Noch deutlicher wird das Verhältnis bei der Umsatzentwicklung, Ergebnisse abrufbar im Internet unter „Vorträge": http://www.ifm-bonn.de.

34 Oldag 2006, S. 19.

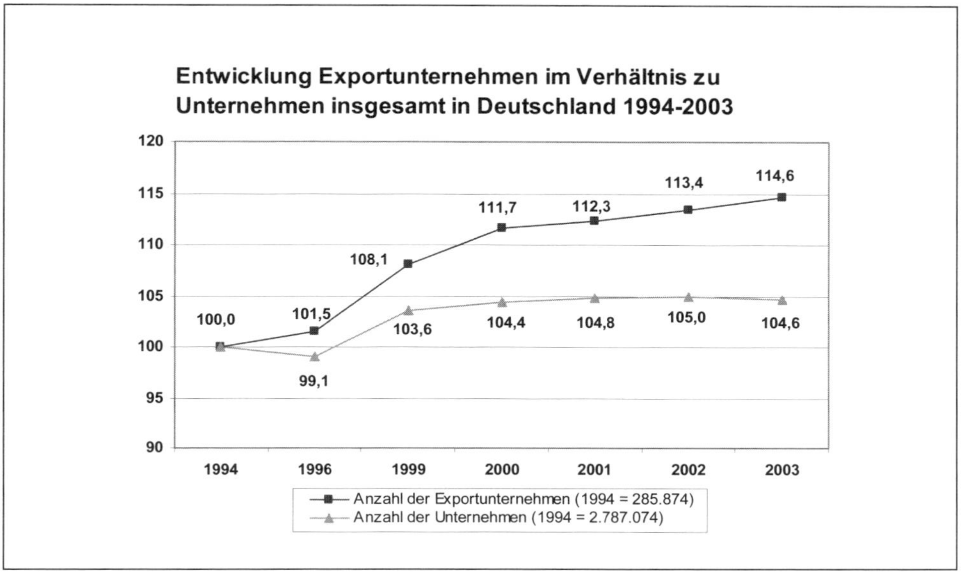

Quelle: IfM Bonn (Sonderauswertung des Statistischen Bundesamtes im Auftrag des IfM Bonn, Wiesbaden 2005)

Abbildung 4: *Exportunternehmen in Deutschland*

2. Entscheidung zur Internationalisierung und Internationalisierungsprozess

Grundvoraussetzung für den Schritt auf das internationale Parkett ist die unternehmerische Entscheidung und damit einhergehend die unternehmerische Zielsetzung zum internationalen Geschäftsaufbau bzw. -ausbau.

Um zu dieser Entscheidung zu finden, sind die folgenden Fragen zu beantworten (Abb. 5):

- Wie ist die Ist-Situation des Unternehmens?
- Wie sind die Rahmenbedingungen des Unternehmens und der Märkte?

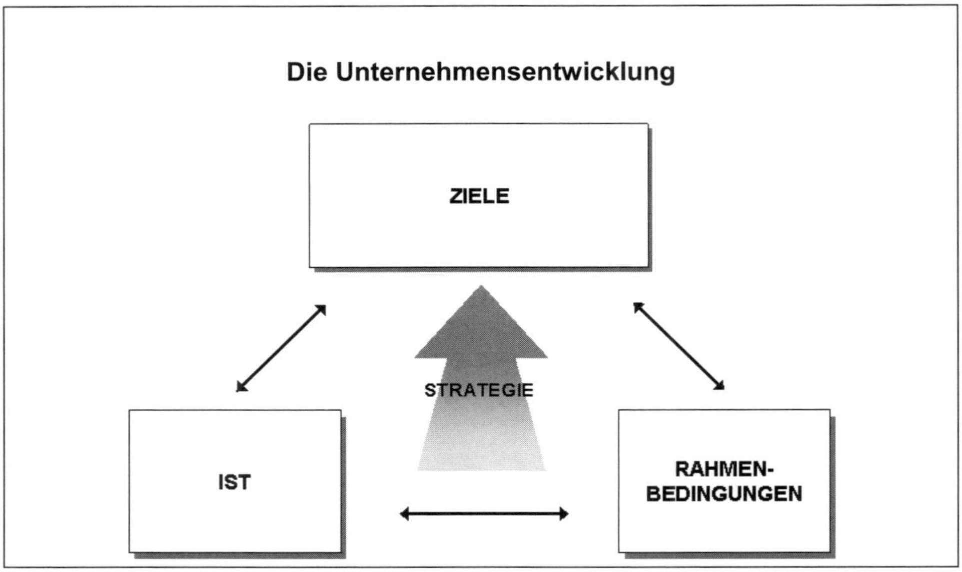

Quelle: Faix 2006, S. 6
Abbildung 5: *Die Unternehmensentwicklung*

Darauf aufbauend leiten sich dann die nachfolgenden Fragen ab:

- Welches sind die Potenziale und Risiken für ein Auslandsengagement?
- Welches sind die unternehmerischen Ziele für das Auslandsengagements? Und entsprechend der Theorie der wirtschaftlichen Entwicklung nach Schumpeter und der darin definierten fünf Faktoren der unternehmerischen Entwicklung (s. S. 52 f.):
  - Welche neuen Absatzmärkte werden erschlossen?
  - Welche neuen Bezugsquellen von Rohstoffen oder Halbfabrikaten werden aufgebaut? In welchen bestehenden und in welchen neuen Märkten werden diese Bezugsquellen aufgebaut?
  - Welche neuen Produktionsmethoden/Dienstleistungsmethoden werden eingeführt? An welchen Standorten und in welchen Märkten werden diese eingeführt?[35]
- Was ist die Strategie zur Erreichung der Außenwirtschaftsziele?

Nachdem die o.g. Fragen zu einer gedanklichen Vorbereitung und Entscheidungsfindung des Auslandsengagements geführt haben[36], schließt sich daran der eigentliche Internationalisierungsprozess an.

---

[35] Vgl. Faix 2006, S. 7, 20 ff. mit einer sehr praxisnahen Einführung zur Bedeutung und Formulierung unternehmerischer Ziele.

[36] S. dazu Teil II, S. 97 f.

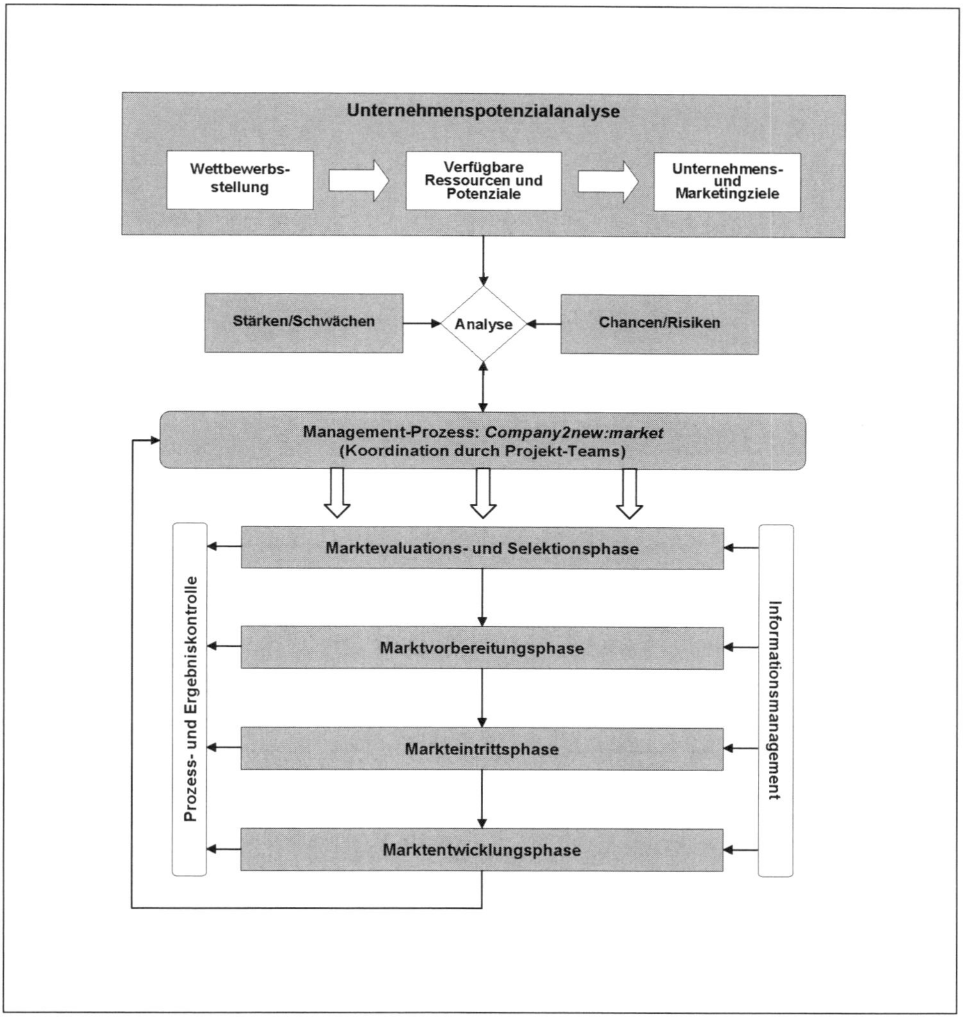

Quelle: Neubert 2006, S. 57
Abbildung 6: *Übersicht über den Ablauf des Managementprozesses Company2new:market*

Der Marktauswahl, die nach einer Bewertung unterschiedlicher Auslandsmärkte zum eigentlichen Zielmarkt führt, schließt sich die Marktvorbereitungsphase an, die die Erarbeitung eines Geschäftsmodells und die Aufstellung eines Business-Planes zum Ziel hat und letztendlich in der Markteintrittsphase mündet, in der die Funktionsfähigkeit des Geschäftsmodells unter realen Gegebenheiten überprüft wird. Nach einer eventuellen Optimierung der Kernprozesse wird sodann eine solide Basis für die Multiplikation des Geschäftsmodells in der Marktentwicklungsphase gelegt, die auf ein Wachstum des Unternehmens ausgerichtet ist.

Der gesamte Prozess ist zudem durch eine Vielzahl von Informationsflüssen gekennzeichnet sowie zu kontrollieren, um eine kontinuierliche Verbesserung der Ergebnis- und Prozessqualität auf allen Stufen des Managementprozesses zu erzielen (Abb. 6).[37]

3. Marktselektion

3.1 Verfahren zur Marktselektion

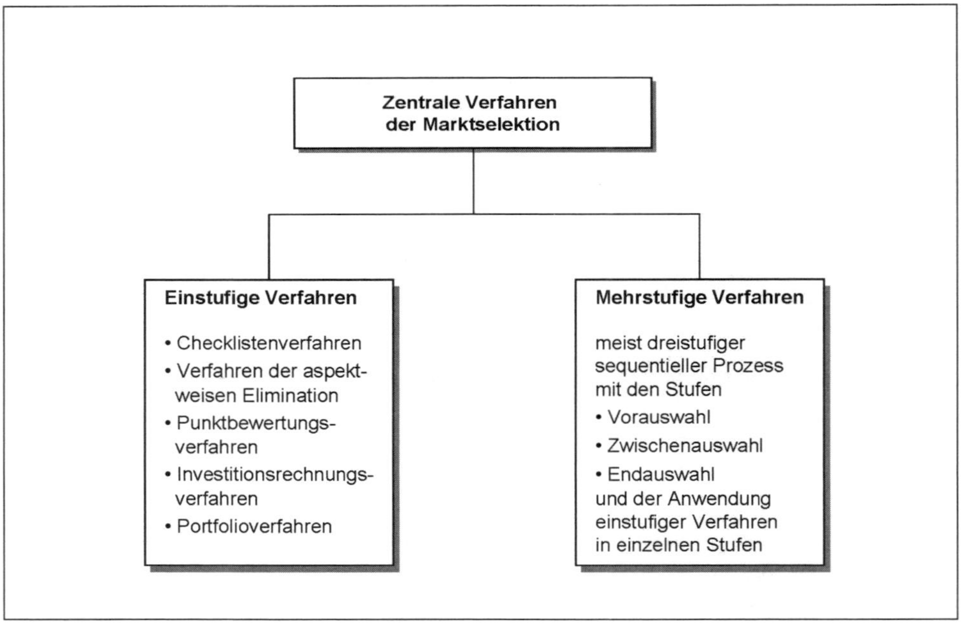

Quelle: Kutschker/Schmid 2005, S. 936
Abbildung 7: *Zentrale Verfahren der Marktselektion*

Da der Erfolg der Internationalisierung nicht in geringem Maße von der Auswahl des entsprechenden Marktes abhängt, steht diese Phase nachfolgend im Fokus der Betrachtungen.[38]

---

[37] Vgl. Neubert 2006, S. 55 ff.

[38] Die weiteren Phasen werden in Teil II aufgegriffen.

Zu dieser Phase bietet die Literatur eine Vielfalt an Vorgehensweisen[39], die sich jedoch prinzipiell in einstufige Verfahren und mehrstufige bzw. sequenzielle Verfahren differenzieren lassen (Abb. 7).

Während beim einstufigen Verfahren der Marktselektion ein Verfahren z. B. in Form einer Checkliste oder eines Portfolios ausreicht, den entsprechenden Zielmarkt zu definieren, werden beim mehrstufigen bzw. sequentiellen Bewertungsverfahren mehrere der einstufigen Verfahren integriert, um stufenweise den geeigneten Zielmarkt auszuwählen.[40] Um eine fundierte Auswahl des zu bearbeitenden Marktes zu treffen, ist in der Praxis auf mehrstufige bzw. sequentielle Verfahren zurückzugreifen. Vor diesem Hintergrund schließt sich nun ein möglicher Weg der Marktselektion nach dem mehrstufigen bzw. sequentiellen Verfahren an.

3.2 Ein möglicher Weg der Marktselektion

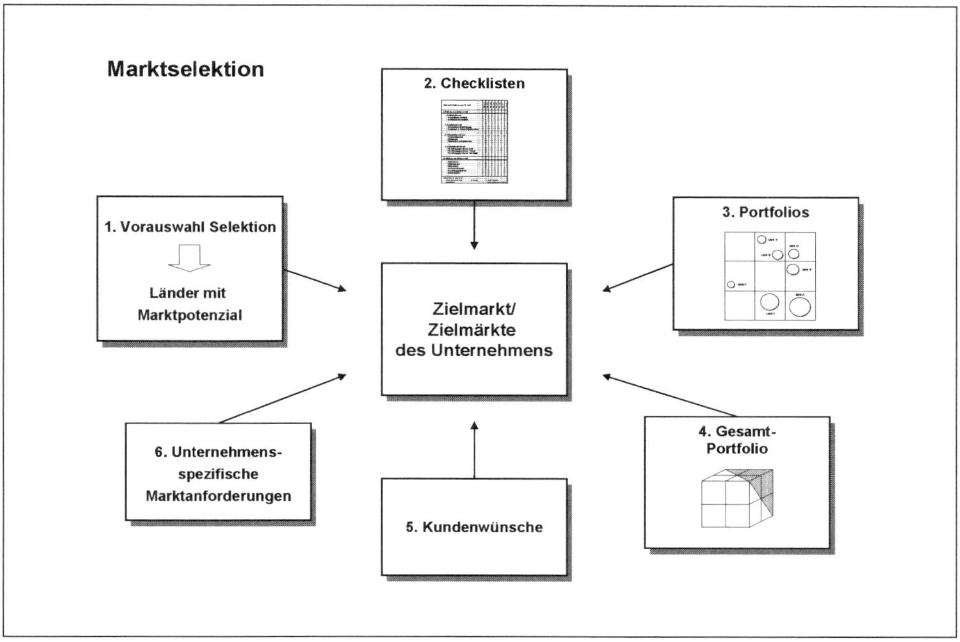

Quelle: Eigene Darstellung
Abbildung 8: *Marktselektion*

[39] Z. B. Kutschker/Schmid 2005, S: 927 ff.; Neubert 2006, S. 87 ff.; Scharrer 2000, S. 96 ff.
[40] Vgl. Kutschker/Schmid 2005, S. 936 ff.

Um zu der letztendlichen Aussage zu gelangen, welcher Markt bearbeitet werden soll bzw. welcher Markt als Beschaffungsmarkt fungieren soll, bedarf es mehrerer Schritte und Methoden (Abb. 8), die nachfolgend kurz eingeführt werden sollen.

3.2.1 Vorauswahl: Länder mit Marktpotenzial

In einem ersten Schritt ist eine Vorauswahl an Ländern zu treffen, die unter Berücksichtigung unternehmensspezifischer Anforderungen ein gefordertes Marktpotenzial aufweisen (Abb. 9, Stufe 3).

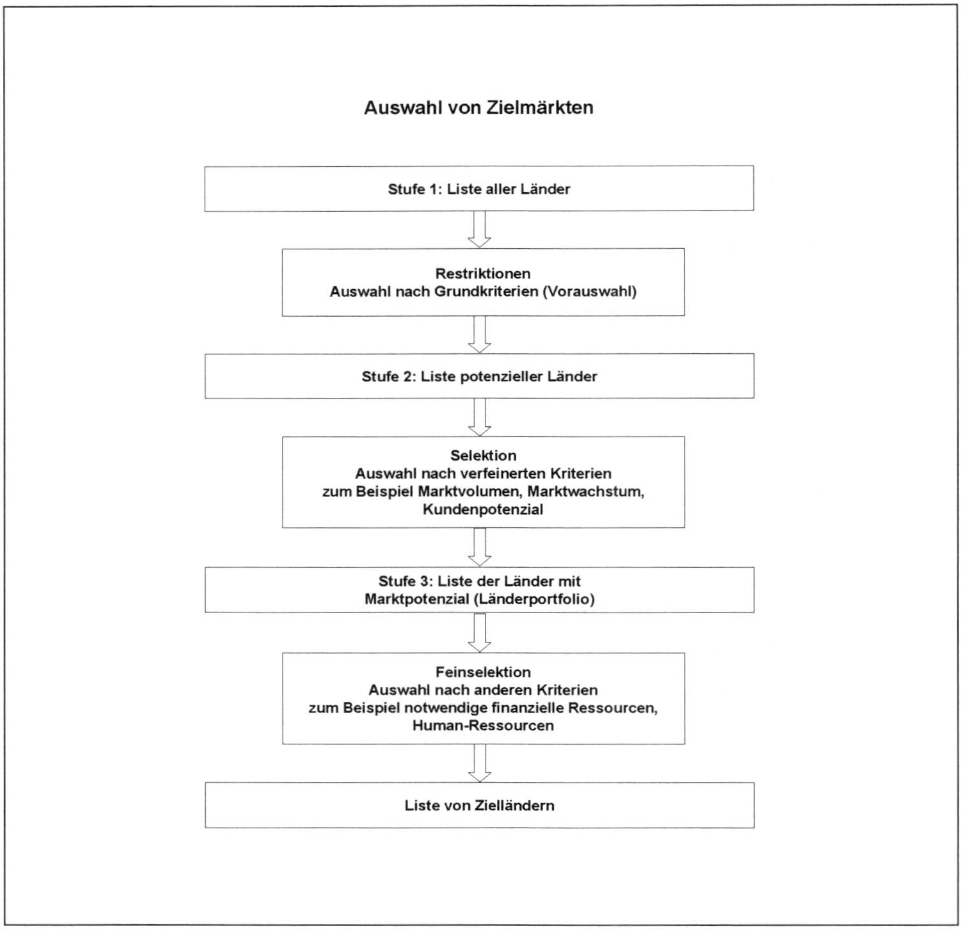

Quelle: Neubert 2006, S. 37

Abbildung 9: *Vorgehensweise bei der Auswahl von Zielmärkten*

Mit einer Liste an Ländern mit Marktpotenzial kann sodann eine strukturierte Feinauswahl beginnen, „die verstärkt den Markt und die Akzeptanz der Produkte in den einzelnen Ländern einer genaueren Analyse unterzieht.“[41]

3.2.2 Checkliste

Relevante Faktoren der Umwelt	**Land 1**	**Land 2**	**Land 3**	**Land 4**	**Land 5**	**Land 6**	**Land 7**	....
I. Faktoren der Makroumwelt								
1. Politische Umwelt • Innenpolitische Stabilität • Außenpolitische Stabilität • ... 2. Rechtliche Umwelt • Rechtssicherheit bei Verträgen • Regelungen zu Markteintrittsalternativen • ... 3. Wirtschaftliche Umwelt • Bruttosozialprodukt • Inflationsrate • Organisation der Kapitalmärkte • ... 4. Sozio-kulturelle Umwelt • Einstellung gegenüber der Arbeit • Einstellung gegenüber dem Wandel • Einstellung gegenüber der Technologie • ...								
II. Faktoren der Mikroumwelt								
• Marktvolumen • Marktwachstum • Marktstruktur • Konkurrenzintensität • Beschaffungssicherheit • Kostensituation • ...								

Möglichkeiten der Bewertung:
++ große Chancen/sehr gut
+ Chancen/gut
o neutral
- Risiken/schlecht
-- große Risiken/sehr schlecht

Quelle: Kutschker/Schmid 2005, S. 937
Abbildung 10: *Eine einfache Checkliste als Hilfestellung bei der Auswahl von Märkten*

Um sich der Definition des Zielmarktes weiter zu nähern, wird in einem nächsten Schritt das in der Praxis häufig verwandte und einfach durchführbare Checklistenverfahren angewendet. Dazu ist eine Checkliste zu erstellen, die alle Kriterien der Makro- und Mikroumwelt auf-

---

[41] Neubert 2006, S. 37.

listet, die aus Sicht des Unternehmens von Bedeutung sind. In den Spalten der Checkliste wird dann für die in der Vorauswahl selektierten Länder (S. 60) vermerkt, welche Ausprägung die einzelnen Kriterien der Makro- und Mikroumwelt dort annehmen und ob damit in Konsequenz eher Chancen oder Risiken verbunden sind (Abb. 10).[42]

3.2.3 Portfolios

An das Checklistenverfahren, das Aussagen über Chancen und Risiken der in der Vorauswahl selektierten Länder (S. 60) hinsichtlich der relevanten Kriterien der Makro- und Mikroumwelt des Unternehmens zulässt, schließt sich eine Visualisierung[43] dieser Ergebnisse in Form von Portfolios an. In einem Portfolio werden die zu betrachtenden Länder anhand zweier oder mehrerer Dimensionen[44] miteinander verglichen.

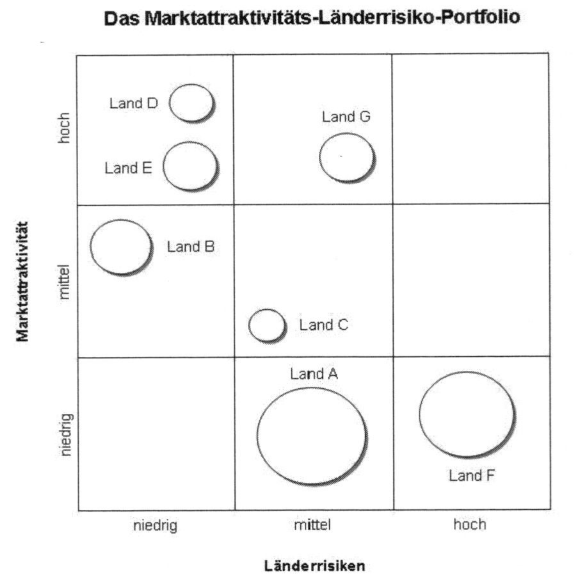

Quelle: Nach Kutschker/Schmid 2005, S. 941
Abbildung 11: *Das Marktattraktivitäts-Marktrisiko-Portfolio*

[42] Vgl. Kutschker/Schmid 2005, S. 936 f.

[43] Das Portfolio ist damit streng genommen kein Verfahren der Marktauswahl, sondern lediglich eine Visualisierung zuvor erlangter Ergebnisse.

[44] Dabei bieten sich unzählige Möglichkeiten zur Bildung von Portfoliomatrizen zur Länderauswahl. Die in den nachfolgenden Beispielen definierten Dimensionen haben daher lediglich Beispielcharakter.

Dabei kann in einem ersten Portfolio eine externe Betrachtung anhand der außerhalb des eigenen Unternehmens liegenden Dimensionen Marktattraktivität und Länderrisiken erfolgen (Abb. 11). Diese Kategorien werden anhand zahlreicher Subkategorien ermittelt, die dann jeweils gewichtet werden, z. B. in einem Punktbewertungsverfahren[45]. Damit können die einzelnen Länder im Portfolio angeordnet werden. Weitere Informationen lassen sich durch die Größe der eingezeichneten Kreise abbilden, z. B. über das Bruttoinlandsprodukt pro Kopf.[46]

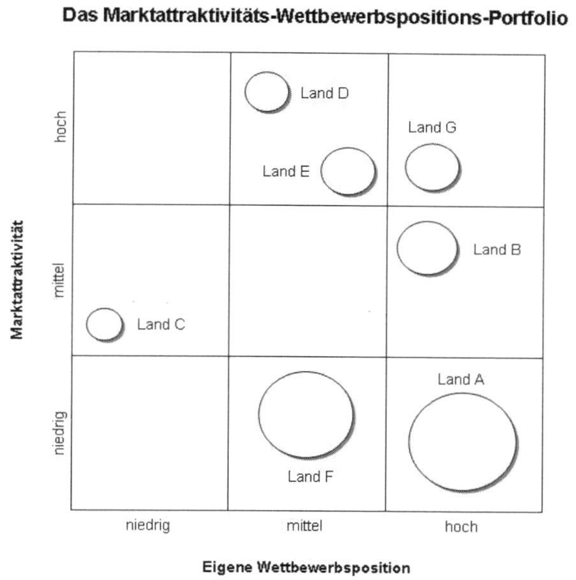

Quelle: Kutschker/Schmid 2005, S. 942
Abbildung 12: *Das Marktattraktivitäts-Wettbewerbspositions-Portfolio*

In einem weiteren Portfolio lässt sich sodann die externe mit der internen Betrachtung verknüpfen. Dazu ist eine Dimension derart auszuwählen, dass sie sich primär[47] auf die unternehmensexterne Situation bezieht, im nachfolgenden Beispiel die Marktattraktivität. Eine weitere Dimension bildet primär die unternehmensinterne Situation ab, im nachfolgenden Beispiel die eigene Wettbewerbsposition (Abb. 12). Auch in diesem Beispiel kann die Größe

---

45 S. z. B. Kutschker/Schmid 2005, S. 939.

46 Vgl. Kutschker/Schmid 2005, S. 940.

47 Es handelt sich nicht um eine rein externe bzw. interne Dimension, da eine gewisse Relativierung am Wettbewerb bzw. in Bezug auf das eigene Unternehmen stattfindet. Daher handelt es sich um eine primär externe bzw. primär interne Situation, vgl. Kutschker/Schmid 2005, S. 942.

der eingezeichneten Kreise (z. B. Gewinn des Unternehmens im potenziellen Land) ein Kriterium für wichtige Entscheidungsgrundlagen sein.[48]

3.2.4 Endauswahl mittels Gesamtportfolio

Um eine Entscheidung über den zukünftig zu bearbeitenden Zielmarkt vorzunehmen, sind die Dimensionen der zuvor angefertigten Portfolios in einer dreidimensionalen Darstellung zusammenzuführen. In unserem Beispiel bedeutet dies, die zwei externen Betrachtungsebenen der Marktattraktivität und Länderrisiken mit der internen Dimension der eigenen Wettbewerbsposition zu kombinieren (Abb. 13) und die Ergebnisse der vorangehenden Portfolios in dieses Gesamtportfolio zu übertragen.

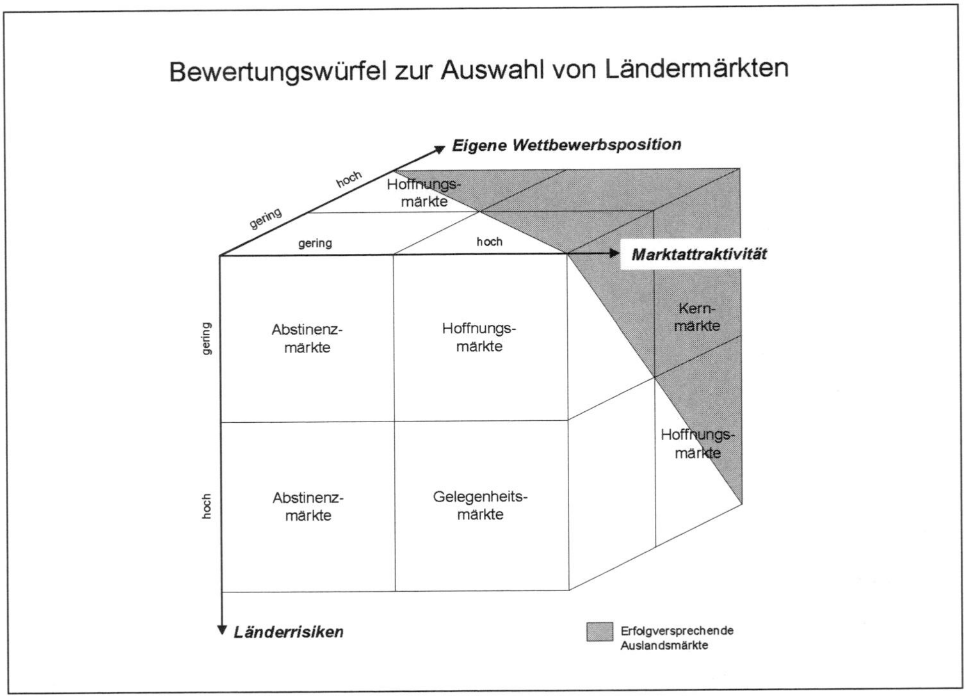

Quelle: Nach Scharrer 2000, S. 122
Abbildung 13: *Bewertungswürfel zur Auswahl von Ländermärkten*

Die Beurteilungsdimensionen lassen sich in die zwei Ausprägungen „niedrig“ und „hoch“ unterteilen. Entsprechend der jeweiligen Ausprägung lässt sich eine Gruppierung der Länder

[48] Vgl. Kutschker/Schmid 2005, S. 941 f.

in Kern-, Hoffnungs-, Gelegenheits- und Abstinenzmärkte ableiten. Dabei stellen die grau hinterlegten Bereiche die Zielmärkte dar, in denen aufgrund vorangehender Bewertungen ein Auslandsengagement für das Unternehmen Erfolg versprechend scheint. Diese Kernmärkte sind durch eine hohe Marktattraktivität und eine starke eigene Wettbewerbsposition bei zugleich geringen Länderrisiken gekennzeichnet. Für die Unternehmen bedeutet dies, die eigene Wettbewerbsposition durch das Erreichen eines hohen Marktanteils zu stärken.

Die Hoffnungsmärkte sind dadurch gekennzeichnet, dass sich eine der drei Dimensionen als weniger gut für den wirtschaftlichen Erfolg des Unternehmens herausstellt. Durch eine Veränderung dieses Indikators können sich diese Länder jedoch von einem Hoffnungsmarkt zu einem Kernmarkt des Unternehmens entwickeln. Das Unternehmen sollte frühzeitig eine günstige Ausgangsposition anstreben. Den Gelegenheitsmärkten wird eine geringe Bedeutung für den Markteintritt beigemessen. Wenn diese Absatzmärkte dennoch bearbeitet werden sollen, ist eine unternehmerische Betätigung mit einer geringen Intensität der Ressourcenbindung zu favorisieren. Von einem Markteintritt des Unternehmens in Abstinenzmärkte ist grundsätzlich abzuraten.[49]

Die Kundenwünsche sind aufgrund ihres exorbitant hohen Stellenwertes bereits in der Vorauswahl zu berücksichtigen, ebenso wie die unternehmensspezifischen Managementanforderungen. Aufgrund ihrer hohen Bedeutung sind diese beiden Aspekte in dem letzten Schritt der Endauswahl ggf. noch einmal auf eine ausreichende Berücksichtigung in dem künftigen Zielmarkt zu überprüfen.

3.3 Primäre Marktanalyse

In den selektierten potenziellen Kernmärkten sollte sich nun zur endgültigen Entschließung über einen Markteintritt eine primäre Marktanalyse anschließen. D. h., es werden in den Zielländern potenzielle Zulieferer, potenzielle Kunden, potenzielle Partner definiert und konkret befragt. Ergebnis dieser systematischen Befragungen sind nicht nur konkrete Fakten zur Entscheidung über den Markteintritt, sondern oft sogar schon interessante Zulieferer, Kunden oder Partner.[50]

---

49 Vgl. Scharrer 2000, S 121 ff.

50 Zur sekundären und primären Marktanalyse s. auch Teil II, S. 103 ff.

4. Aktive Außenwirtschaft

Wie bereits herausgestellt werden konnte, stellt die Außenwirtschaft eine tragende Säule der deutschen Konjunktur dar. Ihre Bedeutung wird in Zeiten intensiverer globaler Wirtschaftsverflechtungen weiter zunehmen. Unternehmen, die die Globalisierung aktiv gestalten und die Chancen wahrnehmen, die das internationale Geschäft in vielfältiger Form eröffnet, bringen wichtige Impulse für den Wirtschaftsstandort Deutschland und schaffen Arbeitsplätze auch in Deutschland. Dabei sind es vor allem die mittelständisch geprägten deutschen Unternehmen, die die Schlagkraft Deutschlands im internationalen Wettbewerb ausmachen.

Bund und Länder stehen daher der Herausforderung gegenüber, eine gezielte Außenwirtschaftspolitik für die deutschen Unternehmen zu betreiben, damit diese die Chancen der Globalisierung noch besser nutzen können. Unternehmen brauchen zukunftsorientierte Rahmenbedingungen, Strukturen und Instrumente, um neue Märkte zu erschließen und sich im harten internationalen Wettbewerb behaupten zu können. Dabei kommt es in erster Linie darauf an, die Unternehmen in enger Zusammenarbeit zwischen Staat und Wirtschaft in den Schlüsselfaktoren für ihren Erfolg im Auslandsgeschäft zu unterstützen. Ziel der Politik ist es daher, Unternehmen in der Außenwirtschaftsförderung bekannte Ansprechpartner und transparente Abläufe anzubieten.[51]

Die prominente Platzierung des Abschnitts „Aktive Außenwirtschaftspolitik“ im 1. Kapitel „Wirtschaft und Technologie“ des Koalitionsvertrages der Bundesregierung vom November 2005 trägt der Bedeutung der Außenwirtschaftsaktivitäten für die deutsche Volkswirtschaft erstmalig Rechnung. Deutlich wird damit die Aufwertung des Themas auch in der politischen Diskussion, nachdem es im Koalitionsvertrag der vorherigen Bundesregierung von 2002 lediglich an einzelnen Stellen sporadisch angeführt wurde.

> „Offene internationale Märkte und freier Handel sind von zentraler Bedeutung für die wirtschaftliche Entwicklung Deutschlands. Durch eine aktive Außenwirtschaftspolitik sollen deutsche Unternehmen daher unterstützt werden, den Weltmarkt zu erschließen. International tätige Firmen sichern und schaffen Arbeitsplätze auch in Deutschland. Ein erfolgreicher Abschluss der Doha-Welthandelsrunde liegt im deutschen Interesse.“[52]

Den Unternehmen stehen als wirtschaftsnahe Informations- und Beratungsinfrastruktur unterschiedliche Institutionen und Instrumente zur Seite. Hervorzuheben sind in erster Linie

- die regionalen Industrie- und Handelskammern (IHKs) und die Handwerkskammern (HwKs),

---

[51] S. dazu gemeinsames Positionspapier von BDI, BdB, BGA, DIHK und Ländervereinen: „Außenwirtschaft stärken – Arbeitsplätze und Wohlstand sichern! Die außenwirtschaftspolitischen Erwartungen der deutschen Wirtschaft zur 16. Legislaturperiode“, Berlin 2005, abrufbar unter http://www.dihk.de.

[52] Koalitionsvertrag: Aktive Außenwirtschaftspolitik (I.1.9), abrufbar unter: http://www.cducsu.de oder http://www.spd.de.

- die bilateralen deutschen Auslandshandelskammern vor Ort in den Zielmärkten (AHKs),
- die zahlreichen Fach- und Branchenverbände, allen voran der Bundesverband der Deutschen Industrie (BDI) mit seinen Mitgliedsverbänden und der Bundesverband des Deutschen Groß- und Außenhandels (BGA),
- die Bundesagentur für Außenwirtschaft (Bfai),
- die Ländervereine[53],
- die Wirtschaftsförderung durch die deutschen Auslandsvertretungen (Botschaften und Generalkonsulate),
- die Wirtschaftsfördergesellschaften in den Bundesländern,
- die Messen im Ausland,
- außenwirtschaftliche Informations- und Kontaktveranstaltungen im Auftrag des BMWi und
- die Exportkredit- und Investitionsabsicherung des Bundes („Hermes- und Investitionsgarantien").

Die internationale Markterschließung stellt gerade an kleine und mittlere Unternehmen höhere Anforderungen als das Inlandsgeschäft. Sie sind wegen ihrer knappen Personalressourcen und ihrer traditionellen Ausrichtung auf den heimischen Markt bei der Erschließung ausländischer Märkte häufig auf externe Unterstützung und Kooperationen angewiesen. Damit vor allem mittelständische Unternehmen der Einstieg in das Thema internationale Markterschließung erleichtert wird, ist unter der Federführung des BMWi der so genannte „Serviceverbund Außenwirtschaft" [54] ins Leben gerufen worden. Er hat sich zum Ziel gesetzt, die Informations- und Beratungsangebote der unterschiedlichen Akteure von Bund und Ländern im In- und Ausland besser aufeinander abzustimmen. Den elektronischen Medien – insbesondere dem Außenwirtschaftsportal iXPOS – kommt dabei eine Schlüsselrolle zu.

Der Staat kann durch seine Strukturen der Außenwirtschaftsförderung die Rahmenbedingungen schaffen – für den Erfolg auf den Auslandsmärkten sind letzten Endes aber die Unternehmen selbst verantwortlich. Wie sie sich im Auslandsgeschäft erfolgreich behaupten konnten, zeigen die in der Studie „Going International" befragten Unternehmen beispielhaft auf. Wie funktioniert ein Auslandsengagement in der Praxis? Was führt zum Erfolg und worin liegen die Hauptprobleme? Diese und weitere Fragestellungen gilt es, im nachfolgenden Teil II zu beantworten.

---

53 Afrika-Verein. Ibero-Amerika-Verein, Nah- und Mittelost-Verein, Ostasiatischer Verein, Ost- und Mitteleuropa-Verein.

54 Hierzu gehören im Wesentlichen non-profit Institutionen der öffentlichen Hand und Verbände der Privatwirtschaft. Einen Überblick über Ansprechpartner, Informations- und Beratungsangebote innerhalb des Serviceverbunds Außenwirtschaft verschafft das zentrale deutsche Internet-Außenwirtschaftsportal iXPOS, http://www.ixpos.de.

Teil II

Going International

Einleitung

Wie die vorangehenden Ausführungen zeigen, ist das Auslandsgeschäft von zunehmender Bedeutung für die deutsche Wirtschaft. In der Erkenntnis eben dieser Entwicklung liegt auch die Motivation der Umfrage „Going International“, deren Ergebnisse im August 2005 vom DIHK und der Steinbeis-Hochschule Berlin in der Studie „Going International“ veröffentlicht wurden.

In diesem Sinne werden in Teil II des Praxishandbuchs zunächst die wesentlichen, in der Studie aufgearbeiteten Umfrageergebnisse hinsichtlich der Grunddaten dargestellt und ergänzt. Die Ergebnisse werden dann in den nachfolgenden Teilen III und IV mit Blick auf die „Zielmärkte“ und „ Branchen“ genauer beleuchtet.

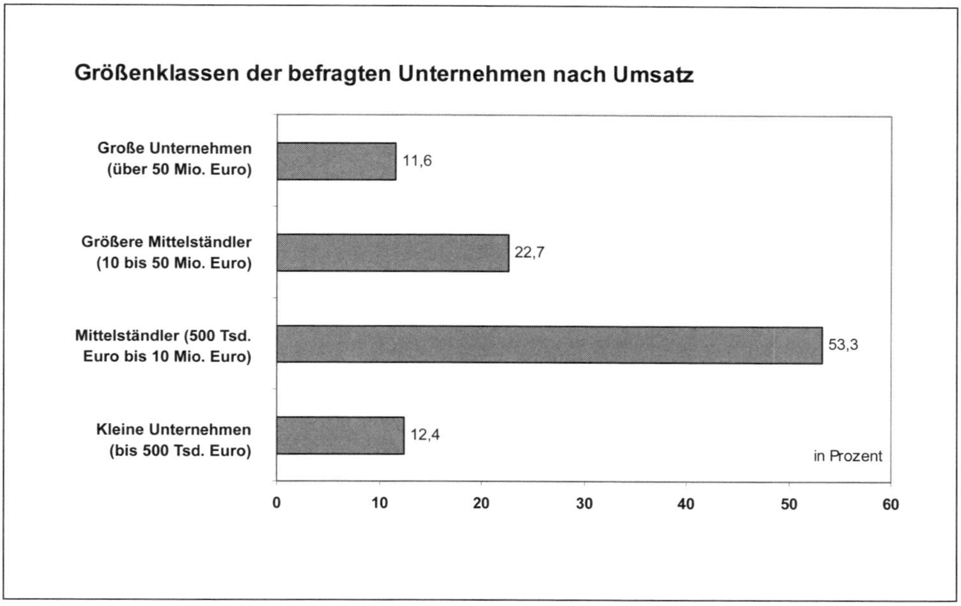

Quelle: Eigene Studie „Going International“
Abbildung 14: *Größenklassen der befragten Unternehmen nach Umsatz*

Die Studie basiert auf einer bundesweiten schriftlichen Befragung von 74 Industrie- und Handelskammern bei ca. 55.000 *international tätigen Unternehmen* quer durch alle Wirtschaftszweige und Betriebsgrößen. Knapp 4.400 Unternehmen haben sich am Ende mit statistisch verwertbaren Antworten beteiligt. Die Befragung wurde in den IHK-Bezirken mit Hilfe eines einheitlichen Fragebogens im April/Mai 2005 durchgeführt.

Die Teilnehmer der Befragung sind überwiegend kleine und mittelständische Unternehmen (Abb. 14). Knapp zwei Drittel der Befragten hatten im Jahr 2004 einen Umsatz von weniger als 10 Mio. Euro.

Mehr als die Hälfte der befragten Unternehmen (60 %) ist dem produzierenden Gewerbe zuzuordnen (Abb. 15). Ein Viertel der Unternehmen kommt aus dem Bereich Einzel- und Großhandel, weitere 15 % sind Dienstleister, diese insbesondere aus dem unternehmensnahen Bereich. Innerhalb des produzierenden Gewerbes sind Maschinenbau (12 % der Befragten) und Elektrotechnik (10 % der Befragten) die am stärksten vertretenen Branchen.

Die vorliegende Studie geht zurück auf eine gleichnamige Untersuchung der IHK Region Stuttgart und der Steinbeis-Hochschule Berlin aus dem Herbst 2003, der eine Befragung von außenwirtschaftlich tätigen Unternehmen aus dem IHK-Bezirk Stuttgart zugrunde liegt („Going International 2003/2004“).

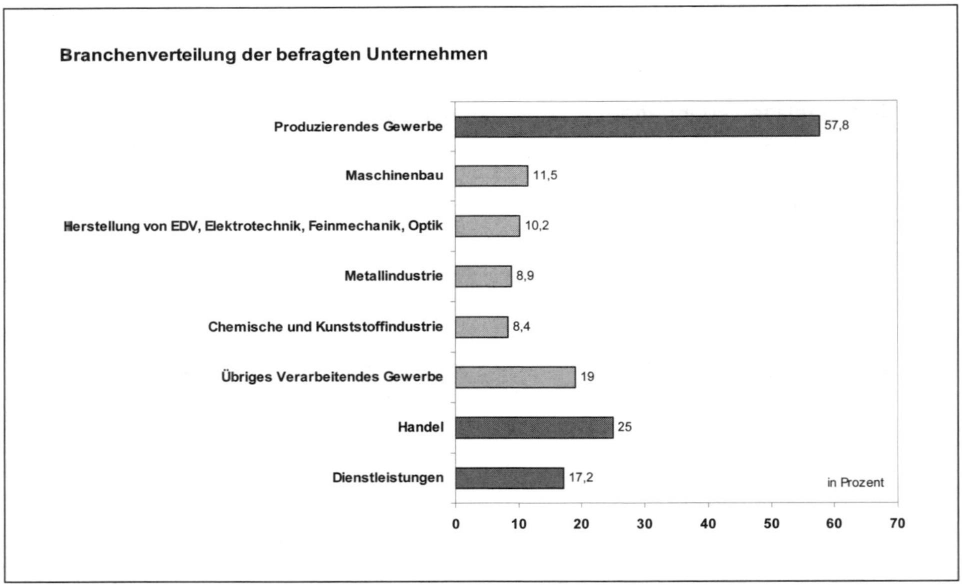

Quelle: Eigene Studie „Going International“
Abbildung 15: *Branchenverteilung der befragten Unternehmen*

In die Bewertung der Ergebnisse der Umfrage sind zudem weitere Umfragen des DIHK eingeflossen, die jeweils auf einem anderen befragten Unternehmerkreis beruhen:

- „Produktionsverlagerung als Element der Globalisierungsstrategie von Unternehmen" – Ergebnisse einer Unternehmensbefragung Mai 2003 (Teilnehmerkreis: Unternehmen der Industrie, Bauwirtschaft, Verkehrsbranche und von unternehmensorientierten Dienstleistungen)
- „FuE-Verlagerung: Innovationsstandort Deutschland auf dem Prüfstand" – Ergebnisse einer Unternehmensbefragung Februar 2005 (Teilnehmerkreis: ausschließlich forschungsintensive Firmen)
- „Investitionen im Ausland" – Ergebnisse einer DIHK-Umfrage bei den Industrie- und Handelskammern Frühjahr (März) 2005 (Teilnehmerkreis: Industrieunternehmen)

In dem sehr weitläufigen Themengebiet internationaler Geschäftsaktivitäten deutscher Unternehmen fokussiert die vorliegende Studie vor allem die Praxis des Auslandsengagements und die damit verbundenen Erfolgsfaktoren und Hauptprobleme. Erläutert werden deshalb Gründe und Formen des Auslandsengagements sowie weltweite Zielmärkte, Art der Vorbereitung der Aktivitäten, besondere Aspekte der Geschäftsentwicklung und Erfolgsfaktoren und Problemstellungen der Firmen.

Die Studie beginnt mit der Frage, welche Erwartungen deutsche Unternehmen, die bereits international tätig sind, mit der Aufnahme ihres Auslandsengagements verbunden haben und ob sich die Erwartungen erfüllt haben. Im Weiteren wird untersucht, in welcher Form, ob über Export, Einkauf, Tochterunternehmen oder in anderer Weise die Unternehmen in den verschiedenen Regionen im Ausland tätig sind.

Hiernach werden die Zielmärkte aufgezeigt, die für die teilnehmenden Unternehmen im Vordergrund ihrer internationalen Aktivitäten stehen.

Zum Erfolg deutscher Unternehmen gehört die Art der Vorbereitung der internationalen Geschäftsaktivitäten. Dabei geht es um Themen wie Markterkundung, Produktanpassung, Personalsuche und -auswahl, Unterstützung und Förderung.

Anschließend wird die weitere Geschäftsentwicklung mit den Erfolgsfaktoren des Auslandsengagements betrachtet. Hierbei werden speziell die Aspekte Investitionen sowie die Verlagerung von Produktion, Forschung und Entwicklung ins Ausland herausgehoben. Themen sind darüber hinaus die Erfolge der befragten Unternehmen nach Regionen und Formen des Auslandsengagements und die Prognosen für das weitere Auslandsgeschäft.

Während es bei diesem Abschnitt vor allem darum geht, mit welchen Strategien Unternehmen international erfolgreich agieren, werden sodann die Hauptprobleme beleuchtet, mit denen deutsche Unternehmen im Auslandsgeschäft zu kämpfen haben. Eine abschließende Zusammenfassung mit den wesentlichen Erfolgsfaktoren im Auslandsgeschäft rundet Teil II des Buches ab.

Die aus der Umfrage gewonnenen empirischen Daten und Erkenntnisse sind sehr umfangreich; die vorliegende Studie beschränkt sich deshalb darauf, eine Auswahl der wesentlichen Ergebnisse vorzustellen und hieraus wichtige Schlussfolgerungen zu ziehen. Natürlich liefern die Daten auch eine Zustandsbeschreibung der auslandsaktiven Unternehmen.

Auslandsengagement – Gründe, Formen und Erfolgsbilanz

Viele deutsche Unternehmen stellen sich nicht nur dem nationalen Wettbewerb, sondern werden auch auf internationalen Märkten aktiv. Beschaffungs- und Absatzmärkte beschränken sich schon lange nicht mehr auf die jeweiligen nationalen Heimatmärkte von Unternehmen. Nicht nur im innereuropäischen, sondern sogar im weltweiten Vergleich liegt das Exportvolumen deutscher Unternehmen seit Jahren auf Platz eins. Nicht zuletzt deshalb sind die Erfolge der deutschen Wirtschaft vom Geschäft auf den internationalen Märkten abhängig. Daher stellt sich die Frage, warum sich ein Unternehmen überhaupt für ein Engagement im Ausland entscheidet.

Auf volkswirtschaftlicher bzw. wirtschaftspolitischer Ebene gehen die Erklärungsansätze auf die Theorie der absoluten Kostenvorteile nach Adam Smith (1776) und die Theorie der relativen (komparativen) Kostenvorteile nach David Ricardo (1817) zurück. Auch die Erklärungsansätze auf unternehmenspolitischer Ebene knüpfen teilweise an die neo-klassischen Wirtschaftstheorien an.[55] Vor allem empirische Untersuchungen zu den Motiven[56], die die befragten Unternehmensleiter bzw. Entscheidungsträger zu einem Auslandsengagement bewegen, liefern dazu einen wertvollen Beitrag.[57] Auf dieser Grundlage lassen sich die mit der Aufnahme eines Auslandsengagements verfolgten Unternehmensziele in drei Gruppen zusammenfassen. So verfolgen Unternehmen mit der Internationalisierung ihrer Geschäftstätigkeit generell die Ziele, Absatz und Marktanteil zu sichern. Daher gilt es, neue Märkte zu erschließen oder bestehende Märkte zu sichern, wozu der Aufbau von Marketing/Vertrieb bzw. Kundendienst beitragen. In der zweiten Gruppe ist das Unternehmensziel der Kostensenkung anzuführen, das – angeheizt durch die öffentliche Diskussion und die Medien – für deutsche Unternehmen zunehmend an Bedeutung gewinnt, womit jedoch nicht die vollständige Verlagerung der Produktionsstätten in Länder mit günstigerer Kostenstruktur und damit die Aufgabe des inländischen Standorts einhergehen. Vervollständigt werden die beiden zuvor genann-

---

[55] Vgl. Dülfer 1999, S. 84 ff. mit einer kurzen Skizzierung der Theorien.

[56] Der Theorie nach sind die persönlichen Motive der Entscheidungsträger und die unternehmensbezogenen Ziele der Internationalisierung zu trennen, vgl. Müller/Kornmeier 2002, S. 111 f. In der Praxis stehen persönliche Motive und unternehmenspolitische Ziele jedoch oftmals in untrennbarem Zusammenhang, wie auch in den nachfolgenden Ausführungen.

[57] Vgl. Dülfer 1999, S. 88 ff.

ten Zielkategorien durch die beschaffungsorientierten Ziele, die z. B. dazu dienen, die Rohstoffversorgung zu sichern und Know-how zu nutzen bzw. zu erwerben.[58]

Dies bedeutet, dass die Zielsetzung eines Unternehmens darin besteht, seine Ertrags- und Wettbewerbssituation zu verbessern. Dies kann durch eine mit der Internationalisierung verbundene Umsatz- und Gewinnsteigerung und/oder Kostenreduzierung realisiert werden.[59] Dabei kann die Umsatzsteigerung bzw. das Wachstum durch die Erschließung neuer Ländermärkte, z. B. mittels Export, verwirklicht werden, während eine Kostenreduzierung[60] durch eine kostenoptimale Zerlegung der Wertschöpfungskette erfolgt, d. h. Folge von z. B. günstigerer Beschaffung und Produktion im Ausland ist.

Insofern interessieren auch in der Studie „Going International" die genaueren Beweggründe, die zu einem Auslandsengagement der befragten Unternehmen geführt haben. Gehen deutsche Unternehmen im Wesentlichen wegen der niedrigeren Personalkosten ins Ausland oder gibt es andere Gründe? Darüber hinaus stellt sich auch die Frage, in welcher Form sich die befragten Unternehmen im Ausland engagieren? Und sind die Unternehmen mit ihrem Auslandsengagement zufrieden? Erfüllen sich die Erwartungen, die – nach einem oftmals mühsamen Geschäftsaufbau – in die Märkte außerhalb Deutschlands gesetzt werden?

1. Gründe und Motive für das Auslandsengagement

Bei weitem das wichtigste Motiv ist nach Aussage der antwortenden Unternehmen mit 92 % die Erschließung neuer Absatzmärkte für den Verkauf (Abb. 16). An zweiter Stelle steht die Erschließung von (kostengünstigeren) Einkaufsmärkten mit 57 % der Unternehmensantworten, womit die Ziele des Wachstums bzw. der Wettbewerbsfähigkeit – im Einklang mit der Theorie – eindeutig im Vordergrund für das Auslandsengagement stehen.

Gerade spezifische Marktgegebenheiten wie beispielsweise die bessere Wettbewerbssituation oder spezielle Märkte für Waren und Dienstleistungen (56 %) bewegen Unternehmen zum Gang ins Ausland. 48 % der befragten Unternehmen folgen Kundenwünschen und dehnen deshalb ihre Angebote auf ausländische Märkte aus. Niedrigere Personal- und Sachkosten rangieren als Grund für ein Auslandsengagement erst an fünfter Stelle (33 %). Immerhin knapp ein Drittel der Unternehmen (30 %) beginnt ein Auslandsengagement aufgrund persönlicher Beweggründe oder zufälliger persönlicher Kontakte – eine bemerkenswert hohe Zahl.

---

[58] Vgl. Müller/Kornmeier 2002, S. 114 ff.

[59] Vgl. Meier/Roehr 2004b, S. 14 f.

[60] Zur Kostendegression s. auch: Kutschker/Schmid 2005, S. 427 ff.

	Gründe	*Summenwert in Prozent*
1.	Erschließung neuer Absatzmärkte/Verkauf	92,1
2.	Erschließung neuer Märkte/Einkauf	56,5
3.	Wettbewerbssituation/Spezieller Markt für mein Produkt	55,8
4.	Kundenwunsch/Nähe zum Kunden	47,8
5.	Niedrige Personalkosten/Sachkosten	33,0
6.	Persönliche Beweggründe/Zufällige Kontakte	29,5
7.	Service/Aftersale	26,6
8.	Weniger Regulierung/Bürokratie für Geschäftstätigkeit im Ausland	24,4
9.	Niedrige Steuern und Abgaben im Ausland	22,1
10.	Bessere arbeitsrechtliche Bedingungen im Ausland	21,1
11.	Förderung und Unterstützung beim Aufbau des Auslandsengagements	20,4
12.	Niedrigere Zölle	19,7
13.	Höhere Produktivität im Ausland	18,9
14.	Bessere Personalverfügbarkeit und Qualifikation im Ausland	17,6
15.	Vermeidung nicht-tarifärer Handelshemmnisse	17,4
16.	Besseres FuE-Know-how im Ausland	16,3
17.	Bessere Infrastruktur im Ausland	15,5

Quelle: Eigene Studie „Going International"
Abbildung 16: *Gründe und Motive für das Auslandsengagement*

27 % aller befragten Unternehmen nennen als Grund für ihr Auslandsengagement auch den Bereich Service/Aftersale. Darüber hinaus führen die befragten Unternehmen weniger Regulierung und Bürokratie in den Zielländern (24 %), geringere Steuern und Abgaben (22 %) und bessere arbeitsrechtliche Bedingungen (21 %) an.

Weitere günstigere Rahmenbedingungen im Ausland wie Personal, Know-how, Kostengründe, Produktivität und Infrastruktur tauchen eher als nachrangige Gründe auf.

Über alle Branchen und Unternehmensgrößen hinweg ist die Erschließung neuer Absatzmärkte der am häufigsten genannte Beweggrund. Er wird besonders häufig bei Unternehmen im produzierenden Gewerbe angegeben. Für den Handel und Dienstleistungsbereich nimmt er einen geringeren Stellenwert ein.

Die Erschließung neuer Einkaufsmärkte ist gerade für den Handel von großer Bedeutung; der Einkauf spielt im Groß- und Außenhandel (Importeure, Einkaufsbüros) sowie im E-Commerce eine große Rolle. Bemerkenswert ist das hohe Gewicht des Einkaufs im Ausland bei Großunternehmen (62 %) sowie bei vielen Branchen des verarbeitenden Gewerbes, wie z. B. dem Maschinenbau (63 %). Aber auch im traditionell stärker binnenorientierten Dienstleistungsgewerbe ist der Einkauf eine treibende Kraft zur Erschließung neuer Märkte (45 %). Besonders häufig wird dieser Beweggrund auch von Unternehmen genannt, die ihre Produktion ins Ausland verlagern (68 %).

Den Grund „Kundenwunsch bzw. Nähe zum Kunden" nennen vor allem die Großunternehmen (69 %). Des Weiteren geben 60 % der Unternehmen, die ihre Produktion bereits verlagert haben bzw. noch verlagern wollen, dies als Motiv an. Der Kundenwunsch spielt somit eine wichtige Rolle bei Standortverlagerungen.

Nur für 16 % aller auslandsaktiven deutschen Unternehmen sind eine bessere Infrastruktur im Ausland relevant für die Aufnahme einer internationalen Aktivität. In den meisten Fällen haben sich hierbei die Erwartungen nicht erfüllt. Somit punktet bei der Infrastruktur – im Vergleich zu allen Zielregionen – der Standort Deutschland – und dies aus Sicht von Unternehmen in allen Bundesländern, Branchen und Größenklassen.

20 % der gefragten Unternehmen werden aufgrund von konkreten Förder- und Unterstützungsmaßnahmen im Ausland aktiv. Die Bedeutung dieser externen Hilfestellung ist bei Produktionsverlagerungen und beim E-Commerce besonders wichtig. Je weiter das Zielland von Europa entfernt liegt, desto wichtiger scheint das Förderinstrumentarium für die Firmen zu sein.

2. Zielerreichung und Erfolgsbilanz der Befragten

Die Unternehmen wurden ferner befragt, ob sich die Anfangserwartungen in der geschäftlichen Praxis im Ausland tatsächlich erfüllt haben (Abb. 17).

Von den Unternehmen, die mit dem Ziel der Erschließung neuer Absatzmärkte Geschäftsbeziehungen zum Ausland aufgebaut haben, haben sich für 86 % die Erwartungen erfüllt. Betrachtet man die Ergebnisse differenziert, so zeigt sich, dass kleine Unternehmen im Vergleich etwas weniger erfolgreich sind (84 %) als insbesondere größere Mittelständler (93 %) und Großunternehmen (92 %). Nicht erfüllte Erwartungen gibt es tendenziell häufiger bei Unternehmen aus den neuen Bundesländern. Im Branchenvergleich zeigt sich, dass die Unternehmen der Maschinenbauindustrie mit 91 % besonders zufrieden sind.

Bei einer Verknüpfung der Frage nach der Erfüllung der Erwartungen beim Auslandsengagement mit der Frage nach der Form der Geschäftstätigkeit zeigt sich, dass überdurchschnittlich viele der befragten Unternehmen erfolgreich sind, wenn sie ein Engagement im Ausland aufgrund eines Kundenwunsches oder wegen einer besseren Wettbewerbssituation beginnen. Für die Unternehmen, die diese Gründe nennen, liegt die Zufriedenheitsquote bei jeweils über 80 %. Besonders erwähnenswert ist eine ausnahmslose Zufriedenheit der Großunternehmen, wenn es darum ging, einem Kundenwunsch zu folgen.

Quelle: Eigene Studie „Going International"
Abbildung 17: *Gründe und Motive für das Auslandsengagement: Erwartungen erfüllt/nicht erfüllt*

Bei der „Erschließung neuer Einkaufsmärkte" zeigen sich die Unternehmen im Verhältnis etwas weniger zufrieden. Jedoch sehen immer noch 70 % ihre Erwartungen als erfüllt an. Größere Unzufriedenheit gibt es besonders im Maschinenbau (41 % nicht erfüllte Erwartungen) sowie im Dienstleistungsbereich (38 %). Zudem sieht sich ein überdurchschnittlicher Anteil der befragten Unternehmen in seinen Erwartungen enttäuscht, wenn der Weg eines Einkaufsbüros gewählt wird (32 %). Über 75 % derer, die niedrigere „Personal- und Sachkosten" als Beweggrund festmachen, bewerten ihre Erfahrungen als positiv.

Bei den positiven Standortbedingungen sind zwei Bereiche beim Auslandsengagement besonders erwähnenswert: „Bessere arbeitsrechtliche Bedingungen" sehen 62 % der Unternehmen im Ausland als erfüllt an, wobei es kaum Unterschiede zwischen den in der Studie behandelten Ländern/Regionen gibt. Erfüllte Erwartungen im Ausland gibt es außerdem bei niedrigeren Steuern (74 %) – wobei 100 % der Großunternehmen sich bei ihrem Auslandsengagement bestätigt sehen. In dieselbe Kategorie überwiegend erfüllter Erwartungen fällt auch das Thema „weniger Regulierungen", das knapp zwei Drittel als Plus verbuchen.

Die Unternehmen können somit im Ausland sehr erfolgreich neue Absatzmärkte erschließen und die Chancen des Exports nutzen. Auch die Erschließung neuer Einkaufsmärkte verläuft für die befragten Unternehmen in einem hohen Maße zufrieden stellend.

Mehrheitlich unzufrieden sind Unternehmen, wenn sie durch eine Investitionsunterstützung oder -förderung ein Auslandsengagement beginnen. Hier erfüllen sich die Erwartungen lediglich für 41 % der Unternehmen. Insbesondere kleinere Unternehmen machen hier negative Erfahrungen (63 %). Starke Enttäuschungen gibt es zudem in den Bereichen niedrigere Zölle, Vermeidung nicht-tarifärer Handelshemmnisse, höhere Produktivität im Ausland, besseres Know-how sowie bessere Personalverfügbarkeit und Infrastruktur. Auch jene Unternehmen, die ein besseres Know-how speziell im Bereich FuE im Ausland erwarten, werden überwiegend enttäuscht.

Die Umfrageergebnisse zeigen:

- Die wesentlichen Gründe für ein Auslandsengagement der Unternehmen sind eindeutig marktorientiert. Die Erschließung neuer Absatzmärkte, die Erschließung neuer Einkaufsmärkte und die Erfüllung von Kundenwünschen bzw. die Nähe zum Kunden (beispielsweise als Lieferant) stehen obenan. Überdies gibt es bei vielen offenbar eine besonders günstige Absatzsituation für ihre Produkte. Aus dieser Motivation heraus handelnde Unternehmen sind in aller Regel erfolgreich.
- An zweiter Stelle – in der Häufigkeit ihrer Nennung jedoch deutlich dahinter – stehen Gründe wie geringere Kosten, weniger Regulierungen, weniger Bürokratie, niedrigere Steuern und bessere arbeitsrechtliche Bedingungen. Unternehmen, die aus dieser Motivation heraus ein Engagement im Ausland beginnen, sehen ihre positiven Erwartungen in den Resultaten meist bestätigt.
- In einem dritten Bereich von Gründen geht es um Themen wie Unterstützung und Förderung, niedrigere Zölle, höhere Produktivität, besseres Know-how und eine bessere Infrastruktur im Ausland. Erwartungen der Unternehmen, die sich an diese Gründe geknüpft haben, werden in der Regel nicht erfüllt.

3. Formen des Auslandsengagements

Welche Form des Auslandsengagements ein Unternehmen wählt, hängt von einer Vielzahl von unterschiedlichen Faktoren ab: Die Art der Güter und die Produktionstiefe, die Art der Dienstleistungen, die Zielgruppen und die Vertriebsgegebenheiten am Zielmarkt, die Ein- und Ausfuhrbestimmungen, der rechtliche Rahmen, aber auch langfristige marktstrategische Überlegungen und Risikobereitschaft eines Unternehmens beeinflussen die Entscheidung.

Daraus ergeben sich für Unternehmen im Auslandsgeschäft viele unterschiedliche Aktivitätsmöglichkeiten. Als Basisformen des Außenhandels gelten bei Waren und bei Dienstleistungen Export und Import. Export ist der grenzüberschreitende Absatz der im eigenen

Land (Wirtschaftsgebiet) produzierten Waren und Dienstleistungen an das Ausland. Import ist der grenzüberschreitende Bezug von Waren und Dienstleistungen aus dem Ausland. Damit fließen beim Export Waren und Dienstleistungen vom Inland ins Ausland, während die Handelsströme beim Import in umgekehrter Richtung verlaufen. Dabei kann die Distribution von Waren sowohl beim Export als auch beim Import unmittelbar zwischen einem Hersteller im Exportland und einem Abnehmer im Importland (direkter Export/Import) oder über ein oder mehrere spezielle Außenhandelsunternehmen als Zwischenhändler im Exportland (indirekter Export) oder im Importland (indirekter Import) erfolgen. D. h., der inländische Zwischenhändler wird beim Export/Import umgangen, während beim indirekten Außenhandel immer ein Distributionsorgan im Inland zwischengeschaltet ist. Dabei liefert der Direktexporteur beispielsweise unmittelbar an einen ausländischen Groß- und Außenhändler, an eine eigene Auslandsniederlassung oder sogar direkt an den Endabnehmer. Der Direktimporteur bezieht seine Waren oder Dienstleistungen unmittelbar von einem Lieferanten oder Hersteller im Exportland oder schaltet z. B. auf seinem Einkaufsweg einen Handelsmittler im Ausland ein.[61]

Im Zeitalter der Globalisierung gewinnt Sourcing/Einkauf zunehmend an Bedeutung, d. h. die klassische grenzüberschreitende Beschaffung von Waren und Dienstleistungen für die eigene Produktion im Inland. Während die Unternehmung bei den zuvor genannten Auslandsaktivitäten noch im Heimatland angesiedelt ist, sieht dies z. B. bei Repräsentanzen, Joint Ventures und Tochterunternehmen anders aus.

Ein Joint Venture ist eine gemeinsame Unternehmung zweier oder mehrerer Partner. Bei internationalen Joint Ventures ist mindestens ein Partner bzw. das Joint Venture selbst im Ausland angesiedelt. Dabei gründen die Partner zumeist eine neue Unternehmung, in die sie Kapital, Vermögen, Personal und/oder Wissen einbringen. Demgegenüber wird bei einer losen Kooperation auf eine gegenseitige Kapitalbeteiligung verzichtet. Im Vordergrund steht, in genau definierten Bereichen zu kooperieren, um die eigene Wettbewerbsposition durch gemeinsames Handeln zu verbessern.[62]

Bei Repräsentanzen handelt es sich meist um kleine Büros mit einem oder wenigen Mitarbeitern, deren Hauptaufgabe in der Anbahnung von Geschäften und der Kontaktpflege mit potenziellen Kunden, Lieferanten, Banken und staatlichen Stellen liegt.

Tochtergesellschaften sind rechtlich selbständige Engagements inländischer Unternehmungen im Ausland. Dabei gibt es Tochtergesellschaften, die die gesamte Wertschöpfungskette umfassen, aber auch solche, deren Tätigkeiten auf bestimmte Funktionsbereiche beschränkt sind (z. B. Vertriebsgesellschaft, Produktionsgesellschaft). Hinsichtlich des Eigentums kann es sich bei Tochtergesellschaften um Mehrheitsbeteiligungen oder vollbeherrschte Gesellschaften handeln.

---

[61] S. dazu ausführlich: Jahrmann 2004, S. 49 ff.; Kutschker/Schmid 2005, S. 16ff., 820 ff.; Altmann 2001, S. 27 ff.; Sachs 1996, S. 7 ff.; Pleitner 1995, S. 297 ff.

[62] Vgl. Kutschker/Schmid 2005, S. 248. Zu Joint Ventures s.: Weber/Kabst 2000, S. 257-272.

Neben den dargestellten Formen existieren in der Praxis noch weitere Möglichkeiten der Auslandsbeteiligung: Einkaufs- und Vertriebsbüros, Forschungs- und Entwicklungsaktivitäten, E-Commerce, d. h. der elektronische, grenzüberschreitende Handel etc.

Entsprechend stellt sich die Frage, wie sich die befragten deutschen Unternehmen im Auslandsgeschäft engagieren: Welche Aktivitätsformen wählen die deutschen Unternehmen, und welche Formen des Engagements werden in welcher Zielregion bevorzugt genutzt?

Daraus ergeben sich für die deutschen Unternehmen im Auslandsgeschäft viele unterschiedliche Aktivitätsmöglichkeiten: direkter Export, Vertriebsbüros, Import mit oder ohne Repräsentanz, Zukauf von Waren und Dienstleistungen für die eigene Produktion im Inland (Sourcing/Einkauf), Tochtergesellschaften, partnerschaftliche Unternehmensformen (Joint Ventures), lose Kooperationen, Forschungs- und Entwicklungsaktivitäten, E-Commerce etc. Entsprechend stellt sich die Frage, wie sich die befragten Unternehmen im Auslandsgeschäft engagieren.

An erster Stelle des Auslandsengagements deutscher Unternehmen in der EU-15/EFTA steht der Export mit 90 % (Abb. 18), der in allen Zielregionen von mindestens 75 % der befragten Unternehmen als wichtigste Aktivitätsform angegeben wird.[63] 83 % der im Afrikageschäft tätigen Unternehmen exportieren in diese Länder, 82 % tun dies nach Lateinamerika und fast 75 % in die Region Asien/Pazifik. Export als Form der Auslandsaktivität ist unter den Firmen in den alten sowie in den neuen Bundesländern nahezu gleich verbreitet.

In der Rangfolge an zweiter Stelle folgt mit 58 % Sourcing/Einkauf (Abb. 18). Die Tatsache, dass mehr als jedes zweite befragte produzierende Unternehmen angibt, Aktivitäten wie Sourcing/Einkauf im Ausland zu tätigen, gibt einen Hinweis auf internationale Abhängigkeiten und Verflechtungen der deutschen Industrie.

Am dritthäufigsten sind die Unternehmen mit Repräsentanzen oder Vertriebsbüros im Ausland aktiv (36,5 %), gefolgt von losen Kooperationspartnern, welche von einem Drittel der befragten Unternehmen angegeben werden.

Eigene Tochtergesellschaften (inklusive Produktion) unterhalten 28,2 % der Unternehmen. Diese Form des Auslandsengagements wird vor allem in der Zielregion Nordamerika favorisiert. Von derselben Bedeutung wie Tochterunternehmen ist der Import, welcher ebenfalls von 28,2 % der befragten Unternehmen als Aktivitätsform angeben wird.

Weit abgeschlagen sind demgegenüber mit nur 13,3 % Joint Ventures/Allianzen. Forschung und Entwicklung sowie Einkaufsbüros, die von 9,2 % bzw. 5,2 % der befragten Unternehmen angegeben werden (Abb. 18), scheinen nur eine marginale Rolle zu spielen. Auch E-Commerce ist trotz der immensen Technologisierung bisher von insgesamt niedrigem Stellenwert für eine Form des Auslandsengagements. E-Commerce praktizieren nur etwa 3 % der befragten Firmen, und von diesen beschränken sich fast alle (90 %) auf die EU-15/EFTA-Länder. Einen Hinweis auf die Ursache für diesen geringen Anteil liefert die Frage nach dem Erfolg: Misserfolge sind beim E-Commerce im Ausland eher die Regel als die Ausnahme. In

---

[63] S. dazu Abb. 89, Abb. 156, Abb. 189, Abb. 224, Abb. 264, Abb. 290, Abb. 314 in den Zielregionen.

Bezug auf die Unternehmensgrößen fällt auf, dass gerade kleine und mittlere Unternehmen im Export besonders aktiv sind (82 %). Großunternehmen engagieren sich dagegen stärker durch Tochterunternehmen. Als bevorzugte Zielregionen sind dabei die EU-15/EFTA-Staaten (75 %) und Nordamerika (73 %) anzusehen. Von den Großunternehmen tätigen 63 % Einkäufe bzw. Importe in den Ländern der EU-15/EFTA. Differenziert man die Ergebnisse nach Branchen, so engagieren sich Maschinenbau, Metallindustrie und Handel zu über 50 % mit Einkäufen auf dem EU-15/EFTA-Markt und zu 40 % mit Einkäufen aus den zehn neuen EU-Mitgliedstaaten. Die Maschinenbau-Branche richtet verstärkt Vertriebsbüros in Asien, den EU-Bewerberländer (inklusive RUS/GUS) und der EU-15/EFTA ein. Auch Dienstleistungsunternehmen zeigen sich mit zwei Dritteln besonders aktiv im Export.

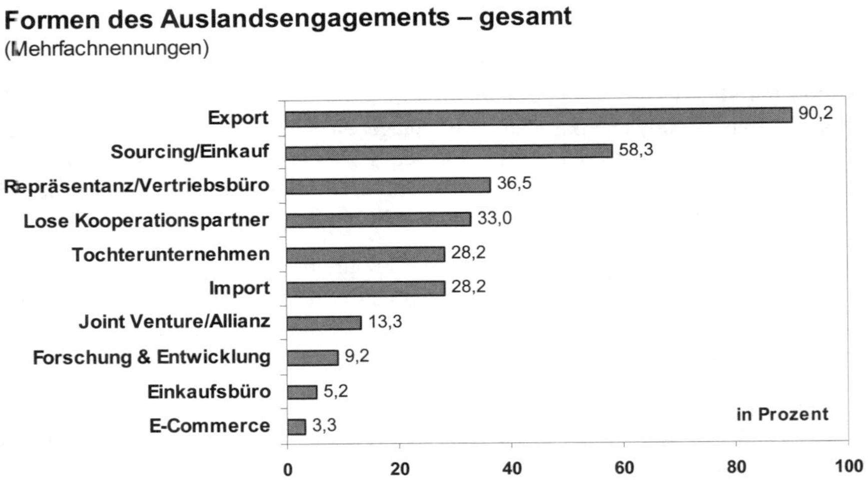

Quelle: Eigene Studie „Going International“
Abbildung 18: *Formen des Auslandsengagements – gesamt*

Stellt man die Fragestellung in den Vordergrund, wie viele Unternehmen, die einer bestimmten Aktivitätsform nachgehen, damit in welcher Zielregionen aktiv sind (Abb. 19-28), so stehen die Länder der bisherigen EU-15/EFTA bei fast allen Formen des Auslandsengagements obenan, während Lateinamerika und Afrika die Regionen mit den derzeit geringsten Aktivitäten der deutschen Unternehmen darstellen und somit großes Potenzial für ein weiteres Engagement bieten.

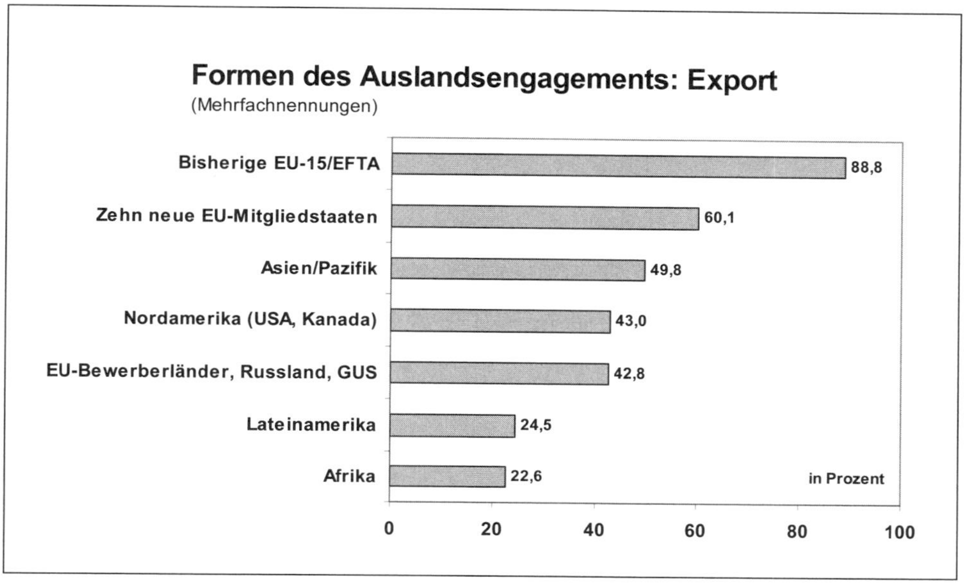

Quelle: Eigene Studie „Going International"

Abbildung 19: *Formen des Auslandsengagements: Export*

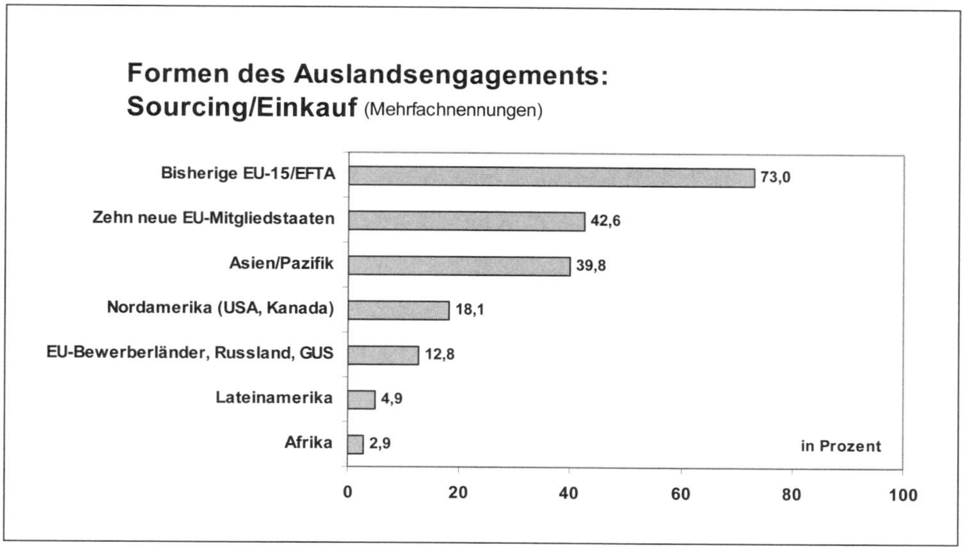

Quelle: Eigene Studie „Going International"

Abbildung 20: *Formen des Auslandsengagements: Sourcing/Einkauf*

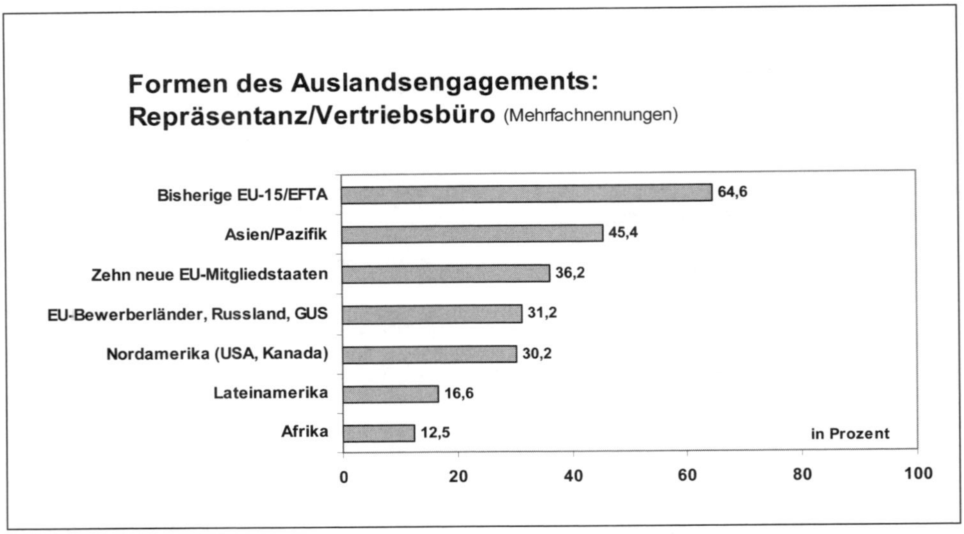

Quelle: Eigene Studie „Going International"
Abbildung 21: *Formen des Auslandsengagements: Repräsentanz/Vertriebsbüro*

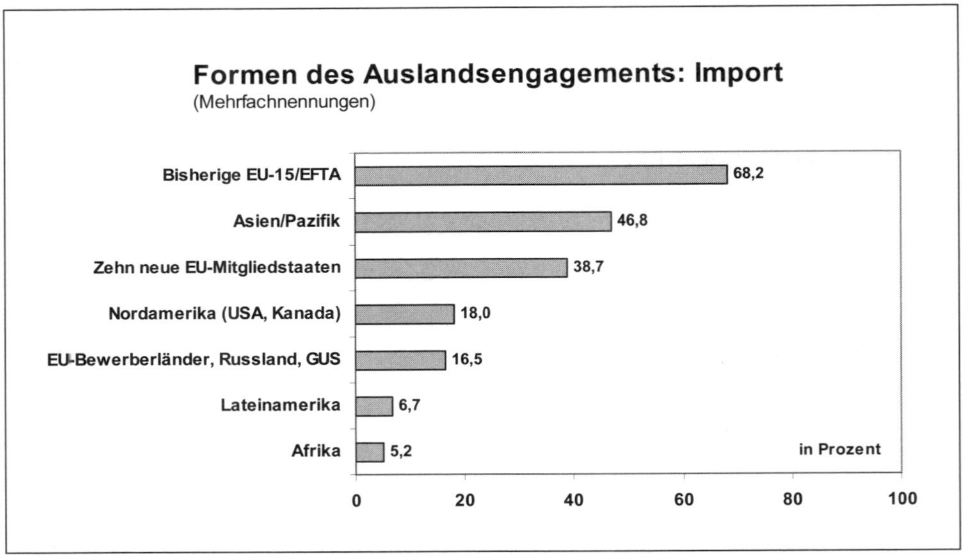

Quelle: Eigene Studie „Going International"
Abbildung 22: *Formen des Auslandsengagements: Import*

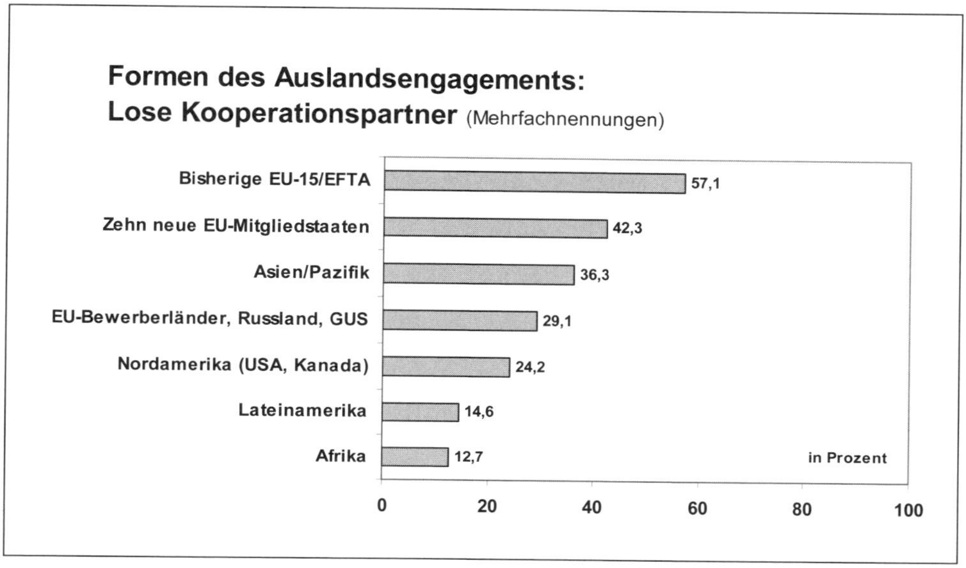

Quelle: Eigene Studie „Going International"

Abbildung 23: *Formen des Auslandsengagements: Lose Kooperationspartner*

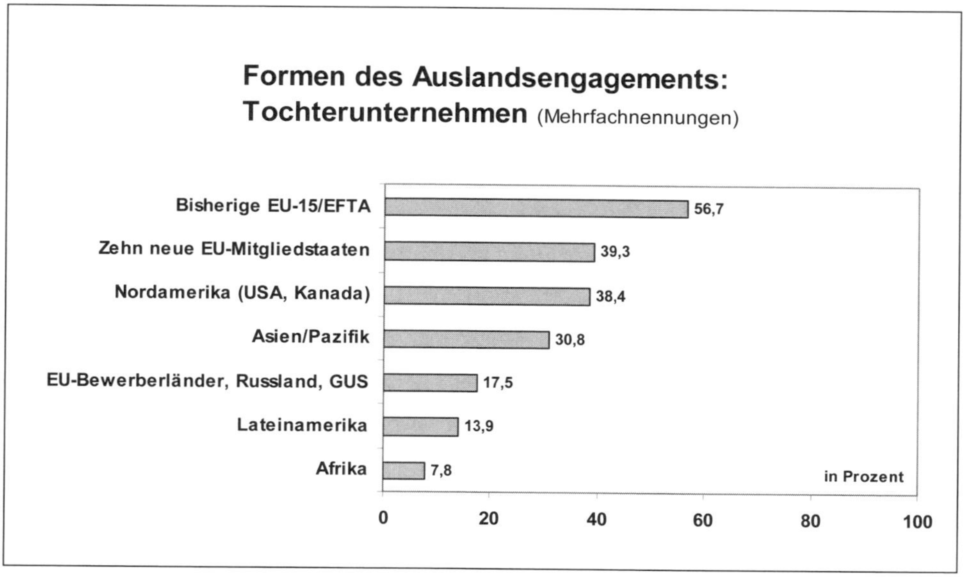

Quelle: Eigene Studie „Going International"

Abbildung 24: *Formen des Auslandsengagements: Tochterunternehmen*

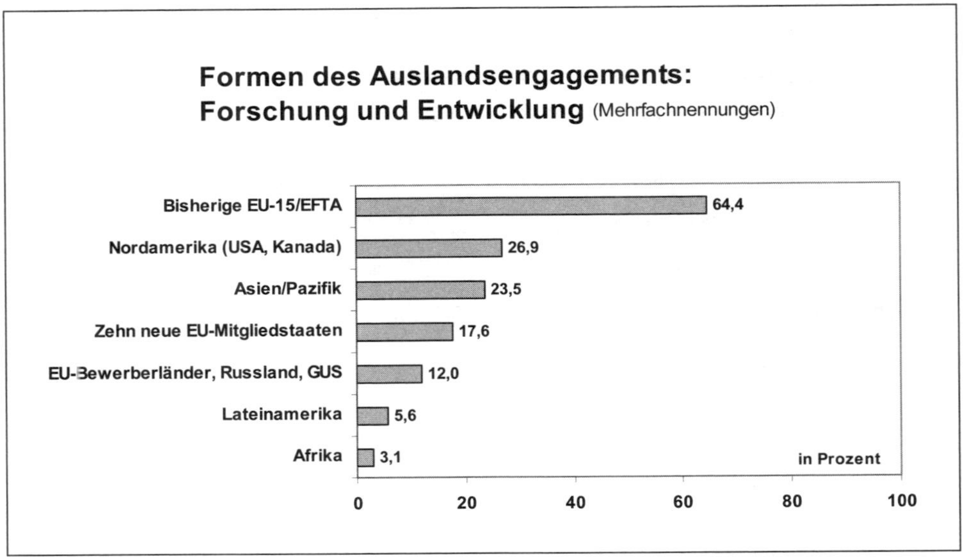

Quelle: Eigene Studie „Going International"
Abbildung 25: *Formen des Auslandsengagements: Forschung und Entwicklung*

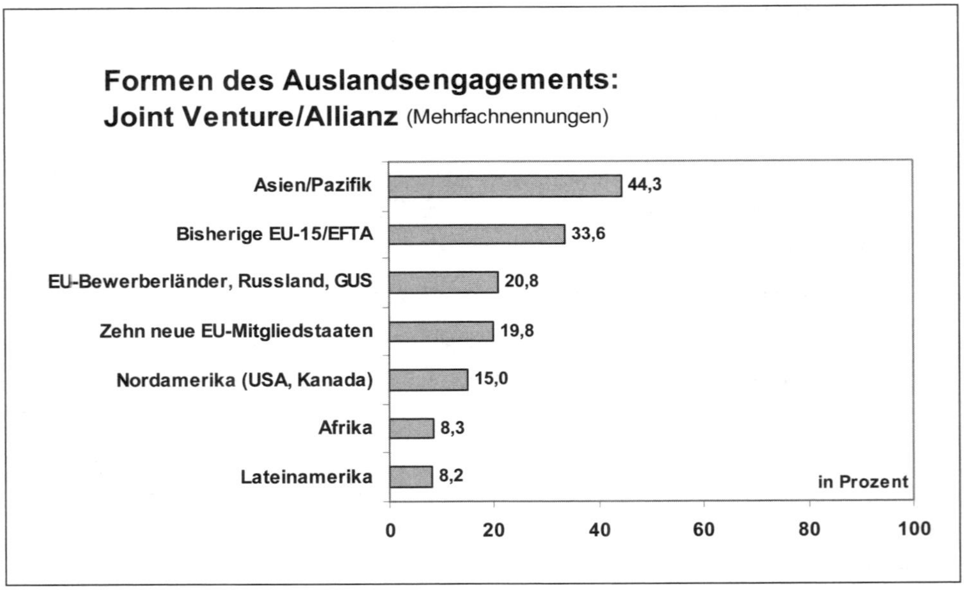

Quelle: Eigene Studie „Going International"
Abbildung 26: *Formen des Auslandsengagements: Joint Venture/Allianz*

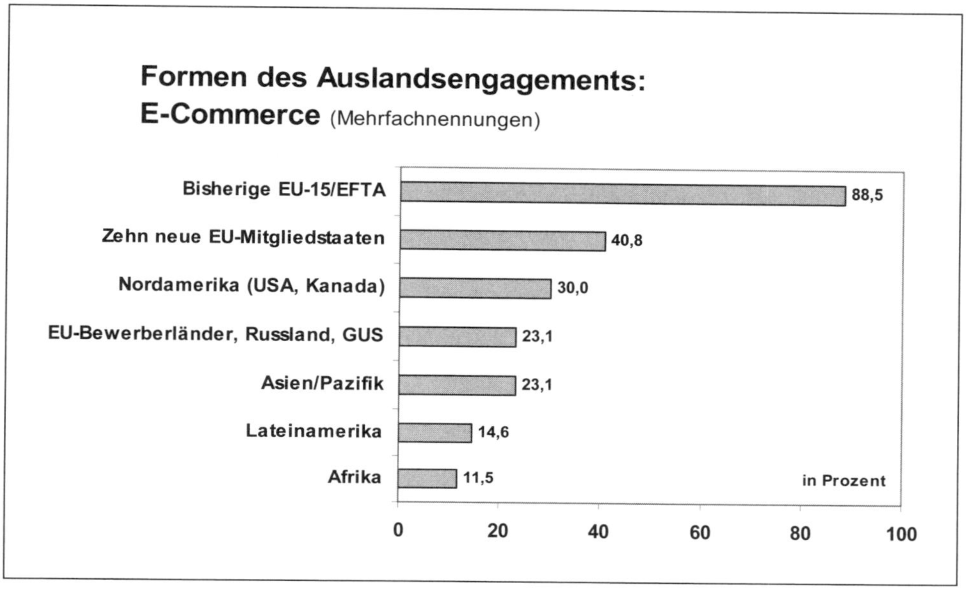

Quelle: Eigene Studie „Going International"
Abbildung 27: *Formen des Auslandsengagements: E-Commerce*

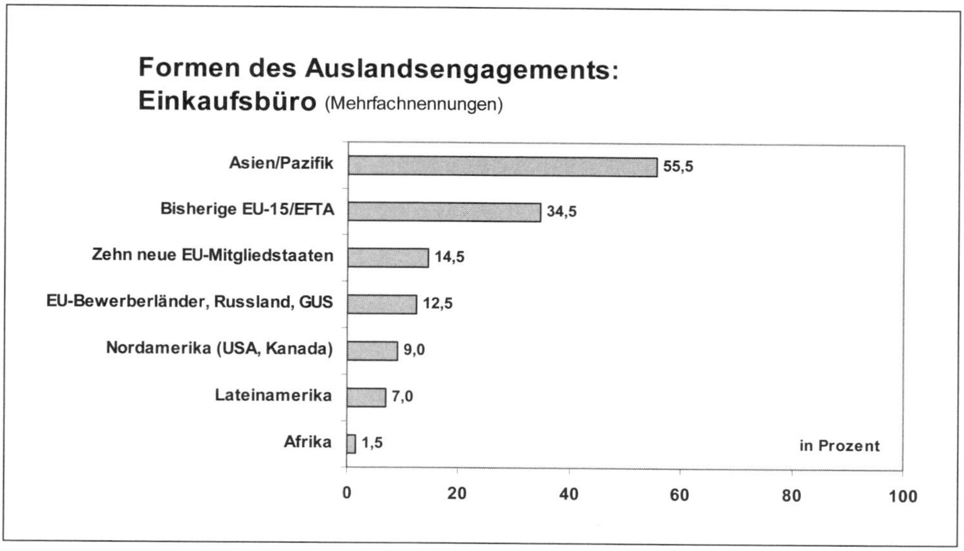

Quelle: Eigene Studie „Going International"
Abbildung 28: *Formen des Auslandsengagements: Einkaufsbüro*

Auffällig ist zudem der vordere Rang der Region Asien/Pazifik bei Import und Sourcing/Einkauf (Abb. 20 und 22), was auch das verstärkte Auftreten von Joint Ventures (Abb. 26) und Einkaufsbüros (Abb. 28) in dieser Region zu erklären vermag. Fast die Hälfte aller befragten Unternehmen mit Joint Ventures haben diese in Asien/Pazifik (Abb. 26), was in diesen Ländern in vielen Branchen auch zwingend vorgeschrieben ist.

Damit wird deutlich, dass die Region Asien/Pazifik bei den Einkaufs-/Beschaffungsaktivitäten – zusammen mit den traditionell eng mit Deutschland verbundenen Ländern der bisherigen EU-15/EFTA – die bevorzugte Herkunftsregion bildet, während „Afrika“ bisher lediglich von marginaler Bedeutung ist.

Nordamerika nimmt demgegenüber – neben den Ländern der bisherigen EU-15/EFTA bei den Formen Forschung und Entwicklung sowie E-Commerce vordere Ränge ein. Ein Erklärungsansatz für die Dominanz dieser Regionen mag bei den stark kapitalintensiven und technologieabhängigen Formen des Auslandsengagements in dem höheren Wohlstandsniveau dieser Regionen liegen. [64] Generell lässt sich aus den vorangehenden Ausführungen ableiten, dass die bisherige EU-15/EFTA die von fast allen Aktivitätsformen am durchdrungenste Region darstellt, allen voran beim Export.

Export als Basisform des Außenhandels geht wiederum in allen Zielregionen als die häufigste Form des Auslandsengagements hervor. Je weiter weg der ausländische Zielmarkt vom deutschen Heimatmarkt entfernt liegt, desto geringer ist die Durchdringung der Märkte mit den verschiedenen Formen des Auslandsengagements. D. h., die Unternehmen tasten sich langsam vor, sowohl geografisch als auch bei der Intensität der Handelsverflechtungen.[65]

---

64 In den Ländern Asiens bestehen hinsichtlich E-Commerce große Unterschiede. Während z. B. die Philippinen diesbezüglich noch ganz am Anfang stehen, wird in Japan die Hälfte des Konsums über das Internet getätigt, in: Dietz 2006, S. 20 f.

65 Zum Internationalisierungsprozess nach der Uppsala-Schule s. Kutschker/Schmid 2005, S. 458 ff. So auch die Lerntheorie der Internationalisierung von Johanson/Vahlne, s. in: Welge/Holtbrügge 2003, S. 62 ff. S. dazu auch: Kabst 2004, S. 13 ff.; Pleitner 1995, S. 314 ff. Auslandsmärkte lassen sich nur dann auf Dauer halten, wenn in dem entsprechenden Land investiert wird, vgl. Müller/Kornmeier 2002, S. 103 f.

Zielmärkte

Deutsche Unternehmen exportieren in mehr als 220 Länder und Gebiete und importieren aus gut 200 Ländern. Für den Erfolg dieser außenwirtschaftsaktiven Unternehmen ist dabei von entscheidender Bedeutung, den richtigen Zielmarkt bzw. die richtigen Zielmärkte anzugehen.[66] Da die Gründe für ein Auslandsengagement meist in einer angestrebten Umsatzsteigerung, d. h. Wachstum durch die Erschließung neuer Ländermärkte bzw. Kostenreduzierung als Folge günstigerer Beschaffung und Produktion im Ausland, liegen[67], ist der künftige Zielmarkt folglich differenziert nach dem jeweiligen Vorhaben auszuwählen.

So hat ein Unternehmen, das mittels Export einen neuen Zielmarkt zu erschließen beabsichtigt, andere Faktoren zu berücksichtigen, als wenn es einen neuen Zielmarkt zwecks Sourcing/Einkauf auswählt.[68] Zudem stellt sich die Auswahl des Zielmarktes, der aus unternehmensspezifischer Sicht die größten Erfolgswahrscheinlichkeiten verspricht, nicht als einmaliger, statischer, sondern als ein dynamischer Prozess heraus.[69] Dies zeigt das Beispiel der Bekleidungsindustrie, die dorthin zieht, wo die für sie günstigsten Rahmenbedingungen vorzufinden sind, ebenso wie die High-Tech- bzw. Chipindustrie. So sind die politischen, wirtschaftlichen, rechtlichen, technologischen, sozialen und auch die kulturellen Rahmenbedingungen des zukünftigen Zielmarktes im unternehmerischen Auswahlprozess zu berücksichtigen. Auch wenn die in den Medien hochgejubelten Trendmärkte auf den ersten Blick Erfolg versprechend scheinen oder sonstige Ad-hoc-Entscheidungen oftmals zur Bearbeitung eines

---

[66] Zwischen unterschiedlichen Ländermärkten können große Unterschiede z. B. hinsichtlich der Wettbewerbsintensität bestehen, s. auch: Nöcker 2001, S. 187.

[67] S. dazu Kap. 2.

[68] Die Wahl der Internationalisierungsform gilt als Kombination der Entscheidungen über die Wahl der Marktbearbeitungsform (z. B. Auslandsniederlassung), der Eigentumsform (z. B. 100-%ige Tochtergesellschaft) und der Ansiedlungsform (z. B. Neugründung). Diese Entscheidungen bedingen einander. Vgl. Welge/Holtbrügge 2003, S. 99 f. Entgegen der Auffassung, dass die Wahl der Internationalisierungsform nach der Markt- bzw. Standortwahl zu erfolgen hat, wird hier die Meinung vertreten, dass die Wahl der Internationalisierungsform Einfluss auf die Wahl des unternehmensspezifischen Zielmarktes hat. So auch Dülfer 1999, S. 110 f.

[69] S. auch Scharrer 2000, S. 111. Eine kurze Skizzierung der Lerntheorie der Internationalisierung von Johanson/Vahlne, d. h., erst mit zunehmenden Kenntnissen und Erfahrungen im Auslandsgeschäft erfolgt eine laterale Expansion von kulturell ähnlichen Ländern in Länder mit größeren kulturellen Unterschieden, sowie eine Entscheidung zu risikoreicheren Internationalisierungsformen als dem Export. S. dazu Welge/Holtbrügge 2003, S. 62 ff.

vermeintlich attraktiven Marktes führen, ist eine systematische Auswahl für einen erfolgreichen Markteinstieg unabdingbar (s. dazu Teil I, S. 58 ff.).[70]

Welche Märkte stehen bei den befragten Unternehmen im Vordergrund? Welches sind die bevorzugten Zielregionen[71] der Unternehmen?

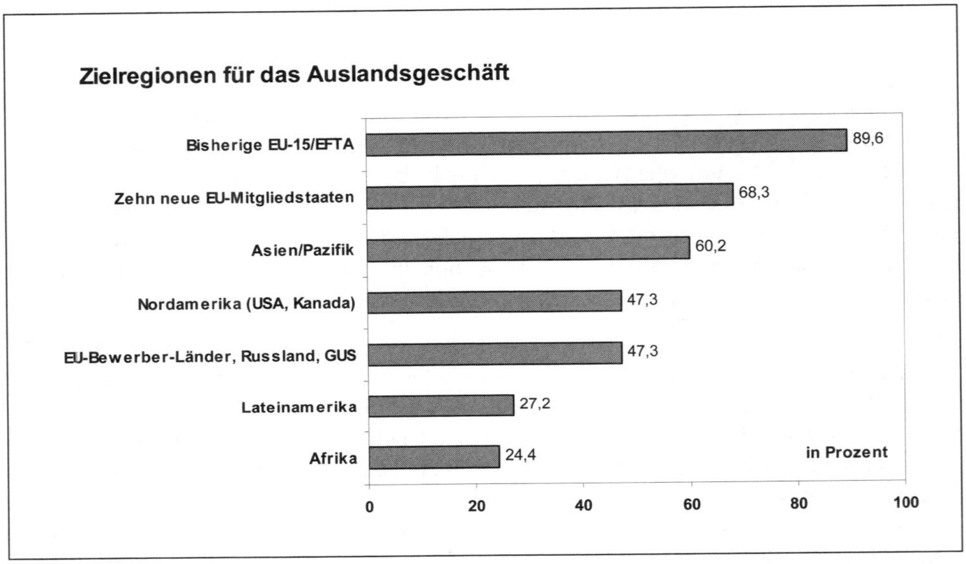

Quelle: Eigene Studie „Going International"
Abbildung 29: *Zielregionen für das Auslandsgeschäft*

Nahezu alle befragten Unternehmen (rund 90 %) sind innerhalb der EU-15/EFTA aktiv (Abb. 29). Insgesamt betrachtet, spielen diese Zielmärkte für das Engagement im Ausland die mit Abstand wichtigste Rolle. Entsprechend dominiert der innereuropäische Markt die Außenwirtschaftsaktivitäten deutscher Unternehmen. An zweiter Stelle mit rund 70 % stehen die Märkte der zehn neuen EU-Mitgliedstaaten als attraktive Zielregion für das Auslandsgeschäft. So nutzen deutsche Unternehmen die Chancen des größeren Marktes durch die EU-Erweiterung bereits.

Asien (60 %) und Nordamerika bzw. die EU-Bewerberländer (inklusive Russland/GUS), in denen sich rund die Hälfte der deutschen Unternehmen engagiert, rangieren auf den Plätzen drei und vier der bevorzugten Regionen. Der südamerikanische und der afrikanische Kontinent werden von jedem vierten Unternehmen als Zielregion genannt.

---

[70] So auch Brenner/Fuchs 2003, S. 42 ff. Im deutschsprachigen Raum hat dies Herbert Henzler (1979) erstmalig festgestellt und ein Modell zur internationalen Länderauswahl entwickelt. Dieses und weitere Modelle in: Scharrer 2000, S. 101 ff.

[71] Zur detaillierten Betrachtung der einzelnen Zielregionen s. Teil III.

Die Dominanz der europäischen Märkte einschließlich der neuen Mitgliedstaaten wird, gemessen am Außenhandelswert, auch von der amtlichen Außenhandelsstatistik für das Jahr 2005 bestätigt. 16 der 20 wichtigsten Partnerländer bei Ausfuhr und Einfuhr sind europäisch. Während knapp 64 % der Ausfuhren in die 25 EU/EFTA-Länder gehen, kommen rund 60 % der deutschen Einfuhren aus diesen Ländern. Zum Vergleich: 7 % der Einfuhren stammen aus den USA und knapp 6 % aus China.

1. Erfolgsquoten der Zielmärkte

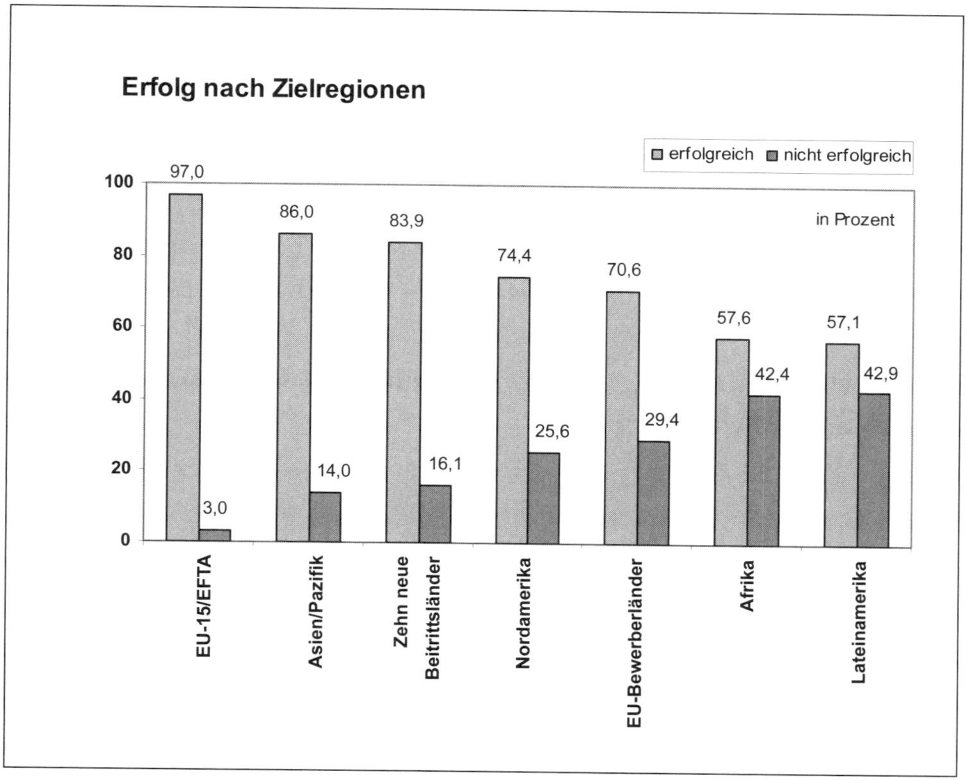

Quelle: Eigene Studie „Going International"
Abbildung 30: *Erfolg nach Zielregionen*

Wie erfolgreich sind deutsche Unternehmen in den unterschiedlichen Regionen der Welt? Um dies herauszufinden, wurde nach den Erfolgsquoten des Auslandsgeschäfts in den jeweils bevorzugten Zielmärkten gefragt. Die Zufriedenheit mit der Geschäftstätigkeit in den einzelnen Regionen variiert deutlich, wie die Antworten der befragten Unternehmen zeigen.

In sämtlichen Regionen der Welt liegt die Erfolgsquote deutscher Unternehmen bei über 50 % (Abb. 30). Überwältigend positiv fällt die Bewertung der Geschäftsaktivitäten in der Region EU-15/EFTA aus. Hier geben 97 % aller befragten Unternehmen an, erfolgreich aktiv zu sein. Ähnlich gut ist das Ergebnis in den zehn neuen EU-Mitgliedstaaten. Hier sind 84 % der Unternehmen erfolgreich tätig. Ebenfalls sehr positiv wird das Engagement in den Regionen Asien/Pazifik, Nordamerika und EU-Bewerberländer – inklusive Russland/GUS – bewertet.

Vergleichsweise schlecht laufen die Aktivitäten in Lateinamerika und Afrika, obwohl auch dort noch rund 57 % der Unternehmen nach eigenem Bekunden erfolgreich sind.

Die größten Erfolge erzielen deutsche Unternehmen mit Geschäftspartnern in den EU-15/EFTA-Staaten. Der EU-Binnenmarkt zeigt dabei deutlich seine Wirkung. Aber auch eine erste Tendenz über die Auswirkung der EU-Osterweiterung auf den innereuropäischen Handel lässt sich ablesen. Die hohe Zufriedenheit der befragten Unternehmen mit ihrem Engagement in den zehn neuen Ländern deutet auf eine schnell voranschreitende Integration dieser Länder in die EU hin und ist als Indikator für eine weitere positive wirtschaftliche Entwicklung anzusehen.

2. Bewertung der Geschäftsbeziehungen nach Zielländern

Um die Ergebnisse zu vertiefen, werden in einem weiteren Schritt die speziellen Geschäftsbeziehungen der Unternehmen zu den einzelnen Ländern analysiert. Die Unternehmen wurden gefragt, wie sie ihre Geschäftsbeziehungen zu 30 vorgegebenen Ländern bewerten. Dabei wurde unterschieden nach

- Einschätzung der aktuellen Geschäftssituation in diesen Ländern (Abb. 31),
- Einschätzung der erwarteten zukünftigen Geschäftsperspektiven (Abb. 32) und
- der sich daraus ergebenden, erwarteten Dynamik der Geschäftsbeziehungen zu diesen Ländern (Abb. 33).

Die beste Note erhielt die aktuelle Geschäftssituation in Österreich (77 %). Zur Vereinfachung der Darstellung fungiert Österreich daher als Bezugsgröße mit dem Indexwert 100. Entsprechend sind alle anderen Werte in Relation zu diesem Wert gesetzt.

Vergleicht man die zehn am häufigsten genannten Länder der Rubrik „Aktuelle Geschäftssituation" mit den zehn wichtigsten Nennungen unter der Frage zu den „Erwarteten Geschäftsperspektiven", so werden folgende Länder besonders positiv bewertet: Österreich, Schweiz, Niederlande, Italien, Frankreich, Spanien, Großbritannien und Tschechien.

In der Einschätzung der aktuellen Geschäftssituation liegen außerdem die Länder Belgien/Luxemburg und USA noch innerhalb der Top 10. Diese werden jedoch in der Zukunftserwartung der Unternehmen durch die Länder Polen und China verdrängt. Die Geschäftsbeziehungen zu den zehn neuen Mitgliedstaaten liegen in der Bewertung der Unternehmen ähnlich wie die Gruppe der Länder in der alten EU. Dies zeigt, dass der erweiterte Binnenmarkt von den Unternehmen inzwischen fast zu einer Selbstverständlichkeit geworden ist.

Die Länder Lateinamerikas, Südafrika und Mexiko bilden sowohl bei der Einschätzung der aktuellen Geschäftssituation als auch bei den Perspektiven das Schlusslicht: Die Stimmungslage der Unternehmen ist hier insgesamt recht verhalten.

Mit Indien und Rumänien/Bulgarien hingegen, die in der Gegenwartsschau noch innerhalb der unteren fünf Plätze eingestuft werden, verbinden die Unternehmen bessere Geschäftsmöglichkeiten für die Zukunft. Japan und Australien hingegen schneiden in der Perspektive schlechter als bei der aktuellen Geschäftslage ab.

Betrachtet man nun aber, welche Dynamik die Unternehmen für die Geschäftsmöglichkeiten in den 30 zur Auswahl stehenden Ländern sehen – betrachtet wird hierbei die Differenz zwischen der aktuellen Geschäftssituation und den Erwartungen für die Zukunft –, so ergibt sich ein anderes Bild. Aufgrund der eher als verhalten bewerteten Ausgangssituation haben Russland, Indien, Polen, Rumänien/Bulgarien und auf Platz fünf China die größte Dynamik für die Geschäftsperspektive in den kommenden Jahren zu erwarten. Insgesamt fünfmal tauchen unter den zehn häufigsten Nennungen Länder der EU-15/EFTA, der zehn neuen EU-Mitgliedstaaten oder der EU-Bewerberländer inklusive Russland/GUS auf. Aufgrund des schon sehr positiven aktuellen Stands der Geschäftssituation werden Japan, Belgien/Luxemburg, den Niederlanden, Österreich und der Schweiz für die Zukunft die geringsten Entwicklungsperspektiven im Vergleich zur gegenwärtigen Lage zugeschrieben.

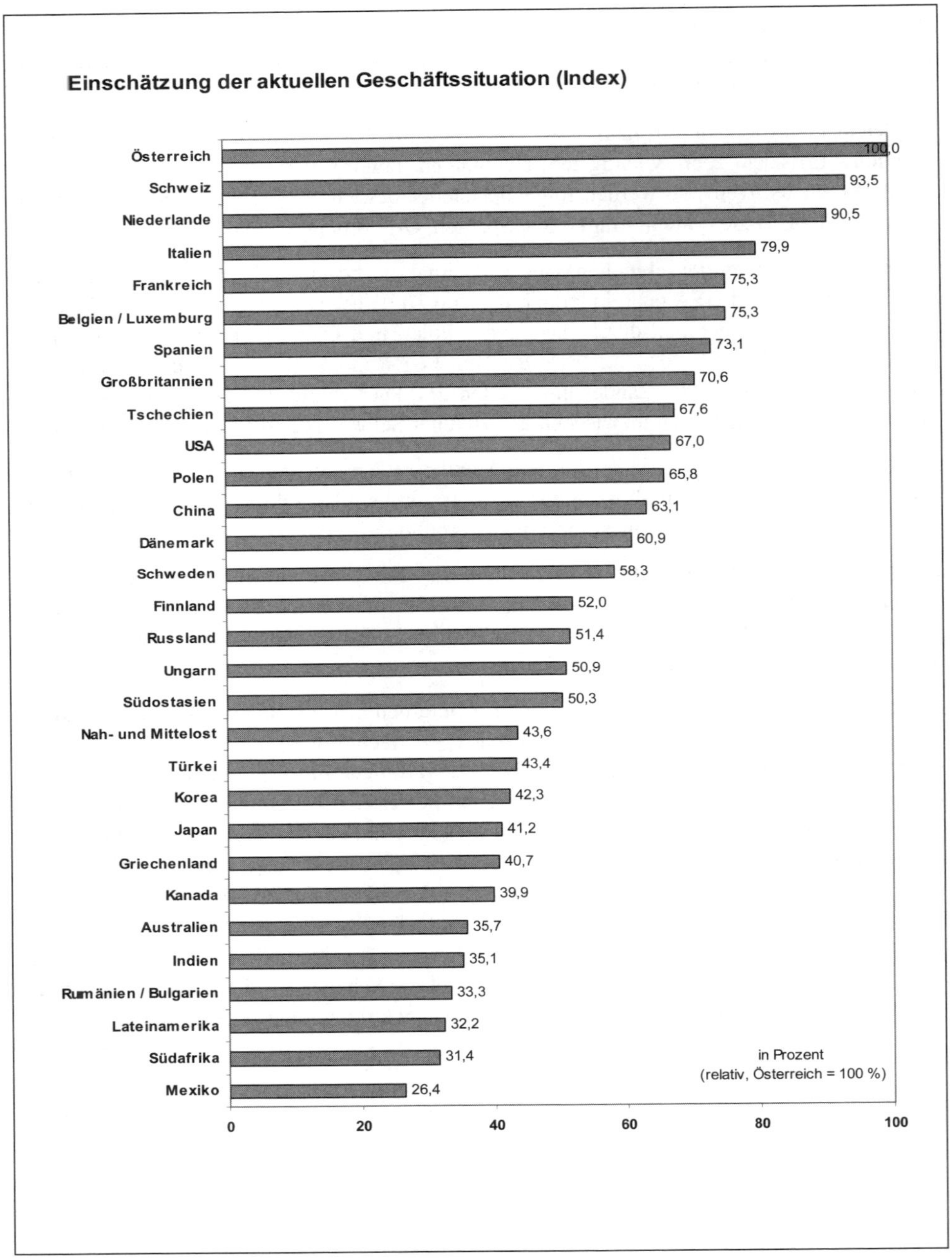

Quelle: Eigene Studie „Going International“
Abbildung 31: *Einschätzung der aktuellen Geschäftssituation (Index)*

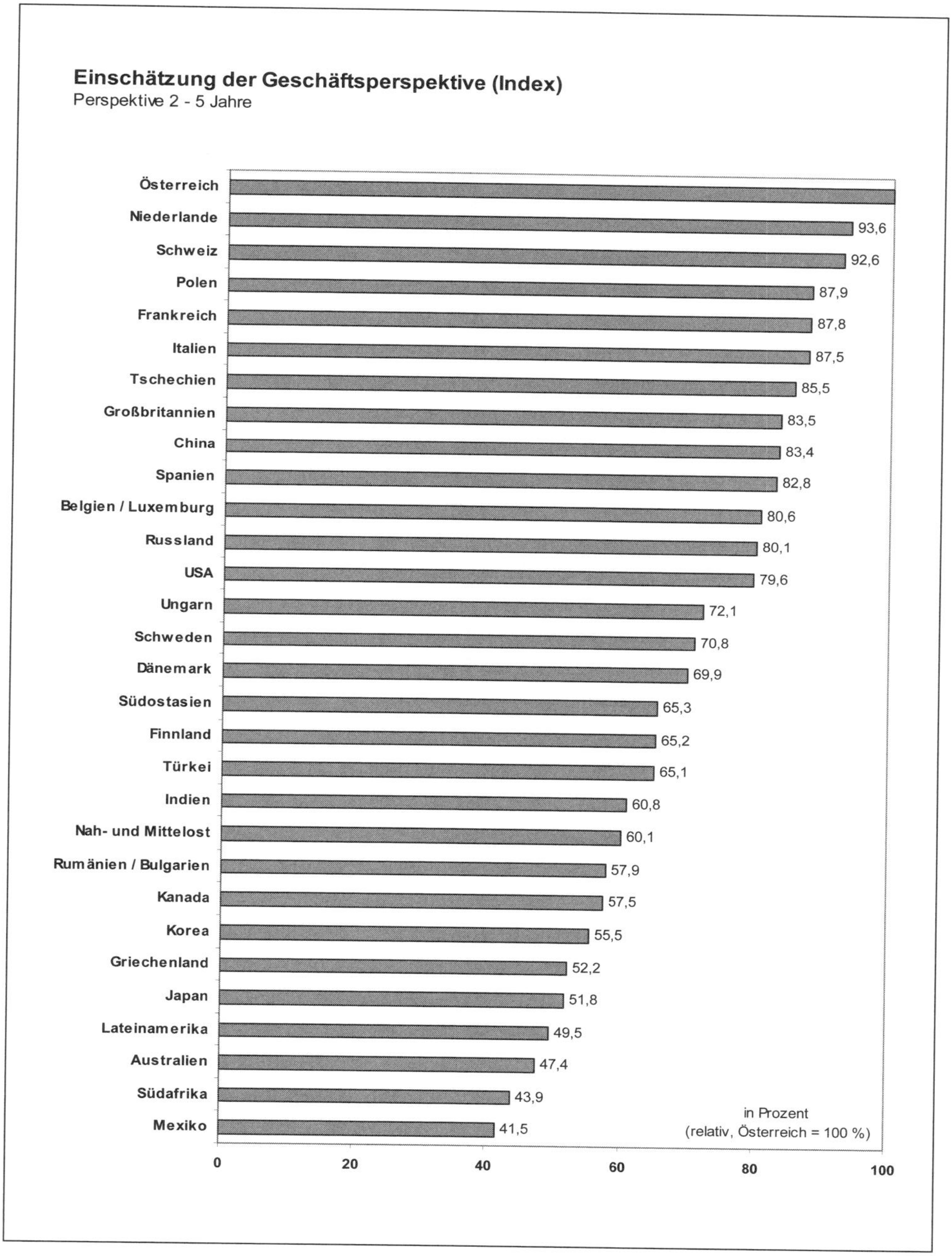

Quelle: Eigene Studie „Going International"

Abbildung 32: *Einschätzung der Geschäftsperspektive (Index)*

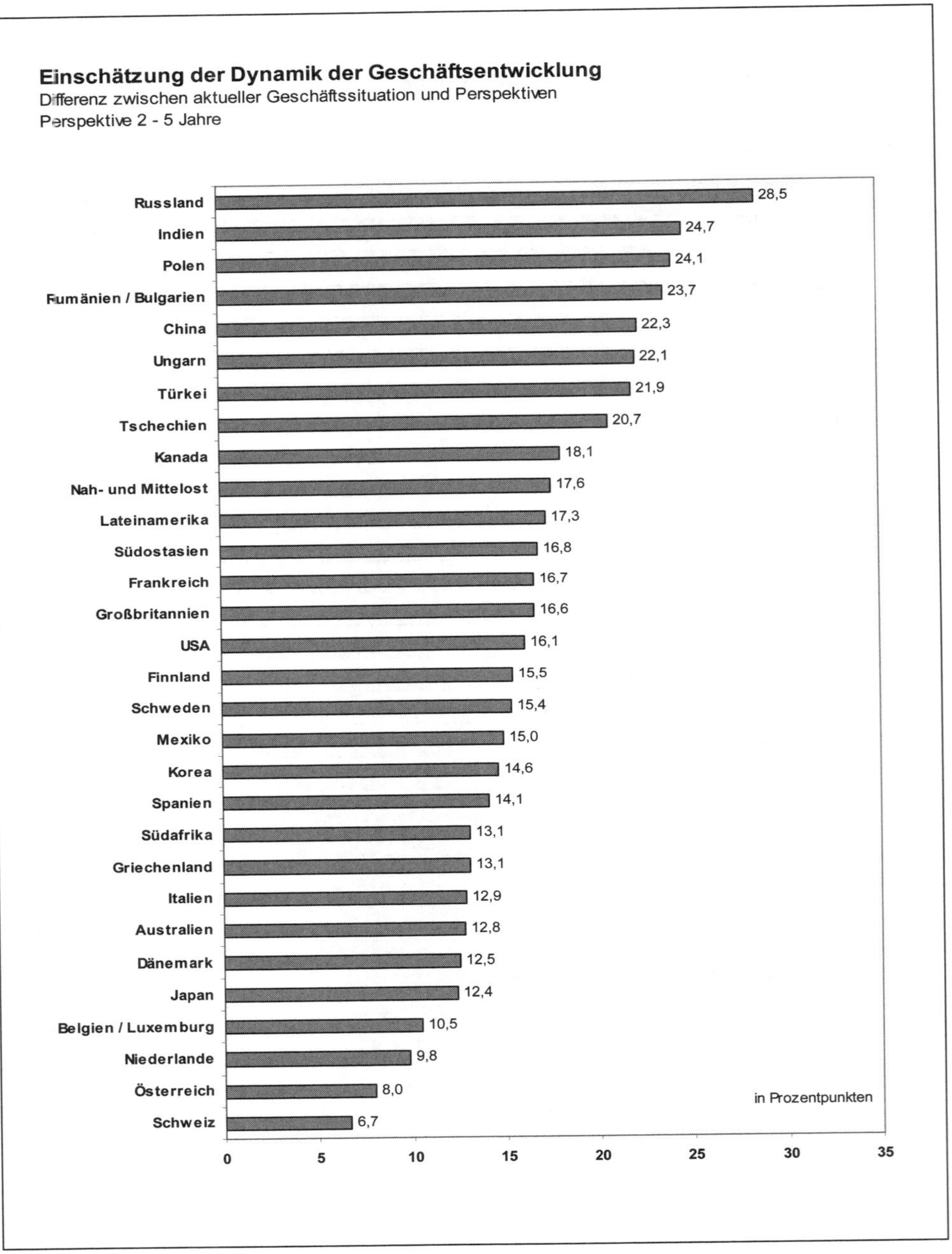

Quelle: Eigene Studie „Going International"

Abbildung 33: *Einschätzung der Dynamik der Geschäftsentwicklung*

Vorbereitung des Auslandsengagements

1. Geschäftsstrategien

Nachdem vorangehend aufgezeigt wurde, aus welchen Gründen Unternehmen in welcher Form nach einer Internationalisierung ihrer Geschäftstätigkeit streben und welche Zielmärkte für dieses Bestreben in Frage kommen, sind die mit der Internationalisierung verbundenen konkreten Unternehmensziele zu definieren. Und auch wenn die Internationalisierung oftmals als unbewusster Prozess bzw. eher zufällig erfolgt[72], ist die Formulierung von (langfristigen) Zielen eine der Grundfunktionen des Managements und für einen nachhaltigen Unternehmenserfolg von immenser Bedeutung. Vor dem Hintergrund eines konkreten (langfristig) formulierten Unternehmensziels kann sodann die Strategie[73] der Internationalisierung bestimmt werden. Dazu sind die Hauptfragen zu beantworten, wo sich die Unternehmung zum gegenwärtigen Zeitpunkt befindet, wie die Rahmenbedingungen sind, wohin sich die Unternehmung entwickeln will und wie sie dies zu realisieren vermag (Abb. 5).

Um diese Fragen zu beantworten, gilt es, im Rahmen einer Situationsanalyse die gegenwärtigen und zukünftigen Entwicklungen im internen und externen Umfeld eines Unternehmens zu beleuchten, um dann unter Berücksichtigung der Rahmenbedingungen einen konkreten Vorgehensplan abzuleiten, wie die definierten Ziele erreicht werden können. Einen Königsweg hierfür gibt es nicht. Die Frage der richtigen Strategie[74] für den Aufbau bzw. die Ausweitung des Auslandsgeschäfts ist nur im konkreten Einzelfall zu beantworten, meist unter Zuhilfenahme externer Beratung.

---

72 Der ehemalige Vorsitzende des Bundesverbandes des Deutschen Exporthandels e.V., G. Schroeder, wies darauf hin, dass weniger als 20 % der vorwiegend mittelständischen deutschen Exporteure bei der Bearbeitung der Auslandsmärkte eine bewusste Strategie verfolgen, in: Müller/Kornmeier 2002, S. 104.

73 Der Begriff Strategie erfährt zahlreiche Definitionen, die je nach Verwendungsart in Wissenschaft und Unternehmenspraxis variieren, vgl. Müller-Stewens/Lechner 2003, S. 20. In dieser Ausführung wird dem Verständnis gefolgt, dass Strategie einen konkreten Vorgehensplan bedeutet, eine Weg-Zielbeschreibung, um den Unternehmenserfolg nachhaltig zu gewährleisten. So auch Kutschker/Schmid 2005, S. 798 f. Ein Unternehmen verfolgt i. d. R. mehrere Ziele. Zudem existieren nicht nur unterschiedliche generelle Unternehmensziele, sondern auch unterschiedliche Internationalisierungsziele. Die im Vergleich zu einem rein nationalen Unternehmen höhere Vielfalt an Zielen führt in international tätigen Unternehmen i. d. R. zu einer größeren Vielfalt an Strategien, vgl. Kutschker/Schmid 2005, S. 799 ff.

74 Zum Strategischen Management und Strategiespektrum multinationaler Unternehmen s. ausführlich Welge/Holtbrügge 2003, S. 128 ff.; Kutschker/Schmid 2005, S. 809 ff., 914 ff.; Altmann 2001, S. 23 ff. S. auch: Porter 1991; Porter 1999a; Simon 1999; Havnes/Ahokangas/Haahti 2006, S.9-33.

Wichtig ist in jedem Fall, diese primären strategischen Entscheidungen frühzeitig zu treffen, bevor es an die individuelle Vorbereitung des Auslandsengagements geht. Zu den strategischen Basisüberlegungen gehört eine Zusammenstellung der eigenen Stärken und Schwächen. Dazu sind die folgenden Überlegungen mit einzubeziehen:

- die Voraussetzungen, die das Unternehmen selber für das Auslandsgeschäft mitbringt (Größe, Struktur, Mitarbeiter, Branche, Umsatz, Gewinn usw.),
- die Erfahrungen mit dem Inlandsgeschäft,
- der Entwicklungsstand bisheriger Aktivitäten im Ausland und
- die Erfahrungen mit der Bearbeitung unterschiedlicher Zielmärkte.

Neben den unternehmensspezifischen Stärken und Schwächen sind auch die von der Unternehmensumwelt einwirkenden Chancen und Risiken zu analysieren (SWOT-Analyse)[75] sowie die Rahmenbedingungen. Letztere sind differenziert nach einer unternehmensbezogenen und allgemeinen Umfeldanalyse zu betrachten. Zu einer unternehmensbezogenen Umfeldanalyse können die folgenden Methoden eingesetzt werden:

- Analyse der Wettbewerbskräfte[76]
- Marktanalysen
- Strategische Frühaufklärung
- Ressourcenverfügbarkeit
- Analyse der politischen und ökonomischen Faktoren, des sozialen und technologischen Umfeldes (PEST-Analyse) etc.[77]

Bei einer allgemeinen Umfeldanalyse werden betrachtet:

- Globale Märkte
- Wachstumsmärkte
- Politische Rahmenbedingungen (lokal/global)
- Finanzmärkte etc.[78]

---

75 Zur SWOT-Analyse (Strengths-Weaknesses-Opportunities-Threats-Analyse) in internationalen Unternehmungen s. Kutschker/Schmid 2005, S. 816 f.; Altmann 2001, S. 12 ff. Zur IST-Analyse s. Niehoff/Reitz 2001, S. 39 ff.

76 Nach M. E. Porter.

77 S. dazu: Porter 1973; Porter 1999b; Corsten 1998; Fleck 1995; Niehoff/Reitz 2001, S. 90 ff.; Nöcker 2001, S. 187 ff.

78 S. dazu: Macharzina/Wolf 2005; Dillerup/Stoi 2006; Ravenhill 2005.

Hieraus ergeben sich Gründe, die für oder gegen den Auf- bzw. Ausbau von Geschäftsaktivitäten im Ausland sprechen. Fällt die Grundsatzentscheidung positiv aus, geht es darum, einen Geschäftsplan zur Markterschließung zu erarbeiten, um zu einem frühen Zeitpunkt festlegen zu können, welcher Zielmarkt in welcher Form am besten bearbeitet werden kann.

Der Auf- und Ausbau von Aktivitäten im Ausland setzt – nicht zuletzt wegen der Vielzahl von Risiken, die sich aus andersartigen Umweltbedingungen ergeben – eine sorgfältige Recherche von Informationen über die betreffenden Zielregionen und -märkte voraus, um eine sachgerechte Entscheidungsfindung vornehmen zu können.[79] Der Geschäftsplan sollte deshalb eine Marktstudie mit einer Analyse der Standort- und Wettbewerbsbedingungen enthalten. Aus ihm können schließlich eine Strategie, ein Marketing- und Vertriebskonzept bzw. ein Einkaufsplan erstellt und ein entsprechender Finanzplan erarbeitet werden (s. Teil V).

Der Auf- und Ausbau von Geschäftstätigkeiten im Ausland geht in idealtypischer Weise von verschiedenen Stufen aus: Neben dem traditionellen Internationalisierungsweg, dem Export selbst erstellter Güter und Leistungen, verfolgen Unternehmen zum einen aus deutscher Sicht inwärts gerichtete Aktivitäten, wie z. B. Import oder Zugang zu Wissen. Zum anderen folgt dem – zunächst eher sporadischen – Export häufig die Verdichtung des Auslandsengagements, in dem eine Verkaufsniederlassung im Ausland gegründet wird. Unternehmen, die auf ausländischen Märkten einige Zeit präsent sind und dort bereits Erfahrungen gesammelt haben, bauen zudem Produktionsstätten im Ausland auf und lagern dabei oftmals Teile ihrer Wertschöpfungskette aus.[80]

Internationalisierung besteht dann aus einer Palette von Geschäftsaktivitäten, die neben reinen Handelsbeziehungen auch in den investierenden Bereich führen[81] und insgesamt für die Wettbewerbsfähigkeit des Unternehmens in einem internationalen Geschäftsumfeld relevant sind.

Wie bereits herausgestellt wurde, engagieren sich deutsche Unternehmen im Auslandsgeschäft vor allem, um neue Absatzmärkte für ihre Produkte und Dienstleistungen zu nutzen. Die favorisierten Zielmärkte liegen vor allem im Bereich der EU 25. Des Weiteren erschließen sie neue Einkaufsmärkte im Ausland. Dabei spielen vor allem Zielländer innerhalb der EU 25 und Asien die größte Rolle.

Am erfolgreichsten agieren die Unternehmen in der Form des reinen Exports. Jedes vierte der befragten Unternehmen ist aber zugleich bereits mit einem eigenen Vertriebsbüro bzw. Tochterunternehmen im Ausland aktiv und meist erfolgreich. Auslandsorientierte Unternehmen sind folglich bereit, Risiken in Form von Kapitalinvestitionen einzugehen. Allerdings bevorzugen Firmen bei der Standortwahl für ihre Tochterunternehmen Länder, in denen verlässliche und vielfach schon bekannte Rahmenbedingungen für ein solches Engagement

---

[79] Vgl. Müller/Kornmeier 2002, S. 104.

[80] S. dazu auch S. 132 ff. Zum Internationalisierungsprozess nach der Uppsala-Schule s. Kutschker/Schmid 2005, S. 458 ff. So auch die Lerntheorie der Internationalisierung von Johanson/Vahlne, s. in: Welge/Holtbrügge 2003, S. 62 ff. S. dazu auch: Kabst 2004, S. 13 ff.; Pleitner 1995, S. 314 ff.

[81] Die Theorie besagt, dass sich Auslandsmärkte nur dann auf Dauer halten lassen, wenn in dem entsprechenden Land investiert wird, vgl. Müller/Kornmeier 2002, S. 103 f.

gegeben sind. So werden die meisten Tochterunternehmen zunächst in den Ländern platziert, zu deren etablierte Wirtschaftsbeziehungen bestehen und die geografisch wie kulturell nahe stehend sind: die Länder der EU, insbesondere die in den neuen Mitgliedstaaten, und in Nordamerika. In weiter entfernt liegenden Ländern investieren Unternehmen zumeist erst dann, wenn sie den dortigen Markt über Handelsgeschäfte bereits kennen gelernt haben.

Da die Erschließung neuer Märkte im Bereich von Export und Import als Hauptbeweggrund auch von denjenigen Unternehmen angegeben wird, die im Ausland investieren, ist davon auszugehen, dass das Engagement der Unternehmen auf ausländischen Märkten meist geprägt ist von einer Erfolg versprechenden Mischung verschiedener Aktivitätsformen. Die meisten Unternehmen, die schon Auslandsinvestitionen getätigt haben, gehen daneben noch reinen Handelsaktivitäten auf dem ausländischen Markt nach.

2. Geschäftsanbahnung der Auslandsaktivitäten

Haben Unternehmen erst einmal die Entscheidung getroffen, den Schritt ins Ausland zu wagen, vergeht noch einige Zeit, bis dieser Entschluss schließlich in die Tat umgesetzt wird. Welche Vorbereitungszeit brauchen deutsche Unternehmen durchschnittlich in den verschiedenen Regionen der Welt, um dort erfolgreich Geschäfte tätigen zu können?

Abbildung 34 zeigt die Erfahrungswerte auslandsaktiver Unternehmen hinsichtlich der Vorbereitungszeit für erfolgreiche Auslandsgeschäfte. Teilweise unterscheidet sich die Vorlaufzeit für ein erfolgreiches Auslandsvorhaben deutlich je nach Zielregion (Abb. 34). Um ein erfolgreiches Vorhaben in den EU-15/EFTA-Staaten zu realisieren, benötigen 90 % der befragten Unternehmen weniger als ein Jahr bzw. zwischen ein bis zwei Jahren Planungszeit. Auffällig ist, dass sich offenbar auch Unternehmen, die in Afrika aktiv sind, ähnlich schnell vorbereiten. Das mag damit zusammenhängen, dass fast 80 % der Unternehmen bereits dorthin exportieren und die im Afrikageschäft tätigen Unternehmen zudem oft einen hohen Spezialisierungsgrad aufweisen.

Mehr als zwei Jahre Vorbereitungszeit benötigen die Unternehmen i. d. R. in den Regionen Asien/Pazifik (27 %), Lateinamerika (29 %) und Nordamerika (USA, Kanada, 27 %). Hinsichtlich der Unternehmensgröße ist auffallend, dass kleinere Unternehmen vergleichsweise schnell handeln und zum überwiegenden Teil bereits nach einem Jahr Vorbereitungszeit ihr Auslandsvorhaben starten. Mit derart kurzen Vorbereitungszeiten weisen sie zugleich aber eine relativ geringere Erfolgsquote auf. Große Unternehmen und Konzerne hingegen planen zum überwiegenden Teil ihre Auslandsaktivitäten mit einem längeren Vorlauf, in der Regel innerhalb von ein bis zwei Jahren, abgesehen von Aktivitäten in den nahe liegenden Märkten der EU-15/EFTA.

Die Auswertung nach den verschiedenen Wirtschaftszweigen macht deutlich, dass der Handel im Vergleich zum produzierenden Gewerbe in aller Regel eine sehr viel kürzere Vorbereitungszeit benötigt.

Die Ergebnisse zeigen insgesamt, dass sich, unabhängig von der Zielregion, 70 % der Unternehmen bis zu zwei Jahre auf ein erfolgreiches Vorhaben im Ausland vorbereiten müssen. Innerhalb des europäischen Marktes (EU-15/EFTA, neue Mitgliedstaaten und EU-Bewerberländer, inklusive Russland/GUS) sind es sogar über 75 %, die weniger als zwei Jahre Vorbereitungszeit für den Gang ins Ausland benötigen.

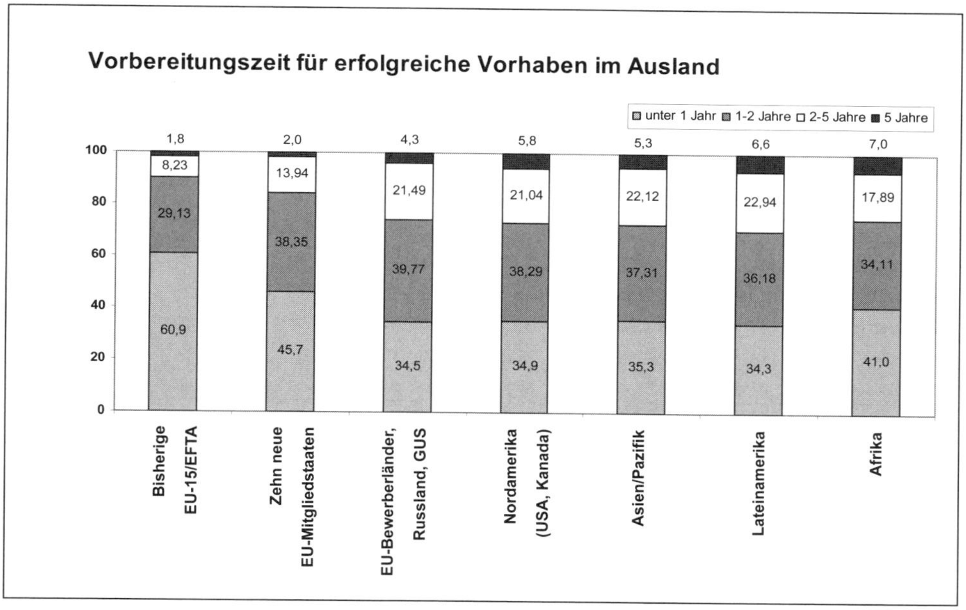

Quelle: Eigene Studie „Going International"
Abbildung 34: *Vorbereitungszeit für erfolgreiche Vorhaben im Ausland*

Vorbereitungszeit für exportierende Unternehmen und für Tochterunternehmen im Ausland

Der differenzierte Blick auf die Vorbereitungszeit in den unterschiedlichen Zielregionen – getrennt nach Export (Abb. 35) und Tochterfirmen (Abb. 36) – liefert ein ähnliches Ergebnis wie im Abschnitt zuvor: In Lateinamerika, Asien/Pazifik und Nordamerika dauert der erfolgreiche Geschäftsaufbau vergleichsweise länger als in den Regionen der EU-15/EFTA-Staaten und der zehn neuen EU-Mitgliedstaaten. In allen Regionen ist die Mehrzahl der Unternehmen innerhalb von ein bis zwei Jahren Vorbereitungszeit erfolgreich aktiv. Somit werden von den im Auslandsgeschäft erfolgreichen Unternehmen in der Regel keine „Schnellschüsse"

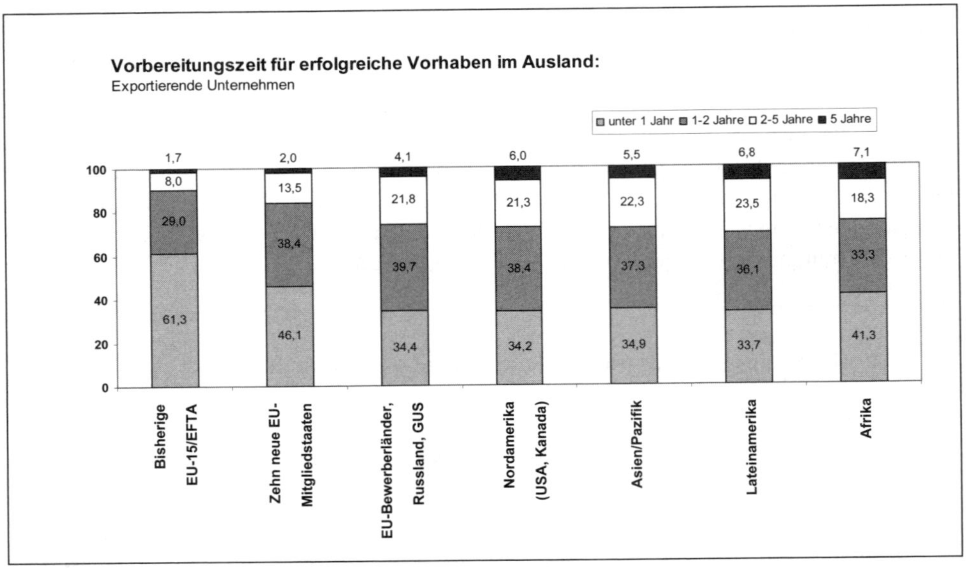

Quelle: Eigene Studie „Going International"

Abbildung 35: *Vorbereitungszeit für erfolgreiche Vorhaben im Ausland: exportierende Unternehmen*

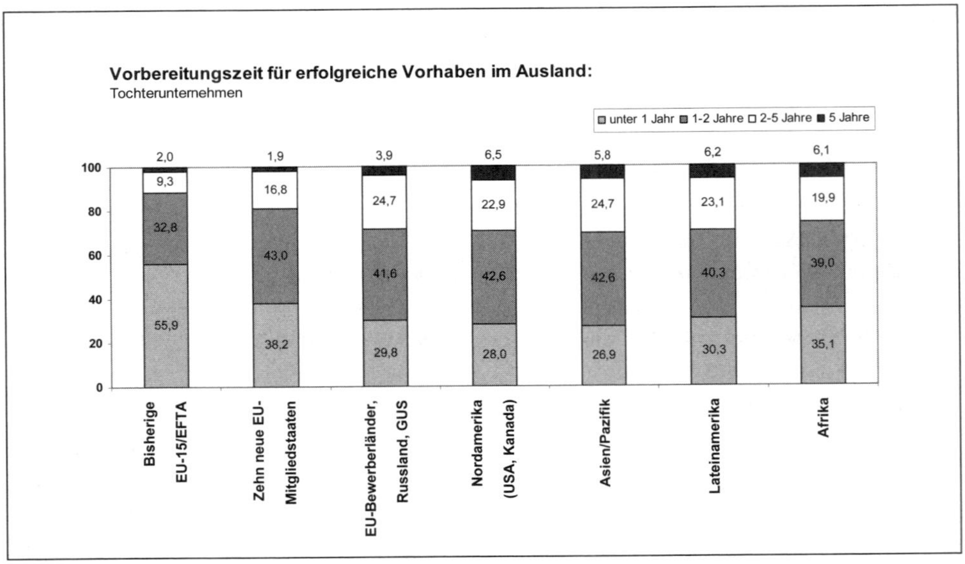

Quelle: Eigene Studie „Going International"

Abbildung 36: *Vorbereitungszeit für erfolgreiche Vorhaben im Ausland: Tochterunternehmen*

getätigt. Vor allem für eine gründliche Marktanalyse sowie für die Geschäfts- und Strategieplanung benötigen die Unternehmen Zeit. Diesbezüglich neigen hauptsächlich kleinere Unternehmen oft zu übereilten Ad-hoc-Aktionen im Ausland, die dann gerade an der unzureichenden Vorbereitung scheitern. Hier gilt es, mehr Zeit zu investieren, um mit externer Hilfe das Engagement optimal auszurichten und sich im Voraus ausreichend mit den Chancen und Risiken, die das internationale Geschäft mit sich bringt, auseinander zu setzen.

Eine sorgfältige Planung und eine gründliche Vorbereitung sind Grundvoraussetzungen für den Erfolg des Auslandsgeschäfts.

3. Formen der Markterkundung

Zur Vorbereitung eines Auslandsengagements zählt auch bzw. vor allem die Markterkundung, da der Schritt ins Ausland von einer Vielzahl von Risiken aufgrund andersartiger Markt- und Umweltbedingungen gekennzeichnet ist. Dabei ist der Zugriff auf Informationen in zufrieden stellender Qualität und Quantität – mehr als beim reinen Inlandsgeschäft – eine essenzielle Voraussetzung für eine sachgerechte Entscheidungsfindung. Doch gerade daran mangelt es vielen Unternehmen. Während ein Unternehmen aufgrund seiner meist langjährigen Tätigkeit im Inland auf eine Vielzahl von Informationen zurückgreifen kann, ist es mit den meisten Auslandsmärkten wenig oder gar nicht vertraut.[82] So verfügt ein Unternehmen auf einem Auslandsmarkt nicht über die im Vergleich zu heimischen Unternehmen umfassenden Informationen bzw. es kann die gesammelten Informationen durch die fehlende Eingebundenheit in diesen Markt nur unzureichend interpretieren.[83]

Um das bevorstehende Auslandsengagement adäquat vorzubereiten, sind die Gewinnung, Verarbeitung und Speicherung von Informationen über Auslandsmärkte, d. h. die internationale Marktforschung, somit zentrale Aufgaben des Managements. Mit dem Ziel, das eigene Produkt und/oder die eigene Dienstleistung auf dem neuen Markt optimal zu positionieren, sind eine Markt-, Wettbewerbs- und/oder Lieferantenanalyse[84] durchzuführen. Damit soll der Unternehmung eine Entscheidungsunterstützung an die Hand gegeben werden, um die langfristigen Ziele zu erreichen und über die geeignete Strategie Erfolgspotenziale zu erlangen, die wiederum grundlegend für das Erreichen von Wettbewerbsvorteilen sind.[85] Zudem gehen

[82] Vgl. Müller/Kornmeier 2002, S. 104; Kutschker/Schmid 2005, S. 914.

[83] Vgl. Kabst 2004, S. 55 f.

[84] S. dazu: Beißel 2003; Disselkamp/Schüller 2004; Hinterhuber/Matzler/Pechlaner 2002, S. 333-359; Janker 2004; Koppelmann 2004; Michaeli 2005; Porter 1999b.

[85] Vgl. Kutschker/Schmid 2005, S. 915 f.

mit zunehmender Vertrautheit des ausländischen Marktes, was seinen Ausdruck z. B. in Netzwerken[86] im jeweiligen Auslandsmarkt, einem hohen Ausmaß an Vertrauen zu den ausländischen Akteuren und zunehmender internationaler Erfahrung findet, intensivere Handelsverflechtungen bzw. intensivere Marktbearbeitungsformen, d. h. eigenkapitalisierte Marktbearbeitungsformen einher.[87]

Dabei ist der Umfang der Informationen, die ein Unternehmen im Vorfeld des Markteintritts bzw. während seiner Präsenz im Ausland sammelt, nahezu unbegrenzt – sowohl hinsichtlich der Makro- als auch der Mikroumwelt eines Landes. So sind Informationen über die politische Umwelt, die wirtschaftliche Umwelt, Informationen über Kunden sowie Informationen über Wettbewerber[88] lediglich die grundlegenden Grobkategorien, die es nach unternehmensspezifischen Gesichtspunkten zu verfeinern gilt.

Bei der Informationsbeschaffung ist zwischen der primären Marktanalyse (Primärforschung) und der sekundären Marktanalyse (Sekundärforschung) zu unterscheiden.[89] Bei der Sekundärforschung handelt es sich um die Gewinnung und Auswertung bereits vorhandener Daten. Aus Kostengründen und da sich das Erforschen eines ausländischen Marktes durch neue Erhebungen schwieriger gestaltet, wird diese Art der Informationsbeschaffung oftmals bevorzugt angewendet. Dabei kann einerseits auf unternehmensinterne Datenquellen, z. B. Berichte von Auslandsmitarbeitern, unternehmenseigene Statistiken über Kundenanfragen aus dem Ausland, Umsatzzahlen, Deckungsbeiträge, Cash Flow oder sonstige interne Analysen und andererseits auf externe Quellen zurückgegriffen werden. Externe Quellen stellen z. B. die statistischen Ämter, die Industrie- und Handelskammern, die Auslandshandelskammern, Verbände oder auch internationale Organisationen wie z. B. die OECD und/oder WTO dar.[90] Daneben können Daten auch von kommerziellen Organisationen, die Daten entweder vorhalten oder ermitteln, erworben werden, wie z. B. Markt- und Meinungsforschungsinstitute und Beratungsunternehmen.

Reichen die vorhandenen Daten nicht aus, ist mittels der Primärforschung neues Datenmaterial zu erheben, beispielsweise durch schriftliche Befragungen, mündliche Experteninterviews, Beobachtungen, Tests oder Experimente. Auch Erkundungsreisen vor Ort sowie der Besuch von Auslandsmessen[91] leisten dazu einen wichtigen Beitrag. Bei der primären Marktforschung zur Erforschung fremder Märkte ist jedoch z. B. auf unterschiedliche Befragungssituationen aufgrund unterschiedlicher Mentalitäten hinzuweisen. Eine sehr effektive und effiziente Möglichkeit der Primärforschung ist es, hierzu einen Mitarbeiter aus dem

---

86 S. dazu: Gerum 2000, S. 273-285; Pichler/Voithover 2006, S. 253-264.

87 Theoretisch abgeleitet und empirisch begründet, vgl. Kabst 2004, S. 49 ff.

88 Vgl. Kutschker/Schmid 2005, S. 916.

89 S. dazu: Ermschel 2004, S. 93 ff.; Kutschker/Schmid 2005, S. 915 ff.

90 Für weiterführende Informationen s. iXPOS, das Außenwirtschaftsportal des Bundesministeriums für Wirtschaft und Technologie, in: http://www.ixpos.de.

91 Zu Marktforschung und Messen s. auch: Sachs/Kamphausen 1996, S. 17 ff.

Zielland zu beauftragen.[92] Die primäre Marktforschung ist in der Regel deutlich aufwendiger als die sekundäre, sie bietet allerdings die Möglichkeit, geeignete Geschäftspartner zu finden.

Da die Beschaffung verlässlicher Marktinformationen eines der am häufigsten genannten Probleme darstellt, eine gründliche Marktkenntnis jedoch zugleich als Garant für den Erfolg gilt, sind ein aktives und systematisches Vorgehen im Informationsgewinnungsprozess sowie eine anschließende Aufbereitung und Verwertung der gesammelten Informationen zu befürworten.[93] Hinzuweisen sei auch darauf, dass die im Vorfeld eines Auslandsengagements vorzunehmenden Markt-, Wettbewerbs- und/oder Lieferantenanalysen in internationalen Unternehmen – aufgrund der sich wandelnden Umweltbedingungen, Wettbewerbskräfte und des Unternehmens an sich – als ein kontinuierlicher Prozess zu begreifen sind.[94]

Nachdem in der Studie „Going International" bisher Gründe, Formen und Zielmärkte sowie die Vorbereitung des Auslandsengagements deutscher Unternehmen beleuchtet wurden, sollen nun die weiteren Schritte einer Markterschließung betrachtet werden. Gefragt wurde: Welches sind die bevorzugten Methoden der Marktanalyse deutscher Unternehmen? Wie erkunden Sie die jeweiligen ausländischen Märkte? Wo werden Informationen über die Begebenheiten des Marktes bevorzugt eingeholt (Abb. 37)?

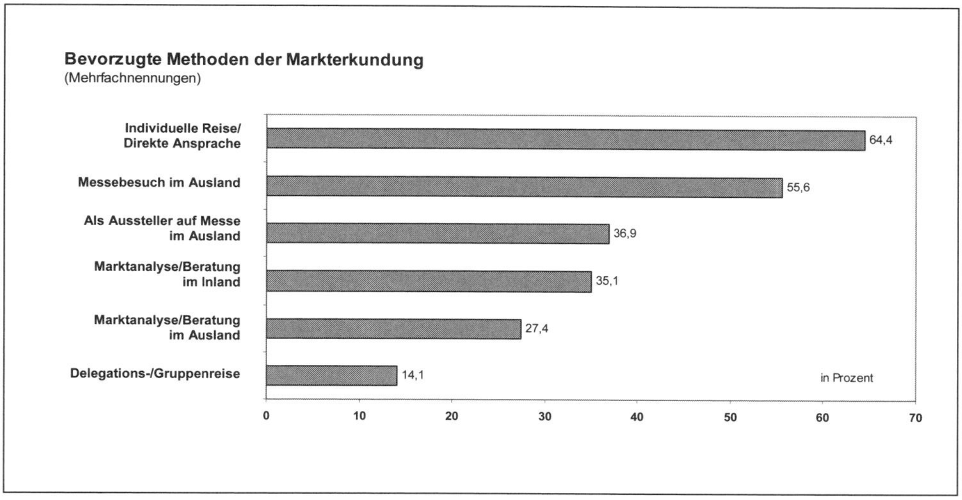

Quelle: Eigene Studie „Going International"
Abbildung 37: *Bevorzugte Methoden der Markterkundung*

[92] Zur primären Marktforschung und Markterschließung mit Einsatz neu rekrutierter Mitarbeiter aus dem Zielland s. auch: Faix/Schulten/Keck/Sailer/Mezger 2006.

[93] Gerade weil dies in der Praxis bisher – vor allem von kleineren und mittleren Unternehmen – nicht aktiv und systematisch umgesetzt wird. Vgl. Kutschker/Schmid 2005, S. 917.

[94] Was folglich auch Auswirkungen auf die gewählte Strategie hat, die dann ggf. anzupassen ist.

Fast 65 % der Unternehmen nennen an erster Stelle die eigene Reisetätigkeit ins Zielland als wichtigste Erkenntnisquelle. Ähnliche Angaben wurden bereits in der Studie „Going International 2003/2004“ gemacht (dort waren es sogar 80 %). Rund 56 % der Unternehmen nutzen im Ausland Messebesuche, um sich Informationen zu beschaffen und Kontakte herzustellen. Etwa jedes dritte Unternehmen (37 %) nimmt als Aussteller aktiv teil. Die Messen im Ausland bleiben nach wie vor eines der wichtigsten Instrumente, um in neuen Regionen Fuß zu fassen und Neukunden zu gewinnen. Sie ermöglichen zusätzlich eine kostengünstige Beobachtung der Markt- und Wettbewerbssituation.

Anhand von Beratung und Marktanalysen im In- und Ausland informieren sich 35 bzw. 27 % der Unternehmen, wohingegen Delegations- und Gruppenreisen (14 %) nur von wenigen der befragten Unternehmen zur Vorbereitung des Auslandsengagements genutzt werden.

Auffallend ist, dass vor allem zahlreiche Großunternehmen eine Marktanalyse tätigen (56 %), wohingegen kleinere Unternehmen diese wichtige Form der Markterkundung seltener nutzen (33 %). Entsprechend zeigt sich, dass Großunternehmen im Vergleich zu allen anderen am wenigsten auf eine eigene Reisetätigkeit setzen (59 %) – am häufigsten tun dies größere Mittelständler (72 %). Die branchenspezifische Betrachtung veranschaulicht, dass vor allem die Dienstleister mit 70 % auf eigene Reisetätigkeiten als Markterkundungsstrategie setzen.

Bemerkenswert ist, dass Marktanalysen und Beratung durch Dritte im Inland und im Ausland nur von maximal einem Drittel der befragten Unternehmen genutzt werden. Im vorhergehenden Teil des Kapitels haben wir uns bereits mit der Bedeutung gründlicher Marktkenntnisse und damit einer notwendigen systematischen Analyse des Marktes beschäftigt. Gerade Unternehmen, die sich erstmalig mit dem Auslandsgeschäft befassen oder in einen unbekannten neuen Zielmarkt wollen, sollten im Vorfeld alle zur Verfügung stehenden Informationsmöglichkeiten ausschöpfen und insbesondere dabei auch kompetente Experten hinzuziehen. Nur so erhalten sie einen verlässlichen Überblick über den Zielmarkt. Im besonderen Maße gilt das für kleine und mittelständische Unternehmen.

Bezeichnenderweise liegen die Hauptprobleme im Auslandsgeschäft gerade für Mittelständler im Themenkomplex „verlässliche Geschäftspartner, Preise, Konkurrenz, Kontakte, Marktinformationen“ – wie auf S. 152 ff. aufgezeigt wird. Probleme dieser Art können bereits im Vorfeld durch eine fundierte Vorbereitung, etwa im Rahmen einer Marktanalyse, und durch geeignete Beratung vermieden werden.

4. Produktanpassung auf Auslandsmärkten

Um Güter und Dienstleistungen am ausländischen Markt erfolgreich zu positionieren, hat jedes Unternehmen – ob multinationales Großunternehmen oder der kleinste Exporteur –

Entscheidungen bezüglich der Produktpolitik zu treffen. Dazu zählt insbesondere, ob die heimische Produktpolitik auch im Ausland umzusetzen ist. Diese Aufgaben können für Unternehmen, die in mehreren ausländischen Absatzmärkten agieren, äußerst komplexer Natur sein, da spezifische Markt- und Landesbedingungen zu berücksichtigen sind. Bei der Internationalisierung von besonderem Interesse ist daher die Entscheidung der Produktadaption oder Standardisierung, d. h. inwiefern ein Unternehmen seine Produkte an den ausländischen Markt anpasst (adaptiert). Von der Standardisierung oder Adaption kann das physische Kernprodukt (z. B. Größe, Funktion, Farbe) erfasst sein, die Verpackung und/oder mit dem Produkt zusammenhängende Dienstleistungen. Damit besteht die Möglichkeit, die eigenen Produkte so weit zu standardisieren, dass es sich um ein und dasselbe Produkt handelt, wie es auf dem Heimatmarkt vermarktet wird, was auch als globale Produktstrategie bezeichnet wird.

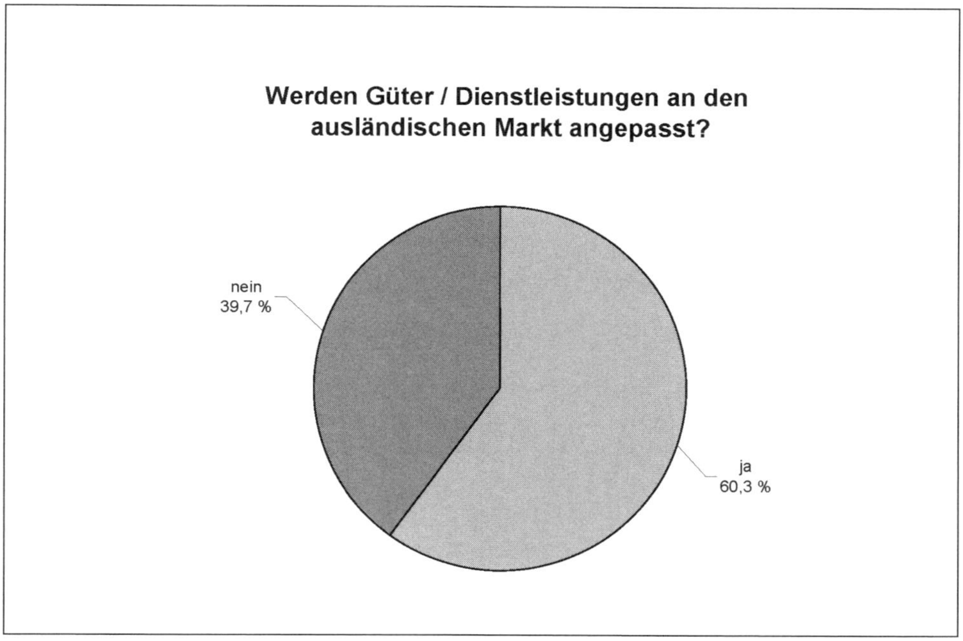

Quelle: Eigene Studie „Going International"
Abbildung 38: *Anpassung von Gütern/Dienstleistungen an den ausländischen Markt*

Im Gegensatz dazu steht die Adaption. Dabei werden die Produkte so weit individualisiert, dass sie an die einzigartigen Bedürfnisse der Kunden auf den Auslandsmärkten angepasst werden. Eine Adaption kann z. B. aufgrund von Sprachunterschieden, verschiedenen Maßsystemen oder Regierungsanforderungen zwingend erforderlich sein oder auch freiwillig erfolgen. Dabei kann die Frage, ob ein Unternehmen seine Produkte standardisieren soll oder nicht, nicht allgemein gültig beantwortet werden, sondern ist produktspezifisch zu entscheiden.[95] Inwieweit passen also die befragten deutschen Unternehmen ihre Produkte den besonderen Bedingungen der jeweiligen Zielregion an?

Rund 60 % der befragten Unternehmen passen ihre Produkte oder Dienstleistungen an die Gegebenheiten des ausländischen Markts an (Abb. 38). In der Studie „Going International 2003/2004“ waren dies sogar rund 75 %, damals jedoch waren mehr Industrieunternehmen an der Befragung beteiligt.

Produktanpassung ist bei Großunternehmen (82 %) und generell bei jenen Unternehmen am höchsten, die in Form von Joint Ventures und Tochterunternehmen im Ausland produzieren (rund 70 %). Auch bei Unternehmen, die bereits teilweise oder zukünftig ihre Produktion ins Ausland verlagert haben bzw. dies noch wollen, ist der Anteil höher als der Durchschnitt. Bei der Branchendifferenzierung fällt auf, dass vor allem die Maschinenbauindustrie (67 %) und das Dienstleistungsgewerbe (65 %) die Produkte an den ausländischen Markt anpassen.

Kleinere Unternehmen (56 %) und der Handel (53 %) passen ihre Produkte am wenigsten an die Bedingungen des ausländischen Marktes an. Interessanterweise haben sich die deutschen Unternehmen, die ihre Produkte an die Gegebenheiten im Ausland angepasst haben, hinsichtlich Umsatz, Gewinn und Personalstand erfolgreicher entwickelt als diejenigen, die dies nicht getan haben. Das deutet darauf hin, dass es ein sinnvolles und letztendlich lohnenswertes Unterfangen ist, sich intensiv auf das Auslandsengagement vorzubereiten und sich früh mit dem jeweiligen Auslandsmarkt auseinander zu setzen, um Güter und Dienstleistungen an die dortigen Gegebenheiten anpassen zu können.

5. Personalpolitik auf Auslandsmärkten

Ein zunehmend erklärtes Ziel der Unternehmen ist es, die Chancen der Globalisierung zu nutzen und dadurch den Erfolg auszubauen. Neben der Konzentration auf neue Märkte und Wirtschaftszweige sowie die technologische Kompetenz wird der zukünftige Erfolg in besonderem Maße durch kompetente und qualifizierte Mitarbeiter getragen. Während sich das Personalmanagement in rein inländischen Unternehmen in einem relativ vertrauten gesellschaftspolitischen, unternehmenskulturellen und wirtschaftlichen Umfeld bewegt, steht das internationale Personalmanagement in einem wesentlich komplexeren Kontext mit oftmals relativ unbekannten Bedingungen, insbesondere den durch das Zusammenwirken unterschiedlicher Kulturen hervorgehenden Entwicklungen. Dabei hat das internationale Personalmanagement zum Ziel, das Potenzial an Fach- und Führungskräften in international tätigen Unternehmen laufend zu sichern. Im Vergleich zum Personalmanagement in rein inländischen

95 S. dazu: dazu Ermschel 2004, S. 108 ff.; Albaum/Strandskov/Duerr 2001, S. 369 ff., vor allem S. 397 ff. Kurz und knapp: Jahrmann 2004, S. 251 ff.; Brenner/Fuchs 2003, S. 49 ff.

Unternehmen zeichnet sich das internationale Personalmanagement durch eine deutlich breitere Perspektive (z. B. Mitarbeiter aus unterschiedlichen Kulturen sowie in unterschiedlichen Kulturen) aus, durch ein stärkeres Engagement für die einzelnen Mitarbeiter (z. B. Einbeziehung der Familie in die Planungs- und Betreuungsaktivitäten bei Auslandsentsendungen) und ein größeres und komplexeres Aufgabenspektrum (z. B. operative Entsendungsaufgaben, Relocation-Service, ein deutlich höheres Risiko der Mitarbeiterfluktuation, unterschiedliche kulturelle und politische Systeme).[96]

Grundlage für das internationale Personalmanagement sind die Unternehmensziele und damit zusammenhängend die Strategie der Unternehmung hinsichtlich der Internationalisierung. Handelt es sich z. B. um eine Zusammenarbeit mit/in einem anderen Land oder gar mit mehreren Ländern oder gar um global vernetzte Aktivitäten? Und wie sollen diese Aktivitäten vor dem Hintergrund der eigenen und der Gastlandkultur umgesetzt werden?[97] Ein wichtiger Aspekt in diesem Zusammenhang ist die Rekrutierung des Führungspersonals im/für das Ausland, auf die es nachfolgend einzugehen gilt.

5.1 Rekrutierung

Die Suche und Auswahl geeigneter Führungskräfte für das internationale Management/Auslandsgeschäft sind von strategischer Bedeutung für das Unternehmen, da es sich meist um wichtige – nicht zuletzt repräsentative – Funktionen für internationale Erfolgs- und Wachstumspotenziale handelt. Mit der Einstellung von Mitarbeitern mit internationalen Verträgen geht zudem gleichzeitig ein hohes Risiko bei Fehlbesetzungen – z. B. aufgrund vorzeitigen Abbruchs oder hoher Fluktuation – einher. Zudem stellen sich die Auswahl und Suche geeigneter Mitarbeiter an sich als eine große Herausforderung dar. Dieser kann durch das Erstellen eines spezifischen Anforderungsprofils an die zukünftigen entweder entsandten oder vor Ort angestellten Mitarbeiter systematisch begegnet werden. Dabei liegen die Anforderungen an internationale Führungskräfte insbesondere auf den interkulturellen Kommunikations- und Kooperationsfähigkeiten.

[96] S. dazu: Meier 2004, S. 203-230; Welge/Holtbrügge 2003, S. 195 ff.; Gerhard und Lore Kienbaum Stiftung/Gutmann 2000, S. 117-122; Brewster/Kabst 2000, S. 289-314; Kühlmann 2000, S. 357-371; Stahl 2002, S. 277-302; Dülfer 1999, S. 383 ff.

[97] S. dazu: Meier 2004, S. 207; Welge/Holtbrügge 2003, S. 206 ff., 230 ff.

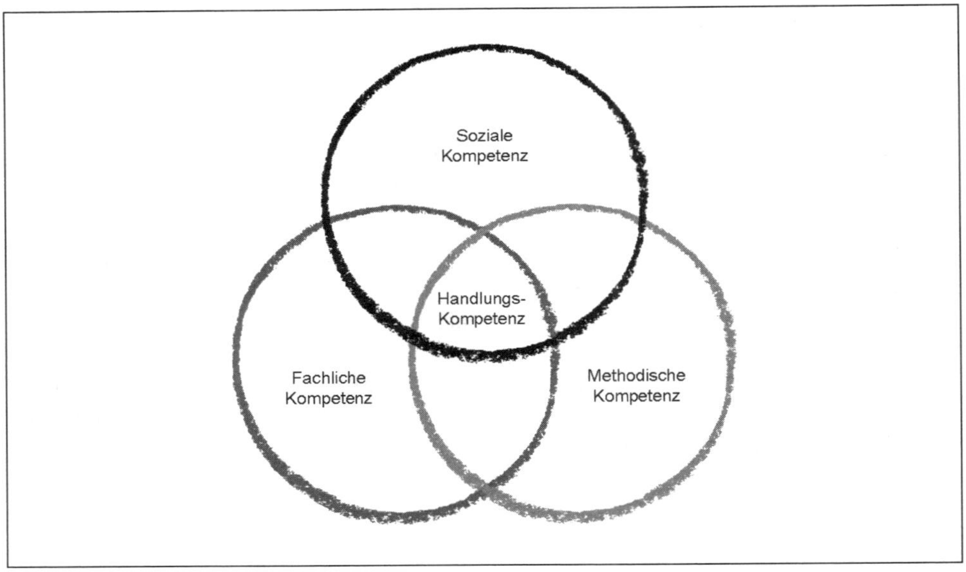

Quelle: Faix/Laier 1991, S. 37
Abbildung 39: *Fachliche, methodische und soziale Kompetenz*

Für handlungskompetente[98] Mitarbeiter und Führungskräfte im internationalen Management bedarf es (Abb. 39):

- Fachlicher Kompetenz
  - Einschlägige Fachkenntnisse und Erfahrungen, Produkt- und Dienstleistungskenntnisse sowie Branchen- und Unternehmenskenntnisse etc.
- Sozialer Kompetenz
  - Schlüsselqualifikationen (Mitarbeiterführung, Kommunikations- und Teamfähigkeiten, Selbständigkeit etc.)
  - Interkulturelle Anforderungen (Anpassungs- und Einfühlungsvermögen in unterschiedliche Kulturen, Bereitschaft zum Erlernen der Landessprache etc.)
  - Persönliche Anforderungen (physische und psychische Belastbarkeit etc.)
- Methodischer Kompetenz
  - Marktanalysen, Informations- und Wissensmanagement

Neben der Festlegung der spezifischen Auswahlkriterien[99], die für einen Manager im Ausland deutlich mehr Anforderungen enthalten als für einen Manager im Inland, ist zudem auf die

98 S. dazu: Faix/Laier 1991, S. 36 ff.; dazu auch Dülfer 1999, S. 448 ff.
99 S. dazu auch: Niermeyer 2000, S. 327-343; Dülfer 1999, S. 476 ff.

Gewichtung dieser Kriterien zu achten. Vor diesem Hintergrund stellt sich sodann die Frage, welche Wege der Mitarbeiterrekrutierung die befragten deutschen Unternehmen für ihre Auslandsniederlassungen nutzen (Abb. 40)?

Bei der Suche nach geeigneten Mitarbeitern für das Auslandsgeschäft steht die klassische Stellenanzeige mit 60 % immer noch an erster Stelle. Zweitwichtigstes Instrument ist die eigene Personalentwicklung. Fast 50 % der befragten Unternehmen nutzen diesen Weg, um Führungskräfte für ihre Niederlassungen im Ausland im eigenen Hause vorzubereiten. Insbesondere bei Mittelständlern kommt es auf eine frühzeitige und zielgerichtete Planung der Rekrutierung von Fachpersonal für den Einsatz im Ausland an. Neben einem geeigneten Personalauswahlverfahren ist eine bedarfsorientierte Weiterbildung der Mitarbeiter wichtig, und zwar mit Blick auf die Qualifizierung von Personal im deutschen Mutterhaus (zum Aufbau der Auslandsniederlassung, als Entsandtkräfte und zur Steuerung des Auslandsengagements aus Deutschland) sowie ausländischem Personal in Deutschland und vor Ort im Zielmarkt (interne und externe Personalentwicklung).

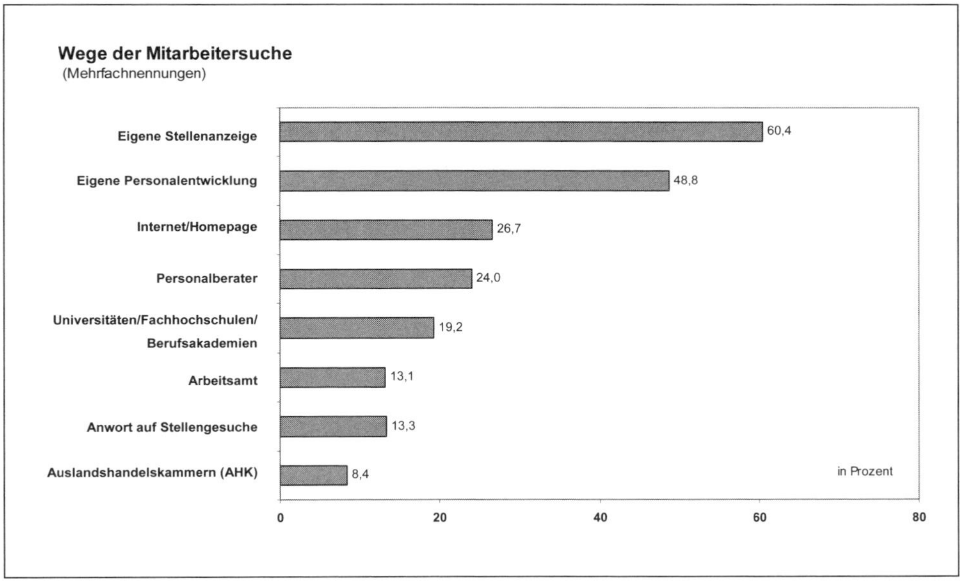

Quelle: Eigene Studie „Going International“
Abbildung 40: *Wege der Mitarbeitersuche*

Gerade das heutige Medienzeitalter hat die Personalakquise auf die neuen elektronischen Medien ausgedehnt. Über ein Viertel der Unternehmen nutzen das Internet und die eigene Homepage für die Gewinnung von Mitarbeitern für das Auslandsgeschäft. Fast ebenso viele beauftragen einen Personalberater. Noch fast 20 % suchen ihre Mitarbeiter direkt an Universitäten, Fachhochschulen und Berufsakademien. Außerdem kontaktieren rund 13 % die

Arbeitsagentur und beantworten Stellengesuche. Knapp 9 % nutzen die Personaldienstleistungen der deutschen Auslandshandelskammern (AHK).

Diese Ergebnisse haben sich seit der Studie „Going International 2003/2004" kaum verändert. Auch hier war die bevorzugte Methode der Personalrekrutierung die Stellenanzeige (sogar mit 77 %).

5.2 Besetzung der Führungspositionen

Aufgrund der hohen strategischen Bedeutung kompetenter und qualifizierter Mitarbeiter für den weiteren Erfolg stellt sich neben der Mitarbeitersuche für das Auslandsgeschäft sodann die Frage, ob die Unternehmen in den Auslandsniederlassungen mit deutschen, ausländischen oder lokalen[100] Führungskräften arbeiten. Werden in erster Linie deutsche oder internationale Führungskräfte entsandt, oder bezieht sich die Personalakquise eher auf das Zielland selbst?

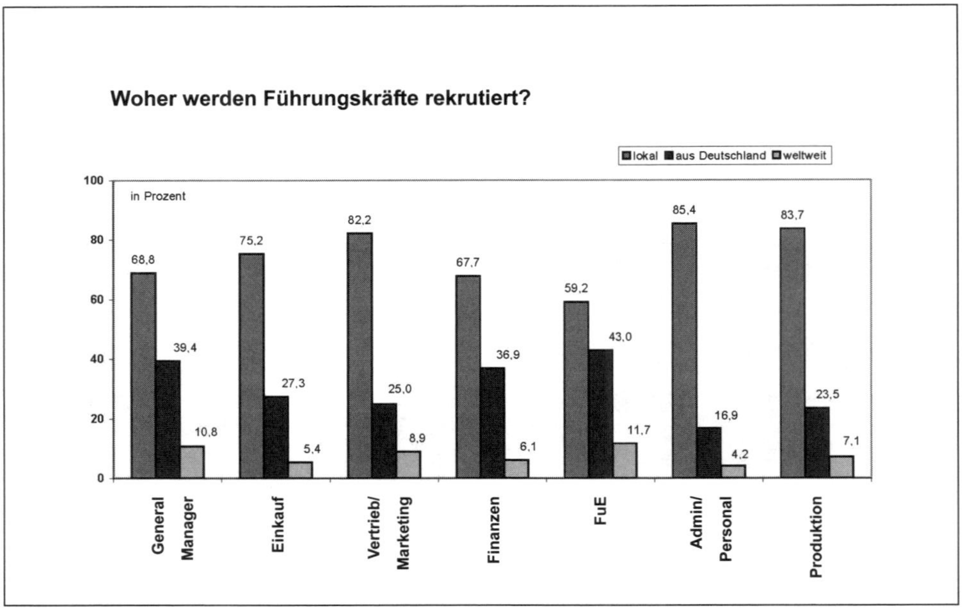

Quelle: Eigene Studie „Going International"
Abbildung 41: *Herkunft der rekrutierten Führungskräfte*

100 Zur ethnozentrisch, polyzentrisch oder geozentrisch orientierten Stellenbesetzungspolitik s. Meier 2004, S. 207; Welge/Holtbrügge 2003, S. 206 f.

Mit über 80 % liegt der Anteil der lokal im Zielmarkt rekrutierten Führungskräfte im Vertrieb/Marketing, in der Administration/im Personalbereich und auch in der Produktion deutlich vor dem Einsatz deutscher Manager, mit denen höchstens ein Viertel dieser Stellen besetzt werden. Auch im Bereich des Einkaufs (über 75 %), der Finanzen (68 %), des General Managers selbst (69 %) und nicht zuletzt im Bereich Forschung- und Entwicklung (fast 60 %) arbeiten deutsche Unternehmen im Ausland mit Führungskräften aus dem jeweiligen Zielland (Abb. 41).

5.3 Im Fokus – General Manager bei Tochterunternehmen im Ausland

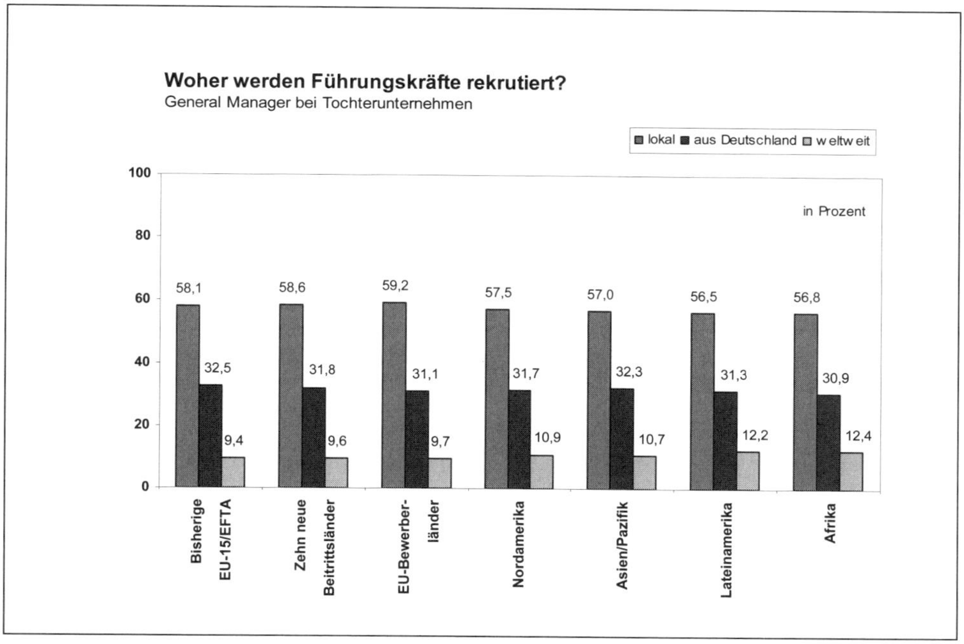

Quelle: Eigene Studie „Going International"
Abbildung 42: *Herkunft der General Manager bei Tochterunternehmen*

In allen Zielregionen werden zu über 56 % lokale General Manager für die dort gegründeten Tochterunternehmen rekrutiert. Lediglich zu 30 % werden entsprechende deutsche Führungskräfte auf der Schlüsselfunktion im ausländischen Tochterunternehmen eingesetzt.

Die Ergebnisse der Umfrage verdeutlichen, dass die befragten deutschen Unternehmen nur in einem geringeren Maße deutsche Manager im Auslandsgeschäft einsetzen, und vor allem auf lokale Führungskräfte zurückgreifen, und dies ohne Unterschiede in Zielregionen.

5.4 Besetzungskriterien für Manager im Auslandsgeschäft

Die Rekrutierung von Führungskräften erfolgt kaum nach einem festen Schema, vielmehr werden die lokalen Gegebenheiten in den unterschiedlichen Zielmärkten bei der Personalauswahl berücksichtigt. Dies zeigte sich bei der Frage nach den Besetzungskriterien für verschiedene Managementpositionen deutscher Unternehmen im Ausland.

Gefragt wurde nach den Eigenschaften, die für Personalentscheider der befragten Unternehmen bei der Besetzung von Führungskräften im Ausland besonders wichtig sind. Dies betrifft die Position des General Managers sowie die Leitungsfunktionen in den Bereichen Marketing/Vertrieb, Einkauf, Finanzen, Produktion, Administration/Personal und FuE (Abb. 43-49).

Folgende Auswahlkriterien wurden vorgegeben:

- Fachqualifikation
- Gute Kontakte im Zielland
- Marktkenntnisse
- Praktische Erfahrung im Unternehmen vor Ort
- Anbindung an das deutsche Mutterhaus/Kontrolle
- Sprachkenntnisse
- Personalkosten
- Kulturkenntnisse

Bei Führungskräften, die vor allem die unternehmensinternen Abläufe im Ausland verantworten, also Finanz-, Produktions- und Administrations-/Personalleiter, steht die Fachqualifikation im Vordergrund (i. d. R. zu über 70 % genannt). An zweiter Stelle erwarten die Unternehmen von diesen Managern gute praktische Erfahrung vor Ort. Als nächst wichtigstes Kriterium werden bei den Leitern der Bereiche Produktion und Administration/Personal Sprachkenntnisse erwartet. Beim Finanzleiter wird an dieser Stelle hingegen die Anbindung an das deutsche Mutterhaus/Kontrolle genannt.

Die Fachqualifikation der Leiter von FuE-Abteilungen ist den befragten Unternehmen besonders wichtig. 78 % geben sie als wichtigste Eigenschaft für ihre Mitarbeiter in diesem Bereich an. Mit weitem Abstand folgen dann die Kriterien „Marktkenntnis" (32 %) und „Praktische

Erfahrungen in Unternehmen vor Ort" (27 %) sowie „Sprachkenntnisse" (27 %). Deutsche Unternehmen setzen also auch bei ihren FuE-Aktivitäten im Ausland auf Qualität. Von Mitarbeitern, die im Auslandsgeschäft die stärker nach außen hin orientierten Unternehmensbereiche leiten, wie z. B. Einkauf und Marketing/Vertrieb, erwarten die befragten deutschen Unternehmen vor allem Marktkenntnisse, gute Kontakte im Zielmarkt und an dritter Stelle eine geeignete Fachqualifikation.

Führungskräfte mit Geschäftsführungsverantwortung im Ausland (General Manager) sollen hingegen vor allem über gute Kontakte verfügen. Erst danach sind Marktkenntnisse, praktische Erfahrung in Unternehmen vor Ort und Sprachkenntnisse aus der Sicht der befragten Unternehmen für die Führung der Niederlassung im Ausland wichtig. Ein weiteres interessantes Ergebnis: (Inter-)Kulturelle Kompetenzen und Personalkosten spielen bei allen abgefragten Führungspositionen im Ausland nur eine untergeordnete Rolle.

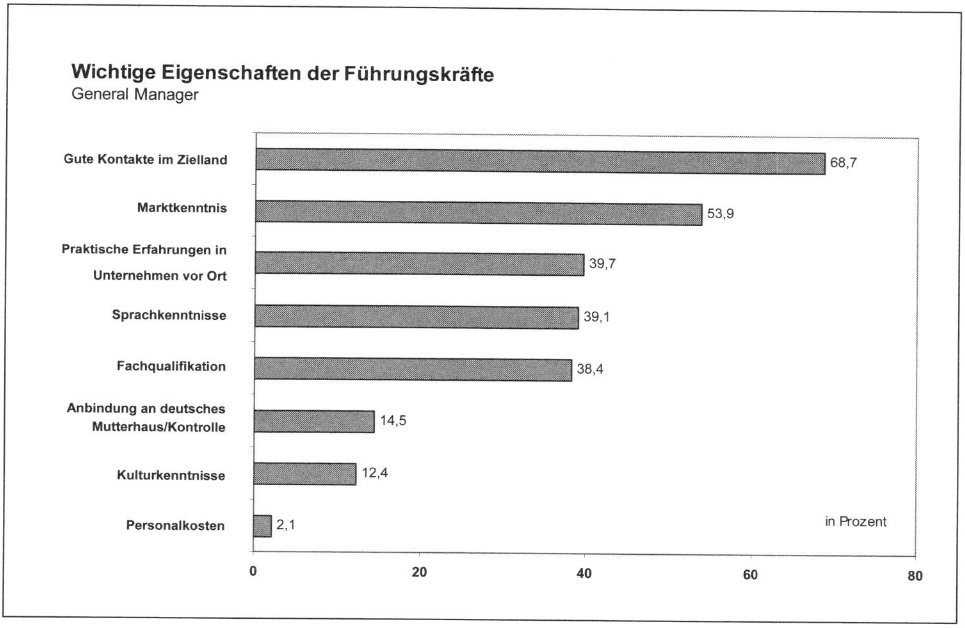

Quelle: Eigene Studie „Going International"
Abbildung 43: *Wichtige Eigenschaften der Führungskräfte – General Manager*

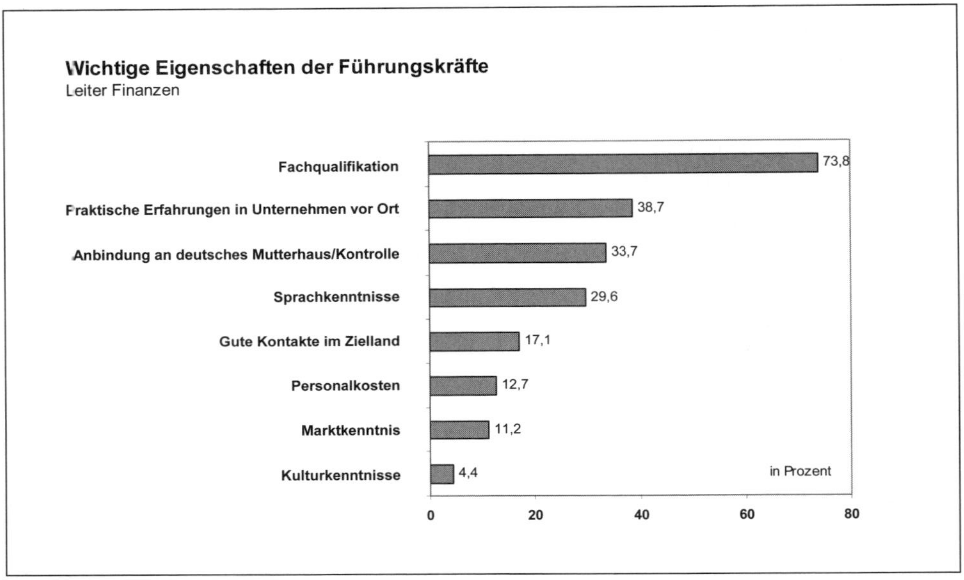

Quelle: Eigene Studie „Going International"
Abbildung 44: *Wichtige Eigenschaften der Führungskräfte – Leiter Finanzen*

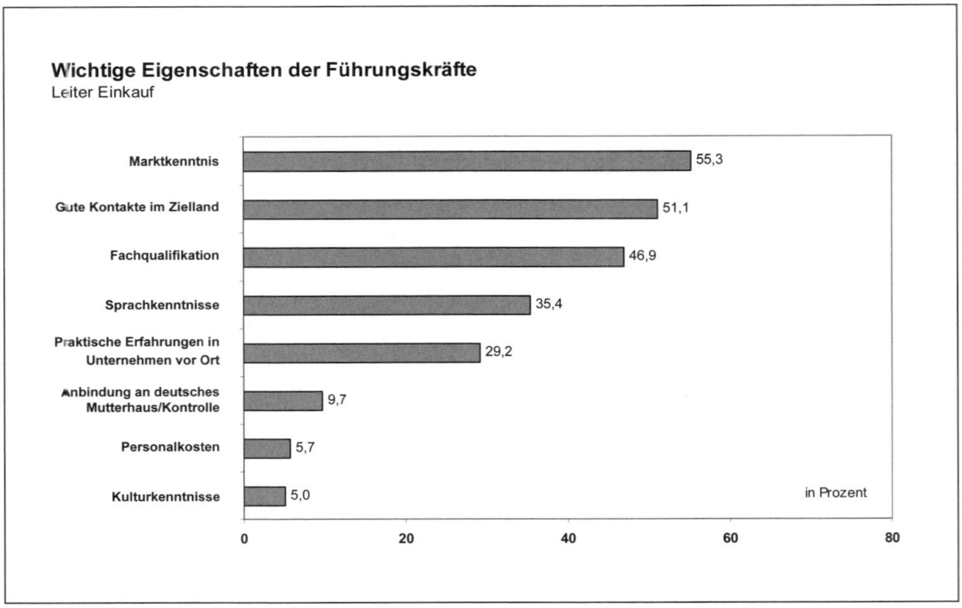

Quelle: Eigene Studie „Going International"
Abbildung 45: *Wichtige Eigenschaften der Führungskräfte – Leiter Einkauf*

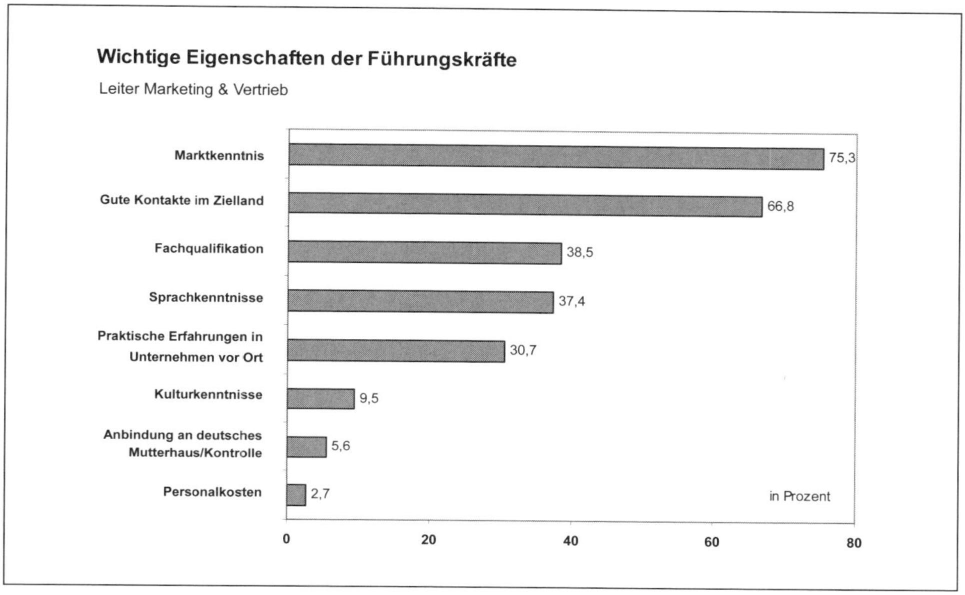

Quelle: Eigene Studie „Going International"

Abbildung 46: *Wichtige Eigenschaften der Führungskräfte – Leiter Marketing & Vertrieb*

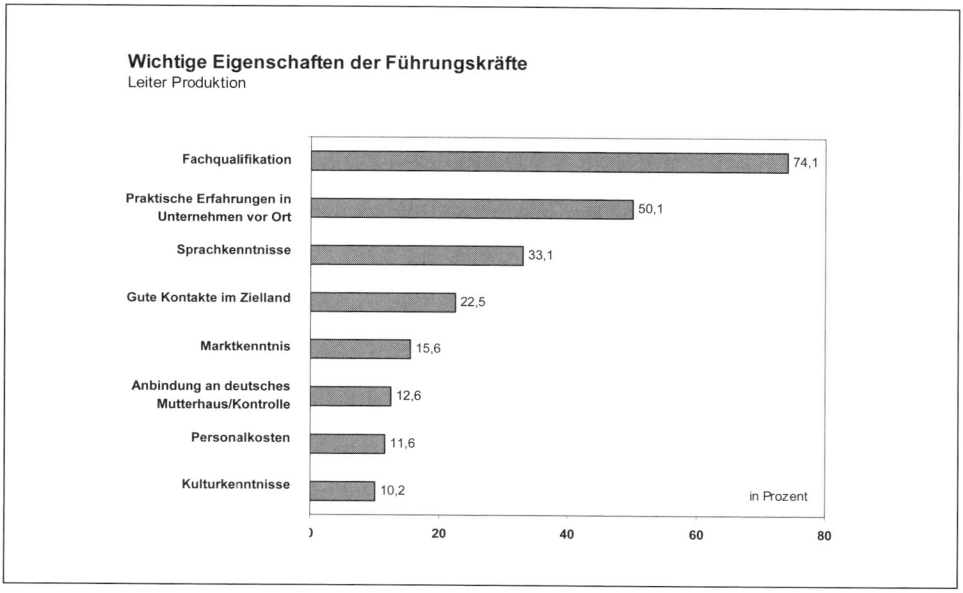

Quelle: Eigene Studie „Going International"

Abbildung 47: *Wichtige Eigenschaften der Führungskräfte – Leiter Produktion*

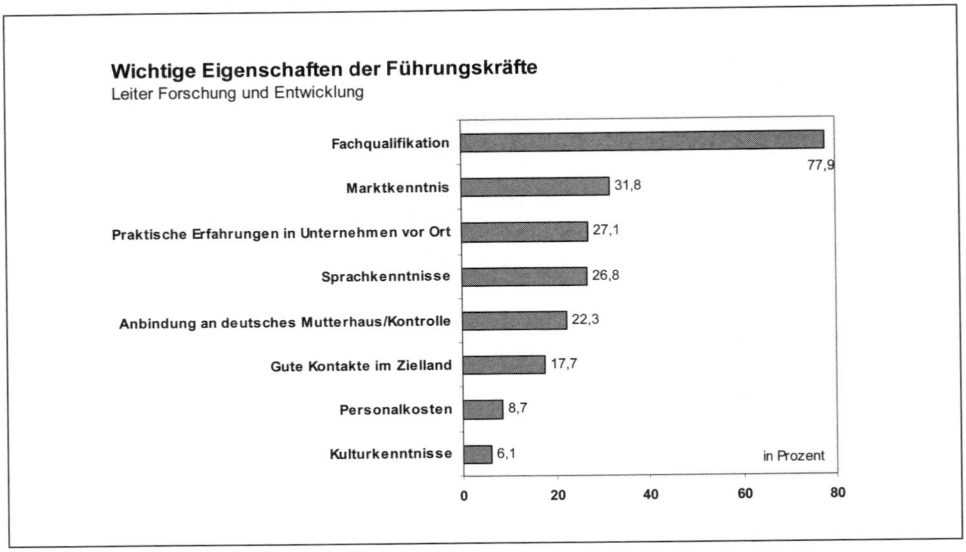

Quelle. Eigene Studie „Going International"
Abbildung 48: *Wichtige Eigenschaften der Führungskräfte – Leiter FuE*

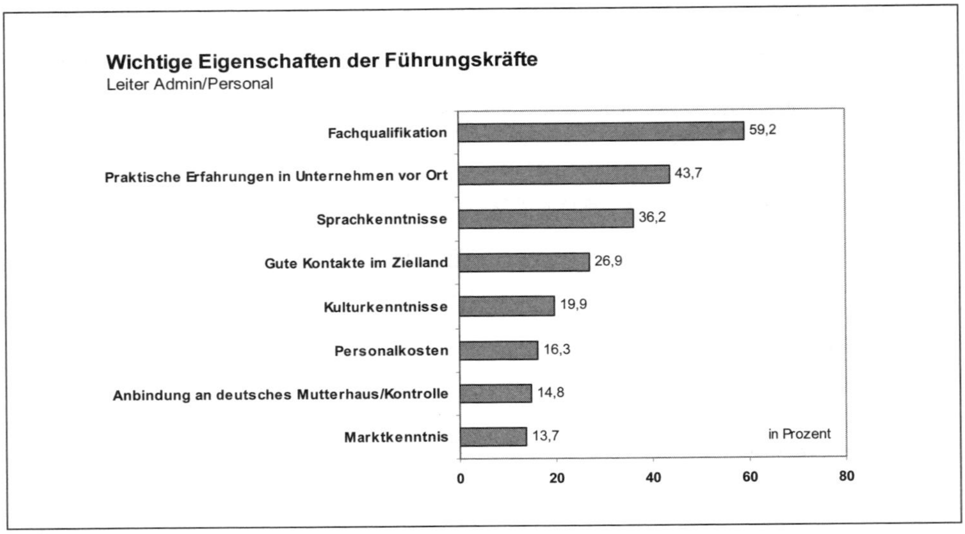

Quelle: Eigene Studie „Going International"
Abbildung 49: *Wichtige Eigenschaften der Führungskräfte – Leiter Admin/Personal*

6. Unterstützung und Förderung

Vor allem zur Unterstützung bei der Vorbereitung und Markterkundung gibt es für außenwirtschaftlich tätige Unternehmen auf der Ebene der Bundesländer, des Bundes und der EU verschiedene Institutionen und Instrumente der Außenwirtschaftsförderung. Dazu kommen bestimmte Fördermöglichkeiten in einzelnen Zielregionen. Unterschieden werden soll dabei die finanzielle von der institutionellen Hilfestellung. In welchem Umfang werden diese von den Unternehmen beantragt bzw. genutzt?

6.1 Finanzielle Außenwirtschaftsförderung

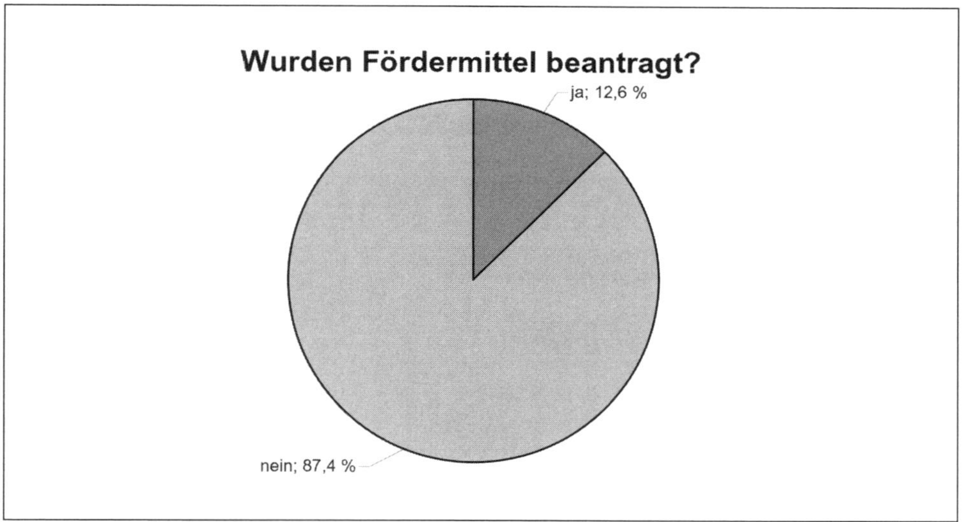

Quelle: Eigene Studie „Going International"
Abbildung 50: *Beantragung von Fördermitteln*

Der Anteil der Unternehmen, die Fördermittel beantragt oder erhalten haben, beträgt nach den Ergebnissen der Umfrage knapp 13 % (Abb. 50). Hinter diesem Ergebnis verbergen sich starke regionale Unterschiede zwischen Ost- und Westdeutschland. So nutzen Unternehmen aus den neuen Bundesländern viel eher die Förderungsangebote. Hier haben rund ein Viertel aller Unternehmen (25 %) Fördermittel für ihr Auslandsengagement beantragt bzw. erhalten. In den alten Bundesländern taten dies lediglich knapp 10 %. Auch bei der Größe der Unternehmen lassen sich Unterschiede erkennen. So haben über ein Viertel der befragten großen Unternehmen und Konzerne mit hohen Beschäftigungszahlen Fördermittel beantragt oder erhalten (26 %). Bei den kleinen Unternehmen und den Mittelständlern hingegen liegt die Zahl der Antragssteller lediglich bei jeweils rund einem Achtel der befragten Unternehmen.

Bei den Branchen lassen sich jedoch kaum Unterschiede in der Aufteilung erkennen. Die meisten Branchen des produzierenden Gewerbes und auch das Dienstleistungsgewerbe liegen im Schnitt, einzig der Handel scheint wenig von den finanziellen Fördermöglichkeiten in Anspruch zu nehmen bzw. nehmen zu können.

Bei der Vergabe von Fördermitteln stehen die jeweiligen Landeseinrichtungen mit 52 % an der ersten Stelle, gefolgt von den Bundeseinrichtungen (37 %) und den europäischen Einrichtungen (25 %). Lediglich 17 % der Unternehmen, die Fördermittel beantragen, tun dies in der Zielregion (Abb. 51).

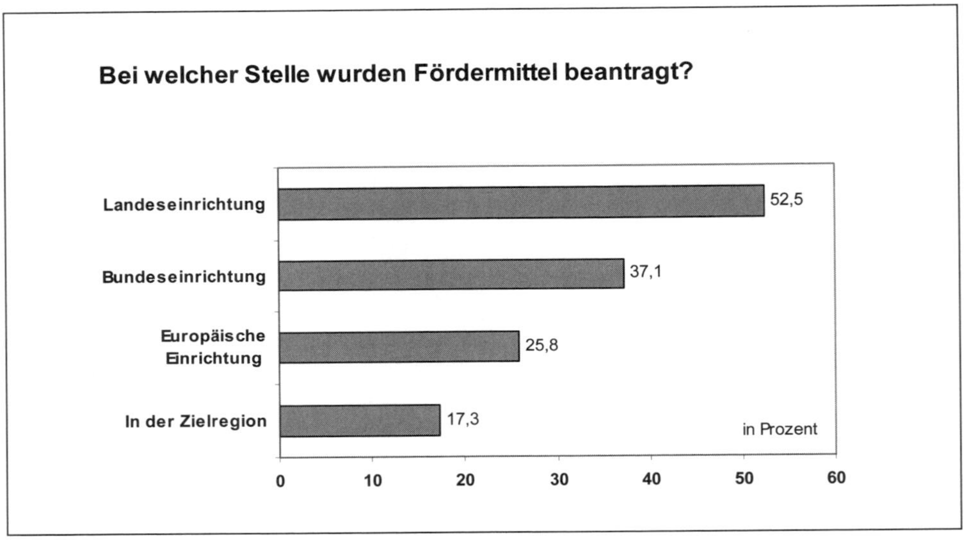

Quelle: Eigene Studie „Going International"
Abbildung 51: *Einrichtungen, bei denen Fördermittel beantragt wurden*

Interessant ist, dass hinsichtlich der Größe der Unternehmen unterschiedliche Vorgehensweisen erkennbar werden: So erhielten 65 % der Großunternehmen/Konzerne nach ihrer Beschäftigtenzahl bzw. 39 % der Großunternehmen/Konzerne nach Umsatz Fördermittel von europäischen Einrichtungen. Hinzu kommt bei den befragten Großunternehmen im Vergleich zu kleineren Betrieben noch ein relativ hoher Anteil von Fördermitteln aus Landes- und Bundestöpfen. Dies bietet in Zeiten knapper Kassen mit Blick auf die Bedeutung mittelständischer Unternehmen für Wachstum und Beschäftigung in Deutschland einen Anlass, die Förderpolitik dahingehend noch einmal zu überdenken.

Die Umfrageergebnisse zeigen insgesamt, dass deutsche Unternehmen weitgehend auch ohne finanzielle Unterstützung von Seiten der Länder, des Bundes oder der EU erfolgreich im Ausland aktiv sind. Lediglich ein geringer Teil der befragten Unternehmen gibt an, Fördermittel beantragt bzw. erhalten zu haben. Der Anteil von Unternehmen in den neuen Bundesländern ist daran besonders hoch. Wenn finanzielle Unterstützung in Anspruch genommen wird, bezieht sich dies meist auf Mittel der Bundesländer.

6.2 Institutionelle Außenwirtschaftsförderung

Wir haben festgestellt, dass deutsche Unternehmen zur Vorbereitung ihres Auslandsengagements vielfältige Marktinformationen benötigen und Beratung im In- und Ausland nutzen. Auf welche Institutionen und Informationsquellen greifen deutsche Unternehmen zurück und wie zufrieden sind sie mit den Angeboten (Abb. 52)?

Eine Mehrheit der befragten Unternehmen nutzt die Angebote der Industrie- und Handelskammern (IHK) vor Ort (57 %). Intensiver als in den alten Bundesländern wenden sich Unternehmen aus den neuen Bundesländern an ihre IHK (dort fast überall über 80 %). Aber auch persönliche Netzwerke sind wichtig: Gleich hinter den IHKs rangiert die Unterstützung durch Geschäftspartner und Bekannte (49 %). An dritter Stelle folgen die Serviceangebote der deutschen Auslandshandelskammern (AHK) in den Zielmärkten (42 %). Hilfestellung holen sich die Unternehmen zudem (der Reihenfolge der Nennung nach) bei den Banken und Sparkassen, den Verbänden, den Steuerberatern und Wirtschaftsprüfern sowie bei regionalen und lokalen Wirtschaftsfördereinrichtungen.

Neben den persönlichen Beziehungen über Geschäftspartner und Bekannte, mit denen die befragten Unternehmen im Wesentlichen zufrieden sind (94 %), ist eine sehr große Zufriedenheit auch bei den Unternehmen festzustellen, die die Industrie- und Handelskammern in Deutschland (77 %) und das Netzwerk der Auslandshandelskammern in der Welt (67 %) nutzen. Auch in absoluten Zahlen wird anhand der Zufriedenheit mit der Unterstützung fast keiner Stelle mehr Kompetenz zugerechnet als den IHKs und AHKs. Beide Institutionen sind damit im Vergleich zu anderen Fördereinrichtungen und Dienstleistungsunternehmen im Bereich Außenwirtschaft die ersten und wichtigsten Ansprechpartner deutscher Unternehmen. Nimmt man zu dem vielfach von den IHKs organisierten unternehmerischen Erfahrungsaustausch die bevorzugte Hilfestellung über Geschäftspartner und Bekannte hinzu, so zeigt sich zugleich die Bedeutung einer persönlichen Netzwerkbildung für den Erfolg im Auslandsgeschäft.

Es wurde herausgestellt (s. S. 106), dass 57 % der Großunternehmen eine Marktanalyse als vorbereitende Maßnahme ihres Auslandsgeschäftes durchführen lassen. Dies korreliert mit den Ergebnissen zur Frage nach der Unterstützung: Überdurchschnittlich viele dieser Unternehmen nutzen auch die Unterstützung externer Berater.

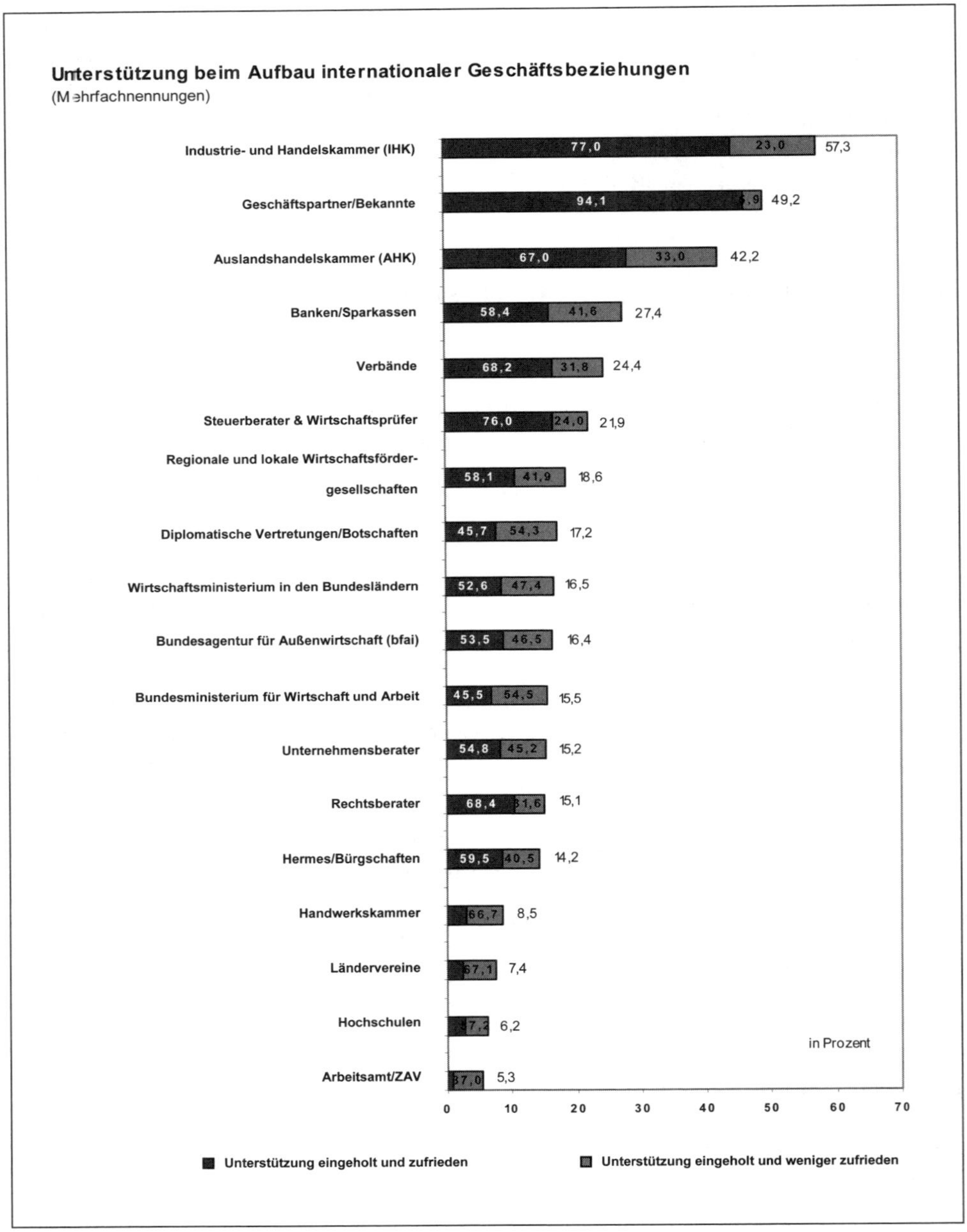

Quelle: Eigene Studie „Going International"

Abbildung 52: *Unterstützung beim Aufbau internationaler Geschäftsbeziehungen (Institutionen, Instrumente)*

Geschäftsentwicklung und Erfolg des Auslandsengagements

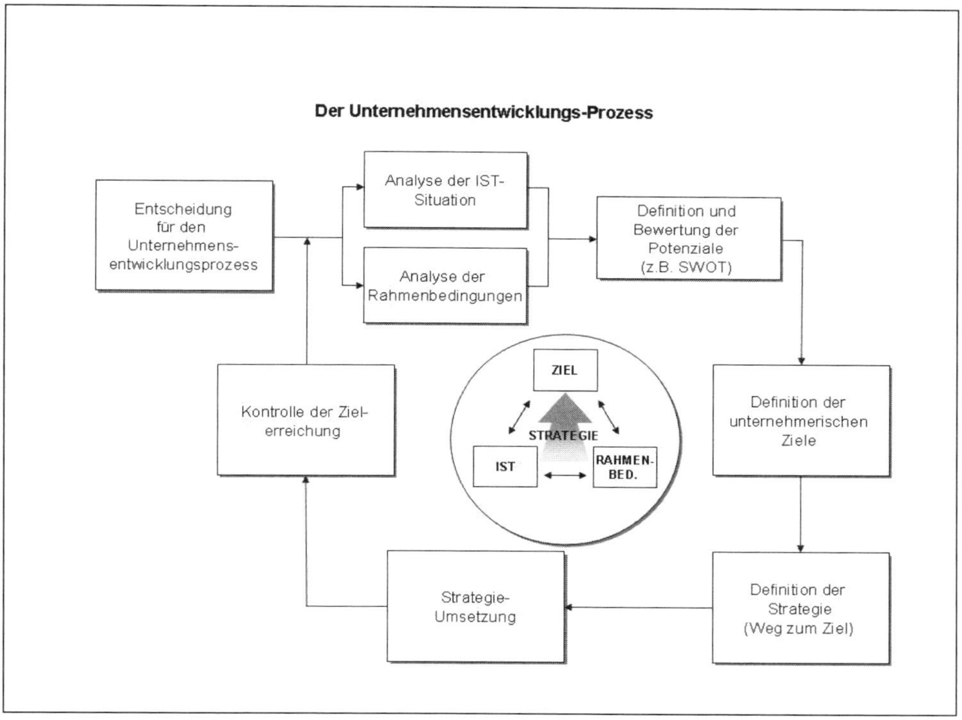

Quelle: Faix 2006, S. 10

Abbildung 53: *Der Unternehmensentwicklungs-Prozess*

Nachdem die Unternehmen ihre prinzipielle Entscheidung zur Internationalisierung getroffen haben und diese mit der entsprechenden Strategie umsetzen, gilt es im Sinne eines kontinuierlichen Prozesses (Abb. 53), die sich wandelnde unternehmensinterne Situation sowie die externen Rahmenbedingungen im Auge zu behalten. Im Zuge dessen sollten die auslandsaktiven Unternehmen sodann neue Ziele formulieren, um ihre Geschäftsentwicklung zu befördern.

Sind das Unternehmen sowie sein Produkt am ausländischen Markt etabliert, stellt sich die Frage, wie der bisherige Erfolg ausgeweitet werden kann. Die Ansoff-Matrix (Abb. 54) bildet diesbezüglich ein strategisches Wachstumskonzept ab und benennt die Richtungen einer expansiven Unternehmensentwicklung.[101] Demnach lässt sich mit den aktuell angebotenen Produkten eine Penetration der gegenwärtig bearbeiteten Märkte erreichen (Marktdurchdringungsstrategie). Daran schließt sich i. d. R. eine Einführung bestehender Produkte in neue Märkte bzw. bisher nicht bearbeitete Marktsegmente an (Marktentwicklungsstrategie). Eine weitere Möglichkeit, Märkte zu bearbeiten, bietet die Produktentwicklungsstrategie, mittels derer vor Erreichen der Stagnationsphase weitere Umsatzpotenziale in den gegenwärtig bearbeiteten Märkten mit neuen Produkten angestrebt werden. Alternativ dazu ist an eine Diversifikation zu denken, d. h. ein Verlassen des bisherigen Geschäftsfeldes in völlig neue Märkte.

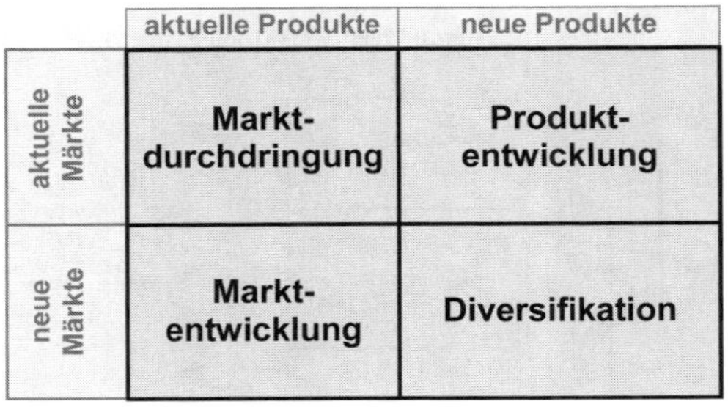

Quelle. Ansoff 1966
Abbildung 54: *Ansoff-Matrix*

Nach der Erfassung und Analyse der externen Rahmenbedingungen, verknüpfen die Unternehmen diese Ergebnisse mit einem geeigneten strategischen Konzept – woraus sich die Unternehmensziele für die weitere Geschäftsentwicklung ableiten lassen (Abb. 53). Dabei findet die Geschäftsentwicklung gemeinhin ihren Ausdruck in einem zunehmenden Grad der Internationalisierung bzw. Internationalisierungsprozess[102] verbunden mit einer Steigerung des Umsatz- und Marktanteils im Ausland. Ein Aufbau zusätzlicher Produktionskapazitäten im Ausland sowie ein höherer Anteil ausländischer Vorprodukte gehen damit zumeist einher.

Vor diesem Hintergrund stellt das vorliegende Kapitel die Frage nach Festigung und Ausbau des Auslandsengagements sowie nach den erreichten Geschäftszielen und den entsprechenden Erfolgen des Auslandsengagements. Konkret heißt das: Wie erfolgen der weitere Ausbau und die Festigung des Auslandsgeschäfts? Welche Rolle spielen Investitionen im Ausland sowie insbesondere die Verlagerung von Produktion bzw. FuE-Aktivitäten ins Ausland? Ist

---

101 Vgl. Faix 2006, S. 18 f. S. dazu auch Simon/von der Gathen 2002, S. 77; Perlitz 2004, S. 35 ff.; Ansoff 1966.

102 Zum Internationalisierungsprozess s. Kutschker/Schmid 2005, S. 1080 ff.

die Beteiligung ausländischer Unternehmen an deutschen auslandsaktiven Unternehmen für den Internationalisierungsprozess der deutschen Unternehmen ein Thema? Wie werden die Geschäftsperspektiven in den jeweiligen Zielmärkten eingeschätzt? Wie sehen die deutschen Unternehmen die Zielerreichung und die Erfolgsbilanz ihres Auslandsengagements?

1. Festigung und Ausbau des Engagements – im Fokus

Im Zusammenhang mit den Geschäftsstrategien wurde die Mischung verschiedener Aktivitätsformen beim Auf- und Ausbau von Tätigkeiten im Ausland beleuchtet. Je dynamischer und erfolgreicher sich das in vielen Fällen aus einer reinen Handelsbeziehung entstandene Auslandsengagement über die Zeit hinweg entwickelt, desto mehr muss das Unternehmen in jeder Phase seiner Geschäftsentwicklung aufs Neue bestrebt sein, seine Wettbewerbsfähigkeit in einem internationalen Geschäftsumfeld, das sich ebenfalls kontinuierlich verändert, sicherzustellen. In dieser Situation rückt fast selbstverständlich auch die Frage nach Auslandsinvestitionen[103] ins Blickfeld.

Mit Hilfe von Investitionen an ausländischen Standorten sichern Unternehmen ihre internationale Wettbewerbsfähigkeit[104] – oder bauen diese aus. Für die ökonomischen Wirkungen an den heimischen Standorten ist dabei von Bedeutung, zu welchem Zweck die Auslandsinvestitionen vorgenommen werden. Dienen sie der Unterstützung von Exportaktivitäten, wie z. B. beim Aufbau einer Repräsentanz oder eines Vertriebsbüros, oder dem Auf- und Ausbau neuer Produktionskapazitäten zur Erschließung der ausländischen Märkte, so profitiert das Inland direkt über höhere Aufträge. Stellen sie hingegen eine Produktionsverlagerung als Folge inländischer Standortnachteile dar, ist die Wertschöpfungs- und Beschäftigungswirkung auf das Inland zumindest im ersten Zeitraum nach der Verlagerung negativ. Steigert die Produktionsverlagerung die Wettbewerbsfähigkeit der Unternehmen derart, dass die Nachfrage nach den produzierten Gütern deutlich ansteigt, können in dem – im Inland verbliebenen – Unternehmensbereich aber auch wieder neue Arbeitsplätze entstehen.

Eine für den Wirtschaftsstandort Deutschland besonders prekäre Form der Auslandsinvestition ist die Verlagerung von FuE-Aktivitäten ins Ausland: Generell erzeugen Investitionen in FuE Wissen über neue Produkte und Dienstleistungen, über neue Produktionsverfahren sowie deren Anwendungen in der Praxis. Insbesondere für den deutschen Standort, der seine ver-

---

103 Der Theorie zu Folge lassen sich Auslandsmärkte nur dann auf Dauer halten, wenn in dem entsprechenden Land investiert wird, vgl. Müller/Kornmeier 2002, S. 103 f.

104 Zu Internationalisierung und Direktinvestitionen s. Kutschker/Schmid 2005, S. 80 ff., S. 397 ff.; Heiduk 2005, S. 317 ff.; Meckl 2002, S. 653-676.

gleichsweise hohen Arbeitskosten sowie Steuer- und Abgabenlasten im Standortwettbewerb behaupten will, sind solche Investitionen daher unentbehrlich.

Dem Abfluss an Kapital ins Ausland steht entgegen, dass ausländische Investoren ihre Finanzmittel und ihr Management-Know-how in inländischen auslandsaktiven Unternehmen einsetzen. Mit den Fragen nach dem Anteil der deutschen Unternehmen, an denen sich ausländische Investoren in den vergangenen fünf Jahren beteiligt haben, und den Ursprungsländern dieser Kapitalgeber schließt dieser Abschnitt.

1.1 Auslandsinvestitionen

1.1.1 Höhe der Auslandsinvestitionen

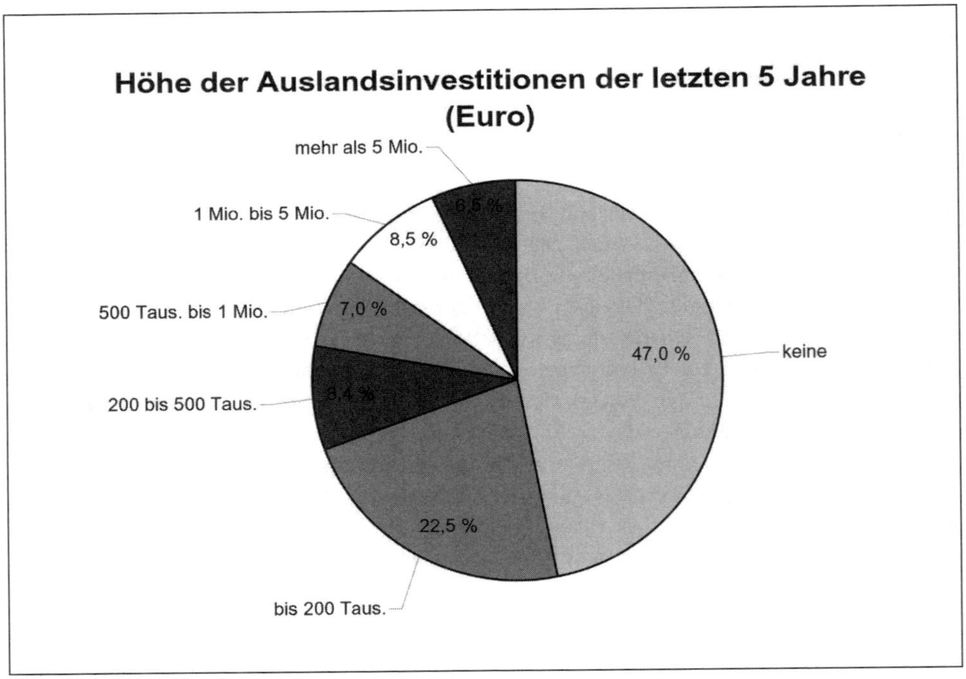

Quelle: Eigene Studie „Going International"
Abbildung 55: *Höhe der Auslandsinvestitionen der letzten 5 Jahre*

Abbildung 55 stellt die Höhe und Verteilung der Auslandsinvestitionen in den letzten fünf Jahren dar. Mehr als die Hälfte aller auslandsaktiven deutschen Unternehmen (53 %) hat dabei in den letzten fünf Jahren Auslandsinvestitionen getätigt.

Bei der Betrachtung nach Wirtschaftszweigen und Branchen fällt auf, dass der Anteil der Unternehmen, die in den letzten fünf Jahren keine Auslandsinvestitionen getätigt haben, annähernd gleich verteilt ist. Auffällig ist die hohe Beteiligung der Dienstleistungsbranche an einem Kapitaleinsatz im Ausland: 57 % der auslandsaktiven deutschen Service-Anbieter haben in den vergangenen fünf Jahren an ausländischen Standorten investiert. Das ist die höchste Beteiligungsquote aller betrachteten Wirtschaftszweige. Allerdings engagieren sich diese Unternehmen durchschnittlich mit eher kleinen Investitionssummen: 30 % der Dienstleistungsunternehmen – und somit der höchste Wert im Branchenvergleich – investieren weniger als 200 Tausend Euro (Abb. 56).

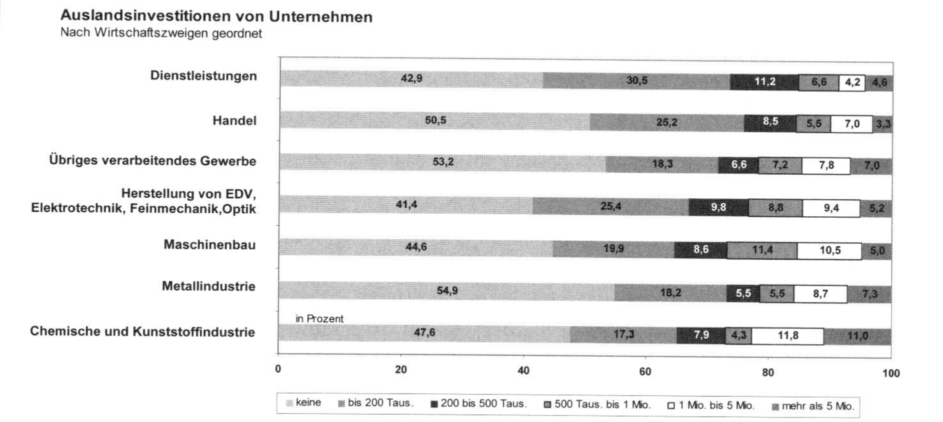

Quelle: Eigene Studie „Going International"
Abbildung 56: *Unternehmen, die Auslandsinvestitionen tätigen, nach Wirtschaftszweigen geordnet*

Mit den höchsten Investitionssummen agieren die Chemische Industrie und die Kunststoffindustrie. Knapp 23 % der Unternehmen dieser Industriebranchen haben in den letzten fünf Jahren mindestens eine Million Euro an ausländischen Produktionsstandorten investiert – rund die Hälfte davon sogar mehr als fünf Millionen Euro. Mehr als fünf Millionen Euro, und somit besonders viel, haben darüber hinaus Unternehmen eingesetzt, die im Ausland eigene Tochterunternehmen gegründet haben (18 %) sowie in FuE aktiv sind (19 %).

In der Betrachtung der Größenklassen zeigt sich, dass mit der Größe der Unternehmen sowohl der Unternehmensanteil zunimmt, der Auslandsinvestitionen tätigt, als auch die Investitionssummen steigen. Mehr als drei von fünf der kleinen Unternehmen (67 %) haben keine Auslandsinvestitionen getätigt. Bei den großen Unternehmen liegt dieser Anteil hingegen nur bei 17 %. Zudem haben 38 % der Großunternehmen sogar mehr als 5 Mio. Euro im Ausland investiert, während mittelständische deutsche Unternehmen in dieser Höhe kaum in den letzten fünf Jahren im Ausland investiert haben. Die Investitionssummen steigen dabei, je mehr in der jeweiligen Betriebsgrößenklasse in die Gründung oder den Ausbau eines Tochterunternehmens investiert wird – anstatt in andere Verwendungszwecke der Auslandsinvestition. Bei den kleinen Mittelständlern sind es zwar immerhin schon ein Drittel der Unternehmen, die ausländische Töchter besitzen; bei den Großunternehmen sind es indes schon 80 %. Kleinere auslandsaktive Unternehmen investieren demzufolge geringere Summen: 27 % der kleinen Unternehmen, und somit der größte Anteil unter allen Größenklassen, haben in den vergangenen fünf Jahren mit Budgets von bis zu 200.000 Euro im Ausland investiert.

1.1.2 Gründe für das Auslandsengagement (bei auslandsaktiven Unternehmen, die im Ausland investieren)

Für die Gruppe der Unternehmen, die neben ihren sonstigen ausländischen Geschäftstätigkeiten zudem auch dort investieren bzw. investiert haben (53 % aller auslandsaktiven Unternehmen), stehen – analog zur Grundgesamtheit aller auslandsaktiven Unternehmen – absatzseitige Gründe wie die Erschließung neuer Märkte oder die Kundennähe für das Auslandsengagement an vorderster Stelle (Abb. 57).

Die Investitionsentscheidung rückt allerdings standortrelevante Motive in den Vordergrund. So geben 43 % der im Ausland investierenden Unternehmen an, dass die dortigen niedrigen Personal- und Sachkosten ein wichtiger Grund für die Aufnahme internationaler Geschäftsbeziehungen sind. In der Gesamtheit aller auslandsaktiven Unternehmen beträgt dieser Anteil indes nur ein Drittel. Ein Indiz dafür, dass sich Produktionskosten mit Hilfe von Auslandsinvestitionen senken lassen, liefert ein Blick auf den Erfüllungsgrad der Erwartungen: Mit einem überdurchschnittlichen Wert von 83 % sind die Erwartungen der Unternehmen in Bezug auf geringere Personal- und Sachkosten in der Realität eingetreten.

Weniger Regulierung/Bürokratie ist für fast jedes dritte Unternehmen ein entscheidender Faktor für die Auslandsinvestition. Damit sind hohe Bürokratie- und Regulierungskosten im Inland der zweitwichtigste standortbezogene Grund, Kapazitäten im Ausland aufzubauen bzw. zu erweitern. Allerdings können die ausländischen Standorte nur in 70 % der Fälle diese Erwartungen erfüllen. Mit Blick auf die hohe Relevanz dieses Grundes ist das ein eher mittelmäßiger Wert.

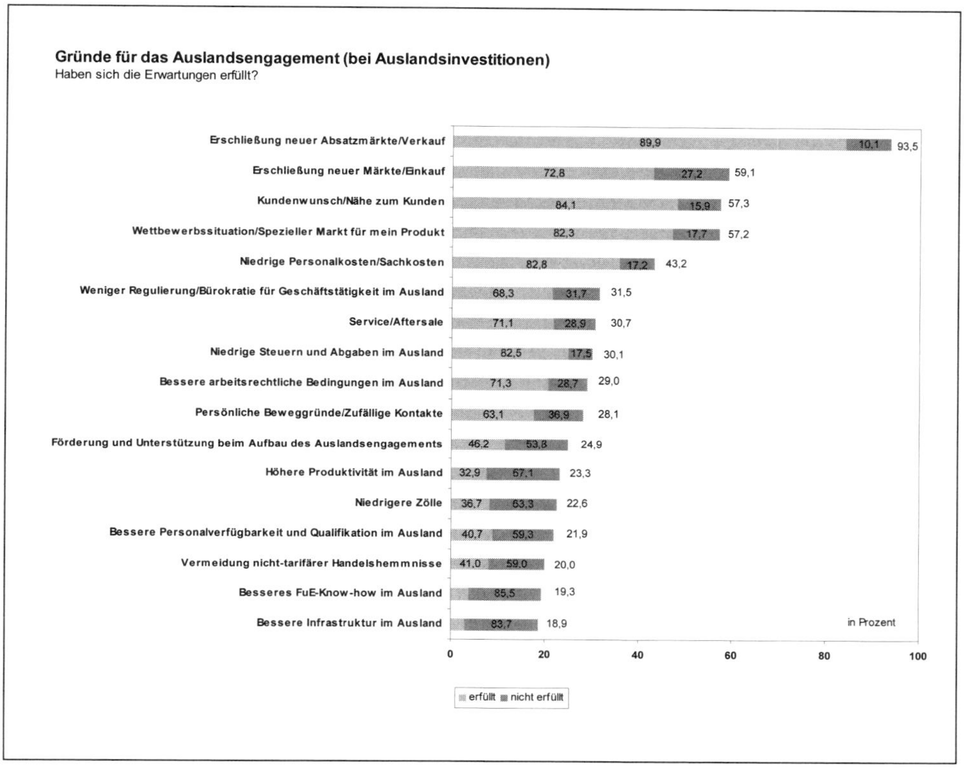

Quelle: Eigene Studie „Going International"

Abbildung 57: *Gründe für das Auslandsengagement (bei Auslandsinvestitionen)*

Als drittwichtigste standortbezogene Motivation für Investitionen im Ausland nennen die Unternehmen niedrigere Steuern und Abgaben. 30 % der im Ausland investierenden Unternehmen sehen darin einen Beweggrund für ihr Auslandsengagement. In der Gesamtheit aller auslandsaktiven Unternehmen sind es hingegen nur 22 %. Ausländische Standorte erfüllen die diesbezüglichen Erwartungen in hohem Maße (83 %).

Nachrangigere Bedeutungen für die Investitionsentscheidung haben günstige arbeitsrechtliche Bedingungen im Ausland (29 %) und – mit Abstrichen – die Förderung der Auslandsaktivität (25 %). Aber auch die Vermeidung von Zöllen (23 %) und nichttarifärer Handelshemmnisse (20 %) sowie die im Ausland bessere Verfügbarkeit von Personal (22 %), besseres FuE-Know-how (19 %) und Infrastruktur (19 %) werden von den Unternehmen genannt. Auffällig ist jedoch, dass sich die Erwartungen an bessere Standortbedingungen bei diesen letztgenannten Gründen besonders häufig nicht erfüllt haben. Beispielsweise haben nur 16 % der Unternehmen, die sich mit Blick auf die Infrastruktur im Ausland engagieren, tatsächlich bessere Ver- und Entsorgungseinrichtungen, Verkehrs- und Kommunikationsnetze etc. im Ausland vorgefunden. Auch das erwartet bessere FuE-Know-how hat sich nur in jedem fünften Fall bewahrheitet. Die Erwartungen an eine bessere Personalverfügbarkeit und Qualifikation sowie an eine höhere Produktivität im Ausland sind zumindest zu 40 respektive 33 % erfüllt worden.

1.2 Produktionsverlagerung

Eine besondere Form der Auslandsinvestitionen ist die Verlagerung von heimischer Produktion ins Ausland. Vor allem in den vergangenen Jahren häufen sich die Meldungen zu Produktionsverlagerungen deutscher Unternehmen in das kostengünstigere Ausland[105], was oftmals in einem Atemzug mit dem Abbau von Arbeitsplätzen in Deutschland genannt wird und per se negative Assoziationen auslöst.

Produktionsverlagerung als Folge technologischer Revolutionen in den vergangenen Jahrzehnten – wie z. B. die Zerlegung aufwendiger industrieller Arbeitsprozesse in verschiedene Produktionsstufen und damit einhergehend die Möglichkeit der Fertigung einzelner Produktionsteile am weltweit günstigsten Ort; die Containertechnik für Schiffe und damit einhergehend die drastische Senkung der Transportkosten; die Fortschritte in der Telekommunikation – ist als Teil der Globalisierung zu verstehen. Das vorstellbare Endszenario ist, dass die ganze Welt zu einem Produktionsstandort verschmilzt. Als Vorreiter dieser Entwicklung ist die Textilindustrie anzuführen, die bereits in den siebziger Jahren Produktion vor allem in asiatischen Ländern aufgebaut hat – ein Trend, der sich seitdem nicht nur im produzierenden Gewerbe, sondern auch bei vielen Dienstleistern zeigt.[106] Die zunehmend globalisierte Weltwirtschaft öffnet den auslandsaktiven Unternehmen auf der einen Seite große Absatzmärkte, damit geht auf der anderen Seite jedoch eine verschärfte Konkurrenz aus anderen Teilen der Welt auch auf ihren traditionellen Absatzmärkten einher. Die Unternehmen sehen sich demzufolge simultan einer doppelten Herausforderung gegenüber. Denn es gilt, einerseits so hochwertig wie möglich zu produzieren und dabei andererseits ständig die Kosten im Blick zu haben, um international wettbewerbsfähig zu bleiben. D. h., Produktionsverlagerung ist als Teil einer Strategie zu verstehen, um die eigene Ertrags- und Wettbewerbssituation zu verbessern. Da dies nur durch eine mit der Internationalisierung verbundene Umsatzsteigerung und/oder Kostenreduzierung realisiert werden kann (s. S. 74 f.), sind folglich auch der Aufbau zusätzlicher Kapazitäten und die reine Verlagerung differenziert nach dem damit jeweils verfolgten Unternehmensziel zu betrachten.[107]

---

105 So z. B. die Meldung über die geplante Produktionsverlagerung von VW in den indischen Bundesstaat Punjab. Das 250 Millionen Euro teure neue Werk soll einer geplanten Jahreskapazität von 100.000 Pkw gerecht werden, wodurch 5.000 neue Arbeitsplätze geschaffen werden sollen, in: VW kann Werk in Indien bauen, in: Manager Magazin, 07/2006, in: http://www.manager-magazin.de, aufgerufen am 03.07.2006.

106 Vgl. Kessler 2003, S. 27-33.

107 S. dazu: Ebel 2004, S. 117 ff.; Schlüchtermann/Klöpfner/Pointner 1999, S. 271-302; Perlitz 2004, S. 357 ff.; Emmrich 2002, S. 331-348; Gambke/Klevers 2002, S. 349-359; Helmes 1996; Hardock 2000.

Mithin stellen sich nunmehr die Fragen: Wie viele der befragten Unternehmen haben bereits ihre Produktion verlagert? Was waren deren Gründe für eine Verlagerung der Produktion, und wohin wurde die Produktion verlagert?

1.2.1 Ausmaß der Produktionsverlagerungen

Für fast ein Viertel aller auslandsaktiven deutschen Unternehmen (23 %) ist die Verlagerung von Produktion ins Ausland ein Teil ihrer Auslandsaktivität. Von den produktionsverlagernden Unternehmen geben rund zwei Drittel an, dass die Verlagerung schon erfolgt ist; bei einem weiteren Drittel steht die Verlagerung bereits in den Unternehmensplänen.

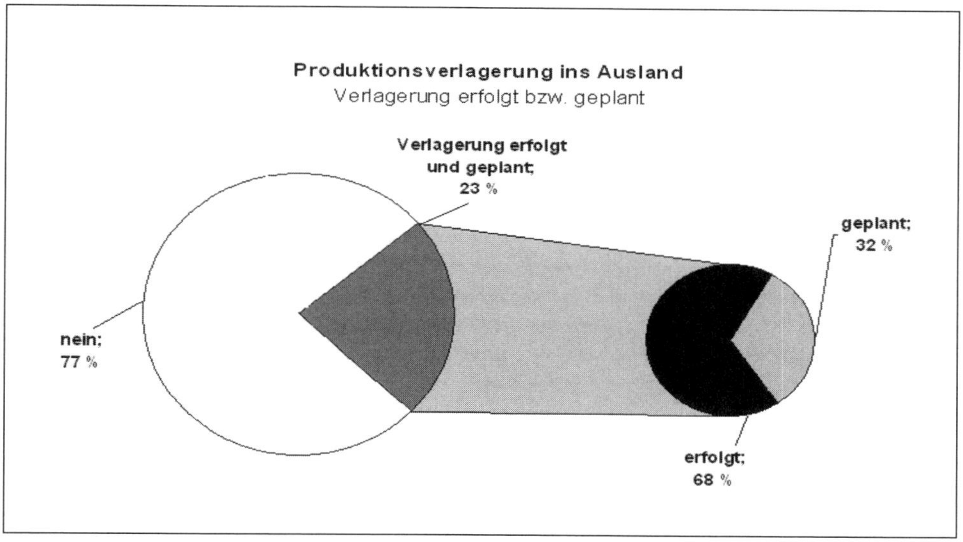

Quelle: Eigene Studie „Going International"
Abbildung 58: *Produktionsverlagerung ins Ausland (erfolgt/geplant)*

Es fällt auf, dass mit zunehmender Betriebsgröße der Anteil der produktionsverlagernden Unternehmen steigt: Bei den kleinen Unternehmen sind es 16 % aller auslandsaktiven Unternehmen, bei den Großunternehmen hingegen 41 %. Allerdings planen vor allem kleine und mittlere Unternehmen in der näheren Zukunft Verlagerungen (37 % der produktionsverlagernden Kleinunternehmen). Viele Großunternehmen haben bereits in den letzten Jahren Produktion ins Ausland verlagert (88 % der produktionsverlagernden Großunternehmen). Im Branchenvergleich sind die Unterschiede geringer: Der höchste Anteil an produktionsverlagernden Unternehmen ist in der Metallindustrie und im Maschinenbau zu finden (27 % respektive 26 %), der geringste Anteil im übrigen verarbeitenden Gewerbe (20 %).

Bei den Unternehmen, die ihre Produktion ins Ausland verlagert haben oder eine Verlagerung der Produktion planen, geht es für 85 % um eine Teilverlagerung. Dementsprechend sind es rund 15 % der knapp ein Viertel der produktionsverlagernden Unternehmen, die eine Komplettverlagerung getätigt haben oder planen. Dabei gilt: Je größer und umsatzstärker die Unternehmen sind, desto eher agieren sie nur mit Teilverlagerungen.

1.2.2 Gründe für das Auslandsengagement (bei auslandsaktiven Unternehmen, die die Produktion verlagern)

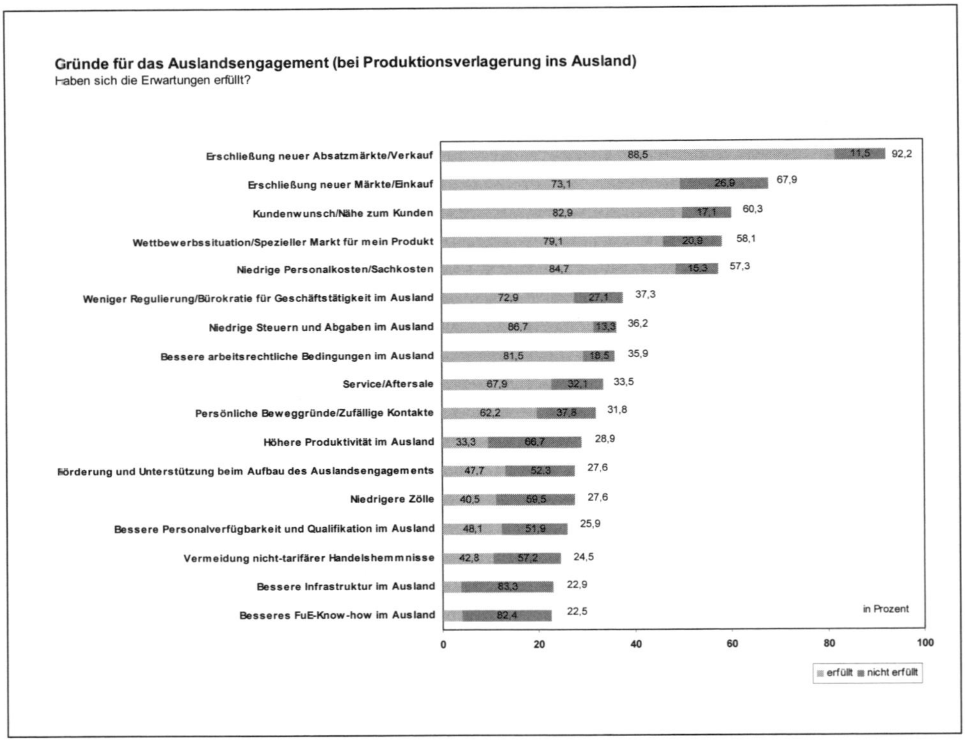

Quelle: Eigene Studie „Going International“

Abbildung 59: *Gründe für das Auslandsengagement (bei Produktionsverlagerung ins Ausland)*

Für die Unternehmen, deren Auslandsinvestitionen auch eine Verlagerung inländischer Produktionskapazitäten darstellt (23 % aller auslandsaktiven Unternehmen), treten die standortrelevanten Motive insgesamt noch stärker in den Vordergrund als bei den anderen auslandsaktiven Unternehmen. So geben fast sechs von zehn produktionsverlagernden Unternehmen an, dass die geringen Personal- und Sachkosten an ausländischen Standorten für ihr

Auslandsengagement entscheidend sind. Die Tatsache, dass die Erwartungen von 85 % der Unternehmen in dieser Hinsicht erfüllt wurden, bestätigt diesen Hauptbeweggrund (Abb. 59). Auch die anderen Faktoren, die die Produktionskosten an verschiedenen Standorten betreffen, werden von den produktionsverlagernden Unternehmen deutlich häufiger genannt als im Durchschnitt aller auslandsaktiven Unternehmen – und ebenfalls häufiger als von den auslandsinvestierenden Unternehmen insgesamt: Geringere Regulierung und eine verminderte Bürokratie sind für 38 % der produktionsverlagernden Unternehmen ein ausschlaggebender Grund für ihre ausländische Geschäftstätigkeit, im Ausland niedrige Steuern und Abgaben sowie bessere arbeitsrechtliche Bedingungen immerhin für 36 % der Unternehmen. Bei allen genannten Motivationsfaktoren hat die geschäftliche Realität die Erwartungen in einem hohen Maße – d. h. zu mindestens 70 % – erfüllt.

Des Weiteren begründen 29 % der Unternehmen ihr Auslandsengagement mit einer im Ausland höheren Produktivität und 26 % mit einer besseren Personalverfügbarkeit und Qualifikation im Ausland, wobei aber nur ein Drittel respektive 48 % dieser Unternehmen seine Erwartungen bestätigt sieht.

Die Umfrageergebnisse zeigen, dass produktionsverlagernde Unternehmen ihr Auslandsengagement erheblich stärker an standortbezogenen Kriterien ausrichten als sonstige auslandsaktive Unternehmen. Letztlich gründet aber auch das Auslandsgeschäft bei diesen Unternehmen auf dem Wunsch, neue Märkte zu erschließen. Die Produktionsverlagerung stellt somit einerseits eine verpasste Chance auf Produktion im Inland dar; auf der anderen Seite führt sie aber zu verringerten Produktionskosten und ist aufgrund von Kundenwünschen und Wettbewerbsgesichtspunkten bei den gegebenen Standortbedingungen ein notwendiges Element zur Erhöhung der Absatzmöglichkeiten. Ermöglicht die Produktionsverlagerung den Unternehmen sinkende Angebotspreise und führt dies letztlich zu einer Erhöhung der Absatzmenge, dann kann die Produktionsverlagerung aufgrund der insgesamt gesteigerten Wettbewerbsfähigkeit auch wieder zu einer Erhöhung des Arbeitseinsatzes an den verbliebenen inländischen Standorten führen. Die inländische Beschäftigungswirkung hätte gleichwohl besser ausfallen können, wenn widrige Standortbedingungen solcherart Produktionsverlagerungen nicht forciert hätten.[108]

1.2.3 Produktionsverlagerungen nach Zielregionen

Die zehn neuen EU-Mitgliedstaaten sind mit 52 % die Hauptzielregion für Produktionsverlagerungen ins Ausland. Nach wie vor ist der Kostenvorteil das große Plus dieser Zielregion: Der Anteil der Unternehmen, die niedrige Arbeits- und Sachkosten als Beweggrund für ihr Auslandsengagement in diesen Ländern angeben, ist mit 64 % der höchste Wert im Vergleich der Zielregionen. An zweiter Stelle folgen dicht darauf der asiatische Raum (48 %), und an dritter Stelle stehen die bisherigen EU-15/EFTA-Staaten (28 %). Aber auch die EU-

---

108 Vgl. Deutscher Industrie- und Handelskammertag: Investitionen im Ausland – Ergebnisse einer DIHK-Umfrage, Berlin 2006.

Bewerberländer Osteuropas sowie Russland und die GUS-Staaten sind mittlerweile für deutsche Investoren attraktiv: Für fast ein Viertel der produktionsverlagernden Unternehmen stellt diese Region Produktionsstandorte bereit (Abb. 60).

Das höchste Potenzial für die Verlagerung von Produktion weisen die Regionen „EU Bewerberländer/Russland, GUS“ sowie „Asien/Pazifik“ auf. 51 % respektive 36 % der in diese Regionen angegebenen Produktionsverlagerungen deutscher auslandsaktiver Unternehmen stehen noch aus. An dritter Stelle befinden sich die zehn neuen EU-Mitgliedstaaten. Für diese Zielregion sind insbesondere noch viele Produktionsverlagerungen mittelständischer Unternehmen zu erwarten. Lateinamerika und Afrika sind für geplante Produktionsverlagerungen hingegen kaum relevant.

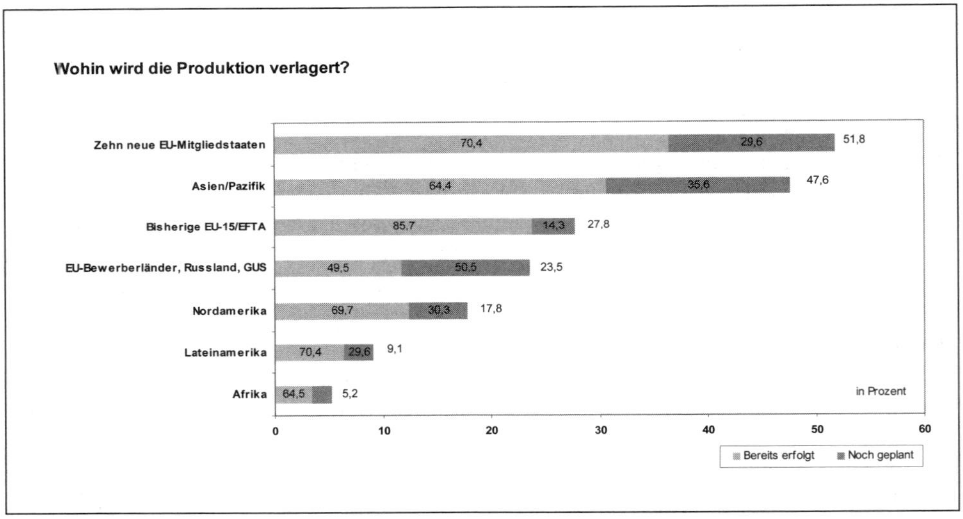

Quelle: Eigene Studie „Going International“

Abbildung 60: *Zielregionen für Produktionsverlagerung*

In der Branchenbetrachtung stellt für die Chemische Industrie und die Kunststoffindustrie der Wirtschaftsraum „Asien-Pazifik“ die interessantesten Standorte: 43 % der produktionsverlagernden Unternehmen haben heimische Produktion nach Asien verlagert bzw. planen dies zu tun. In der Metallindustrie (62 %) wird ebenso wie bei den Unternehmen des Maschinenbaus (57 %) der Standort „neue EU-Mitgliedstaaten“ zur Produktionsverlagerung besonders bevorzugt.

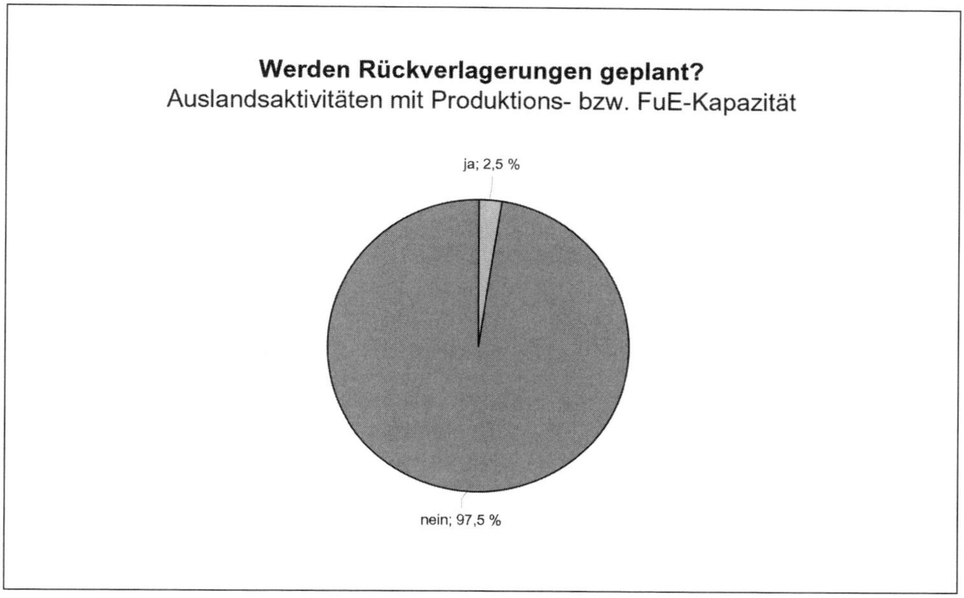

Quelle: Eigene Studie „Going International"
Abbildung 61: *Planung von Rückverlagerungen bei Produktion sowie FuE*

Bei der Frage nach möglichen Rückverlagerungen antworten die Unternehmen, dass so gut wie keine Rückverlagerungen geplant sind. Nur rund 3 % der Unternehmen, die ihre Produktion bereits ins Ausland verlagert haben, planen eine Rückverlagerung (Abb. 61).

1.3 FuE-Verlagerung aktuell und zukünftig

In engem Zusammenhang mit dem Aufbau zusätzlicher Produktionskapazitäten steht die Verlagerung von Forschungs- und Entwicklungsaktivitäten ins Ausland zur Steigerung der Wettbewerbsfähigkeit. Diese zusätzlichen Kapazitäten in FuE dienen i. d. R. der Ergänzung der im Ausland errichteten Produktionsstätten. Zudem gehen FuE Hand in Hand mit der Anpassung der Produkte an die Bedürfnisse des ausländischen Marktes, welche von mehr als 60 % der befragten Unternehmen realisiert wird.

Auch wenn eine alleinige Betrachtung der Verlagerung von FuE deutscher Unternehmen ins Ausland nicht berücksichtigt, dass Deutschland nach wie vor ein attraktiver Forschungsstandort für deutsche Unternehmen ist[109], steht dies nachfolgend im Fokus der Betrachtun-

[109] S. dazu: Belitz 2004; Frey 2006, S. 68-70.

gen. Denn deutsche Unternehmen verlagern neben der Produktion zunehmend wissensintensive Unternehmensbereiche an ausländische Standorte. Darauf hat der DIHK bereits im Februar 2005 mit seiner Studie „FuE-Verlagerung: Innovationsstandort Deutschland auf dem Prüfstand“[110] aufmerksam gemacht.

Die erneute Abfrage von FuE-Aktivitäten der Unternehmen im Ausland bestätigt diesen Trend und die Ergebnisse der DIHK-Befragung in weiten Bereichen. Knapp 30 % der Unternehmen, die in FuE im Ausland aktiv sind, geben an, FuE-Kapazitäten bereits verlagert zu haben (59 %) oder dies zu planen (41 %) (Abb. 62).

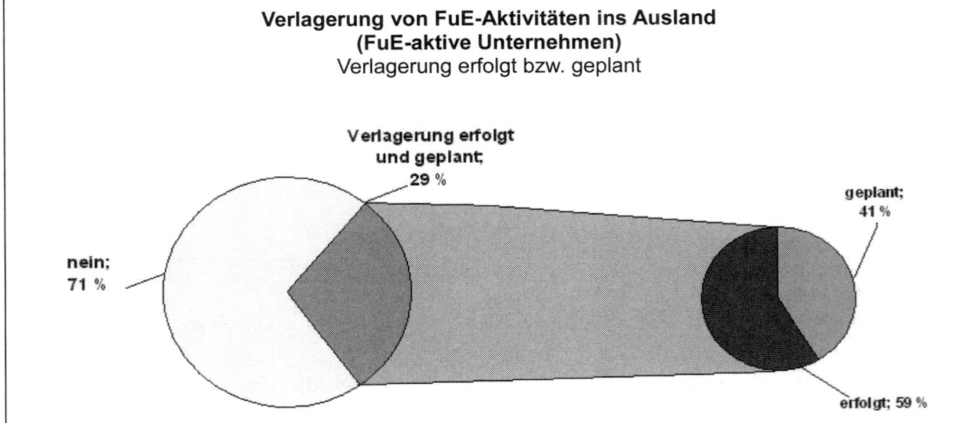

Quelle: Eigene Studie „Going International“

Abbildung 62: *Unternehmen mit FuE-Aktivitäten im Ausland – Verlagerung erfolgt bzw. geplant*

1.3.1 Gründe für Verlagerungen von FuE-Aktivitäten ins Ausland

Niedrigere Lohnkosten, die Ergänzung der Produktionsstandorte im Ausland um FuE-Kapazitäten und die Nähe zum Kunden sowie Markterfordernisse nennen die Unternehmen als Hauptgründe für die Verlagerung von FuE ins Ausland. Weitere wichtige Gründe waren das Innovationsumfeld, eine bessere Verfügbarkeit von qualifizierten Fachkräften und der Zugang zu Wissenschafts- und Forschungseinrichtungen (Abb. 63).

110 Deutscher Industrie- und Handelskammertag: FuE-Verlagerung. Innovationsstandort Deutschland auf dem Prüfstand. Berlin 2005.

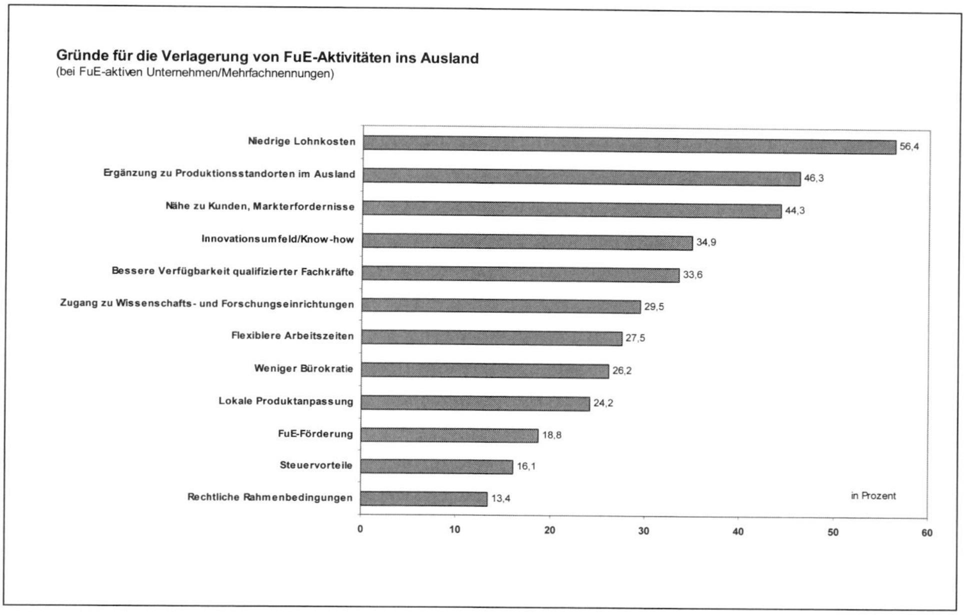

Quelle: Eigene Studie „Going International“
Abbildung 63: *Gründe für die Verlagerung von FuE-Aktivitäten ins Ausland (bei FuE-aktiven Unternehmen)*

Die Gewichtung der Motive fällt je nach Größe der Unternehmen sehr unterschiedlich aus. So sind für kleine und mittlere Unternehmen durchweg niedrigere Lohnkosten das meistgenannte Kriterium. Großunternehmen (mit einem Umsatz über 50 Mio. Euro) ergänzen dagegen vorwiegend ihre Produktionsstätten im Ausland um FuE-Kapazitäten oder sehen Markterfordernisse und die Nähe zum Kunden als maßgebliche Kriterien für die Verlagerungsentscheidung.

Auch die weiteren Verlagerungsgründe erfahren je nach Größe der Unternehmen eine unterschiedliche Gewichtung. Das Innovationsumfeld und Know-how im Ausland zeigt sich besonders für größere Mittelständler (10 bis 50 Mio. Euro Umsatz) als entscheidender Faktor. Auch die bessere Verfügbarkeit von qualifizierten Fachkräften spielt eine große Rolle für große Mittelständler. Hier sind es aber auch gerade die kleinen Unternehmen (bis 500 Tsd. Euro Umsatz), die eine bessere Verfügbarkeit qualifizierter Fachkräfte als Motivation für FuE-Verlagerung angeben. Auffällig ist, dass für Unternehmen dieser Größenordnung auch der Zugang zu Wissenschafts- und Forschungseinrichtungen im Ausland ein wichtiges Motiv für die Verlagerungsentscheidung ist.

1.3.2 FuE-Verlagerung nach Zielregionen

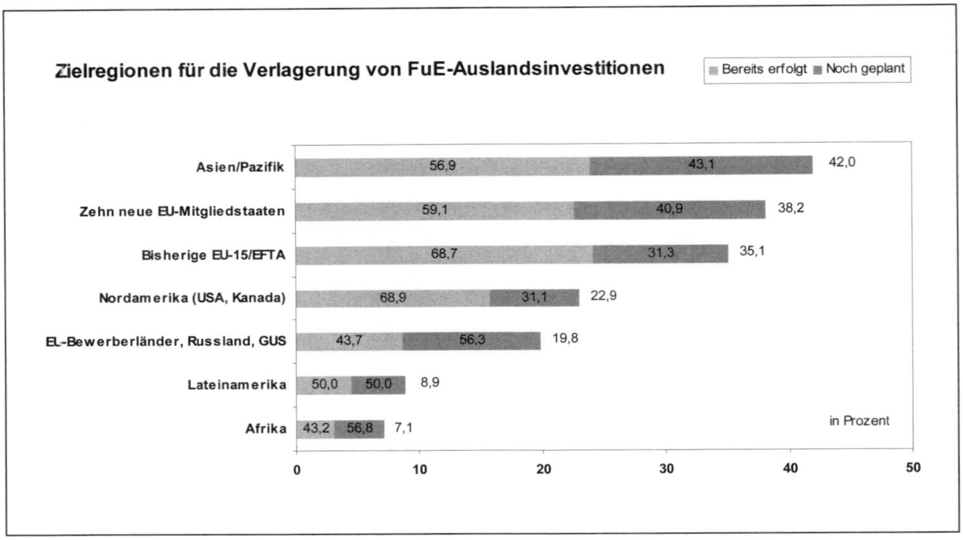

Quelle: Eigene Studie „Going International"
Abbildung 64: *Zielregionen für die Verlagerung von FuE-Aktivitäten*

Hauptzielregionen für FuE-Verlagerungen sind der Asien/Pazifik-Raum, die zehn neuen Mitgliedstaaten der EU und die bisherigen EU-15/EFTA. Aber auch nach Nordamerika und in die EU-Bewerberländer sowie die GUS haben die befragten Unternehmen einen nennenswerten Teil ihrer Forschungskapazitäten verlagert. Lateinamerika und Afrika sind dagegen als Standorte für FuE-Verlagerung nach den Angaben der Unternehmen weniger attraktiv (Abb. 64). Die Befragung der Unternehmen zu FuE im Ausland ergibt deutlich, dass der Trend zu FuE-Verlagerungen weitergeht. Die meistgenannte Zielregion für FuE-Verlagerungen ist der Asien/Pazifik-Raum. Hierhin haben bereits 24 % der Unternehmen verlagert und 18 % planen weitere FuE-Verlagerungen.

Ähnlich verhält es sich bei den Zielregionen der EU/EFTA: In die Länder der bisherigen EU-15/EFTA haben ebenfalls 24 % eine Verlagerung bereits vollzogen, weitere 16 % planen eine solche; in die neuen Mitgliedstaaten der EU haben 23 % der Unternehmen FuE verlagert und zusätzliche 11 % planen es.

1.3.3 Rückverlagerung von FuE

Wie bei der Produktion planen die Unternehmen auch bei FuE äußerst wenig Rückverlagerungen. Insgesamt geben nur knapp 3 % der Unternehmen an, Produktion oder FuE nach Deutschland zurückzuverlagern (Abb. 61).

1.4 Beteiligungen aus dem Ausland

Zwischen dem herkömmlichen Handel und Direktinvestitionen besteht eine enge positive Korrelation, da bei beiden Formen der Internationalisierung sich gegenseitig verstärkende Beziehungen festgestellt werden.[111]

Insgesamt sind die Auslandsinvestitionen der OECD-Länder im Jahr 2004 erstmals seit dem Jahr 2000 wieder gestiegen. Auffällig ist vor allem, dass die USA im Jahr 2004 ihre Investitionen in anderen Ländern gegenüber dem Vorjahr fast verdoppelt haben. Die großen Gewinner an Importen von Direktinvestitionen waren vor allem China, Indien, Mexiko und Brasilien. Demgegenüber sind die Ergebnisse für Deutschland eher enttäuschend, denn die Investitionen ausländischer Unternehmen in Deutschland waren rückläufig. Deutschland erlitt 2004 einen Netto-Investitionsverlust von 39 Milliarden US-Dollar gegenüber einem positiven Zustrom von 27 Milliarden US-Dollar im Jahr 2003. Damit wird deutlich, dass der Strom internationaler Direktinvestitionen weitgehend an Deutschland vorbeigegangen ist.[112]

Dieser zuletzt genannte Aspekt der Beteiligungen ausländischer Unternehmen in Deutschland, nachfolgend fokussiert auf aktive Unternehmensbeteiligungen in Form von Kooperationen, Joint Ventures etc.[113], soll nun auf mikroökonomischer Ebene beleuchtet werden. Zunächst stellt sich somit die Frage, welche unternehmerische Zielsetzung mit der Bereitschaft verbunden ist, eine ausländische Beteiligung anzustreben?

Neben der übergeordneten Zielsetzung der Gewinnmaximierung stehen dabei die Steigerung von Marktanteilen und die Gewinnung von Wettbewerbsvorteilen, die das einzelne Unternehmen allein nicht realisieren kann. Diese Wettbewerbsvorteile können ganz allgemein in der besseren Ausnutzung von Ressourcen, einer größeren Marktkenntnis, aus Kostengründen und/oder Technologieüberlegungen abgeleitet werden.[114] Vor dem Hintergrund der Dominanz kleiner und mittelständischer Unternehmen in der deutschen Unternehmenslandschaft können diese Zielsetzungen spezifiziert werden. So kann ein Grund in der Erhöhung der Eigenkapitalquote und damit einhergehend einer erhöhten Liquidität gesehen werden. Zudem kann der hiesige Markt mit den Produkten/Dienstleistungen des ausländischen Investors bedient werden. Ziel kann es in einem nächsten Schritt sein, langfristige Geschäftsbeziehungen aufzubauen und über den Marktzugang des ausländischen Investors, die eigenen Produkte/ Dienstleistungen zügig auf dessen Heimatmarkt zu positionieren.

---

111 Vgl. OECD: Trends in Foreign Direct Investment, in: OECD Economic Outlook, No. 73, Paris 2003; Nicoletti et al. 2003.

112 Vgl. OECD: Trends and Recent Developments in Foreign Direct Investment, OECD 2005, in: http://www.oecd.org, aufgerufen am 08.07.2006. S. auch: UNCTAD: World Investment Report 2004. The Shift Toward Services, in: http://www.unctad.org, aufgerufen am 08.07.2006.

113 Die reinen Fondsbeteiligungen bleiben in dieser Betrachtung ausgeklammert.

114 Vgl. Perlitz 2002, S. 533-549.; Perlitz 2004, S. 628 ff.; Kutschker/Schmid 2005, S. 83 ff.

Um diese strategischen Schachzüge einzuleiten, bedarf es eines aktiven Bemühens um ausländische Investoren. Ein erster Schritt liegt, wie auch beim Schritt ins Ausland, bei der Entscheidung über die Herkunft des Investors. Dieser Entscheidung kann sich mittels der Beobachtung angenähert werden, von welchen Ländern gegenwärtig eine hohe Investitionsbereitschaft ausgeht. Weitergehende Informationen sind dabei jedoch unabdingbar, wobei beispielsweise die Industrie- und Handelskammern eine mögliche Anlaufstelle bieten.

Wie verhält es sich nun mit der Beteiligung ausländischer Unternehmen in Deutschland? In diesem Abschnitt wird die Frage untersucht, in welchem Umfang sich ausländische Investoren an auslandsaktiven deutschen Unternehmen beteiligen und woher die ausländischen Beteiligungen stammen.

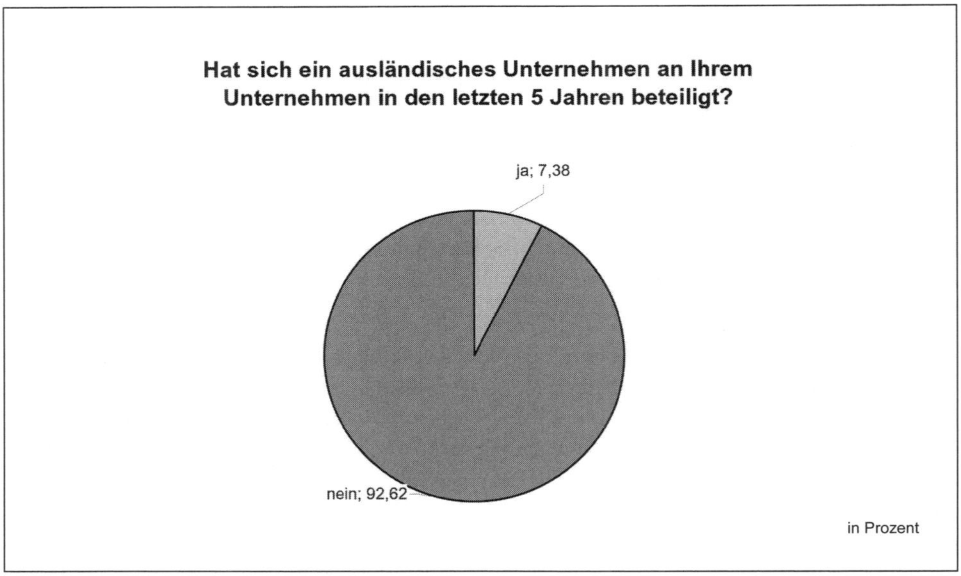

Quelle: Eigene Studie „Going International“
Abbildung 65: *Beteiligungen aus dem Ausland in den letzten 5 Jahren*

In den vergangenen fünf Jahren haben nur etwas mehr als 7 % der deutschen Unternehmen mit Auslandsgeschäft Kapitalbeteiligungen aus dem Ausland erhalten (Abb. 65). Den größten Anteil ausländischen Kapitals weisen dabei noch die Großunternehmen und die größeren Mittelständler auf: 13 % respektive 11 % von ihnen geben an, dass sich in den vergangenen fünf Jahren ein ausländisches Unternehmen beteiligt hat. Im Branchenvergleich sind es vor allem Unternehmen der Chemischen Industrie, der Kunststoffindustrie sowie des Maschinenbaus, von denen jeweils 9 % der Unternehmen Investitionen aus dem Ausland erhielten. Darüber hinaus ist bei der Gruppe der auslandsaktiven Unternehmen, die Produktion ins Ausland verlagert haben, der Anteil ausländischer Unternehmensbeteiligung vergleichsweise hoch (11 %).

Über 60 % der Investoren stammen aus den EU-15/EFTA-Staaten. Mit hohem Abstand folgen Unternehmensbeteiligungen aus dem asiatischen Raum und aus Nordamerika (jeweils 17 %) sowie aus den EU-Bewerberländer (inklusive RUS/GUS) (8 %) und den zehn neuen EU-Mitgliedstaaten (7 %) (Abb. 66).

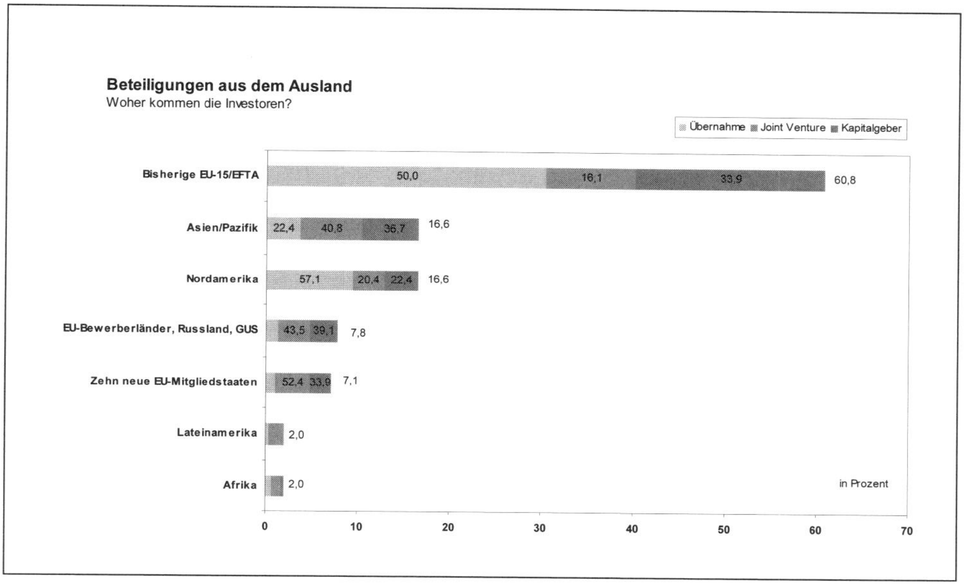

Quelle: Eigene Studie „Going International“
Abbildung 66: *Beteiligungen aus dem Ausland – Herkunft der Investoren*

Für Investoren aus den Ländern der EU-15/EFTA und Nordamerika stellt die Unternehmensübernahme die bevorzugte Beteiligungsform dar (jeweils 50 %). Anders bei den Investoren anderer Herkunftsregionen: Unternehmen aus den EU-Bewerberländer und Russland, den zehn neuen EU-Mitgliedstaaten sowie aus dem asiatischen Raum beteiligen sich vorrangig über Joint Ventures an deutschen Unternehmen.

2. Erfolgsquoten der Aktivitäten

Im Folgenden steht die Frage im Mittelpunkt, ob sich die – im Laufe der Geschäftsentwicklung entwickelten – Formen des Auslandsengagements bewährt haben. Mit welcher Art ihrer internationalen Geschäftstätigkeit sind deutsche Unternehmen nach eigenem Bekunden am erfolgreichsten?

Unabhängig von Branchen und Zielmärkten bestätigt die Mehrzahl der auslandsaktiven deutschen Unternehmen einen Erfolg in ihren Auslandsgeschäften (Abb. 67). Bis auf das E-Commerce-Geschäft stellen sich alle Formen der internationalen Geschäftstätigkeit in über 50 % der Fälle als erfolgreich dar. Dies ist den Angaben der Unternehmen zufolge besonders bei den Aktivitäten Export, Sourcing, Import, Repräsentanzen und Tochterunternehmen der Fall.

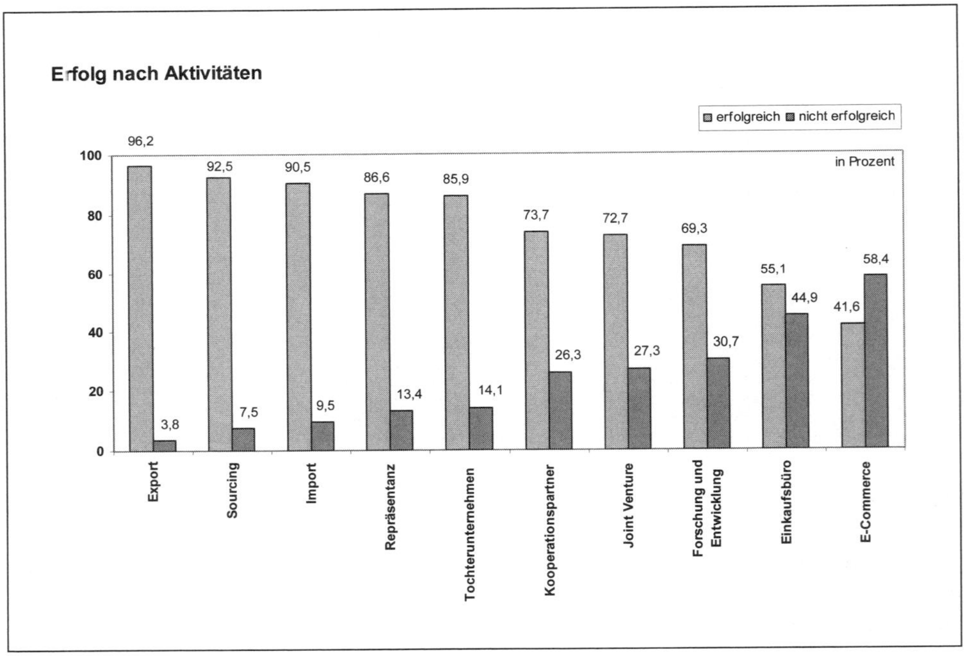

Quelle: Eigene Studie „Going International"
Abbildung 67: *Erfolg nach Aktivitäten*

Die höchste Erfolgsquote verzeichnen die Unternehmen bei Exporttätigkeiten. Spitzenreiter der erfolgreichen Außenwirtschaftsaktivität ist dabei das Ausfuhrgeschäft innerhalb der EU-15/EFTA. Ein anderes erfolgreiches Aktivitätsfeld deutscher Unternehmen im Auslandsgeschäft ist der Einkauf. Die Nummer eins der Einkaufsmärkte stellt der Binnenmarkt der EU-15/EFTA-Staaten dar. An zweiter Stelle behauptet sich Asien. Auf Platz drei folgen die zehn neuen EU-Mitgliedstaaten – und dies noch vor den USA. Die bevorzugten außenwirtschaftlichen Zielregionen deutscher Unternehmen sind ihrer Bedeutung nach die EU-15/EFTA, der Asien/Pazifik-Raum, die zehn neuen EU-Mitgliedstaaten, Nordamerika und die EU-Bewerberländer inklusive Russland und die GUS-Staaten.

Als weniger erfolgreich hat sich bislang die Errichtung von Einkaufsbüros (45 % nicht erfolgreich) und vor allem der E-Commerce (58 % nicht erfolgreich) erwiesen. Mit Letzterem hat die Mehrheit der befragten Unternehmen allerdings nur wenige Erfahrungen gemacht. Aber auch im Bereich von Auslandsaktivitäten in FuE sowie bei Joint Ventures liegt der Anteil der unzufriedenen Unternehmen bei rund einem Drittel.

Alles in allem ist das Risiko, nicht erfolgreich zu sein, umso höher, je stärker die Unternehmen in den ausländischen Märkten operativ tätig sind bzw. je stärker sie auf fremde Partner setzen. Denn umgekehrt sind auslandsaktive deutsche Unternehmen vor allem in der traditionellen Geschäftsform der Außenwirtschaft – dem Export – am erfolgreichsten (96 %). In diese Aktivitätsform setzen die befragten Unternehmen hohe Erwartungen für eine erfolgreiche Entwicklung.

3. Zielerreichung der auslandsaktiven Unternehmen

Nach der eher groben Erfolgseinschätzung der Unternehmen zu ihren verschiedenen ausländischen Geschäftstätigkeiten wird in diesem Abschnitt die Zielerreichung der Auslandsaktivität auf der Unternehmensebene untersucht – und zwar in puncto Umsatz, Gewinn und Personalbestand. In anderen Worten: Hat sich das Auslandsengagement für die befragten deutschen Unternehmen gelohnt? Wie haben sich die Unternehmen, die sich mit und im Ausland engagieren, entwickelt?

3.1 Unternehmensentwicklung mit dem Auslandsgeschäft

Die Mehrheit der befragten Unternehmen hat seit Beginn ihres Auslandsengagements den Umsatz in Deutschland gesteigert (55 %), für 26 % ist der Umsatz gleich geblieben und nur 19 % der Unternehmen mussten Umsatzeinbußen hinnehmen. Ähnlich positiv ist die Gewinnentwicklung: 42 % der Unternehmen können seit Beginn ihres Auslandsengagements eine Gewinnzunahme verzeichnen, nur rund ein Viertel eine Gewinnabnahme (Abb. 68).

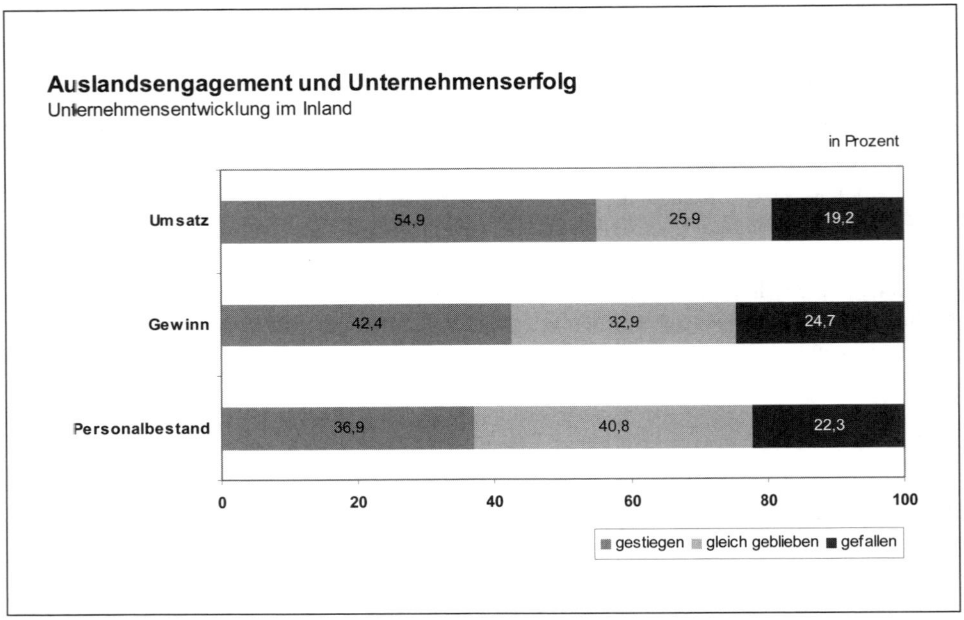

Quelle: Eigene Studie „Going International"

Abbildung 68: *Auslandsengagement und Unternehmenserfolg – Unternehmensentwicklung im Inland*

Das Auslandsengagement schlägt sich auch auf den Personalbestand an den heimischen Standorten nieder. Zwar haben 22 % der Unternehmen seit Beginn ihres Auslandgeschäftes Personal in Deutschland abgebaut, doch 37 % der Unternehmen haben ihren inländischen Personalbestand aufgestockt. 41 % haben die Zahl ihrer Mitarbeiter seither konstant gehalten.

In der Größenklassenbetrachtung wird deutlich, dass sich die Größen „Umsatz" und „Gewinn" in der Regel umso besser entwickelt haben, je größer die Unternehmen sind. Nichtsdestoweniger überwiegt bei allen Betriebsgrößen der Unternehmensanteil mit Steigerungen beim Umsatz bzw. Gewinn gegenüber denjenigen mit Rückgängen beim Umsatz bzw. Gewinn. Tendenziell steigt mit zunehmender Unternehmensgröße die Anzahl jener Firmen, die neues Personal einstellen im Vergleich zu denjenigen, die Mitarbeiter entlassen. Auffallend ist jedoch, dass der Unternehmensanteil mit konstantem Personalbestand bei den kleineren Unternehmen am größten ist. Mit Blick auf die Branchen sind es die Hersteller von EDV, Elektrotechnik, Feinmechanik, Optik, die ihren Umsatz, Gewinn und Personalbestand im Inland seit Beginn ihres Auslandsengagements besonders deutlich gesteigert haben.

3.2 Unternehmensentwicklung bei Auslandsinvestitionen

Bei den Unternehmen, die neben ihren sonstigen Auslandsaktivitäten auch dort investiert haben, rückt neben der Unternehmensentwicklung im Inland auch die Entwicklung der ausländischen Unternehmensbereiche in den Fokus des Interesses.

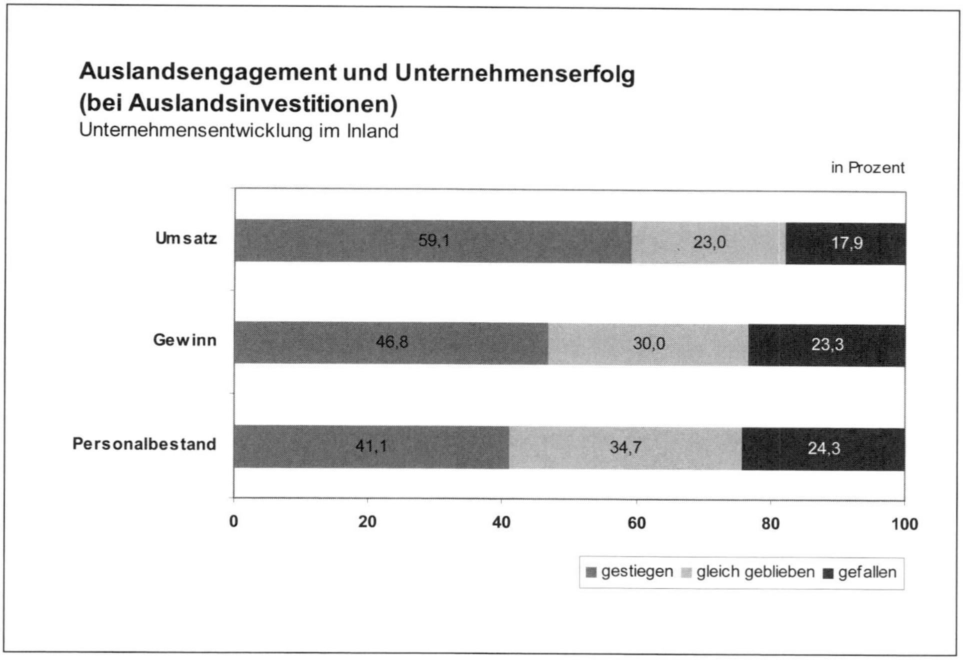

Quelle: Eigene Studie „Going International“
Abbildung 69: *Auslandsengagement und Unternehmenserfolg bei Auslandsinvestitionen – Unternehmensentwicklung im Inland*

Die Ergebnisse zeigen, dass mit der stärkeren Internationalisierung der Unternehmen auch die unternehmerischen Erfolge im Inland zunehmen (Abb. 69). Denn bei im Ausland investierenden Unternehmen verläuft die Unternehmensentwicklung im Inland sogar noch positiver als im Durchschnitt aller auslandsaktiven Unternehmen. Beispielsweise beträgt der Saldo aus „Unternehmen mit gestiegenen Umsätzen“ und „gesunkenen Umsätzen“ bei den im Ausland investierenden Unternehmen plus 41 Prozentpunkte (59 % abzüglich 18 %), bei der Gesamtheit aller auslandsaktiven Unternehmen beträgt dieser Saldo indes nur plus 36 Prozentpunkte (55 % abzüglich 19 %). Ein ähnliches Bild zeigt der Blick auf die Gewinne: Der inländische Gewinnsaldo der im Ausland investierenden Unternehmen beträgt 24 Prozentpunkte, der vergleichbare Saldo der Grundgesamtheit 17 Prozentpunkte. Dies entspricht auch dem Saldo der ausschließlich exportierenden Unternehmen.

Ein hervorstechendes Ergebnis ist, dass die im Ausland investierenden Unternehmen sogar häufiger zusätzliche Beschäftigung seit Beginn ihrer ausländischen Geschäftstätigkeit geschaffen haben als andere auslandsaktive Unternehmen. So beträgt der inländische Beschäftigungssaldo der Gruppe der im Ausland investierenden Unternehmen plus 17 Prozentpunkte; bei den Unternehmen, deren Strategie ausschließlich auf dem Export basiert, liegt der Positivsaldo hingegen nur bei 14 Prozentpunkten und bei der Grundgesamtheit bei 15 Prozentpunkten. Die bisherigen Ergebnisse haben gezeigt, dass Unternehmen, die im Ausland investieren, auch in anderen Formen der internationalen Geschäftstätigkeit aktiv sind, insbesondere beim Export ihrer Waren und Dienstleistungen. Dass die hier untersuchten, im Ausland investierenden Unternehmen ihren heimischen Personalstamm besonders zahlreich vergrößert haben, ist somit letztlich ein Indiz für die Vorteile, die die internationale Spezialisierung vielen deutschen Unternehmen bieten.

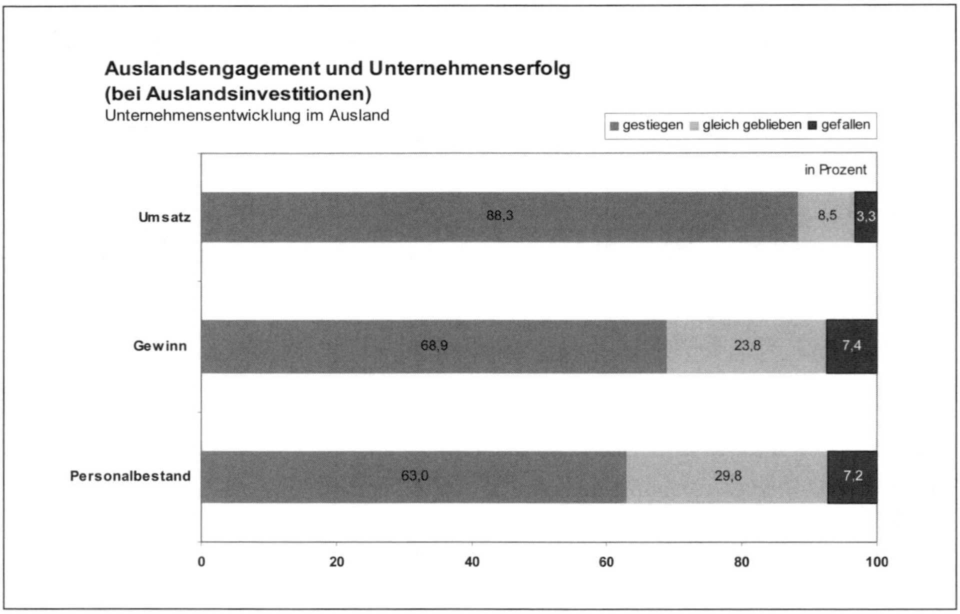

Quelle: Eigene Studie „Going International“
Abbildung 70: *Auslandsengagement und Unternehmenserfolg bei Auslandsinvestitionen – Unternehmensentwicklung im Ausland*

Offenkundig führen Auslandsinvestitionen im Allgemeinen dazu, dass die Unternehmen die Märkte besser erschließen, die Kostenstruktur spürbar verbessern und letztlich eine höhere Nachfrage nach ihren Produkten erzeugen. An ihren ausländischen Standorten erzielen Unternehmen mit Auslandsinvestitionen sogar noch bessere Ergebnisse als im Inland (Abb. 70).

88 % der Unternehmen berichten, dass sich ihre Umsätze seit Beginn ihres Auslandsengagements erhöht haben. Nur 9 % respektive 3 % haben stagnierende bzw. sinkende Umsätze zu verzeichnen. Der Saldo aus „Höher"- und „Geringer"-Meldungen von 85 Prozentpunkten übersteigt alle Vergleichswerte anderer Unternehmensgruppen deutlich.

Darüber hinaus ist die Beschäftigungsentwicklung an den ausländischen Standorten überaus positiv verlaufen: Der Beschäftigungssaldo ist mit plus 56 Prozentpunkten noch viel höher als der vergleichbare inländische Wert (plus 17 Prozentpunkte).

3.3 Unternehmensentwicklung bei Produktionsverlagerung

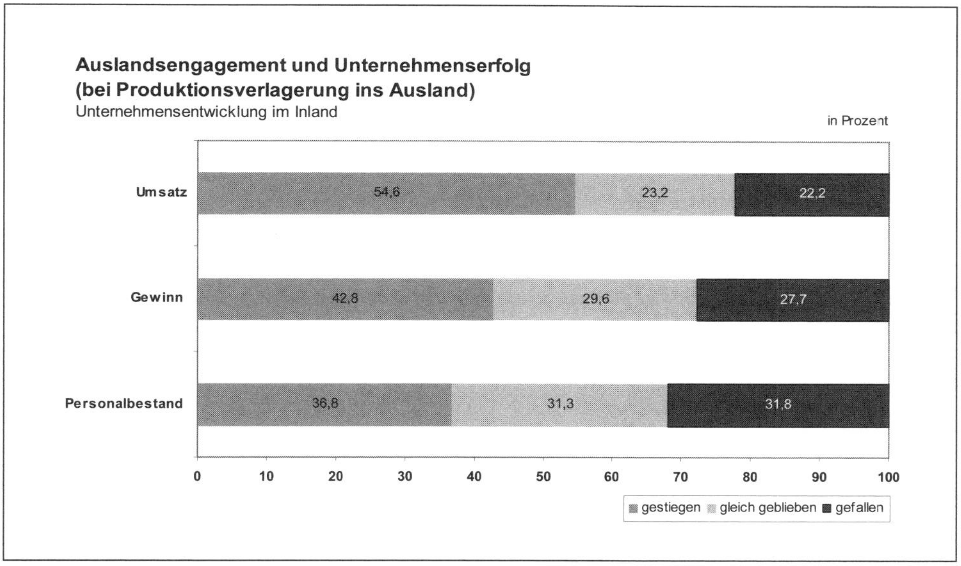

Quelle: Eigene Studie „Going International"

Abbildung 71: *Auslandsengagement und Unternehmenserfolg bei Produktionsverlagerung ins Ausland – Unternehmensentwicklung im Inland*

Für die heimischen Standorte stellt die betriebswirtschaftliche Entscheidung, Produktion ins Ausland zu verlagern, zunächst eine große Herausforderung dar. Längerfristig lässt sich über die gewonnene kostengünstigere Produktion sowie über die bessere Bearbeitung des Auslandsmarktes möglicherweise eine höhere Nachfrage auf die produzierten Güter oder Dienstleistungen vereinen, so dass die inländischen Unternehmensbereiche sogar wieder wachsen und neue Arbeitsplätze entstehen.

Im Folgenden werden die Antworten der Unternehmen dargestellt, die neben ihren sonstigen Auslandsaktivitäten auch ihre Produktion verlagert haben. Dabei wird untersucht, wie sich ihre Geschäfte seit Beginn ihrer Auslandsengagements entwickelt haben. Die Antworten richten sich dabei nicht auf eine isolierte Betrachtung der Produktionsverlagerung, sondern auf alle Auslandsaktivitäten, die diese Unternehmen getätigt haben. Über den Vergleich mit den anderen Unternehmensgruppen sind aber Aussagen über die Wirkungen von Produktionsverlagerungen möglich.

Auslandsaktive Unternehmen mit Produktionsverlagerung ins Ausland haben im Inland ihren Umsatz sowie ihren Gewinn im Durchschnitt zwar gesteigert (Abb. 71). Allerdings sind sie per Saldo weniger erfolgreich als die anderen Unternehmensgruppen: Ihr Umsatz bzw. Gewinn liegt bei plus 33 Prozentpunkten bzw. bei plus 15 Prozentpunkten. Zum Vergleich: Die entsprechenden Salden der Unternehmen mit Auslandsinvestitionen betragen plus 41 Prozentpunkte respektive 24 Prozentpunkte. Die Rückstände lassen sich damit begründen, dass die Unternehmen die Produktionsverlagerung zumeist als Ultima Ratio sehen; sie mithin in einer Geschäftssituation sind, in der ihre heimische Produktion aufgrund von Standortnachteilen nicht mehr konkurrenzfähig zu sein scheint.

Beim inländischen Personalbestand der produktionsverlagernden Unternehmen ist die Entwicklung restriktiver: 37 % der Unternehmen haben seit Beginn ihrer Auslandsaktivitäten ihren heimischen Personalbestand vergrößert, 31 % stabil gehalten und 32 % reduziert. Der hieraus resultierende Positivsaldo von 5 Prozentpunkten ist der geringste unter allen Unternehmensgruppen. Zum Vergleich: Auslandsaktive Unternehmen, die in der Vergangenheit keine Verlagerung vornehmen mussten, weisen einen Beschäftigungssaldo von plus 18 Prozentpunkten auf, die Gruppe der im Ausland investierenden Unternehmen einen Saldo von 15 Prozentpunkten. Die Produktionsverlagerung bedeutet zwar folglich – für sich gesehen – einen Einschnitt in den inländischen Personalbestand – und mithin eine verpasste Chance Deutschlands im Globalisierungsprozess. Für das produktionsverlagernde Unternehmen – und letztlich für die im Inland verbliebenen Arbeitsplätze – kann sie jedoch den eigenen Fortbestand sicherstellen.

Dass solche Unternehmen – mit Blick auf ihre gesamten ausländischen Geschäftstätigkeiten – ihren inländischen Personalbestand über die Jahre hinweg sogar leicht erhöht haben, zeigt die Vorteilhaftigkeit dieser betrieblichen Maßnahme auch für den heimischen Standort auf – dies freilich unter der Maßgabe, dass die nachteiligen inländischen Standortbedingungen, die zur Produktionsverlagerung geführt haben, nicht verändert werden.

Im Ausland haben die produktionsverlagernden Unternehmen sogar noch stärker Beschäftigung aufgebaut als die gesamte Gruppe auslandsinvestierender Unternehmen: 65 % der produktionsverlagernden Unternehmen geben an, dass sich ihr ausländischer Personalbestand seit Beginn ihrer Auslandsaktivität erhöht hat, und nur 8 % verzeichnen seither einen Beschäftigungsrückgang (Abb. 72). Der resultierende Beschäftigungssaldo von plus 57 Prozentpunkten übersteigt den Saldo der auslandsinvestierenden Unternehmen (56 Prozentpunkte) um einen Prozentpunkt.

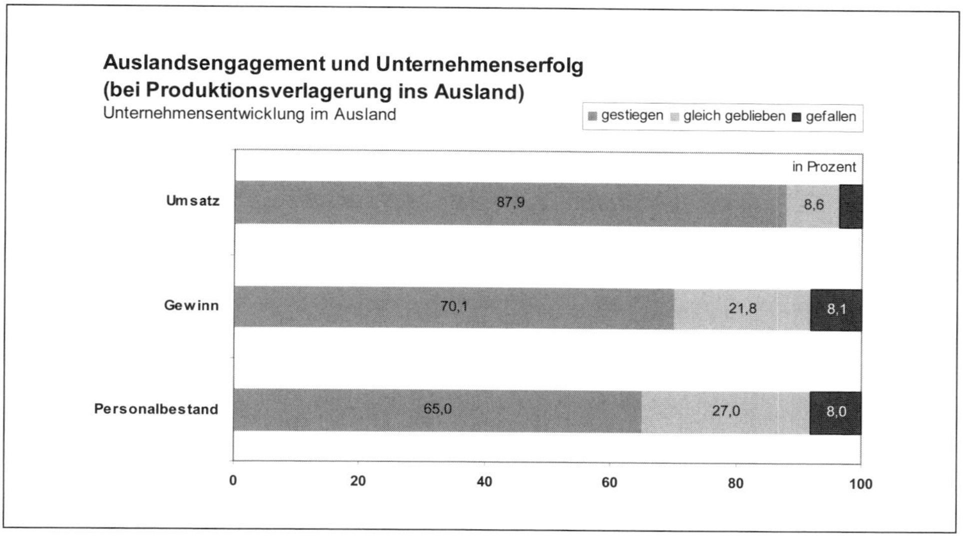

Quelle: Eigene Studie „Going International"

Abbildung 72: *Auslandsengagement und Unternehmenserfolg bei Produktionsverlagerung ins Ausland – Unternehmensentwicklung im Ausland*

4. Prognosen für das Auslandsgeschäft

Dieser Abschnitt untersucht, ausgehend von den Ergebnissen der Frage 3 des Fragebogens, den aktuellen Grad der Internationalisierung der Unternehmen sowie die Einschätzung der Unternehmen, wie sich deren Internationalisierung bis zum Jahr 2009 entwickeln wird. Die Untersuchungsmerkmale sind dabei der Anteil des ausländischen Umsatzes am Gesamtumsatz der Unternehmen, der Anteil des ausländischen Marktanteils, der Anteil der eigenen ausländischen Produktion an der Gesamtproduktion bzw. an den gesamten Produkten des Unternehmens sowie der Anteil der ausländischen Vorprodukte am Endprodukt der Unternehmen.

Der Internationalisierungsgrad auslandsaktiver Unternehmen ist hoch (Abb. 73): 38 % ihres Umsatzes erwirtschaften diese Unternehmen mittlerweile im Ausland, ihr Marktanteil beträgt 17 % und ausländische Vorprodukte machen bereits 30 % des Gesamtproduktes aus. Insgesamt beträgt der ausländische Produktionsanteil am Gesamtprodukt bzw. an allen produzierten Gütern und Dienstleistungen des Unternehmens 35 %. Dieses Ergebnis zeigt, dass auslandsaktive deutsche Unternehmen aktuell mehr an heimischen Standorten produzieren, als es dem Umsatzanteil, der auf das Inland fällt, entspricht. Das Gleiche ist für die Gruppe produktionsverlagernder Unternehmen zu konstatieren: Bei diesen Unternehmen beträgt der aktuelle ausländische Umsatzanteil 43 %; im Ausland lassen sie jedoch nur 35 % der Gesamtproduktion fertigen – und das trotz Verlagerung von Teilen der Produktion.

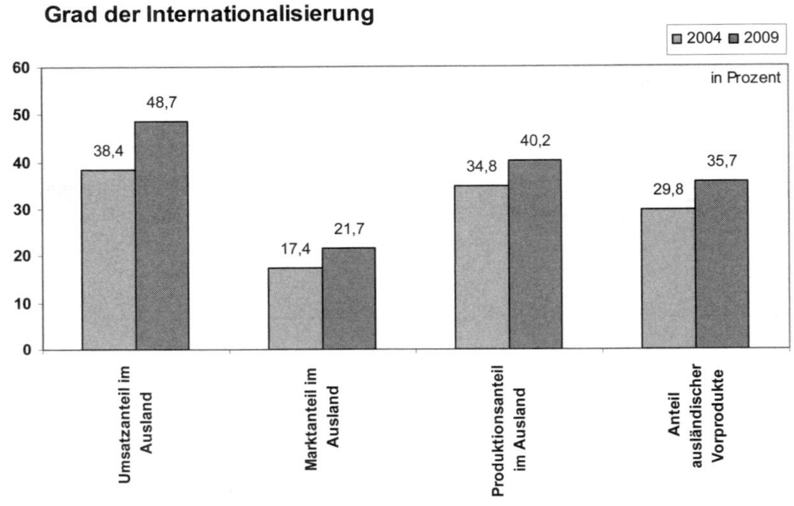

Quelle: Eigene Studie „Going International"

Abbildung 73: *Grad der Internationalisierung – ausländische Anteile Umsatz, Markt, Produktion, Vorprodukte*

Ein großer Teil der befragten Unternehmen sieht seine Zukunft im Auslandsgeschäft, da sie nach eigenen Angaben bis zum Jahr 2009 eine deutliche Forcierung ihres Auslandsgeschäfts planen. Der Umsatzanteil des Auslandsgeschäfts am Gesamtumsatz soll von aktuell 38 % auf durchschnittlich 49 % ausgebaut werden – was einer Steigerungsrate von über 25 % entspricht – eine bemerkenswerte Steigerung innerhalb von nur fünf Jahren. Ebenso soll sich der Marktanteil der deutschen Unternehmen an den ausländischen Märkten von gegenwärtig 17 % auf 22 % im Jahre 2009 steigern. Der Anteil, der im Ausland produzierten Produkte soll sich von 35 % auf 40 % im Jahre 2009 erhöhen – in der Gruppe der produktionsverlagernden Unternehmen soll dieser Anteil zukünftig 43 % betragen.

Analog dazu wird es in Deutschland zu einer weiteren Verringerung der Fertigungstiefe kommen: Der Anteil der ausländischen Vorprodukte an der deutschen Produktion soll von aktuell 30 % auf bis zu 36 % in fünf Jahren angehoben werden. Alles in allem wird aber auch dann die inländische Produktion überdurchschnittlich an der Entstehung der ausländischen Umsätze beteiligt sein: Der inländische Produktionsanteil soll dann rund 60 % betragen, und die Auslandsumsätze werden noch knapp unter der Hälfte des Gesamtumsätze der Unternehmen liegen.

Insbesondere die Unternehmen der Industriebranche Maschinenbau, die bereits heute einen Umsatzanteil von knapp 50 % im Ausland erwirtschaften, streben für das Jahr 2009 eine weitere Erhöhung auf fast 60 % ihres ausländischen Anteils am Gesamtumsatz an. Zudem rechnet die auslandsaktive Dienstleistungsbranche bis 2009 mit einer Steigerung des ausländischen Umsatzanteils von heute 37 % auf 45 % – was einer Steigerungsrate von über 20 % entspricht. Die Anbieter von EDV-Produkten, Elektrotechnik, Feinmechanik und Optik sowie die Handelsunternehmen erwarten eine Erhöhung ihres Auslandsumsatzes auf über 50 %.

Generell lässt sich festhalten, dass über alle Branchen hinweg ein deutlicher Ausbau des Auslandsgeschäfts geplant ist. Die hohen Erfolgsquoten der Unternehmen unterstützen dabei die Erwartungen an das Auslandsgeschäft.

Hauptprobleme der Außenwirtschaftsaktivitäten

Deutsche Unternehmen agieren im Ausland äußerst erfolgreich. Trotzdem gibt es auch Probleme beim Auf- und Ausbau des Auslandsengagements, die den Erfolg beeinträchtigen und zu Fehlentscheidungen führen. Dementsprechend sind die wesentlichen Probleme beim Aufbau von internationalen Geschäftsbeziehungen der befragten Unternehmen von besonderem Interesse.

Was führt zu großen Problemen? Welche Probleme treten am häufigsten auf? Welche Probleme führen zum kompletten Scheitern der Außenhandelsaktivität?

Für die Außenhandelsaktivitäten der beteiligten deutschen Unternehmen waren 30 Problemstellungen relevant. Diese wurden nochmals in verschiedene Problembereiche aufgegliedert: K.-o.-Probleme, große Probleme, häufige Probleme und gelegentliche Probleme. Zusätzlich wurde bei der Auswertung nach genereller Häufigkeit und Wichtigkeit gewichtet.

1. Generelle Probleme im Auslandsgeschäft

Im Folgenden werden die Top 10 der meistgenannten generellen Probleme deutscher Unternehmen – die Summe der genannten einzelnen Problembereiche – aufgezeigt:

Die Spitzenposition bei den generellen Problemen erreicht „die Suche bzw. die Auswahl des richtigen Partners“ (81 % insgesamt), dicht gefolgt von den „Problemen mit der Konkurrenz“ (78 %). Des Weiteren sind die „Preise“ der Export- und Einkaufprodukte der befragten Unternehmen im Ausland zu hoch (76 %). Außerdem spielen fehlende „Kontakte“ als Problem im Auslandsgeschäft eine große Rolle (72 %). Auch die Beschaffung von „verlässlichen Marktinformationen“ (67 %) und die weitere „Marktbearbeitung“ (64 %) gestalten sich schwierig (Abb. 74).

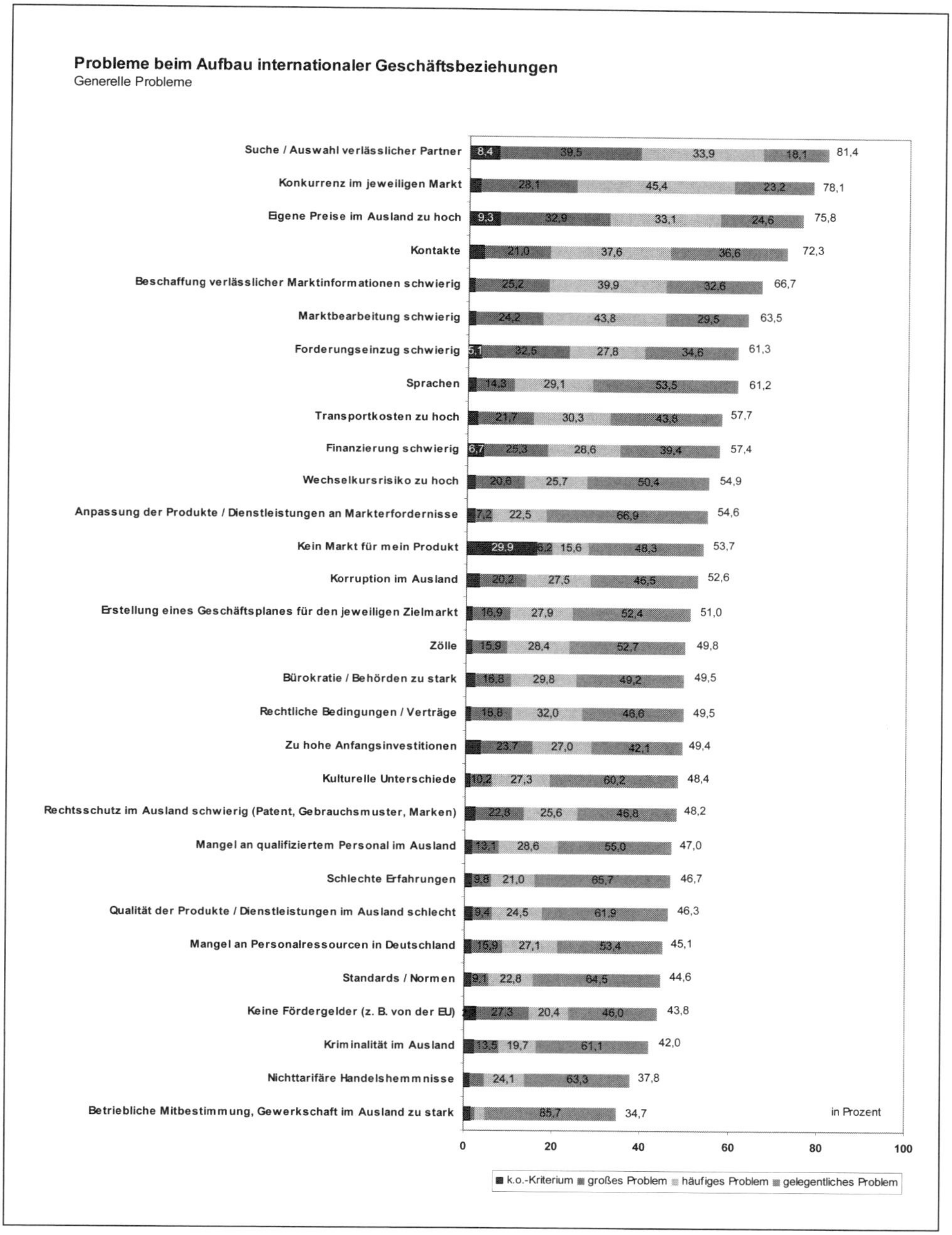

Quelle: Eigene Studie „Going International“

Abbildung 74: *Probleme beim Aufbau internationaler Geschäftsbeziehungen – generelle Probleme*

Der „Forderungseinzug" im Auslandsgeschäft wird als weiteres generelles Problem angeführt (61 %), „Sprachbarrieren" werden als hinderlich empfunden (61 %). Fast gleichauf liegen zudem hohe „Transportkosten" (58 %) und Schwierigkeiten bei der Suche nach einer geeigneten „Finanzierung" (57 %).

Die Summe der generellen Probleme deutet auf klare Defizite in der Geschäftsabwicklung hin. Als besonders problematisch erweisen sich das Fehlen einer Marktstrategie und eines ausgewogenen Finanzplans.

Unterscheidet man in den Problembereichen nach K.-o.-Kriterien, großen Problemen und häufigen Problemen, so ergeben sich zum Teil andere Ergebnisse, wobei die drei folgenden Punkte immer unter den zehn meistgenannten erscheinen: Verlässliche Partner, wettbewerbsfähige Preise und eine ausgewogene Finanzierung.

Diese Aspekte haben somit entscheidenden Einfluss auf den Erfolg des Auslandsengagements der befragten deutschen Unternehmen. Bereits im Vorfeld eines geplanten Auslandsengagements sollten daher systematisch alle Möglichkeiten der Informationsbeschaffung genutzt werden, um die Problembereiche zu analysieren, die Chancen und Risiken eines Auslandsengagements besser abwägen zu können und um so gut vorbereitet in die Umsetzungsphase zu gehen. Vor allem die Unterstützung durch kompetente externe Berater bietet die Gewähr, eine optimale Basis für erfolgreiche Geschäfte im Ausland zu haben.

2. K.-o.-Probleme im Auslandsgeschäft

Die Umfrage zeigt folgende Top 5 bei den „K.-o.-Problemen", die die Gefahr in sich bergen, dass das Auslandsengagement an ihnen scheitern kann:

Anders als bei den generellen Problemen in der Gesamtschau ist das „Fehlen des geeigneten Marktes" mit großem Abstand K.-o.-Kriterium Nummer eins; es wird insgesamt von 42 % der zu den K.-o.-Problemen Stellung beziehenden Unternehmen genannt. Dieses Problem haben vor allem große Unternehmen, insbesondere in den klassischen Branchen des produzierenden Gewerbes, und diejenigen, die Einkaufsbüros im Ausland unterhalten, und zwar speziell in Lateinamerika und Afrika. Für Unternehmen in den neuen Bundesländern ist es im Vergleich zum Bundesdurchschnitt weniger ein K.-o.-Problem, einen Markt für ihre Produkte zu finden (im Durchschnitt nur knapp 30 %) (Abb. 75).

Zweithäufigstes K.-o.-Kriterium im Auslandsgeschäft sind zu hohe „Preise" der eigenen Produkte für die ausländischen Märkte (18 %). Am häufigsten tritt dieses Problem bei kleinen Unternehmen auf, quer durch alle Branchen und Regionen.

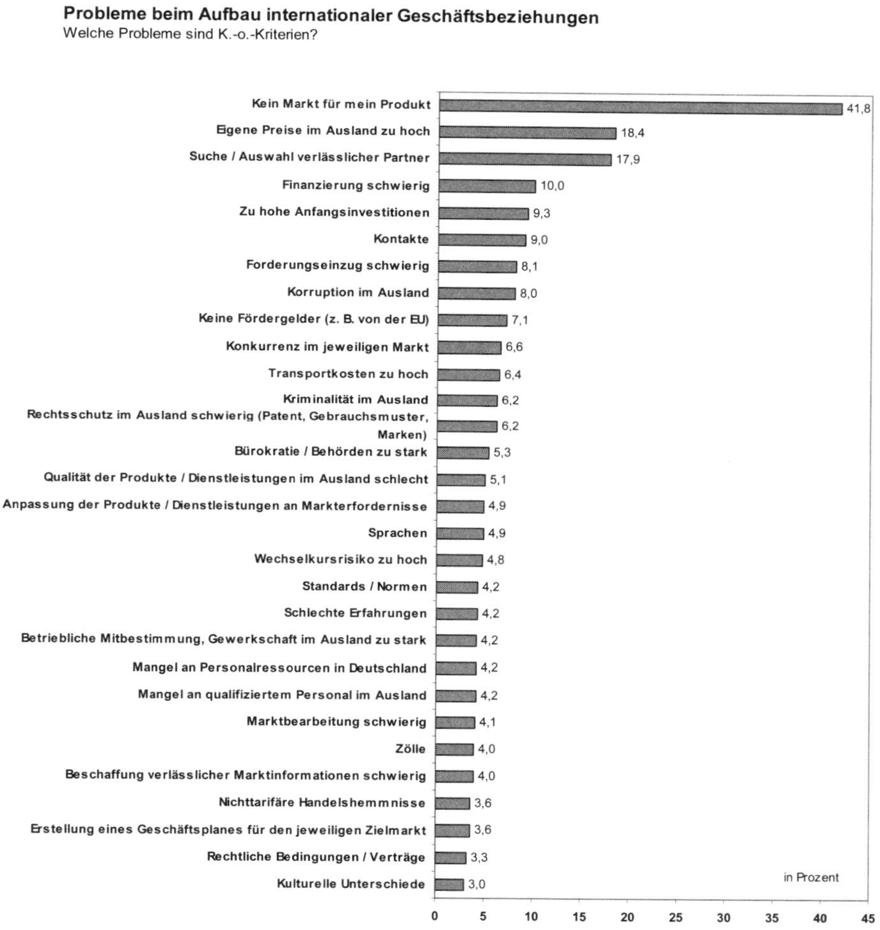

Quelle: Eigene Studie „Going International"

Abbildung 75: *Probleme beim Aufbau internationaler Geschäftsbeziehungen – K.-o.-Kriterien*

Nummer drei bei den K.-o.-Kriterien ist die Suche des „verlässlichen Partners" (knapp 18 %), anders als bei der Studie „Going International 2003/2004", bei der dieses Problem an zweiter Stelle genannt wurde. Die Partnersuche wird als ähnlich bedeutendes K.-o.-Kriterium quer durch alle Zielmärkte ohne besonders signifikante Abweichungen gesehen. Dies gilt sowohl für die nahe liegenden Länder der EU als auch für Regionen in Fernost. Die falsche Vorgehensweise bei der Partnersuche macht sich am stärksten für diejenigen kleinen und mittelgroßen Unternehmen bemerkbar, die im Ausland Einkaufsbüros unterhalten (22 %). Besonders stark betroffen sind zudem die EDV- (23 %) und die Dienstleistungsbranche (21 %). Die wenigsten Probleme bei der „Partnersuche“ haben Großunternehmen und Konzerne mit vielen Beschäftigten (5 %).

Von den drei Erstplatzierten an vierter Stelle der K.-o.-Kriterien relativ abgeschlagen stehen „Finanzierungsschwierigkeiten“ (10 %). Auch hier zeigt sich die gleiche Tendenz wie bei den zu hohen „Anfangsinvestitionen“: Kleine Unternehmen haben die größeren Finanzierungsprobleme. Besonders anfällig für Schwierigkeiten dieser Art sind das Handelsgewerbe (17 %) und Unternehmen, die mit Einkaufsbüros im Zielmarkt arbeiten.

Fünfthäufigstes K.-o.-Kriterium im Auslandsgeschäft sind die zu „hohen Anfangsinvestitionen“ (9 %). Davon betroffen sind ebenfalls vor allem die kleinen Unternehmen (11 %). Dies gilt besonders für solche, die Einkaufsbüros in Fernost (28 %), in Lateinamerika (18 %) und in der EU (bis zu 19 %) unterhalten.

Gefahren für das Scheitern der Auslandsaktivitäten liegen demnach vor allem bei Defiziten in der Markterkundung (Markt für das Produkt, Preise, Partnersuche) und bei Finanzierungsfragen kleiner und mittelgroßer Unternehmen (Anfangsinvestitionen, laufende Finanzierung). Es zeigen sich zudem besondere Schwächen bei den Firmen, die mit Einkaufsbüros in den Zielmärkten präsent sind.

3. Große Probleme im Auslandsgeschäft

Große Probleme sind solche, die eine erhebliche negative Auswirkung auf die Geschäftsentwicklung haben, jedoch anders als K.-o.-Kriterien nicht existenzbedrohend sind. Über die K.-o.-Kriterien hinaus treten als große Probleme neu in den Vordergrund: die schwierige Beschaffung verlässlicher Marktinformationen, die schwierige Marktbearbeitung und die hohen Transportkosten. Demgegenüber werden als große Probleme unter den zehn meist genannten folgende Themen nicht mehr angeführt: das Fehlen eines Marktes, die zu hohen Anfangsinvestitionen, der schwierige Forderungseinzug und die Korruption. Besonders hervorzuheben ist zudem, dass das am meisten genannte K.-o.-Kriterium „kein Markt für mein Produkt“ bei der Gewichtung der großen Probleme relativ unbedeutend geworden ist (Abb. 76).

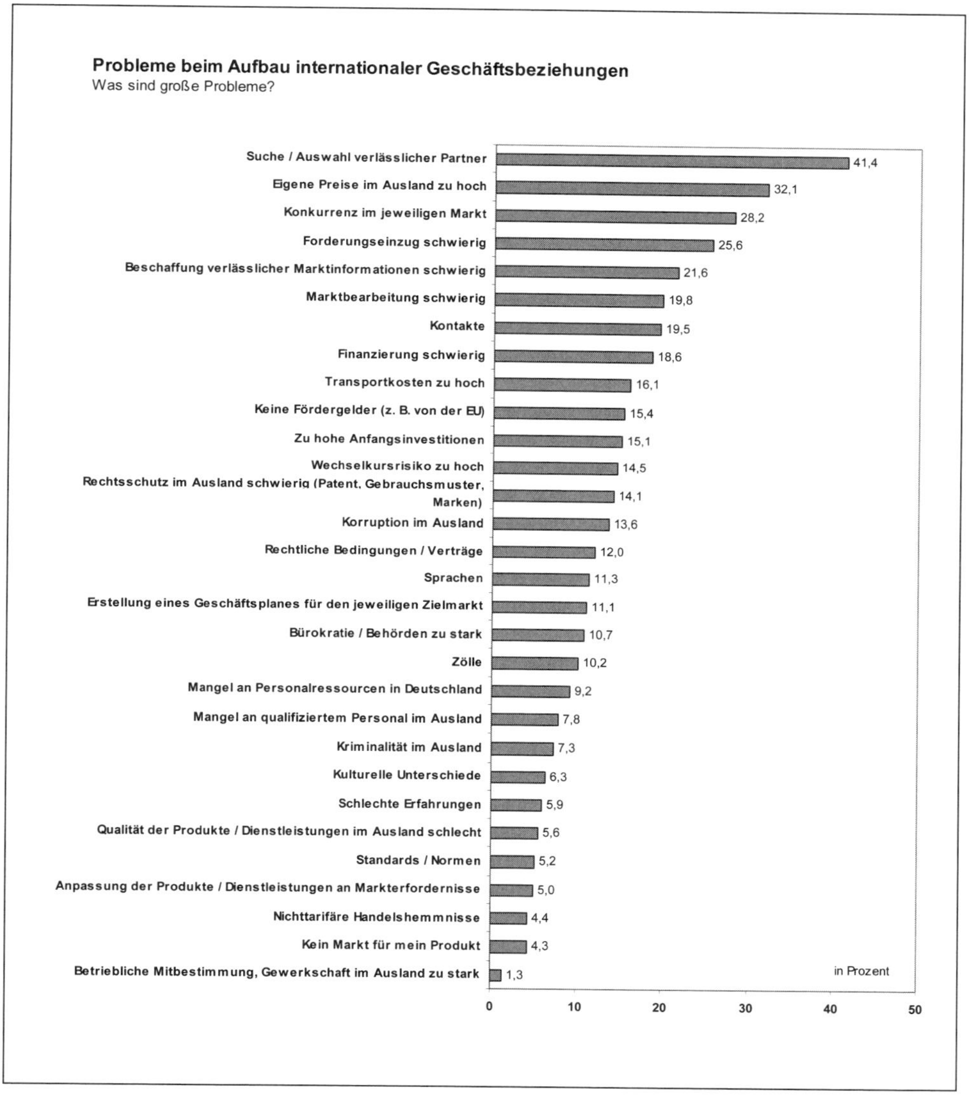

Quelle: Eigene Studie „Going international"
Abbildung 76: *Probleme beim Aufbau internationaler Geschäftsbeziehungen – große Probleme*

Die großen Probleme weisen folgende Top 5-Platzierungen auf:

Auf Platz eins rangiert die Auswahl des „verlässlichen Partners" (41 %). Hierbei gibt es wenige Abweichungen bei der Verteilung nach Branche, Zielmarkt und Geschäftsform. Allein das Kriterium der Unternehmensgröße (Beschäftigte und Umsatz) bietet eine Differenzierung: Kleinere Unternehmen haben häufiger ein großes Problem damit als große Unternehmen und Konzerne.

Das zweithäufigste große Problem stellt der zu hohe „Preis" für die Produkte der Export- und Einkaufstätigkeiten im Ausland dar (32 %). Am stärksten betroffen sind jene Unternehmen, die ihre Produktion ins Ausland verlagern bzw. dies noch vorhaben (40 %). In der Tendenz ist der hohe Preis ein geringeres Problem in den neuen Bundesländern (um die 27 %). Besonders problematisch sind zu hohe Preise am ausländischen Markt im Maschinenbau (40 %), hingegen etwas weniger problematisch im Handelsgewerbe (26 %). Insbesondere auf lateinamerikanischen und afrikanischen Märkten wird dieser Punkt oft genannt (jeweils knapp 38 %).

Das dritthäufigste große Problem ist die „Konkurrenz am jeweiligen Markt" (28 %), unter der besonders das produzierende Gewerbe zu leiden hat. Tendenziell als weniger brisant wird dieses Merkmal unter Dienstleistungsanbietern (23 %) und im Maschinenbausektor (24 %) angesehen. Das Problem tritt ansonsten betriebsgrößen- und länderübergreifend mit gleicher Häufigkeit auf.

An vierter Stelle werden Schwierigkeiten beim „Einzug fälliger Forderungen" (26 %) angeführt. Die meisten Probleme haben hier kleine und mittelständische Unternehmen (knapp 28 %), aber verhältnismäßig wenige der Großunternehmen und Konzerne (durchschnittlich 20 %). In der Branchenbetrachtung wird das Merkmal besonders häufig bei der Metallverarbeitungsindustrie und beim Handel (28 %) genannt im Gegensatz zum Maschinenbau (21 %). Ansonsten tritt der Forderungseinzug als länderübergreifendes Problem auf.

Als fünftes großes Problem wird die „Beschaffung verlässlicher Marktinformationen" angeführt (22 %). Unterschiedliche Gewichtung nehmen die Branchen vor: Chemische und Kunststoffindustrie mit 27 % im Gegensatz zu den Dienstleistern mit 19 %. Formen- und länderübergreifend sowie über alle Unternehmensgrößen hinweg gibt es keine signifikanten Unterschiede.

4. Häufige Probleme beim Auslandsgeschäft

Im Gegensatz zu den K.-o.-Kriterien und den großen Problemen werden im Nachfolgenden die Probleme ungeachtet ihrer Intensität nach der Häufigkeit ihres Auftretens beurteilt. Im Vergleich zu den generellen Problemen kommen hier keine neuen Aspekte hinzu; die ersten sechs der genannten Felder heben sich hingegen deutlich von allen restlichen Punkten ab.

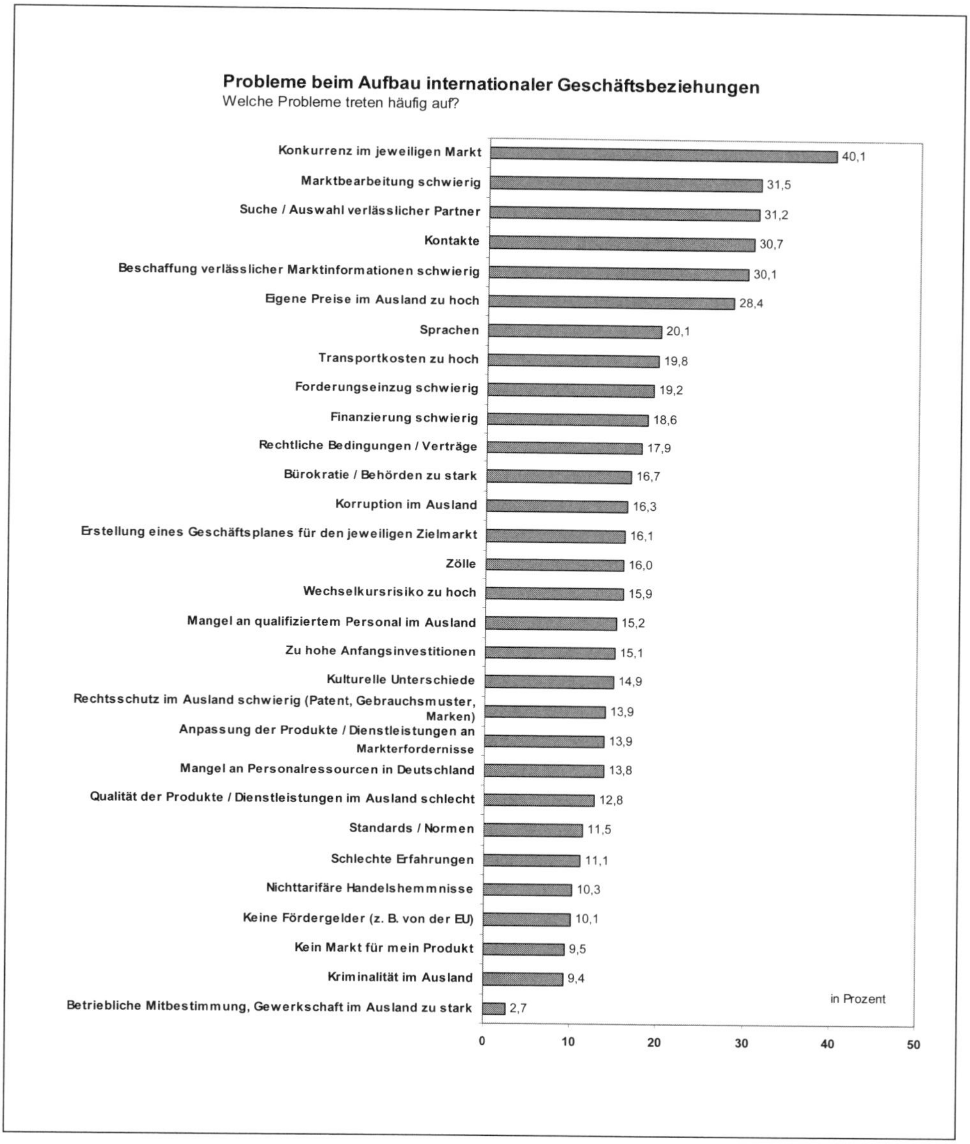

Quelle: Eigene Studie „Going International"

Abbildung 77: *Probleme beim Aufbau internationaler Geschäftsbeziehungen – häufige Probleme*

Häufig auftretendes Problem Nummer eins ist die „Konkurrenz im jeweiligen Markt" (40 %), gefolgt von einer „schwierigen Marktbearbeitung" (32 %). Am dritthäufigsten wird die

„Suche und Auswahl verlässlicher Partner“ genannt (31 %). Auf Platz vier der häufigen Probleme stehen „gute Kontakte“ im Ausland (knapp 31 %). Die Beschaffung von „verlässlichen Marktinformationen“ folgt darauf an fünfter Stelle mit 30 %; an sechster Position ist noch das Thema „eigene Preise im Ausland zu hoch“ zu nennen (28 %) (Abb. 77).

Mit der Konkurrenzsituation haben eher die größeren und großen Unternehmen häufig ein Problem (über 50 %). Bei den Branchen sieht der Maschinenbau mit 45 % die Konkurrenz im ausländischen Markt als ernster an als der Dienstleistungsbereich mit 33 %. Tendenziell stellt sich die Situation in Lateinamerika und Afrika besonders schlecht dar (46 %), insbesondere bei Einkaufsbüros von größeren Unternehmen (um die 60 %). Betrachtet man die Schwierigkeiten in Bezug auf die „Marktbearbeitung“ und die „Auswahl verlässlicher Partner“, so werden Abweichungen nur bei den Branchen deutlich: Bei der Chemischen und Kunststoffindustrie liegt der höchste Anteil mit 38 %, der niedrigste beim Handel und bei den Dienstleistungen mit 28 %.

Das Merkmal „Kontakte in die Zielmärkte“ bietet ein vergleichbares Bild: Bei den Branchen hat die Maschinenbauindustrie mit 37 % die häufigsten Schwierigkeiten, die richtigen Kontakte im Zielland zu finden; Dienstleister hingegen nennen dieses Merkmal nicht so oft (25 %). Unternehmensgrößen, Geschäftsformen und Zielregionen haben fast nie einen nennenswerten Einfluss.

5. Gelegentliche Probleme

Als gelegentlich auftretende Probleme werden von den befragten Unternehmen eine große Bandbreite verschiedener Themenfelder genannt, die in der Gewichtung nicht sehr stark voneinander abweichen. Soweit sie nicht schon bei den übrigen Problembereichen genannt sind, handelt es sich im Wesentlichen um folgende Punkte:

- Anpassung der Produkte/Dienstleistungen an Markterfordernisse
- Sprachen
- Betriebliche Mitbestimmung, Gewerkschaften im Ausland zu stark
- Kulturelle Unterschiede
- Standards/Normen
- Qualität der Produkte/Dienstleistungen im Ausland schlecht
- Wechselkursrisiko zu hoch
- Erstellung eines Geschäftsplans für den jeweiligen Zielmarkt

- Zölle
- Mangel an qualifiziertem Personal

6. Im Fokus – Probleme ex- und importierender Unternehmen

Da der Ex- und Import die häufigste Geschäftsaktivität deutscher Unternehmen im Ausland ist, sollen an dieser Stelle die Ergebnisse mit Blick auf diese beiden Handlungsformen eines Auslandsengagements kurz in der Gesamtschau dargestellt werden.

Unternehmen, die im Exportgeschäft tätig sind, sehen sich am häufigsten mit folgenden generellen Problemen konfrontiert: Problem Nummer eins ist die Auswahl eines verlässlichen Partners (83 %), dicht gefolgt von der Konkurrenz auf dem Markt (80 %) und den zu hohen Preisen (79 %). Ferner sind gute Kontakte (74 %) und verlässliche Marktinformationen (68 %) besonders problematisch.

Hinzu treten generell folgende Schwierigkeiten: die Marktbearbeitung (65 %), ein nicht funktionierender Forderungseinzug (64 %), Sprachprobleme (62 %), zu hohe Transportkosten (60 %) und finanzielle Schwierigkeiten (59 %).

Typisch handelsrelevante Themenfelder wie Wechselkursrisiken, Korruption, Zölle, Standards/Normen und nichttarifäre Handelshemmnisse sehen demgegenüber die meisten der befragten Exportunternehmen als nicht so brisant an. Importierende Firmen haben meist mit den gleichen Problemen zu kämpfen wie die Exportwirtschaft, allerdings treten sie vergleichsweise häufiger auf – nämlich im Schnitt um 5 %.

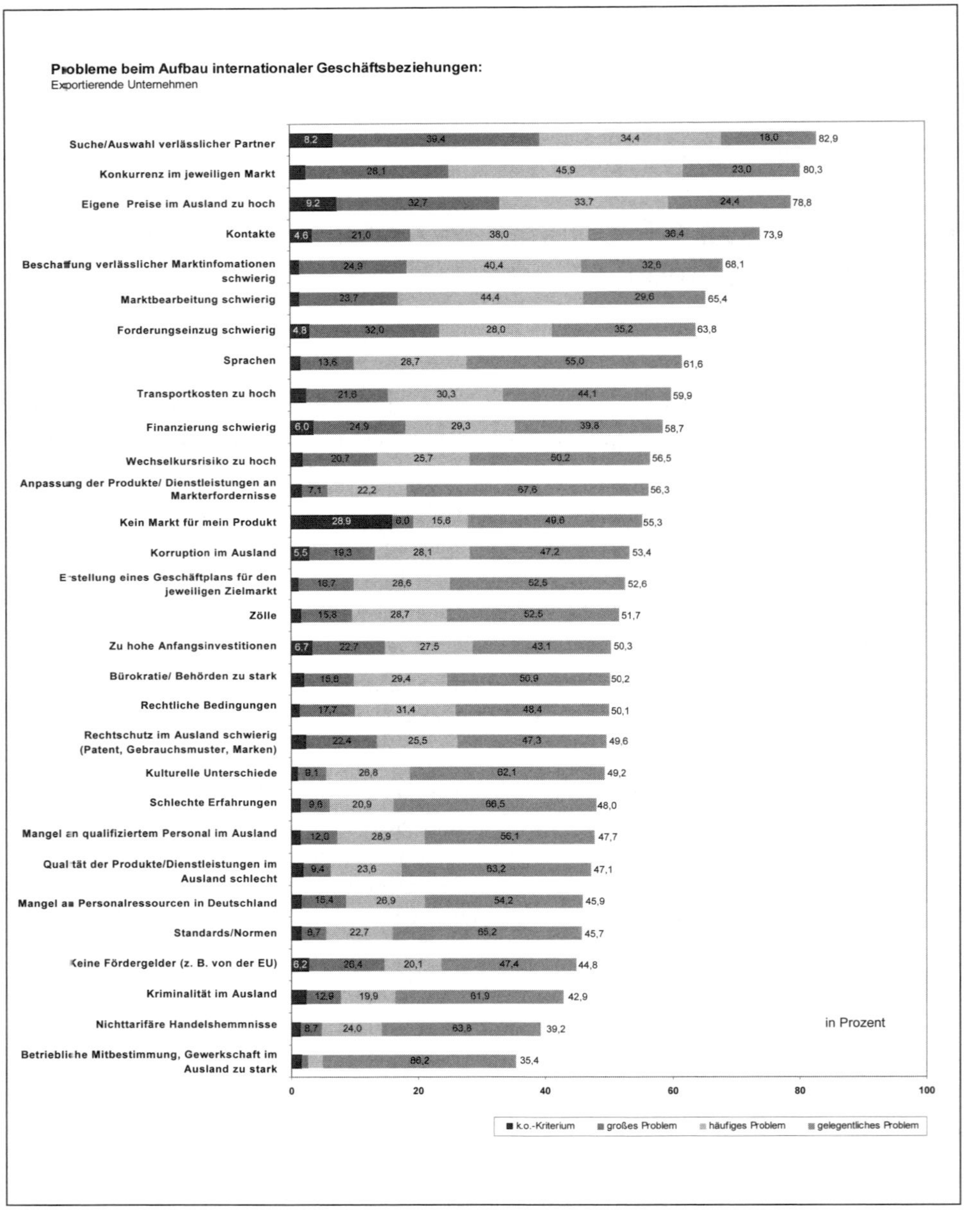

Quelle: Eigene Studie „Going International“

Abbildung 78: *Probleme beim Aufbau internationaler Geschäftsbeziehungen – exportierende Unternehmen*

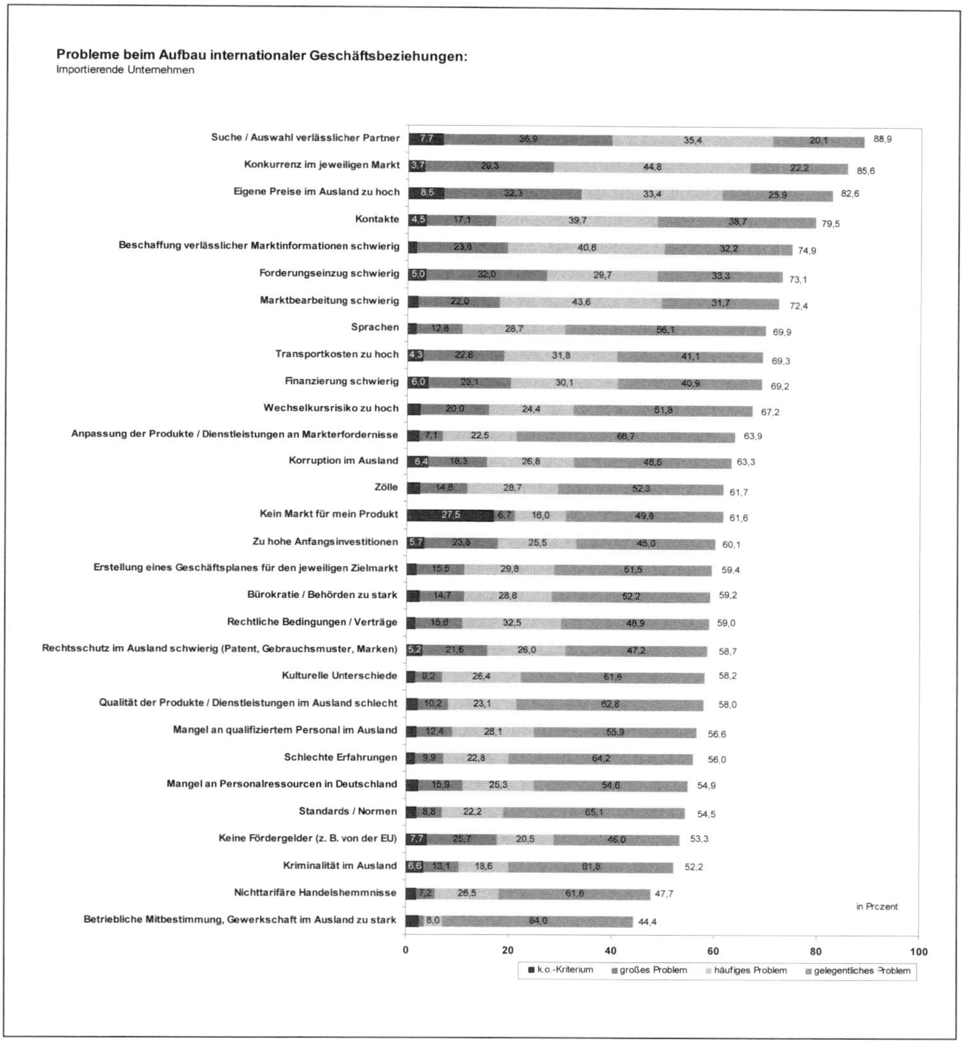

Quelle: Eigene Studie „Going International"

Abbildung 79: *Probleme beim Aufbau internationaler Geschäftsbeziehungen – importierende Unternehmen*

Erfolgsfaktoren im Auslandsgeschäft

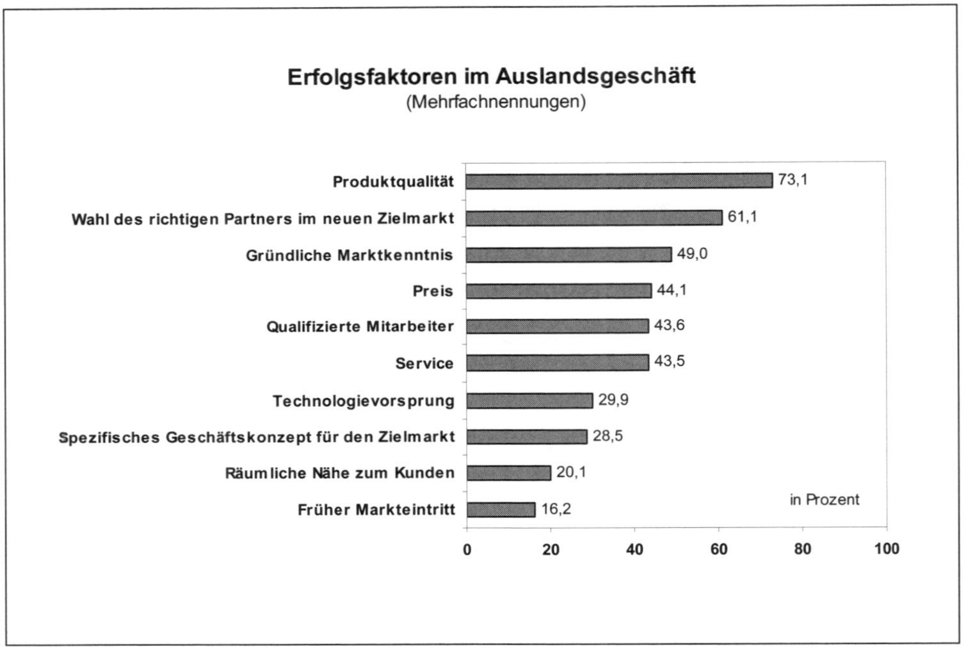

Quelle: Eigene Studie „Going International"
Abbildung 80: *Erfolgsfaktoren im Auslandsgeschäft*

In den letzten 20 Jahren hat sich in der betriebswirtschaftlichen Forschung in Deutschland und international eine empirisch ausgerichtete Erfolgsfaktorenforschung[115] etabliert. Erfolgsfaktoren sind „diejenigen Faktoren, die für den langfristigen Erfolg und damit die Realisierung der langfristigen Ziele einer Unternehmung als besonders wichtig erachtet werden."[116] Ziel dieses Forschungsbereiches ist es also, Gesetzmäßigkeiten und Stellhebel, die den Erfolg oder Misserfolg von Unternehmen erklären, aufzudecken. Damit lässt sich diese Disziplin

115 S. dazu: Link 1997. Allerdings wird die Erfolgsfaktorenforschung sowohl im nationalen als auch im internationalen Kontext nicht unkritisch betrachtet, s. dazu z. B.: Albers 2006, S. 2-33; Kutschker/Schmid 2005, S. 801 f.; Nicolai/Kieser 2002, S. 579-596.

116 Kutschker/Schmid 2005, S. 801.

dem strategischen Management zuordnen, das mittels einer zielorientierten Steuerung beeinflussbarer strategischer Erfolgsfaktoren dazu beiträgt, Erfolgspotenziale aufzubauen, d. h., Erfolgsfaktoren bilden die Grundlage für das Erfolgspotenzial. Um die Erfolgspotenziale zu operationalisieren und steuerbar zu machen, müssen daher die zugrunde liegenden Erfolgsfaktoren bekannt sein.[117] Dabei lassen sich Erfolgsfaktoren kategorisieren in generelle Erfolgsfaktoren, d. h. Erfolgsfaktoren, die losgelöst von Branche und Größenordnung generelle Gültigkeit für jede Unternehmung haben[118], Branchen-Erfolgsfaktoren (s. dazu Teil IV) und spezifische Erfolgsfaktoren, die über den Erfolg eines Unternehmens, eines Bereiches, einer Abteilung, eines Teams oder einer Person entscheiden.

Von zunehmendem Interesse ist auch die Frage nach den Erfolgsfaktoren der Internationalisierung, so auch in der Studie „Going International". Wie die Ergebnisse dieser Studie zeigen, sind die meisten der befragten im Ausland agierenden Unternehmen trotz aller Gefahren und Probleme erfolgreich. Was sind nun aus Sicht der Unternehmen die Erfolgsfaktoren hierfür (Abb. 80)? Warum gelingt es den Unternehmen, trotz aller Probleme international erfolgreich zu agieren? Und warum gelingt ihnen das über alle Unternehmensgrößen und -branchen hinweg?

1. Erfolgsfaktoren: „Produktqualität"/„Technologievorsprung"

Mit 73 % ist die „Produktqualität" die Nummer eins unter den Erfolgsfaktoren für deutsche Unternehmen im Auslandsgeschäft. Bemerkenswert ist die Tatsache, dass dieser Erfolgsfaktor ohne Unterschiede in allen Zielregionen und unabhängig von der Unternehmensgröße zumindest in allen Bereichen des produzierenden Gewerbes mit Abstand stets die Spitzenposition einnimmt. Wobei am deutlichsten die Chemische- und Kunststoffindustrie und die Hersteller von EDV, Elektrotechnik, Feinmechanik und Optik (jeweils 82 %) die Produktqualität als wichtigsten Faktor des Erfolgs herausstellen.

Der „Technologievorsprung" ist für 30 % ein weiterer wichtiger Erfolgsfaktor, der eng mit der Beschaffenheit des Produkts zusammenhängt. Entsprechend hat eine konsequente Produktpolitik eine strategisch wichtige Bedeutung für das Auslandsengagement. Die Marke „Made in Germany" hat offensichtlich noch immer einen guten Ruf im Ausland. Dabei geben über 60 % der befragten deutschen Unternehmen an, ihre Produkte an die Bedürfnisse des ausländischen Marktes anzupassen, vor allem jene, die Tochterunternehmen und Joint Ventures im Ausland unterhalten. Vor allem der Maschinenbau und die Hersteller von EDV,

---

117 Zur Anwendung des Systems der Erfolgsfaktoren s. Nagel 2005.

118 S. dazu: Nagel 2001; Strasser 2004.

Elektrotechnik, Feinmechanik und Optik mit jeweils 46 % setzen auf technologische Innovationen, um Wettbewerbsvorteile auszubauen und zu sichern.

Des Weiteren ist die Produktqualität auch bei jenen Unternehmen hoch angesiedelt, die Forschungs- und Entwicklungsaktivitäten im Ausland aufbauen (79 %). Denn gerade die Qualität und die Anpassung der Produkte auf die jeweiligen Marktanforderungen sind ganz entscheidend vom Kenntnisstand des Entwicklungsbereichs im Unternehmen abhängig. In diesem Zusammenhang sind „qualifizierte Mitarbeiter" – ein weiterer Erfolgsfaktor – von maßgeblicher Bedeutung, da diese die Umsetzung der Qualitätsziele und die Herstellung qualitativ hoch stehender, technologisch führender Produkte überhaupt erst möglich machen. Das Technologie-Know-how verlagert sich zunehmend ins Ausland, damit deutsche Unternehmen international wettbewerbsfähig bleiben und sich auf die jeweiligen Marktgegebenheiten besser einstellen können.

2. Erfolgsfaktoren: „Richtiger Geschäftspartner"/ „Gründliche Marktkenntnisse"

An zweiter Stelle der Rangliste der Erfolgsfaktoren liegt die „Wahl des richtigen Geschäftspartners" (61 %). Am häufigsten nennen dabei produzierende Unternehmen der EDV, Elektrotechnik, Feinmechanik und Optik (65 %) und das Dienstleistungsgewerbe (63 %) geeignete Partner für den Erfolg im Auslandsgeschäft als wichtigen Erfolgsfaktor. Vergleichsweise weniger bedeutsam ist der richtige Geschäftspartner offensichtlich für Großunternehmen (47 %), insbesondere wenn sie im Ausland investieren (45 %), und für die typischen Zulieferbranchen der Metallindustrie (58 %).

Vor allem für die Geschäftsaufbauphase im Ausland ist die Auswahl geeigneter Partner eine der wichtigsten Herausforderungen, insbesondere wenn es um die Zusammenarbeit mit losen Kooperationspartnern (68 %) und die Marktbearbeitung mit einer Repräsentanz (66 %) geht. Die Partnerfrage stellt sich zudem besonders bei Auslandsinvestitionen in geringerem Umfang (bis zu 69 %). Für die Wahl der richtigen Geschäftspartner spielen bei den meisten der befragten deutschen Unternehmen persönliche Kontakte und Netzwerke eine wichtige Rolle. Diese entstehen hauptsächlich durch individuelle Reisetätigkeiten in die Zielregionen und eigene Messetätigkeiten. Außerdem werden vor allem auch Informations-, Erfahrungsaustausch- und Beratungsanbote der IHKs und der AHKs in Anspruch genommen.

An dritter Stelle werden als Garanten für den Erfolg „gründliche Marktkenntnisse" (49 %) genannt. Überdurchschnittlich Erfolg versprechend schätzen speziell die Großunternehmen (63 %) gute Marktkenntnisse im jeweiligen Zielland ein. Branchenspezifisch hat dieser Erfolgfaktor am wenigsten in der Chemischen- und Kunststoffindustrie (41 %) Bedeutung, am meisten bei den Dienstleistungsunternehmen (52 %) und dem Handel (51 %). Große Unternehmen/Konzerne legen gesteigerten Wert auf eine gründliche Marktkenntnis (63 %), insbesondere wenn erhebliche Auslandsinvestitionen betroffen sind (66 %).

3. Erfolgsfaktor: „Preis“

Als viertwichtigster Erfolgsfaktor gewinnt der „Preis“ für Produkte und Dienstleistungen an Bedeutung (44 %). Gerade für Handelsfirmen (54 %) ist dies ein für den Geschäftserfolg entscheidender Faktor. Sie schätzen ihn sogar wichtiger ein als „gründliche Marktkenntnisse“. Die geringste Rolle spielt der Erfolgsfaktor „Preis“ hingegen für die meisten Großunternehmen (26 %) und auch für das Dienstleistungsgewerbe (33 %).

Offenbar zählt der Preis am meisten bei Auslandsgeschäfte in den zehn neuen EU-Mitgliedstaaten und den Ländern der EU-15/EFTA (beides 44 %). Auch im produzierenden Gewerbe, wie z. B. bei der Chemischen- und Kunststoffindustrie und bei der Metallindustrie, spielt der Faktor „Preis“ eine wichtige Rolle (46 bzw. 48 %). Der Preis macht den Geschäftserfolg aus – nicht nur im Ausland, sondern auch auf dem heimischen Markt: Nicht verwunderlich ist daher sein hoher Stellenwert beim Sourcing (49 %), bei den Einkaufsbüros (53 %) und den Importeuren (55 %).

4. Erfolgsfaktor: „Qualifizierte Mitarbeiter“

Für 44 % der Unternehmen sind „qualifizierte Mitarbeiter“ ein weiterer wesentlicher Erfolgsfaktor im Auslandsgeschäft. Speziell Großunternehmen (65 %) schätzen den Bereich HR als Schlüsselfaktor ein.

Bei der Suche nach geeigneten Mitarbeitern wird noch von den meisten Unternehmen (rund 60 %) die Stellenanzeige im In- und Ausland bevorzugt. Außerdem spielt für rund 50 % der befragten Unternehmen die eigene Personalentwicklung eine entscheidende Rolle. Aber auch moderne Formen der Personalrekrutierung, wie das Internet oder die Firmen-Homepage, werden von 25 % der befragten Unternehmen genutzt. Vor allem für große Unternehmen/Konzerne und wenn es um Auslandsinvestitionen in einem größeren Umfang geht, ist das Thema „qualifizierte Mitarbeiter“ wichtig (65 bzw. 60 %).

Wie bereits im Abschnitt 5.2 (s. S. 112 f.) festgestellt, werden für das Auslandsgeschäft über alle Managementbereiche hinweg bevorzugt lokal rekrutierte Fachkräfte eingestellt (in allen Tätigkeitsfeldern über 60 %). Die wichtigste Aufgabe der Markterschließung kommt dabei dem General Manager und dem Leiter Vertrieb zu. Um auf den Märkten bestehen zu können, agieren die Unternehmen häufig bereits mit Tochterunternehmen und Vertriebsbüros vor Ort im Ausland. Das Profil der Mitarbeiter in diesen Niederlassungen sollte sich vor allem durch Marktkenntnisse und Kontakte auszeichnen. Diesen Anforderungskriterien entsprechen Ortskräfte am besten. Sie kennen die kulturellen Besonderheiten und länderspezifischen Normen. Speziell der Dienstleistungssektor legt großen Wert auf den Faktor „qualifizierte Mitarbeiter", was nicht weiter überrascht, ist dieser häufig entscheidend für die „Produktqualität" eines Dienstleisters. Entsprechend spielen in dieser Branche die „Wahl des Partners" (63 %) und „qualifizierte Mitarbeiter" (55 %) eine sehr bedeutende Rolle.

5. Erfolgsfaktor: „Service"

Auf dem sechsten Platz der Erfolgsfaktoren steht der „Service" vor Ort (44 %). Besondere Bedeutung messen ihm der Maschinenbau (49 %) und auch der Handel (48 %) bei. Dies korrespondiert mit der hohen Produktqualität und dem Technologievorsprung, die in vielen Fällen entscheidende Erfolgsmerkmale (im Vergleich zu den ausländischen Konkurrenzprodukten) darstellen.

Auch hierzu benötigen Unternehmen gute Mitarbeiter, die qualifiziert und kompetent den nötigen Service vor Ort umsetzen können. Speziell in den Regionen Lateinamerika (50 %) und Afrika (51 %) ist Service von großer Bedeutung.

6. Erfolgsfaktor: „Die Nähe zum Kunden"

Auf dem neunten Platz folgt die „Nähe zum Kunden" (20 %). Die Erfolge ihrer Auslandsgeschäfte rechnen viele Großunternehmen (45 %) diesem Faktor zu, ebenso Unternehmen, die Auslandsinvestitionen im erheblichen Umfang tätigen (52 %). Am wenigsten relevant ist die Kundennähe dagegen für kleine Unternehmen und für die Metallbranche (jeweils 15 %).

Der direkte Kontakt zur Kundschaft vor Ort ermöglicht es den Unternehmen, verlässliche Informationen über Chancen und Risiken des Auslandsgeschäfts zu erhalten. Die Bedeutung dieses Erfolgsfaktors wird auch dadurch untermauert, dass diejenigen Unternehmen, die sich aufgrund eines Kundenwunsches im Ausland engagierten, zu 95 % erfolgreich waren. Besonders in Lateinamerika (24 %) spielt die Nähe zum Kunden eine große Rolle. Interessanterweise ist die Kundennähe aber auch ein besonders starkes Argument bei großen Unternehmen/Konzernen (45 % nach Beschäftigtenzahl bzw. 40 % nach Umsatz) und bei Auslandsinvestitionen über 5 Mio. Euro (52 %).

7. Erfolgsfaktor: „Früher Markteintritt“

Auf Platz zehn schließlich steht der Erfolgsfaktor „früher Markteintritt“ (16 %). Dieser wird besonders vom Handel (20 %) für erfolgreiche Auslandsgeschäfte verantwortlich gemacht. Auch viele Großunternehmen (31 %) sehen den Erfolg zu einem großen Teil vom frühen Markteintritt mitbestimmt.

Damit korrespondieren die Probleme, die sich durch die vorhandene Konkurrenz im Markt ergeben oder dadurch, dass auch kein „richtiger Markt“ für die eigenen Produkte vorgefunden wird. Um zu entscheiden, ob und wann ein Markt für die jeweiligen Produkte geeignet ist, benötigen Unternehmen verlässliche Informationen über die Situation im Zielland. Speziell in Afrika (19 %) und Lateinamerika (17 %) ist der frühe Markteintritt von großer Bedeutung. Über dem Durchschnitt liegen hierbei auch die Nennungen der großen Unternehmen/Konzerne (31 % nach Beschäftigtenzahl) und der Handelsfirmen (20 %).

8. Erfolgsfaktor: „Geschäftskonzept“

29 % der Unternehmen sehen zudem in einem spezifischen „Geschäftskonzept“ ein weiteres wichtiges Fundament zum Erfolg im Ausland, und zwar durchweg für alle Zielregionen und Geschäftsformen. Weit über dem Durchschnitt heben Dienstleister mit 40 % diesen Faktor hervor, um sich auf den internationalen Märkten erfolgreich zu platzieren, wohingegen die Metallindustrie (25 %) und der Maschinenbau (24 %) eher auf andere Faktoren abstellen.

Die erläuterten Erfolgsfaktoren führen zu dem Ergebnis, den generellen Erfolgsfaktor „Business-Plan“ abzuleiten (s. dazu Teil V). Durch die Erstellung eines Business-Planes, der neben der Geschäftsidee und dem Geschäftsziel, der Marktanalyse und der Strategie, einem Marketing- und Vertriebsplan und/oder Einkaufsplan auch einen soliden Finanzplan enthält sowie die rechtlichen Rahmenbedingungen des jeweiligen Landes berücksichtigt, lassen sich viele der angeführten Erfolgsfaktoren einer Internationalisierung systematisch analysieren und darstellen. Damit sind die Weichen gestellt, die Internationalisierung – bei einer kontinuierlichen Kontrolle des Prozesses – zum Erfolg zu führen.

Fazit

Deutsche Unternehmen agieren zunehmend global. Die globalen Verflechtungen der deutschen Wirtschaft schaffen hierzulande Wachstum und Arbeitsplätze.

Formen und Gründe

Auslandsaktive deutsche Unternehmen setzen auf den Export ihrer Waren und Dienstleistungen. Die Erschließung neuer Märkte, die Erfüllung von Kundenwünschen und die Nähe zum Kunden stehen daher im Vordergrund eines Engagements im Ausland.

Zudem spielt internationales Sourcing zur Optimierung der Kostenstruktur für deutsche Unternehmen eine wichtige Rolle. Die Erwartungen der Unternehmen, die aus Gründen der Markterschließung, der Erfüllung von Kundenwünschen oder der Nähe zum Kunden agieren, haben sich in aller Regel erfüllt.

Zielmärkte

Besonders erfolgreiche Geschäfte machen die deutschen Unternehmen in den EU-15/EFTA-Ländern, in Asien und in den zehn neuen EU-Mitgliedstaaten. Sie schätzen sowohl die aktuelle Geschäftssituation als auch die weiteren Perspektiven auf den europäischen Zielmärkten als besonders positiv ein. Der erweiterte EU-Markt zeigt hierbei bereits seine Wirkung: Die Geschäftsbeziehungen zu Tschechien und Polen werden ähnlich positiv bewertet wie die zu Frankreich und den USA. Die größte Dynamik der Geschäftsentwicklung wird in den nächsten Jahren für Russland, Indien, Polen, Rumänien/Bulgarien und China erwartet.

Erfolg

Wenn Unternehmen auf ausländischen Märkten erfolgreich agieren, so beruht dies häufig auf einer Mischung verschiedener Tätigkeitsformen, die einfache Handelsgeschäfte genauso beinhalten wie Kapitalinvestitionen im Ausland. Erfolgreiche Auslandsgeschäfte erfordern eine gründliche, etwa ein- bis zweijährige Vorbereitungszeit. Dabei sind Geschäftsreisen, Auslandsmessen, Marktanalysen und Beratungen für deutsche Unternehmen die wichtigsten Mittel und Wege, neue Märkte zu erkunden.

Führungskräfte im Ausland

Bei der Auswahl leitender Mitarbeiter im Auslandsgeschäft setzen deutsche Unternehmen im Allgemeinen auf Personal im Zielland – und das in sämtlichen Unternehmensbereichen. Besonders wichtige Anforderungen, die Unternehmen an ihren General Manager, Marketing- und Vertriebsmanager sowie Einkaufsleiter im Ausland stellen, sind gute Kontakte, Beziehungen und Marktkenntnisse im Zielland.

Außenwirtschaftsförderung

Je besser und intensiver die Vorbereitung ist, desto erfolgreicher verläuft das Auslandsgeschäft. Eine sorgfältige Recherche von Informationen über die betreffenden Zielregionen ist daher unerlässlich, um eine möglichst intensive Kenntnis des Marktes zu bekommen und so Chancen und Risiken des Engagements abschätzen zu können. Beim Aufbau internationaler Geschäftsbeziehungen holen sich die Unternehmen vor allem Unterstützung bei den Industrie- und Handelskammern, den deutschen Auslandshandelskammern und bei Geschäftspartnern bzw. Bekannten. Finanzielle Fördermittel der öffentlichen Hand sind für den Erfolg im Auslandsgeschäft kaum relevant.

Auslandsinvestitionen

Mehr als die Hälfte aller auslandsaktiven Unternehmen haben in den letzten fünf Jahren im Ausland investiert.

Je intensiver die Unternehmen im jeweiligen Zielland vernetzt sind, desto höher ist die Investitionssumme vor Ort. Fast alle im Ausland investierenden Unternehmen betreiben auch internationalen Handel – vor allem Exportgeschäfte. Für die im Ausland investierenden Unternehmen sind neben absatzseitigen Gründen in hohem Maße standortrelevante Vorteile für das Auslandsengagement maßgeblich. Kapitalbeteiligungen aus dem Ausland spielen derzeit nur bei wenigen deutschen Unternehmen mit Auslandsgeschäft eine Rolle.

Produktionsverlagerung

Für fast ein Viertel der auslandsaktiven Unternehmen ist die Verlagerung von Produktion ein Bestandteil ihrer Auslandsaktivitäten. Vor allem kleinere Unternehmen planen in der näheren Zukunft eine Verlagerung von Teilen ihrer Produktion ins Ausland. Standortrelevante Vorteile im Ausland spielen bei Produktionsverlagerungen eine große Rolle, wobei die wichtigsten Gründe niedrigere Arbeits- und Sachkosten, geringere Regulierungen und Bürokratie sowie niedrigere Steuern und Abgaben sind. Die Hauptzielregionen von Produktionsverlagerungen sind die zehn neuen EU-Mitgliedstaaten und Asien.

Verlagerung von FuE

Niedrigere Lohnkosten, die Nähe zum Kunden und Markterfordernisse sowie die Ergänzung zum Produktionsstandort sind die wichtigsten Motive für die Verlagerung von FuE ins Ausland. Der Asien/Pazifik-Raum, die bisherigen EU-15/EFTA und die zehn neuen Mitgliedstaaten der EU sind jetzt und in Zukunft bevorzugte FuE-Standorte im Ausland. Rückverlagerungen von Produktion sowie von FuE planen nur äußerst wenige Unternehmen.

Erfolgsbilanz

An deutschen Standorten wird mehr produziert, als es die inländische Nachfrage erfordert. Im Auslandsgeschäft aktive Unternehmen steigern i. d. R. ihren Umsatz und ihren Gewinn. International tätige deutsche Unternehmen schaffen insgesamt mehr Arbeitsplätze in Deutschland, als sie einsparen. Unternehmen, die zugleich im Ausland investieren, sind an ihren inländischen Standorten erfolgreicher als Unternehmen, deren Strategie nur auf dem Außenhandel beruht. Solche Unternehmen weiten ihren inländischen Personalbestand häufiger aus als der Durchschnitt aller Unternehmen mit Auslandsgeschäft. Auslandsaktive Unternehmen, die zudem Produktion aus Deutschland verlagern, sind in ihrem inländischen Beschäftigungsverhalten deutlich zurückhaltender als der Durchschnitt aller auslandsaktiven Unternehmen. Auslandsaktive Unternehmen planen, ihr Auslandsgeschäft deutlich auszubauen und ihren bereits hohen Internationalisierungsgrad weiter zu steigern.

Probleme und Erfolgsfaktoren

Probleme treten bei Auslandsaktivitäten deutscher Unternehmen vor allem auf, weil die Suche/Auswahl nach verlässlichen Partnern schwierig und die Konkurrenz im jeweiligen Markt stark ist, die eigenen Preise im Ausland nicht wettbewerbsfähig sind, die richtigen Kontakte fehlen und eine ausgewogene Finanzierung nicht vorhanden ist. Für den Erfolg im Auslandsgeschäft kommt es neben einer guten Produktqualität im Wesentlichen auf eine gründliche Vorbereitung des Engagements, die Suche nach passenden Geschäftspartnern, die Kenntnis des Marktes, die sorgfältige Mitarbeiterakquise vor Ort und ein fundiert ausgearbeitetes Geschäftskonzept an.

Außenwirtschaftsaktivitäten deutscher Unternehmen sind demnach, wie die Umfrage belegt, in der Regel sehr erfolgreich und bewirken Impulse für Wachstum und Beschäftigung nicht nur auf den Zielmärkten, sondern auch in Deutschland.

Es lohnt sich also für Unternehmen gleich welcher Größenordnung und Branche, sich neue Wachstumsziele durch die Erschließung internationaler Märkte zu setzen. Um diese Ziele zu erreichen – und auch dies zeigt die Studie ganz eindeutig – sind nicht Ad-hoc-Aktivitäten gefragt, sondern vielmehr die gründliche Vorbereitung mit der Suche der passenden Geschäftspartner, der eingehenden Information über den Markt und der Mitarbeiterakquise vor Ort sowie mit einem fundiert ausgearbeiteten Geschäftskonzept, das die Grundlage für zukunftsweisende und wachstumsorientierte unternehmerische Entscheidungen darstellt, vorausgesetzt natürlich, man hat das passende Produkt und der Preis stimmt.

Die Chancen sind da, die Risiken bei gründlicher Vorbereitung meist überschau- und kontrollierbar: Wagen Sie die Herausforderung, machen Sie Ihr Unternehmen fit für den Weltmarkt!

Teil III

Zielmärkte

Einleitung

Nachdem vorangehend die globalen Ergebnisse der Studie „Going International" dargestellt wurden, folgen nun spezielle Auswertungen nach den jeweiligen Zielregionen. In der Befragung wurden die folgenden Zielregionen berücksichtigt:

- Bisherige EU-15/EFTA
- Zehn neue EU-Mitgliedstaaten
- EU-Bewerberländer, Russland, GUS
- Asien/Pazifik
- Nordamerika (USA, Kanada)
- Lateinamerika und
- Afrika

Zu jeder dieser Zielregionen wird zunächst ein einleitender Überblick über deren wirtschaftliche Bedeutung gegeben, woran sich die Auswertungen der Studie anschließen. Dabei wird stets den folgenden Fragen nachgegangen:

- Welche Bedeutung hat die Region für die deutschen Unternehmen, einerseits betrachtet nach der Unternehmensgröße, andererseits betrachtet nach den Branchen?
- Aus welchen Gründen haben sich die befragten Unternehmen für diese Region entschieden?
- Welchen Formen des Auslandsengagements gehen die befragten Unternehmen in dieser Region bevorzugt nach?
- Sind die Unternehmen in dieser Region erfolgreich? Und wie schätzen sie einerseits die aktuelle Geschäftssituation und andererseits die zukünftige Geschäftsperspektive in den Ländern dieser Region ein?
- Wie lange bereiten sich die Unternehmen für ein Engagement in dieser Region vor?
- Passen die Unternehmen ihre Güter/Dienstleistungen an den ausländischen Markt an?
- Arbeiten die befragten Unternehmen in dieser Zielregion mit deutschen Managern, mit lokal oder gar weltweit rekrutierten Managern?

- Welchen Problemen sehen sich die Unternehmen in dieser Region gegenüber? Und was sind die ausschlaggebenden Erfolgsfaktoren?

An die Auswertung der Studie nach den Zielregionen schließen sich Analysen zu ausgewählten Ländern der entsprechenden Region an. Die Auswahl der Länder entspricht den bereits in der Studie abgefragten Ländern (s. S. 94).[119] Von diesen Ländern werden die wirtschaftlich bedeutsamen G 8-Staaten sowie die zehn in der Studie „Going International" am dynamischsten eingeschätzten Länder in einer Langversion betrachtet, während zu den übrigen Ländern ein kürzerer Überblick gegeben wird. Die Langversion gliedert sich in die Rubriken

- Landesinformationen/Politik
- Politische Trends
- Wirtschaftliche Trends mit den entsprechenden Kennzahlen
- Außenhandel mit den entsprechenden Kennzahlen
- Investitionsklima mit den entsprechenden Kennzahlen
- Außenwirtschaftsbarometer[120] (s. dazu Exkurs: Außenwirtschaftsbarometer, S. 179)
- Interkulturelle Praxistipps
- Weiterführende Literatur

Demgegenüber wird bei den Kurzversionen der Maxime gefolgt, die entsprechenden Informationen in Form von Kennzahlen oder einer stichwortartigen Bewertung zu präsentieren. Ausgespart werden hierbei das Außenwirtschaftsbarometer sowie die interkulturellen Praxistipps.

Ziel dieses Teils ist es, die Erfahrungen der befragten Unternehmen weiterzugeben, aber auch zusätzliche Analysen zu bieten, um damit eine erste Entscheidungsgrundlage für ein künftiges Auslandsengagement zu liefern – unterstützt durch eine Länderübersicht, die die wichtigsten Kennzahlen vergleichend darstellt (s. S. 183 ff.).

---

119 Dabei handelt es sich um die Länder, zu denen die IHKs die meisten Anfragen erhalten. Abweichend von dieser Auswahl wird Brasilien nachfolgend exemplarisch für die Region Lateinamerika, der Nahe und Mittlere Osten wird aufgrund der wirtschaftlichen Dynamik unter der Rubrik MENA (Middle East and North Africa) gesondert dargestellt. Südostasien erfährt keine gesonderte Betrachtung; Kerndaten zu den Ländern dieser Region s. S. 183 ff.

120 Aufgrund mangelnder Daten entfällt diese Rubrik bei Brasilien.

Exkurs: Außenwirtschaftsbarometer der IHK Region Stuttgart

Die Entwicklung der Geschäfte und die Erwartungen in einzelnen Ländern spielen für die Geschäftsplanung und den Ressourceneinsatz im Unternehmen eine entscheidende Rolle. Die Industrie- und Handelskammer Region Stuttgart befragt daher seit 2003 Unternehmen[121], um einen Indikator über die zeitliche Entwicklung der jeweiligen aktuellen Geschäftslage und der zukünftigen Geschäftsentwicklung für einzelne Länder zu erstellen. Aufgrund der hohen Dichte an außenwirtschaftsaktiven Unternehmen in der IHK Region Stuttgart werden die Werte als repräsentativ für die gesamte Bundesrepublik angesehen.

Zur Ermittlung der Daten werden die Unternehmen zweimal pro Jahr befragt. Aus den Salden zwischen positiven und negativen Antworten zur aktuellen Lage bzw. zur Entwicklung der Geschäftsbeziehungen errechnet sich das Außenwirtschaftsbarometer. Dieser Wert kann zwischen minus 100 und plus 100 Prozentpunkten liegen. Ein Indikatorwert von Null zeigt an, dass sich die positiven und negativen Antworten genau die Waage halten. Ein positiver Wert bedeutet mehr positive Antworten als negative Antworten – und daher eine positive Geschäftslage oder Geschäftsentwicklung. Nimmt der Wert zu, entwickelt sich die Situation im betreffenden Land gegenüber der vorherigen Befragung positiv. Die grafischen Gegenüberstellungen der aktuellen Lage und der Zukunftsperspektiven sind in den jeweiligen Länderanalysen zu finden.

Bei der Ermittlung der zukünftigen Geschäftsbeziehungen wurden im Jahr 2003 und Anfang 2005 die Unternehmen nach ihrer Einschätzung für die kommenden zwei bis fünf Jahre befragt. Ab Ende 2005 wurde der Zeitkorridor der Zukunftsperspektiven auf zwölf Monate reduziert, was bei den einzelnen Länderdarstellungen zu größeren Veränderungen des Kurvenverlaufs hinsichtlich der Zukunftsprognosen führt. Der tendenzielle Trend bezüglich der Erwartungen zukünftiger Geschäftsbeziehungen zu den einzelnen Ländern lässt sich jedoch nach wie vor gut nachvollziehen.

Auch die letzte Erhebung zeigt: Die Auslandsnachfrage nach Produkten, Waren und Dienstleistungen aus Deutschland boomt. Die Mehrheit der Unternehmen rechnet damit, dass das Exportvolumen sich nochmals steigern wird. Für die Unternehmen laufen die Geschäftsbeziehungen mit dem Ausland insgesamt sehr erfolgreich, vor allem die geschäftlichen Beziehungen zu den unmittelbaren Nachbarstaaten in Europa. Unter den zehn Ländern, zu denen die besten Geschäftsbeziehungen gepflegt werden, befinden sich lediglich die USA als außereuropäischer Staat (Abb. 81).

[121] Für den generellen Konjunkturbericht wurde aus 137.000 Mitgliedern der IHK Region Stuttgart ein repräsentativer Ausschnitt von rund 2.550 Unternehmen befragt, von denen sich 44 % beteiligt haben.

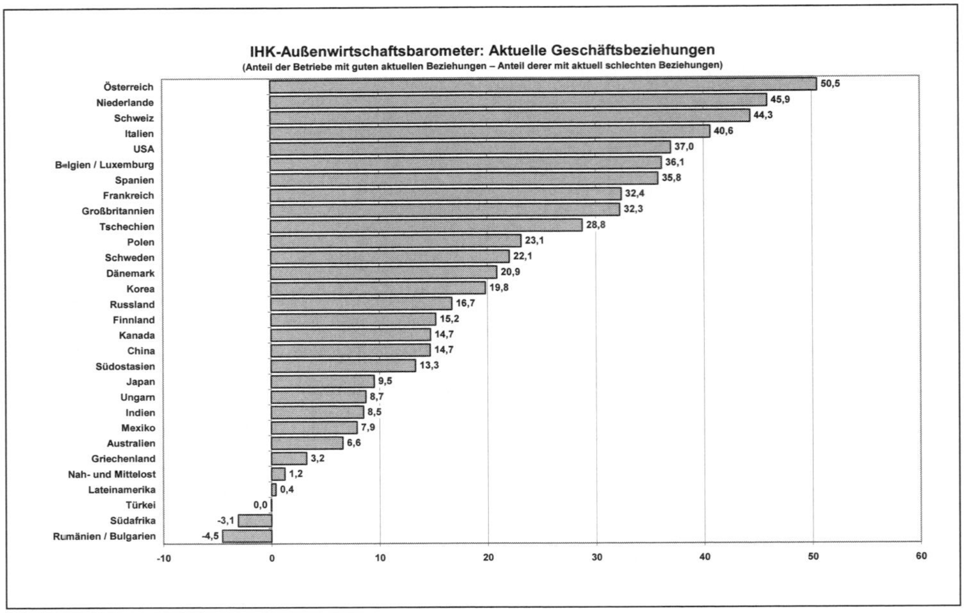

Quelle: IHK Region Stuttgart
Abbildung 81: *IHK-Außenwirtschaftsbarometer: Aktuelle Geschäftsbeziehungen*

Die aktuelle Situation in den wirtschaftlichen Beziehungen zu elf der weltweit 30 bedeutendsten Partnerländer wird Mitte des Jahres 2006 positiv bewertet. Bei den Perspektiven für die kommenden zwölf Monate zeichnet sich eine große Zuversicht ab. Bei 24 von 30 Ländern ist die Zahl derer, die die Entwicklungen positiv einschätzen, größer als derer, die eine negative Prognose abgeben (Abb. 82).

Europa

Sehr positiv schätzen die Unternehmen derzeit ihre Geschäftsbeziehungen zu den Partnerländern aus der „alten" Europäischen Union (EU-15) sowie zur Schweiz ein. Etwas weniger überschwänglich werden die aktuellen Geschäftsbeziehungen mit den im Jahr 2004 neu hinzugekommenen EU-Mitgliedstaaten bewertet. Die Zukunftserwartungen sind dagegen positiv.

Österreich führt die Außenwirtschaftsbarometerliste mit einem Wert von 51 vor den Niederlanden und der Schweiz an. Italien, die USA, Belgien/Luxemburg, Spanien und Frankreich folgen mit einigem Abstand. Auch rechnen deutlich mehr Unternehmen mit einer weiteren Verbesserung der Geschäfte zu Österreich als mit einer Verschlechterung. Innerhalb der Europäischen Union wird die künftige Entwicklung mit keinem anderen Land so positiv gesehen. Der Optimismus ist lediglich bezüglich Russland, China und Indien noch größer. Bei den zukünftigen Geschäftserwartungen belegt die Schweiz den achten Rang. Von den neuen EU-Mitgliedsländern werden die Geschäfte mit Tschechien und Polen derzeit am günstigsten bewertet. Etwas ungünstiger fällt das Außenwirtschaftsbarometer für Russland aus. Bei den aktuellen Geschäftsbeziehungen belegt Russland lediglich Rang 15, dagegen sind die Aussichten für die nahe Zukunft insgesamt die besten.

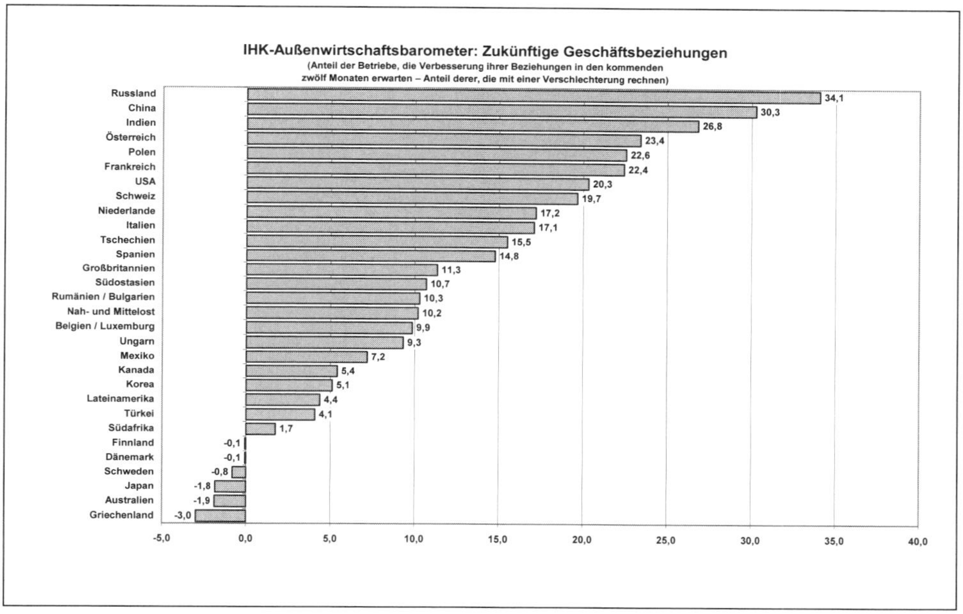

Quelle: IHK Region Stuttgart

Abbildung 82: *IHK-Außenwirtschaftsbarometer: Zukünftige Geschäftsbeziehungen*

Überseeische Industrieländer

Die Vereinigten Staaten von Amerika landen auf Platz 5 im Außenwirtschaftsbarometer bezüglich der aktuellen Geschäftssituation. Nur die Beziehungen zu drei Ländern der Europäischen Union sowie zur Schweiz werden insgesamt noch etwas positiver beurteilt. Nicht ganz so positiv bewerten die Unternehmen dagegen die Zukunftsaussichten. Mit Rang sieben liegt die USA sogar zwei Plätze hinter Polen. Die Geschäftsbeziehungen mit Kanada, Japan und Australien werden von den Unternehmen insgesamt wesentlich ungünstiger bewertet.

Schwellen-/Entwicklungsländer

China steht bei der Bewertung der aktuellen Geschäfte im Mittelfeld aller Länder. Rund die Hälfte der Unternehmen bezeichnet die derzeitigen Geschäftsbeziehungen zu China als befriedigend. Das enorme Potenzial des chinesischen Marktes spiegelt sich aber eindeutig in den Erwartungen für die kommenden zwölf Monate wider. China belegt hier den zweiten Rang hinter Russland. Alle weiteren abgefragten Schwellen- und Entwicklungsländer landen im Außenwirtschaftsbarometer in der zweiten Hälfte der 30 befragten Länder. Die Lage bei diesen Ländern wird überwiegend als schlecht bis befriedigend bezeichnet. Eine deutliche Verbesserung versprechen sich die Unternehmen lediglich von Indien. Die Erwartungen bezüglich Südosteuropa, dem Nahen und Mittleren Osten, Mexiko sowie Lateinamerika und Südafrika liegen zwar auch im positiven Indikatorenbereich, jedoch ist die Zahl der Optimisten oftmals nur geringfügig größer als die der Skeptiker.

Länderübersicht – die wichtigsten Kennzahlen im Vergleich

Land	Bevölkerung in Mio. (-wachstum in %)[122]	BIP pro Kopf in €[123]	BIP in Mrd. €[123]	BIP-Wachstum in %[123]				Inflationsrate in %[123]		Arbeitslosenquote in %[123]	
		2005	2005	2004	2005	2006	2007 [124]	2005	2006	2005	2006
Deutschland	82,5 (-0,1)	27.230 (33.874 USD)[122]	2.245,5 (2.793,4 Mrd. USD)[122]	1,6[122]	0,9[122]	1,6**[122]	1,6	2,0[122]	1,6**[122]	9,2[122]	9,1**[122]

Bisherige EU-15/EFTA	Bevölkerung in Mio. (-wachstum in %)[122]	BIP pro Kopf in €[123]	BIP in Mrd. €[123]	BIP-Wachstum in %[123]				Inflationsrate in %[123]		Arbeitslosenquote in %[123]	
		2005	2005	2004	2005	2006	2007 [124]	2005	2006	2005	2006
Belgien	10,4 (0)	28.504*	297,3*	2,6	1,4*	2,1**	2,4	2,5*	2,3**	8,4*	8,4**
Dänemark	5,4 (0,3)	37.300**	201,5**	2,4	2,1**	2,3**	2,4	1,7**	1,8**	5,9**	5,8**
Finnland	5,3 (0,3)	29.300**	153,0**	3,6	1,8**	3,2**	2,8	1,0**	1,5**	8,4**	8,0**
Frankreich	60,2 (0,6)	28.100**	1.690,0**	2,1	1,5**	1,7**	2,2	1,8**	2,0**	9,8**	9,7**
Griechenland	11,1 (0,2)	15.500**	174,0**	4,2	3,0**	2,8**	3,6	3,2**	3,0**	8,9**	8,8**
Großbritannien	59,8 (0,4)	29.500*	1.770,0*	3,2	1,8*	2,0**	2,9	2,1*	2,0**	4,8*	5,0**
Italien	58,4 (0,1)	23.784[122]	1388,9[122]	1,2*	0,3**	1,5**	1,3	1,9**	2,5**	8,5**	8,5**
Luxemburg	0,455 (0,8)	59.600**	27,1**	4,5	3,6**	3,8**	4,5	3,2**	2,4**	4,5**	4,4**
Niederlande	16,3 (0,4)	30.700	500,2	1,7	0,9	2,5**	2,8	1,7	1,1**	4,7	4,5**
Österreich	8,2 (0,7)	29.600**	244,0**	2,2	1,6**	2,0**	2,2	2,4**	1,9**	7,2**	7,0**
Schweden	9,05 (0,4)	31.100**	281,5**	3,6	2,2**	2,8**	3,3	0,5**	1,3**	5,1**	5,0**
Schweiz	7,4 (0,6)	40.000**	296,3**	2,1	1,2**	1,6**	1,8	1,3**	1,4**	3,8**	3,6**
Spanien	43,3 (0,9)	20.500*	904,3*	3,1	3,4*	3,0**	3,0	3,4*	3,6**	9,2*	8,4**

Zehn neue EU-Mitgliedstaaten	Bevölkerung in Mio. (-wachstum in %)[122]	BIP pro Kopf in €[123]	BIP in Mrd. €[123]	BIP-Wachstum in %[123]				Inflationsrate in %[123]		Arbeitslosenquote in %[123]	
		2005	2005	2004	2005	2006	2007	2005	2006	2005	2006
Polen	38,15 (0)	6.300	240,42	5,3	3,2	4,5**	4,6	2,1	1,0**	18,2	17,0**
Tschechien	10,3 (0,3)	9.600**	98,0**	4,4	4,7**	4,0**	4,7	2,0**	3,0**	9,2**	9,0**
Ungarn	10,08 (-0,2)	8.730*	88,0*	4,6	4,1*	4,5**	4,4	3,6*	2,1**	7,2*	7,3**

*Schätzung, **Prognose

EU-Bewerber-länder, Russland, GUS	Bevölkerung in Mio. (-wachstum in %)[122]	BIP pro Kopf[123]	BIP[123]	BIP-Wachstum in %[123]				Inflationsrate in %[123]		Arbeitslosen-quote in %[123]	
		2005	2005	2004	2005	2006	2007	2005	2006	2005	2006
Bulgarien	7,72 (-11 zu 1990)	2.750 €**	21,3 Mrd. €**	5,6	5,3**	5,0**	5,5[122]	4,5**	4,0**	11,5**	10,5**
Rumänien	21,7 (-0,3)	3.500 €**	75,5 Mrd. €**	8,3	4,7**	5,5**	k. A.	9,2**	7,0**	5,6**	6,0**
Russland	143,5 (-2,8 zu 1990)	5.000 USD*	715,00 Mrd. USD*	7,2	6,4*	5,7**	6,0[122]	12,5*	10,3**	7,6*	7,3**
Türkei	72,1 (1,4)	4.910 USD**	360 Mrd. USD**	9,0	5,1**	5,5**	6,4	8,2**	6,5**	10,0**	10,4**

Asien/Pazifik	Bevölkerung in Mio. (-wachstum in %)[122]	BIP pro Kopf in USD[123]	BIP in Mrd. USD[123]	BIP-Wachstum in %[123]				Inflationsrate in %[123]		Arbeitslosen-quote in %[123]	
		2005	2005	2004	2005	2006	2007	2005	2006	2005	2006
Australien	20,6 (1,2)	34.260*	706,8*	3,6	2,5*	3,0**	3,7	2,7*	3,0**	5,1*	5,0**
China	1.310 (0,6)	1.430**	1.870**	9,5	9,4**	8,7**	k. A.	2,4**	2,5**	4,2**	4,2**
Indien	1.100 (1,6)	710**	790,0**	k. A.	6,6*	7,0**	6,3[122] (2006/07)	5,0**	k. A.	10,5**	k. A.
Indonesien	216,4 (1,3)	1.200*	270,0*	5,1	5,5*	5,5**	6,0[122]	9,5*	9,0**	10,0*	10,0**
Japan	127,8 (0,05)	37.000**	4.700**	2,6*	1,0**	1,5**	2,2	0,0**	0,3**	4,5**	4,3**
Korea	48,3 (0,4)	16.360**	790,0**	4,6	3,7**	4,2**	5,3	3,0**	3,2**	3,7**	3,6**
Malaysia	26,1 (2,2)	5.010*	127,0*	7,1	5,1*	5,4**	5,8[122]	3,0*	2,6**	3,4*	3,4**
Philippinen	85,3 (2,0)	1.160	97,8	6,0	5,1	5,5**	5,3[122]	7,7	7,0**	10,3	9,8**
Singapur	4,4 (2,6)	27.300**	116**	8,4	3,0**	3,5**	4,5[122]	1,0**	1,5**	3,8**	3,8**
Taiwan	22,8 (0,5)	14.800**	337,0**	5,7	3,6**	4,0**	4,5[122]	1,9**	1,8**	4,3**	4,2**
Thailand	65,0 (1,07)	2.660**	171,0**	6,1	3,8**	5,0**	k. A.	4,3**	3,5**	2,0**	2,0**
Vietnam	82,1 (1,5)	600**	50,1**	7,7*	7,5**	7,5**	8,0[122]	7,0**	5,7**	5,8**	5,7**

Nordamerika	Bevölkerung in Mio. (-wachstum in %)[122]	BIP pro Kopf in USD[123]	BIP in Mrd. USD[123]	BIP-Wachstum in %[123]				Inflationsrate in %[123]		Arbeitslosen-quote in %[123]	
		2005	2005	2004	2005	2006	2007	2005	2006	2005	2006
Kanada	32,8 (0,9)	34.200*	1.098,4*	2,9	2,5*	2,9**	3,3	2,2*	2,1**	7,1*	7,0**
USA	298,5 (0,9)	41.800**	12.400**	4,4	3,2*	2,8**	3,1	3,0**	2,8**	5,3**	5,2**

Lateinamerika	Bevölkerung in Mio. (-wachstum in %)[122]	BIP pro Kopf in USD[123]	BIP in Mrd. USD[123]	BIP-Wachstum in %[123]				Inflationsrate in %[123]		Arbeitslosen-quote in %[123]	
		2005	2005	2004	2005	2006	2007	2005	2006	2005	2006
Argentinien	38,9 (1,1)	4.450**	175,0**	9,0*	6,8**	3,5**	4,0[122]	8,5**	7,5**	12,2**	10,8**
Brasilien	186,0 (1,4)	4.200*	774,2*	4,9	2,5*	2,2**	3,5[122]	6,9*	5,8**	9,9*	9,5**
Chile	16,4 (1,0)	6.790*	110,0*	5,9	6,3*	5,7**	5,2[122]	3,1*	3,5**	8,1*	7,9**
Kolumbien	46,1 (1,7)	2.700*	123,5*	4,0	5,1*	4,0**	4,0[122]	5,1*	4,5**	13,9*	13,0**
Mexiko	106,9 (1,0)	7.100*	750,0*	4,4	3,0*	3,5**	3,7	4,2*	3,8**	4,0*	4,0**
Peru	27,9 (1,5)	2.360** (2004)	63,4** (2004)	4,5**	k. A.	k. A.	4,5[122]	k. A.	k. A.	k. A.	k. A.
Venezuela	27,0 (1,7)	4.330**	115,0**	17,9*	4,0**	5,0**	3,0[122]	17,0**	16,0**	13,0**	12,0**

*Schätzung, **Prognose

Afrika	Bevölkerung in Mio. (-wachstum in %)[122]	BIP pro Kopf in USD[123]	BIP in Mrd. USD[123]	BIP-Wachstum in %[123]				Inflationsrate in %[123]		Arbeitslosen-quote in %[123]	
		2005	2005	2004	2005	2006	2007	2005	2006	2005	2006
Südafrika	46 (1,0)	4.970**	233,0**	3,7*	4,1**	3,8**	4,1[122]	4,2**	4,5**	25,0**	24,0**

MENA	Bevölkerung in Mio. (-wachstum in %)[122]	BIP pro Kopf in USD[123]	BIP in Mrd. USD[123]	BIP-Wachstum in %[123]				Inflationsrate in %[123]		Arbeitslosen-quote in %[123]	
		2005	2005	2004	2005	2006	2007	2005	2006	2005	2006
Ägypten	78,8 (1,75)	1.250**	92,6**	4,3	4,8**	5,0**	5,2[122] (2006/07)	5,4**	4,8**	k. A.	k. A.
Algerien	32,2 (1,7)	2.800*	92,1*	5,9	6,7*	6,3**	k. A.	5,0*	3,8**	22,5*	21,9**
Iran	68,6 (1,4)	2.500* (2005/06)	174,1* (2005/ 06)	5,1 (2004/ 05)	6,1* (2005/06)	5,7** (2006/ 07)	7,4[1] (2006/07)	13,5* (2005/06)	15,0** (2006/07)	k. A.	k. A.
Israel	6,99 (1,7)	17.900	123,5	5,2	5,5**	5,5**	4,2[122]	3,4**	3,5**	2,6**	2,2**
Katar	0,743 (ca. 2,5)	41.300*	33,0*	9,9	8,0*	9,0**	k. A.	7,8*	6,6**	k. A.	k. A.
Libyen	5,8 (2,3)	5.300**	31,0**	k. A.	4,5*	5,0**	5,0[122]	1,5**	k. A.	k. A.	k. A.
Oman	2,4 (4,0)	10.800*	30,3*	5,0*	4,5**	4,5**	k. A.	0,5**	0,8**	k. A.	k. A.
Saudi-Arabien	26,4 (2,5)	10.600**	270,0**	5,3*	6,0**	4,5**	k. A.	0,6**	0,5**	k. A.	k. A.
Tunesien	10,1 (1,0)	2.870*	28,8*	6,0	4,0*	5,5**	k. A.	2,1*	3,1**	13,5*	13,3**
Vereinigte Arabische Emirate	4,9 (8,8)	25.050**	117,8**	7,4	6,5**	6,4**	k. A.	6,0**	5,5**	k. A.	k. A.

*Schätzung, **Prognose

Land	Anteil der Industrie in % des BIP[123]	Haushaltssaldo in % des BIP[123]	Devisenreserven in Mrd. €[122]	Außenhandelsvolumen in Mrd. €[123]	Importvolumen in Mrd. €[123]	Bestand ausl. Direktinvestitionen in Mrd. €[122]	Bestand dt. Direktinvestitionen in Mio. €[125]	Jahresumsatz dt. Unternehmen in Mrd. €[125]	Korruptionsindex CPI of 158[126]
	2005	2005	2005	2005	2005	2004	2004	2004	2005
Deutschland	25,81	-3,91	33,7	1411,81	625,6[122]	530,7 (2003)	/	/	16

Bisherige EU-15/EFTA									
Belgien	32,6	0,0*	5,8	525,7*	257,3*	31,6*[123]	18.325	42,5	19
Dänemark	24	1,3 (Jan-Mai 2005)	23	123,3	58,2	6.139 Mio. USD (2003)[125]	3.528	9,2	4
Finnland	30,2	1,8**	8,6	94,0**	42,8**	5,0**[2]	1.775.	10,1	2
Frankreich	25	-3,3**	20,3	720,0**	370,0**	430,4	37.100	96,7	18
Griechenland	22	-4,5**	1,9	52,0**	40,5**	21,3	1.580	5,9	47
Großbritannien	25	-3,3*	31,5 Mrd. USD (Sept. 2005)	683,1*	385,9*	474,3	57.556	121,6	11
Italien	29	-3,6**	19,9 Mrd. USD (Dez. 2005)	582 Mrd. USD**	292**	205,9 (Dez. 2004)	20.047.	72,2	40
Luxemburg	18	-1,5 (Jan-Apr 05)	141,0 Mio.	26,9**	14,9**	60,5[123]	28.881	4,9	13
Niederlande	26	-1,8	6,1	529,5	248,8	392,8	77.547	51,6	11
Österreich	31,1	-2,1**	8,9 (2004)	189,2**	94,0**	3,93[123]	21.204	67,6	10
Schweden	27,9	1,4**	17,2	190,5**	87,5**	11,0	17.820	24,3	6
Schweiz	34	-1,5**	46,6 Mrd. sfr	187,3**	91,1**	221,7 Mrd. sfr	14.813	46,5	7
Spanien	29,2	1,1*	7,3	378,8*	224,3*	18,5	15.801	66,6	23

Zehn neue EU-Mitgliedstaaten	Anteil der Industrie in % des BIP[123]	Haushaltssaldo in % des BIP[123]	Devisenreserven in Mrd. €[122]	Außenhandelsvolumen in Mrd. €[123]	Importvolumen in Mrd. €[123]	Bestand ausl. Direktinvestitionen in Mrd. €[122]	Bestand dt. Direktinvestitionen in Mio. €[125]	Jahresumsatz dt. Unternehmen in Mrd. €[125]	Korruptionsindex CPI of 158[126]
	2005	2005	2005	2005	2005	2004	2004	2004	2005
Polen	30	-2,5 bzw. -4,7 ohne Rentenversicherungsbeiträge	34,2	156,4	79,29	10,28[123]	9.588	31,9	70
Tschechien	38,1	-4,8**	29,5 Mrd. USD	121,0**	60,2**	3,6[123]	8.989	32,3	47
Ungarn	30,6	-6,2*	15,47	101,2*	51,5*	40,39	12.092	25,0	40

EU-Bewerberländer, Russland, GUS	Anteil der Industrie in % des BIP[123]	Haushaltssaldo in % des BIP[123]	Devisenreserven[122]	Außenhandelsvolumen[123]	Importvolumen[123]	Bestand ausl. Direktinvestitionen[122]	Bestand dt. Direktinvestitionen in Mio. €[125]	Jahresumsatz dt. Unternehmen in Mrd. €[125]	Korruptionsindex CPI of 158[126]
	2005	2005	2005	2005	2005	2004	2004	2004	2005
Bulgarien	30,0	1,0**	7.300 Mio. USD*	21,6 Mrd. €**	12,3 Mrd. €**	2.727,5 Mio. €	253	0,8	55
Rumänien	36,6	-1,0**	16,79 Mrd. €	51,0 Mrd. €**	29,5 Mrd. €	4,21 Mrd. €[123]	1.053	2,6	85
Russland	35,2	7,2*	182,2 Mrd. USD*	370,4 Mrd. USD*	125,1 Mrd. USD*	36.147 Mio. USD	3.735	15,0	126
Türkei	32,5	-3,5**	50,3 Mrd. USD	182 Mrd. USD**	111,5 Mrd. USD**	20.763 Mio. USD	2.713	9,5	65

*Schätzung, **Prognose

Asien/Pazifik	Anteil der Industrie in % des BIP[123]	Haushalts-saldo in % des BIP[123]	Devisen-reserven in Mrd. USD[122]	Außen-handels-volumen in Mrd. USD[123]	Import-volumen in Mrd. USD[123]	Bestand ausl. Direkt-investitionen in Mrd. USD[122]	Bestand dt. Direkt-investitionen in Mio. €[125]	Jahres-umsatz dt. Unter-nehmen in Mrd. €[125]	Korruptions-index CPI of 158[126]
	2005	2005	2005	2005	2005	2004	2004	2004	2005
Australien	25,4	1,0*	52,7 Mrd. A$	226,45*	120,26*	253,6	5.504	15,8	9
China	53	-1,9**	819	1.410**	660,0**	60,6[123]	8.195	23,9	78
Indien	27,1	-9,1**	134,6	208,0**	120,0**	6,2**[123]	1.917	4,7	88
Indonesien	43,7	-1,0*	34,7	142,5*	60,5*	4,6	959	2,5	137
Japan	29,4	-6,5**	828,8	1.100**	500,0**	8,0*[123]	7.786	54,2	21
Korea	38,7	2,5**	210,0	540**	255,0**	8,2[123]	3.861	9,3	40
Malaysia	48,5	-3,8*	k. A.	253,5*	111,5*	46.291	1.465	4,7	39
Philippinen	31,8	-2,7	15,9	84,7	44,0	12.685	319	1,5	117
Singapur	32	-1,5**	116,6	395	180	16[123]	5.271	14,6	5
Taiwan	29,7	-3,4**	252,3	356	171	1,9[123]	661	2,2	32
Thailand	44,1	-6,0**	49,8 (2004)	220,0**	113,0**	1,4[123]	1.038	3,7	55
Vietnam	40,6	-3,9**	7,7	65,5	36,0**	2,76	45	0,2	107

Nordamerika	Anteil der Industrie in % des BIP[123]	Haushalts-saldo in % des BIP[123]	Devisen-reserven in Mrd. USD[122]	Außen-handels-volumen in Mrd. USD[123]	Import-volumen in Mrd. USD[123]	Bestand ausl. Direkt-investitionen in Mrd. USD[122]	Bestand dt. Direkt-investitionen in Mio. €[125]	Jahres-umsatz dt. Unter-nehmen in Mrd. €[125]	Korruptions-index CPI of 158[126]
	2005	2005	2005	2005	2005	2004	2004	2004	2005
Kanada	26,4	0,5*	34,2	657,9*	302,8*	307,5[123]	5.796	31,6	14
USA	19,5	-3,7**	37,8	2.500**	1.600**	1.526	134.789	358,1	17

Lateinamerika	Anteil der Industrie in % des BIP[123]	Haushalts-saldo in % des BIP[123]	Devisen-reserven in Mrd. USD[122]	Außen-handels-volumen in Mrd. USD[123]	Import-volumen in Mrd. USD[123]	Bestand ausl. Direkt-investitionen in Mrd. USD[122]	Bestand dt. Direkt-investitionen in Mio. €[125]	Jahres-umsatz dt. Unter-nehmen in Mrd. €[125]	Korruptions-index CPI of 158[126]
	2005	2005	2005	2005	2005	2004	2004	2004	2005
Argentinien	35,8	3,0**	27,2	65,3**	27,5**	50,6	1.021	3,0	97
Brasilien	22,0	3,1*	53,8	191,8*	73,5*	18,2[123]	5.000	21,2	62
Chile	34,6	4,5*	16,2	69,93*	30,39*	58.672 Mio. USD	450	1,1	21
Kolumbien	32,0	-0,2*	15	42,2*	21,1*	27.390 Mio. USD	569	1,2	55
Mexiko	26,0	0,0*	74,1	428*	218*	184,0	3.520	20,7	65
Peru	25,0	-1,8** (2004)	14,1	17,4** (2004)	8,4** (2004)	13.310 Mio. USD	79	0,4	65
Venezuela	46,0	-1,4**	30,4	70,0**	22,0**	43.575 Mio. USD	472	0,8	130

Afrika	Anteil der Industrie in % des BIP[123]	Haushalts-saldo in % des BIP[123]	Devisen-reserven in Mrd. USD[122]	Außen-handels-volumen in €[123]	Import-volumen in Mrd. USD[123]	Bestand ausl. Direkt-investitionen in Mrd. USD[122]	Bestand dt. Direkt-investitionen in Mio. €[125]	Jahres-umsatz dt. Unter-nehmen in Mrd. €[125]	Korruptions-index CPI of 158[126]
	2005	2005	2005	2005	2005	2004	2004	2004	2005
Südafrika	30,0	-3,1**	20,6	100,5**	51,5**	858	3.184	13,7	46

*Schätzung, **Prognose

MENA	**Anteil der Industrie in % des BIP**[123]	**Haushalts-saldo in % des BIP**[123]	**Devisen-reserven in Mrd. USD**[122]	**Außen-handels-volumen in Mrd. USD**[123]	**Import-volumen in Mrd. USD**[123]	**Bestand ausl. Direkt-investitionen in USD**[122]	**Bestand dt. Direkt-investitionen in Mio. €**[125]	**Jahres-umsatz dt. Unter-nehmen in Mrd. €**[125]	**Korruptions-index CPI of 158**[126]
	2005	**2005**	**2005**	**2005**	**2005**	**2004**	**2004**	**2004**	**2005**
Ägypten	36,9	-6,5**	k. A.	31,0**	19,0**	1,3 Mrd. [123]	343	0,8	70
Algerien	57,3	11,3*	56,2	69,7*	22,0*	1,5 Mrd.	97	0,1	97
Iran	43,5	-9,0* (2005/6)	k. A.	94,8* (2005/06)	42,0* (2005/06)	4.065 Mio.	59	0,4	88
Israel	23,0	0,5**	26,4	7,2**	4,0**	1,62 Mrd.	103	0,6	28
Katar	81,0	16,2*	4,2	31,6*	6,7*	k. A.	k. A.	k. A.	k. A.
Libyen	49,0	18,0**	39,3	29,4	8,6*	300 Mio.*	430	1,9	117
Oman	53,0	7,0**	3,3 [127]	28,4**	9,9**	2.395 Mio. (1998)	9	0,1	28
Saudi-Arabien	55,8	10,7**	23,2 (Juni 2005)	170,4**	40,0**	20.454 Mio.	107	0,7	70
Tunesien	30,7	-3,4*	4,51	23,7*	13,2*	0,6 Mrd. [123]	85	0,3	43
Vereinigte Arabische Emirate	51,0	4,7**	22,1	178,3**	75,2**	4.422 Mio.	240	1,3	30

*Schätzung, **Prognose

122 Bfai: Wirtschaftsdaten kompakt.

123 Bayerische Landesbank: Wirtschaftsindikatoren.

124 OECD.

125 Deutsche Bundesbank.

126 Transparency International.

127 In Importmonaten.

Zielregion „Bisherige EU-15/EFTA"

1. Der europäische Einigungsprozess

1.1 Entwicklungsgeschichte

Die Europäische Union ist ein Staatenverbund, der heute 25 Staaten umfasst und auf eine mehr als 50-jährige Entwicklung zurückblicken kann.

Unmittelbar nach dem Ende des Zweiten Weltkrieges und vor dem Hintergrund des sich abzeichnenden Ost-West-Konfliktes und des Kalten Krieges kam es zu Bestrebungen, zumindest in Westeuropa durch neue institutionelle Strukturen den Frieden zu sichern. Bereits am 19. September 1946 forderte Winston Churchill angesichts der katastrophalen wirtschaftlichen und sozialen Lage Europas die Schaffung „Vereinigter Staaten von Europa", die vor allem auf Deutschland und Frankreich ausgerichtet waren. Obwohl zunächst unüberwindbare Gegensätze zwischen den beiden Ländern überwogen, wurde die Notwendigkeit gesehen, die Schlüssel- und gleichzeitig Rüstungsindustrien Kohle und Stahl einer europaweiten Kontrolle zu unterwerfen. So wurde im Jahre 1951 der auf den französischen Außenminister Robert Schuman zurückgehende Vertrag zur Gründung der Europäischen Gemeinschaft für Kohle und Stahl (EGKS) unterzeichnet. Dabei sollten die europäischen Staaten – neben Deutschland und Frankreich auch Italien und die Benelux-Staaten – ihre Hoheitsrechte teilweise auf ein gemeinsames Aufsichtsorgan übertragen. Und obwohl die geplante Verschmelzung zunächst nur auf Kohle und Stahl ausgerichtet war, legte sie doch den Grundstein für eine europäische Friedensordnung.

Die weitere Entwicklung der europäischen Integration stieß trotz anfänglicher Euphorie auf Schwierigkeiten. So scheiterte der Versuch, die wirtschaftliche Einigung durch eine politische Zusammenarbeit in einer europäischen Verteidigungsgemeinschaft zu ergänzen. Dies bedeutete, dass sich die Einigungsbemühungen zunächst auf den wirtschaftlichen Bereich beschränkten. Mit den „Römischen Verträgen" von 1957 kam es zur Gründung der Europäischen Atomgemeinschaft (EAG/EURATOM) und der Europäischen Wirtschaftsgemeinschaft (EWG). Ziele waren im Falle der EURATOM die friedliche Nutzung und Kontrolle der Kernenergie und im Falle der Wirtschaftsgemeinschaft eine Zoll- und Wirtschaftsunion. Aufgrund der seit 1968 in der Gemeinschaft geltenden Zollunion darf der Handel zwischen verschiedenen Mitgliedstaaten weder durch Zölle noch durch Ein- und Ausfuhrbeschränkungen behindert werden. Für den Handel mit anderen Staaten gilt ein einheitlicher Außenzoll.

Die beiden Gemeinschaften EURATOM und EWG waren der EGKS strukturell ähnlich, umfassten die sechs gleichen Mitgliedstaaten und erhielten eigene Organe mit Hoheitsrechten. Durch den Fusionsvertrag von 1976 wurden die Organe der drei Gemeinschaften zusammengeschlossen. Diese handelten jedoch nach dem betroffenen Sachgebiet auf der Grundlage der Einzelverträge. Die Folgezeit der Integration war nun auf der einen Seite durch eine deutliche Zunahme der Mitgliedstaaten, auf der anderen Seite durch eine inhaltliche Fortentwicklung der drei Gründungsverträge gekennzeichnet. Sowohl die Erweiterung der Gemeinschaften als auch die Fortentwicklung der Verträge vollzogen sich in mehreren Stufen. 1973 kam es zunächst zur so genannten „Norderweiterung“ um die Staaten Großbritannien, Irland und Dänemark. Der Beitritt Griechenlands 1981 war der Beginn der so genannten „Süderweiterung“, die 1986 mit dem Beitritt Spaniens und Portugals abgeschlossen wurde. 1995 wuchs die Zahl der Mitgliedstaaten mit Österreich, Schweden und Finnland auf 15 an. Schließlich traten 2004 in der „Osterweiterung“ Polen, Tschechien, Ungarn, Slowenien, die Slowakei, Estland, Lettland, Litauen, Zypern und Malta bei, so dass die EU nunmehr 25 Mitgliedstaaten zählt.

Bei der Fortentwicklung der Verträge stellte die Einheitliche Europäische Akte von 1986 die erste große Revision der Gemeinschaftsverträge dar. Dadurch wurden neben institutionellen Reformen der Gemeinschaftsstruktur die Tätigkeitsbereiche ausgedehnt. Kernstück der Einheitlichen Europäischen Akte war die schrittweise Verwirklichung eines Binnenmarktes bis zum 31. Dezember 1992, d. h. eines Raumes ohne Binnengrenzen, in dem der freie Verkehr von Waren, Personen, Dienstleistungen und Kapital gewährleistet ist. Auch wenn das Ziel in der vorgegebenen Zeit nicht in vollem Umfang erreicht wurde, haben doch die Bemühungen um eine Zielerreichung die wirtschaftliche Integration maßgeblich gefördert. Es wurde der Grundstein für einen weiteren Schritt der Integration gelegt. Durch den Vertrag von Maastricht im Jahre 1992 wurde die Europäische Union geschaffen. Die Europäische Union begründete damit eine neue europäische Organisation, die als Dachorganisation die vorhandenen und weiter bestehenden drei Europäischen Gemeinschaften EWG, EGKS und EURATOM, die gemeinsame Außen- und Sicherheitspolitik und die gemeinsame Innen- und Justizpolitik einem einheitlichen institutionellen politischen Rahmen unterstellt. Inmitten einer Vielzahl von Zielsetzungen bildete die Zielvorgabe zur Schaffung einer Wirtschafts- und Währungsunion das Kernstück. Deren Beginn wurde auf den 1. Januar 1999 festgelegt.

Mit dem Vertrag von Amsterdam im Jahre 1997 wurde sodann die dritte bedeutende Vertragsrevision begründet. Ziel ist u. a., die bereits begonnene Integration im nichtwirtschaftlichen Bereich weiter zu vertiefen. Die vierte größere Vertragsrevision wurde mit dem Vertrag von Nizza im Jahre 2000 vorgenommen, womit zum einen (institutionelle) Reformen durchgeführt und zum anderen die Strukturen von EU und EG an die zu erwartende Osterweiterung angepasst wurden. Besondere Aufmerksamkeit erfuhr die feierliche Proklamation der Charta der Grundrechte der Europäischen Union anlässlich des Gipfels von Nizza.

1.2 Andauernder Einigungsprozess

Im Oktober 2004 wurde die vom Europäischen Konvent erarbeitete Verfassung in Rom unterzeichnet, die noch von allen 25 Mitgliedern ratifiziert werden muss, um in Kraft treten zu können.[128] Neben der europäischen Verfassung und den Beziehungen zu den Vereinigten Staaten sind derzeit auch die Erweiterung nach Süden und Osten wichtige Debatten zur Frage der Zukunft der Europäischen Union. Bulgarien und Rumänien werden der EU voraussichtlich zum 1. Januar 2007 beitreten, sofern bis dahin der Beitrittsvertrag von allen Mitgliedstaaten ratifiziert wird und beide Kandidaten ihre Vorbereitungen abgeschlossen haben. Seit 2005 verhandelt die EU sowohl mit der Türkei als auch mit Kroatien über deren Beitritt zur EU. Auch Mazedonien ist seit 2005 ein offizieller Beitrittskandidat. Mit den übrigen Staaten des Westlichen Balkan (Albanien, Serbien und Montenegro, Bosnien und Herzegowina) verhandelt die EU Stabilisierungs- und Assoziierungsabkommen, deren Abschluss die Kommission noch 2006 anstrebt.

Von der Gründung der Europäischen Gemeinschaften bis heute hat sich ein tief greifender Einigungsprozess vollzogen. Und obwohl immense Erfolge zu verzeichnen sind, kann die europäische Integration nicht als abgeschlossen gelten, sondern als ein permanenter Prozess – nicht zuletzt durch die große Erweiterungsrunde und die für die Zukunft diskutierten Erweiterungen. Aufgrund der weltpolitischen Ereignisse der jüngsten Zeit wird jedoch zunehmend die Erkenntnis für eine wachsende politische Einigung gewonnen, vor allem für eine gemeinsame Außenpolitik. Dabei streben die europäischen Staaten an, in der Welt stärkeres politisches Gewicht zu gewinnen und Europa zum „wettbewerbsfähigsten und dynamischsten Wirtschaftsraum der Welt“ zu machen (Lissabon-Strategie). Dazu sollen die wirtschaftliche Lage und die Arbeits- und Lebensverhältnisse weiter verbessert und wirtschaftliche Ungleichgewichte beseitigt werden.

---

128 Im Mai und Juni 2005 lehnten jedoch die Franzosen und Niederländer den Verfassungsvertrag in Volksabstimmungen ab. Daraufhin verschoben Großbritannien und andere Mitgliedstaaten die Ratifizierung auf unbestimmte Zeit. Sollte bis zum Ende des Ratifikationsprozesses nicht die Zustimmung aller Mitgliedstaaten erreicht werden, kann die Verfassung nicht in Kraft treten.

2. Bedeutung der EU für den Welthandel und für Deutschland

Die Entwicklungsgeschichte lässt erkennen, dass die Europäische Union wirtschafts-, währungs- und handelspolitisch zu einer Weltmacht herangewachsen ist. Damit hat sie erheblichen Einfluss in internationalen Organisationen wie der Welthandelsorganisation (WTO), den Unterorganisationen der Vereinten Nationen (UN) sowie bei Weltgipfeln z. B. zum Thema Umweltschutz und Entwicklung.

Das wirtschaftliche Schwergewicht der Europäischen Union kommt auch in den folgenden Zahlen zum Ausdruck: Mit 459,5 Millionen Einwohnern[129] stellt sie zwar nur gut sieben Prozent der Weltbevölkerung, doch entfallen etwa 20 % aller Weltein- und -ausfuhren auf die damit größte Handelsmacht der Welt (Abb. 83), die mit mehr als 25 % zum Welt-BIP beiträgt.[130]

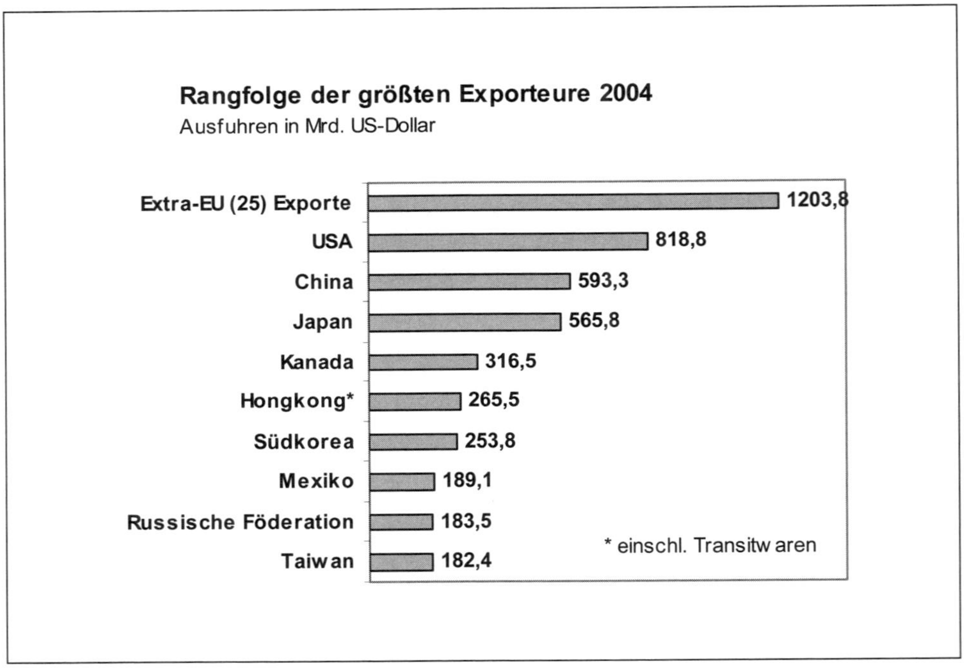

Quelle: WTO

Abbildung 83: *Rangfolge der größten Exporteure 2004*

---

129 Einwohnerzahl in 2005. Quelle: Eurostat.

130 Quelle: EU.

Innerhalb der Europäischen Union nimmt Deutschland eine herausragende Position ein. So hat Deutschland, das über Europas größte Einwohnerzahl verfügt und Europas größte Volkswirtschaft darstellt, im Jahr 2005 mit ca. 21 % mehr als ein Fünftel des gesamteuropäischen BIP erwirtschaftet und nimmt damit Rang eins vor Großbritannien und Frankreich ein.[131] Eine Einnahmequelle für die Gemeinschaften ist ein Anteil am Bruttosozialprodukt der Mitgliedstaaten, gegenwärtig begrenzt auf 1,27 %. Darüber hinaus finanzieren sich die Gemeinschaften aus einem Anteil am Mehrwertsteueraufkommen der Mitgliedstaaten, durch Agrarabschöpfungen und Zölle aus dem Handel mit Drittländern. Vor diesem Hintergrund geht Deutschland als Hauptbeitragszahler der EU 25 hervor. Die seit geraumer Zeit anhaltende Diskussion um die so genannte Beitragsgerechtigkeit hält an, zumal fünf Mitgliedstaaten nahezu drei Viertel des gesamten Haushalts finanzieren.

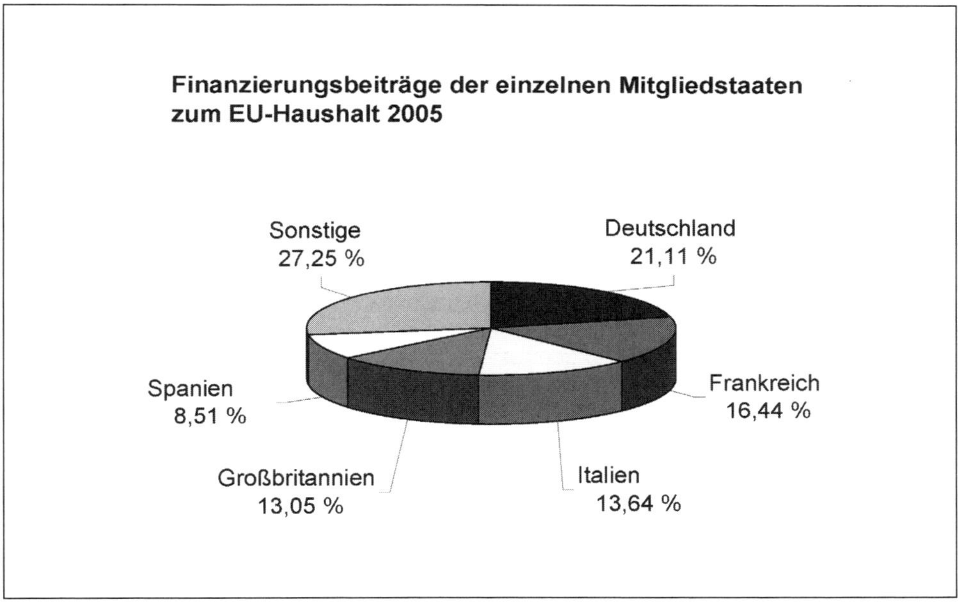

Quelle: EU

Abbildung 84: *Finanzierungsbeiträge der einzelnen Mitgliedstaaten zum EU-Haushalt 2005*

Auch wenn Deutschland als größter Nettozahler der EU hervorgeht (Abb. 84) und dieses Argument oftmals dazu genutzt wird, Front gegen Begehrlichkeiten aus Brüssel zu machen, ist diese Aussage zu relativieren. So steuerte Deutschland für das Jahr 2004 zwar netto 7,1 Mrd. Euro zum EU-Haushalt bei, doch waren dies gemessen am BIP nur 0,33 %.[132] Dem ist zudem gegenüberzustellen, in welchem Maße Deutschland von der Mitgliedschaft profitiert.

131 Eigene Berechnungen nach Eurostat.

132 Damit betragen die Nettozahlungen weniger als ein Drittel des deutschen Verteidigungshaushaltes.

So ist Deutschland als Gewinner[133] des EU-Binnenmarktes anzusehen. Damit überwiegen die positiven Effekte des Binnenmarktes die Belastungen durch den Status als Nettozahler. Auf 0,6 bis 0,8 % wird der dauerhafte Wachstumseffekt des gemeinsamen Marktes geschätzt.[134] Dies wird auch deutlich, wenn man die Außenhandelsstatistiken der Bundesrepublik Deutschland betrachtet. So erhöhten sich die deutschen Exporte von 2000 bis 2005 um fast 32 %. Insgesamt machten die Exporte in die Mitgliedstaaten der Gemeinschaft mit einem Volumen von knapp 499 Mrd. Euro einen Anteil von über 63 % der Gesamtexporte der Bundesrepublik Deutschland aus.[135] Dabei ist vor allem der Handel mit den Nachbarstaaten von immenser Bedeutung. So sind acht der zehn wichtigsten Handelspartner zugleich Nachbarstaaten der Bundesrepublik Deutschland[136] (Abb. 85).

Quelle: Außenhandelsstatistik des Statistischen Bundesamtes
Abbildung 85: *Die wichtigsten Handelspartner der Bundesrepublik Deutschland 2005*

Vor diesem Hintergrund wird deutlich, welche Rolle Deutschland in der EU einnimmt und welche Bedeutung die EU und die EU-Mitgliedstaaten wiederum für Deutschland und die deutschen Unternehmen haben.

133 Nicht nur an wirtschaftlichen Kennzahlen gemessen, sondern auch in gesellschaftlicher und politischer Hinsicht. Vgl. dazu: Wessels/Diedrichs 2006.

134 Vgl. Feld 2006, S. 111.

135 Eigene Berechnungen auf Basis der Außenhandelsstatistik des Statistischen Bundesamtes.

136 Berechnung auf Grundlage der Daten für 2004 des Statistischen Bundesamtes.

In der Studie „Going International“ wurden die Regionen „Bisherige EU-15/EFTA“, d. h. die Europäische Union mit ihren 15 Mitgliedstaaten, wie sie bis zur Osterweiterung im Jahre 2004 formiert war, inklusive der EFTA[137]-Staaten Norwegen, Island, Schweiz und Liechtenstein sowie die seit 2004 zur EU gehörenden „Zehn neuen Mitgliedstaaten“ getrennt voneinander betrachtet. So soll nun zunächst die Zielregion „Bisherige EU-15/EFTA“ im Fokus der Betrachtungen stehen. Wie bewerten die deutschen Unternehmen die Zielregion „Bisherige EU-15/EFTA“? Welche Gründe motivierten die Unternehmen zum Gang ins kerneuropäische Ausland? In welcher Form engagieren sie sich? Und wie erfolgreich sind sie? Diese und weitere Fragen gilt es nun nachfolgend zu beantworten.

3. Die Zielregion „Bisherige EU-15/EFTA“ im Fokus: Ergebnisse der Studie

3.1 Größenklassen der Unternehmen

Die zuvor in den wirtschaftlichen Kennzahlen zur Geltung kommende Bedeutung der Region spiegelt sich in den Ergebnissen der Studie „Going International“ wider. So sind fast 90 % der befragten Unternehmen in der Zielregion „Bisherige EU-15/EFTA“ aktiv. Damit spielen die Länder der Region „Bisherige EU-15/EFTA“ die mit Abstand wichtigste Rolle für das Engagement deutscher Unternehmen im Ausland.

Wie bei allen Regionen sind die großen Unternehmen/Konzerne mit 94 % am stärksten vertreten, dicht gefolgt von den größeren Mittelständlern mit knapp 93 % (Abb. 86). Im Vergleich zu den anderen Regionen spielen sich die Aktivitäten in der „Bisherigen EU-15/EFTA“ insgesamt auf hohem Niveau ab, denn auch 87 % der kleinen Mittelständler und 71 % der kleinen Unternehmen haben bereits den Schritt in die Nachbarschaft gewagt. Somit sind die kleinen Mittelständler in der „Bisherigen EU-15/EFTA“ mit 24 Prozentpunkten stärker vertreten als in den „Zehn neuen EU-Mitgliedstaaten“ und mehr als doppelt so häufig als in den „EU-Bewerberländern, Russland, GUS“ und „Nordamerika“.

[137] Die EFTA-Staaten sind durch das EWR-Abkommen, das die Schweiz nicht unterzeichnet hat, mit der EG verbunden. Dadurch, dass innerhalb der EFTA (European Free Trade Area) keine Binnenzölle erhoben werden und ein gemeinsamer Außenzoll vereinbart wurde, hat die Freihandelszone den Charakter einer Zollunion.

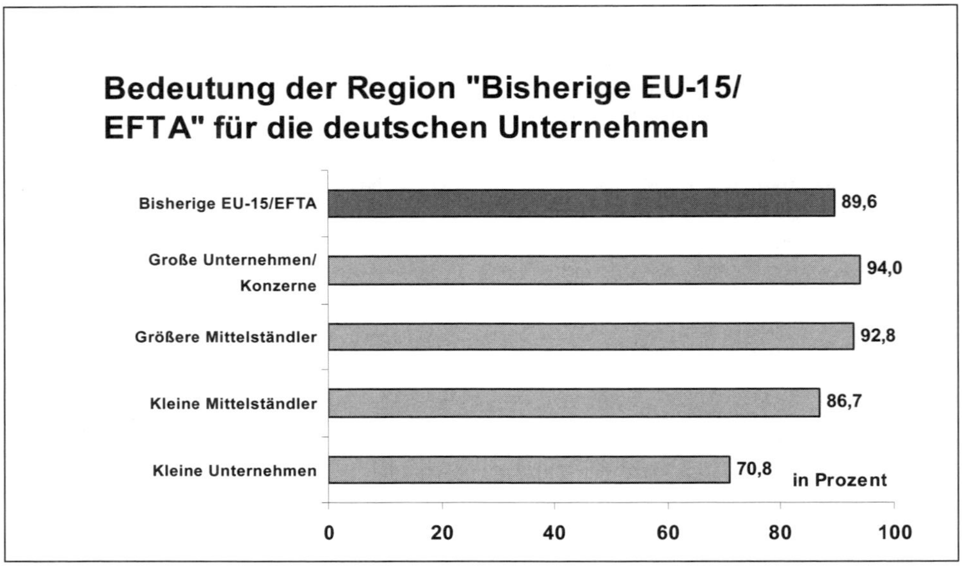

Quelle: Eigene Studie „Going International“
Abbildung 86: *Bedeutung der Region „Bisherige EU-15/EFTA“ für die deutschen Unternehmen*

Das insgesamt hohe Niveau kommt auch durch das bei dieser Region im Vergleich zu den Großunternehmen überdurchschnittlich hohe Engagement sowohl der mittelständischen als auch der kleinen Unternehmen zustande. Bei der Betrachtung der unterschiedlichen Regionen nimmt das Verhältnis der Mittelständler zu den Großunternehmen deutlich ab, je weiter die Zielregion von Deutschland entfernt liegt.

3.2 Branchenverteilung

Betrachtet man die Branchenverteilung innerhalb der „Bisherigen EU-15/EFTA“, so lässt sich folgendes Bild feststellen (Abb. 87).

Das produzierende Gewerbe ist in dieser Region mit durchschnittlich 85 % vertreten, wobei die Herstellung von EDV, Elektrotechnik, Feinmechanik, Optik die Spitzenposition einnimmt (90,1 %), dicht gefolgt vom Maschinenbau (89,6 %) und der Chemischen und Kunststoffindustrie (89,5 %).

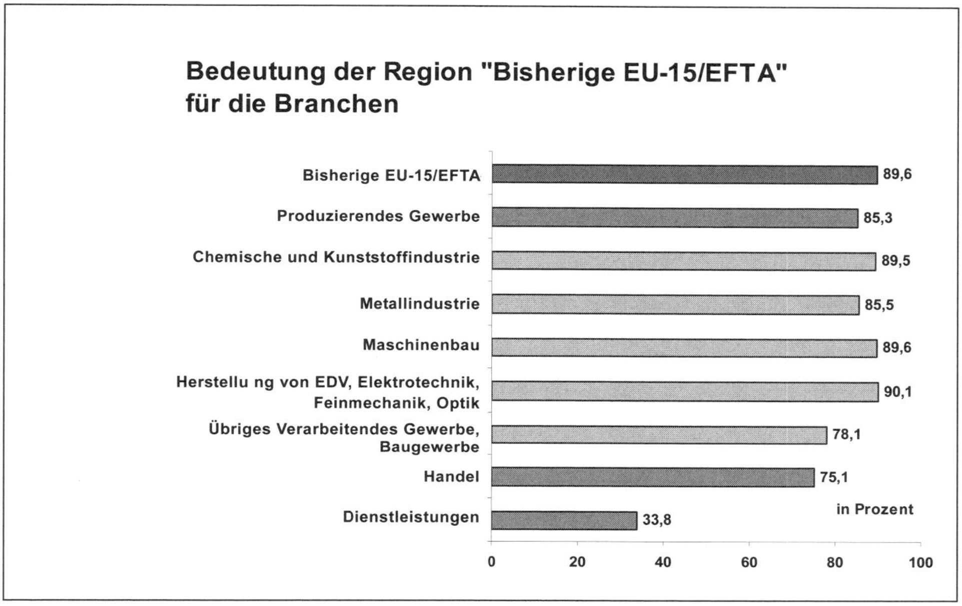

Quelle: Eigene Studie „Going International“
Abbildung 87: *Bedeutung der Region „Bisherige EU-15/EFTA“ für die Branchen*

Auch der Handel ist mit 75 % stark auf den Märkten der „Bisherigen EU-15/EFTA“ vertreten, während der Bereich der Dienstleistungen mit nur knapp 34 % deutlich zurückliegt. Im Vergleich mit anderen Zielregionen wird die zunächst gering anmutende Prozentzahl im Bereich der Dienstleistungen jedoch in ein anderes Licht gerückt. So sind die deutschen Unternehmen im Bereich der Dienstleistungen in der „Bisherigen EU-15/EFTA“ um zehn Prozent stärker vertreten als in der Zielregion „Asien/Pazifik“ und mehr als doppelt so stark wie in der Zielregion „Nordamerika“. Somit lässt sich auch bei der Branchenverteilung ein insgesamt hohes Niveau bei der Durchdringung der Zielregion „Bisherige EU-15/EFTA“ verzeichnen und die Bedeutung des EU-Binnenmarktes für die deutschen Unternehmen unterstreichen.

3.3 Gründe und Motive für das Engagement

Bei den Beweggründen, die zu einem Auslandsengagement der befragten Unternehmen geführt haben, zeichnet sich für die Zielregion „Bisherige EU-15/EFTA“ (Abb. 88) ein mit den Gesamtergebnissen der Studie übereinstimmendes Bild ab. Somit sind die wesentlichen Gründe für ein Engagement der Unternehmen, die in der Zielregion „Bisherige EU-15/

EFTA“ agieren, eindeutig marktorientiert. Die Erschließung neuer Absatzmärkte, die Erschließung neuer Einkaufsmärkte und die Erfüllung von Kundenwünschen bzw. die Nähe zum Kunden sind die meistgenannten Gründe. Die Unternehmen, die aus dieser Motivation heraus handeln, sehen ihre Anfangserwartungen in der geschäftlichen Praxis als erfüllt an. Von den Unternehmen, die mit dem Ziel der Erschließung neuer Absatzmärkte Geschäftsbeziehungen zum Ausland aufgebaut haben, haben sich für mehr als 87 % die Erwartungen erfüllt. Überdurchschnittlich zufrieden zeigten sich die Unternehmen zudem, wenn sie ein Engagement im Ausland aufgrund eines Kundenwunsches oder wegen einer besseren Wettbewerbsposition aufgenommen haben. Bei diesen Gründen liegt die Zufriedenheitsquote bei jeweils über 80 %. Bei der Erschließung neuer Einkaufsmärkte zeigen sich die Unternehmen im Verhältnis etwas weniger zufrieden. Jedoch sehen immer noch 70 % ihre Erwartungen als erfüllt an.

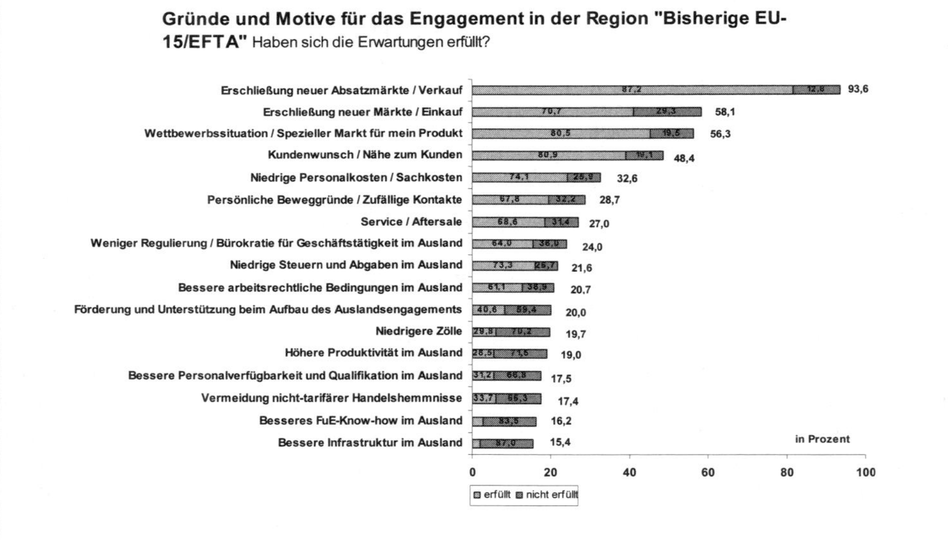

Quelle: Eigene Studie „Going International“

Abbildung 88: *Gründe und Motive für das Engagement in der Region „Bisherige EU-15/EFTA“*

Neben den marktorientierten Gründen stehen Motive wie geringere Kosten, weniger Regulierungen, weniger Bürokratie, niedrigere Steuern und bessere arbeitsrechtliche Bedingungen. Dabei werden die positiven Erwartungen in den Resultaten meist bestätigt.

Die an die Gründe wie Förderung und Unterstützung, höhere Produktivität, besseres Knowhow und eine bessere Infrastruktur im Ausland gestellten Erwartungen werden hingegen meist nicht erfüllt.

3.4 Formen des Engagements

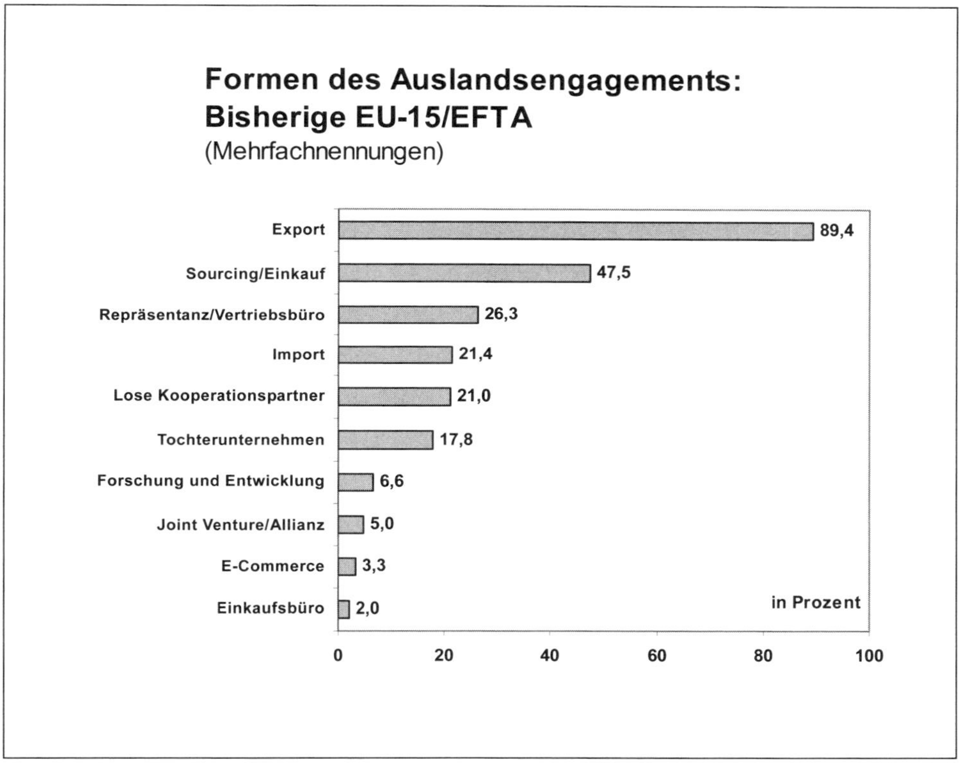

Quelle: Eigene Studie „Going International“
Abbildung 89: *Formen des Auslandsengagements: Bisherige EU-15/EFTA*

Innerhalb der Zielregion „Bisherige EU-15/EFTA“, die für das Engagement deutscher Unternehmen im Ausland die mit Abstand wichtigste Rolle spielt, steht der Export mit 89 % an erster Stelle (Abb. 89). In der Rangfolge an zweiter Stelle folgt mit knapp 50 % Sourcing/Einkauf. Am dritthäufigsten sind die Unternehmen mit Repräsentanzen oder Vertriebsbüros im Ausland aktiv (26 %), gefolgt vom Import, den 21 % der befragten Unternehmen angeben. Eigene Tochtergesellschaften (inklusive Produktion) unterhalten in der EU-15/EFTA 17 % der Unternehmen.

3.5 Erfolg in der Region

Um herauszufinden wie erfolgreich deutsche Unternehmen in den unterschiedlichen Regionen der Welt sind, wurde nach der Erfolgsquote des Auslandsgeschäfts in den jeweils bevorzugten Zielmärkten gefragt. Wie die Gesamtübersicht (Abb. 30) zeigt, variiert die Zufriedenheit mit der Geschäftstätigkeit von Region zu Region. So liegt die durchschnittliche weltweite Erfolgsquote deutscher Unternehmen bei 75 %. Die Region „Bisherige EU-15/EFTA" geht dabei eindeutig als die Region hervor, in der die Unternehmen die größten Erfolge erzielen. 97 % aller befragten Unternehmen, die in der Region „Bisherige EU-15/EFTA" aktiv sind, geben an, in dieser Region erfolgreich aktiv zu sein (Abb. 90). Die Bedeutung des EU-Binnenmarktes kommt hier erneut zum Tragen.

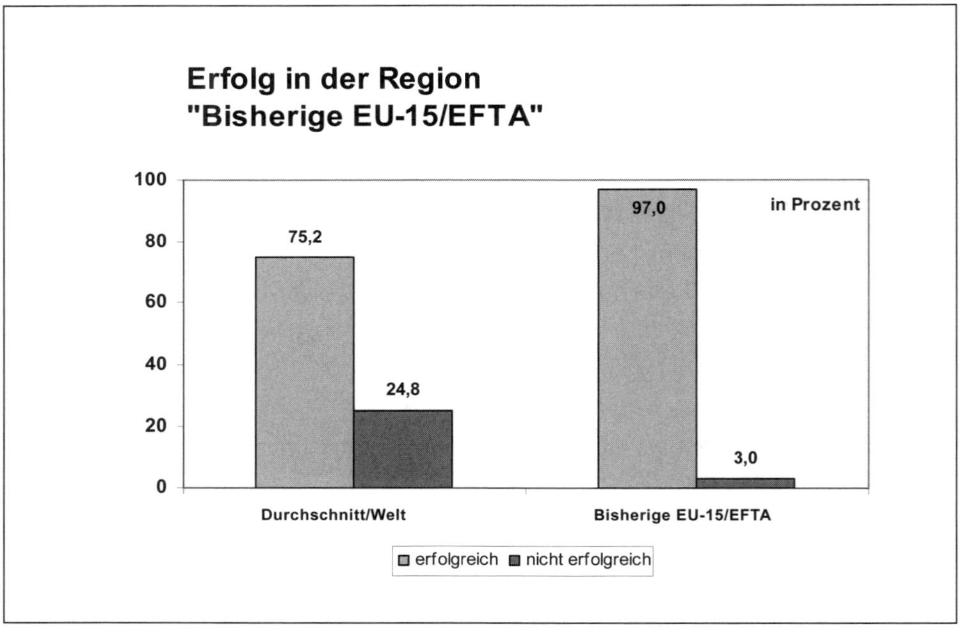

Quelle: Eigene Studie „Going International"
Abbildung 90: *Erfolg in der Region „Bisherige EU-15/EFTA"*

3.6 Einschätzung der Geschäftssituation in den Zielländern

Vor dem Hintergrund der Erfolgsquote in der Region stellt sich sodann die Frage, wie die Unternehmen ihre Geschäftsbeziehungen speziell zu den einzelnen Ländern[138] in dieser Region hinsichtlich der aktuellen Geschäftssituation sowie der Einschätzung zukünftiger Geschäftsperspektiven bewerten (Abb. 91).

Die beste Note – nicht nur bezogen auf die Länder dieser Region, sondern bezogen auf die Gesamtauswahl der Länder – erhielt die aktuelle Geschäftssituation in Österreich. Auch für die zukünftige Geschäftsperspektive erhielt Österreich die Bestnote.

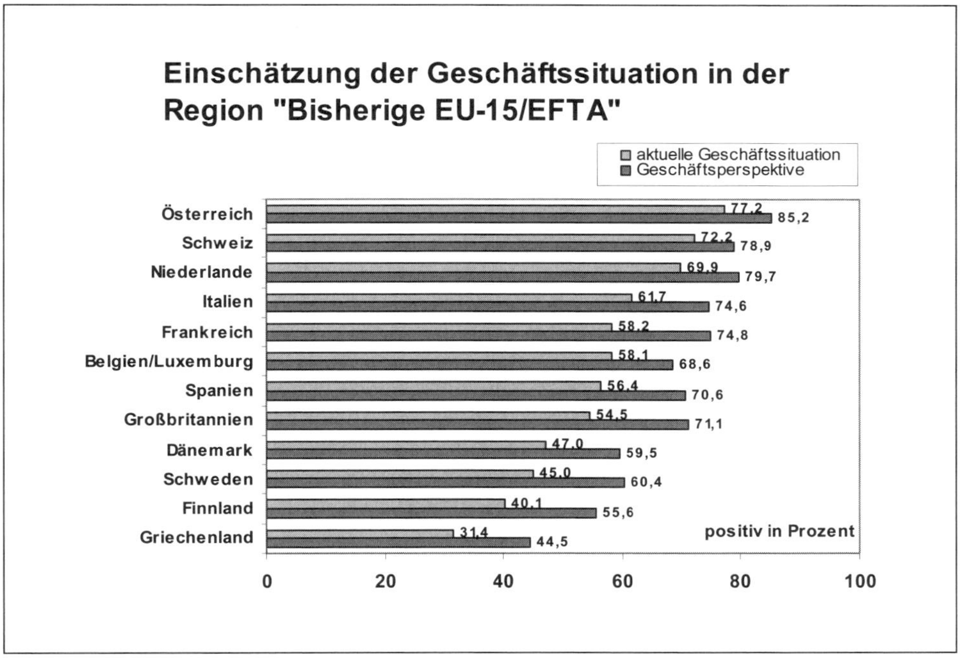

Quelle: Eigene Studie „Going International“
Abbildung 91: *Einschätzung der Geschäftssituation in der Region „Bisherige EU-15/EFTA“*

Innerhalb dieser Region als auch bezogen auf die gesamte Studie werden neben Österreich die Schweiz, die Niederlande, Italien, Frankreich, Spanien und Großbritannien sowohl in der

138 Bei der Befragung wurden insgesamt 30 Zielländer vorgegeben.

Rubrik „Aktuelle Geschäftssituation" als auch unter der Frage der zu „Erwartenden Geschäftsperspektive" positiv bewertet. Schlusslichter innerhalb der Regionalbetrachtung sind Finnland und Griechenland.

Bei der Betrachtung der Zielländer innerhalb der Region „Bisherige EU-15/EFTA" wird deutlich, dass sowohl die aktuelle Geschäftssituation als auch die zukünftige Geschäftsperspektive insgesamt auf hohem Niveau bewertet wurden. D. h., die in der Region aktiven Unternehmen bewerten die aktuelle Geschäftssituation bei allen Ländern bereits sehr gut und erwarten für die zukünftige Geschäftssituation gar noch positivere Entwicklungen. Aufgrund des schon sehr positiven aktuellen Standes der Geschäftssituation werden Belgien/ Luxemburg, den Niederlanden, Österreich und der Schweiz für die Zukunft jedoch die geringsten Entwicklungsperspektiven im Vergleich zur gegenwärtigen Lage zugesprochen.

Obwohl die Unternehmen die Länder der Region „Bisherige EU-15/EFTA" dermaßen positiv bewertet haben und diese positiven Ergebnisse zudem mit den wichtigsten Handelspartnern Deutschlands übereinstimmen, sei in diesem Zusammenhang mit Blick auf die zukünftigen Entwicklungsmöglichkeiten auf die im Kerneuropa vorzufindenden ungelösten Strukturprobleme hinzuweisen. So hat nicht nur Deutschland über ein geringes Wirtschaftswachstum, hohe Arbeitslosigkeit und soziale Probleme wie Überalterung der Gesellschaft, Fragen zur Integration von Ausländern und der Zukunft der sozialen Sicherungssysteme, hohen Arbeitskosten sowie einer mangelnden Attraktivität des Unternehmensumfeldes zu kämpfen. Vielmehr scheint dies symptomatisch für die postmodernen Gesellschaften Kerneuropas[139] zu sein. Damit die kerneuropäischen Staaten ökonomisch wieder auf die Beine kommen, sind Reformprozesse wie die Deregulierung der Arbeitsmärkte, die Steigerung der Erwerbs-/ Beschäftigungsquote, Einschnitte in die Sozialsysteme und auch die Verbesserung des unternehmerischen Umfeldes dringend umzusetzen.

Dessen ungeachtet zeigen sich die deutschen Unternehmen mit den Zielländern der Region „Bisherige EU-15/EFTA" sowohl gegenwärtig als auch zukünftig sehr zufrieden und sehen sich auf diesen Märkten überdurchschnittlich erfolgreich. Um zu einer solch positiven Aussage zu gelangen, bedarf es einer gründlichen Vorbereitung des Auslandsengagements.

3.7 Vorbereitungszeit für das Engagement

Wie bereits herausgestellt wurde, liegen die favorisierten Zielländer der deutschen Unternehmen vor allem in der Region „Bisherige EU-15/EFTA". Auch wenn diese Region durch den EU-Binnenmarkt bekannte Rahmenbedingungen aufweist, ist eine Vorbereitungszeit für erfolgreiche Auslandsgeschäfte einzukalkulieren.

139 S. dazu die einzelnen Länderanalysen.

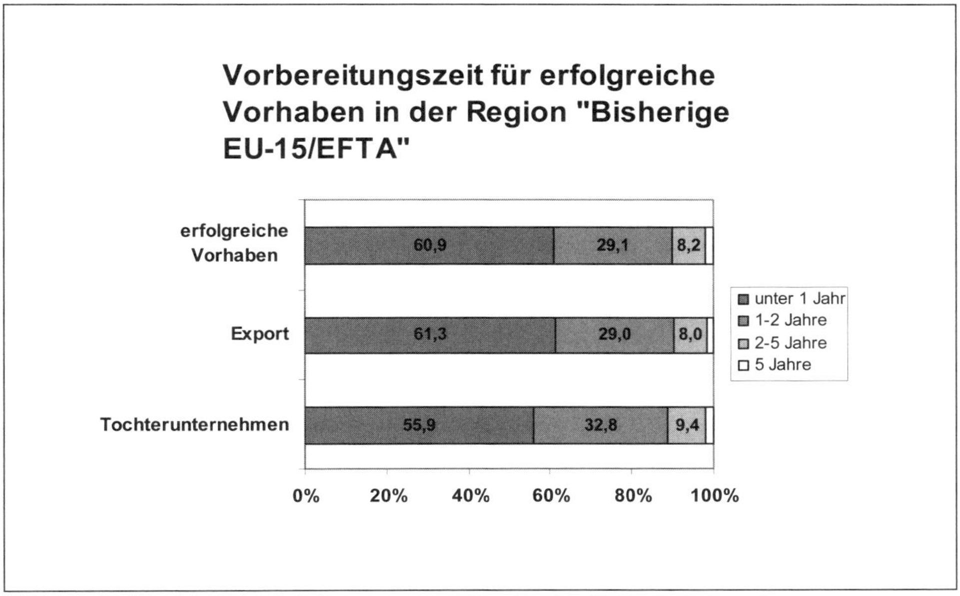

Quelle: Eigene Studie „Going International“
Abbildung 92: *Vorbereitungszeit für erfolgreiche Vorhaben in der Region „Bisherige EU-15/EFTA“*

Durchschnittliche Vorbereitungszeit für erfolgreiche Exportaktivitäten in der Region "Bisherige EU-15/EFTA"
1,4 Jahre **(min. 1,4 Jahre; max. 2 Jahre)**

Quelle: Eigene Studie „Going International“
Abbildung 93: *Durchschnittliche Vorbereitungszeit für erfolgreiche Exportaktivitäten in der Region „Bisherige EU-15/EFTA“*

Um ein erfolgreiches Vorhaben in den EU-15/EFTA-Staaten zu realisieren, benötigen 90 % der befragten Unternehmen weniger als ein Jahr bzw. zwischen ein bis zwei Jahren Planungszeit (Abb. 92). Damit ist die Vorbereitungszeit in den Ländern dieser Region vergleichsweise am kürzesten und mag in der geografischen sowie kulturellen Nähe begründet sein.

Der differenzierte Blick auf die Vorbereitungszeit in der Zielregion – getrennt nach Export und Tochterfirmen – liefert ein ähnliches Ergebnis: auch hier sind etwa 90 % innerhalb von ein bis zwei Jahren Vorbereitungszeit erfolgreich aktiv. Die durchschnittliche Vorbereitungszeit für erfolgreiche Exportaktivitäten in der Region „Bisherige EU-15/EFTA“ liegt bei 1,4 Jahren (Abb. 93).

3.8 Produktanpassung

Zur erfolgreichen Platzierung eines Produktes/einer Dienstleistung sind die spezifischen Markt- und Landesbedingungen von immenser Bedeutung. Dies wird auch innerhalb der Region „Bisherige EU-15/EFTA“ deutlich (Abb. 94). Denn die Zahl der Unternehmen, die ihre Produkte oder Dienstleistungen an die Gegebenheiten des ausländischen Marktes angepasst haben und in der heimatnahen Region „Bisherige EU-15/EFTA“ aktiv sind, entspricht dem Gesamtergebnis der Studie und liegt damit bei rund 60 %.

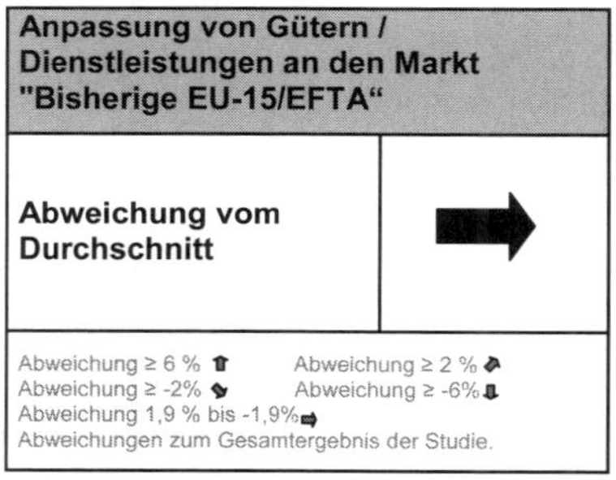

Quelle: Eigene Studie „Going International“
Abbildung 94: *Anpassung von Gütern/Dienstleistungen an den Markt „Bisherige EU-15/EFTA“*

Damit wird deutlich, dass dieser Punkt trotz der geografischen Nähe und den vermeintlich kulturellen Ähnlichkeiten bei der Vorbereitung des Engagements in der Region „Bisherige EU-15/EFTA“ zu beachten ist.

3.9 Besetzung der Führungspositionen

Neben einem überzeugenden Produkt sind es auch kompetente und qualifizierte Mitarbeiter, die einen großen Beitrag zum Gelingen des Auslandsgeschäfts beitragen. Auf die Frage, ob die Unternehmen in den Auslandsniederlassungen mit deutschen, ausländischen oder lokalen Führungskräften arbeiten, ergibt sich für die Unternehmen, die in der Region „Bisherige EU-15/EFTA“ aktiv sind, das folgende Bild (Abb. 95).

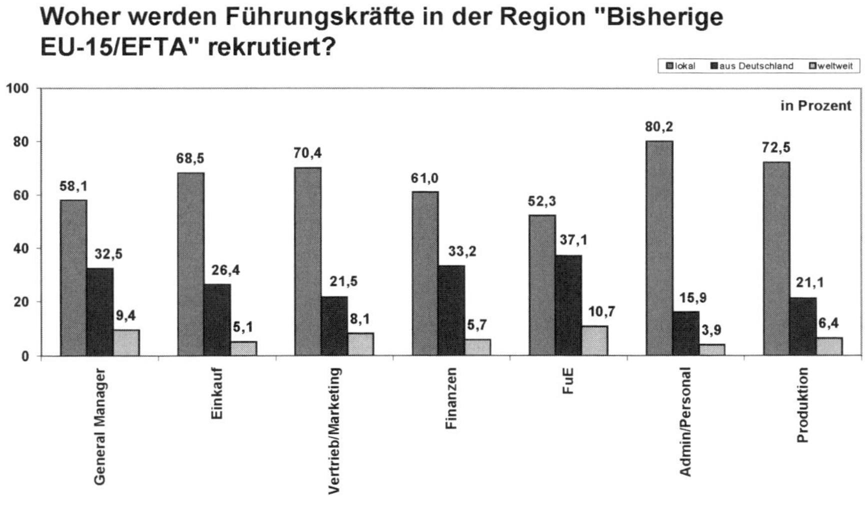

Quelle: Eigene Studie „Going International“
Abbildung 95: *Besetzung der Führungspositionen in der Region „Bisherige EU-15/EFTA“*

Wie auch im Gesamtergebnis der Studie geht aus der Abbildung hervor, dass die deutschen Unternehmen in der Region „Bisherige EU-15/EFTA“ in sämtlichen Unternehmensbereichen Führungskräfte aus dem jeweiligen Zielland einsetzen (durchschnittlich 66,1 %), vor allem in den Bereichen Administration/Personal, Vertrieb/Marketing und in der Produktion. Auf deutsche Manager wird demgegenüber nur in einem geringen Maße (durchschnittlich 26,8 %) zurückgegriffen.

3.10 Probleme

Probleme beim Aufbau von Geschäftsbeziehungen in der Region „Bisherige EU-15/EFTA": Top 10		
1.	Suche/Auswahl verlässlicher Partner	↘
2.	Konkurrenz im jeweiligen Markt	➡
3.	Eigene Preise im Ausland zu hoch	➡
4.	Kontakte	↘
5.	Beschaffung verlässlicher Marktinformationen schwierig	➡
6.	Marktbearbeitung schwierig	➡
7.	Forderungseinzug schwierig	➡
8.	Sprachen	↘
9.	Transportkosten zu hoch	➡
10.	Finanzierung schwierig	↘

Abweichung ≥ 6 % ⬆ Abweichung ≥ 2 % ↗
Abweichung ≥ -2% ↘ Abweichung ≥ -6% ⬇
Abweichung 1,9 % bis -1,9% ➡
Abweichungen zum Gesamtergebnis der Studie.

Quelle: Eigene Studie „Going International“
Abbildung 96: *Probleme beim Aufbau von Geschäftsbeziehungen in der Region „Bisherige EU-15/EFTA“: Top 10*

Obwohl die Region „Bisherige EU-15/EFTA“ als die Region mit der höchsten Erfolgsquote für die deutschen Unternehmen hervorgeht, gilt es, die generellen Probleme beim Auf- und Ausbau des Auslandsengagements zu hinterfragen – in dieser Betrachtung beschränkt auf die zehn am häufigsten genannten Probleme.

Vor dem Hintergrund der hohen Erfolgsquote zeigt sich hinsichtlich der Probleme ein plausibles Bild für diese Region (Abb. 96). Somit tauchen bei den Unternehmen, die in der Region „Bisherige EU-15/EFTA“ aktiv sind, die gleichen Probleme grundsätzlich in ähnlichem Maße auf wie im Gesamtergebnis der Studie. Im Vergleich mit allen anderen Regionen sind in der Region „Bisherige EU-15/EFTA“ geringere Probleme beim Geschäftsaufbau zu konstatieren, die im Wesentlichen durch die Problemfelder Suche/Auswahl verlässlicher Partner, Kontakte, Sprachen und Finanzierung gegeben sind.

3.11 Erfolgsfaktoren

Erfolgsfaktoren	Abweichung in der Region „Bisherige EU-15/EFTA“
Produktqualität	↗
Wahl des richtigen Partners im neuen Zielmarkt	➡
Gründliche Marktkenntnis	➡
Preis	➡
Qualifizierte Mitarbeiter	➡
Service	➡
Technologievorsprung	➡
Spezifisches Geschäftskonzept für den Zielmarkt	➡
Räumliche Nähe zum Kunden	➡
Früher Markteintritt	➡

Abweichung ≥ 6 % ⬆ Abweichung ≥ 2 % ↗
Abweichung ≥ -2% ↘ Abweichung ≥ -6% ⬇
Abweichung 1,9 % bis -1,9% ➡
Abweichungen zum Gesamtergebnis der Studie.

Quelle: Eigene Studie „Going International“
Abbildung 97: *Erfolgsfaktoren in der Region „Bisherige EU-15/EFTA“*

Nachdem aufgezeigt wurde, dass sich die Unternehmen in der Region „Bisherige EU-15/EFTA“ auf Erfolgskurs sehen und Probleme im Vergleich zu den Gesamtergebnissen der Studie eher zurückhaltend angegeben wurden, stellt sich die Frage nach den Erfolgsfaktoren in dieser Region.

Dabei ergibt sich für diese Region ein sich mit den Gesamtergebnissen der Studie deckendes Bild (Abb. 97). Die in der Region „Bisherige EU-15/EFTA“ aktiven Unternehmen geben sämtliche Erfolgsfaktoren in demselben Verhältnis an wie beim Gesamtergebnis der Studie. Die einzige Ausnahme bildet der Erfolgsfaktor „Produktqualität“, der bereits im Gesamtergebnis der Studie die Spitzenposition einnimmt und von den Unternehmen der Region „Bisherige EU-15/EFTA“ nochmals aufgewertet wird. Dies verdeutlicht die Bedeutung einer konsequenten Produkt- und Qualitätspolitik für das Engagement in dieser Region.

3.12 Kernaussagen

Die Ergebnisse zur Zielregion „Bisherige EU-15/EFTA“ lauten pointiert wie folgt:

- Die Länder der Region „Bisherige EU-15/EFTA“ spielen die mit Abstand wichtigste Rolle für das Engagement der befragten Unternehmen im Ausland – und dies für alle Unternehmensgrößen und Branchen.
- Die Gründe und Motive für das Engagement in der Region stimmen mit dem Gesamtergebnis der Studie – auch hinsichtlich der Zufriedenheitsquote – überein und sind somit eindeutig marktorientiert.
- Die bevorzugte Form des Auslandsengagements ist der Export, gefolgt von Sourcing/Einkauf und Repräsentanzen/Vertriebsbüros.
- Die Unternehmen, die auf diesem Markt agieren, zeigen sich im Vergleich zum Gesamtergebnis der Studie als überdurchschnittlich erfolgreich. Die „Bisherige EU-15/EFTA“ geht als die Region hervor, in der die Unternehmen die größten Erfolge erzielen. Zugleich ist die Vorbereitungszeit in den Ländern dieser Region vergleichsweise am kürzesten.
- Führungskräfte werden in allen Managementbereichen überwiegend lokal rekrutiert; deutsche Führungskräfte kommen nur in geringem Maße zum Einsatz.
- Der Anpassung von Produkten/Dienstleistungen wird gleichauf mit dem Gesamtergebnis der Studie als überaus wichtig angesehen.
- Die von den in der Region aktiven Unternehmen zehn am häufigsten genannten Probleme tauchen grundsätzlich in ähnlichem Maße auf wie im Gesamtergebnis der Studie. Geringere Probleme sind beim Geschäftsaufbau zu konstatieren.
- Um in dieser Region erfolgreich zu sein, sind die im Gesamtergebnis der Studie angegebenen Erfolgsfaktoren in demselben Maße zu berücksichtigen. Besondere Beachtung verdient in der Region „Bisherige EU-15/EFTA“ vor allem eine konsequente Produkt- und Qualitätspolitik.

Damit wird deutlich, dass die Region „Bisherige EU-15/EFTA“ die bisher wichtigste Region für den deutschen Außenhandel darstellt. Die heimatnahe Region wird von fast allen befragten außenwirtschaftsaktiven Unternehmen erfolgreich angesteuert. Alle Ergebnisse deuten auf ein hohes Niveau der Handelsverflechtungen hin, was die immense Bedeutung des EU-Binnenmarktes unterstreicht. Dennoch sind die innerhalb der „alten EU“ vorzufindenden

Strukturprobleme und die vergleichsweise sehr geringe wirtschaftliche Dynamik im Vergleich zu anderen Regionen nicht zu leugnen.

Und trotz des durchweg positiven Ergebnisses ist die Markterschließung der „alten EU“ nicht auf die leichte Schulter zu nehmen und bedarf einer gründlichen Vorbereitung, um erfolgreich zu agieren. Die nachfolgenden Länderinformationen erlauben einen detaillierten Einblick in die jeweiligen Länder.

4. Belgien

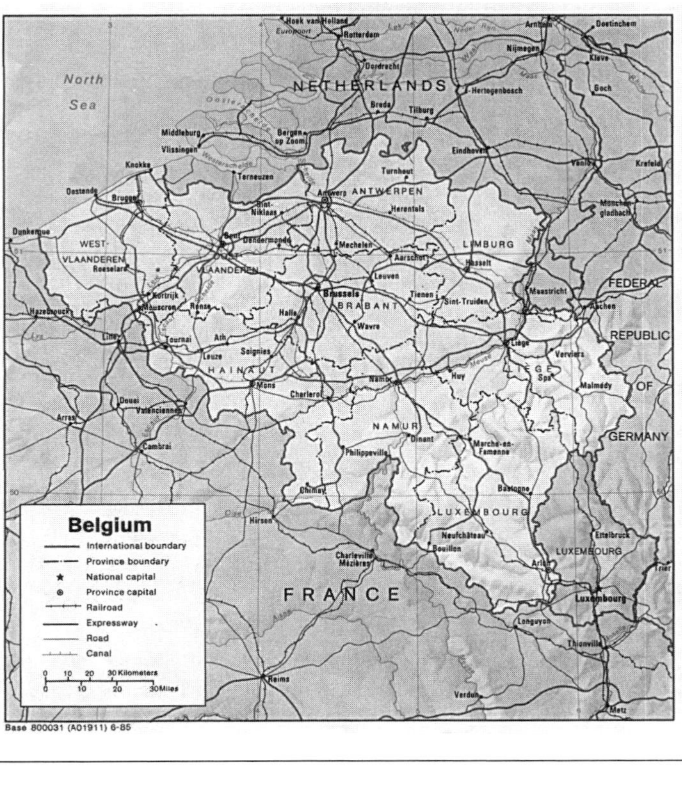

Quelle: CIA
Abbildung 98: *Belgien*

Landesinformationen/Politik[140]

Amtliche Bezeichnung	Königreich Belgien – Koninkrijk België – Royaume de Belgique
Fläche	30.528 qkm (zum Vergleich NRW 34.078 qkm)
Einwohner	10.372.469, davon ca. 850.000 Ausländer (Stand 2003), 6.003.351 in Flandern, 3.371.992 in Wallonien (davon Deutschsprachige Gemeinschaft ca. 72.000)
Bevölkerungsdichte:	337 Einwohner/qkm
Hauptstadt	Brüssel, 997.126 Einwohner
Religionszugehörigkeit	ca. 8 Mio. Katholiken, 75.000 Protestanten, 40.000 Orthodoxe, 400.000 Muslime, 35.000 Juden, 1,7 Mio. ohne Religionszugehörigkeit
Nationalfeiertag	21. Juli (Tag der Vereidigung des 1. belgischen Königs, Leopold I.)
Landessprachen	niederländisch, französisch, deutsch
Staatsform	Konstitutionelle Monarchie, Zweikammersystem, Bundesstaat
Staatsoberhaupt	(Erbfolge im Hause Sachsen-Coburg-Gotha) Albert II, Roi des Belges, Koning der Belgen, König der Belgier, Amtsantritt: 09.08.1993, Vertreter: keiner ex officio
Regierungschef	Guy Verhofstadt (VLD), seit 1999
Wirtschaftsminister	Marc Verwilghen, seit 2004
Politische Situation	Regierungsparteien: Vlaamse Liberalen en Demokraten (VLD – flämische Liberale), Parti Socialiste (PS – frankophone Sozialisten), Mouvement Réformateur (MR – frankophone Liberale), Sociaal Progressief Alternatief (SP.A/SPIRIT – fläm. Sozialisten) Oppositionsparteien: Christen-Democratisch en Vlaams (CD&V – flämische Christdemokraten), Vlaams Belang (VB – flämische Rechtsextreme), Centre démocrate humaniste (CDH – frankophone Christdemokraten), Ecologistes confédérés (Ecolo – frankophone Grüne),

140 Zusammenstellung auf Basis von Informationen des Auswärtigen Amtes, Stand April 2006.

	Front National (FN – frankophone Rechtsextreme), Nieuw-Vlaamse Alliantie (N-VA – flämische Sprachenpartei)

Sonstiges

Mitgliedschaft in internationalen Organisationen	BENELUX, BITD, EBRD, ECE, EEA, ESA, EU, EUROCONTROL, Europarat, FAO, IAEA, ICAO, IFC, ILO, IMCO, IMF, Nato, OAU, OECD, OSZE, UNESCO, UNO, UPU, Weltbank, WEU, WHO, WMO, WTO (i.d.R von Anfang an)
Hermes-Entgeltkategorie[141]	0
Korruption[142]	Rang 19 (von 158)

Volkswirtschaftliche Kennzahlen[143]

Binnenwirtschaftliche Indikatoren		2003	2004	2005s	2006p
BIP pro Kopf	Euro	26.412	27.579	28.504	29.730
BIP	Mrd. Euro	274,6	288,1	297,3	309,2
Wachstumsrate BIP, real	%	0,9	2,6	1,4	2,1
Inflationsrate	%	1,5	1,9	2,5	2,3
Arbeitslosenquote	%	8,2	8,4	8,4	8,4

Beitrag zum BIP:	Primärsektor 0,9 %; Sekundärsektor 32,6 %; Tertiärsektor 66,5 %
Entwicklung des BIP:	moderates Wirtschaftswachstum (Abb. 99)
Inflation:	Preisauftrieb im Jahr 2005, der über dem EU-Durchschnitt (2,2 %) lag und ölpreisbedingt war
Arbeitslosigkeit:	strukturelle Langzeitarbeitslosigkeit und Jugendarbeitslosigkeit lassen keinen positiven Trend für Beschäftigung erkennen

141 http://www.agaportal.de/pages/aga/deckungspolitik/laenderklassifizierung.html.

142 Corruption Perceptions Index 2005 nach Transparency International, in: http://www.transparency.org, Rang 1= keine Korruption, Deutschland: Rang 16.

143 Zusammenstellung auf Basis von Informationen der Bayerischen Landesbank, Stand März 2006.

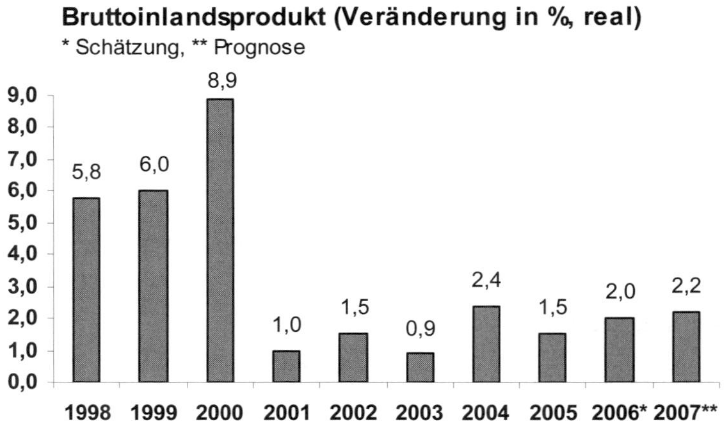

Quelle: Bfai
Abbildung 99: *Entwicklung des Bruttoinlandsproduktes in Belgien*

Finanzindikatoren		2003	2004	2005s	2006p
Staatsverschuldung	% des BIP	98,5	94,7	94,3	90,9
Haushaltssaldo	% des BIP	0,1	0,0	0,0	-0,4

Verschuldung: Rückführung der Verschuldung unter die 100%-Marke

Außenwirtschaftliche Indikatoren		2003	2004	2005s	2006p
Warenexporte	Mrd. Euro	226,0	246,7	268,4	287,7
Warenimporte	Mrd. Euro	207,7	229,6	257,3	275,5
Handelsbilanzsaldo	Mrd. Euro	18,3	17,1	11,1	12,2
Leistungsbilanzsaldo	Mrd. Euro	11,0	9,6	5,6	9,9
	% des BIP	4,0	3,3	1,9	3,2
Deutsche Einfuhr aus Belgien	Mrd. Euro	24	27	31	k. A.
Deutsche Ausfuhr nach Belgien	Mrd. Euro	35	40	44	k. A.

Leistungsbilanz: positive Leistungsbilanz

Hauptlieferländer:[144]	2005: Niederlande 20 %, Deutschland 16 %, Frankreich 13 %, Großbritannien 8 %, USA 7 %, VR China 4 %, Sonstige 32 %
Hauptabnehmerländer:[144]	2005: Frankreich 23 %, Deutschland 22 %, Niederlande 16 %, Großbritannien 11 %, Italien 7 %, USA 6 %, Sonstige 15 %
Hauptimportgüter:[144]	2005: Chem. Produkte 22 %; Transportausrüstung 11 %; Maschinen/Ausrüstungen 6 %; Basismetalle 6 %; Kunststoffe und Gummi 5 %; Edelsteine und -metalle 5 %; Textilien 4 %; Sonstige 41 %
Hauptexportgüter:[144]	2005: Chem. Produkte 23 %; Transportausrüstung 13 %; Kunststoffe und Gummi 8 %; Basismetalle 8 %; Maschinen/Ausrüstungen 5 %; Edelsteine und -metalle 5 %; Textilien 4 % ; Sonstige 34 %

Belgien als deutscher Handelspartner:[145] Rang 6 (nach Italien, vor Österreich). Für die belgische Wirtschaft ist Deutschland beim Warenverkehr Nummer eins.

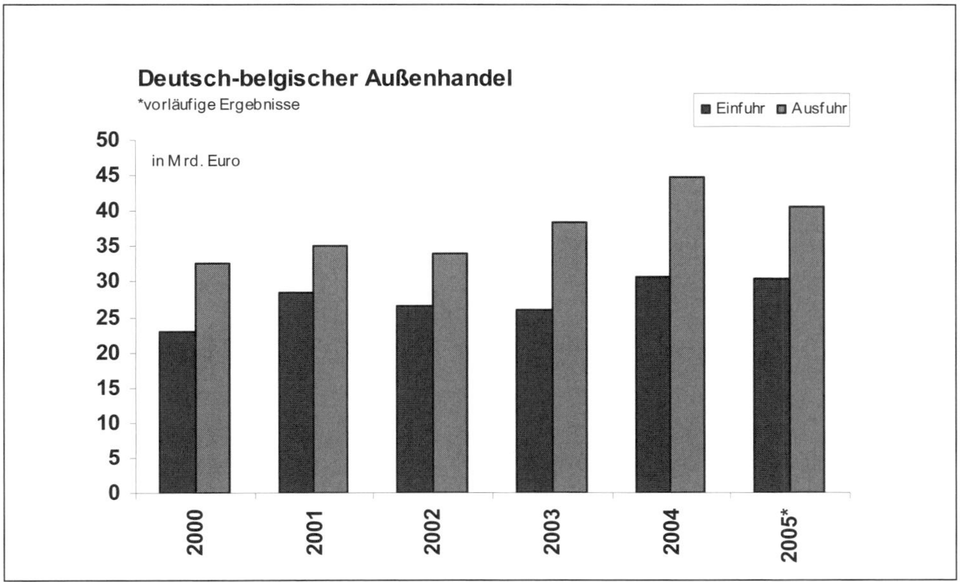

Quelle: AHK
Abbildung 100: *Entwicklung des deutsch-belgischen Außenhandels*

144 Bfai: Belgien – Wirtschaftsdaten kompakt, Stand Mai 2006.
145 Statistisches Bundesamt: Außenhandelsstatistik 2005.

Investitionen[146]	2002	2003	2004	2005
Ausländische Direktinvestitionen in Belgien Bestand Mrd. Euro	181,5	195,4	k. A.	k. A.
Ausländische Direktinvestitionen in Belgien Zuflüsse Mrd. Euro	k. A.	k. A.	k. A.	k. A.
Deutsche Direktinvestitionen in Belgien Bestand Mio. Euro	24.416	25.389	18.325	k. A.
Belgische Direktinvestitionen in Deutschland Bestand Mio. Euro	16.604	10.554	11.531	k. A.

Weiterführende Quellen

Internet:

Auslandshandelskammer: http://www.ahk.de.
Auswärtiges Amt: http://www.auswaertiges-amt.de.
Bundesagentur für Außenwirtschaft: http://www.bfai.de.
Deutsche Botschaft in Belgien: http://www.bruessel.diplo.de.
Deutsch-belgisch-luxemburgische Handelskammer: http://www.debelux.org.
Belgische Botschaft in Deutschland: http://www.diplomatie.be.
Statistisches Bundesamt: http://www.destatis.de.

Literatur:

Bundesagentur für Außenwirtschaft: Länderreport Belgien, Köln 2004.
Erbe, Michael: Belgien. Niederlande. Luxemburg. Geschichte des niederländischen Raumes, Stuttgart 1993.
Grupp, W. G.: Wirtschaftsführer Belgien, Diedorf 1990.
Hecking, Claus: Das politische System Belgiens, Wiesbaden 2003.
Koll, Johannes: Nationale Bewegungen in Belgien. Ein historischer Überblick, Münster 2005.
Woyke, Wichard/Lepszy, Norbert: Belgien. Niederlande. Luxemburg. Politik – Gesellschaft – Wirtschaft, Opladen 1997.

146 Zusammenstellung auf Basis von Informationen der Bfai: Belgien – Wirtschaftsdaten kompakt, Stand Mai 2006 und der Deutschen Bundesbank: Kapitalverflechtungen mit dem Ausland, Stand April 2006.

5. Dänemark

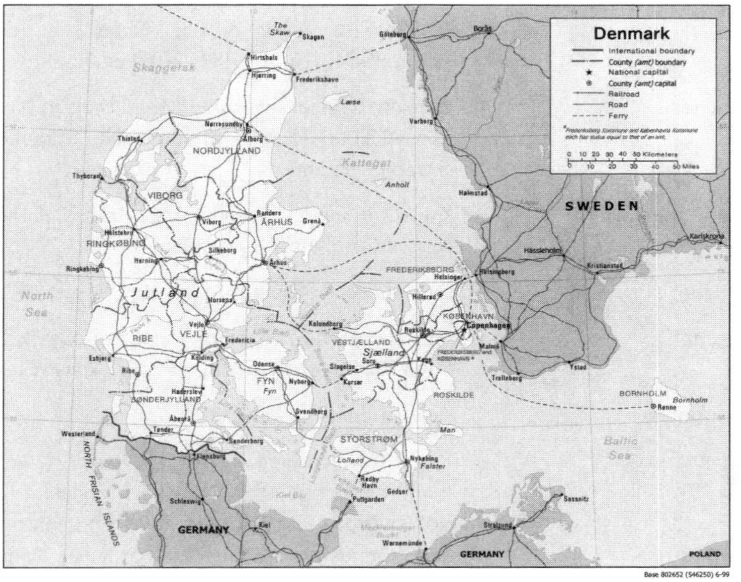

Quelle: CIA
***Abbildung 101**: Dänemark*

Landesinformationen/Politik[147]

Amtliche Bezeichnung	Königreich Dänemark (Kongeriget Danmark)
Fläche	Dänemark 43.094 qkm, Färöer: 1.399 qkm, Grönland: 2.175.600 qkm, davon ca. 85 % unter Inlandeis
Einwohner	Dänemark: 5,425 Mio. (Ausländer 4,9 %, Einwanderer 8,3 %), Färöer: 47.704 Einwohner, Grönland: 56.854 Einwohner
Bevölkerungsdichte[148]	126 Einwohner/qkm

[147] Zusammenstellung auf Basis von Informationen des Auswärtigen Amtes, Stand März 2006.

Hauptstadt	Dänemark: Kopenhagen (1.086.762 Einwohner), Färöer: Torshavn (ca. 18.400), Grönland: Nuuk/Godthaab (ca. 15.000)
Religionszugehörigkeit	95 % evangelisch-lutherische Volkskirche, 3 % andere Protestanten und Katholiken, 2 % Muslime
Nationalfeiertag	Innerhalb Dänemarks wird der Verfassungstag, 05. Juni (1849), im Ausland der Geburtstag der Königin Margrethe II, 16. April (1940), begangen.
Landessprache	dänisch, deutschsprachige Minderheit in Nordschleswig (etwa 12.000-15.000), einheimische Sprachen auf Färöer und Grönland
Staats-/Regierungsform	Konstitutionelle Monarchie mit parlamentarisch-demokratischem Regierungssystem
Staatsoberhaupt	Ihre Majestät Königin Margrethe II, seit 1972
Regierungschef	S.E. der Königlich Dänische Ministerpräsident Anders Fogh Rasmussen (Liberale Partei (Venstre)), seit 2001
Wirtschaftsminister	Bendt Bendtsen, seit 2001
Politische Situation	Regierungsparteien: Liberale Partei („Venstre, Danmarks Liberale Parti“): 52 Mandate, Konservative Volkspartei („Det Konservative Folkeparti“): 18 Mandate, Opposition: Sozialdemokratische Partei: 47 Mandate, Sozialistische Volkspartei: 11 Mandate, Sozialliberale Partei („Radikale Venstre“): 17 Mandate
Währung[149]	Dänische Krone (DKK), Einheit: Öre, 1 DKK = 0,13410 Euro, 1 EUR = 7,45703 DKK
Sonstiges	
Wachstumsbranchen/-märkte[150]	Telekommunikations- und Informationstechnologien, Automatisierung von Fertigungsprozessen in der Industrie, biotechnologische Produktion, Einzelhandel, Bauwirtschaft (Ausbau der Transport- und logistischen Infrastruktur, Wohnungsbau, Errichtung von Handelsflächen und Hotels)

148 Bfai: Dänemark – Wirtschaftsdaten kompakt, Stand Mai 2006.

149 http://www.oanda.com/convert/classic, Stand 12.05.2006.

150 Bfai: Dänemark – Wirtschaftstrends 2006, Stand Januar 2006.

Mitgliedschaft in internationalen Organisationen	Vereinte Nationen (1945, Mitglied im VN-SR in 2005/6), Nato (1949), Europarat (1949), Nordischer Rat (1952), OECD (1961), EG (1973), Ostseerat (1992) sowie in allen wichtigen Sonderorganisationen der Vereinten Nationen, OSZE
Hermes-Entgeltkategorie[151]	0
Korruption[152]	Rang 4 (von 158)

Volkswirtschaftliche Kennzahlen[153]

Binnenwirtschaftliche Indikatoren		2003	2004	2005p	2006p
BIP pro Kopf	Euro	34.700	36.000	37.300	38.700
BIP	Mrd. Euro	187,1	194,4	201,5	209,3
Wachstumsrate BIP, real	%	0,7	2,4	2,1	2,3
Inflationsrate	%	2,1	1,2	1,7	1,8
Arbeitslosenquote	%	6,0	6,3	5,9	5,8

Beitrag zum BIP:	Primärsektor 2 %; Sekundärsektor 24 %; Tertiärsektor 74 %
Entwicklung des BIP:	etwas geringere Wachstumsdynamik als 2004
Inflation:	leicht höherer Preisdruck
Arbeitslosigkeit:	leicht rückläufige Arbeitslosenquote

[151] http://www.agaportal.de/pages/aga/deckungspolitik/laenderklassifizierung.html.

[152] Corruption Perceptions Index 2005 nach Transparency International, in: http://www.transparency.org, Rang 1= keine Korruption, Deutschland: Rang 16.

[153] Zusammenstellung auf Basis von Informationen der Bayerischen Landesbank, Stand August 2005.

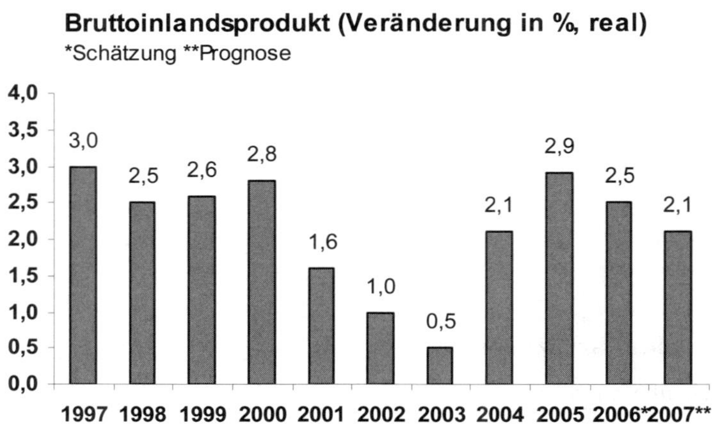

Quelle: Bfai

Abbildung 102: *Entwicklung des Bruttoinlandsproduktes in Dänemark*

Finanzindikatoren		2003	2004	2005p	2006p
Staatsverschuldung	% des BIP	44,7	42,7	41,0	39,5
Haushaltssaldo	% des BIP	1,2	2,8	1,3	1,5

Verschuldung:	rückläufig

Außenwirtschaftliche Indikatoren		2003	2004	2005p	2006p
Warenexporte	Mrd. Euro	57,8	61,0	65,1	69,0
Warenimporte	Mrd. Euro	49,8	53,5	58,2	61,7
Handelsbilanzsaldo	Mrd. Euro	8,0	7,5	6,9	7,3
Leistungsbilanzsaldo	Mrd. Euro	6,2	4,9	4,3	4,8
	% des BIP	3,3	2,5	2,1	2,3
				Jan-Mai 05	% gg.Vj.[154]
Deutsche Einfuhr aus Dänemark	Mrd. Euro	9.486	9.340	3.935	5,0
Deutsche Ausfuhr nach Dänemark	Mrd. Euro	11.272	11.286	4.804	7,1

Leistungsbilanz:	weiterhin Überschüsse

154 Prozentuale Veränderung gegenüber dem Vorjahr.

Hauptlieferländer:[155]	2005: Deutschland 21 %; Schweden 13,8 %; Niederlande 6,7 %; Großbritannien 6,0 %; China 4,8 %; Norwegen 4,5 %; Frankreich 4,2 %; Sonstige 39,8 %
Hauptabnehmerländer:[155]	2005: Deutschland 17,2 %; Schweden 13,3 %; Großbritannien 8,9 %; USA 6,6 %; Norwegen 5,3 %; Frankreich 5,2 %; Niederlande 5,2 %; Sonstige 38,5 %
Hauptimportgüter: [155]	2005: Maschinen 14,3 %; Kfz 8,3 %; Nachrichtentechnik 6,4 %; Brennstoffe 5,5 %; Büromaschinen/ EDV 5,0 %; Bekleidung/ Accessoires 4,4 %; Eisen/Stahl 3,8 %; Metallerz. 3,2 %; Kunststoffe 3,2 %; Pharmazeutika 3,1 %; Papier u. -waren 2,4 %; Sonstige Transportausrüstungen 2,4 %; Fisch 2,2 %; Sonstige 35,8 %
Hauptexportgüter: [155]	2005: Maschinen 17 %; Brennstoffe 8,7 %; Pharmazeutika 7,6 %; Fleisch 5,7 %; Nachrichtentechnik 4,9 %; Bekleidung/ Accessoires 3,5 %; Möbel 3,2 %; Fisch 3,2 %; Mess-, Prüf- u. Regeltechnik 2,7 %; Metallerz. 2,7 %; Kfz 2,6 %; Sonstige 38,2 %
Dänemark als deutscher Handelspartner:[156]	Rang 17 (nach Ungarn, vor Türkei)

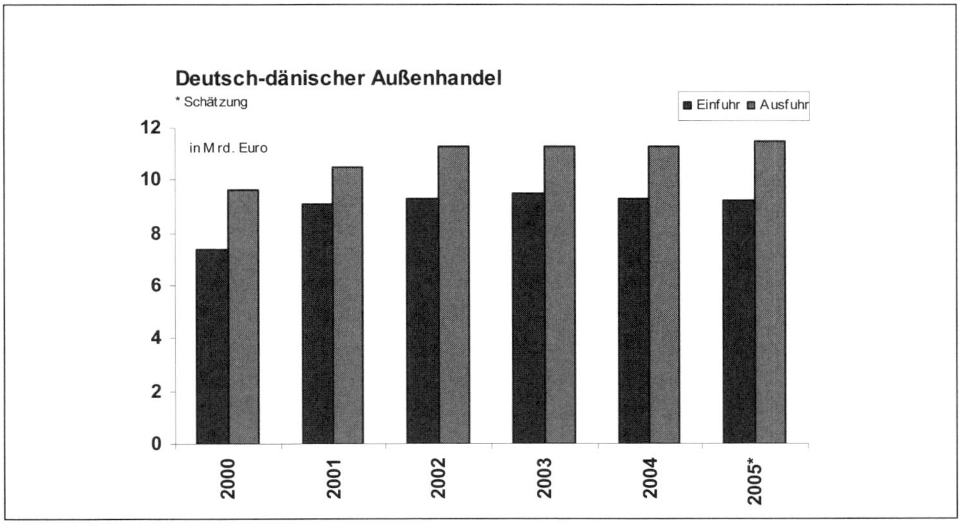

Quelle: AHK
Abbildung 103: *Entwicklung des deutsch-dänischen Außenhandels*

---

[155] Bfai: Dänemark – Wirtschaftsdaten kompakt, Stand Mai 2006.
[156] Statistisches Bundesamt: Außenhandelsstatistik 2005.

Investitionen[157]		2001	2002	2003	2004	2005
Ausländische Direktinvestitionen in Dänemark						
	Bestand Mrd. Euro	42,0	44,7	47,9	k. A.	k. A.
Ausländische Direktinvestitionen in Dänemark						
	Zuflüsse Mrd. Euro	k. A.	k. A.	15,8	-5,7	49,6
Deutsche Direktinvestitionen in Dänemark						
	Bestand Mio. Euro	3.175	3.114	3.356	3.528	k. A.
Dänische Direktinvestitionen in Deutschland						
	Bestand Mio. Euro	4.634	4.701	5.085	5.486	k. A.

Weiterführende Quellen

Internet:

Auslandshandelskammer: http://www.ahk.de.
Auswärtiges Amt: http://www.auswaertiges-amt.de.
Bundesagentur für Außenwirtschaft: http://www.bfai.de.
Deutsche Botschaft in Dänemark: http://www.kopenhagen.diplo.de.
Dänische Botschaft in Deutschland: http://www.daenemark.org.
Statistisches Bundesamt: http://www.destatis.de.

Literatur:

Bohn, Robert: Dänische Geschichte, München 2001.
Bundesagentur für Außenwirtschaft: E-Commerce in der EU, Köln 2003.
Findeisen, Jörg P.: Dänemark. Geschichte der Länder Skandinaviens. Von den Anfängen bis zur Gegenwart, Regensburg 1999.
Gläßer, Ewald/Lindemann, Rolf/Venzke, Jörg-Friedhelm: Nordeuropa. Geographie, Geschichte, Wirtschaft, Politik, Darmstadt 2003.
Haahr, Jens Henrik: Labour Market Studies – Denmark, European Communities/Union, 1997.
Hinte, Holger/Zimmermann, Klaus F.: Zuwanderung und Arbeitsmarkt – Deutschland und Dänemark im Vergleich, Berlin 2004.

157 Zusammenstellung auf Basis von Informationen der Bfai: Dänemark – Wirtschaftsdaten kompakt, Stand Mai 2005 und der Deutschen Bundesbank: Kapitalverflechtungen mit dem Ausland, Stand April 2006.

6. Finnland

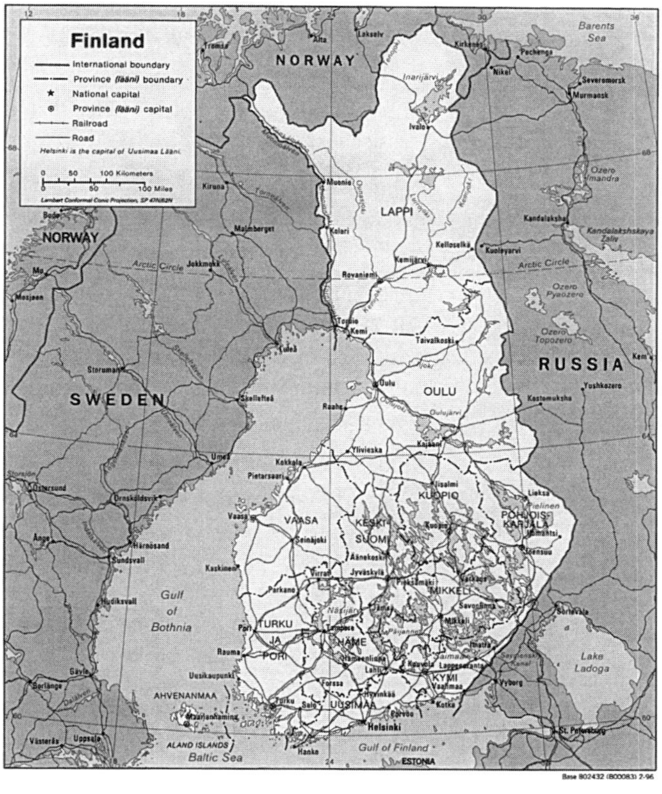

Quelle: CIA
Abbildung 104: *Finnland*

Landesinformationen/Politik[158]

Amtliche Bezeichnung	Republik Finnland/Suomen Tasavalta (finnisch)/ Republik Finland (schwedisch)
Fläche	338.145 qkm (69% Wald, 10 % Wasser, 8 % Acker)
Bevölkerung	5,2 Mio. Einwohner (2004)

[158] Zusammenstellung auf Basis von Informationen des Auswärtigen Amtes, Stand Februar 2006.

Bevölkerungsdichte[159]	15,5 Einwohner/qkm
Hauptstadt	Helsinki (2004: 559.046 Einwohner)
Religionszugehörigkeit	Lutheraner 83,3 %, Griechisch-Orthodoxe 1,1 %, andere und Konfessionslose 15,6 %
Nationalfeiertag	6. Dezember (Unabhängigkeitstag), unabhängig seit 1917
Landessprache	92 % finnisch-, 6 % schwedischsprachig, 2 % sonstige (russisch, samisch)
Regierungsform	Republik Parlament: Reichstag (Eduskunta), 1 Kammer, 200 Sitze, Präsident: Paavo Lipponen (SDP), seit 2003
Staatsoberhaupt	Präsidentin der Republik Finnland Tarja Halonen (SDP), seit 2000; Wiederwahl am 29.01.2006; der Staatspräsident wird in unmittelbarer Wahl jeweils für die Dauer von 6 Jahren mit der Möglichkeit einmaliger Wiederwahl gewählt.
Regierungschef	Ministerpräsident Matti Vanhanen (Zentrumspartei), seit 2003. Der Ministerpräsident wird vom Präsidenten ernannt. Er ist der Vertreter des Staatsoberhaupts. Die Minister werden auf Vorschlag des Ministerpräsidenten vom Präsidenten ernannt.
Wirtschaftsminister	Reijo Mauri Matias Pekkarinen, Minister für Handel und Industrie, seit 2003
Politische Situation	Regierungspartei: Zentrumspartei, Sozialdemokratische Partei, Schwedische Volkspartei, Oppositionsparteien: Nationale Sammlungspartei, Linksbund, Die Grünen, Finnische Christdemokraten, Basisfinnen
Sonstiges	
Wachstumsbranchen- und märkte[160]	Baubranche, Papierindustrie, Chemische Industrie, Telekommunikation
Mitgliedschaft in internationalen Organisationen	Vereinte Nationen und Unterorganisationen, OECD, ESA, EUREKA, Europarat (seit 1989), OSZE, EU (seit 1995), Ostseerat, Nordischer Rat, WTO

159 Bfai: Finnland – Wirtschaftsdaten kompakt, Stand Mai 2006.

160 Bfai: Finnland – Wirtschaftstrends 2006. Gesamtwirtschaftlicher Ausblick, Stand November 2005.

Hermes- Entgeltkategorie[161]	1
Korruption[162]	Rang 2 (von 158)

Politische Trends[163]

Seit dem Wahljahr 2003 wird Finnland von einer Koalition aus der Zentrumspartei (KESK), der Sozialdemokratischen Partei (SDP) und der Schwedischen Volkspartei (SFP/RKP) regiert. Ministerpräsident Matti Vanhanen wird dabei von der Zentrumspartei gestellt, die Präsidentin der Finnischen Republik Tarja Halonen von der Sozialdemokratischen Partei (SDP). Sie wurde für eine Amtszeit von sechs Jahren Anfang 2006 wieder gewählt. Die nächsten Parlamentswahlen finden 2007 statt. Sie werden zeigen, ob die Regierung die hohe Zustimmungsrate von über 70 % von Anfang 2005 halten kann.

Im Regierungsprogramm der Koalition steht die Schaffung von Arbeitsplätzen an erster Stelle. Die Arbeitslosenquote von 8,8 %[164] aus dem Jahre 2004 ist dabei leicht rückläufig. Sie wird sich wahrscheinlich im Jahr 2006 bei 8,0 % einpendeln. Die Hoffnungen der Regierung stecken in einer Unternehmenssteuersenkung, die Anfang 2005 in Kraft getreten ist. Auch die Binnennachfrage soll somit angeregt werden.

Die Arbeitslosigkeit stellte bisher die größte Schwachstelle des Systems dar. Negativ wirkten sich auch – wie in allen anderen europäischen Ländern – der gestiegene Ölpreis und die weltweit nachlassende wirtschaftliche Dynamik auf die Konjunktur aus. Alle anderen politischen und wirtschaftlichen Indikatoren sind im Vergleich zu den anderen EWU-Ländern durchweg positiv: Die politische Lage gilt als stabil und der Finanzstatus zählt zu den solidesten weltweit. Seit Jahren werden Haushaltsüberschüsse erwirtschaftet und die Staatsverschuldung ist so gering wie in keinem anderen Land der EU.

Das außenpolitische Klima kann als relativ gut bezeichnet werden. Finnland setzt sich aktiv für die Europäische Union ein, wobei die Erfahrungen der EU mit Russland, den nördlichen EU-Staaten und insbesondere mit den Ländern des baltischen Raums durch Finnland geprägt sind. Was außenpolitische Fragen der EU betrifft, so setzt sich Finnland einerseits für ein handlungsfähiges Europa ein, das Sicherheit und Wohlstand gewährleisten soll, andererseits wahrt das Land aber auch das Profil einer neutralen und eigenständigen Nation.

Auch die enge Zusammenarbeit mit den Vereinten Nationen und der OSZE zeichnen die finnische Außenpolitik aus.

---

161 http:// www.agaportal.de/pages/aga/deckungspolitik/laenderklassifizierung.html.

162 Corruption Perceptions Index 2005 nach Transparency International, in: http://www.transparency.org; Rang 1 = keine Korruption, Deutschland: Rang 16.

163 Texte zusammengestellt auf Basis des Auswärtigen Amtes, der Bundesagentur für Außenwirtschaft, der Bayerischen Landesbank und der Industrie- und Handelskammer Region Stuttgart.

164 Quelle: Bayerische Landesbank, Stand Oktober 2005.

Volkswirtschaftliche Kennzahlen[165]

Binnenwirtschaftliche Indikatoren		2003	2004	2005p	2006p
BIP pro Kopf	Euro	27.630	28.700	29.300	30.300
BIP	Mrd. Euro	143,8	149,7	153,0	158,5
Wachstumsrate BIP, real	%	2,4	3,6	1,8	3,2
Inflationsrate	%	0,9	0,2	1,0	1,5
Arbeitslosenquote	%	9,0	8,8	8,4	8,0

Beitrag zum BIP: Landwirtschaft (Primärsektor) 3,1 %, Industrie (Sekundärsektor) 30,2 %, Dienstleistungen (Tertiärsektor) 66,7 %

Finanzindikatoren					
Staatsverschuldung	% des BIP	45,3	45,3	44,0	43,5
Haushaltssaldo	% des BIP	2,5	2,1	1,8	2,0

Wirtschaftliche Trends

Finnland ist ein hoch entwickeltes Industrieland, dessen Pro-Kopf-Einkommen etwas über dem EU-Durchschnitt liegt. Das Land zeichnet auch eine dynamische stabile Wirtschaftsentwicklung aus. Die Wachstumsraten des Bruttoinlandsproduktes stiegen ab 2001 kontinuierlich an, bis 2004 ein Wachstum des Bruttoinlandsproduktes von 3,6 % vorgewiesen werden konnte. Der Euroraum konnte im Vergleich dazu nur eine Veränderungsrate des Bruttoinlandsproduktes von 2,1 % vorweisen.

Im Jahr 2005 verzeichnete die Wirtschaft nur noch ein geringes Wachstum, was zum einen mit dem gestiegenen Ölpreis und der nachlassenden weltwirtschaftlichen Dynamik zusammenhing, zum anderen aber auch mit einem heftigen Arbeitskonflikt in der Papierindustrie. Produktionsausfälle, von denen nicht nur die Papierindustrie selber, sondern auch die Zulieferindustrie und nachgelagerte Industriezweige betroffen waren, sorgten dafür, dass sich das Wachstum des Bruttoinlandsproduktes um 1,7 Prozentpunkte verringerte.

Im Jahr 2006 wird mit einem Bruttoinlandsprodukt von ungefähr 3,8 %[166] gerechnet, wobei die stärksten Wachstumsimpulse vom Export ausgehen dürften. Dabei wird eine Zunahme von rund 7 %[167] erwartet. Darüber hinaus sind der private Konsum, die wachstumsfreundli-

[165] Zusammenstellung auf Basis von Informationen der Bayerischen Landesbank, Stand Oktober 2005.

[166] Die Bfai geht von einem Wachstum des Bruttoinlandsproduktes um 3,8 % aus, während die Bayerische Landesbank nur mit einer Wachstumsrate von 3,2 % rechnet.

[167] Bfai: Finnland – Wirtschaftsdaten kompakt, Stand November 2005.

che Steuerpolitik der Regierung und der ausgeglichene Haushalt wichtige Impulsgeber für das Wirtschaftswachstum.

Einer der wichtigsten Industriesektoren ist der High-tech-Sektor mit dem Nokia-Konzern als Aushängeschild. In Finnland haben mehr Bürger einen Internetanschluss und ein Mobiltelefon als in allen anderen Ländern Europas. Die Spezialisierung auf die Informations- und Kommunikationstechnologie, die vor allem in den letzten Jahren immer weiter vorangeschritten ist, löste die traditionelle Holzverarbeitung- und Metallindustrie ab. Diese Entwicklung geht mit einer Förderung von Forschung und Entwicklung einher. Die Ausgaben für Forschung und Entwicklung, bezogen auf das Bruttosozialprodukt, gehören zu den höchsten der Welt. Die Bedeutung von Innovationen wird unterstrichen und die Informations- und Kommunikationstechnologie räumt Finnland somit einen Platz an vorderster Front im Spitzentechnologiesektor ein. Zu dieser Entwicklung trägt auch das finnische Ausbildungssystem bei: Für 65 % der Abgänger eines jeden Schuljahrgangs werden Studienplätze bereitgestellt.[168] Ziel der Regierung ist es, dass ein immer größerer Teil der Bevölkerung einen Ausbildungsabschluss erwirbt und Wissen ständig erweitert wird. Dies wird für das kleine Land als einzige Möglichkeit gesehen, im globalen Wettbewerb zu bestehen.

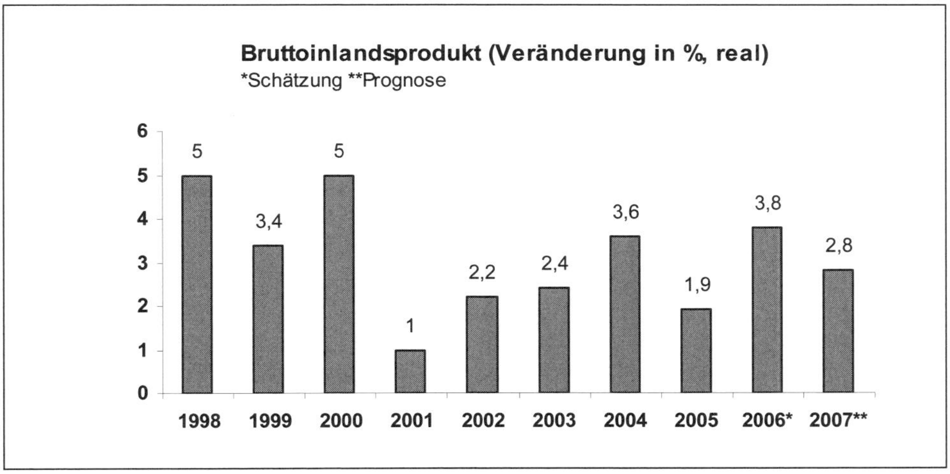

Quelle: Bfai
Abbildung 105: *Entwicklung des Bruttoinlandsproduktes in Finnland*

168 Finnisches Schulministerium, in: http://www.minedu.fi/minedu/education/university_edu.html, aufgerufen am 15.05.2006.

Außenwirtschaftliche Kennzahlen[169]

Außenwirtschaftliche Indikatoren		2003	2004	2005p	2006p
Warenexporte	Mrd. Euro	46,59	49,00	51,20	54,50
Warenimporte	Mrd. Euro	35,19	38,49	42,80	45,00
Handelsbilanzsaldo	Mrd. Euro	11,40	10,51	8,40	9,50
Leistungsbilanzsaldo	Mrd. Euro	5,68	5,94	4,10	4,25
	% des BIP	4,0	4,0	2,7	2,7
				Jan-Jul 2005	% gg. Vj.
Deutsche Einfuhr aus Finnland	Mio. Euro	6.366	6.044	3.727	8,1
Deutsche Ausfuhr nach Finnland	Mio. Euro	6.686	7.445	4.647	12,4

Außenhandel

Finnland weist als relativ kleine Volkswirtschaft überdurchschnittlich hohe Import- und Exportquoten auf und ist damit stark vom Außenhandel abhängig. Der Außenhandel stieg 2004 um 5,5 % an[170], wobei der Handel mit EU-Ländern eine überaus hohe Bedeutung hat. Über 58,7 % des Handels wurden mit europäischen Staaten abgewickelt. Auch für 2005 wird wieder ein Anstieg der Exportquote um rund 4,2 %[171] erwartet.

Wichtigster Handelspartner für Finnland war über mehr als ein Jahrzehnt Deutschland, das bei der Wareneinfuhr- und Ausfuhr an erster Stelle stand. Die Handelsbeziehungen haben sich kontinuierlich positiv entwickelt (Abb. 106). Bei den finnischen Ausfuhren belegt jedoch seit 2005 Russland Rang 1 (Abb. 107), während Russland in diesem Jahr bei den Importen nach wie vor an erster Stelle der Einfuhrstatistik steht (Abb. 108). Bilaterale Beziehungen zu China werden ebenfalls kontinuierlich ausgebaut. Der finnisch-chinesische Handel verdreifachte sich in der Zeit von 1994 bis 2004. So stiegen die finnischen Einfuhren aus China im Zeitraum Januar bis Oktober 2004 um 18 % gegenüber dem gleichen Zeitraum im Vorjahr und China konnte auf Platz 4 der Einfuhrländer aufrücken.

Zu den größten Exportbranchen Finnlands zählen die Elektronikindustrie, die Papierwarenindustrie, die Metallindustrie und die Maschinenindustrie. Importiert werden zumeist elektrische und optische Ausrüstungen, Bergbauerz, Chemikalien, chemische Produkte, Metalle und Metallprodukte, Maschinen und Kfz-Teile. Deutsche Einfuhrgüter sind hauptsächlich Kraftfahrzeuge und Kfz-Teile, Maschinen und elektronische Ausrüstungen. Russland exportiert in erster Linie Erdgas und andere Rohstoffe und konkurriert somit nicht direkt mit deutschen Exporten.

---

169 Zusammenstellung auf Basis von Informationen der Bayerischen Landesbank, Stand Oktober 2005.

170 Quelle: Auswärtiges Amt, Stand Februar 2006.

171 Bfai: Finnland – Wirtschaftstrends 2006. Gesamtwirtschaftlicher Ausblick, Stand November 2005.

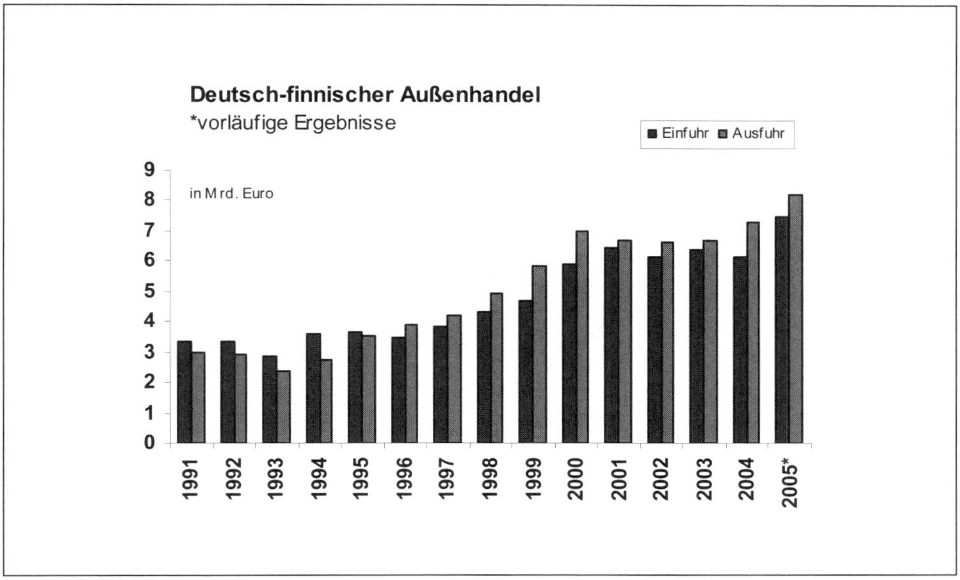

Quelle: Statistisches Bundesamt

Abbildung 106: *Entwicklung des deutsch-finnischen Außenhandels*

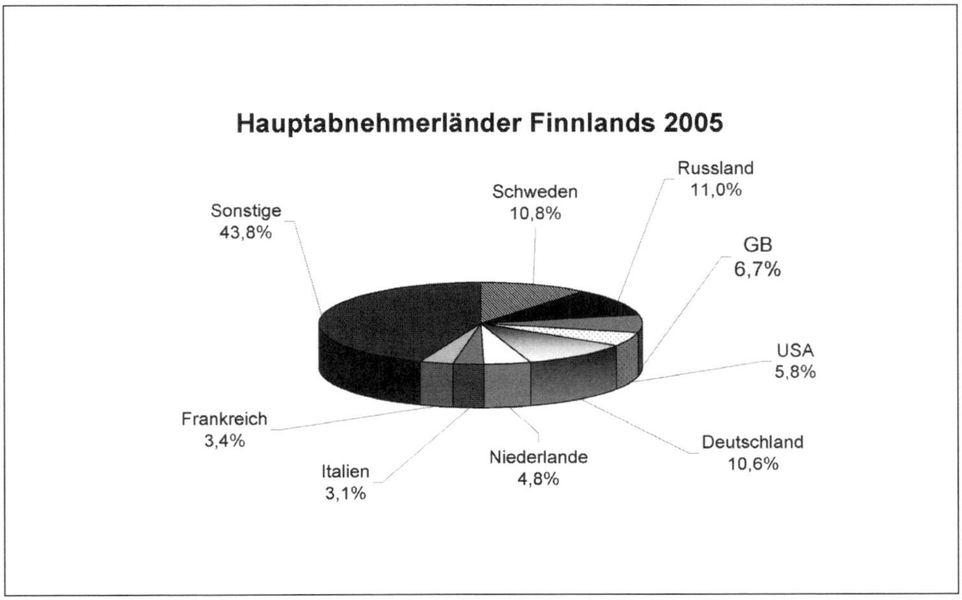

Quelle: Bfai

Abbildung 107: *Hauptabnehmerländer Finnlands 2005*

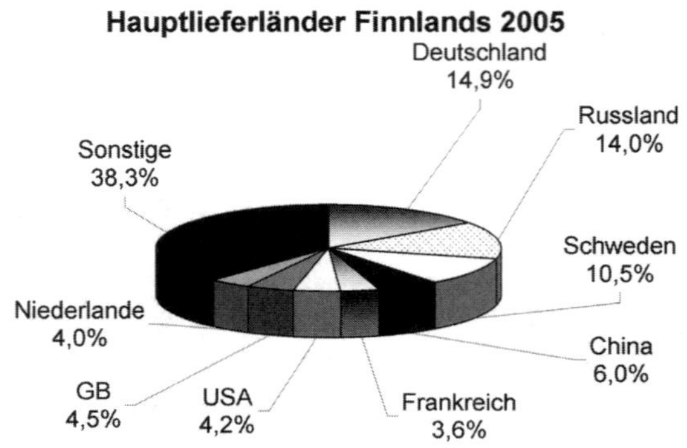

Quelle: Bfai
Abbildung 108: *Hauptlieferländer Finnlands 2005*

Finnland ist deutlich bestrebt, die Vorteile der internationalen Arbeitsteilung zu nutzen. So ist das Land unter anderem Mitglied in der Organisation für wirtschaftliche Zusammenarbeit und Entwicklung (OECD), im Europäischen Netzwerk für anwendungsorientierte und grenzüberschreitende Forschung (EUREKA), in der Organisation für Sicherheit und Zusammenarbeit in Europa (OSZE) und in der Welthandelsorganisation (WTO).

Investitionsklima

Finnland gilt als ein attraktiver Investitionsstandort in Europa. Die Investitionstätigkeit verzeichnet eine überaus gute Entwicklung, wobei die Investitionsstruktur über den Zeitablauf interessante Veränderungen aufweist. Die Investitionstätigkeit nahm Anfang der 70er Jahre im Zuge der Energiekrise stark ab. Ende der 80er Jahre stiegen die Investitionen besonders im Dienstleistungssektor jedoch wieder stark an. Gleiches galt für den Technologiesektor Anfang der 90er Jahre. Statt in materielle Investitionen wie zum Beispiel in Gebäude, Anlagen und Maschinen zu investieren, verlagerte sich die Investitionstätigkeit auf know-how-intensive finnische Unternehmen. Die Bedeutung des Technologiesektors wurde unterstrichen. Dieser Trend hält bis heute an und die Investitionen in Forschung und Entwicklung liegen höher als in anderen Industrieländern. Der Dienstleistungssektor dominiert mit einem BIP-Anteil von rund zwei Dritteln auch heute noch.

Allein 2004 betrug der Bestand an ausländischen Direktinvestitionen 40,1 Mrd. Euro – ein Bestand, der für die relativ kleine Volkswirtschaft Finnland beachtlich ist. Auch die deutschen Direktinvestitionen in Finnland sind über den Zeitablauf angestiegen. Gleiches gilt für die finnischen Investitionen in Deutschland – so stieg die finnische Investitionstätigkeit von gut 7 Mrd. Euro im Jahre 2001 auf über 10 Mrd. Euro im Jahre 2004 an.

Investitionen [172]		2001	2002	2003	2004
Ausländische Direktinvestitionen in Finnland	Bestand Mrd. Euro	k. A.	32,4	36,6	40,1
Ausländische Direktinvestitionen in Finnland	Zuflüsse Mrd. Euro	k. A.	k. A.	k. A.	k. A.
Deutsche Direktinvestitionen in Finnland	Bestand Mio. Euro	765	889	1.192	1.775
Finnische Direktinvestitionen in Deutschland	Bestand Mio. Euro	7.068	8.775	10.868	10.092

Typisch für Finnland ist ebenfalls eine stabile Binnennachfrage, für die 2006 ein Anstieg um 2,7 % angenommen wird. Die Finnen vertrauen in die Wirtschaftskraft und die positive Entwicklung des Landes. Dies wirkt sich positiv auf den privaten Konsum aus, wovon vor allem der Einzelhandel profitiert. Auch die Verkaufszahlen von Pkws und die Nachfrage nach hochwertigen Konsumgütern sind gestiegen.

Gleiches gilt für die Investitionstätigkeit, die mit einem Zuwachs von 4,5 % noch stärker ansteigen dürfte.[173] Ein großes Investitionsprojekt ist der Bau des Atomkraftwerks Olkiluot, das auch gute Investitionsmöglichkeiten für deutsche Unternehmen bietet. Finnland weist einen überdurchschnittlich hohen Energieverbrauch auf, wobei das neue Kraftwerk die Import-Abhängigkeit von den Primärenergiequellen und die Belastung des Klimas durch zusätzliche fossile Brennstoffe reduzieren soll. Ein weiteres Investitionsprojekt ist der Ausbau des Verkehrsnetzes. Hier sind der geplante U-Bahn-Ausbau in Helsinki, die Erneuerung der Schienennetze und der Autobahnausbau zu nennen. Diese Vielzahl an geplanten Projekten eröffnet ausländischen Investoren weiterhin aussichtsreiche Geschäftschancen im Land der tausend Seen.

Außenwirtschaftsbarometer

Mit einem Wert von 15,2 bei der Befragung Mitte 2006 war die Beurteilung der Unternehmen hinsichtlich ihrer aktuellen Geschäftsbeziehungen zu Finnland seit der ersten Befragung Anfang 2005 noch nie so gut (Abb. 109). Die Erwartungen von damals bezüglich der Entwicklung in den nächsten zwei bis fünf Jahren wurden sogar übertroffen. Umso erstaunlicher

[172] Zusammenstellung auf Basis von Informationen der Bfai: Finnland – Wirtschaftsdaten kompakt, Stand Mai 2006, und der Deutschen Bundesbank: Kapitalverflechtungen mit dem Ausland, Stand April 2006.

[173] Bfai: Finnland – Wirtschaftstrends 2006. Gesamtwirtschaftlicher Ausblick, Stand November 2005.

ist die Einschätzung für die kommenden zwölf Monate. Mit einem Wert von -0,1 ist der Anteil der Skeptiker minimal größer als derer, die ihre Geschäftsentwicklung in den kommenden zwölf Monaten positiv sehen.

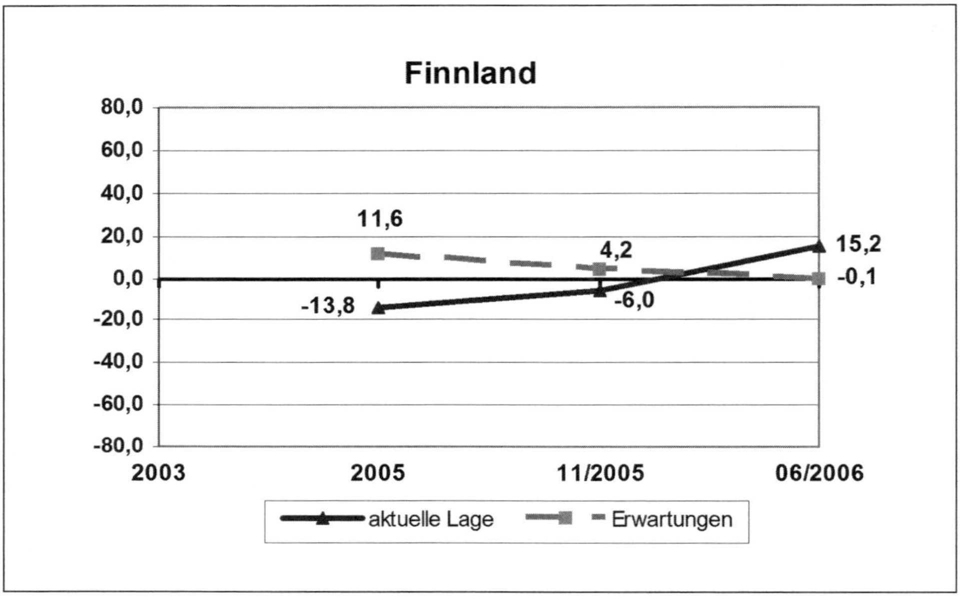

Quelle: IHK Region Stuttgart
***Abbildung 109:** Außenwirtschaftsbarometer Finnland*

Interkultureller Praxistipp Finnland

Im Gegensatz zum gängigen Sprachgebrauch ist Finnland weder sprachlich noch geografisch ein Teil Skandinaviens, sondern gehört wie Estnisch und Ungarisch zur finno-ugrischen Sprachgruppe. Neben Finnisch und der zweiten Landessprache Schwedisch beherrschen die Finnen auch ausgezeichnet Englisch und häufig auch noch Deutsch. Daher ist die geschäftliche Kommunikation zwischen deutschen und Finnen recht unkompliziert.
Die Finnen zählen zu den abschlussorientierten Kulturen, was der deutschen Mentalität bisweilen sehr entgegenkommt. Bei Verhandlungen sollten ausländische Manager daher darauf achten, dass sie eine klare präzise Sprache und zielorientierte Formulierungen pflegen. Mit der Pünktlichkeit nehmen es die Finnen sehr genau. Das akademische Viertel ist gänzlich unbekannt und man erscheint besser fünf Minuten zu früh als zu spät.[174] Die finnische Sprache kennt kaum Höflichkeitsfloskeln, so dass Fragen oder Bitten bisweilen sehr direkt oder gar unhöflich klingen, ohne dass es so gemeint ist. Daher sollten sich deutsche Geschäftpartner nicht wundern, wenn bei Geschäftsbriefen oder E-Mails auf die Anrede verzichtet wird. Bei Verhand-

174 Vgl. Winkler 2002, S. 71ff.

lungen kann man sich in der Regel darauf verlassen, dass selbst mündliche Vereinbarungen ihre Gültigkeit haben. Doch um sprachlichen Missverständnissen vorzubeugen, sollten alle Vereinbarungen schriftlich fixiert werden.[175] Wie in vielen nordeuropäischen Ländern sind die Hierarchien auch in Finnland relativ flach und auch Mitarbeiter unterer Ebenen haben Mitspracherechte und Entscheidungsbefugnisse.[176]

Fazit

Finnland nimmt in zahlreichen Gebieten absolute Spitzenpositionen ein. Die gesamtwirtschaftliche Performance ist überdurchschnittlich gut. Zwar haben der Arbeitskampf in der Papierindustrie, der gestiegene Ölpreis und die weltweit nachlassende wirtschaftliche Dynamik für leichte Einbrüche in der Konjunktur gesorgt, doch werden für 2006 gute Wachstumszahlen vorausgesagt. So ist die Arbeitslosenquote rückläufig, die Wettbewerbsfähigkeit durch steigende Ausgaben für Forschung und Entwicklung enorm hoch und die soliden Staatsfinanzen geben eine enorme Sicherheit. Gerade dem Bildungswesen, der Innovation und der gleichmäßigen dynamischen Wirtschaftsentwicklung kommt eine hohe Bedeutung zu. Auch die politische Stabilität im Land sorgt dafür, dass die Aussichten für das laufende Jahr durchweg positiv sind.

Weiterführende Quellen

Internet:

Auslandshandelskammer: http://www.ahk.de.
Auswärtiges Amt: http://www.auswaertiges-amt.de.
Bundesagentur für Außenwirtschaft: http://www.bfai.de.
Deutsche Botschaft in Finnland: http:// www.helsinki.diplo.de.
Finnische Botschaft in Deutschland: http://www.finnland.de.
Finnisches Außenhandelsbüro: http://www.ftc.de.
Statistisches Bundesamt: http://www.destatis.de.

Literatur:

Albrecht, Wolfgang/Kantola, Markku: Finnland, München 1992.
Bohn, Ingrid: Finnland. Von den Anfängen bis zur Gegenwart, Regensburg 2005.
Bundesagentur für Außenwirtschaft: Erfolgreich verhandeln in Finnland, Köln 2004.
Bundesagentur für Außenwirtschaft: Deutsch-finnisches Handbuch, Köln 2004.
Ettmayer, Wendelin: Finnland, Berlin 1999.
Hamos, Ildiko/Sohlo, Ilari: KulturSchock Finnland, Bielefeld 2005.
Heidenhof, Günter: Finnische Neutralität und Beitritt zu den Europäischen Gemeinschaften, Herzogenrath 1995.
Jakobson, Max: Finnland im neuen Europa, Berlin 1999.
Rentzsch, Hans-Peter: Erfolgreich Verhandeln im weltweiten Business, Wiesbaden 1999.
Wendeler, Helvi: Reisebegleiter Finnland. Was man über Finnland und die Finnen wissen sollte, Bonn 1996.

---

175 Vgl. iXPOS. Das Außenwirtschaftsportal des Bundesministeriums für Wirtschaft und Technologie: Markt des Monats: Skandinavien. Finnen sind (etwas) anders: Kulturelle Unterschiede im geschäftlichen Umgang zwischen Finnen und Deutschen, Köln 2005, in: http://www.ixpos.de, aufgerufen am 17.07.2006.

176 Vgl. Winkler 2002, S. 72.

7. Frankreich

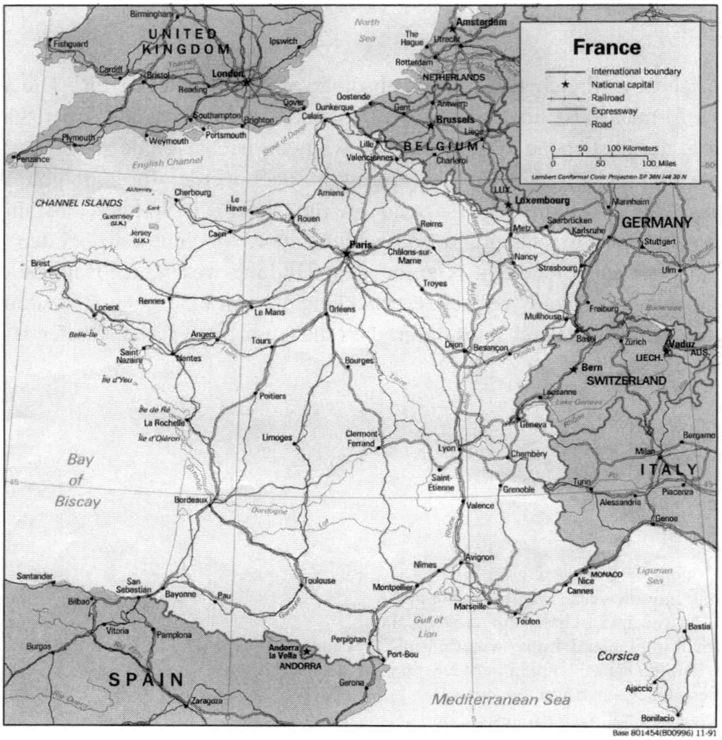

Quelle: CIA
Abbildung 110: *Frankreich*

Landesinformationen/Politik[177]

Amtliche Bezeichnung	Französische Republik (République française)
Fläche	547.026 qkm
Bevölkerung	61,1 Mio. Einwohner, davon 4,5 Mio. Ausländer (2001)
Bevölkerungsdichte[178]	109,1 Einwohner/qkm

177 Zusammenstellung auf Basis von Informationen des Auswärtigen Amtes, Stand März 2006.

Hauptstadt	Paris; Großraum 10,8 Mio. Einwohner, Paris-Stadt 2,1 Mio. Einwohner
Religionszugehörigkeit	82 % römisch-katholisch, 4-5 Mio. Moslems, 0,8 Mio. Protestanten, 0,7 Mio. Juden
Nationalfeiertag	14. Juli („Fête nationale"), Jahrestag des Sturms auf die Bastille 1789
Landessprache	französisch
Regierungsform	Parlamentarische Präsidialdemokratie mit zwei Kammern (Nationalversammlung: 577 Abgeordnete (für 5 Jahre gewählt); Senat: 331 Senatoren (für 6 Jahre gewählt)
Staatsoberhaupt	Präsident der Republik Jacques Chirac (UMP), seit 1995
Regierungschef	Premierminister Dominique de Villepin (UMP), seit 2005
Wirtschaftsminister	Thierry Breton, „Superminister" für Wirtschaft, Finanzen und Industrie, seit 2005
Politische Situation	Regierungspartei: Union pour un Mouvement Populaire (UMP), Gründung am 17.11.2002 durch Neogaullisten (RPR), Liberale (DL) und Teile der Zentristen (UDF). Weitere Parteien im Parlament mit Fraktionsstatus: Parti Socialiste (PS), Parti Communiste (PC), Union pour la Démocratie française (UDF); ohne Fraktionsstatus: Les Verts (Grüne), Radikale Linke (PRG), Mouvement pour la France (MPF)

Sonstiges

Mitgliedschaft in internationalen Organisationen	EU, VN, Nato (ohne militärische Integration), WEU, Weltbank, IWF, OECD, UNESCO, Abrüstungskonferenz der Vereinten Nationen, OSZE
Hermes-Entgeltkategorie[179]	1
Korruption[180]	Rang 18 (von 158)

---

178 Bfai: Frankreich – Wirtschaftsdaten kompakt, Stand Mai 2006.

179 http://www.agaportal.de/pages/aga/deckungspolitik/laenderklassifizierung.html.

Politische Trends[181]

Das Wahljahr 2002 war von politischen Turbulenzen gekennzeichnet, denn Jacques Chirac (UMP) trat im zweiten Wahlgang gegen Jean-Marie Le Pen an, Vorsitzender der extrem rechten Front National. Chirac wurde am 5. Mai 2002 wiedergewählt und ernannte Jean-Pierre Raffarin zum Premierminister. Dieser reichte nach dem Referendum über die EU-Verfassung am 29. Mai 2005 seinen Rücktritt ein, nachdem 54,9 % der Franzosen gegen die EU-Verfassung votierten. Raffarins Nachfolger wurde der ehemalige Außen- und Innenminister Dominique de Villepin (UMP).

In Villepins Regierungsprogramm steht die Schaffung von Arbeitsplätzen an erster Stelle. Gerade die hohe Jugendarbeitslosigkeit erfordert Reformen. Die Jugendunruhen in den französischen Vorstädten haben ebenfalls Fragen bezüglich der französischen Sicherheitspolitik aufgeworfen. Ob Villepin die Wählerschaft von seinem Reformkurs überzeugen kann, wird sich spätestens bei der nächsten Präsidentschaftswahl 2007 zeigen. Auch in sozialer Hinsicht steht das Land großen Herausforderungen gegenüber. Die EU-Erweiterung – insbesondere der Beitritt der Türkei – heizt in Frankreich die Debatte über die EU weiter an. Verfassungsgegner schüren die Angst vor dem Zuzug weiterer Arbeitskräfte. Wichtige Punkte, die es anzugehen gilt, sind die fehlende Integration der Vorstadtjugend, die Angst vor Arbeitslosigkeit, die Unsicherheit über die Altersversorgung, die Einsparungen beim Gesundheitssystem sowie die durch den hohen Ölpreis gestiegenen Heiz- und Transportkosten.

Das außenpolitische Klima kann als relativ gut bezeichnet werden. Frankreich setzt sich einerseits für ein handlungsfähiges Europa ein, bewahrt andererseits aber auch das Profil „der Grande Nation“ in außenpolitischen Fragen, wobei gaullistische Züge deutlich zu erkennen sind: die Bereitschaft zum militärischen Engagement unter Einbezug des Nuklear-Potenzials, eine aktive Rolle in der Welt als ständiges Mitglied des UN-Sicherheitsrates, die enge Zusammenarbeit mit Entwicklungsländern sowie weltweites Eintreten für Freiheit und Menschenrechte.

Volkswirtschaftliche Kennzahlen[182]

Binnenwirtschaftliche Indikatoren		2003	2004	2005p	2006p
BIP pro Kopf	Euro	25.930	27.000	28.100	28.900
BIP	Mrd. Euro	1.559,4	1.625,3	1.690,0	1.740,0
Wachstumsrate BIP, real	%	0,9	2,1	1,5	1,7

180 Corruption Perceptions Index 2005 nach Transparency International, in: http://www.transparency.org; Rang 1 = keine Korruption, Deutschland: Rang 16.

181 Texte zusammengestellt auf Basis des Auswärtigen Amtes, der Bundesagentur für Außenwirtschaft, der Bayerischen Landesbank, der Industrie- und Handelskammer Region Stuttgart, der Deutschen Botschaft Paris und der Französischen Botschaft Berlin.

182 Zusammenstellung auf Basis von Informationen der Bayerischen Landesbank, Stand August 2005.

Inflationsrate	%	2,1	2,1	1,8	2,0
Arbeitslosenquote	%	9,8	9,7	9,8	9,7

Beitrag zum BIP: Landwirtschaft (Primärsektor) 3 %, Industrie (Sekundärsektor) 25 %, Dienstleistungen (Tertiärsektor) 72 %

Finanzindikatoren					
Staatsverschuldung	% des BIP	63,9	64,6	66,0	67,0
Haushaltssaldo	% des BIP	-4,1	-3,6	-3,3	-3,1

Wirtschaftliche Trends

Nach einem zwischen 1998 und 2000 dynamischen Wirtschaftswachstum verzeichnete die Wirtschaft zwischen 2001 und 2003 nur noch ein geringes Wachstum. 2003 stand sie dann mit einer Veränderung des Bruttoinlandsproduktes von 0,8 % am Rande der Stagnation. 2004 stieg das Wachstum des Bruttoinlandsprodukts wieder auf 2,3 %[183] an. Die Stimulierung der Wirtschaft war vor allem auf die gestiegene Binnennachfrage zurückzuführen. Bei den privaten Konsumausgaben war ein Wachstum von 1,9 % zu verbuchen. Von dem Konsumklima konnte vor allem der Einzelhandel profitieren. Im Besonderen sind hier die großen Kaufhäuser sowie der Versandhandel anzuführen.

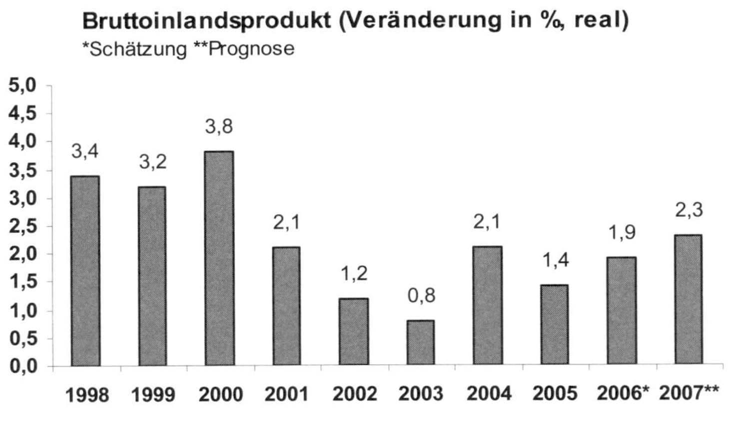

Quelle: Bfai

Abbildung 111: *Entwicklung des Bruttoinlandsproduktes in Frankreich*

183 Die Bayerische Landesbank konstatiert ein Wachstum des BIP von 2,1 % im Jahr 2004.

Zum Jahresende 2005 verzeichnete die Wirtschaft eine positive Entwicklung, wobei der Fahrzeug- und Maschinenbau, die Nahrungs- und Genussmittelindustrie, die Stahlindustrie, die Chemische und Elektroindustrie, die Kosmetikproduktion und die Rüstungsindustrie die wichtigsten Industriezweige sind. Negativ wirkte sich – wie in allen anderen europäischen Ländern – der gestiegene Ölpreis auf die Konjunktur aus. Gestiegene Energiekosten (+11,8 %) und gestiegene Wohnungsmieten (+3,6 %) wirkten dabei besonders preistreibend.

Auch 2005 sollte die Ziele der Haushaltskonsolidierung und der Bekämpfung der Arbeitslosigkeit erreicht werden. Dem Staat kommt dabei traditionell eine wichtige Rolle zu. Priorität hat in der staatlichen Wirtschaftsförderung vor allem die Finanzierung von Forschung und Entwicklung und die Energiepolitik. Auch die Position als fünfgrößte Wirtschaftsnation weltweit und Platz zwei im Euroland soll gehalten werden.

Außenwirtschaftliche Kennzahlen[184]

Außenwirtschaftliche Indikatoren		2003	2004	2005p	2006p
Warenexporte	Mrd. Euro	323,4	342,1	350,0	355,0
Warenimporte	Mrd. Euro	322,6	350,4	370,0	370,0
Handelsbilanzsaldo	Mrd. Euro	0,8	-8,3	-20,0	-15,0
Leistungsbilanzsaldo	Mrd. Euro	7,0	-6,8	-7,0	-5,0
	% des BIP	0,4	-0,1	-0,4	-0,3
Deutsche Einfuhr aus Frankreich	Mrd. Euro	48,5	52,2	57,0	61,0
Deutsche Ausfuhr nach Frankreich	Mrd. Euro	69,0	75,3	81,0	86,0

Außenhandel

Der Außenhandel expandierte im Jahr 2005 – eine Entwicklung, die sich voraussichtlich im Jahr 2006 fortsetzen wird. Der Export stieg in den ersten neun Monaten des Jahres 2005 gegenüber 2004 um 4 %, während der Import um 8 % zulegte.[185] Über 70 % des Handels wurden dabei mit europäischen Staaten abgewickelt.

Deutschland war 2005 (Januar bis September) mit einem Anteil von rund 17 % an der französischen Gesamteinfuhr erneut das mit Abstand wichtigste Lieferland vor Italien (Abb. 112). Deutschland ist ferner bedeutendster Absatzmarkt für französische Waren: Im genannten Zeitraum gingen knapp 15 % der Exporte an deutsche Abnehmer (Abb. 113). Seit 1962 hat sich der Außenhandel mit Frankreich somit mehr als verzwanzigfacht (Abb. 114). Neben Deutschland zählen Italien, Spanien, Belgien und Luxemburg zu den wichtigsten Handels-

184 Zusammenstellung auf Basis von Informationen der Bayerischen Landesbank, Stand August 2005.

185 Bfai: Frankreich – Wirtschaftsdaten kompakt, Stand Mai 2006.

partnern. Wichtigster nicht-europäischer Handelspartner sind die USA. Bilaterale Beziehungen zu Partnern wie China oder Japan werden kontinuierlich ausgebaut.

Zu den größten Exportbranchen zählen die Kraftfahrzeugindustrie, die Luft- und Raumfahrtindustrie sowie die Chemische und Pharmazeutische Industrie. Importiert werden zumeist Automobile, Energie, Büromaschinen und Computerhardware. Deutsche Einfuhrgüter sind in erster Linie Automobile und Kfz-Teile, Vorprodukte, elektrotechnische Erzeugnisse und Luftfahrzeuge. Frankreich hat einen Anteil am Welttourismusgeschäft von rund einem Zehntel. Dies macht den Tourismus zum wichtigsten Zweig der französischen Volkswirtschaft.

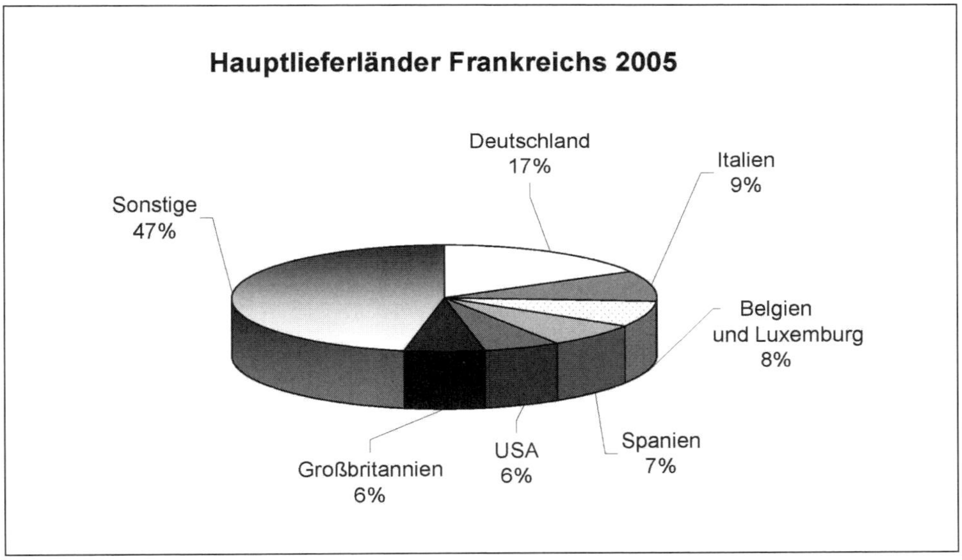

Quelle:Bfai
Abbildung 112: *Hauptlieferländer Frankreichs 2005*

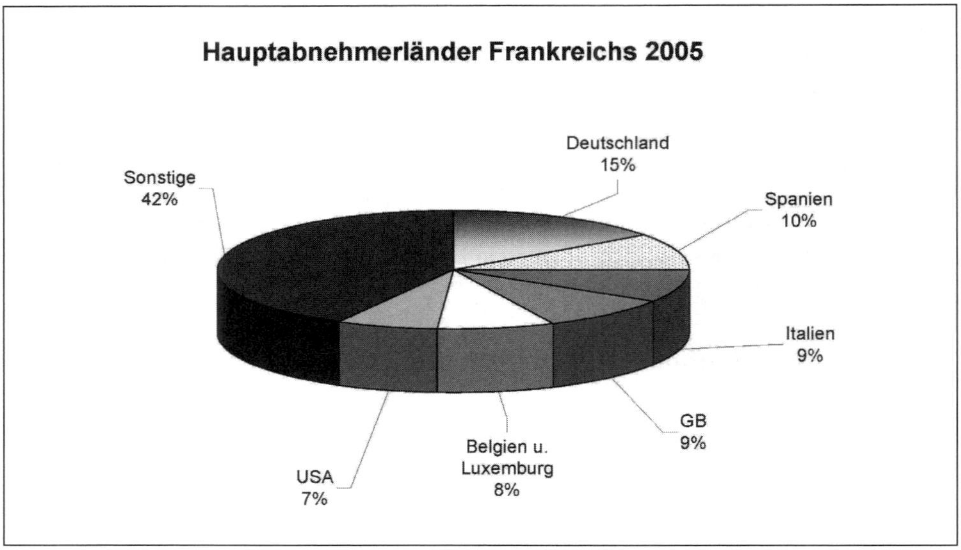

Quelle: Bfai

Abbildung 113: *Hauptabnehmerländer Frankreichs 2005*

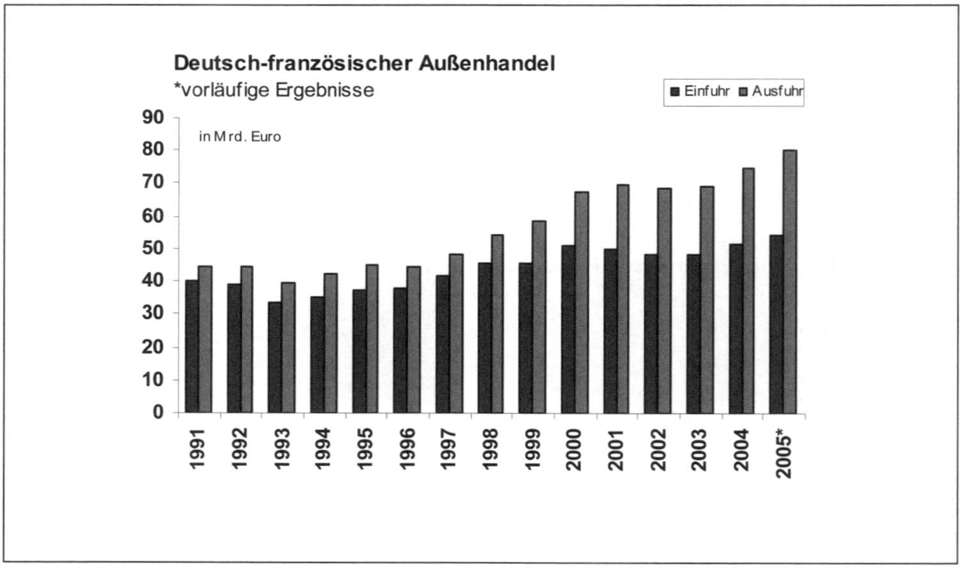

Quelle: Statistisches Bundesamt

Abbildung 114: *Entwicklung des deutsch-französischen Außenhandels*

Investitionsklima

Frankreich gilt als einer der attraktivsten Investitionsstandorte in Europa. Allein 2003 flossen 411,9 Mrd. Euro ausländische Direktinvestitionen nach Frankreich. Der bedeutendste ausländische Direktinvestor sind die USA, die mit einem Anteil von 28 % an den insgesamt geschaffenen respektive erhaltenen Arbeitsplätzen vor Deutschland und Schweden den ersten Platz belegen.[186] Die deutschen Investitionen betrugen 2003 40,9 Mio. Euro, wobei die Automobilbranche einer der bedeutendsten Investitionssektoren für Deutschland war. Die französischen Direktinvestitionen nach Deutschland stiegen in der Zeit von 2001 bis 2003 kontinuierlich an, was ein weiterer Indikator für die intensiven Wirtschaftsbeziehungen zwischen den beiden Ländern ist.

Das Jahr 2005 war für die Investitionen eher ein wechselhaftes Jahr. Zu Jahresbeginn war ein leichter Anstieg von 1,9 % zu verzeichnen, während in der Jahresmitte -0,1 % zu verbuchen waren.[187] Vor allem zum Jahresende stiegen Investitionen von privaten Unternehmen an und auch die Investitionen von privaten Haushalten nahmen zu.

Investitionen[188]	2001	2002	2003	2004
Ausländische Direktinvestitionen in Frankreich Bestand Mrd. Euro	327,9	367,3	411,9	430,4
Ausländische Direktinvestitionen in Frankreich Zuflüsse Mrd. Euro	56,4	52,0	37,6	19,6
Deutsche Direktinvestitionen in Frankreich Bestand Mrd. Euro	37.916	43.435	35.411	37.100
Französische Direktinvestitionen in Deutschland Bestand Mrd. Euro	37.882	43.326	50.144	49.362

In den einzelnen Sektoren der Industrie lassen sich große Unterschiede hinsichtlich der Investitionsfreudigkeit ausmachen. Während die Investitionsgüterindustrie ihre Ausgaben voraussichtlich steigern wird, werden die Automobilindustrie und die Konsumgüterindustrie ihre Ausgaben im Jahr 2006 voraussichtlich eher zurückfahren. Ein großes länderübergreifendes Investitionsprojekt ist der Ausbau der TGV-Strecke von Lyon bis nach Turin, der 15 Mrd. Euro veranschlagt. Außerdem wird ein internationaler Versuchsreaktor für Kernfusion im Wert von 5 Mrd. Euro in Cadarache (Rhônemündung) gebaut.

---

186 http://www.investinfrance.org, Stand Mai 2005.

187 Bfai: Frankreich – Wirtschaftsdaten kompakt, Stand Mai 2006.

188 Zusammenstellung auf Basis von Informationen der Bfai: Frankreich – Wirtschaftsdaten kompakt, Stand Mai 2006 und der Deutschen Bundesbank: Kapitalverflechtungen mit dem Ausland, Stand April 2006.

Auch 2006 steckt die Hoffnung der Regierung wieder in den Investitionen der Unternehmen, mit denen die Wettbewerbsfähigkeit gestärkt und der Arbeitsmarkt positiv beeinflusst werden soll. Die Unterstützung von industrieller Forschung und Innovation steht dabei an erster Stelle.

Außenwirtschaftsbarometer

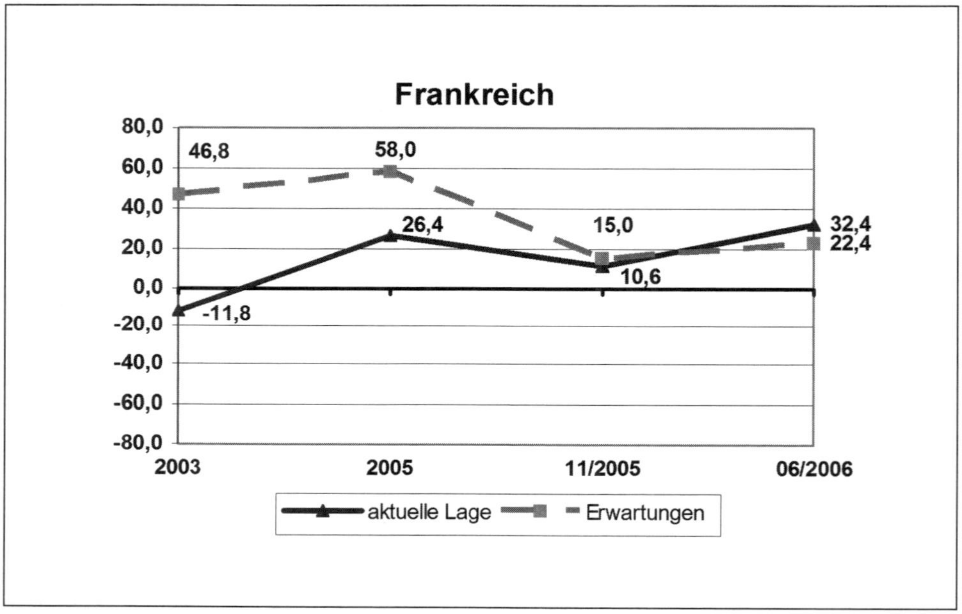

Quelle: IHK Region Stuttgart
Abbildung 115: *Außenwirtschaftsbarometer Frankreich*

Während bei der ersten Befragung im Jahr 2003 der Anteil der deutschen Unternehmen, die der Auffassung, waren ihre Geschäftsbeziehungen zu Frankreich seien schlecht, größer war als der Anteil derer, die ihre geschäftlichen Beziehungen für gut befunden haben, ist die Einschätzung zur aktuellen Lage der Geschäftsbeziehungen mit Frankreich seit Anfang 2005 positiv, wenn auch die äußerst positiven Erwartungen für die kommenden zwei bis fünf Jahre vom Jahr 2003 und Anfang 2005 sich im Juni 2006 noch nicht bestätigt haben. Die Beurteilung für die jeweils kommenden zwölf Monate ist deshalb auch deutlich verhaltener seit Ende des Jahres 2005 ausgefallen (Abb. 115).

Interkultureller Praxistipp Frankreich

Französische Geschäftspartner sind langfristig orientiert und zielen auf den Aufbau fester persönlicher Beziehungen als Basis für weiteres wirtschaftliches Engagement.[189] Mit Franzosen sollte man deshalb zunächst Kontakt auf einer emotionalen Ebene aufbauen, bevor eine geschäftliche Beziehung angegangen wird. Man sollte es also vermeiden, mit der Tür ins Haus zu fallen und sofort mit den Verhandlungen zu beginnen. Franzosen legen dabei viel Wert auf ausgesuchte Höflichkeit und die Einhaltung formeller Konventionen. Ein wenig Small-Talk zum Kennenlernen – am besten auf Französisch – wäre ideal, wobei Tabuthemen wie Ausländerpolitik oder Kritik an politischen Prozessen umgangen werden sollten. Gerade ihrer Muttersprache messen die Franzosen einen hohen Stellenwert zu und sind meist gute Rhetoriker. Stellen Sie sich darauf ein, dass die Verhandlungen ausschließlich auf Französisch geführt werden, auch wenn viele Franzosen gut Englisch sprechen.[190] Bei Verhandlungen kommt oft die französische Diskussionskultur zutage. Viele Argumente werden zuerst aufgegriffen, analysiert und verworfen, bis man schließlich zum Ziel der Verhandlungen kommt.
Die französische Gesellschaft ist stark hierarchisch geprägt. Herkunft, Bildung und Position innerhalb eines Unternehmens spielen eine wichtige Rolle. Diese zentralistische Haltung wird schon früh durch Erziehung und Schule gefördert. Drei von vier Top-Managern stammen beispielsweise aus den elitären Kaderschmieden, den Grand Ecoles, oder wohlhabenden Familien. Daher sollten Sie in Verhandlungen stets darauf achten, direkt mit Personen der höchsten Führungsebene in Kontakt zu kommen, da nur sie die Entscheidungen treffen werden.[191]

Fazit

Nach einer Erholung der Konjunktur im Jahre 2005 ist die Wirtschaft zum Jahresbeginn 2006 auf einen positiven Wachstumspfad eingeschwenkt. Dies ist vor allem auf eine gestiegene Binnennachfrage zurückzuführen. Auch hat sich der Handel mit Deutschland intensiviert. Deutschland war das mit Abstand wichtigste Lieferland vor Italien und ferner der bedeutendste Absatzmarkt für französische Waren.

In politischer Hinsicht steht das Land vor großen Herausforderungen: Eine Arbeitslosenquote von 10 %, Einsparungen bei den öffentlichen Leistungen und Unsicherheit hinsichtlich der Altersversorgung schüren die Angst in der Bevölkerung und verschärfen die Debatte über die EU. Ob die Regierung mit ihrem Reformkurs überzeugen kann, wird sich bei der nächsten Präsidentschaftswahl 2007 zeigen.

---

[189] Vgl. Strunz/Dorsch 2001, S. 344.

[190] Bfai: Erfolgreich Verhandeln in Frankreich. Die erste Begegnung, Köln 2005, S. 2.

[191] Vgl. Winkler 2002, S. 96 f.

Weiterführende Quellen

Internet:

Auslandshandelskammer: http://www.ahk.de.
Auswärtiges Amt: http://www.auswaertiges-amt.de.
Bundesagentur für Außenwirtschaft: http://www.bfai.de.
Deutsche Botschaft in Frankreich: http://www. amb-allemagne.fr.
Deutsch-französische Industrie- und Handelskammer: http://www.francoallemand.com.
Französische Botschaft in Deutschland: http://www.botschaft-frankreich.de.
Statistisches Bundesamt: http://www.destatis.de.

Literatur:

Breuer, Jochen P./de Bartha, Pierre: Deutsch-Französische Geschäftsbeziehungen erfolgreich managen. Spielregeln für die Zusammenarbeit auf Führungs- und Fachebene, 2. Auflage, Köln 2005.
Bundesagentur für Außenwirtschaft: Erfolgreich verhandeln in Frankreich, Köln 2005.
Bundesagentur für Außenwirtschaft: Exportieren nach Frankreich, Köln 2003.
Deutsch-französisches Institut: Aktuelle Frankreich-Analyse, Schriftenreihe, Ludwigsburg, mehrmals jährlich erscheinende Publikation/Serie.
Deutsch-französisches Institut: Länderbericht Frankreich, Schriftenreihe, Ludwigsburg, jährliche Publikation/Serie.
Große, Ernst U./Lüger, Heinz-Helmut: Frankreich verstehen. Eine Einführung mit Vergleichen zu Deutschland, 5. Auflage, Darmstadt 2000.
Grosser, Alfred: Wie anders ist Frankreich? München 2005.
Haensch, Günther/Tümmers, Hans J.: Frankreich. Politik, Gesellschaft, Wirtschaft, 3. Auflage, München 1996.
Kempf, Udo: Von de Gaulle bis Chirac. Das politische System Frankreichs, 3. Auflage, Opladen 1997.
Pateau, Jacques: Die seltsame Alchimie in der Zusammenarbeit von Deutschen und Franzosen. Aus der Praxis des interkulturellen Managements, Frankfurt am Main 1999.
Ziebura, Gilbert: Frankreich. Geschichte, Gesellschaft, Politik. Ausgewählte Aufsätze, Opladen 2003.

8. Griechenland

Quelle: CIA
***Abbildung 116**: Griechenland*

Landesinformationen/Politik[192]

Amtliche Bezeichnung	Hellenische Republik (Elleniki Dimokratia)
Fläche	132.000 qkm (107.000 qkm Festland und ca. 25.000 qkm Inselfläche)
Einwohner	ca. 10,5 Mio.
Bevölkerungsdichte[193]	84,2 Einwohner/qkm

---

192 Zusammenstellung auf Basis von Informationen des Auswärtigen Amtes, Stand Februar 2005.

Hauptstadt	Athen, Großraum Athen/Piräus ca. 4 Mio. Einwohner
Religionszugehörigkeit	griechisch-orthodoxe Staatskirche sowie ca. 130.000 Muslime, ca. 50.000 Protestanten und Katholiken, 6.500 Juden
Nationalfeiertag	25. März, Beginn des Freiheitskampfes gegen das Osmanische Reich (1821)
Landessprache	neugriechisch
Regierungsform	seit 1974 parlamentarische Demokratie, Einkammersystem mit 300 Abgeordneten
Staatsoberhaupt	Staatspräsident Karolos Papoulias, seit 2005
Regierungschef	Ministerpräsident Kostas Karamanlis, seit 2004
Wirtschaftsminister	Georgios Alogoskoufis, seit 2004
Politische Situation	Regierungsparteien: Neue Demokratie (165/300 Sitze), Panhellenische Sozialistische Bewegung (PASOK) 117/300 Sitze, Kommunistische Partei Griechenlands (KKE) 12/300 Sitze, Bündnis der Linken, der Bewegungen und der Ökologie (SYNASPISMOS) 6/300 Sitze

Sonstiges

Mitgliedschaft in internationalen Organisationen	Vereinte Nationen, EU, Nato, WEU, Europarat, OECD, WTO, UNCTAD, ECE, IAEA, IPU, ILO, WHO und andere Sonderorganisationen der Vereinten Nationen, BSEC
Hermes-Entgeltkategorie[194]	0
Korruption[195]	Rang 47 (von 158)

193 Bfai: Griechenland – Wirtschaftsdaten kompakt, Stand Mai 2006.

194 http://www.agaportal.de/pages/aga/deckungspolitik/laenderklassifizierung.html.

195 Corruption Perceptions Index 2005 nach Transparency International, in: http://www.transparency.org, Rang 1= keine Korruption, Deutschland: Rang 16.

Volkswirtschaftliche Kennzahlen[196]

Binnenwirtschaftliche Indikatoren		2003	2004	2005p	2006p
BIP pro Kopf	Euro	13.650	14.700	15.500	16.250
BIP	Mrd. Euro	153,0	164,5	174,0	182,0
Wachstumsrate BIP, real	%	4,5	4,2	3,0	2,8
Inflationsrate	%	3,6	2,9	3,2	3,0
Arbeitslosenquote	%	9,5	9,1	8,9	8,8

Beitrag zum BIP:	Primärsektor 7 %; Sekundärsektor 22 %; Tertiärsektor 71 %
Entwicklung des BIP:	anhaltendes Wachstum
Inflation:	überdurchschnittlich hoch im Vergleich zum Euroraum
Arbeitslosigkeit:	leicht rückläufige Arbeitslosenquote

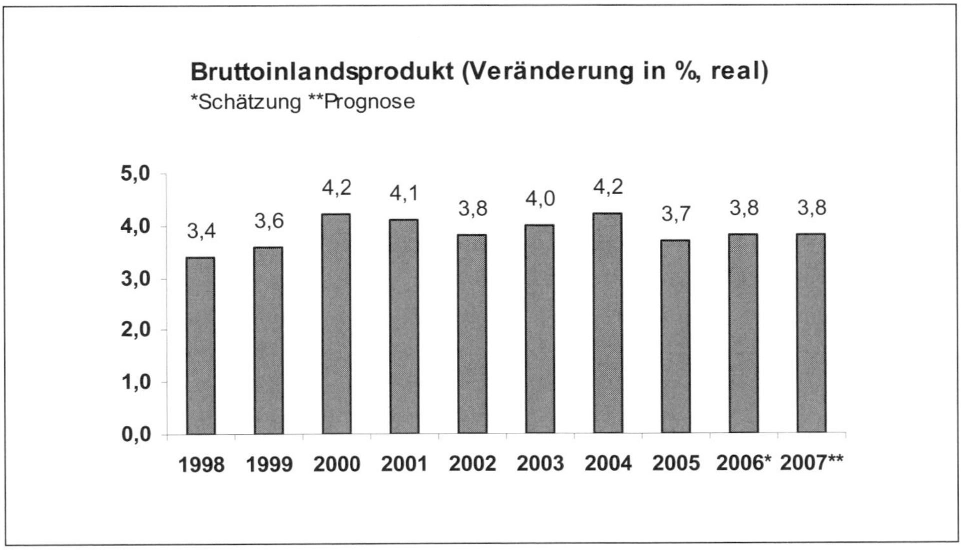

Quelle: Bfai
Abbildung 117: *Entwicklung des Bruttoinlandsproduktes in Griechenland*

[196] Zusammenstellung auf Basis von Informationen der Bayerischen Landesbank, Stand September 2005.

Finanzindikatoren		2003	2004	2005p	2006p
Staatsverschuldung	% des BIP	109,3	110,5	110,0	109,5
Haushaltssaldo	% des BIP	-5,2	-6,1	-4,5	-4,4

Verschuldung: über den Maastricht-Normen

Außenwirtschaftliche Indikatoren		2003	2004	2005p	2006p
Warenexporte	Mrd. Euro	12,1	12,0	11,5	12,5
Warenimporte	Mrd. Euro	39,7	41,6	40,5	41,0
Handelsbilanzsaldo	Mrd. Euro	-27,6	-29,5	-29,0	-28,5
Leistungsbilanzsaldo	Mrd. Euro	-9,7	-7,8	-10,0	-9,0
	% des BIP	-6,3	-4,8	-5,7	-4,9
Deutsche Einfuhr aus Griechenland	Mio. Euro	1.581	1.471	1.550	k. A.
Deutsche Ausfuhr nach Griechenland	Mio. Euro	5.582	6.311	6.250	k. A.

Leistungsbilanz: defizitär

Hauptlieferländer:[197] 2005: Deutschland 13,2 %; Italien 12,2 %; GUS 7,7 %; Frankreich 5,7 %; Niederlande 5,5 %; Saudi-Arabien 4,1 %; Spanien 3,9 %; China 3,9 %; Großbritannien 3,7 %; Sonstige 40,1 %

Hauptabnehmerländer:[197] 2005: Deutschland 12,3 %; Italien 10,5 %; Großbritannien 6,7 %; Türkei 5,4 %; USA 5,3 %; Frankreich 4,2 %; Spanien 3,6 %; Niederlande 2,4 %; Sonstige 49,6 %

Hauptimportgüter:[197] 2005: Maschinen und Fahrzeuge 28,9 %; Brennstoffe u. technische Öle 18,0 %; chemische Erzeugnisse 14,5 %; Sonstige Vorerzeugnisse 13,4 %; Sonstige Fertigerzeugnisse 11,7 %; Nahrungsmittel u. lebende Tiere 9,1 %; Rohstoffe 2,5 %; Getränke, Tabak 1,6 %; Sonstige 0,3 %

Hauptexportgüter: [197] 2005: Sonstige Vorerzeugnisse 20,6 %; Nahrungsmittel u. lebende Tiere 14,6 %; chemische Enderzeugnisse 14,6 %; Sonstige Fertigerzeugnisse 13,8 %; Maschinen und Fahrzeuge 12,7 %; Brennstoffe u. technische Öle 9,5 %; Rohstoffe 4,9 %; Getränke, Tabak 4,0 %; Tierische, pflanzliche Öle 2,8 %; Sonstige 2,5 %

Griechenland als deutscher Handelspartner:[198] Rang 30 (nach Singapur, vor Kanada)

197 Bfai: Griechenland – Wirtschaftsdaten kompakt, Stand Mai 2006.

198 Statistisches Bundesamt, Außenhandelsstatistik 2005.

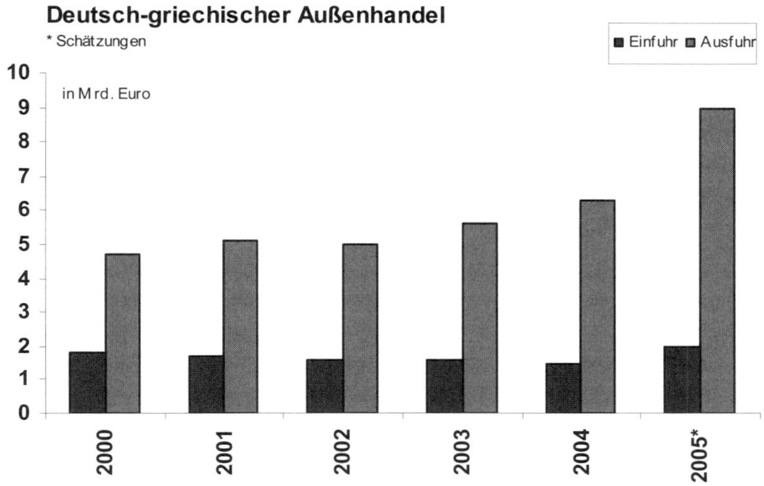

Quelle: AHK
Abbildung 118: *Entwicklung des deutsch-griechischen Außenhandels*

Investitionen[199]		2001	2002	2003	2004
Ausländische Direktinvestitionen in Griechenland	Bestand Mrd. Euro	k. A.	14,8	17,1	21,3
Ausländische Direktinvestitionen in Griechenland	Zuflüsse Mrd. Euro	k. A.	k. A.	k. A.	k. A.
Deutsche Direktinvestitionen in Griechenland	Bestand Mio. Euro	1.382	1.393	1.442	1.580
Griechische Direktinvestitionen in Deutschland	Bestand Mio. Euro	42	97	131	126

199 Zusammenstellung auf Basis von Informationen der Bfai: Griechenland – Wirtschaftsdaten kompakt, Stand Mai 2006, und der Deutschen Bundesbank: Kapitalverflechtungen mit dem Ausland, Stand April 2006.

Weiterführende Quellen

Internet:
Auslandshandelskammer: http://www.ahk.de.
Auswärtiges Amt: http://www.auswaertiges-amt.de.
Bundesagentur für Außenwirtschaft: http://www.bfai.de.
Deutsche Botschaft in Griechenland: http://www.athen.diplo.de.
Griechische Botschaft in Deutschland: http://www.athen.diplo.de.
Statistisches Bundesamt: http://www.destatis.de.

Literatur:
Bernardakis, Panagiotis: Griechenland als 12. Mitglied der Europäischen Wirtschafts- und Währungsunion. Fakten und Perspektiven, Frankfurt am Main 2002.
Bundesagentur für Außenwirtschaft: E-Commerce in der EU, Köln 2003.
Bundesagentur für Außenwirtschaft: Erfolgreich verhandeln in Griechenland, Köln 2004.
Bundesagentur für Außenwirtschaft: Länderreport Griechenland, Köln 2004.
Eichheim, Hubert: Griechenland. Geschichte und Gegenwart, München 2006.
Katsas, Theodor: Conduct of Business Rules für Wertpapierdienstleistungsunternehmen in Europa, Berlin 2002.

9. Großbritannien/Vereinigtes Königreich

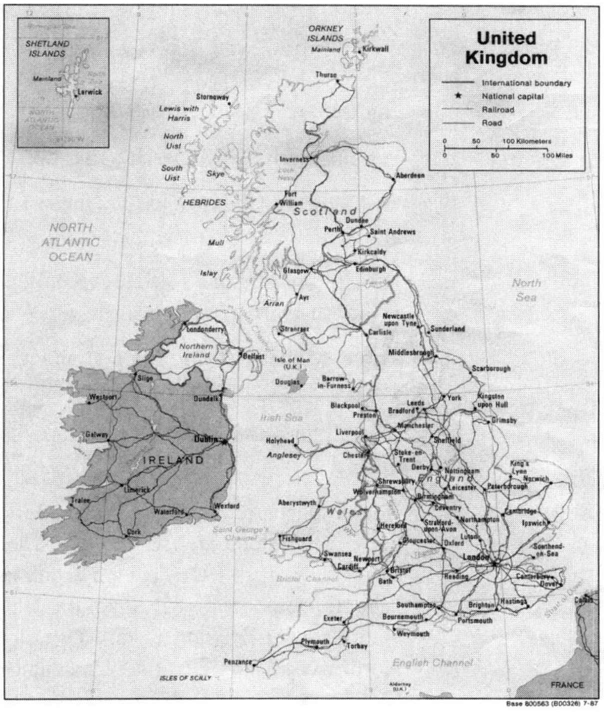

Quelle: CIA
***Abbildung 119:** Großbritannien/Vereinigtes Königreich*

Landesinformationen/Politik[200]

Amtliche Bezeichnung	Vereinigtes Königreich Großbritannien und Nordirland (United Kingdom of Great Britain and Northern Ireland)
Fläche	243.000 qkm
Bevölkerung	59,8 Mio. (amtliche Schätzung Mitte 2004)
Bevölkerungsdichte[201]	244 Einwohner/qkm

200 Zusammenstellung auf Basis von Informationen des Auswärtigen Amtes, Stand Mai 2006.

Hauptstadt	London; ca. 7,3 Mio. Einwohner
Religionszugehörigkeit	35 Mio. Anglikaner (Church of England); 1,3 Mio. Church of Scotland; 0,2 Mio. sonst. Protestanten; 5,6 Mio. Katholiken; 2 Mio. Moslems, 1,4 Mio. Hindus u. Sikhs; 300.000 Juden; 11 Mio. Sonstige
Nationalfeiertag	Zweiter Samstag im Juni (HM Queen's Official Birthday)
Landessprachen	englisch, walisisch, gälisch, cornisch
Staatsform	Parlamentarische Monarchie mit zwei Kammern
Staatsoberhaupt	Her Majesty (Ihre Majestät) Queen Elizabeth II (Amtsantritt 06.02.1952; Krönung: 02.06.1953)
Vertreter	His Royal Highness (Seine Königliche Hoheit) The Prince of Wales
Regierungschef	Prime Minister Tony Blair (Labour, Amtsantritt: Mai 1997, wieder gewählt am 7. Juni 2001 und 5. Mai 2005)
Wirtschaftsminister	Alan Johnson, seit 2005, Minister für Handel und Industrie
Politische Situation	Regierungspartei: Labour Party (356 Sitze im Unterhaus, sozialdemokratisch); Oppositionsparteien: Conservative Party (197 Sitze im Unterhaus, konservativ), Liberal Democrats (62 Sitze im Unterhaus), Scottish Nationalists (6), Plaid Cymru (Welsh Nationalists) (3), Nordirische Parteien (18), Unabhängige (2), Sonstige (2)
Währung[202]	British Pound (GBP), Einheit: Pence, 1 Euro (EUR) = 0,68874 Britisches Pfund (GBP), 1 Britisches Pfund = 1,45193 Euro

Sonstiges

Wachstumsbereiche[203]	Infrastruktur, Wohnungsbau, Umwelt- und Medizintechnik

---

201 Bfai: Großbritannien – Wirtschaftsdaten kompakt, Stand Mai 2006.

202 http://www.oanda.com/convert/classic, Stand 29.03.2006.

203 Bfai: Großbritannien – Wirtschaftstrends 2006. Gesamtwirtschaftlicher Ausblick, Stand Januar 2006.

Mitgliedschaft in internationalen Organisationen	Gründungsmitglied Vereinte Nationen (1945), Weltbank und IWF (1945), OEEC/OECD (1948), Nato (1949), Commonwealth (1949), Europarat (1950), KSZE/OSZE (1975), Beitritt EG/EU 1973
Hermes-Entgeltkategorie[204]	1
Korruption[205]	Rang 11 (von 158)

Politische Trends[206]

Das Wahljahr 2005 stand ganz im Zeichen des Wahlsiegs von Tony Blair bei den Unterhauswahlen. Seiner Labour-Partei gelang es erstmals in der britischen Geschichte, einen dritten Wahlsieg in Folge zu erringen. Zwar musste die Partei erhebliche Stimmenverluste hinnehmen, doch erreichte sie mit 356 der 646 Sitze dennoch eine absolute Mehrheit im Parlament. Die wichtigsten Kabinettsposten blieben somit unverändert.

In Blairs Regierungsprogramm steht die Sicherung der Wirtschaftsentwicklung durch die Verringerung des Staatseinflusses und durch den Abbau von Regulierungen an erster Stelle. Besondere Bedeutung kommt auch der Terrorismusbekämpfung, der Verschärfung der Anti-Terrorismus-Gesetze, der Reform des staatlichen Gesundheits- und Erziehungswesens und der Kriminalitätsbekämpfung zu.

Auch hinsichtlich europapolitischer Fragen steht das Land vor großen Herausforderungen. Die EU-Erweiterung heizt in Großbritannien die Debatte über die EU weiter an. Das Referendum über die europäische Verfassung wurde zunächst auf unbestimmte Zeit verschoben und die Zustimmung der Briten gilt weiterhin als unsicher. Die Diskussion um den Britenrabatt, der Großbritannien eine Sonderstellung gegenüber anderen EU-Mitgliedern einräumte, gilt nach dem Kompromissvorschlag Großbritanniens als beendet. Bis 2013 wird der Rabatt deutlich reduziert. Und dennoch nimmt Großbritannien, obgleich es nicht der Euro-Zone angehört, eine aktive Rolle in der EU ein, vor allem bei der gemeinsamen Sicherheits-, Außen- und Verteidigungspolitik.

Das außenpolitische Klima kann als relativ gut bezeichnet werden. Deutschland ist einer der wichtigsten Partner für Großbritannien. Wichtigster nicht-europäischer Partner sind die USA, wobei besonders der Kampf gegen den Terrorismus und der Kampf gegen das Talibanregime beide Nationen miteinander verbinden. Aus historischen Gründen werden außerdem die Beziehungen zu den Commonwealth-Staaten, zum Nahen und Mittleren Osten, zum anglopho-

---

204 http://www.agaportal.de/pages/aga/deckungspolitik/laenderklassifizierung.html.

205 Corruption Perceptions Index 2005 nach Transparency International, in: http://www.transparency.org; Rang 1 = keine Korruption, Deutschland: Rang 16.

206 Texte zusammengestellt auf Basis des Auswärtigen Amtes, der Bundesagentur für Außenwirtschaft, der Bayerischen Landesbank, der Industrie- und Handelskammer Region Stuttgart, der deutschen Botschaft London und der Britischen Botschaft Berlin.

nen Afrika, zum indischen Subkontinent und zu Fernost besonders gepflegt. Eine aktive Rolle in der Welt als Gründungsmitglied der Vereinten Nationen, die enge Zusammenarbeit mit Entwicklungsländern sowie weltweites Eintreten für Freiheit und Menschenrechte zeichnen die britische Außenpolitik darüber hinaus aus.

Als Erfolg kann außerdem der Zuschlag für die Olympischen Sommerspiele 2012 verbucht werden, wobei Großbritannien zum dritten Mal Wettkampfort der Spiele sein wird.

Volkswirtschaftliche Kennzahlen[207]

Binnenwirtschaftliche Indikatoren		2004	2005s	2006p	2007p
BIP pro Kopf	Euro	28.800	29.500	30.100	30.400
BIP	Mrd. Euro	1.717	1.770	1.812	1.850,0
Wachstumsrate BIP, real	%	3,2	1,8	2,0	2,0
Inflationsrate	%	1,3	2,1	2,0	2,0
Arbeitslosenquote	%	4,7	4,8	5,0	5,0

Beitrag zum BIP: Landwirtschaft (Primärsektor) 1 %, Industrie (Sekundärsektor) 25 %, Dienstleistungen (Tertiärsektor) 74 %

Finanzindikatoren					
Staatsverschuldung	% des BIP	39,7	41,5	42,5	43,0
Haushaltssaldo	% des BIP	-3,2	-3,3	-3,1	-3,0

Wirtschaftliche Trends

Nach einem zwischen 2002 und 2004 dynamischen Wirtschaftswachstum verzeichnete die Wirtschaft im Jahre 2005 nur noch ein geringes Wachstum. Die Wachstumsrate lag bei ungefähr 1,8 % (Abb. 120). Im Jahre 2006 wird ein besseres Gesamtergebnis erwartet: So soll das Wirtschaftswachstum bei 2,3 %[208] liegen. Die Impulse für die Wirtschaft sollen vor allem vom Konsum, den Investitionen und dem Export ausgehen.

Bei den privaten Konsumausgaben war 2005 lediglich ein Wachstum von etwa 1,7 % zu verbuchen. Für 2006 werden rund 2 % erwartet, wobei der geringe Anstieg des Verbrauchs vor allem auf die geringen Einkommenszuwächse und den gestiegenen Konsumgüterpreisindex zurück zu führen ist. Negativ wirkte sich vor allem der gestiegene Ölpreis aus. Gestiege-

[207] Zusammenstellung auf Basis von Informationen der Bayerischen Landesbank, Stand Februar 2006.

[208] Die Bayerische Landesbank prognostiziert für 2006 ein Wachstum des Bruttoinlandsprodukts um 2,0 %, während die Bfai 2,3 % schätzt.

ne Energiekosten (+13 %) und gestiegene Benzinpreise (+18 %) wirkten dabei besonders preistreibend.

Zum Jahresende 2005 verzeichnete die Wirtschaft eine positive Entwicklung. Es darf eine allmähliche Konjunkturbelebung angenommen werden. Der Einzelhandelsumsatz erholt sich spürbar, wobei große Supermarktketten – allen voran Tesco und Asda/Wal-Mart – besonders auf die Ausweitung des Sortiments in den Non-Food-Sektor setzen.

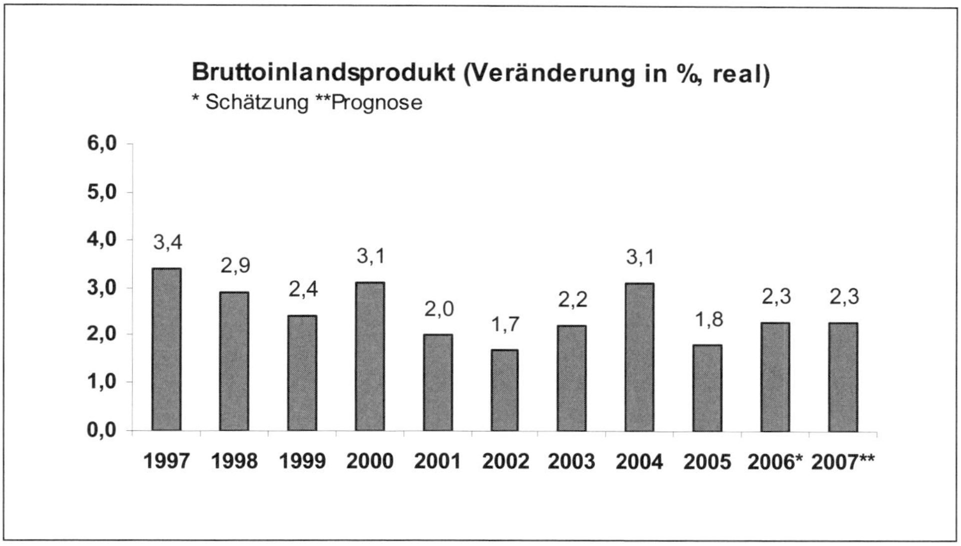

Quelle: Bfai
Abbildung 120: *Entwicklung des Bruttoinlandsproduktes in Großbritannien*

Die Arbeitslosenquote wird auch im Jahr 2006 vermutlich nicht so hoch sein wie im restlichen Euroraum. 2005 hat sie sich nur leicht von 4,7 % auf 4,8 % erhöht.[209] Auch das Ziel der Haushaltskonsolidierung soll 2006 erreicht werden. Mit einem Haushaltssaldo von 3,3 % des Bruttoinlandsproduktes wurden erneut die Maastricht-Kriterien verletzt. Lediglich die Staatsverschuldung von etwas mehr als 40 % des Bruttoinlandsproduktes ist geringer als in zahlreichen anderen EU-Ländern.

Großbritannien möchte auch in Zukunft die Position als fünfgrößte Volkswirtschaft gemessen am nominalen Bruttoinlandsprodukt und das Bruttoinlandsprodukt pro Kopf von fast 30.000 Euro im Jahr 2005, das weltweit zu den höchsten zählt, halten. Dabei setzt die Regierung auf eine neoliberale Wirtschaftspolitik. Besondere Bedeutung kommt dabei dem Dienstleistungssektor, der 74 % zum Bruttoinlandsprodukt beiträgt, zu. London gilt als wichtigster Finanzplatz Europas. Alle größeren Banken, Versicherungen und andere wichtige Dienstleistungs-

[209] Zusammenstellung auf Basis von Informationen der Bayerischen Landesbank, Stand Februar 2006.

unternehmen haben hier ihren Sitz. Auch die gute internationale Wettbewerbsposition in der Hochtechnologiebranche, im Fahrzeugbau und in der Elektrotechnik soll weiter ausgebaut werden.

Außenwirtschaftliche Kennzahlen[210]

Außenwirtschaftliche Indikatoren		2004	2005s	2006p	2007p
Warenexporte	Mrd. Euro	281,1	297,2	305,0	310,0
Warenimporte	Mrd. Euro	367,3	385,9	390,0	395,0
Handelsbilanzsaldo	Mrd. Euro	-86,2	-88,7	-85,0	-85,0
Leistungsbilanzsaldo	Mrd. Euro	-34,2	-35,5	-38,0	-40,0
	% des BIP	-2,0	-2,0	-2,1	-2,2
Deutsche Einfuhr aus Großbritannien	Mrd. Euro	34,5	39,5	k. A.	k. A.
Deutsche Ausfuhr nach Großbritannien	Mrd. Euro	60,0	62,3	k. A.	k. A.

Außenhandel

Der Außenhandel expandierte im Jahr 2005 – eine Entwicklung, die sich voraussichtlich im Jahr 2006 fortsetzen wird. Der Export stieg gegenüber 2004 um 10 %, während der Import um 9 % zulegte. Großbritannien verzeichnet seit Jahren einen Importüberschuss, der das hohe Leistungsbilanzdefizit erklärt. Zwar werden Überschüsse im Dienstleistungssektor und bei den Erwerbs- und Vermögenseinkommen erwirtschaftet, dies kann jedoch nicht darüber hinwegtäuschen, dass Überschüsse im Außenhandel letztmals vor 24 Jahren erwirtschaftet wurden.

Großbritannien pflegt mit Deutschland intensive Handelsbeziehungen (Abb. 121). 2004 war Großbritannien Deutschlands viertgrößter Handelspartner[211]. Für Großbritannien war Deutschland mit einem Anteil von rund 14 % an der britischen Gesamteinfuhr im Jahr 2004 erneut das mit Abstand wichtigste Lieferland vor den USA (Abb. 122). Deutschland war 2004 ferner zweit wichtigster Absatzmarkt für britische Waren (Abb. 123): 11 % der Exporte gingen an deutsche Abnehmer. Wichtigstes Hauptabnehmerland für britische Waren sind mit 15 % die USA. Außerdem zählen Frankreich, Irland, die Niederlande und Spanien zu den wichtigsten Handelspartnern Großbritanniens.

210 Zusammenstellung auf Basis von Informationen der Bayerischen Landesbank, Stand Februar 2006.

211 Statistisches Bundesamt: Außenhandelsstatistik 2005.

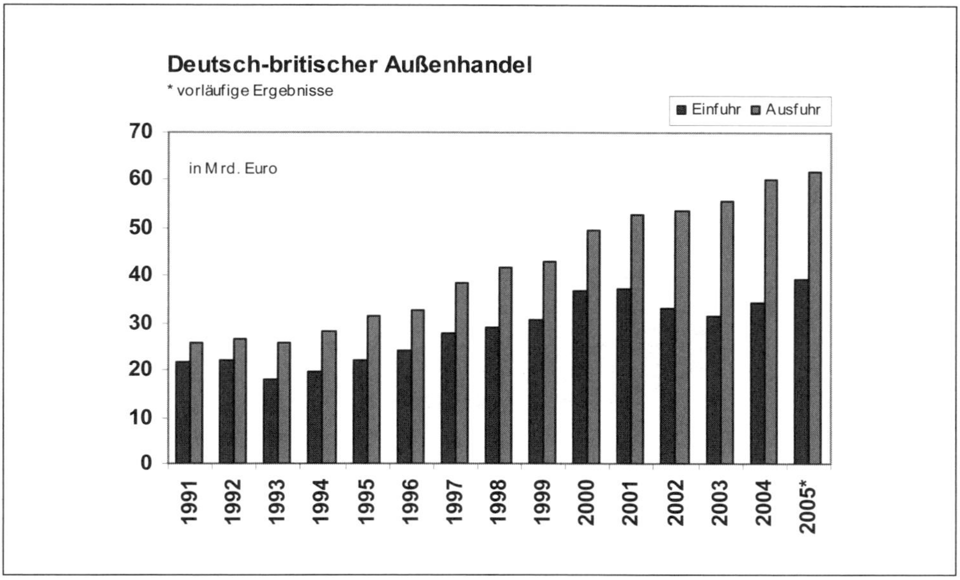

Quelle: Statistisches Bundesamt
Abbildung 121: *Entwicklung des deutsch-britischen Außenhandels*

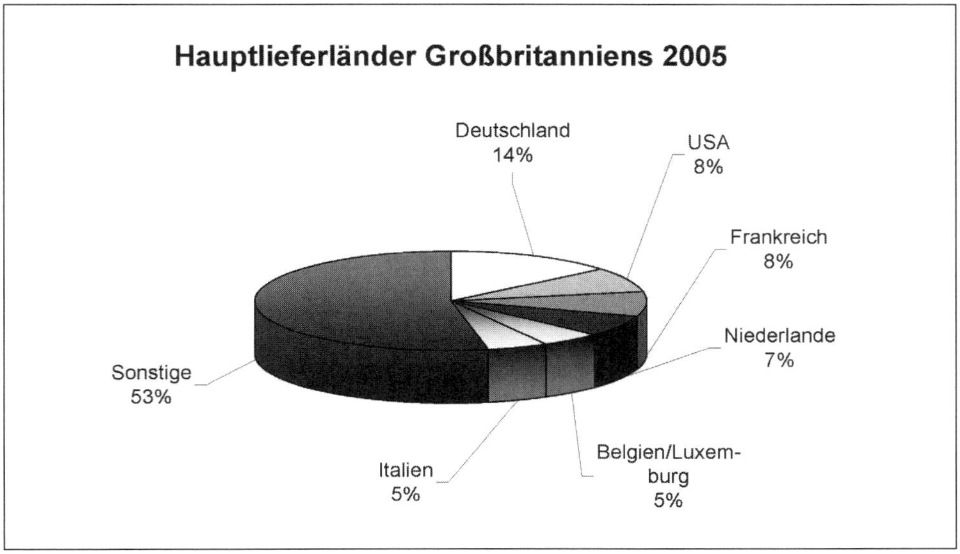

Quelle: Bfai
Abbildung 122: *Hauptlieferländer Großbritanniens 2005*

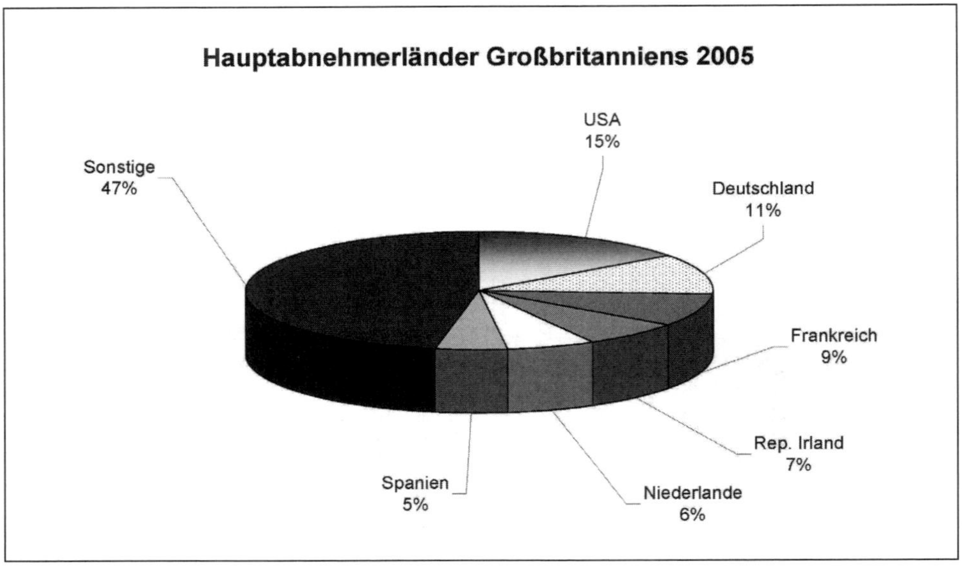

Quelle: Bfai
Abbildung 123: *Hauptabnehmerländer Großbritanniens 2005*

Zu den größten Exportbranchen zählten von August bis Oktober 2005 die Investitionsgüterindustrie und die Fahrzeugindustrie. Die Exporte von chemischen Erzeugnissen und Öl sind ebenso angestiegen. Importiert werden zumeist Investitions- und Konsumgüter. Vor allem die Exporte nach Irland, Deutschland, Frankreich und Belgien sind in den letzten Jahren angestiegen, während die Ausfuhren nach Spanien geringer ausfielen. Außerdem stiegen die Importe aus den Niederlanden, Spanien, Deutschland und Belgien. Deutsche Einfuhrgüter sind in erster Linie Automobile und Kfz-Teile, elektrotechnische Erzeugnisse, Maschinen sowie Erdöl und Erdgas. Die deutschen Einfuhren verzeichneten 2005 ein Wachstum von etwa 14,9 %[212] – ein Trend, der sich 2006 fortsetzten dürfte. Die Einfuhren aus Dänemark und Frankreich fielen geringer aus.

Investitionsklima

Großbritannien gilt aufgrund seiner äußerst liberalen Wirtschaftsordnung als ein guter Investitionsstandort in Europa. Dies bestätigt auch der European Investment Monitor von Ernst & Young, nach dem jedes fünfte Investitionsvorhaben auf Großbritannien entfällt. London belegt ebenfalls Spitzenplätze im regionalen Wettbewerb.

212 Bfai: Großbritannien – Wirtschaftsdaten kompakt, Stand Mai 2006.

Investitionen[213]	2002	2003	2004	2005
Ausländische Direktinvestitionen in Großbritannien Bestand Mrd. Euro	421,7	356,7	383,9	474,3
Ausländische Direktinvestitionen in Großbritannien Zuflüsse Mrd. Euro	k. A.	k. A.	k. A.	k. A.
Deutsche Direktinvestitionen in Großbritannien Bestand Mrd. Euro	64.651	65.736	57.556	k. A.
Britische Direktinvestitionen in Deutschland Bestand Mrd. Euro	41.345	49.557	46.583	k. A.

Der Bestand ausländischer Direktinvestitionen in Großbritannien hat in der Zeit von 2003 bis 2005 von 356,7 Mrd. Euro auf 474,3 Mrd. Euro zugenommen. Der Bestand an deutschen Investitionen war hingegen rückläufig. Im Jahr 2004 pendelte er sich auf einen Bestand von 57,6 Mrd. Euro ein. Die deutschen Direktinvestitionen machen dennoch nahezu ein Fünftel der ausländischen Direktinvestitionen in Großbritannien aus.

In den einzelnen Sektoren der Industrie lassen sich große Unterschiede hinsichtlich der Investitionsfreudigkeit ausmachen. Ausländische Direktinvestitionen im verarbeitenden Bereich werden immer seltener. Trotzdem gilt London als wichtigster Finanzplatz Europas und führt den Dienstleistungssektor weiter an. Die Investitionen in Dienstleistungen waren führend (Anteil: 42 %) vor den Investitionen ins verarbeitende Gewerbe (25 %), den Headquarter-Investitionen (10 %), den Investitionen in Forschung und Entwicklung (10 %) sowie den Investitionen in Handel und Vertrieb (8 %).

Angesichts der hohen Staatsdefizite hat die Regierung in den letzten Jahren ihre Ausgaben für öffentliche Güter und Dienstleistungen erhöht. Weiterhin kommt das in Deutschland bisher noch unterentwickelte Instrument Public Private Partnership (PPP), also die private Finanzierung und Durchführung öffentlicher Infrastrukturprojekte, häufig zur Anwendung. Es wird in Großbritannien als goldener Mittelweg zwischen staatlicher Allzuständigkeit und völliger Privatisierung gesehen. Über 20 % der staatlichen Investitionen werden so realisiert.

Für 2006 sind die Prognosen für die Investitionstätigkeit sehr uneinheitlich. Die Hoffnung der Regierung steckt in den Investitionen der Unternehmen, mit denen die Wettbewerbsfähigkeit gestärkt werden soll. Voraussichtlich kommt es zu einem Anstieg der Investitionen um etwa 4 % nach etwa 3 % im Vorjahr. Bedeutendster ausländischer Direktinvestor bleiben die USA. Auch der Einfluss von China und Indien wird voraussichtlich immer mehr zu nehmen.

---

213 Zusammenstellung auf Basis von Informationen der Bfai: Großbritannien – Wirtschaftsdaten kompakt, Stand Mai 2006, und der Deutschen Bundesbank: Kapitalverflechtungen mit dem Ausland, Stand April 2006.

Außenwirtschaftsbarometer

Der Trend bei der aktuellen Einschätzung ihrer Geschäftsbeziehungen zu Großbritannien geht bei den deutschen Unternehmern nach oben. Während bei der ersten Befragung im Jahr 2003 die Anzahl der Unternehmen, die ihre Geschäftsbeziehungen zu Großbritannien als gut angaben, nahezu gleich hoch war wie die Anzahl derer, die ihre Geschäftsbeziehungen als schlecht bewertet haben, rangiert Großbritannien mit Platz neun Mitte 2006 unter den Top 10 der 30 bedeutendsten Partnerländer. Bleibt abzuwarten, ob dieser Trend anhält. Die Zukunftserwartungen für die kommenden zwölf Monate sind mit einem Wert von 11,3 eher verhalten positiv (Abb. 124).

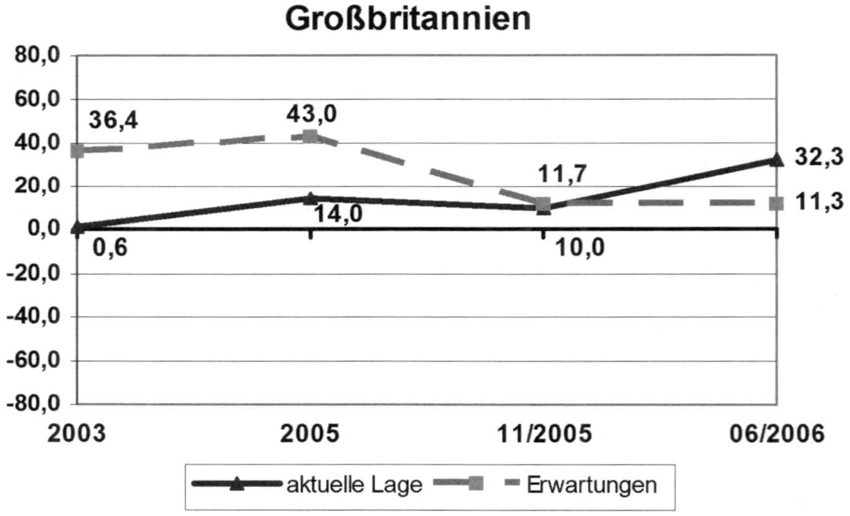

Quelle: IHK Region Stuttgart
Abbildung 124: *Außenwirtschaftsbarometer Großbritannien*

Interkultureller Praxistipp Vereinigtes Königreich

Das Vereinigte Königreich gehört wie Deutschland zu den abschlussorientierten Kulturen Mitteleuropas.[214] Dennoch unterscheiden sich die Briten in vielerlei Hinsicht von den Nationen Kontinentaleuropas. Bedingt durch die glanzvolle Geschichte des British Empire war Großbritannien stets darauf bedacht, sich auch bewusst von den übrigen europäischen Ländern abzugrenzen und die eigenen Traditionen hochzuhalten. Indiz dieses ausgeprägten britischen

214 Vgl. Winkler 2002, S. 90.

Selbstbewusstseins ist die zögerliche Haltung zum europäischen Integrationsprozess oder die Ablehnung des Euro.[215]
Das Klischee des sehr höflichen, pünktlichen und distanzierten britischen Geschäftsmannes lässt sich auch in der Praxis bestätigen. Verhandlungen werden sachlich und emotionslos geführt. Gegenseitiger Respekt und geduldiges Zuhören sind Eckpfeiler der britischen Verhandlungsführung und sollten unbedingt auch von ausländischen Geschäftspartnern beachtet werden. Gerade deutsche Manager sollten es vermeiden, zu direkt zur Sache zu kommen, da den Deutschen leider immer noch allzu oft das Klischee anhaftet, „rough and rude" zu sein.
Auch wenn die Briten sehr zielorientiert sind, nehmen sie sich zu Beginn eines Gespräches meist Zeit zum Small-Talk. Ausländische Geschäftspartner sollten aber nicht den Fehler begehen, dies als Zeitverschwendung abzutun, sondern sich bewusst sein, dass der Small-Talk in Großbritannien zum besseren Kennenlernen der Geschäftspartner dient.[216] In dem traditionsbewussten Land möchte man gerne wissen, mit wem man Geschäfte macht. Der Kommunikationsstil im Geschäftsleben ist wesentlich höflicher als in Deutschland. Anweisungen werden stets als Bitten formuliert und kritische Anmerkungen durch Lob relativiert. Auch deutsche Manager sollten mit den so genannten „Softeners" wie „Would you ..., please.", „We would like ..." oder „Could you ..., please" arbeiten, um sich dem Sprachstil anzupassen. Der Kleidungsstil ist konservativer als in Deutschland. Obwohl in Großbritannien immer noch Züge der Klassengesellschaft zu beobachten sind, hat in den letzten Jahren eine starke Betonung des Leistungsaspektes stattgefunden. So sprechen sich die Briten viel stärker als beispielsweise Franzosen dafür aus, dass Herkunft und Status bei der Beurteilung keine Rolle spielen dürften, sondern nur die eigenen Leistungen.[217]

Fazit

Großbritannien weist nach wie vor eine bessere gesamtwirtschaftliche Performance auf als zahlreiche andere Staaten der Eurozone. Zwar verzeichnete die Wirtschaft einen leichten Konjunktureinbruch im Jahr 2005, aber für 2006 wird wieder ein besseres Gesamtergebnis erwartet. Das Wirtschaftswachstum soll bei 2,3 % liegen, und Impulse für die Wirtschaft sollen vor allem von dem Konsum, den Investitionen und dem Export ausgehen. Mit einer Arbeitslosenquote von etwa 5 % gehört Großbritannien selbst unter den Industrieländern zur Spitzengruppe.

In politischer Hinsicht steht das Land vor großen Herausforderungen: Gerade die Einsätze im Irak-Krieg und in Afghanistan verschärfen die Debatte über die enge britisch-amerikanische Zusammenarbeit und über die auf historische und kulturelle Wurzeln zurückgehende „special relationship" zu den USA. Auch Tony Blairs Image ist nach einem Parteispendenskandal und einer Schulreform, die er nur mit Hilfe der Opposition durchs Parlament bringen konnte, geschwächt. Zahlreiche innerparteiliche Gegner sorgen dafür, dass die solide Mehrheit ins Wanken gerät – der „Economist"[218] verkündet die „final days of Tony Blair". Ob die Regierung mit ihrem Reformkurs weiterhin überzeugen kann, wird sich zeigen.

---

[215] Vgl. Bfai: Erfolgreich verhandeln in Großbritannien. Einfluss von Geschichte und Politik, Köln 2005, S. 1.

[216] Vgl. Bfai: Erfolgreich verhandeln in Großbritannien. Die erste Begegnung, Köln 2005, S. 2 f.

[217] Vgl. Trompenaars/Hampden-Turner 1997, S. 105.

[218] The Economist, 18.03.2006, in: http://www.economist.com.

Weiterführende Quellen

Internet:
Auslandshandelskammer: http://www.ahk.de.
Auswärtiges Amt: http://www.auswaertiges-amt.de.
Bundesagentur für Außenwirtschaft: http://www.bfai.de.
Britische Botschaft in Deutschland: http:// www.britischebotschaft.de.
Britische Handels-, Wirtschafts- und Investitionsförderung in Deutschland: http://www.uktradeinvest.de.
Deutsche Botschaft in Großbritannien: http://www.german-embassy.org.uk.
Deutsch-britische Industrie- und Handelskammer: http://www.germanbritishchamber.co.uk.
Deutsch-Britische Gesellschaft e.V.: http://www.debrige.de.
Statistisches Bundesamt: http://www.destatis.de.

Literatur:
Bundesagentur für Außenwirtschaft: Erfolgreich verhandeln in Großbritannien, Köln 2005.
Bundesagentur für Außenwirtschaft: Exportieren nach Großbritannien, Köln 2004.
Händel, Heinrich/Gossel, Daniel A.: Großbritannien, 4. Auflage, München 2002.
Kastendiek, Hans/Rohe, Karl/Volle, Angelika (Hrsg.): Großbritannien. Geschichte, Politik, Wirtschaft, Gesellschaft, 2. Auflage, Bonn 1999.
Neuhaus, Dirk und Karsta: Erfolgreiche Arbeitssuche in Großbritannien und Irland, Bochum 2002.
Sawyer, Malcolm: The UK Economy, Oxford 2001.
Schmid, Stefan/Thomas, Alexander: Beruflich in Großbritannien. Trainingsprogramm für Manager, Fach- und Führungskräfte, Göttingen 2002.
Schroll-Machl, Sylvia: Doing Business with Germans. Their Perception, Our Perception, Göttingen 2003.

10. Italien

Quelle: CIA
Abbildung 125: *Italien*

Landesinformationen/Politik[219]

Amtliche Bezeichnung	Italienische Republik (Repubblica Italiana)
Fläche	301.277 qkm
Einwohner	58,462 Mio. (2004)
Bevölkerungsdichte[220]	192 Einwohner/qkm

219 Landesinformationen/Politik: Zusammenstellung auf Basis von Informationen des Auswärtigen Amtes, Stand Mai 2006.

220 Bfai: Italien – Wirtschaftsdaten kompakt, Stand Mai 2006.

Hauptstadt	Rom seit 1871; 2,653 Mio. Einwohner
Religionszugehörigkeit	überwiegend römisch-katholisch; außerdem über 1 Mio. Muslime, 120.000 Buddhisten, ca. 50.000 Protestanten, ca. 40.000 Juden
Nationalfeiertag	2. Juni: Gründungstag der Republik (1946)
Landessprachen	italienisch; Minderheiten: Südtirol (deutsch, ladinisch), Aostatal (französisch), Friaul (slowenisch)
Staats-/Regierungsform	Republik, parlamentarische Demokratie mit Zweikammersystem
Staatsoberhaupt	Präsident der Italienischen Republik Giorgio Napolitano, seit 2006, Wahlmodus: von beiden Kammern plus 58 Vertretern der Regionen auf 7 Jahre gewählt
Regierungschef	Ministerpräsident Romano Prodi (parteilos), seit 2006, Wahlmodus: durch den Präsidenten bestellt und von beiden Kammern bestätigt
Wirtschaftsminister	Tommaso Padoa-Schioppa, seit 2006
Politische Situation	Regierungsparteien: Koalitionsregierung aus Linksdemokraten (Democratici di Sinistra, DS), „Margherita“-Partei, Partei der kommunistischen Wiedergründung (RC), Italienische Kommunisten (PdCI), Rose in der Faust (Zusammenschluss von Sozialisten und Radikalen), Grüne u. a. Oppositionsparteien: Forza Italia (FI), Alleanza Nazionale (AN), Lega Nord, „Unione Democratica Cristiana e di Centro" (UDC) u. a.
Sonstiges	
Wachstumsbranchen[221]	Wasserbearbeitung, Erneuerbare Energien, Telekom-Dienstleistungen
Mitgliedschaft in internationalen Organisationen	Vereinte Nationen und Sonderorganisationen, Nato, EU, OSZE, WEU, Europarat, G8, OECD, IWF, Weltbank
Hermes-Entgeltkategorie[222]	0
Korruption[223]	Rang 40 (von 158)

221 Bfai: Italien – Wirtschaftstrends 2006, Stand Januar 2006.

222 http://www.agaportal.de/pages/aga/deckungspolitik/laenderklassifizierung.html.

Politische Trends[224]

Das Wahljahr 2006 war von politischen Turbulenzen gekennzeichnet: Dem ehemaligen EU-Kommissionschef Romano Prodi gelang es, den langjährigen Ministerpräsidenten Silvio Berlusconi abzulösen, der das Land seit 2001 regierte und der sich die Reorganisation des gesamten staatlichen Apparates, die Vereinfachung von Gesetzen und Verordnungen, große Infrastrukturmaßnahmen und den Aufbau des Südens von Italien auf die Fahnen geschrieben hatte. Anhaltende Wachstumsprobleme, die Angst vor Arbeitslosigkeit, die Unsicherheit über die Altersvorsorge und die prekäre Situation der Staatsfinanzen führten zu zunehmender Unzufriedenheit der Bevölkerung mit Berlusconis Mitte-Rechts-Regierung. Tatsächlich muss Italien im Jahr 2007 mit einer Verschuldung von 4,6 % des Bruttoinlandsproduktes rechnen. Das äußerst knappe Wahlergebnis wurde letztendlich nach einigen Anfechtungsversuchen von Berlusconi akzeptiert. Prodi führt nun eine Regierungskoalition an. Diese besteht zum einen aus dem „Ulivo"(Ölbaum)-Bündnis zwischen Parteien der Linksdemokraten und „Margherita" und zum anderen aus einer Anzahl weiterer kleinerer Parteien, darunter beide kommunistische Parteien, die Grünen sowie der Zusammenschluss „Rose in der Faust" der Sozialistischen Demokraten mit den Radikalen.

In Prodis Regierungsprogramm steht die Sicherung der Wirtschaftsentwicklung an erster Stelle. Außerdem gilt es, das Vertrauen der zwischen rechts und links tief gespaltenen Bevölkerung wiederzugewinnen. Besondere Bedeutung kommt auch der europäischen Integration zu – Prodi spricht sich für eine Fortsetzung der europäischen Einigung und eine gemeinsame Verfassung aus. Auch die EU-Erweiterung einschließlich der Türkei wird von Italien unterstützt. Das Gründungsmitglied der Europäischen Gemeinschaft nimmt eine aktive Rolle in der EU – vor allem bei der gemeinsamen Sicherheits-, Außen- und Verteidigungspolitik – ein.

Darüber hinaus kündigte Prodi kurz nach seinem Amtsantritt den Abzug von den mehr als 2.000 Soldaten seines Landes aus dem Irak an. Das außenpolitische Klima kann als relativ gut bezeichnet werden. Deutschland ist einer der wichtigsten Partner für Italien. Wichtigster nicht-europäischer Partner sind die USA, wobei besonders der strategische Rückhalt durch die USA und die sicherheitspolitische Verankerung in der Nato im Vordergrund stehen dürften. Aus geografischen Gründen werden außerdem die Beziehungen zu den südlichen Mittelmeeranrainern besonders gepflegt. Auch die enge Zusammenarbeit mit den arabischen Staaten zeichnet die italienische Außenpolitik aus. Italien setzt sich für eine Öffnung der Nato und eine aktive Rolle in der Welt als Mitglied der Vereinten Nationen ein.

---

223 Corruption Perceptions Index 2005 nach Transparency International, in: http://www.transparency.org, Rang 1= keine Korruption, Deutschland: Rang 16.

224 Texte zusammengestellt auf Basis des Auswärtigen Amtes, der Bundesagentur für Außenwirtschaft, der Bayerischen Landesbank und des Statistischen Bundesamtes.

Volkswirtschaftliche Kennzahlen[225]

Binnenwirtschaftliche Indikatoren		2003	2004s	2005p	2006p
BIP pro Kopf	USD	22.586	23.370	24.500	25.340
BIP	Mrd. USD	1.300,9	1.355,5	1.421	1.470
Wachstumsrate BIP, real	%	0,3	1,2	0,3	1,5
Inflationsrate	%	2,8	2,1	1,9	2,5
Arbeitslosenquote	%	8,7	8,4	8,5	8,5

Beitrag zum BIP: Landwirtschaft (Primärsektor) 3 %, Industrie (Sekundärsektor) 29 %, Dienstleistungen (Tertiärsektor) 68 %

Finanzindikatoren					
Staatsverschuldung	% des BIP	106,3	105,8	106	107
Haushaltssaldo	% des BIP	-2,9	-3,0	-3,6	-4,6

Wirtschaftliche Trends

Nach einer 2002 eingesetzten Stagnation wird in Italien eine zaghafte Wirtschaftsbelebung erwartet. Der seit drei Jahren angekündigte Wirtschaftsaufschwung ist ausgeblieben, so dass die italienische Volkswirtschaft 2005 noch in der Stagnation verharren wird. Doch das Bruttoinlandsprodukt soll Schätzungen zufolge im Jahr 2006 um 1,0 % bis 1,5 %[226] und 2007 um 1,2 % ansteigen (Abb. 126). Ursächlich für die Stagnation sind Strukturschwächen, wie die alternde Bevölkerung, unflexible Gütermärkte sowie wachsende Konkurrenz aus der VR China und Osteuropa. So besteht nur noch bei der Herstellung von hochwertigen Produkten für Italien ein günstiges Wachstumspotenzial. Der derzeitige Strukturwandel wird als ähnlich tief greifend und schwierig angesehen wie der nach dem Zweiten Weltkrieg. Damals vollzog Italien einen Wandel vom Agrar- zum Industriesektor. Heute werden ein Ausbau des Hightech-Sektors sowie eine Modernisierung des Dienstleistungssektors angestrebt.

Ebenso tragen die anhaltend hohe Steuerlast sowie die rückläufige Industrieproduktion aufgrund sinkender Wettbewerbsfähigkeit der Unternehmen zu einem derart geringen Wirtschaftswachstum bei. Beide Faktoren bremsen die Investitionstätigkeit bis hin zu einem Investitionsstau im Jahr 2005.

225 Zusammenstellung auf Basis von Informationen der Bayerischen Landesbank, Stand Juli 2005.

226 Prognose der Bayerischen Landesbank für 2006: 1,5 %, Schätzung der Bfai für 2006: 1,0 %.

Dieselben Faktoren zusammen mit den mangelnden Strukturreformen führen dazu, dass der Inlandskonsum 2005 nur noch um 1 % zunahm. Im Jahr 2006 dürfte der Konsum ebenfalls lediglich eine Steigerungsrate von 0,9 bis 1 % verzeichnen.

Der Spielraum für Reformen zur wirtschaftlichen Besserung wird durch die ruinöse Haushaltslage stark eingeschränkt. Mit einer geschätzten Staatsverschuldung von hohen 107 % sowie Nettoneuverschuldung von 4,6 % des Bruttoinlandsproduktes im Jahr 2006 ist Italien das einzige EU-Land, das weiterhin gleich zwei der Maastricht-Kriterien verletzt.

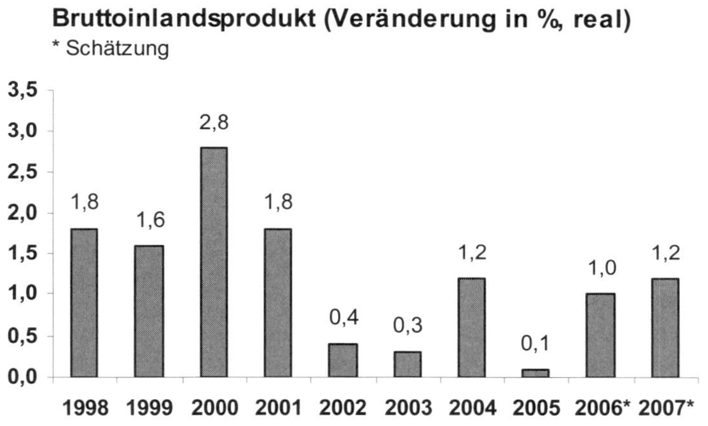

Quelle: Bfai
Abbildung 126: *Entwicklung des Bruttoinlandsproduktes in Italien*

Die Inflation hat zwar bis zum Jahr 2005 kontinuierlich nachgelassen, soll jedoch 2006 wieder auf 2,5 % ansteigen. Die Verantwortung dafür wird von Seiten der Regierungskoalition der Einführung des Euro als Zahlungsmittel zugeschrieben.

Die Arbeitslosenquote ist von 11,4 % im Jahre 1999 auf 8,4 % im Jahre 2004 gesunken. Diese positive Entwicklung geht auf die Lohnzurückhaltung, flexible Arbeitsmärkte, steuerliche Anreize sowie die Legalisierung von Schwarzarbeit zurück. Die starken regionalen Ungleichgewichte mit 4,0 % Arbeitslosigkeit im Nordosten und 14,3 % im Mezzogiorno sowie hohe Arbeitslosigkeit von Jugendlichen und Frauen halten allerdings weiterhin an.

Außenwirtschaftliche Kennzahlen[227]

Außenwirtschaftliche Indikatoren		2003	2004s	2005p	2006p
Warenexporte	Mrd. USD	260,7	280,7	290	297
Warenimporte	Mrd. USD	257,9	282,2	292	305
Handelsbilanzsaldo	Mrd. USD	2,8	-1,5	-2,0	-8,0
Leistungsbilanzsaldo	Mrd. USD	-16,0	-10,8	-15	-20
	% des BIP	-1,2	-0,8	-1,1	-1,4
Deutsche Einfuhr aus Italien	Mio. Euro	34,3	35,0	36	38
Deutsche Ausfuhr nach Italien	Mio. Euro	48,4	52,4	57	61

Außenhandel

Die Zeiten, in denen Italiens Exporte von der Abwertung der Lire profitieren konnten, sind seit der Einführung des Euro als Zahlungsmittel vorüber. Wurde 1994 noch ein Drittel des Bruttoinlandsproduktes durch Exporte erwirtschaftet, so lag der Anteil der Exporte 2004 nur noch bei einem Fünftel. Italiens Anteil am Welthandel verringerte sich von 1991 bis 2004 von 4,9 auf 3,5 %. Die Leistungsbilanz befindet sich im Defizit, was seit 2004 wieder eine steigende Tendenz aufweist. Da das Land im Besitz von 40 % des Weltkulturerbes ist, stellt der Tourismus weiterhin einen bedeutenden Aktivposten dar.

Italien betreibt vor allem Handel mit Deutschland und an zweiter Stelle mit Frankreich (Abb. 127 und 128). Aus deutscher Sicht nimmt das Land den 5. Platz in der Rangfolge der Außenhandelspartner ein. Zu den Haupteinfuhrgütern Italiens im Jahre 2005 gehörten chemische Erzeugnisse (13,3 %), elektrotechnische Ausrüstungen (12,4 %) und Transportmittel (13,4 %). Die Ausfuhrgüter bestanden im selben Jahr zu einem Fünftel aus Maschinen und Anlagen, zu 10,9 % aus Transportmitteln und zu 10,2 % aus chemischen Erzeugnissen.

Italien bleibt ein attraktiver Exportmarkt für deutsche Unternehmen. Letzteren kommen insbesondere die geografische Nähe des italienischen Marktes und die in Italien immer noch herrschende Überzeugung zugute, dass es sich bei deutschen Produkten um absolute Qualitätsware handelt. Gute Geschäftschancen bieten sich vor allem im Maschinenbau, in der Wasserwirtschaft und in der Umwelttechnologie. Im Bereich des Umweltsektors, in dem derzeit eine starke Nachfrage nach Technologien zur Nutzung alternativer Energiequellen besteht, wird Deutschland als Vorreiter angesehen. Der Werkzeugmaschinenbranche und dem IT-Sektor werden langfristig gute Wachstumschancen zugeschrieben. Die deutschen Lieferungen nach Italien steigen seit 1993 kontinuierlich an (Abb. 129). Deutliche Exportüberschüsse sind vor allem seit Ende der 90er Jahre zu verzeichnen.

---

227 Zusammenstellung auf Basis von Informationen der Bayerischen Landesbank, Stand Juli 2005.

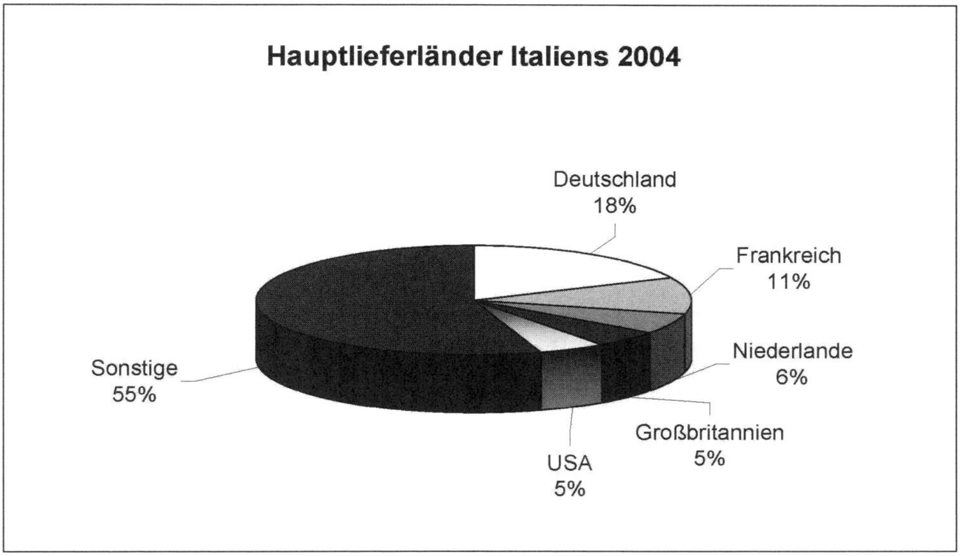

Quelle: Bfai
Abbildung 127: *Hauptlieferländer Italiens 2004*

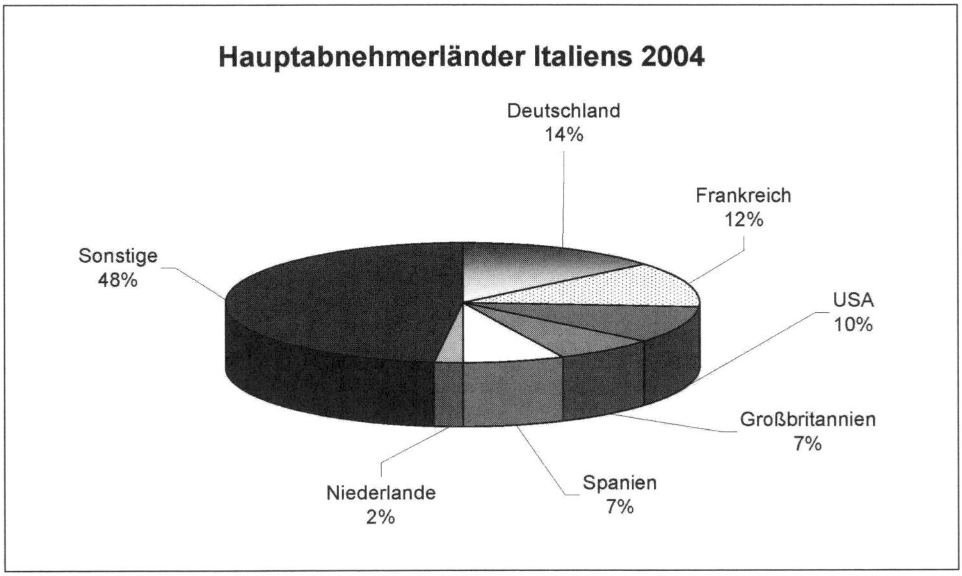

Quelle: Bfai
Abbildung 128: *Hauptabnehmerländer Italiens 2004*

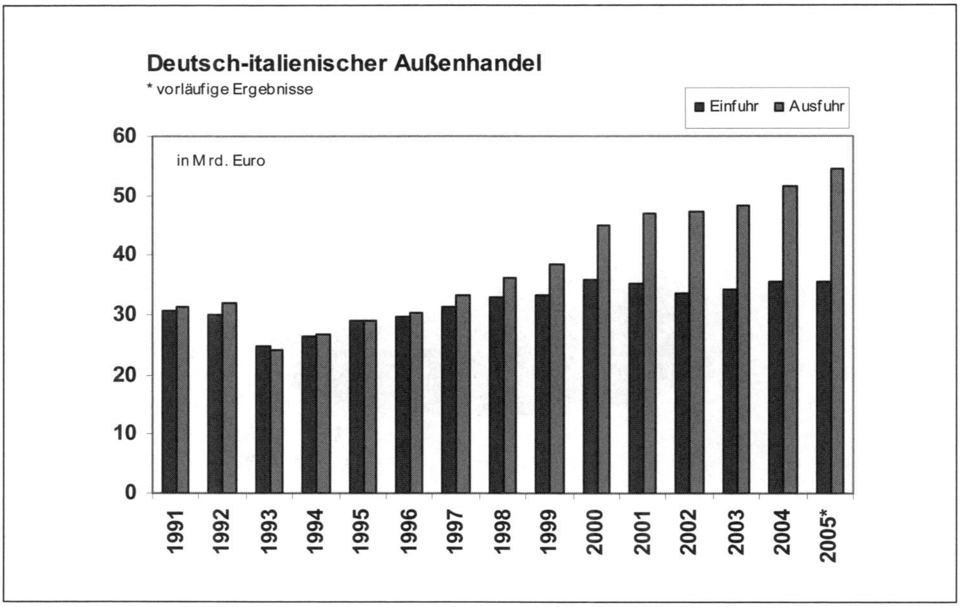

Quelle: Statistisches Bundesamt
***Abbildung 129:** Entwicklung des deutsch-italienischen Außenhandels*

Investitionsklima

Investitionen[228]		2001	2002	2003	2004
Ausländische Direktinvestitionen in Italien	Bestand Mrd. Euro	k. A.	185,5	181,3	205,9[229]
Ausländische Direktinvestitionen in Italien	Zuflüsse Mrd. Euro	k. A.	k. A.	k. A.	k. A.
Deutsche Direktinvestitionen in Italien	Bestand Mio. Euro	17.678	19.719	27.553	20.047
Italienische Direktinvestitionen in Deutschland	Bestand Mio. Euro	6.147	7.265	7.271	9.091

228 Zusammenstellung auf Basis von Informationen der Bfai: Italien – Wirtschaftsdaten kompakt, Stand Mai 2006, und der Deutschen Bundesbank: Kapitalverflechtungen mit dem Ausland, Stand April 2006.

229 Dezember 2004.

Die Investitionen steigen in Italien nur zaghaft. Ursachen für diese Entwicklung liegen vorrangig in der sinkenden Wettbewerbsfähigkeit der italienischen Unternehmen und in den mangelnden Strukturreformen der Regierung im Steuer-, Gesundheits- und Rentenwesen. Auch die staatlichen Investitionen von ursprünglich 120 Mrd. Euro, die bis 2010 in ein ehrgeiziges Infrastrukturprogramm fließen sollten, wurden stark gekürzt. Die italienische Volkswirtschaft befindet sich in einer Stagnation. Ausländischen Direktinvestitionen werden ebenfalls in nur geringem Umfang getätigt.

Nach einem regelrechten Investitionsstau im Jahre 2005 werden jedoch leichte Investitionszuwächse erwartet: 2006 um 1,4 % und 2007 um 2,1 %. Impulse sollen vom Ausrüstungssektor ausgehen.

Außenwirtschaftsbarometer

Die Bewertung der aktuellen Geschäftsbeziehungen zu Italien über den Zeitraum von Anfang 2003 bis Juni 2006 ist durchweg positiv mit steigender Tendenz (Abb. 130). Während Anfang 2003 der Anteil der Unternehmen, die per Saldo ihre Geschäftsbeziehung zu Italien als gut bewertet haben, nur geringfügig höher war als derer, die ihre Beziehungen zu ihren italienischen Handelspartnern als schlecht bezeichneten, ist die Einschätzung bei der letzten Befragung Mitte 2006 deutlich positiver ausgefallen. Bei den 30 bedeutendsten Partnerländern nimmt Italien damit einen der vorderen Plätze ein. Außerdem bestätigen sich damit auch weitestgehend die Einschätzungen von 2003 bezüglich der Entwicklung in den nächsten zwei bis fünf Jahren.

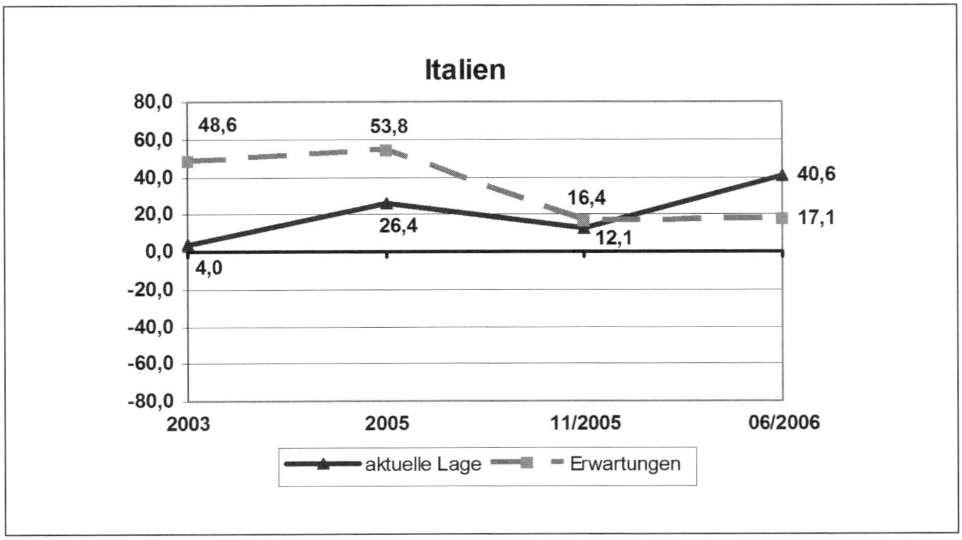

Quelle: IHK Region Stuttgart

Abbildung 130: *Außenwirtschaftsbarometer Italien*

Interkultureller Praxistipp Italien

Italien gehört zu den expressiven Kulturkreisen. Verbale und nonverbale Kommunikation spielen hier gleichwertige Rollen. Geschäftsleute zeigen durchaus ihre Emotionen und erwarten dies auch von ihren Verhandlungspartnern.[230]
Bei Verhandlungen zeigen sich Italiener in der Regel sehr offen und flexibel. Individualismus wird großgeschrieben und Partikularinteressen werden temperamentvoll vertreten. Vor allem Geduld und Durchhaltevermögen sind Schlüsseleigenschaften, die bei Verhandlungen in Italien zum Erfolg führen. Langwierige Verhandlungen sind hingegen meist kein Zeichen von Desinteresse, sondern gehören zur italienischen Verhandlungskultur.[231]
Vor allem im Süden Italiens hat man nach wie vor eine recht entspannte Einstellung zur Zeit. Doch für den wirtschaftlich starken Norden trifft dies nur selten zu. Hier werden wie im Mitteleuropa Pünktlichkeit und Termintreue erwartet.[232]
Den gut ausgereiften hochpreisigen deutschen Produkten kommt das ausgeprägte Markenbewusstsein in Italien zugute. Daher sind gut durchdachtes Marketing und einfallsreiche Präsentationen ein wesentlicher Erfolgsfaktor. Das Markenbewusstsein tritt natürlich auch beim eigenen Erscheinungsbild zutage. Italienische Geschäftsleute legen sehr viel Wert auf stilvolles Auftreten, Standesbewusstsein und elegante Kleidung. Die Anrede mit Titeln ist weit verbreitet. Daran sollten sich auch die Verhandlungspartner orientieren, um von den italienischen Partnern respektiert zu werden. Nachlässiges Auftreten könnte zu Lasten des Produktes gewertet werden.[233]

Fazit

Der jüngst gewählte neue Regierungschef Prodi steht vor großen Herausforderungen. Die mangelnde Wettbewerbsfähigkeit der italienischen Unternehmen gegenüber ausländischen Produzenten führt zu einem äußerst geringen Wirtschaftswachstum um etwa 1 %, drastisch sinkenden Exportzahlen und einer Investitionstätigkeit, die sich nahezu auf der Stelle bewegt. Die Wirtschaft befindet sich nicht nur in einer Rezession, sondern ist in eine Stagnation verfallen. Längst ausstehende Strukturreformen im Steuer-, Gesundheits- und Rentensystem stehen immer noch aus. Der Handlungsspielraum der Regierung ist durch die immense Staatsverschuldung stark beschnitten. Die prekäre Lage des Staates hat zu verheerenden Vertrauensverlusten der Unternehmen in die Regierung geführt. Die Bevölkerung sieht sich angesichts der Arbeitslosigkeit und der unsicheren Rentensituation auf sich allein gestellt.

Doch die Tatsache, dass Prodi der Verbesserung der Wirtschaftslage in seinem Regierungsprogramm höchste Priorität eingeräumt hat, stimmt zuversichtlich. Wachstumspotenziale bestehen vor allem im Umweltsektor, IT-Sektor und in der traditionellen Kfz-Industrie. In der Außenpolitik setzt sich Italien als eines der Gründungsmitglieder der EU in besonderem Maße für die europäische Integration und die EU-Erweiterung einschließlich der Türkei ein.

---

230 Vgl. Winkler 2002, S. 116.

231 Vgl. Bfai: Erfolgreich Verhandeln in Italien. Führung und Ablauf von Geschäftsbesprechungen, Köln, 2005, S. 2.

232 Vgl. Winkler 2002, S. 122.

233 Bfai: Erfolgreich Verhandeln in Italien. Führung und Ablauf von Geschäftsbesprechungen, Köln, S. 4.

Weiterführende Quellen

Internet:
Auslandshandelskammer: http://www.ahk.de.
Auswärtiges Amt: http://www.auswaertiges-amt.de.
Bundesagentur für Außenwirtschaft: http://www.bfai.de.
Deutsche Botschaft in Italien: http://www.rom.diplo.de.
Italienische Botschaft in Deutschland: http://www.botschaft-italien.de.
Statistisches Bundesamt: http://www.destatis.de.

Literatur:
Brütting, Richard: Italien-Lexikon, Berlin 1997.
Bundesagentur für Außenwirtschaft: Exportieren nach Italien, Köln 2002.
Bundesagentur für Außenwirtschaft: E-Commerce in der EU, Köln 2003.
Bundesagentur für Außenwirtschaft: Erfolgreich verhandeln in Italien, Köln 2004.
Drüke, Helmut: Italien. Wirtschaft, Gesellschaft, Politik, Wiesbaden 2000.
Neudecker, Eva/Siegl, Andrea/Thomas, Alexander: Beruflich in Italien. Trainingsprogramm für Manager, Fach- und Führungskräfte, Göttingen 2006.
Reinhardt, Volker: Geschichte Italiens, 2. Auflage, München 1999.
Rother, Klaus: Italien. Geographie – Geschichte – Wirtschaft – Politik, Darmstadt 2000.
Rusconi, Gian E.: Deutschland-Italien/Italien-Deutschland, Paderborn 2006.

11. Luxemburg

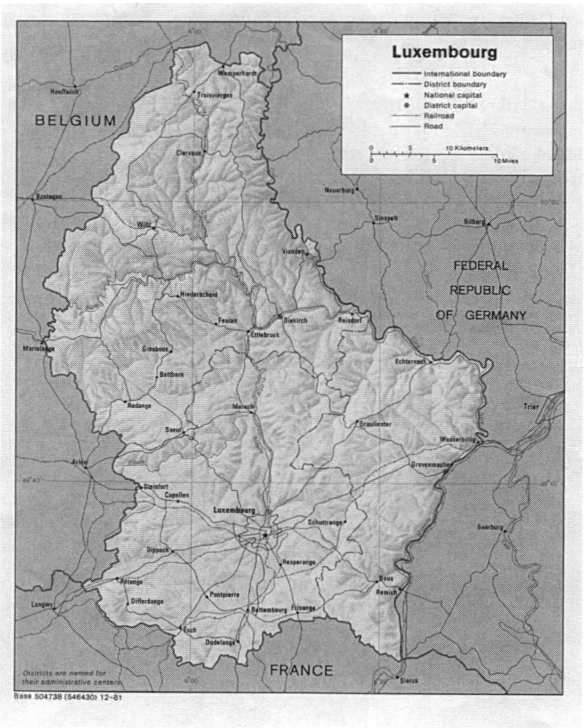

Quelle: CIA

Abbildung 131: *Luxemburg*

Landesinformationen/Politik[234]

Amtliche Bezeichnung	Großherzogtum Luxemburg/Grand-Duché du Luxembourg/Lëtzebuerg
Fläche	Luxemburg ist mit einer Fläche von 2.586 qkm nach Malta der kleinste Staat der Europäischen Union (EU), 14 qkm größer als das Saarland.

234 Zusammenstellung auf Basis von Informationen des Auswärtigen Amtes, Stand April 2006.

Einwohner	451.600, davon 277.400 Luxemburger. Der Anteil der Ausländer ist mit 38,6 % der höchste innerhalb der EU. In Luxemburg leben 63.800 Portugiesen, 21.900 Franzosen, 18.900 Italiener, 16.000 Belgier, 10.300 Deutsche. Dazu kommen täglich über 122.530 Pendler (davon aus B 33.014, D 23.8686 und F 64.411).
Bevölkerungsdichte[235]:	176 Einwohner/qkm
Hauptstadt	Luxemburg (83.600 Einwohner)
Religionszugehörigkeit	römisch-katholisch ca. 98 %, protestantisch ca. 1,2 %, Juden (0,25 %), Muslime (0,1 %)
Nationalfeiertag	23. Juni (offizieller Geburtstag des Großherzogs [eigentlich 16.04.1955], wird seit Großherzogin Charlotte [23.01.1896-01.07.1985] im Juni begangen)
Landessprache	ist lëtzebuergisch (Gesetz vom 24.02.1984). Als Amtssprachen fungieren lëtzebuergisch, französisch und deutsch, Unterrichtssprache im Kindergarten ist lëtzebuergisch, in der Grundschule deutsch, in der Oberschule überwiegend französisch.
Regierungsform	parlamentarische Demokratie in der Form einer konstitutionellen Erbmonarchie
Staatsoberhaupt	Großherzog Henri, Herzog von Nassau, seit 2000
Regierungschef	Premierminister Jean-Claude Juncker (CSV, seit 07.08.1999, zum zweiten Mal ernannt am 31.07.2004), Vizepremierminister Jean Asselborn (LSAP, seit 31.07.2004)
Wirtschaftsminister	Jeannot Krecké, seit 2004
Politische Situation	Nach den Wahlen vom 13.06.2004 wurde eine neue Regierungskoalition aus Christlich-Sozialer Volkspartei (CSV, 24 Sitze) und Luxemburgischer Sozialistischer Arbeiterpartei (LSAP, sozialdemokratisch, 14 Sitze) gebildet. Stärkste Oppositionspartei sind die Liberalen (Demokratische Partei, DP, 10 Sitze), gefolgt von den Grünen (Déi Greng, 7 Sitze) und der Alternative Demokratische Reformpartei (ADR, rechtskonservativ, 5 Sitze).

235 Bfai: Luxemburg – Wirtschaftsdaten kompakt, Stand Mai 2006.

Sonstiges

Mitgliedschaft in internationalen Organisationen	EU, Europarat, FAO, IAEA, ICAO, ILO, ITU, IWF, OSZE, Nato, OECD, UNESCO, UNO, UPU, Weltbank, BENELUX, WHO, WMO, WTO
Hermes-Entgeltkategorie[236]	0
Korruption[237]	Rang 13 (von 158)

Volkswirtschaftliche Kennzahlen[238]

Binnenwirtschaftliche Indikatoren		2003	2004	2005s	2006p
BIP pro Kopf	Euro	53.340	56.490	59.600	62.700
BIP	Mrd. Euro	23,96	25,51	27,10	28,80
Wachstumsrate BIP, real	%	2,9	4,5	3,6	3,8
Inflationsrate	%	2,1	2,5	3,2	2,4
Arbeitslosenquote	%	3,7	4,2	4,5	4,4

Beitrag zum BIP:	Primärsektor 0,6 %; Sekundärsektor 18 %; Tertiärsektor 81,4 %
Entwicklung des BIP:	robustes Wirtschaftswachstum, das vor allem vom Inlandskonsum getragen wird (Abb. 132)
Inflation:	durchschnittliche Inflationsrate von über 3 %, die ölpreisbedingt ist
Arbeitslosigkeit:	historischer Höchststand im Jahr 2005, wobei ein Absenken der Arbeitslosenquote durch den Zustrom von Arbeitskräften aus den Nachbarländern erschwert wird

236 http://www.agaportal.de/pages/aga/deckungspolitik/laenderklassifizierung.html.

237 Corruption Perceptions Index 2005 nach Transparency International, in: http://www.transparency.org, Rang 1= keine Korruption, Deutschland: Rang 16.

238 Zusammenstellung auf Basis von Informationen der Bayerischen Landesbank, Stand Juli 2005.

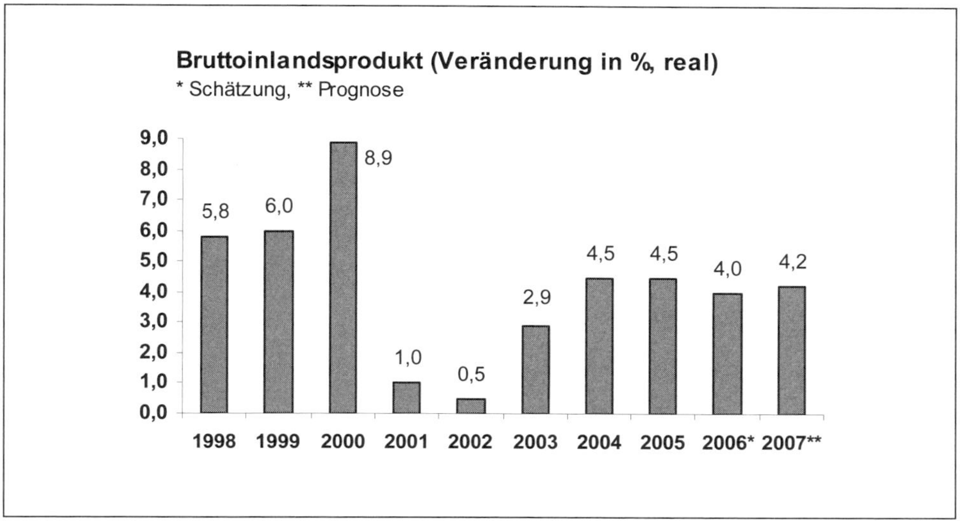

Quelle: Bfai
Abbildung 132: *Entwicklung des Bruttoinlandsproduktes in Luxemburg*

Finanzindikatoren		2003	2004	2005s	2006p
Staatsverschuldung	% des BIP	7,1	7,5	7,8	7,9
Haushaltssaldo	% des BIP	0,5	-1,1	-1,5	-1,9

Verschuldung: extrem niedrig

Außenwirtschaftliche Indikatoren		2003	2004	2005s	2006p
Warenexporte	Mrd. Euro	10,02	11,02	12,00	13,10
Warenimporte	Mrd. Euro	12,36	13,58	14,90	16,20
Handelsbilanzsaldo	Mrd. Euro	-2,34	-2,56	-2,90	-3,10
Leistungsbilanzsaldo	Mrd. Euro	1,96	2,17	1,90	2,10
	% des BIP	8,2	8,4	7,0	7,3
				Jan-Apr 05	Jan-Apr 04
Deutsche Einfuhr aus Luxemburg	Mio. Euro	1.983	2.200	794	688
Deutsche Ausfuhr nach Luxemburg	Mrd. Euro	3.103	3.495	1.249	1.068

Leistungsbilanz: deutlicher Leistungsbilanzüberschuss durch hohe Dienstleistungsexporte

Hauptlieferländer:[239]	2004: Belgien 36 %, Deutschland 27%, Frankreich 14 %, Niederlande 5 %, USA 4 %, Sonstige 14 %
Hauptabnehmerländer:[239]	2004: Deutschland 20 %, Frankreich 20 %, Belgien 12 %, Großbritannien 5 %, USA 3 %, Sonstige 34 %
Hauptimportgüter:[239]	2004: Maschinen u. Geräte 16,8 %; Mineralölerzeugnisse 16 %; Transportmittel 13,9 %; Eisen u. Stahl, Metallwaren 12,2 %; Lebende Tiere, Nahrungs- u. Genussmittel 10,6 %; Chem. Erzeugnisse 9,6 %; Sonstige 20,9 %
Hauptexportgüter:[239]	2004: Eisen- u. Stahlwaren 31,1 %; Maschinen u. Geräte 18,1 %; Lebende Tiere, Nahrungs- und Genussmittel 6,4 %; chemische Erzeugnisse 6,9 %; Transportmittel 6,1 %; Sonstige 31,4 %

Luxemburg als deutscher Handelspartner:[240] Rang 35 (nach Malaysia, vor Australien). Für die luxemburgische Wirtschaft ist Deutschland beim Warenverkehr nach Belgien Nummer zwei.

Investitionen[241]		2002	2003	2004	2005
Ausländische Direktinvestitionen in Luxemburg	Bestand Mrd. Euro	33,4	33,1	k. A.	k. A.
Ausländische Direktinvestitionen in Luxemburg	Zuflüsse Mrd. Euro	k. A.	k. A.	k. A.	k. A.
Deutsche Direktinvestitionen in Luxemburg	Bestand Mio. Euro	28.474	29.431	28.881	k. A.
Luxemburgische Direktinvestitionen in Deutschland	Bestand Mio. Euro	112.973	115.374	80.725	k. A.

Weiterführende Quellen

Internet:
Auslandshandelskammer: http://www.ahk.de.
Auswärtiges Amt: http://www.auswaertiges-amt.de.
Bundesagentur für Außenwirtschaft: http://www.bfai.de.
Deutsche Botschaft in Luxemburg: http://www.luxemburg.diplo.de.
Deutsch-belgisch-luxemburgische Handelskammer: http://www.debelux.org.
Luxemburgische Botschaft in Deutschland: http://www.konsulate.de.
Luxemburgische Industrie- und Handelskammer: http://www.cc.lu.
Statistisches Bundesamt: http://www.destatis.de.

---

239 Bfai Luxemburg – Wirtschaftsdaten kompakt, Stand Mai 2006.

240 Statistisches Bundesamt: Außenhandelsstatistik 2005.

241 Zusammenstellung auf Basis von Informationen der Bfai: Luxemburg – Wirtschaftsdaten kompakt, Stand Mai 2006, und der Deutschen Bundesbank: Kapitalverflechtungen mit dem Ausland, Stand April 2006.

Literatur:
Erbe, Michael: Belgien. Niederlande. Luxemburg. Geschichte des niederländischen Raumes, Stuttgart 1993.
Weber, Heinrich Th.: Brücken über die deutsch-luxemburgische Grenze, Blieskastel 2004.
Woyke, Wichard/Lepszy, Norbert: Belgien. Niederlande. Luxemburg. Politik – Gesellschaft – Wirtschaft, Opladen 1997.

12. Niederlande

Quelle: CIA
Abbildung 133: *Niederlande*

Landesinformationen/Politik[242]

Amtliche Bezeichnung	Königreich der Niederlande (Koninkrijk der Nederlanden)
Fläche	41.528 qkm
Einwohner	16.305.526 Einwohner (davon 699.351 Ausländer)
Bevölkerungsdichte	482 Einwohner/qkm
Hauptstadt	Amsterdam: 739.000 Einwohner (Stand 2005)
Religionszugehörigkeit	römisch-katholisch 30 %, protestantisch 20 %, muslimisch 6 %, Andere 2,2 %; ohne Bekenntnis 42 %, jüdische Gemeinschaft rd. 30.000 Personen
Nationalfeiertag	30. April = Königinnentag (Koninginnedag)
Landessprache	niederländisch, Umgangssprache: friesisch
Staats- /Regierungsform	Parlamentarische Monarchie
Staatsoberhaupt	Beatrix Königin der Niederlande, Prinzessin von Oranje-Nassau (seit 1980)
Regierungschef	Ministerpräsident Jan Peter Balkenende (CDA), Verfassungsrechtlich ist MP Vorsitzender des Ministerrats (primus inter pares) ohne Richtlinienkompetenz
Wirtschaftsminister	Laurens Jan Brinkhorst, seit 2003
Politische Situation	Regierungsparteien: Christlich Demokratischer Appell (CDA), Volkspartei für Freiheit und Demokratie (VVD, rechtsliberal, wirtschaftsfreundlich), Demokraten 66 (D66, linksliberal)

Sonstiges

Mitgliedschaft in internationalen Organisationen	Mitglied in allen wichtigen internationalen Organisationen wie: EU (Präsidentschaft im 2. Halbjahr 2004), Europarat, Nato, Vereinte Nationen, OSZE, UNESCO, I-LO, WHO, FAO, IAEA, WTO, OECD, IWF u. a.
Hermes-Entgeltkategorie[243]	0
Korruption[244]	Rang 11 (von 158)

242 Zusammenstellung auf Basis von Informationen des Auswärtigen Amtes, Stand März 2006.

243 http://www.agaportal.de/pages/aga/deckungspolitik/laenderklassifizierung.html.

Volkswirtschaftliche Kennzahlen[245]

Binnenwirtschaftliche Indikatoren		2003	2004	2005s	2006p
BIP pro Kopf	Euro	29.300	30.000	30.700	31.300
BIP	Mrd. Euro	476,3	488,6	500,2	510,0
Wachstumsrate BIP, real	%	-0,1	1,7	0,9	2,5
Inflationsrate	%	2,1	1,2	1,7	1,1
Arbeitslosenquote	%	4,5	4,6	4,7	4,5

Beitrag zum BIP:	Primärsektor 3 %; Sekundärsektor 26 %; Tertiärsektor 71 %
Entwicklung des BIP:	Konjunkturerholung nach Konjunkturabkühlung in den letzten Jahren (Abb. 134)
Inflation:	hohe Preisniveaustabilität mit geringem Preisauftrieb; die Niederlande gehören zu den Ländern mit der geringsten Geldentwertung innerhalb des Euroraums
Arbeitslosigkeit:	leicht ansteigende, aber niedrige Arbeitslosenquote im internationalen Vergleich

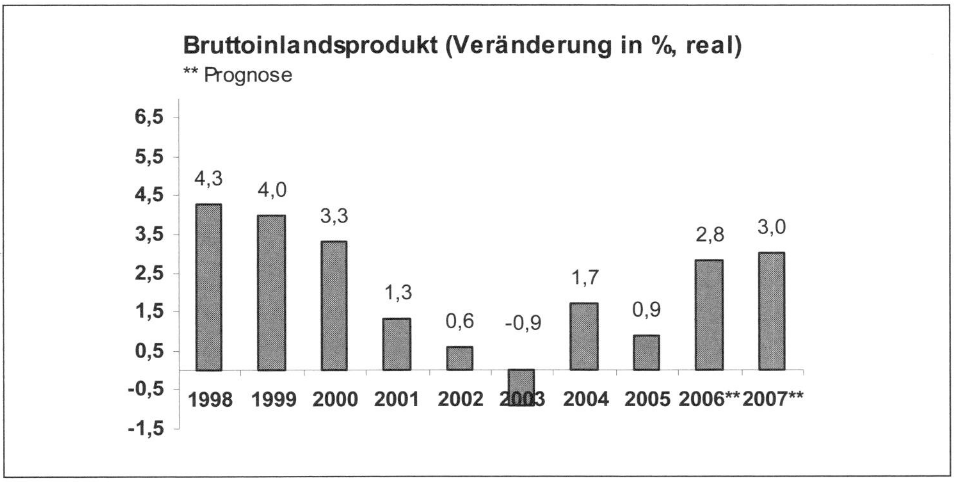

Quelle: Bfai
Abbildung 134: *Entwicklung des Bruttoinlandsproduktes in den Niederlanden*

244 Corruption Perceptions Index 2005 nach Transparency International, in: http://www.transparency.org, Rang 1= keine Korruption, Deutschland: Rang 16.

245 Zusammenstellung auf Basis von Informationen der Bayerischen Landesbank, Stand April 2006.

Finanzindikatoren		2003	2004	2005s	2006p
Staatsverschuldung	% des BIP	52,6	53,1	54,0	54,5
Haushaltssaldo	% des BIP	-3,2	-2,5	-1,8	-1,7

Verschuldung: Erfüllung der Maastrichter-Stabilitätskriterien trotz leichter Zunahme der Fehlbeträge im staatlichen Finanzierungssaldo

Außenwirtschaftliche Indikatoren		2003	2004	2005s	2006p
Warenexporte	Mrd. Euro	234,2	255,7	280,7	300,0
Warenimporte	Mrd. Euro	206,9	228,2	248,8	260,0
Handelsbilanzsaldo	Mrd. Euro	27,3	27,5	31,9	40,0
Leistungsbilanzsaldo	Mrd. Euro	26,0	43,6	32,1	25,0
	% des BIP	5,5	8,9	6,4	4,9
Deutsche Einfuhr aus den Niederlanden	Mio. Euro	38,5	45,0	47,8	k. A.
Deutsche Ausfuhr in die Niederlande	Mio. Euro	42,2	45,5	53,4	k. A.

Leistungsbilanz: aktive Leistungsbilanz mit stabilem Überschuss

Hauptlieferländer:[246] 2005: Deutschland 19 %, Belgien 11 %, USA 8 %, VR China 8 %, Großbritannien 6 %, Frankreich 5 %, Italien 3 %, Japan 3 %, Sonstige 37 %

Hauptabnehmerländer:[246] 2005: Deutschland 24 %, Belgien 12 %, Frankreich 9 %, Großbritannien 9 %, USA 5 %, Italien 4 %, Sonstige 37 %

Hauptimportgüter:[246] 2005: Maschinen und Transportmittel 36 %; Mineralöl und produkte 15 %; chemische Produkte 13 %; Lebende Tiere, Nahrungs- u. Genussmittel 9 %; Sonstige 27 %

Hauptexportgüter:[246] 2005: Maschinen und Transportmittel 32 %; chemische Produkte 17 %; Lebende Tiere, Nahrungs- u. Genussmittel 14 %; Mineralöl und -produkte 11 %; Sonstige 26 %

Die Niederlande als deutscher Handelspartner:[247] Rang 3 (nach den Vereinigten Staaten von Amerika, vor dem Vereinigten Königreich)

---

246 Bfai: Niederlande – Wirtschaftsdaten kompakt, Stand Mai 2006.

247 Statistisches Bundesamt: Außenhandelsstatistik 2005.

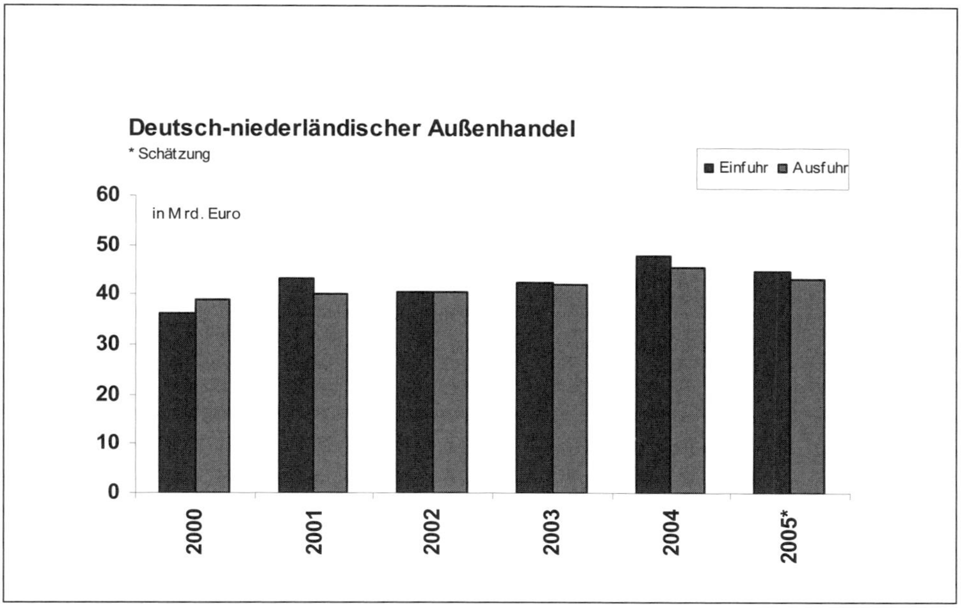

Quelle: AHK
Abbildung 135: *Entwicklung des deutsch-niederländischen Außenhandels*

Investitionen[248]	2002	2003	2004	2005
Ausländische Direktinvestitionen in den Niederlanden Bestand Mrd. Euro	k. A.	362,6	367,9	392,8
Ausländische Direktinvestitionen in den Niederlanden Zuflüsse Mrd. Euro	k. A.	k. A.	k. A.	k. A.
Deutsche Direktinvestitionen in den Niederlanden Bestand Mio. Euro	76.065	72.393	77.547	k. A.
Niederländische Direktinvestitionen in Deutschland Bestand Mio. Euro	118.621	119.187	128.493	k. A.

[248] Zusammenstellung auf Basis von Informationen der Bfai: Niederlande – Wirtschaftsdaten kompakt, Stand November 2005, und der Deutschen Bundesbank: Kapitalverflechtungen mit dem Ausland, Stand April 2006.

Weiterführende Quellen

Internet:
Auslandshandelskammer: http://www.ahk.de.
Auswärtiges Amt: http://www.auswaertiges-amt.de.
Bundesagentur für Außenwirtschaft: http://www.bfai.de.
Deutsche Botschaft in den Niederlanden: http://www.duitse-ambassade.nl.
Deutschland Institut Amsterdam: http://www.duitslandinstituut.nl.
Deutsch-niederländische Handelskammer: http://www.dnhk.org.
Niederländische Botschaft in Deutschland: http://www.niederlandeweb.de.
Statistisches Bundesamt: http://www.destatis.de.

Literatur:

Bundesagentur für Außenwirtschaft: Länderreport Niederlande, Köln 2003.
Kaelble, Hartmut/Fremdling, Rainer/Ehmer, Josef: Die niederländische Wirtschaft im 20. Jahrhundert, Berlin 2001.
Meester, W. J.: Locational Preferences of Entrepreneurs. Stated Preferences in the Netherlands and Germany, Heidelberg 2004.
North, Michel: Geschichte der Niederlande, München 1997.
Taute, Ilona/Wielenga, Friso: Länderbericht Niederlande, Bonn 2004.

13. Österreich

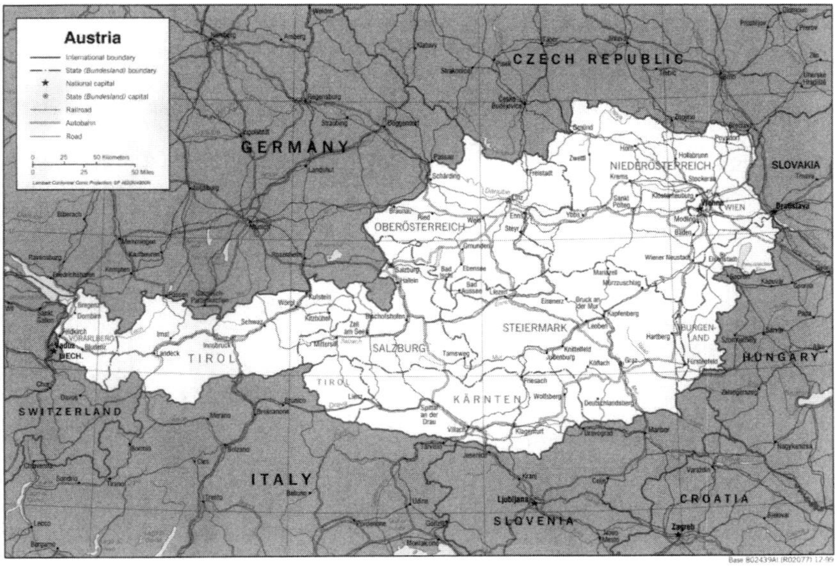

Quelle: CIA
***Abbildung 136**: Österreich*

Landesinformationen/Politik[249]

Amtliche Bezeichnung	Republik Österreich
Fläche	83.858 qkm
Einwohner	8,2 Mio. Einwohner, davon 91 % Österreicher und 9 % Ausländer (aus dem ehemaligen Jugoslawien, Türken, 86.700 Deutsche)
Bevölkerungsdichte[250]	98 Einwohner/qkm
Hauptstadt	Wien (1.631.082 Mio. Einwohner)

[249] Zusammenstellung auf Basis von Informationen des Auswärtigen Amtes, Stand März 2006.
[250] Bfai: Österreich – Wirtschaftsdaten kompakt, Stand November 2005.

Religionszugehörigkeit	73,6 % Katholiken, 4,7 % Protestanten, 4,2 % Muslime, 2,2 % Orthodoxe Kirchen, 0,1 % Juden, 12 % ohne Bekenntnis
Nationalfeiertag	26. Oktober, Verabschiedung des Neutralitätsgesetzes (1955)
Landessprache	deutsch (92 %)
Staatsform	Parlamentarisch-demokratische Republik
Staatsoberhaupt	Bundespräsident Dr. Heinz Fischer, seit 2004
Regierungschef	Bundeskanzler Dr. Wolfgang Schüssel (ÖVP), seit 2000
Wirtschaftsminister	Dr. Martin Bartenstein, seit 2000
Politische Situation	Parlament bestehend aus zwei Kammern: Nationalrat (= Parlament), 183 Mitglieder, Wahl alle vier Jahre: ÖVP: 79 (42,3 %), SPÖ: 69 (36,5 %), FPÖ: 18 (10 %), Die Grünen 17 (9,5 %); Bundesrat (= Länderkammer), 64 Mitglieder, von den Landtagen entsandt Parteien: Österreichische Volkspartei (ÖVP), Freiheitliche Partei Österreichs (FPÖ), Bündnis Zukunft Österreich (BZÖ), Sozialdemokratische Partei Österreichs (SPÖ), Die Grünen

Sonstiges

Mitgliedschaft in internationalen Organisationen	Vereinte Nationen und Sonderorganisationen, OSZE, Europarat, Europäische Union, als neutrales Land nicht Mitglied der Nato, aber Teilnahme am Nato-Programm (Partnerschaft für den Frieden) und Beobachterstatus bei der WEU, Western European Armaments Group (WEAG)
Hermes-Entgeltkategorie[251]	0
Korruption[252]	Rang 10 (von 158)

[251] http://www.agaportal.de/pages/aga/deckungspolitik/laenderklassifizierung.html.

[252] Corruption Perceptions Index 2005 nach Transparency International, in: http://www.transparency.org, Rang 1= keine Korruption, Deutschland: Rang 16.

Volkswirtschaftliche Kennzahlen[253]

Binnenwirtschaftliche Indikatoren		2003	2004	2005p	2006p
BIP pro Kopf	Euro	27.850	28.760	29.600	30.600
BIP	Mrd. Euro	226,1	235,1	244,0	254,0
Wachstumsrate BIP, real	%	0,8	2,2	1,6	2,0
Inflationsrate	%	1,3	2,1	2,4	1,9
Arbeitslosenquote	%	7,0	7,1	7,2	7,0

Beitrag zum BIP:	Primärsektor 1,9 %; Sekundärsektor 31,1 %; Tertiärsektor 67 %
Entwicklung des BIP:	allmähliche Konjunkturerholung
Inflation:	höherer Preisanstieg nur vorübergehend
Arbeitslosigkeit:	nahezu unverändert

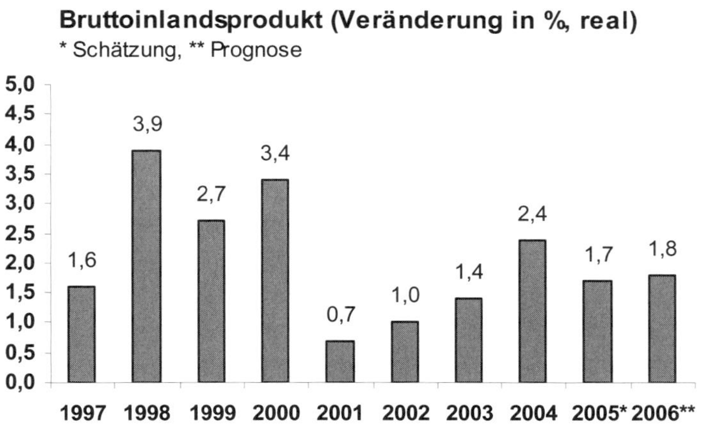

Quelle: Bfai
Abbildung 137: *Entwicklung des Bruttoinlandsproduktes in Österreich*

[253] Zusammenstellung auf Basis von Informationen der Bayerischen Landesbank, Stand August 2005.

Finanzindikatoren		2003	2004	2005p	2006p
Staatsverschuldung	% des BIP	65,2	64,4	63,3	62,8
Haushaltssaldo	% des BIP	-1,1	-1,3	-2,1	-1,7

Verschuldung: Annäherung an Maastricht-Vorgabe

Außenwirtschaftliche Indikatoren		2003	2004	2005p	2006p
Warenexporte	Mrd. Euro	79,20	88,40	95,20	103,00
Warenimporte	Mrd. Euro	78,30	86,00	94,00	102,00
Handelsbilanzsaldo	Mrd. Euro	0,90	2,40	1,20	1,00
Leistungsbilanzsaldo	Mrd. Euro	-1,10	-1,40	-2,00	-2,00
	% des BIP	-0,5	-0,6	-0,8	-0,8
				Jan-Mai 05	Jan-Mai 04
Deutsche Einfuhr aus Österreich	Mrd. Euro	21,5	24,4	9,9	9,8
Deutsche Ausfuhr nach Österreich	Mrd. Euro	35,9	40,0	16,7	15,6

Leistungsbilanz: anhaltendes Defizit

Hauptlieferländer:[254] 2004: Deutschland 43 %; Italien 6,8 %; Frankreich 4,0 %; USA 3,2 %; Tschechische Republik 3,2 %; Sonstige 39,8 %

Hauptabnehmerländer:[254] 2004: Deutschland 32,2 %; Italien 8,6 %; USA 5,9 %; Schweiz 4,5 %; Frankreich 4,2 %; Sonstige 44,6 %

Hauptimportgüter:[254] 2004: Fertigwaren 69,3 %; (Maschinen 11,5 %; Kfz 5,9 %;) Halbwaren 12,4 %; Rohstoffe 12,8 %; Nahrungsmittel 5,5 %

Hauptexportgüter:[254] 2004: Fertigwaren 74,9 %; (Maschinen 16,5 %; Kfz 7,0 %;) Halbwaren 13,0 %; Rohstoffe 6,5 %; Nahrungsmittel 5,6 %

Österreich als deutscher Handelspartner:[255] Rang 7 (nach Belgien, vor der VR China)

[254] Bfai: Österreich – Wirtschaftsdaten kompakt, Stand November 2005.

[255] Statistisches Bundesamt: Außenhandelsstatistik 2005.

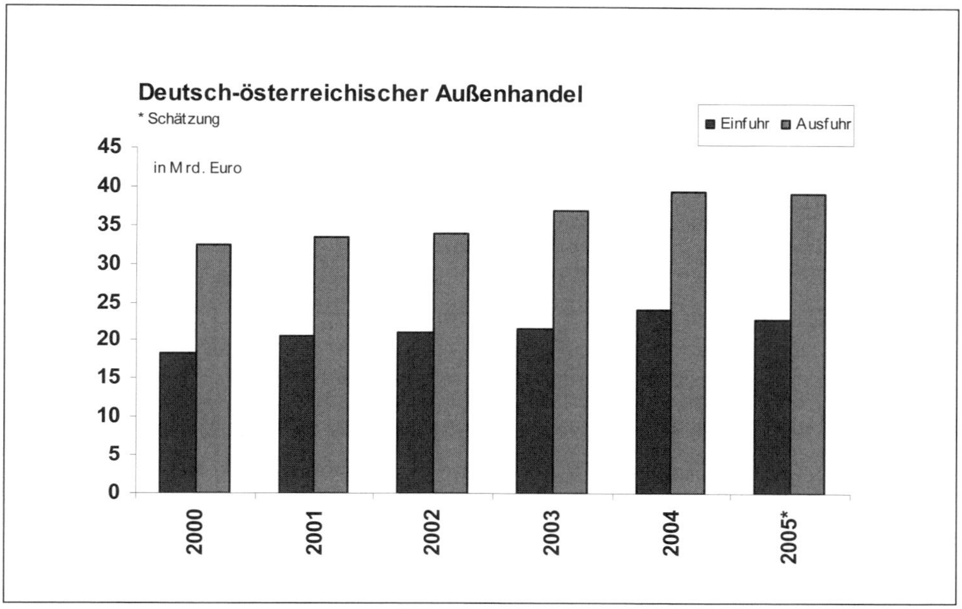

Quelle: AHK
Abbildung 138: *Entwicklung des deutsch-österreichischen Außenhandels*

Investitionen[256]	2001	2002	2003	2004	2005
Ausländische Direktinvestitionen in Österreich					
Bestand Mrd. Euro	39,0	41,5	42,6	k. A.	k. A.
Ausländische Direktinvestitionen in Österreich					
Zuflüsse Mrd. Euro	k. A.	k. A.	k. A.	3,950	2,960[257]
Deutsche Direktinvestitionen in Österreich					
Bestand Mio. Euro	20.633	21.629	20.210	21.204	k. A.
Österreichische Direktinvestitionen in Deutschland					
Bestand Mio. Euro	9.310	10.476	10.733	12.288	k. A.

[256] Zusammenstellung auf Basis von Informationen der Bfai: Österreich – Wirtschaftsdaten kompakt, Stand November 2005, und der Deutschen Bundesbank: Kapitalverflechtungen mit dem Ausland, Stand April 2006.
[257] 1. Halbjahr 2005.

Weiterführende Quellen

Internet:

Auslandshandelskammer: http://www.ahk.de.
Auswärtiges Amt: http://www.auswaertiges-amt.de.
Bundesagentur für Außenwirtschaft: http://www.bfai.de.
Deutsche Botschaft in Österreich: http://www.wien.diplo.de.
Österreichische Botschaft in Deutschland: http://www.oesterreichische-botschaft.de.
Österreichisches Bundesministerium für Wirtschaft und Arbeit: http://www.bmwa.gv.at.
Statistisches Bundesamt: http://www.destatis.de.

Literatur:

Bundesagentur für Außenwirtschaft: E-Commerce in der EU, Köln 2003.
Bundesagentur für Außenwirtschaft: Lohn- und Lohnnebenkosten – Österreich, Köln 2006.
Bundesministerium für Wirtschaft und Arbeit: Österreichs Außenwirtschaft – Jahrbuch 2003/2004, Wien 2004.
Fehr-Duda, Helga: Labour Market Studies – Austria, European Communities/Union 1997.
Rathkolb, Oliver: Die paradoxe Republik. Österreich 1945 bis 2005, Wien 2005.
Vocelka, Karl: Geschichte Österreichs. Kultur – Gesellschaft – Politik, München 2002.
Wied, Lorenz: Die Gründerfallen. Der Strategie- und Marketingkompass für Jungunternehmer, Wien 2006.
Wolfram, Herwig/Sandgruber, Roman: Österreichische Geschichte, Ökonomie und Politik, Wien 1995.
Zechner, Achim: E-Austria-Guide, Wien 2005.

14. Schweden

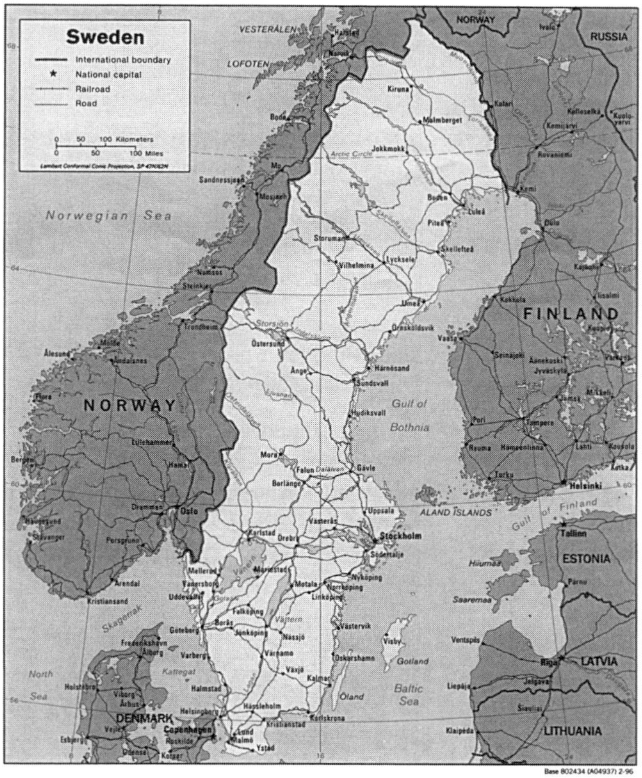

Quelle: CIA
Abbildung 139: *Schweden*

Landesinformationen/Politik[258]

Amtliche Bezeichnung	Schweden (Sverige)
Fläche	450.000 qkm
Einwohner	9 Mio.

[258] Zusammenstellung auf Basis von Informationen des Auswärtigen Amtes, Stand November 2005. Die Angaben zur neuen Regierung s. unter der offiziellen Homepage der schwedischen Regierung: http://www.regeringen.se, aufgerufen am 23.10.2006.

Bevölkerungsdichte[259]	20,1 Einwohner/qkm
Hauptstadt	Stockholm, 771.000 Einwohner
Religionszugehörigkeit	mehrheitlich evangelisch
Nationalfeiertag	6. Juni
Landessprache	schwedisch
Staatsform	konstitutionelle Monarchie, Königreich Schweden
Staatsoberhaupt	S.M. König Carl XVI. Gustaf seit 1973, Thronfolgerin Kronprinzessin Victoria
Regierungschef	Ministerpräsident (Staatsminister) Fredrik Reinfeldt seit 2006, Moderate Sammlungspartei, jetzige Regierung seit den Reichstagswahlen 2006
Wirtschaftsministerin	Maud Olofsson (Zentrumspartei), zugleich stellvertretende Premierministerin, seit 2006
Politische Situation	Die Regierung wird von der aus vier bürgerlichen Parteien bestehenden Allianz für Schweden gestellt. Diese umfasst die Centerpartiet (Zentrumspartei), die Kristdemokraterna (Christdemokraten), die Folkpartiet (Volkspartei) und die Moderata samlingspartiet (Moderate Sammlungspartei). Opposition: Sozialdemokraten, Umwelt- und Linkspartei
Währung[260]	Schwedische Krone (SEK), Einheit: Öre 1 EUR = 9,44159 SEK 1 SEK = 0,10591 EUR

Sonstiges

Wachstumsbranchen/-märkte[261]	Bauwirtschaft, wirtschaftsnahe und technische Beratungsleistungen, Informationstechnologie, FuE-nahe Dienste
Mitgliedschaft in internationalen Organisationen	in allen wichtigen Organisationen, jedoch nicht in der Nato
Hermes-Entgeltkategorie[262]	1
Korruption[263]	Rang 6 (von 158)

259 Bfai: Schweden – Wirtschaftsdaten kompakt, Stand Mai 2006.

260 http://www.oanda.com/convert/classic, Stand 02.03.2006.

261 Bfai: Schweden – Wirtschaftstrends 2006. Gesamtwirtschaftlicher Ausblick, Stand Dezember 2005.

262 http://www.agaportal.de/pages/aga/deckungspolitik/laenderklassifizierung.html.

Politische Trends[264]

Schweden ist eine Erbmonarchie, zur Zeit unter König Carl XVI. Gustaf, mit parlamentarischer Regierungsform. Der König stellt das Staatsoberhaupt des Landes dar und nimmt eine ausschließlich repräsentative Funktion ein, während die Regierungsgeschäfte der Ministerpräsident führt. Dieses Amt hat Fredrik Reinfeldt von der Moderaten Sammlungspartei 2006 von Göran Persson übernommen. Seit der Reichstagswahl 2006 wird die Regierung von der aus vier bürgerlichen Parteien bestehenden Allianz für Schweden gestellt, bestehend aus der Zentrumspartei, den Christdemokraten, der Volkspartei und der Moderaten Sammlungspartei. Unter der alten Regierung wurde das so genannte „schwedische Modell" befolgt, ein „dritter Weg" zwischen Kapitalismus und Sozialismus mit besonders ausgeprägten Wohlfahrtsleistungen. Der Staat wurde von vielen als das alle umsorgende „Volksheim" angesehen. Dieses Idealbild ist jedoch im Zuge unerwarteter Entwicklungen, wie steigende Kriminalität, wachsende Einkommensunterschiede etc., zunehmender Kritik ausgesetzt. Die neue Regierung unter Reinfeldt hat eine Reform des bestehenden Wohlfahrtsstaates angekündigt.

Eine weitere Herausforderung stellt die bisher liberal verfolgte Ausländer- und Einwanderungspolitik dar, die – bei einem Anteil der Ausländer an der Gesamtbevölkerung von 12 % – Integrationsprobleme nach sich zieht. Ausländerfeindliche Gewalttaten sind inzwischen kein Einzelfall mehr. Die Gleichstellung der Frauen ist seit den 60er Jahren ein weiteres zentrales politisches Ziel. Berufliche Gleichstellung wird als elementares Grundrecht angesehen und war als zentraler Punkt im Regierungsprogramm Perssons verankert. Mit einem Anteil von 69 % berufstätiger Frauen (berufstätige Männer 72 %) belegt Schweden einen Spitzenplatz unter den Industrieländern.

Die Haushaltspolitik Schwedens hat Vorbildcharakter. Der Staatshaushalt befindet sich seit Jahren – mit Ausnahme von 2002 – im Überschuss. Hintergrund ist eine gesetzliche Verpflichtung, ein Haushaltssaldo von +2 % des BIP über einen Konjunkturzyklus hinweg einzuhalten (Mitte der 90er Jahre noch -9,3 %). Außerdem wird jedes Jahr ein Ausgabenhöchstbetrag festgesetzt. Mit gleicher Disziplin verfolgte die alte Regierung den kontinuierlichen Abbau der Staatsverschuldung. Diese lag 2004 bei 51,2 % des BIP und hielt bei weitem die vom Maastrichter Vertrag vorgegebene Obergrenze ein (Mitte der 90er Jahre stand Schweden bei 73,9 % Staatsverschuldung).

Die schwedische Außenpolitik zeichnet sich durch jahrhundertelangen Frieden, außerordentlich großes Engagement in internationalen Organisationen, vor allem den Vereinten Nationen, und einer mit Nachdruck verfolgten Entwicklungshilfepolitik aus. Die friedliche Auflösung der Union mit Norwegen 1905 gilt als Muster der friedlichen Konfliktlösung. Die seitdem anhaltende Allianzfreiheit ist Ursache für die ausgeprägte Ablehnung gegen Souveränitätsver-

---

263 Corruption Perceptions Index 2005 nach Transparency International, in: http://www.transparency.org, Rang 1= keine Korruption, Deutschland: Rang 16.

264 Texte zusammengestellt auf Basis des Auswärtigen Amtes, der Bundesagentur für Außenwirtschaft, der Bayerischen Landesbank und des Statistischen Bundesamtes. Die Angaben zur neuen Regierung wurden kurz vor der Fertigstellung des Buches ergänzt. Auswertungen zum Regierungsprogramm lagen zu diesem Zeitpunkt noch nicht vor. Die Ausführungen zur Politik der Regierung beziehen sich, wenn nicht gesondert angemerkt, auf die Regierung unter Göran Persson, die bis Oktober 2006 im Amt war.

luste in der schwedischen Bevölkerung. Dies spiegelt sich in der EU-weit niedrigsten Befürwortung des Europäischen Verfassungsvertrages wider. Infolgedessen lehnte Persson ein Referendum über den Verfassungsvertrag ab und schob die ursprünglich für Ende 2005 vorgesehene Vertrags-Ratifizierung auf unbestimmte Zeit auf.

Volkswirtschaftliche Kennzahlen[265]

Binnenwirtschaftliche Indikatoren		2003	2004	2005p	2006p
BIP pro Kopf	Euro	29.780	30.960	31.100	31.900
BIP	Mrd. Euro	267,3	279,0	281,5	290,0
Wachstumsrate BIP, real	%	1,5	3,6	2,2	2,8
Inflationsrate	%	1,9	0,4	0,5	1,3
Arbeitslosenquote	%	4,9	5,6	5,1	5,0

Beitrag zum BIP: Landwirtschaft (Primärsektor) 1,8 %, Industrie (Sekundärsektor) 27,9 %, Dienstleistungen (Tertiärsektor) 70,3 %

Finanzindikatoren					
Staatsverschuldung	% des BIP	52,0	51,2	50,7	50,0
Haushaltssaldo	% des BIP	0,2	1,4	1,4	0,7

Wirtschaftliche Trends

Mit einer voraussichtlichen Wachstumsrate des Bruttoinlandsproduktes von 3,6 % im Jahr 2006 liegt Schweden erneut mehr als 1,5 % über dem durchschnittlichen BIP-Wachstum der Eurozone (Abb. 140). Zum einen basiert diese positive Entwicklung auf einer expansiven Fiskalpolitik der Regierung. Zum anderen wird eine leicht ansteigende Nachfrage nach schwedischen Exportgütern auf den internationalen Märkten um 1 % im Vergleich zum Vorjahr erwartet. Da Schweden nur über einen relativ kleinen Inlandsmarkt verfügt, ist seine Volkswirtschaft stark exportorientiert (Exportquote: 45 %). Im Verhältnis zu Schwedens relativ geringer Bevölkerungszahl hat sich ein ungewöhnlich breites Spektrum international leistungsfähiger Branchen herausgebildet: Holz und Zellulose, Verarbeitende Industrie (Fahrzeuge, Pharma, Wehrtechnik) bis hin zu Informationstechnologie (IT), Biotechnik und regenerativen Energien. Die Firmenlandschaft ist von einigen großen, global ausgerichteten Unternehmen geprägt: Ericsson, Volvo, Saab oder Astra Zeneca.

265 Zusammenstellung auf Basis von Informationen der Bayerischen Landesbank, Stand November 2005.

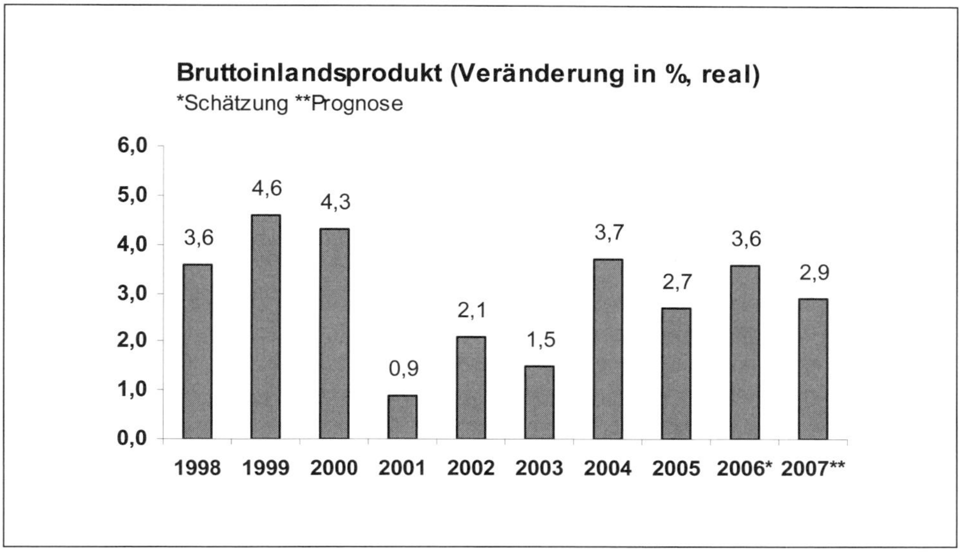

Quelle: Bfai
Abbildung 140: *Entwicklung des Bruttoinlandsproduktes in Schweden*

Trotz der anhaltend guten Konjunkturentwicklung bleibt der Inflationsdruck gering. Eine in einem solchen Fall üblicherweise hohe Inflation wird durch Lohnzurückhaltung und steigende Produktivität verhindert.

Wegen der im Herbst 2006 angesetzten Parlamentswahlen hat die schwedische Regierung unter Persson an ihrer expansiven Fiskalpolitik festgehalten und damit die Binnennachfrage gestützt. Der Trend, dass sich die Binnennachfrage zunehmend anstelle des Exports zum Konjunkturmotor entwickelt, wird sich damit fortsetzen. Ebenso hatte die alte Regierung Steuererleichterungen für die Haushalte und höhere Zuwendungen für die Kommunen vorgesehen. Auf dem Arbeitsmarkt spiegelt sich die gute Entwicklung der Binnennachfrage allerdings noch nicht wider. Die neue Regierung unter Ministerpräsident Reinfeldt hat angekündigt, das kräftige Wirtschaftswachstum mehr als zuvor in neue Arbeitsplätze zu übersetzen. Im europäischen Vergleich hat Schweden allerdings eine relativ niedrige Arbeitslosenquote.

Außenwirtschaftliche Kennzahlen[266]

Außenwirtschaftliche Indikatoren		2003	2004	2005p	2006p
Warenexporte	Mrd. Euro	90,40	99,80	103,00	109,00
Warenimporte	Mrd. Euro	73,70	80,90	87,50	94,50
Handelsbilanzsaldo	Mrd. Euro	16,70	18,90	15,50	14,50
Leistungsbilanzsaldo	Mrd. Euro	20,20	23,10	20,80	19,00
	% des BIP	7,6	8,3	7,4	6,6
				Jan.-Aug.05	gg. Vj.
Deutsche Einfuhr aus Schweden	Mrd. Euro	9,50	10,20	7,26	9,40
Deutsche Ausfuhr nach Schweden	Mrd. Euro	14,24	15,73	11,10	9,80

Außenhandel

Eine im Jahr 2004 verzeichnete Exportsteigerung von über 10 %, angetrieben durch eine hohe Nachfrage in den wichtigen schwedischen Industriesektoren Telekommunikation, Kfz und Rohstoffe, wird sich 2005 nicht wiederholen. Aufgrund einer rückläufigen Nachfrageentwicklung auf den internationalen Märkten wird lediglich ein Zuwachs von 5 % im Jahr 2005 und 6 % im Jahr 2006 prognostiziert. Den Großteil der exportierten Güter machen maschinenbau- und elektrotechnische Erzeugnisse mit 25,2 %, bearbeitete Waren mit 20,1 % sowie Straßenfahrzeuge und andere Beförderungsmittel mit 17,4 % aus.[267] Hauptabnehmerland sind die USA und an zweiter Stelle Deutschland (Abb. 141).

Für die Importe wird eine Steigerungsrate von 5 % in 2005, von 6 % in 2006 und von 7 % in 2007 vorausgesagt. Den höchsten Posten des Gesamtimports nehmen wie beim Export maschinenbau- und elektrotechnische Erzeugnisse mit 22,1 % ein. Und auch Straßenfahrzeuge und andere Beförderungsmittel mit einem Anteil von 17,4 % sowie bearbeitete Waren mit 14,2 % werden nicht nur ex-, sondern auch importiert. Das mit Abstand bedeutendste Lieferland ist Deutschland (Abb. 142) mit Importgütern wie Maschinen, Kfz-Teilen und Elektrotechnik.

Die deutschen Einfuhren aus Schweden stiegen in den Jahren 2003 und 2004 jeweils um 7 % im Vergleich zum Vorjahr an (Abb. 143). Im Jahr 2006 wird eine Veränderung von +9,4 % erwartet. Schwedens Importe aus Deutschland erhöhten sich im Jahr 2003 um 6 % und 2004 um 11 %, während die Wachstumsprognose für 2006 mit einer Steigerung von 9,8 % wieder etwas schwächer ausfällt.

266 Zusammenstellung auf Basis von Informationen der Bayerischen Landesbank, Stand November 2005.

267 Statistisches Bundesamt: http://www.destatis.de/, Länderprofil Schweden, Stand 2003.

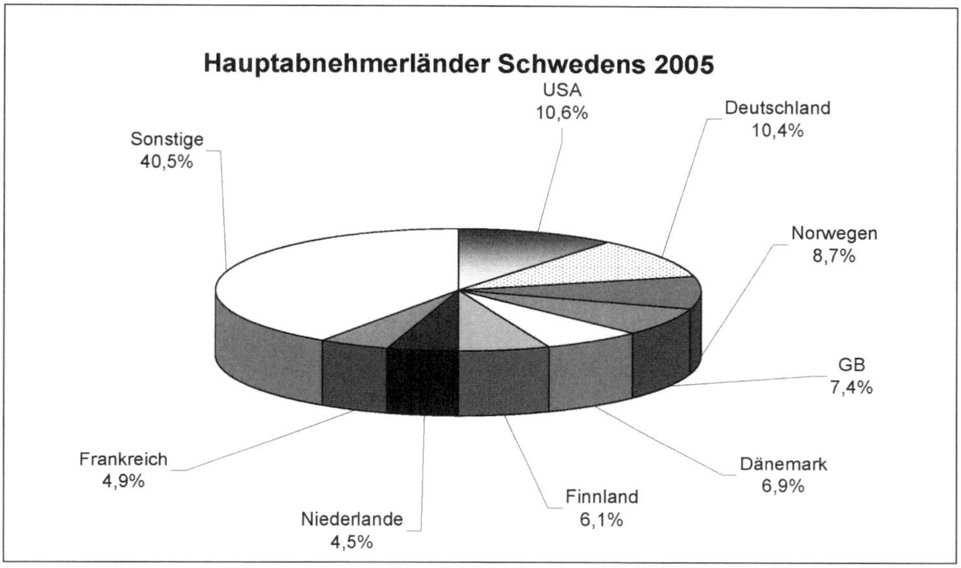

Quelle: Bfai

Abbildung 141: *Hauptabnehmerländer Schwedens 2005*

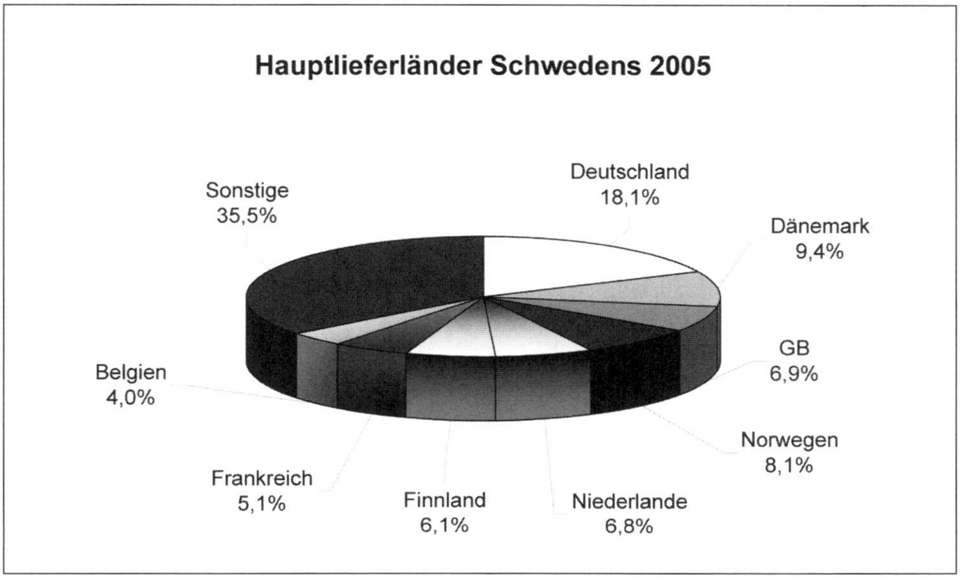

Quelle: Bfai

Abbildung 142: *Hauptlieferländer Schwedens 2005*

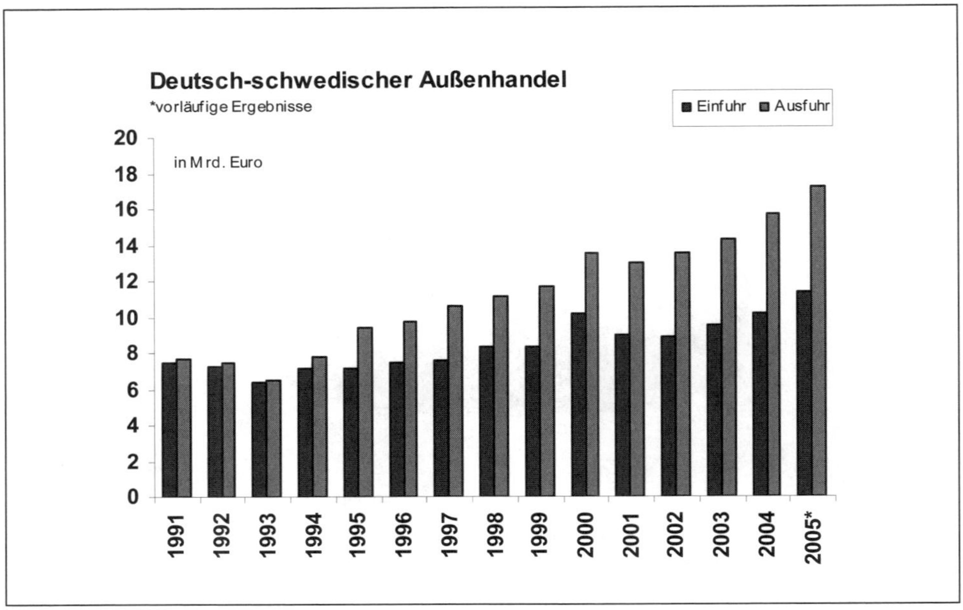

Quelle: Statistisches Bundesamt
Abbildung 143: *Entwicklung des deutsch-schwedischen Außenhandels*

Investitionsklima

Die gute Finanzlage vieler Unternehmen hat eine Belebung der Investitionstätigkeit in den Jahren 2005 und 2006 zur Folge. Die Prognose der Ausgaben für Investitionen 2005 liegt um etwa 25 % über dem Vorjahreswert. Dabei handelt es sich nicht um einzelne Großprojekte, sondern um eine Vielzahl staatlicher und privater Investitionen in unterschiedlichen Branchen, insbesondere in der Baubranche. In den kommenden Jahren sind 30 große Bauprojekte hauptsächlich im Bereich Wohnungs- und Verkehrswegebau mit einem Investitionsvolumen von jeweils 7,5 Mrd. Schwedischen Kronen geplant. Weitere Projekte sind im Energiesektor vorgesehen, vor allem im Ausbau der Windkraftanlagen.

Investitionen[268]	2002	2003	2004	2005
Ausländische Direktinvestitionen in Schweden Bestand Mrd. Euro	115,1	125,4	144,2	k. A.
Ausländische Direktinvestitionen in Schweden Zuflüsse Mrd. Euro	k. A.	k. A.	10,1	11,0

268 Zusammenstellung auf Basis von Informationen der Bfai: Schweden – Wirtschaftsdaten kompakt, Stand Mai 2006, und der Deutschen Bundesbank: Kapitalverflechtungen mit dem Ausland, Stand April 2006.

Deutsche Direktinvestitionen in Schweden					
	Bestand Mio. Euro	9.751	12.538	17.820	k. A.
Schwedische Direktinvestitionen in Deutschland					
	Bestand Mio. Euro	10.160	8.638	9.295	k. A.

Diese Vielzahl an geplanten Projekten eröffnet ausländischen Investoren weiterhin aussichtsreiche Geschäftschancen. Bereits bis zum Jahr 2003 war der Bestand der Auslandsinvestitionen in Schweden kontinuierlich angestiegen. Zurückzuführen ist diese Entwicklung nicht zuletzt darauf, dass die schwedische Volkswirtschaft durch die gut ausgebaute Infrastruktur, Engagement in Forschung und Entwicklung, die hohe Investitionsbereitschaft in Humankapital sowie die moderate Unternehmensbesteuerung einen höchst attraktiven Markt für ausländische Firmen bietet. Nachteilig wirkt sich allerdings der Mangel an Arbeitsangebotsanreizen aufgrund der hohen marginalen Einkommenssteuersätze aus ebenso wie der hohe Krankenstand unter den Beschäftigten und ein überhöhtes Preisniveau durch die Marktmacht weniger großer Firmen (Bau, Lebensmittel) und staatlicher Monopole (Alkohol, Apotheken).

Außenwirtschaftsbarometer

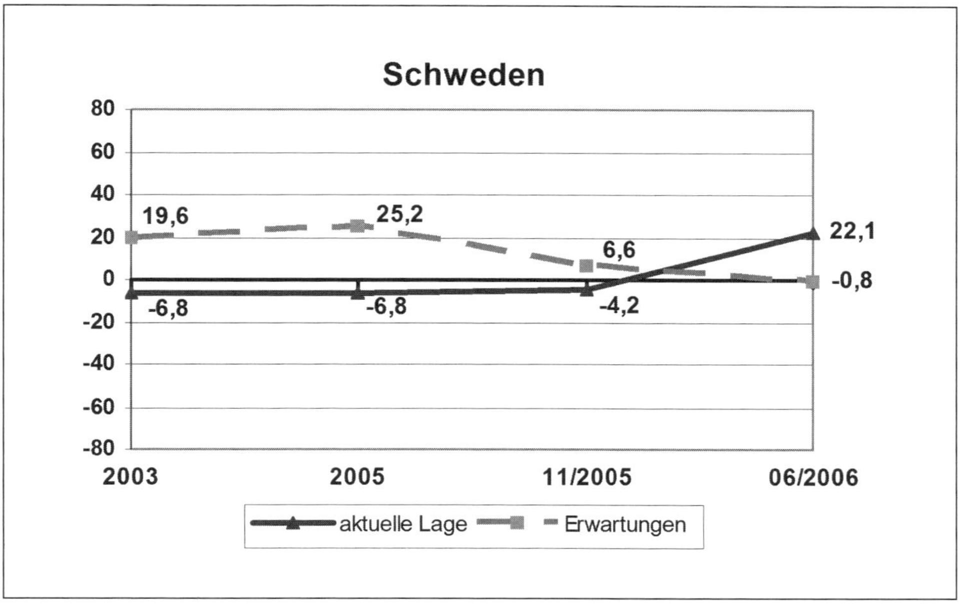

Quelle: IHK Region Stuttgart
Abbildung 144: *Außenwirtschaftsbarometer Schweden*

Bei den bisherigen Befragungen zu den aktuellen Geschäftsbeziehungen mit Schweden hat der Teil von deutschen Unternehmen, die ihre Geschäftsbeziehungen mit dem skandinavischen Land schlecht bewertet haben, stets leicht überwogen. Seit der Befragung Mitte 2006 überwiegt dagegen der Anteil von Unternehmen, die ihre aktuellen Geschäftsbeziehungen zu Schweden als gut bezeichnen mit einem Wert von 22,1 deutlich (Abb. 144). Bleibt abzuwarten, ob dieser Trend anhält, denn die Zukunftserwartungen sind in den letzten Befragungen kontinuierlich schlechter eingeschätzt worden. Mittlerweile gibt es sogar ein kleines Übergewicht der Unternehmen, die ihre Erwartungen für die kommenden zwölf Monate als schlecht bezeichnen.

Interkultureller Praxistipp Schweden

Die schwedische Geschäftskultur ist vor allem an Fakten und sachlichen Argumenten orientiert. Langfristige Geschäftsbeziehungen haben einen hohen Stellenwert und lassen sich in der Regel nur durch Zuverlässigkeit und Genauigkeit im eigenen Handeln aufbauen. Im Geschäftsalltag sollte man daher auf genaue Pünktlichkeit und einwandfreie Qualität des Produktes oder der Dienstleistung achten.[269] Der Verhandlungsstil der Schweden ist eher kühl und reserviert. Schwedische Geschäftsleute vermeiden es, persönliche Sympathien erkennen zu lassen und trennen Emotionen streng von ihren sachlichen Entscheidungen.[270] Übertriebenes Marketing oder weitschweifige Ausführungen sind daher unangebracht. Es empfiehlt sich, direkt zur Sache zu kommen und das Produkt uneingeschränkt in den Mittelpunkt zu stellen. Genaue technische Ausführungen und Informationsmaterialen werden dabei sehr geschätzt. Auf detaillierte Nachfragen sollte man sich einstellen.[271] In Schweden wird Understatement groß geschrieben. Flache Hierarchien und Teamwork sind im Geschäftsleben die Regel. Auch unter Mitarbeitern verschiedener Hierarchiestufen herrscht meist ein ungezwungener Umgangsstil „per Du“. Im fortschrittlichen Schweden verfügen im Gegensatz zu anderen Ländern auch Mitarbeiter unterer Hierarchiestufen über relativ weit reichende Kompetenzen und sind oft in den demokratischen Entscheidungsprozess eingebunden. Auch wenn Sie tendenziell Kontakt zu Mitarbeitern in höheren Positionen suchen sollten, achten Sie darauf, dass Sie niemanden übergehen.[272]

Fazit

Die schwedische Volkswirtschaft zeichnet sich durch einen anhaltenden Haushaltsüberschuss und eine geringe, stetig sinkende Staatsverschuldung aus. Prägende Ziele der politischen Führung unter Persson waren die Gleichstellung von Mann und Frau sowie ein außerordentlich großes Engagement in internationalen Organisationen, in der Entwicklungs- und in der Umweltpolitik.

Der über Jahrzehnte gewachsene Wohlfahrtsstaat „Volksheim“ geriet in den 90er Jahren in eine Krise. Die daraufhin von den Sozialdemokraten und Bürgerlichen eingeleitete wirt-

269 Vgl. Winkler 2002, S. 87.

270 Vgl. Trompenaars/Hampden-Turner 1997, S. 73.

271 Bfai: Erfolgreich Verhandeln in Schweden. Die erste Begegnung, Köln 2005, S. 2.

272 Vgl. Strunz/Dorsch 2001, S. 364.

schaftspolitische Wende durch Reformen der Alterssicherung, stabilitätsorientierter Geldpolitik und Regelbindung der Finanzpolitik zeigt Erfolge. Die neue Regierung hat eine Reform des Wohlfahrtsstaates angekündigt. Die Erfolge der alten Regierung spiegeln sich vor allem im Wirtschaftswachstum und im erhöhten Lebensstandard wider. Hinzu kommt, dass sich die Inflation trotz dieser guten Entwicklung im Rahmen hält, was auf die Lohnzurückhaltung und steigende Produktivität zurückzuführen ist. Ziel der alten Regierung war, die Binnennachfrage durch eine expansive Fiskalpolitik zu stärken. Geplant waren auch Steuererleichterungen für die Haushalte. Die im europäischen Vergleich niedrige Arbeitslosenquote von etwa 5 % soll durch umfassende staatliche Beschäftigungsmaßnahmen weiter gesenkt werden. In der Ausländer- und Einwanderungspolitik hatte Perssons Regierung das Bemühen um eine bessere Integration angekündigt.

Weiterführende Quellen

Internet:

Auslandshandelskammer: http://www.ahk.de.
Auswärtiges Amt: http://www.auswaertiges-amt.de.
Bundesagentur für Außenwirtschaft: http://www.bfai.de.
Deutsche Botschaft in Schweden: www.stockholm.diplo.de.
Schwedische Botschaft in Deutschland: www.schweden.org.
Statistisches Bundesamt: http://www.destatis.de.

Literatur:

Bundesagentur für Außenwirtschaft: Erfolgreich verhandeln in Schweden, Köln 2004.
Bundesagentur für Außenwirtschaft: Länderreport Schweden, Köln 2006.
Findeisen, Jörg-Peter: Schweden. Von den Anfängen bis zur Gegenwart, 2. ergänzte Neuauflage, Regensburg 1997.
Haass, Jens M.: Multinationale Unternehmen und Internationaler Handel. Das Auslandskapital in Norwegen und Schweden, Frankfurt am Main 1987.
Rentzsch, Hans-Peter: Erfolgreich Verhandeln im weltweiten Business, Wiesbaden 1999.

15. Schweiz

Quelle: CIA
Abbildung 145: *Schweiz*

Landesinformationen/Politik[273]

Amtliche Bezeichnung	Schweizerische Eidgenossenschaft (CH = Confoederatio Helvetica)
Fläche	41.285 qkm
Einwohner	7.472.600 Einwohner
Bevölkerungsdichte[274]	ca. 180 Einwohner/qkm

273 Zusammenstellung auf Basis von Informationen des Auswärtigen Amtes, Stand Februar 2006.

Hauptstadt	Bern (127.188 Einwohner)
Religionszugehörigkeit	römisch-katholisch 41,8 %, Protestanten 35,3 %, Muslime 4,3 %, orthodoxe Christen 1,8 %, andere Christen 0,4 %, Hindus 0,4 %, Buddhisten 0,3 %, Juden 0,2 %, konfessionslos 11,1 %
Nationalfeiertag	1. August
Landessprachen	deutsch 63,7 %, französisch 20,4 %, italienisch 6,4 % rätoromanisch 0,5 %, andere 9 %
Staatsform	Demokratischer und republikanischer Bundesstaat
Staatsoberhaupt	Funktion im Kreis der 7 Bundesratsmitglieder turnusmäßig jährlich wechselnd: 2006 Moritz Leuenberger, Vertreter (ebenfalls im Kreis der 7 Bundesratsmitglieder turnusmäßig jährlich wechselnd): 2006 Micheline Calmy-Rey
Regierungschef	entfällt (der Vorsitzende im Kollegialorgan der sieben Bundesräte ist der Bundespräsident)
Wirtschaftsminister	Doris Leuthard übernahm am 1. August 2006 die Nachfolge von Joseph Deiss
Politische Situation	Regierungsparteien: Freisinnig-Demokratische Partei (FDP), Sozialdemokratische Partei (SPS), Christliche Volkspartei (CVP), Schweizerische Volkspartei (SVP)
Währung[275]	Schweizer Franken, Einheit: Rappen (frz. centimes, ital. centesimi) 1 Schweizer Franken = 0,64453 Euro 1 Euro (EUR) = 1,55152 Schweizer Franken (CHF)

Sonstiges

Mitgliedschaft in internationalen Organisationen	Die Schweiz ist Mitglied aller wichtigen internationalen Organisationen
Hermes-Entgeltkategorie[276]	0
Korruption[277]	Rang 7 (von 158)

---

274 Bfai: Schweiz – Wirtschaftsdaten kompakt, Stand November 2005.

275 http://www.oanda.com/convert/classic, Stand 17.05.2006.

276 http://www.agaportal.de/pages/aga/deckungspolitik/laenderklassifizierung.html.

277 Corruption Perceptions Index 2005 nach Transparency International, in: http://www.transparency.org, Rang 1= keine Korruption, Deutschland: Rang 16.

Volkswirtschaftliche Kennzahlen[278]

Binnenwirtschaftliche Indikatoren		2003	2004	2005s	2006p
BIP pro Kopf	Euro	38.800	38.950	40.000	41.000
BIP	Mrd. Euro	285,7	288,9	296,3	303,5
Wachstumsrate BIP, real	%	-0,3	2,1	1,2	1,6
Inflationsrate	%	0,6	0,8	1,3	1,4
Arbeitslosenquote	%	3,7	3,9	3,8	3,6

Beitrag zum BIP:	Primärsektor 1,5 %; Sekundärsektor 34 %; Tertiärsektor 64,5 %
Entwicklung des BIP:	moderater Konjunkturaufwärtstrend nach Konjunkturabkühlung und geringer Dynamik in den letzten Jahren (Abb. 146)
Inflation:	hohe Preisniveaustabilität mit leichtem Preisauftrieb, der ölpreisbedingt war
Arbeitslosigkeit:	rückläufige Arbeitslosenquote

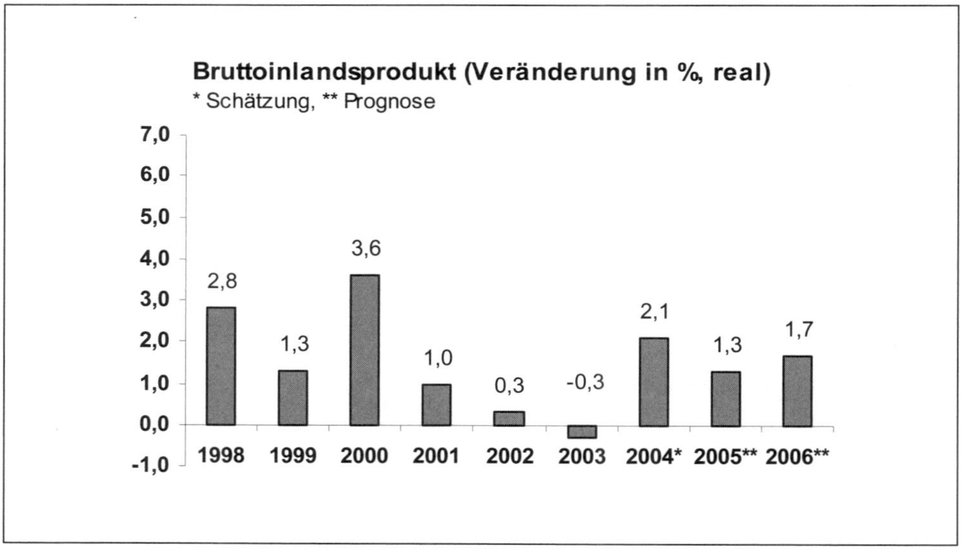

Quelle: Bfai

***Abbildung 146:** Entwicklung des Bruttoinlandsproduktes in der Schweiz*

278 Zusammenstellung auf Basis von Informationen der Bayerischen Landesbank, Stand November 2005.

Finanzindikatoren		2003	2004	2005s	2006p
Staatsverschuldung	% des BIP	55,2	55,6	53,3	52,7
Haushaltssaldo	% des BIP	-1,7	-1,8	-1,5	-0,9

Verschuldung: rückläufige Fehlbeträge im Haushalt und Verbesserung bei den Staatsschulden in Relation zum nominalen BIP

Außenwirtschaftliche Indikatoren		2003	2004	2005s	2006p
Warenexporte	Mrd. Euro	85,9	91,8	96,2	101,0
Warenimporte	Mrd. Euro	81,4	85,8	91,1	96,0
Handelsbilanzsaldo	Mrd. Euro	4,5	6,0	5,1	5,0
Leistungsbilanzsaldo	Mrd. Euro	37,5	40,6	38,0	37,0
	% des BIP	13,1	14,1	12,8	12,2
				Jan-Aug.05	% gg.Vj.
Deutsche Einfuhr aus der Schweiz	Mio. Euro	19.093	21.445	14.997	13,5
Deutsche Ausfuhr in die Schweiz	Mio. Euro	26.008	27.917	19.378	5,7

Leistungsbilanz: aktive Leistungsbilanz mit stabilem Überschuss

Hauptlieferländer:[279] 2004: Deutschland 32,8 %, Italien 11,3 %, Frankreich 9,9 %, Niederlande 5 %, USA 4,7 %, Österreich 4,3 %, Sonstige 32 %

Hauptabnehmerländer:[279] 2004: Deutschland 20,2 %, USA 10,4 %, Frankreich 8,7 %, Italien 8,3 %, Großbritannien 5,1 %, Japan 3,9 %, Sonstige 43,4 %

Hauptimportgüter:[279] 2004 (vorläufig): Chemikalien u. verwandte Erzeugnisse 21,2 %; Maschinen, Apparate, Elektronik 19,7 %; Fahrzeuge 9,8 %; Metalle 8,3 %; landwirtschaftliche Produkte 7,5 %; Textilien u. Bekleidung 6,2 %; Präzisionsinstrumente, Uhren 5,9 %; Energieträger 4,7 %; Edelmetalle, Edel- u. Schmucksteine 3,7 %; Sonstige 13 %

Hauptexportgüter:[279] 2004 (vorläufig): Chemikalien u. verwandte Erzeugnisse 33,5 %; Maschinen, Apparate, Elektronik 22,7 %; Präzisionsinstrumente, Uhren 16,4 %; Metalle 7,5 %; landwirtschaftliche Produkte 3,2 %; Fahrzeuge 3 %; Edelmetalle, Edel- und Schmucksteine 3 %; Leder/Kunststoffe 2,7 %; Text. u. Bekleidung 2,6 %; Sonstige 5,4 %

279 Bfai: Schweiz – Wirtschaftsdaten kompakt, Stand November 2005.

Die Schweiz als deutscher Handelspartner:[280] Rang 10 (nach Spanien, vor Russland). Für die Schweizer Wirtschaft ist Deutschland beim Warenverkehr Nummer eins.

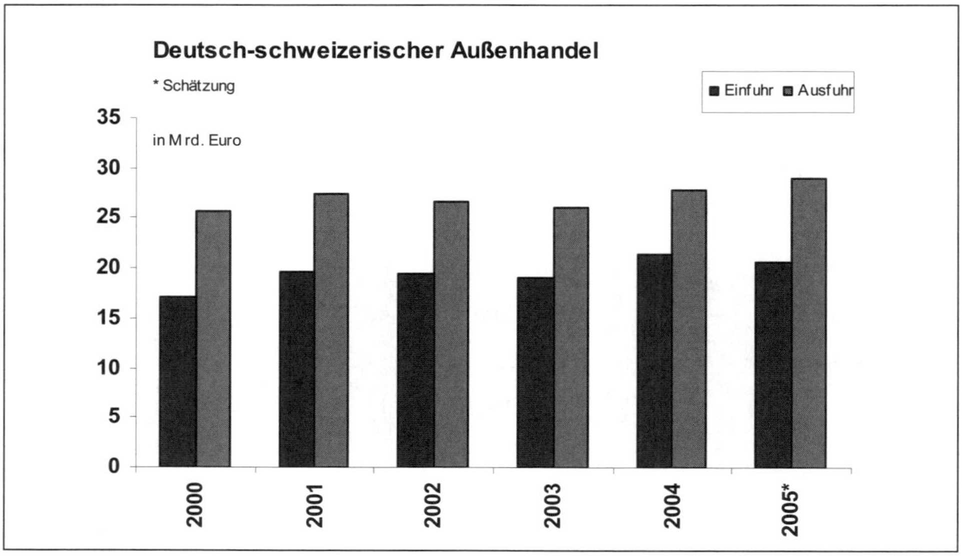

Quelle: AHK
***Abbildung 147:** Entwicklung des deutsch-schweizerischen Außenhandels*

Investitionen[281]	2002	2003	2004	2005
Ausländische Direktinvestitionen in der Schweiz Bestand Mrd. Sfr	173,1	200,2	k. A.	k. A.
Ausländische Direktinvestitionen in der Schweiz Zuflüsse Mrd. Sfr	k. A.	k. A.	-2,1	k. A.
Deutsche Direktinvestitionen in der Schweiz Bestand Mio. Euro	16.916	15.829	14.813	k. A.
Schweizerische Direktinvestitionen in Deutschland Bestand Mio. Euro	31.489	32.535	30.457	k. A.

280 Statistisches Bundesamt: Außenhandelsstatistik 2005.

281 Zusammenstellung auf Basis von Informationen der Bfai: Schweiz – Wirtschaftsdaten kompakt, Stand November 2005, und der Deutschen Bundesbank: Kapitalverflechtungen mit dem Ausland, Stand April 2006.

Weiterführende Quellen

Internet:
Auslandshandelskammer: http://www.ahk.de.
Auswärtiges Amt: http://www.auswaertiges-amt.de.
Bundesagentur für Außenwirtschaft: http://www.bfai.de.
Deutsche Botschaft in der Schweiz: http://www.bern.diplo.de.
Deutsch-schweizerische Handelskammer: http://www.handelskammer-d-ch.ch.
Schweizerische Botschaft in Deutschland: http://www.eda.admin.ch.
Statistisches Bundesamt: http://www.destatis.de.

Literatur:

Bundesagentur für Außenwirtschaft: Länderreport Schweiz, Köln 2006.
Henke, Kai/Bopp, Ralf J.: Geldanlage in der Schweiz. Informationsleitfaden zur Vermögensverwaltung, Zürich 2002.
Kälin, Christian H./Deiss, Joseph: Switzerland Business & Investment Handbook, Zürich 2005.
Küng, Thomas: Gebrauchsanweisung für die Schweiz, München 2002.
Mugglin, Markus: Gegendarstellung. Wer die Schweizer Wirtschaft bremst, Zürich 2005.
Schaffner, Martin/König, Mario/Hettling, Manfred: Kleine Geschichte der Schweiz. Der Bundesstaat und seine Traditionen, Frankfurt am Main, 1998.

16. Spanien

Quelle: CIA
Abbildung 148: *Spanien*

Landesinformationen/Politik[282]

Amtliche Bezeichnung	Königreich Spanien (Reino de España)
Fläche	505.990 qkm
Einwohner	44,1 Mio. (Ausländeranteil 8,5 %)
Bevölkerungsdichte[283]	83 Einwohner/qkm
Hauptstadt	Madrid (3,1 Mio.; Großraum/Autonomieregion 6,0 Mio. Einwohner)

[282] Zusammenstellung auf Basis von Informationen des Auswärtigen Amtes, Stand April 2006.
[283] Bfai: Spanien – Wirtschaftsdaten kompakt, Stand November 2005.

Religionszugehörigkeit	über 90 % römisch-katholisch
Nationalfeiertag	12. Oktober – Día de la Hispanidad
Landessprachen	spanisch (Castellano) ist verfassungsmäßige Staatssprache; katalanisch, baskisch, galizisch und valenzianisch haben offiziellen Rang in der betreffenden Autonomen Gemeinschaft
Staatsform	parlamentarische Monarchie
Staatsoberhaupt	König Juan Carlos I, seit 1975 (S.M. Don Juan Carlos I de Borbón, Rey de España)
Regierungschef	José Luis Rodríguez Zapatero, seit 2004
Wirtschaftsminister	Pedro Solbes, seit 2004
Politische Situation	Parlament: Zwei-Kammer-System bestehend aus Abgeordnetenhaus (350 Sitze) und Senat (259 Sitze); Parteien seit den Abgeordnetenhauswahlen 2004: Sozialistische Arbeiterpartei (PSOE) 42,4 %, Volkspartei (PP, Partido Popular) 37,64 %; Convergencia i Unit (CiU, katalanische Regionalpartei) 3,24 %, Katalanische Republik Linke (ERC) 2,54 %; bask. Nationalpartei (EAJ-PNV) 1,63 %; Vereinigte Linke (Izquierda Unida) 4,96 %; kanarische Regionalpartei (CC, Coalición Canaria) 0,86 %; galizische Regionalpartei (BNG, Bloque Nacionalista Gallego) 0,80 %

Sonstiges

Mitgliedschaft in internationalen Organisationen	WHO (1951), UNESCO (1952), IAO (1953), Vereinte Nationen (1955), OECD, IWF, Weltbank (1958), Europarat (1977), Nato (1982; November 1996: Parlamentsbeschluss zur vollen militärischen Integration), EG (1986), WEU (1988)
Hermes-Entgeltkategorie[284]	0
Korruption[285]	Rang 23 (von 158)

---

[284] http://www.agaportal.de/pages/aga/deckungspolitik/laenderklassifizierung.html.

[285] Corruption Perceptions Index 2005 nach Transparency International, in: http://www.transparency.org, Rang 1= keine Korruption, Deutschland: Rang 16.

Volkswirtschaftliche Kennzahlen[286]

Binnenwirtschaftliche Indikatoren		2003	2004	2005s	2006p
BIP pro Kopf	Euro	18.500	19.380	20.500	21.560
BIP	Mrd. Euro	780,5	837,3	904,3	955,0
Wachstumsrate BIP, real	%	3,0	3,1	3,4	3,0
Inflationsrate	%	3,1	3,1	3,4	3,6
Arbeitslosenquote	%	11,5	11,0	9,2	8,4

Beitrag zum BIP:	Primärsektor 4 %; Sekundärsektor 29,2 %; Tertiärsektor 66,8 %
Entwicklung des BIP:	leicht abnehmendes Wachstum
Inflation:	im EU-Raum überdurchschnittlich hoch
Arbeitslosigkeit:	kontinuierlich abnehmend

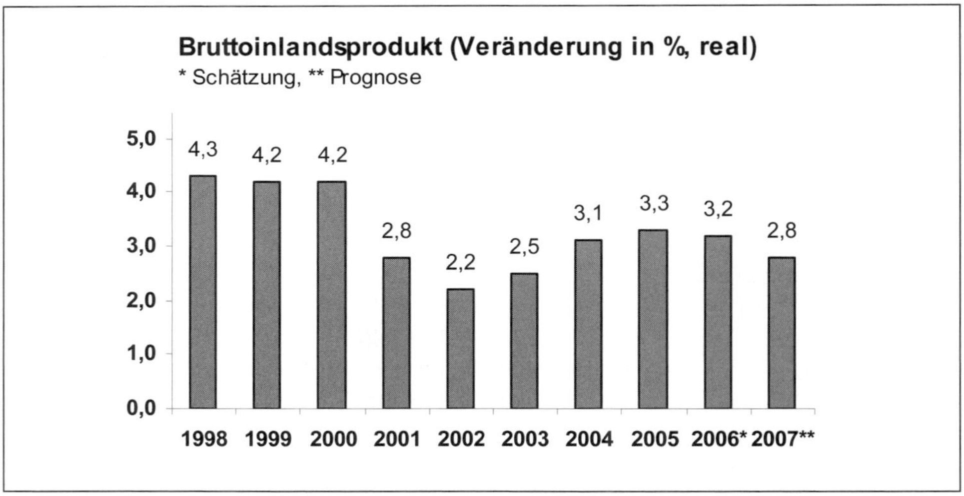

Quelle: Bfai
Abbildung 149: *Entwicklung des Bruttoinlandsproduktes in Spanien*

286 Zusammenstellung auf Basis von Informationen der Bayerischen Landesbank, Stand April 2006.

Finanzindikatoren		2003	2004	2005s	2006p
Staatsverschuldung	% des BIP	49,4	46,9	43,1	42,5
Haushaltssaldo	% des BIP	0,0	-0,1	1,1	0,5

Verschuldung: problemlos

Außenwirtschaftliche Indikatoren		2003	2004	2005s	2006p
Warenexporte	Mrd. Euro	140,0	148,3	154,5	162,0
Warenimporte	Mrd. Euro	180,1	201,3	224,3	245,0
Handelsbilanzsaldo	Mrd. Euro	-40,10	-53,00	-69,84	-83,00
Leistungsbilanzsaldo	Mrd. Euro	-28,10	-44,60	-68,95	-75,00
	% des BIP	-3,6	-5,3	-7,6	-7,9
Deutsche Einfuhr aus Spanien	Mrd. Euro	1,65	1,74	1,80	k. A.
Deutsche Ausfuhr nach Spanien	Mrd. Euro	3,24	3,62	4,04	k. A.

Leistungsbilanz: erhebliches Defizit steigt weiterhin an

Hauptlieferländer:[287] 2005: Deutschland 15 %; Frankreich 14 %; Italien 9 %; Großbritannien 6 %, VR China 5 %, USA 3 %, Sonstige 48 %

Hauptabnehmerländer:[287] 2005: Frankreich 19 %; Deutschland 11 %; Portugal 10 %; Großbritannien 8 %; Italien 8 %; USA 4 %; Sonstige 40 %

Hauptimportgüter:[287] 2005: Maschinen 6,8 %; Halbfabrikate 59,2 %; Nahrungs-/Genussmittel 6,1 %; Kfz 8,0 %; Sonstige 19,9 %

Hauptexportgüter:[287] 2005: Maschinen 3,9 %; Halbfabrikate 51,5 %; Nahrungs-/Genussmittel 12,2 %; Kfz 12,6 %; Sonstige 19,8 %

Spanien als deutscher Handelspartner:[288] Rang 9 (nach China, vor der Schweiz)

287 Bfai: Spanien – Wirtschaftsdaten kompakt, Stand Mai 2006.

288 Statistisches Bundesamt: Außenhandelsstatistik 2005.

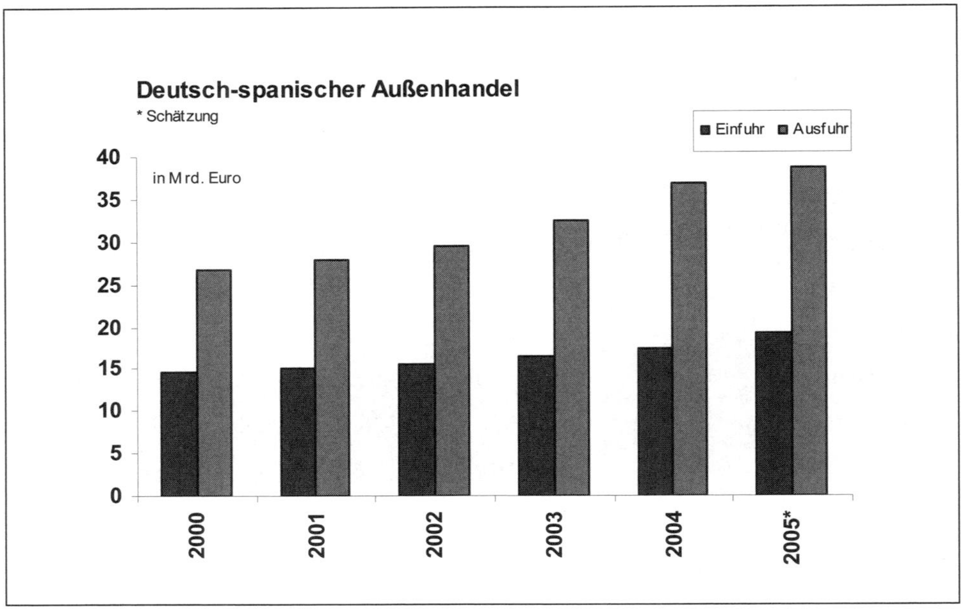

Quelle: AHK
Abbildung 150: *Entwicklung des deutsch-spanischen Außenhandels*

Investitionen[289]	2001	2002	2003	2004
Ausländische Direktinvestitionen in Spanien Bestand Mrd. Euro	k. A.	k. A.	23,0	19,9
Ausländische Direktinvestitionen in Spanien Zuflüsse Mrd. Euro	k. A.	k. A.	k. A.	k. A.
Deutsche Direktinvestitionen in Spanien Bestand Mio. Euro	13.194	15.724	16.355	15.801
Spanische Direktinvestitionen in Deutschland Bestand Mio. Euro	8.024	2.918	7.013	8.905

289 Zusammenstellung auf Basis von Informationen der Bfai: Spanien – Wirtschaftsdaten kompakt, Stand Mai 2006, und der Deutschen Bundesbank: Kapitalverflechtungen mit dem Ausland, Stand April 2006.

Weiterführende Quellen

Internet:

Auslandshandelskammer: http://www.ahk.de.
Auswärtiges Amt: http://www.auswaertiges-amt.de.
Bundesagentur für Außenwirtschaft: http://www.bfai.de.
Deutsche Botschaft in Spanien: http://www.madrid.diplo.de.
Spanische Botschaft in Deutschland: www.spanischebotschaft.de.
Statistisches Bundesamt: http://www.destatis.de.

Literatur:

Bernecker, Walther L.: Spanische Geschichte. Vom 15. Jahrhundert bis zur Gegenwart, München 2003.
Bernecker, Walther L./Dirscherl, Klaus: Spanien heute. Politik – Wirtschaft – Kultur, Frankfurt am Main 2004.
Bundesagentur für Außenwirtschaft: E-Commerce in der EU, Köln 2003.
Bundesagentur für Außenwirtschaft: Exportieren nach Spanien, Köln 2004.
Bundesagentur für Außenwirtschaft: Erfolgreich verhandeln in Spanien, Köln 2002.
Löber, Burckhardt/Fabregat, Victor/Poniatowski, Günter/Bilz, Sabine R.: Firma in Spanien. Handbuch für Unternehmer und Firmengründer, Frankfurt am Main 2004.
Marek, Andreas/Müller, Susanne: Unternehmenskultur in Spanien. Interkultureller Managementleitfaden, Frankfurt am Main 2004.
Neuhaus, Karsta/ Haltern, Margret: Euro Business Spanisch, Bochum 1994.

Zielregion „Zehn neue EU-Mitgliedstaaten“

1. Einleitung zur Region

1.1 Der Erweiterungsprozess

Die „Osterweiterung“ war die letzte Erweiterungsrunde der Europäischen Union. Mit der Aufnahme von Estland, Lettland, Litauen, Malta, Polen, der Slowakei, Slowenien, der Tschechischen Republik, Ungarn und Zypern (griechischer Teil) am 1. Mai 2004 ist die Anzahl der EU-Länder auf 25 angestiegen.[290]

Damit konnte die Spaltung des Kontinents in Ost und West endgültig überwunden werden. Den ursprünglichen Werten der EU, Frieden und Freiheit zu sichern sowie nach wirtschaftlichem und sozialem Wohlergehen zu streben, kommt so auch 60 Jahre nach Ende des Zweiten Weltkrieges noch hohe Bedeutung zu. Zugleich bedeutete die bis dato größte Erweiterungsrunde eine besondere Herausforderung für die bestehende Union. Denn war die EU von ihrer Gründung bis zur Union der 15 ein Zusammenschluss politisch und wirtschaftlich gefestigter Partner mit westlicher Orientierung, so waren die zehn neuen Mitgliedstaaten – politisch, wirtschaftlich und sozial durch den Kommunismus zurückgeworfene und damit weit weniger entwickelte Staaten – an das bestehende System heranzuführen. Dieser erfolgreichen Heranführung, wie sie gut zwei Jahre nach dem Beitritt bewertet wird, ging eine schrittweise Annäherung der alten und neuen Mitgliedstaaten voraus. Denn bereits in den 90er Jahren schloss die EU mit den mittel- und osteuropäischen Staaten Abkommen, die den Handel liberalisieren sollten und Richtlinien für den politischen Dialog sowie Kooperationen z. B. im Bereich der Industrie, des Umweltschutzes und des Verkehrs beinhalteten. Zudem waren Bestimmungen und Erleichterungen über die Angleichung von Rechtsvorschriften enthalten.

Für die neuen Beitrittsländer bedeutete die Aufnahme in die Staatengemeinschaft schließlich den unmittelbaren Zugang zum EU-Binnenmarkt, was verbunden war mit der Einführung der Binnenmarktregeln, mit mehr Wettbewerb, Liberalisierung, Handel und auch Investitionen.

290 Zur Entwicklung der EU s. S. 193 ff.

Zudem erhalten die neuen Mitgliedstaaten Zugang zu EU-Haushaltsmitteln. Mit der Erweiterung bereitet sich die EU in politischer Hinsicht auf ihre künftige Rolle in der globalisierten Welt des 21. Jahrhunderts vor, um als vereintes Europa seine wirtschaftlichen und politischen Interessen vertreten zu können. Anzuführen sei hier auch das größere Gewicht der erweiterten EU in internationalen Gremien.

Dennoch herrscht in den kerneuropäischen Staaten Verunsicherung darüber, wie sich die Wirtschaft durch die Erweiterung entwickeln wird. Zumeist erregt die Angst vor steigendem Wettbewerbs- und Preisdruck die Gemüter. Um es nicht bei den landläufigen Klischees zu belassen, ist eine differenziertere Betrachtung notwendig. Was ist also mit der EU-Osterweiterung verbunden? Und was bedeutet die Erweiterung für die deutsche Wirtschaft und die deutschen Unternehmen?

1.2 Ökonomische Betrachtung

Unter wirtschaftlichen Gesichtspunkten bringt die Erweiterung den größten Binnenmarkt hervor mit einer Wirtschaftskraft von über 10 Billionen Euro[291] und 459,5 Millionen Einwohnern.[292] Damit ist die Bevölkerung der EU um etwa 74 Millionen Einwohner oder um rund 20 % angewachsen, während das Bruttoinlandsprodukt lediglich um 5 % steigt.[293] Trotz der relativ gering erscheinenden Wachstumsrate des gesamteuropäischen BIP hat die EU mit dem Beitritt der zehn neuen Mitgliedstaaten und insbesondere der mittelosteuropäischen Staaten zu einer wirtschaftlichen Dynamik zurückgefunden, die von den entwickelten Volkswirtschaften der bisherigen Mitgliedstaaten nicht mehr erzielt werden konnte. So sind die alten wirtschaftlichen Strukturen in den Beitrittsländern weitgehend verschwunden und im Zuge des Transformationsprozesses durch modernere Systeme abgelöst worden.[294] Wachstumsraten zwischen 4 % (Ungarn) und 8,5 % (Lettland) im Jahr 2004 (Abb. 151) zeugen von einem Klima wirtschaftlichen Aufbruchs, das somit nicht nur in anderen Weltregionen, sondern in Europa selbst vorzufinden ist. Mittelfristig wird in den neuen Mitgliedstaaten ein Wachstum erwartet, das 2 % über dem Durchschnitt der EU liegen wird[295]. Die positiven Auswirkungen des EU-Binnenmarktes zeigen sich derweilen auch in den neuen Mitgliedstaa-

---

291 BIP 2005 in jeweiligen Preisen. Quelle: Eurostat.

292 Einwohnerzahl in 2005. Quelle: Eurostat.

293 Eigene Berechnungen nach Eurostat.

294 Während Malta und Zypern bereits auf eine langjährige marktwirtschaftliche Tradition zurückblicken, haben die anderen acht Staaten in den 90er Jahren eine fundamentale Transformation von sozialistischen Planwirtschaften zu offenen Marktwirtschaften vollzogen. Die Unterschiede innerhalb der Ländergruppe sind beträchtlich. Ein Indikator dafür ist z. B. das Pro-Kopf-Einkommen: Während Slowenien in Kaufkraftparitäten gerechnet bei 70% des Durchschnittsniveaus der EU-15 liegt und damit Portugal und Griechenland übertrifft, beträgt das Pro-Kopf-Einkommen Lettlands lediglich rund 35% des Niveaus der EU-15. Vgl. Deutsche Bundesbank: Auswirkungen der EU-Osterweiterung auf die deutsche Wirtschaft, Monatsbericht Mai 2004, S. 2.

295 Quelle: Auswärtiges Amt.

ten, in denen der Aufschwung nahezu alle Wirtschaftszweige erfasst hat und bereits seit mehreren Jahren anhält. Diese Entwicklung ist gekennzeichnet durch bedeutende Investitionen aus dem Ausland und einen stark wachsenden Außenhandel.[296]

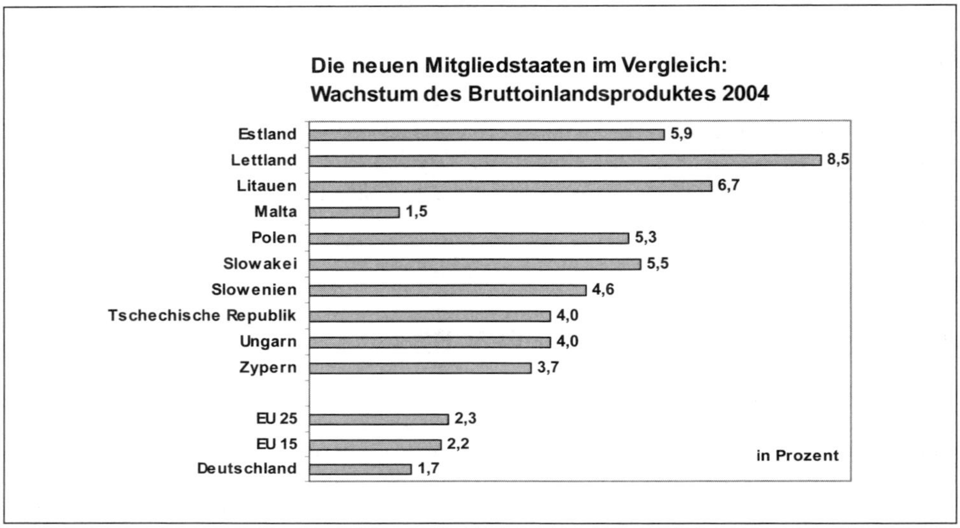

Quelle: Zusammenstellung auf Basis von: Statistisches Bundesamt: Europäische Union 2005, Wiesbaden 2005.

Abbildung 151: *Die neuen EU-Mitgliedstaaten im Vergleich: Wachstum des Bruttoinlandsproduktes 2004*

Auch die Bevölkerung wird aufgrund tendenziell steigender Realeinkommen schrittweise am wachsenden Wohlstand in den zehn neuen Mitgliedstaaten partizipieren können, was zudem steigende soziale Standards nach sich zieht. Auch in wirtschaftspolitischer Hinsicht könnte die Erweiterung positive Auswirkungen für die gesamte EU bedeuten, da in den neuen Mitgliedstaaten gesetzliche Regelungen der EU umgesetzt werden müssen – ein Punkt, der für verschiedene Industriezweige von großer Bedeutung ist, so z. B. die Regelungen über geistiges Eigentum für die Pharmaindustrie.

Dennoch sollten die insgesamt sehr positiven Aussichten nicht über die in dieser Region existierenden Schwachstellen hinwegtäuschen. So kann zum einen das Problem hoher Arbeitslosigkeit – wie auch in der übrigen EU – erst durch eine entsprechend nachhaltige Gestaltung der wirtschaftlichen Rahmenbedingungen gelöst werden. Auch ist auf die maroden Volkswirtschaften hinzuweisen, die trotz der hohen Wachstumsraten ihre Zeit brauchen werden, um in wirtschaftlicher Hinsicht zu den alten Mitgliedstaaten aufschließen zu können.

[296] Quelle: Auswärtiges Amt.

1.3 Bedeutung der EU-Erweiterung für Deutschland

Mit der Marktöffnung in Mittel- und Osteuropa Anfang der 90er Jahre haben sich die Handelsbeziehungen zwischen Deutschland und den neuen EU-Mitgliedstaaten – nicht zuletzt aufgrund der geografischen Nähe – bereits erheblich intensiviert und aufgrund der wirtschaftlichen Dynamik in den neuen Mitgliedstaaten wichtige Impulse für die deutsche Wirtschaft bewirkt.

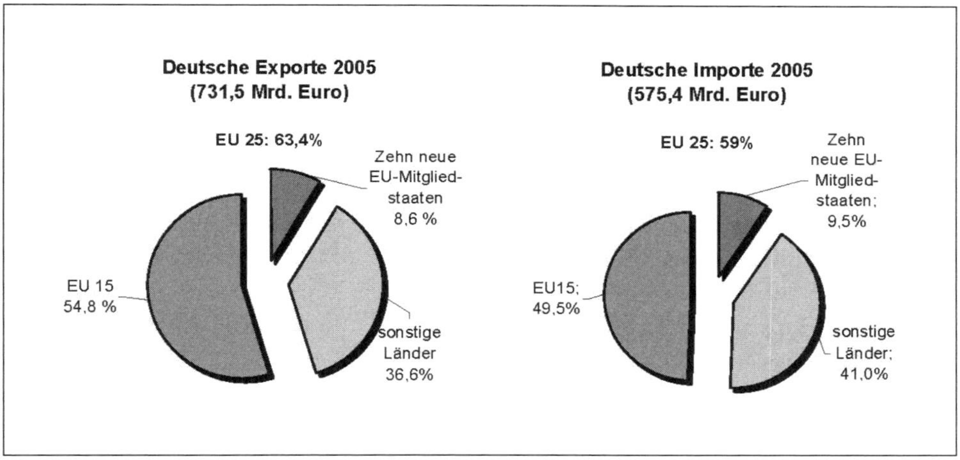

Quelle: Eigene Berechnungen auf Grundlage der Daten des Statistischen Bundesamtes
Abbildung 152: *Handelsbeziehungen Deutschlands 2005*

Dies verdeutlichen auch die Außenhandelszahlen. Der deutsche Außenhandel mit den zehn neuen EU-Ländern hat sich im vergangenen Jahrzehnt rasant ausgeweitet und wird nach Einschätzung des Statistischen Bundesamtes diese Dynamik in den kommenden Jahren beibehalten. In 2005 führte Deutschland Waren im Wert von über 67 Mrd. Euro in die zehn Länder aus, was 8,6 % der deutschen Ausfuhren (Abb. 152) bzw. knapp der Größenordnung des deutschen Exports in die USA entspricht. Auch die Importe aus den zehn neuen Mitgliedstaaten entsprechen in etwa dieser Größenordnung und machen damit fast 10 % der deutschen Einfuhren aus. Die Handelsbeziehungen mit dieser Ländergruppe haben sich in den letzten zehn Jahren vervierfacht. Polen und Tschechien liegen bereits auf Platz 12 und 13 der Rangliste der wichtigsten Handelspartner Deutschlands.[297] Für Lettland, Polen, Ungarn, Slowenien, die Slowakei und die Tschechische Republik ist Deutschland der wichtigste Handelspartner.

[297] An erster Stelle liegt nach wie vor Frankreich mit einem Anteil von ca. 10%, gefolgt von den Vereinigten Staaten und den Niederlanden. Quelle: Statistisches Bundesamt.

Auch die deutschen Kapitalexporte in die neuen EU-Mitgliedstaaten haben ein rasantes Wachstum zu verzeichnen. So haben die deutschen Direktinvestitionen nach der Öffnung des „Eisernen Vorhangs“ besonders rasch zugenommen, so dass vor allem Ende der 90er Jahre eine umfangreiche Beteiligung deutscher Firmen in dieser Region zu verzeichnen war. Demgegenüber haben die deutschen Direktinvestitionen in den letzten Jahren jedoch deutlich nachgelassen.[298]

Trotz – oder gerade wegen – dieser insgesamt sehr positiven Entwicklung lässt sich in der Öffentlichkeit ein sehr ambivalentes Verhältnis zur EU-Osterweiterung feststellen. So werden auf der einen Seite die sich durch die Erweiterung bietenden Chancen für die deutsche Wirtschaft betont, während auf der anderen Seite die negativen Auswirkungen auf den Standort Deutschland hochstilisiert werden. Viele deutsche Hersteller und Zulieferer – vor allem der Automobil- und Automobilzulieferindustrie, die den Handel mit den neuen Mitgliedstaaten dominiert – haben bereits Teile ihrer Produktion in die neuen Mitgliedstaaten verlagert, vor allem nach Polen, Tschechien und Ungarn. Ein Thema, das die Debatte um die EU-Osterweiterung im Vorfeld angeheizt hat und immer noch zu pessimistischen Einschätzungen führt, jedoch häufig auch missverstanden wird. So werden die industrielle Abwanderung verbunden u. a. mit hohen Lohnkostenunterschieden, längeren Maschinenlaufzeiten, besseren arbeitsrechtlichen Bedingungen und Niedrigsteuerpolitik stets im Zusammenhang mit den Auswirkungen auf den heimischen Arbeitsmarkt thematisiert.[299]

Die Studie „Going International“ bietet darauf eine Antwort. So zeigen die Ergebnisse der Studie, dass nicht etwa die gute Lohnsituation für eine Verlagerung der Produktionsstätte spricht, sondern vielmehr die Erschließung neuer Märkte (s. S. 132 f.). Unternehmen, die im Ausland investiert haben, sind darüber hinaus an ihren inländischen Standorten erfolgreicher als Unternehmen, deren Strategie nur auf dem Außenhandel beruht. Die im Ausland investierenden Unternehmen weiten ihren inländischen Personalbestand häufiger aus als der Durchschnitt aller auslandsaktiven Unternehmen (s. S. 145 ff.), wobei jedoch hauptsächlich höher qualifizierte Arbeitsplätze betroffen sind. Eine funktionierende Arbeitsteilung hat also durchaus positive Auswirkungen auf das produzierende Gewerbe, da die kostengünstige Produktion von Vor- und Zwischenprodukten im Ausland die Wettbewerbsfähigkeit der Unternehmen im Inland sichert.

Damit wird deutlich, dass die Europäisierung als Teil des umfassenden Prozesses der Globalisierung betrachtet werden kann, mit dem Ziel, neue Orte vor Ort zu erschließen. Nicht zu leugnen ist, dass dies durch günstigere Standortbedingungen beschleunigt werden kann. Bei den günstigeren Standortbedingungen handelt es sich jedoch oftmals um komparative Wettbewerbsvorteile kurzfristiger Natur. So wird sich z. B. die Kostenstruktur langfristig den alten EU-Ländern angleichen. Auch haben die Staaten den Regelungen der EU (z. B. Wettbewerbsregeln) Folge zu leisten.

---

298 Vgl. Deutsche Bundesbank: Auswirkungen der EU-Osterweiterung auf die deutsche Wirtschaft, Monatsbericht Mai 2004, S. 11.

299 Eine Analyse der Effekte der EU auf den deutschen Arbeitsmarkt, die die landläufigen Befürchtungen ausräumt, haben durchgeführt: Schulz-Nieswandt/Sesselmeier 2006, S. 73-92.

Insgesamt kann festgehalten werden, dass mit der EU-Osterweiterung vielfältige Chancen für die deutsche Wirtschaft verbunden sind. Die Erweiterung sichert und stärkt – allen Negativschlagzeilen zum Trotz – sogar die wirtschaftliche Leistungskraft in Deutschland. So schätzt die deutsche Wirtschaft, dass das starke Exportwachstum in die neuen EU-Mitgliedstaaten bisher zur Schaffung von 80.000 Arbeitsplätzen in Deutschland geführt hat.[300] Wichtige Vorteile für die deutschen Unternehmen sind zudem in dem Wegfall von Zöllen und Grenzkontrollen, in der höheren Rechtssicherheit sowie im Abbau von Investitionshemmnissen zu sehen – Aspekte, die auf eine weiterhin positive Entwicklung des Handels mit den neuen EU-Mitgliedstaaten schließen lassen.

Mit dem Wissen um das Potenzial, das in dieser Region steckt, soll nun die Zielregion „Zehn neue EU-Mitgliedstaaten“ im Fokus der Betrachtungen stehen. Wie bewerten die deutschen Unternehmen die Zielregion „Zehn neue EU-Mitgliedstaaten“? Welche Gründe motivieren die Unternehmen zum Gang in die neuen Mitgliedstaaten? In welcher Form engagieren sie sich? Und wie erfolgreich sind sie? Diese und weitere Fragen gilt es nachfolgend zu beantworten.

2. Die Zielregion „Zehn neue EU-Mitgliedstaaten“ im Fokus: Ergebnisse der Studie

2.1 Größenklassen der Unternehmen

Wie bereits die einleitende Bemerkung zur Region zeigt, so spiegeln auch die Ergebnisse der Studie „Going International“ die gewachsene Bedeutung dieser Region für die deutschen Unternehmen wider. Die Zielregion „Zehn neue EU-Mitgliedstaaten“ ist mit 68,3 % die von den befragten Unternehmen am zweitstärksten frequentierte Region, gleich nach der Region „Bisherige EU-15/EFTA“ (89,6 %) und vor der Region „Asien/Pazifik“ (60,2 %). Wie auch in den anderen Regionen sind die großen Unternehmen/Konzerne mit 83,4 % am stärksten vertreten (Abb. 153), dicht gefolgt von den größeren Mittelständlern mit knapp 79 %.

Damit spielt sich das Engagement der großen Unternehmen/Konzerne und der größeren Mittelständler in der Region „Zehn neue EU-Mitgliedstaaten“ bereits auf hohem Niveau ab und holt zur Region „Bisherige EU-15/EFTA“ auf. Demgegenüber sind die kleinen Mittelständler (knapp 63 %) und die kleinen Unternehmen (knapp 42 %) um 24 bzw. 29 Prozentpunkte schwächer vertreten als in der „Bisherigen EU-15/EFTA“. Das Engagement der

300 Quelle: Auswärtiges Amt.

kleinen Mittelständler liegt damit prozentual nur knapp über dem Engagement in der Region „Asien/Pazifik“ (+9 %), bei den kleinen Unternehmen sogar knapp darunter.

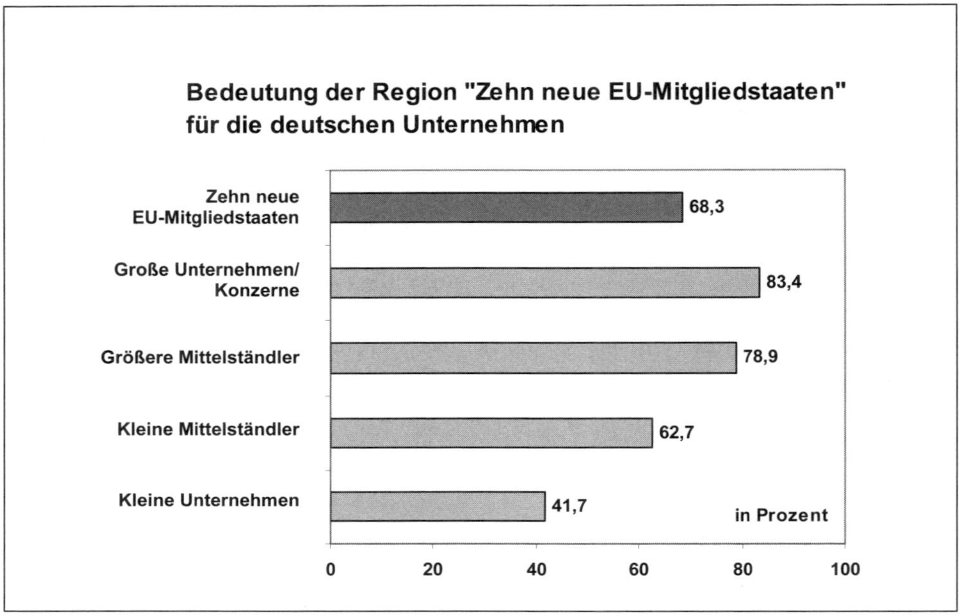

Quelle: Eigene Studie „Going International“
Abbildung 153: *Bedeutung der Region „Zehn neue EU-Mitgliedstaaten“ für die deutschen Unternehmen*

Das Verhältnis der kleinen Mittelständler zu den Großunternehmen liegt in der Region „Zehn neue EU-Mitgliedstaaten“ somit bereits deutlich unter dem Niveau der Zielregion „Bisherige EU-15/EFTA“ und zeigt Handlungsbedarf. So sei an dieser Stelle auf die Chancen in dieser wirtschaftlich dynamischen Region verwiesen (s. S. 313 f.) sowie auf die aufgrund der geografischen und kulturellen Nähe begünstigte Ausgangslage für die deutschen Unternehmen.

2.2 Branchenverteilung

Betrachtet man die Branchenverteilung innerhalb der „Zehn neuen EU-Mitgliedstaaten“, zeigt sich folgendes Bild (Abb. 154):

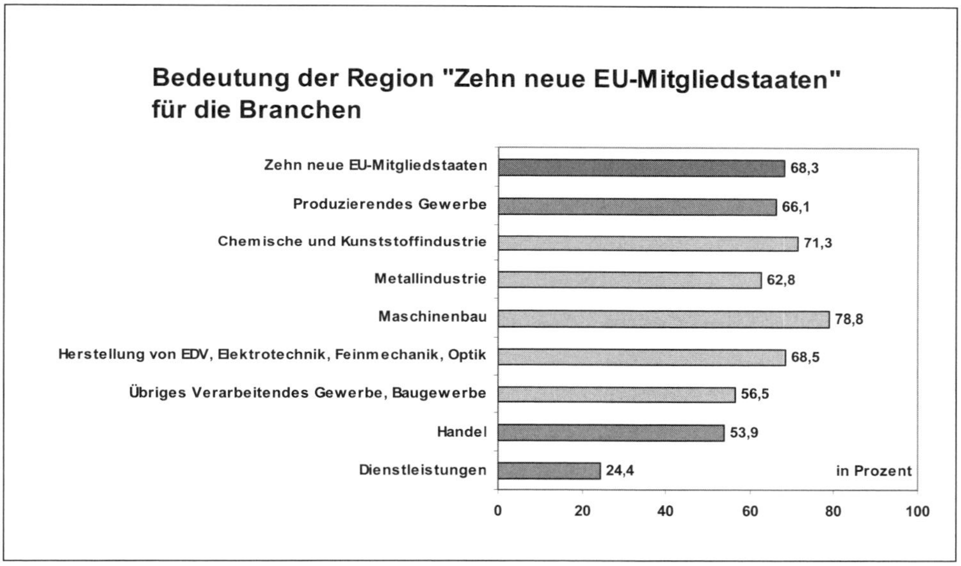

Quelle: Eigene Studie „Going International“
Abbildung 154: *Bedeutung der Region „Zehn neue EU-Mitgliedstaaten“ für die Branchen*

Wie in der Region „Bisherige EU-15/EFTA“ ist das produzierende Gewerbe mit 66 % auch in der Zielregion „Zehn neue EU-Mitgliedstaaten“ am stärksten vertreten. Dabei nimmt der Maschinenbau mit knapp 79 % die Spitzenposition ein, gefolgt von der Chemischen und Kunststoffindustrie (71,3 %) und der Herstellung von EDV, Elektrotechnik, Feinmechanik, Optik (68,5 %). Der Handel ist mit knapp 54 % in der Region „Zehn neue EU-Mitgliedstaaten“ vertreten, während der Bereich der Dienstleistungen mit nur gut 24 % aufwartet. Doch auch in der Region „Bisherige EU-15/EFTA“ ist der Bereich der Dienstleistungen nur um ca. 9 % stärker vertreten. Insgesamt lässt sich somit bei dieser Region ein bereits relativ hohes Niveau feststellen, denn die jeweiligen Branchen sind im Durchschnitt nur um rund 18 % weniger stark in der Region „Zehn neue EU-Mitgliedstaaten“ präsent als in der Region „Bisherige EU-15/EFTA“. Damit kommt die bereits erstarkte Bedeutung der Region „Zehn neue EU-Mitgliedstaaten“ zum Ausdruck und zeigt, dass diese Region deutlich zur Region „Bisherige EU-15/EFTA“ aufrückt.

2.3 Gründe und Motive für das Engagement

Bei den Beweggründen, die zu einem Auslandsengagement der befragten Unternehmen geführt haben, zeichnet sich für die Zielregion „Zehn neue EU-Mitgliedstaaten“ wie auch für die Zielregion „Bisherige EU-15/EFTA“ grundsätzlich ein mit den Gesamtergebnissen der Studie übereinstimmendes Bild ab (Abb. 155).

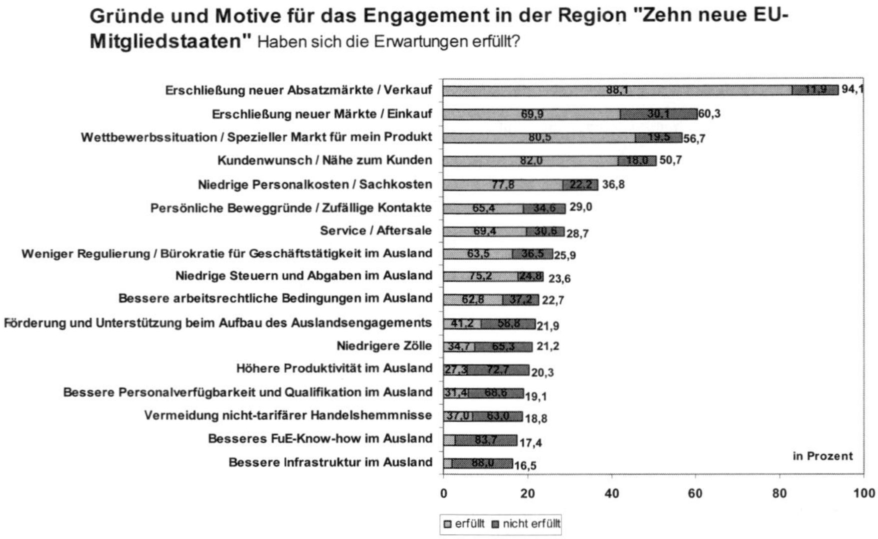

Quelle: Eigene Studie „Going International“
Abbildung 155: *Gründe und Motive für das Engagement in der Region „Zehn neue EU-Mitgliedstaaten“*

Die dominierenden Gründe für das Engagement in dieser Region sind damit ebenfalls eindeutig marktorientiert. Die Erschließung neuer Absatzmärkte, die Erschließung neuer Einkaufsmärkte und die Erfüllung von Kundenwünschen bzw. die Nähe zum Kunden sind die meistgenannten Gründe. Im Vergleich zum Gesamtergebnis der Studie sowie im Vergleich zur Region „Bisherige EU-15/EFTA“ wurden jedoch die Gründe Erschließung neuer Absatz- und Einkaufsmärkte, die Nähe zum Kunden, niedrige Personalkosten und Service/Aftersale von mehr Unternehmen als wichtig angesehen. Die Unternehmen, die aus dieser Motivation heraus handeln, sehen ihre Anfangserwartungen in der geschäftlichen Praxis als erfüllt an und zwar insgesamt auf demselben Niveau wie im Gesamtergebnis der Studie und in der Region „Bisherige EU-15/EFTA“. So haben sich für mehr als 88 % der Unternehmen, die mit dem Ziel der Erschließung neuer Absatzmärkte Geschäftsbeziehungen in dieser Region aufgebaut haben, die Erwartungen erfüllt. Derart zufrieden zeigten sich die Unternehmen zudem, wenn sie ein Engagement im Ausland aufgrund eines Kundenwunsches oder einer besseren Wettbewerbsposition aufgenommen haben. Auch hier liegt die Zufriedenheitsquote jeweils bei über 80 %.

Im Weiteren stimmen die Gründe und die Zufriedenheitsquote mit dem Gesamtergebnis der Studie und der Region „Bisherige EU-15/EFTA“ überein: Neben den marktorientierten Gründen stehen Motive wie weniger Regulierungen, weniger Bürokratie, niedrigere Steuern und bessere arbeitsrechtliche Bedingungen. Dabei werden die positiven Erwartungen in den Resultaten meist bestätigt.

Die an die Gründe wie Förderung und Unterstützung, höhere Produktivität, besseres Know-how und eine bessere Infrastruktur im Ausland gestellten Erwartungen werden hingegen meist nicht erfüllt.

2.4 Formen des Engagements

Innerhalb der Zielregion „Zehn neue EU-Mitgliedstaaten“, die für das Engagement deutscher Unternehmen im Ausland zweitwichtigste Region, steht wie in der mit Abstand wichtigsten Zielregion „Bisherige EU-15/EFTA“ der Export mit fast 80 % an erster Stelle (Abb. 156). In der Rangfolge an zweiter Stelle folgt Sourcing/Einkauf, was mehr als ein Drittel der befragten Unternehmen in dieser Region tätigt. Am dritthäufigsten haben die Unternehmen in dieser Region mit mehr als 20 % lose Kooperationspartner, gefolgt von Repräsentanzen/Vertriebsbüros (19 %) und Tochterunternehmen (16,3 %).

Insgesamt liegen die Ergebnisse – mit Ausnahme der losen Kooperationspartner – etwas unter dem Niveau im Vergleich zur Zielregion „Bisherige EU-15/EFTA“ bei einer marginal abweichenden Reihenfolge der diversen Auslandsaktivitäten. So wird der Import (16 %) in der Rangfolge erst nach den Tochterunternehmen angeführt und nimmt einen vergleichsweise geringeren Stellenwert ein als in der Region „Bisherige EU-15/EFTA“.

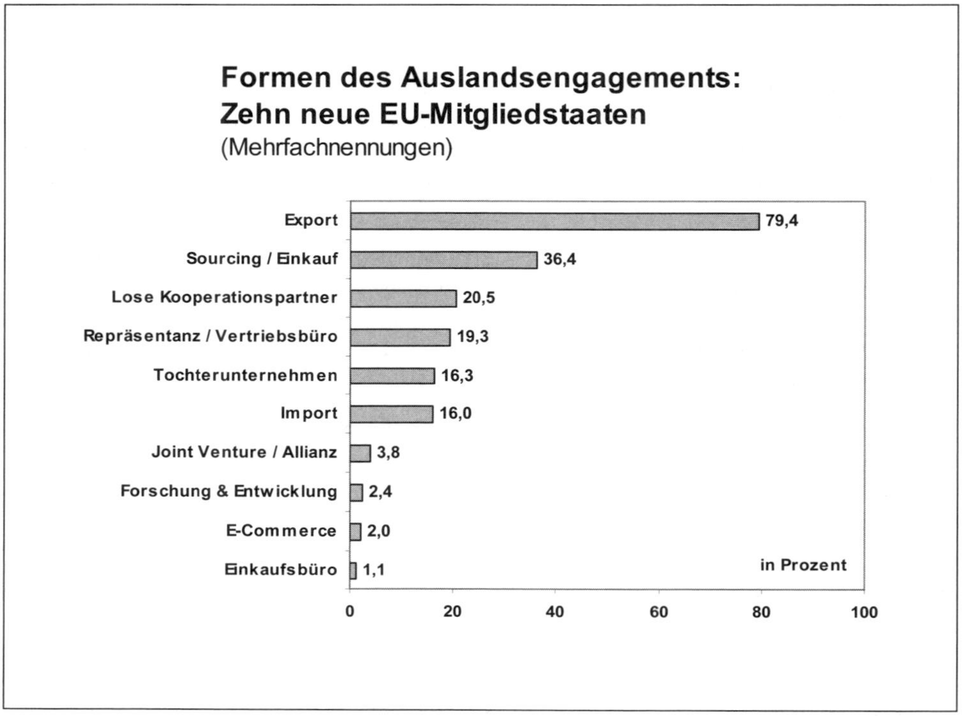

Quelle: Eigene Studie „Going International“
***Abbildung 156:** Formen des Auslandsengagements: zehn neue EU-Mitgliedstaaten*

2.5 Erfolg in der Region

Um herauszufinden, wie erfolgreich deutsche Unternehmen in den unterschiedlichen Regionen der Welt sind, wurde nach der Erfolgsquote des Auslandsgeschäfts in den jeweils bevorzugten Zielmärkten gefragt. Wie die Gesamtübersicht (Abb. 30) zeigt, variiert die Zufriedenheit mit der Geschäftstätigkeit zwischen den Regionen. So liegt die durchschnittliche weltweite Erfolgsquote deutscher Unternehmen bei 75 %. Dabei wird die Region „Zehn neue EU-Mitgliedstaaten“ mit einer Erfolgsquote von knapp 84 % (Abb. 157) als überdurchschnittlich positiv bewertet und liegt bereits knapp zehn Prozentpunkte über der Erfolgsquote in der Region „Nordamerika“ und nur zwei Prozentpunkte hinter der von den Unternehmen beurteilten zweiterfolgreichsten Region „Asien/Pazifik“. Zur derzeit von den Unternehmen angegebenen Erfolg versprechenden Region „Bisherige EU-15/EFTA“, der eine Erfolgsquote von 97 % zugesprochen wird, ist jedoch noch aufzuholen. Das Ergebnis spiegelt somit die aufstrebende Bedeutung der Region „Zehn neue EU-Mitgliedstaaten“ wider.

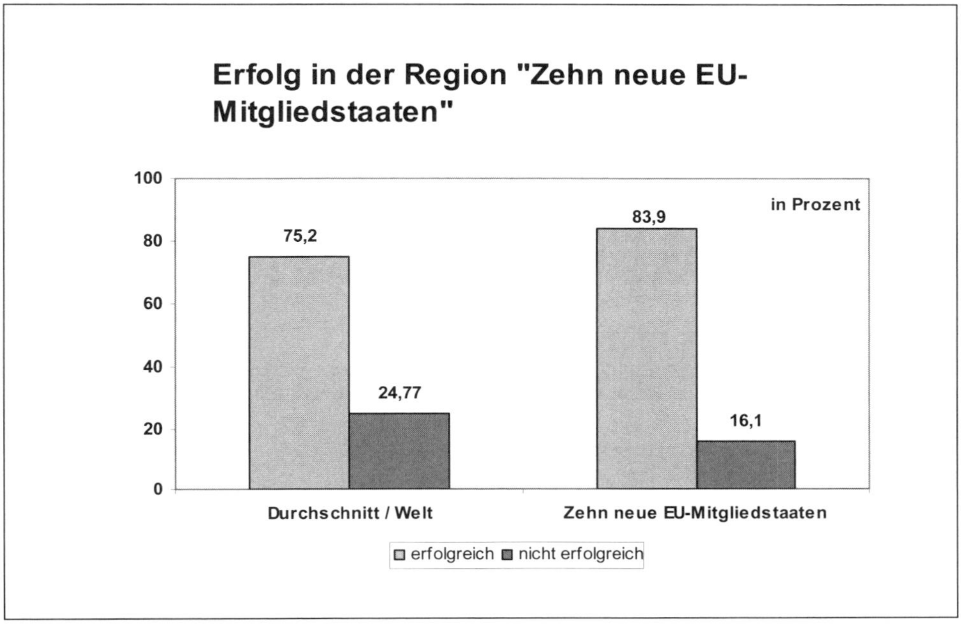

Quelle: Eigene Studie „Going International“
Abbildung 157: *Erfolg in der Region „Zehn neue EU-Mitgliedstaaten“*

2.6 Geschäftssituation

Vor dem Hintergrund der Erfolgsquote in der Region stellt sich sodann die Frage, wie die Unternehmen ihre Geschäftsbeziehungen speziell zu den einzelnen Ländern[301] in dieser Region hinsichtlich der aktuellen Geschäftssituation sowie der Einschätzung zukünftiger Geschäftsperspektiven bewerten (Abb. 158).

Innerhalb der Region „Zehn neue EU-Mitgliedstaaten“ liegen Tschechien und Polen sowohl bei der aktuellen Geschäftssituation (51-52 %) als auch bei der zukünftigen Perspektive (73-75 %) sehr nah beieinander, während die Geschäftsbeziehungen zu Ungarn etwas schlechter bewertet werden: Dort wird die aktuelle Geschäftssituation von knapp 40 % positiv bewertet, die zukünftige Geschäftsperspektive immerhin von gut 61 %. Im Gesamtbild der Studie werden die Geschäftsbeziehungen zu den Ländern der Region „Zehn neue EU-Mitgliedstaaten“ ähnlich bewertet wie die Gruppe der Länder in der alten EU.

[301] Bei der Befragung wurden insgesamt 30 Zielländer vorgegeben.

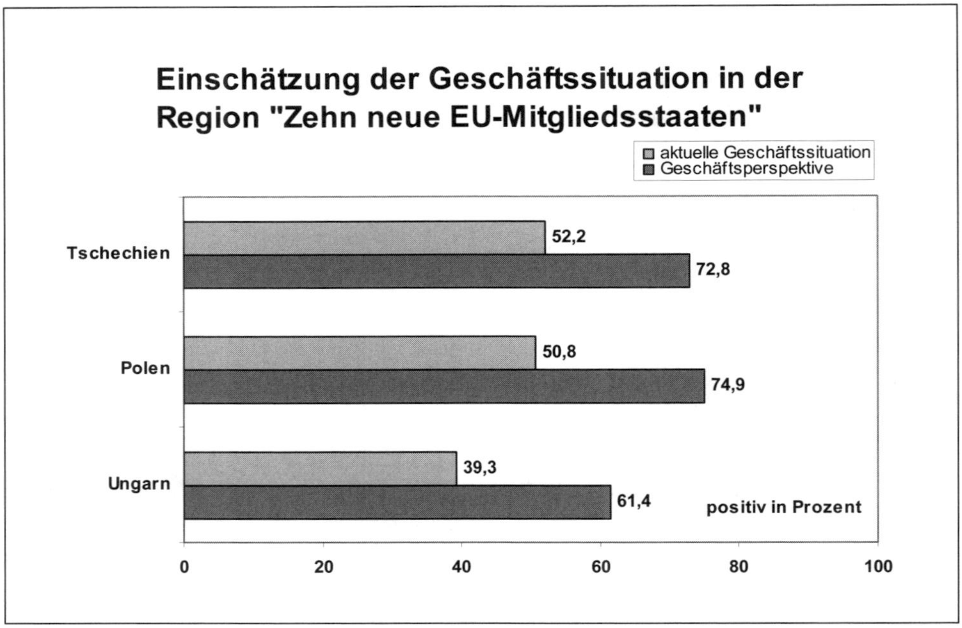

Quelle: Eigene Studie „Going International“
Abbildung 158: *Einschätzung der Geschäftssituation in der Region „Zehn neue EU-Mitgliedstaaten“*

Betrachtet man jedoch, welche Dynamik (Differenz zwischen der aktuellen Geschäftssituation und der zukünftigen Geschäftsperspektive) die Unternehmen den Geschäftsmöglichkeiten in den Ländern der Region „Zehn neue EU-Mitgliedstaaten“ zusprechen, so zählen Polen, Ungarn und Tschechien im Gesamtergebnis der Studie zu den zehn dynamischsten Ländern. Da Deutschland mit seinen Grenzen zu Polen und Tschechien die Nahtstelle zwischen den alten und neuen Mitgliedstaaten bildet, können die deutschen Unternehmen mit ihrer exponierten Lage auch weiterhin in besonderem Maße von der wirtschaftlichen Dynamik dieser Region profitieren und die vielfältigen Geschäftsmöglichkeiten wahrnehmen.

Die Ergebnisse der Studie zeigen damit auf, dass der erweiterte EU-Binnenmarkt bereits seine Wirkung zeigt und auch in Zukunft noch an Bedeutung gewinnen wird.

2.7 Vorbereitungszeit für das Engagement

Wie bereits herausgestellt wurde, fungiert die Zielregion „Zehn neue EU-Mitgliedstaaten“ als zweitstärkster Magnet für die deutschen Unternehmen. Nicht zuletzt weil sich die Märkte der neuen Mitgliedstaaten vom deutschen Heimatmarkt unterscheiden, bedarf es einer Vorbereitungszeit für erfolgreiche Auslandsgeschäfte. Um ein solches in der Region „Zehn neue EU-Mitgliedstaaten“ zu realisieren, benötigen 84 % weniger als ein Jahr bzw. zwischen ein bis zwei Jahren Planungszeit (Abb. 159). Und obwohl sich die Märkte in ihren Strukturen vom heimischen Markt und den westeuropäischen Märkten unterscheiden, bedarf es nur einer unwesentlich längeren Vorbereitungszeit als in der Region „Bisherige EU-15/EFTA“.

Der differenzierte Blick auf die Vorbereitungszeit in der Region „Zehn neue EU-Mitgliedstaaten“ getrennt nach Export und Tochterfirmen liefert ein ähnliches Ergebnis: Auch hier sind zwischen 81-84 % der Unternehmen innerhalb von ein bis zwei Jahren Vorbereitungszeit erfolgreich aktiv. Die durchschnittliche Vorbereitungszeit für erfolgreiche Exportaktivitäten in der Region „Zehn neue EU-Mitgliedstaaten“ liegt bei 1,6 Jahren (Abb. 160).

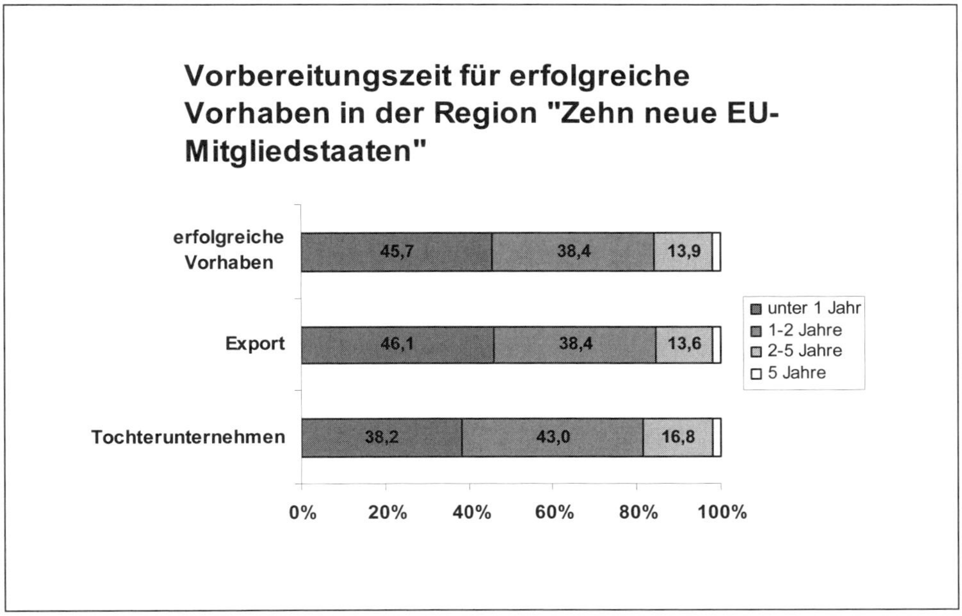

Quelle: Eigene Studie „Going International“

Abbildung 159: *Vorbereitungszeit für erfolgreiche Vorhaben in der Region „Zehn neue EU-Mitgliedstaaten“*

Durchschnittliche Vorbereitungszeit für erfolgreiche Exportaktivitäten in der Region "Zehn neue EU-Mitgliedstaaten"
1,6 Jahre (min. 1,4 Jahre; max. 2 Jahre)

Quelle: Eigene Studie „Going International"
Abbildung 160: *Durchschnittliche Vorbereitungszeit für erfolgreiche Exportaktivitäten in der Region „Bisherige EU-15/EFTA"*

2.8 Produktanpassung

Zur erfolgreichen Platzierung eines Produktes/einer Dienstleistung sind die spezifischen Markt- und Landesbedingungen von immenser Bedeutung. Dies wird wie bereits in der Region „Bisherige EU-15/EFTA" auch innerhalb der Zielregion „Zehn neue EU-Mitgliedstaaten" deutlich (Abb. 161). Denn die Zahl der Unternehmen, die ihre Produkte oder Dienstleistungen an die Gegebenheiten des ausländischen Marktes angepasst haben und in der Region „Zehn neue EU-Mitgliedstaaten" aktiv sind, entspricht dem Gesamtergebnis der Studie und liegt damit bei rund 60 %.

Damit wird deutlich, dass dieser Punkt trotz der geografischen Nähe und den vermeintlich kulturellen Ähnlichkeiten bei der Vorbereitung des Engagements auch in der Region „Zehn neue EU-Mitgliedstaaten" zu beachten ist.

Quelle: Eigene Studie „Going International"
Abbildung 161: *Anpassung von Gütern /Dienstleistungen an den Markt „Zehn neue EU-Mitgliedstaaten"*

2.9 Besetzung der Führungspositionen

Neben einem überzeugenden Produkt sind es auch kompetente und qualifizierte Mitarbeiter, die einen großen Beitrag zum Gelingen des Auslandsgeschäfts beitragen. Auf die Frage, ob die Unternehmen in den Auslandsniederlassungen mit deutschen, ausländischen oder lokalen Führungskräften arbeiten, ergibt sich für die Unternehmen, die in der Region „Zehn neue EU-Mitgliedstaaten“ aktiv sind, das folgende Bild (Abb. 162).

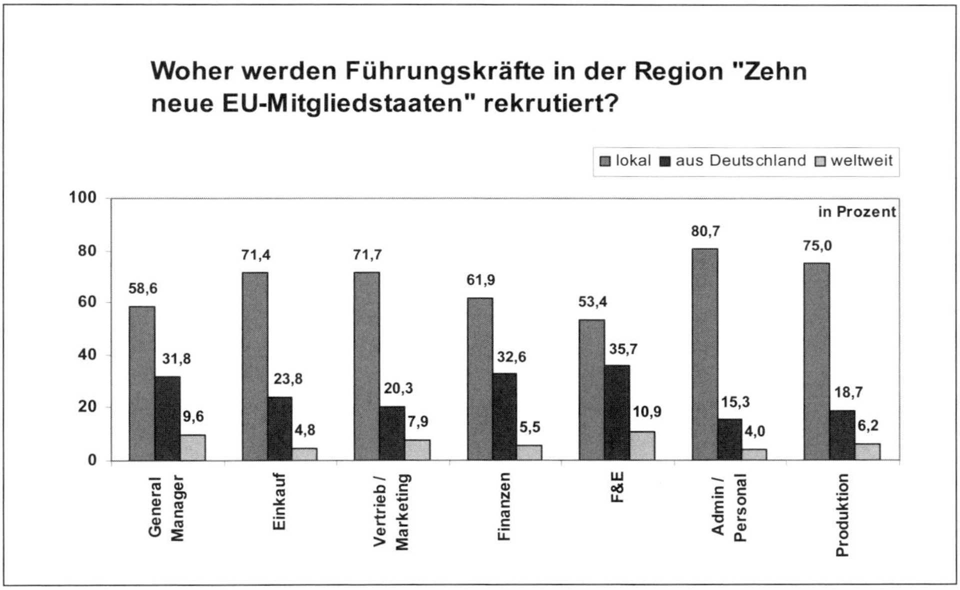

Quelle: Eigene Studie „Going International“
Abbildung 162: *Besetzung der Führungspositionen in der Region „Zehn neue EU-Mitgliedstaaten“*

Wie auch im Gesamtergebnis der Studie geht aus der Abbildung 162 hervor, dass die deutschen Unternehmen in der Region „Zehn neue EU-Mitgliedstaaten“ in sämtlichen Unternehmensbereichen Führungskräfte aus dem jeweiligen Zielland einsetzen (durchschnittlich 67,5 %), vor allem in den Bereichen Administration/Personal, Produktion, Vertrieb/Marketing und Einkauf. Auf deutsche Manager wird demgegenüber nur in geringem Maße (durchschnittlich 25,5 %) zurückgegriffen. Damit liegt der Einsatz von lokalen Führungskräften in der Region „Zehn neue EU-Mitgliedstaaten“ geringfügig über dem in der Region „Bisherige EU-15/EFTA“.

2.10 Probleme

Probleme beim Aufbau von Geschäftsbeziehungen in der Region „Zehn neue EU-Mitgliedstaaten“: Top 10	
1. Suche/Auswahl verlässlicher Partner	➡
2. Konkurrenz im jeweiligen Markt	↗
3. Eigene Preise im Ausland zu hoch	↗
4. Kontakte	↗
5. Beschaffung verlässlicher Marktinformationen schwierig	↗
6. Marktbearbeitung schwierig	↗
7. Forderungseinzug schwierig	↗
8. Sprachen	↗
9. Finanzierung schwierig	↗
10. Transportkosten zu hoch	➡

Abweichung ≥ 6 % ⬆ Abweichung ≥ 2 % ↗
Abweichung ≥ -2% ↘ Abweichung ≥ -6% ⬇
Abweichung 1,9 % bis -1,9% ➡
Abweichungen zum Gesamtergebnis der Studie.

Quelle: Eigene Studie „Going International“
Abbildung 163: *Probleme beim Aufbau von Geschäftsbeziehungen in der Region „Zehn neue EU-Mitgliedstaaten“: Top 10*

Die Region „Zehn neue EU-Mitgliedstaaten“ weist zwar im Vergleich zum Gesamtergebnis der Studie eine überdurchschnittlich hohe Erfolgsquote auf (s. S. 322 f.), doch ist zur erfolgreichsten Region „Bisherige EU-15/EFTA“ noch aufzuholen. Somit gilt es, die generellen Probleme beim Auf- und Ausbau des Auslandsengagements zu hinterfragen – in dieser Betrachtung beschränkt auf die zehn am häufigsten genannten Probleme.

Vor dem Hintergrund der Erfolgsquote zeigt sich hinsichtlich der Probleme ein plausibles Bild für diese Region (Abb. 163). Somit sind bei den Unternehmen, die in der Region „Zehn neue EU-Mitgliedstaaten“ aktiv sind, die zehn am häufigsten genannten Probleme identisch mit dem Gesamtergebnis der Studie. Dabei fällt jedoch auf, dass lediglich die Probleme Suche/Auswahl verlässlicher Partner sowie die Transportkosten auf demselben Niveau im

Vergleich zum Gesamtergebnis der Studie liegen, während alle anderen Probleme von mehr der befragten Unternehmen als solche angesehen werden.

Es kann festgehalten werden, dass der erweiterte Binnenmarkt durchaus seine Wirkung zeigt und die Region „Zehn neue EU-Mitgliedstaaten“ damit die von den deutschen Unternehmen am zweithäufigsten frequentierte Zielregion darstellt. Doch ist hinsichtlich der strukturellen Rahmenbedingungen auf diesen Märkten noch aufzuholen.

2.11 Erfolgsfaktoren

Nachdem aufgezeigt wurde, dass sich die Unternehmen in der Region „Zehn neue EU-Mitgliedstaaten“ zwar im Vergleich zum Gesamtergebnis der Studie überdurchschnittlich erfolgreich sehen, jedoch gleichzeitig in höherem Maße mit Problemen konfrontiert sind, stellt sich die Frage nach den Erfolgsfaktoren in dieser Region.

Erfolgsfaktoren	**Abweichung in der Region „Zehn neue EU-Mitglied-staaten“**
Produktqualität	↗
Wahl des richtigen Partners im neuen Zielmarkt	↗
Gründliche Marktkenntnis	→
Preis	→
Qualifizierte Mitarbeiter	→
Service	→
Technologievorsprung	→
Spezifisches Geschäftskonzept für den Zielmarkt	→
Räumliche Nähe zum Kunden	↗
Früher Markteintritt	→

Abweichung ≥ 6 % ↑ Abweichung ≥ 2 % ↗
Abweichung ≥ -2% ↘ Abweichung ≥ -6% ↓
Abweichung 1,9 % bis -1,9% →
Abweichungen zum Gesamtergebnis der Studie.

Quelle: Eigene Studie „Going International“
Abbildung 164: *Erfolgsfaktoren in der Region „Zehn neue EU-Mitgliedstaaten“*

Dabei ergibt sich für diese Region ein sich mit den Gesamtergebnissen der Studie weitgehend deckendes Bild (Abb. 164). Die in der Region „Zehn neue EU-Mitgliedstaaten“ aktiven Unternehmen geben fast alle Erfolgsfaktoren in demselben Verhältnis an wie im Gesamtergebnis der Studie. Ausnahmen bilden die Erfolgsfaktoren Produktqualität, die Wahl des richtigen Partners im Zielmarkt sowie die räumliche Nähe zum Kunden, denen eine im Vergleich zum Gesamtergebnis noch größere Bedeutung beigemessen wird. Dies verdeutlicht, dass der insgesamt wichtigste Erfolgsfaktor Produktqualität, wie auch in der Region „Bisherige EU-15/EFTA“, nochmals aufgewertet wird und eine konsequente Produkt- und Qualitätspolitik essenziell für das Engagement in dieser Region ist. Auch dem insgesamt zweitwichtigsten Erfolgsfaktor, der Wahl des richtigen Partners im Zielmarkt, kommt ein noch stärkeres Gewicht zu. Hier sind persönliche Kontakte und Netzwerke von enormer Bedeutung ebenso wie individuelle Reistätigkeiten in diese Zielregion und eigene Messetätigkeiten sowie nicht zuletzt die Informations-, Erfahrungsaustausch- und Beratungsangebote der IHKs und der AHKs.

Darüber hinaus wird der Erfolgsfaktor „räumliche Nähe zum Kunden“ als überdurchschnittlich wichtig angesehen, was in Anbetracht der relativ hohen Anzahl an Großunternehmen/Konzernen in dieser Region zu erklären ist. Der direkte Kontakt zu den Kunden vor Ort ermöglicht es den Unternehmen, verlässliche Informationen über Chancen und Risiken des Auslandsgeschäfts zu erhalten.

2.12 Kernaussagen

Die Ergebnisse zur Zielregion „Zehn neue EU-Mitgliedstaaten“ lauten pointiert wie folgt:

- Die Region „Zehn neue EU-Mitgliedstaaten“ ist mit 68,3 % die von den befragten Unternehmen am zweitstärksten frequentierte Region, gleich nach der Region „Bisherige EU-15/EFTA“, was sich sowohl bei den Unternehmensgrößen als auch bei den Branchen widerspiegelt. Branchenmäßig dominiert eindeutig der Maschinenbau mit geringem Vorsprung vor der Chemischen und Kunststoffindustrie.
- Die dominierenden Gründe für das Engagement in dieser Region sind wie im Gesamtergebnis der Studie und in der Region „Bisherige EU-15/EFTA“ ebenfalls eindeutig marktorientiert. Die Gründe Erschließung neuer Absatz- und Einkaufsmärkte, die Nähe zum Kunden, niedrige Personalkosten und Service/Aftersale werden hingegen stärker gewichtet. Insgesamt sehen die befragten Unternehmen ihre Anfangserwartungen in der geschäftlichen Praxis als erfüllt an und zwar auf demselben Niveau wie im Gesamtergebnis der Studie und in der Region „Bisherige EU-15/EFTA“.
- Die bevorzugte Form des Auslandsengagements ist der Export. Eine relativ hohe Bedeutung wird zudem dem Sourcing/Einkauf beigemessen.

- Die Unternehmen, die auf diesem Markt agieren, zeigen sich im Vergleich zum Gesamtergebnis der Studie überdurchschnittlich erfolgreich. Für ein Engagement in dieser Region wird nur eine unwesentlich längere Vorbereitungszeit aufgewendet als z. B. zur geografisch und kulturell viel näher gelegenen Region „Bisherige EU-15/EFTA“.
- Führungskräfte werden in allen Managementbereichen überwiegend lokal rekrutiert; deutsche Führungskräfte kommen eher weniger zum Einsatz.
- Der Anpassung von Produkten/Dienstleistungen wird, wie auch im Gesamtergebnis der Studie, immense Bedeutung beigemessen.
- Die zehn am häufigsten genannten Probleme sind identisch mit dem Gesamtergebnis der Studie. Doch lediglich die Probleme Suche/Auswahl verlässlicher Partner sowie die Transportkosten liegen auf demselben Niveau wie im Gesamtergebnis der Studie, während alle anderen Probleme von mehr der befragten Unternehmen als solche angesehen werden.
- Um in dieser Region erfolgreich zu sein, sind die im Gesamtergebnis der Studie angegebenen Erfolgsfaktoren etwa in demselben Verhältnis zu berücksichtigen. Größere Bedeutung wird den Erfolgsfaktoren Produktqualität, der Wahl des richtigen Partners im Zielmarkt sowie der räumlichen Nähe zum Kunden beigemessen.

Dies zeigt die aufstrebende Bedeutung der Region „Zehn neue EU-Mitgliedstaaten“ sowie die Wirkung des erweiterten Binnenmarktes. Im Vergleich zur „Bisherigen EU-15/EFTA“ hat die Region jedoch noch einen Aufholprozess zu durchlaufen, vor allem hinsichtlich der strukturellen Rahmenbedingungen auf diesen Märkten. Doch die wirtschaftliche Dynamik in den neuen Mitgliedstaaten, wie sie auch in den nachfolgenden Länderbetrachtungen zum Ausdruck kommt, bewirkt wichtige Impulse für die deutsche Wirtschaft und ermöglicht zahlreiche Geschäftschancen für die deutschen Unternehmen.

3. Polen

Quelle: CIA: The World Factbook 2005
Abbildung 165: *Polen*

Landesinformationen/Politik[302]

Amtliche Bezeichnung	Republik Polen (Rzeczpospolita Polska)
Fläche	312.678 qkm
Bevölkerung	38,65 Mio. (2005)
Bevölkerungsdichte	124 Einwohner/qkm
Hauptstadt	Warschau (Großraum) mit ca. 2,4 Mio. Einwohnern

302 Zusammenstellung auf Basis von Informationen des Auswärtigen Amtes, Stand Februar 2006.

Religionszugehörigkeit	Katholiken (35 Mio.), russisch-orthodoxe, Protestanten, Altkatholiken, Juden
Nationalfeiertag	1) 3. Mai (erste polnische Verfassung 1791), 2) 11. November (Unabhängigkeit 1918)
Landessprache	polnisch
Regierungsform	Parlamentarische Demokratie mit Zweikammerparlament; zwei Kammern: Sejm und Senat; Sejm: 460 Abgeordnete, Mischung aus Mehrheits- und Verhältniswahlrecht, am 25.09.2005 gewählt für 4 Jahre; Senat: 100 Senatoren, Mehrheitswahlrecht, Legislaturperiode und letzte Wahl wie Sejm
Staatsoberhaupt	Lech Kaczynski, Präsident, PiS, direkt gewählt am 23.10.2005 für 5 Jahre, Amtsantritt 23.12.2005
Regierungschef	Jaroslaw Kaczynski, seit Juli 2006
Wirtschaftsminister	Piotr Wozniak, seit 2005
Politische Situation	Regierungspartei: „Recht und Gerechtigkeit", (Prawo i Sprawiedliwosc, PiS), Minderheitsregierung, gestützt von der Liga der polnischen Familien (LPR) und Samoobrona (Selbstverteidigung)
Währung[303]	Polnischer Zloty 1 Polnischer Zloty = 0,25661 Euro 1 Euro (EUR) = 3,89690 Polnischer Zloty (PLN)

Sonstiges

Wachstumsbranchen und -märkte[304]	Ernährungsgüter (für den Export), Holzverarbeitung, Papier und Pappe, Chemiewaren, Gummi- und Kunststoffe, Metallverarbeitung, Maschinen- und Anlagenbau, medizintechnische und optische Ausrüstungen, Kfz-Produktion (für den Export), Elektrohausgeräte (für den Export)
Mitgliedschaft in internationalen Organisationen	EU, ILO, IMF, UNO, UNESCO, FAO, UNICEF, WHO, UNHCR, ITU, GATT, WMO, UPU, OSShD, ICAO, IMO, UNCTAD, UNDP, UNIDO, WIPO, INTER-SPUTNIK, UNEP, IBSFC, HELCOM, OSCE, IFC,

303 http://www.oanda.com/convert/classic, Stand 03.04.2006.

304 Bfai: Polen – Wirtschaftstrends 2006. Gesamtwirtschaftlicher Ausblick, Stand Januar 2006.

	Weltbank, EBRD, Europarat, Ostseerat, CEFTA, OECD, Nato
Hermes- Entgeltkategorie[305]	2
Korruption[306]	Rang 70 (von 158)

Politische Trends[307]

Seit dem Wahljahr 2005 wird Polen von einer Minderheitenregierung aus der Partei Recht und Gerechtigkeit (PiS), der populistischen Samoobrona (Selbstverteidigung) und der national-konservativen Liga Polnischer Familien (LPR) regiert. Die PiS wurde 2001 vom ehemaligen Justizminister Lech Kaczyński und dessen Zwillingsbruder Jarosław Kaczyński gegründet. Aus den Sejmwahlen im September 2005 ging die PiS mit fast 27 % der Stimmen hervor. Die Präsidentschaftswahl im Oktober 2005 konnte Lech Kaczyński ebenfalls in einer Stichwahl für sich entscheiden. Die Wahlbeteiligung erreichte allerdings bei beiden Wahlen ein Rekordtief – bei den Sejmwahlen betrug sie gerade einmal 40 %.

Im Regierungsprogramm der Koalition steht die Schaffung von Arbeitsplätzen an erster Stelle. Die Arbeitslosenquote von über 19 % in 2004 ist die höchste Arbeitslosenquote aller EU-Länder. Sie wird sich wahrscheinlich im Jahr 2006 bei 18 % einpendeln. Die Hoffnung der Regierung steckt in der Öffnung des EU-Arbeitsmarktes, die zwar eine gewisse Abwanderung von qualifizierten Fachkräften mit sich bringt, andererseits aber auch zu einer Entspannung auf dem Arbeitsmarkt führt, da auf diese Art schon in der Zeit von 2004 bis 2005 eine Million Polen eine legale Beschäftigung finden konnten. Die Investitionsfreudigkeit und die Binnennachfrage sollen darüber hinaus ab 2007 mit einer Senkung der Körperschaftssteuer von 19 % auf 18 % und einer Änderung der Einkommenssteuer auf ein zweistufiges Modell mit den Steuersätzen 18 % und 32 % angeregt werden.

Auch das große Haushaltsdefizit stellt eine Schwachstelle des Systems dar. Es wird wohl im Jahre 2006 3,8 % des Bruttoinlandsproduktes betragen, womit Polen eindeutig gegen die Maastricht-Kriterien verstößt. Von der Konsolidierungspolitik hängt der Beitritt Polens zur Europäischen Währungsunion ab, der für 2009/2010 vorgesehen ist. Dazu muss möglichst bald der Euro als Gemeinschaftswährung eingeführt werden.

Polen setzt sich aktiv für die Europäische Union ein, vor allem für die Gestaltung der europäischen Nachbarschaftspolitik, z. B. für die Fortentwicklung der Beziehungen zur Ukraine. Durch die Befürwortung der „orangenen Revolution“ in Kiew nahm das Land eine Abkühlung der Beziehungen zu Russland in Kauf. Was außenpolitische Fragen der EU betrifft, so setzt sich Polen für eine aktive Rolle in der Ostpolitik der Union ein. Fragen der Energie-

305 http:// www.agaportal.de/pages/aga/deckungspolitik/laenderklassifizierung.html.

306 Corruption Perceptions Index 2005 nach Transparency International, in: http://www.transparency.org; Rang 1 = keine Korruption, Deutschland: Rang 16.

307 Texte zusammengestellt auf Basis des Auswärtigen Amtes, der Bundesagentur für Außenwirtschaft, der Bayerischen Landesbank und der Industrie- und Handelskammer Region Stuttgart.

politik, der Weiterentwicklung des EU-Binnenmarktes und der Ausgestaltung der europäischen Sicherheits- und Verteidigungspolitik stehen dabei im Vordergrund. Polen pflegt intensive Beziehungen zu den großen EU-Mitgliedstaaten, wobei Deutschland, Frankreich und Großbritannien eine besondere Bedeutung zukommt. Auch die enge Zusammenarbeit mit den USA zeichnet die polnische Außenpolitik aus, wobei die Ansicht, dass die Sicherheit Polens vom Bündnispartner USA gewährleistet werden kann, wichtig sein dürfte.

Volkswirtschaftliche Kennzahlen[308]

Binnenwirtschaftliche Indikatoren		2003	2004	2005p	2006p
BIP pro Kopf	Euro	4.800	5.100	5.950	6.150
BIP	Mrd. Euro	185,29	194,90	227,00	235,00
Wachstumsrate BIP, real	%	3,8	5,4	4,0	4,5
Inflationsrate	%	0,8	3,5	2,7	2,5
Arbeitslosenquote	%	19,9	19,5	18,8	18,0

Beitrag zum BIP: Landwirtschaft (Primärsektor) 2,9 %, Industrie (Sekundärsektor) 31,2 %, Dienstleistungen (Tertiärsektor) 65,9 %

Finanzindikatoren					
Staatsverschuldung	% des BIP	45,4	43,6	47,0	48,0
Haushaltssaldo	% des BIP	-4,5	-4,8	-4,3	-3,8

Wirtschaftliche Trends

Polen zeichnet eine dynamische stabile Wirtschaftsentwicklung aus. Die Wachstumsraten des Bruttoinlandsproduktes stiegen ab 2001 kontinuierlich an, bis 2004 – im Jahr des EU-Beitritts – ein Wachstum des Bruttoinlandsproduktes von 5,3 % vorgewiesen werden konnte (Abb. 166). Der Euroraum konnte im Vergleich dazu nur eine Veränderungsrate des Bruttoinlandsproduktes von 2,1 % vorweisen.

[308] Zusammenstellung auf Basis von Informationen der Bayerischen Landesbank, Stand Mai 2005.

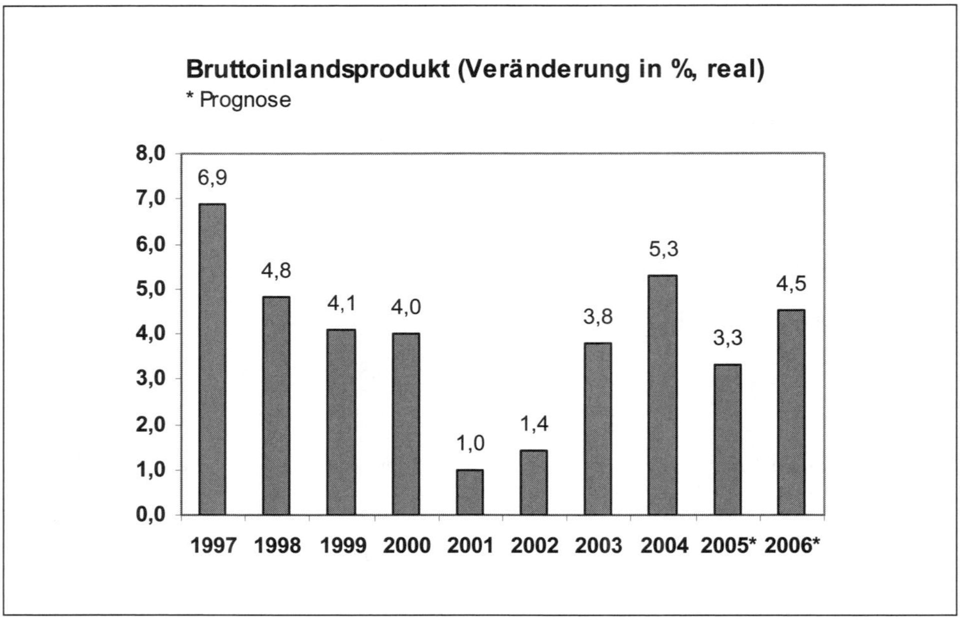

Quelle: Bfai
Abbildung 166: *Entwicklung des Bruttoinlandsproduktes in Polen*

Im Jahr 2005 verzeichnete die Wirtschaft im Vergleich dazu ein geringeres Wachstum, was vor allem mit der schwächelnden Binnennachfrage zusammenhängt. Im Vergleich zu den Unternehmen, die ihre Profitsituation durch zunehmende Rationalisierung und eine höhere Produktivität deutlich verbessern konnten, ist das Konsumklima noch nicht auf einen positiven Wachstumspfad eingeschwenkt. Die hohe Arbeitslosenquote, die hohe Erwerbslosigkeit auf dem Land und eine geringe Erhöhung der verfügbaren Einkommen dürften dabei eine wichtige Rolle gespielt haben. Für 2006 wird mit einem Wachstum des Bruttoinlandsproduktes von 4,5 % gerechnet, wobei die stärksten Wachstumsimpulse vom Export und den Investitionen ausgehen dürften. Darüber hinaus ist die wachstumsfreundliche Steuerpolitik der Regierung wichtiger Impulsgeber für das Wirtschaftswachstum.

Die wichtigsten Industriesektoren sind die Ernährungsgüterindustie, die Holzverarbeitungsindustrie, die Chemie-, Gummi- und Kunststoffindustrie, die Metallverarbeitungsindustrie, der Maschinen- und Anlagenbau, die Kfz-Produktion und die Elektrohausgeräteindustrie. Auch von der Bauwirtschaft, die 7 % zum Bruttoinlandsprodukt beisteuert, wird in den nächsten Jahren voraussichtlich ein Wachstumsimpuls ausgehen. Das polnische Bruttoinlandsprodukt von 194.90 Mrd. Euro im Jahr 2004 bescherte Polen den 22. Platz unter den größten Volkswirtschaften der Welt. Dieser Platz soll auch in Zukunft gehalten werden. Die Strukturreformen sollen den Weg in die Eurozone ebnen.

Außenwirtschaftliche Kennzahlen[309]

Außenwirtschaftliche Indikatoren		2003	2004	2005p	2006p
Warenexporte	Mrd. Euro	53,84	65,64	73,00	80,00
Warenimporte	Mrd. Euro	58,91	70,15	79,50	88,00
Handelsbilanzsaldo	Mrd. Euro	-5,07	-4,51	-6,50	-8,00
Leistungsbilanzsaldo	Mrd. Euro	-4,11	-2,96	-5,00	-7,00
	% des BIP	-2,2	-1,5	-2,2	-3,0
Deutsche Einfuhr aus Polen	Mio. Euro	15.888	15.940	k. A.	k. A.
Deutsche Ausfuhr nach Polen	Mio. Euro	16.362	18.817	k. A.	k. A.

Außenhandel

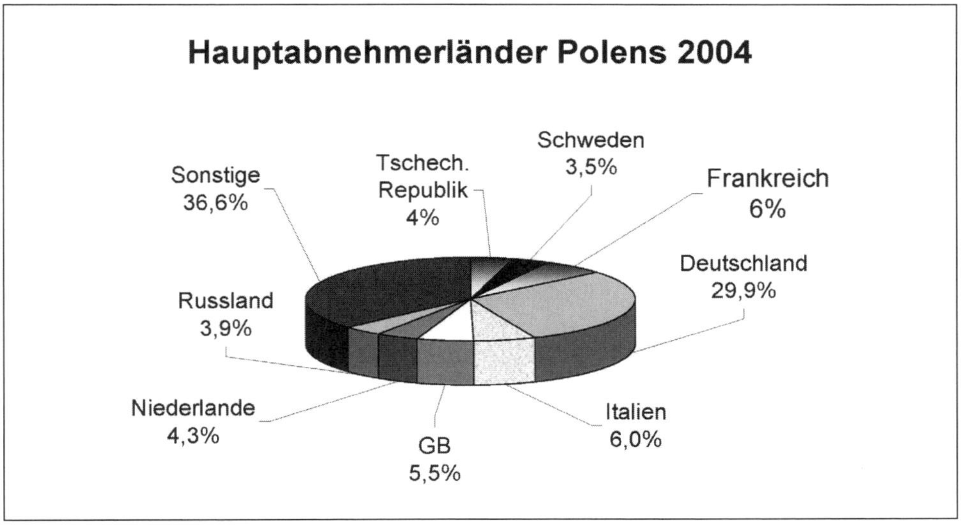

Quelle: Bfai
Abbildung 167: *Hauptabnehmerländer Polens 2004*

Polen weist überdurchschnittlich hohe Import- und Exportquoten auf und ist damit stark vom Außenhandel abhängig. Dieser erhielt durch den EU-Beitritt des Landes einen zusätzlichen Impuls. Die Exporte stiegen 2004 um rund 22 % an, während die Importe um rund 19 % zunahmen. Über 75 % der Exporte gingen dabei an europäische Abnehmer (Abb. 167).

309 Zusammenstellung auf Basis von Informationen der Bayerischen Landesbank, Stand Mai 2005.

Die europäischen Staaten waren auch mit einem Anteil von rund 68 % an der polnischen Gesamteinfuhr erneut die mit Abstand wichtigsten Lieferländer (Abb. 168). Dies ist ein Indikator für die immer stärker werdende Verflechtung der polnischen Industrie mit den europäischen Märkten.

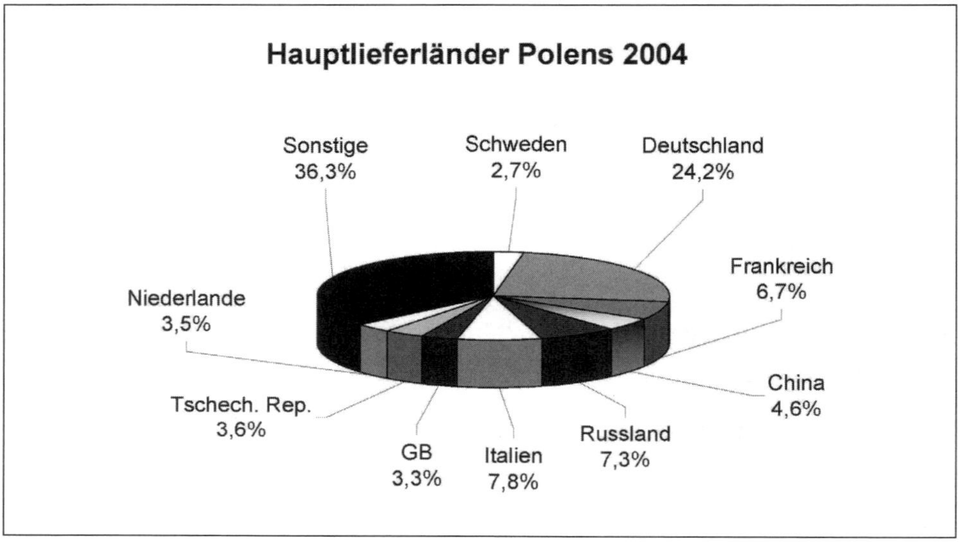

Quelle: Bfai

Abbildung 168: *Hauptlieferländer Polens 2004*

Auch für 2006 wird wieder ein Anstieg der Exportquote erwartet. Gestützt wird diese Dynamik durch konsequente Kostensenkung in den Unternehmen, Qualitätssteigerungen und Fortschritte im Marketing. Auch die bevorzugte geografische Lage, die überdurchschnittlichen Wachstumsraten und das immer stabiler werdende politische Umfeld erklären die wachsende Bedeutung Polens im internationalen Handel.

Wichtigster Handelspartner für Polen ist seit mehr als einem Jahrzehnt Deutschland, das bei der Wareneinfuhr- und ausfuhr an erster Stelle der europäischen Länder steht. Bei den polnischen Ausfuhren belegen Frankreich, Italien und Großbritannien die nachfolgenden Plätze. Zweitwichtigstes Hauptlieferland ist Italien, dicht gefolgt von Russland und Frankreich. Auch für Deutschland ist Polen der wichtigste Wirtschaftspartner im Osten. Dabei hat der Außenhandel eine dynamische Entwicklung erfahren (Abb. 169). So sind im Zeitraum von 1991 bis 2005 sowohl die Ein- als auch die Ausfuhren kontinuierlich angestiegen und haben sich mehr als vervierfacht.

Die Nachfrage Polens nach Kapital- und Verbrauchsgütern wird auch 2006 voraussichtlich stark ansteigen. Gerade polnische Holzverarbeiter, Kunststoffhersteller und Landwirte werden verstärkt Maschinen nachfragen, weshalb die deutschen Exporte bei weit über 20 Mrd. Euro liegen dürften.[310]

Zu den größten Exportbranchen Polens zählen die Maschinen- und Elektronikindustrie, die Transportausrüstungsindustrie, die Metallindustrie und die Chemie- und Kunststoffindustrie. Importiert werden zumeist Maschinen, Anlagen, Fahrzeuge, industrielle Zwischenprodukte zur Weiterverarbeitung sowie chemische Erzeugnisse. Deutsche Einfuhrgüter sind hauptsächlich Kraftfahrzeuge und Kfz-Teile, Möbel, Nahrungs- und Genussmittel und elektronische Ausrüstungen. Zu den deutschen Ausfuhrgütern zählen Kraftfahrzeuge und Kfz-Teile, Maschinen und chemische End- und Vorerzeugnisse.

Polen ist deutlich bestrebt, die Vorteile der internationalen Arbeitsteilung zu nutzen. So ist das Land unter anderem Mitglied in der Organisation für wirtschaftliche Zusammenarbeit und Entwicklung (OECD), in der Organisation für Sicherheit und Zusammenarbeit in Europa (OSZE) und in der Welthandelsorganisation (WTO).

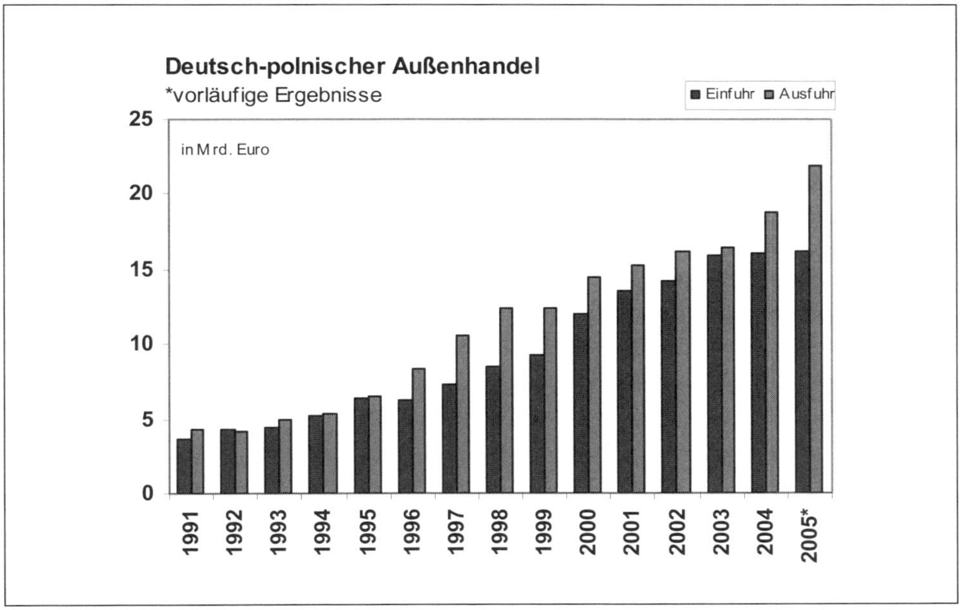

Quelle: Statistisches Bundesamt

Abbildung 169: *Entwicklung des deutsch-polnischen Außenhandels*

310 Bfai: Top-Exportmärkte 2006, Stand Februar 2006.

Investitionsklima

Polen gilt als ein attraktiver Investitionsstandort im Osten Europas. Die Investitionstätigkeit verzeichnet eine überaus gute Entwicklung. Allein 2004 betrug der Bestand an ausländischen Direktinvestitionen 84,5 Mrd. US-Dollar – ein Bestand, der für die relativ kleine Volkswirtschaft Polen beachtlich ist. Auch die deutschen Direktinvestitionen in Polen sind über den Zeitablauf angestiegen. Die polnischen Direktinvestitionen in Deutschland sind im Gegensatz dazu leicht gesunken – so sank die polnische Investitionstätigkeit von gut 104 Mio. Euro im Jahre 2001 auf 62 Mio. Euro im Jahre 2003.

Investitionen [311]	2001	2002	2003	2004
Ausländische Direktinvestitionen in Polen Bestand Mrd. USD	k. A.	65,1	72,7	84,5
Ausländische Direktinvestitionen in Polen Zuflüsse Mrd. USD	k. A.	6,0	6,4	7,6
Deutsche Direktinvestitionen in Polen Bestand Mio. Euro	8.547	8.075	7.603	9.588
Polnische Direktinvestitionen in Deutschland Bestand Mio. Euro	104	61	62	54

Polen kann sich sehr gut im internationalen Steuerwettbewerb behaupten. So wirbt das Land mit Steuervorteilen und Investitionszuschüssen. Die Personalkosten sind für viele Unternehmen immer noch geringer als in den übrigen Staaten Europas, obwohl die Löhne in Zukunft voraussichtlich leicht ansteigen werden. Eine Erhöhung des verfügbaren Einkommens bringt Impulse für die Inlandsnachfrage mit sich, was wiederum neue Produktions- und Absatzmöglichkeiten für Investoren nach sich zieht. Ein Markt mit 38 Mio. Konsumenten birgt dabei ein großes Potenzial. Nichteuropäische Investoren (darunter koreanische und US-amerikanische, in zunehmenden Maße auch chinesische) nutzen das Land darüber hinaus als Sprungbrett in die EU. Der Ausbau des Autobahn- und Fernstraßennetzes lässt den Standort Polen voraussichtlich noch mehr an Attraktivität gewinnen.

Fast 60 % aller Direktinvestitionen fließen in Projekte auf der grünen Wiese. Am stärksten betroffen sind standardisierungsfähige, arbeitsintensive, gut transportierbare Produkte mit überschaubaren Lieferzeiten. Die Einführung von Investitionsanreizen hat auch zu einem massiven Zufluss ausländischer Direktinvestitionen in Käufe von Unternehmensanteilen und in die Privatisierung geführt. Die Privatisierung staatlicher Unternehmen soll laut Regierungsprogramm auch in Zukunft weitergeführt werden.

---

311 Zusammenstellung auf Basis von Informationen der Bfai: Polen – Wirtschaftsdaten kompakt, Stand Januar 2006, und der Deutschen Bundesbank: Kapitalverflechtungen mit dem Ausland, Stand April 2006.

Außenwirtschaftsbarometer

Bei der Bewertung der aktuellen Geschäftsbeziehungen zu Polen ist deutlich ein kontinuierlicher Anstieg zu sehen. Während Anfang 2005 der größere Teil deutscher Unternehmen die aktuelle Geschäftslage zu Polen als schlecht bewertet hat, überwiegt seit Ende 2005 der Anteil an Unternehmen, die ihre aktuellen Geschäftsbeziehungen als gut bewerten (Abb. 170). Mit einem Wert von 23,1 für die aktuelle Geschäftslage bei der Befragung Mitte 2006 und einem Wert von 22,6 für die erwartete Geschäftslage in den kommenden zwölf Monaten ist es durchaus realistisch, dass dieser Trend sich fortsetzt. Zumindest kann aber davon ausgegangen werden, dass Polen seine momentan gute Position unter den 30 bedeutendsten Partnerländern halten kann.

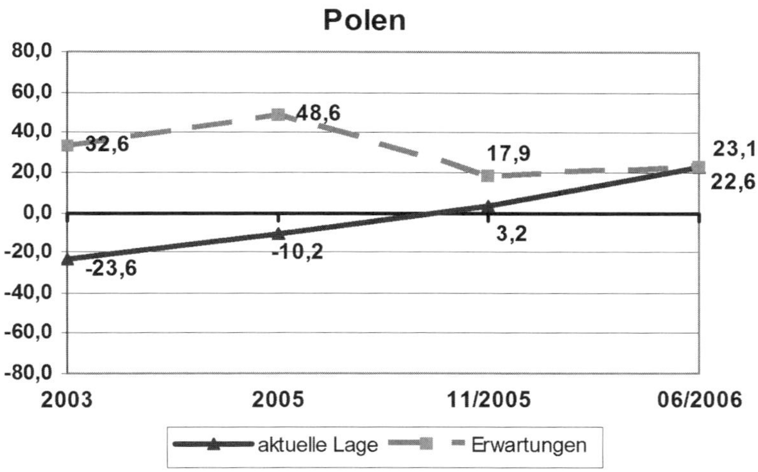

Quelle: IHK Region Stuttgart
Abbildung 170: *Außenwirtschaftsbarometer Polen*

Interkultureller Praxistipp Polen

Polen ist eines der führenden Reformländer Mittelosteuropas und ist allein durch seine Größe ein interessanter Markt für deutsche Unternehmen. Trotz des schwierigen Erbes der Geschichte machen polnische Unternehmen gerne Geschäfte mit Deutschen und gehen mehrheitlich vorbehaltlos mit den westlichen Nachbarn um. Polen zählt zu den mäßig formellen Kulturen.[312] Eine Einladung zum Essen erfolgt in dem sehr gastfreundlichen Land herzlich und ungezwungen. Auch wenn Protokoll und Zeremoniell nicht ausgeprägt sind, wird im konservativen und katholischen Polen umso mehr auf gute Umgangsformen geachtet. Die Dame wird

312 Vgl. Winkler 2002, S. 136.

beispielsweise stets zuerst begrüßt, Witze über den Papst sind nicht angebracht, und mit offiziellen Titeln muss bei der Anrede nicht gespart werden. Bei der Verwendung des Titels wird gerne auch mal aufgerundet: Ein Vizepräsident wird schnell zum Präsidenten, der stellvertretende Geschäftsführer zum Geschäftsführer und so weiter.[313]
Bei der Geschäftsanbahnung sollte die Kontaktaufnahme auf einer höheren Managementebene erfolgen, da die Hierarchien wie in vielen mittel- und osteuropäischen Staaten noch sehr ausgeprägt sein können. Im beziehungsorientierten Polen sind neue Kontakte intensiv zu pflegen. Dabei ist ein persönlicher Besuch oder ein Telefonat der E-Mail oder dem Geschäftsbrief stets vorzuziehen.[314] Bei der Anrede des polnischen Geschäftspartners lauern Gefahren. Während es in Deutschland der höflichen Konvention entspricht, jemandem mit dem Nachnamen anzusprechen, impliziert dies in Polen Überheblichkeit. Dieses Empfinden ist noch ein Überbleibsel des feudalistischen Polens, als nur Adelige ihre Untergebene mit dem Nachnamen ansprachen. Heute benutzt man unter sozial Gleichgestellten einfach das Wort „Pan“ zusammen mit dem Vornamen oder „Panie“ in Verbindung mit dem Titel. Auch wenn polnische Geschäftspartner gerne die eigene Kultur oder die polnische Politik selbstironisch betrachten, sollten kritische Kommentare von deutscher Seite unbedingt unterbleiben. Das polnische Nationalbewusstsein ist stark ausgeprägt und die Polen reagieren daher äußerst sensibel auf lehrmeisterhafte Kommentare oder gar Kritik von außen.[315]

Fazit

Nach einem konstanten Wirtschaftswachstum von 2001 bis 2004 ist die Wirtschaft zum Jahresbeginn 2005 auf einen positiven Wachstumspfad eingeschwenkt, obgleich das Wachstum des Bruttoinlandsprodukts etwas schwächer ausfiel als in den Jahren zuvor. Dies ist vor allem auf konsequente Kostensenkungen in den Unternehmen, Qualitätssteigerungen und Fortschritte im Marketing sowie auf die bevorzugte geografische Lage und das immer stabiler werdende politische Umfeld zurückzuführen. Auch die Steuervorteile und die niedrigen Lohnkosten erklären die wachsende Bedeutung Polens im internationalen Handel.

Auch der Handel mit Deutschland hat sich in den letzten Jahren intensiviert. Deutschland war das mit Abstand wichtigste Lieferland vor Italien, Frankreich und Russland und ferner der bedeutendste Absatzmarkt für polnische Waren.

In politischer Hinsicht steht das Land vor großen Herausforderungen: Die höchste Arbeitslosenquote Europas von ca. 19 %, Einsparungen bei den Sozialausgaben und die Konsolidierung der Staatsfinanzen stehen auf der Prioritätenliste der Regierung an erster Stelle, damit dem Beitritt Polens zur Europäischen Währungsunion, der für 2009/2010 vorgesehen ist, nichts im Weg steht. Außerdem muss die politische Klasse ihre Wählerschaft, die das Vertrauen in die Politik teilweise verloren hat, verstärkt mobilisieren – die Nichtwähler waren immerhin bei den letzten Wahlen die größte Wählergruppe.

313 Vgl. Wojciechowski 2005, S. 18.

314 Vgl. Winkler 2002, S. 148 f.

315 Vgl. Wojciechowski 2005, S. 18 ff.

Weiterführende Quellen

Internet:
Auslandshandelskammer: http://www.ahk.de.
Auswärtiges Amt: http://www.auswaertiges-amt.de.
Bundesagentur für Außenwirtschaft: http://www.bfai.de.
Deutsche Botschaft in Polen: http://ambasadaniemiec.pl.
Polnische Botschaft in Deutschland: http://www.botschaft-polen.de.
Deutsch-Polnische Wirtschaftsförderungsgesellschaft: http://www.infopolen.de.
Deutsch-Polnische Gesellschaft Bundesverband e.V.: http://www.deutsch-polnische-gesellschaft.de.
Statistisches Bundesamt: http://www.destatis.de.

Literatur:
Bundeszentrale für politische Bildung: Kleine Geschichte Polens, Teil I, Bonn 2006.
Bundeszentrale für politische Bildung: Polen. Eine Nachbarschaftskunde, Bonn 2003.
Bundeszentrale für politische Bildung: Deutschland und Polen im 20. Jahrhundert, Bonn 2004.
Djanani, Christiana/Brähler, Gernot/Lösel, Christian: Investitionen und Steuern in Polen. Doing Business in Poland, Herne 2005.
Heyde, Jürgen: Geschichte Polens, München 2006.
Lawaty, Andreas/Orlowski, Hubert: Deutsche und Polen. Geschichte – Kultur – Politik, München 2003.
Mewaldt, Andrea: Managerwissen kompakt: Polen, München 2006.
Mochtarova, Monika: Erfolgreiche Geschäfte im östlichen Mitteleuropa. Polen, Tschechien, Ungarn, Berlin 2000.
Wollgarten, Withold: Investitionen in Polen nach dem EU-Beitritt. Praxishandbuch, München 2005.

4. Tschechische Republik

Quelle: CIA
Abbildung 171: *Tschechische Republik*

Landesinformationen/Politik[316]

Amtliche Bezeichnung	Tschechische Republik (Ceská republika)
Fläche	78.866 qkm

316 Zusammenstellung auf Basis von Informationen des Auswärtigen Amtes, Stand Mai 2005.

Bevölkerung	10,28 Mio. Einwohner; ethnische Zusammensetzung 90,1 % Tschechen, 3,7 % Mährer und Schlesier, 1,8 % Slowaken, 0,5 % Polen, 0,4 % Deutsche, 3,4 % andere. Schätzungsweise leben ca. 300.000 Roma in Tschechien (3,0 %)
Bevölkerungsdichte[317]	129,3 Einwohner/qkm
Hauptstadt	Prag mit 1,3 Mio. Einwohnern
Religionszugehörigkeit	39 % römisch-katholisch, 2,5 % evangelisch, 1,7 % tschechisch-hussitisch, 0,2 % orthodox, 0,07 % griechisch-katholisch
Nationalfeiertag	28. Oktober (Gründung der Tschechoslowakischen Republik, 1918)
Landessprache	tschechisch
Regierungsform	Parlamentarische Demokratie mit Zwei-Kammer-Parlament
Staatsoberhaupt	Václav Klaus, Präsident der Republik (seit 2003, für 5 Jahre gewählt)
Regierungschef	Ministerpräsident Jirí Paroubek, CSSD, seit 2005
Wirtschaftsminister	Milan Urban, Minister für Handel und Industrie, seit 2005
Politische Situation	Regierungspartei (noch amtierende Regierung 2006): Kabinett aus CSSD (Sozialdemokraten), KDU-CSL (Christlich-Demokratische Union – Tschechische Volkspartei), US-DEU (Freiheitsunion-Demokratische Union) mit 10 Sozialdemokraten, 3 Christdemokraten, 3 Liberalen, 2 Parteilosen; Oppositionsparteien (noch amtierende Opposition 2006): ODS (Bürgerlich-Demokratische Partei), KSCM (Kommunistische Partei Böhmens und Mährens)
Währung[318]	Tschechische Krone, Einheit Heller (haléř) 1 Tschechische Krone = 0,03497 Euro 1 Euro (EUR) = 28,59377 Tschechische Kronen (CZK)

317 Bfai: Tschechische Republik – Wirtschaftsdaten kompakt, Stand November 2005.

318 http://www.oanda.com/convert/classic, Stand 11.04.2006.

Sonstiges

Wachstumsbranchen und -märkte[319]	Kfz und Kfz-Teile, Herstellung von Gummi- und Kunststoffwaren, Maschinenbau, Straßen- und Eisenbahnbau, Transport, Logistikzentren
Mitgliedschaft in internationalen Organisationen	Europäische Union (seit 01.05.2004), VN und Sonderorganisationen (außer IFAD – Internationaler Fonds für landwirtschaftliche Entwicklung), Nato, WTO (Welthandelsorganisation), OSZE (Organisation für Sicherheit und Zusammenarbeit in Europa), Europarat, OECD (Organisation für wirtschaftliche Zusammenarbeit und Entwicklung), CEFTA (Zentraleuropäisches Freihandelsabkommen)
Hermes-Entgeltkategorie[320]	1
Korruption[321]	Rang 47 (von 158)

Politische Trends[322]

Das Wahljahr 2004 war von politischen Turbulenzen gekennzeichnet, da die Tschechen zum ersten Mal an einer Europawahl teilnehmen durften. Auf nationaler Ebene wurden die Erwartungen der sozialdemokratischen Partei des Ministerpräsidenten Vladimir Spidla gleich schwer enttäuscht: Die Sozialdemokraten wurden mit 8,8 % der Stimmen nur fünfstärkste Kraft, woraufhin Spidla seinen Rücktritt einreichte. Ministerpräsident Gross wurde sein Nachfolger. Er behielt sein Amt jedoch nur knapp neun Monate. Nachdem ungeklärte Immobiliengeschäfte von ihm bekannt wurden, löste ihn Jirí Paroubek ab, der jetzt die Regierungsgeschäfte innehat. Seit den Parlamentswahlen im Juni 2006 steht Tschechien allerdings vor einem erneuten Machtwechsel. Wegen der Patt-Situation beider politischen Lager mit jeweils 100 von insgesamt 200 Parlamentsitzen, musste Staatspräsident Václav Klaus den bisherigen Oppositionsführer Mirek Topolanek (ODS) mit Gesprächen zur Regierungsbildung beauftragen. Diese gestalten sich als äußerst schwierig – bisher haben sich drei Parteien (ODS, KDU-CSL und die Grünen) auf eine konservativ-grüne Koalition geeinigt, doch es ist immer noch offen, ob diese eine Mehrheit im Parlament findet.

In Paroubeks Regierungsprogramm standen bisher immer die Schaffung von Arbeitsplätzen, der Abbau des Haushaltsdefizits von voraussichtlich -4,5 % und die Reform des Gesund-

---

319 Bfai: Tschechische Republik – Wirtschaftstrends 2006, Stand Dezember 2005.

320 http://www.agaportal.de/pages/aga/deckungspolitik/laenderklassifizierung.html.

321 Corruption Perceptions Index 2005 nach Transparency International, in: http://www.transparency.org; Rang 1 = keine Korruption, Deutschland: Rang 16.

322 Texte zusammengestellt auf Basis des Auswärtigen Amtes, der Bundesagentur für Außenwirtschaft, der Bayerischen Landesbank und der Industrie- und Handelskammer Region Stuttgart.

heits-, Renten- und Bildungssystems an erster Stelle. Gerade die hohe Langzeitarbeitslosigkeit erfordert Reformen. Auch hinsichtlich europapolitischer Fragen steht das Land vor großen Herausforderungen. Die Europawahl hat in Tschechien die Debatte über die EU weiter angeheizt. Verfassungsgegner sowie Staatspräsident Václav Klaus stehen einer Vertiefung der europäischen Integration sehr kritisch gegenüber. Klaus lehnt die Euro-Einführung, die für 2010 geplant ist, ebenso ab wie die EU-Verfassung, die er nach dem gescheiterten Referendum in Frankreich und den Niederlanden bereits für tot erklärt hat.

Das außenpolitische Klima kann als relativ gut bezeichnet werden. Deutschland ist einer der wichtigsten Partner für Tschechien. Auch die Zusammenarbeit mit den unmittelbaren Nachbarstaaten Polen, Ungarn und der Slowakei steht im Vordergrund. Wichtigster nichteuropäischer Partner sind die USA, wobei besonders der Kampf gegen den Terrorismus und der Kampf gegen das Talibanregime beide Nationen miteinander verbinden. Aus historischen Gründen werden außerdem die Beziehungen zu Österreich besonders gepflegt. Darüber hinaus ist eine aktive Beteiligung an den euro-atlantischen Sicherheitsstrukturen und an den Friedensmissionen in aller Welt kennzeichnend für die tschechische Außenpolitik.

Volkswirtschaftliche Kennzahlen[323]

Binnenwirtschaftliche Indikatoren		2003	2004	2005p	2006p
BIP pro Kopf	Euro	7.840	8.430	9.600	10.150
BIP	Mrd. Euro	80,26	86,20	98,00	103,50
Wachstumsrate BIP, real	%	3,2	4,4	4,7	4,0
Inflationsrate	%	0,1	2,8	2,0	3,0
Arbeitslosenquote (Durchschnitt)	%	9,9	10,1	9,2	9,0

Beitrag zum BIP: Landwirtschaft (Primärsektor) 3,1 %, Industrie (Sekundärsektor) 38,1 %, Dienstleistungen (Tertiärsektor) 58,8 %

Finanzindikatoren					
Staatsverschuldung	% des BIP	36,8	36,8	37,2	37,5
Haushaltssaldo	% des BIP	-12,5	-3,0	-4,8	-4,5

Wirtschaftliche Trends

Tschechien zeichnet eine dynamische stabile Wirtschaftsentwicklung aus, wobei das Land im Besonderen vom EU-Beitritt im Jahr 2004 profitiert hat. Die Wachstumsraten des Bruttoinlandsproduktes stiegen ab 2002 kontinuierlich an, bis 2004 ein Wachstum des Bruttoinlands-

323 Zusammenstellung auf Basis von Informationen der Bayerischen Landesbank, Stand November 2005.

produktes von 4,4 %[324] vorgewiesen werden konnte (Abb. 172). Der Euroraum konnte im Vergleich dazu nur eine Veränderungsrate des Bruttoinlandsproduktes von 2,1 % vorweisen.

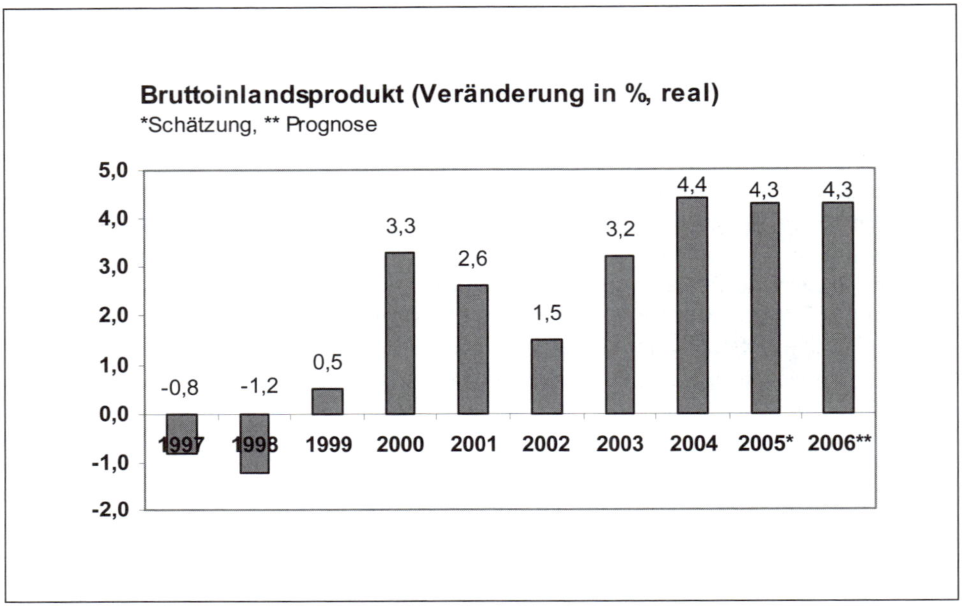

Quelle: Bfai
***Abbildung 172:** Entwicklung des Bruttoinlandsproduktes in Tschechien*

In den ersten drei Quartalen des Jahres 2005 verzeichnete die Wirtschaft ein Wachstum von fast 5 %[325], was zum einen mit der dynamischen Entwicklung der Investitionen und des Konsums zusammenhängt, zum anderen aber auch mit dem gestiegenen Außenhandel. Dem Export kommt dabei eine besonders große Bedeutung zu. Dieser Trend dürfte sich 2006 fortsetzen. Es wird mit einem Bruttoinlandsprodukt von ungefähr 4,3 % gerechnet, wobei die stärksten Wachstumsimpulse weiterhin vom Export ausgehen dürften. Darüber hinaus sind der private Konsum und die wachstumsfreundliche Steuerpolitik der Regierung wichtige Impulsgeber für das Wirtschaftswachstum.

Die tschechische Regierung hat Mitte 2005 eine Reihe wichtiger wirtschaftspolitischer Veränderungen vorgelegt, mit denen das Bruttoinlandsprodukt und das Wohlfahrtsniveau weiter gesteigert werden sollen. Dazu gehört unter anderem eine Absenkung des Körperschaftssteuersatzes auf 24 %, eine Absenkung der Einkommenssteuerschuld für Bezieher niedriger Einkommen und steuerliche Vereinfachungen für Selbständige. Eine Privatisierungswelle im Jahr

324 Das Statistische Bundesamt gibt für 2004 eine Wachstumsrate von nur 4,0% an.
325 Bfai: Tschechische Republik – Wirtschaftstrends 2006, Stand Dezember 2005.

2005 steigerte darüber hinaus den Zufluss ausländischer Direktinvestitionen. Der Euro-Einführung im Jahr 2010 steht – aus ökonomischer Sicht – ebenfalls nichts im Weg.

Wachstumsbranchen der Zukunft, mit denen der Aufholprozess des Landes weiter vorangetrieben werden soll, sind die Kfz-Branche, die Gummi- und Kunststoffwarenindustrie, der Maschinenbau, der Straßen- und Eisenbahnbau, der Transport und die Logistik. Besondere Bedeutung kommt auch dem Dienstleistungssektor zu, der über 50 % zum Bruttoinlandsprodukt beiträgt. Der Finanzsektor ist 2004 allein um 24 % angewachsen.

Die Arbeitslosenquote wird auch im Jahr 2006 vermutlich die 9 %-Schwelle erreichen. Seit 2004 ist sie allerdings leicht rückläufig – mit 8,5 Prozentpunkten war die Arbeitslosenquote im Oktober 2005 immerhin 1,4 % niedriger als im Vorjahr. Auch das Ziel der Haushaltskonsolidierung soll 2006 erreicht werden. Mit einem Haushaltssaldo von vermutlich 4,5 % des Bruttoinlandsproduktes im Jahr 2006 werden erneut die Maastricht-Kriterien verletzt. Lediglich die Staatsverschuldung von etwas mehr als 37 % des Bruttoinlandsproduktes ist geringer als in zahlreichen anderen EU-Ländern.

Außenwirtschaftliche Kennzahlen[326]

Außenwirtschaftliche Indikatoren		2003	2004	2005p	2006p
Warenexporte	Mrd. Euro	43,05	53,71	60,80	67,00
Warenimporte	Mrd. Euro	45,24	54,41	60,20	66,00
Handelsbilanzsaldo	Mrd. Euro	-2,19	-0,70	0,60	1,00
Leistungsbilanzsaldo	Mrd. Euro	-5,04	-4,49	-3,40	-3,30
	% des BIP	-6,3	-5,2	-3,5	-3,2
				Jan- Aug 05	Jan-Aug 04
Deutsche Einfuhr aus Tschechien	Mio. Euro	17.538	17.016	11.367	11.275
Deutsche Ausfuhr nach Tschechien	Mio. Euro	16.785	17.812	12.052	11.831

Außenhandel

Der Außenhandel expandierte im Jahr 2005 – eine Entwicklung, die sich voraussichtlich im Jahr 2006 fortsetzen wird. Das Außenhandelsvolumen stieg in den ersten neun Monaten des Jahres 2005 gegenüber 2004 um rund 6,2 %. Der Export stieg um 16,5 %, während der Import um 11,3 % zulegte.[327] Über 85 % der Exporte gingen dabei an europäische Abnehmer (Abb. 173). Die europäischen Staaten waren auch mit einem Anteil von rund 72 % an der tschechischen Gesamteinfuhr erneut die mit Abstand wichtigsten Lieferländer (Abb. 174).

---

[326] Zusammenstellung auf Basis von Informationen der Bayerischen Landesbank, Stand August 2005.

[327] Bfai: Tschechische Republik – Wirtschaftstrends 2006, Stand Dezember 2005.

Dies ist ein Indikator für die immer stärker werdende Verflechtung der tschechischen Industrie mit europäischen Märkten, die durch den EU-Beitritt im Jahr 2004 einen zusätzlichen Impuls erhielt.

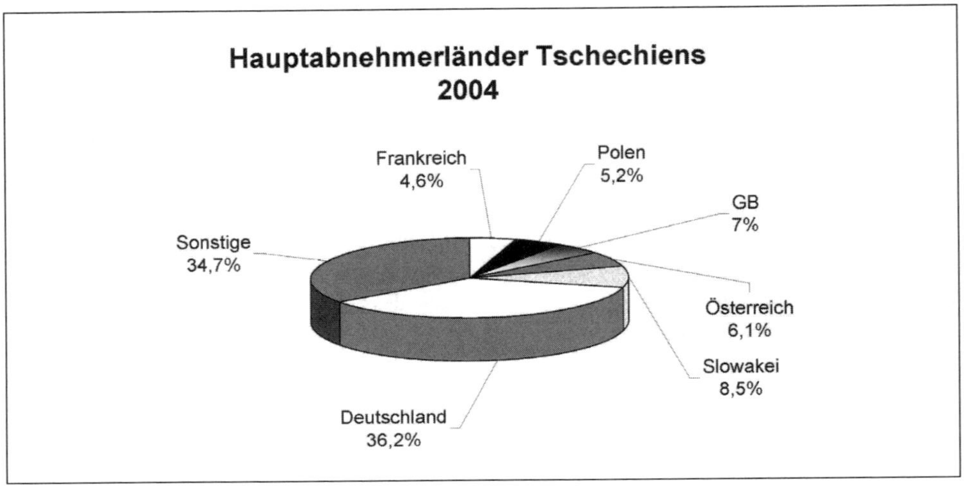

Quelle: Bfai
Abbildung 173: *Hauptabnehmerländer Tschechiens 2004*

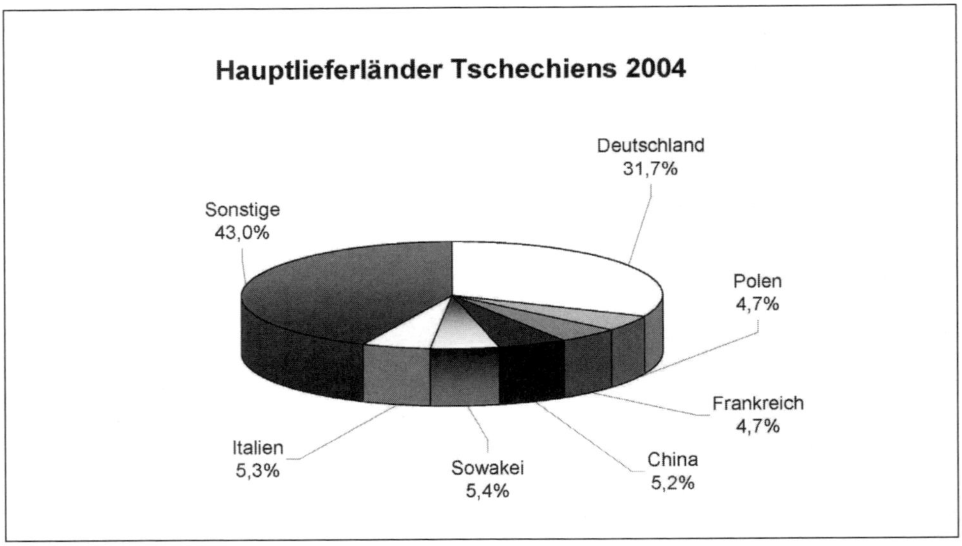

Quelle. Bfai
Abbildung 174: *Hauptlieferländer Tschechiens 2004*

Auch für 2006 wird wieder ein Anstieg der Exportquote erwartet. Gestützt wird diese Dynamik durch konsequente Kostensenkung in den Unternehmen, Umstrukturierungsmaßnahmen und eine unternehmerfreundliche Steuerpolitik der Regierung. So sorgen Tochtergesellschaften in Tschechien für ca. 50 % der tschechischen Industrieproduktion, für ein Drittel der Industriebeschäftigung und ca. 70 % der tschechischen Exporte. Somit kann Tschechien beständig seinen Platz als elftgrößte Wirtschaftsnation weltweit behaupten.

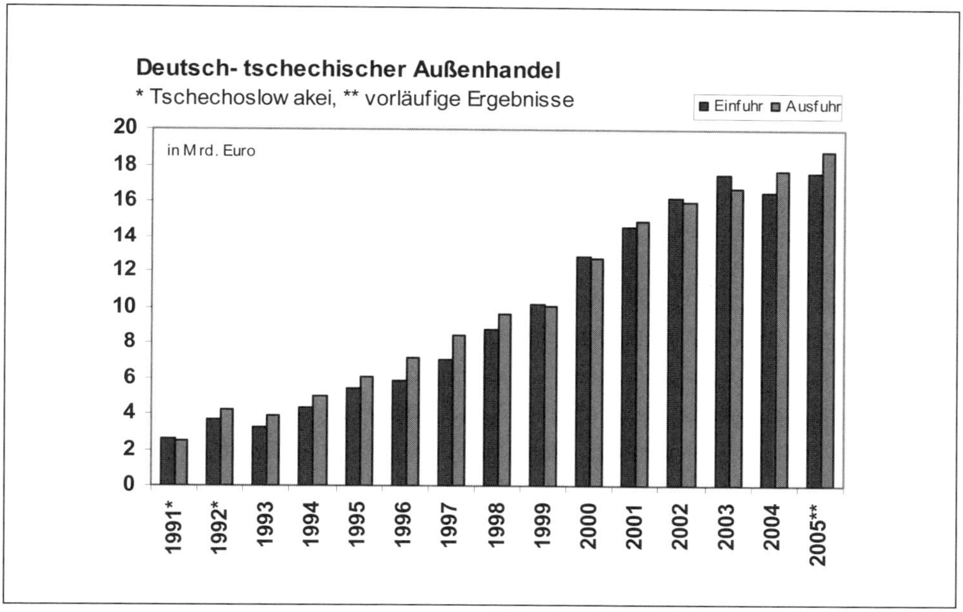

Quelle: Statistisches Bundesamt
Abbildung 175: *Entwicklung des deutsch-tschechischen Außenhandels*

Wichtigster Handelspartner für Tschechien ist sowohl bei der Wareneinfuhr als auch bei der Warenausfuhr Deutschland. Die deutschen Ausfuhren sind zwischen 1993 und 2004 um mehr als das Vierfache und die tschechischen Ausfuhren nach Deutschland um mehr als das Fünffache gestiegen (Abb. 175). Dies ist ein Indikator für die intensiven Außenhandelsbeziehungen zwischen den Ländern. Tschechien ist für Deutschland nach Polen der wichtigste osteuropäische Handelspartner und nimmt Rang 13 der wichtigsten deutschen Handelspartner ein..

Bei den tschechischen Ausfuhren belegen die Slowakei, Österreich und Polen die nachfolgenden Plätze. Zweitwichtigstes Hauptlieferland ist ebenfalls die Slowakei, dicht gefolgt von Italien und China. Importiert werden zumeist Maschinen, Elektrotechnik, chemische Erzeugnisse, Kfz-Teile sowie Informations- und Kommunikationstechnologien. Exportiert werden vor allem Kfz-Teile und Maschinen, die in erster Linie aus Deutschland kommen.

Investitionsklima

Tschechien gilt als einer der attraktivsten Investitionsstandorte in Osteuropa. Allein 2004 flossen 4,5 Mrd. US-Dollar ausländische Direktinvestitionen nach Tschechien. Der bedeutendste ausländische Direktinvestor sind die Niederlande, die mit einem Anteil von 30 % vor Deutschland und Österreich den ersten Platz belegen.[328]

Investitionen[329]	2001	2002	2003	2004
Ausländische Direktinvestitionen in Tschechien Bestand Mrd. USD	k. A.	39,4	45,3	56,4
Ausländische Direktinvestitionen in Tschechien Zuflüsse Mrd. USD	k. A.	8,5	2,1	4,5
Deutsche Direktinvestitionen in Tschechien Bestand Mio. Euro	7.463	7.538	7.981	8.989
Tschechische Direktinvestitionen in Deutschland Bestand Mio. Euro	192	184	175	149

Die deutschen Investitionen betrugen 2003 knapp 8 Mrd. Euro, wobei die Investitionsfreudigkeit der deutschen Unternehmer konstant über den Zeitablauf hinweg anstieg. Deutsche Beteiligungen spielen nicht mehr nur im immer dichter werdenden Geflecht der Automobilindustrie eine Rolle. Auch die Zulieferindustrie und die Komponentenfertigung deutscher Unternehmen profitieren von den Kosten- und anderen Wettbewerbsvorteilen wie der Nähe zum tschechischen Markt. Die tschechischen Direktinvestitionen nach Deutschland fielen hingegen in der Zeit von 2001 bis 2003 etwas knapper aus – so sank die tschechische Investitionstätigkeit von gut 192 Mio. Euro im Jahre 2001 auf 173 Mio. Euro im Jahre 2003.

Die Einführung von Investitionsanreizen wird auch in Zukunft zu einem massiven Zufluss ausländischer Direktinvestitionen in Maschinen und Ausrüstungen sowie in Baumaßnahmen und in die Privatisierung führen. Die Privatisierung staatlicher Unternehmen soll laut Regierungsprogramm auch in Zukunft weitergeführt werden.

Tschechien kann sich sehr gut im internationalen Steuerwettbewerb behaupten. So wirbt das Land mit Steuervorteilen und Investitionszuschüssen. Die Personalkosten sind für viele Unternehmen immer noch geringer als in den übrigen Staaten Europas, bei zugleich meist sehr gut qualifizierten Mitarbeitern. Auch die Unterstützung von industrieller Forschung und Innovation steht an erster Stelle. Finnland und Irland dienen dabei als Vorbilder.

---

[328] Bfai Tschechische Republik – Wirtschaftsdaten kompakt, Stand November 2005.

[329] Zusammenstellung auf Basis von Informationen der Bfai: Tschechische Republik – Wirtschaftsdaten kompakt, Stand November 2005, und der Deutschen Bundesbank: Kapitalverflechtungen mit dem Ausland, Stand April 2006.

Weiterhin zählt Tschechien zu den am meisten fortgeschrittenen Übergangswirtschaften, die über stabile wirtschaftspolitische Rahmendaten verfügen.

Außenwirtschaftsbarometer

Die Mehrheit der deutschen Unternehmen hat seit der Befragung Ende 2005 und im Juni 2006 ihre geschäftlichen Beziehungen zu Tschechien als gut eingeschätzt (Abb. 176). Mit einem Wert von 28,8 bei der Befragung Mitte des Jahres 2006 liegt Tschechien in der Rangliste der 30 bedeutendsten Partnerländer auf Platz zehn und schneidet damit als bestes Land der im Jahr 2004 neu hinzugekommenen EU-Mitgliedsstaaten ab. Die ursprünglichen äußerst positiven Erwartungen bei der Befragung im Jahr 2003 sind zwar bisher noch nicht ganz eingetreten, aber die Tendenz zeigt, dass die Geschäfte gut laufen. Allerdings sind die Erwartungen nicht mehr ganz so euphorisch, wie die Einschätzung für die kommenden zwölf Monate mit einem Wert von 15,5 verdeutlicht.

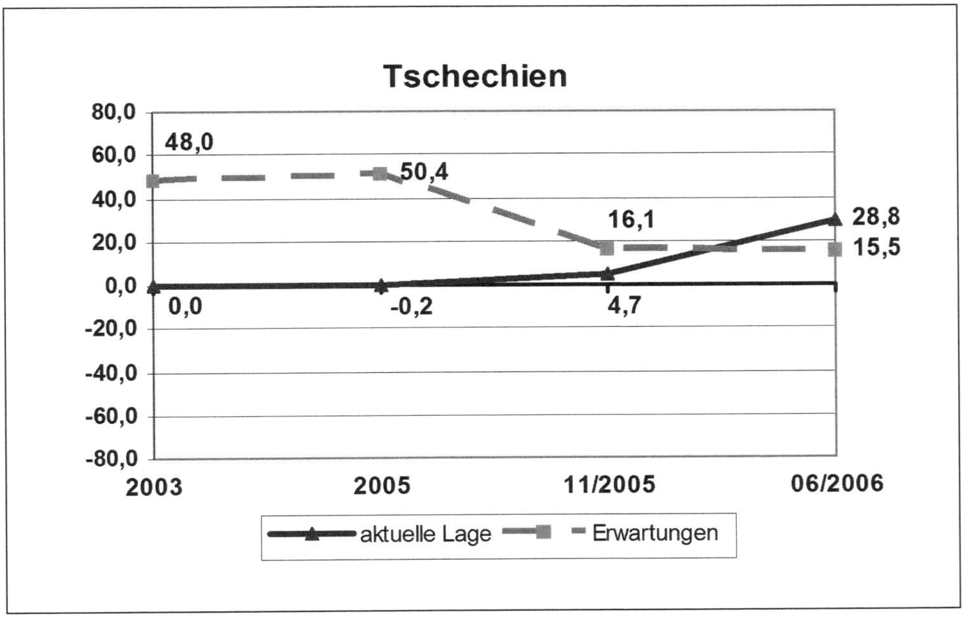

Quelle: IHK Region Stuttgart
Abbildung 176: *Außenwirtschaftsbarometer Tschechien*

Interkultureller Praxistipp Tschechien

Die Tschechische Republik ist wie viele Länder Zentral- und Osteuropas stark beziehungsorientiert und gehört zu den eher formellen Kulturen.[330]
Zwar haben Deutschland und Tschechien gemeinsame historische Wurzeln, die manche dazu verleiten, Tschechen eine deutsche Unternehmenskultur nachzusagen, doch dies ist ein Trugschluss. Nach vierzig Jahren in einem autoritären System haben sich unterschiedliche Verhaltensweisen eingebürgert. So ist es in Tschechien nicht üblich, öffentlich Kritik zu üben. Vermeiden Sie es daher bei Verhandlungen in der Gruppe, negative Aspekte zur Sprache zu bringen, sondern tun Sie dies nur im Vier-Augen-Gespräch.[331] Ein „Ja" im Rahmen der Verhandlungen kann aus diesem Grunde auch nachträglich einkassiert und Nachverhandlungen notwendig werden. Um bei Verhandlungen zu punkten, sollten Sie auf gute Umgangsformen achten und die Etikette befolgen. Tschechen schätzen es ähnlich wie Österreicher sehr, wenn Sie offizielle Titel verwenden.
Obwohl versucht wurde, in Tschechien ein kollektivistisches System durchzusetzen, haben sich die Tschechen ein hohes Maß an Individualismus bewahrt. Daher sollte jede Geschäftsbeziehung individuell gepflegt und aufgebaut werden.[332] Ein engmaschiges Netzwerk aus gut gepflegten Kontakten ist eine der Hauptvoraussetzungen für ein erfolgreiches Geschäft. Denn auch im Umgang mit Behörden ist es von Vorteil, wenn man den einen oder anderen Fürsprecher in Anspruch nehmen kann, der sich mit den informellen Strukturen der Verwaltung auskennt.[333] Gleichzeitig sind Tschechen oftmals abhängig von Entscheidungen Vorgesetzter. Um keinen Fehler zu begehen, entscheiden sie lieber gar nicht, wenn vom Chef beispielsweise keine Entscheidung eingeholt werden kann. Die Tschechen denken in sehr weiten Zeitdimensionen. Mit ihrem sehr großzügigen Zeithorizont können sie deutsche Geschäftspartner auf harte Geduldsproben stellen. Daher sollte man bei Terminabsprachen gewisse Zeitpuffer im Vorhinein einrechnen.[334]

Fazit

Die Aussichten für die wirtschaftliche Entwicklung in der Tschechischen Republik in den nächsten Jahren sind sehr positiv. Die tschechische Wirtschaft ist in den letzen Jahren – und gerade nach dem Beitritt zur EU – rasant gewachsen. Dies ist vor allem auf eine gestiegene Exportrate zurückzuführen. Auch der Handel mit Deutschland hat sich intensiviert. Deutschland war das mit Abstand wichtigste Lieferland vor der Slowakei und ferner der bedeutendste Absatzmarkt für tschechische Waren.

Auch die Steuervorteile und die niedrigen Lohnkosten erklären die wachsende Bedeutung Tschechiens im internationalen Handel. Die geografische Nähe und das immer stabiler werdende wirtschaftspolitische Umfeld sind weitere positive Standortfaktoren.

330 Vgl. Winkler 2002, S. 136.

331 Vgl. Birke 2005, S. 4.

332 Vgl. Trompenaars/Hampden-Turner 1997, S. 55 ff.

333 Vgl. Birke 2005, S. 6.

334 Vgl. Trompenaars/Hampden-Turner 1997, S. 55 ff.

In politischer Hinsicht steht das Land vor großen Herausforderungen: eine Arbeitslosenquote von fast 10 % und die Konsolidierung der Staatsfinanzen sind wichtige Punkte, die es anzugehen gilt, damit dem Beitritt Tschechiens zur Europäischen Währungsunion, der für 2010 vorgesehen ist, nichts im Weg steht. Einsparungen bei den öffentlichen Leistungen, Unsicherheit hinsichtlich der Altersversorgung und Probleme im Gesundheitssystem schüren die Angst in der Bevölkerung und verschärfen die Debatte über die EU. Ob Staatspräsident Václav Klaus seine ablehnende Haltung gegenüber der EU und der immer tiefer werdenden Integration in den Staatenbund beibehält, wird sich zeigen.

Weiterführende Quellen

Internet:
Auslandshandelskammer: http://www.ahk.de.
Auswärtiges Amt: http://www.auswaertiges-amt.de.
Bundesagentur für Außenwirtschaft: http://www.bfai.de.
Deutsche Botschaft in der Tschechischen Republik: http://www.deutsche-botschaft.cz.
Deutsch-tschechische Industrie- und Handelskammer: http://www.dtihk.cz.
Tschechische Botschaft in Deutschland: http://www.mzv.cz.
Statistisches Bundesamt: http://www.destatis.de.
Tschechische Agentur für Handelsförderung des Ministeriums für Industrie und Handel: http://www.czechinvest.cz.

Literatur:
Bundesagentur für Außenwirtschaft: Erfolgreich Verhandeln in der Tschechischen Republik, Köln 2002.
Bundeszentrale für politische Bildung: Tschechien, Heft 276, Bonn 2002.
Burgerstein, Jiri: Tschechien, München,1998.
Kipke, Rüdiger: Die Politischen Systeme Tschechiens und der Slowakei. Eine Einführung, Wiesbaden 2002.
Koschmal, Walter/Nekula, Marek/Rogall, Joachim: Deutsche und Tschechen. Geschichte – Kultur – Politik, München 2001.
Libal, Wolfgang: Die Tschechen. Unsere eigentümlichen Nachbarn, München 2004.
Schroll-Machl, Sylvia/Novy, Ivan: Perfekt geplant oder genial improvisiert? Kulturunterschiede in der deutsch-tschechischen Zusammenarbeit, Mering 2005.
Schroll-Machl, Sylvia/Novy, Ivan : Beruflich in Tschechien. Trainingsprogramm für Manager, Fach- und Führungskräfte, Göttingen 2002.
Vodicka, Karel: Das politische System Tschechiens. Geschichte und Gegenwart, Wiesbaden 2005.
Wassermeyer, Wolf/Röhle, Helmut/Pschorr, Peter: Investitionen und Steuern in Tschechien. Doing Business in the Czech Republic, Herne 2004.

5. Ungarn

Quelle: CIA

Abbildung 177: *Ungarn*

Landesinformationen/Politik[335]

Amtliche Bezeichnung	Republik Ungarn (Magyar Köztársaság)
Fläche	93.000 qkm
Einwohner	10,08 Mio.
Bevölkerungsdichte[336]	108,5 Einwohner/qkm

---

[335] Zusammenstellung auf Basis von Informationen des Auswärtigen Amtes, Stand Juni 2006.

Hauptstadt	Budapest, ca. 1,7 Mio. Einwohner
Religionszugehörigkeit	52 % römisch-katholisch, 16 %. calvinistisch-reformistisch, 3 % evangelisch-lutherisch, 0,1 % jüdisch, 14,5 % konfessionslos, 10 % ohne Angabe
Nationalfeiertag	20. August: Offizieller Staatsfeiertag, Fest des Staatsgründers und ersten ungarischen Königs Stephan des Heiligen 15. März: Gedenken an den Revolutions- und Freiheitskampf 1848/49 23. Oktober: Gedenken an den Volksaufstand 1956 sowie Tag der Proklamation der Republik Ungarn 1989
Landessprache	ungarisch
Regierungsform	Parlamentarische Demokratie mit Einkammerparlament, 386 Abgeordnete, im April 2006 für 4 Jahre gewählt; Ergebnis der Parlamentswahlen 2006: MSzP: 48, 2 % (186 Sitze), FIDESZ: 42,5 % (164 Sitze), MDF: 2, 85 % (11 Sitze), SZDSZ: 4, 7 % (18 Sitze), 1 Unabhängiger (MSzP-nah), 6 gemeinsame MSzP/SzDSz-Abgeordnete
Staatsoberhaupt	Präsident, vom Parlament für 5 Jahre gewählt; Prof. László Sólyom (parteilos), seit 2005
Regierungschef	Ferenc Gyurcsány, Mitglied der Ungarischen Sozialistischen Partei (MSzP), seit 2004
Wirtschaftsminister	Dr. János Kóka, seit 2004
Politische Situation	Regierung: MSzP (Sozialistische Partei) Vorsitzender: István Hiller; 186 Abgeordnete in der Parlamentsfraktion, SzDSz (Bund Freier Demokraten) Vorsitzender: Gábor Kuncze; 18 Abgeordnete in Parlamentsfraktion, Opposition: FIDESZ/MPP (Bund Junger Demokraten/Ungarische Bürgerliche Partei) Vorsitzender: Viktor Orbán; 164 Abgeordnete in der Parlamentsfraktion, MDF (Ungarisches Demokratisches Forum) Vorsitzende: Frau Dr. Ibolya Dávid, 11 Abgeordnete in Parlamentsfraktion

336 Bfai: Ungarn - Wirtschaftsdaten kompakt, Stand Mai 2006.

Währung[337]	Ungarische Forint (HUF), Einheit: Filler 1 EUR = 265,269 HUF 1 HUF = 0,003770 EUR

Sonstiges

Wachstumsbranchen/-märkte[338]	Biotechnologie, UMTS-Ausrüstungen, Pkw- und -Teile-Herstellung, Infrastrukturbau (einschl. Wasserwirtschaft), IT-Dienstleistungen einschl. Outsourcing, Franchising, Umwelttechnik
Mitgliedschaft in internationalen Organisationen	EU
Hermes-Entgeltkategorie[339]	2
Korruption[340]	Rang 40 (von 158)

Politische Trends[341]

Im Zuge der politischen Wende 1989/90 trat noch im Jahr 1989 eine modifizierte Verfassung in Kraft. Diese orientierte sich unter anderem am deutschen Grundgesetz von 1949. Zur Gewährleistung einer größtmöglichen Stabilität der Regierung wurde die Institution des konstruktiven Misstrauensvotums geschaffen. Der Staatspräsident übernimmt überwiegend repräsentative Aufgaben. Parlamentswahlen finden aller vier Jahre unter Anwendung eines gemischten Wahlsystems statt

Seit den 90er Jahren prägen zwei etwa gleich starke Parteien die politische Landschaft. Die konservative Bürgerallianz (Fidesz) übernahm von 1998 bis 2002 die Führung des Landes. Doch im Rahmen der Parlamentswahlen von 2002 wurde sie durch die Sozialisten (MSzP) abgelöst. Diese bilden mit der linksliberalen SzDSz eine knappe Mehrheitsregierung (204 von insgesamt 386 Sitzen im Parlament) und wurden in den Wahlen vom April 2006 wiedergewählt. Der ehemalige Geschäftsmann Ferenc Gyurcsány (MSzP) wurde ebenfalls in seinem Amt als Ministerpräsident bestätigt. Im Regierungsprogramm von Ferenc Gyurcsány stehen finanzielle und organisatorische Reformen an erster Stelle. Dazu zählen vor allem die Begrenzung des Staatsdefizits, die Stärkung der Wettbewerbsfähigkeit des Landes und die Kürzung der Staatsausgaben. Außerdem sollen bis 2008 die wirtschaftlichen Vorgaben der EU erfüllt werden, damit man 2010 der Euro-Zone beitreten kann.

---

337 http://www.oanda.com/convert/classic, Stand 02.03.2006.

338 Bfai: Ungarn – Wirtschaftstrends 2006, Stand Dezember 2005.

339 http://www.agaportal.de/pages/aga/deckungspolitik/laenderklassifizierung.html.

340 Corruption Perceptions Index 2005 nach Transparency International, in: http://www.transparency.org, Rang 1= keine Korruption, Deutschland: Rang 16.

341 Texte zusammengestellt auf Basis des Auswärtigen Amtes, der Bundesagentur für Außenwirtschaft, der Bayerischen Landesbank und des Statistischen Bundesamtes.

Das im Oktober 2005 erneuerte Minderheitengesetz räumt den in Ungarn lebenden dreizehn anerkannten nationalen und ethnischen Minderheiten weitgehende individuelle und kollektive Rechte ein. Frei gewählte Selbstverwaltungen der Minderheiten auf kommunaler und auf Landesebene setzen sich aktiv für die Wahrnehmung der Minderheitenrechte ein.

Das Eintreten der Regierung für die ungarischen Minderheiten in den Nachbarländern ist für die Außenpolitik prägend. Ungarn hat die Ko-Präsidentschaft des Arbeitstisches für Menschen- und Minderheitenrechte inne, bilaterale Grundlagenverträge über freundschaftliche Beziehungen bzw. Minderheitenabsprachen abgeschlossen und im Jahr 2001 ein Gesetz mit Begünstigungen für Auslandsungarn verabschiedet. Dieser Gesichtspunkt ist nicht zuletzt ein Grund für das Bemühen Ungarns, die Beziehungen auch zu Nicht-EU-Mitgliedstaaten in der Nachbarschaft zu verbessern und zu intensivieren.

Die Aufnahme Ungarns in die Nato 1999 und in die EU 2004 bedeutet für das Land einen Zugewinn an politischer und wirtschaftlicher Sicherheit und Stabilität. Da die Regierung großes Interesse an politischer und wirtschaftlicher Stabilität hat, engagiert sie sich mit der Entsendung von Soldaten auf den Balkan, nach Afghanistan und in den Irak. Aktiv und mit eigenen Initiativen beteiligt sich das Land auch am Stabilitätspakt für Südeuropa. Schon bevor es in Jugoslawien zum demokratischen Wandel kam, setzte sich Ungarn für die Unterstützung der demokratischen Opposition gegen Milosevic ein. Es sieht sich als führende regionale Logistikdrehscheibe in Mittel-Ost-Europa und setzt sich für die weiter fortschreitende Erweiterung der EU, insbesondere um Rumänien und Kroatien, ein.

Volkswirtschaftliche Kennzahlen[342]

Binnenwirtschaftliche Indikatoren		2003	2004	2005s	2006p
BIP pro Kopf	Euro	7.250	8.010	8.730	8.950
BIP	Mrd. Euro	73,57	81,11	88,0	90,0
Wachstumsrate BIP, real	%	3,4	4,6	4,1	4,5
Inflationsrate	%	4,7	6,8	3,6	2,1
Arbeitslosenquote	%	5,9	6,1	7,2	7,3

Beitrag zum BIP: Landwirtschaft (Primärsektor) 3,3 %, Industrie (Sekundärsektor) 30,6 %, Dienstleistungen (Tertiärsektor) 66,1 %

Finanzindikatoren					
Staatsverschuldung	% des BIP	57,4	57,4	57,5	58,0
Haushaltssaldo	% des BIP	-6,5	-5,4	-6,2	-6,5

342 Zusammenstellung auf Basis von Informationen der Bayerischen Landesbank, Stand März 2006.

Wirtschaftliche Trends

Ungarn steht in Konkurrenz zu den anderen Transformationsländern der Region, und es wird in den Jahren 2006 und 2007 darauf ankommen, in diesem Wettlauf nicht zurückzufallen. Für das Jahr 2005 wurde ein reales Wirtschaftswachstum von 3,5 % prognostiziert (Abb. 178). Auftrieb wird die ungarische Wirtschaft auch weiterhin von der Exportindustrie erhalten. Investitionen der Unternehmen und steigende Realeinkommen der privaten Haushalte werden die Importe beflügeln. Die höheren Haushaltseinkommen ergeben sich durch eine Senkung der Mehrwertsteuer. Diese bewirkt auch gleichzeitig einen deutlichen Inflationsrückgang, so dass sich die Inflationsrate 2005 auf 3,6 % verringerte und bis 2007 wieder bei etwa 3 % ankommen dürfte. Weitere Inflationsdämpfer sind die spürbar moderaten Lohnsteigerungen und die gestiegene Arbeitslosenquote. Die ungarische Wirtschaft ist stark mit der deutschen verwoben, so dass 70 % der Wachstumsschwankungen in Ungarn anhand der wirtschaftlichen Situation in Deutschland erklärt werden können.

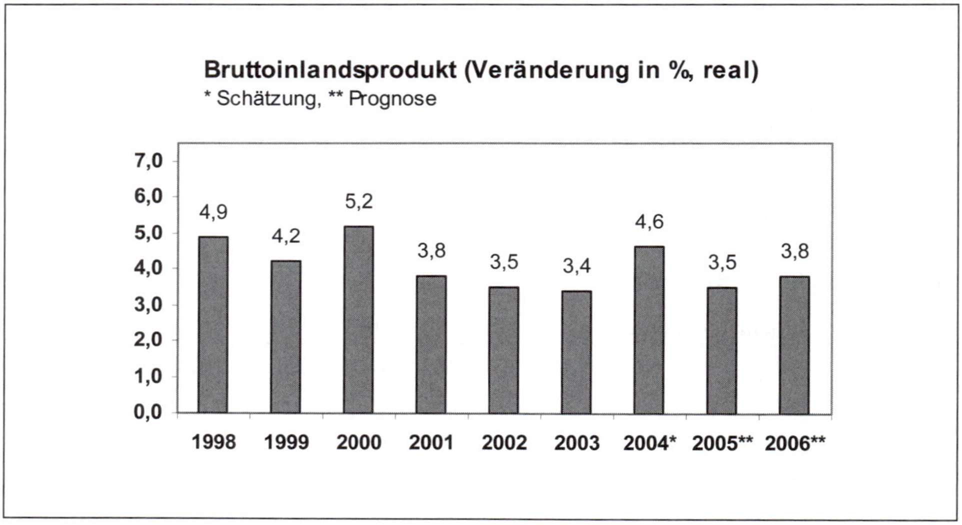

Quelle: Bfai

Abbildung 178: *Entwicklung des Bruttoinlandsproduktes in Ungarn*

Mit einem voraussichtlichen Wirtschaftswachstum von 3,8 % im Jahr 2006 bleibt Ungarn jedoch deutlich hinter seinem Potenzial zurück. Denn in den anderen mittelosteuropäischen und baltischen EU-Ländern dürfte sich die Konjunktur stärker beleben. Große Sorgen bereitet das Zwillingsdefizit in Budget- und Leistungsbilanz. Statt des ursprünglich angestrebten Rückgangs des Haushaltsdefizits auf 3,6 %, stieg dieses auf 6,2 % an. Auch 2007 soll es noch über der 5 %-Marke liegen. Diese Entwicklung könnte eine Verschiebung der Euro-Einführung über das Jahr 2010 hinaus bedeuten. Das Land weicht von den vereinbarten Konvergenz-Zielvorgaben deutlich ab. Da Ungarn noch nicht zur Eurozone gehört, verfügt die

EU jedoch über keine direkten Sanktionsmöglichkeiten. Es wird deshalb eine Kürzung der EU-Strukturfondsmittel in Erwägung gezogen. Derzeit erwartet Ungarn für die Zeitperiode von 2007 bis 2013 knapp 24 Mrd. Euro aus Kohäsions- und Strukturfonds sowie 15 Mrd. bis 20 Mrd. Euro aus den Töpfen der EU-Agrarpolitik.

Der private Konsum hat nach einer fallenden Tendenz Anfang 2005 seit Juli wieder an Auftrieb gewonnen und soll 2006 real um gut 4 % steigen. Zurückzuführen ist diese positive Entwicklung auf den noch etwas höheren Zuwachs der Haushalts-Realeinkommen aufgrund der Mehrwertsteuersenkung im Januar 2006 von 25 % auf 20 % sowie steigenden Renten und Sozialhilfen. Der Einzelhandel floriert folglich und wird voraussichtlich 2005 und 2006 um etwa 5 % expandieren. Gute Zukunftschancen werden auch dem Franchising zugeschrieben.

Außenwirtschaftliche Kennzahlen[343]

Außenwirtschaftliche Indikatoren		2003	2004	2005s	2006p
Warenexporte	Mrd. Euro	38,38	45,07	49,70	53,00
Warenimporte	Mrd. Euro	41,28	47,52	51,50	55,00
Handelsbilanzsaldo	Mrd. Euro	-2,90	-2,45	-1,80	-2,00
Leistungsbilanzsaldo	Mrd. Euro	-6,38	-7,14	-6,80	-7,00
	% des BIP	-8,7	-8,8	-7,7	-7,8
Deutsche Einfuhr aus Ungarn	Mio. Euro	12.297	13.412	14.332	k. A.
Deutsche Ausfuhr nach Ungarn	Mio. Euro	11.860	12.816	13.581	k. A.

Außenhandel

Als direkte Folge des EU-Beitritts stiegen die Warenexporte im Jahr 2005 wie im Vorjahr erneut um 11 %. Vor allem wird ein Exportzuwachs in die übrigen neuen EU-Länder sowie in die Staaten Ost- und Südosteuropas außerhalb der EU verzeichnet. Maschinenbauerzeugnisse außer Geräte für Nachrichtentechnik, elektrische Maschinen und Kraftmaschinen werden hauptsächlich exportiert und nehmen einen Anteil von 20,9 % an den Exportgütern ein. Geräte für Nachrichtentechnik und andere nehmen einen eigenen zweithöchsten Posten mit 19,8 % ein, gefolgt von elektrischen Maschinen, Geräten, Apparaten usw. mit 10,9 %.[344]

Für die Importe wird für 2006 eine Steigerungsrate von 11 % prognostiziert, nach etwa 8,5 % in 2005. Häufigstes Importgut sind wie auch beim Export Maschinenbauerzeugnisse mit einem Anteil von 18,6 %, diesmal allerdings ohne Geräte für Nachrichtentechnik, elektrische

343 Zusammenstellung auf Basis von Informationen der Bayerischen Landesbank, Stand März 2006.

344 Statistisches Bundesamt: Länderprofil Ungarn, Stand 2005.

Maschinen und Straßenfahrzeuge. Elektrische Maschinen, Geräte, Apparate usw. (17,8 %) stehen an zweiter und bearbeitete Waren (16,0 %) an dritter Stelle.

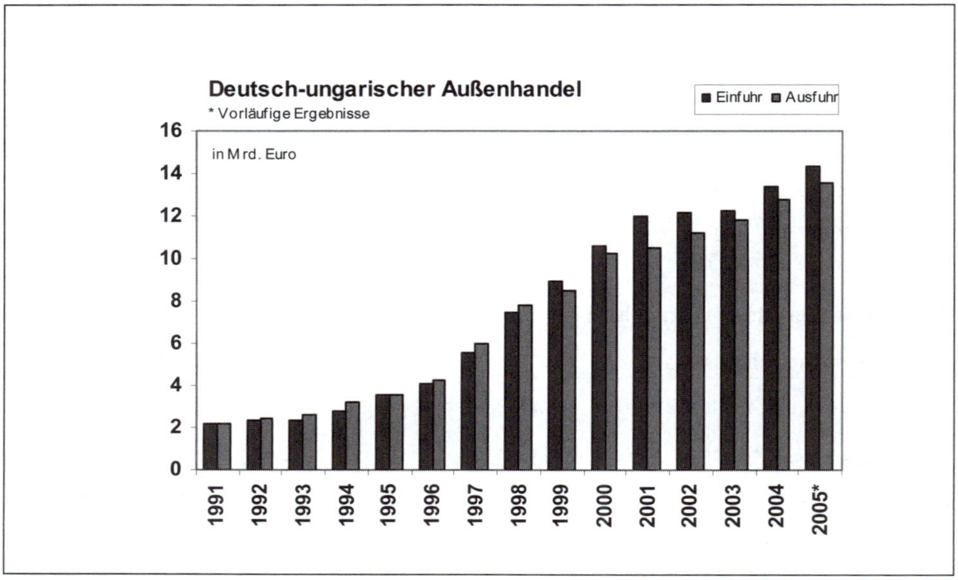

Quelle: Statistisches Bundesamt

Abbildung 179: *Entwicklung des deutsch-ungarischen Außenhandels*

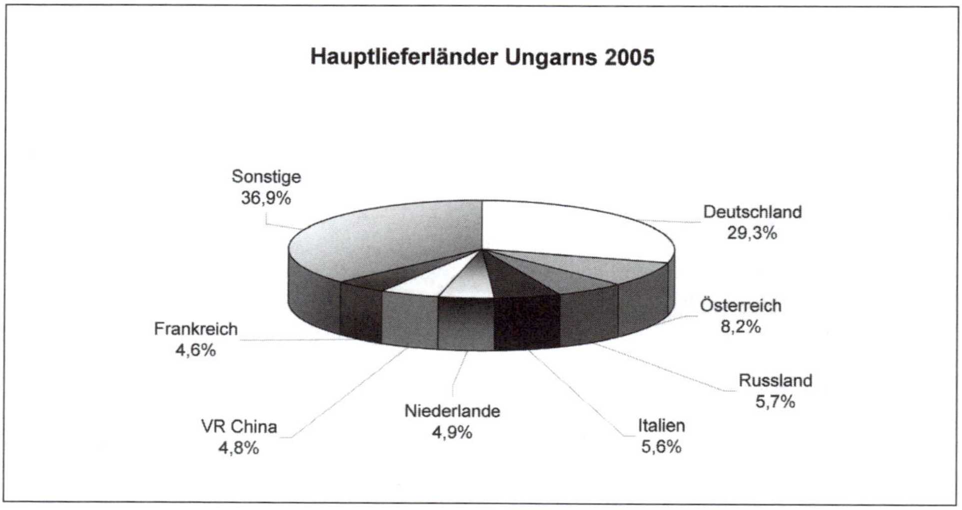

Quelle: Bfai

Abbildung 180: *Hauptlieferländer Ungarns 2005*

Im Jahr 2005 stand Ungarn an 16. Stelle der deutschen Außenhandelspartner. Dabei haben die Handelsbeziehungen eine dynamische Entwicklung erfahren, denn sowohl die Ein- als auch die Ausfuhren haben sich im Zeitraum von 1991 bis 2005 mehr als versechsfacht (Abb. 179). Für Ungarn ist Deutschland der wichtigste Handelspartner (Abb. 180 und 181), auch wenn der deutsche Anteil an den ungarischen Wareneinfuhren 2005 erstmals unter die 30 %-Marke absank.

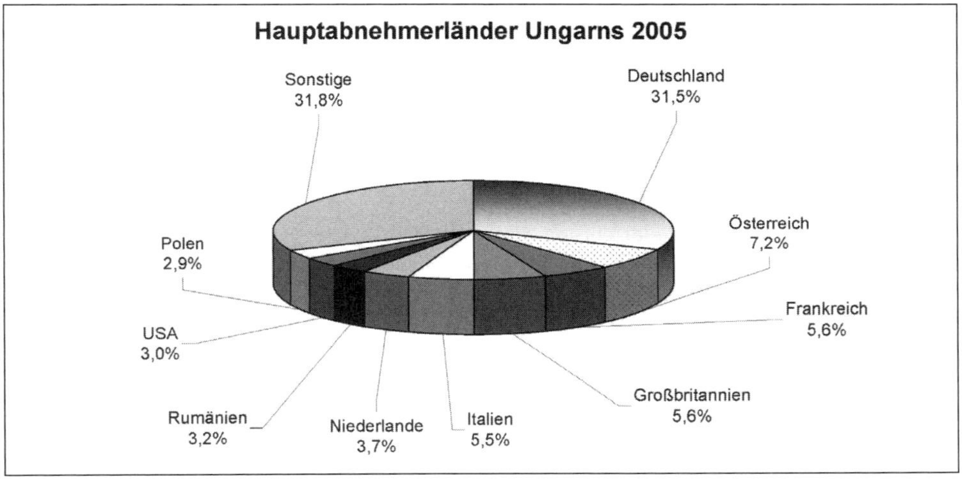

Quelle: Bfai
Abbildung 181: *Hauptabnehmerländer Ungarns 2005*

Investitionsklima

Die Investitionsbelebung in Ungarn hält an. Neue Impulse sollen vom Verarbeiteten Gewerbe ausgehen, wo von Mitte 2005 bis Mitte 2006 Investitionszuwächse um 15 % vorgesehen sind. Aber auch im Transport-, Logistik- und Telekommunikationssektor ist ein 10 %-iger Anstieg der Investitionen geplant. Der Real-Estate-Sektor (gesamter Hochbau sowie Immobiliendienstleistungen einschließlich Bauland- und Gewerbeflächenerschließung) wird voraussichtlich ein Viertel der gesamten Investitionsnachfrage einnehmen und damit zum größten Investitionsauftraggeber Ungarns werden. Die ungarische Regierung beabsichtigt, die bisher hohen öffentlichen Ausgaben für Straßenbau sowie für die Abwasser- und Abfallentsorgung weiterhin zu halten. Unterstützung erhält sie dabei durch für das Jahr 2006 veranschlagte Finanzmittel von der EU.

Falls die Entstaatlichungen bei Budapest Airport und der Fluggesellschaft Malev wie geplant 2005/06 abgeschlossen werden können, werden im Luftverkehrssektor größere Investitionen von annähernd 550 Millionen Euro folgen.

Investitionen[345]		2002	2003	2004	2005
Ausländische Direktinvestitionen in Ungarn	Bestand Mrd. Euro	k. A.	33,24	40,39	45,98*
Ausländische Direktinvestitionen in Ungarn	Zuflüsse Mrd. Euro	k. A.	k. A.	k. A.	k. A.
Deutsche Direktinvestitionen in Ungarn	Bestand Mio. Euro	9.097	9.548	12.092	k. A.
Ungarische Direktinvestitionen in Deutschland	Bestand Mio. Euro	63	74	65	k. A.

* vorläufige Angabe

Unter allen Ländern in Mittelosteuropa nimmt Ungarn den ersten Platz beim Umfang der ausländischen Direktinvestitionen (FDI) ein: Bis 2004 wurden 4.660 Euro pro Einwohner getätigt. Die deutschen Direktinvestitionen haben im Zeitraum von 2001 bis 2004 einen Zuwachs von 46 % verzeichnet und stellen das bedeutendste Zielland für deutsche Direktinvestitionen in den zehn neuen Mitgliedstaaten dar. Auch in Zukunft verspricht Ungarn laut Analysen ausländischer Consulting-Firmen, als Investitionsstandort äußerst interessant zu bleiben. Im Länderkreditrating des Insitutional Investor vom September 2005 wurde Ungarn mit 65,9 von 100 möglichen Punkten Rang 42 von 173 bewerteten Ländern erteilt. Beobachter befürchten, dass die Auslandsinvestoren ihre Gewinne künftig zunehmend ins Ausland transferieren könnten, um einem möglichen Schwächeanfall der Landeswährung zu entgehen.

Außenwirtschaftsbarometer

Bei der Beurteilung der aktuellen Geschäftslage Mitte 2006 zeichnet sich für Ungarn, ähnlich wie bei Tschechien, ein Aufwärtstrend seit der Befragung Anfang des Jahres 2006 ab (Abb. 182), wenngleich sich Ungarn noch in der unteren Hälfte der Rangliste der 30 bedeutendsten Partnerländer befindet. Die Erwartungen von 2003 hinsichtlich der künftigen Geschäftsentwicklung sind aber bei weitem nicht eingetroffen. Mittlerweile haben sich die Einschätzungen für die kommenden zwölf Monate mit einem Wert von 9,3 auf ein Niveau eingependelt, der dem Wert der aktuellen Geschäftslage mit 8,7 nahezu entspricht und ein realistisches Bild widerspiegelt.

345 Zusammenstellung auf Basis von Informationen der Bfai: Ungarn – Wirtschaftsdaten kompakt, Stand Mai 2006, und der Deutschen Bundesbank: Kapitalverflechtungen mit dem Ausland, Stand April 2006.

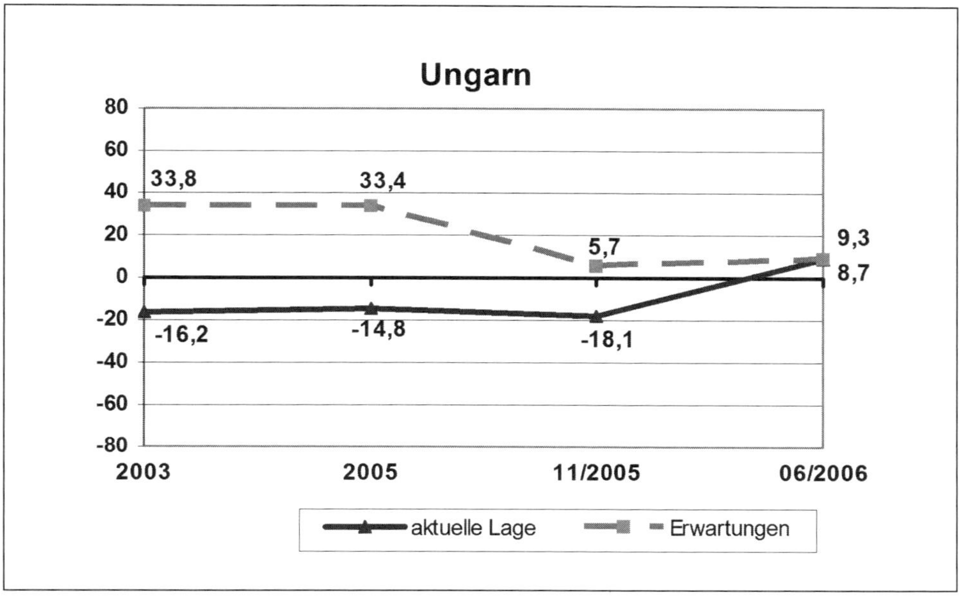

Quelle: IHK Region Stuttgart
Abbildung 182: *Außenwirtschaftsbarometer Ungarn*

Interkultureller Praxistipp Ungarn

Ungarn zählt zu den frühen Reformländern Mittel- und Osteuropas. Bereits während der Planwirtschaft gab es Ansätze der Marktwirtschaft wie Privatfirmen, Kontakte zu internationalen Banken und Kreditinstituten.[346] Trotz der frühen westlichen Öffnung haben sich die Ungarn eine eigene Geschäftskultur bewahrt, die es zu beachten gilt, um bei Verhandlungen erfolgreich zu sein. Es ist relativ einfach, mit ungarischen Geschäftspartnern ins Gespräch zu kommen. Sympathie wird sehr spontan bekundet, doch die Beziehungen müssen gut gepflegt werden, um Bestand zu haben und um für Geschäfte nützlich zu sein. Bei Verhandlungen führt oft die Konfliktscheue ungarischer Geschäftspartner zu Problemen. Denn nur selten werden ungarische Manager offen einem Ablauf oder einer Abmachung widersprechen, um die Harmonie nicht zu stören. Lieber werden im Nachhinein eigenmächtig flexible Änderungen durchgeführt, zumal Improvisation einen hohen Wert in der ungarischen Kultur darstellt. Das Befolgen fester Strukturen dagegen wird eher als störend und einengend empfunden. Um diese Klippe gut zu umschiffen, muss bei Verhandlungen auf die Zwischentöne geachtet werden. Denn ein winziger Einwand von ungarischer Seite kann durchaus ein Indiz dafür sein, dass man mit dem gesamten Projekt nicht zufrieden ist.[347]

[346] Vgl. Winkler 2002, S. 169.

[347] Vgl. Schroll-Machl 2004, S. 6 ff.

Fazit

Bei den letzten Parlamentswahlen 2006 wurde die Koalitionsregierung aus den Sozialisten (MSzP) und der linksliberalen SzDSz wiedergewählt. Die in Ungarn lebenden 13 anerkannten nationalen und ethnischen Minderheiten genießen weitgehende individuelle und kollektive Rechte. Ebenso ist die Außenpolitik der Regierung vom Schutz der ungarischen Minderheiten geprägt, die außerhalb des Staatsterritoriums leben. Ungarn bemüht sich sehr um politische und wirtschaftliche Stabilität. So hat es bereits vor dem demokratischen Wandel in Jugoslawien die demokratische Opposition gegen Milosevic unterstützt und setzt sich mit Truppenentsendungen auf dem Balkan, in Afghanistan und im Irak ein. Engagement zeigt die Regierung auch für die weiter fortschreitende Erweiterung der EU, insbesondere um Rumänien und Kroatien. Wirtschaftlich befindet sich Ungarn im Wettbewerb mit den anderen Transformationsländern der Region. Das stabile Wirtschaftswachstum wird zwar durch steigende Ex- und Importe weiterhin angetrieben, doch in den anderen mittelosteuropäischen und baltischen EU-Ländern dürfte sich die Konjunktur stärker beleben. Haushalts- und Leistungsbilanz befinden sich im Defizit, dessen Abbau sich vermutlich noch etwas hinauszögern wird. Damit verstößt Ungarn gegen das mit der EU vereinbarte Konvergenzprogramm. Darin wurde unter anderem das Ziel formuliert, die Neuverschuldung bis spätestens 2008 unter die Maastricht-Grenze von 3,0 % zu senken. Die Euro-Einführung war ursprünglich ebenfalls für das Jahr 2008 vorgesehen und wurde bereits auf 2010 verschoben. Doch auch die Erreichung dieses neuen Zieldatums wird zunehmend unrealistischer. Ungarn muss deshalb mit einer Kürzung der EU-Strukturfondsmittel rechnen.

Weiterführende Quellen

Internet:
Auslandshandelskammer: http://www.ahk.de.
Auswärtiges Amt: http://www.auswaertiges-amt.de.
Bundesagentur für Außenwirtschaft: http://www.bfai.de.
Deutsche Botschaft in Ungarn: www.deutschebotschaft-budapest.hu.
Ungarische Botschaft in Deutschland: www.ungarische-botschaft.de.
Statistisches Bundesamt: http://www.destatis.de.

Literatur:
Bundesagentur für Außenwirtschaft: Ausschreibungsmarkt in den neuen EU-Mitgliedsländern, Köln 2004.
Bundesagentur für Außenwirtschaft: Büroeröffnung in Ungarn, Köln 2000.
Bundesagentur für Außenwirtschaft: Erfolgreich verhandeln in Ungarn, Köln 2003.
Bundesagentur für Außenwirtschaft: EU-Fördermittel für die neuen Mitgliedstaaten – Projekte, Prozedere, Erfahrungen, Köln 2005.
Bundesagentur für Außenwirtschaft: EU-Osterweiterung – Was ändert sich für den deutschen Mittelstand, Köln 2004.
Bundesagentur für Außenwirtschaft: Lohn- und Lohnnebenkosten in den mittel- und osteuropäischen EU-Ländern, Köln 2005.
Djanani, Christina/Brähler, Gernot/Ulbrich, Phillip: Investitionen und Steuern in Ungarn. Doing Business in Hungary, Herne 2003.
Fischer, Joschka: German Export Guide: BusinessPool Deutschland-Ungarn 2001. Wegweiser für den deutsch-ungarischen Markt, Berlin 2001.
Molnar, Miklos: Geschichte Ungarns. Von den Anfängen bis zur Gegenwart, Hamburg 1999.
Szegö, Johann: Eine kurze Geschichte Ungarns. Ereignisse, Persönlichkeiten, Jahreszahlen, Wien 2005.

Zielregion „EU-Bewerberländer, Russland, GUS“

1. Die Staaten der Region

1.1 EU-Bewerberländer

Auch wenn die letzte Erweiterungsrunde der EU noch nicht allzu lange zurückliegt[348] und die Integration der zehn mittel- und osteuropäischen Staaten als ein noch andauernder Integrationsprozess anzusehen ist, steht die nächste Erweiterungsrunde doch bereits bevor. Den Status als EU-Beitrittskandidat haben neben Bulgarien und Rumänien seit 2005 auch Kroatien, Mazedonien[349] und die Türkei.[350]

Mit Bulgarien und Rumänien, die nach dem Fall des Eisernen Vorhangs politische und wirtschaftliche Reformen vorangetrieben haben, wurden die Beitrittsverhandlungen bereits 2004 abgeschlossen. Die beiden Staaten sollen – sofern sie die Kopenhagener Kriterien erfüllen – zum 01. Januar 2007 der EU beitreten und damit Teil des gemeinsamen europäischen Binnenmarktes werden. Von dem Beitritt zur EU wird sodann eine weitere Integration in die Weltwirtschaft erwartet, einhergehend mit einer Verbesserung des Lebensstandards und einer Erhöhung des Lohnniveaus. Daher unterstützt die Mehrheit der Bevölkerung den EU-Beitritt ihres Landes. Zunächst stehen jedoch noch Reformen aus, vor allem in den Bereichen Justiz, Wettbewerb und Korruptionsbekämpfung. Wegen der im Vergleich zu Bulgarien wesentlich schlechteren Wirtschafts- und Rechtslage wurden Rumänien bis 2007 strenge Auflagen erteilt. Werden diese nicht erfüllt, wird sich der Beitritt um ein Jahr verschieben.

---

348 Zur Entwicklung der EU s. S. 193 ff., zur EU-Osterweiterung s. S. 316 ff.

349 Zum Zeitpunkt der Durchführung der Studie hatten Kroatien und Mazedonien diesen Status noch nicht inne und wurden dementsprechend nicht berücksichtigt. In der folgenden Einleitung zur Region werden die beiden Staaten aus Gründen der Vollständigkeit angeführt.

350 Mit den übrigen Staaten des Westlichen Balkan (Albanien, Serbien und Montenegro, Bosnien und Herzegowina) verhandelt die EU Stabilisierungs- und Assoziierungsabkommen. Zudem hat der mögliche Beitritt der Türkei die Diskussion entfacht, wo die Grenzen der EU eigentlich liegen. Offiziell gibt es keine weiteren Beitrittskandidaten, doch haben die Ukraine und Georgien bekundet, einen Beitritt zur EU anzustreben.

Mit der Türkei wurden Ende 2005 die Beitrittsverhandlungen aufgenommen, auch wenn ein potenzieller Beitritt der Türkei zur EU aufgrund der geografischen Lage und der nicht-christlichen Werte von weiten Teilen der übrigen europäischen Bevölkerung durchaus kritisch betrachtet werden. Von der Beitrittsperspektive wird eine Stärkung und Beschleunigung des Reformprozesses sowie die Heranführung an die europäischen Strukturen und eine damit einhergehende Anbindung an den Westen erwartet. Neben der wirtschaftlichen Dimension haben die Beitrittsverhandlungen zudem eine strategische Bedeutung, dienen sie doch als politischer Weg mit dem Endziel der Mitgliedschaft der überwiegend muslimisch bevölkerten Türkei. Damit soll dem vermeintlichen Zusammenprall zwischen der islamischen Welt und dem Westen durch ein praktisches Gegenbeispiel die Grundlage entzogen werden.

Demgegenüber ist der Verhandlungsprozess mit den beiden aus dem ehemals sozialistischen Jugoslawien hervorgegangen Staaten Kroatien und Mazedonien noch nicht so weit fortgeschritten. So hat der Europäische Rat Mazedonien erst im Dezember 2005 den Status eines EU-Beitrittskandidaten verliehen, wobei ein Termin für die Aufnahme der Beitrittsverhandlungen noch nicht feststeht. Mit Kroatien haben die Beitrittsverhandlungen, deren Ausgang zum derzeitigen Zeitpunkt noch offen ist, jedoch bereits begonnen. Die Beitrittsverhandlungen sollen als gesteigerter Anreiz für innerstaatliche Reformen dienen und damit zur politischen und wirtschaftlichen Stabilisierung sowohl in Kroatien selber als auch in den Staaten des westlichen Balkans beitragen. Das Land dient aufgrund erfolgreich durchgeführter Reformen und der raschen positiven Entwicklung nach Erlangung der Unabhängigkeit trotz des darauf folgenden Krieges oft als Vorbild für die anderen Staaten Südosteuropas.[351] Zudem betreibt Kroatien eine aktive Nachbarschaftspolitik in der Region und bietet damit ein tiefgründiges Verständnis in südosteuropäischen Fragen.

Auf Seiten der EU fallen für die Aufnahme der Beitrittskandidaten neben den wirtschaftlichen Gründen auch die politischen Gründe ins Gewicht. So kann die EU ihre internationale Bedeutung ausbauen und als Gegengewicht zu den USA und der Volksrepublik China wirken. Ein starkes Europa dient damit als politische Antwort auf die wirtschaftliche Globalisierung. Mit der Aufnahme der Beitrittskandidaten wird auch den ursprünglichen Werten, Frieden und Freiheit sowie wirtschaftlichen Wohlstand zu sichern, weiterhin große Bedeutung beigemessen.

---

[351] Kritische Stimmen bemängeln in Kroatien jedoch, dass die EU kein Konzept für die wirtschaftliche Entwicklung und Stabilität des südosteuropäischen Raumes besitzt, gleichwohl dies für Kroatien von hoher Bedeutung ist.

1.2 Russland, GUS

Weisen die (potenziellen) zukünftigen EU-Mitgliedstaaten mit Ausnahme der Türkei kommunistische und sozialistische Ursprünge auf, ist es nicht verwunderlich, dass sie in einem Atemzug mit Russland und der Gemeinschaft unabhängiger Staaten[352], den Nachfolgestaaten der Sowjetunion, genannt werden.

Die Transformation der Sowjetunion in die „Gemeinschaft Unabhängiger Staaten" (GUS) wurde im Jahre 1991 mit dem Ziel durchgeführt, einen friedlichen Übergang von einem unitären Bundesstaat in einen lockeren Staatenbund herbeizuführen. Die Mitgliedsstaaten der GUS, damals die sowjetischen Unionsrepubliken, sind mit stark divergierenden Zielen und Erwartungen und manche nur unter starkem Druck Russlands der GUS beigetreten. Jeder von diesen Staaten verstand die Gemeinschaft auf seine eigene Art und Weise, so Russland zum Beispiel als einen engen politischen Zusammenschluss unter seiner Führung, die Ukraine hingegen lediglich als ein Instrument „zivilisierter Scheidung". Letztendlich bildete sich mit der GUS ein koordinierendes Konsultativorgan in der Funktion eines „Konkursverwalters", das seine Aufgabe bereits mehr oder weniger erfüllt hat.[353]

In den letzten Jahren verlor die GUS stetig an Bedeutung, so treffen sich ihre Mitgliedstaaten zwar noch vereinzelt zu Konsultationen, ein Gipfeltreffen aller GUS-Staaten blieb jedoch weitgehend aus. Zudem haben sich in den einzelnen Mitgliedstaaten zum einen unterschiedliche außenpolitische Orientierungen und Schwerpunkte, zum anderen sogar parallele Bündnisse und Strukturen herausgebildet, die das Staatengeflecht der GUS weiterhin schwächen. Nur Russland scheint noch gewillt, an dieser schwachen Gemeinschaft als letztes Relikt der Sowjetunion und somit als Symbol des Einflusses der Russischen Föderation auf die Staaten ihres „Nahen Auslands" aufrechtzuerhalten.

Die Staaten der GUS haben seit dem Zerfall der Sowjetunion und ihrer planwirtschaftlichen Strukturen sehr turbulente Entwicklungen in den letzten 15 Jahren hinter sich. In Russland beispielsweise stellte sich der Übergang in eine kapitalistische Marktwirtschaft deutlich schwieriger und langwieriger heraus als anfänglich angenommen. Das Land durchlief in den 90er Jahren unter Führung von Boris Jelzin zahlreiche gescheiterte Reformen, die mit der Privatisierung staatlicher Unternehmen zu Dumpingpreisen begannen und in einer großen Finanzkrise 1998 kulminierten. Seitdem erholte sich die russische Wirtschaft jedoch stetig: Der Konsumgütermarkt beispielsweise hat sich in nur fünf Jahren von 1999 bis 2004 mehr als verdoppelt; ebenso der Handelsbilanzüberschuss Russlands seit 2003. Ein umfassendes Reformprogramm von Präsident Wladimir Putin ist treibende Kraft dieses Aufschwungs, der nach Vorgaben des Präsidenten in den nächsten Jahren nicht abreißen wird: Ehrgeiziges Ziel ist es, das BIP Russlands in den nächsten zehn Jahren mindestens zu verdoppeln.

---

[352] Armenien, Aserbaidschan, Georgien (seit 1993), Kasachstan, Kirgisistan, Moldawien, Russland, Tadschikistan, Ukraine, Usbekistan, Weißrussland.

[353] Vgl. Alexandrova 2006.

Welchen ökonomischen Stellenwert haben nun die Staaten Russland, Rumänien, Bulgarien und die Türkei für Deutschland?

2. Die Bedeutung der Region für die deutsche Wirtschaft

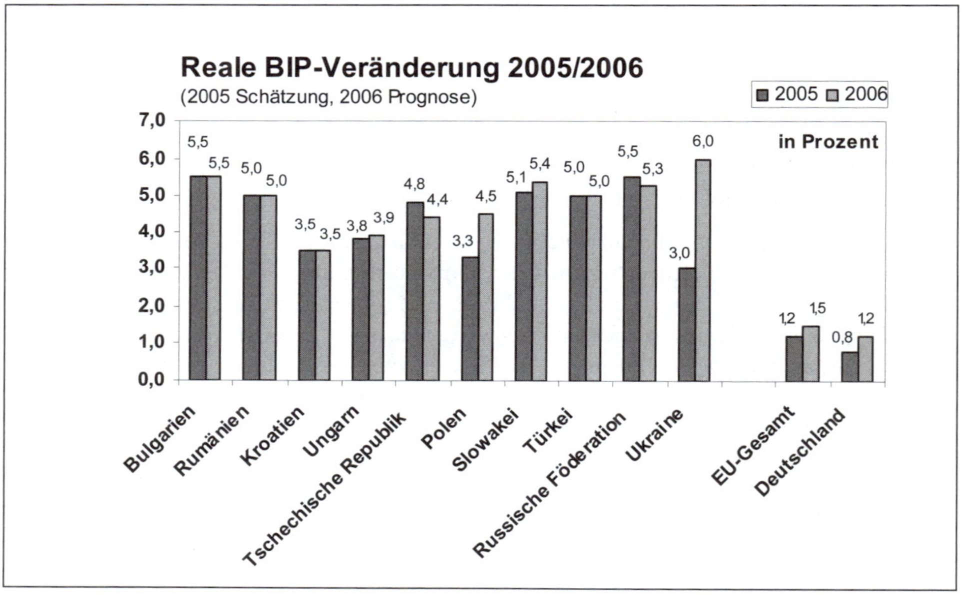

Quelle: Eigene Zusammenstellung auf Grundlage der Daten der Bfai
Abbildung 183: *BIP-Veränderung in der Region im Vergleich*

Ebenso wie in der vorangehend beschriebenen Region, den „Zehn neuen EU-Mitgliedstaaten“, ist die Wirtschaft in der Zielregion „EU-Bewerberländer, Russland, GUS“ im Aufwind. Wie Abbildung 183 zeigt, weisen die Volkswirtschaften Bulgariens, Rumäniens, Russlands und der Ukraine sogar noch einmal höhere Wachstumsraten auf als die der zehn neuen EU-Mitgliedstaaten. So liegt das für 2006 prognostizierte Wachstum in diesen Staaten durchweg bei mindestens 5 % und damit mehr als dreimal so hoch als in der gesamten EU bzw. mehr als viermal so hoch als in Deutschland. Damit weist auch diese Region eine für die kerneuropäischen Staaten nur illusorische Dynamik auf. Die derzeitigen wirtschaftlichen

Indikatoren, wie z. B. sinkende Inflationsraten, sinkende Arbeitslosigkeit und steigende Auslandsinvestitionen, lassen eine Fortsetzung des Wachstums erwarten.

Diesen Trend frühzeitig erkennend, hat auch die deutsche Wirtschaft von der Dynamik in der Region profitieren können. Der Handel mit den Staaten der Region „EU-Bewerberländer, Russland, GUS" wächst kontinuierlich an und hat sich im Zeitraum von 1990 bis 2005 ungefähr vervierfacht.[354] Während Russland und die Türkei zu den zwanzig wichtigsten Handelspartnern Deutschlands zählen und auch Rumänien bereits Rang 28 einnimmt[355], folgen Bulgarien, Kroatien und die Ukraine auf den Rängen 40 bis 50.[356] Damit hat der Handel mit den Staaten dieser Region 2005 ca. 5,6 % zum gesamtdeutschen Handelsvolumen beigetragen, was knapp 60 % des Anteils mit Frankreich entspricht, des wichtigsten Handelspartners Deutschlands.[357] Für die jeweiligen Staaten dieser Region wiederum ist Deutschland nahezu der wichtigste Handelspartner. Zudem belegt Deutschland auch bei den ausländischen Direktinvestitionen in den Ländern dieser Region vorderste Ränge.

Trotz der insgesamt sehr positiven Entwicklung und der bereits zahlreichen erfolgten Reformen in den Ländern dieser Region sind viele Probleme weitgehend ungelöst. So weist z. B. die russische Wirtschaft eine große Abhängigkeit vom Energiesektor auf, was eine Diversifikation der Produktionsstruktur notwendig werden lässt. Zudem belaufen sich die ausländischen Direktinvestitionen im internationalen Vergleich auf niedrigem Niveau. Auch die anderen Staaten weisen strukturelle Probleme auf: hohe, wenn auch sinkende Inflationsraten, hohe Lohnunterschiede innerhalb des Landes sowie lahmende Bürokratien, Korruption und mangelnde Rechtssicherheit. Der Bedarf an (marktwirtschaftlich) orientierten Strukturreformen in diesen Transformationsstaaten ist damit nach wie vor hoch.

Dies verdeutlicht den Status quo dieser Region. Die Länder dieser Region sind auf Wachstumskurs. Ausgangspunkt war jedoch ein sehr niedriges Niveau: So entspricht das Bruttoinlandsprodukt Russlands weniger als 30 %, das BIP Bulgariens sogar weniger als 1 % des deutschen Bruttoinlandsprodukts (Abb. 184). Auch beim BIP pro Kopf werden die Unterschiede deutlich, beträgt das BIP pro Kopf in Bulgarien doch beispielsweise weniger als ein Zehntel im Vergleich zu Deutschland (Abb. 185).

---

354 Mit Rumänien und der Türkei haben sich die Ein- und Ausfuhren im Zeitraum von 1990 bis 2005 ungefähr vervierfacht. Mit der Russischen Föderation hat sich der Handel im Zeitraum von 1992-2005 mehr als verfünffacht. Quelle: Eigene Berechnungen auf der Grundlage der Daten des Statistischen Bundesamtes.

355 2005: Russische Föderation Rang 11 gegenüber Rang 14 im Jahr 2004; Türkei gleich geblieben Rang 18, Rumänien von Rang 30 in 2004 auf Rang 28 in 2005. Quelle: Statistisches Bundesamt.

356 2005: Ukraine: Rang 41 (hinter Iran und vor der VAE), Bulgarien Rang 49 (hinter den Philippinen), Kroatien Rang 50 (vor Algerien). Quelle: Statistisches Bundesamt.

357 Eigene Berechnungen auf der Grundlage der Daten des Statistischen Bundesamtes.

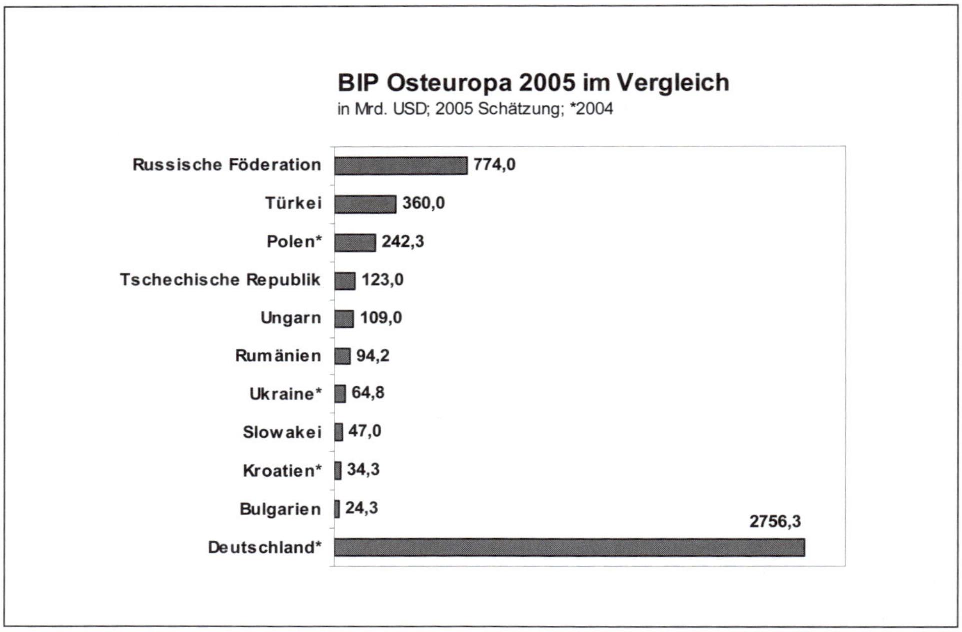

Quelle: Bfai; Daten zur Türkei: Bayerische Landesbank
Abbildung 184: *BIP Osteuropa 2005 im Vergleich (in Mrd. US-Dollar)*

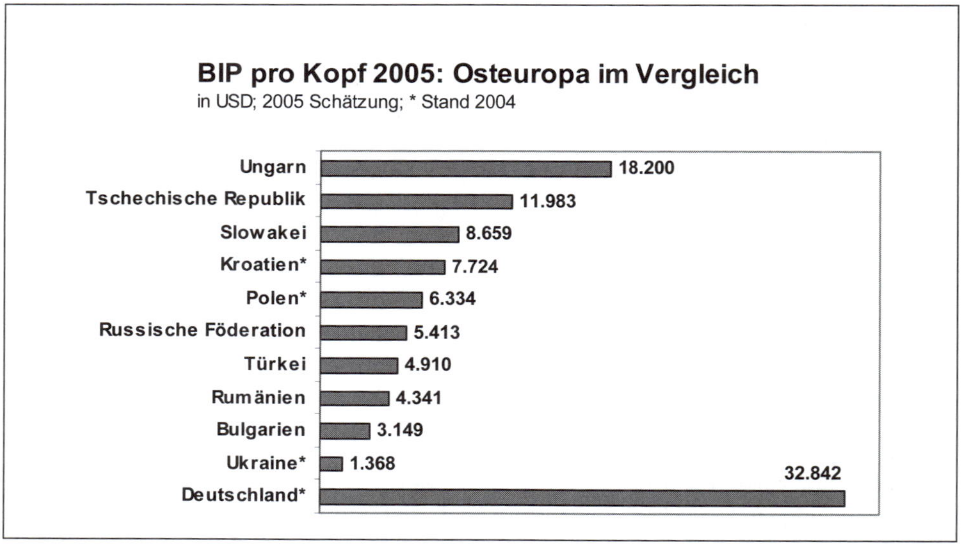

Quelle: Bfai, Türkei: Bayerische Landesbank
Abbildung 185*: BIP pro Kopf 2005: Osteuropa im Vergleich*

Auch wenn oder gerade weil in den Ländern dieser Region noch über einige Jahre hohe Wachstumsraten erforderlich sind, um den extremen Rückstand zum Wohlstandsniveau in der EU aufzuholen und zugleich Wirtschaftsreformen vorangetrieben werden müssen, bieten die Länder besondere Perspektiven für die deutschen Unternehmen, die von den erforderlichen Investitionen profitieren können.

Der derzeitige Mangel an festen Strukturen in dieser Region ist Chance und Risiko zugleich. Mit dem Wissen um diesen Status soll nun die Zielregion „EU-Bewerberländer, Russland, GUS“ im Fokus der Betrachtungen stehen. Wie bewerten die deutschen Unternehmen die Zielregion „EU-Bewerberländer, Russland, GUS“? Welche Gründe motivieren die Unternehmen, auf den Märkten dieser Region aktiv zu werden? In welcher Form engagieren sie sich? Und wie erfolgreich sind sie? Diese und weitere Fragen gilt es nachfolgend zu beantworten.

3. Die Zielregion „EU-Bewerberländer, Russland, GUS“ im Fokus: Ergebnisse der Studie

3.1 Größenklassen der Unternehmen

Wie bereits die einleitende Bemerkung zur Region zeigt, so spiegeln auch die Ergebnisse der Studie „Going International“ die noch ausbaufähige Bedeutung dieser Region für die deutschen Unternehmen wider. Die Zielregion „EU-Bewerberländer, Russland, GUS“ ist mit 47,3 % die von den befragten Unternehmen am viertstärksten frequentierte Region und damit gleichauf mit der Zielregion „Nordamerika (USA, Kanada)“. Zur drittstärksten Region „Asien/Pazifik“ besteht eine Differenz von 13 Prozentpunkten, zur am stärksten frequentierten Region „Bisherige EU-15/EFTA“ sogar eine Differenz von über 40 Prozentpunkten. Zu den nachfolgenden Regionen besteht jedoch immerhin ein signifikanter Vorsprung von mehr als 20 Prozentpunkten.

Wie auch in den anderen Regionen sind die großen Unternehmen/Konzerne mit 68,3 % am stärksten vertreten (Abb. 186), gefolgt von den größeren Mittelständlern (57,4 %). Damit spielt sich das Engagement der großen Unternehmen/Konzerne und der größeren Mittelständler in der Region „EU-Bewerberländer, Russland, GUS“ auf deutlich niedrigerem Niveau ab als in den beiden am stärksten frequentierten Regionen „Bisherige EU-15/EFTA“ und den „Zehn neuen EU-Mitgliedstaaten“. Das weitaus niedrigere Niveau wird auch bei den kleinen Mittelständlern und den kleinen Unternehmen deutlich, die nur noch mit knapp 40 bzw. 30 % in der Region „EU-Bewerberländer, Russland, GUS“ präsent sind. Damit sind in dieser Region weniger als halb so viele kleine Mittelständler und kleine Unternehmen aktiv wie in der Region „Bisherige EU-15/EFTA“.

Das insgesamt etwas abgeschlagene Niveau wird durch das in dieser Region im Vergleich zu den Großunternehmen geringe Engagement sowohl der mittelständischen als auch der kleinen Unternehmen verdeutlicht. Dieses Verhältnis liegt deutlich unter dem in den stärker frequentierten Zielregionen und wird nur von den Zielregionen „Afrika“ und „Lateinamerika“ unterboten. Unter Berücksichtigung der wirtschaftlichen Dynamik ist auf die Potenziale sowie auf die strategische Bedeutung der Region hinzuweisen. Da der Wachstumsmarkt Russland „in den nächsten Jahren voraussichtlich zu den attraktivsten Absatzmärkten weltweit gehören wird“[358] und Bulgarien beispielsweise als wichtiges Transitland zwischen Mitteleuropa und dem Nahen Osten gilt, bieten die Märkte der Region eine günstige Ausgangslage für die deutschen Unternehmen.

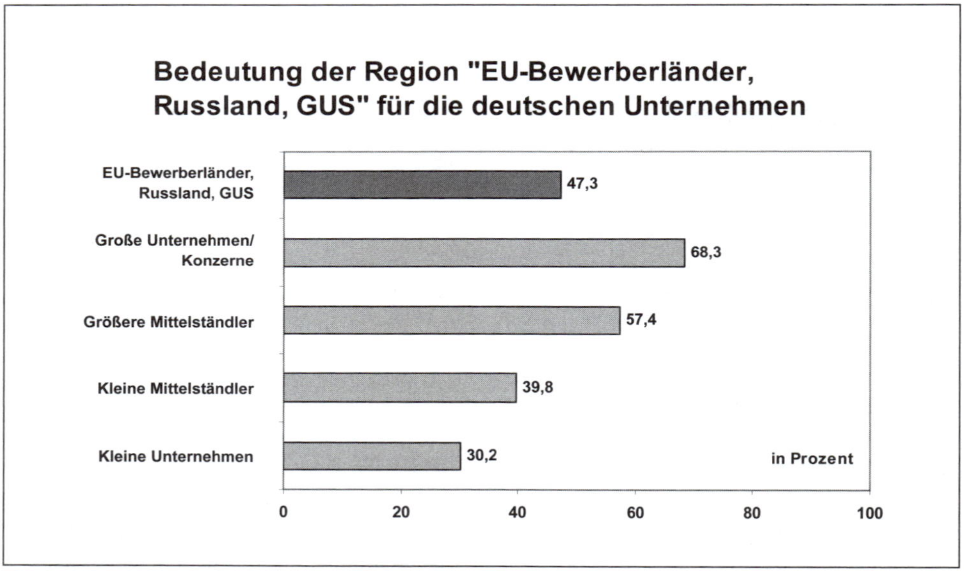

Quelle: Eigene Studie „Going International“
Abbildung 186: *Bedeutung der Region „EU-Bewerberländer, Russland, GUS“ für die deutschen Unternehmen*

[358] Kachcharova 2006, S. 20.

3.2 Branchenverteilung

Betrachtet man die Branchenverteilung innerhalb der Region „EU-Bewerberländer, Russland, GUS“, zeigt sich folgendes Bild (Abb. 187):

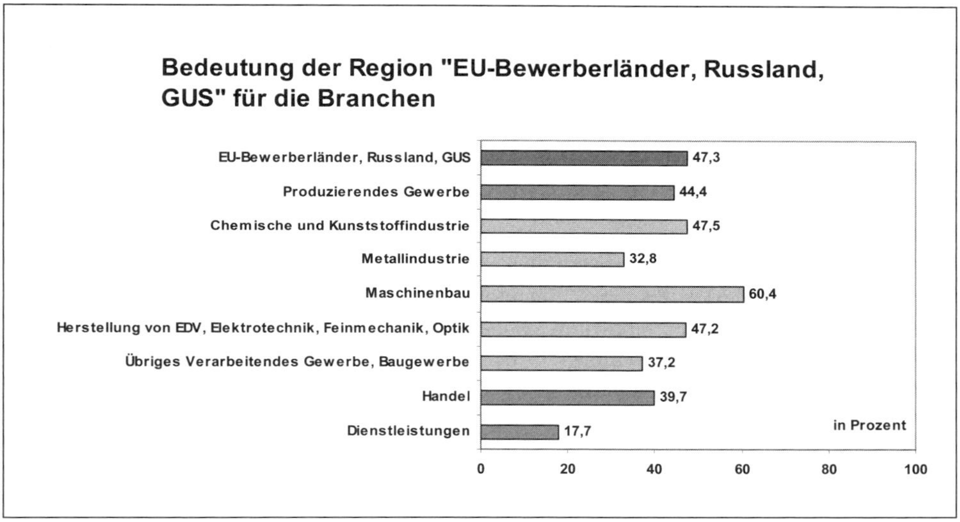

Quelle: Eigene Studie „Going International“
Abbildung 187: *Bedeutung der Region „EU-Bewerberländer, Russland, GUS“ für die Branchen*

Wie in den Regionen „Bisherige EU-15/EFTA“ und „Zehn neue EU-Mitgliedstaaten“ ist das produzierende Gewerbe mit 44,4 % auch in der Zielregion „EU-Bewerberländer, Russland, GUS“ am stärksten vertreten. Dabei nimmt der Maschinenbau mit 60,4 % die Spitzenposition ein, gefolgt von der Chemischen und Kunststoffindustrie (47,5 %) und der Herstellung von EDV, Elektrotechnik, Feinmechanik, Optik (47,2 %). Im Vergleich zu den beiden zuvor beschriebenen Regionen lässt sich in der Zielregion „EU-Bewerberländer, Russland, GUS“ jedoch ein weitaus niedrigeres Niveau feststellen. So ist z. B. das produzierende Gewerbe nur etwa halb so stark vertreten wie in der Region „Bisherige EU-15/EFTA“ bzw. um mehr als 20 Prozentpunkte schwächer als in den „Zehn neuen EU-Mitgliedstaaten“. Dasselbe Verhältnis wird auch bei der Chemischen und Kunststoffindustrie deutlich.

Der Handel ist mit knapp 40 % in der Region „EU-Bewerberländer, Russland, GUS“ und damit um über 35 Prozentpunkte schwächer als in der Region „Bisherige EU-15/EFTA“ vertreten, jedoch innerhalb der Region „EU-Bewerberländer, Russland, GUS“ auf demselben Niveau wie das produzierende Gewerbe. Demgegenüber wartet der Bereich der Dienstleistungen mit nur knapp 18 % auf und ist damit nur um knapp 6,7 % schwächer vertreten als in der Region „Zehn neue EU-Mitgliedstaaten“, jedoch nur etwa halb so stark wie in der Region „Bisherige EU-15/EFTA“.

Insgesamt lässt sich in dieser Region damit ein relativ niedriges Niveau feststellen, sind die Branchen in der Region „EU-Bewerberländer, Russland, GUS“ teilweise nur halb so stark präsent wie in der am stärksten frequentierten Region „Bisherige EU-15/EFTA“. Auch wenn die Messlatte damit sehr hoch liegt, wird dadurch doch der Status quo der Zielregion „EU-Bewerberländer, Russland, GUS“ deutlich: Die Region hat eindeutig einen ökonomischen Aufholprozess zu durchlaufen.

3.3 Gründe und Motive für das Engagement

Bei den Beweggründen, die zu einem Auslandsengagement der befragten Unternehmen geführt haben, zeichnet sich für die Zielregion „EU-Bewerberländer, Russland, GUS“ (Abb. 188) ein mit den Gesamtergebnissen der Studie hinsichtlich der Gewichtung und Bedeutung der Gründe insgesamt übereinstimmendes Bild ab, während Abweichungen beim Erfüllungsgrad der Erwartungen festzustellen sind.

Somit sind die wesentlichen Gründe für ein Engagement der Unternehmen, die in der Zielregion „EU-Bewerberländer, Russland, GUS“ agieren, eindeutig marktorientiert. Dabei ist auffällig, dass diesen Gründen in dieser Region noch stärkeres Gewicht beigemessen wird. Die Erschließung neuer Absatzmärkte, die Erschließung neuer Einkaufsmärkte und die Erfüllung von Kundenwünschen bzw. die Nähe zum Kunden sind die meistgenannten Gründe. Die Unternehmen, die aus dieser Motivation heraus handeln, sehen ihre Anfangserwartungen in der geschäftlichen Praxis als erfüllt an. Von den Unternehmen, die mit dem Ziel der Erschließung neuer Absatzmärkte Geschäftsbeziehungen zum Ausland aufgebaut haben, haben sich für mehr als 90 % und damit im Vergleich zum Gesamtergebnis der Studie für vier Prozent mehr die Erwartungen erfüllt.

Überdurchschnittlich zufrieden zeigten sich die Unternehmen zudem, wenn sie ein Engagement in der Region aufgrund eines Kundenwunsches oder wegen einer besseren Wettbewerbsposition aufgenommen haben. Bei diesen Gründen liegt die Zufriedenheitsquote bei jeweils über 83 % und damit um mehr als 2,5 Prozentpunkte über dem Gesamtergebnis der Studie. Bei der Erschließung neuer Einkaufsmärkte zeigen sich die Unternehmen im Verhältnis etwas weniger zufrieden. Jedoch sehen immer noch 70 % ihre Erwartungen als erfüllt an, was dem Gesamtergebnis der Studie entspricht.

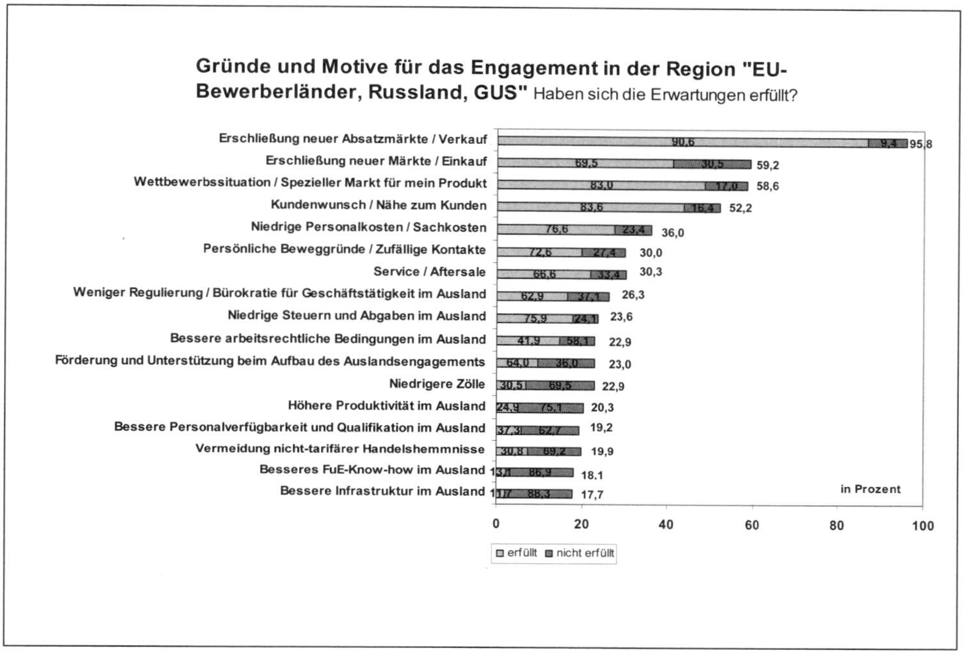

Quelle: Eigene Studie „Going International“

Abbildung 188: *Gründe und Motive für das Engagement in der Region „EU-Bewerberländer, Russland, GUS“*

Neben den marktorientierten Gründen stehen Motive wie geringere Kosten, weniger Regulierungen, weniger Bürokratie, niedrigere Steuern und bessere arbeitsrechtliche Bedingungen. Dabei werden die positiven Erwartungen im Einklang mit den Gesamtergebnissen der Studie in den Resultaten meist bestätigt. Ein signifikanter Unterschied wird jedoch bei den arbeitsrechtlichen Bedingungen deutlich. Dabei sehen in der Region „EU-Bewerberländer, Russland, GUS“ nur knapp 42 % der befragten Unternehmen ihre Erwartungen erfüllt, im Gegensatz zu 62 % im Gesamtergebnis der Studie. Einen ähnlich signifikanten Unterschied weist der Erfüllungsgrad bei der Förderung und Unterstützung beim Aufbau des Auslandsengagements auf. Sehen im Gesamtergebnis der Studie lediglich 41 % der Unternehmen ihre Erwartungen dabei als erfüllt an, sind dies in der Region „EU-Bewerberländer, Russland, GUS“ 64 %.

Die an die Gründe wie höhere Produktivität, Vermeidung nicht-tarifärer Handelshemmnisse besseres Know-how und eine bessere Infrastruktur im Ausland gestellten Erwartungen werden hingegen meist nicht erfüllt und dies in noch höherem Maße als im Gesamtergebnis der Studie.

3.4 Formen des Engagements

Innerhalb der Zielregion „EU-Bewerberländer, Russland, GUS“ steht wie in den zuvor beschriebenen Regionen der Export mit knapp 82 % an erster Stelle (Abb. 189). In der Rangfolge an zweiter Stelle folgen Repräsentanz/Vertriebsbüro, was knapp ein Viertel der befragten Unternehmen in dieser Region angeben. Am dritthäufigsten haben die Unternehmen in dieser Region mit mehr als 20 % lose Kooperationspartner. Sourcing/Einkauf, das in den beiden zuvor beschriebenen Regionen auf Rang zwei folgt, nimmt in der Region „EU-Bewerberländer, Russland, GUS“ mit weniger als 16 % Rang vier ein und liegt damit 30 Prozentpunkte unter dem Engagement in der Region „Bisherige EU-15/EFTA“. Auch dem Import wird mit weniger als 10 % gegenüber 21,4 % in der „Bisherigen EU-15/EFTA“ und 16 % in den „Zehn neuen EU-Mitgliedstaaten“ ein relativ geringer Stellenwert eingeräumt. Eigene Tochterunternehmen unterhalten in der Region „EU-Bewerberländer, Russland, GUS“ 10,5 % der Unternehmen gegenüber ca. 17 % in den zuvor beschriebenen Regionen.

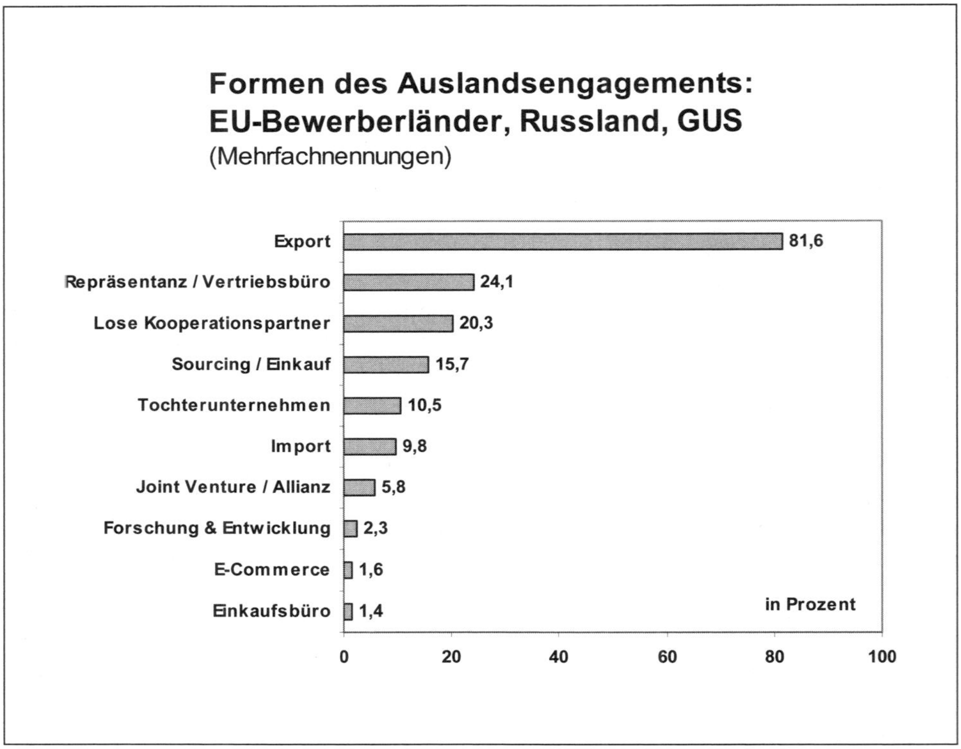

Quelle: Eigene Studie „Going International“
Abbildung 189: *Formen des Auslandsengagements: EU-Bewerberländer, Russland, GUS*

3.5 Erfolg in der Region

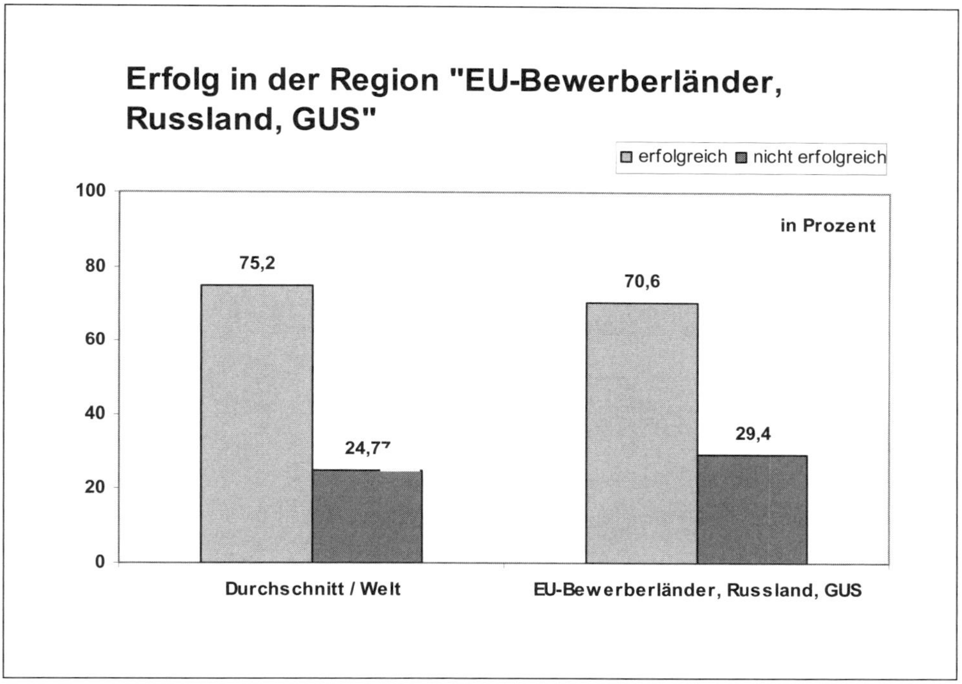

Quelle: Eigene Studie „Going International“
Abbildung 190: *Erfolg in der Region „EU-Bewerberländer, Russland, GUS“*

Um herauszufinden, wie erfolgreich deutsche Unternehmen in den unterschiedlichen Regionen der Welt sind, wurde nach der Erfolgsquote des Auslandsgeschäfts in den jeweils bevorzugten Zielmärkten gefragt. Wie die Gesamtübersicht (Abb. 30) zeigt, variiert die Zufriedenheit mit der Geschäftstätigkeit je nach Region. So liegt die durchschnittliche weltweite Erfolgsquote deutscher Unternehmen bei 75 %. Dabei wird die Region „EU-Bewerberländer, Russland, GUS“ mit einer Erfolgsquote von lediglich 70,6 % der dort aktiven Unternehmen (Abb. 190) und damit unterdurchschnittlich erfolgreich bewertet. Auch wenn die Erfolgsquote mehr als 13 Prozentpunkte über der der Regionen „Afrika“ und „Lateinamerika“ und nur weniger als vier Prozentpunkte hinter der in der Zielregion „Nordamerika (USA, Kanada)“ liegt, sind Anstrengungen notwenig, um zu den erfolgreichen Regionen aufzuholen. So liegt die Erfolgsquote in den „EU-Bewerberländern, Russland, GUS“ mehr als 26 Prozentpunkte unter der mit 97 % erfolgreichsten Region, der „Bisherigen EU-15 /EFTA“.

3.6 Einschätzung der Geschäftssituation in den Zielländern

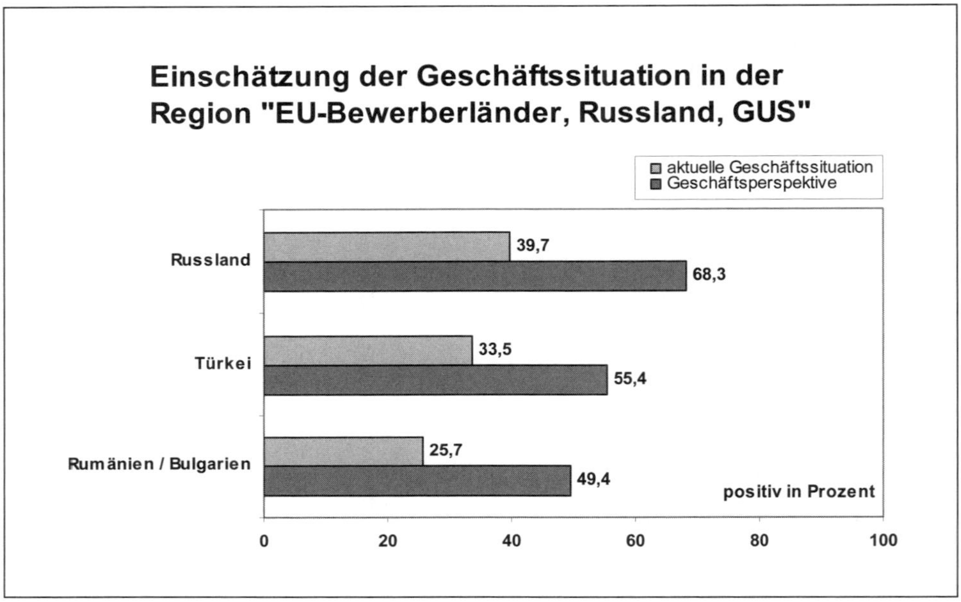

Quelle: Eigene Studie „Going International"
Abbildung 191: *Einschätzung der Geschäftssituation in der Region „EU-Bewerberländer, Russland, GUS"*

Vor dem Hintergrund der Erfolgsquote in der Region stellt sich sodann die Frage, wie die Unternehmen ihre Geschäftsbeziehungen speziell zu den einzelnen Ländern[359] in dieser Region hinsichtlich der aktuellen Geschäftssituation sowie der Einschätzung zukünftiger Geschäftsperspektiven bewerten (Abb. 191).

Innerhalb der Region „EU-Bewerberländer, Russland, GUS" wird Russland sowohl bei der aktuellen Geschäftssituation (39,7 %) als auch bei der zukünftigen Perspektive (68,3 %) am positivsten bewertet. Im Gesamtbild der Studie bewegt sich Russland dabei im Mittelfeld. In der Türkei bewerten 33,5 % die aktuelle Geschäftssituation als positiv gegenüber 55,5 % bei der zukünftigen Perspektive, womit das Land im Gesamtergebnis im unteren Mittelfeld einzuordnen ist. Demgegenüber werden Rumänien/Bulgarien in der aktuellen Geschäftssituation nur von 25,7 % positiv bewertet, was im Gesamtergebnis der Studie die viertschlechteste

[359] Bei der Befragung wurden insgesamt 30 Zielländer vorgegeben.

Bewertung ist. Die zukünftige Perspektive wird in Rumänien/Bulgarien jedoch von fast doppelt so vielen Unternehmen als positiv bewertet.

Betrachtet man sodann, welche Dynamik (Differenz zwischen der aktuellen Geschäftssituation und der zukünftigen Geschäftsperspektive) die Unternehmen den Geschäftsmöglichkeiten in den Ländern der Region „EU-Bewerberländer, Russland, GUS“ zusprechen, so zählen Russland, die Türkei und Rumänien/Bulgarien aufgrund der eher als verhalten bewerteten Ausgangssituation im Gesamtergebnis der Studie zu den dynamischsten Ländern schlechthin. Dabei nimmt Russland sogar die Spitzenposition ein, Rumänien/Bulgarien folgen auf Rang vier, die Türkei auf Rang sieben.

Hier spiegelt sich erneut die rasante wirtschaftliche Entwicklung in dieser Region wider, die auch für die deutschen Unternehmen großes Potenzial in sich birgt. Um diese Chancen zu nutzen, bedarf es einer gründlichen Vorbereitung des Auslandsengagements.

3.7 Vorbereitungszeit für das Engagement

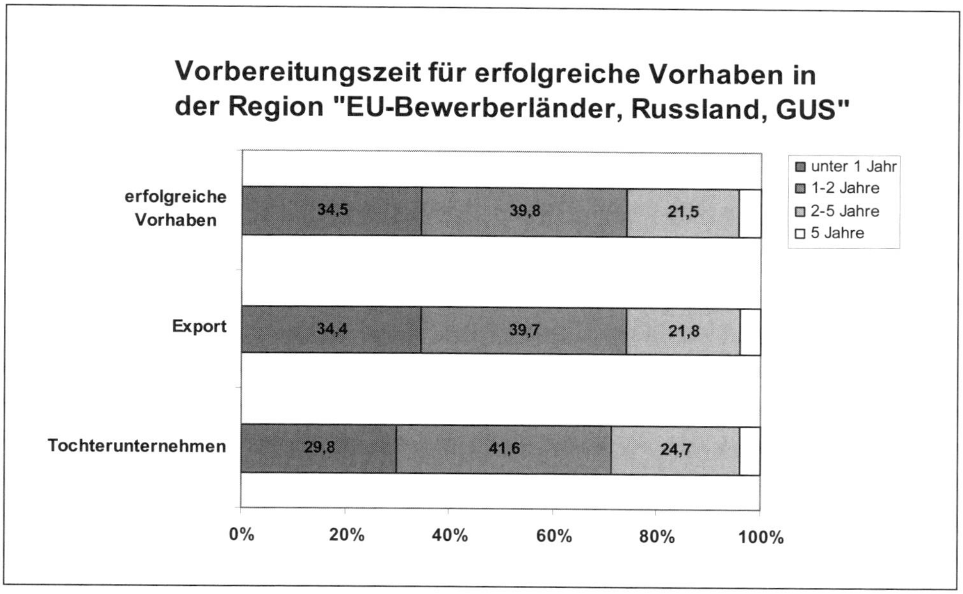

Quelle: Eigene Studie „Going International“

Abbildung 192: *Vorbereitungszeit für erfolgreiche Vorhaben in der Region „EU-Bewerberländer, Russland, GUS“*

Wie bereits herausgestellt wurde, hat die Zielregion „EU-Bewerberländer, Russland, GUS“ eine wesentlich schwächere Magnetwirkung als die beiden zuvor beschriebenen Regionen und stellt die lediglich am viertstärksten frequentierte Region dar. Nicht zuletzt weil sich die Märkte dieser Länder deutlich vom deutschen Heimatmarkt unterscheiden, bedarf es einer entsprechenden Vorbereitungszeit für erfolgreiche Auslandsgeschäfte. Um ein solches in der Region „EU-Bewerberländer, Russland, GUS“ zu realisieren, benötigen 74,3 % weniger als ein Jahr bzw. zwischen ein bis zwei Jahren Planungszeit (Abb. 192). Und obwohl sich die Märkte in ihren Strukturen vom heimischen Markt und den westeuropäischen Märkten merklich unterscheiden, bedarf es nur einer unwesentlich längeren Vorbereitungszeit als in den Regionen „Bisherige EU-15/EFTA“ und „Zehn neue EU-Mitgliedstaaten“.

Durchschnittliche Vorbereitungszeit für erfolgreiche Exportaktivitäten in der Region "EU-Bewerberländer, Russland, GUS"
1,9 Jahre **(min. 1,4 Jahre; max. 2 Jahre)**

Quelle: Eigene Studie „Going International“
Abbildung 193: *Durchschnittliche Vorbereitungszeit für erfolgreiche Exportaktivitäten in der Region „EU-Bewerberländer, Russland, GUS“*

Der differenzierte Blick auf die Vorbereitungszeit in der Region „EU-Bewerberländer, Russland, GUS“ getrennt nach Export und Tochterfirmen liefert ein ähnliches Ergebnis: Auch hier sind zwischen 71 und 74 % der Unternehmen innerhalb von ein bis zwei Jahren Vorbereitungszeit erfolgreich aktiv. Die durchschnittliche Vorbereitungszeit für erfolgreiche Exportaktivitäten in der Region „EU-Bewerberländer, Russland, GUS“ liegt bei 1,9 Jahren (Abb. 193) gegenüber 1,4 Jahren in der Region „Bisherige EU-15/EFTA“ und 1,6 Jahren in der Region „Zehn neue EU-Mitgliedstaaten“.

3.8 Produktanpassung

Zur erfolgreichen Platzierung eines Produktes/einer Dienstleistung sind die spezifischen Markt- und Landesbedingungen von immenser Bedeutung. Dies wird in der Region „EU-Bewerberländer, Russland, GUS“ noch deutlicher als in den beiden zuvor beschriebenen Zielregionen sowie im Gesamtergebnis der Studie. Denn der Anteil der Unternehmen, der in der Region „EU-Bewerberländer, Russland, GUS“ aktiv ist und seine Produkte oder Dienstleistungen an die Gegebenheiten des ausländischen Marktes angepasst hat, weist im Vergleich zum Gesamtergebnis der Studie eine positive Abweichung von nahezu vier Prozentpunkten auf (Abb. 194).

Damit wird deutlich, dass dieser Punkt mit zunehmender geografischer Entfernung sowie zunehmenden kulturellen Unterschieden und somit bei der Vorbereitung des Engagements in der Region „EU-Bewerberländer, Russland, GUS“ besonders zu beachten ist.

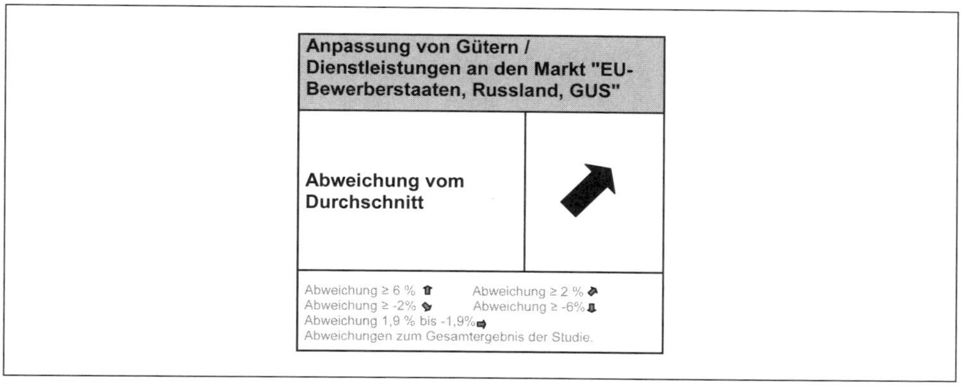

Quelle: Eigene Studie „Going International“
Abbildung 194: *Anpassung von Gütern/Dienstleistungen an den Markt „EU-Bewerberländer, Russland, GUS“*

3.9 Besetzung der Führungspositionen

Neben einem überzeugenden Produkt sind es auch kompetente und qualifizierte Mitarbeiter, die einen großen Beitrag zum Gelingen des Auslandsgeschäfts beitragen. Auf die Frage, ob die Unternehmen in den Auslandsniederlassungen mit deutschen, ausländischen oder lokalen Führungskräften arbeiten, ergibt sich für die Unternehmen, die in der Region „EU-Bewerberländer, Russland, GUS“ aktiv sind, das folgende Bild (Abb. 195).

Wie auch im Gesamtergebnis der Studie geht aus der Abbildung 195 hervor, dass die deutschen Unternehmen in der Region „EU-Bewerberländer, Russland, GUS“ in sämtlichen Unternehmensbereichen Führungskräfte aus dem jeweiligen Zielland einsetzen (durchschnittlich 67,4 %), vor allem in den Bereichen Administration/Personal, Produktion, Einkauf und Vertrieb/Marketing. Auf deutsche Manager wird demgegenüber nur in geringem Maße (durchschnittlich 25,4 %) zurückgegriffen. Damit entspricht der Einsatz von lokalen Führungskräften in der Region „EU-Bewerberländer, Russland, GUS“ dem in der Region „Zehn neue EU-Mitgliedstaaten“.

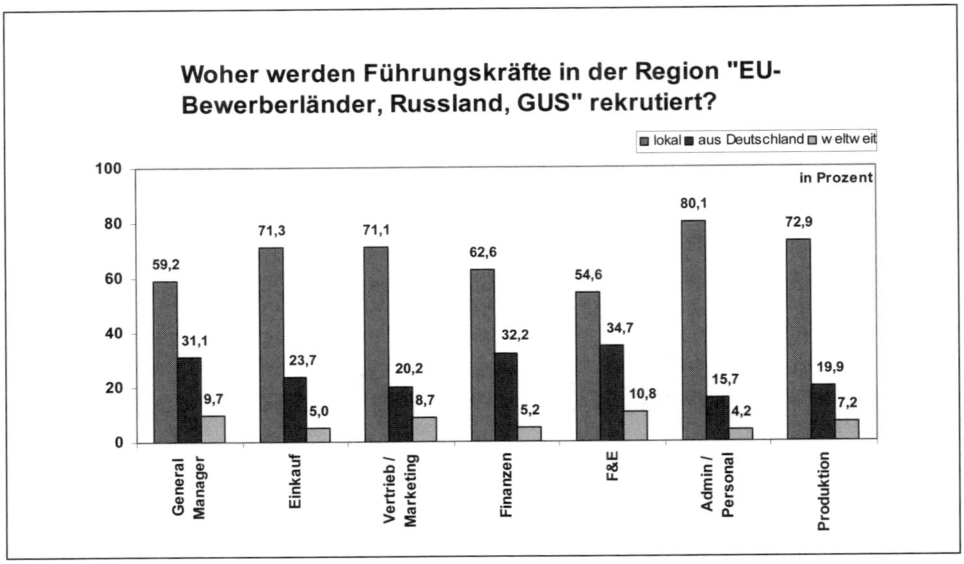

Quelle: Eigene Studie „Going International“
Abbildung 195: *Besetzung der Führungspositionen in der Region „EU-Bewerberländer, Russland, GUS“*

3.10 Probleme

Die Region „EU-Bewerberländer, Russland, GUS“ weist im Vergleich zum Gesamtergebnis der Studie eine unterdurchschnittliche Erfolgsquote auf und hat zur erfolgreichsten Region „Bisherige EU-15/EFTA“ noch einiges aufzuholen. Somit gilt es, die generellen Probleme beim Auf- und Ausbau des Auslandsengagements zu hinterfragen – in dieser Betrachtung beschränkt auf die zehn am häufigsten genannten Probleme. Vor dem Hintergrund der Erfolgsquote zeigt sich hinsichtlich der Probleme ein plausibles Bild für diese Region (Abb. 196). So sind bei den Unternehmen, die in der Region „EU-Bewerberländer, Russland, GUS“ aktiv sind, die zehn am häufigsten genannten Probleme nahezu identisch mit dem Gesamtergebnis der Studie – lediglich der Faktor der hohen Transportkosten wird von den nachgelagerten Problemen der schwierigen Finanzierung und eines zu hohen Wechselkursrisikos verdrängt. Es fällt jedoch auf, dass neun der zehn Probleme von weitaus mehr (Abweichung ≥ 6 %) der befragten Unternehmen als solche angesehen wurden als im Gesamtergebnis der Studie. Lediglich das Sprachproblem wird nur geringfügig (Abweichung ≥ 2 %) als problematischer gegenüber dem Gesamtergebnis der Studie angesehen. Auch dies ist ein plausibles Ergebnis für diese Region – ist die deutsche Sprache doch vor allem bei der älteren Generation in den Ländern dieser Region noch weit verbreitet.

Es kann festgehalten werden, dass die Unternehmen, die in der Region „EU-Bewerberländer, Russland, GUS" aktiv sind, eine im Vergleich zum Gesamtergebnis der Studie unterdurchschnittliche Erfolgsquote aufweisen und den zehn am häufigsten genannten Problemen gar in verstärktem Maße begegnen. Und auch wenn sich die Länder innerhalb dieser Region einem unumgänglichen Aufholprozess gegenübersehen und vor allem an den strukturellen Rahmenbedingungen arbeiten müssen, so sind die genannten Probleme der Unternehmen doch häufig hausgemacht und durch das Fehlen einer entsprechend umsetzbaren Marktstrategie und eines ausgewogenen Finanzplans gekennzeichnet.

Probleme beim Aufbau von Geschäftsbeziehungen in der Region „EU-Bewerberländer, Russland, GUS": Top 10	
1. Suche/Auswahl verlässlicher Partner	↑
2. Konkurrenz im jeweiligen Markt	↑
3. Eigene Preise im Ausland zu hoch	↑
4. Kontakte	↑
5. Beschaffung verlässlicher Marktinformationen schwierig	↑
6. Marktbearbeitung schwierig	↑
7. Forderungseinzug schwierig	↑
8. Sprachen	↗
9. Finanzierung schwierig	↑
10. Wechselkursrisiko zu hoch	↑

Abweichung ≥ 6 % ↑ Abweichung ≥ 2 % ↗
Abweichung ≥ -2% ↘ Abweichung ≥ -6% ↓
Abweichung 1,9 % bis -1,9% →
Abweichungen zum Gesamtergebnis der Studie.

Quelle: Eigene Studie „Going International"
Abbildung 196: *Probleme beim Aufbau von Geschäftsbeziehungen in der Region „EU-Bewerberländer, Russland, GUS": Top 10*

3.11 Erfolgsfaktoren

Nachdem aufgezeigt wurde, dass die Unternehmen in der Region „EU-Bewerberländer, Russland, GUS" im Vergleich zum Gesamtergebnis der Studie weniger erfolgreich agieren und sich in höherem Maße mit Problemen konfrontiert sehen, ist auch die andere Seite der Medaille zu betrachten. Somit stellt sich die Frage nach den Erfolgsfaktoren in dieser Region.

Erfolgsfaktoren	Abweichung in der Region „EU-Bewerberländer, Russland, GUS“
Produktqualität	↗
Wahl des richtigen Partners im neuen Zielmarkt	↑
Gründliche Marktkenntnis	↗
Preis	→
Qualifizierte Mitarbeiter	↗
Service	↗
Technologievorsprung	↗
Spezifisches Geschäftskonzept für den Zielmarkt	→
Räumliche Nähe zum Kunden	→
Früher Markteintritt	→

Abweichung ≥ 6 % ↑ Abweichung ≥ 2 % ↗
Abweichung ≥ -2% ↘ Abweichung ≥ -6% ↓
Abweichung 1,9 % bis -1,9% →
Abweichungen zum Gesamtergebnis der Studie.

Quelle: Eigene Studie „Going International“
Abbildung 197: *Erfolgsfaktoren in der Region „EU-Bewerberländer, Russland, GUS“*

Dabei ergibt sich für diese Region ein von den Gesamtergebnissen der Studie unterschiedliches Bild. Während der Preis sowie die auf Rang sieben bis zehn rangierenden Erfolgsfaktoren eines spezifischen Geschäftskonzepts für den Zielmarkt, die räumliche Nähe zum Kunden sowie der frühe Markteintritt im Einklang mit den Gesamtergebnissen der Studie bewertet wurden, kommen sechs der zehn Erfolgsfaktoren eine noch höhere Bedeutung zu als im Gesamtergebnis der Studie. Als überdurchschnittlich wichtig werden die Erfolgsfaktoren der Produktqualität, der gründlichen Marktkenntnis, qualifizierte Mitarbeiter, Service und Technologievorsprung angesehen. Wie auch in den vorangehend beschriebenen Regionen, ist daher auch in der Zielregion „EU-Bewerberländer, Russland, GUS“ eine konsequente Produkt- und Qualitätspolitik von noch größerer Bedeutung. Damit in engem Zusammenhang stehend ist auch der Technologievorsprung, der die notwendige Produkt- und Qualitätspolitik noch einmal unterstreicht und wesentlich zum Ausbau und zur Sicherung der eigenen Wettbewerbsvorteile beitragen kann. Mit den beiden zuvor genannten Erfolgsfaktoren korrespondiert zudem der Service vor Ort, der in dieser Region somit ebenfalls essenziell wichtig ist.

Damit geht sodann auch die in dieser Region im Verhältnis zum Gesamtergebnis der Studie gesteigerte Bedeutung des Erfolgsfaktors der qualifizierten Mitarbeiter einher.

Überaus wichtig und als Garant für den Erfolg gilt zudem eine gründliche Marktkenntnis. Da sich die Beschaffung verlässlicher Marktinformationen in dieser Region als besonders problematisch herausstellt (s. S. 384 f.), ist darauf besonderes Augenmerk zu richten.

Besondere Bedeutung für diese Region erlangt der Erfolgsfaktor der Wahl des richtigen Geschäftspartners, der eine signifikante Abweichung vom Gesamtergebnis der Studie aufzeigt. Allerdings erweist sich auch gerade die Suche/Auswahl verlässlicher Partner als ein überdurchschnittliches Problem.

3.12 Kernaussagen

Die Ergebnisse zur Zielregion „EU-Bewerberländer, Russland, GUS“ lauten pointiert wie folgt:

- Die Region „EU-Bewerberländer, Russland, GUS“ wird erst von weniger als 50 % der auslandsaktiven Unternehmen frequentiert und dies vor allem von den großen Unternehmen/Konzernen und größeren Mittelständlern; branchenmäßig dominiert eindeutig der Maschinenbau mit deutlichem Vorsprung vor der Chemischen und Kunststoffindustrie.
- Die Gründe und Motive für das Engagement in der Region sind eindeutig marktorientiert, wobei die Erwartungen in besonders hohem Maße erfüllt werden.
- Die bevorzugte Form des Auslandsengagements ist der Export. Eine relativ hohe Bedeutung wird zudem der Form Repräsentanz/Vertriebsbüro beigemessen.
- Die Unternehmen, die auf diesem Markt agieren, zeigen sich im Vergleich zum Gesamtergebnis der Studie weniger erfolgreich, haben jedoch nur eine unwesentlich längere Vorbereitungszeit aufgewendet als z. B. zur geografisch und kulturell viel näher gelegenen Region „Bisherige EU-15/EFTA“.
- Führungskräfte werden in allen Managementbereichen überwiegend lokal rekrutiert; deutsche Führungskräfte kommen eher weniger zum Einsatz.
- Der Anpassung von Produkten/Dienstleistungen kommt im Vergleich zum Gesamtergebnis der Studie eine noch größere Bedeutung zu.
- Die zehn am häufigsten genannten Probleme sind fast identisch mit dem Gesamtergebnis der Studie, werden jedoch als noch gravierender angesehen.
- Um in dieser Region erfolgreich zu sein, sind die im Gesamtergebnis der Studie angegebenen Erfolgsfaktoren in ausführlicherem Maße zu berücksichtigen.

Damit wird deutlich, dass die Region „EU-Bewerberländer, Russland, GUS“ „nicht nebenbei“ bearbeitet werden kann. Im Gesamtergebnis kann festgehalten werden, dass profunde Kenntnisse des Marktes essenziell sind, um hier erfolgreich zu agieren. Bei dieser Region ist jedoch vor allem der Blick in die Zukunft gefragt, denn die Staaten dieser Region befinden sich in der Transformation und es sind auch weiterhin marktwirtschaftliche Reformen angekündigt. Zusammen mit dem rasanten Wirtschaftswachstum und dem weiterhin vorhergesagten immensen wirtschaftlichen Potenzial birgt diese Region, wie auch die folgenden Länderbetrachtungen zeigen, enorme Chancen für die deutschen Unternehmen.

4. Bulgarien

Quelle: CIA
***Abbildung 198:** Bulgarien*

Landesinformationen/Politik[360]

Amtliche Bezeichnung	Republik Bulgarien (Republika Balgarija)
Fläche	110.099 qkm
Einwohner	7,801 Mio. Einwohner
Bevölkerungsdichte	ca. 70,3 Einwohner/qkm
Hauptstadt	Sofia, 1,1 Mio. Einwohner
Religionszugehörigkeit	ca. 6,8 Mio. bulgarisch-orthodox, ca. 790.000 muslimisch, ca. 50.000 katholisch, ca. 20.000 protestantisch, ca. 5.000 jüdisch
Nationalfeiertag	3. März, Tag der Befreiung von der türkischen Herrschaft (1878, Friede von San Stefano)
Landessprache	bulgarisch
Staats-/Regierungsform	Republik mit parlamentarischer Regierungsform
Staatsoberhaupt	Präsident Dr. Georgi Parvanov, seit 2002, in direkter Wahl auf fünf Jahre gewählt
Regierungschef	Ministerpräsident Sergey Dmitrievich Stanishev, seit 2005, Gruppe Koalition für Bulgarien (Koalicija za Balgaria), bestimmt durch die Bulgarische Sozialistische Partei (BSP/Bulgarska Sozialistitscheska Partija)
Wirtschaftsminister	Rumen Ovcharov, Minister of Economy and Energy, seit 2005
Politische Situation	Regierungsparteien: Koalition für Bulgarien (Koalicija za Balgaria); Koalitionspartner: Nationale Bewegung Simeon II. (NBSII), Bewegung für Rechte und Freiheiten (DPS/Dvischenie sa Prava i Svobodi), Partei der türkischen Minderheit)
Währung[361]	Bulgarischer Lew, Einheit: Stotinki, 1 Bulgarischer Lew = 0,51356 Euro, 1 Euro (EUR) = 1,94720 Bulgarischer Lew (BGN)

[360] Zusammenstellung auf Basis von Informationen des Auswärtigen Amtes, Stand November 2005.

[361] http://www.oanda.com/convert/classic, Stand 03.05.2006.

Sonstiges

Wachstumsbranchen/-märkte[362]	Bauwirtschaft, Baustoffe, Kraftfahrzeuge, Haushaltsgeräte, Unterhaltungselektronik, Möbel, Nahrungsmitteltechnik
Mitgliedschaft in internationalen Organisationen	VN und Unterorganisationen, IWF, Europarat (seit 1992), WTO (seit 1996), Nato (seit 2004), seit 01.02.1995 mit der EU assoziiert, EU-Beitrittsverhandlungen laufen seit 01.12.2000, angestrebtes Beitrittsdatum 1. Januar 2007.
Hermes-Entgeltkategorie[363]	4
Korruption[364]	Rang 55 (von 158)

Volkswirtschaftliche Kennzahlen[365]

Binnenwirtschaftliche Indikatoren		2003	2004	2005s	2006p
BIP pro Kopf	Euro	2.250	2.500	2.750	3.000
BIP	Mrd. Euro	17,66	19,43	21,30	23,20
Wachstumsrate BIP, real	%	4,5	5,6	5,3	5,0
Inflationsrate	%	2,3	6,1	4,5	4,0
Arbeitslosenquote	%	14,3	12,7	11,5	10,5

Beitrag zum BIP:	Primärsektor 10,9 %; Sekundärsektor 30 %; Tertiärsektor 59,1 %
Entwicklung des BIP:	Wachstumsrate, die weit über dem europäischen Durchschnitt liegt und sich auch weiterhin günstig entwickeln wird (Abb. 199)
Inflation:	kräftiger Preisauftrieb ab 2004, der sich auch in Zukunft in abgeschwächter Form fortsetzen dürfte
Arbeitslosigkeit:	leicht rückläufige Arbeitslosenquote

362 Bfai: Bulgarien – Wirtschaftstrends 2006, Stand Dezember 2005.

363 http://www.agaportal.de/pages/aga/deckungspolitik/laenderklassifizierung.html.

364 Corruption Perceptions Index 2005 nach Transparency International, in: http://www.transparency.org, Rang 1= keine Korruption, Deutschland: Rang 16.

365 Zusammenstellung auf Basis von Informationen der Bayerischen Landesbank, Stand August 2005.

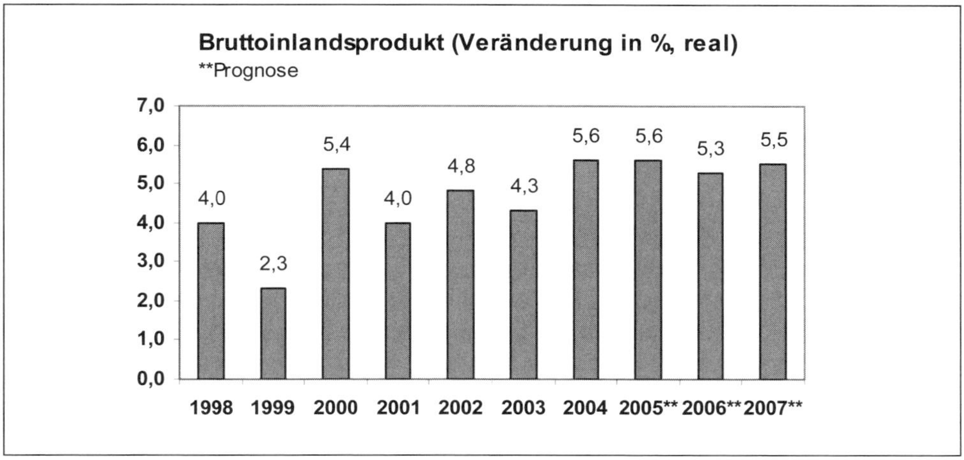

Quelle: Bfai
Abbildung 199: *Entwicklung des Bruttoinlandsproduktes in Bulgarien*

Finanzindikatoren		2003	2004	2005s	2006p
Auslandsverschuldung (brutto)	Mrd. Euro	10,64	12,25	13,50	14,50
	% des BIP	60,2	63,0	63,4	62,5
Haushaltssaldo	% des BIP	0,0	1,7	1,0	0,5

Verschuldung: weiter zunehmende Verschuldung vor allem im Ausland durch hohes Leistungsbilanzdefizit

Außenwirtschaftliche Indikatoren		2003	2004	2005s	2006p
Warenexporte	Mrd. Euro	6,67	7,99	9,30	10,20
Warenimporte	Mrd. Euro	8,87	10,71	12,30	13,40
Handelsbilanzsaldo	Mrd. Euro	-2,20	-2,72	-3,00	-3,20
Leistungsbilanzsaldo	Mrd. Euro	-1,63	-1,45	-1,70	-1,80
	% des BIP	-9,2	-7,5	-8,0	-7,8
				Jan-Mai 05	Jan-Mai 04
Deutsche Einfuhr aus Bulgarien	Mio. Euro	825	961	399	371
Deutsche Ausfuhr nach Bulgarien	Mio. Euro	1.283	1.564	697	608

Leistungsbilanz: Leistungsbilanzdefizit zuletzt kräftig gestiegen

Hauptlieferländer:[366]	2004: Deutschland 14,6 %, Russland 12,7 %, Italien 9,8 %, Türkei 6,0 %, Griechenland 5,7 %, Frankreich 5,3 %, Ukraine 4,1 %, VR China 3,3 %, Rumänien 2,9 %, USA 2,3 %, Sonstige 33,3 %
Hauptabnehmerländer:[366]	2004: Italien 13,1 %, Deutschland 10,2 %, Türkei 10,0 %, Griechenland 9,9 %, Belgien 6,0 %, Frankreich 4,5 %, USA 4,5 %, Rumänien 4,0 %, Serbien-Montenegro 3,5 %, Spanien 3,4 %, Sonstige 30,9 %
Hauptimportgüter: [366]	2004: Maschinen, Transportausrüstungen 29,6 %, Halbfabrikate 21,6 %, Mineralische Brenn- und Schmierstoffe 16,7 %, Verschiedene Fertigerzeugnisse 9,1 %, chemische Erzeugnisse 10,4 % Rohstoffe 6,0 %, Nahrungsmittel und lebende Tiere 4,4 %, Sonstige 2,2 %
Hauptexportgüter: [366]	2004: Verschiedene Fertigerzeugnisse 25,7 %, Halbfabrikate 27,6 %, Maschinen, Transportausrüstungen 12,4 %, chemische Erzeugnisse 7,7 %, Mineralische Brenn- und Schmierstoffe 10,2 %, Nahrungsmittel und lebende Tiere 6,8 %, Rohstoffe 6,1 %, Getränke, Tabak, 2,4 %, Sonstige 1,1 %
Bulgarien als deutscher Handelspartner:[367]	Rang 49 (nach den Philippinen, vor Kroatien)

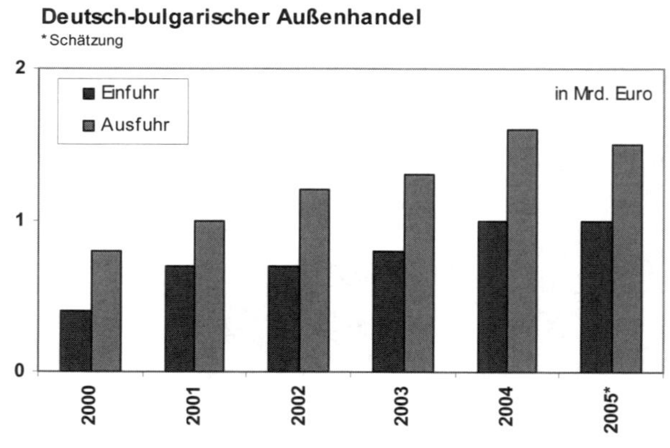

Quelle: AHK

Abbildung 200: *Entwicklung des deutsch-bulgarischen Außenhandels*

---

366 Bfai: Bulgarien – Wirtschaftsdaten kompakt, Stand Dezember 2005.

367 Statistisches Bundesamt, Außenhandelsstatistik 2005.

Investitionen[368]	2002	2003	2004	2005
Ausländische Direktinvestitionen in Bulgarien				
Bestand Mio. Euro	Jan. 1991- Jul. 2005			10.132*
Ausländische Direktinvestitionen in Bulgarien				Jan-Juli 05
Zuflüsse Mio. Euro	980,0	1.850,5	2.278,2*	29,3*
Deutsche Direktinvestitionen in Bulgarien				
Bestand Mio. Euro	175	188	253	k. A.
Bulgarische Direktinvestitionen in Deutschland				
Bestand Mio. Euro	k. A.	k. A.	k. A.	k. A.

*vorläufige Angaben

Weiterführende Quellen

Internet:

Auslandshandelskammer: http://www.ahk.de.
Auswärtiges Amt: http://www.auswaertiges-amt.de.
Bundesagentur für Außenwirtschaft: http://www.bfai.de.
Deutsche Botschaft in Bulgarien: http://www.sofia.diplo.de.
Deutsch-bulgarische Industrie- und Handelskammer: http:// www.ahk-bg.org.
Bulgarische Botschaft in Deutschland: http://www.botschaft-bulgarien.de.
Statistisches Bundesamt: http://www.destatis.de.

Literatur:

Bundesagentur für Außenwirtschaft: Handbuch für Geschäftspraxis und Investitionen – Bulgarien, Köln 2004.
Carius, Alexander/Krüger, Christine/von Homeyer, Ingmar: Umweltpolitik und Umweltrecht in Bulgarien. Eine Zwischenbilanz des Beitrittsprozesses, Norderstedt 2001.
F.A.Z.-Institut: Investitionsführer Südosteuropa, Frankfurt am Main 2006.
Opfer, Björn: Handbuch Südosteuropa-Kontakte, Osnabrück 2003.
Fräss-Ehrfeld, Clarisse: Wirtschaftsentwicklung und Wirtschaftsförderung in Rumänien, Bulgarien, Kroatien und Serbien-Montenegro, Wien 2006.
Knaus, Gerald: Bulgarien. Länderbericht, München 1997.

368 Zusammenstellung auf Basis von Informationen der Bfai: Bulgarien – Wirtschaftsdaten kompakt, Stand November 2005, und der Deutschen Bundesbank: Kapitalverflechtungen mit dem Ausland, Stand April 2006.

5. Rumänien

Quelle: CIA
***Abbildung 201:** Rumänien*

Landesinformationen/Politik[369]

Amtliche Bezeichnung	Rumänien (România)
Fläche	237.500 qkm
Bevölkerung	21,6 Mio. Einwohner (Volkszählung 2002)
Bevölkerungsdichte[370]	91,0 Einwohner/qkm

369 Zusammenstellung auf Basis von Informationen des Auswärtigen Amtes, Stand Oktober 2005.

Hauptstadt	Bukarest, ca. 2,1 Mio. Einwohner
Religionszugehörigkeit	rumänisch-orthodox 87 %, römisch-katholisch ca. 5 %, griechisch-katholisch ca. 1 %, u. a.
Nationalfeiertag	1. Dezember
Landessprache	rumänisch
Regierungsform	Republik Parlament mit 2 Kammern, Wahlen alle vier Jahre, letzte Wahl am 28.11.2004, Senat (137 Senatoren), Abgeordnetenhaus (332 Abgeordnete)
Staatsoberhaupt	Präsident Traian Basescu, seit 2004, gewählt für 5 Jahre
Regierungschef	Premierminister Calin Popescu Tariceanu, seit 2004
Wirtschaftsminister	Ioan-Codruţ Şereş, Minister of Economy and Commerce, seit 2005
Politische Situation	Regierungsparteien: National-Liberale Partei (PNL; 67 Abgeordnete, 29 Senatoren), Demokratische Partei (PD; 43 Abgeordnete, 21 Senatoren), Demokratischer Verband der Ungarn in Rumänien (UDMR; 22 Abgeordnete, 10 Senatoren), Konservative Partei (PC; 20 Abgeordnete, 11 Senatoren), 17 Abgeordnete kleiner nationaler Minderheiten, die die Regierung parlamentarisch unterstützen, aber nicht der Regierung angehören Oppositionsparteien (im Parlament): Sozialdemokratische Partei (PSD; 109 Abgeordnete, 44 Senatoren), Groß-Rumänien-Partei (PRM; 32 Abgeordnete, 19 Senatoren)
Währung[371]	Rumänische Neue Lei, Einheit: Bani, 1 Rumänischer Neue Lei = 0,28571 Euro 1 Euro (EUR) = 3,50010 Rumänischer Neue Lei (RON)

370 Bfai: Rumänien – Wirtschaftsdaten kompakt, Stand November 2005.

371 http://www.oanda.com/convert/classic, Stand 18.04.2006.

Sonstiges

Wachstumsbranchen- und märkte[372]	Informations- und Kommunikationstechnik, Nahrungsmittel- und Verpackungsmaschinen, Holzbearbeitungstechnik, Bautechnik und Baustoffe, Kunststoffe, Molkerei- und Schlachthaustechnik, Automobilindustrie
Mitgliedschaft in internationalen Organisationen	Vereinte Nationen und deren Sonderorganisationen, Nato, Europarat, OSZE, WTO, IWF, Weltbank, EU-Assoziiert, CEFTA, SECI, BSEC, PfP, MPFSEE, CEN-COOP, SEECP
Hermes- Entgeltkategorie[373]	4
Korruption[374]	Rang 85 (von 158)

Politische Trends[375]

Seit dem Wahljahr 2004 wird Rumänien von einer Koalition aus der National-Liberalen Partei (PNL) und der Demokratischen Partei (PD) regiert – zwei Parteien, die sich im Rahmen der Parlamentswahl 2004 zum Oppositionsbündnis „Allianz für Gerechtigkeit und Wahrheit“ zusammengeschlossen hatten. Das Regierungsbündnis wird von der Partei der ungarischen Minderheit (UDMR) und der Humanistischen Partei (PUR) unterstützt. Der Präsident Traian Basescu wird dabei von der Demokratischen Partei gestellt. Er wurde in der Stichwahl vom Dezember 2004 mit 52 % der Stimmen zum neuen Präsidenten Rumäniens gewählt. Der Ministerpräsident Calin Popescu Tariceanu wird von der National-Liberalen Partei (PNL) gestellt.

Im Regierungsprogramm der Koalition steht der bevorstehende EU-Beitritt an erster Stelle. Rumänien ist seit 2005 Beitrittskandidat zur Europäischen Union. Die Verhandlungen sind seit dem 25. April 2005 abgeschlossen. Als Termin für den Beitritt wurde der 1. Januar 2007 festgelegt, der sich aber bei Schwierigkeiten im Reformprozess auf 2008 verschieben könnte. Besonders bei der Bekämpfung der Korruption und bei der Reform des Justizwesens besteht noch Handlungsbedarf. Auch in Bereichen wie Bürokratie oder Rechtssicherheit sind noch Reformen notwendig, damit das Land den EU-Standards nachkommt.

Die Arbeitslosigkeit ist mit einer Arbeitslosenquote von 5,6 % im Jahre 2005 leicht rückläufig.[376] Die Investitionsfreudigkeit, die Binnennachfrage und die Bekämpfung der Schatten-

---

[372] BfaI: Rumänien – Wirtschaftstrends 2006. Gesamtwirtschaftlicher Ausblick, Stand Dezember 2005.

[373] http:// www.agaportal.de/pages/aga/deckungspolitik/laenderklassifizierung.html.

[374] Corruption Perceptions Index 2005 nach Transparency International, in: http://www.transparency.org; Rang 1 = keine Korruption, Deutschland: Rang 16.

[375] Texte zusammengestellt auf Basis des Auswärtigen Amtes, der Bundesagentur für Außenwirtschaft, der Bayerischen Landesbank und des Außenwirtschaftszentrums Bayern.

[376] Zusammenstellung auf Basis von Informationen der Bayerischen Landesbank, Stand September 2005.

wirtschaft und Steuerhinterziehung sollen darüber hinaus seit 2005 mit der Einführung einer Flat Tax von 16 % begünstigt werden. Somit gehört Rumänien zu einem der wenigen Steuerparadiesen in Europa.

Rumänien setzt sich aktiv für den Beitritt in die Europäische Union ein. Das Land unterstützt weiterhin eine aktive Kooperation der südosteuropäischen Staaten. So ist Rumänien beispielsweise Mitglied im südosteuropäischen Kooperationsprogramm (SEECP), in der Schwarzmeer-Wirtschaftskooperation (BSEC) und das Land unterstützt den Stabilitätspakt für Südosteuropa (SECI). Rumänien pflegt darüber hinaus intensive Beziehungen zu den großen EU-Mitgliedstaaten, wobei Deutschland und Italien eine besondere Bedeutung zukommt. Auch die enge Zusammenarbeit mit den USA zeichnet die rumänische Außenpolitik aus.

Volkswirtschaftliche Kennzahlen[377]

Binnenwirtschaftliche Indikatoren		2003	2004	2005p	2006p
BIP pro Kopf	Euro	2.300	2.700	3.500	4.150
BIP	Mrd. Euro	50,68	58,91	75,50	90,00
Wachstumsrate BIP, real	%	5,2	8,3	4,7	5,5
Inflationsrate	%	15,3	11,9	9,2	7,0
Arbeitslosenquote	%	7,6	6,7	5,6	6,0

Beitrag zum BIP: Landwirtschaft (Primärsektor) 14,7 %, Industrie (Sekundärsektor) 36,6 %, Dienstleistungen (Tertiärsektor) 48,7 %

Finanzindikatoren					
Auslandsverschuldung (brutto)	Mrd. Euro	16,75	19,60	25,00	30,00
Auslandsverschuldung (brutto)	% des BIP	33,1	33,3	33,1	33,3
Haushaltssaldo	% des BIP	-2,3	-1,1	-1,0	-0,5

Wirtschaftliche Trends

Rumänien zeichnet eine dynamische stabile Wirtschaftsentwicklung aus. Die Wachstumsraten des Bruttoinlandsproduktes stiegen ab 2000 kontinuierlich an, bis 2004 ein Rekordwachstum des Bruttoinlandsproduktes von 8,3 % vorgewiesen werden konnte (Abb. 202). Die Rate von 8,3 % blieb allerdings aufgrund einer Rekordernte in der Landwirtschaft eine Ausnahme. Neben den Zuwächsen in der Landwirtschaft trugen Zuwächse in der Industrie und im Bau-

377 Quelle: Bayerische Landesbank, Stand September 2005.

wesen zu diesem Rekordhoch bei. Im Jahr 2005 verzeichnete die Wirtschaft im Vergleich dazu ein geringeres Wachstum von 5,0 %. Ein Anstieg der Binnennachfrage und der Investitionstätigkeit lassen darüber hinaus vermuten, dass das Bruttoinlandsprodukt auch in Zukunft konstant mit einer Wachstumsrate von 5,0 % wachsen wird. Darüber hinaus ist die wachstumsfreundliche Steuerpolitik der Regierung wichtiger Impulsgeber für das Wirtschaftswachstum.

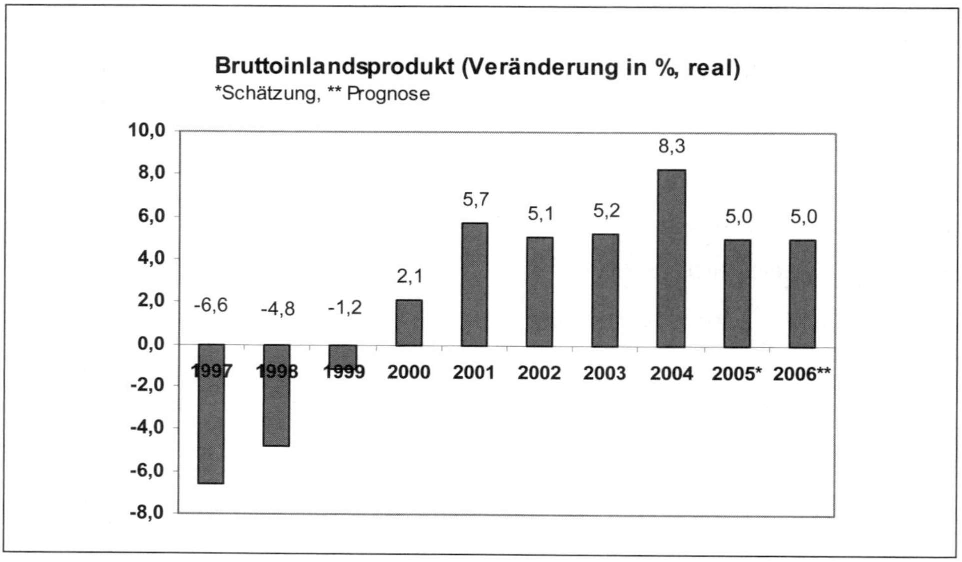

Quelle: Bfai

Abbildung 202: *Entwicklung des Bruttoinlandsproduktes in Rumänien*

Die wichtigsten Industriesektoren sind die Maschinenbauindustrie, die Automobilindustrie, die Ölindustrie, die Metallurgieindustrie, die Chemische Industrie, die Holzverarbeitungsindustrie und die Nahrungsmittelindustrie. Auch von der Bauwirtschaft, die einen großen Anteil zum Bruttoinlandsprodukt beisteuert, wird in den nächsten Jahren voraussichtlich ein Wachstumsimpuls ausgehen (+10 %).[378] Auch die Textilindustrie, die 20 % alle Arbeitskräfte beschäftigt sowie der Standort Rumäniens für Kfz-Zulieferer werden an Bedeutung zunehmen. Weitere Wachstumsbranchen der Zukunft sind die Informations- und Kommunikationstechnik, die Verpackungsmaschinenindustrie, die Holzbearbeitungstechnik, die Kunststoffindustrie und die Molkerei- und Schlachthaustechnik.

Die fortschreitende Annäherung an die EU und an den EU-Binnenmarkt beschert Rumänien eine sichere Basis für die wirtschaftliche Entwicklung. Risikoreich könnten die Importzuwächse von Konsumgütern sein, die in den letzten Jahren in die Höhe geschnellt sind. Der

[378] Bfai: Top-Exportmärkte 2006, Stand Februar 2006.

Privatverbrauch expandierte dank einer Reallohnerhöhung und einer Ausweitung der Kreditvergabe. Der positive Wachstumsimpuls wird mittlerweile durch den negativen Außenbeitrag wieder ausgeglichen, weshalb die EU eine Straffung der Fiskal- und Kreditpolitik und einen gemäßigten Lohnanstieg fordert.

Der Titel „funktionierende Marktwirtschaft", den die Europäische Kommission Rumänien als Annerkennung der verstärkten Reformbemühungen verliehen hat, soll auch in Zukunft gehalten werden, und die Strukturreformen sollen den Weg in die Eurozone ebnen.

Außenwirtschaftliche Kennzahlen[379]

Außenwirtschaftliche Indikatoren		2003	2004	2005p	2006p
Warenexporte	Mrd. Euro	15,61	18,94	21,50	24,50
Warenimporte	Mrd. Euro	19,57	24,26	29,50	33,50
Handelsbilanzsaldo	Mrd. Euro	-3,96	-5,32	-8,00	-9,00
Leistungsbilanzsaldo	Mrd. Euro	-3,06	-4,46	-7,00	-7,50
	% des BIP	-6,0	-7,6	-9,3	-8,3
				Jan-Jun 05	Jan-Jun 04
Deutsche Einfuhr aus Rumänien	Mio. Euro	2.667	3.103	1.551	1.397
Deutsche Ausfuhr nach Rumänien	Mio. Euro	3.522	4.397	2.470	2.003

Außenhandel

Rumänien weist überdurchschnittlich hohe Import- und Exportquoten auf und ist damit stark vom Außenhandel abhängig. Im Jahre 2004 standen dabei Exporte im Wert von 18,9 Mrd. Euro Importen im Wert von 26,3 Mrd. Euro gegenüber. In den nächsten Jahren wird einhergehend mit der steigenden Nachfrage nach Konsumgütern mit einem weiteren Anstieg der Importquote gerechnet. Begünstigt wird diese Entwicklung durch die Ausweitung der Verbraucherkredite – im Besonderen durch die Einführung von Leasing-Verträgen – die Erhöhung des Reallohns, die Senkung der Einkommenssteuer auf die einheitliche Flat Tax und die Lei-Aufwertung. Das Handelsbilanzdefizit weitet sich somit aus – in den ersten zehn Monaten des Jahres 2005 lag der Fehlbetrag um fast 50 % höher als im Jahr 2004. Finanziert werden die außenwirtschaftlichen Salden zumeist mit den Mitteltransfers von Rumänen, die im Ausland arbeiten, mit den Auslandsinvestitionen sowie wahrscheinlich künftig durch EU-Zuschüsse.

Der Handel Deutschlands mit Rumänien ist bereits kräftig angestiegen. So haben sich sowohl die Ein- als auch die Ausfuhren im Zeitraum von 1990 bis 2005 vervierfacht (Abb. 203).

379 Zusammenstellung auf Basis von Informationen der Bayerischen Landesbank, Stand September 2005.

Rumänien ist im Jahr 2005 bereits auf Rang 28 der Rangliste der deutschen Handelspartner avanciert und somit innerhalb eines Jahres zwei Ränge nach vorne gerückt. Für Rumänien ist Deutschland der zweitwichtigste Handelspartner nach Italien.

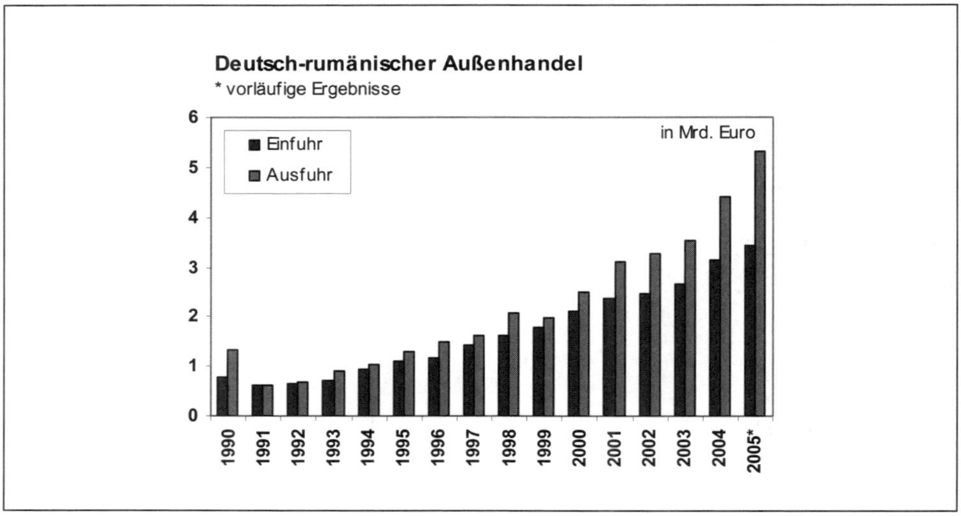

Quelle: Statistisches Bundesamt

Abbildung 203: *Entwicklung des deutsch- rumänischen Außenhandels*

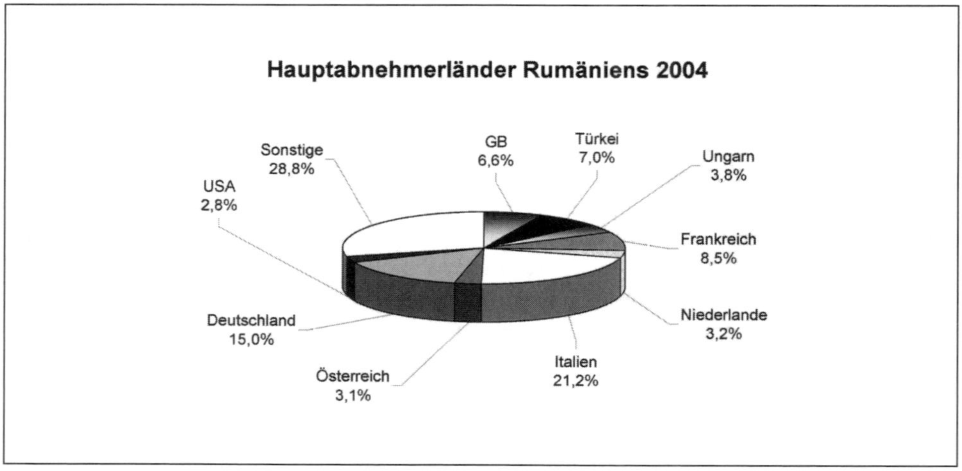

Quelle: Bfai

Abbildung 204: *Hauptabnehmerländer Rumäniens 2004*

Über 72 % der Exporte Rumäniens gingen an europäische Abnehmer (Abb. 204). Die europäischen Staaten waren auch mit einem Anteil von rund 58 % an der rumänischen Gesamteinfuhr erneut wichtige Lieferländer (Abb. 205).

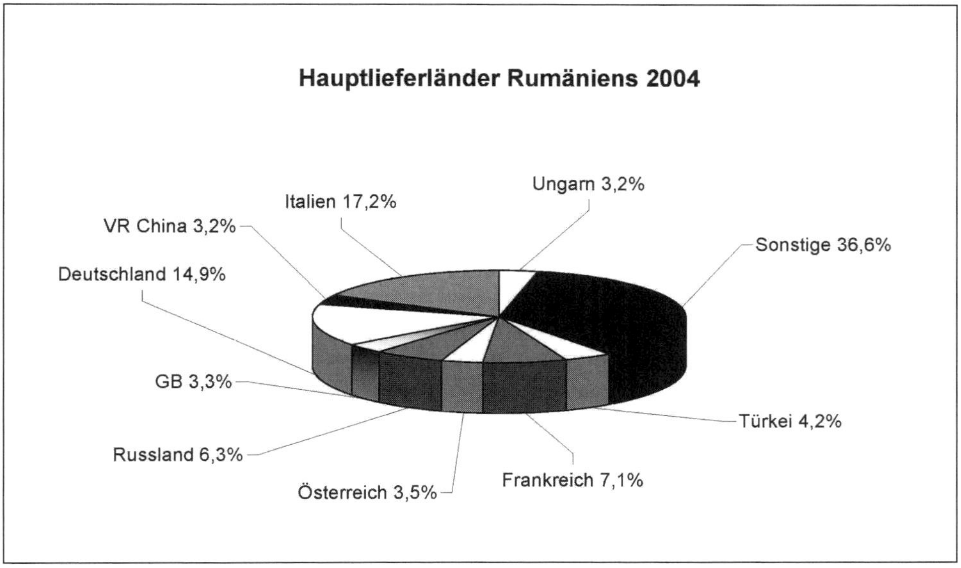

Quelle: Bfai
Abbildung 205: *Hauptlieferländer Rumäniens 2004*

Die Nachfrage Rumäniens nach Kapital- und Verbrauchsgütern aus Deutschland wird auch 2006 voraussichtlich stark ansteigen. Nachgefragt werden vor allem Bekleidungsartikel, Geräte der elektrischen Erzeugung und Verteilung sowie Kfz und Kfz-Teile. In Deutschland findet man rumänische Produkte aus Bereichen der Lohnveredelungsindustrie wie zum Beispiel Bekleidung, Schuh- und Lederwaren sowie Holz und Möbel. Auch Bereiche wie die Kfz-Zulieferindustrie werden immer bedeutsamer. Zudem sind im Bereich der Software-Entwicklung zahlreiche deutsch-rumänische Kooperationen zu beobachten.

Rumänien ist deutlich bestrebt, die Privatisierung im Land voranzutreiben und den Einfluss des Staates auf die Wirtschaft weiter zu reduzieren. Der Anteil der Privatwirtschaft am Bruttoinlandsprodukt ist mittlerweile auf rund 70 % gestiegen. Gerade das deutsche Interesse an der Liberalisierung des Energiemarktes und des Kapitalverkehrs ist groß – die Aussichten für deutsche Anbieter bleiben gerade auch wegen der konkreteren EU-Perspektive auf Jahre hinaus sehr interessant.

Investitionsklima

Rumänien gilt bei den internationalen Rating-Agenturen als „Investitionsland mit geringem Risiko“[380]. Die Investitionstätigkeit verzeichnet eine überaus gute Entwicklung. Von 2003 bis 2004 haben sich die ausländischen Direktinvestitionen mehr als verdoppelt und es konnte erstmals die Schwelle von 2 Milliarden Euro beim Investitionszufluss aus dem Ausland überschritten werden. Auch die deutschen Direktinvestitionen in Rumänien sind über den Zeitablauf angestiegen – so stiegen die Investitionen von 577 Mio. Euro aus dem Jahre 2001 auf 683 Mio. Euro in 2003 an. Deutschland nimmt bei den Investitionen Rang 3 nach den Niederlanden und Frankreich ein, wobei die Investitionen zu mehr als einem Drittel im Automobil- und Kfz-Zulieferbereich getätigt werden.

Investitionen [381]		2001	2002	2003	2004	1.Hj.2005
Ausländische Direktinvestitionen in Rumänien						
	Bestand Mrd. Euro	1991-1.Hj.2005:				11.657,6
Ausländische Direktinvestitionen in Rumänien						
	Zuflüsse Mio. Euro	k. A.	824,9	1.110,0	2.440,9	890,1
Deutsche Direktinvestitionen in Rumänien						
	Bestand Mio. Euro	577	648	686	1.053	k. A.
Rumänische Direktinvestitionen in Deutschland						
	Bestand Mio. Euro	k. A.	k. A.	k. A.	k. A.	k. A.

Rumänien kann sich hervorragend im internationalen Steuerwettbewerb behaupten. So wirbt das Land mit niedrigen Kosten in Kombination mit ausreichend qualifizierten Fachkräften. Die Stundenlöhne sind wesentlich niedriger als in den anderen der EU bereits beigetretenen osteuropäischen Ländern. Zwar werden auch die Löhne in Zukunft voraussichtlich leicht ansteigen, jedoch bringt eine Erhöhung des verfügbaren Einkommens Impulse für die Inlandsnachfrage mit sich, was wiederum auf dem größten Markt in Südosteuropa mit 22 Millionen Konsumenten zu neuen Produktions- und Absatzmöglichkeiten für Investoren führen dürfte.

Der Ausbau des Autobahn- und Fernstraßennetzes, die Modernisierung der Industrieanlagen und die Anpassungen im Umweltbereich für den bevorstehenden EU-Beitritt lassen den Standort Rumänien voraussichtlich noch mehr an Attraktivität gewinnen. Außerdem bieten sich interessante Investitionsmöglichkeiten für deutsche Unternehmen mit viel Know-how gerade in der Umwelttechnik. Verbessert wurde das Geschäftsklima auch durch die Liberali-

380 Bfai: Top-Exportmärkte 2006, Stand Februar 2006.

381 Zusammenstellung auf Basis von Informationen der Bfai: Rumänien – Wirtschaftsdaten kompakt, Stand November 2005, und der Deutschen Bundesbank: Kapitalverflechtungen mit dem Ausland, Stand April 2005.

sierungen, die gestiegene Leistungsfähigkeit im Bankensektor und durch den Abbau von Subventionen und Interventionen in die Wirtschaft.

Als systemimmanente Schwachstellen sind nach wie vor Rechtsunsicherheit, Korruption und Amtsmissbrauch anzuführen. Unternehmen beklagen häufig nichttransparente Entscheidungen der Administration, Unzulänglichkeiten der öffentlichen Verwaltung und die noch nicht umgesetzte Justizreform.

Außenwirtschaftsbarometer

Bei der Einschätzung der aktuellen Geschäftslage Mitte 2006 sind Rumänien/Bulgarien das Schlusslicht aller 30 abgefragten Länder. Aber auch bei diesen beiden Ländern ist ein deutlicher Aufwärtstrend zu erkennen. Während Anfang 2003 fast zwei Drittel der befragten Unternehmen ihre Geschäftsbeziehungen zu Rumänien/Bulgarien als schlecht bezeichnet haben, ist die Anzahl derjenigen Unternehmen Mitte 2006, die ihre aktuelle Geschäftslage für gut befinden, wesentlich größer geworden (Abb. 206). Sollten die Erwartungen mit einem Wert von 10,3 für die nächsten zwölf Monate zutreffen, dürfte bereits bei der Befragung Anfang 2007 der Anteil von Unternehmen mit positiver Einschätzung ihrer aktuellen Geschäftslage überwiegen.

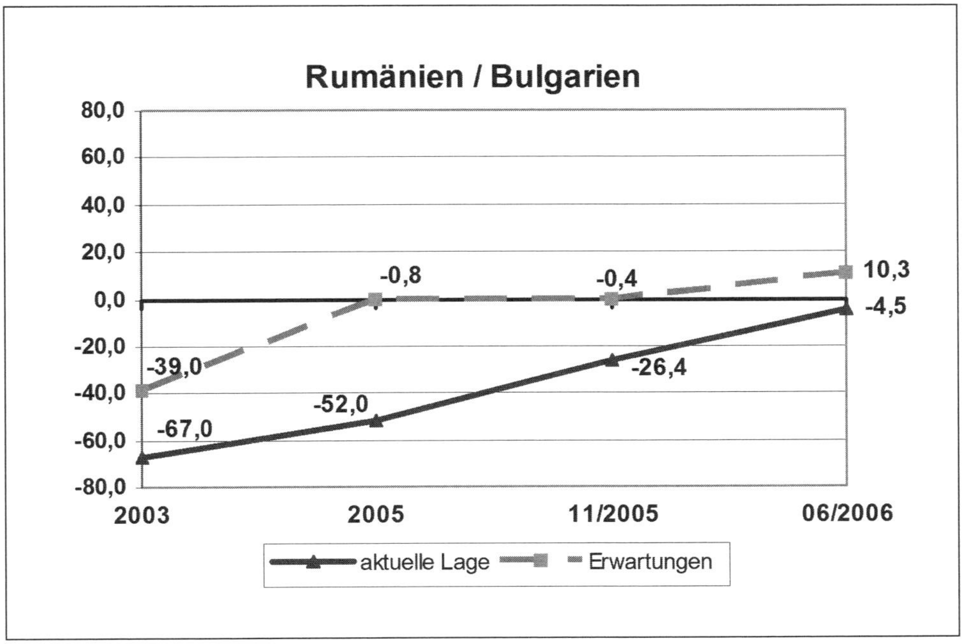

Quelle: IHK Region Stuttgart
Abbildung 206: *Außenwirtschaftsbarometer Rumänien/Bulgarien*

Interkultureller Praxistipp Rumänien

Im Gegensatz zu den meisten anderen Völkern Mittel- und Osteuropas geht die rumänische Sprache auf das Lateinische zurück und ist damit dem Französischen und dem Italienischen ähnlicher als den slawischen Sprachen. Auch sonst grenzen sich die Rumänen gerne klar von ihren slawischen Nachbarn ab und sind stolz auf ihre gemeinsamen Wurzeln mit Westeuropa. Vor allem Frankreich genießt einen hervorragenden Ruf. Nicht zuletzt deshalb und wegen der herrlichen historischen Gebäude wird Bukarest das Paris des Ostens genannt.[382] Aber auch Deutschland steht hoch im Kurs. Besonders die deutsche Qualität und Zuverlässigkeit werden von den Rumänen geschätzt, aber auch unbedingt erwartet. Pünktlichkeit gehört zu den rumänischen Tugenden und wird deshalb ebenfalls von den ausländischen Geschäftspartnern verlangt.[383] Rumänien ist ein Land der Netzwerke und Beziehungen. Geschäftskontakte brauchen zwar einige Zeit, bis sie geknüpft sind, doch danach wird Wert auf eine langfristige Partnerschaft gelegt.[384] Bei der Anrede legt man nach wie vor Wert auf Titel und Positionen. Daher sollte der Titel auch nicht auf der Visitenkarte fehlen und bei der Vorstellung genannt werden. Bei Geschäftsverhandlungen erweisen sich rumänische Geschäftsleute als versierte Vertreter ihrer Interessen, die vor allem auf den Preis achten. Denn immer noch zählt Rumänien zu den ärmsten Ländern Europas mit geringer Kaufkraft. Doch dieses Thema sollte nicht zu sehr im Vordergrund einer Unterhaltung stehen, da dies den Stolz der Rumänen verletzt. Auch beim Anstoßen nach einem gelungen Vertragsabschluss muss man aufpassen, um den rumänischen Geschäftspartner nicht zu verärgern. Denn „Prost“ bedeutet auf Rumänisch dumm und sollte lieber durch das gebräuchliche Wort „noroc“ ersetzt werden.[385]

Fazit

Nach einem Rekordhoch des Wirtschaftswachstums im Jahre 2004 ist die Wirtschaft zum Jahresbeginn 2005 auf einen positiven Wachstumspfad eingeschwenkt, obgleich das Wachstum des Bruttoinlandsprodukts schwächer ausfiel. Die Steuervorteile und die niedrigen Lohnkosten – die Investitionsfreudigkeit, die Binnennachfrage und die Bekämpfung der Schattenwirtschaft und Steuerhinterziehung sollen ab 2005 mit der Einführung einer Flat Tax von 16 % begünstigt werden – erklären die wachsende Bedeutung Rumäniens im internationalen Handel ebenso wie die spürbaren Fortschritte, die das Land gemacht hat, um in die EU zu kommen.

Auch im Regierungsprogramm der Koalition steht der bevorstehende EU-Beitritt an erster Stelle. Als Termin für den Beitritt wurde der 1. Januar 2007 festgelegt, der sich aber bei Schwierigkeiten im Reformprozess auf 2008 verschieben könnte. Besonders bei der Bekämpfung der Korruption und bei der Reform des Justizwesens besteht noch Handlungsbedarf. Auch in Bereichen wie Bürokratie, Umwelttechnik oder Rechtssicherheit sind noch Reformen notwendig, damit das Land den EU-Standards entspricht.

---

382 Vgl. Bfai: Wirtschaftsführer Rumänien, Köln 2005, S. 3.

383 Vgl. Strunz/Dorsch 2001, S. 356.

384 Vgl. Bfai: Wirtschaftsführer Rumänien, Köln 2005, S. 3.

385 Vgl. Winkler 2002, S. 151.

Deutschland ist der zweitwichtigste Exportpartner Rumäniens. Rumänien hatte dabei einen Anteil von 15 % an den deutschen Gesamteinfuhren. Darüber hinaus ist Deutschland zweitwichtigstes Lieferland. In Rumänien übersteigen die Importe dabei traditionell die Exporte, wodurch sich das Handelsbilanzdefizit weiter vergrößert und die Finanzierung des Saldos auch in Zukunft Fragen aufwerfen dürfte.

Weiterführende Quellen

Internet:

Auslandshandelskammer: http://www.ahk.de.
Auswärtiges Amt: http://www.auswaertiges-amt.de.
Bundesagentur für Außenwirtschaft: http://www.bfai.de.
Deutsche Botschaft in Rumänien: http://www.bukarest.diplo.de.
Deutsch-rumänische Industrie- und Handelskammer: http://www.ahkrumaenien.ro.
Rumänische Botschaft in Deutschland: http://www.konsulate.de.
Rumänische Agentur für ausländische Investitionen: http://www.arisinvest.ro.
Rumänisches Zentrum für Außenhandelsförderung: http://www.traderom.ro.
Rumänisches Statistikamt: http://www.insse.ro.
Statistisches Bundesamt: http://www.destatis.de.

Literatur:

Bundesagentur für Außenwirtschaft: Wirtschaftsführer Rumänien, Köln 2005.
F.A.Z.-Institut, Rödl & Partner, GTZ und Ost-West-Contact (Hrsg.): Mittel- und Osteuropa Perspektiven - Jahrbuch 2005/2006, 13. Jahrgang, Frankfurt am Main 2005.
Feldmann, Jörg: Quo vadis Romania? Rumäniens Innen-, Sozial- und Wirtschaftspolitik und die Osterweiterung der EU und der Nato, Hamburg 2000.
Gabanyi, Anneli Ute: Das Parteiensystem Rumäniens, in: Segert, Dieter/Stöss, Richard/ Niedermayer, Oskar/ Verseck, Keno (Hrsg.): Rumänien, München 2001.
Niedermayer, Oskar (Hrsg.): Parteiensysteme in postkommunistischen Gesellschaften Osteuropas, Opladen 1997.
Richter, Alexander/Leiße, Utta- Kristin/Leiße, Olaf: Beitrittsbarometer Rumänien, Wiesbaden 2004.
Völkl, Ekkehard: Rumänien. Vom 19. Jahrhundert bis in die Gegenwart, Regensburg 1995.

6. Russland

Quelle: CIA
***Abbildung 207:** Russland*

Landesinformationen/Politik[386]

Amtliche Bezeichnung	Russische Föderation /Russland (Rossiiskaja Federazija/Rossija)
Fläche	17.075.000 qkm
Einwohner	143 Mio.
Bevölkerungsdichte	8,43 Einwohner/qkm
Hauptstadt	Moskau, ca. 11 Mio. Einwohner
Religionszugehörigkeit	Christentum (russisch-orthodox), Islam, Judentum, Buddhismus

386 Zusammenstellung auf Basis von Informationen des Auswärtigen Amtes, Stand April 2006.

Nationalfeiertag	12. Juni, Tag der Unabhängigkeit (Souveränitätserklärung der RSFSR 1990)
Landessprache	russisch
Regierungsform	Präsidialdemokratie mit föderativem Staatsaufbau
Staatsoberhaupt	Präsident der Russischen Föderation Wladimir Wladimirowitsch Putin, amtierender Präsident seit 1999, wiedergewählt 2004
Regierungschef	Vorsitzender der Regierung der Russischen Föderation Michail Jefimowitsch Fradkow, seit 2004
Wirtschaftsminister	German Oskarowitsch Gref, seit 2004
Politische Situation	„Föderationsversammlung" (Parlament) bestehend aus Staatsduma: Regierungspartei „Einheitliches Russland" (Jedinaja Rossija) 304 Sitze, Kommunistische Partei Russlands 47 Sitze, „Heimat" 40 Sitze, Liberaldemokratische Partei Russlands 34 Sitze, fraktionslose Abgeordnete 21 Sitze und Föderationsrat: 178 Vertreter (je zwei entsandt aus jedem Föderationssubjekt) Staatsrat: Gremium der Gouverneure der Föderationssubjekte unter Vorsitz des Präsidenten, rein beratende Funktion Sicherheitsrat: Koordinationsorgan für innen- und außenpolitische Entscheidungen von strategischer Reichweite, die die Sicherheit des Landes berühren
Währung[387]	Russischer Rubel (RUB), Einheit: Kopeke (Kopejka) 1 EUR = 34,12389 RUB 1 RUB = 0,02930 EUR

Sonstiges

Wachstumsbranchen/-märkte[388]	Kfz, Bauwirtschaft/Baustoffe, Telekommunikation, IT, Konsumgüter, Einzelhandel
Mitgliedschaft in internationalen Organisationen	VN (ständiger Sitz im VN-Sicherheitsrat), IWF, IBRD, IDA, Nordatlantischer Kooperationsrat, GUS, OSZE, Ostseerat, Europarat, APEC, Shanghai Fünf/SCO, G8

387 http://www.oanda.com/convert/classic, Stand 23.06.2006.

388 Bfai: Russland – Wirtschaftstrends 2006, Stand Dezember 2005.

Freihandelsabkommen	GUS, Eurasische Wirtschaftsgemeinschaft, CACO, Union mit Weißrussland, geplant: Einheitlicher Wirtschaftsraum (EhWR) mit Weißrussland, Ukraine und Kasachstan
Hermes-Entgeltkategorie[389]	4
Korruption[390]	Rang 126 (von 158)

Politische Trends[391]

Der seit dem Jahr 2000 regierende Präsident Wladimir Putin wurde nach seinen ersten vier Amtsjahren mit einer großen Mehrheit von 71,3 % wiedergewählt. Durch sein Bemühen um politische und wirtschaftliche Modernisierung ist es ihm gelungen, die schwierige Lage Russlands zu stabilisieren. Seit Anfang der 90er Jahre befindet sich das Land in einem tiefgreifenden gesellschaftlichen und wirtschaftlichen Transformationsprozess, der mit wirtschaftlichem und sozialem Niedergang sowie gesellschaftlicher Deklassierung verbunden ist. Putins Innenpolitik zeichnet sich aus durch weitläufige Veränderungen im Staatsgefüge, die Vereinheitlichung des russischen Rechtsraums und wichtige marktwirtschaftliche Reformen. Das innenpolitische Ziel besteht in der wirtschaftlichen Entwicklung Russlands und gleichzeitig in der Stärkung zentralstaatlicher Machtstrukturen. Das seit 1999 anhaltende Wirtschaftswachstum, vor allem gestützt auf die dynamische Verbrauchernachfrage, zeugt vom Erfolg dieser Politik. Ein noch zu bewältigendes Problem besteht in dem noch aus Sowjetzeiten stammenden, ineffektiven Gesundheitssystem.

Die Verfassung Russlands weist dem Präsidenten umfassende Machtbefugnisse zu, die unübersehbar mit der Einschränkung demokratischer Freiräume und politischen Wettbewerbs einhergehen. Dies wird u. a. an der staatlichen Einflussnahme auf die Medien deutlich. In der Duma, dem Parlament Russlands, verfügt die rechtszentrische, präsidentennahe Partei „Einheitliches Russland“ mit 304 von 450 Sitzen über eine Zweidrittelmehrheit.

Eine besondere Herausforderung besteht im Tschetschenien-Konflikt. Nach der Ausarbeitung einer Verfassung und der Abhaltung eines Referendums am 23. März 2003 ist die Lage in der Provinz von sich abwechselnden Menschenrechtsverletzungen der russischen Sicherheitskräfte und Verbrechen der tschetschenischen Rebellen geprägt. Höhepunkt war die Geiselnahme in einer Schule in Beslan im September 2004, bei der 330 Menschen getötet wurden. Die Wiederaufbaumaßnahmen in Tschetschenien verlaufen nur schleppend.

Putin verfolgt in seiner zweiten Amtszeit das zentrale Ziel, Russlands Profil als globaler Akteur zu stärken. Hierfür ist der Präsident bemüht, zum einen die Partnerschaft mit dem

389 http://www.agaportal.de/pages/aga/deckungspolitik/laenderklassifizierung.html.

390 Corruption Perceptions Index 2005 nach Transparency International, in: http://www.transparency.org; Rang 1= keine Korruption, Deutschland: Rang 16; im Jahr 2004 lag Russland noch auf Rang 90.

391 Texte zusammengestellt auf Basis des Auswärtigen Amtes, der Bundesagentur für Außenwirtschaft, der Bayerischen Landesbank und des Statistischen Bundesamtes.

Westen zu intensivieren und zum anderen die Beziehungen zu den Partnern in Asien zu konsolidieren. Gleichzeitig sollen durch politische und wirtschaftliche Kooperation mit den USA und Europa Russland modernisiert, sein internationaler Einfluss ausgebaut und wirtschaftliche Interessen verstärkt durchgesetzt werden. Aus wirtschaftlichen und sicherheitspolitischen Bestrebungen ebenso wie aus Fürsorgepflichten gegenüber den russischen Minderheiten räumt Putin den GUS-Nachbarn prioritäre Beziehungen ein. Große Bedeutung wird den Vereinten Nationen beigemessen, die als einzige legitime universelle Organisation angesehen werden.

Volkswirtschaftliche Kennzahlen[392]

Binnenwirtschaftliche Indikatoren		2003	2004	2005s	2006p
BIP pro Kopf	USD	2.980	4.120	5.000	5.900
BIP	Mrd. USD	431,49	590,29	715,00	840,00
Wachstumsrate BIP, real	%	7,3	7,2	6,4	5,7
Inflationsrate	%	13,6	10,8	12,5	10,3
Arbeitslosenquote	%	8,6	8,2	7,6	7,3

Beitrag zum BIP: Landwirtschaft (Primärsektor) 5,0 %, Industrie (Sekundärsektor) 35,2 %, Dienstleistungen (Tertiärsektor) 59,8 %

Finanzindikatoren					
Staatsverschuldung[393]	% des BIP	1,3	4,5	k. A.	k. A.
Haushaltssaldo	% des BIP	1,4	4,5	7,2	4,0

Wirtschaftliche Trends

Die russische Wirtschaft befindet sich seit sieben Jahren auf Wachstumskurs. Insbesondere wird dies an der Steigerung des Bruttoinlandsproduktes von 1999 bis 2004 um mehr als 47 % deutlich (Abb. 208). Ebenso verzeichnen Investitionen, Konsumausgaben sowie Exporterlöse

392 Zusammenstellung auf Basis von Informationen der Bayerischen Landesbank, Stand Februar 2006.

393 Bfai: Russland – Wirtschaftsdaten kompakt, Stand Mai 2006.

und Import eine positive Entwicklung. Die Zielmarke der Regierung von einem 7 %-igen, realen Wachstum pro Jahr ist jedoch noch nicht erreicht.

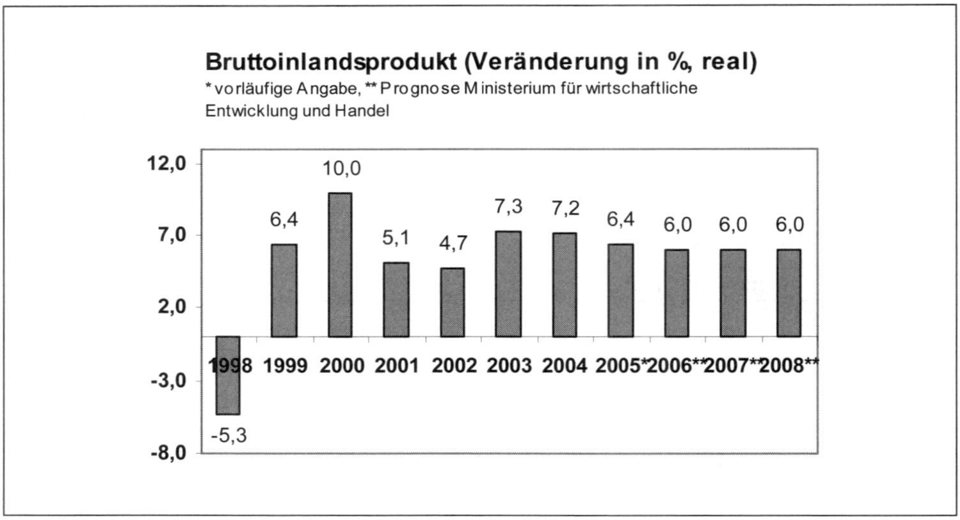

Quelle: Bfai

Abbildung 208: *Entwicklung des Bruttoinlandsproduktes in Russland*

Russland stellt den größten Gaslieferanten und gleichauf mit Saudi-Arabien den zweitgrößten Erdölproduzenten dar. Da ein Viertel des BIP vom Energiesektor abhängt, ist die russische Führung bestrebt, künftig mehr Einfluss auf den Energie-, aber auch auf andere als „strategisch wichtig“ definierte Wirtschaftssektoren (Erwerb und Ausbeutung von Öl- und Gasvorkommen sowie anderer Rohstoffe, Flugzeugbauindustrie, Bereiche des Energieanlagebaus) auszuüben. Dieses Vorhaben schließt geplante Restriktionen für den Zugang ausländischer Unternehmen in diesen Wirtschaftssektoren mit ein. Der derzeitige Mangel an festen Strukturen in Russland ist für Unternehmen Chance und Risiko zugleich.[394] Die Zerschlagung des Ölkonzerns Yukos von Seiten der Regierung im Jahr 2004 hatte Unsicherheiten zur Folge, die zusammen mit der gestiegenen steuerlichen Belastung der Energiekonzerne das ansonsten positive Investitionsklima etwas abschwächten.

In der Konsumentennachfrage zeichnet sich ein hoher Aufwärtstrend ab, und dies längst nicht mehr nur in den Metropolen Moskau und St. Petersburg. Regionale Märkte gewinnen zunehmend an Bedeutung.

Sowohl der heimische Einzelhandel als auch ausländische Handelsketten verzeichnen wachsende Umsätze. Russland ist inzwischen der zwölftgrößte Retail-Markt der Welt.

---

[394] Vgl. Kachcharova 2006, S. 20 f.

Ein Problem besteht allerdings in einer hohen Inflationsrate, die hohe Erzeuger- und Verbraucherpreise nach sich zieht.

Die hohen Einnahmen des Staates tragen nicht nur zu einer positiven Haushaltsbilanz bei, sondern können darüber hinaus für den so genannten staatlichen Stabilisierungsfond als Reserve für „schlechte Zeiten" verwendet werden. Geplant sind eine Diversifizierung der Wirtschaft, um unabhängiger vom Energiesektor zu werden, sowie verschiedene Infrastrukturprojekte und die Gründung von Sonderwirtschaftszonen.

Außenwirtschaftliche Kennzahlen[395]

Außenwirtschaftliche Indikatoren		2003	2004s	2005s	2006p
Warenexporte	Mrd. USD	135,93	183,45	245,30	260,00
Warenimporte	Mrd. USD	76,07	96,31	125,10	150,00
Handelsbilanzsaldo	Mrd. USD	59,86	87,14	120,20	110,00
Leistungsbilanzsaldo	Mrd. USD	35,41	59,92	86,60	75,00
	% des BIP	8,2	10,2	12,1	8,9
				Jan-Nov05	Jan-Nov04
Deutsche Einfuhr aus Russland	Mrd. Euro	14,23	16,34	19,47	14,38
Deutsche Ausfuhr nach Russland	Mrd. Euro	12,12	14,99	15,64	13,44

Außenhandel

Russlands Anteil am weltweiten Warenhandel ist trotz seiner bedeutenden Stellung als Rohstofflieferant vergleichsweise gering. Er beträgt lediglich etwa 2 %, was knapp einem Drittel des Anteils Deutschlands entspricht.

Neben Maschinen und Ausrüstungen (38 %) hatten Nahrungsmittel (18,3 %) sowie chemische Produkte und Kautschuk (15,8 %) 2004 einen hohen Anteil an Importen. Noch kräftiger stieg der Export an, dessen Wachstum jedoch in den kommenden Jahren aufgrund der geringen Palette an Exportgütern an seine Grenzen stoßen wird: Energieträger (Erdöl, Erdgas u. a.) nahmen im Jahr 2004 einen Anteil von 57,1 % am Gesamtexport ein, gefolgt von Metallen und Metallprodukten, die 16,8 % ausmachten.

395 Zusammenstellung auf Basis von Informationen der Bayerischen Landesbank, Stand Februar 2006.

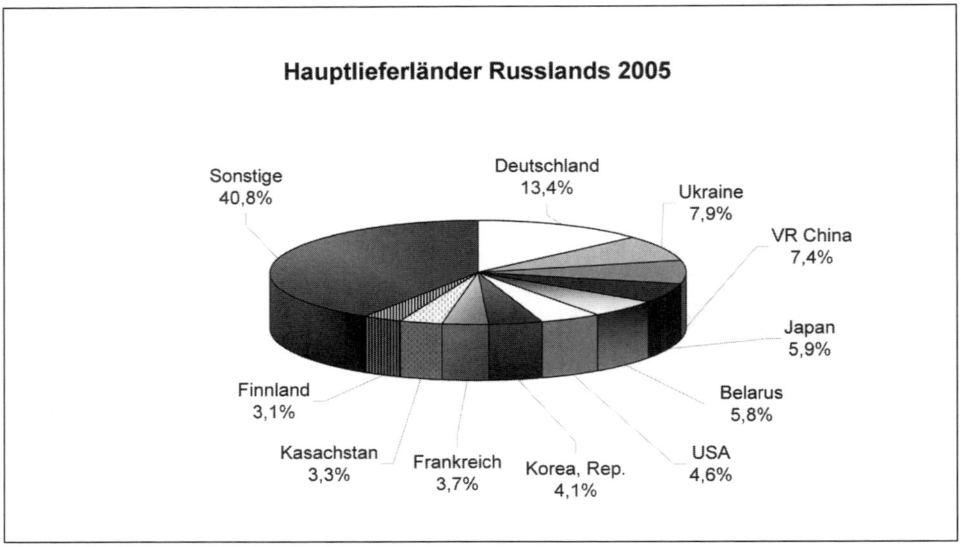

Quelle: Bfai
Abbildung 209: *Hauptlieferländer Russlands 2005*

Den wichtigsten Partner im Außenhandel stellt Deutschland dar (Abb. 209 und 210) – umgekehrt steht Russland an 11. Stelle der deutschen Außenhandelsländer[396]. Vom Jahr 2003 zum Jahr 2004 nahm der bilaterale Handel zwischen Russland und Deutschland um 18,4 % zu, die Tendenz ist weiterhin steigend. Die deutschen Ausfuhren nach Russland nahmen 2004 einen Wert von 14,9 Mrd. Euro ein, während der Umfang der Einfuhren nach Deutschland bei 16,2 Mrd. Euro lag (Abb. 211). Deutschlands Exportwirtschaft profitiert von der stetigen Aufwertung des Rubels, die Einfuhren in das Land verbilligt.[397]

[396] Statistisches Bundesamt, Außenhandelsstatistik 2005.
[397] Bfai: Top-Exportmärkte 2006, Stand Februar 2006.

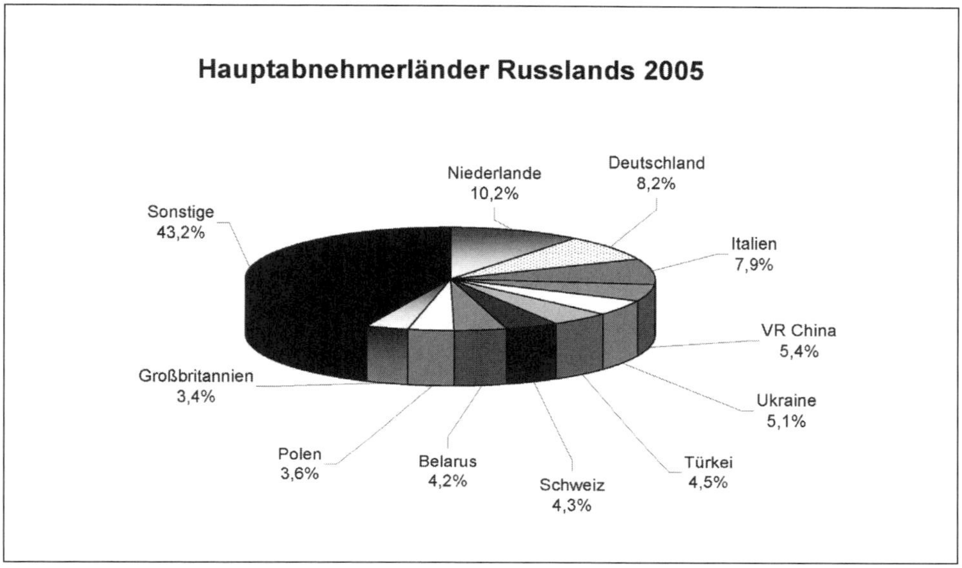

Quelle: Bfai
Abbildung 210: *Hauptabnehmerländer Russlands 2005*

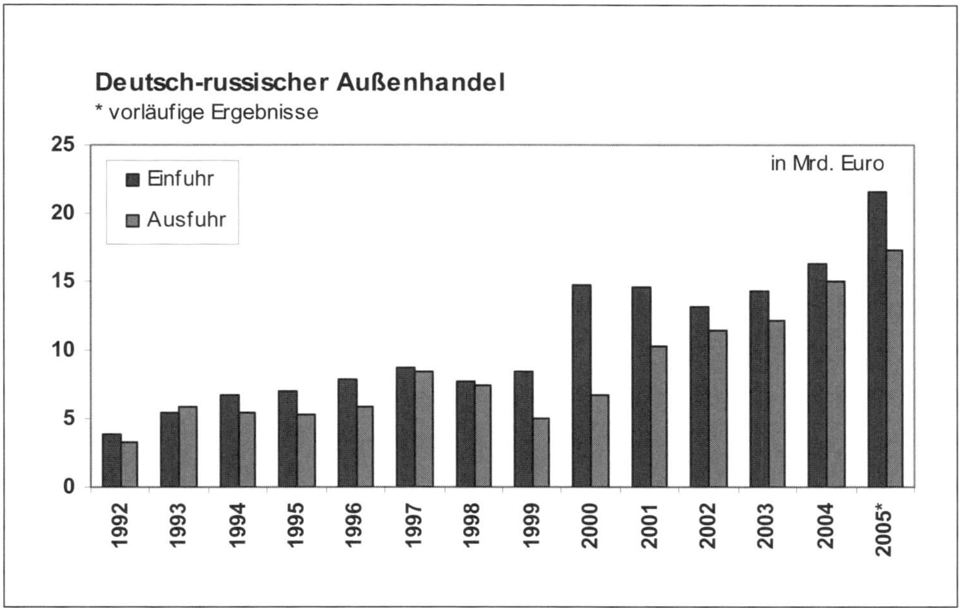

Quelle: Statistisches Bundesamt
Abbildung 211: *Entwicklung des deutsch-russischen Außenhandels*

Der Import in Russland verzeichnet immer neue Rekorde. Russland wird den ökonomischen Kennziffern zufolge für die deutsche Wirtschaft auch in den nächsten Jahren zu einem der attraktivsten und am schnellsten wachsenden Märkte weltweit gehören. Insbesondere die Einfuhren deutscher Maschinen und Ausrüstungen nehmen zu. Das liegt zum einen an der guten Investitionskonjunktur, zum anderen aber auch an der fehlenden Fähigkeit der lokalen Industrie, die wachsende Nachfrage entsprechend zu bedienen.

Investitionsklima

Die Bruttoinlandsinvestitionen gehören zu den treibenden Kräften der Konjunktur. Modernisierungsbedarf, Projekte zur Kapazitätsausweitung, Effizienzgründe, Senkung der Selbstkosten und Energieeinsparungen beleben die Investitionstätigkeit. Insbesondere die Metallindustrie, die Kfz-Branche, die Chemische und Petrochemische Industrie, die Nahrungsmittelindustrie, die Bauwirtschaft, die Baustoffindustrie und die gesamte Rohstoffindustrie werden von diesen steigenden Investitionen profitieren.

Investitionen[398]	2001	2002	2003	2004	2005
Ausländische Direktinvestitionen in Russland Bestand Mio. USD	k. A.	k. A.	26.131	36.147	49.751*
Ausländische Direktinvestitionen in Russland Zuflüsse Mio. USD	k. A.	4.002	6.781	9.420*	13.072*
Deutsche Direktinvestitionen in Russland Bestand Mio. Euro	2.182	2.173	2.800	3.735	k. A.
Russische Direktinvestitionen in Deutschland Bestand Mio. Euro	672	711	780	918	k. A.

* Schätzung

Die umfangreichen Deviseneinnahmen aus dem Öl- und Gasexport gewähren dem Staat einen großen finanziellen Spielraum. Im Zuge dessen steigt der staatliche Anteil an den Gesamtinvestitionen seit 2004 an. Etwa 70 Mrd. Rubel p. a. sollen aus dem für „schlechte Zeiten“ gedachten staatlichen Stabilisierungsfonds entnommen werden, um PPP-Vorhaben (Public Private Partnership) für den Ausbau von Häfen und Straßen oder für Kraftwerks- und Industrieprojekte zu initiieren. Um weitere Investitionsanreize zu schaffen, plant die Regierung, im Jahr 2007 Dubna, Zelenograd, St. Petersburg und das sibirische Tomsk zu Sonderwirtschaftszonen mit Steuer- und Zollvergünstigungen zu erklären.[399] Auch ausländischen Investoren ist das stabile Wachstum in Russland zu verdanken.

398 Zusammenstellung auf Basis von Informationen der Bfai: Russland – Wirtschaftsdaten kompakt, Stand Mai 2006, und der Deutschen Bundesbank: Kapitalverflechtungen mit dem Ausland, Stand April 2006.

399 Verband der deutschen Wirtschaft in der Russischen Föderation 2005.

Allein im ersten Halbjahr 2005 flossen 35 % mehr neue ausländische Direktinvestitionen nach Russland als im gleichen Vorjahreszeitraum – gleichwohl auch diese noch immer auf wenige Sektoren konzentriert sind. Der Gesamtbestand ausländischer Direktinvestitionen in Russland belief sich Mitte 2005 auf 41,8 Mrd. US-Dollar. Den größten Anteil von 31,1 Mrd. US-Dollar trägt Zypern (zum größten Teil zurückkehrendes Fluchtkapital), gefolgt von den Niederlanden mit 11 Mrd. US-Dollar (Ölvorhaben). Deutschland belegt mit 2,5 Mrd. US-Dollar den vierten Platz.

Doch nicht nur für Investitionsgüter ist Russland ein attraktiver Markt. Da deutsche Unternehmen einen besonders guten Ruf genießen, ist auch die Nachfrage nach deutschen Konsumgütern groß.[400] Landesweit haben sich in Russland fast 4.500 deutsche Unternehmensvertreter angesiedelt. Mit circa 3.000 Vertretern stellen die deutschen Unternehmen in Moskau die größte Business-Community dar.[401]

Außenwirtschaftsbarometer

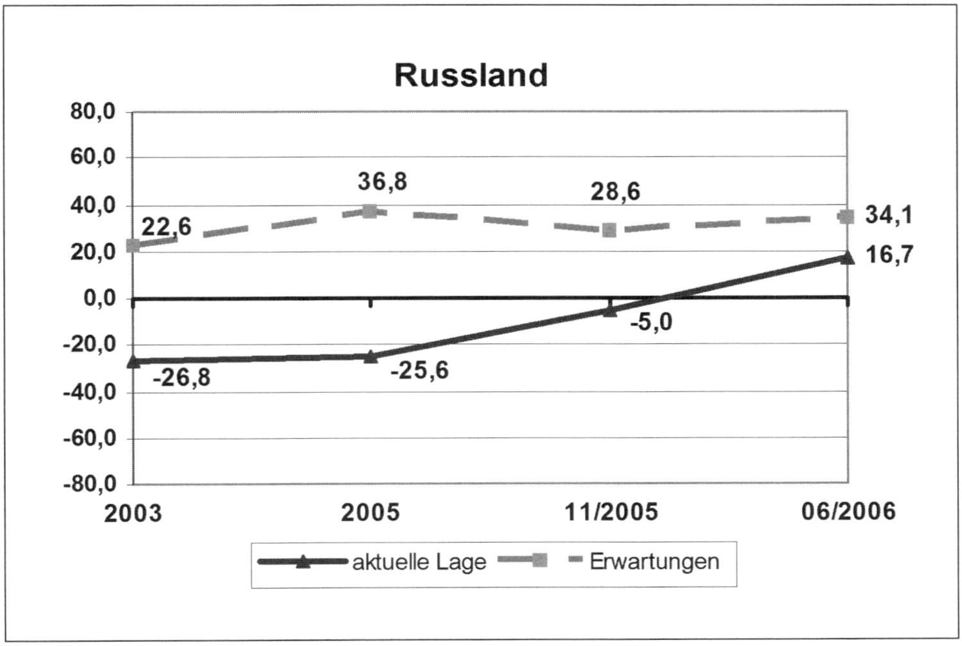

Quelle: IHK Region Stuttgart
Abbildung 212: *Außenwirtschaftsbarometer Russland*

[400] Kempf 2006, S.13.
[401] Kachcharova 2006, S. 20.

Bei der Betrachtung der aktuellen Geschäftslage Mitte 2006 konnte sich Russland zwar innerhalb der Länderplatzierung im Vergleich zur Abfrage Anfang des Jahres 2006 nicht verbessern, dennoch werden die aktuellen Beziehungen mittlerweile per Saldo von den Unternehmen mit einem Wert von 16,7 positiv bewertet, was sechs Monate zuvor noch nicht der Fall war (-5,0) (Abb. 212). Der Optimismus der Unternehmen zum Jahresbeginn 2006 hinsichtlich der zukünftigen Erwartungen war somit gerechtfertigt. Mit einem Wert von 34,1 ist Russland das Land, bei dem die Erwartungen hinsichtlich einer positiven Geschäftsentwicklung in den kommenden zwölf Monaten am größten sind.

Interkultureller Praxistipp Russland

In einem so großen Land wie Russland, das aus vielen verschiedenen Ethnien besteht, ist es schwierig, typische kulturelle Eigenschaften herauszustellen. Dennoch haben die Prägung durch die politischen Strukturen und die gemeinsame Geschichte russische Besonderheiten hervorgebracht, die für das Geschäftsleben relevant sind.

Über Jahrzehnte hinweg war es Teil des russischen Alltags, Probleme zu vermeiden, indem man den schwerfälligen und willkürlichen Verwaltungsapparat zu umgehen versuchte. Dies hat sich auch nach Einführung marktwirtschaftlicher Strukturen nicht geändert. Der Umgang mit Behörden funktioniert oft auf informellen Wegen und basiert auf einem gut ausgebildeten Netz von Kontakten, Beziehungen und gegenseitigen Gefälligkeiten.[402]

Vor allem eines wird im russischen Geschäftsalltag gefordert: Geduld. Die Vereinbarung von Terminen ist oft mühsam. Auch mit der Pünktlichkeit nehmen es russische Manager nicht so genau, auch wenn sie diese unbedingt von ausländischen Geschäftpartnern erwarten. Kompromisse bei Verhandlungen werden eher als Schwäche ausgelegt. – Daher versuchen russische Geschäftspartner lieber, einen Konflikt auszusitzen als vorzeitig einzulenken. Anders als im asiatischen Kulturkreis gehört es zur russischen Verhandlungskultur, seinen Argumenten mit Mimik und Gesten Ausdruck zu verleihen. Dass ein Verhandlungspartner vorübergehend wütend den Tisch verlässt, um seinen Unmut zu demonstrieren, kann durchaus vorkommen. Auch während der Geschäftsessen, die mit einigen Trinksprüchen und Wodka angereichert werden, gehen die Verhandlungen weiter. Dies sollte nicht unterschätzt werden.[403]

Die Machtdistanz in russischen Unternehmen ist sehr groß. Die strengen Hierarchien machen sich bei der Mitarbeiterführung bemerkbar. Strenge Kontrolle durch den Chef ist an der Tagesordnung und wird auch von den Mitarbeitern erwartet – die Eigeninitiative und Entscheidungsfreude bei Mitarbeitern ist sehr gering. Die Loyalität der Mitarbeiter zum eigenen Unternehmen ist auch bei guten Rahmenbedingungen nicht sehr ausgeprägt. Die Fluktuation der Arbeitnehmer ist daher hoch. Während die Deutschen sehr sparsam mit Lob umgehen, sollte man mit Komplimenten und dem Bekunden von Anerkennung in Russland großzügiger umgehen. Dagegen reagiert man auf Kritik sehr empfindlich und ist schnell persönlich gekränkt.[404]

402 Vgl Winkler 2002, S. 152.

403 Vgl Strunz/Dorsch 2001, S. 155.

404 Vgl Valiullina/Valiullin 2006, S. 45 f.

Fazit

Staatspräsident Putin hat mit seiner Strategie der Modernisierung der Wirtschaft durch Öffnung nach Westen offenbar den richtigen Weg für die Entwicklung seines Landes eingeschlagen. Stabiles Wirtschaftswachstum, anhaltende Konsumentennachfrage, ein hervorragendes Investitionsklima und ein anhaltender Überschuss im Staatshaushalt bescheinigen den Erfolg seiner Politik. Auf lange Sicht strebt er eine Diversifizierung der Wirtschaft an, deren Wachstum sich bislang hauptsächlich auf dem Energiesektor gründet.

Ein Problem besteht in der hohen Inflation. Diese treibt die Verbraucherpreise in die Höhe, wovon die Bevölkerung, von der Millionen Menschen bereits unter dem Existenzminimum leben, stark getroffen wird. Trotz der hohen Einkommensunterschiede ist die soziale Lage stabil. Einen ersten Schritt zur Reformierung des ineffektiven, noch aus Sowjetzeiten stammenden Gesundheitssystems unternahm Putin mit der Umwandlung von Sozialleistungen (kostenlose Nutzung kommunaler Dienstleistungen einschließlich Transport, kostenlose Medizin, Behandlung und Medikamente etc.) in individuelle Geldzahlungen zum 1. Januar 2005.

Im politischen Bereich fehlt es allerdings an ähnlich konsequenten Erneuerungsmaßnahmen. Präsident Putin verfügt über weit reichende Machtbefugnisse und setzt sich für eine Stärkung der zentralstaatlichen Machtstrukturen ein. Unübersehbar ist dies mit mangelndem politischen Wettbewerb und der Einschränkung demokratischer Freiräume verbunden. Wirtschaft und Medien unterliegen weitgehend staatlicher Kontrolle. In der Bevölkerung genießt Putin ungeachtet dessen breite Zustimmung. Seine Wiederwahl 2004 mit 71,3 % der Stimmen für eine zweite Amtsperiode stellt ein deutliches Vertrauensvotum dar. Auch die Regierung sowie beide Parlamentskammern stehen loyal hinter ihm.

Weiterführende Quellen

Internet:

Auslandshandelskammer: http://www.ahk.de.
Auswärtiges Amt: http://www.auswaertiges-amt.de.
Bundesagentur für Außenwirtschaft: http://www.bfai.de.
Deutsche Botschaft in Russland: http://www.moskau.diplo.de.
Russische Botschaft in Deutschland: http://www.russische-botschaft.de.
Statistisches Bundesamt: http://www.destatis.de.
Deutsch-russisches Forum: http://www.deutsch-russisches-forum.de.

Literatur:

Brunse, Niels/Douda, Elena/Glinka, Michail: Nelles Guide, Moskau, Sankt Petersburg, 5. Auflage, Stuttgart 2004.
Bundesagentur für Außenwirtschaft: Erfolgreich Verhandeln in Russland, Köln 2001.
Bundesagentur für Außenwirtschaft: Finanzierung im Russland-Geschäft, Köln 2005.
Bundesagentur für Außenwirtschaft: Marktforschung im Russland-Geschäft, Köln 2003.
Bundesagentur für Außenwirtschaft: Personalmanagement – Russland, Köln 2003.
Bundesagentur für Außenwirtschaft: Überleben in der Bürokratie – Russland, Köln 1999.

Denz, Walter/Karl Eckstein/Frank Schmieder: Business mit Russland – Ein Ratgeber für Einsteiger, 2. Auflage, Bern 2005.
Kappeler, Andreas: Russische Geschichte, 4. Auflage, München 2005.
Lüke, Gabriele/Weber, Gustav: So kommen Sie nach Russland. Der Wirtschaftswegweiser für den Mittelstand, München, September 2003.
Moynahan, Brian: Das Jahrhundert Russlands 1894 – 1994, München, Dezember 2001.
Schulz-Torge, Ulrich J: Who's Who in Russia Today. A Biographical Dictionary of more than 2.100 Individuals from the Russian Federation including the Other Fourteen Former USSR Republics, München 1993.
Yoosefi, Tatjana: Beruflich in Russland. Trainingsprogramm für Manager, Fach- und Führungskräfte, Göttingen 2002.

7. Türkei

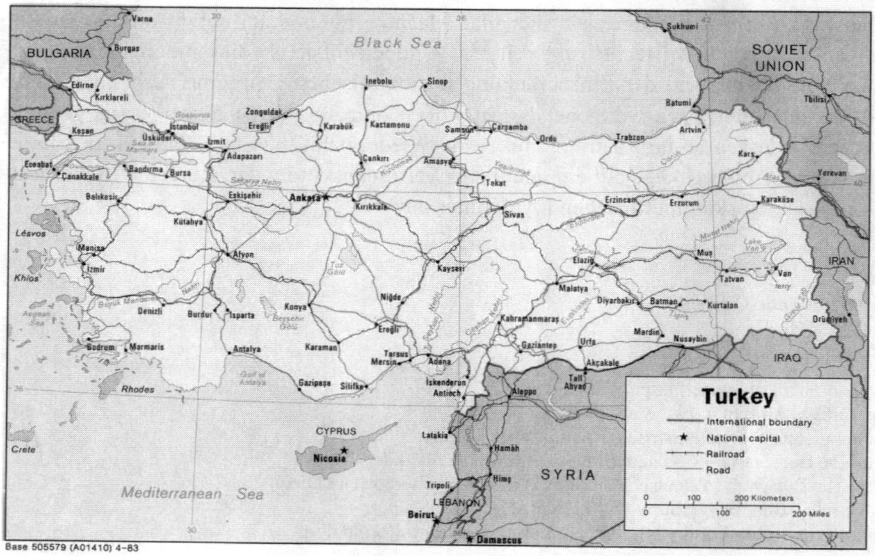

Quelle: CIA
Abbildung 213: *Türkei*

Landesinformationen/Politik[405]

Amtliche Bezeichnung	Republik Türkei (Türkiye Cumhuriyeti)
Fläche	814.578 qkm; etwa die 2,3-fache Größe Deutschlands
Einwohner	71,2 Mio.
Bevölkerungsdichte	92,5 Einwohner/qkm[406]
Hauptstadt	Ankara, ca. 3,6 Mio. Einwohner
Religionszugehörigkeit	ca. 99 % Muslime, mehrheitlich Hanefiten (sunnitische, „orthodoxe" Ausrichtung des Islam)
Nationalfeiertag	29. Oktober, „Tag der Republik" (Ausrufung der Republik durch Atatürk 1923)
Landessprache	türkisch; in weiten Teilen des Südostens und Ostens verschiedene kurdische Dialekte
Staats-/Regierungsform	Republik/parlamentarische Demokratie
Staatsoberhaupt	Staatspräsident Ahmet Necdet Sezer, seit 2000; Amtszeit 7 Jahre; Wahl durch Nationalversammlung; Vertreter: Parlamentspräsident Bülent Arinç
Regierungschef	Ministerpräsident Recep Tayyip Erdogan (AKP), seit 2003
Wirtschaftsminister	Ali Coskun, seit 2003
Politische Situation	Türkische Große Nationalversammlung (Türkiye Büyük Millet Meclisi/TBMM): eine Kammer, 550 Sitze, Legislaturperiode 5 Jahre, letzte Wahl 2002, Parlamentspräsident: Bülent Arinç (AKP) Regierungspartei: AKP (Adalet ve Kalkinma Partisi – Partei für Gerechtigkeit und Entwicklung, Vors. Recep Tayyip Erdogan), 356 Abgeordnete; Opposition: CHP (Cumhuriyet Halk Partisi – Republikanische Volkspartei, Vors. Deniz Baykal), 155 Abgeordnete; ANAVATAN (Mutterlandspartei, Vors. Erkan Mumcu), 22 Abgeordnete; DYP (Dogru Yol Partisi – Partei des Richtigen Weges, Vors. Mehmet Agar), 4 Abgeordnete; SHP (Sozialdemokratische Partei, Vors. Murat Karayalcin), 4 Abgeordnete; HYP: 1 Abgeordneter; Unabhängige: 4 Abgeordnete; vakant: 3

405 Zusammenstellung auf Basis von Informationen des Auswärtigen Amtes, Stand November 2005.
406 Bfai: Türkei – Wirtschaftsdaten kompakt, Stand November 2005.

Währung[407]	Neue Türkische Lira[408] (YTL), Einheit: Yeni Kurus (YKR) 1 EUR = 1,634787 TRL 1 TRL = 0,00000061 EUR

Sonstiges

Wachstumsbranchen/-märkte[409]	Bauwirtschaft, Kfz und -Teile, Informations- und Kommunikationstechnik, Transportlogistik
Mitgliedschaft in internationalen Organisationen	Vereinte Nationen (1945) mit Sonderorganisationen; Nato (1952); Europarat (1949); OECD (1948); Organisation Islamische Konferenz (OIC, 1969); KSZE/OSZE (1973); EG-Assoziierungs-Abkommen (1963); EU-Zollunion seit 1996; EU-Beitrittskandidat seit 1999 (Europäischer Rat Helsinki); assoziiertes Mitglied der Westeuropäischen Union (WEU, 1995-2000)
Hermes-Entgeltkategorie[410]	5
Korruption[411]	Rang 65 (von 158)

Politische Trends[412]

Gemäß ihrer Verfassung von 1982 ist die Türkei eine demokratische, säkulare, soziale und rechtsstaatliche Republik. In ihr sind insbesondere die Gewaltenteilung und ein ausführlicher Katalog von Grundrechten und -pflichten verankert. Gegenüber der traditionell stark ausgeprägten Rolle des Staates müssen Rechte des Einzelnen häufig zurückstehen. Elemente einer modernen, westlichen, demokratisch strukturierten Industrie- und Dienstleistungsgesellschaft werden mit einem in der türkischen Gesellschaft tief verwurzelten Islam, mit ausgeprägtem Nationalismus, mit zum Teil noch traditionellen Lebensformen sowie mit einem stets präsenten Klientelwesen verbunden. Das türkische Parlament, die Große Türkische Nationalversammlung, wird mit Mehrheitswahlrecht für fünf Jahre gewählt, wobei der Einzug ins Parlament durch eine 10 %-Hürde beschränkt ist. Die erst 2001 gegründete konservative AKP verfügt über eine Mehrheitsregierung im Parlament.

---

407 http://www.oanda.com/convert/classic, Stand 12.04.2006.

408 Türkische Lira = alte Währung, die bis zur Einführung der Neuen Türkischen Lira am 01.01.2005 galt.

409 Bfai: Türkei – Wirtschaftstrends 2006, Stand Dezember 2005.

410 http://www.agaportal.de/pages/aga/deckungspolitik/laenderklassifizierung.html.

411 Corruption Perceptions Index 2005 nach Transparency International, in: http://www.transparency.org; Rang 1= keine Korruption, Deutschland: Rang 16.

412 Texte zusammengestellt auf Basis des Auswärtigen Amtes, der Bundesagentur für Außenwirtschaft, der Bayerischen Landesbank und des Statistischen Bundesamtes.

Die Westorientierung ist Staatsprogramm der Türkei. Der Beitritt zur Europäischen Union gilt als Krönung des Atatürkischen Reformwerks des Staatsgründers Kemal Atatürk und wird auch von der aus dem EU-skeptischen politischen Islam hervorgegangenen AKP-Regierung verfolgt. Am 4. Oktober 2005 wurden die Beitrittsverhandlungen mit der Türkei von den EU-Staats- und Regierungschefs beschlossen, deren Ausgang offen ist. Die bislang von der Türkei abgelehnte formale Anerkennung Zyperns könnte sich zu einem Problem bei den Beitrittsverhandlungen entwickeln.

Die türkische Regierung ist neben Bedrohungen von außen auf zwei Hauptgefahren fixiert: Zum einen besteht in der Türkei als laizistischer Staat mit muslimischer Bevölkerung die Gefahr eines politischen Islam („irtica"). Die AKP sieht sich als konservative Volkspartei und lehnt das Attribut „islamistisch" ab. Zum anderen sieht sich das Land als zentralistischer Einheitsstaat von der Gefahr des Auseinanderbrechens bedroht. Diese Befürchtung ist unter anderem Hintergrund des Konflikts mit der ethnischen Minderheit der Kurden, die eine Verbesserung ihres Status fordern, im Südosten des Landes. Zu den wichtigsten Herausforderungen der türkischen Wirtschaftspolitik zählen zudem weitere Reformen des Sozialversicherungssystems.

Im Mittelpunkt der Außenpolitik stehen neben dem EU-Beitritt das Verhältnis zu Griechenland, die Zypernfrage sowie die Wahrung der eigenen Interessen in den benachbarten Krisenregionen, vor allem im Irak. In einigen angrenzenden Staaten leben „türkische Minderheiten" und auch umgekehrt fühlen sich viele Türken heute noch verbunden mit ihren Heimatregionen, die nicht zu türkischem Territorium gehören. Nach den Terror-Anschlägen vom 11. September hat die strategische Bedeutung der Türkei als verlässlicher Verbündeter des Westens (Nato, EU, USA) und als einzige westliche Demokratie in der islamischen Welt stark zugenommen.

Volkswirtschaftliche Kennzahlen[413]

Binnenwirtschaftliche Indikatoren		2003	2004	2005p	2006p
BIP pro Kopf	USD	3.360	4.140	4.910	5.310
BIP	Mrd. USD	239,7	299,1	360,0	395,0
Wachstumsrate BIP, real	%	5,8	9,0	5,1	5,5
Inflationsrate	%	25,3	8,6	8,2	6,5
Arbeitslosenquote	%	10,6	10,3	10,0	10,4

Beitrag zum BIP: Landwirtschaft (Primärsektor) 14,7 %, Industrie (Sekundärsektor) 32,5 %, Dienstleistungen (Tertiärsektor) 52,8 %

413 Zusammenstellung auf Basis von Informationen der Bayerischen Landesbank, Stand Dezember 2005.

Finanzindikatoren					
Staatsverschuldung	% des BIP	78,6	73,5	70,1	68,3
Haushaltssaldo	% des BIP	-11,2	-7,0	-3,5	-3,0

Wirtschaftliche Trends

Die Türkei gehört zu den am schnellsten wachsenden OECD-Ländern. Das Bruttoinlandsprodukt soll 2006 erneut um ca. 5 % steigen (Abb. 214). Ausschlaggebend hierfür sind zum einen die private Nachfrage und zum anderen die umfangreichen Investitionspläne der Unternehmen. Die private Nachfrage wird durch die tendenziell steigende Kaufkraft der Bevölkerung, den hohen Anteil junger Menschen, die Ausweitung des Kreditwesens, die rückläufige Inflation und die sinkenden Zinsen sowie den Einzug westlicher Lebensgewohnheiten positiv beeinflusst. Prognosen der EU-Kommission zufolge wird sich der türkische Privatverbrauch im Jahr 2006 um 5 % und 2007 um 5,5 % steigern. Die rege Investitionstätigkeit der Unternehmen ist auf den hohen Nachholbedarf in nahezu allen Sektoren zurückzuführen. Investitionsgüter werden für die rasche Modernisierung der Betriebe benötigt.

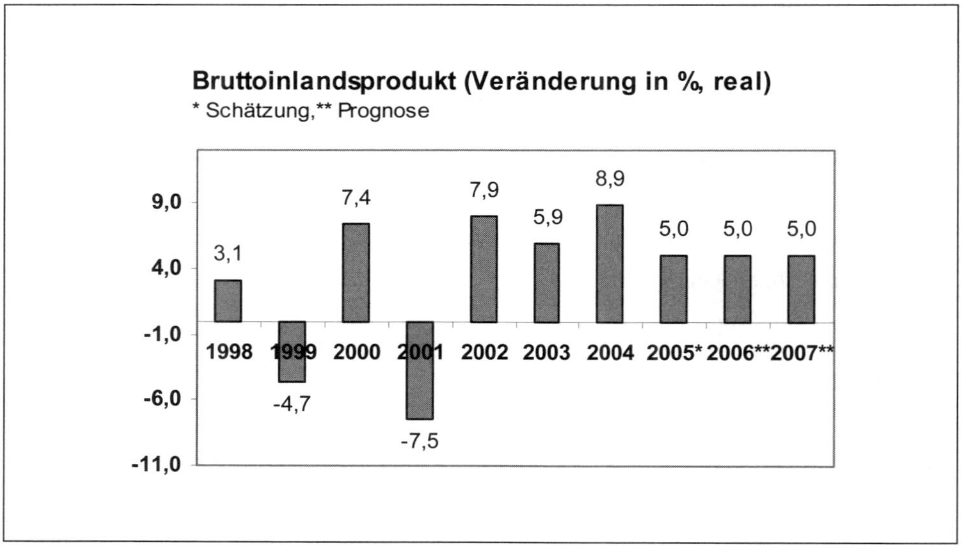

Quelle: Bfai

***Abbildung 214:** Entwicklung des Bruttoinlandsproduktes in der Türkei*

Die leichte Abschwächung des Wirtschaftswachstums von 2004 zu 2005 (Abb. 214) ist auf das stark gestiegene Leistungsbilanzdefizit zurückzuführen, dessen längerfristige Finanzierung zweifelhaft erscheint. Die um mindestens 20 % überbewertete türkische Währung stellt ebenso eine Schwachstelle im außenwirtschaftlichen Gleichgewicht dar. Der Anteil der

Schattenwirtschaft an der gesamtwirtschaftlichen Leistung beläuft sich auf hohe 40 %. Nicht zuletzt zur Erfüllung ihrer Pflichten, die aus dem Beistandsabkommen des IWF hervorgehen, setzt sich die Türkei das Ziel eines mittelfristig hohen Wirtschaftswachstums, das bei etwas geringerer Dynamik als in den Jahren 2002 bis 2004 die dauerhafte makroökonomische Stabilisierung nicht gefährdet.

Die chronische Inflation von drei Jahrzehnten ist dank einer restriktiven Geld- und Fiskalpolitik seit Ende 2001 überwunden und hält sich seitdem auf einem relativ stabilen Niveau von 6 % bis 9 %. Die Notenbank (Central Bank of Turkey) setzte auch im Jahr 2005 ihren Kurs einer vorsichtigen geldpolitischen Lockerung fort und senkte die Leitzinsen in mehreren Schritten auf 13,25 %. Bis Ende 2006 wird ein weiterer Rückgang auf etwa 12 % erwartet.

Außenwirtschaftliche Kennzahlen[414]

Außenwirtschaftliche Indikatoren		2003	2004	2005p	2006p
Warenexporte	Mrd. USD	47,3	63,1	70,5	80,0
Warenimporte	Mrd. USD	69,3	97,5	111,5	120,0
Handelsbilanzsaldo	Mrd. USD	-22,0	-34,4	-41,0	-40,0
Leistungsbilanzsaldo	Mrd. USD	-7,9	-15,5	-22,4	-20,0
	% des BIP	-3,3	-5,2	-6,2	-5,1
				Jan/Sep05	%y/y[415]
Deutsche Einfuhr aus der Türkei	Mio. Euro	7.249	7.982	6.058	3,6
Deutsche Ausfuhr in die Türkei	Mio. Euro	8.850	11.788	9.436	7,3

Außenhandel

Die wirtschaftliche Lage der Türkei ist stark importabhängig. Im Jahr 2005 steuerten die Exporte zwar auf einen neuen Rekordwert von mehr als 70 Mrd. US-Dollar zu, was vor allem Folge der Aufwertung der Lira gegenüber dem Euro war. Dieser Betrag entspricht einem Zuwachs von etwa 12 %. Doch der Importumfang ist mit voraussichtlichen 14 % nach wie vor höher. Somit besteht weiterhin ein Handels- und Leistungsbilanzdefizit. Das starke Wirtschaftswachstum führt zu einer zusätzlichen Ausweitung des Defizits. Die hohen Ölpreise belasten die türkische Wirtschaft erheblich.

Des Weiteren wirkt sich die starke Landeswährung ungünstig aus, die eine Verbilligung und damit eine Förderung der Einfuhren zur Folge hat.

414 Zusammenstellung auf Basis von Informationen der Bayerischen Landesbank, Stand Dezember 2005.

415 Veränderung von 2004 zu 2005 in %.

Positiv stellt sich dies für den deutsch-türkischen Außenhandel dar, der einen hohen Anstieg zu verzeichnen hat (Abb. 215). Im Zeitraum 1991 bis 2005 sind die Einfuhren nach Deutschland um 63 % und die Ausfuhren in die Türkei sogar um 82 % gestiegen.

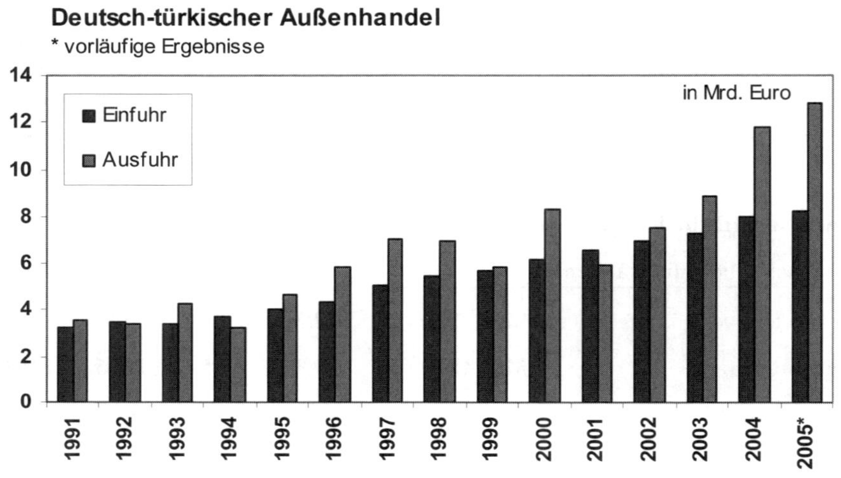

Quelle: Statistisches Bundesamt
Abbildung 215: *Entwicklung des deutsch-türkischen Außenhandels*

Dabei ist Deutschland Hauptlieferland der Türkei, gefolgt von Russland und Italien (Abb. 216). Unter den Hauptabnehmerländern nimmt Deutschland vor Großbritannien und den USA ebenso den 1. Platz ein (Abb. 217). Auf der Rangliste des Außenhandels Deutschlands nimmt die Türkei 2005 Rang 18 ein.

Neben Maschinenbauerzeugnissen (18,6 %) haben bearbeitete Waren (16,9 %) und chemische Erzeugnisse (14,6 %) einen hohen Anteil an Importen. Bekleidung und -zubehör (17,7 %), maschinenbau- und elektrotechnische Erzeugnisse (16,0 %) sowie Straßenfahrzeuge (12,9 %) werden hauptsächlich exportiert.[416]

[416] Statistisches Bundesamt: Länderprofil Türkei, Stand 2005.

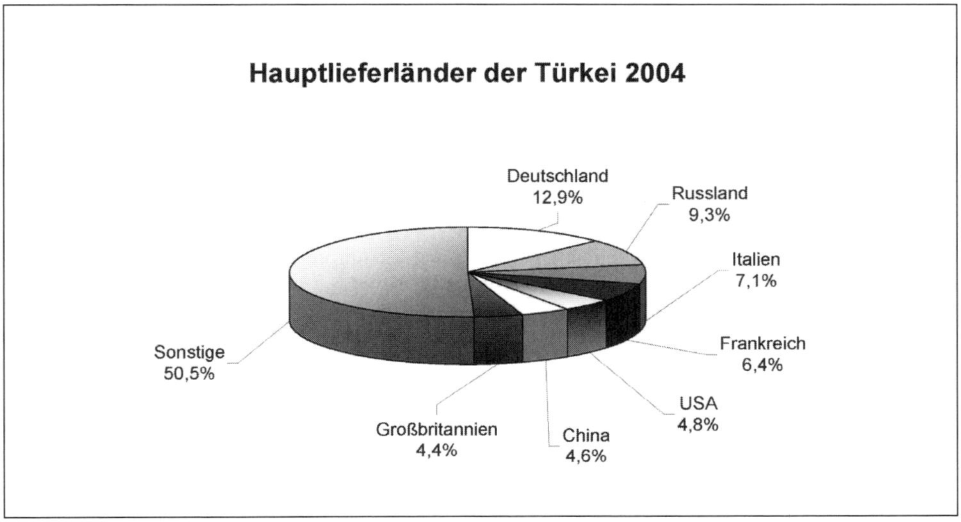

Quelle: Bfai
Abbildung 216: *Hauptlieferländer der Türkei 2004*

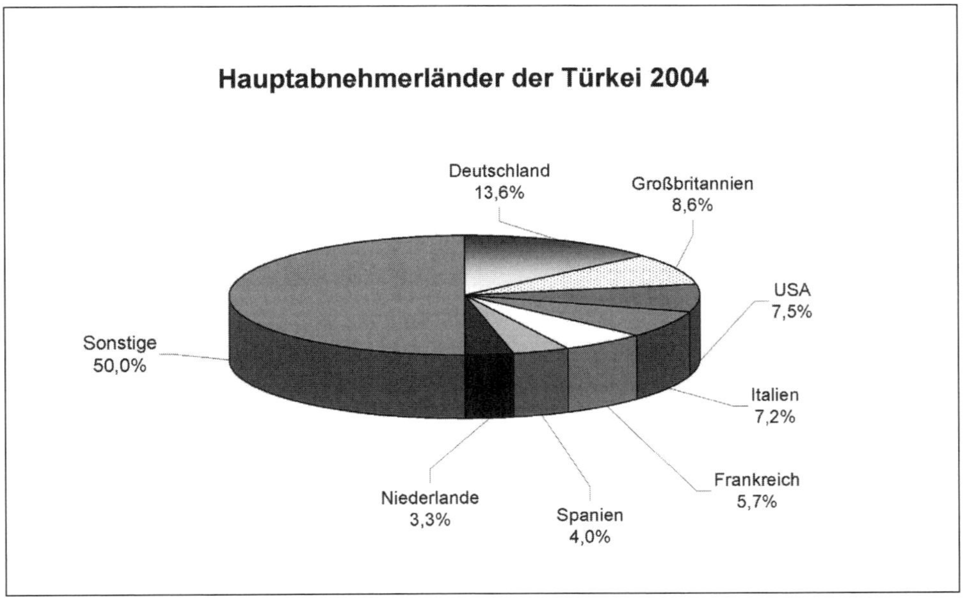

Quelle: Bfai
Abbildung 217: *Hauptabnehmerländer der Türkei 2004*

Investitionsklima

Die Investitionen sind neben der privaten Konsumnachfrage wichtiger Wachstumsträger. Vielfältige Projekte des Privatsektors schaffen eine lebhafte Investitionskonjunktur. Diese wird durch tendenziell sinkende Zinsen und neue Finanzierungsmöglichkeiten noch zusätzlich begünstigt. Es ist ein Modernisierungs- und Rationalisierungsprozess angelaufen, mithilfe dessen viele Unternehmen ihre Wettbewerbsfähigkeit steigern wollen. Im Großraum Istanbul sind zahlreiche Bau- und Infrastrukturprojekte mit kommerzieller und touristischer Ausrichtung geplant. Zusätzliche Impulse gehen von Privatisierungsvorhaben und Infrastruktur-Projekten im Rahmen des Private-Public-Partnership (PPP) aus.[417]

Investitionen[418]	2000	2001	2002	2003	2004
Ausländische Direktinvestitionen in der Türkei Bestand Mio. USD	k. A.	k. A.	16.222	17.916	20.485
Ausländische Direktinvestitionen in der Türkei Zuflüsse Mio. USD	k. A.	k. A.	k. A.	k. A.	k. A.
Deutsche Direktinvestitionen in Türkei Bestand Mio. Euro	1.801	1.416	1.242	2.232	2.713
Türkische Direktinvestitionen in Deutschland Bestand Mio. Euro	472	573	596	608	594

Die türkische Regierung ist bemüht, in den kommenden Jahren verstärkt ausländische Direktinvestitionen anzuziehen. Zu diesem Zweck hat sie mit dem neuen Investitionsfördergesetz in- und ausländische Investoren gleichgesetzt. Seit dem 1. Januar 2006 liegt der Körperschaftssteuersatz nur noch bei 20 % und soll mittelfristig sogar auf 15 % reduziert werden. Zum Beginn des laufenden Jahres wurde erwartet, dass die Zahl der deutschen Firmenniederlassungen in der Türkei die Marke von 2.000 Unternehmen überschreitet. Im Länder-Kredit-Rating des „Institutional Investor“ vom September 2005 nimmt die Türkei mit 45,3 von 100 Punkten den 74. Platz unter 173 bewerteten Ländern ein. Nach der Höhe des Kapitals der genehmigten Investitionen führt Frankreich vor den USA, den Niederlanden und Deutschland. Dabei hatte Deutschland 2004 immerhin einen Anteil von mehr als 13 % am Bestand aller ausländischen Direktinvestitionen in der Türkei.

---

417 Vgl. Bfai: Top-Exportmärkte 2006, Stand Februar 2006.

418 Zusammenstellung auf Basis von Informationen der Bundesagentur für Außenwirtschaft: Türkei – Wirtschaftsdaten kompakt, Stand November 2005 und der Deutschen Bundesbank: Kapitalverflechtungen mit dem Ausland, Stand April 2006.

Außenwirtschaftsbarometer

Die Türkei ist eines der Länder, bei denen der Anteil von deutschen Unternehmen mit einer negativen Einschätzung der aktuellen Geschäftslage bisher überwogen hat. Bei der Umfrage Mitte 2006 erzielte die Türkei erstmals einen Indikatorwert von Null, so dass sich die positiven und negativen Antworten gerade die Waage gehalten haben. Erfreulich ist aber auch hier, dass insgesamt ein Aufwärtstrend zu erkennen ist (Abb. 218). Ähnlich wie die aktuelle Geschäftslage schätzen die deutschen Unternehmen auch die zukünftige Entwicklung ein. Mit einem Wert von 4,1 für die kommenden zwölf Monate scheint diese Beurteilung durchaus realistisch.

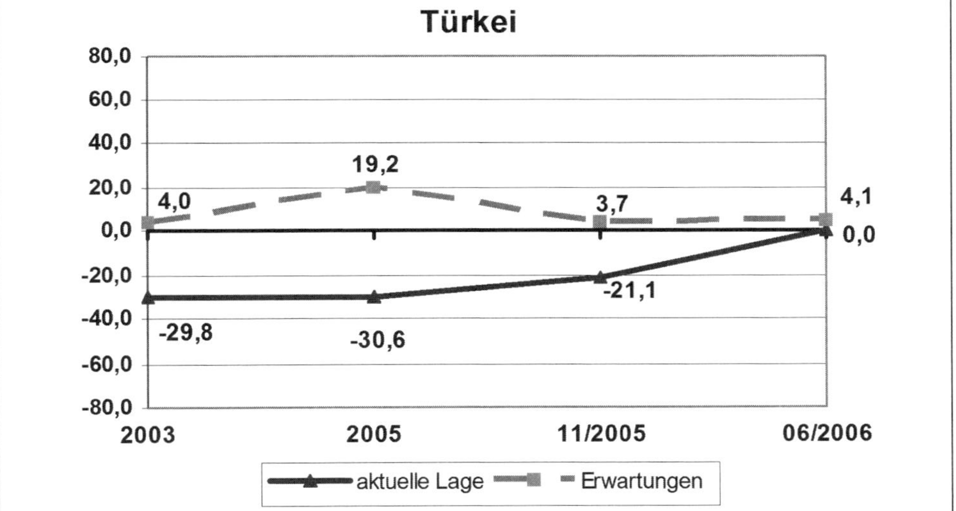

Quelle: IHK Region Stuttgart
Abbildung 218: *Außenwirtschaftsbarometer Türkei*

Interkultureller Praxistipp Türkei

Die türkische Bevölkerung gehört zwar überwiegend dem islamischen Glauben an, doch unterscheidet sich der türkische Islam wesentlich von dem anderer muslimischer Länder wie dem Iran oder Saudi-Arabien. Denn seit der Gründung der Türkei durch Atatürk ist die Türkei ein säkularer Staat, und die Religion findet nur im privaten Raum statt. Allerdings gibt es in letzter Zeit Tendenzen, dass eine tiefe Religiosität an gesellschaftlicher Relevanz gewinnt.[419] Generell sucht die Türkei eher die Anbindung an Europa und betont oft die Abgrenzung zu den ara-

[419] Vgl. Winkler 2002, S. 132.

bischen Nachbarn. Vor allem die urbane Bevölkerung und die gut ausgebildeten Eliten des Landes sind oft westlich orientiert und haben eine liberale Grundhaltung. In den ländlichen Gebieten dagegen dominieren konservative Werte und der Islam nimmt einen höheren Stellenwert ein.[420]
Deutschen Geschäftspartnern stehen die Türken recht aufgeschlossen gegenüber: Deutsche Zuverlässigkeit und Qualität werden sehr geschätzt. Die türkische Geschäftskultur weist viele Gemeinsamkeiten mit den expressiven Kulturen Südeuropas wie Italien oder Spanien auf. Die Verhandlungsführung ist oft unstrukturiert und emotional und stark auf den Aufbau von persönlichen Beziehungen ausgerichtet. Daher sollten deutsche Manager bei Verhandlungen darauf achten, dass sie gut vorbereitet und mit klaren Zielen in ein Gespräch gehen, um ihre Argumente ebenfalls offensiv im konfusen Gespräch vertreten zu können.[421] Türkische Geschäftspartner sind gute Taktierer und pflegen einen eher indirekten Sprachstil. Dies fußt auch auf dem Wertesystem, das den Respekt gegenüber Älteren oder Geschäftspartnern in den Mittelpunkt stellt. Um den Gesprächpartner nicht mit klarer Kritik oder offenen Worten in Verlegenheit zu bringen, werden die Botschaften lieber mit vielen blumigen Worten umschrieben.[422] Eine respektvolle Form der Anrede ist die Verwendung des beruflichen Titels ohne Namen. Bei einer weiteren gebräuchlichen Alternative verwendet man den Vornamen mit einem nachgestellten Bey (Mann) bzw. Hanim (Frau).[423]

Fazit

Die noch relativ junge Verfassung der Türkei von 1982 macht das Land zur einzigen westlichen Demokratie in der islamischen Welt. Im Zuge der Modernisierung der Wirtschaft hat sich die Türkei bereits zu einer Industrie- und Dienstleistungsgesellschaft entwickelt. Das stabile Wirtschaftswachstum beträgt seit 2002 mindestens 5 % pro Jahr. Angetrieben wird es derzeit hautsächlich durch die hohe private Konsumnachfrage und die umfangreichen Investitionsausgaben der Unternehmen. Allerdings ist die türkische Volkswirtschaft stark importabhängig und weist somit seit Jahren eine negative Handels- und Leistungsbilanz auf.

Die Westorientierung des Landes ist Inhalt des Atatürkischen Reformprogramms mit dem Ziel, der Europäischen Union beizutreten. Nicht nur die westlich geprägte Elite des Landes, sondern inzwischen auch die aus dem EU-skeptischen politischen Islam hervorgegangene AKP-Regierung hat sich diesem Ziel verschrieben. Die AKP sieht sich als konservative Volkspartei und lehnt das Attribut „islamistisch“ ab. Es wurden bereits zahlreiche Reformpakete verabschiedet. Laizismus zählt zu den Grundprinzipien der türkischen Republik. Dennoch gibt es noch eine nicht zu unterschätzende Zahl von Befürwortern eines politischen Islam („irtica“). Die zweite große Bedrohung für die türkische Regierung stellt die Gefahr des Separatismus dar. Diese Befürchtung ist unter anderem Hintergrund des Konflikts mit der ethnischen Minderheit der Kurden im Südosten des Landes.

---

[420] Vgl. Inanç 2006, S. 6.
[421] Vgl. Rentzsch 1999, S. 28 f.
[422] Vgl. Inanç 2006, S. 14.
[423] Vgl. Strunz/Dorsch 2001, S. 370.

Weiterführende Quellen

Internet:

Auslandshandelskammer: http://www.ahk.de.
Auswärtiges Amt: http://www.auswaertiges-amt.de.
Bundesagentur für Außenwirtschaft: http://www.bfai.de.
Deutsche Botschaft in der Türkei: www.ankara.diplo.de.
Türkische Botschaft in Deutschland: www.tuerkischebotschaft.de.
Statistisches Bundesamt: http://www.destatis.de.

Literatur:

Auslandshandelskammer Istanbul: Deutsche Firmen in der Türkei, Istanbul 2005.
Auslandshandelskammer Istanbul: Die 500 größten Industrieunternehmen in der Türkei, Istanbul 2005.
Auslandshandelskammer Istanbul: Zur Lage der deutschen Investitionen in der Türkei 2003 – Ergebnisse der Umfrage der AHK, Istanbul 2004.
Bundesagentur für Außenwirtschaft: Exportieren in die Türkei, Köln 2003.
Bundesagentur für Außenwirtschaft: Zukunftsmarkt Türkei, Köln 2005.
Boyzigit-Kirchmann, Mehpare: Türkei. Wirtschaft, Politik & Kultur, Hamburg 2006.
Franken, Swetlana: Deutsch-türkische Unternehmenskooperationen. Strategien für erfolgreiche interkulturelle Zusammenarbeit, Düsseldorf 2006.
Gün, Tatlican: Business mit der Türkei. Ein Ratgeber für Einsteiger, Bern 2006.
Seufert, Günter/ Kubaseck, Christopher: Die Türkei. Politik – Geschichte – Kultur, München 2004.
Steinbach, Udo: Geschichte der Türkei, München 2000.
Steinbach, Udo: Die Türkei im 20. Jahrhundert. Schwieriger Partner Europas, Bergisch Gladbach 1996.
Wehling, Hans-Georg: Türkei. Politik, Gesellschaft, Wirtschaft, Wiesbaden 2002.

Zielregion „Asien/Pazifik“

1. Das asiatisch-pazifische Jahrhundert?

Asien ist mit 3,8 Milliarden Einwohnern bzw. 60 % der Weltbevölkerung[424] der größte Kontinent der Erde. Neben Japan, das über drei Jahrzehnte hinweg ein spektakuläres Wirtschaftswachstum zu verzeichnen hatte[425], machte die Region auch durch die Tigerstaaten Hongkong, Singapur, Südkorea und Taiwan[426] auf sich aufmerksam. Diese hatten Mitte der sechziger bis Mitte der 90er Jahre des 20. Jahrhunderts das weltweit höchste Wirtschaftswachstum mit Raten von jährlich über 5 % aufzuweisen. Die nachholende Industrialisierung dieser Länder basierte in hohem Maße auf der fast ausschließlichen Exportorientierung der Produktion nach japanischem Vorbild. Japan fungierte dabei auch als Finanzier und Technologielieferant für diese Volkswirtschaften. Nach einem rasanten Wirtschaftswachstum gerieten viele Länder Ost- und Südostasiens jedoch Ende der 90er Jahre in eine Wirtschafts- und Finanzkrise. Dennoch sind die wirtschaftliche Bedeutung und das politische Gewicht Asiens unumstritten. Zukunftsvisionen der derzeit mehr als boomenden Region durchfluten die Schlagzeilen. „Die Länder des asiatisch-pazifischen Raumes werden sich zum bedeutendsten Gravitationszentrum der Weltwirtschaft entwickeln.“[427]

Zudem wurde und wird das 21. Jahrhundert oftmals als das „asiatisch-pazifische Jahrhundert“ postuliert, gestützt durch die Beobachtung, dass alle zwei bis drei Jahre ein anderes asiatisches Land weltweit die Schlagzeilen dominiert und wirtschaftlich für Furore sorgt. Auf der anderen Seite wird aufgrund der Erschütterungen durch die „Asienkrise“ 1997/98 und der politischen Verwerfungen in der Folge des 11. September 2001 mit den daraus folgenden Ansätzen zu strategischen Neuorientierungen vielmehr gemutmaßt, dass wir es mehr „mit einer Globalisierung der politischen und wirtschaftlichen Chancen und Risiken zu tun haben als mit wachsenden Dominanzen einzelner Weltregionen“[428].

---

424 Quelle: Bundeszentrale für politische Bildung.

425 In den 60er Jahren wuchs die japanische Wirtschaft um durchschnittliche 10 %, in den 70er Jahren um durchschnittlich 5 % und um 4 % in den 80er Jahren.

426 Seit Ende der 80er Jahre des 20. Jahrhunderts werden Indonesien, Malaysia, die Philippinen und Thailand als Tigerstaaten der zweiten Generation bezeichnet.

427 Schröder 1996, S.109.

428 Auswärtiges Amt: Aufgaben der deutschen Außenpolitik. Südostasien sowie Australien, Neuseeland und Pazifische Inseln am Beginn des 21. Jahrhunderts, Berlin 2002, S. 1.

Welchen Stellenwert die asiatisch-pazifische Region auch einnehmen wird, sie hat in der Gesamtheit ihrer Länder, ihrer Volkswirtschaften, ihrer Kulturen und ihrer Marktmöglichkeiten in den vergangenen Jahren bereits deutlich an Gewicht auf dem internationalen Parkett gewonnen. Während das zu den G-8-Staaten zählende Japan mit seinem anerkannt hohen Technologieniveau und Innovationsgrad derzeit als zweitgrößte Volkswirtschaft nach den USA und vor Deutschland rangiert und sich auch die Republik Korea seit den 60ern zu einer der bedeutendsten Volkswirtschaften entwickelt hat, nähern sich die Volkrepublik China und Indien – angesichts der hohen Wachstumsraten – in atemberaubenden Tempo diesen Ländern an (Abb. 219).

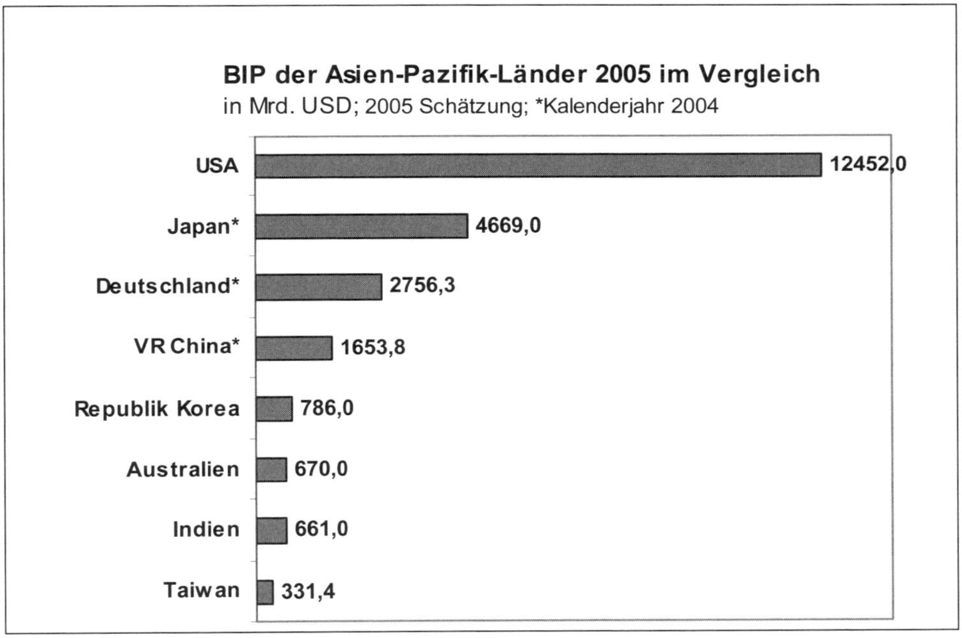

Quelle: Bfai
Abbildung 219: *BIP der Asien-Pazifik-Länder 2005 im Vergleich*

Stärker noch als in den vorangehend beschriebenen Regionen, den „Zehn neuen EU-Mitgliedstaaten“ und den „EU-Bewerberländern, Russland, GUS“, zeugen die Wachstumsraten der Länder in der Zielregion „Asien/Pazifik“ von einer Dynamik, die fernab der Möglichkeiten kerneuropäischer Staaten zu liegen scheinen. Für das „Emerging Asia“[429] nennt der Internationale Währungsfonds Wachstumsraten von durchschnittlich 8,2 % in 2005 bzw. 7,9 % in 2006. Vergleicht man z. B. das Wachstum Chinas bzw. Indiens mit dem der EU bzw. Deutschlands, werden die Dimensionen des asiatischen Wachstums noch deutlicher. So war

429 Bestehend aus „Developing Asia”, den „Newly industrialized Asian economies” sowie der Mongolei.

das Wirtschaftswachstum der VR China 2005 nahezu achtmal, das Indiens fast sechsmal höher als in der gesamten EU, oder sogar fast zwölfmal bzw. fast neunmal höher als das Deutschlands (Abb. 220). Auch wenn die Wachstumsraten der bereits gestandenen Wirtschaftsgrößen Asiens nicht mehr auf diesem Niveau zulegen, liegen sie immer noch deutlich über denen der EU bzw. Deutschlands.

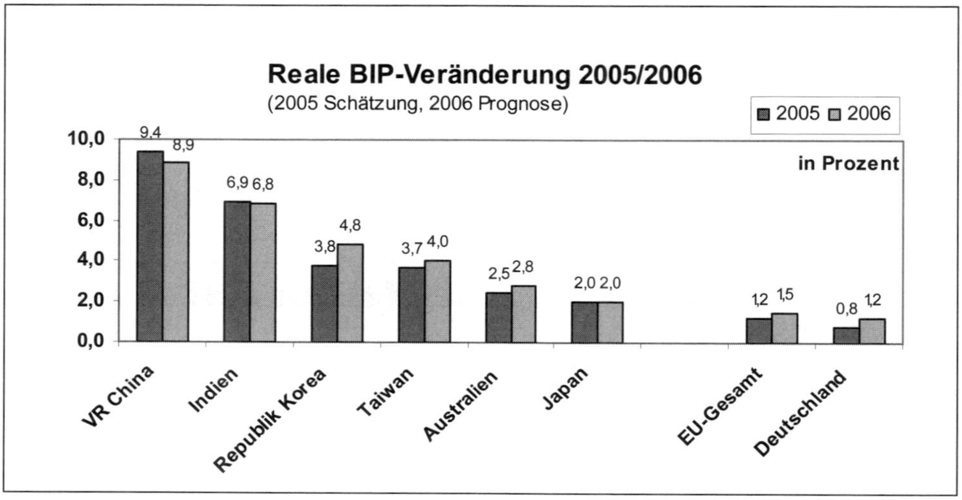

Quelle: Bfai

Abbildung 220: *BIP-Veränderung in den Ländern der Region „Asien/Pazifik“ im Vergleich*

Die VR China konnte sich in 2005 somit bereits vor Großbritannien und Frankreich als viertgrößte Wirtschaftsnation behaupten. Und obwohl die chinesische Regierung aus Furcht vor der Überhitzung einzelner Bereiche Maßnahmen eingeleitet hat, die das Wirtschaftswachstum bremsen sollen, konnte bisher noch keine Abschwächung des Wachstums verzeichnet werden. Neben China zählt Indien, das sich zunehmend als Servicezentrum der Welt Rang und Namen verschafft, zu einem der wachstumsstärksten Länder und avancierte 2004 zur zehntgrößten Volkswirtschaft der Welt, womit es Südkorea und Mexiko überholt hat.

Für China und Indien wird auch weiterhin ein rasantes Wachstum prognostiziert. Der BRIC-Report von Goldman Sachs, der die Entwicklung der Länder Brasilien, Russland, Indien und China bis 2050 untersucht, zeichnet beispielsweise das folgende Szenario: Indien wird dann 1,6 Milliarden Einwohner zählen, wobei im Gegensatz zu China die Bevölkerung bedeutend langsamer altern wird. In dieser Prognose hat Indien ebenfalls das größte langfristige Wachstumspotenzial aller untersuchten Länder und erwirtschaftet BIP-Wachstumsraten von jährlich über 5 %. Damit nähert sich Indien rasant den USA und China an und wird sich zur drittgrößten Volkswirtschaft der Welt entwickeln.[430]

[430] Vgl. Goldman Sachs 2003, S. 4 f.

Auch ins Ranking der größten Exportnationen ist Bewegung gekommen. Denn die VR China ist, nachdem sie Südkorea längst überholt hat, nun auch an Japan vorbeigerauscht und nahm 2004 Rang drei der größten Exportnationen ein (Abb. 83). Rechnet man zudem die Exporte Hongkongs[431] hinzu, so ist das Reich der Mitte der zweitgrößten Handelsnation, den USA, dicht auf den Fersen. Der Anteil Chinas am gesamten Welthandel beträgt mittlerweile knapp 7 %.[432] Demgegenüber nahm Indien 2004 erst Rang 20 der weltweit größten Exporteure ein.[433] Da sich das Land jedoch selber in vielerlei Hinsicht als Globalisierungsgewinner versteht, dessen Außenhandel im Haushaltsjahr 2003/04 um 30 % angewachsen ist und auch die Exporte im Haushaltsjahr 2004/05 einen Zuwachs um mehr als 25 % verzeichneten, wird sich die Regierung verstärkt der Außenwirtschaftsförderung annehmen. So soll der indische Anteil am Welthandel von heute 0,85 % bis zum Jahr 2009 verdoppelt werden.[434]

Trotz ihrer imponierenden Entwicklungstendenzen besitzt die Region jedoch auch einige Schattenseiten, die ihr Gesamtbild trüben. So sieht sie sich einerseits mit sicherheitspolitischen Problemen konfrontiert. Eine mögliche atomare Bedrohung durch Nordkorea sowie das atomare Wettrüsten zwischen Pakistan und Indien gelten nicht zuletzt aufgrund ihrer globalen Ausmaße als besorgniserregend. Weiterhin bleibt die rasante wirtschaftliche Entwicklung auch durch die folgenden Aspekte nicht ungetrübt: Armut, das bedrohliche demografische Wachstum, die ungleiche Einkommensverteilung und die stets wachsende Kluft zwischen kleinen immer reicheren und riesigen armen Bevölkerungsschichten, massive Umweltzerstörung, Korruption, andere Formen der Wirtschaftskriminalität und Rechtsunsicherheit, Drogenhandel, Migrationsprobleme und auch das Engagement sozial benachteiligter Schichten in extremistischen, z. T. terroristischen Bewegungen prägen Teile des Kontinents.[435]

Aus unserer Perspektive von strategisch wichtiger Bedeutung innerhalb dieser Region ist daher nicht zuletzt das im aktiven Dialog mit den asiatisch-pazifischen Kulturen stehende Australien mit seinen fest verankerten demokratischen und freiheitlichen Strukturen in Politik, Gesellschaft, Recht und Wirtschaft sowie der westlichen Prägung.

Aufgrund ihrer rasanten Entwicklung sowie ihrer gewachsenen und stets zunehmenden internationalen Bedeutung stellt sich sodann die Frage: Welche Bedeutung hat die Region für die deutsche Wirtschaft?

---

431 Ohne Transithandel.

432 Quelle: Deutsche Bundesbank.

433 Quelle: WTO.

434 Vgl. Bfai: Indien. Wirtschaftsentwicklung 2004/2005, Köln 2005, S. 7.

435 Vgl. Auswärtiges Amt: Aufgaben der deutschen Außenpolitik. Südostasien sowie Australien, Neuseeland und Pazifische Inseln am Beginn des 21. Jahrhunderts, Berlin 2002, S. 1 f.

2. Die Bedeutung der Region für die deutsche Wirtschaft

Das rapide Wirtschaftswachstum in den Staaten der Region „Asien/Pazifik“ hat auch den Exportweltmeister Deutschland nicht unberührt gelassen. Die Handels- und Kapitalverflechtungen mit den Ländern dieser Region werden zunehmend intensiver. So haben die deutsch-indischen Handelsbeziehungen, die lange Zeit stagnierten, im Jahr 2004 und 2005 eine deutliche Belebung erfahren. Denn das Handelsvolumen wuchs jeweils um mehr als 20 % gegenüber dem Vorjahr, was die höchste Steigerungsrate seit über zwei Jahrzehnten bedeutete. Auch für die deutsch-chinesischen Handelsbeziehungen lässt sich ein stetiges Wachstum beobachten, denn sowohl die Einfuhren aus China als auch die deutschen Exporte in das Reich der Mitte haben sich im Zeitraum von 1990 bis 2005 nahezu verzehnfacht. China ist zudem der wichtigste außereuropäische Handelspartner Deutschlands nach den USA und nahm 2005 – wie bereits 2004 – Rang acht der wichtigsten deutschen Handelspartner nach Österreich ein. Demgegenüber folgen die etablierten Volkswirtschaften Japan erst auf Rang 14, die Republik Korea auf Rang 21 und Taiwan auf Rang 27. Indien folgt erst auf Rang 33. Für die Länder der Region ist Deutschland wiederum einer der wichtigsten Handelspartner. Deutschland ist z. B. für China der wichtigste Handelspartner innerhalb der EU. Der Exportweltmeister ist vor allem als Lieferland von großer Bedeutung für die Länder der Region. Vor dem Hintergrund des vorangehend beschriebenen Wachstums ist davon auszugehen, dass sich diese Position weiterhin positiv entwickeln wird.

Neben den bereits intensiven und sich zunehmend intensivierenden Handelsbeziehungen weisen auch die Kapitalverflechtungen Deutschlands mit den Ländern der Region auf die immense Bedeutung der Region „Asien /Pazifik“ hin. In Deutschland liegt Japan beim Bestand an Direktinvestitionen noch eindeutig an der Spitze der asiatischen Länder. Ende 2002 verfügten japanische Unternehmen über unmittelbare Direktinvestitionen in Deutschland in Höhe von 9,3 Mrd. Euro, in der Region gefolgt von der Republik Korea mit 985 Mio., der VR China mit 162 Mio., Taiwan mit 141 Mio. und Australien mit 106 Mio. Euro. Abgesehen von den EU-Ländern war damit Japan nach den USA und der Schweiz der drittwichtigste Investor in Deutschland.[436]

Auch in umgekehrter Richtung, sprich bei den deutschen Investitionen in den Ländern der Region „Asien/Pazifik“, ist die Entwicklung positiv. In dem weltweit attraktivsten Zielland für Direktinvestitionen, der VR China, galt Deutschland 2004 mit einem Zufluss von 1.082 Mio. Euro als der größte europäische Investor mit weiterhin steigender Tendenz. Die deutschen Netto-Direktinvestitionen in Japan lagen 2004 demgegenüber immerhin bei 681 Mio. Euro (2003: 1.092 Mio., 2002: 205 Mio. Euro, 2001: 357 Mio. Euro), sind aber weit von dem (einmalig) hohen Wert des Jahres 2000, als 2.873 Mio. Euro nach Japan transferiert wurden,

---

[436] Vgl. Robaschik 2005.

entfernt.[437] In Australien lag der Bestand an deutschen Direktinvestitionen 2004 bei 5,5 Mrd. Euro, was einen Anteil von 2 % an allen Direktinvestitionen in Australien hinter den USA, Großbritannien, Japan, den Niederlanden und der Schweiz bedeutet. Damit erweist sich Australien als beliebter Standort deutscher Unternehmen zur Erschließung des südostasiatischen Marktes.[438]

Indien war demgegenüber aus Sicht deutscher Investoren bisher kein wichtiger Investitionsstandort, gleichwohl Deutschland aus indischer Sicht als wichtiges Herkunftsland ausländischer Direktinvestitionen gilt. Während 2003 1,1 % der deutschen Direktinvestitionen nach China flossen, zog Indien bei weiterhin lediglich langsamer Zunahme lediglich 0,3 % an.[439]

Da davon auszugehen ist, dass sich das starke Wachstum in der Region fortsetzen wird[440], gilt es wie bei den Handelsbeziehungen auch bei den Kapitalverflechtungen, auf das teils noch nicht ausgeschöpfte Potenzial hinzuweisen. Die deutschen Unternehmen sind mit einem starken Engagement in dieser Region gefordert, da die (zukünftigen) Absatzmärkte der wachstumsstärksten Region der Weltwirtschaft sonst an die Konkurrenz verloren gehen.

Mit dem Wissen um das Potenzial dieser Region – riesige Märkte, immense Wachstumsraten und die damit einhergehende außerordentliche Dynamik – soll nun die Zielregion „Asien/Pazifik" im Fokus der Betrachtungen stehen. Wie bewerten die deutschen Unternehmen die Zielregion „Asien/Pazifik"? Welche Gründe motivieren die Unternehmen zum Gang in die Länder der Region? In welcher Form engagieren sie sich? Und wie erfolgreich sind sie? Diese und weitere Fragen gilt es nachfolgend zu beantworten.

3. Zielregion „Asien/Pazifik" im Fokus: Ergebnisse der Studie

3.1 Größenklassen der Unternehmen

Wie bereits die einleitende Bemerkung zur Region zeigt, so spiegeln auch die Ergebnisse der Studie „Going International" die immense Bedeutung dieser Region für die deutschen Unternehmen wider. Die Zielregion „Asien/Pazifik" ist nach den Regionen „Bisherige EU-

437 Vgl. Robaschik 2005.

438 Schröder 1996, S. 109 f.

439 Vgl. Kundu 2005, S. 5.

440 Vgl. International Monetary Fund 2006, S. 34.

15/EFTA“ und den „Zehn neuen EU-Mitgliedstaaten“ mit 60,2 % die von den befragten Unternehmen am drittstärksten frequentierte Region. Damit liegt die Region „Asien/Pazifik“ mit einem Vorsprung von 13 Prozentpunkten deutlich vor den Regionen „EU-Bewerberländer, Russland, GUS“ und „Nordamerika (USA, Kanada)“.

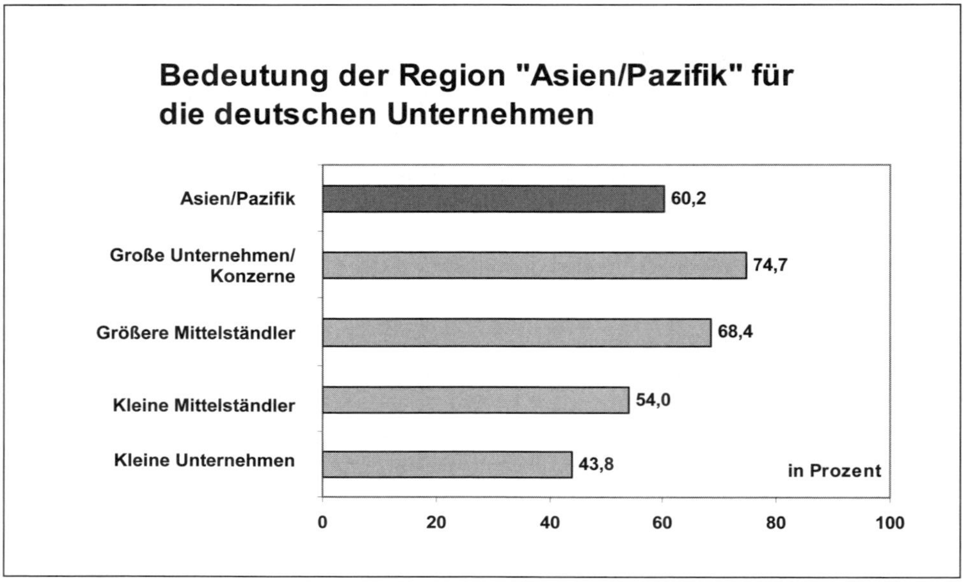

Quelle: Eigene Studie „Going International“
***Abbildung 221:** Bedeutung der Region „Asien/Pazifik“ für die deutschen Unternehmen*

Wie auch in den anderen Regionen sind die großen Unternehmen/Konzerne mit 74,7 % am stärksten vertreten (Abb. 221), gefolgt von den größeren Mittelständlern (68,4 %). Damit spielt sich das Engagement der großen Unternehmen/Konzerne und der größeren Mittelständler in der Region „Asien/Pazifik“ auf abgeschwächtem Niveau im Vergleich zur zweitstärksten frequentierten Region „Zehn neue EU-Mitgliedstaaten“ ab und deutlich abgeschwächt im Vergleich zur stärksten frequentierten Region „Bisherige EU-15“. Das niedrigere Niveau im Vergleich zur „Bisherigen EU-15/EFTA“ kommt auch bei den kleinen Mittelständlern und den kleinen Unternehmen zum Ausdruck, die in der Region „Asien/Pazifik“ nur mit 54 % bzw. knapp 44 % präsent sind. Auffällig im Vergleich zur Region „Zehn neue EU-Mitgliedstaaten“ ist jedoch die stärkere Präsenz kleiner Unternehmen in der Region „Asien/ Pazifik“. Im Vergleich zu den übrigen Regionen spielt sich die Präsenz aller Unternehmensgrößen in der Region „Asien/Pazifik“ bereits auf fortgeschrittenem Niveau ab. Dies spiegelt sich auch in dem Verhältnis der Großunternehmen zu den kleinen Unternehmen wider, das nahezu dem in der Region „Zehn neue EU-Mitgliedstaaten“ entspricht und einen deutlichen Vorsprung gegenüber den übrigen Regionen aufweist.

Die vorgenannten Aspekte verdeutlichen den Status quo dieser Region. So kommen einerseits die bereits intensiven Verflechtungen der deutschen Wirtschaft mit dieser Region zur Geltung, andererseits jedoch das noch bestehende Potenzial.

3.2 Branchenverteilung

Betrachtet man die Branchenverteilung innerhalb der Region „Asien/Pazifik“, zeigt sich folgendes Bild (Abb. 222):

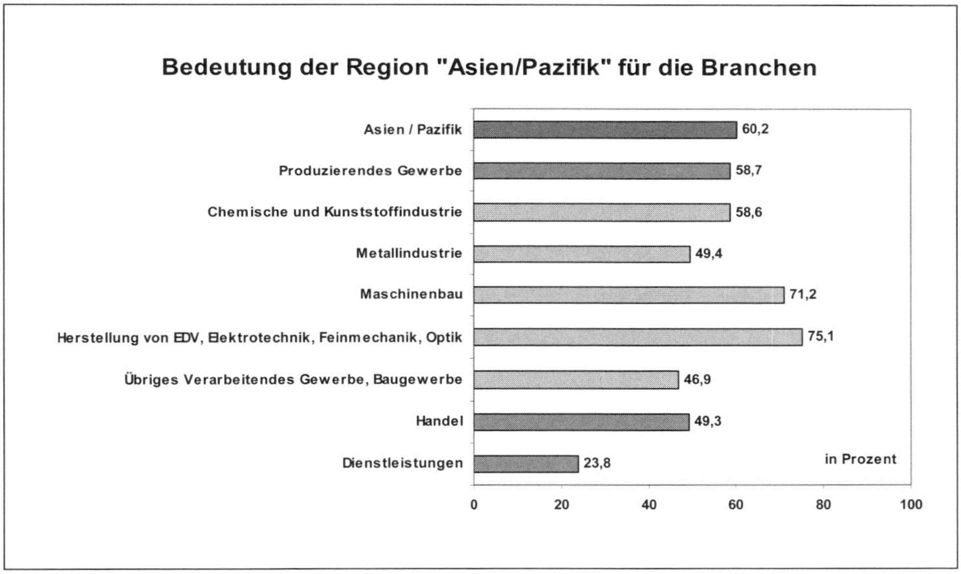

Quelle: Eigene Studie „Going International“
Abbildung 222: *Bedeutung der Region „Asien/Pazifik“ für die Branchen*

Wie in den vorherigen Regionen ist das produzierende Gewerbe auch in der Region „Asien/ Pazifik“ mit 58,7 % am stärksten vertreten (Abb. 222). Innerhalb des produzierenden Gewerbes geht die Herstellung von EDV, Elektrotechnik, Feinmechanik, Optik mit 75 %, was die Anzahl der Unternehmen anbelangt, als deutlicher Spitzenreiter hervor und liegt bereits über dem Niveau in den „Zehn neuen EU-Mitgliedstaaten“. Auch der Maschinenbau ist mit 71 % bereits stark vertreten und in seiner Frequenz der Region „Zehn neue EU-Mitgliedstaaten“ nahe, während die Chemische und Kunststoffindustrie mit nur 58,6 % aufwartet. Insgesamt ist das produzierende Gewerbe in der Region „Asien/Pazifik“ nur um acht Prozentpunkte schwächer vertreten als in den „Zehn neuen EU-Mitgliedstaaten“, allerdings um fast 30 Prozentpunkte schwächer als in der „Bisherigen EU-15/EFTA“. Der Handel ist mit fast 49,3 % in der Region „Asien/Pazifik“ um weniger als fünf Prozentpunkte und damit nur unwesentlich schwächer als in den „Zehn neuen EU-Mitgliedstaaten“ präsent. Im Bereich der Dienstleistungen sind die beiden Regionen mit einer jeweiligen Frequenz von ca. 24 % gleichauf.

Damit wird deutlich, dass die Region „Asien/Pazifik“ den „Zehn neuen EU-Mitgliedstaaten“ in der Branchenaufstellung kaum nachsteht und im Vergleich zu den weniger frequentierten Regionen bereits von allen Branchen relativ stark angesteuert wird. Gegenüber der am stärksten frequentierten Region „Bisherige EU-15/EFTA“ ist der Rückstand jedoch groß.

3.3 Gründe und Motive für das Engagement

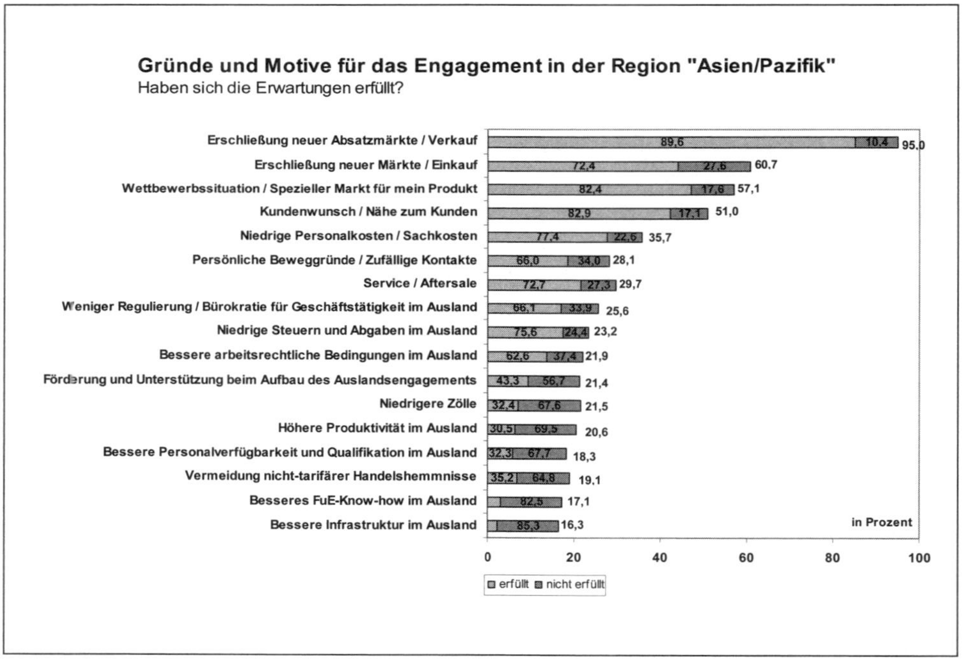

Quelle: Eigene Studie „Going International“
Abbildung 223: *Gründe und Motive für das Engagement in der Region „Asien/Pazifik“*

Bei den Beweggründen, die zu einem Auslandsengagement der befragten Unternehmen geführt haben, zeichnet sich für die Zielregion „Asien/Pazifik“ wie auch für die Zielregion „Bisherige EU-15/EFTA“ grundsätzlich ein mit den Gesamtergebnissen der Studie übereinstimmendes Bild ab (Abb. 223). Die dominierenden Gründe für das Engagement in dieser Region sind damit ebenfalls eindeutig marktorientiert. Die Erschließung neuer Absatzmärkte, die Erschließung neuer Einkaufsmärkte und die Erfüllung von Kundenwünschen bzw. die Nähe zum Kunden sind die meistgenannten Gründe. Im Vergleich zum Gesamtergebnis der Studie sowie im Vergleich zur Region „Bisherige EU-15/EFTA“ wurden jedoch die Gründe Erschließung neuer Absatz- und Einkaufsmärkte, die Nähe zum Kunden, niedrige Personalkosten und Service/Aftersale wie bereits in der Region „Zehn neue EU-Mitgliedstaaten“ von mehr Unternehmen als wichtig angesehen. Die Unternehmen, die aus dieser Motivation heraus handeln, sehen ihre Anfangserwartungen in der geschäftlichen Praxis als erfüllt an und zwar zumeist auf höherem Niveau als im Gesamtergebnis der Studie und in der Region „Bisherige EU-15/EFTA“. So haben sich für fast 90 % der Unternehmen, die mit dem Ziel der Erschließung neuer Absatzmärkte Geschäftsbeziehungen in dieser Region aufgebaut haben, die Erwartungen erfüllt. Derart zufrieden zeigten sich die Unternehmen zudem, wenn sie ein Engagement im Ausland aufgrund eines Kundenwunsches oder einer besseren Wettbewerbsposition aufgenommen haben. Auch hier liegt die Zufriedenheitsquote jeweils bei über 82 %.

In der Region „Asien/Pazifik“ kommt dem Grund der niedrigen Personalkosten/Sachkosten im Vergleich zum Gesamtergebnis der Studie sowie zur Region „Bisherige EU-15/EFTA“ eine gewichtigere Rolle zu. Dabei haben sich die Erwartungen mit einer Zufriedenheitsquote von über 77 % gar in höherem Maße erfüllt.

Im Weiteren stimmen die Gründe und Zufriedenheitsquote mit dem Gesamtergebnis der Studie und der Region „Bisherige EU-15/EFTA“ überein: Neben den marktorientierten Gründen stehen Motive wie weniger Regulierungen, weniger Bürokratie, niedrigere Steuern und bessere arbeitsrechtliche Bedingungen. Dabei werden die positiven Erwartungen in den Resultaten meist bestätigt. Die an die Gründe wie Förderung und Unterstützung, höhere Produktivität, besseres Know-how und eine bessere Infrastruktur im Ausland gestellten Erwartungen werden hingegen meist nicht erfüllt.

3.4 Formen des Engagements

Innerhalb der Zielregion „Asien/Pazifik“ steht wie auch in den anderen Regionen der Export an erster Stelle. Mit knapp 75 % (Abb. 224) stellt die „Region Asien/Pazifik“ im Vergleich mit den anderen Regionen jedoch die für den Export unwichtigste Region dar. Die nachfolgenden Formen des Engagements leisten dafür jedoch einen Ausgleich. So betrieben knapp 39 % der befragten Unternehmen in dieser Region Sourcing/Einkauf, das in der Rangfolge an zweiter Stelle steht. Damit ist diese Region nach der „Bisherigen EU-15/EFTA“ die für Sourcing/Einkauf zweitwichtigste Region. Am dritthäufigsten haben die Unternehmen in dieser Region mit 27,5 % Repräsentanzen/Vertriebsbüros, gefolgt vom Import mit knapp 22 %. Bei diesen beiden Formen des Engagements geht die Region „Asien/Pazifik“ sogar als Spitzenreiter hervor. Des Weiteren spielen lose Kooperationspartner mit 19 % eine wichtige Rolle sowie Tochterunternehmen mit 14,5 %, womit die Region „Asien/Pazifik“ genau im Durchschnitt der Studie liegt.

Demgegenüber engagieren sich die befragten Unternehmen in der Region „Asien/Pazifik“ in besonderem Maße in Form von Joint Ventures/Allianzen (knapp 10 %) sowie Einkaufsbüros (knapp 5 %), womit die Region ebenfalls absoluter Spitzenreiter ist. Damit zeigt die Region „Asien/Pazifik“ hinsichtlich der Bedeutung der Formen des Engagements gegenüber den anderen Regionen ein etwas modifiziertes Bild.

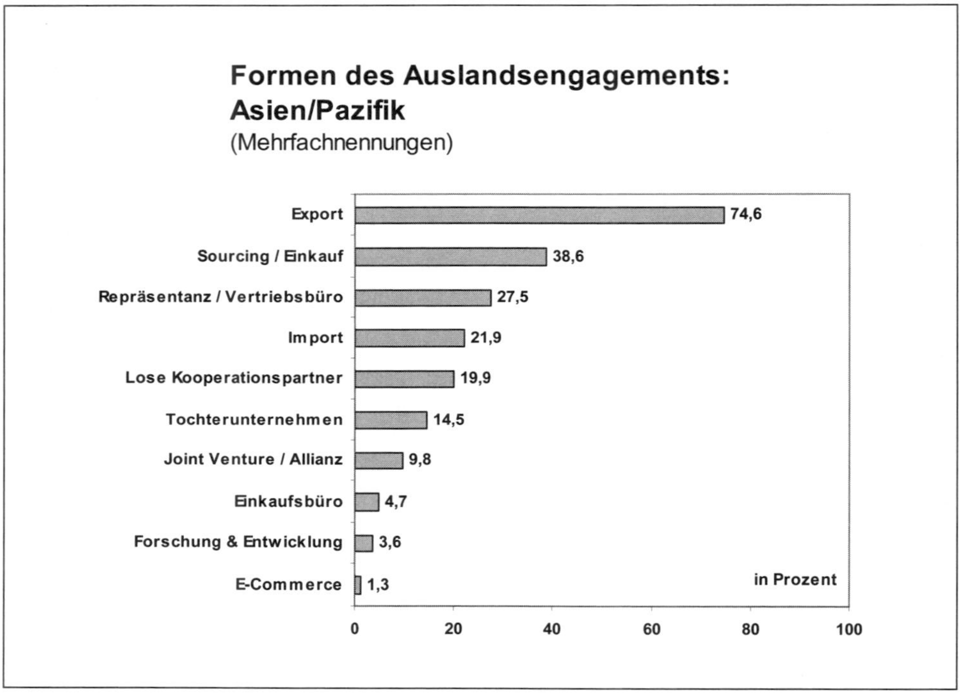

Quelle: Eigene Studie „Going International“
Abbildung 224: *Formen des Auslandsengagements: Asien/Pazifik*

3.5 Erfolg in der Region

Um herauszufinden, wie erfolgreich deutsche Unternehmen in den unterschiedlichen Regionen der Welt sind, wurde nach der Erfolgsquote des Auslandsgeschäfts in den jeweils bevorzugten Zielmärkten gefragt. Wie die Gesamtübersicht (Abb. 30) zeigt, variiert die Zufriedenheit mit der Geschäftstätigkeit von Region zu Region. So liegt die durchschnittliche weltwei-

te Erfolgsquote deutscher Unternehmen bei 75 %. Dabei wird die Region „Asien/Pazifik“ mit einer Erfolgsquote von 86 % (Abb. 225) überdurchschnittlich positiv bewertet und geht als die Region mit der zweithöchsten Erfolgsquote hervor. Zur derzeit von den Unternehmen angegebenen Erfolg versprechenden Region „Bisherige EU-15/EFTA“, der eine Erfolgsquote von
97 % zugesprochen wird, ist jedoch noch aufzuholen. Das Ergebnis spiegelt somit den Status quo der Region „Asien/Pazifik“ wider, der einen Aufwärtstrend erkennen lässt.

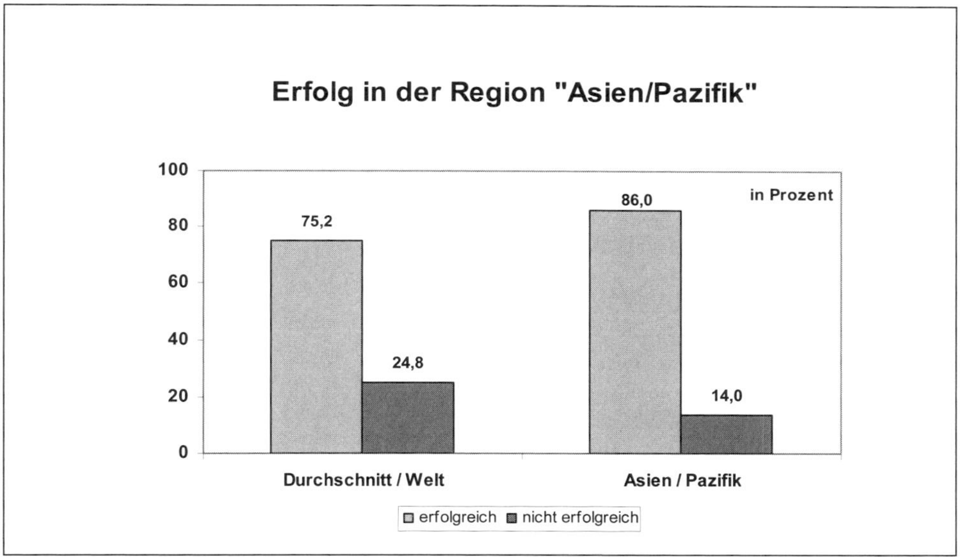

Quelle: Eigene Studie „Going International“
Abbildung 225: *Erfolg in der Region „Asien/Pazifik“*

3.6 Einschätzung der Geschäftssituation in den Zielländern

Vor dem Hintergrund der Erfolgsquote in der Region stellt sich sodann die Frage, wie die Unternehmen ihre Geschäftsbeziehungen speziell zu den einzelnen Ländern[441] in dieser Region hinsichtlich der aktuellen Geschäftssituation sowie der Einschätzung zukünftiger Geschäftsperspektiven bewerten (Abb. 226).

[441] Bei der Befragung wurden insgesamt 30 Zielländer vorgegeben.

Innerhalb der Region „Asien/Pazifik" nimmt China sowohl bei der aktuellen Geschäftssituation (48,7 %) als auch bei der zukünftigen Perspektive (71 %) die Spitzenposition ein, gefolgt von den Ländern Südostasiens, deren aktuelle Geschäftssituation von 38,8 % der befragten Unternehmen positiv bewertet wird, gegenüber 55,7 % in der Zukunft. In der Gesamtbetrachtung der Länder bewegen sie sich dabei im Mittelfeld – China im oberen, Südostasien im unteren Mittelfeld.

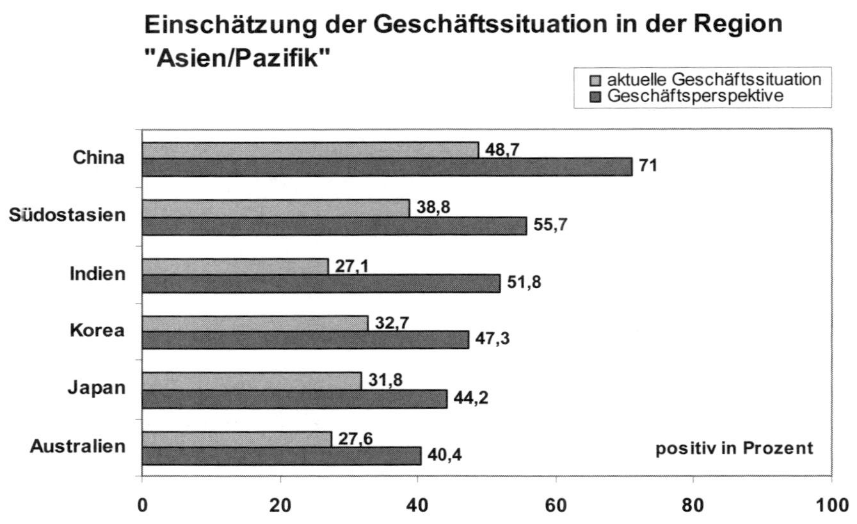

Quelle: Eigene Studie „Going International"
Abbildung 226: *Einschätzung der Geschäftssituation in der Region „Asien/Pazifik"*

Demgegenüber wird die aktuelle Geschäftssituation in Indien lediglich von gut einem Viertel der befragten Unternehmen als positiv bewertet, womit das Land im Gesamtergebnis der Studie auf dem fünftschlechtesten Platz liegt. Die zukünftige Geschäftsperspektive wird hingegen bereits von knapp 52 % der Unternehmen als positiv bewertet.

Die bereits entwickelten Länder Korea, Japan und Australien werden in der aktuellen Geschäftssituation von knapp 28 bis 33 % positiv bewertet, womit sie in der Gesamtbetrachtung der Länder allesamt im unteren Drittel angesiedelt sind. Ebenso verhält es sich bei der Einschätzung der Geschäftsperspektive, die von 40,4 % bis zu 47,3 % der Unternehmen positiv bewertet wird.

Betrachtet man vor diesem Hintergrund, welche Dynamik (Differenz zwischen der aktuellen Geschäftssituation und der zukünftigen Geschäftsperspektive) die Unternehmen den Geschäftsmöglichkeiten in den Ländern der Region „Asien/Pazifik" zusprechen, so ergibt sich ein differenziertes Bild. Aufgrund der eher als verhalten bewerteten Ausgangssituation haben Indien (Platz zwei) und China (Platz fünf) im Gesamtergebnis der Studie mit die größte Dynamik für die Geschäftsperspektive in den kommenden Jahren zu erwarten. Südostasien ist weiterhin im Mittelfeld angesiedelt, während Korea, Australien und Japan als eher wenig dynamische Länder zu kategorisieren sind. Bezogen auf die Dynamik bildet Japan, das im Gesamtergebnis der Studie auf dem fünftschlechtesten Platz eingeordnet wird, innerhalb der Region „Asien/Pazifik" das Schlusslicht.

Damit kommt die rasante wirtschaftliche Entwicklung Indiens und Chinas – die die Region „Asien/Pazifik" derzeit eindeutig dominieren – erneut zum Tragen: Das für beide Länder prognostizierte Wachstum findet auch in den Antworten der Unternehmen seinen Niederschlag und weist auf das bestehende Aufwärtspotenzial hin. Um diese Chancen zu nutzen, bedarf es einer gründlichen Vorbereitung des Auslandsengagements.

3.7 Vorbereitungszeit für das Engagement

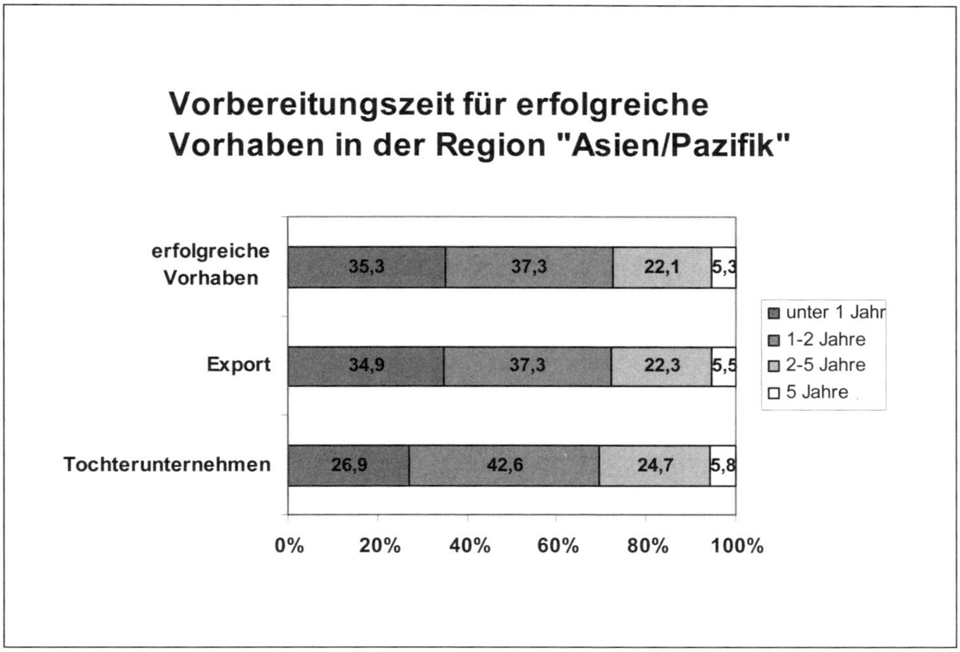

Quelle: Eigene Studie „Going International"
Abbildung 227: *Vorbereitungszeit für erfolgreiche Vorhaben in der Region „Asien/Pazifik"*

Durchschnittliche Vorbereitungszeit für erfolgreiche Exportaktivitäten in der Region "Asien/Pazifik"

2 Jahre

(min. 1,4 Jahre; max. 2 Jahre)

Quelle: Eigene Studie „Going International“

Abbildung 228: *Durchschnittliche Vorbereitungszeit für erfolgreiche Exportaktivitäten in der Region „Asien/Pazifik“*

Wie bereits herausgestellt wurde, fungiert die Zielregion „Asien/Pazifik“ als drittstärkster Magnet für die deutschen Unternehmen. Nicht zuletzt weil sich die Märkte dieser Länder deutlich vom deutschen Heimatmarkt unterscheiden, bedarf es einer Vorbereitungszeit für erfolgreiche Auslandsgeschäfte. Um ein solches in der Region „Asien/Pazifik“ zu realisieren, benötigen knapp 73 % weniger als ein Jahr bzw. ein bis zwei Jahre Planungszeit, während immerhin mehr als 27 % eine Vorbereitungszeit von mehr als zwei Jahren benötigen (Abb. 227).

Der differenzierte Blick auf die Vorbereitungszeit in der Region „Asien/Pazifik“ getrennt nach Export und Tochterfirmen liefert ein ähnliches Ergebnis: Auch hier sind zwischen 69,5 % und 72,2 % der Unternehmen innerhalb von ein bis zwei Jahren Vorbereitungszeit erfolgreich aktiv. Die durchschnittliche Vorbereitungszeit für erfolgreiche Exportaktivitäten in der Region „Asien/Pazifik“ liegt bei zwei Jahren (Abb. 228). Damit entspricht die Vorbereitungszeit in der Region „Asien/Pazifik“ der der Regionen „Lateinamerika“ und „Afrika“. Und dennoch bedarf es – obgleich der kulturellen und geografischen Distanz sowie der vom Heimatmarkt unterschiedlichen Struktur der Märkte – nur einer unwesentlich längeren Vorbereitungszeit als in der Region „Bisherige EU-15/EFTA“, für die eine durchschnittliche Vorbereitungszeit für erfolgreiche Exportaktivitäten von 1,4 Jahren ermittelt wurde.

3.8 Produktanpassung

Zur erfolgreichen Platzierung eines Produktes/einer Dienstleistung sind die spezifischen Markt- und Landesbedingungen von immenser Bedeutung. Dies wird in der Region „Asien/Pazifik“ noch deutlicher als im Gesamtergebnis der Studie (s. S. 106 f.). Denn der Anteil der Unternehmen, der in der Region „Asien/Pazifik“ aktiv ist und seine Produkte oder Dienstleistungen an die Gegebenheiten des ausländischen Marktes angepasst hat, weist im Vergleich zum Gesamtergebnis der Studie eine deutlich positive Abweichung auf (Abb. 229).

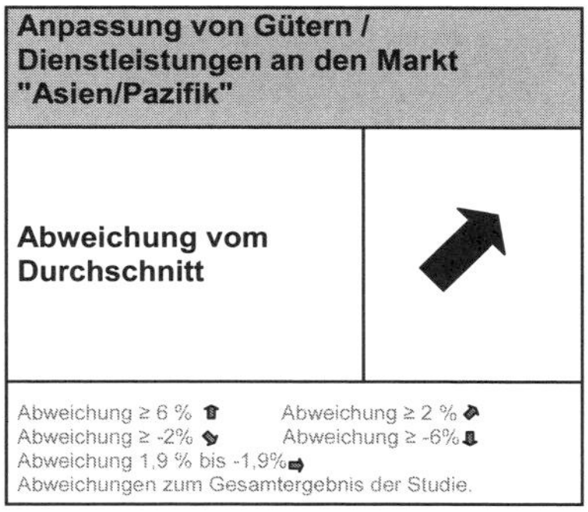

Quelle: Eigene Studie „Going International“
Abbildung 229: *Anpassung von Gütern/Dienstleistungen an den Markt „Asien/Pazifik“*

Damit wird deutlich, dass dieser Punkt mit zunehmender geografischer Entfernung sowie zunehmenden kulturellen Unterschieden, wie bereits bei der Region „EU-Bewerberländer, Russland, GUS“ aufgezeigt wurde, auch bei der Vorbereitung des Engagements in der Region „Asien/Pazifik“ besonders zu beachten ist.

3.9 Besetzung der Führungspositionen

Neben einem überzeugenden Produkt sind es auch kompetente und qualifizierte Mitarbeiter, die einen großen Beitrag zum Gelingen des Auslandsgeschäfts beitragen. Auf die Frage, ob die Unternehmen in den Auslandsniederlassungen mit deutschen, ausländischen oder lokalen Führungskräften arbeiten, ergibt sich für die Unternehmen, die in der Region „Asien/Pazifik“ aktiv sind, das folgende Bild (Abb. 230).

Wie auch im Gesamtergebnis der Studie geht aus der Abbildung (Abb. 230) hervor, dass die deutschen Unternehmen in der Region „Asien/Pazifik“ in sämtlichen Unternehmensbereichen Führungskräfte aus dem jeweiligen Zielland einsetzen (durchschnittlich 65,6 %), vor allem in den Bereichen Administration/Personal, Produktion, Vertrieb/Marketing und Einkauf. Auf deutsche Manager wird demgegenüber nur in geringerem Maße (durchschnittlich 26,1 %) zurückgegriffen. Damit entspricht der Einsatz von lokalen Führungskräften in der Region „Asien/Pazifik“ ungefähr dem in der Region „Bisherige EU-15/EFTA“ und liegt geringfügig unter dem in den Regionen „Zehn neue EU-Mitgliedstaaten“ und „EU-Bewerberländer, Russland, GUS“.

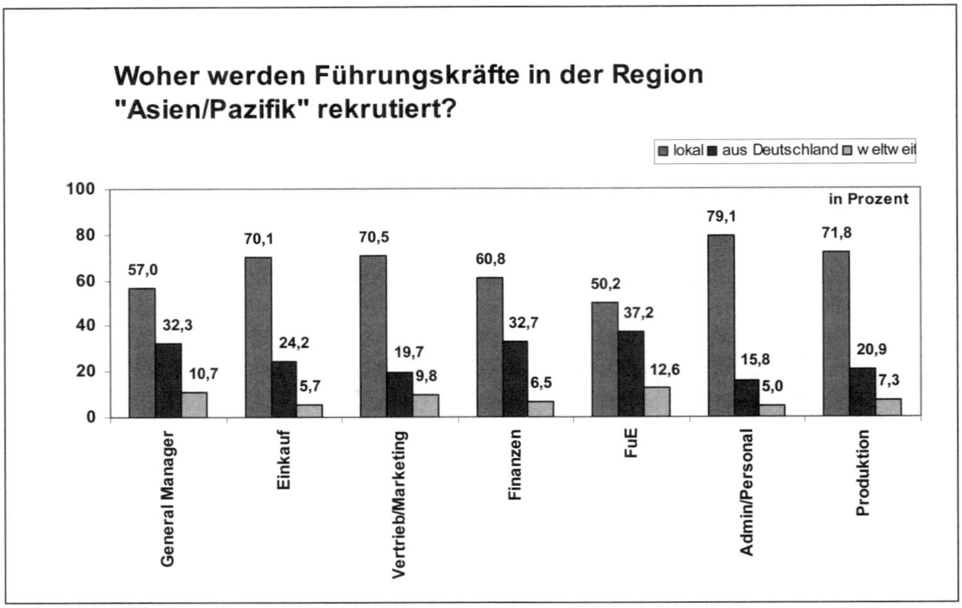

Quelle: Eigene Studie „Going International“
Abbildung 230: *Besetzung der Führungspositionen in der Region „Asien/Pazifik“*

3.10 Probleme

Die Region „Asien/Pazifik“ weist zwar im Vergleich zum Gesamtergebnis der Studie eine überdurchschnittlich hohe Erfolgsquote auf (s. S. 440 f.), doch ist zur erfolgreichsten Region „Bisherige EU-15/EFTA“ noch aufzuholen. Somit gilt es, die generellen Probleme der Unternehmen beim Auf- und Ausbau des Auslandsengagements zu hinterfragen – in dieser Betrachtung beschränkt auf die zehn am häufigsten genannten Probleme.

Vor dem Hintergrund der Erfolgsquote zeigt sich hinsichtlich der Probleme ein plausibles Bild für diese Region (Abb. 231). Somit sind bei den Unternehmen, die in der Region „Asien/Pazifik“ aktiv sind, die ersten acht der zehn am häufigsten genannten Probleme identisch mit dem Gesamtergebnis der Studie. Im Unterschied zum Gesamtergebnis der Studie zählen die Probleme eines zu hohen Wechselkursrisikos sowie die Anpassung der Produkte/Dienstleistungen an die Markterfordernisse zu den zehn am häufigsten genannten Problemen. Dabei fällt jedoch auf, dass lediglich die Probleme Suche/Auswahl verlässlicher Partner, die Kontakte als auch – was in dieser Region zu überraschen vermag – die Sprachen auf demselben Niveau im Vergleich zum Gesamtergebnis der Studie liegen, während alle anderen Probleme von mehr der befragten Unternehmen als solche angesehen werden. Neben einem hohen Wechselkursrisiko und dem sich schwierig gestalteten Forderungseinzug werden von den Unternehmen jedoch vor allem Probleme benannt, die durch eine gründliche Vorbereitung des Auslandsengagements inklusive einer Marktanalyse ausgeräumt bzw. deutlich minimiert werden können.

Probleme beim Aufbau von Geschäftsbeziehungen in der Region „Asien/Pazifik": Top 10	
1. Suche/Auswahl verlässlicher Partner	→
2. Konkurrenz im jeweiligen Markt	↗
3. Eigene Preise im Ausland zu hoch	↗
4. Kontakte	→
5. Beschaffung verlässlicher Marktinformationen schwierig	↗
6. Marktbearbeitung schwierig	↗
7. Forderungseinzug schwierig	↗
8. Sprachen	→
9. Wechselkursrisiko zu hoch	↗
10. Anpassung der Produkte/Dienstleistungen an Markterfordernisse	↗

Abweichung ≥ 6 % ↑ Abweichung ≥ 2 % ↗
Abweichung ≥ -2% ↘ Abweichung ≥ -6% ↓
Abweichung 1,9 % bis -1,9% →
Abweichungen zum Gesamtergebnis der Studie.

Quelle: Eigene Studie „Going International“
Abbildung 231: *Probleme beim Aufbau von Geschäftsbeziehungen in der Region „Asien/Pazifik“: Top 10*

3.11 Erfolgsfaktoren

Nachdem aufgezeigt wurde, dass sich die Unternehmen in der Region „Asien/Pazifik“ zwar im Vergleich zum Gesamtergebnis der Studie überdurchschnittlich erfolgreich sehen, jedoch gleichzeitig in höherem Maße mit Problemen konfrontiert sind, stellt sich nun die Frage nach den Erfolgsfaktoren in dieser Region.

Dabei ergibt sich für diese Region ein von den Gesamtergebnissen der Studie leicht unterschiedliches Bild (Abb. 232). Während die Erfolgsfaktoren Preis, spezifisches Geschäftskonzept, die räumliche Nähe zum Kunden sowie ein früher Markteintritt ähnlich den Gesamtergebnissen der Studie bewertet wurden, kommen sechs der zehn Erfolgsfaktoren eine noch höhere Bedeutung zu.

Als überdurchschnittlich wichtig – wie in der Region „EU-Bewerberländer, Russland, GUS“ – werden die Erfolgsfaktoren der Produktqualität, der Wahl des richtigen Geschäftspartners, der gründlichen Marktkenntnis, qualifizierter Mitarbeiter, Service und Technologievorsprung angesehen. Wie in allen vorangehend beschriebenen Regionen wird deutlich, dass der insgesamt wichtigste Erfolgsfaktor Produktqualität nochmals aufgewertet wird und eine konsequente Produkt- und Qualitätspolitik essenziell für das Engagement in der Region „Asien/ Pazifik“ ist. Damit korrespondieren zudem die Erfolgsfaktoren des Service, des Technologievorsprungs sowie der qualifizierten Mitarbeiter.

Auch dem insgesamt zweitwichtigsten Erfolgsfaktor, der Wahl des richtigen Partners im Zielmarkt, kommt ein noch stärkeres Gewicht zu. Somit sind persönliche Kontakte und Netzwerke und ebenso individuelle Reise- und Messetätigkeiten in diese Zielregion von enormer Bedeutung, aber auch die Informations- und Beratungsangebote sowie der Erfahrungsaustausch von und mit IHKs und AHKs von großer Hilfe.

Erfolgsfaktoren	Abweichung in der Region „Asien/Pazifik“
Produktqualität	↗
Wahl des richtigen Partners im neuen Zielmarkt	↗
Gründliche Marktkenntnis	↗
Preis	→
Qualifizierte Mitarbeiter	↗
Service	↗
Technologievorsprung	↗
Spezifisches Geschäftskonzept für den Zielmarkt	→
Räumliche Nähe zum Kunden	→
Früher Markteintritt	→

Abweichung ≥ 6 % ⬆ Abweichung ≥ 2 % ↗
Abweichung ≥ -2% ↘ Abweichung ≥ -6% ⬇
Abweichung 1,9 % bis -1,9% →
Abweichungen zum Gesamtergebnis der Studie.

Quelle: Eigene Studie „Going International“
Abbildung 232: *Erfolgsfaktoren in der Region „Asien/Pazifik“*

Überaus wichtig und als Garant für den Erfolg gilt zudem eine gründliche Marktkenntnis. Da sich die Beschaffung verlässlicher Marktinformationen in dieser Region wie auch in der Region „EU-Bewerberländer, Russland, GUS“ als besonders problematisch herausstellt (s. S. 446 f.), ist darauf besonderes Augenmerk zu richten.

3.12 Kernaussagen

Die Ergebnisse zur Zielregion „Asien/Pazifik“ lauten pointiert wie folgt:

- Die Region „Asien/Pazifik“ ist mit mehr als 60 % die am drittstärksten frequentierte Zielregion der deutschen Unternehmen. Dabei spielt sich die Präsenz aller Unternehmensgrößen bereits auf fortgeschrittenem Niveau ab. Branchenmäßig dominieren eindeutig die Herstellung von EDV, Elektrotechnik, Feinmechanik und Optik sowie der Maschinenbau, wobei auch die Dienstleistungen stark aufgestellt sind.
- Die Gründe und Motive für das Engagement in der Region sind in noch höherem Maße als im Gesamtergebnis der Studie marktorientiert, wobei die Erwartungen in besonders hohem Maße erfüllt werden.
- Die bevorzugte Form des Auslandsengagements ist zwar der Export, der in der Region „Asien/Pazifik“ im Vergleich zu allen anderen Regionen jedoch das niedrigste Niveau einnimmt. Demgegenüber nimmt Sourcing/Einkauf einen im Regionalvergleich hohen Stellenwert ein. Eindeutiger Spitzenreiter ist die Region bei den Formen Repräsentanz/Vertriebsbüro, Import, Joint Ventures sowie Einkaufsbüros. Damit ergibt sich für die Region hinsichtlich der Bedeutung der Formen des Engagements ein leicht modifiziertes Bild.
- Die Unternehmen, die auf diesem Markt agieren, bewerten die Region mit der zweithöchsten Erfolgsquote und haben dabei eine nur etwas längere Vorbereitungszeit aufgewendet als z. B. zur geografisch und kulturell viel näher gelegenen Region „Bisherige EU-15/ EFTA“.
- Führungskräfte werden in allen Managementbereichen überwiegend lokal rekrutiert; deutsche Führungskräfte kommen eher selten zum Einsatz
- Der Anpassung von Produkten/Dienstleistungen kommt im Vergleich zum Gesamtergebnis der Studie eine noch größere Bedeutung zu.
- Die ersten acht der zehn am häufigsten genannten Probleme sind identisch mit dem Gesamtergebnis der Studie, ergänzt durch die Probleme eines hohen Wechselkursrisikos sowie der Anpassung der Produkte/Dienstleistungen an die Markterfordernisse. Sieben der zehn Probleme werden jedoch als überdurchschnittlich gravierend angesehen.

- Um in dieser Region erfolgreich zu sein, sind die im Gesamtergebnis der Studie angegebenen Erfolgsfaktoren in ausführlicherem Maße zu berücksichtigen.

Damit wird der Status quo der aus einer Vielzahl höchst unterschiedlicher Märkte bestehenden Region noch einmal verdeutlicht. Auch wenn die Frage, ob das 21. Jahrhundert als „asiatisch-pazifisches Jahrhundert“ hervorgeht, offen bleiben muss, so ist die von dieser Region ausgehende große Dynamik nicht zu übersehen. Zwar haben die deutschen Unternehmen die von dieser Region ausgehenden Chancen bereits erkannt, was in den bereits intensiven Handels- und Kapitalverflechtungen zum Ausdruck kommt. Allerdings ist weiterhin auf das nicht vollkommen ausgeschöpfte Potenzial hinzuweisen, wird den Ländern der Region doch ein weiterhin hohes Wachstum prognostiziert. Zugleich steht die Region auch vor bedeutenden Aufgaben, sind z. B. in einigen Ländern weiterhin rechtsstaatliche und marktwirtschaftliche Reformen durchzuführen sowie sicherheitspolitische Fragen zu klären. Unter Berücksichtigung der Herausforderungen sowie der Erkenntnis, dass diese Länder selbst zu ernst zu nehmenden Konkurrenten avancieren können, ist das für die deutsche Wirtschaft von der weltweit dynamischsten Wachstumsregion ausgehende noch bestehende Potenzial, was auch die folgenden Länderbetrachtungen zeigen, rechtzeitig zu realisieren.

4. Australien

Quelle: CIA
***Abbildung 233:** Australien*

Landesinformationen/Politik[442]

Amtliche Bezeichnung	Australien/Commonwealth of Australia
Fläche	ca. 7,7 Mio. qkm (22-fache Größe Deutschlands)
Einwohner	ca. 20,5 Mio. Einwohner (überwiegend europäischer Abstammung), davon: Ureinwohner (Aborigines und Torres Strait Islanders): 2,1 %; im Ausland geborene Einwohner: 4,8 Mio. (24 %)
Bevölkerungsdichte[443]	2,7 Einwohner/qkm

[442] Zusammenstellung auf Basis von Informationen des Auswärtigen Amtes, Stand März 2006.

Hauptstadt	Canberra (340.000 Einwohner)
Religionszugehörigkeit	Christen 68 %, anglikanische Hochkirche 20,7 %, Katholiken 26,6 %, Uniting Church of Australia 6,7 %, sonst. Christen 14 %, nicht-christliche Religionen 5 %, Religionslose/ohne Angaben 27 %
Nationalfeiertag	26. Januar (Australia Day)
Landessprache	englisch
Regierungsform	Parlamentarisch-Demokratische Monarchie im Commonwealth of Nations
Staatsoberhaupt	Ihre Majestät Elizabeth II, Königin von Australien
Regierungschef	The Hon. John Howard, MP, Prime Minister, seit 1996
Wirtschaftsminister	The Hon. Mark Vaile, Minister for Trade, seit 1999
Politische Situation	Regierungsparteien: Koalition aus Liberal Party und National Party; Oppositionsparteien: Australian Labor Party, Grüne
Währung[444]	Australischer Dollar, Einheit: Cents 1 Australischer Dollar = 0,59668 Euro 1 Euro (EUR) = 1,67595 Australischer Dollar (AUD)

Sonstiges

Mitgliedschaft in internationalen Organisationen	Vereinte Nationen, Commonwealth, ANZUS, APEC, ADB, Australia Group (informeller Zusammenschluss von Staaten zur Exportkontrolle von Technologieprodukten, die auch zur Waffenproduktion verwendet werden können), BIS (Bank für Internationalen Zahlungsausgleich), CCAMLR (Übereinkommen über die Erhaltung der lebenden Meeresschätze der Antarktis), CCC, EBRD; ESCAP, FAO, FPDA, IAEA, IBRD, ICAO, ICC, IMO, ICFTU, ICRM, IDA, IEA; IFAD, IFC, IFRCS, IHO, ILO, IWF, Inmarsat, Intelsat, Interpol, IOM, ISO, ITU, NAM, NEA, NSG, OECD, OPCW, PCA, PIF, Sparteca, SPC, UNCTAD, UNESCO, UNHCR, UNITAR, UPU, WFTU, WHO, WIPO, WMO WTO, ZC

443 Bfai: Australien – Wirtschaftsdaten kompakt, Stand Mai 2006.

444 http //www.oanda.com/convert/classic, Stand 19.05.2006.

Hermes-Entgeltkategorie[445]	0
Korruption[446]	Rang 9 (von 158)

Volkswirtschaftliche Kennzahlen[447]

Binnenwirtschaftliche Indikatoren		2003	2004	2005s	2006p
BIP pro Kopf	USD	31.410	34.260	34.830	36.100
BIP	Mrd. USD	637,6	706,8	728,0	765,0
Wachstumsrate BIP, real	%	3,6	2,5	3,0	3,2
Inflationsrate	%	2,4	2,7	3,0	2,8
Arbeitslosenquote	%	5,5	5,1	5,0	4,9

Beitrag zum BIP:	Primärsektor 4 %; Sekundärsektor 25,4 %; Tertiärsektor 70,6 %
Entwicklung des BIP:	robustes Wirtschaftswachstum und Fortsetzung des konjunkturellen Aufschwungs durch steigende Exportleistungen und Investitionsmaßnahmen (Abb. 234)
Inflation:	leichter Preisauftrieb, der Folge des unter leichtem Abwertungsdruck stehenden australischen Dollars und ölpreisbedingt war
Arbeitslosigkeit:	rückläufige Arbeitslosenquote

[445] http://www.agaportal.de/pages/aga/deckungspolitik/laenderklassifizierung.html.

[446] Corruption Perceptions Index 2005 nach Transparency International, in: http://www.transparency.org, Rang 1= keine Korruption, Deutschland: Rang 16.

[447] Zusammenstellung auf Basis von Informationen der Bayerischen Landesbank, Stand April 2006.

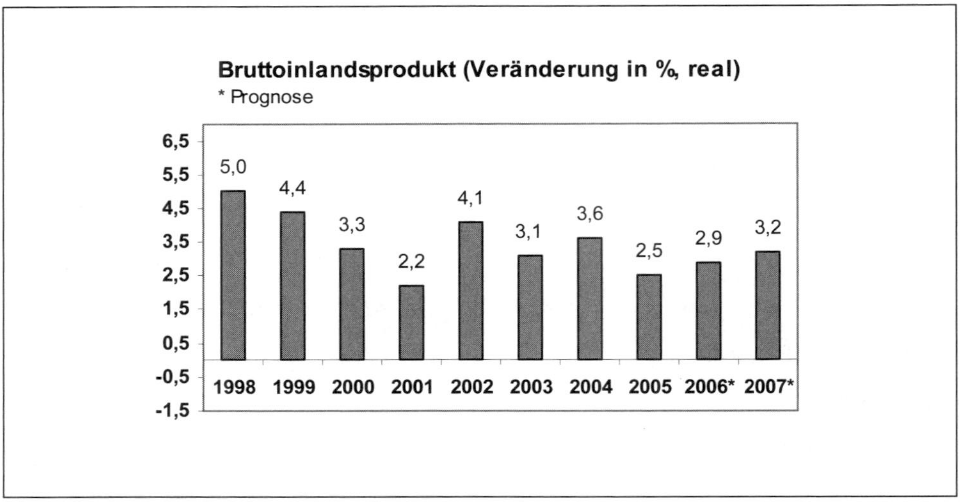

Quelle: Bfai

Abbildung 234: *Entwicklung des Bruttoinlandsproduktes in Australien*

Finanzindikatoren		2003	2004	2005s	2006p
Staatsverschuldung	% des BIP	17,8	15,3	14,7	13,7
Haushaltssaldo	% des BIP	1,0	1,0	0,9	0,8

Verschuldung: Erwirtschaftung von Budgetüberschüssen durch gezielte Haushaltskonsolidierung und Privatisierung seit 1998

Außenwirtschaftliche Indikatoren		2003	2004	2005s	2006p
Warenexporte	Mrd. USD	87,10	106,19	117,00	125,00
Warenimporte	Mrd. USD	105,24	120,26	130,00	137,00
Handelsbilanzsaldo	Mrd. USD	-18,14	-14,07	-13,00	-12,00
Leistungsbilanzsaldo	Mrd. USD	-40,02	-42,23	-40,00	-38,00
	% des BIP	-6,3	-6,0	-5,5	-5,0
Deutsche Einfuhr aus Australien	Mio. Euro	1.301	1.263	k. A.	k. A.
Deutsche Ausfuhr nach Australien	Mio. Euro	4.662	5.040	k. A.	k. A.

Leistungsbilanz: chronisches Defizit in der Leistungsbilanz

Hauptabnehmerländer:[448]	k. A.
Hauptlieferländer:	2004: USA 14,5 %, VR China 12,5 %, Japan 11,5 %, Deutschland 5,7 %, Singapur 4,3 %, Großbritannien 4,0 %, Malaysia 3,9 %, Neuseeland 3,6 %, Korea (Rep.) 3,4 %, Italien 3,1 %, Frankreich 2,9 %, Sonstige 30,5 %
Hauptimportgüter:	2004: Kfz 12,8 %; Elektronik 12,5 %; Maschinen 11,9 %; chem. Erzeugnisse 11,4 % (darunter medizinische Erzeugnisse 4,6 %); mineralische Brennstoffe 8,9 %; Elektrotechnik 4,3 %; Mess- und Regeltechnik 2,4 %
Hauptexportgüter:	2004: Erze 12,2 %; Kohle 10,2 %; NE-Metalle 5,7 %; mineralische Brennstoffe 5,4 %; Fleisch und -erzeugnisse 5,0 %; Getreide 4,7 %; chem. Erzeugnisse 4,2 %; Kfz 3,0 %; Maschinen 2,8 %; Wolle 2,7 %
Australien als deutscher Handelspartner:[449]	Rang 36 (nach Luxemburg, vor Hongkong). Deutschland ist seit einigen Jahren der viertwichtigste australische Lieferant.

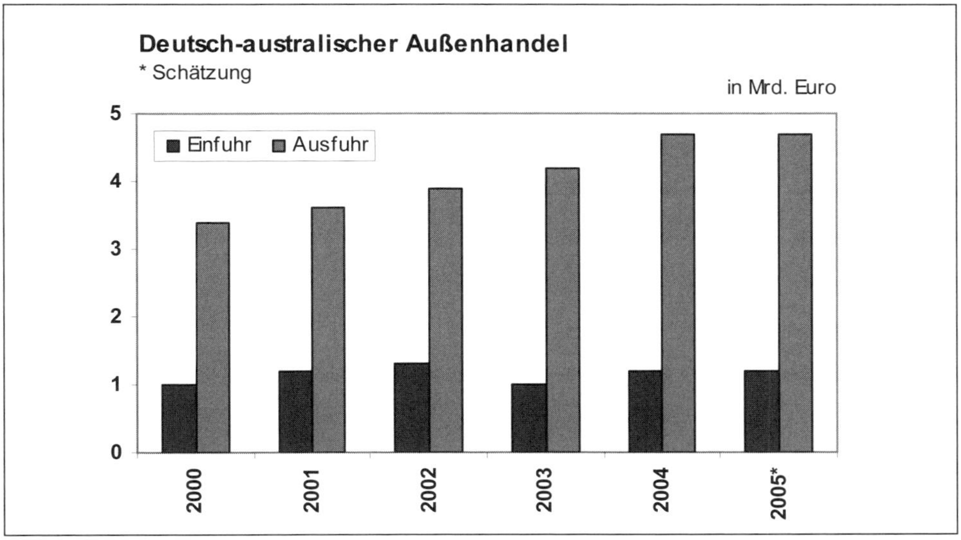

Quelle: AHK

Abbildung 235: *Entwicklung des deutsch-australischen Außenhandels*

448 Quelle Hauptabnehmer- und Hauptlieferländer, Hauptimport- und Hauptexportgüter: Bfai: Australien – Wirtschaftsdaten kompakt, Stand Mai 2006.

449 Statistisches Bundesamt, Außenhandelsstatistik 2005.

Investitionen[450]	2002	2003	2004	2005
Ausländische Direktinvestitionen in Australien Bestand Mrd. USD	k. A.	k. A.	253,6	k. A.
Ausländische Direktinvestitionen in Australien Zuflüsse Mrd. USD	15,6	7,0	42,6	k. A.
Deutsche Direktinvestitionen in Australien Bestand Mio. Euro	3.938	5.142	5.504	k. A.
Australische Direktinvestitionen in Deutschland Bestand Mio. Euro	89	52	275	k. A.

Weiterführende Quellen

Internet:
Auslandshandelskammer: http://www.ahk.de.
Auswärtiges Amt: http://www.auswaertiges-amt.de.
Bundesagentur für Außenwirtschaft: http://www.bfai.de.
Deutsche Botschaft in Australien: http://www.germanembassy.org.
Deutsch-australische Handelskammer: http://www.germany.org.
Australische Botschaft in Deutschland: http://www.australian-embassy.de.
Investitionsförderungsprogramm Invest Australia: http://www.investaustralia.gov.
Statistisches Bundesamt: http://www.destatis.de.

Literatur:
Albert, Alexandra: Work and Travel in Australien und Neuseeland. Reisen und Arbeiten mit dem Working Holiday Visum, Blankenburg 2005.
Dawar, Tamim A.: Deutsche Direktinvestitionen in Australien. Eine Evaluation der theoretischen Erklärungsansätze und der Standortattraktivität des Produktions- und Investitionsstandortes Australien, Frankfurt am Main 1999.
Dieter, Heribert: Außenwirtschaftsbeziehungen, Verschuldung und strukturelle Anpassung in Australien, Hamburg 1990.
Hagemann, Albrecht: Kleine Geschichte Australiens, München 2004.
Neuhaus, Dirk und Karsta: Arbeiten und Studieren in Australien, Bochum 2004.
Nusser, Horst/Festner, Sibylle: Kontinent Australien, München 1999.
Simonis, Stephan: Australien. Entwicklung und Struktur der australischen Volkswirtschaft, Hamburg 2005.
Weber, Wolfgang R./Viedebantt, Klaus: Australien. Eine Reise durch Landschaft, Kultur und Alltag, Köln 2004.

450 Zusammenstellung auf Basis von Informationen der Bfai: Australien – Wirtschaftsdaten kompakt, Stand Mai 2006, und der Deutschen Bundesbank: Kapitalverflechtungen mit dem Ausland, Stand April 2006.

5. China

Quelle: CIA
***Abbildung 236**: China*

Landesinformationen/Politik[451]

Amtliche Bezeichnung	Volksrepublik China (Zhonghua Renmin Gongheguo)
Fläche	9.597.995 qkm (inkl. Taiwan, Hongkong und Macau)
Bevölkerung	offizielle Angabe: 1,3 Mrd. (Anfang 2005), ca. 92 % Han-Chinesen, sowie 55 Minoritätengruppen (Zhuang, Mandschu, Hui, Miao, Uighuren, Yi, Mongolen, Tibeter, Buyi, Koreaner u. a), Jahresbevölkerungswachstum 0,6 %

451 Zusammenstellung auf Basis von Informationen des Auswärtigen Amtes, Stand März 2005.

Bevölkerungsdichte[452]	135 Einwohner/qkm
Hauptstadt	Peking (Beijing), Großraum: 13,82 Mio. Einwohner, außerdem annähernd 3 Mio. Wanderarbeiter
Religionszugehörigkeit	atheistische Staatsideologie; Buddhismus, Islam, Taoismus, protestantische und katholische „Staats-Kirchen"
Nationalfeiertag	1. Oktober, Gründung der Volksrepublik China am 01.10.1949
Landessprache	Standard-Hochchinesisch („Putonghua"), Dialekte des Chinesischen; verschiedene Minderheitensprachen (mongolisch, tibetisch, uighurisch, Turksprachen, koreanisch)
Staats-/Regierungsform	Sozialistische Volksrepublik Parlament: Nationaler Volkskongress (NVK): 1 Kammer, 2.989 Abgeordnete, zuletzt 2003 von den Volkskongressen der Provinzen für 5 Jahre gewählt, Vorsitzender: Wu Bangguo (PBM), NVK wählt u. a. den Staatspräsidenten, Vizepräsidenten und Ministerpräsidenten
Staatsoberhaupt	Präsident Hu Jintao (seit 2003; Amtszeit 5 Jahre), zugleich Generalsekretär der KPCh
Regierungschef	Ministerpräsident (Vorsitzender des Staatsrats) Wen Jiabao (seit 2003, Amtszeit 5 Jahre) Mitglied des Politbüros (PBM) des ZK der KPCh
Wirtschaftsminister	Bo Xilai, Minister of Commerce, seit 2003
Politische Situation	Kommunistische Partei der VR China (KPCh): Zentralkomitee (193 Mitglieder) mit Politbüro (22 Mitglieder) und dessen Ständigem Ausschuss (7 Mitglieder). Acht weitere (in der Praxis bedeutungslose) Parteien sind zusammen mit Vertretern der Massenorganisationen und der Minderheiten in der „Politischen Konsultativkonferenz des Chinesischen Volkes" als sog. „Einheitsfront" unter Führung der KPCh zusammengeschlossen; keine parlamentarische Opposition
Währung[453]	Chinesischer Renminbi Yuan (CNY) 1 Chinesischer Renminbi Yuan = 0,10298 Euro 1 Euro = 9,71085 Chinesischer Renminbi Yuan

[452] Bfai China – Wirtschaftsdaten kompakt, Stand November 2005.

Sonstiges

Wachstumsbranchen- und märkte[454]	Logistik, Telekommunikationssektor, Chemie, Kraftwerksbau, IuK-Branche, Tourismus, Kfz-Branche
Mitgliedschaft in internationalen Organisationen	Vereinte Nationen und zahlreiche Sonderorganisationen, Weltbank, IWF (Internationaler Währungsfonds); WTO (Welthandelsorganisation)
Freihandelsabkommen	mit Hongkong (unterzeichnet am 29.06.2003); geplant: Schaffung einer Freihandelszone der ASEAN-Nationen
Hermes-Entgeltkategorie[455]	2
Korruption[456]	Rang 78 (von 158)

Politische Trends[457]

Der 2003 erfolgte Führungswechsel vollzog sich reibungslos und hatte die Neubesetzung wichtiger Spitzenpositionen wie Staatspräsident und Premierminister zur Folge. An der Spitze der Volksrepublik China steht seither Staatspräsident Hu Jintao, der in Personalunion Parteivorsitzender und Vorsitzender der zentralen Militärkommission ist.

Der Führungswechsel steht für Kontinuität der Reformpolitik: Hu Jintao setzt die von seinen Vorgängern vorangetriebenen Reformen in Wirtschaft und Gesellschaft fort, ebenso wie die strikte Wahrung der Machtposition der kommunistischen Partei. Dabei wird er unterstützt von dem ebenfalls seit 2003 im Amt weilenden Ministerpräsidenten Wen Jiabao, der die wirtschaftliche Umstrukturierung auf dem Weg in eine „sozialistische Marktwirtschaft" fortzuführen gedenkt.

Während das Land eine beeindruckende wirtschaftliche Erfolgsbilanz aufweisen kann, sieht es sich in sozialer und politischer Hinsicht mit unübersehbaren Herausforderungen konfrontiert. Somit hat sich die Regierung die Wahrung der sozialen Stabilität auf die Fahnen geschrieben. Dabei gilt es, die Bekämpfung der Arbeitslosigkeit, den Ausbau eines sozialen Sicherheitssystems, den Abbau des zunehmenden Wohlfahrtsgefälles, die Reform der Staatsunternehmen sowie die Erschließung der mittleren und westlichen Provinzen sowie des Nordosten Chinas anzugehen. Während die mit dem WTO-Beitritt einhergehende Öffnung der Wirtschaft den Druck auf den Arbeitsmarkt zu verstärken vermag, haben sich die Rah-

453 http://www.oanda.com/convert/classic, Stand 29.03.2006.

454 Bfai: China – Wirtschaftstrends 2006. Gesamtwirtschaftlicher Ausblick, Stand Februar 2006.

455 http://www.agaportal.de/pages/aga/deckungspolitik/laenderklassifizierung.html.

456 Corruption Perceptions Index 2005 nach Transparency International, in: http://www.transparency.org; Rang 1 = keine Korruption, Deutschland: Rang 16.

457 Texte zusammengestellt auf Basis des Auswärtigen Amtes, der Bundesagentur für Außenwirtschaft, der Bayerischen Landesbank, der Industrie- und Handelskammer Region Stuttgart, der Deutschen Botschaft in China und der chinesischen Botschaft in Deutschland.

menbedingungen für ausländische Unternehmen verbessert. Als systemimmanente Schwachstellen sind nach wie vor Rechtsunsicherheit, Korruption und Amtsmissbrauch anzuführen. Menschenrechtsverletzungen und eine eingeschränkte Presse-, Meinungs- und Religionsfreiheit sind weitere Punkte, die stets von den westlichen Demokratien kritisiert werden. Die Ausrichtung der Olympischen Sommerspiele 2008 und der Expo 2010 können dabei durchaus als Zeichen des Respekts und des Vertrauens der Internationalen Staatengemeinschaft gewertet werden.

Das außenpolitische Klima kann insgesamt trotz potenzieller Spannungen im Verhältnis zu den USA und einiger außenpolitischer Konfliktherde als relativ stabil bezeichnet werden. In der Korea-Politik hat sich China um eine Vermittlerrolle bemüht. Ebenso unterstützt das Land eine Annäherung zwischen Pakistan und Indien. Auch den Beziehungen zu Russland kommt wegen des wachsenden Energiebedarfs besondere Bedeutung zu. Angespannt ist insbesondere das Verhältnis zur „abtrünnigen Provinz“ Taiwan, das durch das in Peking verabschiedete Anti-Abspaltungsgesetz noch verschärft wurde. Die Beziehungen zu Japan sind vor allem wegen der verpassten Aufarbeitung der Geschichte in der ersten Hälfte des 20. Jahrhunderts weiterhin angespannt. Deutschland zählt zu den wichtigsten europäischen Partnern des Landes.

China ist danach bestrebt, gerade im internationalen Rahmen immer mehr internationale Verantwortung zu übernehmen. Die Bereitschaft, in allen weltpolitischen Fragen mitzuwirken, eine aktive Rolle in der Welt als ständiges Mitglied des UN-Sicherheitsrates zu spielen, sowie das Eintreten für die südostasiatische Staatengemeinschaft zeichnen die chinesische Außenpolitik aus.

Volkswirtschaftliche Kennzahlen[458]

Binnenwirtschaftliche Indikatoren		2003	2004	2005p	2006p
BIP pro Kopf	USD	1.080	1.260	1.430	1.590
BIP	Mrd. USD	1.417	1.649	1.870	2.100
Wachstumsrate BIP, real	%	9,1	9,5	9,4	8,7
Inflationsrate	%	1,2	3,9	2,4	2,5
Arbeitslosenquote	%	4,3	4,2	4,2	4,2

Beitrag zum BIP: Landwirtschaft (Primärsektor) 15,2 %, Industrie (Sekundärsektor) 53 %, Dienstleistungen (Tertiärsektor) 31,8 %

[458] Zusammenstellung auf Basis von Informationen der Bayerischen Landesbank, Stand November 2005.

Finanzindikatoren

Auslandsverschuldung (brutto)	Mrd. USD	193,6	233,0	250,0	270,0
	% des BIP	13,7	14,1	13,4	12,9
Haushaltssaldo	% des BIP	-2,4	-1,7	-1,9	-1,8

Wirtschaftliche Trends

Mit dem Beginn der Reform- und Öffnungspolitik im Jahr 1978 hat China den Wandel zu einem marktwirtschaftlichen System eingeläutet. Der Beitritt des Landes zur Welthandelsorganisation (WTO) Ende 2001 trägt dazu entscheidend bei und bedeutet zudem eine Wiedereingliederung des Landes in das Weltwirtschaftssystem. Die durch den schrittweisen Übergang zu einer marktwirtschaftlichen Ordnung hervorgerufenen hohen Wachstumsraten haben China zur inzwischen sechstgrößten Volkswirtschaft und drittgrößten Handelsnation der Welt avancieren lassen.

Die Wachstumsraten des Bruttoinlandsproduktes stiegen ab 2001 kontinuierlich an, bis 2004 ein Wachstum des Bruttoinlandsproduktes von 9,5 % vorgewiesen werden konnte (Abb. 237). Der Euroraum konnte im Vergleich dazu nur eine Veränderungsrate des Bruttoinlandsproduktes von 2,1 % vorweisen. Im Jahr 2006 wird mit einem Wachstum des Bruttoinlandsproduktes von ungefähr 9 % gerechnet, wobei die stärksten Impulse vom Export und den Investitionen ausgehen dürften.

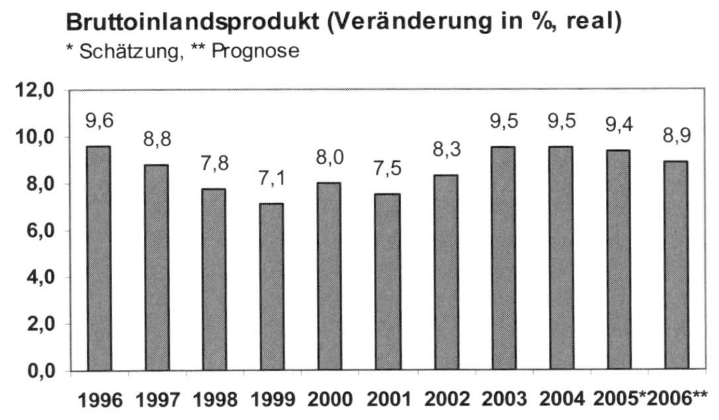

Quelle: Bfai

Abbildung 237: *Entwicklung des Bruttoinlandsproduktes in China*

Die befürchtete Überhitzung der Konjunktur bleibt trotzdem immer noch aus, da die Regierung seit der zweiten Jahreshälfte 2004 versucht, den Aufschwung mit bremsenden makroökonomischen Maßnahmen zu drosseln. Bei der Rohstoff- und Energieversorgung treten Engpässe ebenso auf wie in vielen Bereichen der Infrastruktur, auch die Schere zwischen Arm und Reich gerade zwischen Stadt- und Landbevölkerung wird immer größer. Die Landwirtschaft trägt dabei nur noch knapp 15 % zum Bruttoinlandsprodukt bei.

China ist zu einer ernst zu nehmenden Größe in der Weltwirtschaft und der neben Japan entscheidenden – und dynamischeren – Wirtschaftsmacht in der Region herangewachsen. Damit gilt das Reich der Mitte als Wachstumslokomotive weltweit.

Außenwirtschaftliche Kennzahlen[459]

Außenwirtschaftliche Indikatoren		2003	2004	2005p	2006p
Warenexporte	Mrd. USD	438,5	593,4	750,0	875,0
Warenimporte	Mrd. USD	413,1	561,5	660,0	780,0
Handelsbilanzsaldo	Mrd. USD	25,4	31,9	90,0	95,0
Leistungsbilanzsaldo	Mrd. USD	45,9	68,7	110,0	115,0
	% des BIP	4,2	5,5	7,7	7,2
Deutsche Einfuhr aus China	Mrd. Euro	25,7	32,5	40,0	k. A.
Deutsche Ausfuhr nach China	Mrd. Euro	18,3	21,0	20,5	k. A.

Außenhandel

Der chinesische Außenhandel vollzog in den letzten Jahren eine eindrucksvolle Entwicklung: Ex- wie Importe haben im Jahr 2004 jeweils um mehr als 30 % zugenommen, das Außenhandelsvolumen stieg von gut 851 Mrd. US-Dollar auf mehr als 1.154 Mrd. US-Dollar, der Handelsbilanzüberschuss stieg auf 32 Mrd. US-Dollar. Damit ist China 2004 auf den dritten Platz der größten Handelsnationen der Welt vorgerückt.

Auch die deutsch-chinesischen Wirtschaftsbeziehungen haben sich rasant entwickelt und werden stetig enger. Seit 2002 ist China nach den USA und noch vor Japan der wichtigste außereuropäische Handelspartner Deutschlands geworden. Deutschland ist mit Abstand Chinas größter europäischer Handelspartner und steht in der Rangfolge der weltweiten Handelspartner Chinas auf Platz sechs. Seit 1998 wächst der deutsche Export nach China (ohne Hongkong) mit zweistelligen Prozentzahlen: 2001 wuchs er um 30 %, 2002 um 19,5 %, 2003 um 4,7 % und 2004 um 14,8 %. Doch wie Abb. 238 zeigt, entwickelt sich das deutsche Exportwachstum sehr viel langsamer, als die Importe aus China nach Deutschland zunehmen.

[459] Zusammenstellung auf Basis von Informationen der Bayerischen Landesbank, Stand November 2005.

Der bilaterale Handel verbuchte 2005 ein Rekordminus. Wachsen Importe und Exporte in gleichem Maße weiter wie bisher, wird das deutsche Handelsbilanzdefizit mit China deutlich zunehmen. Um dieses Szenario zu entschärfen, sind Anstrengungen sowohl der deutschen Politik als auch der deutschen Wirtschaft dringend von Nöten.

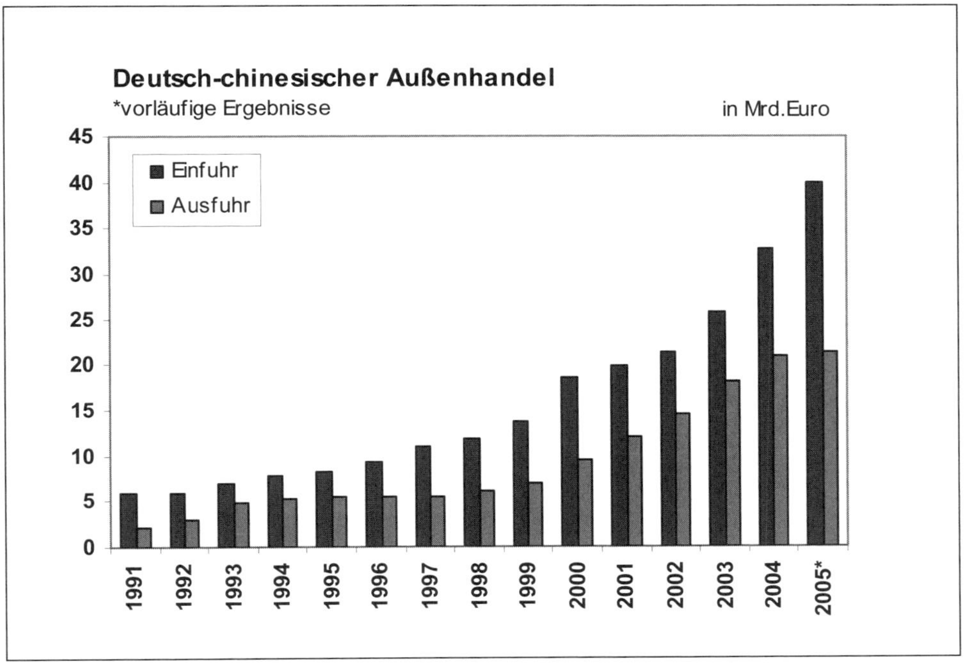

Quelle: Statistisches Bundesamt
Abbildung 238: *Entwicklung des deutsch-chinesischen Außenhandels*

Deutsche Unternehmen exportieren hauptsächlich Maschinen und Anlagen sowie elektrotechnische Produkte und Spezialgeräte, ferner Kraftfahrzeuge nach China. Die Exportchancen für deutsche Lieferanten sind dabei trotz des anhaltend hohen Wirtschaftswachstums in der Volksrepublik aufgrund des harten Wettbewerbs auf dem chinesischen Markt nicht ausschließlich rosig.[460] Es sind nicht nur die internationalen Konkurrenten vertreten, sondern es etabliert sich zunehmend auch die einheimische Konkurrenz. Die Volksrepublik ist derzeit wohl einer der wachstumsstärksten, aber auch wettbewerbsintensivsten Märkte der Welt. Deutschland importiert vor allem elektrotechnische Erzeugnisse, Textilien, Bekleidung sowie ebenfalls Maschinen und Anlagen.

---

[460] Vor allem Autos und Maschinen werden von China nicht mehr so stark nachgefragt. Chinas Pkw-Einfuhren schrumpften sogar insgesamt um 21%. Demgegenüber verzeichneten Textil- und Elektronikimporte aus China Rekordwerte, in: Schaaf 2006, S. 36.

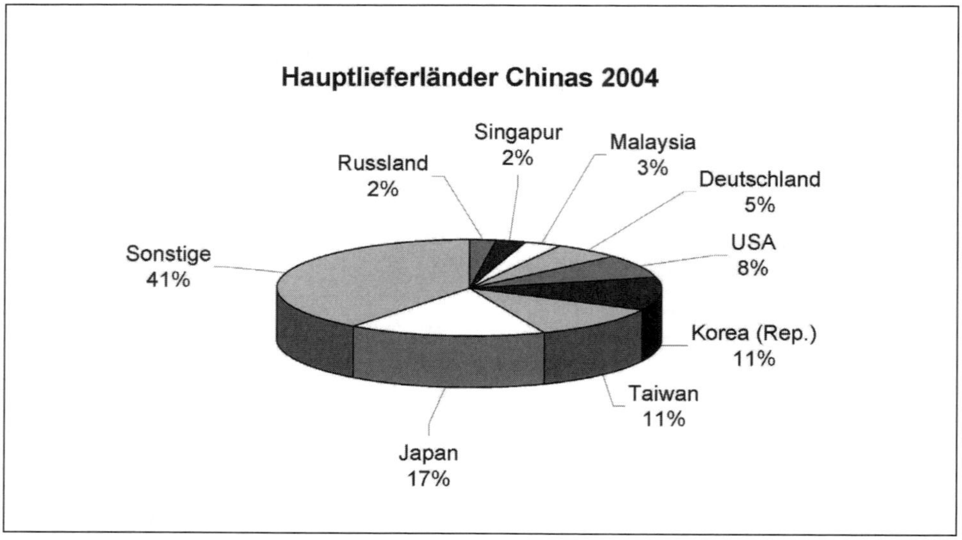

Quelle: Bfai
Abbildung 239: *Hauptlieferländer Chinas 2004*

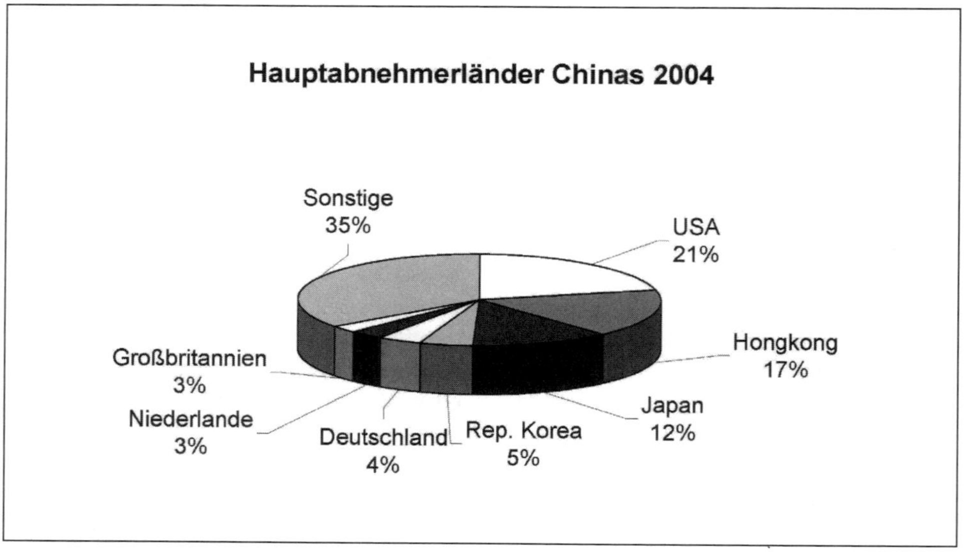

Quelle: Bfai
Abbildung 240: *Hauptabnehmerländer Chinas 2004*

Neben Deutschland zählen Japan, Taiwan und Korea zu den wichtigsten Lieferländern (Abb. 239). Auf der Seite der Abnehmerländer führen die USA, gefolgt von Hongkong, Japan und Korea. Deutschland rangiert auf Platz fünf (Abb. 240). Die bilateralen Handelsbeziehungen zu den USA werden kontinuierlich ausgebaut. Für China besonders bedeutsam ist dabei ausländisches Engagement im High-Tech-Bereich, in dem Know-how und Technologietransfer eine wichtige Rolle spielen.

Investitionsklima

Ausländische Unternehmen investierten 2004 ca. 60,6 Mrd. Euro oder 3,6 % des BIP; die Volksrepublik war damit das weltweit attraktivste Zielland für Direktinvestitionen. Auch in den kommenden Jahren ist mit einem anhaltend hohen Kapitalfluss zu rechnen, zumal die Liberalisierung des Finanzdienstleistungssektors bevorsteht. Denn Ende 2006 müssen die Zugangsbeschränkungen für ausländische Banken aufgehoben sein.

Investitionen[461]	2001	2002	2003	2004
Ausländische Direktinvestitionen in China Bestand Mrd. Euro	k. A.	k. A.	k. A.	k. A.
Ausländische Direktinvestitionen in China Zuflüsse Mrd. USD	k. A.	52,7	53,5	60,6
Deutsche Direktinvestitionen in China Bestand Mio. Euro	6.934	6.365	6.983	8.195
Chinesische Direktinvestitionen in Deutschland Bestand Mio. Euro	177	153	156	163

Deutschland ist seit 1999 Chinas größter europäischer Investor, liegt damit aber deutlich hinter Hongkong, den USA und auch Taiwan. Deutsche Unternehmen haben kumuliert bis einschließlich 2004 Direktinvestitionen in China in Höhe von rund 10,4 Mrd. US-Dollar getätigt (Abb. 241). Allein 2003 betrug der Bestand an deutschen Direktinvestitionen rund 7 Mrd. Euro. Zu dieser Summe kommen reinvestierte Gewinne hinzu.

Damit war China in den letzten Jahren insgesamt sehr erfolgreich bei der Anwerbung ausländischer Direktinvestitionen, gleichwohl die Rahmenbedingungen für ausländische Investitionen weiter zu verbessern sind, um den Investitionsstandort besonders für mittelständische Unternehmen noch attraktiver zu gestalten. Hierbei geht es insbesondere um mehr Rechtssicherheit, mehr Vertragsfreiheit, eine freiere Organisation des Vertriebs und um einen mit chinesischen Unternehmen gleichberechtigten Zugang zu öffentlichen Aufträgen.

461 Zusammenstellung auf Basis von Informationen der Bfai: China – Wirtschaftsdaten kompakt, Stand November 2005, und der Deutschen Bundesbank: Kapitalverflechtungen mit dem Ausland, Stand April 2006.

Durch den 2001 erfolgten WTO-Beitritt wird erwartet, dass sich diese Bedingungen schrittweise weiter verbessern.

Angeregt wird die Investitionstätigkeit durch den Export, die Konsumgüterindustrie und die Rohstoffverarbeitung. Die Konsumfreudigkeit in China wird auch in Zukunft zunehmen. Die Weltbank beobachtet diese Entwicklung mit Besorgnis, denn schon jetzt wird eine anhaltende Investitionstätigkeit auch in Industriebereichen beobachtet, in denen bereits Überkapazitäten und fallende Preise auffallen.

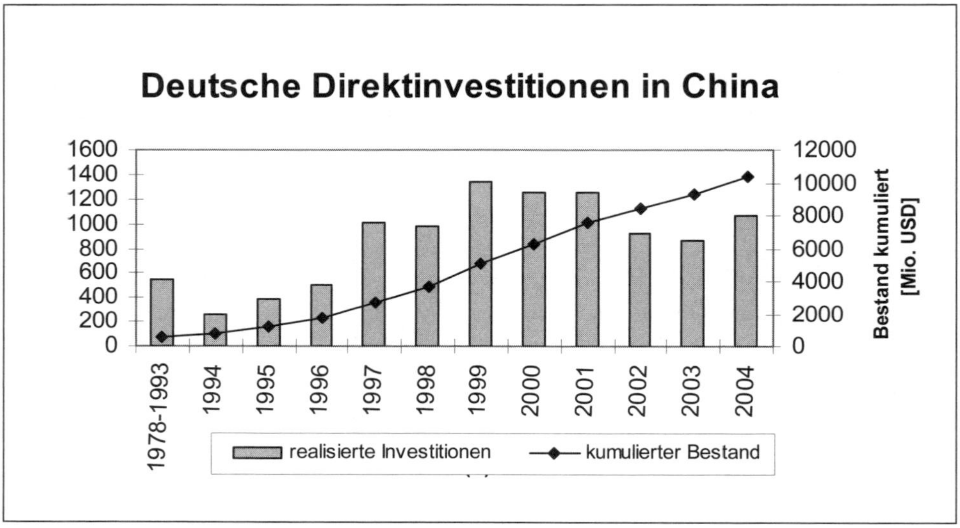

Quelle: Chinesisches Außenhandelsministerium (MOFCOM)
Abbildung 241: *Deutsche Direktinvestitionen in China*

Außenwirtschaftsbarometer

Bei der Bewertung der aktuellen Geschäftsbeziehungen Mitte 2006 belegt China Rang 18 von den 30 wichtigsten Partnerländern, die für das Außenwirtschaftsbarometer abgefragt wurden. Seit der ersten Befragung im Jahr 2003 zeichnet sich ein kontinuierlicher Anstieg ab (Abb. 242). Trotzdem überwiegt der Anteil deutscher Unternehmen, die ihre Chinageschäfte als gut bezeichnen erst seit der Befragung Anfang 2006, obwohl Anfang 2005 der Anteil von Unternehmen, die eine gute Geschäftsentwicklung mit China für die kommenden 2 bis 5 Jahre vorhergesehen haben, sehr groß war. Mit einem Wert von 30,3 liegt China hinter Russland bei der Befragung Mitte 2006 zu den Zukunftserwartungen nach wie vor an der Spitze der Tabelle. Tendenziell ist die Erwartungshaltung aber etwas zurückhaltender.

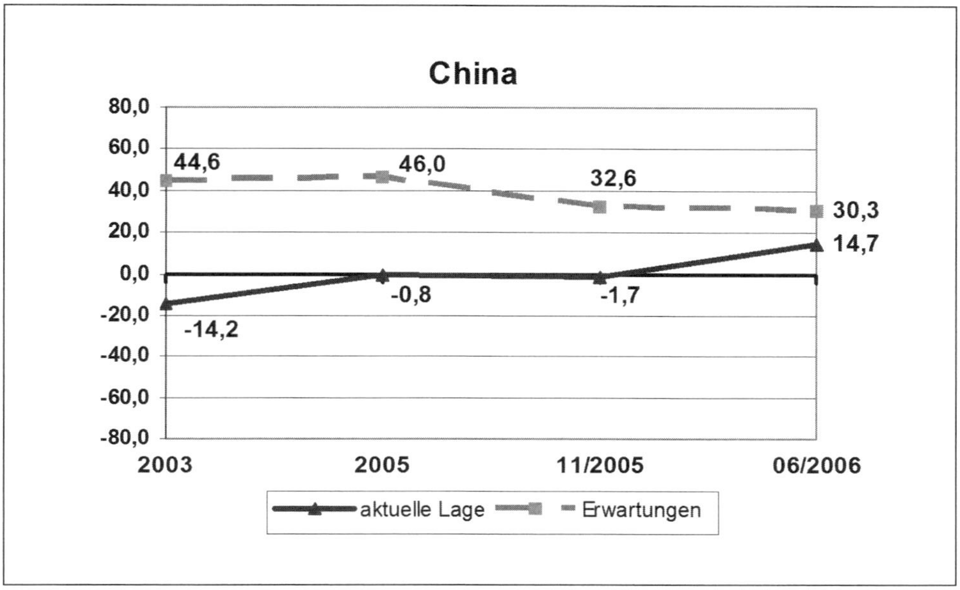

Quelle: IHK Region Stuttgart
Abbildung 242: *Außenwirtschaftsbarometer China*

Interkultureller Praxistipp China

Wie die meisten asiatischen Kulturen ist auch die chinesische Kultur stark beziehungsorientiert. Daher ist es von großem Vorteil, wenn man über nützliche Kontakte, Guanxi genannt, verfügt, die die Geschäftsanbahnung erleichtern und als eine Art Leumund gelten.[462] Die große Bedeutung von Guanxi wird in der Praxis deutlich. Während man sich in Deutschland auf ein starres Regelwerk verlässt und sich juristisch absichert, vertraut man in China auf die Sicherheit eines geknüpften Beziehungsnetzwerkes. In einem chinesischen Sprichwort heißt es nicht umsonst: „Es spielt in China keine Rolle, wie viele Gesetze man auf seiner Seite hat und wie rechtschaffen man ist, ohne Guanxi ist man nichts."[463]
Die Machtdistanz in China ist sehr groß und die Hierarchien sind ausgeprägt. Daher empfiehlt es sich, dass immer der Ranghöchste die Verhandlungen führt, da nur er als gleichwertiger Partner angesehen wird.[464] Verhandlungen können in China äußerst langwierig sein und viel Geduld abverlangen, da viele Leute in den Entscheidungsprozess eingebunden sind, die nicht übergangen werden dürfen.

462 Vgl. Winkler 2002, S. 278.
463 Vgl. Görres/Wang 2004, S. 246 f.
464 Vgl. Strunz/Dorsch 2001, S. 336.

Chinesen achten weniger auf Titel und Herkunft ihrer Geschäftspartner. Im Fokus steht vielmehr die Funktion, die der potenzielle Geschäftspartner bekleidet. Visitenkarten sollten deshalb unbedingt Position und Funktion enthalten und möglichst auch ins Chinesische übersetzt werden.[465] Insgesamt erwarten chinesische Manager, dass die europäischen Geschäftsleute sich mit den Sitten und der Kultur Chinas zumindest in Ansätzen auseinander gesetzt haben.[466]

Fazit

Die Wachstumslokomotive China erhält wirtschaftlich immer größere Bedeutung. Nicht zuletzt durch den WTO-Beitritt haben sich die Perspektiven weiter verbessert, da damit eine Liberalisierung der Wirtschaft einhergeht. So haben sich die VRC und die ASEAN-Staaten darauf geeinigt, bis 2010 stufenweise ihre Zölle im Warenverkehr abzubauen. Hinzu kommt die hohe Attraktivität als Standort für ausländische Investoren. Auf der anderen Seite sind jedoch die stabilitätsgefährdenden Risikopotenziale zu sehen wie z. B. der Sanierungsbedarf im Bankensektor und die überschuldeten Staatsunternehmen.

Auch in politischer Hinsicht steht das Land vor großen Herausforderungen. Dabei gilt es, die Bekämpfung der Arbeitslosigkeit, den Ausbau eines sozialen Sicherheitssystems, den Abbau des zunehmenden Wohlfahrtsgefälles, die Reform der Staatsunternehmen sowie die Erschließung der mittleren und westlichen Provinzen sowie des Nordosten Chinas anzugehen.

Auch weltpolitisch hat China immer größere Bedeutung. Die Bereitschaft, in allen weltpolitischen Fragen mitzuwirken, eine aktive Rolle in der Welt als ständiges Mitglied des UN-Sicherheitsrates zu spielen sowie immer mehr internationale Verantwortung zu übernehmen, zeichnen die chinesische Außenpolitik aus.

Weiterführende Quellen

Internet:
Auslandshandelskammer: http://www.ahk.de.
Auswärtiges Amt: http://www.auswaertiges-amt.de.
Bundesagentur für Außenwirtschaft: http://www.bfai.de.
Deutsche Botschaft in China : http://www.deutschebotschaft-china.org.
Chinesische Botschaft in Deutschland: http://www.china-botschaft.de.
Statistisches Bundesamt: http://www.destatis.de.

---

465 Vgl. Winkler 2002, S. 279.

466 Beispiele dazu s. Strunz/Dorsch 2001, S. 337.

Literatur:

Ambler, Tim/Witzel, Morgen: Doing Business in China, 2. Auflage, London 2003.
Bundesagentur für Außenwirtschaft: Erfolgreich Verhandeln in der VR China, Köln 2002.
Bundesagentur für Außenwirtschaft: Investieren in die VR China, Köln 2005.
Bundesagentur für Außenwirtschaft: Exportieren in die VR China, Köln 2002.
Gernet, Jacques: Die chinesische Welt. Die Geschichte Chinas von den Anfängen bis zur Jetztzeit, 7. Auflage, Frankfurt am Main 2006.
Granier, Brigitte/Brenner, Hatto: Business-Guide China, Köln 2004.
Heilmann, Sebastian: Das Politische System der Volksrepublik China, Wiesbaden 2004.
Hirn, Wolfgang: Herausforderung China, Frankfurt am Main 2005.
Kaufmann, Lutz/Panhans, Dirk/Poovan, Boney/ Sobotka, Benedikt: China Champions, Wiesbaden 2005.
Kindermann, Gottfried-Karl: Der Aufstieg Ostasiens in der Weltpolitik 1840 bis 2000, München 2001.
Lieberthal, Kenneth/Lieberthal, Geoffrey/Graham, John L.: Harvard Business Review on Doing Business in China, Harvard Business School Press 2004.
Lin-Huber, Magrith: Chinesen verstehen lernen. Wir – die Anderen: erfolgreich kommunizieren, Bern 2006.
Qualmann, Ronald: Erfolgreich Investieren in China, Saarbrücken 2006.
Schulz, Andre S.: Interkulturelle Managementstrategien für multinationale Unternehmen in China. Grundlagen. Instrumente. Erfolgsfaktoren, Saarbrücken 2004.
Seitz, Konrad: China. Eine Weltmacht kehrt zurück, München 2006.
Sieren, Frank: Der China-Code, Berlin 2005.
Spence, Jonathan D.: Chinas Weg in die Moderne, München 2001.
Spence, Jonathan D./Chin, Annping: Das Jahrhundert Chinas, München 1996.
Strittmaier, Kai: Gebrauchsanweisung für China, München 2004.
Thomas, Alexander/Schen, Eberhard: Beruflich in China. Trainingsprogramm für Manager, Fach- und Führungskräfte, Göttingen 2001.
Vermeer, Manuel: China.de. Erfolgreich verhandeln mit chinesischen Geschäftspartnern, Wiesbaden 2002.
Wind, Markus: Mit Chinesen arbeiten. Training und Führung von Mitarbeitern in China, Zürich 2006.

6. Indien

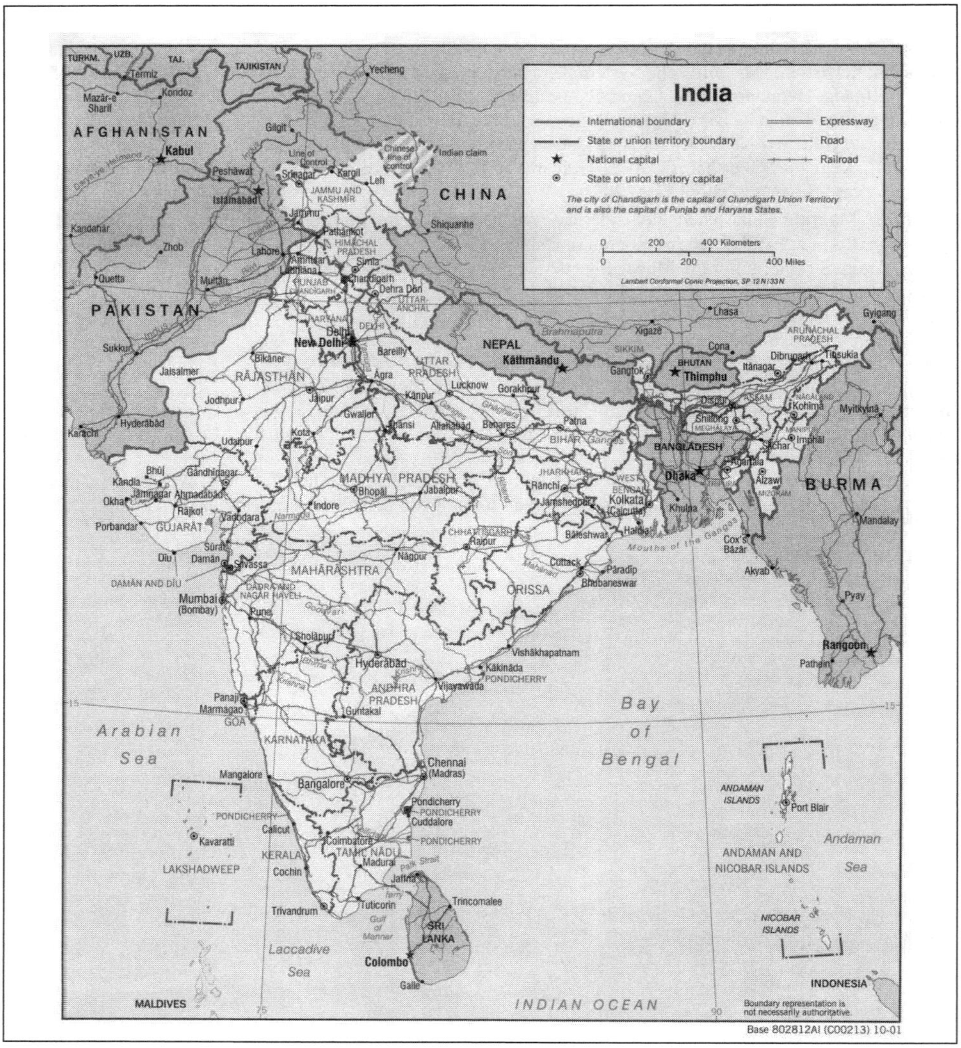

Quelle: CIA
Abbildung 243: *Indien*

Landesinformationen/Politik[467]

Amtliche Bezeichnung	Republik Indien (Republic of India/ Hindi: Bharat)
Fläche	3.287.000 qkm (gut neunmal die Fläche Deutschlands)
Einwohner	ca. 1,1 Mrd.
Bevölkerungsdichte[468]	330 Einwohner/qkm
Hauptstadt	New Delhi („National Capital Territory Delhi"), ca. 14 Mio. Einwohner
Religionszugehörigkeit	80,5 % Hinduismus, 13,4 % Islam, 2,3 % Christentum, 1,8 % Sikhismus sowie Buddhismus, Jainismus, Parsen u. a.
Nationalfeiertage	26. Januar: Republic Day, 15. August: Independence Day (1947)
Landessprachen	Hindi und englisch als Landessprachen, 21 weitere anerkannte Sprachen
Regierungsform	Parlamentarische Demokratie: Bundesstaat (28 Staaten, 6 Unions-Territorien, National Capital Territory Delhi)
Staatsoberhaupt	Dr. A.P.J.Abdul Kalam, Präsident, seit 2002; Bhairon Singh Shekhawat, Vizepräsident, seit 2002
Regierungschef	Dr. Manmohan Singh, Premierminister, seit 2004, Parteizugehörigkeit: Congress
Wirtschaftsminister	Shri Kamal Nath, seit 2002
Politische Situation	Parlament bestehend aus Unterhaus (Lok Sabha) und Oberhaus (Rajya Sabha); Regierungskoalition „United Progressive Alliance" zwischen dem Congress als stärkste Partei, Dravida Munnetra Kazhagam (DMK), Pattali Makkal Katchi (PMK), Rashtriya Janata Dal (RJD) u. a.; die beiden kommunistischen Parteien CPI(M) und CPI unterstützen die Regierung von außerhalb der Koalition; Oppositionsparteien: Bharatiya Janata Party (BJP), Biju Janata Dal (BJD), Shiv Sena (SS) u. a.

[467] Landesinformationen/Politik: Zusammenstellung auf Basis von Informationen des Auswärtigen Amtes, Stand März 2005.

[468] Bfai: Indien – Wirtschaftsdaten kompakt, Stand November 2005.

Währung[469]	Indische Rupie (INR), Einheit: Paise 1 EUR = 53,35640 INR 1 INR = 0,01874 EUR
Sonstiges	
Wachstumsbranchen/-märkte[470]	Einzelhandel, Versicherungen, Biotechnologie, Software- und IT-Dienste, Nahrungsmittelverarbeitung
Mitgliedschaft in internationalen Organisationen	UN- und UN-Sonderorganisationen (1991/92 war Indien nichtständiges Mitglied im VN-Sicherheitsrat), G 15, Blockfreie (Präsidentschaft 1983-86), Südasiatische Wirtschaftsgemeinschaft „South Asian Association for Regional Cooperation“ (SAARC) seit 1985, Commonwealth seit 1947, Regionalforum über Sicherheitspolitik der ASEAN (ARF), WTO
Hermes-Entgeltkategorie[471]	3
Korruption[472]	Rang 88 (von 158)

Politische Trends[473]

Premierminister ist Dr. Manmohan Singh, der zu Beginn der 90er Jahre im damaligen Amt des Finanzministers die wirtschaftliche Öffnung des Landes veranlasste und der Congress-Partei angehört. Die seit 1989 rasant aufgestiegene Hindu-Partei Bharatiya Janata Party (BJP) konnte sich jedoch bei den Unterhauswahlen im Mai 2004 nicht erneut durchsetzen. Seitdem steht die United Progressive Alliance (UPA) an der Spitze des Landes, geführt von der Congress-Partei. Da die UPA eine Minderheitsregierung im Parlament darstellt, ist sie auf die Unterstützung mehrerer Linksparteien außerhalb der Koalition angewiesen. Indien verfügt über zahlreiche Parteien, eine unabhängige Justiz und eine freie Presse. Damit stellt es die bevölkerungsreichste parlamentarische Demokratie der Welt dar.

Die starke Bindung Indiens an die Sowjetunion nahm mit deren Auflösung ein abruptes Ende. Seitdem ist die indische Außenpolitik von der Öffnung gegenüber den westlichen Staaten und von einem verstärkten Interesse an Süd- und Südostasien geprägt. Indem sich die Regierung Indiens nach dem 11. September auf die Seite der USA stellte, entspannten sich die bis dahin schwierigen indisch-amerikanischen Beziehungen, auch wenn Indien keine Truppen in den

469 http://www.oanda.com/convert/classic, Stand 16.03.2006.

470 Bfai: Indien – Wirtschaftstrends 2006, Stand Februar 2006.

471 http://www.agaportal.de/pages/aga/deckungspolitik/laenderklassifizierung.html.

472 Corruption Perceptions Index 2005 nach Transparency International, in: http://www.transparency.org, Rang 1 = keine Korruption, Deutschland: Rang 16.

473 Texte zusammengestellt auf Basis des Auswärtigen Amtes, der Bundesagentur für Außenwirtschaft, der Bayerischen Landesbank und des Statistischen Bundesamtes.

Irak entsandt hat. Belastet wurden die Außenbeziehungen Indiens insbesondere durch die von ihr im Mai 1998 durchgeführten Nukleartests, weshalb die Regierung zwar einen Verzicht auf den Ersteinsatz von Nuklearwaffen und auf weitere Tests erklärt hat. Da die Regierung jedoch das Prinzip der Minimalabschreckung verfolgt, lehnt sie es ab, dem Atomwaffensperrvertrag (NVV) beizutreten.

Ein besonders schwieriges Problem stellt der Streit Indiens mit Pakistan um die Region Kaschmir dar, der seit der Teilung des indischen Subkontinents im Jahr 1947 besteht. Pakistan weigert sich, sowohl den Beitritt Jammu und Kaschmirs zur indischen Union 1947 als auch die seit dem ersten Krieg im gleichen Jahr bestehende de facto-Aufteilung der Region auf beide Staaten anzuerkennen. Stattdessen fordert das Land einen Volksentscheid in Kaschmir. Für Indien steht der Anschluss Jammu und Kaschmirs jedoch nicht zur Disposition. Im Januar 2004 haben sich die beiden Regierungen zu einem strukturierten Dialog zu acht Themen verabredet. Diese Politik wird auch von der neuen indischen Regierung, die erst seit Mai 2004 im Amt ist, fortgeführt. Erste Fortschritte in einigen Bereichen – auch wenn das umstrittene Thema Kaschmir nicht gelöst ist – nähren die Hoffnung auf weitere Annäherungen. Ebenso von Spannungen unterlaufen ist Indiens Verhältnis zu China. Die historisch bedingte Rivalität zweier alter Kulturen, die heute die beiden bevölkerungsreichsten Staaten der Welt sind, legte hierfür den Grundstein. Die heikle Frage der Grenzziehung ist immer noch nicht abschließend geklärt, doch gab es 1993 ein Übereinkommen zur Bewahrung des Friedens im indisch-chinesischen Grenzbereich. Die Lage an der Grenze ist seit Jahren ruhig.

Volkswirtschaftliche Kennzahlen[474]

Binnenwirtschaftliche Indikatoren		2002	2003	2004s	2005p
BIP pro Kopf	USD	485	560	635	710
BIP	Mrd. USD	508,9	600,5	692,8	790,0
Wachstumsrate BIP, real	%	4,0	8,5	6,6	7,0
Inflationsrate	%	4,0	3,9	4,7	5,0
Arbeitslosenquote	%	11,1	10,9	10,6	10,5

Beitrag zum BIP: Landwirtschaft (Primärsektor) 20,5 %, Industrie (Sekundärsektor) 27,1 %, Dienstleistungen (Tertiärsektor) 52,4 %

Finanzindikatoren					
Staatsverschuldung[475]	% des BIP	k. A.	k. A.	17,5	k. A.
Haushaltssaldo	% des BIP	-9,6	-9,7	-9,3	-9,1

474 Zusammenstellung auf Basis von Informationen der Bayerischen Landesbank, Stand Juni 2005.

475 Bfai: http://www.bfai.de, Indien – Wirtschaftsdaten kompakt, Stand November 2005.

Wirtschaftliche Trends

Nach China ist Indien eines der wachstumsstärksten Länder mit einem Wirtschaftswachstum von jährlich 6 % bis 8 % (Abb. 244). Gemessen am nominalen BIP ist das Land zur zehntgrößten Volkswirtschaft avanciert. Trotz der wirtschaftlichen Erfolge gehört Indien mit einem BIP pro Kopf von lediglich 635 US-Dollar zu den ärmsten Ländern der Welt. Etwa ein Viertel der Bevölkerung lebt unterhalb der Armutsgrenze.

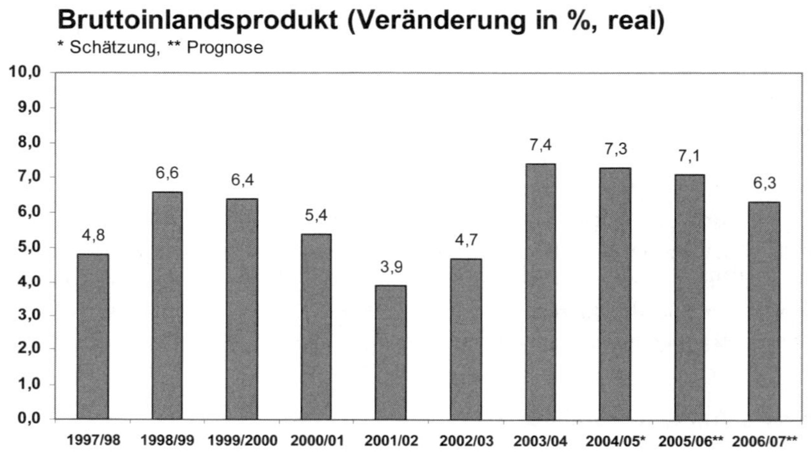

Quelle: Bfai

***Abbildung 244:** Entwicklung des Bruttoinlandsproduktes in Indien*

Die Agrarwirtschaft verfügt mit ihrer jeweiligen Wachstumsrate über großen Einfluss auf das Wachstum des BIP, wenngleich der Agrarbeitrag zum Gesamtergebnis von 1999/91 bis 2004/05 von 32,2 % auf 20,5 % gesunken ist. Zusätzlich stellt der Agrarbereich wegen Einkommensveränderungen eine bedeutende Nachfragegröße für industrielle Güter dar: Ein guter Monsun heißt Liquidität für Käufe, ein schlechter einen Mangel daran. Dies verdeutlicht die Abhängigkeit des Industriesektors vom ländlichen Markt.

Der Beitrag des Industriesektors zum BIP-Wachstum blieb von 1999/91 bis 2004/05 unverändert, wohingegen der des Dienstleistungssektors von 40,6 % auf 52,4 % zunahm. Derzeit findet ein Strukturwandel vom Primär- zum Tertiärsektor statt.

Da der Anteil der gehobenen Mittelklasse sowie die Kategorie der Reichen tendenziell steigen werden, herrscht eine hohe Konsumfreudigkeit in Indien, die wegen der noch mäßigen Inflationsrate zusätzlich begünstigt wird. Bislang findet das Konsumgütergeschäft vorwiegend in den städtischen Regionen statt. Der ländliche Markt bietet mit einem Bevölkerungsanteil von 60 % fast ungenutzte Absatzpotenziale.

Das gesamtstaatliche Budgetdefizit bewegte sich in den vergangenen Jahren zwar zwischen 9 % und 10 %, doch wird der Handlungsspielraum der Regierung durch den immensen Anteil der Staatsschulden am BIP von 82 % stark eingeschränkt.

Ziel der indischen Regierung ist es, zu einer international beachteten Fertigungs- und Exportplattform, zu einem „Sourcing Center" für global agierende Unternehmen zu werden. Auf dem Weg dahin sind vor allem weitere technologische Modernisierung[476] und verstärkte, weiterhin steigende Importe von Bedeutung.

Außenwirtschaftliche Kennzahlen[477]

Außenwirtschaftliche Indikatoren		2002	2003	2004s	2005p
Warenexporte	Mrd. USD	52,7	63,8	79,2	88,0
Warenimporte	Mrd. USD	61,4	78,1	107,1	120,0
Handelsbilanzsaldo	Mrd. USD	-8,7	-14,3	-27,9	-32,0
Leistungsbilanzsaldo	Mrd. USD	6,3	10,6	-0,4	-1,0
	% des BIP	1,2	1,8	-0,1	-0,1
Deutsche Einfuhr aus Indien	Mio. Euro	2.543	2.637	2.934	779[478]
Deutsche Ausfuhr nach Indien	Mio. Euro	2.422	2.443	3.290	964[478]

Außenhandel

Die indische Volkswirtschaft ist zunehmend in das wirtschaftliche Weltgeschehen integriert. Diese Entwicklung hat zur Folge, dass die Wirtschaft Indiens stärker am Aufwärtstrend der globalen Entwicklung profitiert, zugleich aber auch von einem Abschwung härter getroffen werden kann. Die Regierung ist bestrebt, den Anteil Indiens an den Weltexporten, der Ende 2004 noch bei 0,82 % lag, bis 2010 auf 1,5 % zu steigern.

Die Importe verzeichneten im 1. Halbjahr 2005/06 im Vergleich zu 2004/05 einen Zuwachs um 33 % auf 63,5 Mrd. US-Dollar, wovon ein Drittel auf ölbezogene Käufe zurückging. Die Ursache dafür liegt nicht zuletzt in der Ölpreishausse. Der zweithöchste Posten der Einfuhrgüter wird von Gold und Silber belegt, die im Geschäftsjahr 2004/05 bei 10,1 % lagen. Der Anteil der Importe am BIP von 15 % spiegelt diese Entwicklung wider.

---

[476] S. dazu: Follath/Rao 2005, S. 54-64.

[477] Zusammenstellung auf Basis von Informationen der Bayerischen Landesbank, Stand Juni 2005.

[478] Erstes Quartal 2005, deutsche Einfuhr +11 %, deutsche Ausfuhr: +33 %.

Das Wachstum der Exporte lag im selben Zeitraum vom Geschäftsjahr 2004/05 bis zum 1. Halbjahr 2005/06 bei 20 %, bei einem Exportvolumen von 43,2 Mrd. US-Dollar in 2005/06. Zu den Hauptausfuhrgütern gehörten Edelsteine und Schmuck (17,3 %), Textilien und Bekleidung (19,9 %), chemische Erzeugnisse (15,0 %) sowie Agrarprodukte (10,1 %). Zukunftsträchtige Ausfuhrgüter sind indische Maschinen und Geräte, chemische Erzeugnisse sowie Erdölprodukte. Es wird ein BIP-Anteil der Exporte von 11 % verzeichnet.

Der bilaterale Warenaustausch zwischen Deutschland und Indien befindet sich im Aufwärtstrend (Abb. 245). Die deutsche Exportwirtschaft partizipiert in hohem Maße an der wirtschaftlichen Prosperität Indiens. Die Aussichten sind gut, dass sie diese hervorgehobene Rolle auch zukünftig spielen kann. Die Liefermengen lagen von Januar bis September 2005 gut 29 % über dem Vergleichswert des Vorjahres.

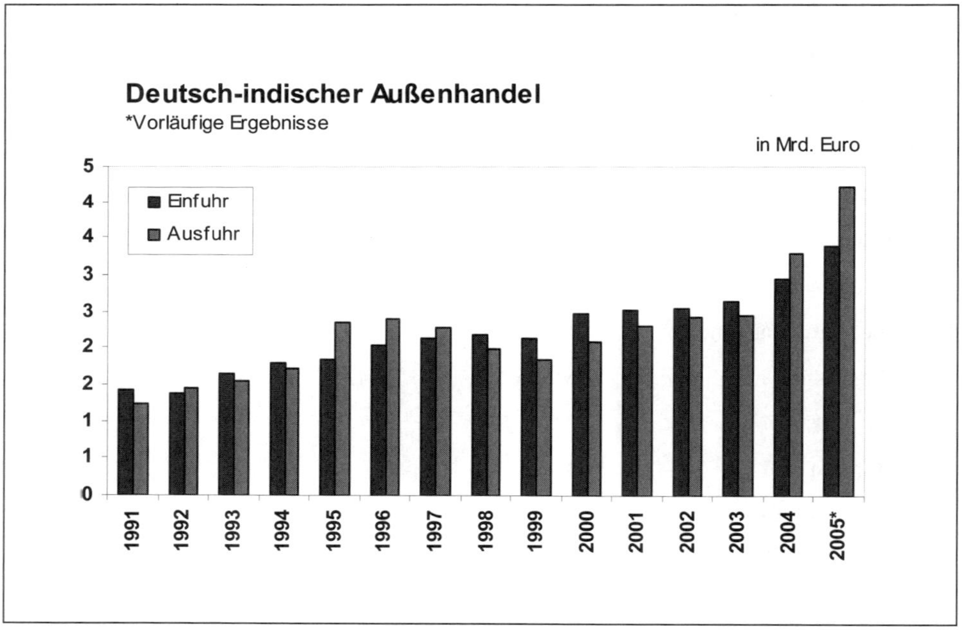

Quelle: Statistisches Bundesamt
Abbildung 245: *Entwicklung des deutsch-indischen Außenhandels*

Die USA waren 2004 mit einem Anteil von rund 7 % an der indischen Gesamteinfuhr erneut das mit Abstand wichtigste Lieferland vor Belgien (Abb. 246). Die USA sind ferner bedeutendster Absatzmarkt für indische Waren: Im genannten Zeitraum gingen knapp 19 % der Exporte an amerikanische Abnehmer (Abb. 247) Neben den USA zählen China und die Vereinigten Arabischen Emirate und zu den wichtigsten Handelspartnern. Wichtigster europäischer Handelspartner ist neben Deutschland Großbritannien mit einem Anteil von 4,6 % an der indischen Gesamteinfuhr und einem Anteil von 4,8 % an der indischen Warenausfuhr.

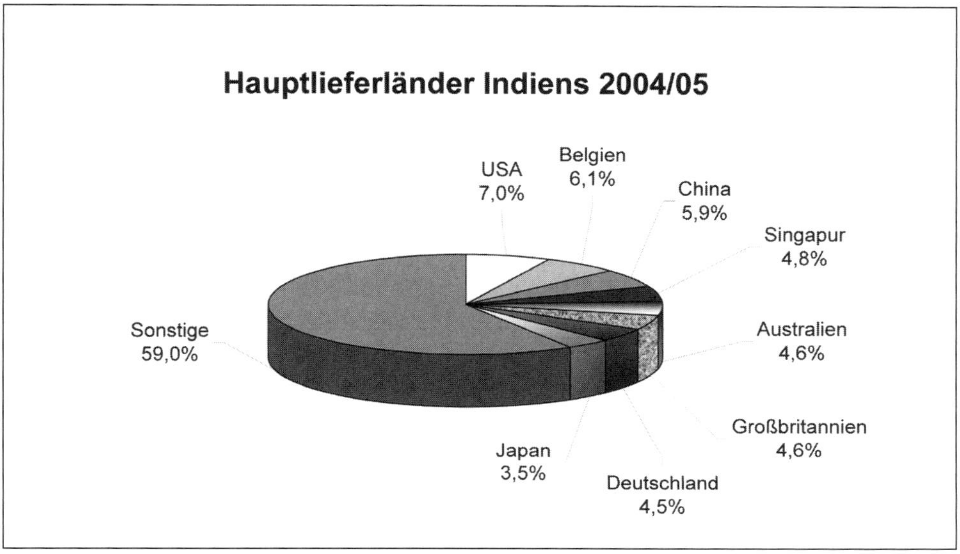

Quelle: Bfai
Abbildung 246: *Hauptlieferländer Indiens 2004/2005*

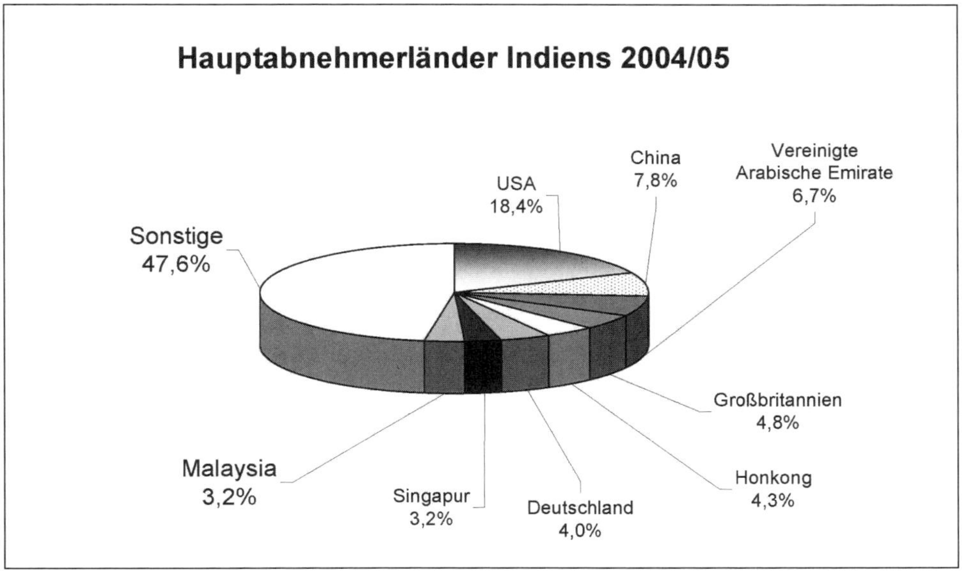

Quelle: Bfai
Abbildung 247: *Hauptabnehmerländer Indiens 2004/2005*

Investitionsklima

Indien hat für deutsche Unternehmen bisher keine große Rolle als Investitionsstandort gespielt. Dies hängt zum einen mit der steigenden Attraktivität der mittel- und osteuropäischen Länder zusammen, die entweder schon Mitglieder der EU sind oder dieser in naher Zukunft beitreten, und zum anderen mit Investitionshemmnissen wie bürokratischen Hindernissen oder Verzögerungen im Genehmigungsverfahren. So ist nach einem Einbruch der deutschen Direktinvestitionen in Indien im Jahr 2003 nur eine leicht steigende Tendenz erkennbar.

Investitionen[479]		2002/03	2003/04	2004/05	2005/06
Ausländische Direktinvestitionen in Indien (genehmigt)					
Bestand Mrd. USD		3,6	3,4	4,4	k. A.
Ausländische Direktinvestitionen in Indien					
Zuflüsse Mrd. USD		k. A.	k. A.	k. A.	k. A.
	2000	2001	2002	2003	2004
Deutsche Direktinvestitionen in Indien					
Bestand Mio. Euro	1.445	1.547	1.485	1.611	1.917
Indische Direktinvestitionen in Deutschland					
Bestand Mio. Euro	k. A.	75	57	k. A.	k. A.

Der indischen Regierung ist trotzdem daran gelegen, den Standort Indien zu stärken. So wirbt das Land mit einem relativ niedrigen Lohnkostenniveau. Die Personalkosten sind für viele Unternehmen sehr gering und es sind viele hoch qualifizierte Arbeitskräfte vorhanden. Die positive Binnenkonjunktur und die lebhafte Entwicklung im verarbeitenden Gewerbe lässt den Standort Indien voraussichtlich noch mehr an Attraktivität gewinnen. Vor allem aber wird das Investitionsklima von der zunehmenden Integration in die Weltwirtschaft stimuliert.

Indien wird auch als Fertigungsbasis und Exportplattform für ausländische Investoren immer attraktiver. Mit hoher Wahrscheinlichkeit könnte der Kapitalzufluss aus dem Ausland 2005/06 die 7-Mrd.-US-Dollar-Marke überschreiten. Aus dem „FDI-Survey 2005" der FICCI geht hervor, dass die Anzahl der Unternehmen, die zusätzliche Möglichkeiten der Direktinvestitionen sehen, bei 91 % liegt. Außerordentlich hohe Chancen werden den Branchen elektrische Ausrüstungen, Maschinenbau, Chemie, Elektronik, Banken und Finanzwesen, Informationstechnologie und Dienstleistungen, Kfz und -teile sowie Textilien und Bekleidung zugeschrieben.

479 Zusammenstellung auf Basis von Informationen der Bfai: Indien – Wirtschaftsdaten kompakt, Stand Dezember 2005, und der Deutschen Bundesbank: Kapitalverflechtungen mit dem Ausland, Stand April 2006.

Diese positiven Standortfaktoren werden Indien von der Weltbank bescheinigt, die diesem Land den größten Fortschritt in Südasien zuschreibt. Deutsche Unternehmen, die als Investoren ihr Know-how einbringen wollen, sind also jederzeit hochwillkommen.[480]

Außenwirtschaftsbarometer

Seit der Befragung Anfang des Jahres 2006 schätzt die Mehrheit der deutschen Unternehmen ihre aktuelle Geschäftslage zu Indien als gut ein (Abb. 248). Anfang 2003 war Indien dagegen noch eines der Schlusslichter in der Rangfolge der 30 wichtigsten Partnerländer. Indien ist damit eines der Länder, das einen enormen positiven Trend vorweisen kann. Die Geschäftserwartungen bezüglich der kommenden zwei bis fünf Jahre, die bei der Befragung Anfang des Jahres 2005 mit einem Wert von 8,4 eingeschätzt wurden, haben sich bei der Befragung Mitte 2006 mit einem Wert von 8,5 bereits erfüllt. Auch die Erwartungen für die kommenden zwölf Monate sind äußerst positiv. Mit einem Wert von 26,8 belegt Indien hinter Russland und China die drittbeste Länderplatzierung.

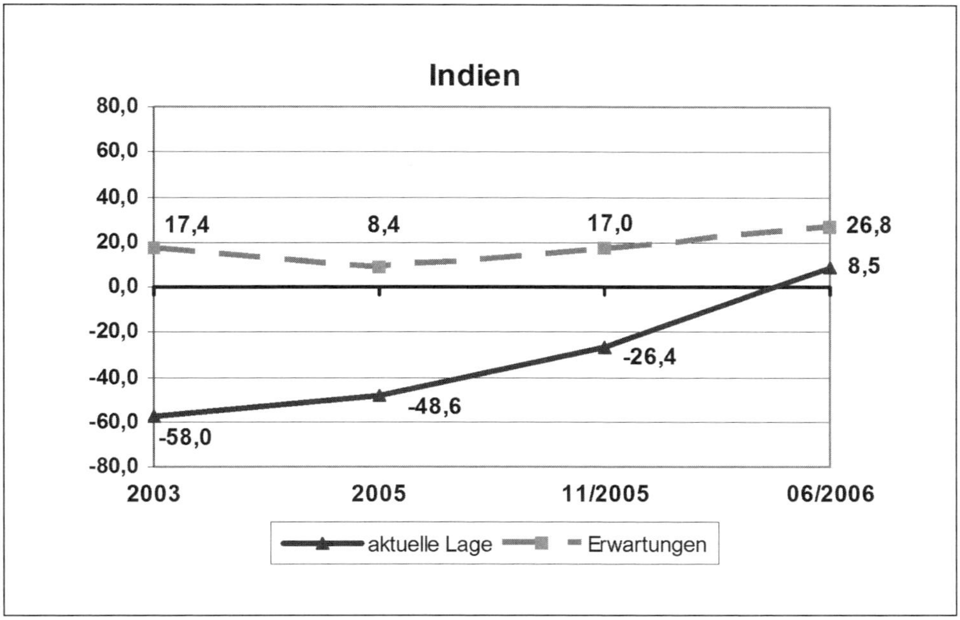

Quelle: IHK Region Stuttgart
***Abbildung 248:** Außenwirtschaftsbarometer Indien*

480 Bfai: Top-Exportmärkte 2006, Stand Februar 2006.

Interkultureller Praxistipp Indien

Der indische Subkontinent mit seiner mehr als 1 Milliarde Menschen bietet eine Vielfalt verschiedener Sprachen, Religionen und Kulturen. Doch einige gemeinsame Strukturen ziehen sich wie ein roter Faden durch die indische Gesellschaft, die bei Geschäftskontakten beachtet werden sollten. Die indische Kultur ist stark familien- und beziehungsorientiert. Daher sollte der erste Geschäftskontakt persönlich erfolgen und nicht schriftlich. Die ausgeprägte indische Gastfreundschaft und Kommunikationsfreude ist ein Spiegelbild für ein aktives Knüpfen von persönlichen Beziehungen und sollte daher entsprechend respektiert werden. Durch das koloniale Erbe Indiens sind die Inder in der Regel westlichen bzw. englisch sprechenden Kulturen durchaus aufgeschlossen, was eine erste Kontaktanbahnung erleichtert.[481]
Indien gehört nicht zu den monochromen Kulturen, d. h., ihr Verhältnis zur Zeit ist relativ. Deshalb sollten deutsche Manager in Verhandlungen vermeiden, Termindruck auszuüben, um die Verhandlungspartner nicht zu verärgern. Durch die Kultur des Kastenwesens sind Titel und Position für Verhandlungen sehr wichtig und Entscheidungen werden meist nur auf der höchsten Hierarchieebene getroffen. Wie in vielen asiatischen Kulturen werden Problempunkte nicht offen angesprochen.
Der Respekt vor dem religiösen Leben Indiens sollte unbedingt auch im Geschäftsleben beachtet werden. Körperkontakte inklusive des Händeschüttelns sollten erst nach Anforderung des indischen Partners gepflegt werden. Berührungen mit der linken Hand (– auch der rechten Hand bei Nichtvegetariern im Kontakt z. B. mit Brahmanen), mit dem Fuß oder Schuh sollten vermieden werden, da diese Körperteile als unrein erachtet werden.[482]

Fazit

Die seit Mai 2004 regierende United Progressive Alliance (UPA), geführt von der Congress-Partei, verpflichtet sich in ihrem Koalitionsprogramm zur Fortsetzung der Wirtschaftsreformen, allerdings unter stärkerer Berücksichtigung der sozialen Aspekte. Ein Viertel der indischen Bevölkerung lebt unterhalb der Armutsgrenze. Ungleiche Einkommensverhältnisse und hohe Arbeitslosigkeit erschweren zusätzlich die soziale Lage. Über die Hälfte der Erwerbstätigen sind im Agrarsektor beschäftigt, der immer noch einen relativ hohen Anteil von etwa 20 % an der BIP-Entstehung einnimmt. Tendenzen des Strukturwandels vom Primär- zum Tertiärsektor sind allerdings erkennbar.

Die Wachstumsprognosen fallen mittel- und langfristig sehr positiv aus. Premierminister Singh verfolgt einen marktwirtschaftlichen Kurs und strebt einen Liberalisierungsprozess an. Da seine Minderheitsregierung jedoch auf die Unterstützung kommunistischer Parteien angewiesen ist, wird dieses Vorhaben lediglich mit Abstrichen durchsetzbar sein. Insbesondere trifft dies auf die von der Vorgängerregierung geplanten Privatisierungen zu. Des Weiteren werden die wirtschaftliche Entwicklung durch unterentwickelte Infrastruktur, restriktive Arbeitsmarktregelungen, administrative Hürden und verbreitete Korruption gebremst.

[481] Vgl. Winkler 2002, S. 281 f.

[482] Beispiele dazu s.: Strunz/Dorsch 2001, S. 346 f.

Der Finanzierungsspielraum der Regierung ist durch die hohe Verschuldung von 82 % (Ende 2004) des BIP stark eingeschränkt. Dem soll durch eine Erweiterung der Steuerbasis entgegengewirkt werden, unter anderem wurde im April 2005 zu diesem Zweck die Mehrwertsteuer eingeführt. Langfristig wird die Regierung jedoch nicht um einen Abbau des Staatsdefizits umhin kommen.

Indien ist zunehmend in die Weltwirtschaft integriert. Wachstumsstimulierender Faktor ist vor allem das große Angebot an qualifizierten Arbeitskräften bei zugleich niedrigem Lohnniveau. In der Informationstechnologie, der Pharmazie sowie bei Forschungs- und Entwicklungsleistungen gehört Indien international zum Spitzenfeld. Gleichzeitig gewinnt das Land an politischer Bedeutung. Erkennbar ist dies an den zahlreichen Staatsbesuchen indischer Regierungsvertretungen, aber auch an der Bewerbung des Landes um einen ständigen Sitz im UN-Sicherheitsrat.

Weiterführende Quellen

Internet:

Auslandshandelskammer: http://www.ahk.de.
Auswärtiges Amt: http://www.auswaertiges-amt.de.
Bundesagentur für Außenwirtschaft: http://www.bfai.de.
Deutsche Botschaft in Indien: www.new-delhi.diplo.de.
Indische Botschaft in Deutschland: www.indianembassy.de.
Statistisches Bundesamt: http://www.destatis.de.

Literatur:

Bundesagentur für Außenwirtschaft: Exportieren nach Indien, Köln 2002.
Bundesagentur für Außenwirtschaft: Business Travel – Indien, Köln 2002.
Bundesagentur für Außenwirtschaft: Erfolgreich Verhandeln in Indien, Köln 2004.
Bundesagentur für Außenwirtschaft/Indo-German Chamber of Commerce (Hrsg.): Aufbruch nach Indien. Leitfaden für Export und Direktinvestition, Heidelberg 2006.
Hofmann, Alexander: Beschaffen & Investieren in Indien, München 2005.
Kaufmann, Lutz/Panhans, Dirk/Steinrücke, Bernhard/ Horn, Carsten/Koch, Matthias/Kues, Anne/Koch, Clemens/Jain, Dipak/Neumann, Claas: Investmentguide Indien. Erfolgsstrategien deutscher Unternehmen auf dem Subkontinent, Stuttgart 2006.
Klinger-Paul, Cosima: Business-Guide Indien. Ohne Chaos keine Schöpfung, Köln 2005.
Mehl-Lammens, Petra: Geschäftserfolg in Indien. Der Business-Guide für den indischen Subkontinent, Zürich 2006.
Kreuser, Gabriele: Der Schlüssel zum indischen Markt. Mentalität und Kultur verstehen, erfolgreich verhandeln, Wiesbaden 2002.
Mitterer, Katrin/Mimler, Rosemarie/Thomas, Alexander: Beruflich in Indien. Trainingsprogramm für Manager, Fach- und Führungskräfte, Göttingen 2006.
Rothermund, Dietmar: Geschichte Indiens. Vom Mittelalter bis zur Gegenwart, München 2002.
Rothermund, Dietmar: Krisenherd Kaschmir, München 2002.
Wamser, Johannes: Standort Indien, Münster 2005.
Wamser, Johannes/Sürken, Peter: Wirtschaftspartner Indien – Ein Managementhandbuch, Stuttgart 2005.

7. Japan

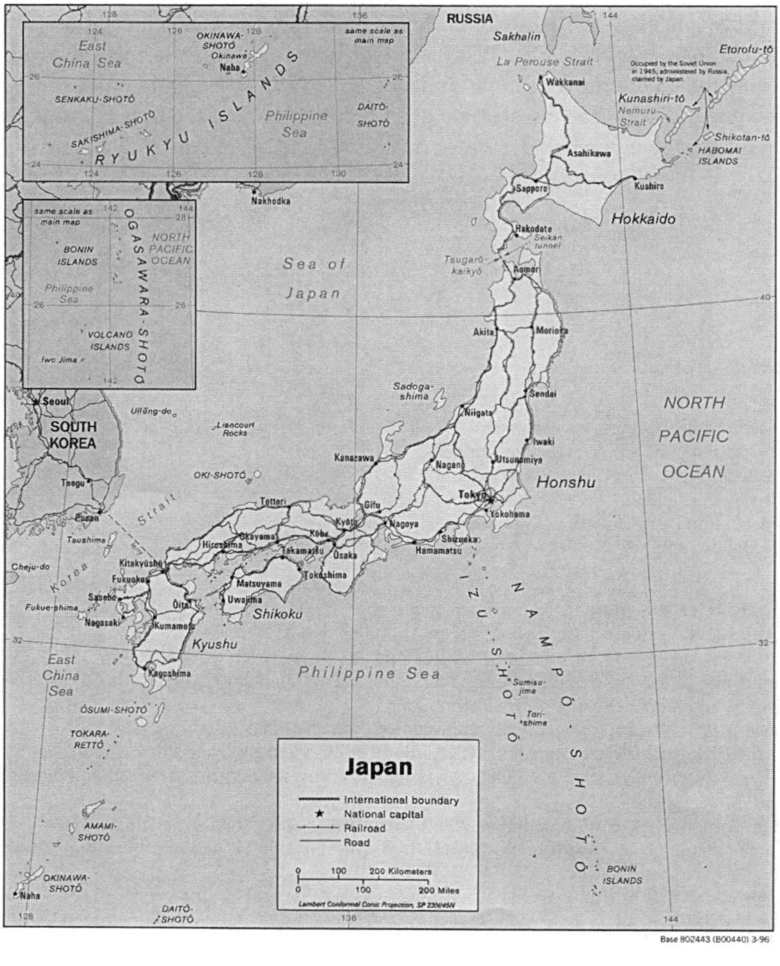

Quelle: CIA

***Abbildung 249:** Japan*

Landesinformationen/Politik[483]

Amtliche Bezeichnung	Japan; Nippon, Nihon
Fläche	377.887 qkm, kombinierte Fläche der vier Hauptinseln Hokkaido, Honshu, Shikoku und Kyushu und 6.852 umliegenden kleineren Inseln (mit einem Umfang von mindestens 100 m)
Bevölkerung	ca. 127 Mio. Einwohner
Bevölkerungsdichte	336 Einwohner/qkm
Hauptstadt	Tokio, knapp 12 Mio. Einwohner, Bevölkerungsdichte: ca. 5.400 Einwohner/qkm
Religionszugehörigkeit	80 % der Japaner bekennen sich zu mehreren Religionen: Shintoismus (107 Mio.), Buddhismus (91 Mio.), Christentum (1,4 Mio.), sonstige (11,3 Mio.)
Nationalfeiertag	23. Dezember, Geburtstag des Kaisers (Tenno)
Landessprache	japanisch
Regierungsform	Parlamentarische Demokratie. Zweikammernsystem: Oberhaus: 242 Sitze, Unterhaus: 480 Sitze; Unterhaus: gewählt für 4 Jahre, letzte Wahl am 11. September 2005, 480 Sitze, davon werden 300 in Einpersonenwahlkreisen per Mehrheitswahl, 180 auf 11 Regionallisten per Verhältniswahl besetzt. Oberhaus: gewählt für 6 Jahre, alle drei Jahre Neuwahl der Hälfte der Sitze, letzte Wahl am 11. Juli 2004. 96 Sitze werden per landesweiter Listenwahl, 146 Sitze per direkter Persönlichkeitswahl in 47 Wahlkreisen besetzt.
Staatsoberhaupt	Kaiser Akihito, seit 1989
Regierungschef	Junichiro Koizumi, seit 2001, Liberaldemokratische Partei (LDP)
Wirtschaftsminister	Handelsminister Lim Hng Kiang, seit 2004

483 Zusammenstellung auf Basis von Informationen des Auswärtigen Amtes, Stand September 2005.

Politische Situation	Seit November 2003 Zwei-Parteien-Koalition bestehend aus der Liberaldemokratischen Partei (LDP/295 Unterhausmandate) und der Neuen Komeito (31 Unterhausmandate). Die Koalition verfügt über eine solide Mehrheit im Unterhaus (326 von 480 Sitzen) und im Oberhaus (136 von 242 Sitzen). Oppositionsparteien: Demokratische Partei (DP), 113 Sitze im Unterhaus; Kommunistische Partei Japans (KPJ), 9 Sitze im Unterhaus; Sozialdemokratische Partei (SDP), 7 Sitze im Unterhaus; einige Fraktionsunabhängige
Währung[484]	Japanischer Yen 1 Japanischer Yen = 0,007107 Euro 1 Euro (EUR) = 140,703 Japanischer Yen (JPY)
Sonstiges	
Wachstumsbranchen- und märkte[485]	Bio- und Nanotechnologie, Informations- und Kommunikationstechnik, Robotik
Mitgliedschaft in internationalen Organisationen	In fast allen internationalen Organisationen; Vereinte Nationen seit 1956
Hermes-Entgeltkategorie[486]	1
Korruption[487]	Rang 21 (von 158)

Politische Trends[488]

Ministerpräsident Koizumi, der im April 2001 sein Amt antrat, wurde bei der Neuwahl der Hälfte der Sitze im Oberhaus im Juli 2004 sowie bei den Unterhauswahlen im September 2005 in seinem Amt klar bestätigt. Die Koalition aus der konservativen, marktwirtschaftlich orientierten Liberaldemokratischen Partei (LDP) und der buddhistisch orientierten Neuen Komeito-Partei verfügt somit im Unterhaus sowie im Oberhaus über eine solide Mehrheit. Ministerpräsident Koizumi, dessen Amtszeit voraussichtlich im Herbst 2006 endet, zählt zu den am längsten regierenden Ministerpräsidenten Japans.

---

484 http://www.oanda.com/convert/classic, Stand 29.03.2006.

485 Bfai: Japan – Wirtschaftstrends 2006. Gesamtwirtschaftlicher Ausblick, Stand Februar 2006.

486 http://www.agaportal.de/pages/aga/deckungspolitik/laenderklassifizierung.html.

487 Corruption Perceptions Index 2005 nach Transparency International, in: http://www.transparency.org; Rang 1 = keine Korruption, Deutschland: Rang 16.

488 Texte zusammengestellt auf Basis des Auswärtigen Amtes, der Bundesagentur für Außenwirtschaft, der Bayerischen Landesbank, der Industrie- und Handelskammer Region Stuttgart.

In Koizumis Regierungsprogramm stehen die Deregulierung, die geplante Privatisierung von Staatsbetrieben und die Haushaltskonsolidierung an erster Stelle. Da Japans Bevölkerung spätestens 2006 zurückgehen wird und der Anteil der Senioren stetig zunimmt, wird auch einer Reform des Pensionssystems hohe Dringlichkeit beigemessen. Die Strukturreformen, die bisher in großen Teilen verwirklicht werden konnten, verschafften Koizumi teilweise Zustimmungsraten von über 60 %. Auch 2006 und 2007 sollen wieder eine Reihe weiterer Strukturveränderungen angegangen werden.

Auch in sozialer Hinsicht steht das Land großen Herausforderungen gegenüber. Wichtige Punkte, die es anzugehen gilt, sind die angespannte Lage auf dem Arbeitmarkt und die hohe Jugendarbeitslosigkeit, die knapp 10 % beträgt. Auch die nur temporären Beschäftigungsverhältnisse haben sich bis Anfang 2005 weiter erhöht.

Japan strebt zusammen mit Deutschland, Indien und Brasilien (G-4) eine Erweiterung des Sicherheitsrats um sechs ständige und vier wechselnde Mitglieder an. Das Land ist nach den USA mit Abstand größter Beitragszahler der Vereinten Nationen; seine Beiträge entsprechen 19,5 % des UN-Haushalts. Die Beziehungen zu vielen asiatischen Staaten – insbesondere zur Volksrepublik China, Südkorea und Nordkorea – sind vor allem wegen der verpassten Aufarbeitung der Geschichte in der ersten Hälfte des 20. Jahrhunderts weiterhin angespannt. In der Irak, und Afghanistan-Politik hat sich Japan als wichtigster Verbündeter der USA erwiesen, wobei die Einsicht, dass die Sicherheit Japans angesichts der sich zuspitzenden Lage auf der koreanischen Halbinsel allein vom Bündnispartner USA gewährleistet werden kann, eine wichtige Rolle gespielt haben dürfte.

Deutschland zählt insbesondere im G8-Rahmen, in der Welthandelsorganisation und in den Vereinten Nationen ebenso wie Frankreich und Großbritannien zu den wichtigsten europäischen Partnern des Landes. Japan ist danach bestrebt, gerade im internationalen Rahmen immer mehr internationale Verantwortung zu übernehmen. Die Bereitschaft, friedenserhaltende Maßnahmen zu ergreifen, eine aktive Rolle in der Welt als ständiges Mitglied des UN-Sicherheitsrates zu spielen, die enge Zusammenarbeit mit Entwicklungsländern sowie das Eintreten für die Ostasiatische Gemeinschaft zeichnen die japanische Außenpolitik aus.

Volkswirtschaftliche Kennzahlen[489]

Binnenwirtschaftliche Indikatoren		2003	2004s	2005p	2006p
BIP pro Kopf	USD	33.800	36.500	37.000	37.500
BIP	Mrd. USD	4292	4667	4700	4800
Wachstumsrate BIP, real	%	1,4	2,6	1,0	1,5
Inflationsrate	%	-0,2	0,0	0,0	0,3
Arbeitslosenquote	%	5,2	4,7	4,5	4,3

489 Zusammenstellung auf Basis von Informationen der Bayerischen Landesbank, Stand Mai 2005.

Beitrag zum BIP: Landwirtschaft (Primärsektor) 1,3 %, Industrie (Sekundärsektor) 29,4 %, Dienstleistungen (Tertiärsektor) 69,3 %

Finanzindikatoren					
Staatsverschuldung	% des BIP	158	164	170	k. A.
Haushaltssaldo	% des BIP	-7,7	-6,8	-6,5	-6,0

Wirtschaftliche Trends

Nach einem zwischen 2001 und 2002 schleppenden Wirtschaftswachstum verzeichnete die Wirtschaft in den Jahren 2003 und 2004 wieder einen Wirtschaftsaufschwung. Die Stimulierung der Wirtschaft war vor allem auf die gestiegenen Exportquoten zurückzuführen. Der Außenhandel stieg in dieser Zeit auf über 110 Billionen Yen an, was ungefähr 820 Mrd. Euro entspricht. Viele Unternehmen haben ihre Überkapazitäten und Lagerbestände in dieser Zeit abgebaut und dadurch ihre wirtschaftliche Situation deutlich verbessern können.

Zum Jahresende 2005 verzeichnete die Wirtschaft eine positive Entwicklung, wobei die Zuwachsrate des Bruttoinlandproduktes von 2,7 % aus dem Jahre 2004 (Abb. 250) aber nicht ganz gehalten werden konnte. Auch für 2006 wird ein dynamisches Wirtschaftswachstum von ungefähr 2,0 % erwartet. Im Vergleich zu den Unternehmen, die ihre Profitsituation deutlich verbessern konnten, ist das Konsumklima noch nicht auf einen positiven Wachstumspfad eingeschwenkt. Da die Arbeitslosenquote leicht rückläufig ist, wird aber für die nächsten Jahre eine Erhöhung der verfügbaren Einkommen vorausgesagt, was sich positiv auf das Konsumentenverhalten auswirken dürfte.

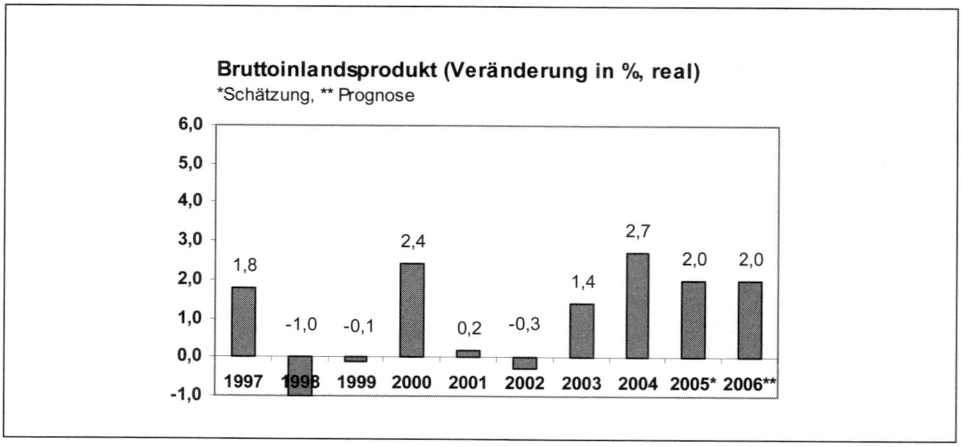

Quelle: Bfai

Abbildung 250: *Entwicklung des Bruttoinlandsproduktes in Japan*

Negativ wirken sich die hohe Deflationsrate und die hohe Staatsverschuldung aus, die immer noch mit der japanischen Krise Ende der 90er Jahre zusammenhängen. Der enorme Vermögensanstieg in den 80ern führte zu einem Boom bei der Nachfrage nach japanischen Waren und Dienstleistungen, dem jedoch eine nicht minder starke Rezession folgte. Die japanische Regierung reagierte mit einer expansiven Geld- und Fiskalpolitik, litt aber weiter unter kaum noch steigenden Preisen und einem Anstieg der Arbeitslosigkeit. Japan ist heute mit einer Staatsverschuldung von wahrscheinlich 170 % des Bruttoinlandsproduktes das wahrscheinlich am stärksten verschuldete Industrieland der Welt. Auch 2006 soll das Ziel der Haushaltskonsolidierung und der Bekämpfung der Arbeitslosigkeit erreicht werden.

Wachstumsbranchen der nächsten Jahre sind die Bio- und Nanotechnologie, die Informations- und Kommunikationstechnik und die Robotik. Priorität hat in der staatlichen Wirtschaftsförderung vor allem die Finanzierung von Forschung und Entwicklung, mit der die Position als viertgrößte Exportnation gehalten werden soll. Seine Position als drittgrößte Exportnation hinter Deutschland und den USA musste Japan bereits an China abgeben.

Außenwirtschaftliche Kennzahlen[490]

Außenwirtschaftliche Indikatoren		2003	2004	2005p	2006p
Warenexporte	Mrd. USD	470,7	563,2	600,0	650,0
Warenimporte	Mrd. USD	383,2	452,7	500,0	540,0
Handelsbilanzsaldo	Mrd. USD	87,5	110,5	100,0	110,0
Leistungsbilanzsaldo	Mrd. USD	137,3	172,3	165,0	168,0
	% des BIP	3,2	3,7	3,5	3,5
Deutsche Einfuhr aus Japan	Mrd. Euro	19,6	21,1	k. A.	k. A.
Deutsche Ausfuhr nach Japan	Mrd. Euro	11,8	12,7	k. A.	k. A.

Außenhandel

Der Außenhandel expandierte in den Jahren 2004 und 2005 – eine Entwicklung, die sich voraussichtlich im Jahr 2006 fortsetzen wird. Der Export stieg im ersten Fiskalhalbjahr 2005 um 7,4 %, während der Import um 15,5 % zulegte.[491] Über 20 % des Handels wurde dabei mit China abgewickelt. China war damit erneut der mit Abstand wichtigste Handelspartner für Japan (Abb. 251 und Abb. 252). Auch für 2006 wird, angesichts der Aufwertung des US-Dollars und des Euros gegenüber dem Yen, eine hohe Exportquote erwartet.

490 Zusammenstellung auf Basis von Informationen der Bayerischen Landesbank, Stand Mai 2005.

491 Bfai: Japan – Wirtschaftstrends 2006, Stand Februar 2006.

Wichtigster nicht-europäischer Handelspartner sind neben China die USA. Bilaterale Beziehungen zu Partnern wie Korea (Rep.), Thailand, Australien und der Schweiz werden jedoch auch kontinuierlich ausgebaut.

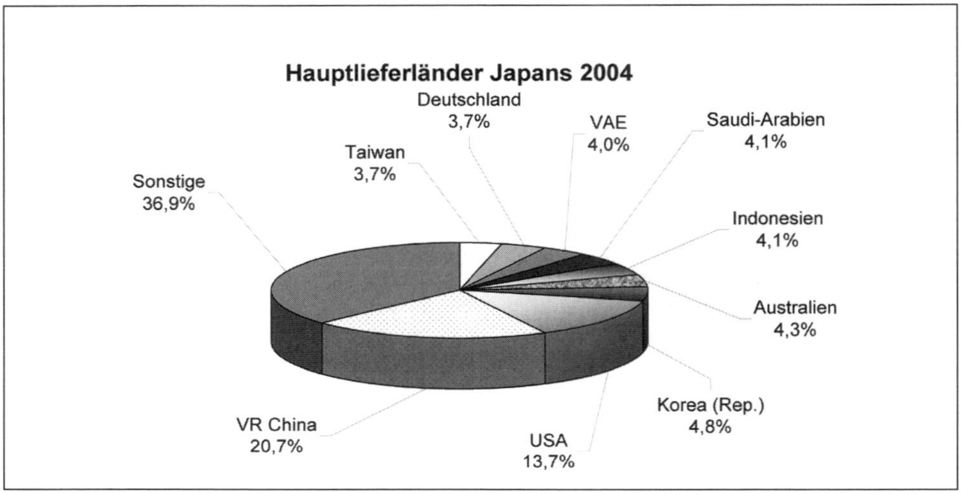

Quelle: Bfai
***Abbildung 251**: Hauptlieferländer Japans 2004*

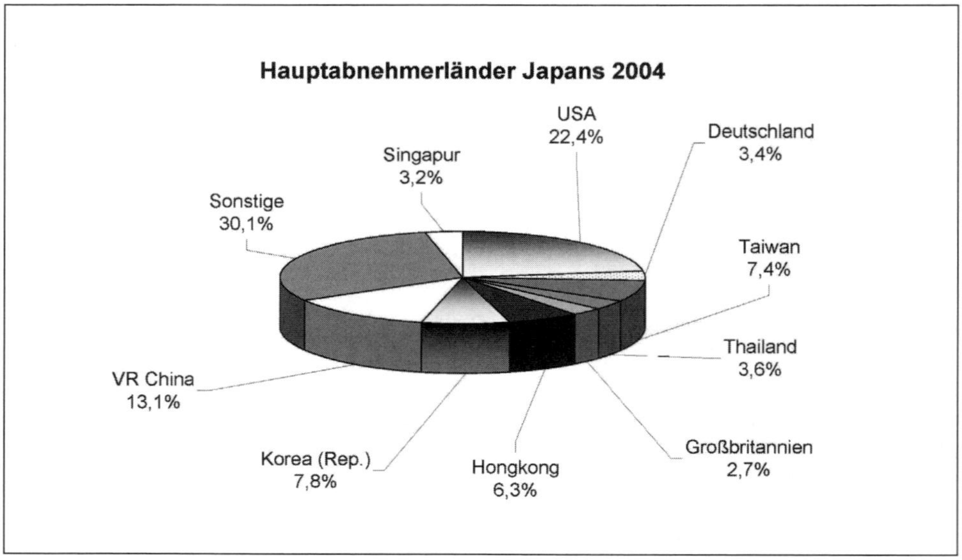

Quelle: Bfai
***Abbildung 252:** Hauptabnehmerländer Japans 2004*

Deutschland war 2004 mit einem Wachstum der Importquote von rund 7,2 % ein bedeutender Absatzmarkt für japanische Waren: Im genannten Zeitraum gingen Waren im Wert von knapp 21,1 Mrd. Euro an deutsche Abnehmer (Abb. 253). Ebenso stieg die Exportquote um 6,8 % an, was ein deutlicher Indikator für die intensiven Beziehungen zwischen den beiden Ländern ist. Japan ist nach China der wichtigste Handelspartner Deutschlands in Asien und belegte 2005 nach Polen und vor der Tschechischen Republik Rang 14 der wichtigsten Handelspartner Deutschlands. Dafür spricht nicht nur die Deregulierung der Wirtschaft in den letzten Jahren, sondern auch die Stabilisierung der wirtschaftlichen Lage und die steigenden Absatzzahlen. In den letzten Jahren waren vor allem die Automobilhersteller, die Maschinenbauindustrie und die Chemische Industrie stark in Japan vertreten.

Der Konsumgüterbereich ist noch ausbaufähig, wobei besonders hochwertige Produkte bei den japanischen Verbrauchern beliebt sein dürften. In Deutschland sind vor allem japanische Fahrzeuge, elektronische Bauelemente, Büromaschinen, elektrotechnische Erzeugnisse und chemische Erzeugnisse gefragt.

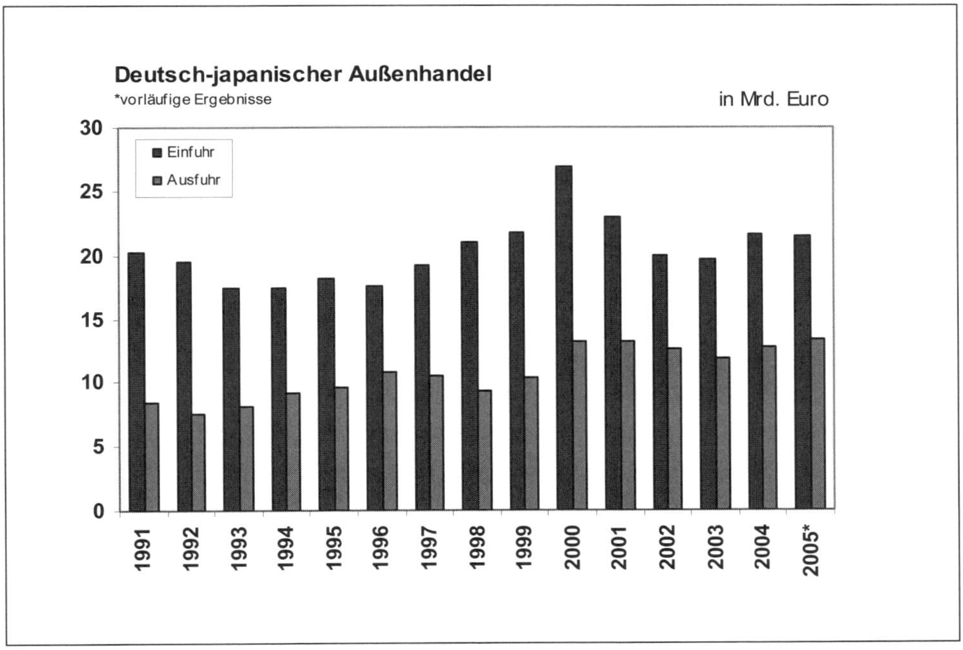

Quelle: Statistisches Bundesamt
Abbildung 253: *Deutsch-japanischer Außenhandel*

Von April 2005 bis April 2006 fand in Japan das Deutschlandjahr statt. Ziel der Kampagne „Deutschland in Japan 2005/2006" war ein reger Austausch zwischen den beiden Ländern, wobei vor allem strategische Partnerschaften für technologische Kooperationen oder für die Erschließung von Drittmärkten zur Debatte standen.

Investitionsklima

Japan gilt als einer der attraktivsten asiatischen Investitionsstandorte. Zwischen 2002 und 2005 stieg der Bestand an ausländischen Direktinvestitionen beträchtlich. Allein im ersten Halbjahr 2005 flossen ausländische Direktinvestitionen im Wert von 488 Mrd. Yen nach Japan. Grund für diesen Anstieg könnte unter anderem das Programm „Invest in Japan“ sein, das Koizumis Regierung im Jahre 2001 mit dem Ziel einer Verdoppelung der Investitionen bis 2006 auf den Weg brachte. Der bedeutendste ausländische Direktinvestor waren im ersten Halbjahr 2005 die Niederlande, die mit einem Anteil von fast 50 % an den Direktinvestitionen vor den USA und der Schweiz den ersten Platz belegten.[492]

Investitionen[493]	2001	2002	2003	2004	1.Hj.2005
Ausländische Direktinvestitionen in Japan Bestand Mrd. Yen	k. A.	9.369	9.610	10.098	10.624
Ausländische Direktinvestitionen in Japan Zuflüsse Mrd. Yen	k. A.	1 159	733	846	488
Deutsche Direktinvestitionen in Japan Bestand Mio. Euro	7.510	7.831	7.798	7.786	k. A.
Japanische Direktinvestitionen in Deutschland Bestand Mio. Euro	9.930	9.350	10.078	10.442	k. A.

Die deutschen Investitionen betrugen 2004 knapp 7,8 Mrd. Euro. Die japanischen Direktinvestitionen nach Deutschland stiegen in der Zeit von 2001 bis 2004 kontinuierlich an, was ein weiterer Indikator für die intensiven Wirtschaftsbeziehungen zwischen den beiden Ländern ist. Beachtlich ist auch der Anstieg der japanischen Direktinvestitionen in China, wobei diese Investitionen vor allem von der maschinenerzeugenden Industrie getätigt werden.

In den einzelnen Sektoren der Industrie lassen sich große Unterschiede hinsichtlich der Investitionsfreudigkeit ausmachen. Während das produzierende Gewerbe voraussichtlich seine Ausgaben um 19,8 % steigern wird und die Kfz-Industrie, die Stahlbranche, der Maschinenbau, die Konsumelektronik und der Informationstechnologiesektor von neuen Ausrüstungen profitieren, werden die Zuwächse im nichtproduzierenden Sektor sowie im Bau, Großhandel und in der Immobilienbranche geringer ausfallen. Auch 2006 steckt die Hoffnung der Regierung in Wachstumsfeldern wie der Stromerzeugung und Stadtgasversorgung, im Transportsektor ebenso wie im Telekommunikations- und Informationsdienstleistungssektor, mit denen die Wettbewerbsfähigkeit gestärkt und der Arbeitsmarkt positiv beeinflusst werden sollen.

---

[492] Bfai: Japan – Wirtschaftsdaten kompakt, Stand November 2005.

[493] Zusammenstellung auf Basis von Informationen der Bfai: Japan-Wirtschaftsdaten kompakt, Stand November 2005, und der Deutschen Bundesbank: Kapitalverflechtungen mit dem Ausland, Stand April 2006.

Außenwirtschaftsbarometer

Japan ist eines der überseeischen Industrieländer, bei dem die aktuelle Geschäftslage bisher erstaunlicherweise immer als überwiegend schlecht bezeichnet wurde. Bei der Befragung Mitte 2006 überwiegen erstmals die positiven Beurteilungen (Abb. 254). Damit sind die Einschätzungen der Erwartungen für die kommenden zwei bis fünf Jahre aus der Befragung des Jahres 2003 nicht eingetroffen. Jedoch setzt sich dieser Negativtrend fort. Auch für die kommenden zwölf Monate rechnen die Unternehmen für Japan mit einer Verschlechterung der Geschäftslage. Mir einem Wert von -1,8 belegt Japan damit den drittletzten Platz bei der Beurteilung der zukünftigen Geschäftsentwicklungen aller 30 bedeutendsten Partnerländer.

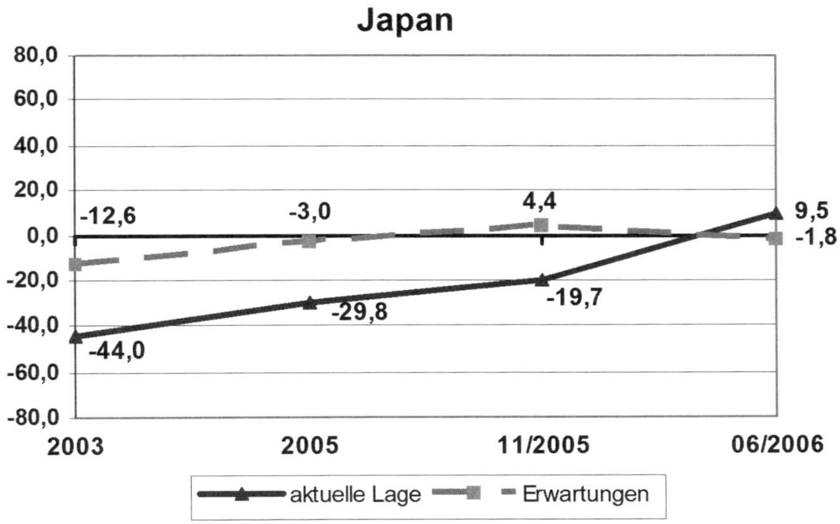

Quelle: IHK Region Stuttgart
Abbildung 254: *Außenwirtschaftsbarometer Japan*

Interkultureller Praxistipp Japan

Das Geschäftsleben in Japan ist hochgradig beziehungsorientiert. Geschäfte werden in der Regel nicht mit Unbekannten getätigt.[494] Für Japaner ist es daher sehr wichtig, viel über ihren neuen Verhandlungspartner zu erfahren, bevor man eine wirtschaftliche Beziehung eingeht. Daher sollten deutsche Unternehmen viel Zeit für eine erfolgreiche Kontaktanbahnung einplanen und diese durch persönliche Telefonate, Besuche und Fürsprache gemeinsamer Geschäftspartner pflegen. Oft kann es sogar Jahre in Anspruch nehmen, bis eine einträgliche Ge-

494 Vgl. Winkler 2002, S. 40.

schäftsbeziehung etabliert ist.[495] Die langwierige Geschäftsanbahnung lässt sich durch die in der japanischen Gesellschaft oft anzutreffende Subjektivität erklären. Allgemein gültige Regeln finden kaum Anwendung, stattdessen sind individuelle Regelungen an der Tagesordnung, die auf der Vertrauensbasis eines engen Beziehungsgeflechtes fußen.[496]
Der Umgang in Japan ist sehr formell und wirkt für europäische Beobachter reserviert. Selbst das Überreichen der Visitenkarten, der Meishi, mit beiden Händen ist eine kleine Zeremonie, auf die viel Wert gelegt wird. Entsprechend sollten die Visitenkarten mit Respekt entgegengenommen werden. Bei Verhandlungen sollten allzu offene Worte oder gar Konfrontationen mit etwaigen Problemen unterbleiben.[497] Die japanische Gesellschaft ist stark konsensorientiert. Konflikte werden nicht in der Öffentlichkeit offenbart, damit das Gesicht gewahrt bleibt und die Ehre nicht verletzt wird. In der verbalen Kommunikation pflegt der Japaner daher vielerlei Umschweife und Ausflüchte, um die Harmonie aufrechtzuerhalten. Die Sprache scheint daher oft vage, verklausuliert und missverständlich. Auch bei der Körpersprache ist darauf zu achten, dass es nicht zu Missverständnissen kommt. Augenkontakt gilt in Japan als unhöflich. Ebenso kann ein Lächeln sowohl Vergnügen als auch Missfallen ausdrücken. Daher sollten Geschäftspartner mit Körpersprache eher sparsam und wohlüberlegt umgehen.[498] Der Entscheidungsprozess läuft in der stark von Hierarchien und vom Senioritätsprinzip geprägten Kultur von oben nach unten ab. Es wird trotzdem darauf geachtet, dass eine Entscheidung von allen untergeordneten Ebenen akzeptiert wird, bevor sie umgesetzt wird.[499]

Fazit

Nach einer Erholung der Konjunktur in den Jahren 2003 und 2004 ist die Wirtschaft zum Jahresbeginn 2005 auf einen positiven Wachstumspfad eingeschwenkt. Dies ist vor allem auf die Deregulierung in den letzten Jahren, die Stabilisierung der wirtschaftlichen Lage und die gestiegenen privaten Investitionen zurückzuführen. Die rückläufige Arbeitslosenquote wird sich vorrausichtlich ebenfalls positiv auf das Konsumentenverhalten auswirken. Auch der Handel mit Deutschland hat sich in den letzten Jahren intensiviert, und viele Unternehmen haben ein Interesse daran, die Produktion nach Japan zurückzuverlagern.

In politischer Hinsicht steht das Land vor großen Herausforderungen: Die Haushaltskonsolidierung steht neben der Reform des Pensionssystems an erster Stelle. Darüber hinaus ist das Land bestrebt, immer mehr internationale Verantwortung zu übernehmen. Die Bereitschaft, eine aktive Rolle in der Welt als ständiges Mitglied des UN-Sicherheitsrates zu spielen, die enge Zusammenarbeit mit Entwicklungsländern sowie das Eintreten für die ostasiatische Gemeinschaft zeichnen die japanische Politik aus. Japan engagiert sich weiterhin im Rahmen internationaler Organisationen wie im Internationalen Währungsfond (IWF), in der Welthandelsorganisation (WTO) und in der Organisation für Wirtschaftliche Zusammenarbeit und Entwicklung (OECD) für die weitere Entwicklung der Weltwirtschaft.

---

[495] Vgl. Strunz/Dorsch 2001, S. 351.

[496] Vgl. Strunz/Dorsch 2001, S. 350.

[497] Vgl. Bfai: Beim Aufbau von Geschäftsbeziehungen zählt der persönliche Aspekt, Köln 2006, S. 2.

[498] Vgl. Winkler 2002, S. 41 f.

[499] Vgl. Winkler 2002, S. 47.

Weiterführende Quellen

Internet:

Auslandshandelskammer: http://www.ahk.de.
Auswärtiges Amt: http://www.auswaertiges-amt.de.
Bundesagentur für Außenwirtschaft: http://www.bfai.de.
Deutsche Botschaft in Japan: http://www.tokyo.diplo.de.
Deutsch-Japanische Industrie- und Handelskammer: http://www.jihk.de.
Deutsch-Japanischer Wirtschaftskreis: http://www.djw.de.
Japanische Botschaft in Deutschland: http://www.botschaft-japan.de.
Statistisches Bundesamt: http://www.destatis.de.

Literatur:

Beck, John C./Fuller, Mark: Japan's Business Renaissance, Columbus 2005.
Bundesagentur für Außenwirtschaft: Business Travel – Japan, Köln 2002.
Bundesagentur für Außenwirtschaft: Exportieren nach Japan, Köln 2002.
Dambmann, Gerhard: Gebrauchsanweisung für Japan, 3. Auflage, München 2005.
Derichs, Claudia/Heberer, Thomas: Einführung in die Politischen Systeme Ostasiens. China, Japan, Nordkorea, Südkorea, Taiwan, Stuttgart 2002.
Deutsch-Japanischer Wirtschaftskreis: Deutschlandjahr in Japan. Was hat es gebracht? – Wirtschaft und Jugendliche, Düsseldorf 2006.
Deutsch-Japanischer Wirtschaftskreis: Warum Japan? – Ausgewählte Vorträge von Dr. R. Vondran und aktuelle Erfolgsbeispiele deutscher Unternehmen in Japan, Düsseldorf 2005.
Deutsch-Japanischer Wirtschaftskreis: Ratschläge für das Japangeschäft, Düsseldorf 2003.
Haak, Ulrike und Rene: Managerwissen kompakt: Japan, München 2005.
Hartmann, Rudolf: Geschichte des modernen Japans. Von Meiji bis Heisei, Berlin 1996.
Hentschel, Volker: Wirtschaftsgeschichte des modernen Japan, Wiesbaden 1986.
Hijiya-Kirschnereit, Irmela: Überwindung der Moderne? Japan am Ende des zwanzigsten Jahrhunderts, Frankfurt am Main 1996.
Ito, Takatoshi/Patrick, Hugh/Weinstein, David E. (Hrsg.): Reviving Japan's Economy. Problems and Prescriptions, London 2005.
Lafayette DeMente, Boye: Japanese Etiquette and Ethics in Business, Columbus 2004.
Pascha, Werner: Die japanische Wirtschaft, Mannheim 1994.
Petzold, Iris/Ringel, Nadja/Thomas, Alexander: Beruflich in Japan. Trainingsprogramm für Manager, Fach- und Führungskräfte, Göttingern 2005.
Rowland, Diana: Japan-Knigge für Manager, 3. Auflage, Frankfurt am Main 1999.

8. Korea (Republik Korea, Südkorea)

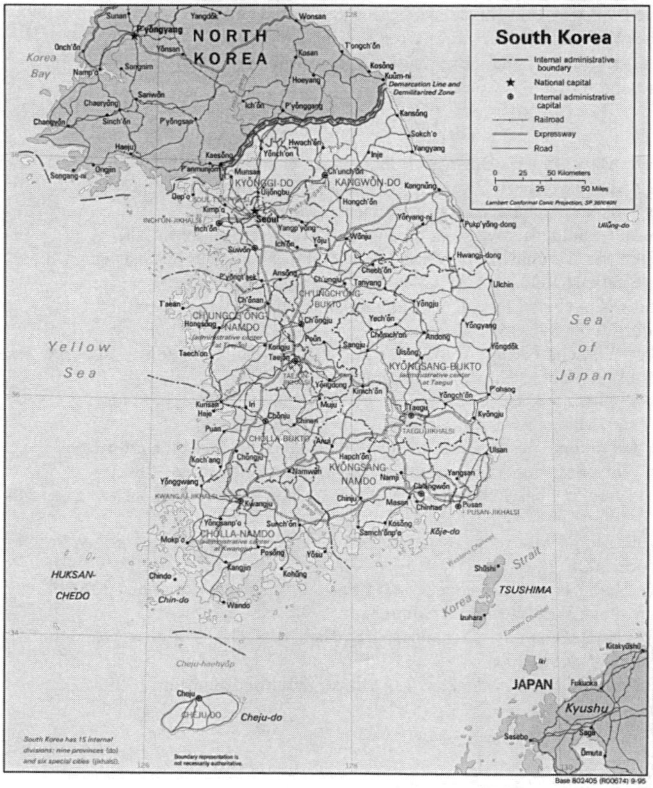

Quelle: CIA
***Abbildung 255:** Korea*

Landesinformationen/Politik[500]

Amtliche Bezeichnung	Republik Korea (Taehan Minguk)
Fläche	99.392 qkm
Einwohner	48,4 Mio.

[500] Zusammenstellung auf Basis von Informationen des Auswärtigen Amtes, Stand April 2006.

Bevölkerungsdichte[501]	485 Einwohner/qkm
Hauptstadt	Seoul
Religionszugehörigkeit	12 Mio. Buddhisten, 9 Mio. Protestanten, 3 Mio. Katholiken
Nationalfeiertag	15. August – Befreiungstag
Landessprachen	koreanisch
Staatsform	Republik mit Präsidialverfassung, nur eingeschränkte Selbstverwaltung der Kommunen und Provinzen
Staatsoberhaupt	Präsident Roh Moo-hyun, seit 2003
Regierungschef	Premierministerin Han Myeong-sook, seit 2006
Wirtschaftsminister	Han Duck-soo
Politische Situation	Parlament: Nationalversammlung (299 Sitze): Uri Party 143 Sitze, Grand National Party (GNP) 126 Sitze, Democratic Party (DP) 11 Sitze, Democratic Labor Party (DLP) 9 Sitze, People First Party (PFP) 5 Sitze, United Liberal Democrats (ULD) 1 Sitz, Unabhängige 2 Sitze, Vakant 1 Sitz
Währung[502]	Südkoreanische Won (KRW), Einheit: Chon 1 EUR = 1,19241 KRW 1 KRW = 0,0008386 EUR

Sonstiges

Wachstumsbranchen[503]	Breitbandkonvergenznetze, digitale Rundfunkübertragung für Mobilgeräte, Flachbildschirme, Biotechnologie, Silbermarkt
Mitgliedschaft in internationalen Organisationen	UNO (1991), Weltbank (1955), IWF (1955), Asiatische Entwicklungsbank (1966), WTO (1995), OECD (1996)
Hermes-Entgeltkategorie[504]	0
Korruption[505]	Rang 40 (von 158)

---

501 Bfai: Korea (Rep.) – Wirtschaftsdaten kompakt, Stand Mai 2006.

502 http://www.oanda.com/convert/classic, Stand 23.06.2006.

503 Bfai: Korea (Rep.) – Wirtschaftstrends 2006, Stand Februar 2006.

504 http://www.agaportal.de/pages/aga/deckungspolitik/laenderklassifizierung.html.

505 Corruption Perceptions Index 2005 nach Transparency International, in: http://www.transparency.org, Rang 1= keine Korruption, Deutschland: Rang 16.

Volkswirtschaftliche Kennzahlen[506]

Binnenwirtschaftliche Indikatoren		2003	2004	2005p	2006p
BIP pro Kopf	USD	12.720	14.150	16.360	17.400
BIP	Mrd. USD	608,0	680,1	790,0	845,0
Wachstumsrate BIP, real	%	3,1	4,6	3,7	4,2
Inflationsrate	%	3,6	3,6	3,0	3,2
Arbeitslosenquote	%	3,6	3,7	3,7	3,6

Beitrag zum BIP:	Primärsektor 4,1 %; Sekundärsektor 38,7 %; Tertiärsektor 57,2 %
Entwicklung des BIP:	stabiles Wachstum (Abb. 256)
Inflation:	vergleichsweise moderater Preisauftrieb
Arbeitslosigkeit:	durchgehend gering

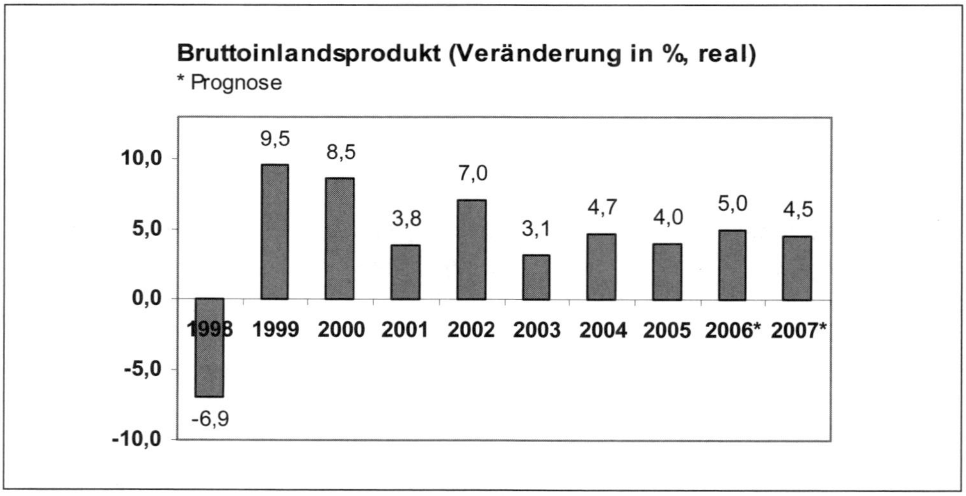

Quelle: Bfai
Abbildung 256: *Entwicklung des Bruttoinlandsproduktes in der Republik Korea*

506 Zusammenstellung auf Basis von Informationen der Bayerischen Landesbank, Stand November 2005.

Finanzindikatoren		2003	2004	2005p	2006p
Staatsverschuldung	% des BIP	k. A.	k. A.	k. A.	k. A.
Haushaltssaldo	% des BIP	3,7	2,9	2,5	2,8

Verschuldung: ansteigend, aber unbedenklich

Außenwirtschaftliche Indikatoren		2003	2004	2005p	2006p
Warenexporte	Mrd. USD	197,6	257,7	285,0	310,0
Warenimporte	Mrd. USD	175,5	219,6	255,0	285,0
Handelsbilanzsaldo	Mrd. USD	22,1	38,1	30,0	25,0
Leistungsbilanzsaldo	Mrd. USD	11,9	27,6	17,0	15,0
	% des BIP	2,0	4,1	2,2	1,8
Deutsche Einfuhr aus Korea	Mio. Euro	5.724	7.728	5.531[507]	16,4[508]
Deutsche Ausfuhr nach Korea	Mio. Euro	5.566	6.397	4.564[8]	4,6[9]

Leistungsbilanz: abnehmende Überschüsse

Hauptlieferländer:[509] 2005: Japan 18,5 %; VR China 14,8 %; USA 11,7 %; Saudi-Arabien 6,2 %; VAE 3,8 %; Australien 3,8 %; Deutschland 3,7 %; Indonesien 3,1 %; Taiwan 3,1 %; Malaysia 2,3 %; Kuwait 2,3 %; Sonstige 26,7 %

Hauptabnehmerländer: 2005: VR China 21,8 %; USA 14,5 %; Japan 8,4 %; Hongkong 5,5 %; Taiwan 3,8 %; Deutschland 3,6 %; Singapur 2,6 %; Großbritannien 1,9 %; Sonstige 37,9 %

Hauptimportgüter: 2005: mineral. Brennstoffe etc. 25,8 %; sonstige Rohstoffe 5,9 %; chemische Erzeugnisse 9,4 %; elektronische Bauelemente 9,1 %; Maschinen (ohne Büromaschinen) 8,8 %; Elektrotechnik 5,8 %; Eisen/Stahl 5,8 %; Mess- u. Regeltechnik 3,0 %; Büromaschinen/EDV 2,7 %; Nachrichtentechnik/Radio/TV 2,6 %; Sonstige 21,1 %

---

507 Januar bis August 2005.

508 Prozentuale Veränderung gegenüber dem Vorjahr.

509 Quelle Hauptliefer- und Hauptabnehmerländer, Hauptimport- und Hauptexportgüter: Bfai: Korea (Rep.) – Wirtschaftsdaten kompakt, Stand Mai 2006.

Hauptexportgüter:	2005: Nachrichtentechnik/Radio/TV 13,3 %; Straßenfahrzeuge 13,1 %; chemische Erzeugnisse 9,8 %; elektronische Bauelemente 9,7 %; Maschinen (ohne Büromaschinen) 7,1 %; Büromaschinen/EDV 6,2 %; Wasserfahrzeuge 6,1 %; Elektrotechnik 5,4 %; Eisen/Stahl 5,0 %; Textilien 3,7 %; Sonstige 20,6 %
Korea als deutscher Handelspartner:[510]	Rang 21 (nach Irland, vor Finnland)

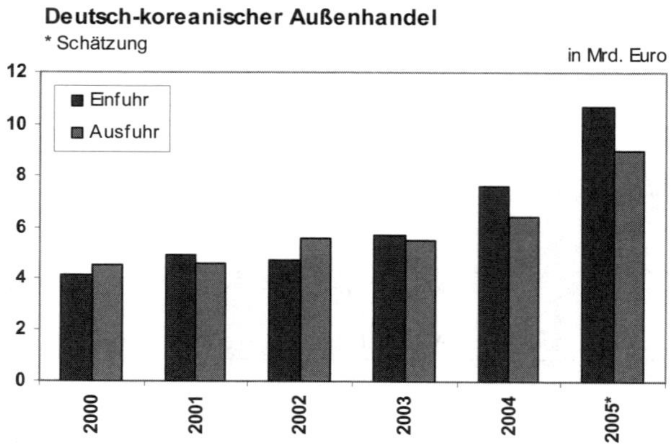

Quelle: AHK

Abbildung 257: *Entwicklung des deutsch-koreanischen Außenhandels*

Investitionen[511]	2001	2002	2003	2004
Ausländische Direktinvestitionen in Korea Bestand Mrd. Euro	k. A.	62,7	66,1	87,8
Ausländische Direktinvestitionen in Korea Zuflüsse Mrd. Euro	k. A.	9,1	6,5	12,8
Deutsche Direktinvestitionen in Korea Bestand Mio. Euro	4.276	4.711	4.119	3.861
Koreanische Direktinvestitionen in Deutschland Bestand Mio. Euro	755	1.017	1.823	2.638

---

510 Statistisches Bundesamt, Außenhandelsstatistik 2005.

511 Zusammenstellung auf Basis von Informationen der Bfai: Korea (Rep.) – Wirtschaftsdaten kompakt, Stand Mai 2006, und der Deutschen Bundesbank: Kapitalverflechtungen mit dem Ausland, Stand April 2006.

Weiterführende Quellen

Internet:

Auslandshandelskammer: http://www.ahk.de.
Auswärtiges Amt: http://www.auswaertiges-amt.de.
Bundesagentur für Außenwirtschaft: http://www.bfai.de.
Deutsche Botschaft in der Republik Korea: http://www.gembassy.or.kr.
Koreanische Botschaft in Deutschland: http://www.koreaemb.de.
Statistisches Bundesamt: http://www.destatis.de.

Literatur:

Brüch, Andreas: Beruflich in Südkorea. Trainingsprogramm für Manager, Fach- und Führungskräfte, Göttingen 2004.
Bundesagentur für Außenwirtschaft: Business Travel – Korea (Rep.), Köln 2002.
Bundesagentur für Außenwirtschaft: Das Wunder am Rhein fließt in den Han – Deutsch-koreanische Beziehungen in den zurückliegenden Jahrzehnten, Köln 2002.
Bundesagentur für Außenwirtschaft: Führer für Geschäftsleute – Korea (Rep.), Köln 2003.
Bundesagentur für Außenwirtschaft: Geschäftserfolg in Korea – ein praxisorientierter Ratgeber, Köln 2001.
Bundesagentur für Außenwirtschaft: Handelsvertretersuche in Korea (Rep.), Köln 2002.
Kindermann, Gottfried-Karl: Der Aufstieg Koreas in der Weltpolitik. Von der Landesöffnung bis zur Gegenwart, München 2005.
Lee, Hak Chong/Chung, Kae H./Jung, Ku Hyun: Korean Management, Berlin 1997.
Maull, Hanns W./Maull, Ivo M.: Im Brennpunkt: Korea. Geschichte – Politik – Wirtschaft – Kultur, München 2004.

Zielregion „Nordamerika (USA/Kanada)"

1. Nordamerika heute und morgen

Nordamerika ist nach Asien und Afrika der drittgrößte Kontinent der Erde mit den wirtschaftlichen Zentren USA und Kanada.[512] Dabei dominieren die USA derzeit nicht nur die Region, sondern nehmen als größte Wirtschaftsmacht des 20. Jahrhunderts, die etwa ein Fünftel des jährlichen Welteinkommens erwirtschaftet und zweitgrößte Exportnation nach der EU bzw. Deutschland ist, auch gewaltigen Einfluss auf die Weltwirtschaft und das politische Weltgeschehen. Internationale Organisationen wie die Welthandelsorganisation und die Vereinten Nationen werden eindeutig durch die Vereinigten Staaten geprägt.

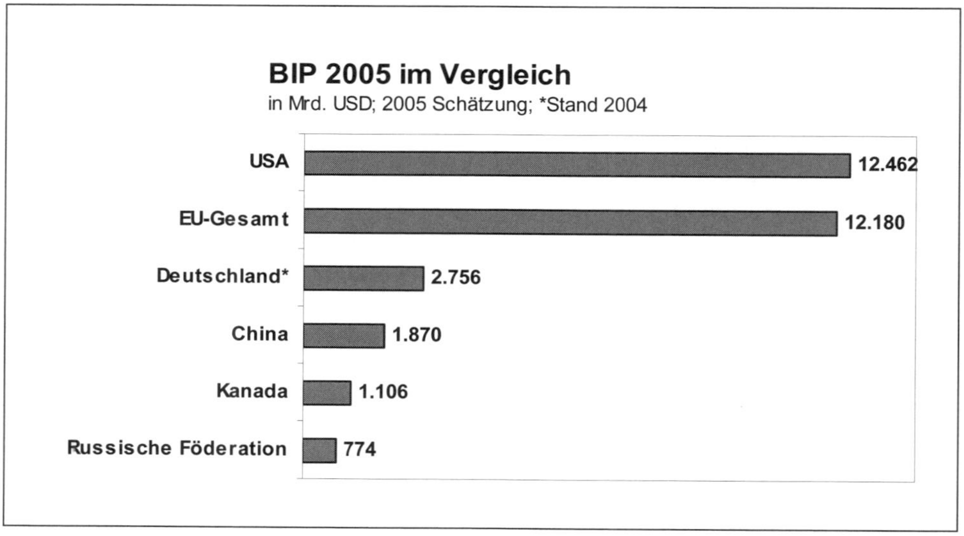

Quelle: Bfai; Daten EU-Gesamt: CIA
Abbildung 258: *Bruttoinlandsprodukte im Vergleich*

---

512 Die anderen geografisch zu Nordamerika zählenden Staaten werden in der nachfolgenden Betrachtung der Zielregion „Nordamerika" nicht berücksichtigt. Mexiko wird in der Zielregion „Lateinamerika" betrachtet.

Die wirtschaftlichen Indikatoren sprechen für sich. Beim Vergleich der Bruttoinlandsprodukte (Abb. 258), BIP pro Kopf (Abb. 259) und geschätzten Wirtschaftswachstumszahlen von 3,6 % in den USA bzw. 2,9 % in Kanada im Jahr 2005 gegenüber 1,2 % in der EU-25 bzw. 0,8 % in Deutschland[513] zeigt sich die Dimension des nordamerikanischen Marktes. Beide Länder haben hochgradig industrialisierte Volkswirtschaften und warten mit einem riesigen Absatzpotenzial auf. Die USA sind weltgrößter Abnehmer für Importgüter.

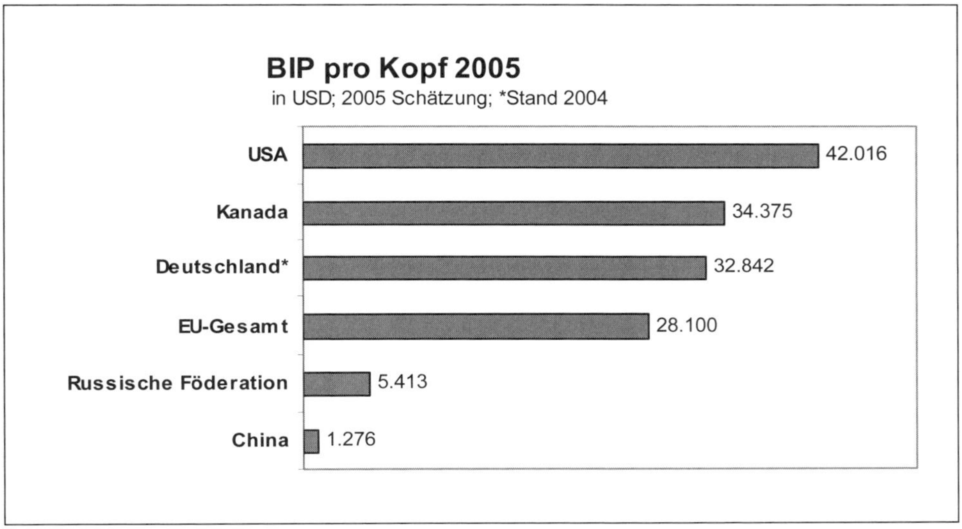

Quelle: Bfai; Daten EU-Gesamt: CIA
Abbildung 259: *BIP pro Kopf 2005*

Auch Kanada steht für Superlative. Ein scheinbar unerschöpfliches Rohstoffpotenzial und Reichtum an den verschiedensten Bodenschätzen – z. B. die größten Erdölreserven nach Saudi-Arabien und damit 15 % der Welterdölreserven – bilden die Basis für das wirtschaftliche Wohlergehen des zweitgrößten Flächenstaates der Erde, der zugleich eine der geringsten Bevölkerungsdichten weltweit aufweist. Der größte Getreideexporteur der Welt hat dabei in den letzten zehn Jahren einen Strukturwandel von der Rohstoff- und Agrarwirtschaft zu High-Tech und Dienstleistungen vollzogen – innovative Sektoren werden auch weiterhin gezielt gefördert. Gemessen am BIP pro Kopf steht das Land an achter Stelle in der Welt. Und auch in der Rangfolge der größten Exporteure belegt Kanada Rang fünf (Abb. 83). Dabei ist die kanadische Wirtschaft eng mit der US-Wirtschaft verflochten: So gehen 86 % der kanadischen Exporte in die USA, 61 % der Importe werden aus den USA bezogen. Die enge wirtschaftliche Verflechtung mit den USA ist Chance und Risiko der wirtschaftlichen Entwicklung Kanadas zugleich. Sie hat den Aufstieg Kanadas in den Rang der führenden Industrienationen wesentlich begünstigt, doch werden auch wirtschaftliche Krisen aus den USA nach

513 Geschätztes Wirtschaftswachstum 2005, Quelle: Bfai.

Kanada getragen. Deshalb ist den Kanadiern an einer Diversifizierung ihrer Wirtschaftsbeziehungen gelegen, ohne das privilegierte Verhältnis zu den USA zu gefährden. Als Partner werden neben der Europäischen Union und Japan zunehmend China, Indien und Brasilien gesehen. Auch auf politischer Ebene möchte Kanada als eigenständiger Akteur neben dem großen Nachbarn im Süden wahrgenommen werden.

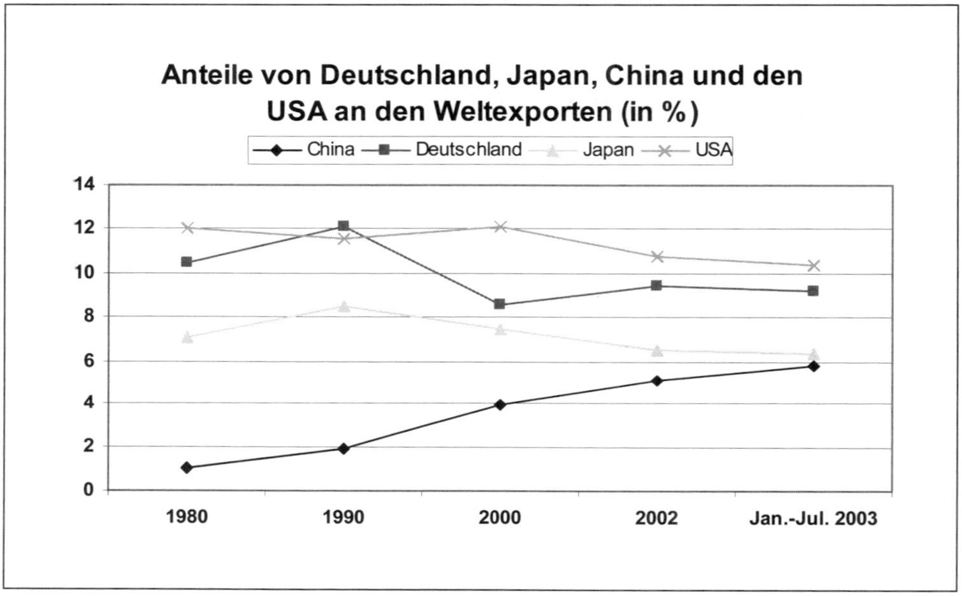

Quelle: Internationaler Währungsfonds
Abbildung 260: *Anteile von Deutschland, Japan, China und den USA an den Weltexporten (in %)*

Nicht nur innerhalb der Region kommt dabei Bewegung ins Spiel. Denn nach langer Dominanz des Weltgeschehens wird die Supermacht USA sowohl von dem alten Gegengewicht Russland und der immer größer werdenden Europäischen Union herausgefordert als auch von den Aufsteigernationen China[514] und Indien, die sich an die führende Industrienation USA heranpirschen. Die mehr als ein halbes Jahrhundert währende von den USA dominierte Weltordnung befindet sich im Wandel – das 21. Jahrhundert wird bereits vielfach als das „asiatisch-pazifische Jahrhundert“ (s. S. 430 ff.) postuliert. So schrumpfte beispielsweise der Weltmarktanteil der USA seit Ende des Zweiten Weltkrieges von 40 % auf 8,9 % im Jahr 2004, während der Weltmarktanteil Chinas allein von 2,9 % im Jahr 1995 auf 6,5 % im Jahr 2004[515] angestiegen ist – mit weiterhin steigender Tendenz (s. auch Abb. 260). „Angst vor

[514] S. dazu: Hornig/Wagner 2005, S. 82-94.
[515] Anteil am Weltexportvolumen, Quelle: WTO.

Asien"[516] ist damit auch in der US-amerikanischen Führungsriege verbreitet. So begrüßen die USA zwar die blühende Ökonomie Chinas, die als Wachstumslokomotive den Welthandel und damit auch die eigene Wirtschaft voranbringt, und suchen in China auch einen diplomatischen Verbündeten, doch fürchten sie in dem Land zugleich einen gefährlichen Rivalen – in politischer und wirtschaftlicher Hinsicht. Während es mit dieser sich wandelnden Position in der Weltwirtschaft umzugehen gilt, zählen z. B. auch die Reform des sozialen Sicherungssystems sowie der Umgang mit dem internationalen Terrorismus zu den Herausforderungen des Landes.

Vor diesem Hintergrund soll nachfolgend die Bedeutung der Region „Nordamerika (USA/Kanada)" für die deutsche Wirtschaft beleuchtet werden.

2. Die Bedeutung der Region für die deutsche Wirtschaft

Die Bedeutung Nordamerikas für die Weltwirtschaft ist nach wie vor enorm. Dies gilt auch für die deutsche Wirtschaft, vor allem in der Beziehung zu den USA. Denn die USA sind der wichtigste außereuropäische Handelspartner bzw. insgesamt der zweitwichtigste Handelspartner Deutschlands nach Frankreich. Das im Jahr 2005 mit den USA erzielte Handelsvolumen war fast doppelt so hoch wie mit China bzw. fast dreimal so hoch wie der deutsch-russische Handel. Das mit den USA erwirtschaftete Handelsvolumen entspricht knapp 8 % des gesamtdeutschen Handelsvolumens. Dabei haben sich die Handelsströme im Laufe der Zeit kontinuierlich positiv entwickelt. Einer Verdoppelung der US-amerikanischen Einfuhren nach Deutschland im Zeitraum von 1990 bis 2005 steht eine Verdreifachung der deutschen Ausfuhren in die USA gegenüber. Die Ausfuhren verzeichneten in diesem Zeitraum einen durchschnittlichen Zuwachs von knapp 8 % pro Jahr. Nach einem Rekordwachstum um 27 % im Jahr 1997 und immer noch 20 % im Jahr 2000 gegenüber dem Vorjahr steigen die deutschen Exporte nach leichtem Einbruch in den Jahren 2002 und 2003 nun wieder stetig an.[517] Die USA bezogen 2004 rund 5 % ihrer Importe aus Deutschland, womit Deutschland das fünftwichtigste Lieferland nach Kanada, China, Mexiko und Japan ist. Auf der Abnehmerseite rangiert Deutschland auf Platz sechs: 3,8 % der US-amerikanischen Exporte gehen nach Deutschland.

Demgegenüber nimmt Kanada hintere Ränge ein. In der Rangfolge der wichtigsten Handelspartner Deutschlands nimmt das Land 2005 lediglich Platz 31 nach Griechenland und vor Mexiko ein. Dabei unterliegen die Einfuhren aus Kanada im Zeitraum von 1990 bis 2005

516 Angst vor Asien. Die USA und China, in: Die Zeit, Nr. 17, 20.04.2006.

517 Eigene Berechnungen aufgrund der Außenhandelsstatistik des Statistischen Bundesamtes.

regelmäßigen Schwankungen bei einer insgesamt doch positiven Entwicklung. Ausgeprägter ist die Entwicklung bei den deutschen Exporten nach Kanada. Nach zunächst rückläufigen Exporten ist seit 1996 eine insgesamt erfreuliche Entwicklung zu verzeichnen. Nach einem Spitzenwachstum von 59 % im Jahr 1997 konnten die deutschen Ausfuhren nach Kanada 2005 immerhin um starke 12 % im Vergleich zum Vorjahr zulegen. Für Kanada wiederum sind die USA der dominierende Handelspartner. Aus kanadischer Perspektive ist Deutschland zwar das viertwichtigste Liefer- und drittwichtigste Abnehmerland, doch liegen die Anteile lediglich bei 2,7 % bzw. 0,6 % und sind damit deutlich ausbaufähig.

Bei den Kapitalverflechtungen zeichnet sich ein ähnliches Bild ab. Während etwa ein Drittel der deutschen Direktinvestitionen in die USA gehen und Deutschland als der größte Investor in den USA gilt, spielen sich die Kapitalverflechtungen mit der wesentlich kleineren Volkswirtschaft Kanada auf deutlich niedrigerem Niveau ab. Es wird eine positive Entwicklung der in den letzten Jahren gestiegenen deutschen Direktinvestitionen in Kanada erwartet. Insgesamt kommen 64 % der ausländischen Direktinvestitionen Kanadas aus den USA und 27 % aus der EU. Auch wenn das Land aktiv mit Steuervorteilen und sonstigen Anreizen wirbt, ist Kanada insgesamt ein Nettoexporteur von Investitionen. Die kanadischen Direktinvestitionen in Deutschland sind 2003 um mehr als 50 % gegenüber dem Vorjahr angestiegen.

Mit dem Wissen um das von den Wirtschaftsgiganten USA und Kanada ausgehende und noch schlummernde Potenzial sollen nun die Ergebnisse der Studie „Going International“ zur Zielregion „Nordamerika (USA/Kanada)“ im Fokus der Betrachtungen stehen. Wie bewerten die deutschen Unternehmen diese Zielregion? Welche Gründe motivieren die Unternehmen zum Gang über den Atlantik? In welcher Form engagieren sie sich? Und wie erfolgreich sind sie? Diese und weitere Fragen gilt es nachfolgend zu beantworten.

3. Die Zielregion „Nordamerika (USA/Kanada)“ im Fokus: Ergebnisse der Studie

3.1 Größenklassen der Unternehmen

Wie bereits die einleitende Bemerkung zur Region zeigt, so spiegeln auch die Ergebnisse der Studie „Going International“ die im Vergleich zur Region Asien/Pazifik nachlassende Bedeutung dieser Region für die deutschen Unternehmen wider. Die Zielregion „Nordamerika (USA/Kanada)“ ist mit 47,3 % die von den befragten Unternehmen lediglich am viertstärksten frequentierte Region, gleichauf mit der Region „EU-Bewerberländer, Russland, GUS“. Damit liegt die Region deutlich hinter der am stärksten frequentierten Region „Bisherige

EU-15/EFTA“ sowie hinter den zunehmend an Bedeutung gewinnenden Regionen „Zehn neue EU-Mitgliedstaaten“ und „Asien/Pazifik“.

Wie auch in den anderen Regionen sind die großen Unternehmen/Konzerne mit 64,7 % am stärksten vertreten (Abb. 261), gefolgt von den größeren Mittelständlern mit 57,5 %. Damit spielt sich das Engagement der großen Unternehmen/Konzerne und der größeren Mittelständler in der Region „Nordamerika (USA/Kanada)“ jedoch auf deutlich niedrigerem Niveau ab als in den stärker frequentierten Regionen. Das weitaus niedrigere Niveau wird auch bei den kleinen Mittelständlern und den kleinen Unternehmen deutlich, die nur mit 42 % bzw. 27 % in der Region „Nordamerika (USA/Kanada)“ präsent sind. Damit sind in dieser Region weniger als halb so viele kleine Mittelständler und kleine Unternehmen aktiv wie in der Region „Bisherige EU-15/EFTA“.

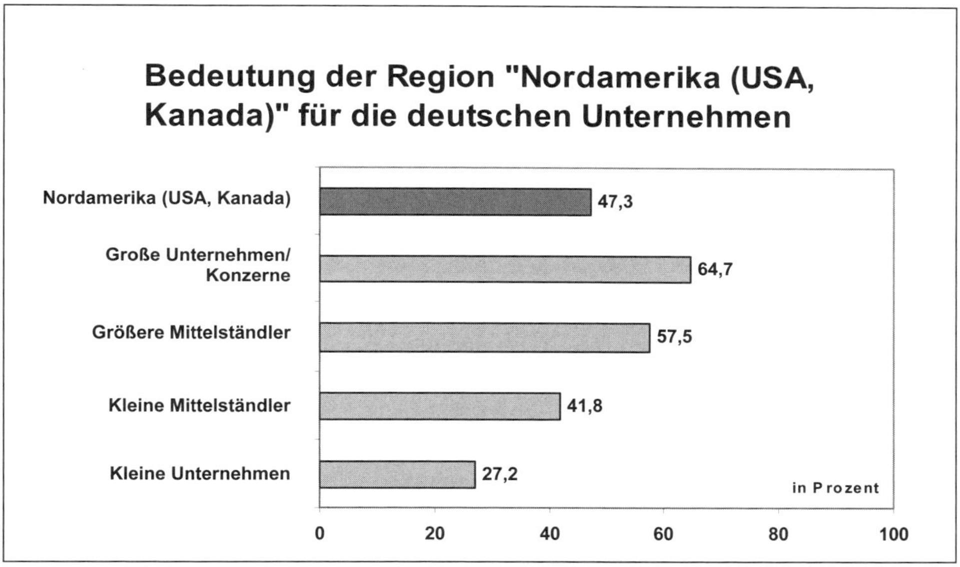

Quelle: Eigene Studie „Going International“
Abbildung 261: *Bedeutung der Region „Nordamerika (USA/Kanada)“ für die deutschen Unternehmen*

Die etwas unterdurchschnittliche Bedeutung der Region liegt am im Vergleich zu den Großunternehmen geringen Engagement sowohl der mittelständischen als auch der kleinen Unternehmen. Das Verhältnis liegt zwar höher als in der von den Unternehmen gleichstark frequentierten Zielregion „EU-Bewerberländer, Russland, GUS“, jedoch deutlich unter dem in den stärker frequentierten Zielregionen.

Im Gegensatz zu der geografisch und kulturell nahe liegenden Region „Bisherige EU-15/ EFTA“ sowie den aufstrebenden Zielregionen liegt ein deutlich niedrigeres Engagement aller Unternehmensgrößen vor.

3.2 Branchenverteilung

Betrachtet man die Branchenverteilung innerhalb der Region „Nordamerika (USA/Kanada)“, zeigt sich folgendes Bild (Abb. 262):

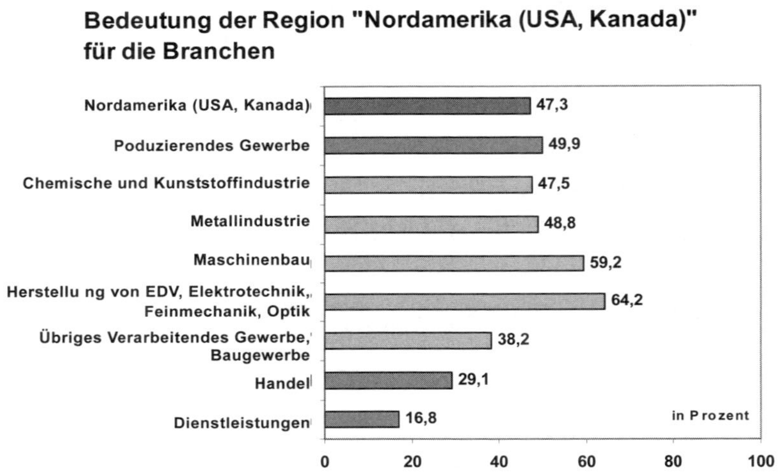

Quelle: Eigene Studie „Going International“
Abbildung 262: *Bedeutung der Region „Nordamerika (USA/Kanada)“ für die Branchen*

Wie in den vorherigen Regionen ist das produzierende Gewerbe mit knapp 50 % auch in der Zielregion „Nordamerika (USA/Kanada)“ am stärksten vertreten. Dabei nimmt die Herstellung von EDV, Elektrotechnik, Feinmechanik, Optik mit 64,2 % die Spitzenposition ein, gefolgt vom Maschinenbau mit 59,2 % und der Metallindustrie mit knapp 49 %. Insgesamt lässt sich jedoch ein im Vergleich zu den stärker frequentierten Regionen niedrigeres Niveau feststellen. So ist z. B. das produzierende Gewerbe um mehr als 35 Prozentpunkte schwächer vertreten als in der Region „Bisherige EU-15/EFTA“ bzw. um 16 Prozentpunkte geringer als in den „Zehn neuen EU-Mitgliedstaaten“. Besonders augenfällig ist der Unterschied bei der Chemischen und Kunststoffindustrie, die um 42 Prozentpunkte und damit deutlich schwächer vertreten sind als in der „Bisherigen EU-15/EFTA“ bzw. um knapp 24 Prozentpunkte weniger vertreten sind als in den „Zehn neuen EU-Mitgliedstaaten“.

Der Handel engagiert sich nur mit 29,1 % in der Region „Nordamerika (USA/Kanada)“ und ist damit um 46 Prozentpunkte schwächer vertreten als in der Region „Bisherige EU-15/EFTA“ und auch deutlich schwächer als in allen vorangehend beschriebenen Regionen.

Lediglich in den Regionen „Lateinamerika“ und „Afrika“ ist der Handel mit jeweils 19 % noch weniger präsent. Auch der Bereich der Dienstleistungen zeigt sich in der Region „Nordamerika (USA/Kanada)“ von seiner schwachen Seite, wo er nur halb so stark vertreten ist wie in der „Bisherigen EU-15/EFTA“ und ebenfalls nur von den beiden Regionen „Lateinamerika“ und „Afrika“ unterboten wird.

Insgesamt lässt sich in dieser Region damit ein insgesamt sehr niedriges Niveau feststellen mit signifikanten Unterschieden zu den stärker frequentierten Regionen, was in Anbetracht der langen weltwirtschaftlichen Dominanz dieser Region sowie der starken Handelsbeziehungen Deutschlands mit dieser Region wie bereits in Kap. 3.1 zu überraschen vermag.

3.3 Gründe und Motive für das Engagement

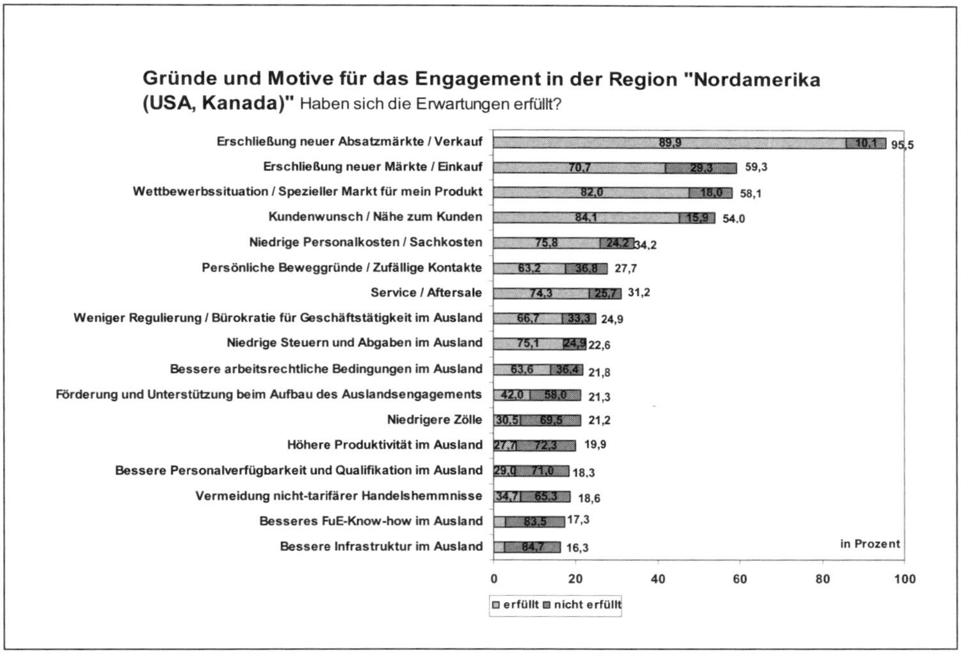

Quelle: Eigene Studie „Going International“

Abbildung 263: *Gründe und Motive für das Engagement in der Region „Nordamerika (USA/Kanada)“*

Bei den Beweggründen, die zu einem Auslandsengagement der befragten Unternehmen geführt haben, zeichnet sich für die Zielregion „Nordamerika (USA/Kanada)“ (Abb. 263) ein mit den Gesamtergebnissen der Studie insgesamt übereinstimmendes Bild ab. Somit sind die wesentlichen Gründe für ein Engagement der Unternehmen, die in der Zielregion „Nordamerika (USA/Kanada)“ agieren, eindeutig marktorientiert. Die Erschließung neuer Absatzmärkte, die Erschließung neuer Einkaufsmärkte und die Erfüllung von Kundenwünschen bzw. die Nähe zum Kunden sind die meistgenannten Gründe und zwar in höherem Maße als im Gesamtergebnis der Studie. Hierbei wurde der Grund Kundenwunsch überdurchschnittlich bewertet. Die Unternehmen, die aus dieser Motivation heraus handeln, sehen ihre Anfangserwartungen in der geschäftlichen Praxis als erfüllt an. Von den Unternehmen, die mit dem Ziel der Erschließung neuer Absatzmärkte Geschäftsbeziehungen zum Ausland aufgebaut haben, haben sich für knapp 90 % die Erwartungen erfüllt. Überdurchschnittlich zufrieden zeigten sich die Unternehmen zudem, wenn sie ein Engagement in der Region aufgrund eines Kundenwunsches aufgenommen haben. Dabei liegt die Zufriedenheitsquote bei 84 %. Bei der Erschließung neuer Einkaufsmärkte zeigen sich die Unternehmen im Verhältnis etwas weniger zufrieden. Jedoch sehen immer noch knapp 71 % ihre Erwartungen als erfüllt an.

Im Unterschied zum Gesamtergebnis der Studie wird dem Grund Service/Aftersale in der Region „Nordamerika (USA/Kanada)“ eine höhere Bedeutung beigemessen. Sind die Amerikaner doch bekannt dafür, dass sie großen Wert auf Service legen, vermag dieses Ergebnis nicht zu überraschen. Die Unternehmen, die aus dieser Motivation heraus handeln, sehen ihre Erwartungen in dieser Region mit mehr als 74 % in besonderem Maße als erfüllt an.

Neben den vorangehend angeführten Gründen motivieren noch geringere Kosten, weniger Regulierungen, weniger Bürokratie, niedrigere Steuern und bessere arbeitsrechtliche Bedingungen zu einem Engagement in Nordamerika. Dabei werden die positiven Erwartungen in den Resultaten meist bestätigt.

Die an die Gründe wie Förderung und Unterstützung, höhere Produktivität, besseres Knowhow und eine bessere Infrastruktur im Ausland gestellten Erwartungen werden hingegen meist nicht erfüllt.

3.4 Formen des Engagements

An erster Stelle der Marktbearbeitung steht innerhalb der Zielregion „Nordamerika (USA/Kanada)“ wie in den zuvor beschriebenen Regionen der Export mit 82 % (Abb. 264). Am zweithäufigsten nennen 23,2 % der befragten Unternehmen Repräsentanzen und Vertriebsbüros, dicht gefolgt Tochterunternehmen, die 23 % in der Zielregion gegründet haben. Damit ist die Region „Nordamerika (USA/Kanada)“ Spitzenreiter bei dieser Form des Engagements. Sourcing/Einkauf nimmt in der Region „Nordamerika (USA/Kanada)“ mit 22,3 % Rang vier ein und liegt damit deutlich unter diesem Engagement in den Regionen „Bisherige EU-15/EFTA“, „Zehn neue EU-Mitgliedstaaten“ und „Asien/Pazifik“.

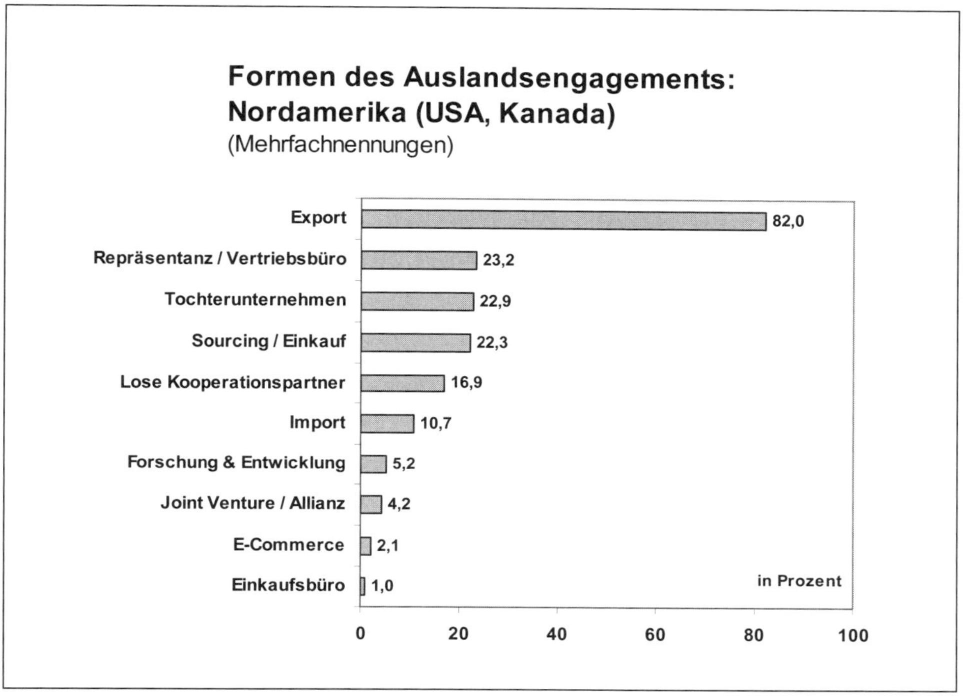

Quelle: Eigene Studie „Going International“
Abbildung 264: *Formen des Auslandsengagements: Nordamerika (USA/Kanada)*

Auch dem Import wird mit weniger als 11 % gegenüber 21,4 % in der „Bisherigen EU-15/ EFTA“ und 16 % in den „Zehn neuen EU-Mitgliedstaaten“ ein relativ geringer Stellenwert eingeräumt. Lose Kooperationspartner unterhalten in der Region „Nordamerika (USA/Kanada)“ knapp 17 % der Unternehmen.

3.5 Erfolg in der Region

Um herauszufinden, wie erfolgreich deutsche Unternehmen in den unterschiedlichen Regionen der Welt sind, wurde nach der Erfolgsquote des Auslandsgeschäfts in den jeweils bevorzugten Zielmärkten gefragt. Wie die Gesamtübersicht (Abb. 30) zeigt, variiert die Zufriedenheit mit der Geschäftstätigkeit in den unterschiedlichen Regionen erheblich. So liegt die durchschnittliche weltweite Erfolgsquote deutscher Unternehmen bei 75 %.

Dabei wird die Region „Nordamerika (USA/Kanada)“ mit einer Erfolgsquote von 74,4 % (Abb. 265) und damit unterdurchschnittlich erfolgreich bewertet. Auch wenn diese Quote um etwa 17 Prozentpunkte über der der Regionen „Afrika" und „Lateinamerika" liegt, sind Anstrengungen notwenig, um zu den erfolgreichen Regionen aufzuholen. So liegt die Erfolgsquote in „Nordamerika (USA/Kanada)" um fast 23 Prozentpunkte unter der mit 97 % erfolgreichsten Region, der „Bisherigen EU-15/EFTA".

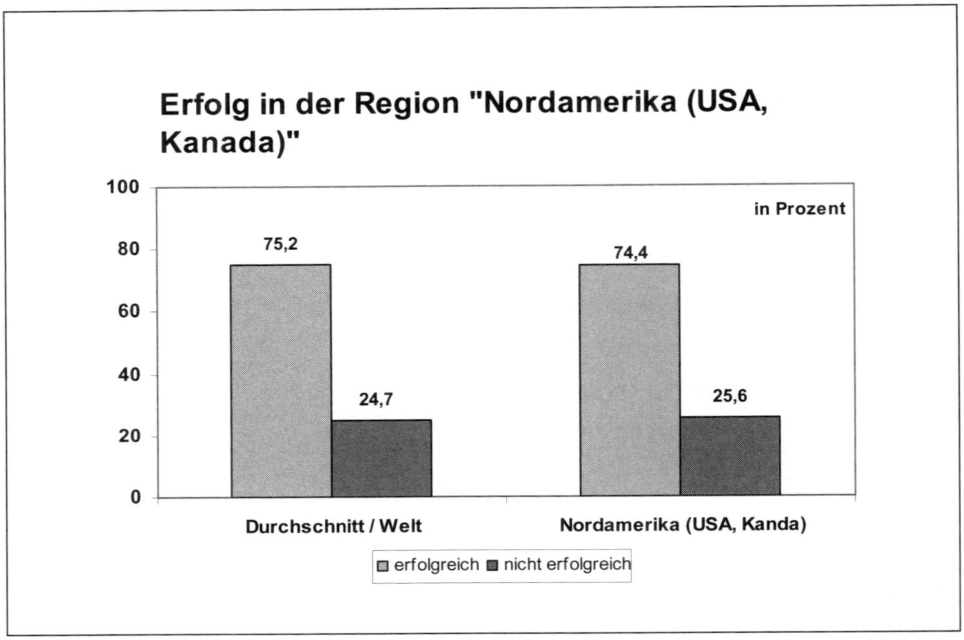

Quelle: Eigene Studie „Going International"
Abbildung 265: *Erfolg in der Region „Nordamerika (USA/Kanada)"*

3.6 Einschätzung der Geschäftssituation in den Zielländern

Vor dem Hintergrund der Erfolgsquote in der Region stellt sich sodann die Frage, wie die Unternehmen ihre Geschäftsbeziehungen speziell zu den einzelnen Ländern[518] in dieser Region hinsichtlich der aktuellen Geschäftssituation sowie der Einschätzung zukünftiger Geschäftsperspektiven bewerten (Abb. 266).

518 Bei der Befragung wurden insgesamt 30 Zielländer vorgegeben.

Innerhalb der Region „Nordamerika“ werden die USA sowohl bei der aktuellen Geschäftssituation (51,7 %) als auch bei der zukünftigen Perspektive (67,8 %) am besten bewertet. Im Gesamtbild der Studie bewegen sich die USA dabei in der oberen Hälfte, bei der aktuellen Geschäftssituation auf gleicher Höhe mit Tschechien und Polen. In Kanada bewerten weniger als ein Drittel der Unternehmen die aktuelle Geschäftssituation als positiv gegenüber 48,9 % bei der zukünftigen Perspektive, womit das Land im Gesamtergebnis im unteren Drittel anzuordnen ist.

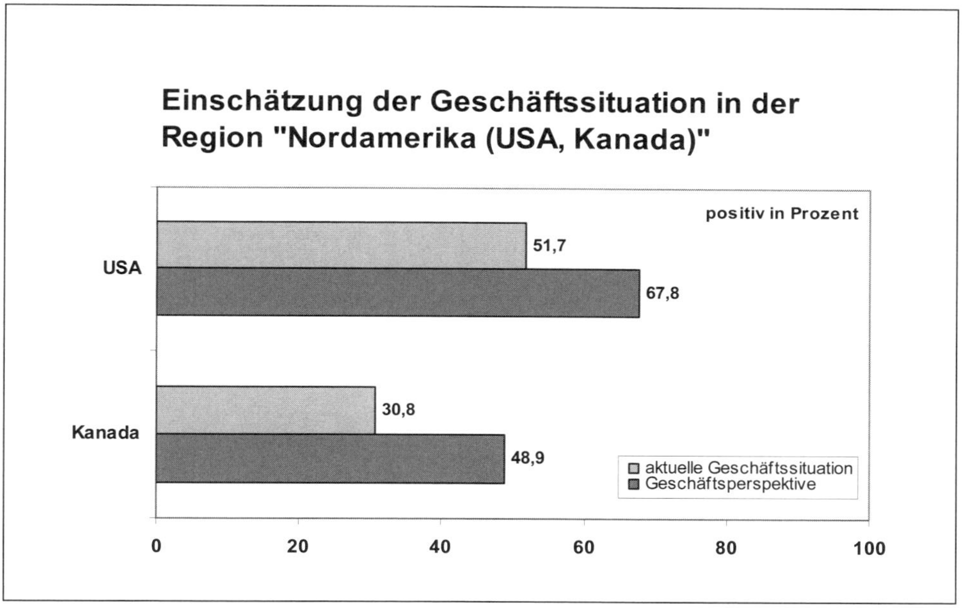

Quelle: Eigene Studie „Going International“
Abbildung 266: *Einschätzung der Geschäftssituation in der Region „Nordamerika (USA/Kanada)“*

Betrachtet man, welche Dynamik (Differenz zwischen der aktuellen Geschäftssituation und der zukünftigen Geschäftsperspektive) die Unternehmen den Geschäftsmöglichkeiten in „Nordamerika“ zusprechen, so lässt sich Kanada auf Rang neun der dynamischsten Länder finden, während sich die USA aufgrund des schon sehr positiven aktuellen Standes der Geschäftssituation im Mittelfeld bewegen. Hier spiegeln sich die auch für die Zukunft durchaus passablen Möglichkeiten in den USA wider, die ähnlich wie in Frankreich und Großbritannien bewertet werden. Kanada wird dabei besonderes Potenzial zugesprochen und liegt auf ähnlichem Niveau wie die Aufsteigerländer Tschechien und Türkei. Um diese Chancen zu nutzen, bedarf es einer gründlichen Vorbereitung des Auslandsengagements.

3.7 Vorbereitungszeit für das Engagement

Wie bereits herausgestellt wurde, stellt die Zielregion „Nordamerika (USA/Kanada)“ wider Erwarten lediglich die am viertstärksten frequentierte Region dar, gleichauf mit der Region „EU-Bewerberländer, Russland, GUS“. Nicht zuletzt weil sich die Märkte dieser Länder deutlich vom deutschen Heimatmarkt unterscheiden, bedarf es einer Vorbereitungszeit für erfolgreiche Auslandsgeschäfte. Um ein solches in der Region „Nordamerika (USA/Kanada)“ zu realisieren, benötigen gut 73 % weniger als ein Jahr bzw. zwischen ein bis zwei Jahren Planungszeit, während immerhin knapp 27 % eine Vorbereitungszeit von mehr als zwei Jahren benötigen (Abb. 267), was den Werten der Region „Asien/Pazifik“ entspricht.

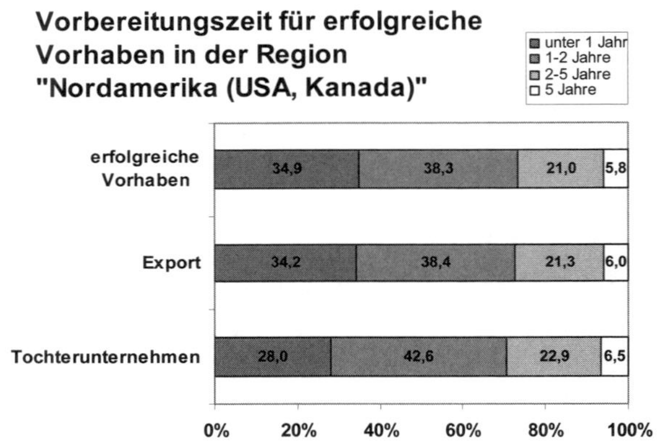

Quelle: Eigene Studie „Going International“

Abbildung 267: *Vorbereitungszeit für erfolgreiche Vorhaben in der Region „Nordamerika (USA/Kanada)“*

Der differenzierte Blick auf die Vorbereitungszeit in der Region „Nordamerika (USA/Kanada)“ getrennt nach Export und Tochterfirmen liefert ein ähnliches Ergebnis: Auch hier sind zwischen 70,6 % bis 72,6 % der Unternehmen innerhalb von ein bis zwei Jahren Vorbereitungszeit erfolgreich aktiv. Die durchschnittliche Vorbereitungszeit für erfolgreiche Exportaktivitäten in der Region „Nordamerika (USA/Kanada)“ liegt bei zwei Jahren (Abb. 268). Damit entspricht die Vorbereitungszeit in der Region „Nordamerika (USA/Kanada)“ der der Regionen „Asien/Pazifik“ sowie „Lateinamerika“.

Und dennoch bedarf es nur einer unwesentlich längeren Vorbereitungszeit als in der Region „Bisherige EU-15/EFTA“, für die eine durchschnittliche Vorbereitungszeit für erfolgreiche Exportaktivitäten von 1,4 Jahren ermittelt wurde.

Durchschnittliche Vorbereitungszeit für erfolgreiche Exportaktivitäten in der Region "Nordamerika (USA, Kanada)"
2 Jahre (min. 1,4 Jahre; max. 2 Jahre)

Quelle: Eigene Studie „Going International“
Abbildung 268: *Durchschnittliche Vorbereitungszeit für erfolgreiche Exportaktivitäten in der Region „Nordamerika (USA/Kanada)“*

3.8 Produktanpassung

Zur erfolgreichen Platzierung eines Produktes/einer Dienstleistung sind die spezifischen Markt- und Landesbedingungen von immenser Bedeutung. Dies wird in der Region „Nordamerika (USA/Kanada)“ noch deutlicher als im Gesamtergebnis der Studie. Denn der Anteil der Unternehmen, der in der Region „Nordamerika (USA/Kanada)“ aktiv ist und seine Produkte oder Dienstleistungen an die Gegebenheiten des ausländischen Marktes angepasst hat, weist im Vergleich zum Gesamtergebnis der Studie eine positive Abweichung von fast vier Prozentpunkten auf (Abb. 269).

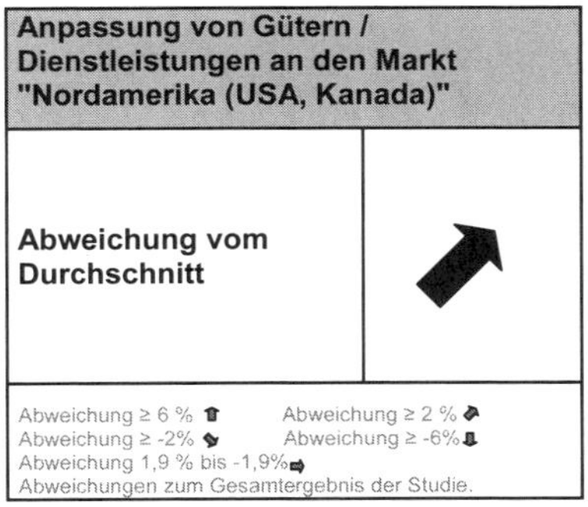

Quelle: Eigene Studie „Going International“
Abbildung 269: *Anpassung von Gütern/Dienstleistungen an den Markt „Nordamerika (USA/Kanada)“*

Damit wird deutlich, dass die Produktanpassung mit zunehmender geografischer Entfernung sowie zunehmenden kulturellen Unterschieden, wie bereits bei den Regionen „EU-Bewerberländer, Russland, GUS“ und „Asien/Pazifik“ aufgezeigt wurde, bei der Vorbereitung des Engagements in der Region „Nordamerika (USA/Kanada)“ besonders zu beachten ist.

3.9 Besetzung der Führungspositionen

Neben einem überzeugenden Produkt tragen kompetente und qualifizierte Mitarbeiter entscheidend zum Gelingen des Auslandsgeschäfts bei. Auf die Frage, ob die Unternehmen in den Auslandsniederlassungen mit deutschen, ausländischen oder lokalen Führungskräften arbeiten, ergibt sich für die Unternehmen, die in der Region „Nordamerika (USA/Kanada)“ aktiv sind, das folgende Bild (Abb. 270).

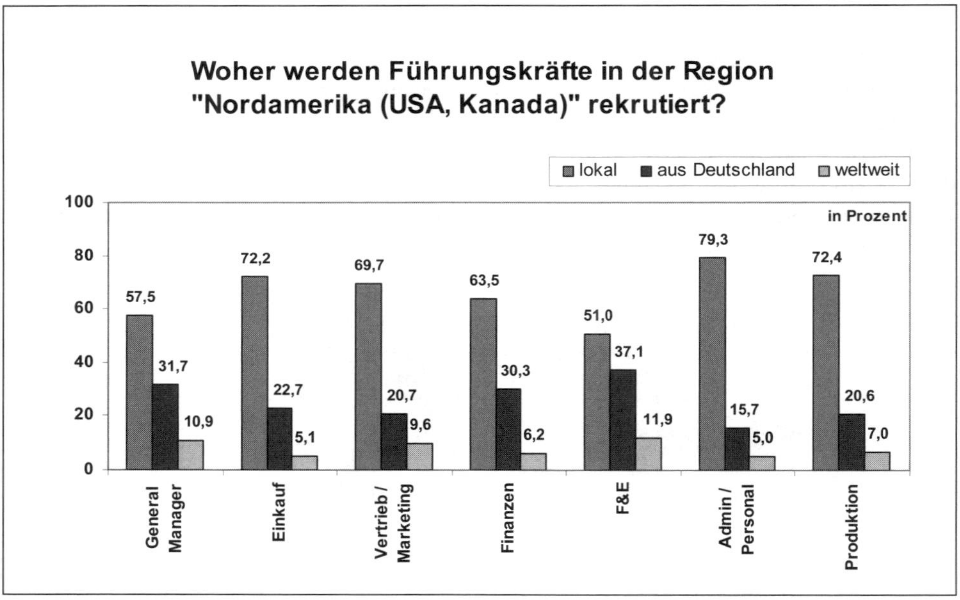

Quelle: Eigene Studie „Going International“
Abbildung 270: *Besetzung der Führungspositionen in der Region „Nordamerika (USA/Kanada)“*

Wie auch im Gesamtergebnis der Studie geht aus der Abbildung hervor, dass deutsche Unternehmen in der Region „Nordamerika (USA/Kanada)“ in sämtlichen Unternehmensbereichen

Führungskräfte aus dem jeweiligen Zielland einsetzen (durchschnittlich 66,5 %), vor allem in den Bereichen Administration/Personal, Produktion, Einkauf und Vertrieb/Marketing. Auf deutsche Manager wird demgegenüber nur in einem geringen Maße (durchschnittlich 25,5 %) zurückgegriffen.

3.10 Probleme

Die Region „Nordamerika (USA/Kanada)“ weist im Vergleich zum Gesamtergebnis der Studie eine leicht unterdurchschnittliche Erfolgsquote auf (s. S. 519 f.) und hat zur erfolgreichsten Region „Bisherige EU-15/EFTA“ einiges aufzuholen. Somit gilt es, die generellen Probleme beim Auf- und Ausbau des Auslandsengagements zu hinterfragen – in dieser Betrachtung beschränkt auf die zehn am häufigsten genannten Probleme.

Bei den Unternehmen, die in der Region „Nordamerika (USA/Kanada)“ aktiv sind, stimmen die zehn am häufigsten genannten Probleme nahezu identisch mit dem Gesamtergebnis der Studie überein – lediglich die Probleme hoher Transportkosten sowie der schwierigen Finanzierung werden von den Problemen eines hohen Wechselkursrisikos sowie Anpassung der Produkte/Dienstleistungen an die Markterfordernisse verdrängt (Abb. 271) – ebenso wie in der Zielregion „Lateinamerika“.

Dabei fällt auf, dass vier der zehn Probleme von mehr (Abweichung ≥ 2 %) der befragten Unternehmen als solche angesehen wurden als im Gesamtergebnis der Studie. Dies sind die Suche eines verlässlichen Partners, die Kontakte, ein zu hohes Wechselkursrisiko – und dies vermag bei der Region „Nordamerika (USA/Kanada)“ zu überraschen – die Sprachen.

Die übrigen sechs Probleme treten in der Region „Nordamerika (USA/Kanada)“ den Antworten der dort aktiven Unternehmen zufolge gar in noch deutlicherem Maße (Abweichung ≥ 6 %) auf als im Gesamtergebnis der Studie.

Es kann festgehalten werden, dass die Unternehmen, die in der Region „Nordamerika (USA/Kanada)“ aktiv sind, eine leicht unterdurchschnittliche Erfolgsquote aufweisen und den sechs der zehn am häufigsten genannten Problemen gar in überaus verstärktem Maße begegnen. Dabei sind die genannten Probleme – abgesehen vom schwierigen Forderungseinzug und dem hohen Wechselkursrisiko – doch häufig hausgemacht und sind durch das Fehlen einer Marktstrategie sowie eines individuellen Marketingkonzepts gekennzeichnet.

Probleme beim Aufbau von Geschäftsbeziehungen in der Region „Nordamerika (USA, Kanada)": Top 10	
1. Suche/Auswahl verlässlicher Partner	↗
2. Konkurrenz im jeweiligen Markt	↑
3. Eigene Preise im Ausland zu hoch	↑
4. Kontakte	↗
5. Beschaffung verlässlicher Marktinformationen schwierig	↑
6. Marktbearbeitung schwierig	↑
7. Forderungseinzug schwierig	↗
8. Wechselkursrisiko zu hoch	↑
9. Sprachen	↗
10. Anpassung der Produkte/Dienstleistungen an Markterfordernisse	↑

Abweichung ≥ 6 % ↑ Abweichung ≥ 2 % ↗
Abweichung ≥ -2% ↘ Abweichung ≥ -6% ↓
Abweichung 1,9 % bis -1,9% →
Abweichungen zum Gesamtergebnis der Studie.

Quelle: Eigene Studie „Going International“
***Abbildung 271:** Probleme beim Aufbau von Geschäftsbeziehungen in der Region „Nordamerika (USA/Kanada)“: Top 10*

3.11 Erfolgsfaktoren

Nachdem aufgezeigt wurde, dass die Unternehmen in der Region „Nordamerika (USA/Kanada)“ im Vergleich zum Gesamtergebnis der Studie weniger erfolgreich agieren und sich in höherem Maße mit Problemen konfrontiert sehen, ist auch die andere Seite der Medaille zu betrachten. Somit stellt sich die Frage nach den Erfolgsfaktoren in dieser Region.

Dabei ergibt sich für diese Region ein von den Gesamtergebnissen der Studie unterschiedliches Bild (Abb. 272). Während die Wahl des richtigen Partners, ein spezifisches Geschäftskonzept für den Zielmarkt sowie ein früher Markteintritt im Einklang mit den Gesamtergebnissen der Studie bewertet werden, wird der Preis als weniger entscheidendes Kriterium für den Erfolg angesehen. Letzteres mag verwundern, wird ein zu hoher Preis von den in dieser Region aktiven Unternehmen doch als überdurchschnittliches Problem angesehen.

Erfolgsfaktoren	Abweichung in der Region „Nordamerika (USA / Kanada)“
Produktqualität	↗
Wahl des richtigen Partners im neuen Zielmarkt	→
Gründliche Marktkenntnis	↗
Preis	↘
Qualifizierte Mitarbeiter	↗
Service	↗
Technologievorsprung	↑
Spezifisches Geschäftskonzept für den Zielmarkt	→
Räumliche Nähe zum Kunden	↗
Früher Markteintritt	→

Abweichung ≥ 6 % ↑ Abweichung ≥ 2 % ↗
Abweichung ≥ -2% ↘ Abweichung ≥ -6% ↓
Abweichung 1,9 % bis -1,9% →
Abweichungen zum Gesamtergebnis der Studie.

Quelle: Eigene Studie „Going International“
Abbildung 272: *Erfolgsfaktoren in der Region „Nordamerika (USA/Kanada)“*

Demgegenüber kommen sechs der zehn Erfolgsfaktoren eine noch höhere Bedeutung zu als im Gesamtergebnis der Studie. Besondere Bedeutung erlangt dabei der Erfolgsfaktor des Technologievorsprungs, der eine signifikante Abweichung vom Gesamtergebnis der Studie aufzeigt.

Als überdurchschnittlich wichtig werden zudem die Erfolgsfaktoren der Produktqualität, der gründlichen Marktkenntnis, qualifizierte Mitarbeiter, Service und die räumliche Nähe zum Kunden angesehen. Wie auch in den vorangehend beschriebenen Regionen ist daher auch in der Zielregion „Nordamerika (USA/Kanada)“ eine konsequente Produkt- und Qualitätspolitik von noch höherer Bedeutung, korrespondierend mit dem Erfolgsfaktor der qualifizierten Mitarbeiter. Darüber hinaus tragen der Service und die räumliche Nähe zum Kunden zum Erfolg bei und werden bereits abweichend von den anderen Regionen als noch wichtigere Motive für den Schritt auf den nordamerikanischen Markt betrachtet, bei einer gleichzeitig überdurchschnittlichen Zufriedenheitsquote.

Überaus wichtig und als Garant für den Erfolg gilt zudem eine gründliche Marktkenntnis. Da sich die Beschaffung verlässlicher Marktinformationen in dieser Region als besonders problematisch herausstellt (s. S. 515 f.), ist darauf besonderes Augenmerk zu richten – eine Situation, wie sie auch in der Region „EU-Bewerberländer, Russland, GUS“ auftritt.

3.12 Kernaussagen

Die Ergebnisse zur Zielregion „Nordamerika (USA/Kanada)“ lauten pointiert wie folgt:

- Die Region „Nordamerika (USA/Kanada)“ wird gleichauf mit der Region „EU-Bewerberländer, Russland, GUS“ von weniger als 50 % der auslandsaktiven Unternehmen frequentiert. Zwar dominieren die großen Unternehmen/Konzerne, doch kennzeichnet die Region im Vergleich zu den stärker frequentierten Regionen ein deutlich niedrigeres Engagement aller Unternehmensgrößen. Branchenmäßig dominiert eindeutig die Herstellung von EDV, Elektrotechnik, Feinmechanik, Optik, gefolgt vom Maschinenbau. Deutlich schwach aufgestellt sind sowohl der Handel als auch die Dienstleistungen.
- Die Gründe und Motive für das Engagement in der Region sind eindeutig marktorientiert, wobei die Erwartungen in besonders hohem Maße erfüllt werden. Der Nähe zum Kunden sowie dem Service/Aftersale kommen in der Region „Nordamerika (USA/Kanada)“ eine noch höhere Bedeutung zu, bei gleichzeitig überdurchschnittlich hoher Zufriedenheitsquote.
- Die bevorzugte Form des Auslandsengagements ist der Export. Überdurchschnittlich hohe Bedeutung wird zudem den Tochterunternehmen beigemessen.
- Die Unternehmen, die auf diesem Markt agieren, zeigen sich im Vergleich zum Gesamtergebnis der Studie weniger erfolgreich, haben jedoch nur eine unwesentlich längere Vorbereitungszeit aufgewendet als z. B. zur geografisch und kulturell viel näher gelegenen Region „Bisherige EU-15/EFTA“.
- Führungskräfte werden in allen Managementbereichen überwiegend lokal rekrutiert; deutsche Führungskräfte kommen eher selten zum Einsatz.
- Der Anpassung von Produkten/Dienstleistungen kommt im Vergleich zum Gesamtergebnis der Studie eine noch größere Bedeutung zu.
- Sieben der zehn am häufigsten genannten Probleme sind identisch mit dem Gesamtergebnis der Studie. Insgesamt treten die genannten Probleme gar in verstärktem Maße auf, könnten jedoch durch eine Marktstrategie und einen Marketingplan deutlich minimiert oder gar ausgeräumt werden.
- Um in dieser Region erfolgreich zu sein, sind die im Gesamtergebnis der Studie angegebenen Erfolgsfaktoren zumeist in ausführlicherem Maße zu berücksichtigen. Besondere Beachtung verdient in der Region „Nordamerika (USA/Kanada)“ vor allem der Technologievorsprung.

Damit wird deutlich, dass die Region „Nordamerika (USA/Kanada)“, die prägend für die Weltwirtschaft und auch von großer Bedeutung für den deutschen Außenhandel ist, trotz der langen Vormachtstellung und der damit auch langen Erfahrungen nicht auf die leichte Schulter genommen werden kann. Profunde Kenntnisse des Marktes sind für ein erfolgreiches

Agieren in dieser Region essenziell. Trotz der sich wandelnden Weltordnung und der Herausforderung durch Russland, der größer werdenden Europäischen Union sowie durch die Aufsteigernationen China und Indien, ist auf die immense Dimension dieser hoch industrialisierten Märkte, wie auch die folgenden Länderbetrachtungen zeigen, hinzuweisen – die USA als weltgrößter Absatzmarkt für Importgüter, Kanada mit seiner dank des Öl- und Gassektors dynamischen Wirtschaftsentwicklung.

4. Kanada

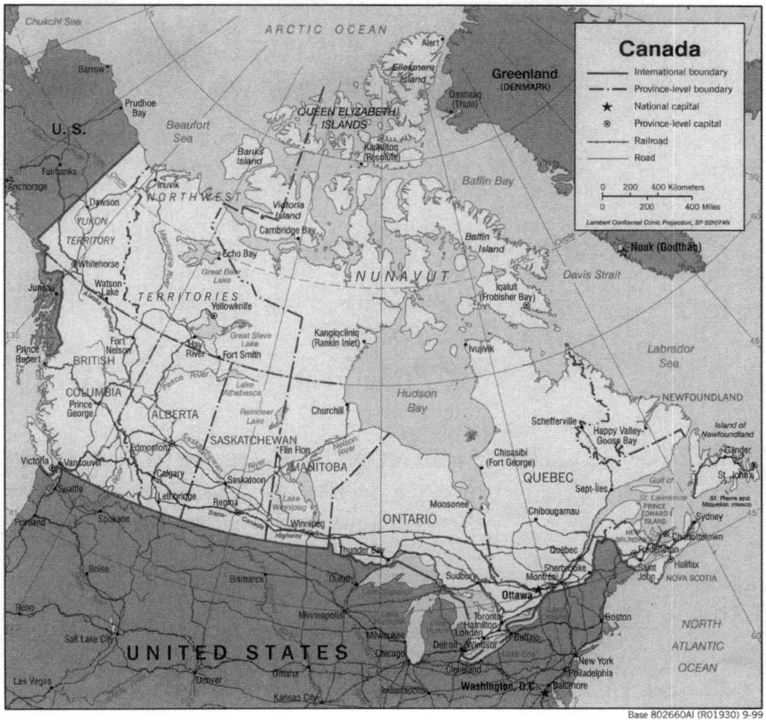

Quelle: CIA
***Abbildung 273:** Kanada*

Landesinformationen/Politik[519]

Amtliche Bezeichnung	Kanada (Canada)
Fläche	9.970.610 qkm
Einwohner	32,04 Mio.
Bevölkerungsdichte[520]	3,1 Einwohner/qkm
Hauptstadt	Ottawa-Carleton (Provinz Ontario), 774.000 bzw. 1,15 Mio. Einwohner (Großraum Ottawa-Gatineau)
Religionszugehörigkeit	45 % römisch-katholisch, 36 % Protestanten, außerdem United Church, Anglikaner, Presbyterianer, Lutheraner, Baptisten, Juden, Moslems u. a.
Nationalfeiertag	1. Juli (Canada Day)
Landessprachen	englisch, französisch
Regierungsform	Bundesstaatliche konstitutionelle Monarchie; parlamentarisches Regierungssystem mit Mehrheitswahl (Direktmandate)
Staatsoberhaupt	H.M. Elizabeth II, Queen of Canada, vertreten durch H.E. the Right Honourable Michaelle Jean, Governor General and Commander-in-Chief of Canada
Regierungschef	The Right Honourable Stephen Harper, M.P. (Conservative Party), Prime Minister of Canada, seit Januar 2006
Wirtschaftsminister	The Honourable David Emerson, Minister of International Trade, seit Januar 2006
Politische Situation	Parlament mit zwei Kammern (House of Commons, 308 Sitze; Senat, 105 Sitze); Regierungspartei: Conservative Party (125 Sitze); Opposition: Liberal Party (102 Sitze), Bloc Québecois (BQ, 51 Sitze), New Democratic Party (NDP, 29 Sitze), Unabhängige (1 Sitz)
Währung[521]	Canadian Dollar (CAD), Einheit: Cent 1 EUR = 1,41493 CAD 1 CAD = 0,70675 EUR

519 Zusammenstellung auf Basis von Informationen des Auswärtigen Amtes, Stand April 2006.

520 Bfai: Kanada – Wirtschaftsdaten kompakt, Stand November 2005.

521 http://www.oanda.com/convert/classic, Stand 21.03.2006.

Sonstiges

Wachstumsbranchen[522]	Öl- und Gassektor, Bergbau, Bausektor (mit Ausnahme des Wohnungsbaus), Kraftwerksbereich
Mitgliedschaft in internationalen Organisationen	VN, VN-Sonderorganisationen (außer UNIDO), Nato, Nordamerikanisches Luftverteidigungsabkommen (NORAD), OSZE, WTO, OECD, IWF, Weltbank, G7/G8, OAS, APEC, Arktischer Rat, Commonwealth, Frankophonie u. a.
Hermes-Entgeltkategorie[523]	1
Korruption[524]	Rang 14 (von 158)

Politische Trends[525]

Das nach Russland zweitgrößte Land der Erde ist ein Bundesstaat (Confederation) mit zehn Provinzen und drei bundesabhängigen Territorien. Da es zu dem Britischen Commonwealth gehört, ist die britische Monarchin Königin Elisabeth II gleichzeitig repräsentatives Staatsoberhaupt von Kanada. Vertreten wird sie durch den für jeweils fünf Jahre ernannten Generalgouverneur (Governor General). Dieses hauptsächlich repräsentative Amt wird derzeit von Michaelle Jean bekleidet. Ihre Vertreter in den Provinzen sind die Vize-Gouverneure (Lieutenant Governors). Regierungschef der seit Januar 2006 von der Konservativen Partei Kanadas geführten Bundesregierung ist Premierminister Stephen Harper. Bezeichnend für Kanada ist, dass nur selten Mehrheitsregierungen zustande kommen. Die Geschichte des Landes verzeichnet bislang acht Fälle von Minderheitsregierungen, von denen keine länger als zwei Jahre agierte.

Für Kanada sind die USA von größter Bedeutung. Drei Viertel des kanadischen Außenhandels findet mit dem südlichen Nachbarn statt und auch sicherheitspolitisch fühlen sich die beiden Länder des nordamerikanischen Kontinents verbunden. Die engen und vertrauensvollen Beziehungen sind jedoch gelegentlichen Meinungsverschiedenheiten ausgesetzt, unter anderem anlässlich der Nicht-Beteiligung Kanadas an der US-Militäraktion gegen den Irak.

Historisch begründet unterhält Kanada enge Beziehungen zu Großbritannien sowie in geringerem Maße zu Frankreich. Entsprechend stimmt sich Kanada in politischen und wirtschaftli-

522 Bfai: Kanada – Wirtschaftstrends 2006, Stand Januar 2006.

523 http://www.agaportal.de/pages/aga/deckungspolitik/laenderklassifizierung.html.

524 Corruption Perceptions Index 2005 nach Transparency International, in: http://www.transparency.org, Rang 1= keine Korruption, Deutschland: Rang 16.

525 Texte zusammengestellt auf Basis des Auswärtigen Amtes, der Bundesagentur für Außenwirtschaft, der Bayerischen Landesbank und des Statistischen Bundesamtes.

chen Fragen kontinuierlich mit der Europäischen Union ab. Die kanadische Außenpolitik ist geprägt von dem großen Engagement in internationalen Organisationen, insbesondere bei friedenserhaltenden Maßnahmen. Ein bedeutsames Ziel ist dabei, neben dem großen Nachbarn USA eine Stellung als sichtbarer eigenständiger Akteur zu erlangen. In den letzten Jahren hatte sich Kanada, unter anderem mit dem von ihm geprägten „humanity security“-Konzept, welches die Sicherheit des Individuums über die Sicherheit des Staates stellt, international Ansehen und Bedeutung verschafft. Die Vielzahl von Beteiligungen an Einsätzen der Vereinten Nationen stellt die kanadischen Streitkräfte zwar vor Probleme, wird jedoch von der Mehrheit der Bevölkerung unterstützt.

Volkswirtschaftliche Kennzahlen[526]

Binnenwirtschaftliche Indikatoren		2003	2004	2005s	2006p
BIP pro Kopf	USD	27.600	31.200	34.200	35.600
BIP	Mrd. USD	872,3	995,8	1.098,4	1.161,9
Wachstumsrate BIP, real	%	2,0	2,9	2,5	3,0
Inflationsrate	%	2,7	1,8	2,2	2,1
Arbeitslosenquote	%	7,6	7,2	7,1	7,0

Beitrag zum BIP: Landwirtschaft (Primärsektor) 2,3 %, Industrie (Sekundärsektor) 26,4 %, Dienstleistungen (Tertiärsektor) 71,3 %

Finanzindikatoren					
Staatsverschuldung	% des BIP	73,3	70,6	67,2	64,8
Haushaltssaldo	% des BIP	1,2	0,7	0,5	0,5

Wirtschaftliche Trends

Kanada gehört zu den führenden Wirtschaftsnationen der Welt. Es herrscht ein Klima von Investitionsfreude und Zukunftsoptimismus. Der starke Öl- und Gassektor, der dem rohstoffreichen Westen des Landes zu verdanken ist, beflügelt die gesamte Wirtschaft. Kanada kann ein international respektables und steigendes Wirtschaftswachstum verzeichnen: Für das Jahr 2005 werden 2,9 % und für 2006 3,2 % (Abb. 274) prognostiziert. Infolge der hohen Energiepreise findet in diesem Sektor eine Steigerung der Produktionsmenge und der Investitionen statt. Im Zuge dieser positiven Entwicklung florieren auch die Bauwirtschaft, der Handel,

[526] Zusammenstellung auf Basis von Informationen der Bayerischen Landesbank, Stand Juni 2005.

Konsum und Industrie. Die Konsumnachfrage, die im Jahr 2004 noch Antriebskraft der Wirtschaft war, wird zwar 2005 in dieser Funktion von den Investitionen der Unternehmen abgelöst, bleibt jedoch weiterhin stabil. Gründe für die etwas nachlassende Dynamik in den Ausgaben privater Haushalte liegen in der in den vergangenen Jahren negativen Sparquote, den Verunsicherungen durch die hohen Treibstoffpreise und den Zinsanhebungen der Bank of Canada (kanadische Zentralbank). Diese waren notwendig geworden, um die steigende Inflation unter 2 % zu halten. Der Leitzins liegt seit 2004 bei 2,5 %, soll jedoch im Laufe des Jahres 2006 auf 3 % bis 4 % erhöht werden. Ein Einbruch der Konsumnachfrage ist längst nicht zu befürchten, denn es werden Steuererleichterungen, Subventionen und Lohnsteigerungen aufgrund des Fachkräftemangels, vor allem im Öl-, Gas- und Bausektor erwartet. Die Arbeitslosigkeit ist mit einer Quote von 6,4 % im November 2005 die niedrigste seit über 30 Jahren. Selbst die bisher stagnierende Arbeitsproduktivität, die so gut wie einzige Schwachstelle Kanadas, zeigte im dritten Quartal 2005 mit 0,8 % einen Zuwachs gegenüber dem Vorquartal und damit den stärksten Anstieg seit fast vier Jahren.

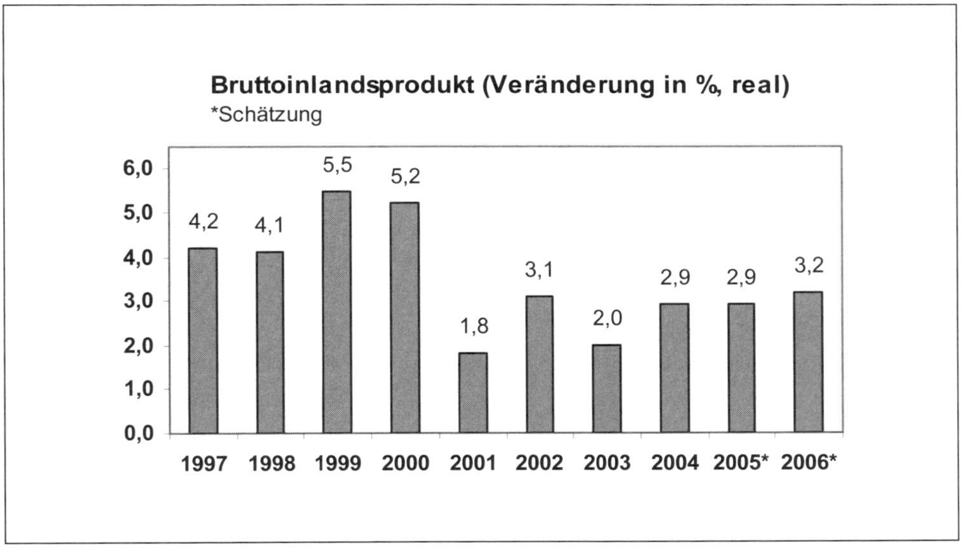

Quelle: Bfai
***Abbildung 274:** Entwicklung des Bruttoinlandsproduktes in Kanada*

Die Unternehmensinvestitionen, die seit 2005 Hauptmotor des Wirtschaftswachstums sind, konzentrieren sich hauptsächlich auf den Öl- und Energiesektor, wie z. B. Ölsandprojekte in der Provinz Alberta. In die Förderung und Weiterverarbeitung von Erdöl und -gas sollen bis 2012/13 umgerechnet etwa 43 Mrd. Euro investiert werden. Diese Kennziffer wird jedoch aufgrund neuer Projekte laufend nach oben korrigiert. Doch es gibt auch Schattenseiten des aufstrebenden Öl- und Energiesektors. Der hohe Energiepreis verteuert den Treibstoff, was sich nachteilig auf die Automobilindustrie auswirkt.

Der Staatshaushalt erhält durch das anhaltend hohe Wirtschaftswachstum derart enorme Einnahmen, dass er seit Jahren Budgetüberschüsse in Milliardenhöhe ausweist. Im Laufe des Wahlkampfes mit Blick auf die vorgezogenen Parlamentswahlen im Januar 2006 versuchten Regierung und Opposition, sich gegenseitig mit Steuererleichterungen zu überbieten. Die damalige Noch-Regierungspartei der Liberalen versprach, die Budgetüberschüsse zur Senkung der Einkommens- und der Körperschaftssteuer zu verwenden sowie die Zusatzabgabe auf Unternehmensgewinne aufzuheben. Die inzwischen regierende Konservative Partei Kanadas kündigte damals eine Reduzierung der Mehrwertsteuer an. Mit hoher Wahrscheinlichkeit wird es Staatsausgaben für Bildung, Gesundheit und Infrastruktur (Elektrizität, Transport) sowie staatliche Investitionen in der Bauwirtschaft und in den notleidenden Industriezweigen Holz, Zellstoff und Papier geben.

Außenwirtschaftliche Kennzahlen[527]

Außenwirtschaftliche Indikatoren		2003	2004	2005s	2006p
Warenexporte	Mrd. USD	258,80	331,10	355,10	362,80
Warenimporte	Mrd. USD	244,30	279,30	302,80	317,00
Handelsbilanzsaldo	Mrd. USD	41,50	51,80	52,30	45,80
Leistungsbilanzsaldo	Mrd. USD	17,05	26,04	28,30	29,09
	% des BIP	2,0	2,6	2,6	2,5
				1.Qrt.05	1.Qrt.04
Deutsche Einfuhr aus Kanada	Mio. Euro	2.524,99	2.390,65	539,45	625,89
Deutsche Ausfuhr nach Kanada	Mio. Euro	4.879,09	4.867,39	1.238,05	1.226,30

Außenhandel

Kanada gehört zu den offensten Wirtschaftsräumen der Welt. Jeder vierte Kanadier verdankt seinen Arbeitsplatz direkt oder indirekt dem Ex- und Importgeschäft. Unter den G7-Staaten hat Kanada mit 40,5 % die höchste Exportquote.

Kanada ist Mitglied der Nordamerikanischen Freihandelszone (NAFTA – USA, Kanada und Mexiko), wobei die USA eine dominierende Rolle für die Außenhandelsbeziehungen Kanadas spielen. Drei Viertel des kanadischen Außenhandels – 85 % der Exporte und 59 % der Importe – gehen auf die USA zurück (Abb. 275 und 276), so dass die kanadische Konjunktur nicht in geringem Maße von der Entwicklung der US-Wirtschaft geprägt wird.

Obwohl der zunehmend starke Kanadische Dollar Ausfuhrgüter für das Ausland verteuert, wird ein starker Rückgang des Exports dank der gestiegenen Öl- und Gaspreise verhindert.

527 Zusammenstellung auf Basis von Informationen der Bayerischen Landesbank, Stand Juni 2005.

Nach einem vermindertem Exportwachstum von 7,2 % im Jahr 2004 auf 4 % im Jahr 2005 werden für 2006 nur noch 3 % prognostiziert. Die weitere Entwicklung des Exports wird stark vom Ölpreisverlauf abhängen. Ausfuhrgüter waren im Jahr 2004 hauptsächlich Maschinen- und Ausrüstungsgüter mit einem Anteil von 21,3 %, Kraftfahrzeuge und Kraftfahrzeugteile mit 21,1 % sowie Erdöl und Erdgas mit 12,3 %.

Die Importsteigerung scheint etwas dynamischer zu verlaufen. Von Januar bis September 2005 wurde ein Wachstum von 6,5 % verzeichnet. Angesichts des positiven Investitionsklimas wird erwartet, dass die Einfuhren 2006 mindestens im selben Tempo ansteigen werden wie bisher. Importiert wurden im Jahr 2004 vorrangig Maschinen und Ausrüstungen mit 28,6 %, Kraftfahrzeuge und Kraftfahrzeugteile mit 21,3 % sowie industrielle Güter/Materialien, deren Anteil an den Einfuhrgütern bei 20,2 % lag.

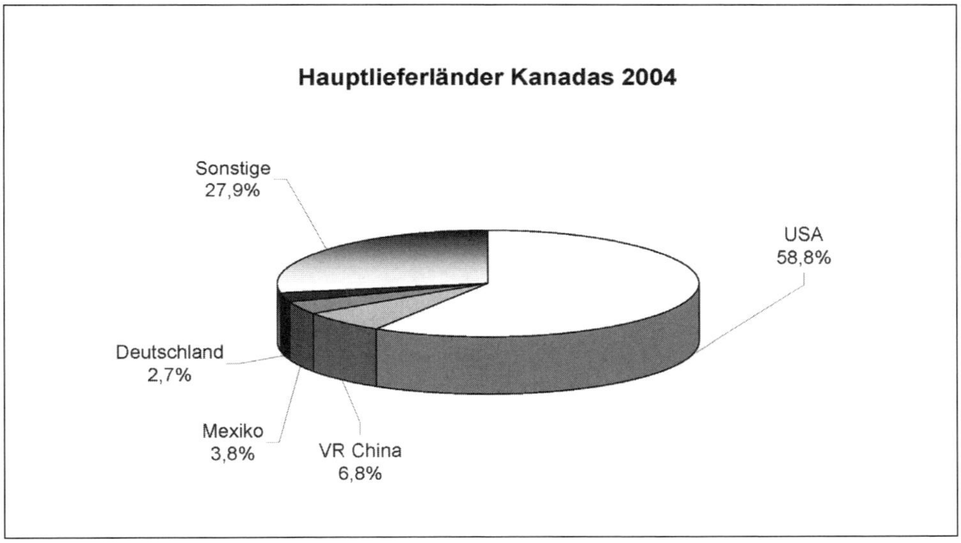

Quelle: Bfai
Abbildung 275: *Hauptlieferländer Kanadas 2004*

Kanadas Leistungs- und Handelsbilanz weist Überschüsse auf. An dieser soliden außenwirtschaftlichen Position werden in den kommenden Jahren kaum Änderungen erwartet.

Aus deutscher Sicht nimmt Kanada nur Platz 31 auf der Liste der wichtigsten Außenhandelspartner ein. Das deutsch-kanadische Import- und Exportvolumen ist zwar regelmäßig Schwankungen ausgesetzt, verzeichnet jedoch in der Gesamtbetrachtung über mehrere Jahre eine positive Tendenz (Abb. 277). Zuletzt waren sowohl Im- als auch Export im Jahr 2003 rückläufig, legten jedoch 2005 wieder zu. Insbesondere wird die Nachfrage nach Technik und Ausrüstung aus Deutschland stark ansteigen, denn im Öl- und Gassektor sind milliardenschwere Investitionsvorhaben geplant, die vom Tagebau über In-Situ-Projekte (Spezialverfahren im Untertagebau) bis hin zu Upgradern, Raffinerien und Pipelines reichen.

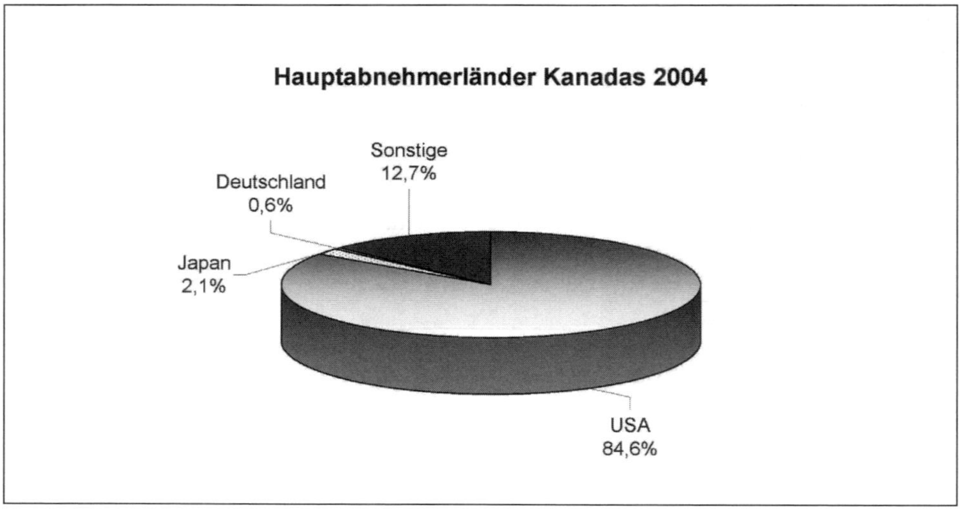

Quelle: Bfai
Abbildung 276: *Hauptabnehmerländer Kanadas 2004*

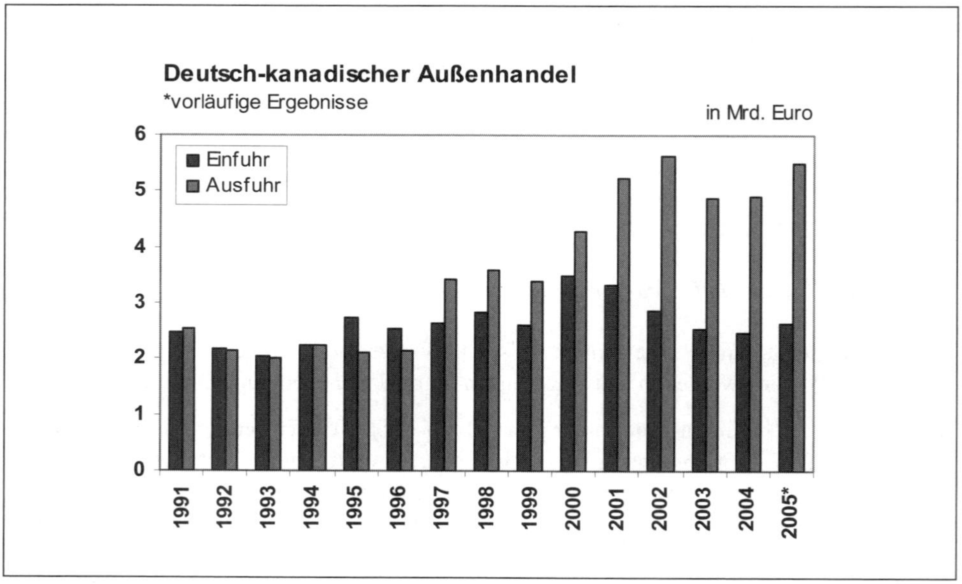

Quelle: Statistisches Bundesamt
Abbildung 277: *Entwicklung des deutsch- kanadischen Außenhandels*

Nach Ansicht von Branchenexperten bietet Kanada noch erhebliche unausgeschöpfte Potenziale, vor allem im Bereich der Weiterverarbeitung. Besonders große Chancen bieten sich deutschen Exporteuren, die Nischenprodukte bzw. technisch anspruchsvolle Speziallösungen anbieten. Für die Exportwirtschaft Deutschlands ist nicht allein der Ölsektor attraktiv. Die deutschen Ausfuhren nach Kanada sind breit gestreut, wobei der Schwerpunkt bei Fahrzeugen und Investitionsgütern liegt. Im Bereich der Renovierung und dem Bau von Kraftwerken sind umweltfreundliche Lösungen besonders gefragt – ein Gebiet, auf dem deutsche Unternehmen nicht nur in Kanada einen ausgezeichneten Ruf genießen.

Investitionsklima

Das Wachstum der Bruttoanlageinvestitionen wurde für das Jahr 2005 mit 6,8 bis 7 % höher prognostiziert als im Vorjahr. Anfang 2005 äußerten die Unternehmen Pläne, ihre Ausgaben für Betriebsbauten und Maschinen zu gleichen Teilen um insgesamt 8,4 % zu erhöhen. Hervorzuheben ist der wachstumsantreibende Sektor Öl- und Gasförderung/Bergbau mit einem Zuwachs von 12,2 %, der vom Ölsand-Geschäft beflügelt wird.

In der verarbeitenden Industrie sollten im Jahr 2005 die Investitionen um fast 15 % erhöht werden, vor allem in Raffinerien (+37 %) und in der Chemischen Industrie (24 %). Gleichermaßen verstärkten staatliche Versorgungsunternehmen ihre Investitionen in Renovierung und Neubau von Kraftwerken: im Jahr 2004 um 10,3 % und 2005 um 13,1 %. Dieser Kapazitätenausbau dürfte auch 2006 anhalten, wobei der Treibstoff Kohle zunehmend durch Gas und andere Energieträger ersetzt werden soll. Insbesondere entsteht durch die Auslastung der Industrieanlagen, die im dritten Quartal 2005 auf 86,9 % und damit um 0,4 %-Punkte gegenüber dem Vorjahr gestiegen ist, eine Notwendigkeit zu investieren.

Noch im Jahr 2003 hatten sich die Investitionszuflüsse aus dem Ausland auf fast ein Viertel des Vorjahresbetrages verringert und liegen seitdem bei 8 Milliarden bis 9 Milliarden Kanadische Dollar pro Jahr. Der Bestand der deutschen Direktinvestitionen ging im selben Jahr ebenfalls zurück, steigt seitdem aber wieder an. Die kanadischen Investitionen zeigen eine kontinuierlich steigende Tendenz und haben sich von 2001 bis 2004 mehr als verdoppelt. Inzwischen ist auch das Investitionsklima in Kanada gemessen am Geschäftsvertrauen des verarbeitenden Gewerbes insgesamt positiv. Besonders hohe Produktionserwartungen werden in den Bereichen Öl- und Kohleerzeugnisse sowie Metallprodukte, gefolgt von Chemikalien, elektronischen Produkten und Maschinen erwartet.

Investitionen[528]		2001	2002	2003	2004
Ausländische Direktinvestitionen in Kanada	Bestand Mrd. CAD	k. A.	348,9	357,5	367,9
Ausländische Direktinvestitionen in Kanada	Zuflüsse Mrd. CAD	k. A.	33,8	8,9	8,5
Deutsche Direktinvestitionen in Kanada	Bestand Mio. Euro	5.966	5.022	5.313	5.796
Kanadische Direktinvestitionen in Deutschland	Bestand Mio. Euro	1.451	2.081	3.116	3.314

Außenwirtschaftsbarometer

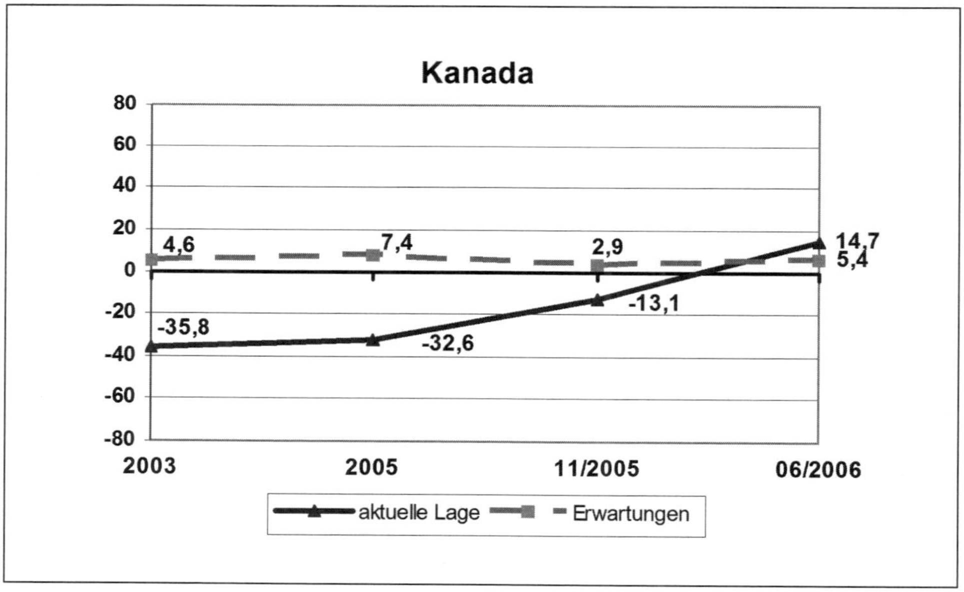

Quelle: IHK Region Stuttgart
***Abbildung 278:** Außenwirtschaftsbarometer Kanada*

Kanada weist bei der Einschätzung der aktuellen Geschäftssituation Mitte 2006 einen eindeutigen Aufwärtstrend auf (Abb. 278). Nach einem anfänglich deutlichen Übergewicht der Unternehmen, die ihre Geschäftsbeziehungen zu Kanada schlecht bewertet haben, hat sich

528 Zusammenstellung auf Basis von Informationen der Bfai: Kanada – Wirtschaftsdaten kompakt, Stand November 2005 und der Deutschen Bundesbank: Kapitalverflechtungen mit dem Ausland, Stand April 2005.

Kanada bei der Befragung Mitte des Jahres im Mittelfeld der Länderplatzierungen mit einem eindeutigen Übergewicht an positiven Bewertungen der aktuellen Geschäftsbeziehungen platziert. Die Erwartungen vom Jahr 2005 wurden fast um das Doppelte übertroffen. Die aktuellen Einschätzungen der zukünftigen Geschäftsentwicklung für die kommenden zwölf Monate sind aber nach wie vor nur verhalten positiv.

Interkultureller Praxistipp Kanada

Kanada teilt viele kulturelle Werte mit seinem großen Nachbarn im Süden, den USA. Genauso wie die Vereinigten Staaten zählt Kanada zu den offenen abschlussorientierten Kulturen, die sehr zeitorientiert[529] und informell agieren.[530]
Während die Vereinigten Staaten auch als Schmelztiegel der Kulturen bezeichnet werden, kann man in Kanada eher ein Nebeneinander der verschiedenen Kulturen beobachten. Alte Traditionen und Bräuche werden weiterhin gepflegt und haben einen hohen Stellenwert. Eine Besonderheit Kanadas liegt in der Zweisprachigkeit des Landes, was historisch begründet ist. So dominiert in der ehemaligen Kolonie Frankreichs, Québec, die französische Sprache, während im Rest des Landes Englisch gesprochen wird. Nach wie vor gehört das Land immer noch zum britischen Commonwealth, so dass Kanada eine starke Bindung zu Europa besitzt. Um bei Verhandlungen erfolgreich zu sein, sollten im wirtschaftsstarken frankophonen Teil Kanadas die Gespräche unbedingt auf Französisch geführt werden, da die Québecer sehr stolz auf ihre Wurzeln sind. Ähnlich wie in den USA wird im Einwanderungsland Kanada sehr großer Wert auf Chancengleichheit gelegt. Unter den G7-Ländern steht Kanada in dieser Kategorie sogar auf Platz eins.[531] Der ausgeprägte Egalitarismus äußert sich vor allem in den flachen Hierarchien der Unternehmen und der alltäglichen Kommunikation. Bei Gesprächen und Komplimenten sollte in Nordamerika immer auf politische Korrektheit geachtet werden.
Bei Verhandlungen schätzen kanadische Geschäftspartner vorrangig die Funktionalität und Qualität des Produktes. Designaspekte spielen nur eine untergeordnete Rolle. Der Umgang in Meetings ist meist recht offen, weniger aggressiv und wettbewerbsorientiert als in den USA.
Der Gast sollte dem kanadischen Partner nie den Eindruck vermitteln, Kanada nur als Übergangsstation zu den USA zu nutzen.
Bei der Anrede legt man wie in den USA nur am Anfang Wert auf offizielle Titel und geht dann zur gebräuchlichen Anrede mit dem Vornamen über.[532]

Fazit

Mit den Neuwahlen Ende Januar 2006, aus denen die Konservative Partei als Siegerin hervorging, dürfte die bis dahin währende Regierungskrise überwunden sein.

Die dank des starken Öl- und Gassektors überaus positive Wirtschaftsentwicklung spülte in den vergangenen Jahren umfangreiche Finanzmittel in die Staatskasse. Diese sollen für Steuererleichterungen, Staatsausgaben für Bildung, Gesundheit und Infrastruktur sowie für staat-

529 Vgl. Trompenaars/Hampden-Turner 1997, S. 127 f.

530 Vgl. Winkler 2002, S. 36.

531 Vgl. http://www.investincanada.gc.ca/de/885/Eine_ausgezeichnete_Lebensqualität.html, aufgerufen am 25.06.2006.

532 Vgl. Winkler 2002, S. 52.

liche Investitionen in der Bauwirtschaft und in den Not leidenden Industriezweigen Holz, Zellstoff und Papier verwendet werden.

Es herrscht ein von Zukunftsoptimismus geprägtes Klima. Für das Jahr 2006 liegt die Wachstumsprognose des BIP bei 3,2 %. Produktionsmenge und Investitionsvolumen sollen zunehmen. Die Arbeitslosigkeit lag im November 2005 bei 6,4 % und war damit die niedrigste seit über 30 Jahren. Lediglich die Konsumnachfrage, die noch 2004 die Antriebskraft der Wirtschaft war, wird durch die gestiegenen Treibstoffpreise sowie die Zinsanhebung der Bank of Canada etwas geschwächt.

In Außenhandel und Sicherheitspolitik ist das Land sehr stark mit seinem südlichen Nachbarn USA verbunden. Außenpolitisch bemüht sich Kanada dagegen, neben den USA als eigenständiger Akteur hervorzutreten.

Weiterführende Quellen

Internet:
Auslandshandelskammer: http://www.ahk.de.
Auswärtiges Amt: http://www.auswaertiges-amt.de.
Bundesagentur für Außenwirtschaft: http://www.bfai.de.
Deutsche Botschaft in Kanada: www.kanada-info.de.
Kanadische Botschaft in Deutschland: www.ottawa.diplo.de.
Statistisches Bundesamt: http://www.destatis.de.

Literatur:
Bundesagentur für Außenwirtschaft: Büroeröffnung Kanada, Köln 2003.
Bundesagentur für Außenwirtschaft: Handelsvertretersuche - Kanada, Köln 2005.
Bundesagentur für Außenwirtschaft: Logistik in Kanada, Köln 2004.
Bundesagentur für Außenwirtschaft: Werbung in Kanada, Köln 2003.
Lenz, Karl/Schultze, Rainer-Olaf: Kanada. Geographie – Geschichte – Wirtschaft – Politik, Darmstadt 2001.
Sautter, Udo: Geschichte Kanadas, München 2000.
Thomas, Alexander/Scheuermeyer, Mona: Beruflich in Kanada. Trainingsprogramm für Manager, Fach- und Führungskräfte, Göttingen 2006.

5. USA

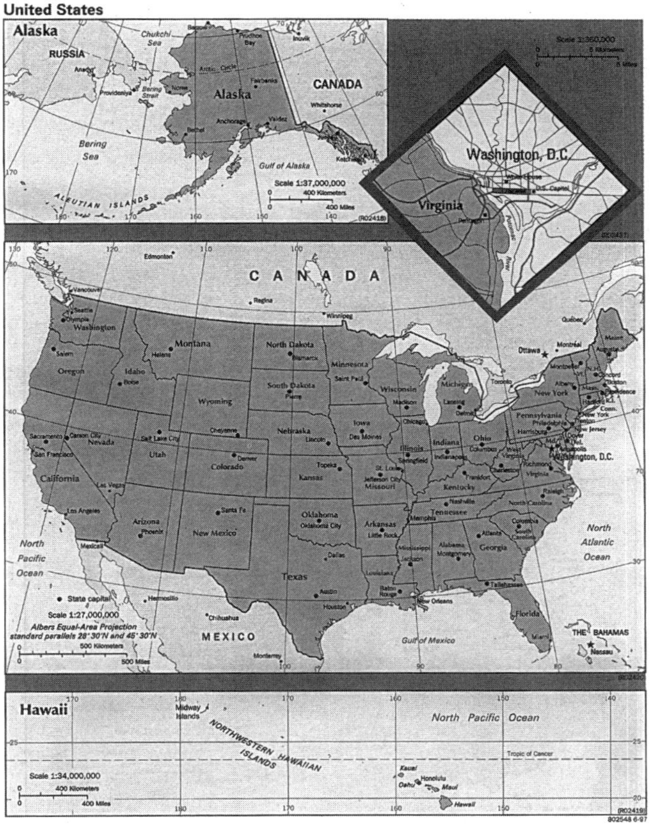

Quelle: CIA
Abbildung 279: *USA*

Landesinformationen/Politik[533]

Amtliche Bezeichnung	Vereinigte Staaten von Amerika (United States of America)

[533] Zusammenstellung auf Basis von Informationen des Auswärtigen Amtes, Stand März 2006.

Fläche	9.809.431 qkm, ca. 25-fache Größe Deutschlands
Einwohner	292.078.602
Bevölkerungsdichte	ca. 29 Einwohner/qkm
Hauptstadt	Washington, D.C., ca. 572.000 Einwohner bzw. 4,69 Mio. Einwohner (Großraum)
Religionszugehörigkeit	62 % der Bevölkerung gehören 238 Religionsgemeinschaften an, davon 26 % der römisch-katholischen Kirche, 27,5 % protestantischen Gemeinschaften (Baptisten, Methodisten, Lutheraner, Presbyterianer), 2,6 % Juden
Nationalfeiertag	4. Juli – Independence Day (Unabhängigkeitstag)
Landessprachen	englisch, lokal auch spanisch
Staats-/ Regierungsform	Präsidiale Republik mit balancierter Gewaltenteilung
Staatsoberhaupt	George Walker Bush, 43. Präsident der Vereinigten Staaten von Amerika, erste Amtszeit 2001-2005, zweite Amtszeit seit 2005
Regierungschef	George Walker Bush (Republikaner)
Wirtschaftsminister	Carlos M. Gutierrez, seit 2004
Politische Situation	Kongress mit zwei Kammern: Senat (100 Sitze), Repräsentantenhaus (435 Sitze); Parteien: Republikaner (Mehrheit im Repräsentantenhaus und seit Januar 2003 auch im Senat), Demokraten
Währung[534]	US Dollar (USD), Einheit: Cent 1 EUR = 1,23450 USD 1 USD = 0,81004 EUR
Sonstiges	
Wachstumsbranchen[535]	Sicherheitstechnik, Telekommunikation (Breitbandtechnik, Dritte Mobilfunkgeneration), Informationstechnologie, Biotechnologie, Medizintechnik, Energieerzeugung und -übertragung (inkl. erneuerbare Energien), Umwelttechnik

534 http://www.oanda.com/convert/classic, Stand 21.04.2006.

535 Bfai: USA – Wirtschaftstrends 2006, Stand Januar 2006.

Mitgliedschaft in internationalen Organisationen	Gründungsmitglied der Vereinten Nationen, Nato, Organisation der Amerikanischen Staaten (OAS), Organisation für wirtschaftliche Zusammenarbeit und Entwicklung (OECD) und zahlreicher anderer internationaler Organisationen (58)
Hermes-Entgeltkategorie[536]	1
Korruption[537]	Rang 17 (von 158)

Politische Trends[538]

Der Bundesstaat der Vereinigten Staaten von Amerika ist eine Präsidiale Republik. Es werden die zwei grundlegenden Prinzipien der Gewaltenteilung und Gewaltenbalance („check and balances") befolgt. Die konsequente Gewaltenteilung zwischen der Legislative in Form des Kongresses sowie dem Präsidenten und der Regierung als Exekutive ist in der Verfassung von 1787 festgelegt. In der Vergangenheit war es meist der Fall, dass die Partei, der der Präsident und die Regierung angehörten, nicht die Mehrheit im Kongress bildete. Den Großteil der Sitze hatte die jeweils andere der zwei Parteien Demokraten und Republikaner, die sich in den USA zur Wahl stellen. Derzeit werden jedoch Legislative und Exekutive von den Republikanern dominiert. Bedingt durch das Mehrheitswahlrecht schlugen verschiedene Versuche dritter Parteien fehl, auf der politischen Ebene Fuß zu fassen.

Eines der innenpolitischen Hauptthemen der zweiten Amtszeit von Präsident Bush ist die Reform der sozialen Sicherungssysteme. Diese gerät jedoch zunehmend ins Stocken, denn Bushs Vorschläge sowohl für das Gesundheitssystem (Medicare) als auch für die Teilprivatisierung der Rentenversicherung stoßen bei den Demokraten und zunehmend auch bei Republikanern auf Ablehnung.

Außenpolitisch sehen sich die USA als globale Führungsmacht. Freiheit und Selbstverwirklichung können nach Auffassung der Regierung Bush nur unter der Bedingung dauerhafter Sicherheit existieren. Diese muss durch eine aktive Förderung von Demokratie und Freiheit, insbesondere im Nahen und Mittleren Osten, garantiert werden. Damit werden die amerikanische Intervention im Irak und das Vorgehen gegen Staaten, die den internationalen Terrorismus stützen oder dulden, begründet. Afghanistan gilt als Modell erfolgreicher Demokratisierung in der Region. Im März 2006 wurde eine „Nationale Sicherheitsstrategie" verabschiedet, in der ein weit reichender sicherheitspolitischer Ansatz der Regierung festgeschrieben ist.

---

536 http://www.agaportal.de/pages/aga/deckungspolitik/laenderklassifizierung.html.

537 Corruption Perceptions Index 2005 nach Transparency International, in: http://www.transparency.org, Rang 1= keine Korruption, Deutschland: Rang 16.

538 Texte zusammengestellt auf Basis des Auswärtigen Amtes, der Bundesagentur für Außenwirtschaft, der Bayerischen Landesbank und des Statistischen Bundesamtes.

Die Terroranschläge vom 11. September 2001 auf das World Trade Center in New York und das Pentagon in Washington haben die Sicht der USA auf die globalen Herausforderungen des 21. Jahrhunderts tief geprägt. Politik und Gesellschaft stehen im Kampf gegen den Terrorismus weitgehend geschlossen hinter Präsident Bush. Dieser richtete im Januar 2003 ein Ministerium eigens für „Homeland Security“ ein, die nun größte Behörde nach dem US-Verteidigungsministerium. Damit nahm er die umfassendste Umstrukturierung der US-Regierung seit 1947 vor. Die Meinung der Bevölkerung zum Irakkrieg ist dagegen geteilt. Auch nach der Einführung der staatlichen Souveränität des Irak 2004 bleibt die politische und wirtschaftliche Stabilisierung des Landes bislang aus.

Volkswirtschaftliche Kennzahlen[539]

Binnenwirtschaftliche Indikatoren		2003	2004	2005p	2006p
BIP pro Kopf	USD	37.805	39.921	41.800	43.300
BIP	Mrd. USD	11.004	11.735	12.400	13.000
Wachstumsrate BIP, real	%	3,0	4,4	3,2	2,8
Inflationsrate	%	2,3	2,7	3,0	2,8
Arbeitslosenquote	%	6,0	5,5	5,3	5,2

Beitrag zum BIP: Landwirtschaft (Primärsektor) 1,0 %, Industrie (Sekundärsektor) 19,5 %, Dienstleistungen (Tertiärsektor) 79,5 %

Finanzindikatoren					
Staatsverschuldung	% des BIP	61,6	62,9	62,7	61,4
Haushaltssaldo	% des BIP	-4,6	-4,3	-3,7	-3,5

Wirtschaftliche Trends

Die USA gelten als mächtigste internationale Wirtschaftsmacht der Welt. Sie erwirtschaftet etwa ein Fünftel des jährlichen Welteinkommens. Die Erreichung eines solchen Status gründet sich auf ein weitläufiges, rohstoffreiches und gut erschlossenes Territorium, auf einen großen Binnenmarkt sowie ein Wirtschafts- und Finanzsystem, das sich durch unternehmerische Initiative und freien Handel auszeichnet.

539 Zusammenstellung auf Basis von Informationen der Bayerischen Landesbank, Stand Juli 2005.

Hohen Energiepreisen und Naturkatastrophen zum Trotz wird für das Jahr 2006 weiterhin ein stabiles Wirtschaftswachstum im Bereich von 3 % erwartet. Im Durchschnitt erhöhte sich das Wachstum um 3,2 % pro Jahr seit dem Ende der Rezession im November 2001 (Abb. 280). Steuerentlastungen, Zuwächse bei der Beschäftigung, ausländische Kapitalzuflüsse und niedrige Zinsen begünstigen Investitionen und privaten Konsum. Letzterer trägt über 70 % zum Bruttoinlandsprodukt bei. Für das Jahr 2005 wurde eine Erhöhung der Ausgaben der privaten Haushalte um 3,5 % geschätzt, verbunden mit einer erstmals seit 1933 wieder auf unter Null gesunkenen Sparquote. Die erhöhten Energiepreise haben jedoch zu einer Beschleunigung der Inflation geführt. Der Preisanstieg wird durch die Aufwertung des US-Dollars etwas abgebremst.

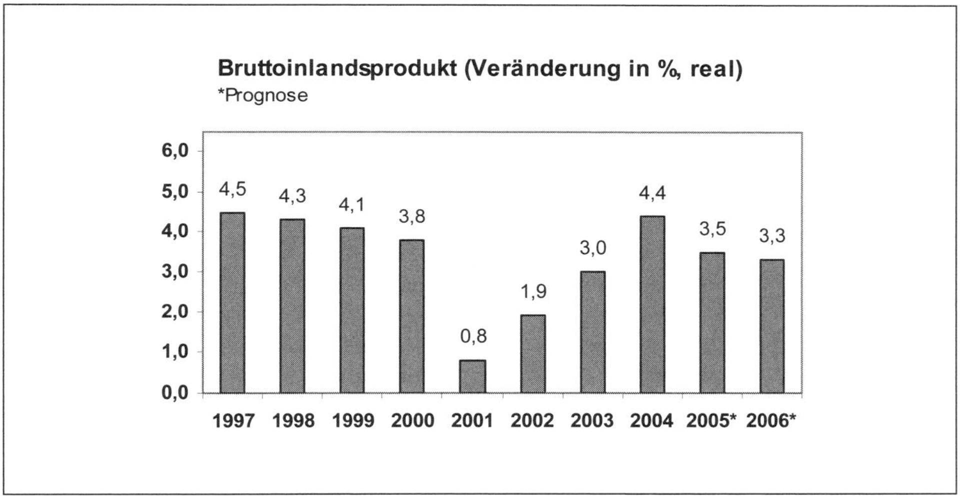

Quelle: Bfai

Abbildung 280: *Entwicklung des Bruttoinlandsproduktes in den USA*

Der Staatshaushalt weist ebenso wie die Leistungsbilanz ein Defizit auf. Nach einem Überschuss im letzten Regierungsjahr des ehemaligen US-Präsidenten Bill Clinton (2000) von 236 Milliarden US-Dollar verschlechterte sich die Lage des Staatshaushaltes kontinuierlich. Im Jahr 2004 wurde ein Rekorddefizit von 413 Milliarden US-Dollar verzeichnet. Dank unerwartet hoher Steuereinnahmen konnten sich die Schulden im Folgejahr auf 319 Milliarden US-Dollar verringern. Die Bush-Administration plant zwar, das Haushaltsdefizit innerhalb von fünf Jahren abzubauen, doch die beabsichtigte Teilprivatisierung der Altersvorsorge wird die Haushaltslage erheblich belasten. Das Sozialsystem ist durch die ins Rentenalter eintretende „Baby-Boom"-Generation steigenden finanziellen Belastungen ausgesetzt. Derzeit liegt ein Sparpaket über fünf Jahre in Höhe von 40 bis 50 Milliarden US-Dollar vor, welches vor allem Einschnitte bei Sozialleistungen und im Bildungsbereich vorsieht. Diese Einsparungen würden allerdings bei weitem nicht ausreichen, um die von der Regierung geplanten weiteren Steuersenkungen um etwa 95 Milliarden US-Dollar zu finanzieren.

Außenwirtschaftliche Kennzahlen[540]

Außenwirtschaftliche Indikatoren		2003	2004	2005p	2006p
Warenexporte	Mrd. USD	713	808	900	1050
Warenimporte	Mrd. USD	1261	1473	1600	1700
Handelsbilanzsaldo	Mrd. USD	-548	-665	-700	-650
Leistungsbilanzsaldo	Mrd. USD	-531	-668	-690	-640
	% des BIP	-4,8	-5,7	-5,6	-4,9
				Jan.- Apr. 05	
Deutsche Einfuhr aus den USA	Mrd. Euro	39,2	40,3	13,0	k. A.
Deutsche Ausfuhr in die USA	Mrd. Euro	61,7	64,8	21,4	k. A.

Außenhandel

Die USA sind weltgrößter Absatzmarkt für Importgüter und waren im Jahr 2004 nach Deutschland zweitgrößter Exporteur. Das US-Außenhandelsdefizit hat sich 2005 noch einmal auf 780 Milliarden US-Dollar ausgeweitet, nachdem es im Vorjahr bei 653 Milliarden US-Dollar lag. Aufgrund des stetigen Wirtschaftswachstums ist auch der Importanstieg hoch. Das Exportvolumen nimmt dagegen lediglich 70 % der Importe ein.

Unter den Hauptlieferländern der USA hat die VR China ihre Warenlieferungen am weitesten ausgebaut, von Januar bis Oktober 2005 um 25,7 %. In ein oder zwei Jahren könnte die VR China bereits zum größten ausländischen Anbieter auf dem US-Markt aufsteigen. Die Aufwertung des Yuan gegenüber dem US-Dollar von Februar 2002 bis Ende 2004 zeigt inzwischen Wirkung. Die amerikanischen Exporte nach China verbilligen sich, so dass das Leistungsbilanzdefizit etwas abgebremst wird. China ist zu einem Viertel für das Außenhandelsdefizit der USA verantwortlich.

Im Jahr 2003 nahmen Maschinenbauerzeugnisse und Fahrzeuge sowohl bei den Hauptexportwaren mit 48,6 % als auch bei den Hauptimportwaren mit 40,9 % den ersten Posten ein. Einen hohen Anteil am Export nahmen ebenso chemische Erzeugnisse mit 13 % und verschiedene Fertigwaren mit 11,7 % ein. An zweithöchster Stelle der Importgüter standen verschiedene Fertigwaren (17,6 %), gefolgt von Erdöl, Erdölerzeugnissen und Gas (12,3 %).

[540] Zusammenstellung auf Basis von Informationen der Bayerischen Landesbank, Stand Juli 2005.

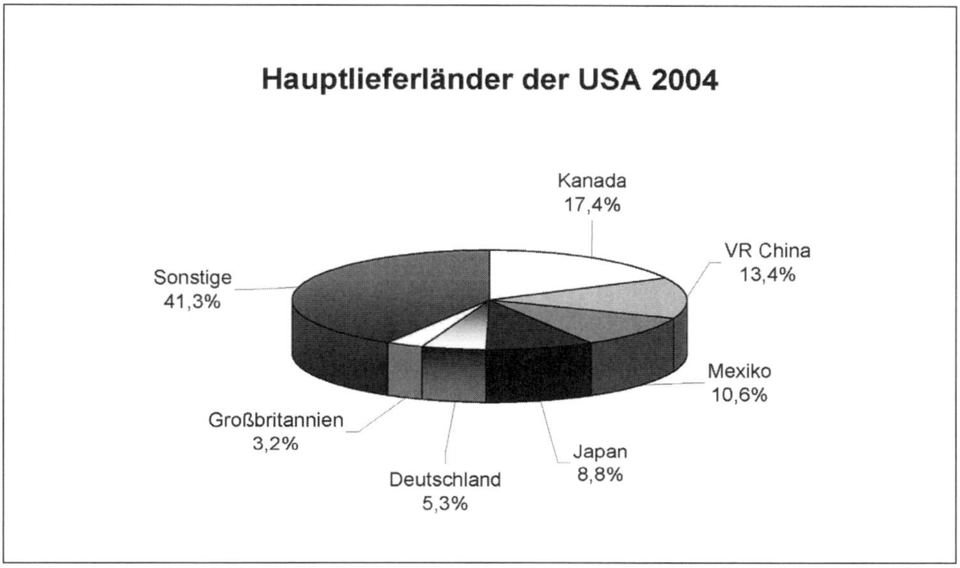

Quelle: Bfai
Abbildung 281: *Hauptlieferländer der USA 2004*

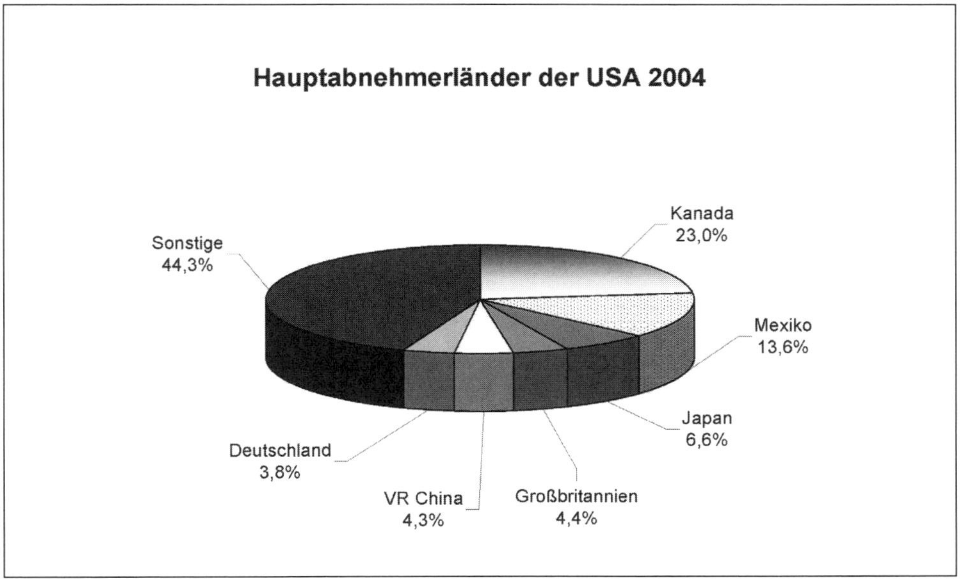

Quelle: Bfai
Abbildung 282: *Hauptabnehmerländer der USA 2004*

Bedeutendster Handelspartner der USA ist ihr nördlicher Nachbar Kanada. China nimmt einen soliden zweiten Platz bei den Hauptlieferländern ein, mit deutlich steigender Tendenz. Deutschland stellt für die USA das fünftstärkste Liefer- und das sechststärkste Abnehmerland dar (Abb. 281 und 282).

Für Deutschland sind die USA nach Frankreich zweitwichtigster Außenhandelspartner. Im Zeitraum von 1991 bis 2005 ist der deutsch-amerikanische Außenhandel – mit Ausnahme der Jahre 2002 und 2003 – kontinuierlich angestiegen (Abb. 283). Dabei ist vor allem der Exportzuwachs anzuführen: Während sich die deutschen Einfuhren aus den USA knapp verdoppelt haben, haben sich die deutschen Ausfuhren in die USA mehr als verdreifacht. Im Jahr 2005 konnten die Exporte erneut knapp um 7 % zulegen, sind allerdings zunehmend der Konkurrenz des beinahe übermächtigen Exporteurs China ausgesetzt.

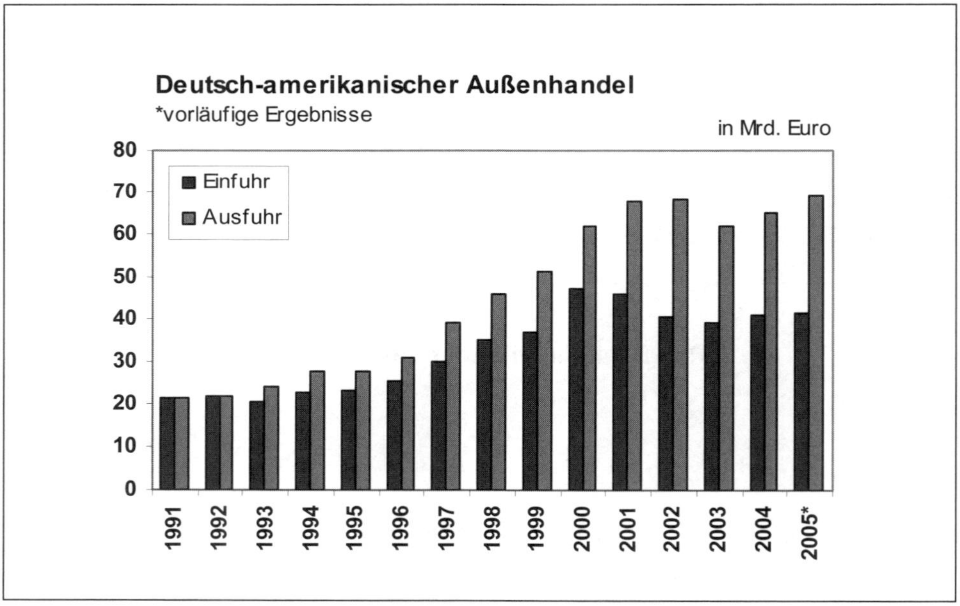

Quelle: Statistisches Bundesamt
***Abbildung 283:** Entwicklung des deutsch-amerikanischen Außenhandels*

Investitionsklima

In den USA herrschte in den Jahren 2004 und 2005 eine steigende Nachfrage nach Investitionen. Aufgrund der positiven Ertragssituation der US-Wirtschaft haben die Unternehmen ihre Investitionen deutlich erhöht. Nach einer Zuwachsrate von 9,4 % im Jahr 2004 wurden die Investitionssteigerungen 2005 auf weiterhin hohe 8,9 % geschätzt. Im Jahr 2006 soll die Rate bei 8 % liegen.

Das Investitionswachstum findet vor allem in der Anlagen- und Ausrüstungsbeschaffung statt. Die Bauinvestitionen steigen dagegen nur langsam.

Investitionen[541]		2001	2002	2003	2004
Ausländische Direktinvestitionen in USA	Bestand Mrd. USD	k. A.	1.340	1.378	1.474
Ausländische Direktinvestitionen in USA	Zuflüsse Mrd. USD	k. A.	71,3	56,8	95,9
Deutsche Direktinvestitionen in den USA	Bestand Mrd. Euro	203,7	159,7	139,7	134,8
Amerikanische Direktinvestitionen in Deutschland	Bestand Mrd. Euro	91,0	75,1	79, 9	87,6

Die ausländischen Direktinvestitionen fielen im 1. Halbjahr 2005 mit 47,9 Mrd. US-Dollar höher aus als 2004 mit 37,1 Mrd. US-Dollar. Investiert wird vorrangig in die verarbeitende Industrie, Banken, andere Finanzinstitutionen und Versicherungen sowie in den Großhandel. Deutschland war bislang größter Investor in den USA. Deutsche Unternehmen haben ihre Direktinvestitionen zuletzt wieder kräftig aufgestockt. Während etwa ein Drittel der deutschen Direktinvestitionen auf die USA entfällt[542] und Deutschland den größten Investor in den USA darstellt, ist der Bestand im Zeitraum von 2001 bis 2004 doch um etwa ein Drittel zurückgegangen.

Außenwirtschaftsbarometer

Über die letzten Jahre hinweg bewerten die deutschen Unternehmer ihre aktuellen Geschäftsbeziehungen zu den USA überwiegend positiv, mit steigender Tendenz. Mit einem Wert von 37 liegt die USA damit Mitte des Jahres 2006 auf Platz fünf der 30 abgefragten Länder. Die Erwartungen von Anfang 2003 wurden damit nahezu erfüllt. Grundsätzlich entwickelt sich dagegen die Erwartungshaltung hinsichtlich der zukünftigen Geschäftsbeziehungen nicht so positiv. Während Anfang 2005 die Prognosen für die nächsten zwei bis fünf Jahre sehr positiv eingeschätzt wurden, ist Ende 2005 bei der Einschätzung für die kommenden 12 Monate ein Rückgang zu verzeichnen, der sich bei der Befragung Mitte 2006 fortgesetzt hat (Abb. 284). Nach wie vor ist aber ein deutliches Übergewicht der Unternehmen zu verzeichnen, die ihre Erwartungen hinsichtlich der zukünftigen Geschäftsentwicklung zu den USA positiv einschätzen.

---

541 Zusammenstellung auf Basis von Informationen der Bfai: USA – Wirtschaftsdaten kompakt, Stand Dezember 2005, und der Deutschen Bundesbank: Kapitalverflechtungen mit dem Ausland, Stand April 2006.

542 2003; etwa 45 % entfallen auf die EU-15-Staaten. Quelle: Deutsche Bundesbank.

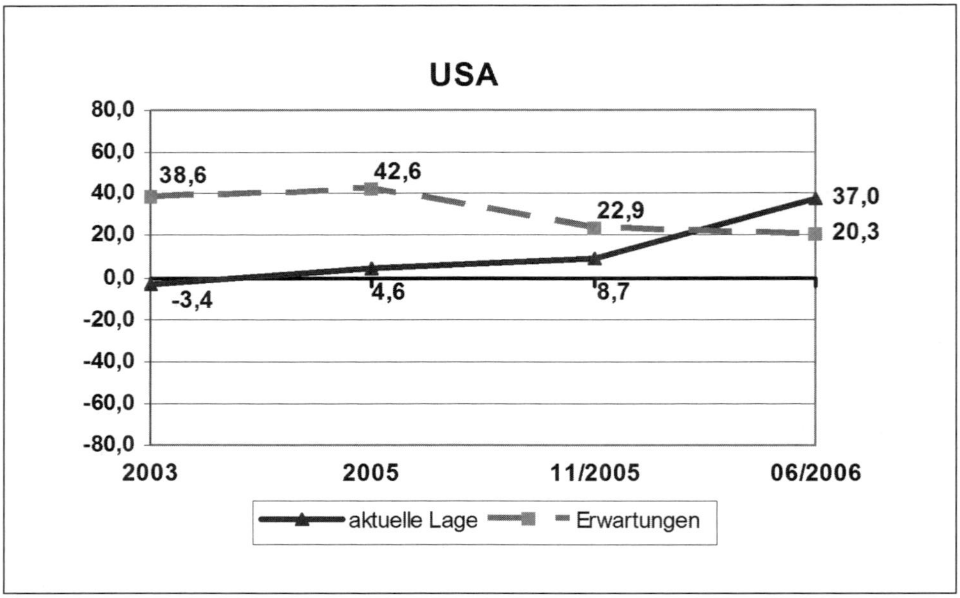

Quelle: IHK Region Stuttgart
***Abbildung 284:** Außenwirtschaftsbarometer USA*

Interkultureller Praxistipp USA

Durch die starke Präsenz amerikanischer Kultur in Funk und Fernsehen erscheint uns die amerikanische Lebensweise vertraut. Doch in der Geschäftspraxis zeigt sich oft, dass im Detail für deutsche Manager einige Fettnäpfchen lauern.
Zu den grundlegenden Werten im US-Geschäftsalltag gehören Pünktlichkeit und effizienter Umgang mit Zeit. Time is Money! Zeit ist für einen amerikanischen Geschäftsmann wie ein Aktivum, das gespart, ausgegeben, verloren, gefunden oder verschwendet werden kann.[543] Langwierige Erklärungen, ausgedehnte Meetings oder detailverliebte Präsentationen kommen daher bei den Amerikanern nicht gut an. Stattdessen sollten deutsche Geschäftsleute darauf achten, dass ihre Vorträge knapp, fokussiert und präzise gestaltet sind.[544]
Die US-Kultur ist im Gegensatz zu vielen asiatischen und osteuropäischen Kulturen stark abschlussorientiert und direkt. Konkret bedeutet dies: Nach einer kurzen Kennenlernphase kommt man schnell zum Geschäft. Es ist keine Seltenheit, dass bereits nach einem Meeting der Vertrag unter Dach und Fach ist. Daher ist auch die Zeit nur kurz, um sich, das Unternehmen und seine Produkte von seiner besten Seite zu präsentieren. Das fängt bereits bei der Kleidung an, die in den USA für deutsche Verhältnisse sehr konservativ ist. Die Dame sollte stets das klassische Kostüm, der Herr den dunklen Anzug wählen und die Kombination im

543 Vgl. Winkler 2002, S. 36.
544 Vgl. Schlegel/Schlegel 2006, S. 58.

Schrank lassen.[545] Ein Schlüsselwert für jeden Amerikaner ist der Egalitarismus.[546] Jedem wird die gleiche ausgesuchte Höflichkeit entgegengebracht von der Telefonistin bis hin zum Vorstandsvorsitzenden. Der Gleichheitsgedanke spiegelt sich auch in den flachen Hierarchien und dem Leistungsstreben des Einzelnen wider. Nur durch den eigenen Verdienst steigt der eigene Status – nicht durch Alter, Herkunft oder Geschlecht. Die Amerikaner sind die Könige des Small-Talks. Nirgendwo kommt man so schnell und ungezwungen ins Gespräch. Wichtig ist nur, dass man bei der Begrüßung auf einen kräftigen Händedruck achtet und ernste Themen wie Politik und Religion außen vor lässt.[547] Nicht selten wird dabei auch mal eine Einladung zum Essen ausgesprochen. Dabei sollte man aber vorsichtig sein: Denn anders als in Deutschland wird ein solches Angebot oft nur pro forma ausgesprochen und ist lediglich als Kompliment und spontane Sympathiebekundung zu werten.[548]

Fazit

Seit 2005 läuft die zweite Amtszeit von Präsident Bush, die von dessen versprochener Reform der sozialen Sicherungssysteme geprägt ist. Wie bereits in der vorherigen Amtszeit hat die Sicherheitspolitik der USA höchste Priorität. Die Terroranschläge vom 11. September 2001 in New York und Washington haben das Land nachhaltig geprägt. Die Sicherung von Freiheit und Selbstverwirklichung wird seitdem als globale Herausforderung des 21. Jahrhunderts angesehen. Nachdem Präsident Bush 2003 ein Ministerium eigens für „Homeland Security", die größte Behörde nach dem US-Verteidigungsministerium, einrichtete, wurde im März 2006 eine „Nationale Sicherheitsstrategie" verabschiedet, in der ein weit reichender sicherheitspolitischer Ansatz der Regierung festgeschrieben ist. Im Kampf gegen den Terrorismus steht die Bevölkerung weitgehend hinter Bush. Die Meinungen über die kriegerische Invasion in den Irak sind dagegen geteilt.

Die USA, die ein Fünftel des jährlichen Welteinkommens erwirtschaften, gelten als mächtigste internationale Wirtschaftsmacht der Welt. Nach dem hohen Wirtschaftswachstum von 4,4 % im Jahr 2004 fällt die Zuwachsrate seitdem etwas geringer aus. Für 2006 werden jedoch stabile 3 % vorausgesagt. Durch Steuerentlastungen, Zuwächse bei der Beschäftigung, ausländische Kapitalzuflüsse und niedrige Zinsen werden Investitionen und der private Konsum beflügelt. Hohe Energiepreise und Naturkatastrophen haben sich kaum negativ auf die Wirtschaftslage ausgewirkt. Der Finanzhaushalt ist von einem Staats- und Leistungsbilanzdefizit geprägt. Es liegt zwar ein Sparpaket über 5 Jahre in Höhe von 40 bis 50 Milliarden US-Dollar vor, welches vor allem Einschnitte bei Sozialleistungen und im Bildungsbereich vorsieht. Doch dieses Sparvorhaben steht im Widerspruch zu den geplanten weiteren Steuersenkungen um etwa 95 Milliarden US-Dollar.

Die hochgradig industrialisierte und weltweit führende Wirtschaftsnation USA mit ihren anhaltend dynamischen Wachstumsprognosen stellt für deutsche Unternehmen damit insgesamt nach wie vor ein sich lohnendes Ziel dar.

---

[545] Vgl. Bfai: USA. Das Export 1x1 für Mittelständler, Handwerker und Dienstleister, Köln 2001, S. 69 ff.

[546] Vgl. Winkler 2002, S. 36.

[547] Vgl. Strunz/Dorsch 2001, S. 372 f.

[548] Vgl. Schlegel/Schlegel 2006, S. 63.

Weiterführende Quellen

Internet:
Auslandshandelskammer: http://www.ahk.de.
Auswärtiges Amt: http://www.auswaertiges-amt.de.
Bundesagentur für Außenwirtschaft: http://www.bfai.de.
Deutsche Botschaft in den USA: http://www.germany-info.org.
Amerikanische Botschaft in Deutschland: www.usembassy.de.
Statistisches Bundesamt: http://www.destatis.de.

Literatur:
Bundesagentur für Außenwirtschaft: Exportieren in die USA, Köln 2003.
Bundesagentur für Außenwirtschaft: Arbeitsmarkt in den USA, Köln 2002.
Bundesagentur für Außenwirtschaft: Büroeröffnung in den USA, Köln 2004.
Bundesagentur für Außenwirtschaft: Logistik in den USA, Köln 2005.
Bundesagentur für Außenwirtschaft: Marktforschung USA, Köln 2004.
Bundesagentur für Außenwirtschaft: Werbung in den USA, Köln 2003.
Buch, Nikolaus/Oehme, Sven C./Punkenhofer, Robert: Firmengründung in den USA. Ein Handbuch für die Praxis, Berlin 2003.
Grimm, Heike: Existenzgründung in den USA. Standort, Rechtsform, Finanzierung, Personal, München 1999.
Holtfrerich, Carl-Ludwig: Wirtschaft USA. Strukturen, Institutionen und Prozesse, München 2000.
Kohlert, Helmut/Regier, Ingo/Delany, Michael J.: Amerikageschäfte mit Erfolg. Leitfaden für den Einstieg in den US-amerikanischen Markt, Berlin 1999.
LeMont Schmidt, Patrick: Die amerikanische und die deutsche Wirtschaftskultur im Vergleich. Ein Praxishandbuch für Manager, 5., neubearb. Aufl., Göttingen 2003.
Lösche, Peter/von Loeffelholz, Hans D./Ostermann, Anja: Länderbericht USA. Geschichte, Politik, Wirtschaft, Gesellschaft, Kultur, 4. Auflage, Frankfurt am Main 2005.
Meier, Mike: Business Chance USA – Wie man in den USA Geld verdient, Verden 1999.
Schlegel, Gabriele/ Schlegel, Volker: Managerwissen kompakt: USA, München 2005.
Slate, Emily J./Schroll-Machl, Sylvia: Beruflich in den USA. Trainingsprogramm für Manager, Fach- und Führungskräfte, Göttingen 2006.
Wasser, Hartmut: USA. Wirtschaft. Gesellschaft. Politik, 4. Aufl., Wiesbaden 2000.

Zielregion „Lateinamerika"

1. Region im Aufbruch

Lateinamerika bezeichnet die amerikanischen Länder südlich der USA und umfasst die Bereiche Südamerika, Mittelamerika, Mexiko und die Karibik. Dabei ist die Region geprägt durch die Vielgestaltigkeit ihrer Staaten, die jedoch auf gemeinsame historische Erfahrungen zurückblicken können.

Da sich aufgrund der unterschiedlichen Prägungen auch gänzlich unterschiedliche Entwicklungsaussichten ergeben, ist eine nähere Betrachtung der Subregionen erforderlich. So sind einerseits Mexiko, Zentralamerika und die Karibik wirtschaftlich de facto immer enger mit den USA und Kanada verbunden, wozu vor allem das Feihandelsabkommen Nordamerikas (NAFTA) beigetragen hat. Für die Zukunft ist ein zunehmender Integrationsprozess mit den USA zu erwarten, während die Verflechtungen mit Südamerika abzunehmen scheinen.

Südamerika lässt sich in zwei Regionen aufteilen, die Unterschiede z. B. hinsichtlich Entwicklungsproblematik und Weltmarktintegration aufweisen. So befindet sich die Andenregion mit den Staaten Venezuela, Kolumbien, Ecuador, Bolivien und Peru aus unterschiedlichen nationalen Gründen im Zustand weitgehender Desintegration. Kennzeichnend sind der Zerfall politischer Autorität, die sozialen und politischen Folgen von Drogen- und Guerillakriegen und die Stärkung des politischen Einflusses der lange unterdrückten indianischen Minder- bzw. Mehrheiten. Demgegenüber gilt der Cono Sur – also die Staaten Argentinien, Brasilien, Chile, Paraguay und Uruguay – als die Region mit dem höchsten Entwicklungsstand und Durchschnittseinkommen in Lateinamerika, die in den 90er Jahren durch die Schaffung der Wirtschaftsgemeinschaft Mercosur große Fortschritte nicht nur im wirtschaftlichen Bereich erreicht hat.[549] Der Mercosur mit insgesamt mehr als 200 Millionen Einwohnern gilt als der wichtigste und größte südamerikanische Wirtschaftsraum, dessen Volumen sich in den vergangenen Jahren auf rund eine Billion US-Dollar [550] verdreifacht hat.

Insgesamt lässt sich feststellen, dass nach Jahren politischer Instabilität und subregionaler Konflikte heute in ganz Lateinamerika, mit Ausnahme von Kuba, demokratische Gesellschaftssysteme marktwirtschaftlicher Orientierung bestehen. Die wirtschaftliche Lage in den

---

549 Vgl. Grabendorff 2003.

550 Quelle: Brasilianische Botschaft.

Ländern ist wiederum sehr heterogen, was sich z. B. an ihren Bruttoinlandsprodukten zeigt. So gehen Brasilien und Mexiko als die „big player" der Region hervor, deren BIP ungefähr zehnmal so hoch ist wie das Perus (Abb. 285). Gemessen an den etablierten Volkswirtschaften wie den USA und Deutschland liegen jedoch auch Brasilien und Mexiko noch weit zurück. Nach dem BRIC-Report von Goldman Sachs, der die Entwicklung der Länder Brasilien, Russland, Indien und China bis 2050 untersucht, gehört Brasilien zu den potenziell am schnellsten wachsenden Emerging-Markets (BRIC-Länder), die in 40 Jahren die heute wirtschaftlich dominierenden G8-Staaten eingeholt haben werden. Nach wirtschaftlichen Rückfällen in den 80er Jahren, nachdem das Land zuvor ähnlich stark gewachsen war wie China heute, wird Brasilien der Prognose zufolge langfristig eine Wirtschaftskraft wie Deutschland entwickeln.[551]

Denn die mit großen Reformen Ende der 80er und während der 90er Jahre verbundene Überwindung jahrzehntelanger Militärdiktatur und Unterdrückung, die darauf folgende Demokratisierung sowie die Liberalisierung der Wirtschaft und zeitweilig überdurchschnittliche Wachstumsraten deuten auf einen neuen Aufbruch in Lateinamerika hin. Lateinamerika befindet sich in einem Prozess regionaler Integration, flankiert von einer Zunahme der Freihandelsabkommen zwischen den Ländern.

Diese haben für den Handel eine entscheidende Rolle gespielt und tragen maßgeblich zum Wirtschaftswachstum und zur Entwicklung der Region bei.

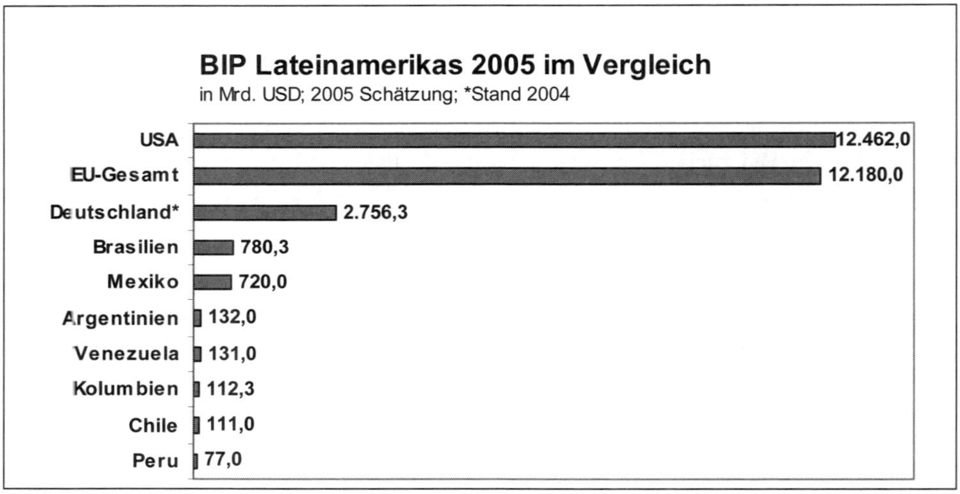

Quelle: Bfai

Abbildung 285: *BIP Lateinamerikas 2005 im Vergleich*

[551] Vgl. Goldman Sachs 2003, S. 10.

Spitzenreiter des regionalen Wirtschaftswachstums sind 2005 Argentinien (8,0 %) und Venezuela (7,3 %), gefolgt von Chile (5,9 %) und Peru (5,6 %) (Abb. 286). Damit bezeichnet das Wirtschaftswachstum Lateinamerikas von 5,5 % in 2005 den sich festigenden Aufschwung der Region, getragen durch das starke Wachstum der Weltwirtschaft und die ungebrochene Nachfrage nach Rohstoffen. Lateinamerika gewinnt für die Expansionsmärkte in Asien zunehmend auch als Lieferant und Investitionsraum an Bedeutung. Zugleich zeigt dies aber auch die Abhängigkeit der Wirtschaft Lateinamerikas, was entsprechende Risiken für die Zukunft birgt. Abhängigkeit zeigt Lateinamerika auch in den Handelbeziehungen mit den USA, die eine regionale Vormachtstellung genießen und einen wirtschaftlichen Magnet für die Lateinamerikaner darstellen. So nehmen die USA bereits 54 % aller lateinamerikanischen Exporte ab und stellen 47 % aller Importe.[552]

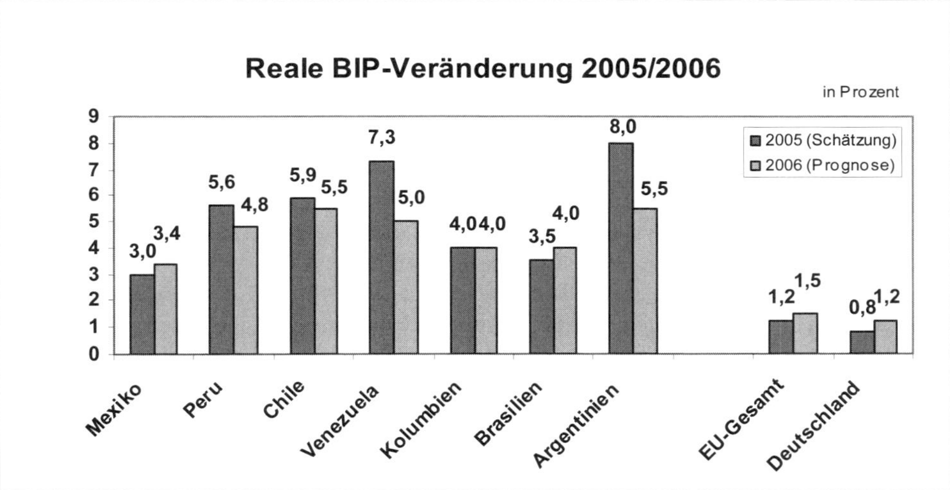

Quelle: Bfai

Abbildung 286: *Veränderung des BIP in der Region im Vergleich*

Nicht zu leugnen sind jedoch die großen politischen, wirtschaftlichen und sozialen Herausforderungen der Region. Die Reorganisation des Staates durch die politische und vor allem wirtschaftliche Liberalisierung und ihre sozialen Folgen haben den Demokratien in Lateinamerika einen hohen Grad an Instabilität verliehen. Korruption und Kriminalität haben in einigen Ländern enorme Ausmaße angenommen. Große Herausforderungen sind weiterhin die Bekämpfung der Schattenwirtschaft sowie der Armut bzw. die Glättung der ungerechten Einkommensverteilung. So verfügen die reichsten zehn Prozent der Lateinamerikaner über 45 % aller Einkommen, während das ärmste Drittel der Bevölkerung nicht einmal zehn Prozent auf sich zu vereinen vermag. Keine andere Region der Welt weist eine vergleichbare

---

552 Vgl. Grabendorff 2003.

Einkommensungleichheit auf. Soziale Reformen sind in dieser Region mehr denn je als ein Stabilität förderndes Instrumentarium anzusehen.

Während die Region eine Stimmung des gefestigten Aufschwungs mit hohen Wachstumsraten sowie eine enge Verflechtung mit den USA aufweist, stellt sich sodann die Frage: Welche Bedeutung hat die Region für die deutsche Wirtschaft?

2. Die Bedeutung der Region für die deutsche Wirtschaft

Mit den Staaten Lateinamerikas ist Deutschland historisch und kulturell eng verbunden, mehr als mit jeder anderen Region außerhalb der EU und Nordamerikas. Bis in die Mitte der 80er Jahre stiegen die deutschen Direktinvestitionen und der Außenhandel mit Lateinamerika stetig an. Damit war Lateinamerika nach Nordamerika die bevorzugte Region des deutschen Außenhandels und der Unternehmensgründungen in Übersee.[553] Diese enge Verflechtung Deutschlands mit Lateinamerika ist in vielen Ländern der Region weiterhin gesellschaftlich verankert. So genießen die mittlerweile traditionsreichen deutschen Tochterunternehmen oder Repräsentanzen ein sehr positives Image, was mit einem allgemein hohen Ansehen der Marke „Made in Germany“ verbunden ist, die seit jeher für Qualität und Prestige steht.

Ist Lateinamerika einer der weltweit wichtigsten Rohstofflieferanten für die deutsche Wirtschaft, vermag die Betrachtung der heutigen Außenhandelsstatistik zu überraschen. Denn der Handel mit den Staaten Brasilien, Mexiko, Chile, Argentinien, Kolumbien, Venezuela und Peru machte im Jahr 2005 weniger als zwei Prozent des gesamten deutschen Handelsvolumens aus und war damit sogar geringer als das Handelsvolumen mit Ungarn. Innerhalb der Region Lateinamerika dominiert vor allem der Handel Deutschlands mit Brasilien und Mexiko, mit denen über 70 % des Handelsvolumens innerhalb dieser Staatengruppe erwirtschaftet wird.[554]

Während Brasilien erst auf Platz 25 und Mexiko auf Platz 32 der deutschen Handelspartner rangieren, folgen die übrigen Staaten der Region erst auf abgeschlagenen Rängen. Vor dem Hintergrund des in dieser Region vorzufindenden Potenzials scheinen diese Werte mehr als marginal, doch ist auf das insgesamt niedrige Ausgangsniveau des Wachstums hinzuweisen. Für die Länder der Region wiederum zählt Deutschland zu den wichtigsten Handelspartnern, wenn auch mit großem Rückstand zu den USA bzw. den jeweiligen Nachbarstaaten.

---

553 Quelle: Brasilianische Botschaft.

554 Eigene Berechnungen nach: Statistisches Bundesamt.

Wie auch beim Außenhandel stiegen die deutschen Direktinvestitionen bis in die Mitte der 80er Jahre mit Lateinamerika stetig an. Dreiviertel dessen, was die deutschen Unternehmen in Entwicklungsländer investierten, floss nach Lateinamerika, der Großteil (70 %) ging nach Brasilien. Ende der 70er Jahre waren die Bestände an deutschen Direktinvestitionen in Lateinamerika noch zehnmal so hoch wie in Asien. Heute sind sie nur noch dreimal höher.[555] Die jüngste sich vollziehende ökonomische Aufholjagd der Region wurde jedoch von der deutschen Wirtschaft nicht ausreichend beachtet. So erlaubte die Ausrichtung auf die neuen EU-Mitgliedstaaten und China nicht genug Augenmerk für diese traditionell mit der deutschen Wirtschaft eng verbundene Region. Dennoch gilt dies anscheinend nicht für alle Unternehmen. Denn der Bestand der deutschen Direktinvestitionen in der Region hat auch in den letzten Jahren weiter zugenommen, wobei sich das Zuwachstempo verringerte. Unter Berücksichtigung der Reinvestitionen und der Investitionen über Drittländer nimmt Deutschland nach den USA und Spanien den dritten Platz als Herkunftsland für Direktinvestitionen ein. Dabei konzentriert sich der Großteil der deutschen Direktinvestitionen in der Region auf die beiden Schlüsselländer Lateinamerikas. Auf Brasilien, dessen Metropole Sao Paulo mit ca. 800 dort ansässigen deutschen Unternehmen der größte deutsche Industriestandort außerhalb der Staatsgrenzen ist, entfallen 42 % der gesamten deutschen Direktinvestitionen, auf Mexiko 28 %. Es folgen mit weitem Abstand Argentinien (4,3 %), Chile (1,9 %), Venezuela (1,8 %) und Kolumbien (1,3 %).[556] Beim Ausbau des deutschen Engagements in Lateinamerika spielt allerdings der Zufluss neuer Mittel aus Deutschland schon lange nicht mehr die Hauptrolle. Denn die in Lateinamerika angesiedelten deutschen Tochterunternehmen finanzieren Ersatz- bzw. Neuinvestitionen überwiegend aus den dort erwirtschafteten Gewinnen. In Brasilien und Mexiko ist deshalb inzwischen der Gesamtwert der Reinvestitionen höher als der kumulierte Direktinvestitionszufluss aus Deutschland.[557]

Die fast 550 Mio. Einwohner zählende Region mit einem BIP von 1,6 Billionen US-Dollar[558] ist für die deutsche Wirtschaft bereits ein wichtiger Handels-, Investitions- und Kooperationspartner. Doch besteht in der sich dynamisch entwickelnden Region – nicht zuletzt wegen der großen Binnenmärkte und reichen Rohstoffvorkommen – weiterhin großes Potenzial für die deutschen Unternehmen.

Mit dem Wissen um das Potenzial dieser sich auf Aufholjagd befindenden Region sollen nun die Ergebnisse der Studie „Going International" zur Zielregion „Lateinamerika" im Fokus der Betrachtungen stehen. Wie bewerten die deutschen Unternehmen diese Zielregion? Welche Gründe motivieren die Unternehmen zum Engagement mit dem Subkontinent? In welcher Form engagieren sie sich? Und wie erfolgreich sind sie? Diese und weitere Fragen gilt es nachfolgend zu beantworten.

---

555 Quelle: Brasilianische Botschaft.

556 iXPOS (Außenwirtschaftsportal der Bundesregierung): Deutsche Unternehmen investieren weiter in Lateinamerika, Köln 2004, in: http://www.ixpos.de.

557 iXPOS (Außenwirtschaftsportal der Bundesregierung): Deutsche Unternehmen investieren weiter in Lateinamerika, Köln 2004, in: http://www.ixpos.de, die darauf hinweisen, dass die umfangreichen Reinvestitionen in den offiziellen lateinamerikanischen Statistiken kaum berücksichtigt werden.

558 Quelle: Auswärtiges Amt.

3. Die Zielregion „Lateinamerika“ im Fokus: Ergebnisse der Studie

3.1 Größenklassen der Unternehmen

Wie bereits die einleitende Bemerkung zur Region zeigt, so spiegeln auch die Ergebnisse der Studie „Going International“ die doch relativ geringe Bedeutung dieser Region für die deutschen Unternehmen wider. Die Zielregion „Lateinamerika“ ist mit 27,2 % die von den befragten Unternehmen am zweitschwächsten frequentierte Region. Damit rangiert die Zielregion „Lateinamerika“ nur knapp vor der Zielregion „Afrika“ und wird weniger als dreimal so stark frequentiert wie die Zielregion „Bisherige EU-15/EFTA“ bzw. weniger als halb so stark wie die Zielregion „Asien/Pazifik“.

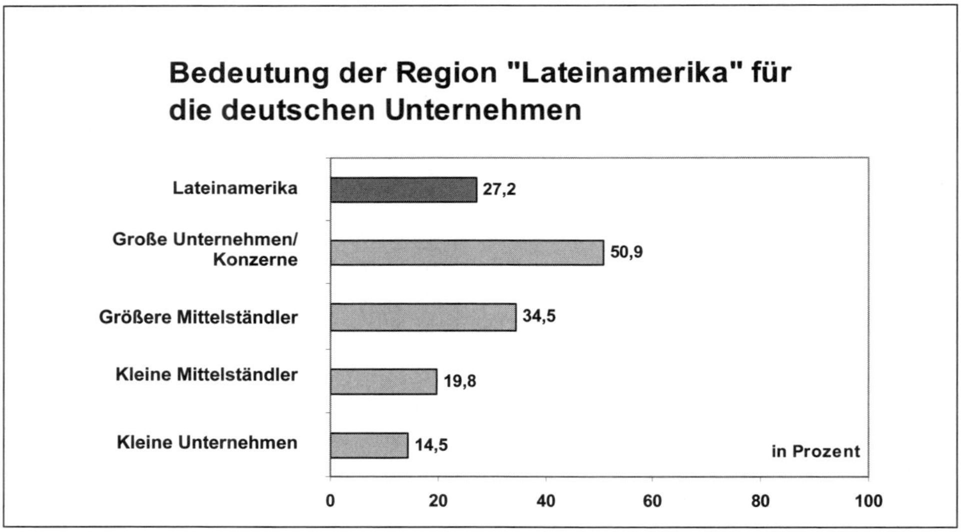

Quelle: Eigene Studie „Going International“
Abbildung 287: *Bedeutung der Region „Lateinamerika“ für die deutschen Unternehmen*

Wie auch in den anderen Regionen sind die großen Unternehmen/Konzerne mit 50,9 % am stärksten vertreten (Abb. 287), gefolgt von den größeren Mittelständlern mit 34,5 %. Damit spielt sich das Engagement der großen Unternehmen/Konzerne und der größeren Mittelständler in der Region „Lateinamerika“ im Vergleich zu den stärker frequentierten Regionen jedoch auf sehr niedrigem Niveau ab. Dieses wird bei den kleinen Mittelständlern und den kleinen Unternehmen noch deutlicher, die nur noch mit knapp 20 % bzw. 14,5 % in der Region „Lateinamerika“ präsent sind. Damit sind in dieser Region im Vergleich zur „Bisherigen EU-15/EFTA“ weniger als ein Viertel der Kleinen Mittelständler und kleinen Unternehmen aktiv bzw. etwa nur ein Drittel im Vergleich zur Region „Asien/Pazifik“.

Das insgesamt extrem niedrige Niveau wird durch das in dieser Region im Vergleich zu den Großunternehmen geringe Engagement sowohl der mittelständischen als auch der kleinen Unternehmen verdeutlicht: Die Region „Lateinamerika“ weist dabei das geringste Verhältnis kleiner Mittelständler zu Großunternehmen aller Zielregionen auf. Dies zeigt erneut das abnehmende Verhältnis der Mittelständler zu den Großunternehmen bei zunehmender Entfernung der Zielregion vom deutschen Heimatmarkt.

Insgesamt bringt dies die von deutschen Unternehmen nachrangige Wahrnehmung dieser Region zum Ausdruck. Dennoch ist auf das – wenn auch von einem niedrigen Niveau ausgehende – dynamische Wachstum sowie das immense Markt- und Rohstoffpotenzial der historisch und kulturell eng mit Deutschland verwobenen Zielregion „Lateinamerika“ hinzuweisen.

3.2 Branchenverteilung

Betrachtet man die Branchenverteilung innerhalb der Region „Lateinamerika“, zeigt sich folgendes Bild (Abb. 288):

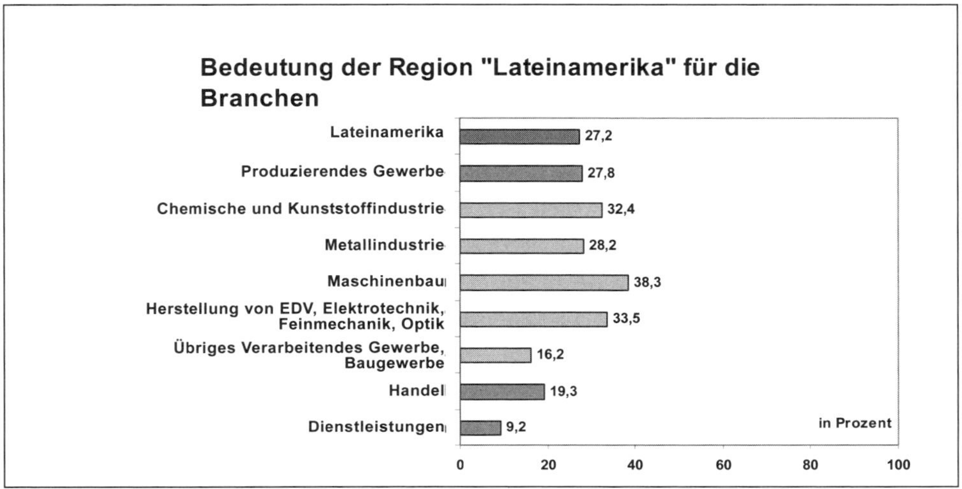

Quelle: Eigene Studie „Going International“
Abbildung 288: *Bedeutung der Region „Lateinamerika“ für die Branchen*

Wie in den vorherigen Regionen ist das produzierende Gewerbe mit knapp 28 % auch in der Zielregion „Lateinamerika“ am stärksten vertreten. Was die Anzahl der dort aktiven Unternehmen anbelangt, nimmt der Maschinenbau mit 38,3 % die Spitzenposition ein, gefolgt von der Herstellung von EDV, Elektrotechnik, Feinmechanik, Optik mit 33,5 % und der Chemischen und Kunststoffindustrie mit 32,4 %. Im Vergleich zu den stärker frequentierten Regionen lässt sich in der Zielregion „Lateinamerika“ jedoch ein deutlich niedrigeres Niveau feststellen. So ist z. B. das produzierende Gewerbe um mehr als 57 Prozentpunkte schwächer vertreten als in der Region „Bisherige EU-15/EFTA“ bzw. um mehr als 30 Prozentpunkte schwächer als in „Asien/Pazifik“.

Der Handel ist mit nur 19,3 % in der Region „Lateinamerika“ und damit um knapp 56 Prozentpunkte schwächer vertreten als in der Region „Bisherige EU-15/EFTA“ und auch weit abgeschlagen im Vergleich zu allen vorangehend beschriebenen Regionen. Auch der Bereich der Dienstleistungen zeigt sich in der Region „Lateinamerika“ von seiner schwachen Seite, wo er weniger als dreimal so schwach vertreten ist wie in der „Bisherigen EU-15/EFTA“, bzw. weniger als halb so schwach wie in „Asien/Pazifik“. Sowohl der Handel als auch die Dienstleistungen sind nur in der Region „Afrika“ weniger stark präsent.

Insgesamt lässt sich in dieser Region damit ein relativ niedriges Niveau feststellen mit signifikanten Unterschieden zu den stärker frequentierten Regionen, was in Anbetracht der traditionellen Verbundenheit mit der deutschen Wirtschaft sowie des neuen Aufbruchs der Region zu überraschen vermag. Diese traditionelle Verbundenheit ist in Lateinamerika jedoch immer noch gesellschaftlich verankert. Dies äußert sich in einem außerordentlich hohen Stellenwert der Marke „Made in Germany“, die seit jeher für Qualität und Prestige stand. Der lateinamerikanische Markt wird durch diese Wahrnehmung permeabel für deutsche Unternehmen und birgt somit enormes Potenzial sowie eine gute Ausgangsposition für deutsche Unternehmen.

3.3 Gründe und Motive für das Engagement

Bei den Beweggründen, die zu einem Auslandsengagement der befragten Unternehmen geführt haben, zeichnet sich für die Zielregion „Lateinamerika“ (Abb. 289) ein im Vergleich zu den Gesamtergebnissen der Studie insgesamt ähnliches Bild ab. Somit sind die wesentlichen Gründe für ein Engagement der Unternehmen, die in der Zielregion „Lateinamerika“ agieren, eindeutig marktorientiert. Die Erschließung neuer Absatzmärkte, die Erschließung neuer Einkaufsmärkte und die Erfüllung von Kundenwünschen bzw. die Nähe zum Kunden sind die meistgenannten Gründe und zwar in deutlich höherem Maße als im Gesamtergebnis der Studie, insbesondere der Grund des Kundenwunsches. Die Unternehmen, die aus dieser Motivation heraus handeln, sehen ihre Anfangserwartungen in der geschäftlichen Praxis als erfüllt an und zwar ebenfalls in noch höherem Maße als im Gesamtergebnis der Studie. Von den Unternehmen, die mit dem Ziel der Erschließung neuer Absatzmärkte Geschäftsbeziehungen zum Ausland aufgebaut haben, haben sich für knapp 92 % die Erwartungen erfüllt. Überdurchschnittlich zufrieden zeigten sich die Unternehmen zudem, wenn sie ein Engagement im Ausland aufgrund eines speziellen Marktes für das Produkt bzw. eines Kundenwunsches aufgenommen haben. Dabei liegt die Zufriedenheitsquote jeweils bei über 83 %. Diese überdurchschnittlichen Erfolgsquoten bei den marktorientierten Motiven belegen die ungeheuer große Akzeptanz der Region für deutsche Produkte. Bei der Erschließung neuer Einkaufsmärkte zeigen sich die Unternehmen im Verhältnis etwas weniger zufrieden. Jedoch sehen immer noch knapp 70 % ihre Erwartungen als erfüllt an.

Im Unterschied zum Gesamtergebnis der Studie wird dem Grund Service/Aftersale wie in der Region „Nordamerika (USA/Kanada)“ eine höhere Bedeutung beigemessen und zeigt, dass der Service bei zunehmender Entfernung der Zielregion vom Heimatmarkt wichtiger wird. Die Unternehmen, die aus dieser Motivation heraus handeln, sehen ihre Erwartungen in dieser Region zudem mit mehr als 76 % in ganz besonderem Maße als erfüllt an.

Neben den vorangehend angeführten Gründen stehen Motive wie geringere Kosten, weniger Regulierungen, weniger Bürokratie, niedrigere Steuern und bessere arbeitsrechtliche Bedingungen. Dabei werden die positiven Erwartungen in den Resultaten meist bestätigt. Die an die Gründe wie niedrigere Zölle, höhere Produktivität, bessere Personalverfügbarkeit, besseres Know-how und eine bessere Infrastruktur im Ausland gestellten Erwartungen werden hingegen im Vergleich zum Gesamtergebnis der Studie in höherem Maße meist nicht erfüllt.

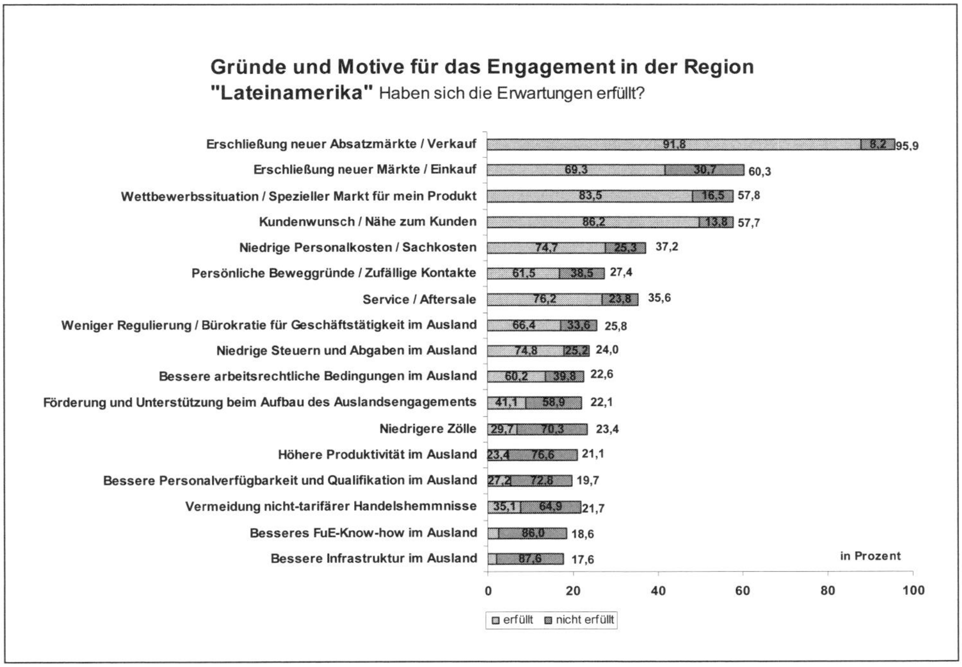

Quelle: Eigene Studie „Going International“
***Abbildung 289:** Gründe und Motive für das Engagement in der Region „Lateinamerika“*

3.4 Formen des Engagements

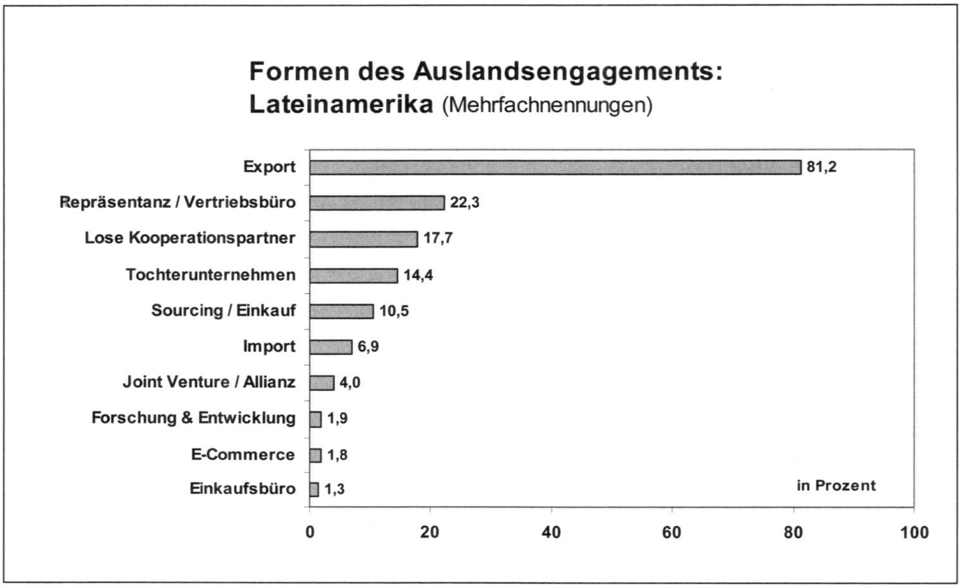

Quelle: Eigene Studie „Going International“
Abbildung 290: *Formen des Auslandsengagements: Lateinamerika*

Innerhalb der Zielregion „Lateinamerika“ steht wie in den zuvor beschriebenen Regionen der Export mit 81 % an erster Stelle (Abb. 290). In der Rangfolge an zweiter Stelle folgen Repräsentanz/Vertriebsbüro, was 22,2 % der befragten Unternehmen in dieser Region angeben. Am dritthäufigsten haben die Unternehmen in dieser Region mit knapp 18 % lose Kooperationspartner, gefolgt von Tochterunternehmen mit 14,4 %. Letztere sind somit prozentual gleichauf mit der Region „Asien/Pazifik“. Sourcing/Einkauf nimmt in der Region „Lateinamerika“ mit 10,5 % Rang fünf ein und liegt damit um 37 bzw. 28 Prozentpunkte unter diesem Engagement in den Regionen „Bisherige EU-15/EFTA“ bzw. „Asien/Pazifik“. Auch dem Import wird mit weniger als 7 % gegenüber 21,4 % in der „Bisherigen EU-15/EFTA“ und 21,9 % in „Asien/Pazifik“ ein relativ geringer Stellenwert eingeräumt.

3.5 Erfolg in der Region

Um herauszufinden, wie erfolgreich deutsche Unternehmen in den unterschiedlichen Regionen der Welt sind, wurde nach der Erfolgsquote des Auslandsgeschäfts in den jeweils bevorzugten Zielmärkten gefragt. Wie die Gesamtübersicht (Abb. 30) zeigt, variiert die Zufriedenheit mit der Geschäftstätigkeit je nach Region erheblich. So liegt die durchschnittliche weltweite Erfolgsquote deutscher Unternehmen bei 75 %. Dabei wird die Region „Lateinamerika“ mit einer Erfolgsquote von 57,1 % (Abb. 291) als die Region mit der geringsten Erfolgsquote bewertet, etwa gleichauf mit der Region „Afrika“. Zur erfolgreichsten Region, der „Bisherigen EU-15/EFTA“, besteht eine Differenz von knapp 40 Prozentpunkten. Aber auch zu den übrigen Zielregionen ist ein deutlicher Aufholprozess zu durchlaufen.

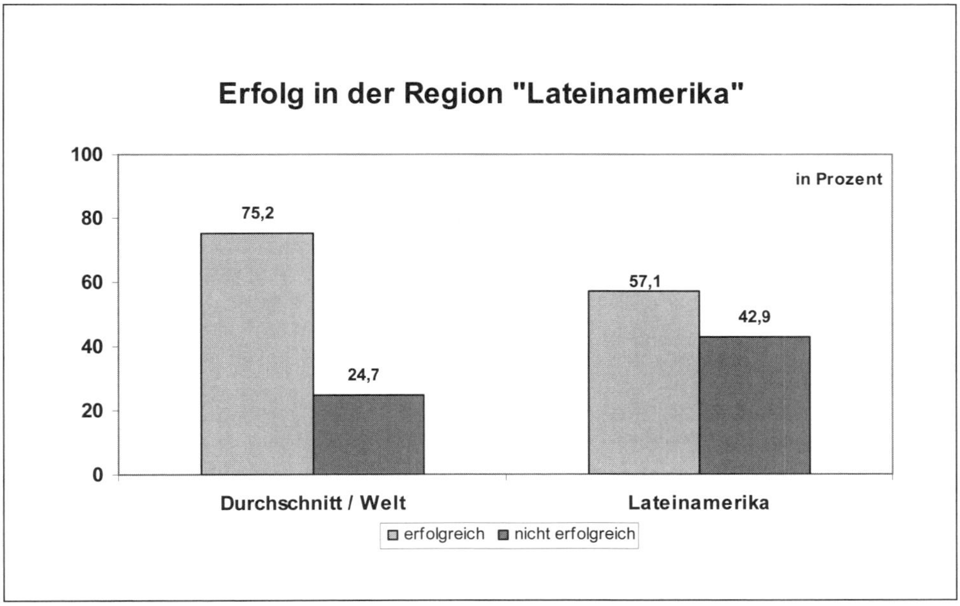

Quelle: Eigene Studie „Going International“
Abbildung 291: *Erfolg in der Region „Lateinamerika“*

3.6 Einschätzung der Geschäftssituation in den Zielländern

Vor dem Hintergrund der geringen Erfolgsquote in der Region stellt sich sodann die Frage, wie die Unternehmen ihre Geschäftsbeziehungen speziell zu den einzelnen Ländern[559] in dieser Region hinsichtlich der aktuellen Geschäftssituation sowie der Einschätzung zukünftiger Geschäftsperspektiven bewerten (Abb. 292).

Dabei wird die gesamte Region Lateinamerika bei der aktuellen Geschäftssituation von 24,9 % und bei der zukünftigen Perspektive von 42,2 % der befragten Unternehmen positiv bewertet. Die aktuelle Geschäftssituation mit Mexiko wird von 20,3 % etwas negativer eingeschätzt, ebenso wie die zukünftige Perspektive (35,3 %). Im Gesamtbild der Studie wird Lateinamerika am dritt- bzw. viertschlechtesten bewertet. Mexiko bildet sowohl bei der Einschätzung der aktuellen Geschäftssituation als auch bei der zukünftigen Perspektive das Schlusslicht.

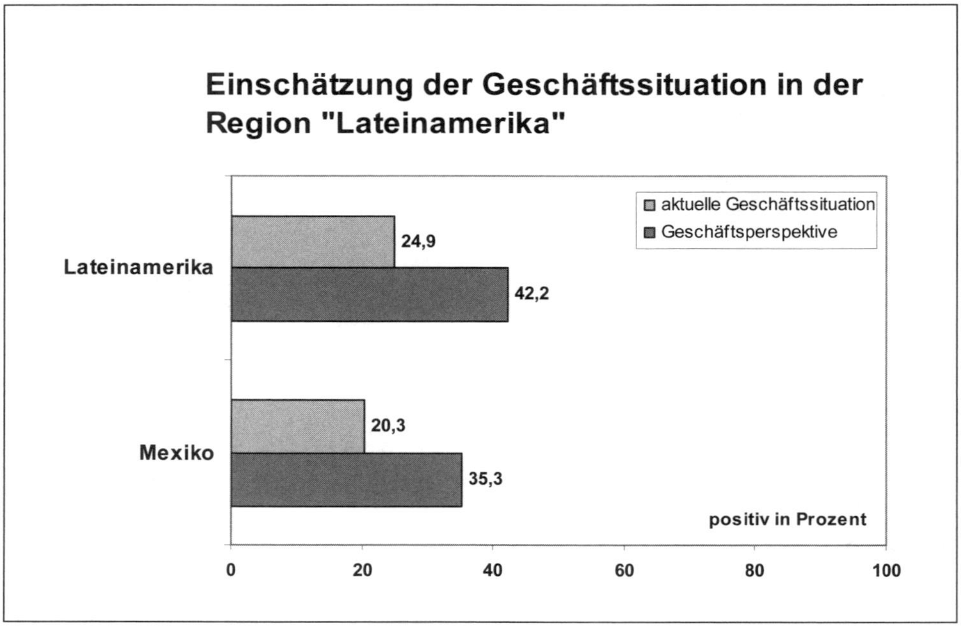

Quelle: Eigene Studie „Going International“
***Abbildung 292:** Einschätzung der Geschäftssituation in der Region „Lateinamerika“*

559 Bei der Befragung wurden insgesamt 30 Zielländer vorgegeben.

Betrachtet man sodann, welche Dynamik (Differenz zwischen der aktuellen Geschäftssituation und der zukünftigen Geschäftsperspektive) die Unternehmen den Geschäftsmöglichkeiten in der Region „Lateinamerika“ zusprechen, so zeigt sich ein positiveres Bild: Lateinamerika gesamt lässt sich auf Rang elf der dynamischsten Länder finden, während Mexiko immerhin auf Rang 18 gleich hinter den skandinavischen Staaten Finnland und Schweden liegt. Um diese Chancen zu nutzen, bedarf es einer gründlichen Vorbereitung des Auslandsengagements.

3.7 Vorbereitungszeit für das Engagement

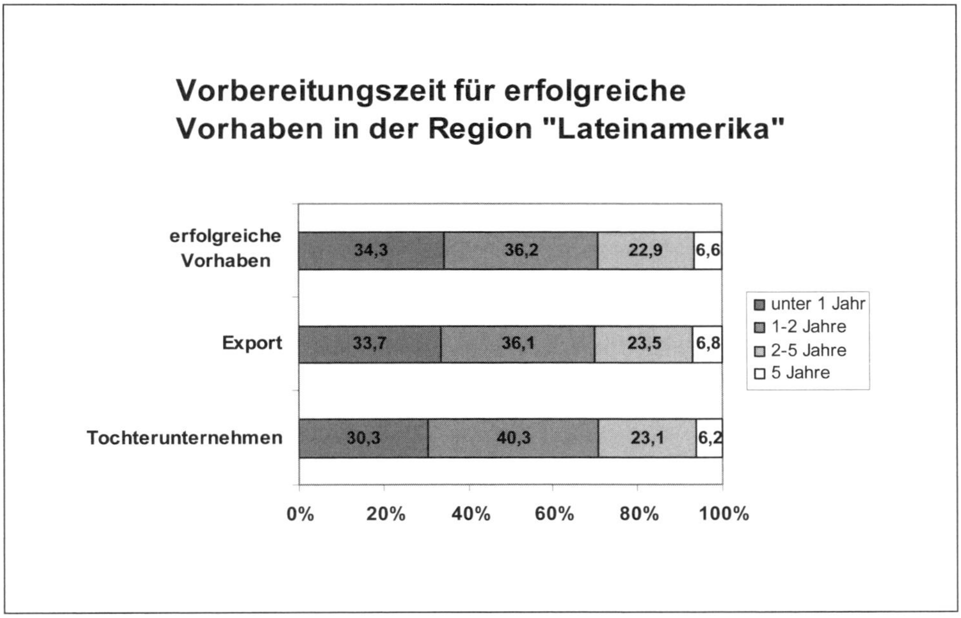

Quelle: Eigene Studie „Going International“
Abbildung 293: *Vorbereitungszeit für erfolgreiche Vorhaben in der Region „Lateinamerika“*

Wie bereits herausgestellt wurde, hat die Zielregion „Lateinamerika“ eine sehr schwache Magnetwirkung und stellt die am zweitschwächsten frequentierte Region dar. Aufgrund der schwierig anmutenden Ausgangssituation und weil sich die Märkte dieser Länder vom deutschen Heimatmarkt unterscheiden, bedarf es einer angemessenen Vorbereitungszeit für erfolgreiche Auslandsgeschäfte. Um ein solches in der Region „Lateinamerika“ zu realisieren, benötigen gut 70 % weniger als ein Jahr bzw. zwischen ein bis zwei Jahren Planungszeit, während immerhin knapp 30 % eine Vorbereitungszeit von mehr als zwei Jahren benötigen (Abb. 293), womit diese Region als die mit der längsten Vorbereitungszeit hervorgeht.

Durchschnittliche Vorbereitungszeit für erfolgreiche Exportaktivitäten in der Region "Lateinamerika"
2 Jahre **(min. 1,4 Jahre; max. 2 Jahre)**

Quelle: Eigene Studie „Going International“
Abbildung 294: *Durchschnittliche Vorbereitungszeit für erfolgreiche Exportaktivitäten in der Region „Lateinamerika“*

Der differenzierte Blick auf die Vorbereitungszeit in der Region „Lateinamerika“ getrennt nach Export und Tochterfirmen liefert das gleiche Ergebnis: Auch hier sind etwa 70 % der Unternehmen innerhalb von ein bis zwei Jahren Vorbereitungszeit erfolgreich aktiv. Die durchschnittliche Vorbereitungszeit für erfolgreiche Exportaktivitäten in der Region „Lateinamerika“ liegt bei zwei Jahren (Abb. 294). Damit entspricht die Vorbereitungszeit in der Region „Lateinamerika“ der der Regionen „Nordamerika (USA/Kanada)“ und „Asien/ Pazifik“. Und dennoch bedarf es nur einer unwesentlich längeren Vorbereitungszeit als in der Region „Bisherige EU-15/EFTA“, für die eine durchschnittliche Vorbereitungszeit für erfolgreiche Exportaktivitäten von 1,4 Jahren ermittelt wurde.

3.8 Produktanpassung

Zur erfolgreichen Platzierung eines Produktes/einer Dienstleistung sind die spezifischen Markt- und Landesbedingungen von immenser Bedeutung. Dies wird in der Region „Lateinamerika“ noch deutlicher als im Gesamtergebnis der Studie. Denn der Anteil der in Lateinamerika aktiven Unternehmen, der seine Produkte oder Dienstleistungen an die Gegebenheiten des Marktes angepasst hat, weist im Vergleich zum Gesamtergebnis der Studie eine positive Abweichung von mehr als fünf Prozentpunkten auf (Abb. 295).

Damit wird deutlich, dass dieser Punkt mit zunehmender geografischer Entfernung, wie bereits bei den Regionen „EU-Bewerberländer, Russland, GUS“, „Asien/Pazifik“ und „Nordamerika“ aufgezeigt wurde, auch bei der Vorbereitung des Engagements in der Region „Lateinamerika“ besonders zu beachten ist.

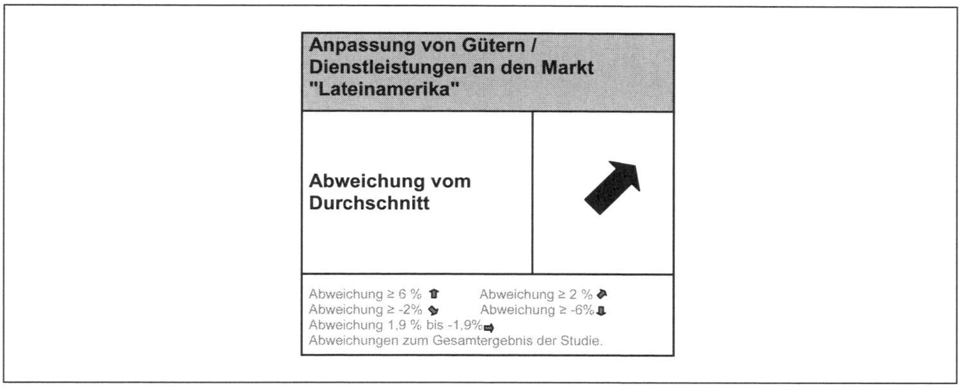

Quelle: Eigene Studie „Going International“
Abbildung 295: *Anpassung von Gütern/Dienstleistungen an den Markt „Lateinamerika“*

3.9 Besetzung der Führungspositionen

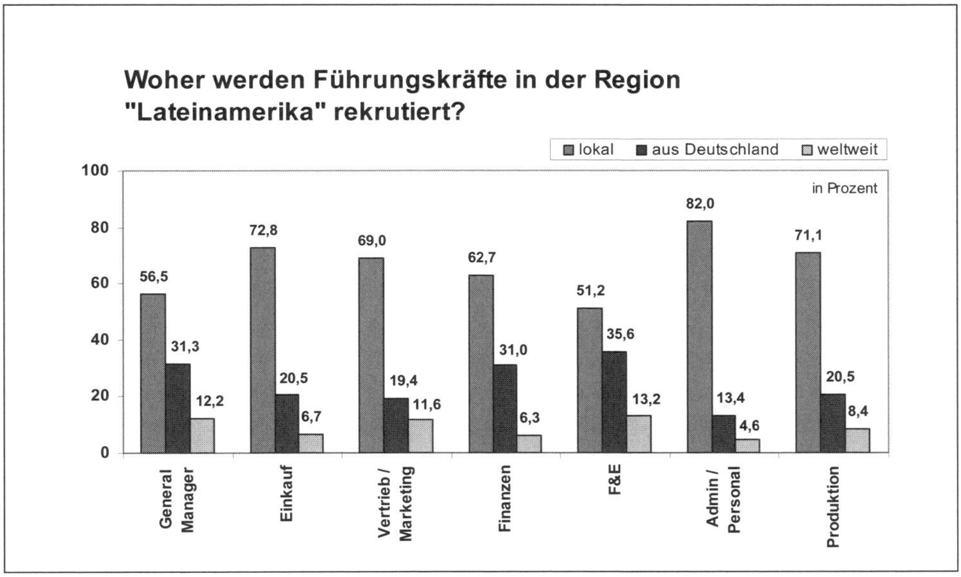

Quelle: Eigene Studie „Going International“
Abbildung 296: *Besetzung der Führungspositionen in der Region „Lateinamerika“*

Neben einem überzeugenden Produkt sind es auch kompetente und qualifizierte Mitarbeiter, die einen großen Beitrag zum Gelingen des Auslandsgeschäfts beitragen. Auf die Frage, ob die Unternehmen in den Auslandsniederlassungen mit deutschen, ausländischen oder lokalen Führungskräften arbeiten, ergibt sich für die Unternehmen, die in der Region „Lateinamerika“ aktiv sind, das folgende Bild (Abb. 296).

Wie auch im Gesamtergebnis der Studie geht aus der Abbildung hervor, dass die deutschen Unternehmen in der Region „Lateinamerika“ in sämtlichen Unternehmensbereichen Führungskräfte aus dem jeweiligen Zielland einsetzen (durchschnittlich 66,5 %), vor allem in den Bereichen Administration/Personal, Einkauf, Produktion und Vertrieb/Marketing. Auf deutsche Manager wird demgegenüber nur in einem geringen Maße (durchschnittlich 24,5 %) zurückgegriffen.

3.10 Probleme

Die Region „Lateinamerika“ weist im Vergleich zum Gesamtergebnis der Studie eine unterdurchschnittliche, ja sogar die geringste Erfolgsquote auf (s. Kap. 3.5) und hat zur erfolgreichsten Region „Bisherige EU-15/EFTA“ deutlich aufzuholen. Somit gilt es, die generellen Probleme beim Auf- und Ausbau des Auslandsengagements zu hinterfragen – in dieser Betrachtung beschränkt auf die zehn am häufigsten genannten Probleme.

Vor dem Hintergrund der Erfolgsquote zeigt sich hinsichtlich der Probleme ein plausibles Bild für diese Region (Abb. 297). Somit sind bei den Unternehmen, die in der Region „Lateinamerika“ aktiv sind, die zehn am häufigsten genannten Probleme nahezu identisch mit dem Gesamtergebnis der Studie – lediglich die Probleme der hohen Transportkosten sowie der schwierigen Finanzierung werden von den Problemen eines hohen Wechselkursrisikos sowie Anpassung der Produkte/Dienstleistungen an die Markterfordernisse überschattet.

Dabei fällt jedoch auf, dass alle zehn Probleme von weitaus mehr (Abweichung $\geq$ 6 %) der befragten Unternehmen als solche angesehen wurden als im Gesamtergebnis der Studie – ebenso wie in der Region „Afrika“. Auch die Region „EU-Bewerberländer, Russland, GUS“ zeichnet ein ähnlich negativ belastetes Bild.

Es kann festgehalten werden, dass die Unternehmen, die in der Region „Lateinamerika“ aktiv sind, die schlechtesten Erfolgsquoten aufweisen und den zehn am häufigsten genannten Problemen gar in überaus verstärktem Maße begegnen. Und auch wenn sich die Länder innerhalb dieser Region einem unumgänglichen Aufholprozess gegenübersehen und vor allem an den strukturellen Rahmenbedingungen arbeiten müssen, so sind die genannten Probleme – abgesehen vom schwierigen Forderungseinzug und dem hohen Wechselkursrisiko – doch häufig hausgemacht und durch das Fehlen einer Marktstrategie sowie eines individuellen Marketingkonzepts gekennzeichnet.

Probleme beim Aufbau von Geschäftsbeziehungen in der Region „Lateinamerika": Top 10	
1. Konkurrenz im jeweiligen Markt	⬆
2. Suche/Auswahl verlässlicher Partner	⬆
3. Eigene Preise im Ausland zu hoch	⬆
4. Kontakte	⬆
5. Beschaffung verlässlicher Marktinformationen schwierig	⬆
6. Marktbearbeitung schwierig	⬆
7. Forderungseinzug schwierig	⬆
8. Wechselkursrisiko zu hoch	⬆
9. Sprachen	⬆
10. Anpassung der Produkte/Dienstleistungen an Markterfordernisse	⬆

Abweichung ≥ 6 % ⬆ Abweichung ≥ 2 % ⬈
Abweichung ≥ -2% ⬊ Abweichung ≥ -6% ⬇
Abweichung 1,9 % bis -1,9% ➡
Abweichungen zum Gesamtergebnis der Studie.

Quelle: Eigene Studie „Going International“
Abbildung 297: *Probleme beim Aufbau von Geschäftsbeziehungen in der Region „Lateinamerika“: Top 10*

3.11 Erfolgsfaktoren

Nachdem aufgezeigt wurde, dass die Unternehmen in der Region „Lateinamerika“ im Vergleich zum Gesamtergebnis der Studie wesentlich weniger erfolgreich agieren und sich in höherem Maße mit Problemen konfrontiert sehen, ist auch die andere Seite der Medaille zu betrachten. Somit stellt sich die Frage nach den Erfolgsfaktoren in dieser Region.

Dabei ergibt sich für diese Region ein von den Gesamtergebnissen der Studie unterschiedliches Bild. Während die Wahl des richtigen Partners, ein spezifisches Geschäftskonzept für den Zielmarkt sowie ein früher Markteintritt im Einklang mit den Gesamtergebnissen der Studie bewertet werden, wird der Preis als weniger entscheidendes Kriterium für den Erfolg

Erfolgsfaktoren	Abweichung in der Region „Lateinamerika“
Produktqualität	↗
Wahl des richtigen Partners im neuen Zielmarkt	→
Gründliche Marktkenntnis	↑
Preis	↘
Qualifizierte Mitarbeiter	↑
Service	↑
Technologievorsprung	↑
Spezifisches Geschäftskonzept für den Zielmarkt	→
Räumliche Nähe zum Kunden	↗
Früher Markteintritt	→

Abweichung ≥ 6 % ↑ Abweichung ≥ 2 % ↗
Abweichung ≥ -2% ↘ Abweichung ≥ -6% ↓
Abweichung 1,9 % bis -1,9% →
Abweichungen zum Gesamtergebnis der Studie.

Quelle: Eigene Studie „Going International“
Abbildung 298: *Erfolgsfaktoren in der Region „Lateinamerika“*

angesehen. Letzteres mag verwundern, wird ein zu hoher Preis von den in dieser Region aktiven Unternehmen doch als überdurchschnittliches Problem angesehen, ebenso wie in der Zielregion „Nordamerika (USA/Kanada)“.

Demgegenüber kommen sechs der zehn Erfolgsfaktoren eine noch höhere Bedeutung zu als im Gesamtergebnis der Studie. Als überdurchschnittlich wichtig wird der Erfolgsfaktor der Produktqualität bewertet, so dass eine konsequente Produkt- und Qualitätspolitik von entscheidender Bedeutung ist. Auch die räumliche Nähe zum Kunden wird in höherem Maße als im Gesamtergebnis der Studie bewertet – wird dies doch auch bereits wie in der Region „Nordamerika (USA /Kanada)“ als noch wichtigeres Motiv für den Schritt auf den Subkontinent betrachtet, bei einer gleichzeitig überdurchschnittlichen Zufriedenheitsquote.

Besondere Bedeutung erlangen die Erfolgsfaktoren der qualifizierten Mitarbeiter, Service und Technologievorsprung, die eine signifikante Abweichung vom Gesamtergebnis der Studie aufzeigen und zudem mit dem Erfolgsfaktor der Produktqualität korrespondieren. Die Bedeutung des Service wird erneut betont, denn im Vergleich zum Gesamtergebnis der Studie stellt der Service ein noch wichtigeres Motiv für den Schritt auf den lateinamerikanischen Markt mit überdurchschnittlicher Zufriedenheitsquote dar.

Besonders bedeutend und als Garant für den Erfolg gilt zudem eine gründliche Marktkenntnis. Da sich die Beschaffung verlässlicher Marktinformationen in dieser Region als besonders problematisch herausstellt (s. Kap. 3.10), ist darauf besonderes Augenmerk zu richten – eine Situation, wie sie sich auch in den Regionen „EU-Bewerberländer, Russland, GUS“ sowie „Nordamerika (USA/Kanada)“ zeigt.

3.12 Kernaussagen

Die Ergebnisse zur Zielregion „Lateinamerika“ lauten pointiert wie folgt:

- Die Region „Lateinamerika“ ist die am zweitschwächsten frequentierte Region mit deutlicher Differenz zu den stärker frequentierten Zielregionen. Dies schlägt sich bei allen Unternehmensgrößen nieder. Dabei ist das Verhältnis der mittelständischen und kleinen Unternehmen zu den Großunternehmen das geringste aller Zielregionen. Branchenmäßig dominiert der Maschinenbau, gefolgt von der Herstellung von EDV, Elektrotechnik, Feinmechanik und Optik. Es lässt sich bei den Branchen insgesamt ein sehr niedriges Niveau feststellen, so vor allem beim Handel und den Dienstleistungen.
- Die Gründe und Motive für das Engagement in der Region sind eindeutig marktorientiert, wobei die Erwartungen in überdurchschnittlich hohem Maße erfüllt werden. Der Nähe zum Kunden sowie dem Service/Aftersale kommen in der Region „Lateinamerika“ wie in der Region „Nordamerika (USA/Kanada)“ eine noch höhere Bedeutung zu, bei gleichzeitig überdurchschnittlich hoher Zufriedenheitsquote.
- Die bevorzugte Form des Auslandsengagements ist der Export. Tochterunternehmen wird prozentual derselbe Stellenwert eingeräumt wie in der Region „Asien/Pazifik“, während Sourcing/Einkauf und Import von geringerer Bedeutung sind.
- Die Unternehmen, die auf diesem Markt agieren, zeigen sich im Vergleich zum Gesamtergebnis der Studie unterdurchschnittlich erfolgreich. „Lateinamerika“ wird als die Region mit der geringsten Erfolgsquote bewertet, doch wird nur eine unwesentlich längere Vorbereitungszeit aufgewendet als z. B. zur geografisch viel näher gelegenen Region „Bisherige EU-15/EFTA“.
- Führungskräfte werden in allen Managementbereichen überwiegend lokal rekrutiert; deutsche Führungskräfte kommen eher selten zum Einsatz.
- Der Anpassung von Produkten/Dienstleistungen kommt im Vergleich zum Gesamtergebnis der Studie eine noch größere Bedeutung zu.
- Acht der zehn am häufigsten genannten Probleme sind identisch mit dem Gesamtergebnis der Studie. Insgesamt treten die genannten Probleme in deutlich verstärktem Maße auf,

könnten jedoch durch einen entsprechenden Markterschließungsplan und eine Marktstrategie deutlich minimiert oder gar ausgeräumt werden.

- Um in dieser Region erfolgreich zu sein, sind die im Gesamtergebnis der Studie angegebenen Erfolgsfaktoren zumeist in ausführlicherem Maße zu berücksichtigen. Besondere Beachtung verdienen in der Region „Lateinamerika“ vor allem eine gründliche Marktkenntnis, qualifizierte Mitarbeiter, Service und der Technologievorsprung.

Damit zeigen die Ergebnisse der Studie „Going International“ ein ernüchterndes Bild zur Zielregion „Lateinamerika“. Dies vermag zu überraschen, ist die Region doch traditionell eng mit der deutschen Wirtschaft verwoben. Zudem scheinen die von der sich auf Aufholjagd befindenden Region ausgehenden Chancen – hohe Wachstumsraten, Markt- und Rohstoffpotenzial sowie der hohe Bildungsstand der Lateinamerikaner – von den deutschen Unternehmen bisher nicht in adäquatem Maße beachtet zu werden. Auch wenn profunde Kenntnisse des Marktes für ein erfolgreiches Agieren in dieser Regionen wie auch in den übrigen Regionen unumgänglich sind, so bietet doch das den deutschen Unternehmen anhaftende positive Image eine günstige Ausgangslage für den Schritt auf die lateinamerikanischen Märkte. Der Blick auf die folgenden Länderbetrachtungen dürfte dieses Bild bestätigen.

4. Brasilien

Quelle: CIA
***Abbildung 299:** Brasilien*

Landesinformationen/Politik[560]

Amtliche Bezeichnung	Föderative Republik Brasilien (República Federativa do Brasil)

560 Zusammenstellung auf Basis von Informationen des Auswärtigen Amtes, Stand Juni 2005.

Fläche	8,5 Mio. qkm; 47 % Fläche des südamerikanischen Kontinents
Bevölkerung	182,5 Millionen, Wachstum 1,3 % p.a.; ethnische Vielfalt, regional unterschiedlich. Prädominant europäisch, afrikanische Minoritäten, indianische Komponente
Bevölkerungsdichte[561]	22 Einwohner/qkm
Hauptstadt	Brasília, 450.000 Einwohner (Bundesdistrikt 2,2 Mio. Einwohner)
Religionszugehörigkeit	überwiegend römisch-katholisch; zunehmend protestantische Gruppen und Sekten; verbreitet synkretistisch-animistische Kulte
Nationalfeiertag	7. September, Unabhängigkeitstag
Landessprache	portugiesisch in brasilianischer Variante
Staatsform	Präsidiale Föderative Republik
Staatsoberhaupt und Regierungschef	Luiz Inácio Lula da Silva
Wirtschaftsminister	Antonio Palocci, seit 2003
Politische Situation	Regierungsparteien: Lose Mitte-Links-Koalition mit wechselnder parlamentarischer Unterstützung PT (Partei der Arbeiter) – Partei des Präsidenten, Mitte links, Gewerkschaftsbewegung; PMDB (Partei der Demokratischen Bewegung Brasiliens), Sammelbewegung, Mitte rechts; PP (Progressive Partei), PTB (Partei der Arbeit), PL (Liberale Partei), PSB (Sozialisische Partei Brasiliens); weitere kleine Parteien Oppositionsparteien: PFL (Partei der Liberalen Front), konservativ, wirtschaftsfreundlich; PSDB (Partei der brasilianischen sozialen Demokratie), Zentrum
Währung[562]	Brasilianischer Real, Einheit: Centavos 1 Brasilianischer Real = 0,38161 Euro 1 Euro (EUR) = 2,62050 Brasilianischer Real (BRL)

Sonstiges

Wachstumsbranchen- und märkte[563]	Erdöl und Erdgas, Landwirtschaft, Stahl, Papier und Zellstoff, Informationstechnologie, Mobilfunk, Flex-Fuel-Kfz

561 Bfai: Brasilien – Wirtschaftsdaten kompakt, Stand November 2005.

562 http://www.oanda.com/convert/classic, Stand 26.04.2006.

Mitgliedschaft in internationalen Organisationen	u. a. Vereinte Nationen (Gründungsmitglied), VN-Sonderorganisationen, Weltbank, IWF, WTO, Organisation amerikanischer Staaten, Mercosur
Hermes-Entgeltkategorie[564]	5
Korruption[565]	Rang 62 (von 158)

Politische Trends[566]

Das Wahljahr 2002 war von einem entscheidenden Wechsel geprägt: Fernando Henrique Cardoso, Kandidat der sozialdemokratischen Partei (PSDB) und Staats- und Regierungschef seit 1994, verlor die Präsidentschaftswahl im Oktober und Luiz Inácio Lula da Silva konnte nach einem überwältigen Wahlsieg sein Amt antreten. Seitdem wird Brasilien von einer Mitte-Links-Koalition mit wechselnder parlamentarischer Unterstützung regiert. Die hohen Zustimmungsraten zu Beginn Lula da Silvas Amtszeit konnten allerdings nicht lange gehalten werden – erst recht nicht, nachdem die Regierung im Sommer 2005 von einer der schwersten Regierungskrisen erschüttert wurde. Robert Jefferson, Vorsitzender der Koalitionspartei PTB, warf Lula da Silvas Partei PT Korruption vor. Ob Präsident Lula da Silva sich bei der nächsten Präsidentschaftswahl im Herbst 2006 behaupten kann, wird sich zeigen. Eine persönliche Verwicklung konnte zwar bisher nicht nachgewiesen werden, aber das Ansehen des Präsidenten litt stark unter den Vorwürfen.

In Lula da Silvas Regierungsprogramm stehen die wirtschaftliche Stabilisierung des Landes und der Kampf gegen die Armut an erster Stelle. In Brasilien leben ca. 18 % der Brasilianer am Rande bzw. unterhalb des Existenzminimums. Demgegenüber steht eine sehr reiche und politisch einflussreiche Oberschicht. Der Gestaltungsspielraum des Präsidenten bei der Reformpolitik ist nach dem Austritt zweier Koalitionspartner 2004 aus dem Regierungsbündnis stark eingeschränkt. Die Regierung verfügt nur noch über eine knappe Mehrheit im Parlament. Im Senat ist sie bereits in der Minderheit.

Im ersten Halbjahr 2006 wird sich auch der Wahlkampf um die zentralen Bereiche wirtschaftliche Stabilität, Arbeitsmarkt- und Steuerreform und um die Bekämpfung der Inflation drehen. Doch auch die starken sozialen und regionalen Gegensätze erfordern Reformen: Die unausgewogene Einkommensverteilung und die Diskrepanz zwischen dem Norden des Landes, der für Rückstand, Armut und Unterentwicklung steht, und dem Süden, der wirtschaftlichen Fortschritt verkörpert, erfordern Reformen.

563 Bfai: Brasilien – Wirtschaftstrends 2006. Gesamtwirtschaftlicher Ausblick, Stand Dezember 2005.

564 http://www.agaportal.de/pages/aga/deckungspolitik/laenderklassifizierung.html.

565 Corruption Perceptions Index 2005 nach Transparency International, in: http://www.transparency.org; Rang 1 = keine Korruption, Deutschland: Rang 16.

566 Texte zusammengestellt auf Basis des Auswärtigen Amtes, der Bundesagentur für Außenwirtschaft, der Bayerischen Landesbank und der Industrie- und Handelskammer Region Stuttgart.

Im internationalen Kontext setzte sich Präsident Lula da Silva für eine Stärkung der Beziehungen zu den südamerikanischen Nachbarländern und eine ausgewogene multilaterale Weltordnung ein. Gerade die Stärkung der Entwicklungs- und Schwellenländer sowie die Rolle portugiesischsprachiger Staaten in der Welt stehen im Vordergrund. Der Mercosur soll dabei die starke Rolle der USA ausgleichen, wobei die brasilianisch-amerikanischen Beziehungen vor allem durch divergierende Auffassungen zu globalen Fragen gekennzeichnet sind. Brasilien strebt zudem zusammen mit Deutschland, Indien und Japan (G-4) eine Erweiterung des Sicherheitsrats um sechs ständige und vier wechselnde Mitglieder an.

Volkswirtschaftliche Kennzahlen[567]

Binnenwirtschaftliche Indikatoren		2003	2004	2005s	2006p
BIP pro Kopf	USD	2.825	3.280	4.200	4.950
BIP	Mrd. USD	505,4	602,9	774,2	923,0
Wachstumsrate BIP, real	%	0,5	4,9	2,5	2,2
Inflationsrate	%	14,7	6,8	6,9	5,8
Arbeitslosenquote	%	12,3	11,5	9,9	9,5

Beitrag zum BIP: Landwirtschaft (Primärsektor) 10 %, Industrie (Sekundärsektor) 22 %, Dienstleistungen (Tertiärsektor) 58 %

Finanzindikatoren					
Auslandsverschuldung (brutto	Mrd. USD	214,5	201,4	190,0	180,0
	% des BIP	42,4	33,4	24,5	19,5
Haushaltssaldo	% des BIP	3,6	2,5	3,1	2,9

Wirtschaftliche Trends

Brasiliens Wirtschaft verzeichnete zum Jahresende 2004 eine positive Entwicklung, die aber 2005 nicht ganz gehalten werden konnte. Das Bruttoinlandsprodukt wuchs im Jahr 2004 um 4,9 % nach nur 0,5 % im Vorjahr (Abb. 300). Bei einem Bevölkerungswachstum von 1,4 % bedeutet dies eine Steigerung der Wirtschaftsleistung pro Kopf um 3,5 %. Brasiliens Wirtschaft profitierte vor allem vom weltweiten Aufschwung, der sich in steigenden Rohstoffex-

[567] Zusammenstellung auf Basis von Informationen der Bayerischen Landesbank, Stand Februar 2006.

porten und Industriegüterexporten niederschlug. Auch die Inlandsnachfrage wurde durch zunehmende Beschäftigung und höhere Realeinkommen stimuliert. 2005 konnte das steile Wachstumstempo aufgrund der gestiegenen Landeswährung Real, der Erhöhung der Leitzinsen und der Verunsicherung in der Unternehmerschaft wegen des Korruptionsskandals nicht ganz gehalten werden. Die Wachstumsrate des Bruttoinlandsproduktes belief sich deshalb nur auf 3,3 % (Abb. 300).

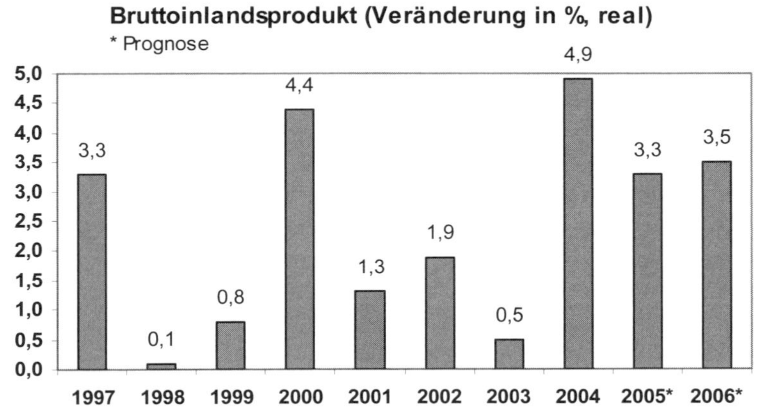

Quelle: Bfai
Abbildung 300: *Entwicklung des Bruttoinlandsproduktes in Brasilien*

Die Erwartungen an das Geschäftsjahr 2006 sind positiv: Die weitere wirtschaftliche Entwicklung bleibt voraussichtlich stabil und es wird mit einer Wachstumsrate des Bruttoinlandsproduktes von 3,5 % gerechnet (Abb. 300). Mit dem Wachstum des Bruttoinlandsprodukts sollen neue Arbeitsplätze einhergehen. Einen wichtigen Beitrag zum BIP-Wachstum leisten dabei der Konsum und die steigenden Realeinkommen: Für 2006 wird eine Ausweitung des Gesamteinkommens um ca. 5 % prognostiziert, was einen Zuwachs von 12 % seit 2004 bedeuten würde. Insbesondere der Einzelhandel könnte von dieser Entwicklung profitieren. Schon jetzt entstehen immer mehr neue Einkaufszentren in Brasilien.

Auch angesichts des Preisauftriebs im Jahr 2004 darf Entwarnung gegeben werden. Die Inflationsrate lag 2005 niedriger als in den Jahren zuvor. Auch die Aussichten für die Geldwertstabilität haben sich für 2006 nachhaltig verbessert. Die Geldwertstabilität ist in Brasilien immer noch ein Politikum. Lula da Silva ist für seine Hochzinspolitik in der Vergangenheit scharf kritisiert worden – Brasiliens Realzinsen liegen auf internationalem Rekordniveau. Mitte Januar hat die Zentralbank nun den Leitzins SELIC auf 17,25 % gesenkt und Beobachter sehen auch im Jahr 2006 Raum für niedrigere Zinsen.

Außenwirtschaftliche Kennzahlen[568]

Außenwirtschaftliche Indikatoren		2003	2004	2005s	2006p
Warenexporte	Mrd. USD	73,1	96,5	118,3	120,0
Warenimporte	Mrd. USD	48,3	62,8	73,5	85,0
Handelsbilanzsaldo	Mrd. USD	24,8	33,7	44,8	35,0
Leistungsbilanzsaldo	Mrd. USD	4,2	11,7	14,3	7,5
	% des BIP	0,8	1,9	1,8	0,8
Deutsche Einfuhr aus Brasilien	Mio. Euro	3.959	4.668	5.620	k. A.
Deutsche Ausfuhr nach Brasilien	Mio. Euro	4.097	4.644	5.450	k. A.

Außenhandel

Brasiliens Außenwirtschaft zeigt sich generell wenig anfällig gegenüber externen Einflüssen. Ein Grund für diese Entwicklung ist die Leistungsbilanz, die durch den für brasilianische Verhältnisse gigantischen Handelsbilanzüberschuss weiter aktiviert wurde. 2004 konnte ein Überschuss von 11,7 Mrd. US-Dollar eingefahren werden, der 2005 erneut auf 14,3 Mrd. US-Dollar gesteigert werden konnte. Brasilien verzeichnet also beträchtliche Überschüsse im Außenhandel. Dank dieser Überschüsse konnten die noch beim Internationalen Währungsfonds angefallenen Schulden zurückgezahlt werden, wodurch sich die Regierung Lula da Silva neue Handlungsspielräume geschaffen hat und ein Signal der Stärke aussenden konnte. Wurde das Land noch vor wenigen Jahren als ausfallgefährdet angesehen, so hat sich die Situation jetzt nach der Verbesserung der außenwirtschaftlichen Bilanzen nachhaltig verbessert.

Wichtigster Handelspartner Brasiliens sind die USA (Abb. 301 und 302). Deutschland ist nach den USA und Argentinien wichtigster Handelspartner Brasiliens. Demgegenüber ist der Anteil Brasiliens am deutschen Außenhandel mit rund 0,7 % aller Exporte und knapp 1 % der Importe in 2005 relativ gering. Dabei zeigt die Entwicklung des deutsch-brasilianischen Außenhandels ein interessantes Bild (Abb. 303). Waren die deutschen Einfuhren aus Brasilien zu Beginn der 90er Jahre deutlich höher als die Ausfuhren, kehrte sich dieses Verhältnis im Zeitraum von 1995 bis 2003 um. Seitdem ist jedoch wieder ein deutlicher Anstieg der Importe aus Brasilien zu verzeichnen. Brasilien belegte 2005 nach Portugal und Südafrika Rang 25 in der Außenhandelsstatistik und ist somit Deutschlands wichtigster Handelspartner innerhalb der Region Lateinamerika. Die brasilianische Metropole São Paulo ist zudem der größte deutsche Industriestandort außerhalb der Staatsgrenzen.

568 Zusammenstellung auf Basis von Informationen der Bayerischen Landesbank, Stand Februar 2006.

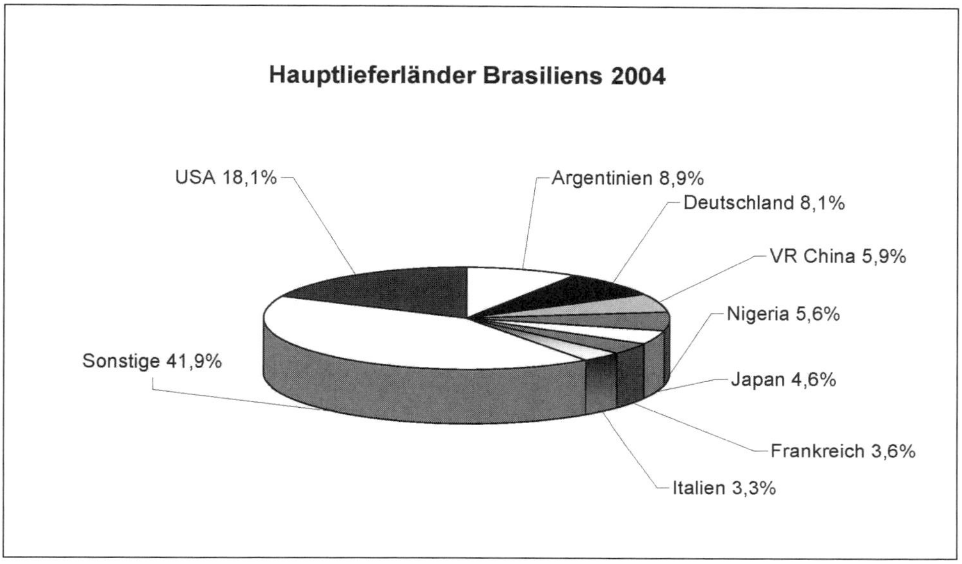

Quelle: Bfai
Abbildung 301: *Hauptlieferländer Brasiliens 2004*

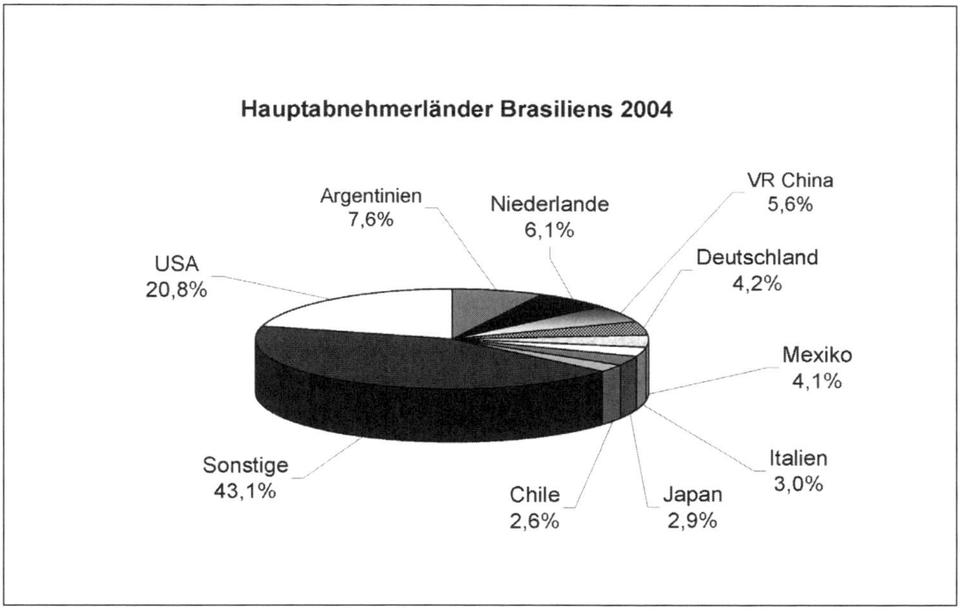

Quelle: Bfai
Abbildung 302: *Hauptabnehmerländer Brasiliens 2004*

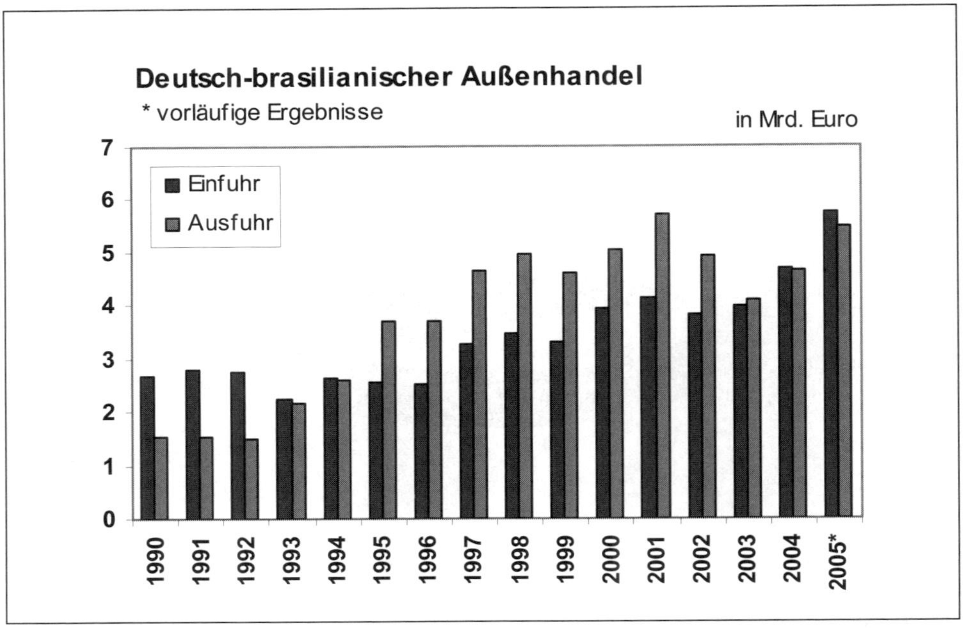

Quelle: Statistisches Bundesamt

Abbildung 303: *Entwicklung des deutsch-brasilianischen Außenhandels*

Der flächenmäßig fünftgrößte Staat der Erde verfügt über reichlich Bodenschätze: Die Rohstoffe haben einen Anteil von 30 % am Gesamtexport. So ist Brasilien der weltgrößte Lieferant für Eisen. Darüber hinaus werden täglich mehrere Millionen Barrel Erdöl gefördert und etwa 60 % aller verarbeiteten Edelsteine stammen aus Brasilien. Trotzdem gehört Brasilien nicht mehr zu den klassischen Rohstoffländern. Die Umorientierung von der arbeitsintensiven zur kapitalintensiven Produktion in den letzten Jahren hat dazu geführt, dass Brasilien zum Standort für international wettbewerbsfähige Unternehmen wurde und seine Abhängigkeit von den Rohstoffexporten verringern konnte.

Brasilien führt vor allem Chemikalien und chemische Produkte ein sowie Erdöl und Erdölerzeugnisse, Elektronik und Maschinen. Weitere Deviseneinnahmen bringen Transportausrüstungen sowie Metalle und Metallwaren. Deutschland importiert vor allem Eisenerze, Ölfrüchte zur Ernährung, Kfz- und Kfz-Teile und brasilianischen Kaffee. Deutschland exportiert im Gegenzug Maschinen (22,5 %), Kfz und Kfz-Teile (22,7 %), chemische Vorerzeugnisse (13,1 %) sowie Elektrotechnik und Elektronik (8,4 %).

Investitionsklima

Für Brasilien ist die Europäische Union die wichtigste Quelle für ausländische Direktinvestitionen. Der bedeutendste europäische Direktinvestor mit einem Anteil von 38 % sind dabei die Niederlande, die vor den USA mit einem Anteil von 19,8 % und den Kaimaninseln mit 7,3 % den ersten Platz belegen. Die Investitionen werden vor allem in der Lebensmittelindustrie, in der Post- und Telekommunikationsindustrie und in der Chemischen Industrie getätigt.

Investitionen[569]	2001	2002	2003	2004
Ausländische Direktinvestitionen in Brasilien Bestand Mrd. USD	k. A.	100,9	132,8	151,0
Ausländische Direktinvestitionen in Brasilien Zuflüsse Mrd. USD	k. A.	16,6	10,1	18,2
Deutsche Direktinvestitionen in Brasilien Bestand Mio. Euro	7.517	4.697	4.112	5.000
Brasilianische Direktinvestitionen in Deutschland Bestand Mio. Euro	44	65	68	101

Die brasilianischen Direktinvestitionen in Deutschland sind im Zeitablauf stark gestiegen und haben sich 2004 im Vergleich zu 2001 mehr als verdoppelt. Die deutsche Investitionstätigkeit in Brasilien hat abgesehen von einem Rekordhoch von 7,5 Mio. Euro im Jahr 2001 zunächst leicht abgenommen, sie befindet sich jetzt jedoch wieder auf einem ansteigenden Wachstumspfad. Gleiches gilt für alle ausländischen Direktinvestitionen in Brasilien: Der Anteil der Investitionen am Bruttoinlandsprodukt soll 2006 auf 21,2 % ansteigen, was gleichzeitig dem höchsten Wert seit 1994 entspräche. Nach wie vor ist Brasilien bedeutendstes Empfängerland für ausländische Direktinvestitionen in der Region.

Besonders interessant für die Investoren sind zwei neue Beschlüsse der Regierung, die die Investitionstätigkeit fördern sollen: Mit der Verordnung „MP do Bem 2“ sollen Investitionen in exportorientierte Fabriken steuerlich begünstigt werden, und mit der Definition des Garantiefonds für die Public Private Partnership werden Projekte in diesem Bereich gefördert. Das in Deutschland bisher noch unterentwickelte Instrument Public Private Partnership (PPP), d. h. die private Finanzierung und Durchführung öffentlicher Infrastrukturprojekte, soll dabei besonders oft bei der Finanzierung von Infrastrukturprojekten zur Anwendung kommen. Es wird in Brasilien ebenso wie beispielsweise in Großbritannien als goldener Mittelweg zwischen staatlicher Allzuständigkeit und völliger Privatisierung gesehen.

Die großen, gut entwickelten Landwirtschafts-, Bergbau-, Produktions- und Dienstleistungssektoren auf der einen Seite und die reichlich vorhandenen Arbeitskräfte auf der anderen Seite erklären unter anderem den kontinuierlichen Anstieg der ausländischen Direktinvestitionen in Brasilien. Trotzdem steht die brasilianische Regierung hinsichtlich der Stärkung

569 Zusammenstellung auf Basis von Informationen der Bfai: Brasilien – Wirtschaftsdaten kompakt, Stand November 2005, und der Deutschen Bundesbank: Kapitalverflechtungen mit dem Ausland, Stand April 2006.

Brasiliens als Investitionsstandort großen Herausforderungen gegenüber. Zum einen gilt es, die hausgemachten Probleme wie zum Beispiel die Korruption in den Griff zu bekommen, zum anderen muss sich das Land mit sozialen Problemen wie Kriminalität und Bandenbildung, Drogen, Hunger und Verwahrlosung (insbesondere der sogenannten „Straßenkinder“) und damit einhergehender Instabilität auseinander setzen. Das erhöhte Investitionsbudget der Entwicklungsbank BNDES sowie das Engagement im Infrastrukturbereich, das die brasilianische Regierung fördern will, sollen Engpässe in diesen Bereichen beheben.

Interkultureller Praxistipp Brasilien

Die brasilianische Lebensfreude und Emotionalität tritt nicht nur beim Fußball zu Tage. Auch die Geschäftskultur des größten lateinamerikanischen Landes ist expressiv und beziehungsorientiert.[570] Bei der ersten Begegnung der Geschäftspartner ist es durchaus üblich, dass der Händedruck mit Schulterklopfen erfolgt und schnell eine physische Nähe aufgebaut wird, die für Mitteleuropäer ungewohnt ist.[571] Die Vorstellung erfolgt meist durch die Übergabe der Visitenkarten. Auf akademische Titel wird dabei wenig Wert gelegt, da die Anrede meist mit dem Vornamen erfolgt. Für brasilianische Unternehmer ist es wichtig, viel über den Geschäftpartner zu erfahren, da das gegenseitige persönliche Vertrauen die Basis der Geschäftsbeziehung bildet. Daher sollte auch die Zusammensetzung von Verhandlungsteams möglichst nicht verändert werden. Die Gesprächsführung ist nur wenig strukturiert und es werden oft mehrere Themen gleichzeitig diskutiert. Daher ist Geduld gefragt, um ein Anliegen erfolgreich vorzubringen. Das Verhältnis zur Zeit ist bei den Brasilianern sehr entspannt. Zwar wird von ausländischen Geschäftspartnern Pünktlichkeit erwartet, doch Verspätungen ihrerseits von bis zu 30 Minuten sind keine Seltenheit.[572]

Fazit

Brasilien wird allgemein ein großes ökonomisches Potenzial zugeschrieben. Die bevorzugte geografische Lage, von der aus viele Unternehmen ins Südamerikageschäft einsteigen, der Beitritt zur südamerikanischen Zollunion Mercosur, der der brasilianischen Wirtschaft weit reichende Möglichkeiten eröffnet, und die reichlich vorhandenen Arbeitskräfte erklären die immer größere Bedeutung des Landes. Auch die Verbesserung der außenwirtschaftlichen Bilanzen, die rückläufige Inflationsrate und die zunehmend stabiler werdende Geldpolitik lassen auf das Land aufmerksam werden.

Dennoch sieht sich Brasilien mit großen sozialen Problemen konfrontiert: Die unausgewogene Einkommensverteilung, die Korruptionsanfälligkeit des Systems, der Drogenhandel und die Diskrepanz zwischen Stadt- und Landbevölkerung erfordern Reformen. Immer mehr Menschen zieht es in die Hauptstadtregion, was in den Armenvierteln katastrophale Auswirkungen hat. Ob die Regierung die nötigen Reformschritte einleitet, wird sich nach der Präsidentschaftswahl im Herbst 2006 zeigen.

570 Vgl. Winkler 2002, S. 238.

571 Vgl. Bfai: Erfolgreich verhandeln in Brasilien. Die erste Begegnung, Köln 2005, S. 2.

572 Vgl. Strunz/Dorsch 2001, S. 334.

Weiterführende Quellen

Internet:

Auslandshandelskammer: http://www.ahk.de.
Auswärtiges Amt: http://www.auswaertiges-amt.de.
Bundesagentur für Außenwirtschaft: http://www.bfai.de.
Brasilianische Botschaft in Deutschland: http://www.brasilianische-botschaft.de.
Deutsche Botschaft in Brasilien: http://www.brasilien.diplo.de.
Statistisches Bundesamt: http://www.destatis.de.

Literatur:

Bundesagentur für Außenwirtschaft: Erfolgreich verhandeln in Brasilien, Köln 2005.
Bundesagentur für Außenwirtschaft: Exportieren nach Brasilien, Köln 2002.
Bundesagentur für Außenwirtschaft: Exporthandbuch Brasilien – Praxisorientierter Ratgeber für den Export von Deutschland nach Brasilien, Köln 2005.
Fuchs, Christin-Melanie/Thomas, Alexander/Brökelmann, Susanna: Beruflich in Brasilien. Trainingsprogramm für Manager, Fach- und Führungskräfte, Göttingen 2005.
Kaufmann, Lutz/Panhans, Dirk/Hagemann, Björn/Schierenbeck, Christian: Brazilian Brilliance. Success Strategies of Foreign Companies in Brazil, Orlando 2006.
Kohlhepp, Gerd: Brasilien. Entwicklungsland oder tropische Großmacht des 21. Jahrhunderts?, Tübingen 2003.
Novy, Andreas: Brasilien – Die Unordnung der Peripherie. Von der Sklavenhaltergesellschaft zur Diktatur des Geldes, Wien 2001.
Stein, Johann H. von: Die Finanzsysteme in Argentinien, Brasilien und Chile, Frankfurt am Main 2001.
Zimmermann, Clovis: Politische Partizipation in Brasilien, Frankfurt am Main 2006.
Zoller, Rüdiger/Pietschmann, Horst/Bernecker, Walther L.: Eine kleine Geschichte Brasiliens, Frankfurt am Main 2001.

5. Mexiko

Quelle: CIA
Abbildung 304: *Mexiko*

Landesinformationen/Politik[573]

Amtliche Bezeichnung	Vereinigte Mexikanische Staaten (Estados Unidos Mexicanos)
Fläche	1.958.201 qkm (fünfeinhalbmal so groß wie die BRD)

[573] Zusammenstellung auf Basis von Informationen des Auswärtigen Amtes, Stand März 2006.

Bevölkerung	107 Mio. Einwohner (geschätzt, 2005), vorwiegend Mestizen, ca. 12. Mio. Indios („Indígenas"), mit 62 Stämmen oder Völkern und ca. 4-5 Mio. Weiße, jährliches Bevölkerungswachstum ca. 1,1 %
Bevölkerungsdichte[574]	54,3 Einwohner/qkm
Hauptstadt	Mexiko-Stadt, ca. 22 Mio. Einwohner im Großraum
Religionszugehörigkeit	87 % römisch-katholisch, 7,5 % Protestanten, Mormonen, Zeugen Jehovas etc. bei starken regionalen Unterschieden
Nationalfeiertag	16. September (Unabhängigkeitstag), unabhängig seit 1821
Landessprache	offizielle Landessprache ist spanisch (ferner gibt es über 80 Indiosprachen, wichtigste: Náhuatl: 24 %, Maya: 13 %, Mixteco: 7,2 %
Regierungsform	Bundesstaat (31 Staaten, 1 Bundesdistrikt), Präsidialsystem
Staatsoberhaupt und Regierungschef	Präsident der Vereinigten Mexikanischen Staaten Lic. Vicente Fox Quesada, seit 2000, Amtszeit 6 Jahre, keine Wiederwahl, Partido Acción Nacional (PAN)
Wirtschaftsminister	Sergio Alejandro García de Alba Zepada
Politische Situation	Regierungspartei: Partido Acción Nacional (PAN), bürgerlich, christlich-demokratisch, stark im Norden und in städtischen Zentren; wichtigste Oppositionsparteien: Partido Revolucionario Institucional (PRI) von 1929-2000 an der Macht, ehemalige Staatspartei, Mitte-links; Partido de la Revolución Democrática (PRD), Links-sozial-demokratisch; Partido Verde Ecologista de México (PVEM), Grün-Ökologische Partei
Währung[575]	Mexican Peso (MXN), Einheit: Centavos 1 Mexikanischer Peso = 0,06929 Euro 1 Euro (EUR) = 14,43111 Mexikanischer Peso (MXN)

574 Bfai: Mexiko-Wirtschaftsdaten kompakt, Stand Mai 2006.

575 http://www.oanda.com/convert/classic, Stand 24.05.2006.

Sonstiges

Wachstumsbranchen- und märkte[576]	Erdöl und Erdgas, Bergbau, Automobilindustrie, Chemie, Informations- und Kommunikationstechnik, Umwelttechnik, Transportlogistik, Krankenhäuser, Straßeninfrastruktur
Mitgliedschaft in internationalen Organisationen	Vereinte Nationen und ihre Sonderorganisationen, Organisation der Amerikanischen Staaten (OAS), Bank für internationalen Zahlungsausgleich (BIZ), Inter-American Development Bank (IADB), Rio-Gruppe, Organisation zur wirtschaftlichen Integration der lateinamerikanischen Staaten (ALADI), Organisation zum Verbot von Kernwaffen in Lateinamerika und Karibik (OPANAL), Lateinamerikanisches Wirtschaftssystem (SELA), GATT seit 1987/WTO, pazifische Wirtschaftskooperation (APEC), Freihandelsabkommen mit USA und Kanada (NAFTA), in Kraft seit 01.01.1994, OECD-Mitgliedschaft seit Mai 1994, Beobachterstatus im Europarat sei 04.11.1999, Mitglied im VN-Sicherheitsrat vom 01.01.2002 bis 31.12.2003.
Hermes-Entgeltkategorie[577]	2
Korruption[578]	Rang 65 (von 158)

Politische Trends[579]

Das Wahljahr 2000 war von einem entscheidenden Wechsel geprägt: Zum ersten Mal verlor die Partido Revolucionario Instiucional (PRI), die Mexiko seit 1929 allein regierte, bei einer Präsidentschaftswahl. Vicente Fox Quesada, Kandidat der beiden Parteien PAN und PVEM, trat am 01.12.2000 sein Amt an. Er wurde für eine Amtszeit von sechs Jahren direkt gewählt. Bei der für den 2. Juli 2006 anstehenden Wahl kann er nach der Verfassung nicht mehr für die Präsidentschaft antreten. Für die konservativen Parteien treten dann Felipe Caldéron (PAN) und Roberto Madrazo (PRI) gegen Andrés Manuel López Obrador von der Linkspartei PRD an. In Fox Regierungsprogramm standen Steuerreformen, eine Liberalisierung des Energie- und Arbeitsmarktes und die Konsolidierung des Staatshaushaltes an erster Stelle.

---

576 Bfai: Mexiko-Wirtschaftstrends 2006, Stand Dezember 2005.

577 http://www.agaportal.de/pages/aga/deckungspolitik/laenderklassifizierung.html.

578 Corruption Perceptions Index 2005 nach Transparency International, in: http://www.transparency.org; Rang 1 = keine Korruption, Deutschland: Rang 16.

579 Texte zusammengestellt auf Basis des Auswärtigen Amtes, der Bundesagentur für Außenwirtschaft, der Bayerischen Landesbank und der Industrie- und Handelskammer Region Stuttgart.

Im internationalen Kontext setzte sich der Präsident verstärkt für Menschenrechte, Demokratie und Rechtsstaatlichkeit ein. Der Gestaltungsspielraum des Präsidenten bei dieser Reformpolitik wurde allerdings nach den großen Verlusten bei den Parlamentswahlen 2003 stark eingeschränkt. Die PAN verlor bei der Wahl der Abgeordnetenkammer 56 Sitze, wovon vor allem die PRD profitierte. Auch der Wahlkampf 2006 wird sich um die zentralen Bereiche Staatsfinanzen, Energie und Arbeitsmarkt drehen. Doch auch in sozialer Hinsicht steht das Land vor großen Herausforderungen. Gerade die unausgewogene Einkommensverteilung und die Diskrepanz zwischen Stadt- und Landbevölkerung erfordern Reformen. Schwachstelle des Systems ist nach wie vor die Schattenwirtschaft, die laut Schätzungen die Hälfte des BIP erreicht.

Das außenpolitische Klima kann als relativ gut bezeichnet werden. Gerade nach dem Abschluss des Nordamerikanischen Freihandelsabkommens, dem Abschluss des Freihandelsabkommens EU-Mexiko und dem Beitritt zur OECD setzt sich die mexikanische Regierung verstärkt für eine Öffnung zum Weltmarkt, eine Annäherung zu den USA und Kanada und für einen politisch-wirtschaftlichen Dialog mit Europa ein. Auch die enge Zusammenarbeit mit Entwicklungsländern durch die geostrategische Lage zwischen Lateinamerika und den USA zeichnet die mexikanische Außenpolitik ebenso aus wie die politisch-wirtschaftliche Orientierung an Japan und China.

Volkswirtschaftliche Kennzahlen[580]

Binnenwirtschaftliche Indikatoren		2003	2004	2005s	2006p
BIP pro Kopf	USD	6.071	6.474	7.100	7.300
BIP	Mrd. USD	638,7	676,5	750	780
Wachstumsrate BIP, real	%	1,4	4,4	3,0	3,5
Inflationsrate	%	4,0	5,2	4,2	3,8
Arbeitslosenquote	%	3,3	3,8	4,0	4,0

Beitrag zum BIP: Landwirtschaft (Primärsektor) 4 %, Industrie (Sekundärsektor) 26 %, Dienstleistungen (Tertiärsektor) 70 %

Finanzindikatoren[581]					
Staatsverschuldung	% des BIP	41,6	38,3	39,5	40,0
Haushaltssaldo	% des BIP	-0,8	-0,6	0,0	+0,1

580 Zusammenstellung auf Basis von Informationen der Bayerischen Landesbank, Stand Februar 2006.

581 Bfai: Mexiko – Wirtschaftsdaten kompakt, Stand Mai 2006.

Wirtschaftliche Trends

Mexikos Wirtschaft war traditionell durch einen hohen Staatsinterventionismus geprägt. Erst Anfang der 80er Jahre reduzierte man den Staatseinfluss und in der Wirtschaft erfolgten umfangreiche Strukturveränderungen. Die Wirtschaft wurde dereguliert und vor allem privatisiert. Sie verzeichnete zum Ende 2004 eine positive Entwicklung, die aber 2005 nicht ganz gehalten werden konnte. Das Bruttoinlandsprodukt sank um 1,4 %. Trotzdem war das Jahr 2005 gerade für deutsche Unternehmen ein erfolgreiches Geschäftsjahr, denn diese konnten im Zeitraum von 1999 bis 2004 ihren Export um 42 % erhöhen. Auch für 2006 ist wieder ein Anstieg des BIP um 3,5 % zu erwarten (Abb. 305), wobei die makroökonomischen Rahmendaten als zufrieden stellend gelten. Die Wirtschaftspolitik ist für Präsident Fox von besonderer Bedeutung, wobei vor allem die Öffnung der Märkte und die Integration in die Weltwirtschaft priorisiert werden.

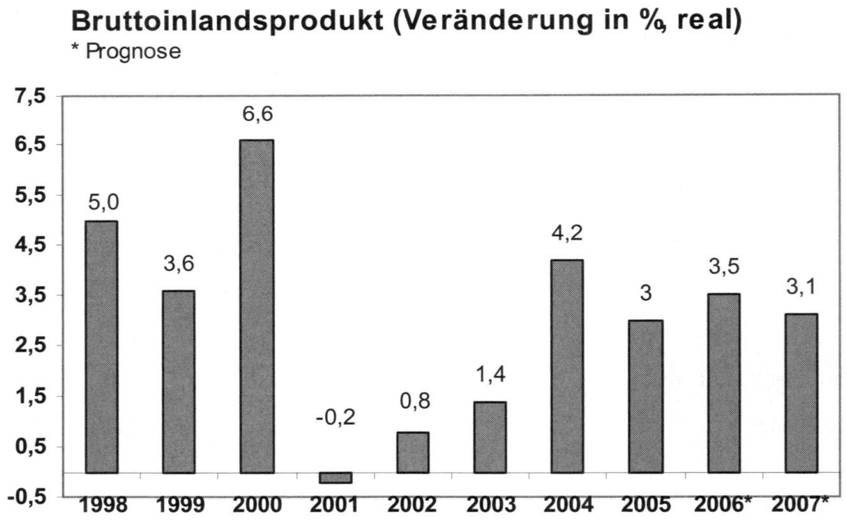

Quelle Bfai

Abbildung 305: *Entwicklung des Bruttoinlandsproduktes in Mexiko*

Die Erwartungen an das Geschäftsjahr 2006 sind durchaus positiv. Mit dem Wachstum des Bruttoinlandsprodukts sollen mindestens 400.000 feste Arbeitsplätze einhergehen. Einen wichtigen Beitrag zum BIP-Wachstum leistet dabei der Konsum, insbesondere das Segment der gehobenen Konsumgüter. Gerade Luxusautos werden immer beliebter. Auch angesichts des Preisauftriebs im Jahr 2004 darf Entwarnung gegeben werden, denn die Produzentenpreise sind auf eine Jahresveränderungsrate von 2,2 % zurückgefallen.

Mexiko ist die größte Volkswirtschaft Lateinamerikas und die wichtigste Exportnation der Region. Das Land verfügt über zahlreiche Bodenschätze, wobei besonders die Erdöl- und Erdgasvorkommen von Bedeutung sind. Sie machen ein Drittel der Staatseinnahmen aus. Die wichtigsten Industriezweige sind die Nahrungs- und Genussmittelindustrie, die Chemische Industrie, die Eisen- und Stahlindustrie, die Textilindustrie, die Verbrauchsgüterindustrie und die Kfz-Industrie mit den US-Automarken als Hauptabnehmern. Auch dem Tourismus kommt eine entscheidende Bedeutung zu. Er macht fast 9 % des Bruttoinlandsproduktes aus und gerade die Küstenregionen profitieren von den meist aus den USA und Kanada kommenden Touristen.

Außenwirtschaftliche Kennzahlen[582]

Außenwirtschaftliche Indikatoren		2003	2004	2005s	2006p
Warenexporte	Mrd. USD	164,8	188,0	210,0	230,0
Warenimporte	Mrd. USD	170,5	196,8	218,0	235,0
Handelsbilanzsaldo	Mrd. USD	-5,7	-8,8	-8,0	-5,0
Leistungsbilanzsaldo	Mrd. USD	-8,6	-7,4	-3,5	-5,0
	% des BIP	-1,3	-1,1	-0,5	-0,6
Deutsche Einfuhr aus Mexiko	Mrd. Euro	1,56	1,63	2,0	2,0
Deutsche Ausfuhr nach Mexiko	Mrd. Euro	4,88	4,89	5,5	5,8

Außenhandel

Mexiko hat bisher zwölf Freihandelsabkommen mit über 40 Ländern abgeschlossen. Durch die Nordamerikanische Freihandelszone (NAFTA) verfügt das Land über einen ungehinderten Zugang zum US-Markt. Wichtigstes Lieferland sind ebenfalls die USA (Abb. 306), obwohl der Importanteil über die letzten fünf Jahre von 73,9 % auf 56,2 % zurückgegangen ist. Bilaterale Beziehungen zu China und Japan werden kontinuierlich ausgebaut, die jeweils den zweit- und drittgrößten Importanteil haben. Bei den Abnehmerländern zeichnet sich ein noch eindeutigeres Bild: Die USA sind mit einem Anteil von 87,6 % wichtigstes Abnehmerland und verweisen die übrigen Handelspartner auf abgeschlagene Plätze (Abb. 307).

582 Zusammenstellung auf Basis von Informationen der Bayerischen Landesbank, Stand Februar 2006.

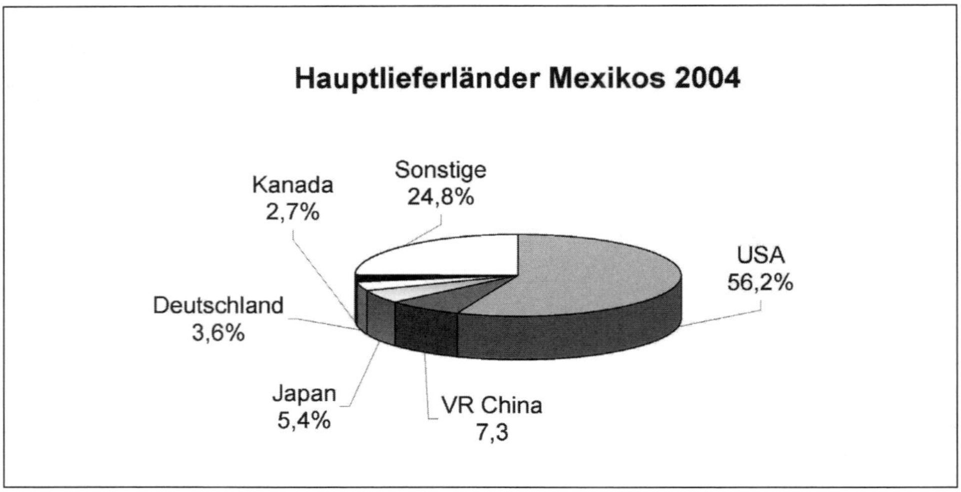

Quelle: Bfai
Abbildung 306: *Hauptlieferländer Mexikos 2004*

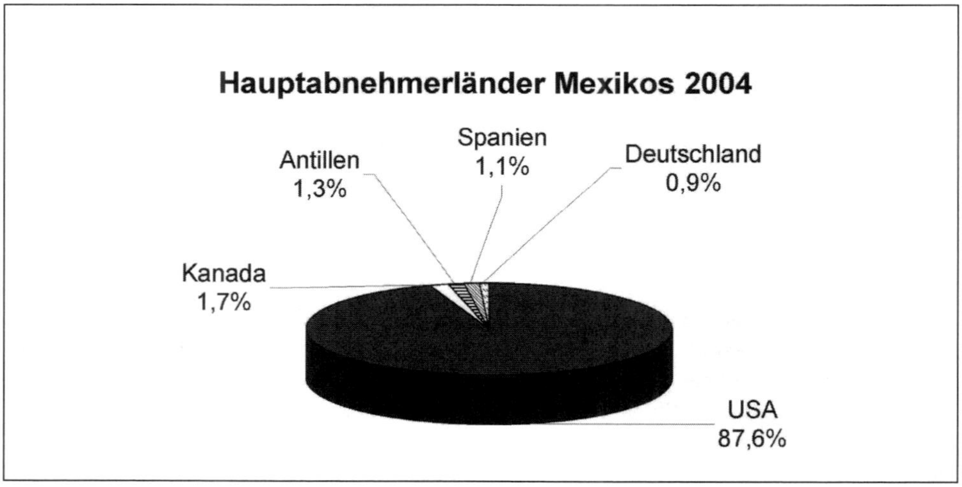

Quelle: Bfai
Abbildung 307: *Hauptabnehmerländer Mexikos 2004*

Für Deutschland ist das Freihandelsabkommen EU-Mexiko, das im Jahre 2000 geschlossen wurde, von besonderer Bedeutung. Durch das Abkommen, das die völlige Abschaffung der Zölle, die Integration zwischen mexikanischen und europäischen Unternehmen und die Kooperation auf dem Gebiet des Handels sowie den uneingeschränkten Zugang zu den Märkten fördert, haben sich die Exporte etwa verdoppelt (Abb. 308). Deutschland ist so in den letzten

Jahren zum wichtigsten Handelspartner innerhalb der europäischen Union geworden. In der deutschen Außenhandelsstatistik belegt Mexiko Rang 32 und ist damit nach Brasilien (Rang 25) der zweitwichtigste Handelspartner Deutschlands innerhalb der Region Lateinamerika. Im Januar 2007 werden auch die letzten deutschen Exportprodukte zollfrei sein. Die Handelsbeziehungen zwischen Deutschland und Mexiko werden davon voraussichtlich weiter profitieren, was sich auch positiv auf die Integration Mexikos in die Weltwirtschaft auswirken wird.

Die mexikanische Exportwirtschaft trägt erheblich zur wirtschaftlichen Stabilität des Staates bei. 2005 entwickelte sich der mexikanische Außenhandel weiterhin positiv; Exporte und Importe weisen weiterhin hohe Wachstumsraten auf.

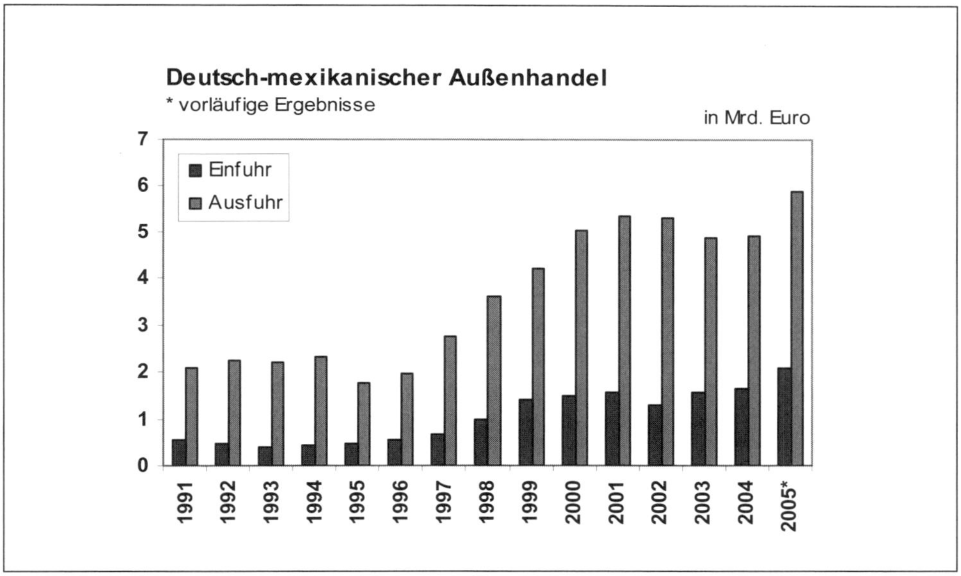

Quelle: Statistisches Bundesamt
Abbildung 308: *Entwicklung des deutsch-mexikanischen Außenhandels*

Zu den beliebtesten Exportgütern zählen vor allem Industrie- und Halbwaren, Rohöl und Ölraffinerieprodukte, Silber, Früchte, Gemüse, Alkohol und Tabak. Weitere Deviseneinnahmen bringen die Erdölausfuhren, die Lohnveredlungsindustrie, der Tourismus und die Überweisungen von den im Ausland tätigen mexikanischen Arbeitskräften. Deutschland importiert vor allem mexikanische Kfz und Kfz-Teile (37 %), Elektronik (18,8 %), Elektrotechnik (11,9 %) und Mechatronik (5,9 %). Deutschland exportiert im Gegenzug ebenfalls Kfz und Kfz-Teile (22,7 %), Maschinen (21,0 %), chemische End- und Vorerzeugnisse (15,1 %), Elektrotechnik (8,0 %) und Elektronik (7,2 %).

Investitionsklima

Für Mexiko ist die Europäische Union die zweitwichtigste Quelle für ausländische Direktinvestitionen. Der bedeutendste ausländische Direktinvestor mit einem Anteil von 68,8 % sind die USA, die vor Spanien mit einem Anteil von 10,1 % und den Niederlanden mit 9,4 % den ersten Platz belegen.[583]

Investitionen[584]		2002	2003	2004	2005
Ausländische Direktinvestitionen in Mexiko	Bestand Mrd. USD	155,7	167,4	184,0	k. A.
Ausländische Direktinvestitionen in Mexiko	Zuflüsse Mrd. USD	k. A.	12,9	18,2	11,1
Deutsche Direktinvestitionen in Mexiko	Bestand Mio. Euro	4.411	3.564	3.520	k. A.
Mexikanische Direktinvestitionen in Deutschland	Bestand Mio. Euro	3	49	60	k. A.

Die mexikanischen Direktinvestitionen in Deutschland sind im Jahr 2003 stark gestiegen, während die deutschen Direktinvestitionen in Mexiko in der Zeit von 2002 bis 2004 stetig abgenommen haben. Die deutschen Direktinvestitionen fließen dabei vor allem in die Kfz-Branche, die Eisen- und Stahlindustrie, die Basischemie und in chemische Erzeugnisse. Besonders interessant für die Investoren ist die strategische Lage Mexikos, die einen Zugang zum nordamerikanischen Markt ermöglicht und gleichzeitig den Zugang zu den wichtigsten Märkten der lateinamerikanischen Schwellenländer sichert.

Die bevorzugte geografische Lage, das Netz von Freihandelsverträgen und die reichlich vorhandenen Arbeitskräfte erklären unter anderem den kontinuierlichen Anstieg der ausländischen Direktinvestitionen. Von 2003 bis 2004 ist ein Anstieg der Investitionszuflüsse von 12,9 % auf 18,2 % zu verzeichnen. Diese Entwicklung wird sich wahrscheinlich im Jahr 2006 fortsetzen – das Wirtschaftsministerium erwartet ausländische Direktinvestitionen in Höhe von 15 Mrd. US-Dollar. Trotzdem steht die mexikanische Regierung hinsichtlich der Stärkung Mexikos als Investitionsstandort großen Herausforderungen gegenüber. Zum einen gilt es, die hausgemachten Probleme wie zum Beispiel die hohen Energiekosten, die Bürokratie und die Korruption in den Griff zu bekommen, zum anderen muss sich das Land gegenüber besserer Performance anderer Schwellenländer behaupten. Zukunftsfähige Investitionsprojekte sind dabei der Hochtechnologiepark Silicon Border in Mexicali, die neue Produktionsstätte von Bombardier Aerospace, der auf die Produktion von Flugzeugteilen- und Flugzeugen

583 Bfai: Mexiko – Wirtschaftsdaten kompakt, Stand Mai 2006.

584 Zusammenstellung auf Basis von Informationen der Bfai: Mexiko – Wirtschaftsdaten kompakt, Stand Mai 2006, und der Deutschen Bundesbank: Kapitalverflechtungen mit dem Ausland, Stand April 2006.

setzt, und die modernen Hochtechnologienzentren in Monterrey. Auch hält den Einzelhandelsriesen Wal-Mart de México nichts von weiteren Neuinvestitionen ab, obwohl die Umsatzzuwächse im Einzelhandel stark schwanken, was besonders auf den illegalen Markt zurückzuführen ist.

Außenwirtschaftsbarometer

Mexiko ist eines der Schwellenländer, die sich, wie bisher, auch bei der Befragung im Juni 2006 im letzten Drittel des IHK-Außenwirtschaftsbarometers befinden. Die aktuelle Lage wurde bisher überwiegend als schlecht bis befriedigend bezeichnet. Mit einem Wert von 7,9 überwiegt Mitte 2006 erstmals der Anteil der Unternehmen, die die aktuelle Geschäftslage als gut einschätzen (Abb. 309). Hinsichtlich der Erwartungen für die kommenden zwölf Monate überwiegt ebenfalls erstmals die Zahl derjenigen, die einen positiven Trend sehen. Mit einem Wert von 7,2 ist die Zahl der Optimisten geringfügig größer als die der Skeptiker. Als positiv kann jedoch zumindest die Entwicklung der aktuellen Geschäftslage bewertet werden. Die deutlich negativen Einschätzungen der Befragung Anfang 2005 für die kommenden zwei bis fünf Jahre haben sich nicht bewahrheitet.

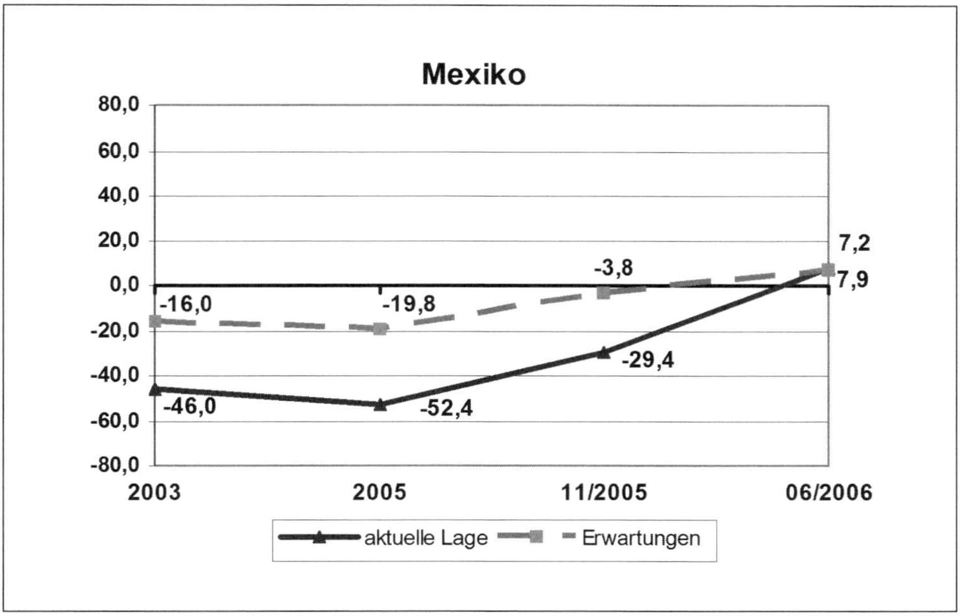

Quelle: IHK Region Stuttgart
Abbildung 309: *Außenwirtschaftsbarometer Mexiko*

Interkultureller Praxistipp Mexiko

Die Geschichte Mexikos ist zwar durch die lange Periode der Kolonialisierung mit der Spaniens eng verbunden, dennoch unterscheidet sich die mexikanische Mentalität wesentlich von der Lebenshaltung der Spanier. Der Mexikaner scheint im Gegensatz zum lebhaften Spanier eher in sich gekehrt und sorglos. Diese Passivität macht sich auch im Geschäftsleben bemerkbar.[585] Definitive Antworten, das Treffen von Entscheidungen und Initiative sind selten. Dafür trumpft der Mexikaner mit echter Herzlichkeit und Gastfreundschaft auf. Die Kontaktanbahnung ist daher nicht sehr schwer. Doch um eine dauerhafte Geschäftsbeziehung zu etablieren, spielen persönliche Sympathie und Vertrauen eine große Rolle. Der Umgang der Mexikaner ist von einem überaus freundlichen Ton geprägt, dem sich deutsche Manager tunlichst anschließen sollten. Ausgesuchte Freundlichkeit und Höflichkeit werden groß geschrieben und vor allem auch von Ausländern erwartet.[586] Zwar wird häufig die Du-Form auch im Geschäftsleben verwendet, doch Ausländer sollten auf jeden Fall zunächst das höfliche „Sie“ (usted) verwenden.[587]

Die Mexikaner sind sehr stolz auf ihre Sprache und Kultur, so dass sich deutsche Geschäftspartner darauf einstellen sollten, dass die Verhandlungen auch in Spanisch geführt werden.

Fazit

Mexiko ist die größte Volkswirtschaft Lateinamerikas und die wichtigste Exportnation der Region. Die bevorzugte geografische Lage, das Netz von Freihandelsverträgen – der Abschluss des Nordamerikanischen Freihandelsabkommens, der Abschluss des Freihandelsabkommens EU-Mexiko, der Beitritt zur OECD – und die reichlich vorhandenen Arbeitskräfte erklären die immer größere Bedeutung des Landes. Auch die umfangreichen Energievorräte, die Bodenschätze, die relativ geringe Inflationsrate, das geringe Haushaltsdefizit und ein ungefährdeter Finanzstatus lassen auf das Land aufmerksam werden.

Dennoch sieht sich Mexiko mit großen sozialen Problemen konfrontiert: Die unausgewogene Einkommensverteilung, die Korruptionsanfälligkeit des Systems, der Drogenhandel und die Diskrepanz zwischen Stadt- und Landbevölkerung erfordern Reformen. Immer mehr Menschen zieht es in die Hauptstadtregion, in den wirtschaftlich erfolgreichen Norden oder zum Arbeiten ins Ausland – die Geldüberweisungen aus dem Ausland sind die drittgrößte Devisenquelle des Landes. Ob die neue Regierung die nötigen Reformschritte einleitet, wird sich nach der Präsidentschaftswahl 2006 zeigen.

---

585 Vgl. IHK Pfalz: Vom Wesen und Lebensgefühl des Mexikaners, in:http://www.pfalz.ihk24.de, aufgerufen am 27.06.2006.

586 Vgl. Winkler 2002, S. 259.

587 Vgl. IHK Pfalz: Praktische Tipps Mexico, in: http://www.pfalz.ihk24.de, aufgerufen am 27.06.2006.

Weiterführende Quellen:

Internet:
Auswärtiges Amt: http://www.auswaertiges-amt.de.
Bundesagentur für Außenwirtschaft: http://www.bfai.de
Deutsche Botschaft in Mexiko: http://www.mexiko.diplo.de.
Deutsch-Mexikanische Gesellschaft e.V.: http://www.deutschmexikanisch.de.
Mexikanische Botschaft in Deutschland: http://www.embamex.de.
Statistisches Bundesamt: http://www.destatis.de.

Literatur:
Bernecker, Walther L./Braig, Marianne/Hölz, Karl: Mexiko heute. Politik, Wirtschaft, Kultur, Frankfurt am Main 2004.

Bundesagentur für Außenwirtschaft: Exportieren nach Mexiko, Köln 2003.

Bundesagentur für Außenwirtschaft: Wirtschaftliche Entwicklung und Marktchancen – Lateinamerika, Köln 2003.

Ferres, Renate/Meyer-Beltiz, Friederike/Röhrs, Bettina: Beruflich in Mexiko. Trainingsprogramm für Manager, Fach- und Führungskräfte, Göttingen 2005.

Kühlmann, Torsten M./Lamping, Daniel: Wirtschaftspartner Mexiko, Wiesbaden 2005.

Osnaya, Armando Pineda: Mexiko: Gegenwart und Perspektiven – Untersuchung über die wirtschaftlichen Entwicklungsbedingungen der letzten dreißig Jahre, Herzogenrath 1994.

Zielregion „Afrika“

1. Das postkoloniale Afrika

Afrika ist der drittgrößte Kontinent der Erde und damit ungefähr dreimal so groß wie Europa mit etwa 906 Mio. Einwohnern[588], was 14 % der gegenwärtigen Weltbevölkerung entspricht und von der kulturellen Vielfalt der unzähligen Völker geprägt ist. Die Sahara teilt den Kontinent in Nordafrika[589] und das subsaharische Afrika (Schwarzafrika), wobei letzteres Gegenstand der folgenden Regionalbeschreibung ist.

Als die meisten afrikanischen Länder Ende der fünfziger und zu Anfang der sechziger Jahre ihre politische Unabhängigkeit erlangten, war ihre anfängliche Entwicklung sehr stark von den ehemaligen Kolonialmächten geprägt. Afrika hat sich bislang wenig industrialisiert und modernisiert. Als Hauptgründe dafür sind die ungünstigen Startbedingungen nach dem Ende des Kolonialismus zu nennen. Dazu zählen eine einseitige Wirtschaftsstruktur und ein großer ländlicher Subsistenzsektor, in dem die Mehrheit der afrikanischen Bevölkerung bis Mitte der 80er Jahre lebte, sowie eine unzureichende Wirtschaftspolitik und ungünstige weltwirtschaftliche Rahmenbedingungen. Seit der Unabhängigkeit haben die afrikanischen Länder verschiedene Entwicklungsstrategien verfolgt. Propagiert wurden zunächst „Wachstum durch Industrialisierung“, woran sich Investitionen in die landwirtschaftliche Produktion anschlossen, um die Beschäftigung und damit die Einkommen der ländlichen Bevölkerung zu erhöhen. In den 70er Jahren folgten dann Umverteilungsansätze, gefolgt von Strukturanpassungsmaßnahmen, um die Voraussetzungen für Wachstum zu verbessern, die ergänzt wurden durch soziale Abfederungsmaßnahmen. Seit Ende der 80er Jahre haben auch die Diskussionen um Nachhaltigkeit Eingang in die afrikanischen Reformbemühungen gefunden.[590]

Auch heute noch wird unser Afrikaverständnis geprägt von den Negativschlagzeilen zu diesem Kontinent, steht Afrika doch vor großen Herausforderungen. So ist Afrika bei weitem der ärmste Kontinent. Während China und jüngst auch Indien rasant wachsen und auch in Südamerika moderate Wirtschaftszuwächse zu konstatieren sind, leben in Afrika Millionen Menschen unter dem Existenzminimum. Auch die Wirtschaft scheint zu stagnieren. Im Gegensatz zu anderen Entwicklungs- und Transformationsregionen, wie z. B. Südasien, China oder

---

588 Stand 2005, Quelle: Vereinte Nationen, in: http://esa.un.org, aufgerufen am 24.05.2006.

589 Nordafrika ist Bestandteil der Regionalbeschreibung „MENA“, s. S. 611 ff.

590 Vgl. Kappel 1999.

Brasilien, vermag Afrika mit vereinzelten Ausnahmen kaum Anschluss an die weltwirtschaftliche Entwicklung zu finden. „Afrika gilt als Globalisierungsverlierer.“[591] Diese Tendenzen ziehen weit reichende Folgen nach sich, wie geringe Lebenserwartung, Gewalt und politische Instabilität. In einigen Staaten Afrikas zerfällt die staatliche Einheit, wie z. B. in Sierra Leone oder der Demokratischen Republik Kongo, was wiederum Flüchtlingsströme, aber auch Umweltzerstörung und Raubbau an natürlichen Ressourcen zur Folge hat. Auch die Pandemie Aids kann im Zusammenhang mit Afrika nicht negiert werden. In manchen Teilen Afrikas sind bis zu einem Drittel der Bevölkerung HIV-infiziert, wovon vor allem arbeitsfähige Menschen jüngeren und mittleren Alters betroffen sind. Verschärft wird dies zudem durch den anhaltenden „brain drain“, d. h. durch die Abwanderung von gut ausgebildeten Afrikanern, die keine adäquate Beschäftigung in ihrer Heimat finden.[592]

Vor diesem Hintergrund vermag das weit verbreitete Negativbild von Afrika nicht zu überraschen. Und dennoch ist nicht der ganze Kontinent verarmt – gibt es doch bemerkenswerte regionale Unterschiede. So ist im Süden Südafrika der reichste Staat auf dem Kontinent, neben ein paar wenigen wohlhabenden ölproduzierenden Staaten wie Gabun und Äquatorialguinea. Und auch innerhalb einzelner Staaten gibt es erhebliche Unterschiede zwischen den städtischen Regionen, insbesondere den Hauptstädten, die erheblich reicher sind als die ländlichen Gebiete.

Und obwohl Unsicherheit und mangelnde rechtliche Rahmenbedingungen in vielen Ländern die wirtschaftliche Entwicklung hemmen, sind doch viel versprechende neue Wachstumsmärkte entstanden. Trotz Konflikten und Naturkatastrophen haben die afrikanischen Staaten im letzten Jahr ein gemeinsames Wachstum von fünf Prozent gehalten. Für 2006 sagt der „African Economic Outlook“ der OECD der afrikanischen Wirtschaft ein Wachstum von 5,8 % voraus, für 2007 ein Wachstum von 5,5 %. Wachstumsraten von zumeist über 4 % in den Ländern der Region sind keine Ausnahme – Spitzenreiter ist eindeutig das lange vom Bürgerkrieg beherrschte Angola mit einem geschätzten Wachstum von 11,4 % im Jahr 2006 nach 19,1 % im Jahr 2005 (Abb. 310). Damit hat das Land im südlichen Afrika die am schnellsten wachsende Volkswirtschaft des Kontinents. Beflügelnd für die Region wirken u. a. die hohen Preise für Öl und Metalle, aber auch eine beachtliche Zunahme der offiziellen Entwicklungshilfe und Schuldenerlassvereinbarungen.

Vor allem China hat sich diese Entwicklung in der jüngsten Zeit zu Eigen gemacht bzw. nicht unbeträchtlich dazu beigetragen. Denn „China rollt den afrikanischen Kontinent auf“[593]. Wichtigstes Anliegen ist dabei die Sicherung von Rohstoffen[594] – neben Erdöl sind die südlichen Staaten Afrikas vor allem mit großen Gold-, Diamanten- und Kupfervorkommen gesegnet – für die eigene expandierende Wirtschaft, gefolgt von dem Schaffen neuer Absatzmärkte. Diese außerhalb Afrikas kaum wahrgenommene Verschiebung der traditionellen Handelswege wird vor allem in den folgenden Zahlen deutlich: Denn allein in den 90er Jahren stieg das

591 Auswärtiges Amt.

592 Vgl. Auswärtiges Amt.

593 Scheen 2006.

594 S. dazu: Thielke 2005, S. 98-101.

Handelsvolumen zwischen China und Afrika um 700 %, von 2002 auf 2003 verdoppelte sich das Handelsvolumen und konnte 2004 noch einmal um nahezu 100 % zulegen, vor allem getragen durch die chinesischen Erdölimporte aus Sudan und Angola. Damit ist China nach den USA und Frankreich zum drittgrößten Handelspartner Afrikas avanciert und hat dabei Großbritannien überholt. Auch bei den Direktinvestitionen hat China zugelegt, denn die chinesischen Direktinvestitionen in Afrika belaufen sich inzwischen auf 900 Millionen US-Dollar von 15 Milliarden US-Dollar, die insgesamt auf dem Kontinent investiert wurden.[595]

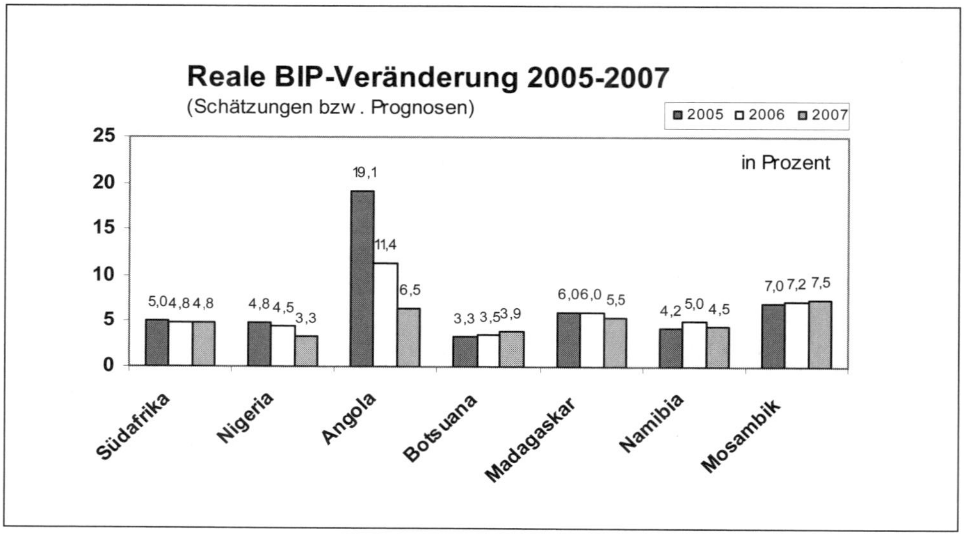

Quelle: Bfai

Abbildung 310: *BIP-Veränderung in den Ländern der Region „Afrika“ im Vergleich*

Insgesamt lässt sich festhalten, dass eine pauschale Beurteilung der Chancen und Risiken aufgrund der sehr unterschiedlich verlaufenden Entwicklung innerhalb der mehr als 40 subsaharischen Staaten nicht möglich ist. Dennoch hat die große Mehrheit dieser Staaten mit Beginn des 21. Jahrhunderts eine Basis für solides Wachstum geschaffen. So haben einige Länder erfolgreiche Schritte zur Einführung und Festigung rechtsstaatlicher Strukturen durchgeführt – in über 30 Ländern konnte sich eine Mehrparteiendemokratie etablieren.

Vor allem die wirtschaftlich bedeutendsten Länder, Südafrika und Nigeria, befinden sich trotz weiterhin bestehender innenpolitischer Spannungen auf dem Weg wirtschaftlicher Konsolidierung. Die Republik Südafrika ist das am stärksten industrialisierte Land Afrikas und als führende Volkswirtschaft Wirtschaftsmotor des Kontinents. Rund ein Viertel des gesamten Bruttoinlandsprodukts Afrikas wird in diesem über reiche natürliche Ressourcen verfügenden Land erwirtschaftet.

595 Vgl. Scheen 2006.

Somit stellt sich die Frage: Welche Bedeutung hat das subsaharische Afrika für die deutsche Wirtschaft?

2. Die Bedeutung der Region für die deutsche Wirtschaft

Mit einem Anteil von rund 1 % am deutschen Außenhandel ist Afrika bisher ein kleiner Markt.[596] Dabei dominiert vor allem der Handel mit Südafrika und Nigeria, auf die etwa 80 % des mit dem subsaharischen Afrika erwirtschafteten Handelsvolumens entfallen.[597] Dabei ist Südafrika der mit Abstand wichtigste Standort und Handelspartner für die deutsche Wirtschaft auf dem gesamten Kontinent. Insgesamt nimmt Südafrika Rang 26 auf der Rangliste der deutschen Handelspartner gleich nach Brasilien und vor Taiwan ein, wobei die deutschen Ausfuhren nach Südafrika fast doppelt so hoch liegen wie die Einfuhren. Mit einem Anteil von 16 % der südafrikanischen Gesamtimporte ist Deutschland Südafrikas wichtigstes Lieferland vor den USA und Großbritannien. Deutsche Unternehmen sind in Südafrika vor allem in den Bereichen Kfz, Maschinenbau, Elektrotechnik und Chemie tätig. Das aufstrebende Land mit den positiven Wachstumszahlen und seinen reichen natürlichen Ressourcen gilt mit seiner strategisch günstigen Lage zudem als Tor nach Afrika.[598] Auch das bevölkerungsreichste Land Afrikas befindet sich als Afrikas größter Ölerzeuger auf robustem Wachstumspfad. Nigeria zählt traditionell zu Deutschlands wichtigsten Handelspartnern im subsaharischen Afrika, mit einem beträchtlichen Überschuss der deutschen Lieferungen, vor allem bestehend aus Transportausrüstungen und Maschinen. Allerdings ist der Überschuss in der letzten Zeit geringer geworden, infolge des Rückgangs der deutschen Lieferungen bei gleichzeitiger Zunahme der Bezüge aus Nigeria.

Bei den Direktinvestitionen zeichnet sich ein ähnliches Bild. Die Privatwirtschaft wird in Afrika immer mehr als Motor der Entwicklung anerkannt. Die Direktinvestitionen, die deutsche Unternehmen in Afrika einsetzen, ermöglichen damit neue Produktionskapazitäten und bessere Absatzchancen. Insgesamt belief sich der Bestand an Direktinvestitionen deutscher Unternehmen in Afrika zum Jahresende 2004 auf 4,6 Mrd. Euro. Allein in Südafrika lag der Bestand an Direktinvestitionen aus Deutschland im Jahr 2004 bei rund 3,1 Mrd. Euro.[599] Ein

596 Damit ist das Handelsvolumen mit den Ländern Afrikas jedoch rund 15 mal höher als die bilaterale Entwicklungshilfe für diese Länder. Quelle: Auswärtiges Amt.

597 Eigene Berechnungen nach: Außenhandelsstatistik des Statistischen Bundesamts.

598 Vgl. iXPOS: Markt des Monats. Südafrika, Oktober 2005, in: http://www.ixpos.de, aufgerufen am 24.05.2006.

599 Deutsche Bundesbank: Kapitalverflechtungen mit dem Ausland, April 2006.

weiterer Schwerpunkt liegt neben Nordafrika (Ägypten, Marokko) in Nigeria – allerdings mit 75 Millionen auf weit abgeschlagenem Niveau.

Allen Wachstumszahlen zum Trotz bleiben dem afrikanischen Kontinent Probleme wie Armut, Krankheit, Analphabetismus und politische Instabilität angehaften. Selbst in einem Staat wie Südafrika, dem es wirtschaftlich vergleichsweise gut geht, liegt das BIP pro Kopf der Bevölkerung bei weniger als 4.000 US-Dollar im Jahr und damit etwa auf dem Niveau der EU-Bewerberländer Rumänien und Bulgarien.[600] Die Perspektiven für einen verstärkten Austausch mit den afrikanischen Ländern werden sich nicht nur durch Partnerschaftsabkommen der Europäischen Union in beide Richtungen verbessern. Die Verbreiterung der Produktionsstruktur und die regionale Integration werden dabei als Schlüssel zu mehr Wachstum gesehen.

Mit dem Wissen um das in dieser Region vorherrschende solide Wachstum und das immense Rohstoffpotenzial bei zugleich anhaltend hohen Risiken soll nun die Zielregion „Afrika“ im Fokus der Betrachtungen stehen. Wie bewerten die deutschen Unternehmen die Zielregion „Afrika“? Welche Gründe motivieren die Unternehmen zum Gang in die Länder der Region? In welcher Form engagieren sie sich? Und wie erfolgreich sind sie? Diese und weitere Fragen gilt es nachfolgend zu beantworten.

3. Die Zielregion „Afrika“ im Fokus: Ergebnisse der Studie

3.1 Größenklassen der Unternehmen

Wie bereits die einleitende Bemerkung zur Region zeigt, so spiegeln auch die Ergebnisse der Studie „Going International“ die geringe Bedeutung dieser Region für die deutschen Unternehmen wider. Die Zielregion „Afrika“ ist mit 24,4 % die von den befragten Unternehmen am schwächsten frequentierte Zielregion knapp hinter der Region „Lateinamerika“ und wird weniger als dreimal so stark frequentiert wie die Zielregion „Bisherige EU-15/EFTA“ bzw. weniger als halb so stark wie die Zielregion „Asien/Pazifik“.

600 Angaben für 2005, Quelle: Bfai.

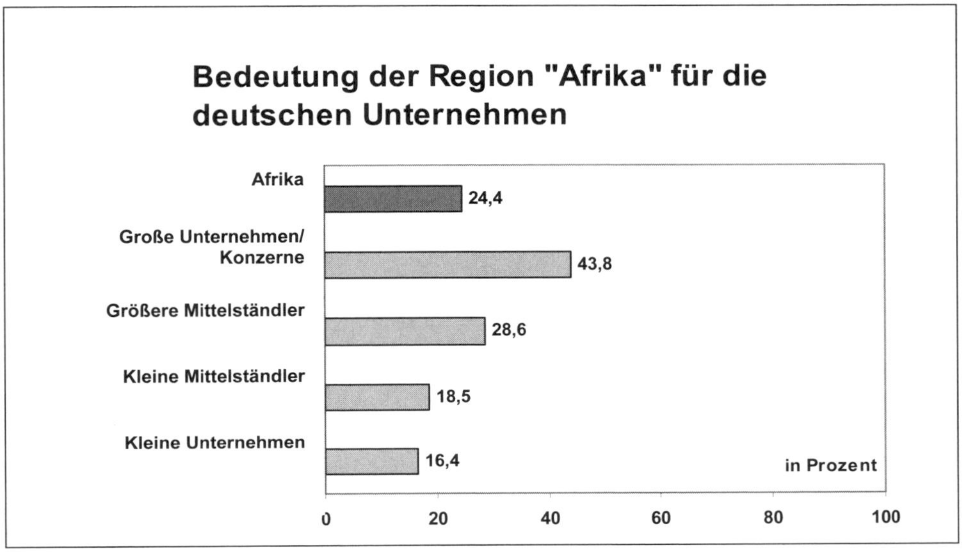

Quelle: Eigene Studie „Going International“
Abbildung 311: *Bedeutung der Region „Afrika“ für die deutschen Unternehmen*

Wie auch in den anderen Regionen sind die großen Unternehmen/Konzerne mit 43,8 % am stärksten vertreten (Abb. 311), gefolgt von den größeren Mittelständlern mit 28,6 %. Damit spielt sich das Engagement der großen Unternehmen/Konzerne und der größeren Mittelständler in der Region „Afrika“ auf sehr niedrigem Niveau ab und unterbietet sogar das niedrige Niveau der am zweitschwächsten frequentierten Region „Lateinamerika“. Auch die kleinen Mittelständler und kleinen Unternehmen sind mit 18,5 % bzw. 16,4 % schwach im subsaharischen Afrika vertreten. Damit sind die kleinen Mittelständler in der Region „Afrika“ jedoch nur geringfügig (-1,3 %) schwächer, während die kleinen Unternehmen sogar stärker (+1,9 %) präsent sind als in „Lateinamerika“. Der Unterschied zu den stärker frequentierten Regionen ist jedoch immens: In der Region „Afrika“ sind weniger als ein Viertel der kleinen Mittelständler und kleinen Unternehmen aktiv als in der Region „Bisherige EU-15/EFTA“ bzw. etwa nur ein Drittel wie in der Region „Asien/Pazifik“.

Das insgesamt extrem niedrige Niveau wird durch das in dieser Region im Vergleich zu den Großunternehmen geringe Engagement sowohl der mittelständischen als auch der kleinen Unternehmen verdeutlicht. Die Region „Afrika“ weist dabei nach der Region „Lateinamerika“ das geringste Verhältnis der Zielregionen auf. Auch hier wird erneut das abnehmende Verhältnis der Mittelständler zu den Großunternehmen bei zunehmender Entfernung der Zielregion vom deutschen Heimatmarkt deutlich.

Insgesamt bringt dies die bei den deutschen Unternehmen geringe Wahrnehmung dieser Region zum Ausdruck, die von den dominierenden Negativschlagzeilen zu diesem Kontinent beherrscht zu werden scheint. Dabei ist jedoch festzuhalten, dass bei der Bewertung des subsaharischen Kontinents – wie die einleitende Bemerkung zur Region zeigt – stark zwischen den einzelnen Staaten zu differenzieren ist, können doch einige Staaten ein solides Wachstum verzeichnen.

3.2 Branchenverteilung

Betrachtet man die Branchenverteilung innerhalb der Region „Afrika“, zeigt sich folgendes Bild (Abb. 312):

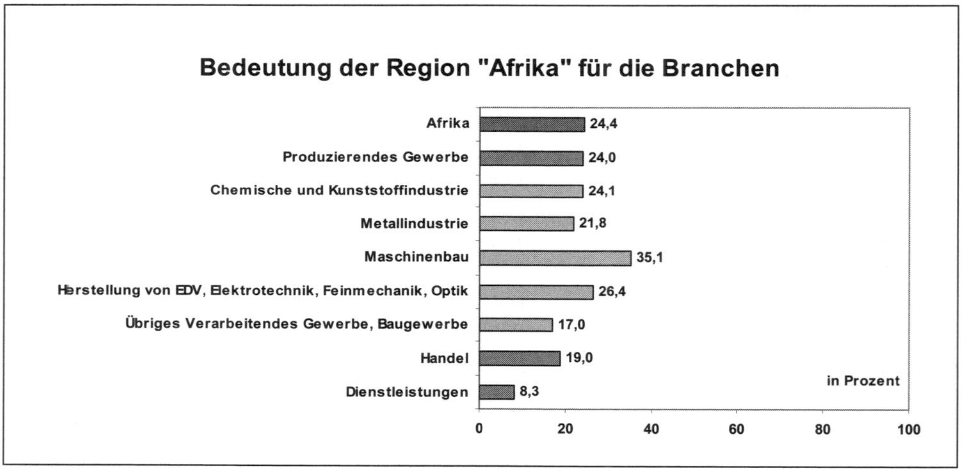

Quelle: Eigene Studie „Going International“
Abbildung 312: *Bedeutung der Region „Afrika“ für die Branchen*

Wie in den vorherigen Regionen ist das produzierende Gewerbe mit 24 % auch in der Zielregion „Afrika“ am stärksten vertreten. Dabei nimmt der Maschinenbau mit 35,1 % die Spitzenposition ein, gefolgt von der Herstellung von EDV, Elektrotechnik, Feinmechanik, Optik mit 26,4 % und der Chemischen und Kunststoffindustrie mit 24,1 %. Im Vergleich zu den stärker frequentierten Regionen lässt sich in der Zielregion „Afrika“ jedoch ein deutlich niedrigeres, gar das niedrigste Niveau feststellen. So ist z. B. das produzierende Gewerbe um über 60 Prozentpunkte schwächer vertreten als in der Region „Bisherige EU-15/EFTA“ bzw. um mehr als 34 Prozentpunkte schwächer als in „Asien/Pazifik“.

Der Handel ist mit nur 19 % in der Region „Afrika“ und damit um 56 Prozentpunkte schwächer vertreten als in der Region „Bisherige EU-15/EFTA“ und damit gleichauf mit der Region „Lateinamerika“. Auch der Bereich der Dienstleistungen zeigt sich in der Region „Afrika“ mit 8,3 % von seiner schwachen Seite, was etwa einem Viertel der „Bisherigen EU-15/

EFTA" entspricht bzw. einem Drittel der Region „Asien/Pazifik". Sowohl der Handel als auch die Dienstleistungen liegen etwa auf demselben Niveau wie in der Region „Lateinamerika". Insgesamt lässt sich in dieser Region damit ein immens niedriges Niveau feststellen mit signifikanten Unterschieden zu den stärker frequentierten Regionen.

3.3 Gründe und Motive für das Engagement

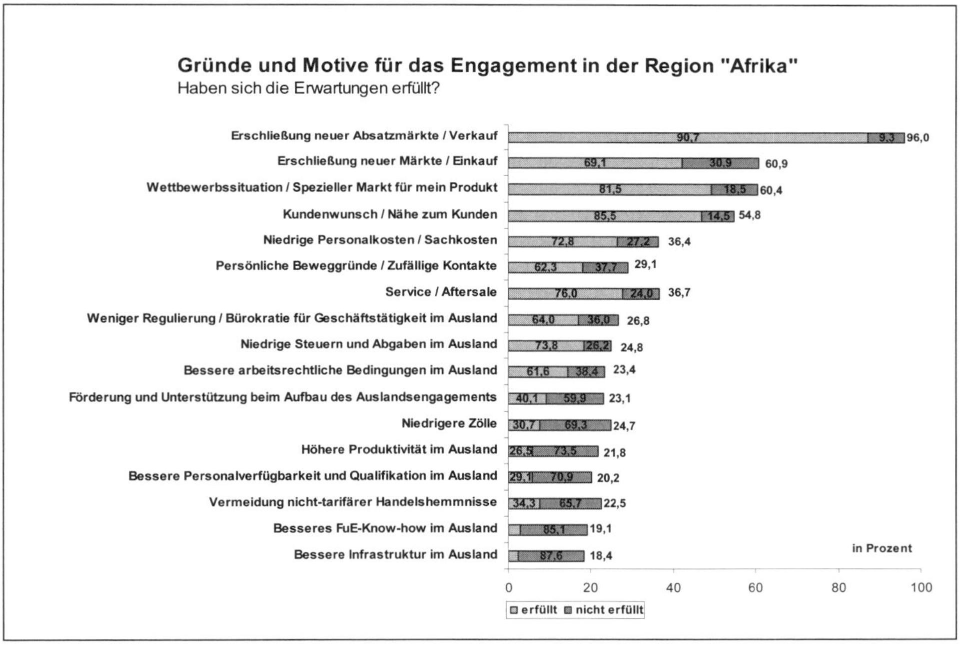

Quelle: Eigene Studie „Going International"
***Abbildung 313:** Gründe und Motive für das Engagement in der Region „Afrika"*

Bei den Beweggründen, die zu einem Auslandsengagement der befragten Unternehmen geführt haben, zeichnet sich für die Zielregion „Afrika" (Abb. 313) ein im Vergleich zu den Gesamtergebnissen der Studie insgesamt ähnliches Bild ab. Für die Unternehmen, die in der Region „Afrika" aktiv sind, sind die genannten Gründe insgesamt jedoch in noch höherem Maße ausschlaggebend für den Schritt ins subsaharische Afrika als im Gesamtergebnis der Studie.

Somit sind die wesentlichen Gründe für ein Engagement der Unternehmen, die in der Zielregion „Afrika" agieren, eindeutig marktorientiert. Die Erschließung neuer Absatzmärkte, die

Erschließung neuer Einkaufsmärkte und die Erfüllung von Kundenwünschen bzw. die Nähe zum Kunden sind die meistgenannten Gründe und zwar in deutlich höherem Maße als im Gesamtergebnis der Studie, insbesondere der Grund des Kundenwunsches. Die Unternehmen, die aus dieser Motivation heraus handeln, sehen ihre Anfangserwartungen in der geschäftlichen Praxis als erfüllt an und zwar ebenfalls in noch höherem Maße als im Gesamtergebnis der Studie. Von den Unternehmen, die mit dem Ziel der Erschließung neuer Absatzmärkte Geschäftsbeziehungen zum Ausland aufgebaut haben, haben sich für knapp 91 % die Erwartungen erfüllt. Überdurchschnittlich zufrieden zeigten sich die Unternehmen zudem, wenn sie ein Engagement im Ausland aufgrund eines speziellen Marktes für das Produkt bzw. eines Kundenwunsches aufgenommen haben. Dabei liegt die Zufriedenheitsquote bei knapp 82 % bzw. 86 %. Bei der Erschließung neuer Einkaufsmärkte zeigen sich die Unternehmen im Verhältnis etwas weniger zufrieden. Jedoch sehen immer noch rund 69 % ihre Erwartungen als erfüllt an.

Im Unterschied zum Gesamtergebnis der Studie wird dem Grund Service/Aftersale wie in den Regionen „Nordamerika (USA/Kanada)" und „Lateinamerika" eine höhere Bedeutung beigemessen und verdeutlicht, dass der Service bei zunehmender Entfernung der Zielregion vom Heimatmarkt wichtiger wird. Die Unternehmen, die aus dieser Motivation heraus handeln, sehen ihre Erwartungen in dieser Region zudem mit 85,5 % in ganz besonderem Maße als erfüllt an.

Neben den vorangehend angeführten Gründen stehen – ebenfalls in erhöhtem Maße – Motive wie geringere Kosten, weniger Regulierungen, weniger Bürokratie, niedrigere Steuern und bessere arbeitsrechtliche Bedingungen. Dabei werden die positiven Erwartungen in den Resultaten meist bestätigt. Die an die Gründe wie niedrigere Zölle, höhere Produktivität, bessere Personalverfügbarkeit, besseres Know-how und eine bessere Infrastruktur im Ausland gestellten Erwartungen werden hingegen im Vergleich zum Gesamtergebnis der Studie in höherem Maße meist nicht erfüllt.

3.4 Formen des Engagements

Innerhalb der Zielregion „Afrika" steht wie in den zuvor beschriebenen Regionen der Export mit 83,2 % an erster Stelle (Abb. 314). In der Rangfolge an zweiter Stelle folgen Repräsentanz/Vertriebsbüro, was 18,7 % der befragten Unternehmen in dieser Region angeben. Am dritthäufigsten haben die Unternehmen in dieser Region mit 17,2 % lose Kooperationspartner, gefolgt von Tochterunternehmen mit 9,1 %. Im regionalen Vergleich haben Tochterunternehmen prozentual in der Region „Afrika" den niedrigsten Stellenwert. Sourcing/Einkauf nimmt in der Region „Afrika" mit 6,8 % Rang fünf ein und liegt damit um mehr als 40 bzw. knapp 32 Prozentpunkte unter diesem Engagement in den Regionen „Bisherige EU-15/EFTA" bzw. „Asien/Pazifik". Im regionalen Vergleich bildet „Afrika" damit das

Schlusslicht, ebenso wie beim Import mit 6 % gegenüber 21,4 % in der „Bisherigen EU-15/EFTA“ und 21,9 % in „Asien/Pazifik“.

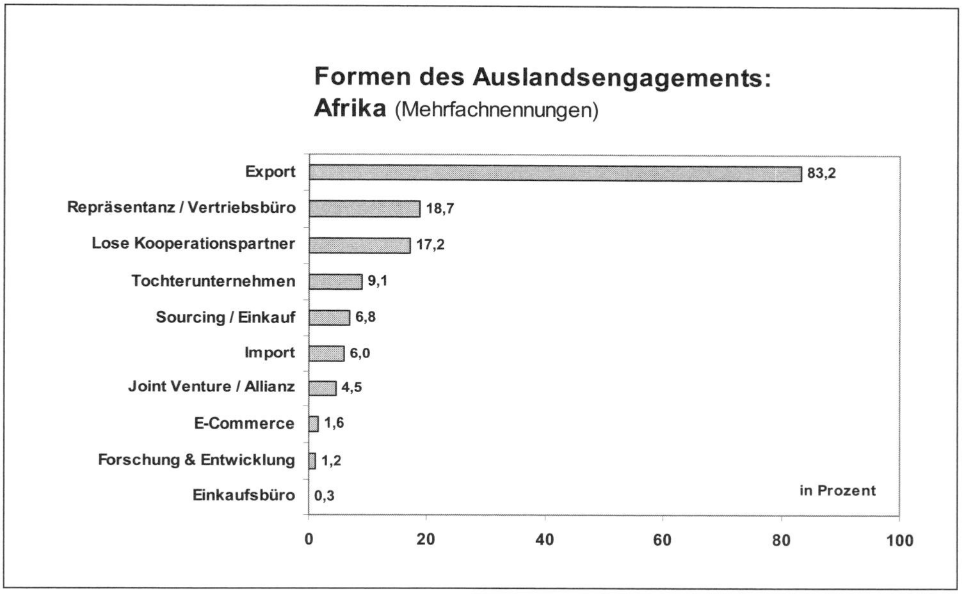

Quelle: Eigene Studie „Going International“
Abbildung 314: *Formen des Auslandsengagements: Afrika*

3.5 Erfolg in der Region

Um herauszufinden, wie erfolgreich deutsche Unternehmen in den unterschiedlichen Regionen der Welt sind, wurde nach der Erfolgsquote des Auslandsgeschäfts in den jeweils bevorzugten Zielmärkten gefragt. Wie die Gesamtübersicht (Abb. 30) zeigt, variiert die Zufriedenheit mit der Geschäftstätigkeit in den unterschiedlichen Regionen. So liegt die durchschnittliche weltweite Erfolgsquote deutscher Unternehmen bei 75 %.

Dabei wird die Region „Afrika“ mit 57,6 % (Abb. 315) positiver bewertet als die Region „Lateinamerika“. Im regionalen Vergleich geht die Region „Afrika“ jedoch als die am zweitschlechtesten bewertete Region hervor, die zu den übrigen Zielregionen einen deutlichen Aufholprozess zu durchlaufen hat. Zur erfolgreichsten Region, der „Bisherigen EU-15/EFTA“, besteht eine Differenz von knapp 40 Prozentpunkten.

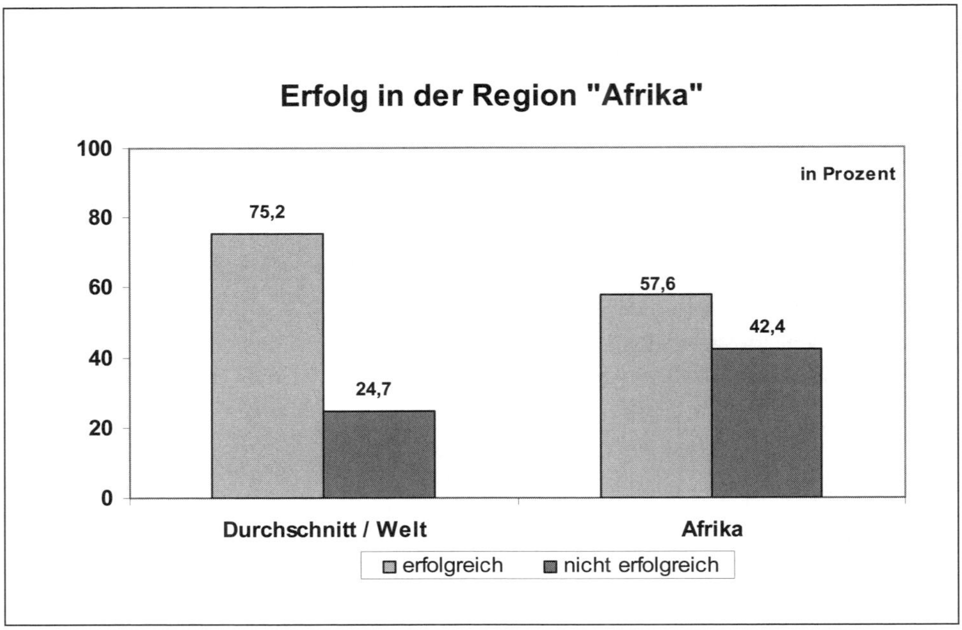

Quelle: Eigene Studie „Going International“
Abbildung 315: *Erfolg in der Region „Afrika“*

3.6 Einschätzung der Geschäftssituation in den Zielländern

Vor dem Hintergrund der geringen Erfolgsquote in der Region stellt sich sodann die Frage, wie die Unternehmen ihre Geschäftsbeziehungen speziell zu den einzelnen Ländern[601] in dieser Region hinsichtlich der aktuellen Geschäftssituation sowie der Einschätzung zukünftiger Geschäftsperspektiven bewerten (Abb. 316) – in der Region „Afrika“ beschränkt auf den für Deutschland wichtigsten Handelspartner dieses Kontinents, Südafrika.

Dabei wird Südafrika bei der aktuellen Geschäftssituation von 24,3 % und bei der zukünftigen Perspektive von 37,4 % positiv bewertet. Im Gesamtbild der Studie bildet Südafrika damit mit Mexiko das Schlusslicht.

601 Bei der Befragung wurden insgesamt 30 Zielländer vorgegeben.

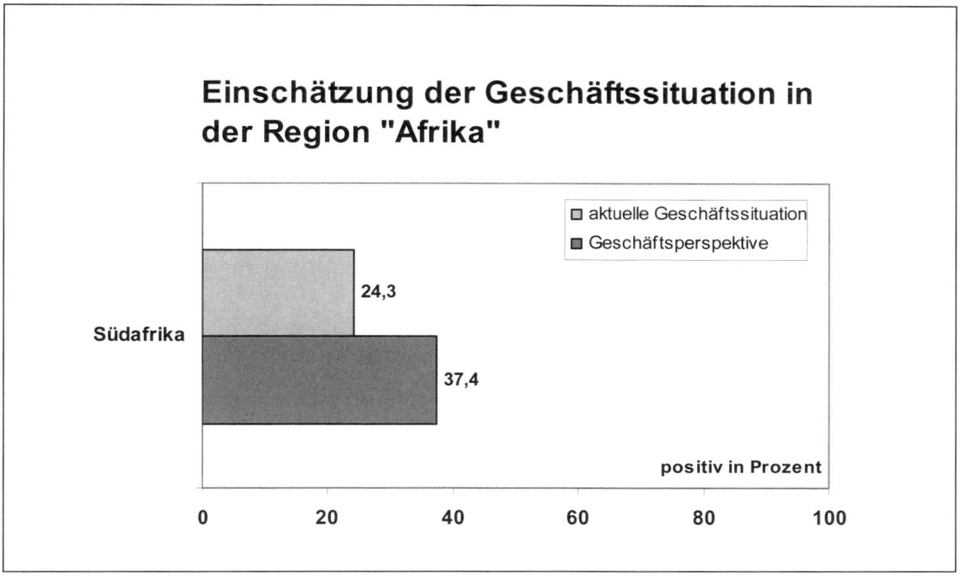

Quelle: Eigene Studie „Going International“
Abbildung 316: *Einschätzung der Geschäftssituation in der Region „Afrika“*

Betrachtet man sodann, welche Dynamik (Differenz zwischen der aktuellen Geschäftssituation und der zukünftigen Geschäftsperspektive) die Unternehmen den Geschäftsmöglichkeiten in Südafrika zusprechen, so rangiert das Land im oberen Bereich des unteren Drittels und wird damit dynamischer bewertet als z. B. Griechenland, Italien und Australien gleich nach Spanien. Um diese Chancen zu nutzen, bedarf es einer gründlichen Vorbereitung des Auslandsengagements.

3.7 Vorbereitungszeit für das Engagement

Wie bereits herausgestellt wurde, hat die Zielregion „Afrika“ eine sehr schwache Magnetwirkung und stellt die am schwächsten frequentierte Region dar. Aufgrund der mit zahlreichen Herausforderungen verbundenen Ausgangssituation und weil sich die Märkte dieser Länder vom deutschen Heimatmarkt unterscheiden, bedarf es einer Vorbereitungszeit für erfolgreiche Auslandsgeschäfte. Um ein solches in der Region „Afrika“ zu realisieren, benötigen gut 75 % weniger als ein Jahr bzw. zwischen ein bis zwei Jahren Planungszeit, während immerhin knapp 25 % eine Vorbereitungszeit von mehr als zwei Jahren benötigen (Abb. 317), womit diese Region etwa gleichauf liegt mit der Region „EU-Bewerberländer, Russland, GUS“.

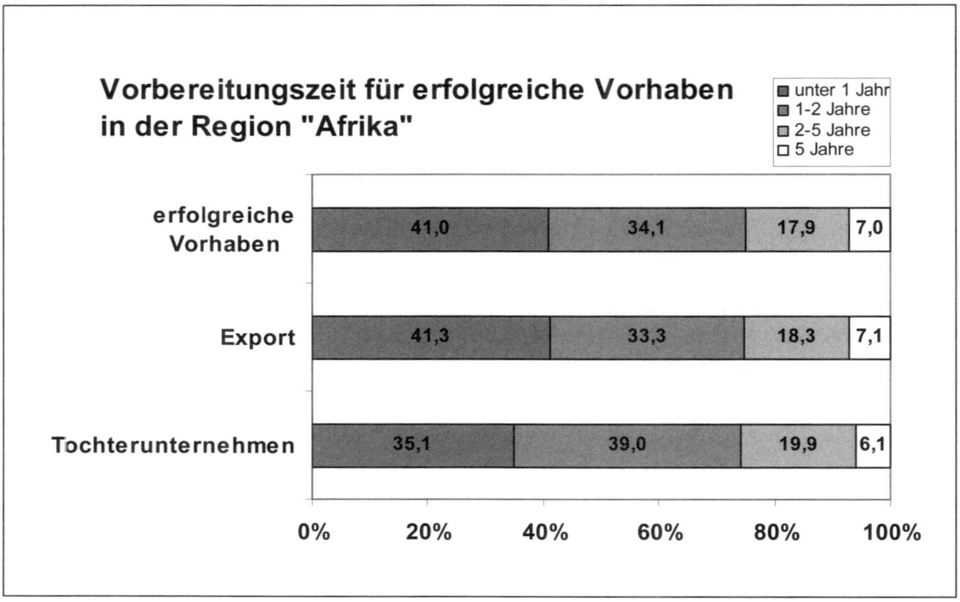

Quelle: Eigene Studie „Going International“
***Abbildung 317:** Vorbereitungszeit für erfolgreiche Vorhaben in der Region „Afrika“*

Durchschnittliche Vorbereitungszeit für erfolgreiche Exportaktivitäten in der Region "Afrika"

1,9 Jahre
(min. 1,4 Jahre; max. 2 Jahre)

Quelle: Eigene Studie „Going International“
***Abbildung 318:** Durchschnittliche Vorbereitungszeit für erfolgreiche Exportaktivitäten in der Region „Afrika“*

Der differenzierte Blick auf die Vorbereitungszeit in der Region „Afrika“ getrennt nach Export und Tochterfirmen liefert das gleiche Ergebnis: Auch hier sind mehr als 74 % der Unternehmen innerhalb von ein bis zwei Jahren Vorbereitungszeit erfolgreich aktiv. Die durchschnittliche Vorbereitungszeit für erfolgreiche Exportaktivitäten in der Region „Afrika“ liegt bei 1,9 Jahren (Abb. 318). Damit entspricht die Vorbereitungszeit in der Region „Afrika“ der der Region „EU-Bewerberländer, Russland, GUS“ und ist geringer als die für „Nordamerika (USA/Kanada)“ und „Asien/Pazifik“ benötigte. Im Vergleich zur Region „Bisherige EU-15/EFTA“, für die eine durchschnittliche Vorbereitungszeit für erfolgreiche Exportaktivitäten von 1,4 Jahren ermittelt wurde, bedarf es damit nur einer unwesentlich längeren Vorbereitungszeit.

3.8 Produktanpassung

Zur erfolgreichen Platzierung eines Produktes/einer Dienstleistung sind die spezifischen Markt- und Landesbedingungen von immenser Bedeutung. Dies wird in der Region „Afrika“ noch deutlicher als im Gesamtergebnis der Studie. Denn der Anteil der Unternehmen, der in der Region „Afrika“ aktiv ist und seine Produkte oder Dienstleistungen an die Gegebenheiten des ausländischen Marktes angepasst hat, weist im Vergleich zum Gesamtergebnis der Studie eine positive Abweichung von knapp sieben Prozentpunkten auf (Abb. 319).

Quelle: Eigene Studie „Going International“
Abbildung 319: *Anpassung von Gütern/Dienstleistungen an den Markt „Afrika“*

Damit wird deutlich, dass dieser Punkt mit zunehmender geografischer Entfernung, wie bereits bei den Regionen „EU-Bewerberländer, Russland, GUS“, „Asien/Pazifik“, „Nordamerika (USA/Kanada)“ und „Lateinamerika“ aufgezeigt wurde, auch bei der Vorbereitung des Engagements in der Region „Afrika“ besonders zu beachten ist.

3.9 Besetzung der Führungspositionen

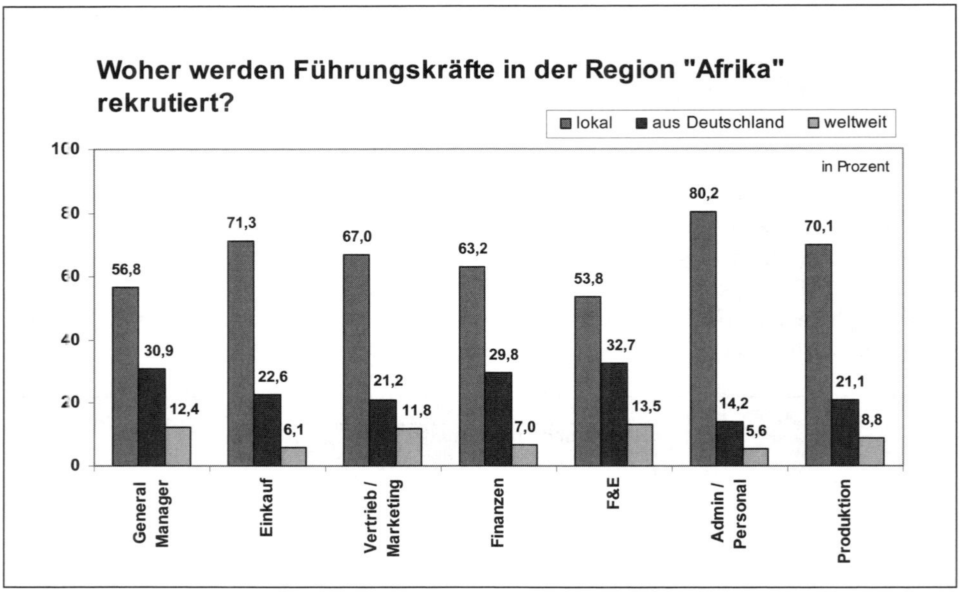

Quelle: Eigene Studie „Going International“
Abbildung 320: *Besetzung der Führungspositionen in der Region „Afrika“*

Neben einem überzeugenden Produkt sind es auch kompetente und qualifizierte Mitarbeiter, die einen großen Beitrag zum Gelingen des Auslandsgeschäfts beitragen. Auf die Frage, ob die Unternehmen in den Auslandsniederlassungen mit deutschen, ausländischen oder lokalen Führungskräften arbeiten, ergibt sich für die Unternehmen, die in der Region „Afrika“ aktiv sind, das in Abbildung 320 dargestellte Bild.

Wie auch im Gesamtergebnis der Studie geht aus der Abbildung hervor, dass die deutschen Unternehmen in der Region „Afrika“ in sämtlichen Unternehmensbereichen Führungskräfte aus dem jeweiligen Zielland einsetzen (durchschnittlich 66 %), vor allem in den Bereichen Administration/Personal, Einkauf, Produktion und Vertrieb/Marketing. Auf deutsche Manager wird demgegenüber nur in einem geringen Maße (durchschnittlich 24,6 %) zurückgegriffen, was den Werten der Region „Lateinamerika“ entspricht.

3.10 Probleme

Die Region „Afrika“ weist im Vergleich zum Gesamtergebnis der Studie eine unterdurchschnittliche, nach der Region „Lateinamerika“ die zweitgeringste Erfolgsquote auf (s. Kap. 3.5) und hat zur erfolgreichsten Region „Bisherige EU-15/EFTA“ deutlich aufzuholen. Somit gilt es, die generellen Probleme beim Auf- und Ausbau des Auslandsengagements zu hinterfragen – in dieser Betrachtung beschränkt auf die zehn am häufigsten genannten Probleme.

Vor dem Hintergrund der Erfolgsquote zeigt sich hinsichtlich der Probleme ein plausibles Bild für diese Region (Abb. 321). Somit sind bei den Unternehmen, die in der Region „Afrika“ aktiv sind, die zehn am häufigsten genannten Probleme nahezu identisch mit dem Gesamtergebnis der Studie – lediglich das Problem der hohen Transportkosten wird von dem Problem eines hohen Wechselkursrisikos verdrängt.

Probleme beim Aufbau von Geschäftsbeziehungen in der Region „Afrika": Top 10	
1. Konkurrenz im jeweiligen Markt	⬆
2. Suche/Auswahl verlässlicher Partner	⬆
3. Eigene Preise im Ausland zu hoch	⬆
4. Kontakte	⬆
5. Beschaffung verlässlicher Marktinformationen schwierig	⬆
6. Marktbearbeitung schwierig	⬆
7. Forderungseinzug schwierig	⬆
8. Wechselkursrisiko zu hoch	⬆
9. Finanzierung schwierig	⬆
10. Sprachen	⬆

Abweichung ≥ 6 % ⬆ Abweichung ≥ 2 % ⬈
Abweichung ≥ -2% ⬊ Abweichung ≥ -6% ⬇
Abweichung 1,9 % bis -1,9% ➡
Abweichungen zum Gesamtergebnis der Studie.

Quelle: Eigene Studie „Going International“

***Abbildung 321:** Probleme beim Aufbau von Geschäftsbeziehungen in der Region „Afrika“: Top 10*

Dabei fällt jedoch auf, dass alle zehn Probleme von weitaus mehr (Abweichung ≥ 6 %) der befragten Unternehmen als solche angesehen wurden als im Gesamtergebnis der Studie – ebenso wie in der Region „Lateinamerika“. Auch die Region „EU-Bewerberländer, Russland, GUS“ zeichnet ein ähnlich negativ belastetes Bild. Es kann festgehalten werden, dass die Unternehmen, die in der Region „Afrika“ aktiv sind, die zweitgeringste Erfolgsquote aufweisen und den zehn am häufigsten genannten Problemen gar in überaus verstärktem Maße begegnen. Und auch wenn sie sich in dieser Region immensen Herausforderungen – in politischer, wirtschaftlicher und sozialer Hinsicht – gegenübersehen, so sind die genannten Probleme – abgesehen vom schwierigen Forderungseinzug und dem hohen Wechselkursrisiko – doch häufig hausgemacht und durch das Fehlen eines fundierten Geschäftsplanes zur Markterschließung sowie einer individuellen Marketingstrategie gekennzeichnet.

3.11 Erfolgsfaktoren

Nachdem aufgezeigt wurde, dass die Unternehmen in der Region „Afrika“ im Vergleich zum Gesamtergebnis der Studie wesentlich weniger erfolgreich agieren und sich in höherem Maße mit Problemen konfrontiert sehen, ist auch die andere Seite der Medaille zu betrachten. Somit stellt sich die Frage nach den Erfolgsfaktoren in dieser Region.

Dabei ergibt sich für diese Region ein von den Gesamtergebnissen der Studie unterschiedliches Bild. Während dem Preis – entgegen der Problemsituation (s. Kap. 3.10) – eine geringere Bedeutung beigemessen und ein spezifisches Geschäftskonzept für den Zielmarkt im Einklang mit dem Gesamtergebnis der Studie angesehen wird, so messen die Unternehmen, die in der Region „Afrika“ aktiv sind, den übrigen acht Erfolgsfaktoren noch höhere Bedeutung bei. So liegt bei den Erfolgsfaktoren der Wahl des richtigen Partners im neuen Zielmarkt, Technologievorsprung, der räumlichen Nähe zum Kunden und dem frühen Markteintritt eine positive Abweichung von ≥ 2 % im Vergleich zum Gesamtergebnis der Studie vor. Den Erfolgsfaktoren der Produktqualität, der gründlichen Marktkenntnis, qualifizierten Mitarbeitern und dem Service wird dabei mit einer signifikanten Abweichung von ≥ 6 % die höchste Bedeutung beigemessen. Dies zeigt wiederholt die erhöhte Notwendigkeit einer konsequenten Produkt- und Qualitätspolitik sowie die Bedeutung des Service, der im Vergleich zum Gesamtergebnis der Studie ein noch wichtigeres Motiv für den Schritt ins subsaharische Afrika bei einer gleichzeitig überdurchschnittlichen Zufriedenheitsquote darstellt.

Besonders bedeutend und als Garant für den Erfolg gilt zudem eine gründliche Marktkenntnis. Da sich die Beschaffung verlässlicher Marktinformationen in dieser Region als besonders problematisch herausstellt (s. Kap. 3.10), ist darauf besonderes Augenmerk zu richten – eine Situation, wie sie auch in den Regionen „EU-Bewerberländer, Russland, GUS“, „Nordamerika (USA/Kanada)“ sowie „Lateinamerika“ auftritt.

Erfolgsfaktoren	Abweichung in der Region „Afrika"
Produktqualität	↑
Wahl des richtigen Partners im neuen Zielmarkt	↗
Gründliche Marktkenntnis	↑
Preis	↘
Qualifizierte Mitarbeiter	↑
Service	↑
Technologievorsprung	↗
Spezifisches Geschäftskonzept für den Zielmarkt	→
Räumliche Nähe zum Kunden	↗
Früher Markteintritt	↗

Abweichung ≥ 6 % ↑ Abweichung ≥ 2 % ↗
Abweichung ≥ -2% ↘ Abweichung ≥ -6% ↓
Abweichung 1,9 % bis -1,9% →
Abweichungen zum Gesamtergebnis der Studie.

Quelle: Eigene Studie „Going International"
Abbildung 322: *Erfolgsfaktoren in der Region „Afrika"*

3.12 Kernaussagen

Die Ergebnisse zur Zielregion „Afrika" lauten pointiert wie folgt:

- Die Region „Afrika" hat die geringste Magnetwirkung für die deutschen Unternehmen mit deutlicher Differenz zu den stärker frequentierten Zielregionen. Dies schlägt sich bei allen Unternehmensgrößen nieder. Dabei ist das Verhältnis der mittelständischen und kleinen Unternehmen zu den Großunternehmen das geringste nach der Zielregion „Lateinamerika". Branchenmäßig dominiert der Maschinenbau, gefolgt von der Herstellung von EDV, Elektrotechnik, Feinmechanik, Optik. Insgesamt lässt sich bei den Branchen ein sehr niedriges Niveau feststellen, vor allem beim Handel und den Dienstleistungen, wie auch in „Lateinamerika".
- Die Gründe und Motive für das Engagement in der Region sind eindeutig marktorientiert, wobei die Erwartungen in überdurchschnittlich hohem Maße erfüllt werden. Der Nähe

zum Kunden sowie dem Service/Aftersale kommen in der Region „Afrika“ wie in den Regionen „Nordamerika (USA/Kanada)“ und „Lateinamerika“ eine noch höhere Bedeutung zu, bei gleichzeitig überdurchschnittlich hoher Zufriedenheitsquote.

- Die bevorzugte Form des Auslandsengagements ist der Export. Tochterunternehmen, Sourcing/Einkauf und Import schneiden im Regionalvergleich am schlechtesten ab.
- Die Unternehmen, die auf diesem Markt agieren, zeigen sich im Vergleich zum Gesamtergebnis der Studie unterdurchschnittlich erfolgreich. „Afrika“ wird als die Region mit der zweitgeringsten Erfolgsquote bewertet, doch wird nur eine unwesentlich längere Vorbereitungszeit aufgewendet als z. B. zur geografisch viel näher gelegenen Region „Bisherige EU-15/EFTA“.
- Führungskräfte werden in allen Managementbereichen überwiegend lokal rekrutiert; deutsche Führungskräfte kommen eher selten zum Einsatz.
- Der Anpassung von Produkten/Dienstleistungen kommt im Vergleich zum Gesamtergebnis der Studie eine noch größere Bedeutung zu.
- Neun der zehn am häufigsten genannten Probleme sind identisch mit dem Gesamtergebnis der Studie. Insgesamt treten die genannten Probleme in deutlich verstärktem Maße auf, könnten jedoch durch eine Marktstrategie und einen Marketingplan deutlich minimiert oder gar ausgeräumt werden.
- Um in dieser Region erfolgreich zu sein, sind acht der zehn Erfolgsfaktoren in ausführlicherem Maße zu berücksichtigen. Besondere Beachtung verdienen in der Region „Afrika“ vor allem die Produktqualität, eine gründliche Marktkenntnis, qualifizierte Mitarbeiter und der Service.

Damit zeichnen die Ergebnisse der Studie „Going International“ ein klares Bild zur Zielregion „Afrika“, womit die Ergebnisse im Einklang mit den die Region dominierenden und pauschalisierenden Negativschlagzeilen stehen. Es sei jedoch auf die erforderliche differenzierte Betrachtung dieser Region hinzuweisen und auf das solide Wachstum in einigen Staaten dieser Region, die zudem über immense Rohstoffpotenziale verfügen – auch wenn die Herausforderungen nicht außer Acht gelassen werden können.

4. Südafrika

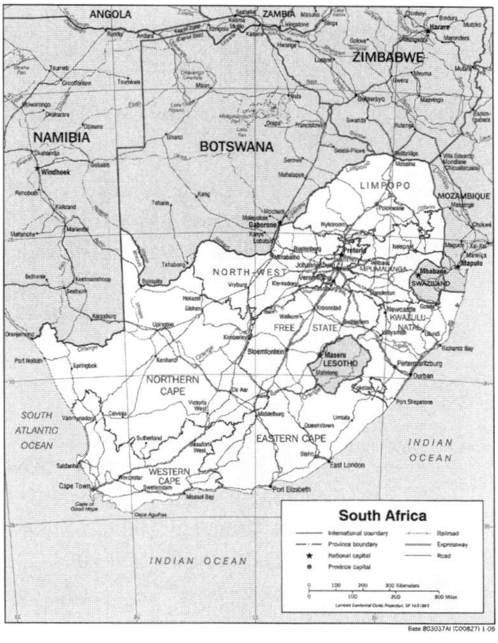

Quelle: CIA
***Abbildung 323**: Südafrika*

Landesinformationen/Politik[602]

Amtliche Bezeichnung	Republik Südafrika (Republic of South Africa)
Fläche	1.223.201 qkm; 3,4-mal die Fläche Deutschlands
Einwohner	46,4 Mio.
Bevölkerungsdichte	36,4 Einwohner/qkm
Hauptstadt	Pretoria; ca. 1 Mio. Einwohner (Großraum über 2 Mio. Einwohner)

---

602 Zusammenstellung auf Basis von Informationen des Auswärtigen Amtes, Stand Oktober 2005.

Religionszugehörigkeit	75,5 % Christen, davon 25,74 % Independent African Churches (z. B. Zion Christian Church), 8,9 % Nederduitse Gereformeerde Kerk, 8,6 % Roman Catholic, 7,1 % Methodist Church, 4 % Anglican Church, 2,6 % Lutheran Church u. a.; mind. 17,5 % sonstige Religionen, davon 1,4 % Hindus, 1,4 % Moslems, 0,2 % Juden, 5,7 % keine Angaben u. a.
Nationalfeiertag	27. April: „Freedom Day“ (Tag der ersten freien Wahlen 1994)
Landessprache	Alle 11 Landessprachen sind offizielle Sprachen: isi Zulu (22,9 %), isi Xhosa (17,9 %), afrikaans (14,4 %), sePedi (9,2 %), english (8,6 %), seTswana (8,2 %), seSotho (7,7 %), xiTsonga (4,4 %), siSwati (2,5 %), tshiVenda (2,2 %), isiNdebele (1,5 %), andere Sprachen (0,6 %)
Regierungsform	Präsidialdemokratie mit föderativen Elementen
Staatsoberhaupt und Regierungschef	Thabo Mvuyelva Mbeki (ANC), President of the Republic of South Africa, seit 1999
Wirtschaftsminister	Mandisi Bongani Mabuto Mpahlwa (ANC), Minister of Trade and Industry, seit 2004
Politische Situation	Regierungsparteien seit 2004: ANC (Beteiligung NNP mit einem Minister im Kabinett); Offizielle Opposition: Democratic Alliance, NNP, UDM, ACDP, IFP, ID; Parlament: Zweikammersystem bestehend aus National Assembly (400 Sitze): African National Congress (ANC) mit 279, Democratic Alliance Party (DA) mit 50, Inkatha Freedom Party (IFP) mit 28, New National Party (NNP) mit 7 Sitzen u. a. und National Council of Provinces (90 Sitze): 10 Mitglieder aus jeder Provinz (jede Provinz hat eine Stimme)
Währung[603]	Rand (ZAR), Einheit: Cent 1 ZAR = 0,11900 EUR 1 EUR = 8,40336 ZAR

[603] http://www.oanda.com/convert/classic, Stand 12.05.2006.

Sonstiges

Wachstumsbranchen/-märkte[604]	Bau, Energie, Transport, Kfz, Telekommunikation, Konsumgüter
Mitgliedschaft in internationalen Organisationen	u. a. Vereinte Nationen, NAM, AU, SADC, Commonwealth, WTO, UNCTAD, IATA, ICAO, IDA, IFC, IMF, ILO, IOM, ITU, UPU, WMO, WHO, IPU, IBRD, FAO
Hermes-Entgeltkategorie[605]	3
Korruption[606]	Rang 46 (von 158)

Volkswirtschaftliche Kennzahlen[607]

Binnenwirtschaftliche Indikatoren		2003	2004s	2005p	2006p
BIP pro Kopf	USD	3.640	4.570	4.970	5.030
BIP	Mrd. USD	165,4	212,8	233,0	236,0
Wachstumsrate BIP, real	%	2,8	3,7	4,1	3,8
Inflationsrate	%	6,8	1,4	4,2	4,5
Arbeitslosenquote	%	29,7	27,0	25,0	24,0

Beitrag zum BIP:	Primärsektor 5 %; Sekundärsektor 30 %; Tertiärsektor 65 %
Entwicklung des BIP:	stabiles Wachstum hält an (Abb. 324)
Inflation:	trotz steigendem Trend noch relativ gering
Arbeitslosigkeit:	äußerst hohes Niveau

604 Bfai: Südafrika – Wirtschaftstrends 2006, Stand Februar 2006.

605 http://www.agaportal.de/pages/aga/deckungspolitik/laenderklassifizierung.html.

606 Corruption Perceptions Index 2005 nach Transparency International, in: http://www.transparency.org, Rang 1= keine Korruption, Deutschland: Rang 16.

607 Zusammenstellung auf Basis von Informationen der Bayerischen Landesbank, Stand Dezember 2005.

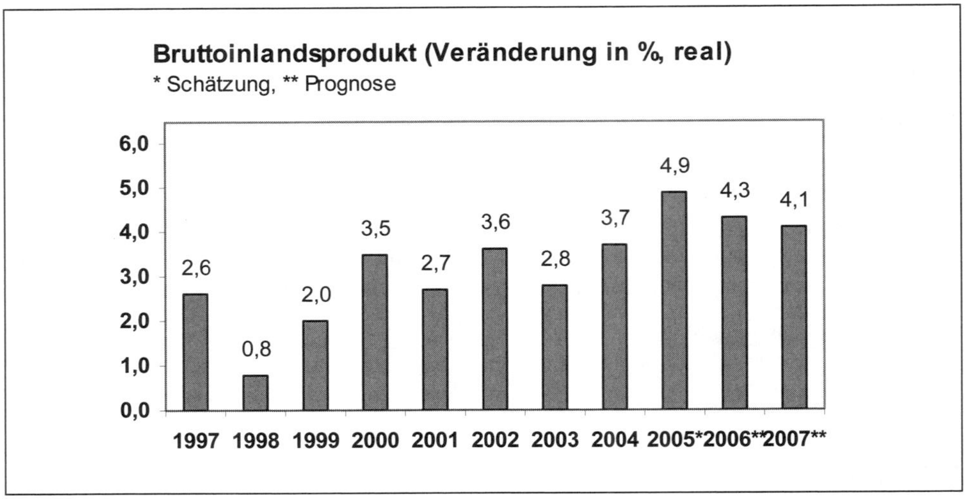

Quelle: Bfai

Abbildung 324: *Entwicklung des Bruttoinlandsproduktes in Südafrika*

Finanzindikatoren		2003	2004s	2005p	2006p
Auslandsverschuldung (brutto)	Mrd. USD	37,1	42,3	46,0	50,0
Haushaltssaldo	% des BIP	-2,1	-2,7	-3,1	-2,7

Verschuldung: finanzierbar

Außenwirtschaftliche Indikatoren		2003	2004s	2005p	2006p
Warenexporte	Mrd. USD	38,6	47,3	49,0	51,0
Warenimporte	Mrd. USD	35,3	48,6	51,5	53,0
Handelsbilanzsaldo	Mrd. USD	3,3	-1,3	-2,5	-2,0
Leistungsbilanzsaldo	Mrd. USD	-2,6	-7,0	-9,0	-7,0
	% des BIP	-1,6	-3,3	-3,7	-2,9
Deutsche Einfuhr aus Südafrika	Mio. Euro	2.858	3.218	3.500	k. A.
Deutsche Ausfuhr nach Südafrika	Mio. Euro	5.045	6.078	7.100	k. A.

Leistungsbilanz: weiterhin Defizit

Hauptlieferländer:[608] 2005: Deutschland 14,1 %; VR China 9,0 %; USA 7,7 %; Japan 6,8 %; Saudi-Arabien 5,6 %; Großbritannien 5,5 %; Frankreich 4,4 %; Iran 4,1 %; Italien 3,0 %; Sonstige 39,8 %

Hauptabnehmerländer:[608] 2005: Japan 10,0 %; Großbritannien 9,7 %; USA 9,5 %; Deutschland 6,5 %; Niederlande 4,5 %; Spanien 2,7 %; VR China 2,7 %; Belgien 2,7 %; Australien 2,7 %; Italien 2,2 %; Korea (Rep.) 1,6 %; Sonstige 45,2 %

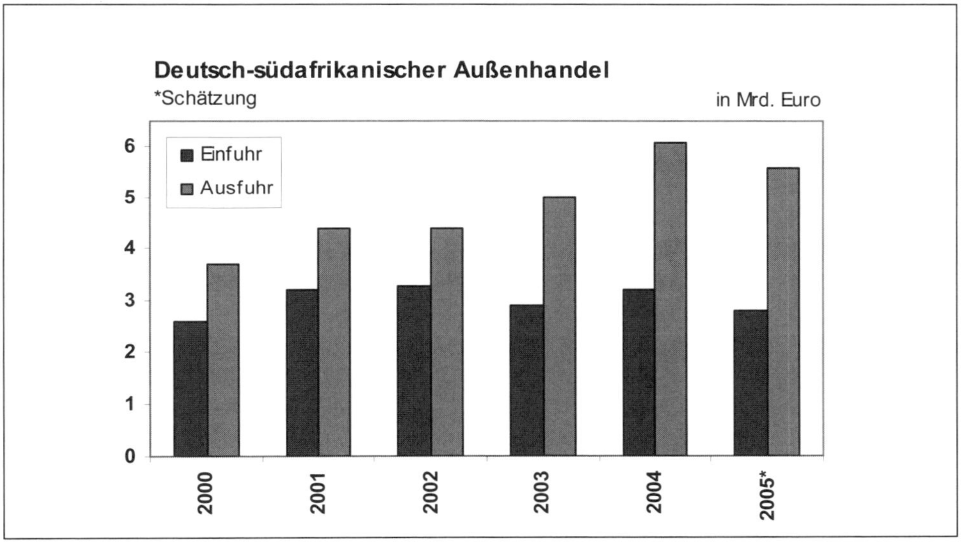

Quelle: AHK
Abbildung 325: *Entwicklung des deutsch-südafrikanischen Außenhandels*

Hauptimportgüter:[608] 2005: Maschinen, Apparate, Geräte 26,2 %; mineralische Stoffe 15,2 %; Beförderungsmittel 13,0 %; chemische Erzeugnisse 9,0 %; unedle Metalle 4,2 %; Kunststoffe, Gummi 3,8 %; optische Geräte, Mess- u. Musikinstrumente, Uhren 3,3 %; Textilien 3,2 %; Sonstige 35,8 %

Hauptexportgüter:[608] 2005: Perlen, Edelsteine, Münzen 25,1 %; unedle Metalle 17,7 %; mineralische Stoffe 14,4 %; Beförderungsmittel 9,8 %; Maschinen, Apparate, Geräte 8,9 %; chemische Erzeugnisse 6,6 %; landwirtschaftliche Produktion 3,6 %; Nahrungsmittel, Getränke, Tabak 3,6 %; Sonstige 38,2 %

[608] Bfai: Südafrika – Wirtschaftsdaten kompakt, Stand Mai 2006.

Südafrika als deutscher Handelspartner:[609]	Rang 26 (nach Brasilien, vor Taiwan)

Investitionen[610]	2001	2002	2003	2004
Ausländische Direktinvestitionen in Südafrika Bestand Mio. USD	k. A.	k. A.	k. A.	46.283
Ausländische Direktinvestitionen in Südafrika Zuflüsse Mio. USD	k. A.	757	720	585
Deutsche Direktinvestitionen in Südafrika Bestand Mio. Euro	2.128	2.459	2.597	3.184
Südafrikanische Direktinvestitionen in Deutschland Bestand Mio. Euro	852	962	1.095	1.161

Weiterführende Quellen

Internet:
Auslandshandelskammer: http://www.ahk.de.
Auswärtiges Amt: http://www.auswaertiges-amt.de.
Bundesagentur für Außenwirtschaft: http://www.bfai.de.
Deutsche Botschaft in Südafrika: http://www.pretoria.diplo.de.
Südafrikanische Botschaft in Deutschland: http://www.suedafrika.org.
Statistisches Bundesamt: http://www.destatis.de.

Literatur:
Bundesagentur für Außenwirtschaft: Exportieren nach Südafrika, Köln 2004.
Bundesagentur für Außenwirtschaft: Erfolgreich verhandeln in Südafrika, Köln 2004.
Bundesagentur für Außenwirtschaft: Handelsvertretersuche in Südafrika, Köln 2002.
Bundesagentur für Außenwirtschaft: Messebeteiligung in Südafrika, Köln 2004.
Hug, Tony R.: Südafrika – Das Paradies für Anleger und Einwanderer, Berlin 2004.
Mayer, Claude-Helene/Boness, Christian/Thomas, Alexander: Beruflich in Südafrika. Trainingsprogramm für Manager, Fach- und Führungskräfte, Göttingen 2004.
Ripken, Peter: Südliches Afrika: Geschichte, Wirtschaft, politische Zukunft. Ein kritisches Handbuch, Berlin 1978.
Wroszkowiak-Schierholz, Winfried: Südafrika unter Weltmarkteinfluss. Akkumulation und Politik 1652 bis 1990. Münster 1993.

---

609 Statistisches Bundesamt, Außenhandelsstatistik 2005.

610 Zusammenstellung auf Basis von Informationen der Bfai: Südafrika – Wirtschaftsdaten kompakt, Stand Mai 2005, und der Deutschen Bundesbank: Kapitalverflechtungen mit dem Ausland, Stand April 2006.

Zielregion „MENA“

1. Ölgetriebener Wachstumsrausch

Die Region „Middle East North Africa“ (MENA) umfasst zum einen das Gebiet des afrikanischen Kontinents nördlich der Wüste Sahara, d. h. die Maghrebstaaten (Tunesien, Algerien und Marokko), Libyen, Ägypten sowie die Länder der arabischen Halbinsel und den Iran. Die Türkei, die geografisch zu dieser Region zählt, wird in der Zielregion „EU-Bewerberländer, Russland, GUS“ betrachtet. Insgesamt wird die Bevölkerung der Region auf ca. 571 Millionen Menschen geschätzt[611], wobei Ägypten und der Iran die Länder mit der größten Bevölkerung sind.

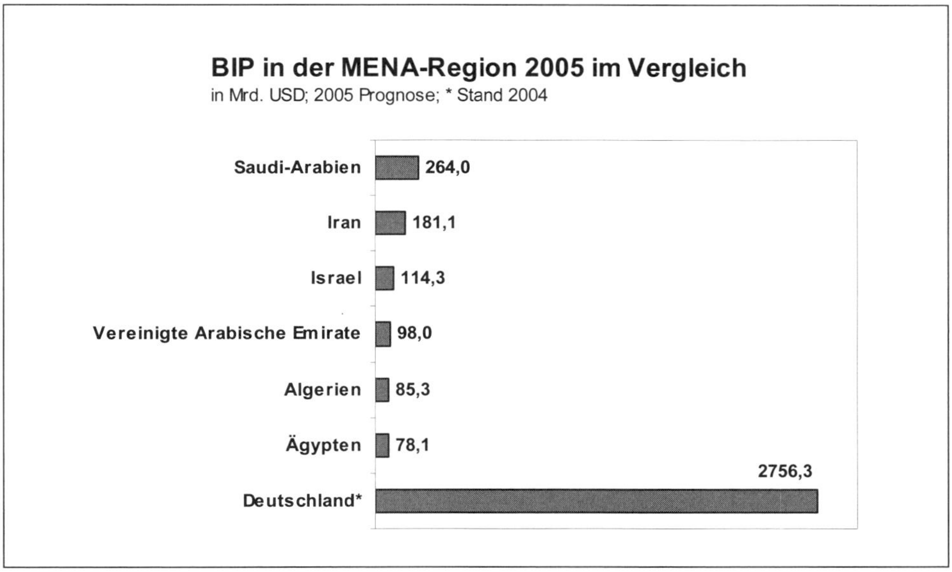

Quelle: Bfai
Abbildung 326: *BIP in der MENA-Region 2005 im Vergleich*

---

611 Stand Ende 2004, Quelle: Bfai.

Neben einem großen Absatzmarkt verfügt die Region über große Entwicklungs- und Wachstumspotenziale und mit nahezu 61 % der nachgewiesenen Ölreserven[612] der Welt über riesige Rohstoffvorkommen. Somit blicken die Länder der MENA-Region, was die wirtschaftliche Entwicklung anbelangt, optimistisch in die Zukunft. Doch die einzelnen Länder der MENA-Region unterscheiden sich hinsichtlich ihrer wirtschaftlichen, politischen und kulturellen Rahmenbedingungen. Daher ist eine differenzierte Betrachtung der etablierten Märkte, zu denen z. B. die Vereinigten Arabischen Emirate, Saudi-Arabien und Ägypten zählen, und der neuen Märkte wie Libyen und Algerien unumgänglich.

So scheint das Bruttoinlandsprodukt selbst der großen Volkswirtschaften der Region im Vergleich zu Deutschland eher gering, beträgt doch das Bruttoinlandsprodukt der größten regionalen Volkswirtschaft, der Saudi-Arabiens, nur etwa ein Zehntel des Bruttoinlandsprodukts Deutschlands (Abb. 326).

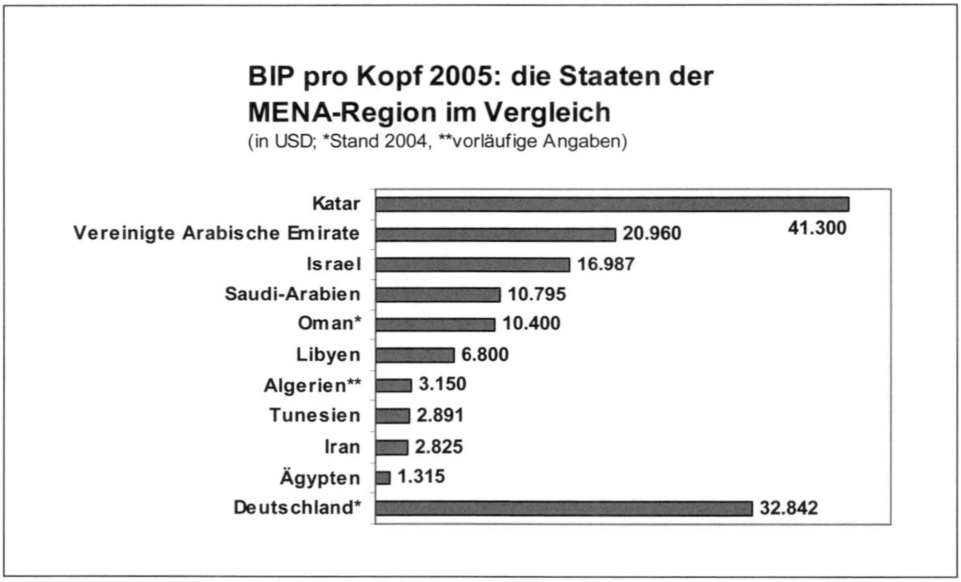

Quelle: Bfai; Daten EU-Gesamt: CIA
***Abbildung 327:** BIP pro Kopf 2005 in der MENA-Region*

Betrachtet man jedoch das Bruttoinlandsprodukt je Einwohner und die Wachstumsraten der Volkswirtschaften, so relativiert sich dieses Bild. Während Ägypten, der Iran und Tunesien in 2005 ein niedriges Pro-Kopf-Einkommen bei hohem Wirtschaftswachstum (zwischen 4,2 % und 7,1 %) aufweisen, glänzen Katar und die Vereinigten Arabischen Emirate bei beiden Indikatoren. Bei einem Pro-Kopf-Einkommen, das 25 % über dem deutschen liegt,

612 Quelle: iXPOS: Arabischer Raum, Markt des Monats Oktober 2003, in: http://www.ixpos.de, aufgerufen am 24.05.2006.

weist Katar nach einem Wachstum des BIP von 9,3 % in 2004 für das Jahr 2005 ein Wachstum von 5,5 % auf (Abb. 327 und 328). Für 2006 wird wieder ein dynamisches Wachstum von 7,1 % erwartet. Auch die vier Ölexportländer Algerien, Iran, Saudi-Arabien und die Vereinigten Arabischen Emirate tragen wesentlich zum hohen Wirtschaftswachstum der gesamten Region bei.

Insgesamt lassen sich bei allen Staaten der Region spektakuläre Wachstumsraten feststellen, die 2005 etwa fünf bis neun Mal höher lagen als das Wirtschaftswachstum Deutschlands (Abb. 328) und die hohe Dynamik dieser Region manifestieren. Das hohe Ölpreisniveau und die damit einhergehenden hohen Haushaltsüberschüsse der einzelnen Staaten deuten auf eine weiterhin positive Entwicklung hin und begünstigen immense Investitionen der Staaten z. B. in Infrastruktur, Verkehr und Telekommunikation, Straßenbau, Gesundheitswesen sowie Bildung, was weiteren Spielraum für Strukturveränderungen schafft. Einer Diversifikation der Volkswirtschaften und der zunehmenden Privatisierung wird dabei für die Zukunft besondere Bedeutung beigemessen.

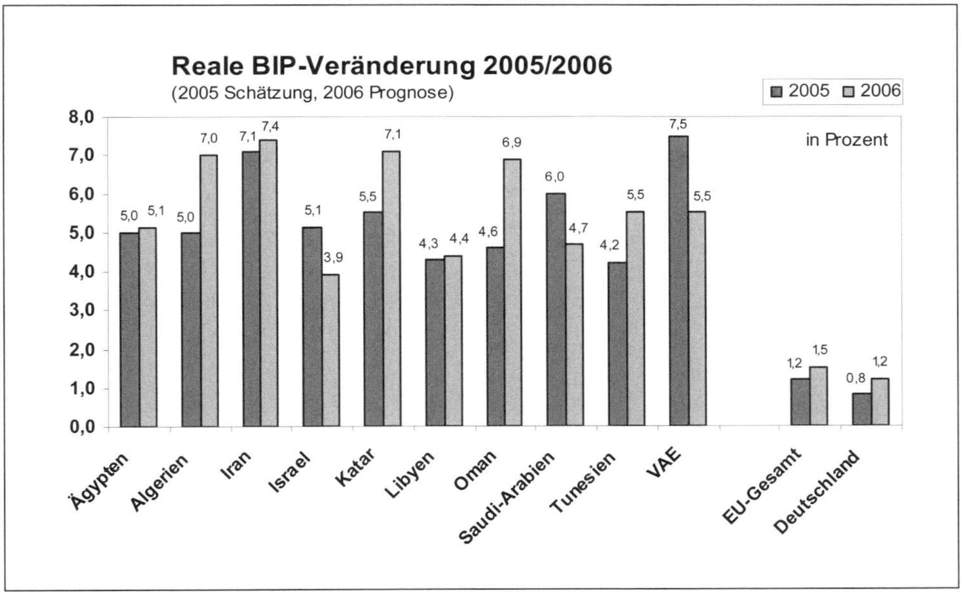

Quelle: Bfai

Abbildung 328: *Veränderung des BIP in der MENA-Region*

Die Vereinigten Arabischen Emirate haben sich dabei bereits als eine Handelsdrehscheibe mit einer diversifizierten Wirtschaftsstruktur etabliert. Von dort aus wird die gesamte Region des Mittleren Ostens mit Gütern und Dienstleistungen versorgt. Vor allem Dubai setzte in den letzten Jahren konsequent auf Diversifikation und machte sich mit einem der größten Containerumschlagplätze der Welt, durch seine Rolle als internationales Luftverkehrskreuz und durch seine Infrastruktur unabhängig vom Ölexport. Erdöl hat mittlerweile nur noch einen Anteil von 6 % am Bruttoinlandsprodukt und spielt nur noch eine untergeordnete Rolle. So gilt Dubai als idealer Standort für den Einstieg in das Geschäft mit der Golfregion.

Neben der spektakulären Entwicklung in Katar verdienen das sich auf Reformkurs befindende Saudi-Arabien und das mit stabilen politischen Verhältnissen werbende Oman besondere Aufmerksamkeit. Die nach zwölfjähriger Verhandlung erfolgte Aufnahme Saudi-Arabiens in die WTO Ende 2005 gilt als Gütesiegel für die bislang umgesetzten Reformen. Die Öffnung der Wirtschaft Omans ist bereits weit fortgeschritten und etabliert das Land schon jetzt als bedeutendes Ziel ausländischer Direktinvestitionen.[613] Hinzu kommt das Bevölkerungswachtum dieser Länder: Über die Hälfte der Bevölkerung ist, wie auch in Algerien und im Iran, jünger als 30 Jahre alt[614], was sich sehr positiv auf die Binnennachfrage auswirkt. Auch die dynamische BIP-Entwicklung im Iran, die seit einigen Jahren regelmäßig einen jährlichen Zuwachs von 5 % verzeichnet, verspricht aufgrund hoher Ölpreise und einer stabilen Haushaltslage auch für die Zukunft Absatzchancen für ausländische Produkte und Dienstleistungen.

Ägypten weist seit geraumer Zeit ebenfalls eine anhaltende wirtschaftliche Dynamik auf. In 2006 wird eine Zunahme des BIP von über 5 % und der Importe um 28 % erwartet.[615] Neben den mutigen Reformen der Regierung tragen wachsende Exporterlöse zu dieser Entwicklung bei. Die Reformen stoßen allerdings teilweise auf über 30 Jahre hinweg angesammelte Strukturprobleme, wobei eine hohe – vor allem auch verdeckte – Arbeitslosigkeit und geringer Wohlstand besondere Herausforderungen darstellen.

Neue Wachstumsmärkte der Region sind Libyen und Algerien. Libyen ist die Wiedereingliederung in die Wirtschaft gelungen. Das starke Wachstum ist vor allem auf den boomenden Ölexport zurückzuführen. Auch die Einfuhren von Maschinen und Ausrüstungen nehmen mit zweistelligen Raten zu. Gleiches gilt für Algerien, das 2006 mit einem prognostizierten Wachstum von 7 % und erwarteten Importzunahmen von ca. 15 % zu den Spitzenreitern der Region gehören wird. Denn auch Algerien erlaubten die hohen Erlöse aus Ölverkäufen, ein umfassendes Reformprogramm vor allem zur Entwicklung der Infrastruktur aufzulegen.

Der Handel zwischen der EU und der Region wird durch die Errichtung der Euro-Mediterranen Freihandelszone bis 2010 zunehmend an Bedeutung gewinnen. Sechs Assoziationsabkommen wurden bereits ratifiziert oder unterzeichnet (mit Tunesien, Israel, der Palästinensischen Autonomieregion, Marokko, Jordanien und Ägypten). Die Verhandlungen mit Algerien und dem Libanon über ein Assoziationsabkommen sind bereits abgeschlossen. Mit den Staaten des Golfkooperationsrates (Saudi-Arabien, Vereinigte Arabische Emirate, Kuwait, Bahrein, Katar und Oman) verhandelt die EU zur Zeit über ein Freihandelsabkommen.

---

613 Vgl. Glosauer 2006, S. 9 ff.

614 Dix 2003.

615 Quelle: Bfai: Top Exportmärkte 2006, Köln 2006, S. 8.

Diese positiven Entwicklungen täuschen jedoch nicht darüber hinweg, dass die Konflikte speziell im Nahen und Mittleren Osten die Unternehmen vor erhebliche Herausforderungen stellen. Die Brandbreite der Probleme reicht vom nordafrikanischen Migrationsproblem bis hin zum islamisch motivierten Terrorismus. Auch die iranische Atompolitik stellt die Region und auch die ausländischen Unternehmen vor besondere Herausforderungen. Belastend für die regionale Entwicklung ist ebenfalls der israelisch-arabische Konflikt, dessen stabiler Ausgleich besonders im Interesse der europäischen Politik liegt. Auch der Verfassungsprozess und die Parlamentswahlen im Irak haben das Ziel der Herstellung einer allgemeinen Sicherheitsstruktur bisher noch nicht erreicht.

Aus europäischer Sicht sind daher nicht zuletzt der aktive Dialog mit den Staaten der MENA-Region, die Unterstützung des Aufbaus der regionalen Kooperation und der Sicherheitsstrukturen sowie die Unterstützung der Konfliktbewältigung von besonderer Bedeutung. Auch in Deutschland geraten die Staaten der MENA-Region immer stärker in den Fokus der Interessen. Daher stellt sich die Frage, welche Bedeutung die Staaten der MENA-Region für die deutsche Wirtschaft haben.

2. Die Bedeutung der Region für die deutsche Wirtschaft

Auch für die deutsche Wirtschaft gewinnt die MENA-Region an Bedeutung. So deckt Deutschland einerseits einen großen Teil seines Ölbedarfs in der Region, andererseits kann aber auch die deutsche Exportwirtschaft von ihrer Entwicklung profitieren. Denn die anhaltend hohen Einnahmen aus den Ölexporten kurbeln das Wirtschaftswachstum der MENA-Region an. Höhere Investitionen in Infrastruktur und die verarbeitende Industrie erfordern steigende Einfuhren. Dabei konzentriert sich die Nachfrage weiterhin vor allem auf Maschinen und Ausrüstungen.

Von dieser Entwicklung profitierten die deutschen Exporteure schon 2005, denn ihre Ausfuhren in die MENA-Region erhöhten sich um knapp 20 %.[616] Während die deutschen Ausfuhren in den Iran und die Vereinigten Arabischen Emirate um etwa 21 bzw. 24 % zulegten, stiegen die deutschen Exporte nach Saudi-Arabien um mehr als 32 %, die nach Oman sogar um 41 % im Vergleich zum Vorjahr.[617] Insgesamt ist Saudi-Arabien Deutschlands wichtigster Handelspartner in der MENA-Region und rangiert auf Platz 39 der deutschen Handelspartner, gefolgt vom Iran (Rang 40), den Vereinigten Arabischen Emiraten (Rang 42) und Libyen

---

616 Quelle: Bfai.

617 Eigene Berechnungen auf der Grundlage der Außenhandelsstatistiken 2004 und 2005 des Statistischen Bundesamtes.

(Rang 43).[618] Für die Länder der Region wiederum zählt Deutschland zu den wichtigsten Handelspartnern, vor allem als Lieferland. So ist Deutschland z. B. wichtigstes Lieferland für den Iran, zweitwichtigstes Lieferland für Saudi-Arabien und Ägypten nach den USA sowie für die Vereinigten Arabischen Emirate insgesamt viertwichtigstes, jedoch wichtigstes europäisches Lieferland. Auch für Libyen hat Deutschland besondere Bedeutung, denn neben Italien ist Deutschland zugleich wichtigstes Lieferland und Abnehmerland für libysche Waren, wozu vor allem Erdöl- und Erdgas zählen.[619]

Bei den Kapitalverflechtungen mit der MENA-Region zeichnet sich hingegen ein mageres Bild ab. Weltweit gehen nur 0,6 % der deutschen Direktinvestitionen in diese Region. Während im letzten Jahrzehnt die deutschen Direktinvestitionen global um das 4,7-Fache zunahmen, stiegen sie in die MENA-Region nur um das 2,2-Fache. Damit akquiriert die Region nicht nur einen kleinen Anteil der weltweiten deutschen Direktinvestitionen, sondern die Region ist auch in den letzten zehn Jahren relativ zu anderen Regionen zurückgefallen.[620] Gründe für die Zurückhaltung sind die Sicherheitslage in einigen Teilen der Region, in anderen die enge Verzahnung von Politik und Wirtschaft, was eine hohe Eintrittsschwelle bedeutet. Dabei scheinen die tief greifenden Liberalisierungen sowie positiv entwickelten politischen Rahmenbedingungen, wie sie sich in einigen Ländern der Region vollzogen haben, bisher erst mäßig beachtet zu werden. Libyen, Ägypten und die Vereinigten Arabischen Emirate sind die Länder innerhalb der MENA-Region, die die höchsten Bestände an deutschen Direktinvestitionen aufweisen. Und dennoch betrug die Summe der Bestände an deutschen Direktinvestitionen in 2004 in diesen vier Ländern lediglich etwa ein Achtel der Bestände an deutschen Direktinvestitionen in der Volksrepublik China.[621] Unter Berücksichtigung der zum Teil günstigen Standortbedingungen sowie den immensen Investitionsvorhaben der Regierungen vor der eigenen Haustür, weist die MENA-Region doch großes Potenzial auf. So suchen z. B. die Vereinigten Arabischen Emirate für die Diversifikation ihrer Volkswirtschaften nicht nur Handels-, sondern auch strategische Partner. Auch die Regierung in Saudi-Arabien wirbt für zusätzliche Investitionsprogramme. Die Investitionsausgaben sollen 2006 rund 126 Mrd. SRl betragen. Besonders stark werden die Sozialausgaben wachsen, um die Bevölkerung an den gestiegenen Einnahmen aus dem Erdölboom teilhaben zu lassen. Außerdem sind Großinvestitionen in den Bereichen Raffinieren und Erdgas geplant. Viele Investitionsstandorte werden trotzdem aufgrund von Fragen der Rechtssicherheit sowie der Verwaltungsapparate eingeschränkt. Gerade deshalb gilt es eine Reihe von Reformen anzugehen.

---

618 Quelle: Außenhandelsstatistik 2005 des Statistischen Bundesamtes.

619 Quelle: Bfai.

620 Vgl. Klaus 2005.

621 Eigene Berechnungen nach: Deutsche Bundesbank: Kapitalverflechtungen mit dem Ausland, Stand 2006.

3. Geschäftssituation in Nah- und Mittelost: Ergebnis der Studie „Going International“

Vor dem Hintergrund der sich dynamisch entwickelnden Volkswirtschaften innerhalb der Region stellt sich sodann die Frage, wie die Unternehmen ihre Geschäftsbeziehungen zu dieser Region[622] hinsichtlich der aktuellen Geschäftssituation sowie der Einschätzung zukünftiger Geschäftsperspektiven bewerten.

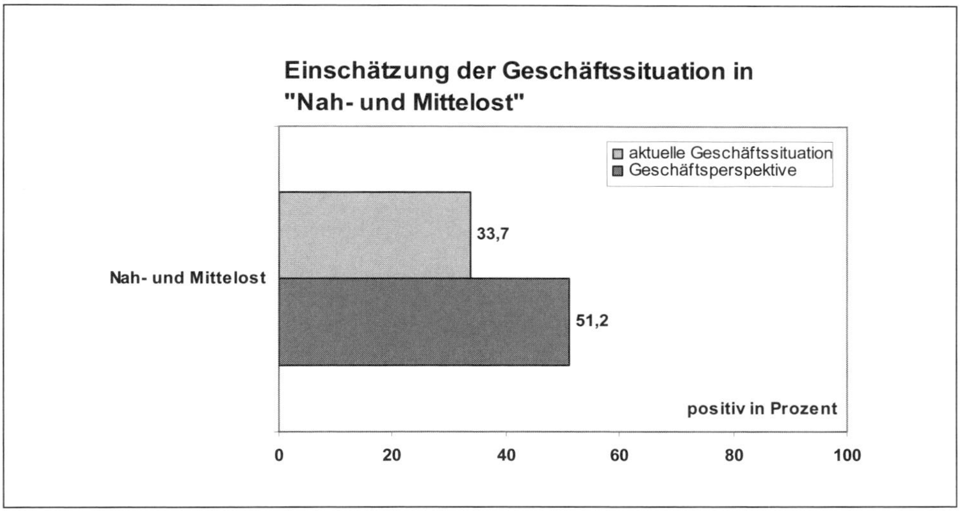

Quelle: Eigene Studie „Going International“
***Abbildung 329:** Einschätzung der Geschäftssituation in „Nah- und Mittelost“*

Dabei bewerten 33,7 % der Unternehmen die aktuelle Geschäftssituation als positiv (Abb. 329), womit die Region ähnlich der Türkei bewertet wird. Demgegenüber bewerten etwa 51,2 % der auslandsaktiven Unternehmen die zukünftige Perspektive positiv, womit die Region gleichauf mit Indien liegt. Damit ist die Region im Gesamtergebnis der Studie etwa im unteren Drittel der abgefragten Zielländer anzuordnen.

Betrachtet man sodann, welche Dynamik (Differenz zwischen der aktuellen Geschäftssituation und der zukünftigen Geschäftsperspektive) die Unternehmen den Geschäftsmöglichkeiten zusprechen, so findet sich die Region „Nah- und Mittelost“ auf Rang zehn der dynamischsten Länder wieder, gleich nach Kanada und vor Lateinamerika. Der nachfolgende Überblick zu den wichtigsten Indikatoren innerhalb dieser Region dürfte diese Einschätzung untermauern.

---

622 Bei der Befragung wurden insgesamt 30 Zielländer vorgegeben.

Teil IV

Branchen

Einleitung

Im Allgemeinen wenden sich Unternehmen Auslandsgeschäften entweder mit der Absicht zu, sich nach konkreten Vorgaben bestimmte Zielregionen und Länder zu erschließen (siehe vorhergehender Teil „Zielmärkte“), oder sie orientieren sich – länderübergreifend – aus ihrem ganz konkreten branchenbezogenen Fokus heraus für die Marktbearbeitung im Ausland. Darauf soll im folgenden Teil näher eingegangen werden. Die Grundlage auch hierfür bietet die Auswertung der Studie „Going International“, diesmal nach Branchen aufgeschlüsselt:

- Produzierendes Gewerbe
  - Maschinenbau
  - Metallindustrie
  - Chemische und Kunststoffindustrie
  - EDV, Elektrotechnik
  - Feinmechanik, Optik
- Handel
- Dienstleistungen

Jede Branchenauswertung wird zunächst von einem einleitenden Überblick zu der jeweiligen Branche angeführt, woran sich sich die Auswertung der Studie „Going International“ mit Fokus auf die jeweilige Branche anschließt. Dabei wurde den folgenden Fragen nachgegangen:

- Wie stark sind die auslandsaktiven Unternehmen der Branche mit Blick auf ihren Umsatz- und Marktanteil im Ausland internationalisiert?
- Wie entwickelten sich die Unternehmen im Inland seit Beginn ihres Auslandsengagements?
- Welche Gründe und Motive bewegten die Unternehmen dazu, ihr Auslandsengagement aufzunehmen?
- Welche Märkte wählten die Unternehmen als Ziel für ihr Engagement aus?
- Wie schätzen die Unternehmen ihre Geschäftssituation in ihren jeweiligen Zielländern ein? Wie wird sich diese nach Einschätzung der Unternehmen in Zukunft entwickeln? Wie ist die Dynamik in den jeweiligen Zielländern dementsprechend zu bewerten?

- Wie hoch waren die Auslandsinvestitionen der Unternehmen in den vergangenen 5 Jahren?
- Wie erfolgreich waren die Unternehmen bei ihren jeweiligen Aktivitäten im Ausland?
- Mit welchen Problemen sehen sich die Unternehmen während ihres Auslandsgeschäfts konfrontiert?
- Und was sind die ausschlaggebenden Erfolgsfaktoren?

Ziel des folgenden Teils ist es, die wesentlichen Besonderheiten in den einzelnen Branchen im direkten Vergleich zum Gesamtergebnis der Studie „Going International“ in einem praxisorientierten Kontext aufzuzeigen.[623]

An der Umfrage „Going International“ haben sich im Frühjahr 2005 4.400 auslandsaktive deutsche Unternehmen mit statistisch verwertbaren Antworten beteiligt. Die Teilnehmer der Befragung sind überwiegend kleine und mittelständische Unternehmen. Knapp zwei Drittel der Befragten hatten im Jahr 2004 einen Umsatz von weniger als 10 Mio. Euro.

Mehr als die Hälfte der befragten Unternehmen (57,8 %) ist dem produzierenden Gewerbe zuzuordnen. Ein Viertel der Unternehmen kommt aus dem Bereich der Handelsunternehmen, weitere 17,2 % sind Dienstleister, diese insbesondere aus dem unternehmensnahen Bereich. Innerhalb des produzierenden Gewerbes sind Maschinenbau (11,5 % der Befragten) und Metallindustrie (8,9 % der Befragten) die am stärksten vertretenen Einzelbranchen. In Abweichung von der Studie wurden für dieses Praxishandbuch die Branchen „Herstellung von EDV, Elektrontechnik“ und „Feinmechanik, Optik“ einer getrennten Betrachtung unterzogen. Soweit bei den Ergebnissen der Handelsunternehmen signifikante Unterschiede zwischen Groß- und Einzelhändlern sowie Handelsvermittlern hervortraten, werden sie innerhalb des Abschnitts „Handel“ einzeln behandelt.

[623] Die Darstellung erhebt keinen wissenschaftlich-theoretischen Anspruch und lässt die Frage nach der generellen Internationalisierung außen vor.

Branche Maschinenbau

1. Branchenbeschreibung

1.1 Branchenskizze

Der Maschinen- und Anlagenbau ist der Kern der deutschen Investitionsgüterindustrie. Er steht im Zentrum der industriellen Leistungsfähigkeit Deutschlands: Als Lieferant komplexer Erzeugnisse für alle Branchen der Wirtschaft und Bezieher technologisch anspruchsvoller Vorlieferungen ist der Maschinen- und Anlagenbau der wichtigste Knotenpunkt der deutschen Industrie und erwirtschaftet rund 12 % des Gesamtumsatzes des verarbeitenden Gewerbes. Im Maschinenbau dominieren mittelständische Betriebs- und Entscheidungsstrukturen. Dies wird als überaus positiv für die Entwicklung der Branche gewertet, da somit flexibler auf die Marktentwicklungen reagiert und Innovationen schneller umgesetzt werden können. Ca. 88 % der knapp 6.000 Unternehmen beschäftigen weniger als 250, nur 2 % mehr als 1.000 Mitarbeiter. Mehr als zwei Drittel der Unternehmen haben sogar weniger als 100 Beschäftigte; im Branchendurchschnitt sind es rund 150 Mitarbeiter je Unternehmen. Der Maschinenbau ist somit mit seinen knapp 870.000 Beschäftigten der größte industrielle Arbeitgeber in Deutschland. Viele der kleinen und mittleren Unternehmen sind auf ihren Spezialgebieten weltweit führend.[624]

Die positive Entwicklung des Maschinenbaus beruhte 2005 abermals ausschließlich auf seinen Exporterfolgen. Expansive Impulse aus dem Inlandsmarkt blieben weitgehend aus. Als Resultat wuchs die Exportquote auf fast 74 %.[625]; in einzelnen Segmenten, z. B. in der Baumaschinenindustrie, gehen mehr als 80 % der Produktion in den Export. Ihr Welthandelsanteil von über 19 % macht diese Branche zum führenden Anbieter von Maschinen weltweit, vor den USA und Japan. Aufgrund der Produktvielfalt, dem höchsten technischen Niveau sowie des enormen Know-hows in der Projektabwicklung genießen die deutschen Hersteller

624 Quelle: Branchenfokus Maschinenbau, abrufbar unter http://www.bmwi.de.

625 Quelle: VDMA – Maschinenbau in Zahl und Bild 2006, abrufbar unter http://www.vdma.org.

weltweit einen guten Ruf. In gut zwei Dritteln der Fachzweige ist der deutsche Maschinen- und Anlagenbau Weltmarktführer.[626]

1.2 Aktuelle Entwicklungen

Der deutsche Maschinenbau wird nach einigen Jahren der Stagnation auch 2006 zum dritten Mal in Folge wieder um ca. 4 % zulegen. Diese positive Entwicklung beruhte jedoch ausschließlich auf den Exporterfolgen der Unternehmen, die maßgeblich von der boomenden Weltwirtschaft und ihrer hohen Nachfrage nach deutschen Maschinen profitierten.[627] Dies ist zwar einerseits ein Indiz für das erfolgreiche Engagement der Maschinenbauer auf den Auslandsmärkten, andererseits jedoch ein Beleg für die Schwäche des deutschen Binnenmarktes.

Die Bedeutung der Auslandsgeschäfte für den Maschinenbau wird im Folgenden durch die Auswertung der Studie „Going International“ mit Fokus auf diese Branche beleuchtet.

2. Ergebnisse der Studie „Going International“

2.1 Grad der Internationalisierung

Aufschluss über die Bedeutung der Auslandsgeschäfte im Maschinenbau verschafft die Frage nach dem Grad der Internationalisierung der Unternehmen dieser Branche im Jahr 2004 sowie nach den Perspektiven der Unternehmen bis zum Jahr 2009.

Die Branche Maschinenbau weist den höchsten Internationalisierungsgrad aller Branchen auf (Abb. 330). Die Hälfte der Umsätze der befragten auslandsaktiven Maschinenbauer werden schon heute im Ausland erwirtschaftet. Somit scheint diese Branche dem von der Studie erfassten Durchschnitt der Unternehmen um fünf Jahre voraus zu sein, da die Quote der Maschinenbauindustrie für 2004 die für 2009 prognostizierte Quote aller befragten Unternehmen übersteigt. Trotzdem rechnen die Unternehmen des Maschinenbaus mit einem starken weiteren Ausbau der Auslandsgeschäfte und sagen für 2009 einen Umsatzanteil im Ausland von gar 60 % voraus. Der Marktanteil der Maschinenbauer im Ausland ist ebenfalls schon heute

---

[626] Quelle: VDMA.

[627] Quelle: VDMA.

so hoch wie die durchschnittliche Erwartung für 2009. Für das Jahr 2009 sehen sie schon ein Viertel ihres Marktanteils im Ausland.

Dieses Ergebnis erfasst genau die makroökonomische Entwicklung dieser Branche, die sich im heiß umkämpften internationalen Wettbewerb immer stärker auf Exporte und internationale Arbeitsteilung ausrichtet und auf diese Weise versucht, sich zunehmend von der geringen Binnennachfrage in Deutschland abzukoppeln, damit die Arbeitsplätze der Branche hierzulande gesichert bleiben.

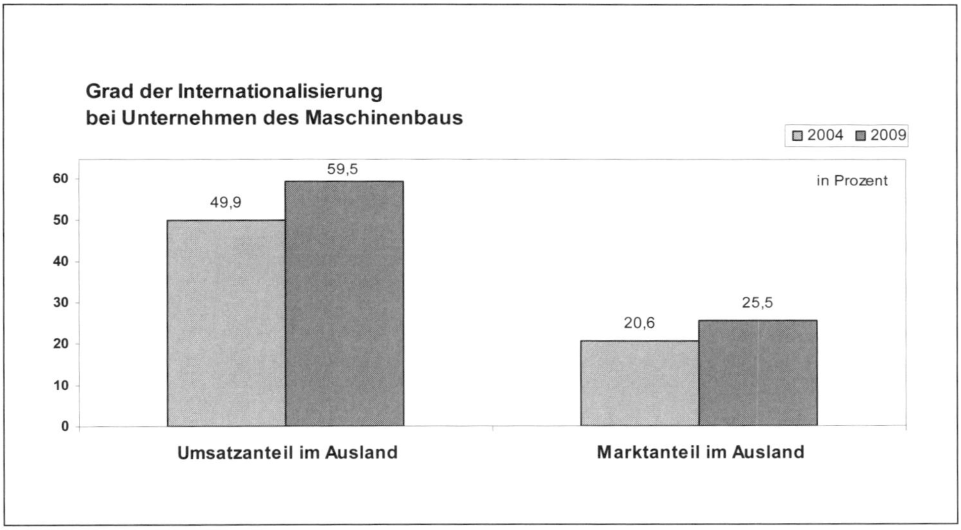

Quelle: Eigene Studie „Going International“
Abbildung 330: *Grad der Internationalisierung der auslandsaktiven Unternehmen in der Maschinenbauindustrie*

2.2 Unternehmensentwicklung im Auslandsgeschäft

Der Frage nach der volkswirtschaftlichen Bedeutung des Auslandsengagements geht die nächste Frage nach der Unternehmensentwicklung im Maschinenbau mit Blick auf Umsatz, Gewinn und Beschäftigung nach.

Betrachtet man die Kennzahlen Umsatz und Gewinn (Abb. 331), ergibt sich auch in dieser Branche ein positives, wenn auch im Vergleich zum Durchschnitt der Studie etwas verhalteneres Bild. Die Differenz der Meldungen gestiegener und gefallener Umsätze liegt für Maschinenbauer bei 23,5 Prozentpunkten im Vergleich zu 35,7 Prozentpunkten im Gesamtergebnis der Studie, was immer noch deutlich positiv ist. Der Saldo für den Gewinn beträgt in dieser Branche nur noch 9 Prozentpunkte. Überdurchschnittlich positiv scheint sich das Auslandsgeschäft der Maschinenbauer jedoch auf den Personalbestand ausgewirkt zu haben: 38,8 % der Unternehmen dieser Branche haben seit Beginn ihres Auslandsengagements zusätzliches Personal eingestellt, der Positivsaldo beträgt ganze 18 Prozentpunkte, deutlich mehr als der Durchschnittssaldo aller Branchen, der bei 14,6 Prozentpunkten liegt.

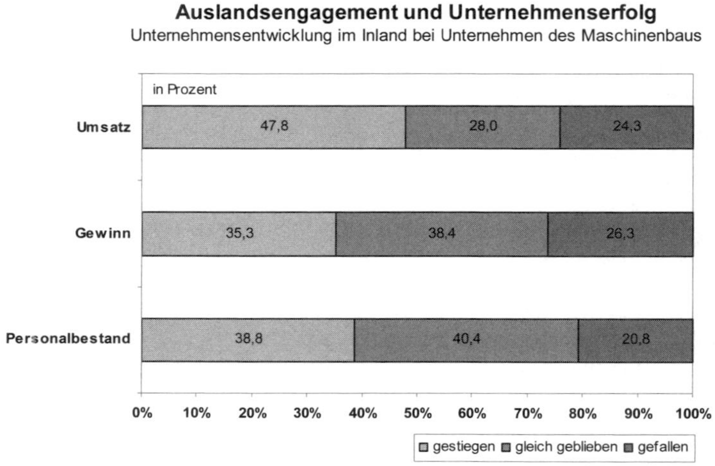

Quelle: Eigene Studie „Going International“
Abbildung 331: *Auslandsengagement und Unternehmenserfolg der Maschinenbauindustrie*

2.3 Gründe und Motive für das Engagement

Im Rahmen der Studie wurden die Unternehmen auch nach den Beweggründen gefragt, die zu einem Auslandsengagement geführt haben. Betrachtet man die Ergebnisse mit Fokus auf die Branche Maschinenbau, so ergibt sich ein mit dem Gesamtbild der befragten auslandsaktiven Unternehmen größtenteils übereinstimmendes Bild.

Wie in den anderen Branchen war auch bei den Maschinenbauern das meistgenannte Motiv für ihr Auslandsengagement die Erschließung eines neuen Marktes für den Verkauf, wobei dieser mit 97 % sogar noch deutlicher an der Spitze steht (Abb. 332). Zweitwichtigster Grund ist wie auch in den anderen Branchen die Erschließung eines neuen Marktes für den Einkauf,

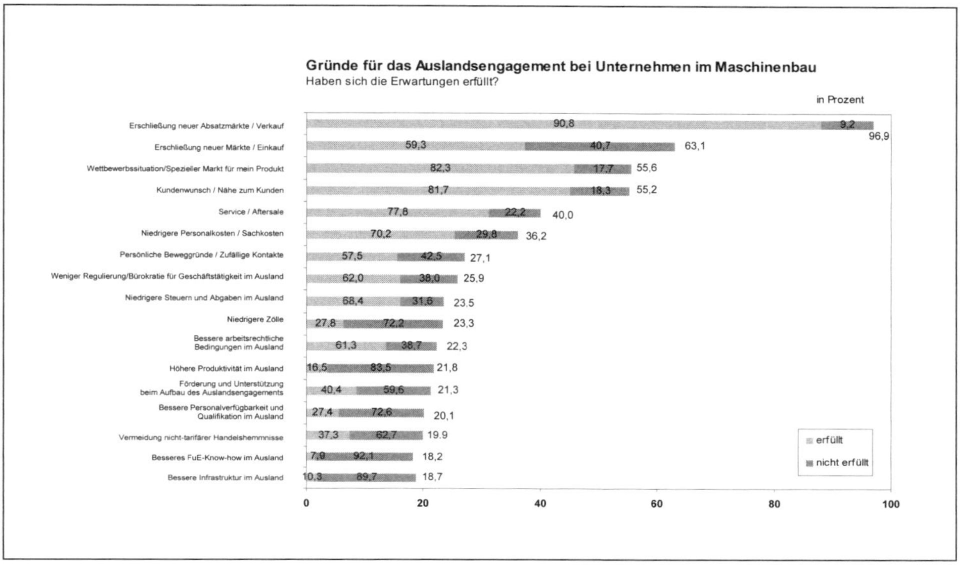

Quelle: Eigene Studie „Going International“

Abbildung 332: *Gründe und Motive für das Auslandsengagement in der Maschinenbau industrie*

der ebenfalls von überdurchschnittlich vielen Unternehmen genannt wurde. Auffällig ist jedoch, dass die Erfolgsquote eines derart begründeten Engagements mit 59,3 % deutlich niedriger liegt als im Gesamtergebnis. Außerdem verfolgen Maschinenbauer deutlich häufiger als der Durchschnitt aller Unternehmen ihr Engagement aus Gründen des „Service/ Aftersale“; 40 % der Unternehmen dieser Branche gaben es als Beweggrund an. Dies mag nicht zu verwundern, eilt den deutschen Maschinenbauern doch ein guter Ruf bezüglich eines hohen technischen Niveaus voraus, der neben der Produktqualität auch mit einem guten Service/Aftersale zusammenhängt.

Was die Erfolgsquoten angeht, bleibt festzuhalten, dass sich die Erwartungen der Unternehmen der Branche Maschinenbau bei marktorientierten Beweggründen, denen auch eine deutlich höhere Bedeutung beigemessen wird, überwiegend erfüllt haben; bei standortorientierten Beweggründen wurden die Unternehmen jedoch meist enttäuscht.

2.4 Zielmärkte für den Maschinenbau

Für die Zielregionen der Auslandsgeschäfte der Unternehmen der Branche Maschinenbau zeichnet sich ein mit dem Gesamtergebnis der Studie nahezu deckungsgleiches Bild ab. Mit

89,6 % sind auch in dieser Branche nahezu alle Unternehmen in der „Bisherigen EU-15/EFTA“ aktiv (Abb. 333), was genau dem Durchschnittswert der Umfrage entspricht. Qualitativ gesehen entsprechen die Ergebnisse der übrigen Regionen ebenfalls dem Gesamtergebnis. So sind wiederum die „Zehn neuen EU-Mitgliedstaaten“ zweitwichtigster Markt dieser Branche, gefolgt von der Region „Asien/Pazifik“. Dabei liegen die Werte aller Regionen, außer bei der „Bisherigen EU-15/EFTA“, deutlich über dem Durchschnitt, was auf die hohe Anzahl an Mehrfachnennungen in dieser Branche zurückzuführen ist.

Im Schnitt gab ein Unternehmen der Maschinenbauindustrie an, in 4,3 Zielregionen aktiv zu sein, was für den hohen Grad der Internationalisierung der Branche spricht. Zum Vergleich: Durchschnittlich bearbeiten die befragten auslandsaktiven Unternehmen etwas mehr als lediglich drei Zielregionen. Auch bei der Frage nach den Erfolgen der Unternehmen in ihren

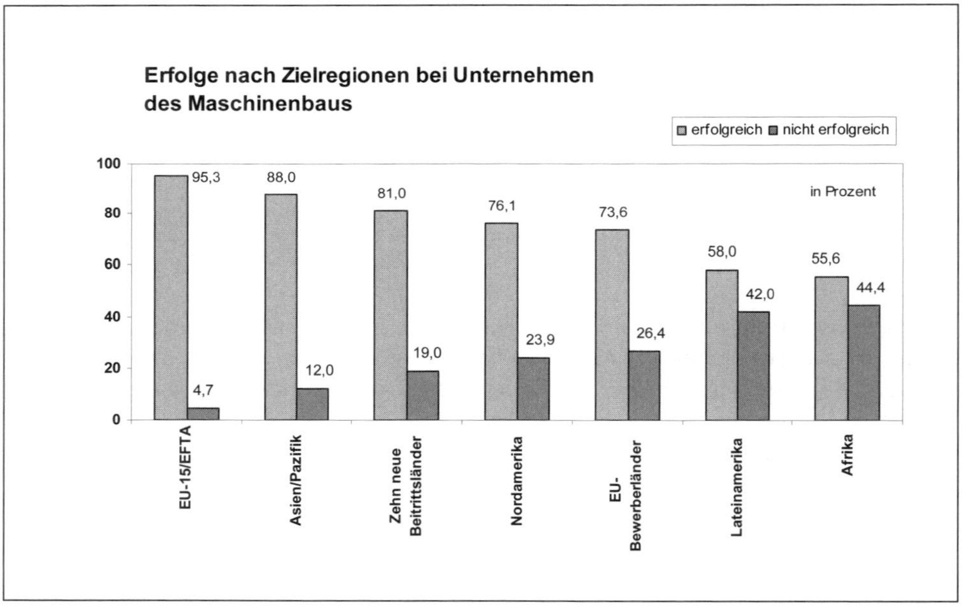

Quelle: Eigene Studie „Going International“
***Abbildung 333:** Erfolge nach Zielregionen in der Maschinenbauindustrie*

Zielregionen entspricht das Bild dem Gesamtergebnis der Studie. So haben auch in dieser Branche alle Unternehmen überwiegend Erfolge erzielt (Abb. 334).

Zudem sind – ähnlich wie beim Gesamtergebnis – mit 95,3 % nahezu alle Maschinenbauer in ihren Aktivitäten in der „EU-15/EFTA“ erfolgreich. Der einzige nennenswerte Unterschied ist, dass die Maschinenbauer in „Lateinamerika“ erfolgreicher sind als in „Afrika“.

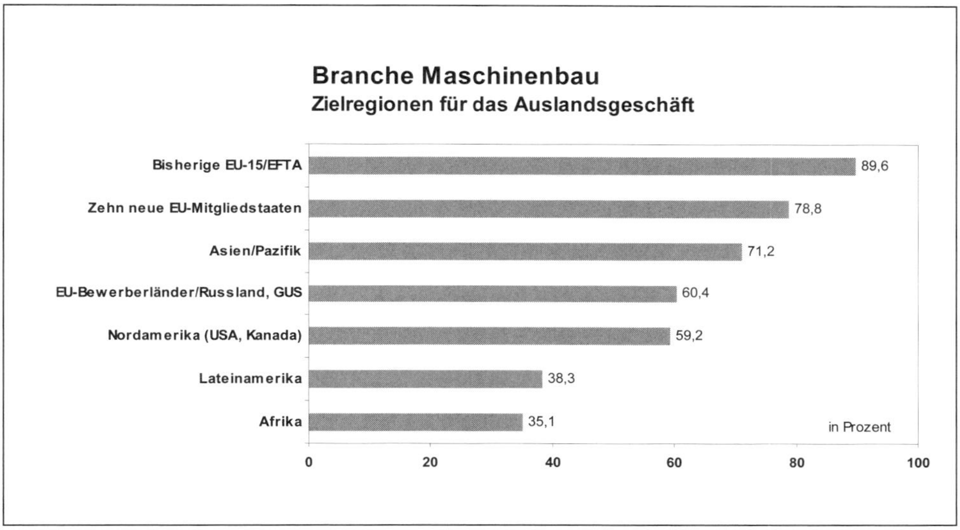

Quelle: Eigene Studie „Going International“
Abbildung 334: *Zielregionen für das Auslandsengagement der Maschinenbauindustrie*

2.5 Geschäftssituation in den Zielländern

Nach der Betrachtung der Erfolgsquoten der Maschinenbauer in den verschiedenen Zielregionen stellt sich nun die Frage, wie die Unternehmen dieser Branche die aktuelle Geschäftssituation sowie deren Entwicklung in den nächsten fünf Jahren in ihren jeweiligen Zielländern einschätzen.

Die Einschätzungen der Unternehmen über die aktuelle Geschäftssituation in ihren Zielländern (Abb. 335) sind dem Gesamtergebnis sehr ähnlich. Auch in dieser Branche sind die Top 10 überwiegend von Ländern der „EU-15/EFTA“ belegt, wobei Österreich, die Schweiz und die Niederlande auch in dieser Branche die besten Bewertungen erhalten. Daneben werden Tschechien und China als überaus positiv bewertet. Beachtlich ist hierbei der hohe Stellenwert Chinas bereits bei der aktuellen Geschäftssituation im Vergleich zu anderen Branchen.

In den nächsten fünf Jahren wird sich diese Rangfolge jedoch nach Einschätzung der Unternehmen des Maschinenbaus maßgeblich verändern. Zwar wird Österreich auch für die Perspektive der Geschäftsentwicklung (Abb. 335) am besten bewertet, jedoch verlieren die übrigen Länder der „EU-15/EFTA“ zugunsten anderer Länder. So landet beispielsweise die Schweiz nur noch auf dem zehnten Platz. In den nächsten fünf Jahren werden die Länder Tschechien, China, Polen und Russland nach Einschätzungen der befragten Unternehmen zu den fünf attraktivsten Standorten zählen. Insbesondere in Polen und Russland, die vorher nur die Ränge 12 und 16 belegten, wird sich dieser Markt nach Einschätzung der Unternehmen rasend schnell entwickeln. Dies verdeutlicht ein Blick auf die Dynamik der Geschäftsentwicklung (Abb. 336), die sich als Differenz zwischen der aktuellen Geschäftssituation und ihrer Perspektive ergibt. Auch Rumänien, Bulgarien und Indien weisen eine enorme Marktentwicklung auf, sie verfehlen jedoch – noch – den Sprung in die Top 10.

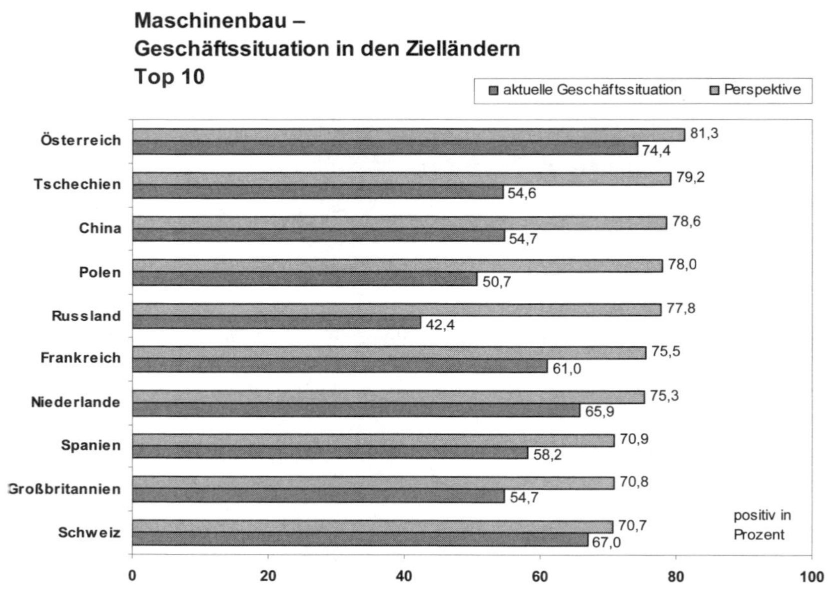

Quelle: Eigene Studie „Going International“

Abbildung 335: *Aktuelle Geschäftssituation und Perspektiven in den Zielländern der Maschinenbauunternehmen, geordnet nach den Top 10 der Perspektiven*

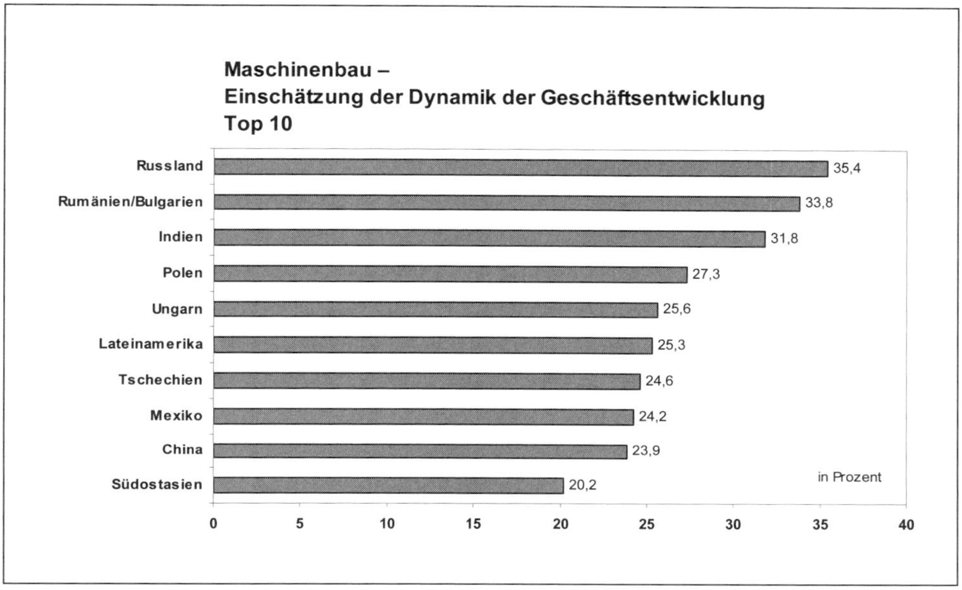

Quelle: Eigene Studie „Going International“
Abbildung 336: *Dynamik der Geschäftsentwicklung – Maschinenbauunternehmen, geordnet nach den Top 10 der Perspektiven*

2.6 Auslandsinvestitionen

Zum Ausbau der Marktposition und zur Steigerung der Wettbewerbsfähigkeit im Ausland kommt es häufig darauf an, Investitionen im Zielland zu tätigen. Somit stellt sich nun die Frage nach den Auslandsinvestitionen der Unternehmen der Maschinenbauindustrie.

Die Quote der Maschinenbauer mit einem Kapitaleinsatz im Ausland ist mit 55,4 % überdurchschnittlich hoch; über die Hälfte der Unternehmen dieser Branche hat somit in den letzten fünf Jahren ins Ausland investiert (Abb. 337). Im Vergleich zu den übrigen Branchen sind die Investitionen im Maschinenbau dabei sehr kapitalintensiv: Insgesamt 26,9 % der auslandsaktiven, und somit knapp die Hälfte der investierenden Unternehmen dieser Branche, setzten über 500.000 Euro im Ausland ein. Diese Quote wird nur noch in der Elektroindustrie und in der Chemischen und Kunststoffindustrie übertroffen.

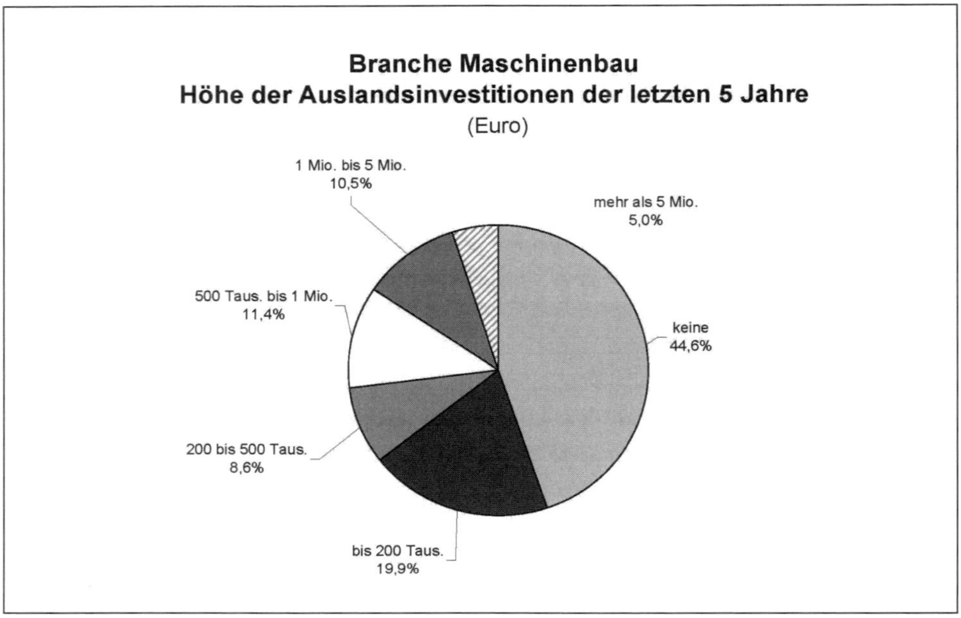

Quelle: Eigene Studie „Going International"
Abbildung 337: *Höhe der Auslandsinvestitionen der Maschinenbauindustrie*

2.7 Aktivitäten und Erfolge

Als Nächstes gilt es der Frage nachzugehen, ob sich die von Maschinenbauern gewählten Formen des Auslandsengagements bewährt haben. Dabei bestätigt die Mehrheit der auslandsaktiven Unternehmen dieser Branche einen Erfolg in ihrem Engagement (Abb. 338), was dem Gesamtergebnis der Umfrage entspricht. Im Einzelnen ergeben sich jedoch erhebliche Unterschiede. Zwar sind in dieser Branche die Erfolgsquoten für eine Repräsentanz und ein Tochterunternehmen überdurchschnittlich hoch, für alle anderen Aktivitäten sind diese jedoch im Vergleich zum Durchschnitt deutlich niedriger. Dabei ist die Differenz zum Gesamtergebnis für diejenigen Aktivitäten umso größer, je mehr auf ausländische Partner gesetzt wird. So meldeten die befragten Unternehmen dieser Branche insbesondere bei Kooperationspartnern, Joint Ventures und Einkaufsbüros vergleichsweise selten einen Erfolg. Auch beim E-Commerce ist die Differenz zum Durchschnitt sehr hoch; dieses stellte sich für die Maschinenbauer mit sehr großer Mehrheit als Enttäuschung heraus.

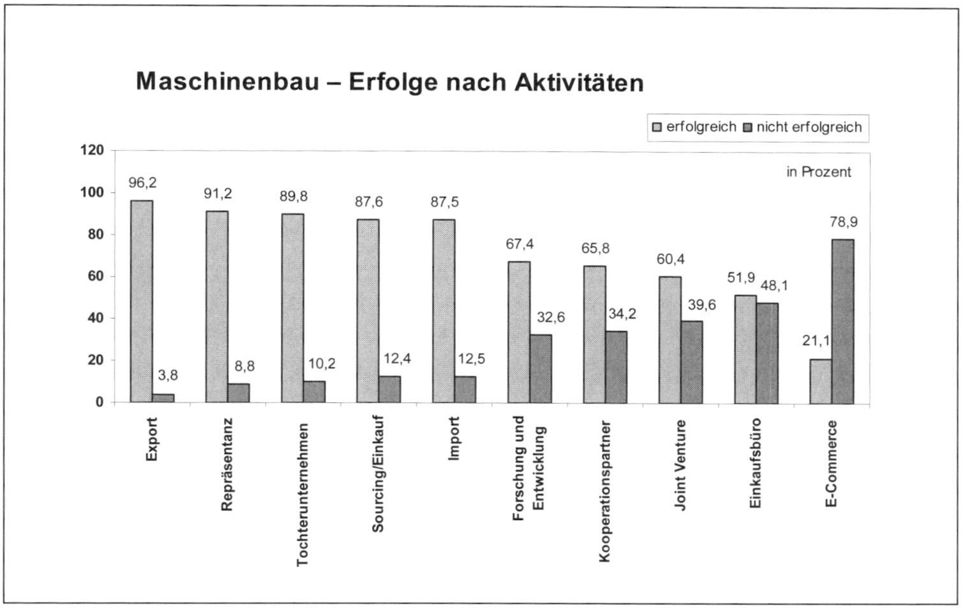

Quelle: Eigene Studie „Going International“
***Abbildung 338:** Erfolge nach Aktivitäten in der Maschinenbauindustrie*

Die mit Abstand sichersten Erfolge liegen für Unternehmen der Maschinenbauindustrie somit im Export und einer Repräsentanz, gefolgt von Tochterunternehmen, dem Sourcing/Einkauf und Import.

2.8 Probleme

Vor dem Hintergrund, dass die Erfolgsquoten der Maschinenbauer bei einigen Auslandsaktivitäten niedriger ausfallen als im Durchschnitt, werden nun die von den Unternehmen angegebenen Probleme betrachtet, auf die sie während ihres Auslandsgeschäfts gestoßen sind (Abb. 339).

Die auftretenden Probleme werden im Maschinenbau von mehr Unternehmen als solche angegeben als im Gesamtergebnis der Studie. Auch qualitativ ergeben sich Unterschiede zum Gesamtergebnis der Studie. So geben die Maschinenbauer mit 84,4 % als häufigstes Problem an, ihre Preise im Ausland seien zu hoch. Dies stellt sich für 30,5 % als ein großes Problem dar, für 8,9 % der Unternehmen der Branche scheitert das Auslandsgeschäft sogar daran. Eine weitere deutliche Differenz im Vergleich zum Gesamtergebnis ergibt sich für die Finanzierung des Engagements; hiermit haben 65,7 % der Maschinenbauer Schwierigkeiten. Weiteres

Problem, wenn auch nur gelegentlich, ist die Anpassung der Produkte an die Erfordernisse des ausländischen Marktes. Alle übrigen Problemfelder weichen nicht vom Ergebnis des Branchendurchschnitts ab.

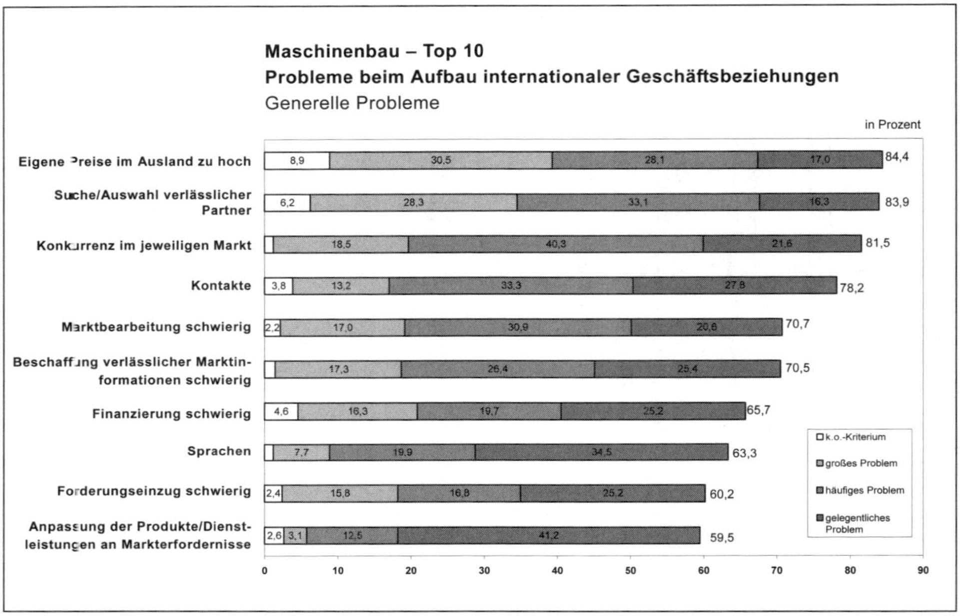

Quelle: Eigene Studie „Going International"

Abbildung 339: *Probleme beim Aufbau internationaler Geschäftsbeziehungen in der Maschinenbauindustrie*

2.9 Erfolgsfaktoren

Nach der Betrachtung der im Auslandsgeschäft auftretenden Probleme der Maschinenbauer stellt sich nun die Frage nach ihren Erfolgsfaktoren (Abb. 340).

Die Unternehmen der Maschinenbauindustrie bewerten ihre Erfolgsfaktoren sehr ähnlich dem Durchschnitt. Auch für die Maschinenbauer ist, wie für alle Bereiche des produzierenden Gewerbes, somit die Produktqualität mit großem Abstand der wichtigste Erfolgsfaktor im Auslandsgeschäft und wird mit 79,6 % sogar überdurchschnittlich häufig genannt. Die Produktqualität und der technologische Vorsprung sind damit für den Maschinenbau ganz wesentliche Differenzierungsmerkmale im internationalen Wettbewerb und rechtfertigen offensichtlich auch höhere Preise. Qualifizierte Mitarbeiter, Service und Technologievorsprung werden ebenfalls von Maschinenbauern überdurchschnittlich häufig als Erfolgsfaktor angegeben. Besonders auffällig ist, dass der Faktor Preis im Vergleich zum Gesamtergebnis deutlich an Bedeutung verliert und im Maschinenbau nur von jedem dritten Unternehmen als Erfolgsfaktor angegeben wird.

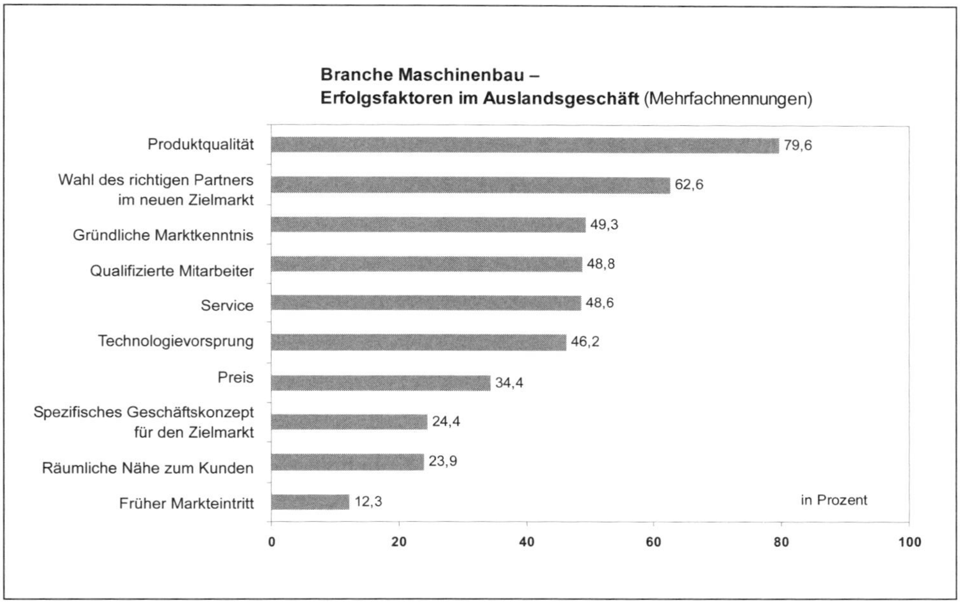

Quelle: Eigene Studie „Going International“
Abbildung 340: *Erfolgsfaktoren im Auslandsgeschäft der Maschinenbauindustrie*

2.10 Kernaussagen

- Die Unternehmen des Maschinenbaus weisen den höchsten Internationalisierungsgrad aller Branchen auf: Knapp die Hälfte ihrer Umsätze erwirtschaften die Unternehmen schon heute im Ausland. Für die Zukunft wird ein überdurchschnittliches Wachstum im Auslandsgeschäft prognostiziert.
- Die Salden der Entwicklung der Kennzahlen Umsatz und Gewinn seit Beginn ihres Auslandsengagements liegen für diese Branche unter dem Durchschnitt, sind aber dennoch deutlich positiv. Überdurchschnittlich ist jedoch der Positivsaldo für die Entwicklung des Personalbestandes der Unternehmen im Inland.

- Die Gründe und Motive für das Auslandsengagement der Unternehmen stimmen größtenteils mit dem Gesamtergebnis überein, wobei sie bei der Erschließung eines Marktes für den Einkauf deutlich seltener erfolgreich waren als im Durchschnitt.
- Die Ergebnisse der Betrachtung der Zielmärkte für den Maschinenbau entsprechen dem Gesamtergebnis der Studie.
- In den kommenden fünf Jahren erwarten die Unternehmen in den Ländern Tschechien, China, Polen und Russland eine enorme Marktentwicklung, die diese direkt hinter Österreich in die Top 5 der Perspektive der Geschäftssituation befördert.
- Der Anteil an Unternehmen, die im Ausland investieren, ist in dieser Branche überdurchschnittlich hoch. Dabei sind die Investitionen im Vergleich zu den übrigen Branchen sehr kapitalintensiv.
- Für Maschinenbauer sind die Erfolgsquoten für eine Repräsentanz und ein Tochterunternehmen zwar überdurchschnittlich hoch. Je mehr bei den weiteren Aktivitäten jedoch auf ausländische Partner gesetzt werden muss, desto weiter fallen die Erfolge unter den Durchschnitt.
- Das meistgenannte Problem in der Maschinenbauindustrie sind zu hohe eigene Preise im Ausland. Es wird als schwerwiegender bewertet als im Gesamtergebnis der Studie. Insgesamt liegen die Häufigkeiten aller zehn meistgenannten Probleme über dem Durchschnitt.
- Wichtigster Erfolgsfaktor ist mit großem Abstand die Produktqualität, wobei qualifizierten Mitarbeitern, Service und Technologievorsprung eine überdurchschnittliche Bedeutung beigemessen wird. Der Faktor Preis hat für die Unternehmen dieser Branche eine nur untergeordnete Bedeutung, zumal zu hohe eigene Preise zugleich das Hauptproblem für den Absatz der Produkte im Ausland darstellen.

Branche Metallindustrie

1. Branchenbeschreibung

1.1 Branchenskizze

Die Branche Metallindustrie schließt die Wirtschaftsbereiche „Metallerzeugung und -bearbeitung“ sowie „Herstellung von Metallerzeugnissen“ ein und zeigt sich somit sehr heterogen. Das breite Spektrum dieser Branche umfasst beginnend mit den Prozessen der Roheisen-, Stahl- und Nichteisenmetallerzeugung, über die verschiedenen Bearbeitungsstufen wie z. B. Kaltziehen, Gießen, Schmieden auch die Herstellung eines breit gefächerten Sortiments von Zuliefer- und Endprodukten, vor allem aus dem Werkstoff Stahl und aus Metallen. Die vier größten Wirtschaftszweige innerhalb dieser Branche sind die Stahlindustrie, die Nicht-Eisen (NE)-Metallwirtschaft, die Gießereiindustrie und die Stahl- und Metallverarbeitung. Allein diese vier Zweige zählen rund 645.000 Beschäftigte in Deutschland, wobei die Stahl- und Metallverarbeitung mit 400.000 Angestellten den beschäftigungsintensivsten Zweig darstellt.[628] Neben einigen Investitionsgütern und klassischen Konsumgütern erzeugt die Metallindustrie vor allem Zulieferungen für nahezu alle Bereiche des verarbeitenden Gewerbes, weshalb ihr eine enorme volkswirtschaftliche Bedeutung beigemessen wird. Auch im internationalen Vergleich belegt die deutsche Metallindustrie Spitzenpositionen. So war Deutschland in 2005 weltweit sechstgrößter Rohstahlproduzent und ebenso einer der größten Hersteller von NE-Metallerzeugnissen.[1]

1.2 Aktuelle Entwicklungen

Die Metallindustrie hat in den vergangenen Jahren stark unter den stark gestiegenen Energie- und Rohstoffpreisen leiden müssen, die sie meistens nicht vollständig an ihre Abnehmer

---

628 Quelle: Branchenfokus Stahl und Metall, in: http://www.bmwi.de, aufgerufen am 13.06.2006.

umwälzen konnte. Für 2006 rechnen die Unternehmen mit einer Verbesserung ihrer Geschäftslage. Dies rührt zum einen aus der leichten Belebung der Inlandsnachfrage, die auf der von Exporten beflügelten, steigenden Produktion der Abnehmerindustrien beruht. Vor allem rechnen Unternehmen der Metallindustrie jedoch aufgrund der anhaltenden hohen Drehzahl der Weltkonjunktur mit kräftig steigenden Exportquoten. Trotz der steigenden Produktion wird der allgemeine Beschäftigungsabbau der Branche zwar noch nicht gestoppt, jedoch deutlich verlangsamt.[629]

Auslandsgeschäfte sind also auch in dieser Branche eine wichtige Stütze für das Wachstum der Unternehmen. Dies soll im Folgenden durch die Auswertung der Studie „Going International" mit Fokus auf die Metallindustrie beleuchtet werden.

2. Ergebnisse der Studie „Going International"

2.1 Grad der Internationalisierung

Um sich Aufschluss über die Bedeutung der Auslandsgeschäfte in der Metallindustrie zu verschaffen, soll untersucht werden, wie hoch der Grad der Internationalisierung der Unternehmen dieser Branche im Jahr 2004 war und wie er sich nach Einschätzung der Unternehmen bis zum Jahr 2009 entwickeln wird.

Der Grad der Internationalisierung der auslandsaktiven Unternehmen der Metallindustrie liegt deutlich unter dem Durchschnitt. Die Unternehmen der Branche erwirtschaften nach eigenen Angaben 33,8 % ihrer Umsätze im Ausland (Abb. 341). Im Vergleich zu den übrigen Branchen ist dies zwar der niedrigste Wert, trotzdem wird von den Unternehmen der Metallindustrie immerhin jeder dritte Euro im Ausland verdient. Bis 2009 wollen die Unternehmen der Branche ihre Auslandaktivitäten noch stark ausweiten, so rechnen die Unternehmen damit, im Jahr 2009 bereits 44,5 % ihrer Umsätze aus dem Ausland zu beziehen, was noch um ca. 5 % unter der Quote des Durchschnitts liegt.

[629] Quelle: DIHK-Industriereport vom Dezember 2005.

Die Marktanteile der Metallindustrie im Ausland liegen hingegen genau im Durchschnitt: Die Unternehmen sahen ihren ausländischen Marktanteil 2004 bei 17 %, wollen diesen in den nächsten fünf Jahren jedoch auf 21 % ausbauen.

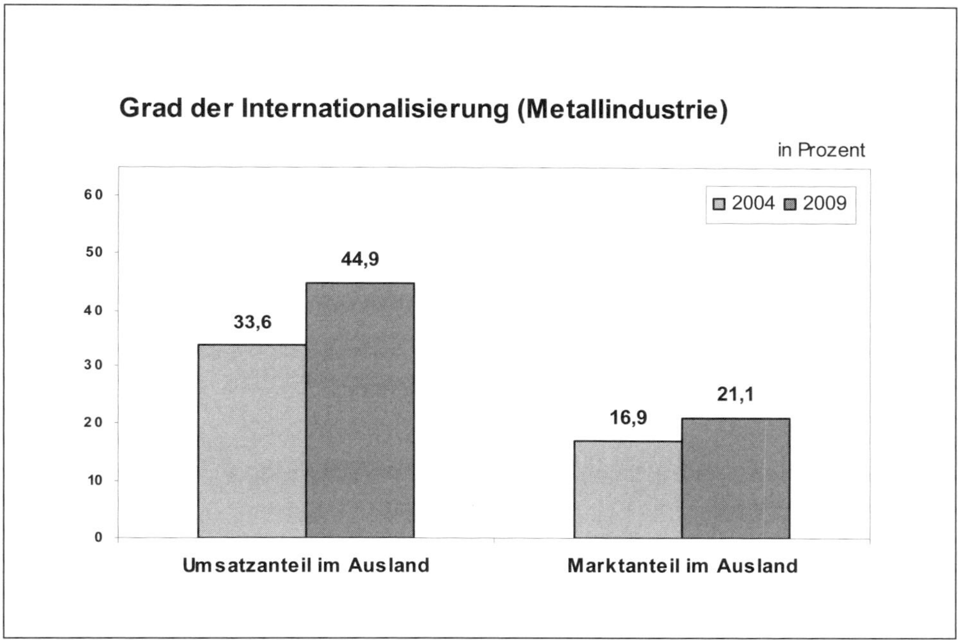

Quelle: Eigene Studie „Going International“
Abbildung 341: *Grad der Internationalisierung der auslandsaktiven Unternehmen der Metallindustrie*

2.2 Unternehmensentwicklung im Auslandsgeschäft

Wie haben sich die Unternehmen der Metallindustrie hinsichtlich Umsatz, Gewinn und Beschäftigung entwickelt, was vor allem für die Bedeutung der Auslandsgeschäfte für den Standort Deutschland wichtig ist?

Betrachtet man zunächst die Kennzahlen Umsatz und Gewinn (Abb. 342), ergibt sich für diese Branche ein positiver Saldo von 44,8 bzw. 19,2 Prozentpunkten, was deutlich über dem Gesamtergebnis der Studie liegt. Knapp 60 % der auslandsaktiven Unternehmen geben dabei einen Umsatzzuwachs seit Beginn ihres Auslandsengagements an, bei nur 15 % ist der Umsatz gefallen. Für den Personalbestand ergibt sich ebenfalls ein positiver Saldo, der mit 10,5

Prozentpunkten jedoch unter dem Durchschnitt der Unternehmen liegt. 36,6 % der Unternehmen gaben zwar einen höheren Personalbestand seit Beginn des Auslandsengagements an, was ungefähr dem Durchschnitt entspricht, mit 26,1 % ist der Anteil gefallener Umsätze jedoch vier Prozentpunkte höher. Dies illustriert die Tatsache, dass gerade in der Metallindustrie häufig die Notwendigkeit der Produktionsverlagerung im Ausland eine Rolle spielt. Insgesamt ist das Ergebnis in Bezug auf die Beschäftigung zwar etwas verhaltener als in anderen Branchen, aber dennoch durchaus positiv zu werten. Insbesondere gilt dies in Anbetracht des allgemeinen Beschäftigungsabbaus der Branche in den vergangenen Jahren.

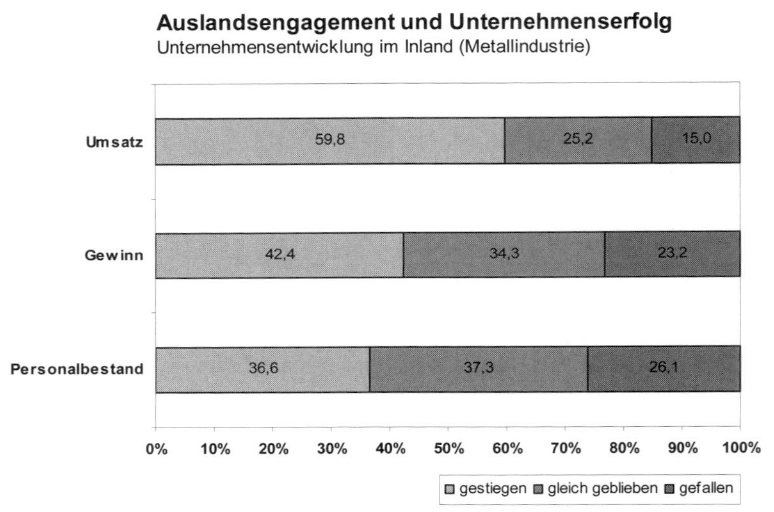

Quelle: Eigene Studie „Going International"
Abbildung 342: *Auslandsengagement und Unternehmenserfolg in der Metallindustrie*

2.3 Gründe und Motive für das Engagement

Im Rahmen der Studie wurden die Unternehmen auch nach den Beweggründen gefragt, die zu einem Auslandsengagement geführt haben. Betrachtet man die Ergebnisse mit Fokus auf die Metallindustrie, so ergibt sich ein mit der Gesamtheit der Studie nahezu deckungsgleiches Bild.

Somit sind die wichtigsten Gründe für ein Auslandsengagement der Unternehmen der Metallindustrie eindeutig marktorientiert. Die Erschließung neuer Märkte sowohl für den Einkauf als auch für den Verkauf, eine bessere Wettbewerbssituation im Ausland oder die Nähe zum Kunden sind die meistgenannten Gründe (Abb. 343). Die Unternehmen, deren Motivation für das Auslandsgeschäft marktorientiert ist, sehen ihre Anfangserwartungen in der geschäftlichen Praxis überwiegend erfüllt. So sind von den Unternehmen, die mit dem Ziel der Erschließung neuer Märkte für den Verkauf Geschäftsbeziehungen zum Ausland aufgebaut haben, rund 87 % mit dem Ergebnis zufrieden. Bei der Erschließung neuer Märkte für den Einkauf liegt diese Quote etwas niedriger bei knapp 63 %, was unter dem Durchschnitt aller Unternehmen liegt.

Im Vergleich zum Gesamtergebnis der Studie scheinen die Unternehmen dieser Branche den standortorientierten Beweggründen weniger Bedeutung beizumessen, da die relativen Häufigkeiten dieser Gründe fast ausschließlich unter dem Durchschnitt liegen. Bei den aus Sicht der Metallindustrie eher nachrangigen Faktoren wie höhere Produktivität, Förderung, bessere Personalverfügbarkeit, besseres Know-how und Infrastruktur erfüllen sich die Erwartungen meist nicht.

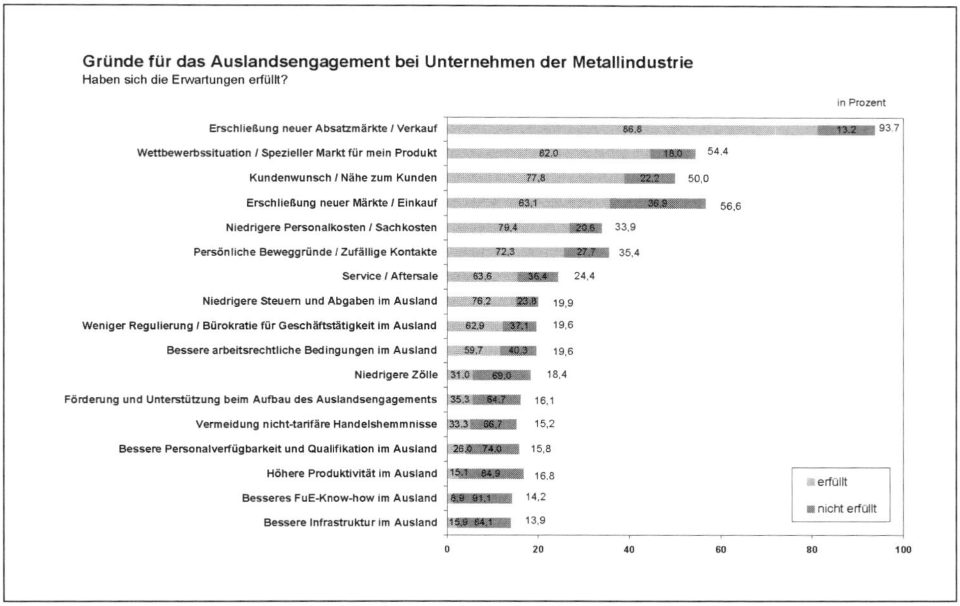

Quelle: Eigene Studie „Going International“

Abbildung 343: *Gründe und Motive für das Auslandsengagement in der Metallindustrie*

2.4 Zielmärkte für die Metallindustrie

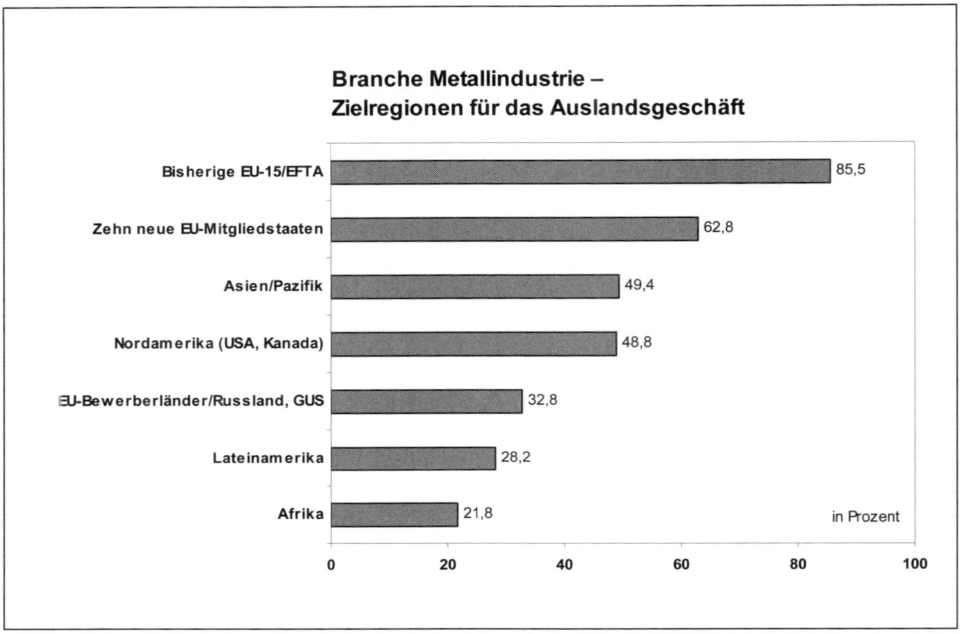

Quelle: Eigene Studie „Going International"
***Abbildung 344:** Zielregionen für das Auslandsengagement der Metallindustrie*

Für die Zielregionen ihrer Auslandsgeschäfte liefert die Betrachtung der Metallindustrie ein dem Gesamtergebnis der Studie ähnliches Bild. Mit 85,5 % ist die große Mehrheit der befragten Unternehmen in der „Bisherigen EU-15/EFTA" aktiv (Abb. 344), was noch leicht unter dem Durchschnitt der Studie liegt. Die Rangfolge der Zielregionen dieser Branche entspricht der des Gesamtergebnisses, wobei einzelne Werte voneinander abweichen. So wird die Zielregion Asien/Pazifik, die von 49,4 % als Zielregion angegeben wurde, in der Metallindustrie weitaus weniger frequentiert, der Durchschnitt dieser Region liegt bei 60,2 %. Auch die Region der „EU-Bewerberländer, Russland, GUS" scheint in dieser Branche weitaus unbeliebter zu sein als im Allgemeinen: Im Vergleich zu durchschnittlichen 47,3 % gaben sie in der Metallindustrie nur 32,8 % der Unternehmen als Zielregion an. Die Schlusslichter bilden auch in dieser Betrachtung die Regionen „Lateinamerika" und „Afrika".

Was die Anzahl der gleichzeitig bearbeiteten Märkte anbelangt, so liegt die Metall verarbeitende Industrie mit durchschnittlich 3,3 Zielregionen pro Unternehmen leicht über dem Durchschnitt aller Unternehmen von 3,1 Zielregionen.

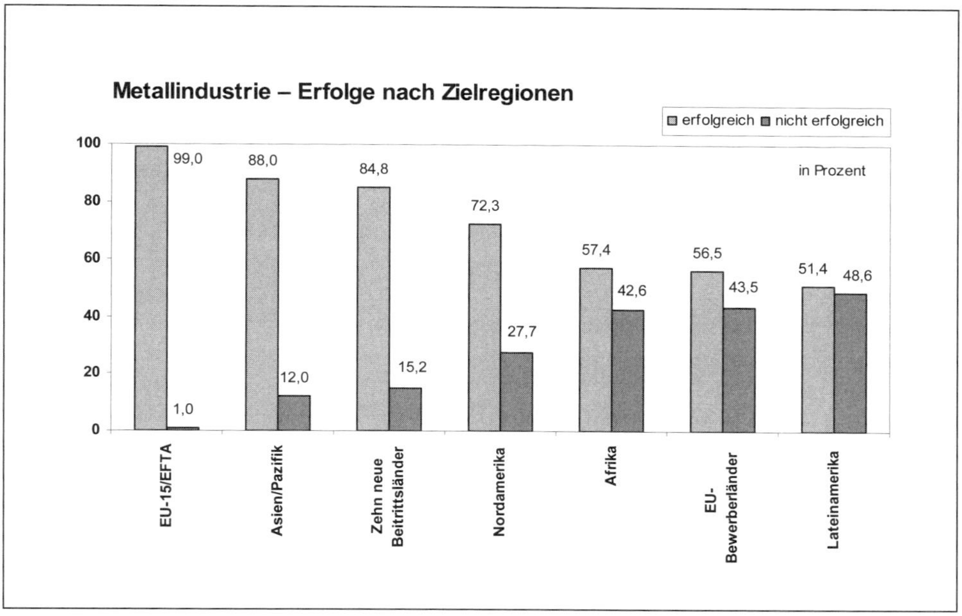

Quelle: Eigene Studie „Going International“
Abbildung 345: *Erfolge nach Zielregionen in der Metallindustrie*

Bei der Frage, ob die Unternehmen ihr Engagement in ihren jeweiligen Zielregionen als erfolgreich einschätzen, ergeben sich einige Unterschiede zum Gesamtergebnis. Die Unternehmen der Metallindustrie verbuchten bei Geschäften in der „EU-15/EFTA“ fast ausschließlich Erfolge (Abb. 345). Auch die Erfolgsquoten für die Regionen „Asien/Pazifik“ und die „Zehn neuen EU-Beitrittsländer“ liegen noch leicht über dem Durchschnitt. In den „EU-Bewerberländern“ waren die Unternehmen dieser Branche jedoch überdurchschnittlich unzufrieden. Mit 56,5 % liegt die Erfolgsquote der Branche in dieser Region um gar 14,1 % niedriger als die durchschnittlich ermittelte und landet in der Rangfolge sogar hinter „Afrika“. Trotzdem bleibt festzuhalten, dass die Unternehmen der Metallindustrie in all ihren Zielregionen überwiegend erfolgreich waren.

2.5 Geschäftssituation in den Zielländern

Nach der Betrachtung der Erfolgsquoten der Metallindustrie in den verschiedenen Zielregionen stellt sich die Frage, wie die Unternehmen dieser Branche die aktuelle Geschäftssituation sowie deren Entwicklung in den nächsten fünf Jahren in ihren jeweiligen Zielländern einschätzen.

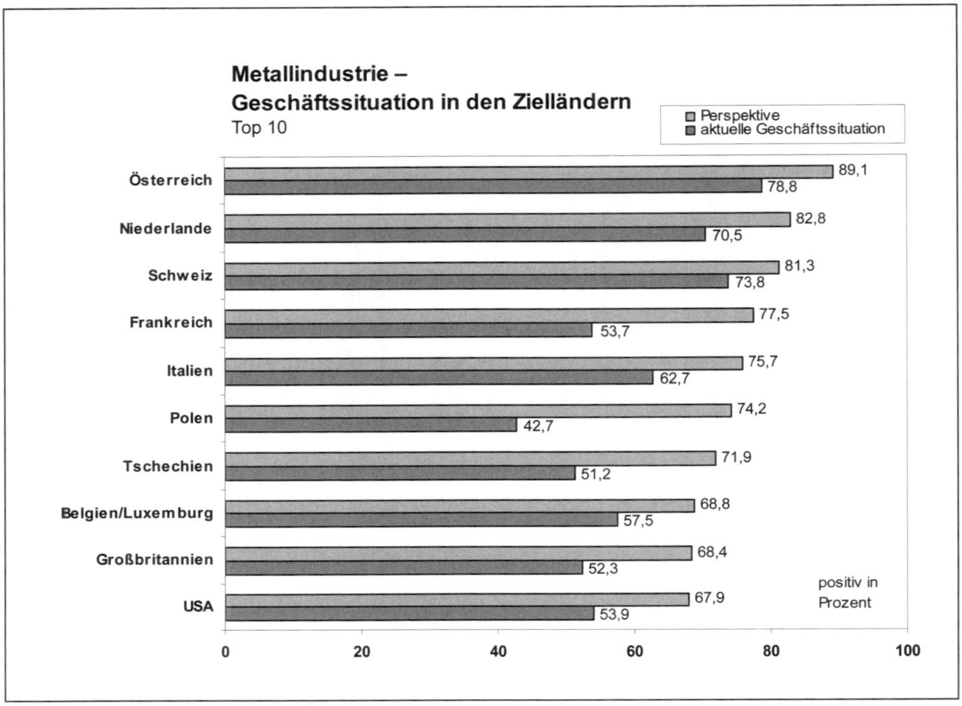

Quelle: Eigene Studie „Going International"

Abbildung 346: *Aktuelle Geschäftssituation und Perspektiven in den Zielländern der Metallindustrie, geordnet nach den Top 10 der Perspektiven*

Betrachtet man zunächst die aktuelle Geschäftssituation (Abb. 346) der Zielländer, sind die Einschätzungen der Unternehmen der Metallindustrie dem Durchschnitt der Studie sehr ähnlich. Die Top 10 werden, mit Ausnahme der USA und Tschechien, weitgehend von Ländern der „EU-15/EFTA" belegt, wobei – wie auch im Gesamtergebnis – Österreich, die Schweiz und die Niederlande die Spitzenränge einnehmen. Betrachtet man nun die Einschätzungen der Geschäftsperspektive in den jeweiligen Zielländern (Abb. 346), bleiben die Top 10, mit Ausnahme von Polen, von den gleichen Staaten belegt. Österreich erhält auch für die Perspektive der nächsten zwei bis fünf Jahre die beste Note. Im Folgenden ergeben sich dennoch einige Verschiebungen: Während die USA vom sechsten auf den zehnten Rang rutschen, machen Frankreich, Tschechien und insbesondere Polen, das für die aktuelle Geschäftssituation nicht in den Top 10 erschien, einige Plätze gut. Dies wird mit einem Blick auf die Dynamik der Geschäftsentwicklung (Abb. 347) dieser Staaten deutlich, die sich als Differenz der aktuellen Geschäftssituation und ihrer Perspektive ergibt. Polen weist die zweithöchste Dynamik überhaupt auf, was den Sprung in die Spitzenränge erklärt. Die Dynamik Frankreichs, das als einziges Land der „EU-15/EFTA" in den Top 10 auftaucht, ist beachtlich, hält man sich auch die aktuell hohe Bewertung dieses Landes vor Augen. Während Russland bei der Bewertung der zukünftigen Geschäftsperspektive erst Rang 14 hinter Ungarn und China aufweist, wird dem Land insgesamt die höchste Dynamik der Geschäftsentwicklung zugesprochen.

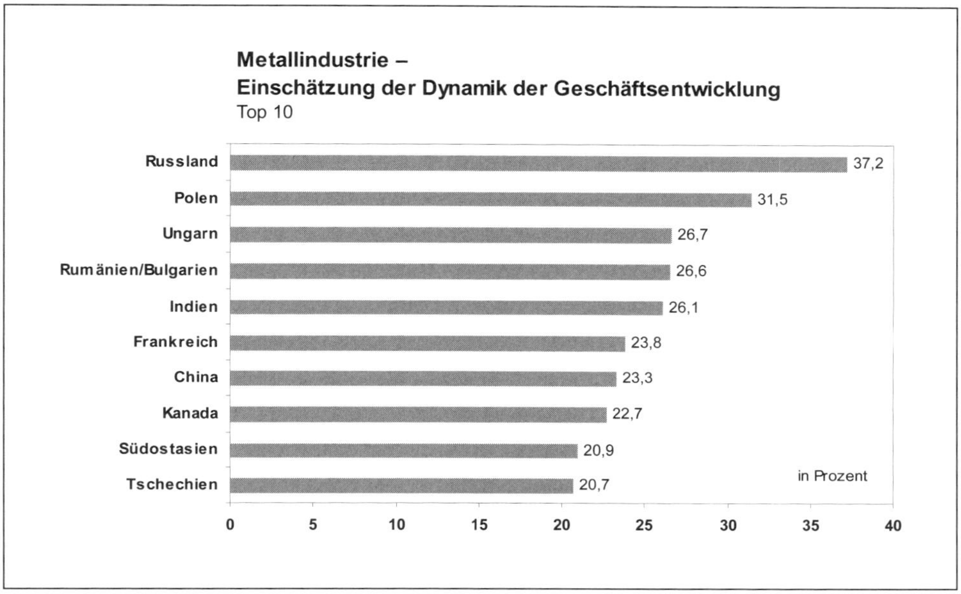

Quelle: Eigene Studie „Going International“
Abbildung 347: *Dynamik der Geschäftsentwicklung – Metallindustrieunternehmen*

2.6 Auslandsinvestitionen

Hat ein Unternehmen erfolgreich einen ausländischen Markt erschlossen und möchte über eine einfache Handelsbeziehung hinweg seine Marktposition ausbauen bzw. seine Wettbewerbsfähigkeit im Ausland sichern, so ist der Einsatz von Kapital im Zielland unabdingbar. Somit stellt sich nun die Frage nach den Auslandsinvestitionen der Unternehmen in der Metallindustrie (Abb. 348).

Von den Metall verarbeitenden Firmen haben 45,1 % in den vergangenen fünf Jahren Kapital ins Ausland investiert. Diese Quote ist im Vergleich zu den übrigen Branchen die niedrigste, im Durchschnitt aller Unternehmen lag sie bei 53 %. Trotzdem scheinen die Investitionen in der Metallindustrie relativ kapitalintensiv zu sein. So investierten in den vergangenen fünf Jahren 16 % der Unternehmen dieser Branche über 1 Million Euro im Ausland, was nach der Chemischen und Kunststoffindustrie die zweithöchste Quote in dieser Größenordnung ist. Mit 18,2 % ist hingegen der Anteil der Unternehmen, die nur bis zu 200.000 Euro im Ausland investiert haben, im Vergleich zu den übrigen Branchen sehr niedrig. Demnach werden Auslandsinvestitionen in der Metallindustrie zwar vergleichsweise selten, dafür aber in besonderer Höhe getätigt.

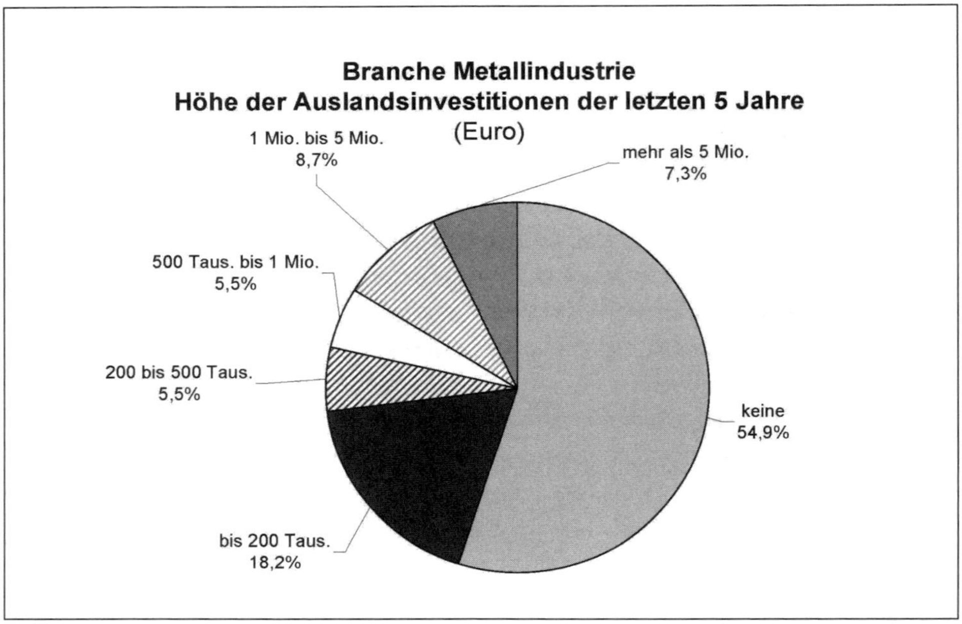

Quelle: Eigene Studie „Going International"
Abbildung 348: *Höhe der Auslandsinvestitionen in der Metallindustrie*

2.7 Aktivitäten und Erfolge

Als Nächstes wird die Frage untersucht, ob die Unternehmen der Metallindustrie in ihren verschiedenen Aktivitäten im Ausland erfolgreich waren. Dabei bestätigen auch diese Unternehmen überwiegend einen Erfolg in ihren Aktivitäten, wobei wieder der Export, der für die Unternehmen beinahe einen sicheren Erfolg darstellte, die höchste Erfolgsquote behauptet (Abb. 349). Im Vergleich zum Durchschnitt ergeben sich jedoch einige Unterschiede.

Zwar ist die Erfolgsquote für eine Repräsentanz sowie für Forschung und Entwicklung im Ausland für diese Branche außerordentlich hoch, für alle weiteren Aktivitäten wurden jedoch weniger Erfolge gemeldet als im Durchschnitt. Besonders hoch sind die Differenzen hierbei für Joint Ventures und für Einkaufsbüros; die Erfolgsquoten für diese Aktivitäten liegen 16 bzw. 17,6 Prozentpunkte unter den Durchschnittswerten.

Demnach liegen für die Metallindustrie die häufigsten Erfolge im Export, bei einer Repräsentanz, im Import und im Sourcing/Einkauf.

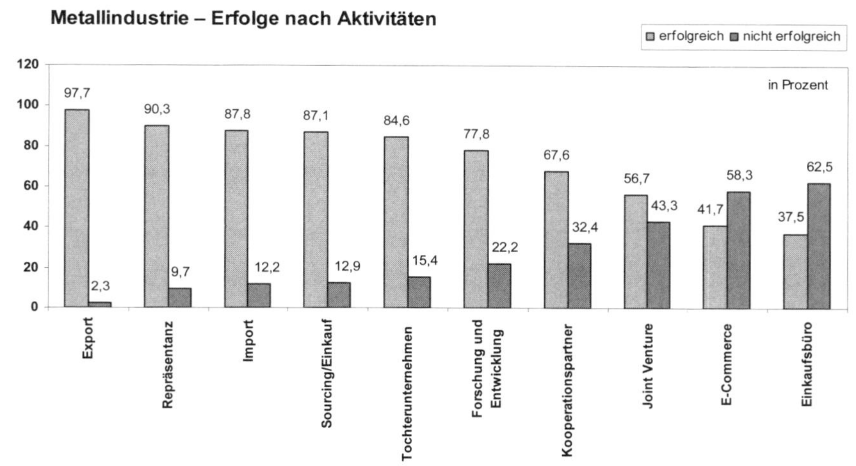

Quelle: Eigene Studie „Going International“
Abbildung 349: *Erfolge nach Aktivitäten in der Metallindustrie*

2.8 Probleme

Vor dem Hintergrund der teilweise niedrigeren Erfolgsquoten der Metallindustrie bei einzelnen Auslandsaktivitäten betrachten wir nun die Frage nach den Problemen, auf die die Unternehmen nach eigenen Angaben bei ihrem Auslandsengagement stoßen (Abb. 350).

Die Unternehmen der Metallindustrie scheinen allgemein auf weniger Probleme zu treffen als im Gesamtergebnis, da die relativen Häufigkeiten aller genannten Probleme unter dem Durchschnitt liegen. Die drei häufigsten Probleme dieser Unternehmen sind dabei die Konkurrenz im jeweiligen Zielmarkt, zu hohe eigene Preise und die Suche bzw. Auswahl verlässlicher Partner. Die Häufigkeiten dieser Probleme sind zwar fast identisch, jedoch ist wohl das größte Problem der Metallindustrie in ihrem Auslandsgeschäft die Suche/Auswahl verlässlicher Partner: 28,2 % bewerteten es als großes Problem und 6 % der Unternehmen stellte es sogar vor das Aus des Engagements. Des Weiteren wurden mit jeweils über 60 % die Kontakte im Ausland, ein schwieriger Forderungseinzug, die Beschaffung verlässlicher Marktinformationen und die Sprachen am häufigsten genannt, wobei diese Probleme nur relativ selten schwerwiegend für die Unternehmen waren. Insgesamt entspricht die Konstellation der Probleme dem Gesamtergebnis, ihre Häufigkeiten liegen jedoch leicht unter dem Durchschnitt.

Es bleibt festzuhalten, dass die auslandsaktiven Unternehmen der Metallindustrie im Vergleich zum Durchschnitt die Problembereiche als geringer bewerten und trotzdem im Vergleich zum Durchschnitt eine geringere Erfolgsquote aufweisen. Eine Erklärung für diesen Sachverhalt bietet die Studie leider nicht – eventuell werden die Problembereiche in der Metallindustrie-Branche im Auslandsgeschäft unterschätzt.

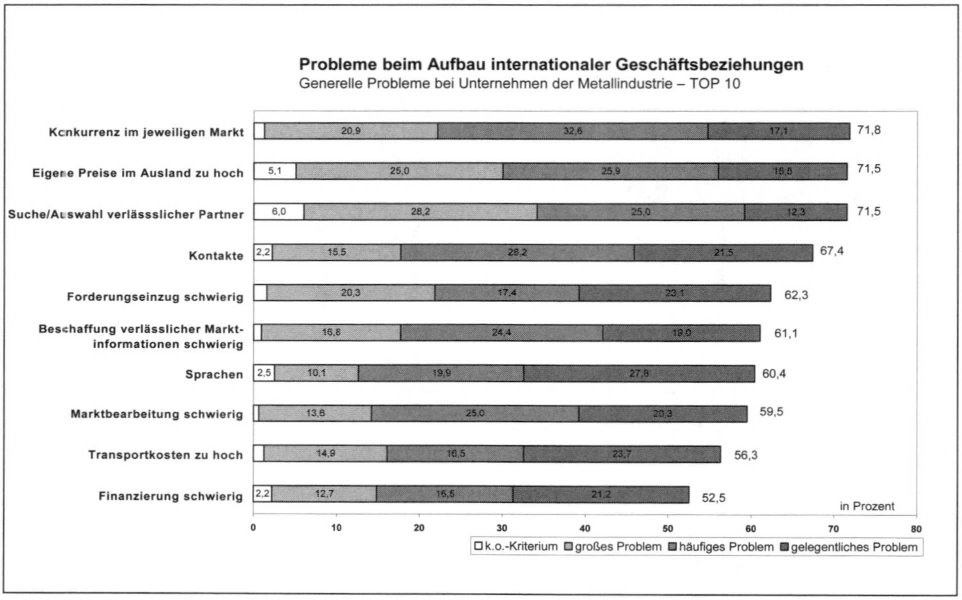

Quelle: Eigene Studie „Going International"
Abbildung 350: *Probleme beim Aufbau internationaler Geschäftsbeziehungen in der Metallindustrie*

2.9 Erfolgsfaktoren

Nach der Betrachtung der für die Metallindustrie häufigsten Probleme stellt sich nun abschließend die Frage nach den Erfolgsfaktoren der Unternehmen für ihr Auslandsengagement.

Die Unternehmen der Metallindustrie bewerten unter Beachtung einzelner Unterschiede ihre Erfolgsfaktoren ähnlich wie im Gesamtergebnis. An oberster Stelle steht auch für diese Branche die Produktqualität, die mit einer Häufigkeit von knapp 80 % sogar noch entscheidender zu sein scheint (Abb. 351). Die Unternehmen messen dem Preis ihres Produkts ebenfalls eine überdurchschnittliche Bedeutung bei. Dieser Erfolgsfaktor ist nach der Wahl des richtigen Partners der von den Unternehmen am dritthäufigsten genannte, während die Unternehmen einer gründlichen Marktkenntnis deutlich weniger Bedeutung beimessen als im Durchschnitt. Der Erfolgsfaktor Technologievorsprung rangiert zwar auch in dieser Branche immer noch auf hinteren Rängen, ihm wird aber dennoch eine weitaus höhere Bedeutung beigemessen als im Durchschnitt. Mit 37 % liegt der Technologievorsprung somit in der Gewichtung fast gleichauf mit der Kompetenz der Mitarbeiter.

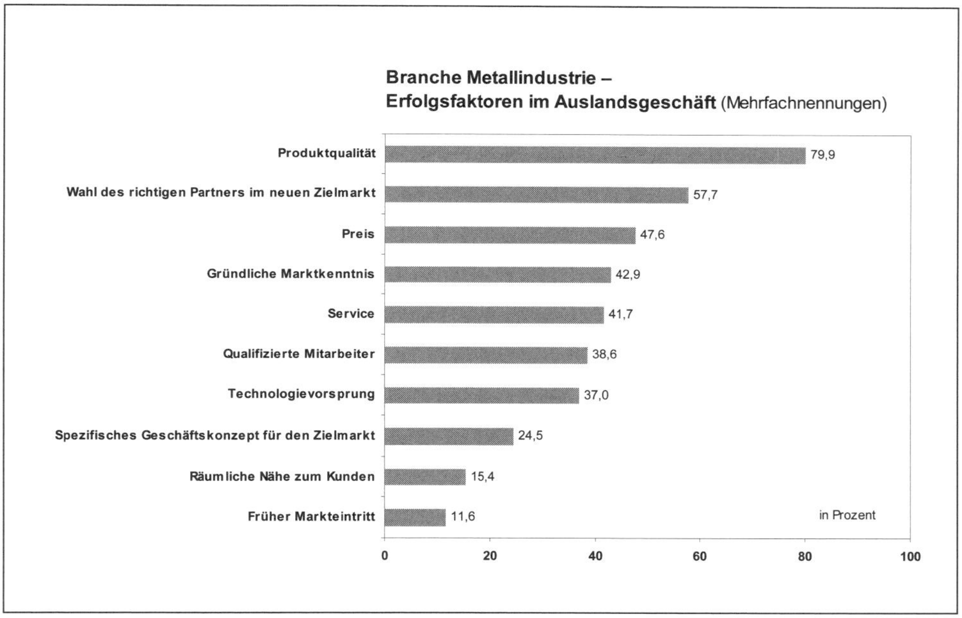

Quelle: Eigene Studie „Going International“
Abbildung 351: *Erfolgsfaktoren im Auslandsgeschäft für die Metallindustrie*

2.10 Kernaussagen

- Der Internationalisierungsgrad der Metallindustrie weist mit 33,8 % den niedrigsten Wert aller Branchen auf. Bis 2009 rechnen die Unternehmen jedoch mit einem Zuwachs um 10,7 % und nähern sich somit etwas der Quote des Gesamtergebnisses an.

- Für die Kennzahlen Umsatz und Gewinn geben die Unternehmen dieser Branche überdurchschnittlich positive Entwicklungen seit dem Beginn ihres Auslandsengagements an. Für den Personalbestand liegt der Saldo zwar unter dem Durchschnitt, ist aber dennoch deutlich im positiven Bereich.
- Die Gründe und Motive für ein Auslandsengagement der Unternehmen stimmen mit dem Gesamtergebnis der Studie überein, wobei in dieser Branche standortorientierte Motive noch seltener verfolgt werden.
- Die Regionen „Asien/Pazifik" und die „EU-Bewerberländer" werden von den Unternehmen der Metallindustrie weitaus seltener frequentiert. In den Bewerberländern waren die Unternehmen dieser Branche außerdem weitaus weniger erfolgreich als im Durchschnitt.
- Die Unternehmen der Metallindustrie sprechen den Ländern Frankreich, Polen und Tschechien in den kommenden Jahren eine hohe Dynamik zu, die diese auf die Ränge vier, sechs und sieben der Perspektiven der Geschäftssituation hebt. Die Rangliste der Dynamik wird auch hier von Russland angeführt.
- In der Metallindustrie werden Investitionen zwar vergleichsweise sehr selten, dafür aber in besonderer Höhe getätigt.
- Im Maschinenbau sind die Erfolgsquoten für eine Repräsentanz und Forschung und Entwicklung zwar außerordentlich hoch, für alle anderen Aktivitäten jedoch liegen sie unter dem Durchschnitt.
- Die Unternehmen dieser Branche scheinen allgemein auf weniger Probleme beim Auslandsgeschäft zu stoßen als die Allgemeinheit.
- Die Produktqualität ist in der Metallindustrie der mit Abstand wichtigste Erfolgsfaktor, wobei auch dem Preis eine überdurchschnittliche Bedeutung beigemessen wird.

Branche Chemische und Kunststoffindustrie

1. Branchenbeschreibung

1.1 Branchenskizze

Die Chemische Industrie ist eine Vorleistungsgüter produzierende Branche. Nur 30 % der Produkte der Chemischen Industrie gehen direkt an den Endverbraucher, wie zum Beispiel Life-Science-Produkte oder Wasch- und Körperpflegemittel. Der Großteil der Produktion wird an industrielle Weiterverarbeiter geliefert, vor allem in den Maschinenbau, die Textilwirtschaft, die Bauwirtschaft, die Verpackungsindustrie und in den Fahrzeugbau.

Gemessen am Umsatz steht die deutsche Chemische Industrie weltweit an dritter Stelle hinter den USA und Japan. Sie ist außerdem einer der bedeutendsten Exporteure der Welt. Sie ist bei weitem der forschungsintensivste Bereich und gilt als Innovationsmotor Deutschlands. In der Chemischen Industrie werden rund 10 % des Gesamtumsatzes des produzierenden Gewerbes erwirtschaftet.[630]

Die deutsche Kunststoffverarbeitung ist eine bedeutende Zulieferbranche, insbesondere für die Automobil- und Elektroindustrie. Die vielfältigen Einsatzmöglichkeiten von Kunststoffen lassen für die Zukunft eine positive Entwicklung erwarten. Die Kunststoff verarbeitende Industrie ist vorwiegend mittelständisch geprägt und wies traditionell ein überdurchschnittliches Wachstum auf, das in den letzten Jahren jedoch deutlich einbrach.[631]

---

630 Quelle: Branchenfokus Chemie und Pharmazie, in: http://www.bmwi.de, aufgerufen am 01.06.2006.

631 Quelle: Branchenfokus Kunststoff und Gummi, in: http://www.bmwi.de, aufgerufen am 01.06.2006.

1.2 Aktuelle Entwicklungen

Nach einer starken Belebung der Chemischen Industrie in 2004 setzt sich der Aufwärtstrend gegenwärtig weiter fort. Dabei profitieren die Unternehmen zum einen von einer sich leicht bessernden Konjunktur im Inland, größtenteils jedoch von der stark wachsenden Weltwirtschaft.[632] Die Kunststoff verarbeitende Industrie hatte nach Jahren der Stagnation in 2005 wieder Zuwachsraten zu verzeichnen, die ebenfalls auf steigende Exporte zurückzuführen sind.[633] Beide Wirtschaftszweige sind, da sie überwiegend als Zulieferer arbeiten, in hohem Maße von der Konjunktur und dem Wachstum anderer Industrien abhängig.

In Zeiten schwacher Konjunktur in Deutschland und starkem Weltwirtschaftswachstum ist es einleuchtend, wie wichtig Auslandsgeschäfte für die Unternehmen dieser beiden Wirtschaftszweige sind. Aufgrund der parallelen Strukturen der beiden Zweige werden diese in der nun folgenden Auswertung der Studie „Going International“ zusammengefasst betrachtet.

2. Ergebnisse der Studie „Going International“

2.1 Grad der Internationalisierung

Um Aufschluss über den Stellenwert der Auslandsgeschäfte in der Chemischen und Kunststoffindustrie zu geben, wird nachfolgend dargestellt, wie hoch der Grad der Internationalisierung der Unternehmen dieser Branche im Jahr 2004 war und wie er sich nach Einschätzung der Unternehmen bis zum Jahr 2009 entwickeln wird.

Der Grad der Internationalisierung von auslandsaktiven Chemieunternehmen und Kunststoffproduzenten ist mit knapp 36,8 % hoch, wenn auch etwas niedriger als im Gesamtergebnis der Studie. Die für diese Frage ermittelten Werte dieser Branche liegen alle leicht unter dem Durchschnitt der Allgemeinheit. So schätzen die Unternehmen ihren Marktanteil im Ausland bei rund 15 % (Abb. 352). Auch der Großteil der Unternehmen dieser Branche sieht seine Zukunft im Auslandsgeschäft, so sollen nach eigenen Einschätzungen in fünf Jahren durchschnittlich fast die Hälfte ihrer Umsätze im Ausland erwirtschaftet werden und sich somit wieder dem Durchschnitt angleichen.

---

632 Quelle: VCI: Bericht zur Konjunktur in der Chemieindustrie im 1. Hj. 2006, PK v. 05.07.2006, in: http://www.vci.de.

633 Quelle: GKV: Konjunkturumfrage 2006, Zahlen und Erwartungen, 27.02.2006, in: http://www.gkv.de.

Auch was den Marktanteil betrifft, wollen die Unternehmen im Ausland deutlich wachsen und ihn in fünf Jahren auf ein Fünftel ausgeweitet haben.

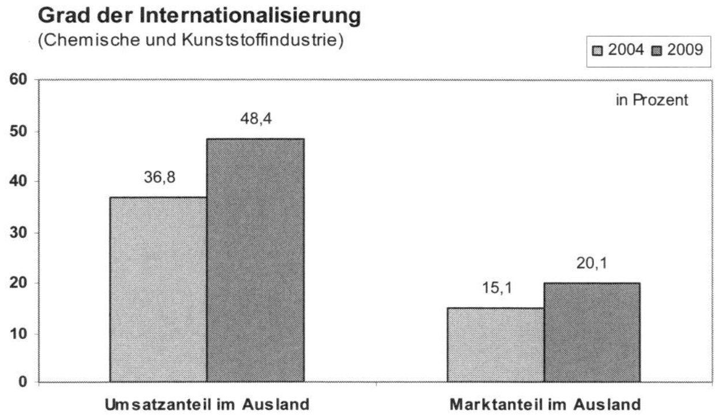

Quelle: Eigene Studie „Going International“
Abbildung 352: *Grad der Internationalisierung der auslandsaktiven Unternehmen der Chemischen und Kunststoffindustrie*

2.2 Unternehmensentwicklung im Auslandsgeschäft

Interessant vor allem für die Bedeutung von Auslandsgeschäften für den Standort Deutschland ist die Frage nach der Unternehmensentwicklung auslandsaktiver Unternehmen im Inland, ausgewertet für die Chemische und Kunststoffindustrie.

In dieser Branche scheint sich ein Auslandsengagement der Unternehmen besonders positiv auf deren Geschäftsentwicklung im Inland ausgewirkt zu haben (Abb. 353). Die Kennzahlen Umsatz, Gewinn und Personalbestand sind alle überdurchschnittlich häufig gestiegen. Dadurch ergeben sich bei der Betrachtung der Angaben der Unternehmen ebenso überdurchschnittliche positive Salden: Für den Umsatz beträgt er 41 Prozentpunkte, für den Gewinn 20 Prozentpunkte und für den Personalbestand 20,4 Prozentpunkte. Vor allem die sehr positive Entwicklung des Personalbestandes auslandsaktiver Unternehmen ist in dieser Branche beträchtlich, führt man sich dabei den stetigen Personalabbau der gesamten Branche in Deutschland in den vergangenen Jahren vor Augen, der im Rahmen von Umstrukturierungen der Unternehmen durchgeführt wurde.

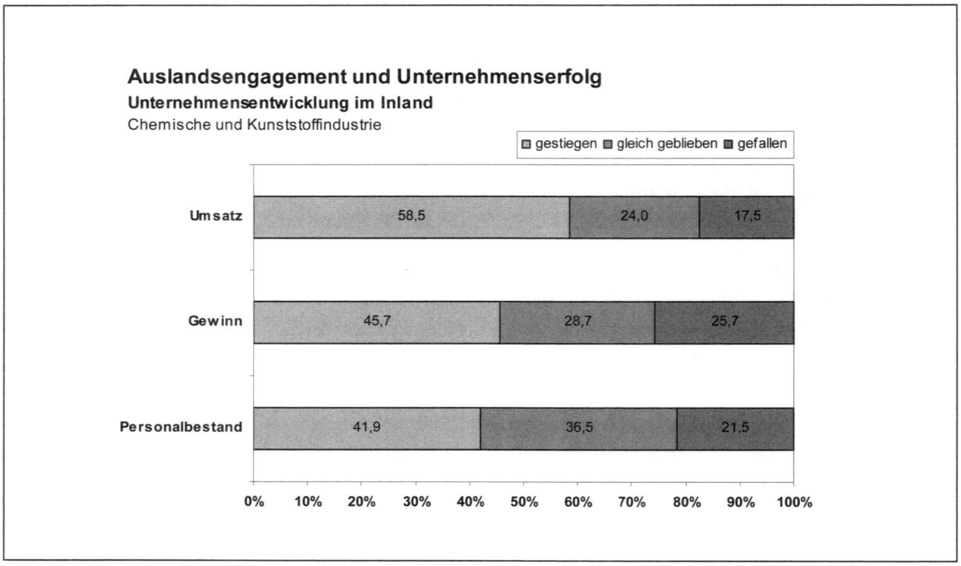

Quelle: Eigene Studie „Going International"

Abbildung 353: *Auslandsengagement und Unternehmenserfolg in der Chemischen und Kunststoffindustrie*

2.3 Gründe und Motive für das Engagement

Im Rahmen der Studie wurden die Unternehmen auch nach den Beweggründen gefragt, die zu einem Auslandsengagement geführt haben. Betrachtet man die Ergebnisse mit Fokus auf die Branche der Chemischen und Kunststoffindustrie, so ergibt sich ein mit der Gesamtheit der Studie größtenteils übereinstimmendes Bild.

Der wichtigste Grund für ein Auslandsengagement war auch für Unternehmen der Chemischen und Kunststoffindustrie eindeutig die Erschließung neuer Märkte für den Verkauf (Abb. 354). 93,5 % gaben dieses Motiv als Grund an, und der Großteil von ihnen, nämlich 88,9 %, waren dabei erfolgreich, was über dem Durchschnitt liegt. Auffällig ist in dieser Branche lediglich, dass das Motiv der Erschließung eines neuen Marktes für den Einkauf gegenüber dem Gesamtergebnis der Studie an Bedeutung verliert und hier nur noch der dritthäufigste Grund für ein Auslandsengagement ist. An zweiter Stelle steht für die Chemische und Kunststoffindustrie das Motiv eines speziellen Marktes für ihr Produkt. Diesen Grund gaben rund 58 % der befragten Unternehmen dieser Branche an.

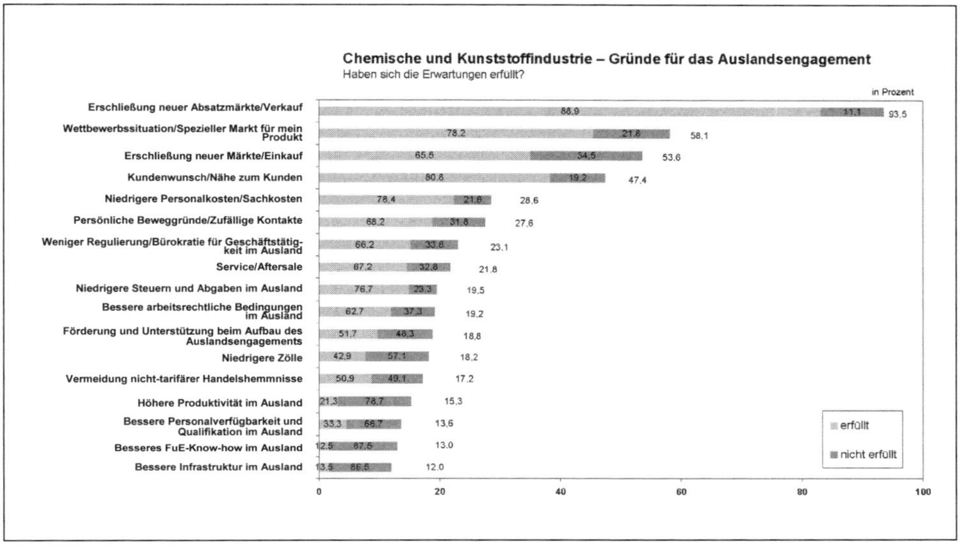

Quelle: Eigene Studie „Going International“

Abbildung 354: *Gründe und Motive für das Auslandsengagement in der Chemischen und Kunststoffindustrie*

2.4 Zielmärkte der Chemischen und Kunststoffindustrie

Für die Zielregionen der Auslandsgeschäfte der Unternehmen der Chemischen und Kunststoffindustrie zeichnet sich ein mit dem Gesamtergebnis der Studie nahezu deckungsgleiches Bild ab. Nahezu alle befragten Unternehmen (rund 90 %) dieser Branche sind somit innerhalb der „EU-15/EFTA“ aktiv (Abb. 355), was dem Wert der Gesamtheit entspricht. Im Vergleich zum Gesamtergebnis gewinnt die Region der „Zehn neuen EU-Mitgliedsstaaten“ gegenüber der Region „Asien/Pazifik“ etwas an Bedeutung. Außerdem wird „Lateinamerika“ von Chemie und Kunststoffproduzenten häufiger als Ziel für ein Auslandsgeschäft gewählt als im Durchschnitt; knapp ein Drittel der Unternehmen dieser Branche sind in dieser Region aktiv. Was die Bearbeitung der Zahl der Märkte anbetrifft, so liegt die Chemische und Kunststoffindustrie mit durchschnittlich 3,7 Zielregionen pro Unternehmen über dem Durchschnitt aller Unternehmen von 3,1 Zielregionen, die gleichzeitig bearbeitet werden.

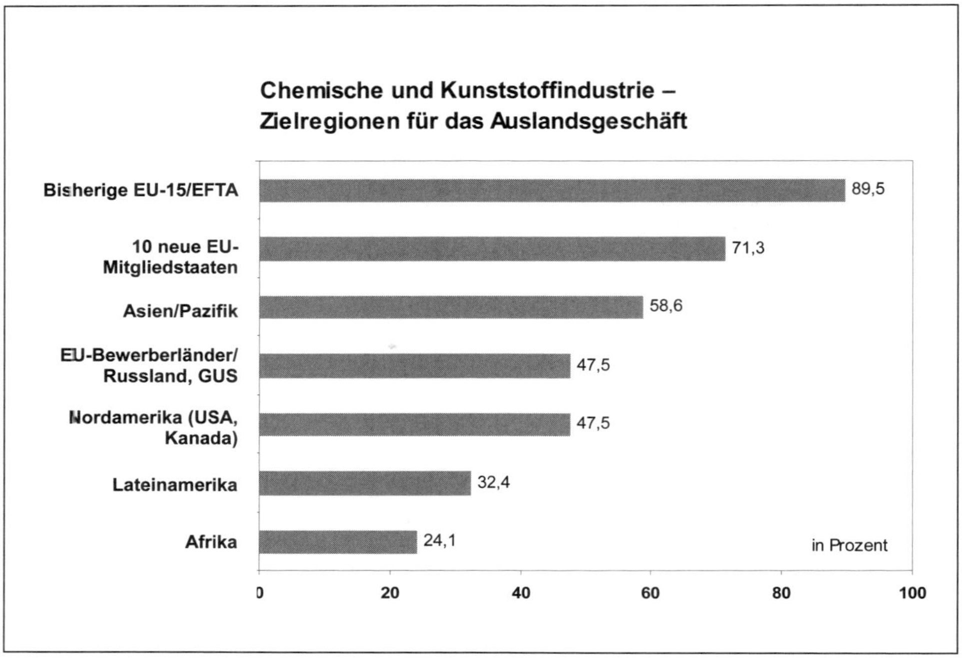

Quelle: Eigene Studie „Going International"
Abbildung 355: *Zielregionen für das Auslandsgeschäft in der Chemischen und Kunststoffindustrie*

Fragt man die Unternehmen nun nach dem Erfolg in der jeweiligen Region, ergeben sich einige Verschiebungen gegenüber dem Gesamtergebnis der Studie. Aus der Region der „EU-15/EFTA" kommen, ähnlich wie im Gesamtergebnis, fast ausschließlich Erfolgsmeldungen (Abb. 356). In der Region der „Zehn neuen EU-Mitgliedsstaaten" sowie in den „EU-Bewerberländer" sind die Chemie- und Kunststoffproduzenten jedoch deutlich erfolgreicher als die Allgemeinheit; für diese Regionen meldeten die Unternehmen Erfolgsquoten von 89 % bzw. 74,4 %, was die Durchschnittswerte übertrifft. In „Afrika" jedoch haben die Unternehmen dieser Branche überwiegend einen Misserfolg in ihrem Engagement zu beklagen und sind somit deutlich unzufriedener in dieser Region als die Grundgesamtheit aller befragten Unternehmen.

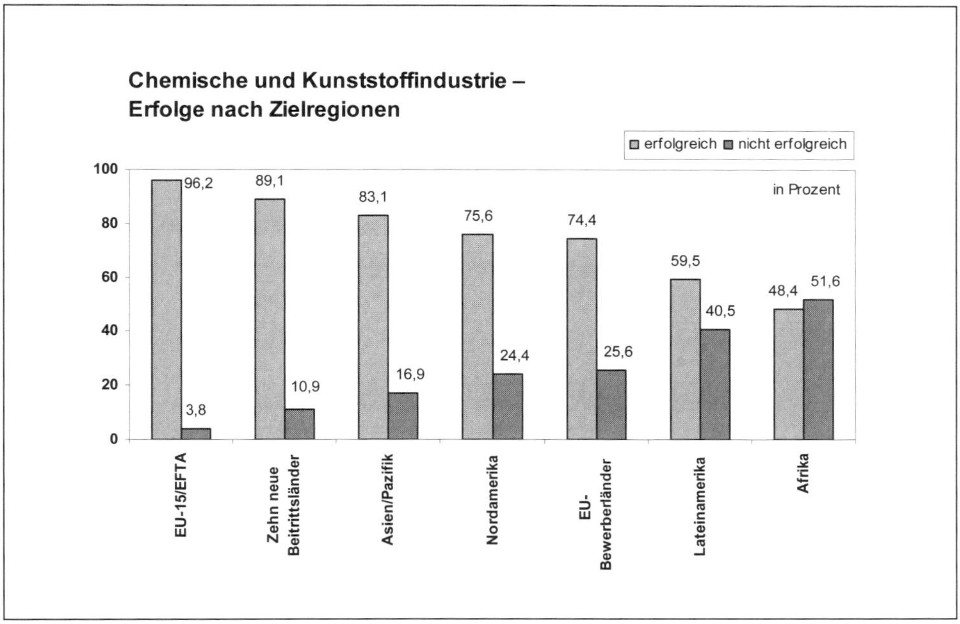

Quelle: Eigene Studie „Going International“
Abbildung 356: *Erfolge nach Zielregionen in der Chemischen und Kunststoffindustrie*

2.5 Geschäftssituation in den Zielländern

Nach der Betrachtung der Erfolgsquoten der Chemischen und Kunststoffindustrie in den verschiedenen Zielregionen geht es nunmehr um die Frage, wie die Unternehmen dieser Branche die aktuelle Geschäftssituation sowie deren Entwicklung in den nächsten fünf Jahren in ihren jeweiligen Zielländern einschätzen. Die Einschätzungen dieser Unternehmen sind dem Durchschnitt der Studie sehr ähnlich. So erhalten die Länder Österreich, Schweiz und die Niederlande die besten Bewertungen, sowohl für die heutige Situation als auch für deren Perspektiven (Abb. 357).

Die Top 10 werden, wie bei der Gesamtheit, überwiegend von Staaten der „EU-15/EFTA“ besetzt, wobei Tschechien und Polen hier die beiden Ausnahmen bilden. Beim Blick in die Zukunft der Unternehmen verändern sich die Top 10 nur in ihrer Reihenfolge. Von den beiden neuen Mitgliedstaaten Tschechien und Polen werden starke Verbesserungen in den nächsten Jahren erwartet, die diese für die Einschätzung der Geschäftsperspektive auf die Ränge vier und fünf hebt.

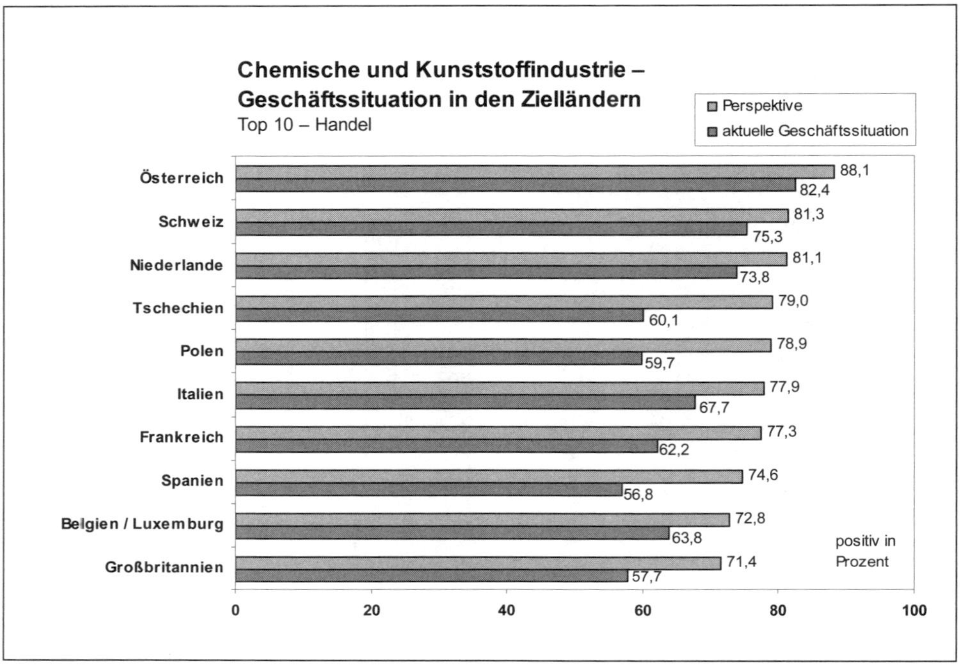

Quelle: Eigene Studie „Going International"

Abbildung 357: *Aktuelle Geschäftssituation und Perspektiven in den Zielländern der Chemischen und Kunststoffindustrie, geordnet nach den Top 10 der Perspektiven*

Der Blick auf die Dynamik der Geschäftsentwicklung (Differenz zwischen der aktuellen Geschäftssituation und der zukünftigen Geschäftsperspektive) offenbart jedoch, dass das größte Wachstum in dieser Branche in anderen Ländern liegt: In Russland werden sehr starke Verbesserungen um 28,4 % in den nächsten Jahren erwartet, Rumänien, Bulgarien und China liegen dicht dahinter (Abb. 358).

Da die heutige Geschäftssituation in diesen Ländern von den Unternehmen jedoch relativ schlecht bewertet wird, ist trotz der angenommenen Dynamik zu erwarten, dass sie trotz der enormen Verbesserungen auch in den nächsten fünf Jahren nicht zu den zehn insgesamt attraktivsten Standorten der Chemischen und Kunststoffindustrie gehören werden.

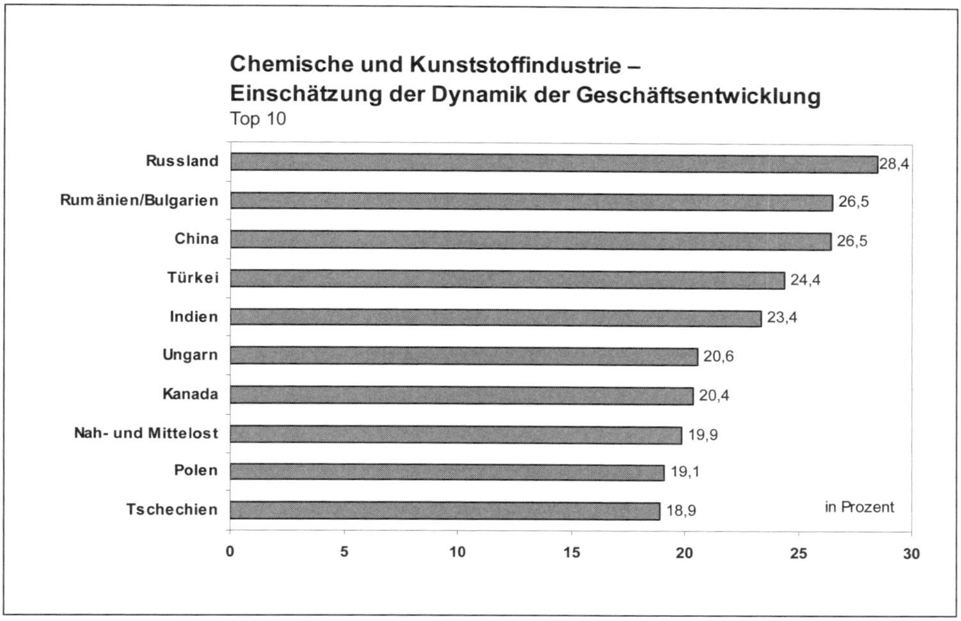

Quelle: Eigene Studie „Going International“
Abbildung 358: *Dynamik der Geschäftsentwicklung – Chemische und Kunststoffindustrie*

2.6 Auslandsinvestitionen

Hat ein Unternehmen erfolgreich einen ausländischen Markt erschlossen und möchte über eine einfache Handelsbeziehung hinweg seine Marktposition ausbauen bzw. seine Wettbewerbsfähigkeit im Ausland sichern, so ist der Einsatz von Kapital im Zielland unabdingbar. Somit stellt sich die Frage nach den Auslandsinvestitionen in der Chemischen und Kunststoffindustrie. Über die Hälfte (52,4 %) der Unternehmen der Chemischen und Kunststoffindustrie hat in den vergangenen fünf Jahren Kapital in ihren Zielländern eingesetzt (Abb. 359). Diese Quote liegt im Durchschnitt aller befragten Unternehmen. Überdurchschnittlich hoch sind in dieser Branche jedoch die Beträge, die die Unternehmen investieren. So haben insgesamt 22,8 % dieser Unternehmen über 1 Million Euro ins Ausland investiert, 11 % sogar mehr als 5 Millionen Euro. Im Vergleich zu den übrigen Branchen stellt dies den höchsten Anteil an Investitionen dieser Größenordnung dar.

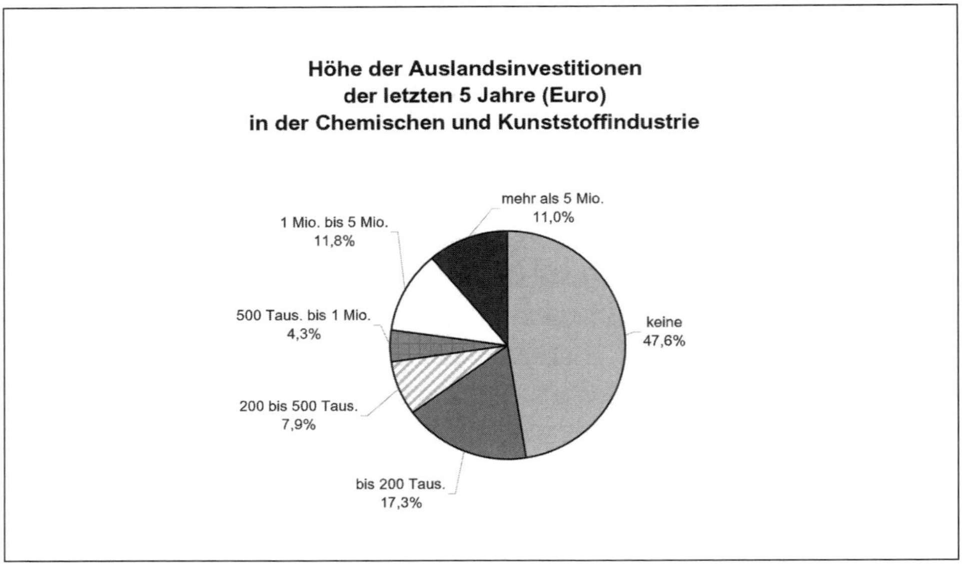

Quelle: Eigene Studie „Going International"
Abbildung 359: *Höhe der Auslandsinvestitionen der Chemischen und Kunststoffindustrie*

2.7 Aktivitäten und Erfolge

Als Nächstes wird der Frage nachgegangen, ob sich die von den Unternehmen der Chemischen und Kunststoffindustrie gewählten Aktivitäten im Ausland bewährt haben. Dabei bestätigt der Großteil dieser Unternehmen zwar einen Erfolg in seinem Auslandsgeschäft, die einzelnen Erfolgsquoten liegen dennoch unter dem Durchschnitt der Gesamtheit aller befragten Unternehmen. Die sichersten Erfolge liefern zunächst auch in dieser Branche der Export und Sourcing/Einkauf mit Erfolgsquoten über 90 % (Abb. 360). Die übrigen Geschäftsformen jedoch stellten sich für die Chemische und Kunststoffindustrie weniger häufig als Erfolg heraus als für andere Unternehmen. Insbesondere bei Forschung und Entwicklung, Einkaufsbüros und E-Commerce sind die Unterschiede groß, mit einem Einkaufsbüro hatten die Unternehmen sogar, anders als im Durchschnitt, besonders häufig Misserfolge zu verbuchen; 62,5 % der Unternehmen, die diese Geschäftsform wählten, waren nicht erfolgreich.

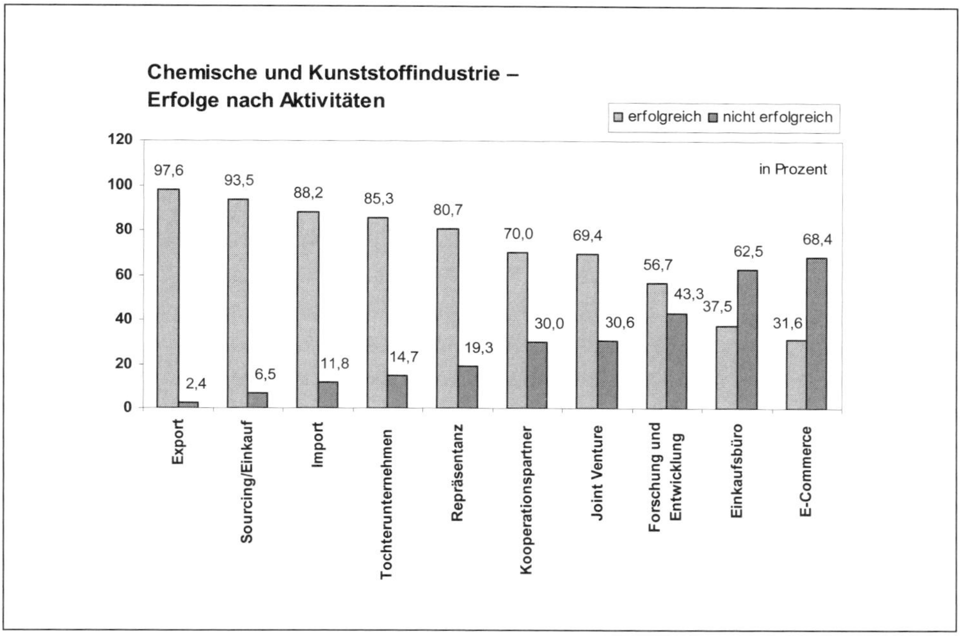

Quelle: Eigene Studie „Going International“
Abbildung 360: *Erfolge nach Aktivitäten in der Chemischen und Kunststoffindustrie*

2.8 Probleme

Vor dem Hintergrund des im Durchschnitt geringeren Geschäftserfolgs in einigen Aktivitätsformen (siehe vorhergehenden Unterabschnitt 2.7) ist die Frage, welche Probleme sich den Unternehmen bei ihren Auslandsengagements stellen, von besonderem Interesse.

Dabei zeichnet sich ein dem Gesamtergebnis der Studie sehr ähnliches Bild ab. Sowohl quantitativ als auch qualitativ liegen die Ergebnisse für die Chemische und Kunststoffindustrie im Durchschnitt. So sind auch in dieser Branche die Probleme der Suche/Auswahl eines verlässlichen Partners (82,1 %), der Konkurrenz im Zielmarkt (78,6 %) und zu hoher Preise (77,9 %) die von den Unternehmen am meisten genannten, was dem Durchschnitt der Studie entspricht (Abb. 361). Nur zu hohe Transportkosten und Sprachen stellen sich für Unternehmen der Chemischen und Kunststoffindustrie mit jeweils 64 % überdurchschnittlich häufig als Problem dar. Diese sind jedoch nach Angaben der Unternehmen überwiegend nur gelegentliche Probleme, die im Allgemeinen nicht zum Aus des Engagements führten.

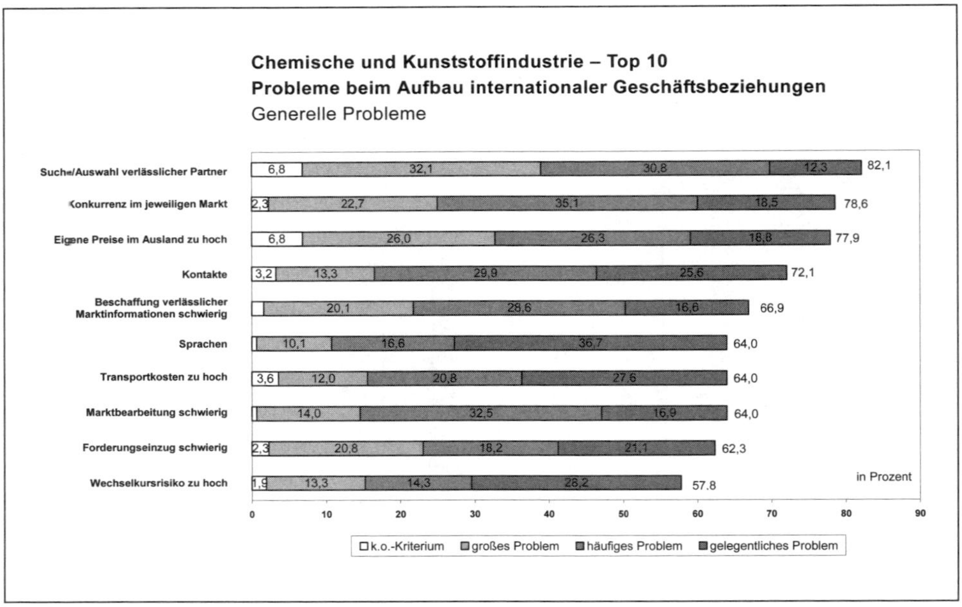

Quelle. Eigene Studie „Going International"

Abbildung 361: *Probleme beim Aufbau internationaler Geschäftsbeziehungen in der Chemischen und Kunststoffindustrie*

2.9 Erfolgsfaktoren

Unternehmen der Chemischen und Kunststoffindustrie bewerten ihre Erfolgsfaktoren zwar sehr ähnlich wie alle befragten Unternehmen im Durchschnitt, einzelne Unterschiede sind dennoch zu erkennen. So steht auch für diese Branche die Produktqualität an oberster Stelle und scheint sogar noch entscheidender zu sein, da gar 82,1 % der Unternehmen der Branche sie als Erfolgsfaktor angeben (Abb. 362). Der Preis ihres Produkts wird ebenfalls überdurchschnittlich häufig als Erfolgsfaktor angegeben und steht nun an dritter Stelle der Rangliste. Eine gründliche Marktkenntnis und qualifizierte Mitarbeiter verlieren im Vergleich zum Durchschnitt der Studie zwar an Bedeutung, werden aber dennoch immerhin von 41 % bzw. 38,8 % der Unternehmen als Erfolgsfaktor ihres Auslandsgeschäfts angegeben und zählen somit immer noch zu den wichtigsten Faktoren.

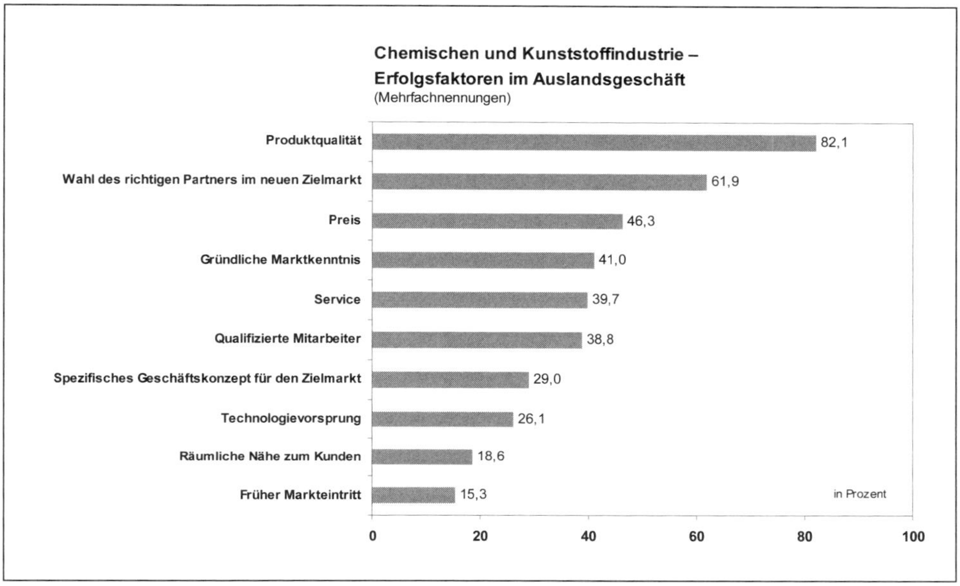

Quelle: Eigene Studie „Going International“
Abbildung 362: *Erfolgsfaktoren im Auslandsgeschäft der Chemischen und Kunststoffindustrie*

2.10 Kernaussagen

- Der heutige Internationalisierungsgrad der Chemischen und Kunststoffindustrie liegt mit 38,4 % leicht unter dem Durchschnitt, wird diesen aber bis 2009 erreichen.
- Ein Auslandsengagement hat für die Unternehmen der Chemischen und Kunststoffindustrie außerordentlich positive Auswirkungen auf ihre Geschäftsentwicklung im Inland. Die Meldungen positiver Entwicklung der Kennzahlen Umsatz, Gewinn und Personalbestand sind überdurchschnittlich hoch.
- Häufigster Grund für ein Auslandsengagement der Unternehmen ist, wie in jeder Branche, die Erschließung eines neuen Marktes für den Verkauf. Die Erschließung eines Marktes für den Einkauf wird in dieser Branche jedoch weniger häufig genannt als im Durchschnitt.
- In den Regionen der „Zehn neuen EU-Mitgliedstaaten“ und der „EU-Bewerberländer“ sind die Unternehmen der Chemischen und Kunststoffindustrie deutlich erfolgreicher als im Durchschnitt.

- Die meisten positiven Bewertungen erhalten in dieser Branche, mit Ausnahme von Tschechien und Polen, ausschließlich Länder der „EU-15/EFTA". In Russland erwarten die Unternehmen bei relativ schlechter Ausgangssituation die höchste Dynamik der Geschäftsentwicklung.
- Die Auslandsinvestitionen der Chemischen und Kunststoffindustrie sind im Vergleich zu den übrigen Branchen die kapitalintensivsten.
- Außer im Export und im Sourcing/Einkauf waren die Unternehmen in ihren Aktivitäten etwas weniger erfolgreich als der Durchschnitt.
- Die zehn am meisten genannten Probleme sind fast identisch mit dem Gesamtergebnis der Studie, nur die Probleme zu hoher Transportkosten und Sprachen sind häufiger genannt worden.
- Die Rangliste der Erfolgsfaktoren ist dem Gesamtergebnis der Studie ebenfalls sehr ähnlich, wobei dem Preis eine überdurchschnittliche Bedeutung beigemessen wird.

Branche EDV, Elektrotechnik

1. Branchenbeschreibung

1.1 Branchenskizze

Die deutsche Elektrotechnik- und Elektronikindustrie ist nach Umsatz und Beschäftigten eine der größten Industriebranchen in Deutschland. Mit rund 800.000 Beschäftigten ist diese Branche nach dem Maschinenbau der zweitgrößte industrielle Arbeitgeber in Deutschland. Die überwiegend mittelständisch strukturierten Unternehmen erwirtschafteten 2005 einen Gesamtumsatz von 165 Mrd. Euro. Die Unternehmen der deutschen Elektroindustrie leisten einen wichtigen Beitrag für die internationale Wettbewerbsfähigkeit von Schlüssel- und Zukunftstechnologien. Der hohe Innovationsgrad der Branche spiegelt sich auch in der Höhe der Forschungsaufwendungen mit jährlich rund acht Mrd. Euro wider.

Weiterhin ist die Branche mit 135 Mrd. Euro an Ausfuhren eine der stärksten deutschen Exportbranchen und belegt im weltweiten Vergleich Rang 4 hinter China, USA und Japan. Die boomende globale Nachfrage wird dabei maßgeblich durch Ausrüstungsinvestitionen bestimmt, deren wachsender Elektrotechnik- und Elektronikanteil diesen Markt schneller wachsen lässt als andere. Die weltweit bedeutendsten Produkte sind dabei die Industrie-Elektronik sowie die damit verbundene Entwicklung von Software and Services.[634]

1.2 Aktuelle Entwicklungen

Die deutsche Elektroindustrie konnte nach jahrelangem Umsatzrückgang seit 2004 wieder mäßig wachsen. In 2005 konnte ein durch den Export getriebenes Umsatzwachstum von 1,4 % erzielt werden, das unter den Erwartungen der Branche lag. Der inländische Umsatz

---

634 Quellen: ZVEI und Branchenfokus Elektrotechnik- und Elektronikindustrie, in: http://www.bmwi.de, aufgerufen am 16.06.2006.

nahm dabei im Schnitt sogar um 0,5 % ab, wobei sich der Arbeitsplatzabbau mit knappen -1 % fortsetzte, wenn auch abgeschwächt. Der Umsatz der Elektroindustrie mit ausländischen Kunden legte hingegen wieder um 3,6 % zu und war somit der Wachstumsmotor der Branche, wodurch die Exportquote erneut anstieg. Der Exportüberschuss betrug auch 2005 wieder über 20 Mrd. Euro.[635]

Der großen Bedeutung der Auslandsgeschäfte für Unternehmen der EDV und Elektroindustrie soll im Folgenden durch die Auswertung der Studie „Going International" mit speziellem Fokus auf diese Branche nachgegangen werden.

2. Ergebnisse der Studie „Going International"

2.1 Grad der Internationalisierung

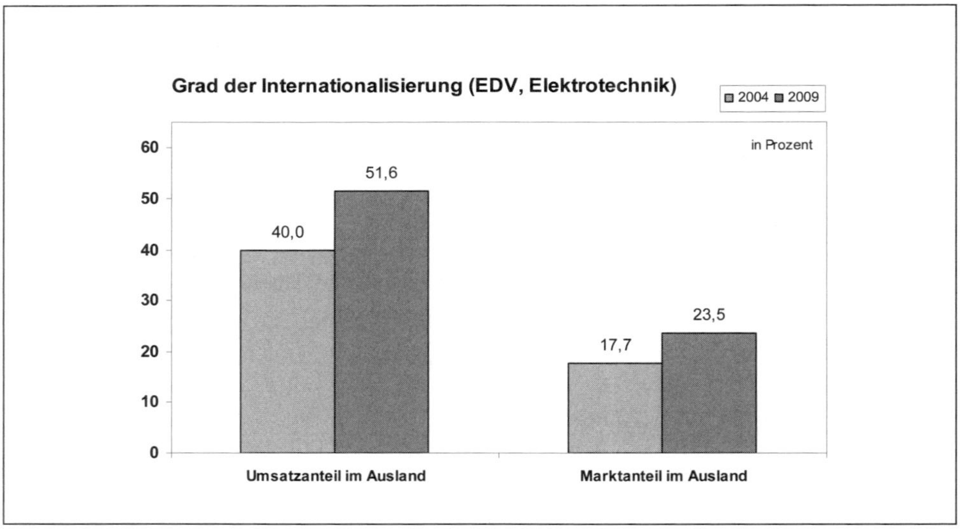

Quelle: Eigene Studie „Going International"
Abbildung 363: *Grad der Internationalisierung von auslandsaktiven Unternehmen der Elektroindustrie*

---

635 Quelle: ZVEI.

Um weiteren Aufschluss über den Stellenwert der Auslandsgeschäfte in dieser Branche zu geben, wird anhand dieser Frage dargestellt, wie hoch der Grad der Internationalisierung der auslandsaktiven Unternehmen dieser Branche im Jahr 2004 war und wie er sich, nach Einschätzung der befragten Unternehmen selber, bis zum Jahr 2009 entwickeln wird (Abb. 363).

Mit 40 % liegt der ausländische Umsatzanteil der in der Außenwirtschaft aktiven Unternehmen der Elektroindustrie über dem Durchschnitt der Studie. Ebenso sagen die Elektrounternehmen bis 2009 ein überdurchschnittliches Wachstum ihrer Auslandsgeschäfte voraus: Sie rechnen damit, in Zukunft mit 51,6 % über die Hälfte ihres Gesamtumsatzes im Ausland zu erwirtschaften. Somit weist diese Branche einen sehr hohen Internationalisierungsgrad auf, der nur noch vom Maschinenbau und der Branche „Feinmechanik, Optik“ übertroffen wird. Was ihren heutigen Marktanteil im Ausland angeht, liegt die Elektroindustrie mit 17,7 % nur knapp über dem Durchschnitt, will diesen jedoch ebenfalls bis 2009 auf 23,5 % stark anheben.

2.2 Unternehmensentwicklung im Auslandsgeschäft

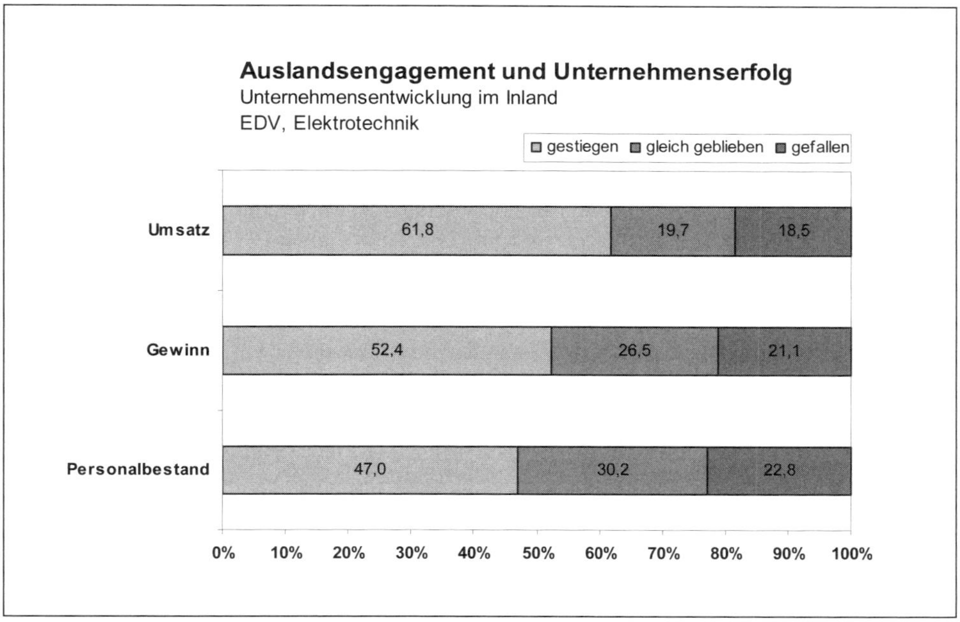

Quelle: Eigene Studie „Going International“

Abbildung 364: *Auslandsengagement und Unternehmenserfolg von Unternehmen der EDV und Elektrotechnik*

Die Frage, welche Bedeutung die Auslandsgeschäfte deutscher Unternehmen für den heimischen Standort haben, beantwortet ein Überblick über die Unternehmensentwicklung auslandsaktiver Unternehmen im Inland, ausgewertet für die Branche EDV und Elektrotechnik (Abb. 364).

Das Auslandsengagement scheint auf die Unternehmen der Elektroindustrie im Vergleich zu den Durchschnittsergebnissen der Umfrage weitaus positivere Auswirkungen zu haben, da die positiven Salden aller drei Kennzahlen deutlich über dem der Gesamtheit aller befragten Unternehmen liegen. Die Anteile der Negativmeldungen entsprechen dabei zwar ungefähr dem Durchschnitt, die der Positivmeldungen übersteigen die Durchschnittswerte jedoch bei weitem. Für den Umsatz und den Gewinn ergab das Ergebnis der Umfrage in Bezug auf die Elektroindustrie einen positiven Saldo von 43,3 bzw. 31,3 Prozentpunkten, im Durchschnitt waren es nur 35,7 bzw. 17,7 Prozentpunkte. Besonders hoch fällt die Diskrepanz jedoch für den Personalbestand aus. Mit 47 % gab fast die Hälfte der Unternehmen an, seit Beginn ihres Auslandsengagements neues Personal eingestellt zu haben, das Positivsaldo beträgt somit 24,2 Prozentpunkte im Vergleich zu durchschnittlich 14,6 Prozentpunkten. Hält man sich den andauernden Beschäftigungsabbau dieser Branche aufgrund der eingangs erwähnten, schwierigen Situation auf dem deutschen Markt vor Augen, ist dieses Ergebnis besonders beachtlich.

2.3 Gründe und Motive für das Engagement

Im Rahmen der Studie wurden die Unternehmen auch nach den Beweggründen gefragt, die zu einem Auslandsengagement geführt haben. Betrachtet man die Ergebnisse mit Fokus auf die Elektroindustrie, so ergibt sich ein mit der Gesamtheit der Studie nahezu deckungsgleiches Bild.

Somit sind die wichtigsten Gründe für ein Auslandsengagement der Unternehmen der Elektroindustrie eindeutig marktorientiert. Die Erschließung neuer Märkte für den Verkauf ist mit 91,2 % der meistgenannte Grund, gefolgt von der Erschließung eines Einkaufsmarktes, einer besseren Wettbewerbssituation im Ausland oder der Nähe zum Kunden (Abb. 365). Eine deutlich höhere Bedeutung als im Durchschnitt liegen dabei in dieser Branche bei den Motiven „Kundenwunsch“ und „Niedrige Personalkosten“. Die Unternehmen, deren Motivation für das Auslandsgeschäft marktorientiert ist, sehen ihre Anfangserwartungen in der geschäftlichen Praxis überwiegend erfüllt. So sind von den Unternehmen, die mit dem Ziel der Erschließung neuer Märkte für den Verkauf Geschäftsbeziehungen zum Ausland aufgebaut haben, 86,5 % mit dem Ergebnis zufrieden.

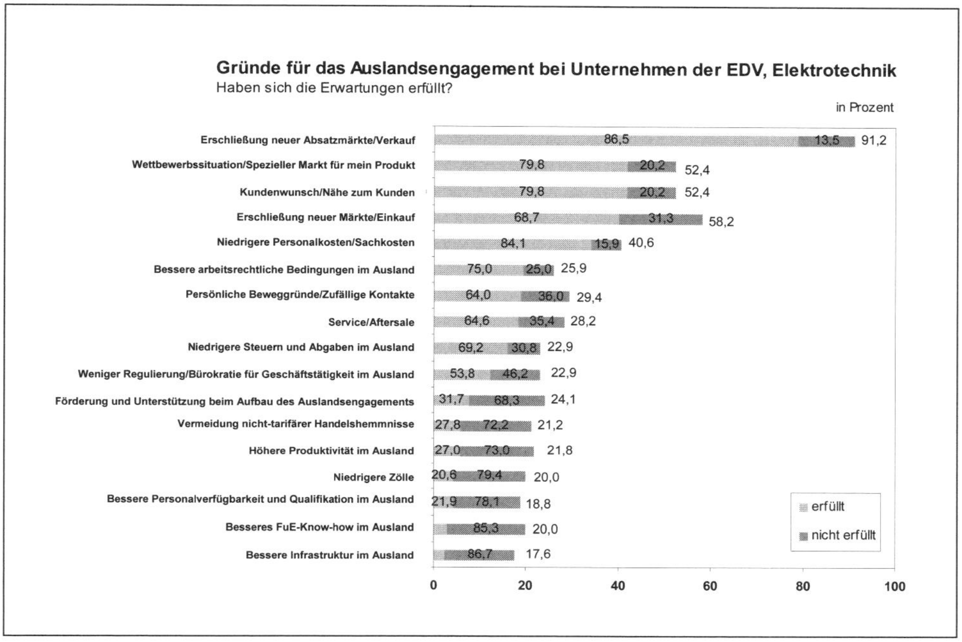

Quelle: Eigene Studie „Going International“

Abbildung 365: *Gründe und Motive für das Auslandsengagement bei Unternehmen der EDV und Elektrotechnik*

Aber es gibt auch Unterschiede: Im Vergleich zum Gesamtergebnis der Studie scheinen die Unternehmen dieser Branche den standortorientierten Beweggründen etwas mehr Bedeutung beizumessen, da die relativen Häufigkeiten bei diesen fast ausschließlich über dem Durchschnitt liegen. Die Erwartungen bei den aus Sicht der Elektroindustrie eher unwichtigen Gründen, wie höhere Produktivität, niedrigere Zölle, besseres Know-how, bessere Personalverfügbarkeit und Infrastruktur, werden meist nicht erfüllt.

2.4 Zielmärkte für EDV, Elektrotechnik

Bei der Frage nach den Zielregionen für die Auslandsgeschäfte der Unternehmen der Elektroindustrie ergibt sich ein dem Gesamtergebnis der Studie ähnliches Bild, wenn auch mit einigen Verschiebungen. So ist die „Bisherige EU-15/EFTA“ die am meisten und von fast allen Unternehmen frequentierte Region; 86,2 % der Unternehmen geben an, hier aktiv zu sein (Abb. 366). Ein außerordentlich hohes Engagement zeigen die Unternehmen unterdessen in der Region „Asien/Pazifik“, die von knapp 73 % als Zielregion angegeben wird und somit den zweitwichtigsten Auslandsmarkt für die deutsche Elektroindustrie darstellt. Auch das Engagement der Unternehmen in „Nordamerika“ ist in der Elektroindustrie überdurchschnittlich hoch. In dieser Region sind 58 % der Unternehmen aktiv, was rund 11 Prozentpunkte über dem Gesamtergebnis liegt.

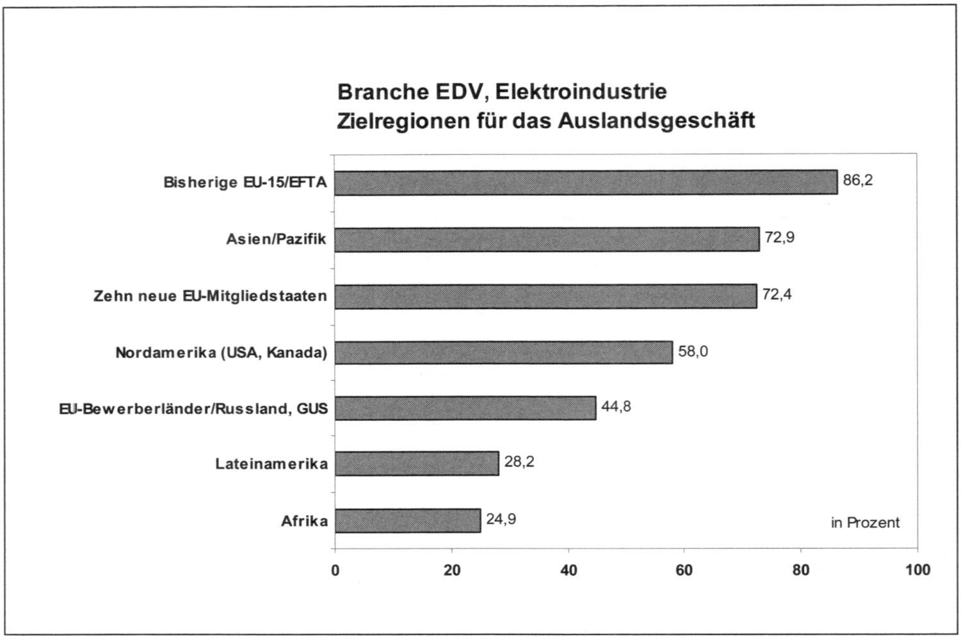

Quelle: Eigene Studie „Going International“
Abbildung 366: *Zielmärkte für das Auslandsengagement bei Unternehmen der EDV und Elektrotechnik*

Was die Bearbeitung der Zahl der Märkte anbetrifft, so liegt die EDV und Elektrotechnik mit durchschnittlich 3,9 Zielregionen pro Unternehmen deutlich über dem Durchschnitt aller Unternehmen von 3,1 Zielregionen, die gleichzeitig bearbeitet werden.

Fragt man diese Unternehmen nach ihren Erfolgen in den jeweiligen Regionen, ergeben sich ebenfalls Verschiebungen gegenüber dem Durchschnitt. Das überdurchschnittliche Engagement dieser Branche in der Region „Asien/Pazifik“ sieht sich einer Erfolgsquote gegenüber, die mit 80,9 % zwar immer noch sehr hoch ist, aber deutlich unter dem durchschnittlichen Ergebnis liegt (Abb. 367). Vergleichsweise unzufrieden waren die Unternehmen außerdem in „Lateinamerika“, wo sich die Erfolge und Misserfolge genau die Waage halten. Wie in jeder Branche lieferte auch für die Unternehmen der Elektroindustrie ein Engagement in der „EU-15/EFTA“ mit einer Quote von 98,2 % einen beinahe sicheren Erfolg.

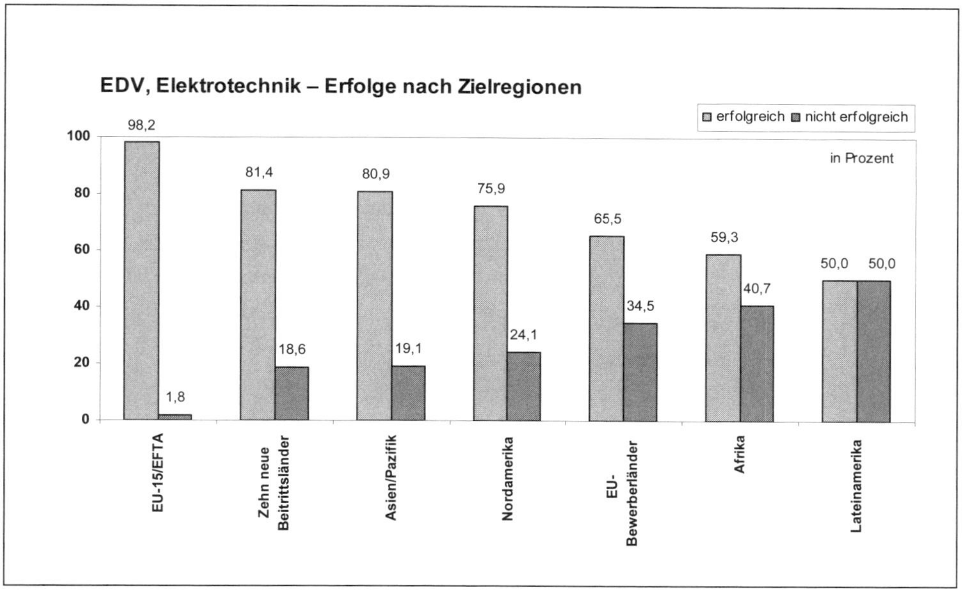

Quelle: Eigene Studie „Going International“
Abbildung 367: *Erfolge nach Zielregionen bei Unternehmen der EDV und Elektrotechnik*

2.5 Geschäftssituation in den Zielländern

Nach der Betrachtung der Zielregionen der Unternehmen der Elektroindustrie stellt sich nun die Frage, wie sie die aktuelle Geschäftssituation sowie deren Entwicklung in den nächsten fünf Jahren in ihren einzelnen Zielländern einschätzen.

Auch in dieser Branche geben die Unternehmen bei der Einschätzung der aktuellen Geschäftssituation (Abb. 368) die besten Noten überwiegend den Ländern der „EU-15/EFTA“. Österreich erreicht, wie in allen Branchen, mit 87,6 % die meisten positiven Bewertungen, gefolgt von der Schweiz und den Niederlanden. Auch die restlichen Top 10 sind, mit Ausnahme der USA und China, von Staaten der EU-15 besetzt; aber gerade die Bewertungen der beiden Ausnahmen sind in dieser Branche überdurchschnittlich hoch. Diese Tendenz setzt sich bei der Einschätzung der Unternehmen über die Perspektive der Geschäftsentwicklung (Abb. 368) fort. Zwar liegen Österreich und die Schweiz weiterhin auf den führenden Positionen, in China und in den USA erwarten die Unternehmen jedoch enorme Verbesserungen, was sie auf die Plätze drei und vier der Rangliste hebt. Auch Polen, das aktuell auf Rang 15 bewertet wurde, wird sich nach Einschätzung der Unternehmen in den kommenden Jahren zu einem der zehn attraktivsten Standorte entwickeln.

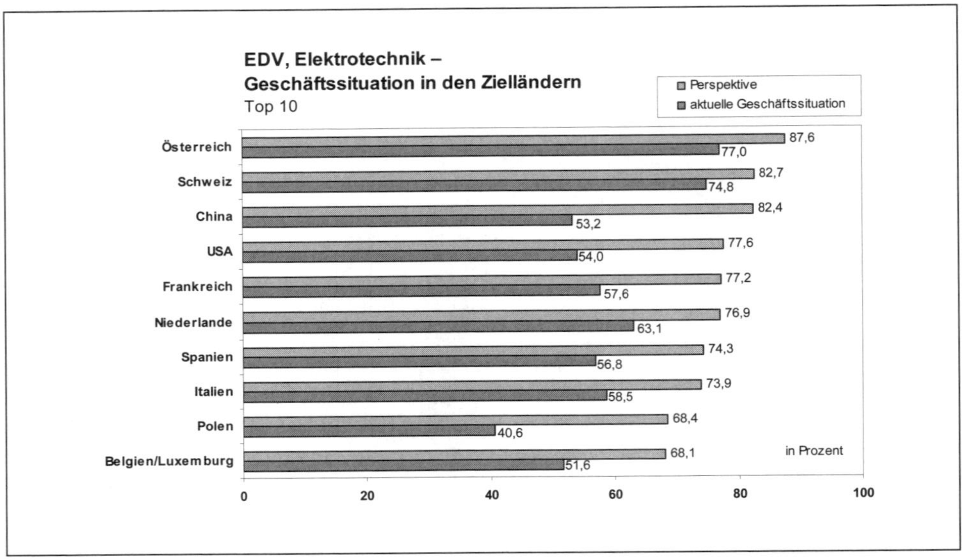

Quelle: Eigene Studie „Going International"

Abbildung 368: *Aktuelle Geschäftssituation und Perspektiven in den Zielländern der Unternehmen der EDV und Elektrotechnik, geordnet nach den Top 10 der Perspektive*

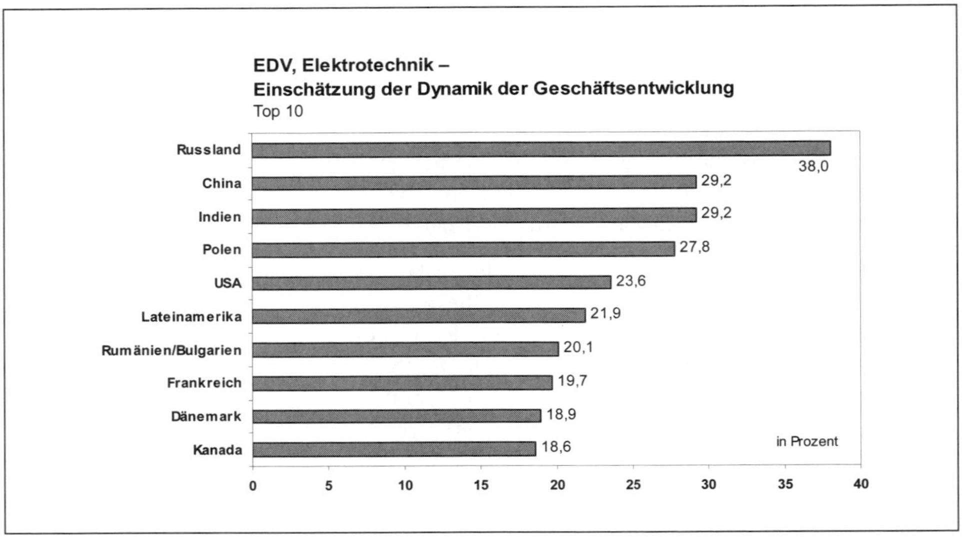

Quelle: Eigene Studie „Going International"

Abbildung 369: *Dynamik der Geschäftsentwicklung bei Unternehmen der EDV und Elektrotechnik*

Betrachtet man die Dynamik der Geschäftsentwicklung (Abb. 369), die sich als Differenz der aktuellen Geschäftssituation und deren Perspektive ergibt, wird dies ebenfalls unterstrichen. Die Länder China, USA und Polen gehören demnach zu den fünf dynamischsten Ländern für die Elektroindustrie. Die größte Verbesserung der Geschäftssituation in den kommenden Jahren – wenn auch von einem niedrigen Standard her – sprechen die Unternehmen jedoch Russland zu.

2.6 Auslandsinvestitionen

Hat ein Unternehmen erfolgreich einen ausländischen Markt erschlossen und möchte über eine einfache Handelsbeziehung hinweg seine Marktposition ausbauen bzw. seine Wettbewerbsfähigkeit im Ausland sichern, so steht der Einsatz von Kapital im Zielland zur Debatte. Somit stellt sich nun die Frage nach den Auslandsinvestitionen der Unternehmen der Elektroindustrie.

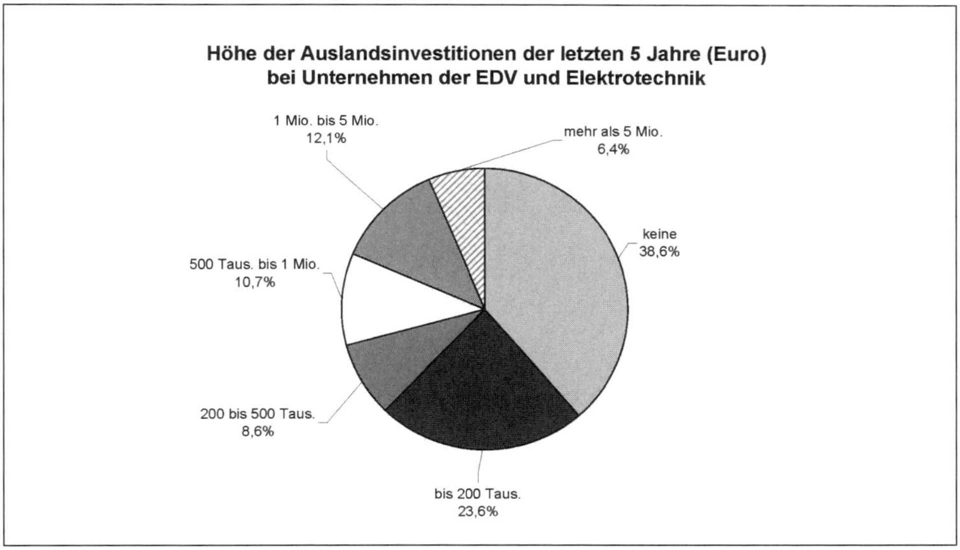

Quelle: Eigene Studie „Going International“
Abbildung 370: *Höhe der Auslandsinvestitionen bei Unternehmen der EDV und Elektrotechnik*

Der Anteil der Unternehmen, die in den vergangenen fünf Jahren ins Ausland investiert haben (Abb. 370), ist in der Branche EDV, Elektrotechnik mit 61,2 % der höchste aller Branchen. Dabei sind die Investitionen der Unternehmen im Vergleich zu den übrigen Branchen sehr kapitalintensiv. Zwar investiert auch in der Elektroindustrie das Gros der Unternehmen nur Beträge bis 200.000 Euro, der Anteil derer mit einem Kapitaleinsatz von über 500.000 Euro ist jedoch mit 29,2 % der höchste aller Branchen. Der Anteil der Unternehmen, die über 1 Mio. Euro ins Ausland investieren, wird mit 18,5 % nur von der Chemischen und Kunststoffindustrie übertroffen.

2.7 Aktivitäten und Erfolge

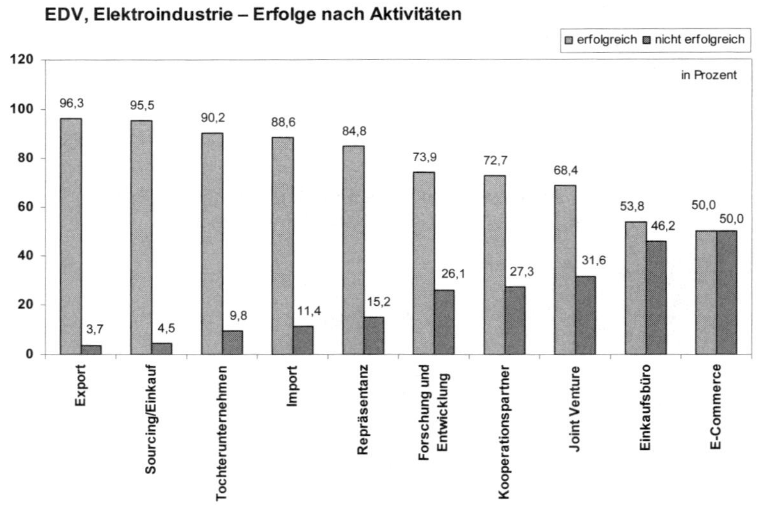

Quelle. Going International
Abbildung 371: *Erfolge nach Aktivitäten bei Unternehmen der EDV und Elektrotechnik*

Als Nächstes wird die Frage untersucht, ob die Unternehmen der Elektroindustrie in den Aktivitätsformen ihres Auslandsengagements erfolgreich waren (Abb. 371). Die Mehrheit der Unternehmen konnte dabei, unabhängig von der gewählten Form, einen Erfolg in ihrem Engagement verbuchen. Die höchsten Quoten liegen in dieser Branche im Export und im Sourcing/Einkauf: Mit Erfolgsquoten von weit über 90 % sind beinahe alle Unternehmen mit diesen Aktivitäten zufrieden. Eine überdurchschnittliche Erfolgsquote weist in dieser Branche zum einen mit 90,5 % die Gründung eines Tochterunternehmens auf, zum anderen waren die Unternehmen mit Forschung und Entwicklung weitaus zufriedener als im Gesamtergebnis der Studie. Eine größere Diskrepanz ergibt sich bei der Elektroindustrie weiterhin für die Form des E-Commerce: Während die Unternehmen mit dieser Aktivität im Durchschnitt überwiegend unzufrieden waren, halten sich in der Elektroindustrie Erfolge und Misserfolge genau die Waage. Somit liegen die Erfolgsquoten der Unternehmen in keinem der gewählten Aktivitäten unter 50 %.

2.8 Probleme

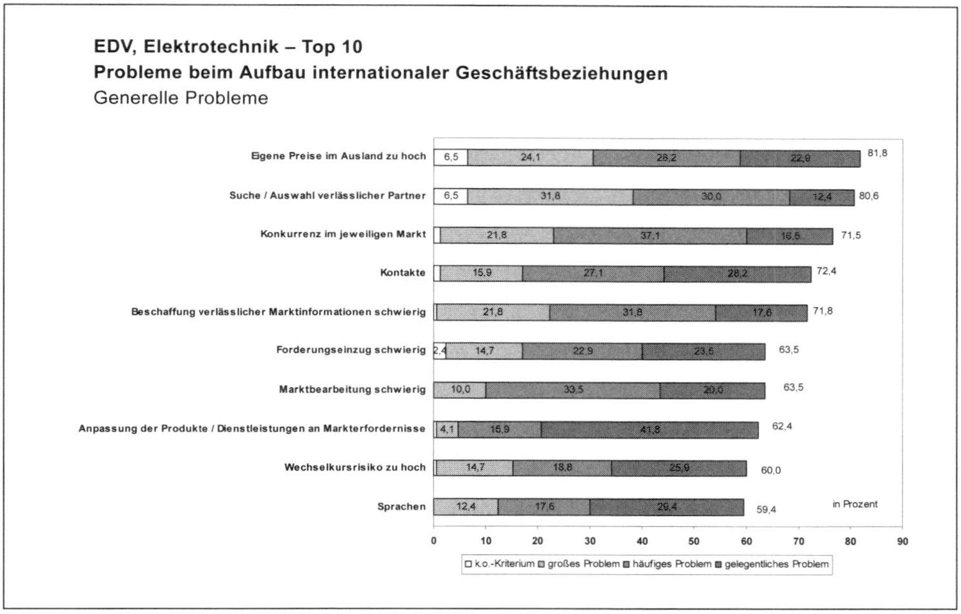

Quelle: Eigene Studie „Going International“
Abbildung 372: *Probleme beim Aufbau internationaler Geschäftsbeziehungen bei Unternehmen der EDV und Elektrotechnik*

Nach der Betrachtung der Erfolgsquoten der Unternehmen der Elektroindustrie in ihren verschiedenen Aktivitäten folgt nun die Frage nach den Problemen, auf die die Unternehmen bei der Anbahnung eines Auslandsgeschäfts treffen (Abb. 372).

Dabei ergibt sich ein dem Gesamtergebnis der Studie sehr ähnliches Bild, wenn auch einige Verschiebungen zu erkennen sind. Zu hohe eigene Preise im Ausland sind das meistgenannte Problem der Unternehmen dieser Branche, das mit 81,8 % im Vergleich zu 75,8 % im Gesamtergebnis überdurchschnittlich oft angegeben wird. Gefolgt wird es von der Suche bzw. Auswahl verlässlicher Partner und der Konkurrenz im Zielmarkt. Die Beschaffung verlässlicher Marktinformationen scheint sich für Unternehmen dieser Branche schwieriger zu gestalten als im Durchschnitt, 71,8 % der Elektrounternehmen geben dies als Problem an. Ebenso scheint die Anpassung ihrer Produkte an die Markterfordernisse für diese Unternehmen ein größeres Problem zu sein. Dies geben 62,4 % der Unternehmen als Problem bei der Anbahnung ihres Auslandsgeschäfts an, wobei der Großteil es jedoch nur als gelegentliches Problem sieht.

2.9 Erfolgsfaktoren

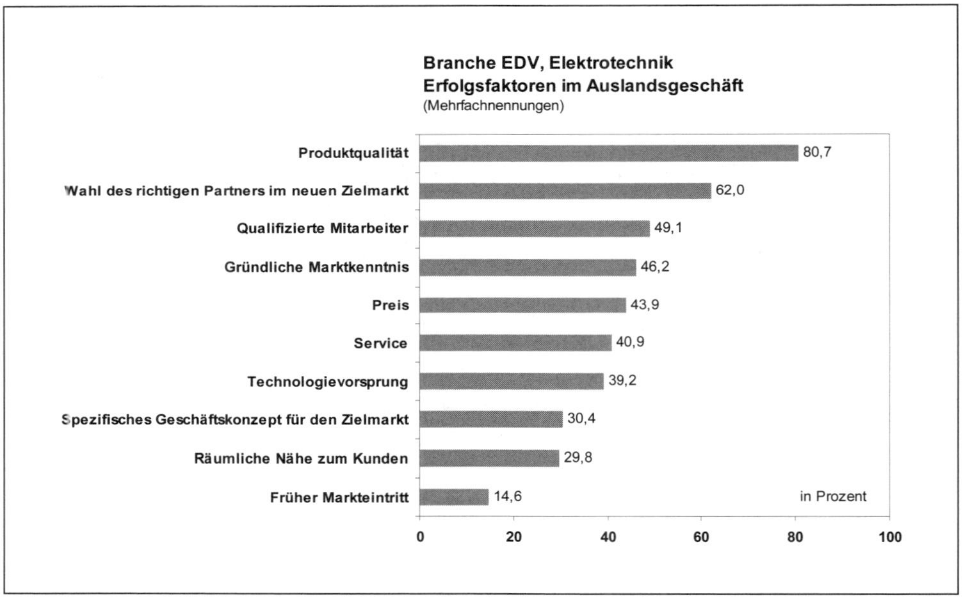

Quelle: Eigene Studie „Going International"
Abbildung 373: *Erfolgsfaktoren im Auslandsgeschäft bei Unternehmen der EDV und Elektrotechnik*

Trotz aller genannten Probleme sind die Unternehmen der Elektroindustrie jedoch mit ihren Aktivitäten überwiegend erfolgreich (siehe Abschnitt 2.7). Vor diesem Hintergrund stellt sich nun die Frage, was aus Sicht der Unternehmen die Erfolgsfaktoren für ihr Auslandsgeschäft sind.

Die Unternehmen der EDV und Elektrotechnik schätzen mit 80,7 % die Produktqualität als die Nummer eins ihrer Erfolgsfaktoren ein. Dieser Faktor belegt in allen Bereichen des produzierenden Gewerbes die Spitzenposition, wobei diese Quote von fast 81 % die dritthöchste aller Branchen ist. Eine vergleichsweise sehr hohe Bedeutung messen die Unternehmen der Elektroindustrie qualifizierten Mitarbeitern im Ausland bei. Dieser Erfolgsfaktor kommt in der Branche mit 49,1 % gleich nach der Wahl des richtigen Partners an dritter Stelle. Mit 39,2 % gaben die Unternehmen außerdem den Technologievorsprung überdurchschnittlich häufig als einen Erfolgsfaktor für ihr Auslandsgeschäft an, was für diese Innovationsbranche leicht nachvollziehbar ist.

2.10 Kernaussagen

- Der Internationalisierungsgrad der auslandsaktiven Unternehmen der Elektroindustrie ist sehr hoch und liegt sowohl nach heutigen als auch in Prognosewerten für 2009 über dem Gesamtergebnis der Studie.
- Ein Auslandsengagement scheint für diese Unternehmen außerordentlich positive Auswirkungen auf ihre Geschäftsentwicklung im Inland zu haben. Der Anteil positiver Entwicklungen der Kennzahlen Umsatz, Gewinn und Personalbestand übertrifft die durchschnittlichen Werte bei weitem.
- Die Gründe für das Auslandsengagement entsprechen im Wesentlichen dem Gesamtergebnis der Studie, wobei die Motive „Kundenwunsch“ und „Niedrigere Personalkosten“ deutlich häufiger genannt wurden.
- Die Unternehmen zeigen ein außerordentlich hohes Engagement in der Region „Asien/Pazifik“, die mit 73 % nach der „EU-15/EFTA“ die zweitwichtigste Zielregion der Elektroindustrie darstellt.
- USA und China werden in dieser Branche überdurchschnittlich gut bewertet, wobei die Top 10 ansonsten von Ländern der „EU-15/EFTA“ belegt ist.
- Der Anteil der Unternehmen, die in den letzten fünf Jahren im Ausland investiert haben, ist in der Elektroindustrie der höchste aller Branchen. Dabei sind die Investitionen vergleichsweise kapitalintensiv.
- Für Tochterunternehmen und Forschung und Entwicklung ergeben sich in dieser Branche überdurchschnittlich hohe Erfolgsquoten.
- Die Probleme der Unternehmen unterscheiden sich in einigen Punkten vom Gesamtergebnis; das Problem zu hoher eigener Preise im Ausland führt dabei in dieser Branche die Rangliste an.
- Die Unternehmen der Elektroindustrie messen den Erfolgsfaktoren qualifizierte Mitarbeiter und Technologievorsprung eine überdurchschnittliche Bedeutung bei.

Branche Feinmechanik, Optik

1. Branchenbeschreibung

1.1 Branchenskizze

Die feinmechanische und optische Industrie umfasst Hochtechnologiebereiche wie etwa Laser- und Labortechnik, die gesamte Bandbreite der Fototechnologien, die Augenoptik und die Medizintechnik. Insbesondere den modernen optischen Technologien (Photonik) werden ein hohes Innovations- und Wachstumspotenzial in diesem Jahrhundert zugeschrieben. Der Medizintechnik kommt aufgrund der demografischen Entwicklung der Bevölkerung eine rasch wachsende Bedeutung zu. Die überwiegend mittelständisch strukturierte Branche beschäftigt in 2.954 Unternehmen rund 256.000 Mitarbeiter, wobei der Anteil der Unternehmen, die weniger als 250 Mitarbeiter beschäftigen, bei rund 93 % liegt.[636]

Die traditionell exportstarke und forschungsintensive deutsche feinmechanische und optische Industrie gilt als Innovationsmotor der deutschen Wirtschaft. Beleg hierfür sowie Indiz für eine aussichtsreiche Zukunft und internationale Wettbewerbsfähigkeit der Branche sind ihre außerordentlich hohen Ausgaben für Forschung und Entwicklung. Mit rund 9 % liegt der Anteil der Aufwendungen in Forschung und Entwicklung am Gesamtumsatz weit über dem Durchschnitt des produzierenden Gewerbes.[637]

1.2 Aktuelle Entwicklungen

Die deutsche feinmechanische und optische Industrie hat ihren Gesamtumsatz im Jahr 2005 im Vergleich zum Vorjahr mit 39,6 Mrd. Euro um 5,5 % steigern können. Dabei basierte das erfreuliche Ergebnis ausschließlich auf einer sehr positiven Entwicklung des Auslandgeschäf-

---

636 Quelle: SPECTARIS-Branchenbericht 2006, in: http://www.spectaris.de, aufgerufen am 22.06.2006.

637 Quelle: Branchenfokus Feinmechanik und Optik, in: http://www.bmwi.de, aufgerufen am 22.06.2006.

tes. Während der Umsatz im Inland mit 16,4 Milliarden Euro in 2005 praktisch stagnierte (-0,3 %), konnte beim Auslandsumsatz ein Zuwachs um 10,1 % auf 23,2 Milliarden Euro verzeichnet werden. Damit stieg die traditionell ohnehin hohe Exportquote weiter und lag im Jahr 2005 bei 58,5 %.[638]

Die wichtige Bedeutung der Auslandsgeschäfte für diese exportorientierte Branche soll im Folgenden durch die Auswertung der Studie „Going International“ mit Fokus auf die feinmechanische und optische Industrie weiter beleuchtet werden.

2. Ergebnisse der Studie „Going International“

2.1 Grad der Internationalisierung

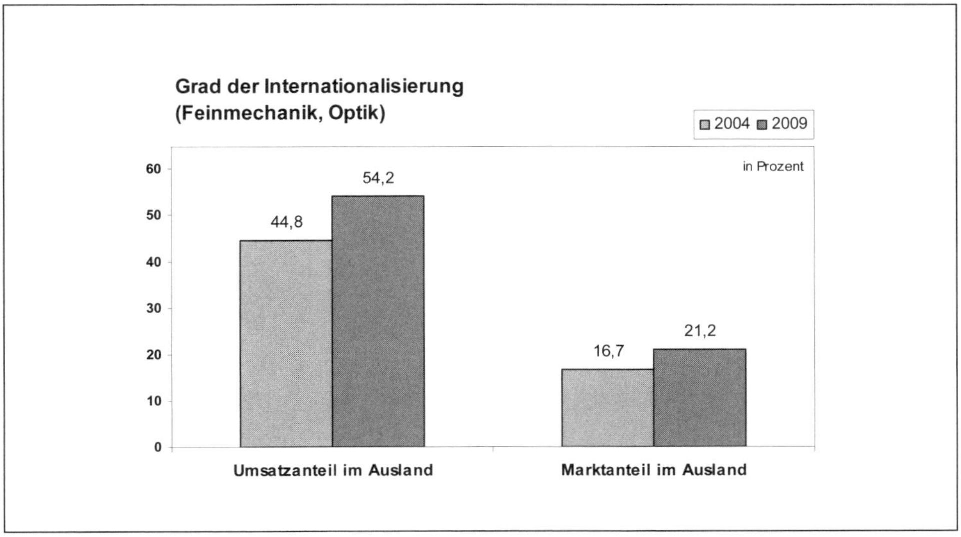

Quelle: Eigene Studie „Going International“
Abbildung 374: *Grad der Internationalisierung der auslandsaktiven feinmechanischen und optischen Industrieunternehmen*

[638] Quelle: SPECTARIS-Branchenbericht 2006, in: http://www.spectaris.de, aufgerufen am 22.06.2006.

Um weiteren Aufschluss über die Bedeutung der Auslandsgeschäfte in der feinmechanischen und optischen Industrie zu geben, kommt es darauf an, den Grad der Internationalisierung der in der Außenwirtschaft aktiven Unternehmen dieser Branche im Jahr 2004 und in der mittelfristigen 5-Jahres-Projektion der Unternehmen bis zum Jahr 2009 zu untersuchen (Abb. 374).

Dabei war der Internationalisierungsgrad der Branche Feinmechanik und Optik bereits im Jahr 2004 überdurchschnittlich, denn der ausländische Anteil am Umsatz der Unternehmen wird im Vergleich zu den übrigen Branchen nur noch vom Maschinenbau übertroffen. Dem schließen sich die Erwartungen der Unternehmen für die Zukunft an, denn in 2009 rechnen sie damit, mit 54,2 % deutlich über die Hälfte ihrer Umsätze im Ausland zu erwirtschaften. Auch dieser Wert ist der zweithöchste im Branchenvergleich. Für den ausländischen Marktanteil der Unternehmen dieser Branche ähnelt das Bild dem Gesamtergebnis der Studie. So entsprechen die Einschätzungen für 2004 und 2009 in etwa dem Durchschnitt aller Branchen.

2.2 Unternehmensentwicklung im Auslandsgeschäft

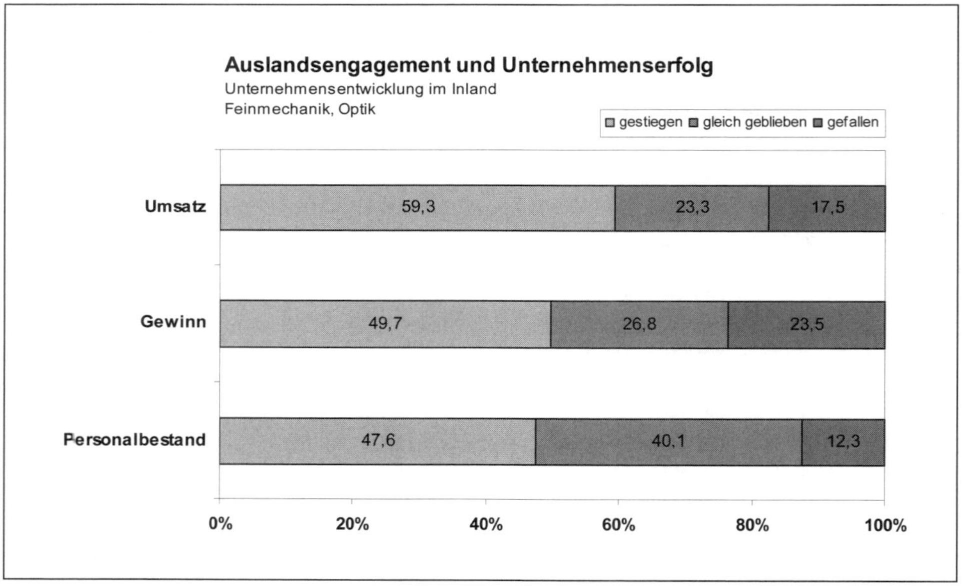

Quelle: Eigene Studie „Going International“

Abbildung 375: *Auslandsengagement und Unternehmenserfolg der Branche Feinmechanik, Optik*

Für die Bedeutung von Auslandsgeschäften für den Standort Deutschland ist vor allem die Frage nach der Unternehmensentwicklung auslandsaktiver Unternehmen im Inland interessant, denn auslandsaktive Unternehmen steigern im Allgemeinen durch ihr Auslandsgeschäft auch im Inland Umsatz sowie Gewinn und schaffen Arbeitsplätze. Wie verhält sich dies für die Branche Feinmechanik und Optik (Abb. 375)?

Ein Auslandsengagement scheint sich für die Unternehmen der feinmechanischen und optischen Industrie ausgesprochen positiv auf die Unternehmensentwicklung auszuwirken. Die positiven Entwicklungen der drei abgefragten Kennzahlen Umsatz, Gewinn und Personalbestand liegen alle über dem Gesamtergebnis der Studie: Für diese drei Kennzahlen bestätigten ungefähr die Hälfte der Unternehmen ein Plus. So ergeben sich für den Umsatz und den Gewinn der Unternehmen Positivsalden von 41,8 bzw. 26,2 Prozentpunkten. Besonders hoch ist die Differenz zum Gesamtergebnis für den Personalbestand der Unternehmen. Der Positivsaldo in der Branche Feinmechanik, Optik beträgt somit 35,3 Prozentpunkte, wobei nur 12,3 % dieser Unternehmen angaben, seit Beginn ihres Engagements Personal entlassen zu haben. Der Positivsaldo im Gesamtergebnis der Studie beläuft sich im Vergleich für diese Kennzahl auf 14,6 Prozentpunkte. Unternehmen der Feinmechanik und Optik schaffen durch ihr Auslandsengagement somit in besonderem Maße Arbeitsplätze auch in Deutschland.

2.3 Gründe und Motive für das Engagement

Im Rahmen der Studie wurden die Unternehmen auch nach den Beweggründen gefragt, die zu einem Auslandsengagement geführt haben (Abb. 376). Betrachtet man die Ergebnisse mit Fokus auf die feinmechanische und optische Industrie, so ergeben sich interessante Unterschiede zum Gesamtergebnis der Studie.

Der wichtigste Grund für ein Auslandsengagement ist auch für die Unternehmen der Branche Feinmechanik und Optik die Erschließung eines neuen Marktes für den Verkauf: Mit 96,1 % sind fast alle Unternehmen der Branche mit diesem Motiv ins Ausland gegangen. An zweiter Stelle steht mit überdurchschnittlichen 61,3 % das Motiv der Wettbewerbssituation im Ausland, gefolgt von der Nähe zum Kunden. Auffällig sind weiterhin die außerordentlich hohen Erfolgsquoten dieser beiden Motive. Die Erschließung eines neuen Marktes für den Einkauf scheint in dieser Branche vergleichsweise unwichtiger zu sein und liegt mit nur noch 42,2 % an vierter Stelle der Rangliste, während dieser Grund für viele andere Branchen, wie z. B. in der Branche EDV, Elektrotechnik, an zweiter Stelle steht. Ebenso scheinen alle übrigen Gründe und Motive für Unternehmen der feinmechanischen und optischen Industrie weniger ausschlaggebend für ein Auslandsengagement zu sein, da deren Werte allesamt weit unter dem Durchschnitt der Studie liegen.

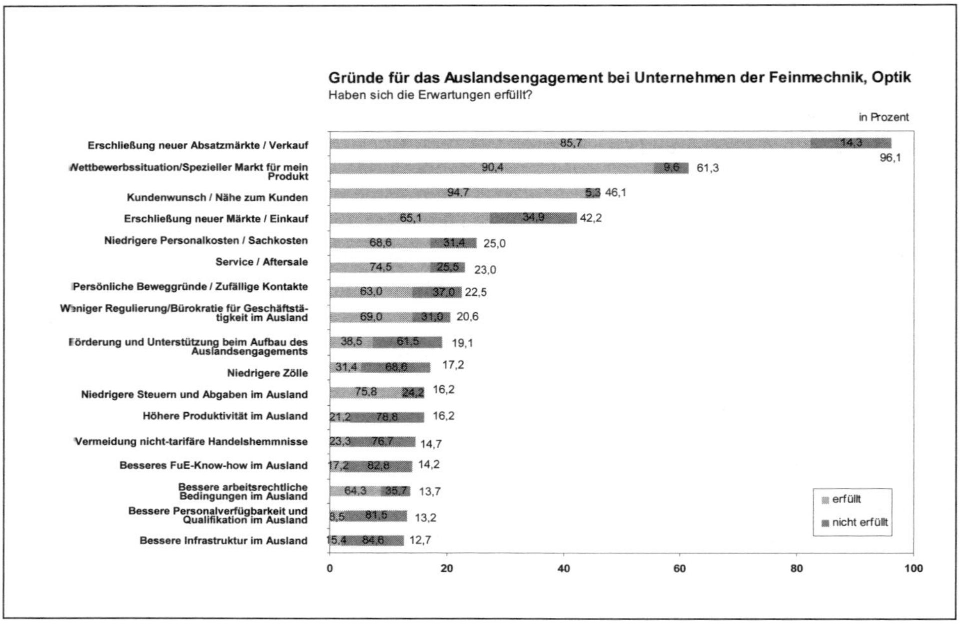

Quelle: Eigene Studie „Going International"
Abbildung 376: *Gründe und Motive für das Auslandsengagement der Branche Feinmechanik, Optik*

2.4 Zielmärkte für die Feinmechanik und Optik

Als Nächstes werden die Zielregionen für die Auslandsgeschäfte der Unternehmen der feinmechanischen und optischen Industrie sowie deren Erfolgsquoten betrachtet. Auch hierbei ergeben sich auffällige Unterschiede zum Gesamtergebnis. So sind die Unternehmen dieser Branche in fast allen Regionen der Welt überdurchschnittlich stark vertreten (Abb. 377), was auf der hohen Anzahl an Mehrfachnennungen in dieser Branche beruht. Im Schnitt geben hier die Unternehmen an, in vier bis fünf verschiedenen Regionen aktiv zu sein, was wiederum für den hohen Internationalisierungsgrad der Branche spricht. Wichtigste Zielregion ist dabei auch für die Unternehmen der feinmechanischen und optischen Industrie die „Bisherige EU-15/EFTA", in der mit 93,4 % fast alle Unternehmen der Branche aktiv sind. Allerdings verliert die Region der „Zehn neuen EU-Mitgliedstaaten" für diese Branche an Bedeutung. Diese Region steht in der Rangfolge nur noch an Platz vier und wurde als einzige unterdurchschnittlich häufig als Zielregion genannt.

Was die Zahl der insgesamt bearbeiteten Märkte anbetrifft, so liegt die hoch spezialisierte Branche mit durchschnittlich 4,2 gleichzeitig bearbeiteten Zielregionen pro Unternehmen weit über dem Durchschnitt aller Unternehmen von 3,1 Zielregionen und wird nur noch vom Maschinenbau, der noch globaler aufgestellt ist, übertroffen.

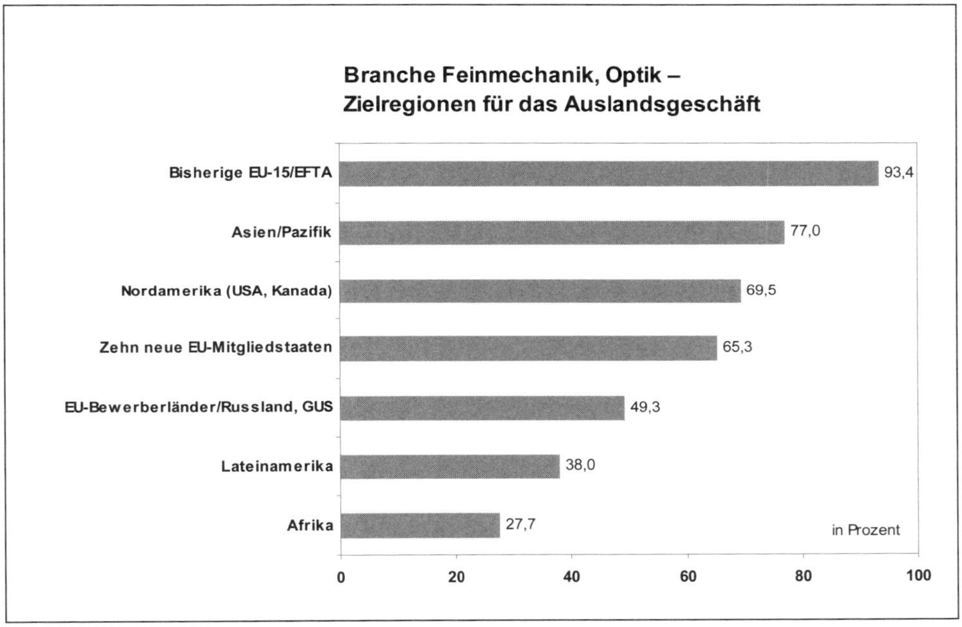

Quelle: Eigene Studie „Going International“
Abbildung 377: *Zielregionen für das Auslandsgeschäft der Branche Feinmechanik, Optik*

Auch die Erfolgsquoten (Abb. 378) unterscheiden sich leicht vom Durchschnitt der Studie. In der Region der „Bisherigen EU-15/EFTA“ sind in dieser Branche mit einer Quote von gar 99,3 % beinahe alle Unternehmen der Branche erfolgreich im internationalen Geschäft. Auch in „Nord- und Lateinamerika“ liegt die Erfolgsquote dieser Unternehmen über dem Durchschnitt der Studie. Für die übrigen Zielregionen gaben die Unternehmen jedoch weniger häufig einen Erfolg an als im Gesamtergebnis. Besonders hoch sind die Abweichungen dabei in den Regionen der „EU-Bewerberländer“ und „Afrika“, bei letzterer ist die Enttäuschung der Unternehmen am größten.

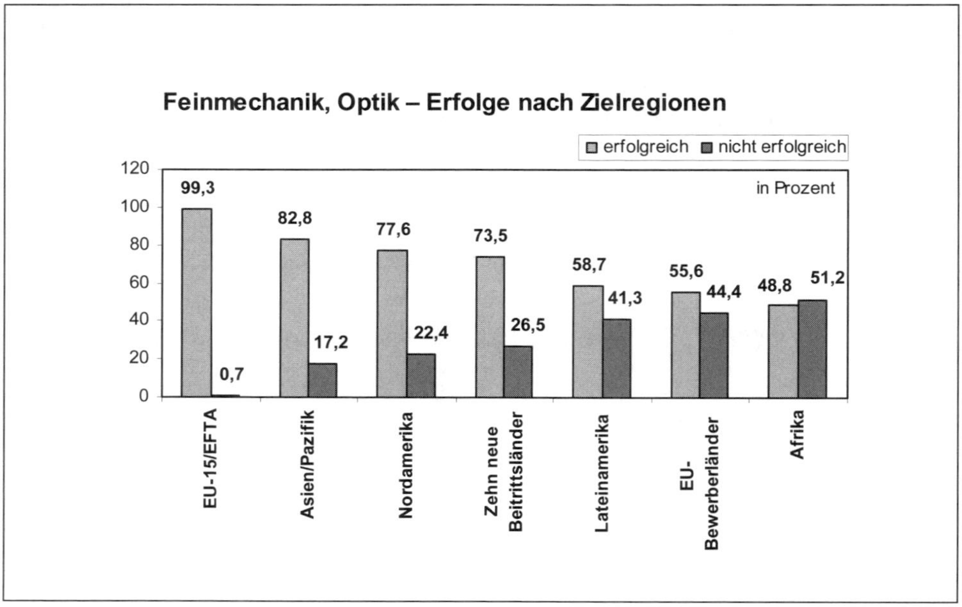

Quelle: Eigene Studie „Going International“
***Abbildung 378:** Erfolge nach Zielregionen der feinmechanischen und optischen Industrie*

2.5 Geschäftssituation in den Zielländern

Nach der Betrachtung der Zielregionen der Unternehmen der feinmechanischen und optischen Industrie folgt nun die Frage, wie sie die aktuelle Geschäftssituation sowie deren Entwicklung in den nächsten fünf Jahren in ihren einzelnen Zielländern einschätzen.

Zwar geben auch in dieser Branche die Unternehmen die besten Bewertungen überwiegend Ländern der „EU-15/EFTA“, dennoch ergeben sich einige signifikante Unterschiede. Österreich, das in allen übrigen Betrachtungen an erster Stelle steht, wird von dieser Branche in der aktuellen Geschäftssituation (Abb. 379) etwas schlechter als die Schweiz eingeschätzt. Vor allem aber die aktuelle Geschäftssituation in den USA und in China wird überdurchschnittlich häufig positiv bewertet; diese beiden Länder stehen in der Rangfolge der aktuellen Geschäftssituation an den Plätzen fünf und neun. Beachtlich ist aber auch, dass die Unternehmen Korea vergleichsweise sehr positiv bewerteten: Rangiert dieses Land in den Bewertungen der Unternehmen im Durchschnitt der Studie auf den hinteren Rängen, steht es für die aktuelle Geschäftssituation in dieser Branche sogar auf Platz zehn, jedoch wird es in der Bewertung der Geschäftsperspektive aus der Top 10 verdrängt.

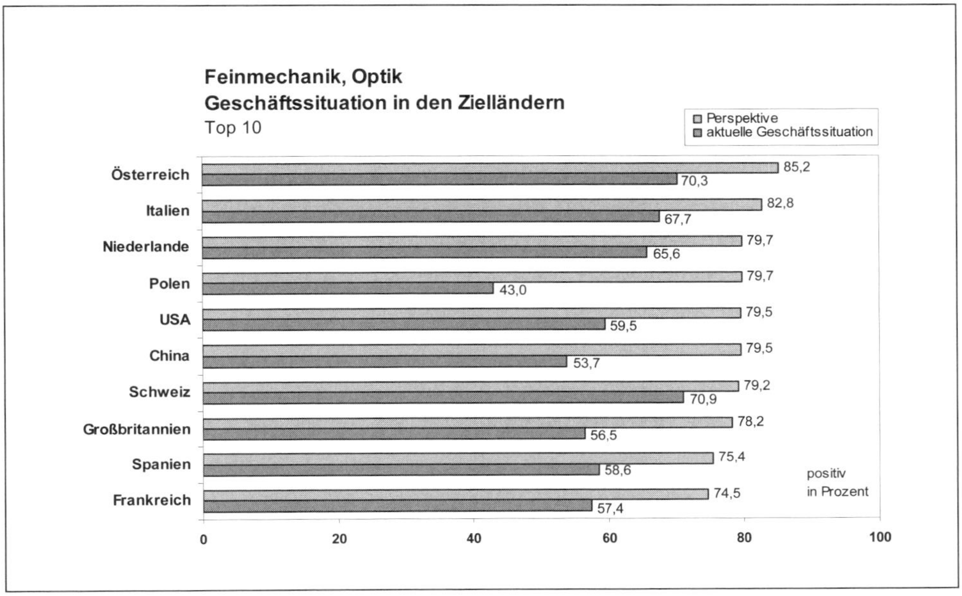

Quelle: Eigene Studie „Going International“

Abbildung 379: *Aktuelle Geschäftssituation und Perspektiven in den Zielländern der Branche Feinmechanik, Optik, geordnet nach den Top 10 der Perspektiven*

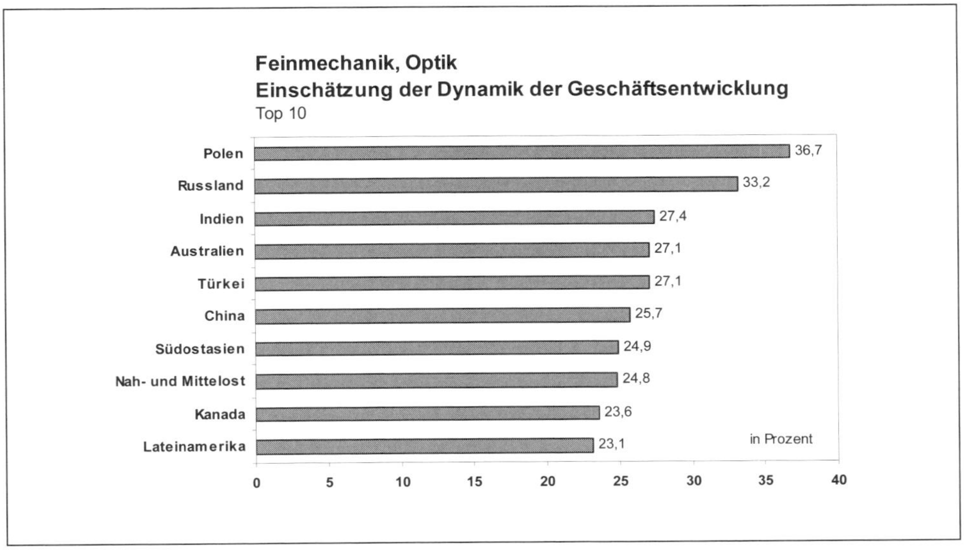

Quelle: Eigene Studie „Going International“

Abbildung 380: *Dynamik der Geschäftsentwicklung – Branche Feinmechanik, Optik*

Für die Geschäftsperspektive der kommenden zwei bis fünf Jahre erhält nun wieder Österreich die beste Bewertung, während China nun die sechstbeste Bewertung erhält und die USA ihre Position behaupten. Vor allem aber weist Polen in den Augen der Unternehmen ein ungeheures Potenzial auf. Die Einschätzung der Geschäftsperspektive Polens ist die viertbeste aller Branchen, wobei Polen aktuell gerade einmal auf Platz 15 gewertet wurde. Diese beachtliche Entwicklung geht auch aus der Rangliste der Dynamik der Geschäftsentwicklungen der einzelnen Länder hervor (Abb. 380), die sich als Differenz der aktuellen Geschäftssituation und deren Perspektive ergibt. Diese wird von Polen angeführt, wobei auch Russland, ausgehend von einer sehr niedrigen Ausgangssituation, eine sehr hohe Dynamik zugesagt wird. Auffällig ist die Dominanz der Länder der Region „Asien/Pazifik" in dieser Rangliste.

2.6 Auslandsinvestitionen

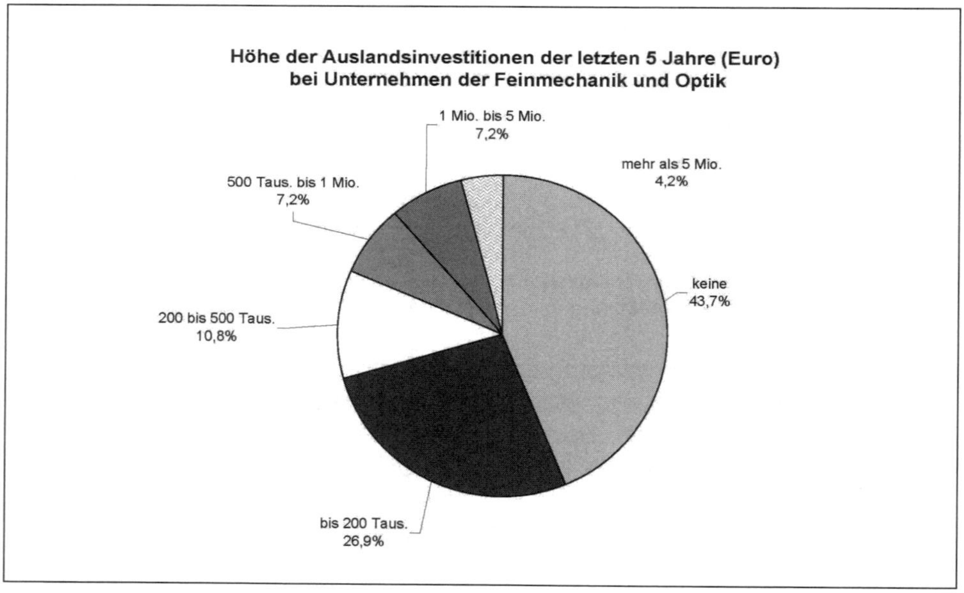

Quelle: Going International
Abbildung 381: *Höhe der Investitionen der feinmechanischen und optischen Industrie*

Hat ein Unternehmen erfolgreich einen ausländischen Markt erschlossen und möchte über eine einfache Handelsbeziehung hinweg seine Marktposition ausbauen bzw. seine Wettbewerbsfähigkeit im Ausland sichern, so ist der Einsatz von Kapital im Zielland unabdingbar. Wie verhält es sich mit den Auslandsinvestitionen der Unternehmen in der feinmechanischen und optischen Industrie?

Der Anteil der Unternehmen, die in den vergangenen fünf Jahren ins Ausland investiert haben (Abb. 381), ist für die feinmechanische und optische Industrie im Branchenvergleich mit 56,3 % der dritthöchste und wird nur noch vom Maschinenbau und der Elektroindustrie übertroffen. Allerdings handelt es sich bei dieser Branche um weniger kapitalintensive Investitionen. So investierten 37,7 % – und somit gut zwei Drittel – der Unternehmen der Branche insgesamt nur kleinere Beträge bis zu 500.000 Euro. Dies ist im Branchenvergleich nach der Dienstleistungsbranche der zweithöchste Anteil dieser Größenordnung.

2.7 Aktivitäten und Erfolge

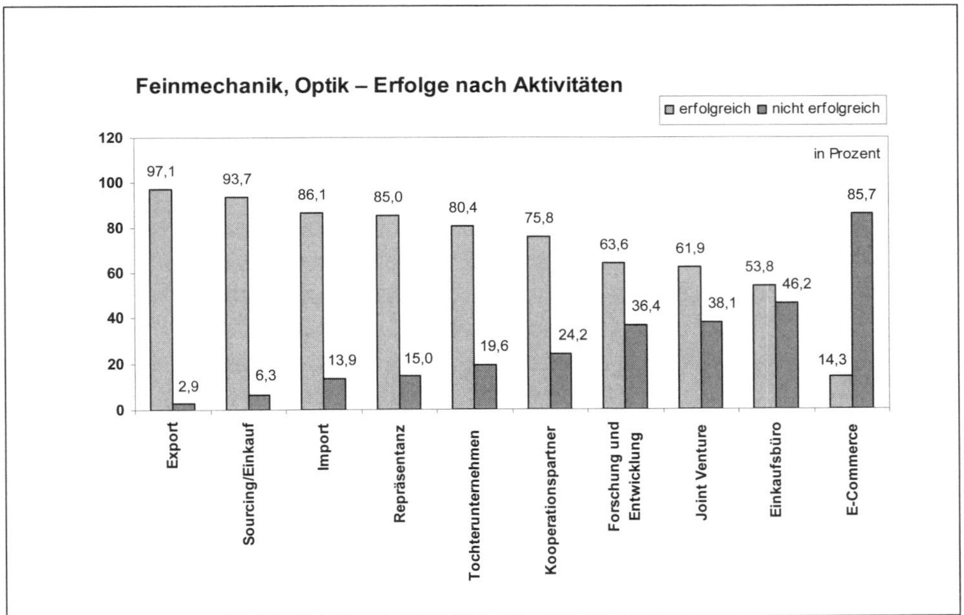

Quelle: Eigene Studie „Going International“
Abbildung 382: *Erfolge nach Aktivitäten der Branche Feinmechanik, Optik*

Als Nächstes wird der Frage nachgegangen, ob die Unternehmen der feinmechanischen und optischen Industrie in den unterschiedlichen Formen ihres Auslandsengagements erfolgreich waren (Abb. 382). Die Mehrheit der Unternehmen konnte dabei – mit Ausnahme des E-Commerce – in fast allen ihren Aktivitäten Erfolge verbuchen. Die sichersten Erfolge liegen dabei beim Export und beim Sourcing/Einkauf mit Quoten von deutlich über 90 %. Die Erfolgsquoten der sonstigen Aktivitäten liegen jedoch teilweise unter dem Durchschnitt der Studie. Beispielsweise hatten die Unternehmen dieser Branche mit einem Tochterunternehmen, bei einer immer noch recht hohen Erfolgsquote, deutlich weniger Erfolge zu verbuchen als der Durchschnitt aller Unternehmen. Besonders hoch sind die Differenzen zum Gesamtergebnis der Studie jedoch für Joint Ventures und vor allem für E-Commerce. Mit der letztgenannten Aktivität verbuchen mit 85,7 % fast alle Unternehmen Misserfolge – ein weitaus schlechteres Ergebnis als beim Branchendurchschnitt.

2.8 Probleme

Vor dem Hintergrund teilweise geringerer Erfolgsquoten der feinmechanischen und optischen Industrie geht es nunmehr um die Problemfelder, auf die die Unternehmen dieser Branche beim Aufbau ihrer internationalen Geschäftsbeziehungen stoßen (Abb. 383).

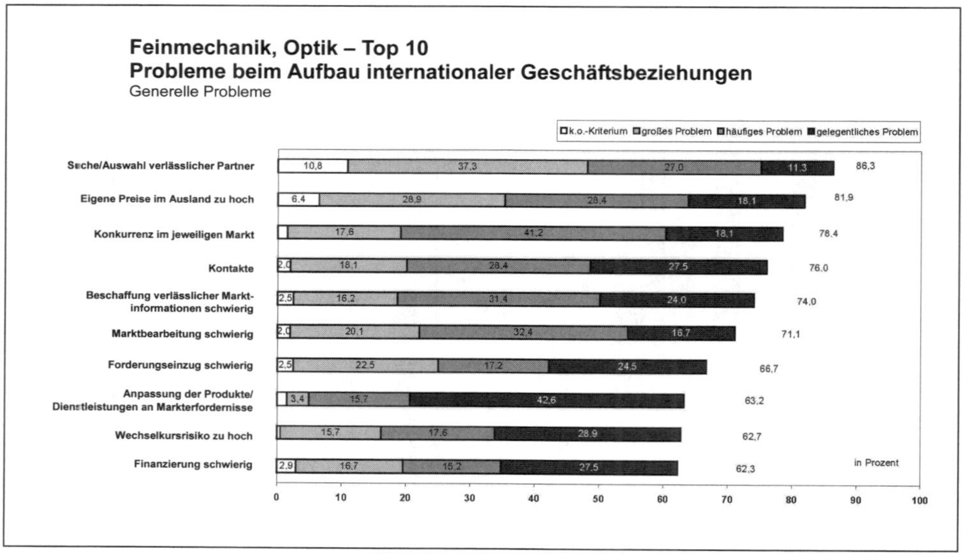

Quelle: Eigene Studie „Going International"
Abbildung 383: *Probleme beim Aufbau internationaler Geschäftsbeziehungen für die Branche Feinmechanik und Optik*

Dabei gibt diese Branche bei einigen Verschiebungen ein dem Gesamtergebnis der Studie ähnliches Bild ab. So entspricht die Rangfolge der zehn meistgenannten Probleme der feinmechanischen und optischen Industrie größtenteils dem Gesamtergebnis der Studie, die Unternehmen dieser Branche scheinen jedoch öfter auf diese Probleme zu stoßen als im Durchschnitt, so dass alle relativen Häufigkeiten über dem Durchschnitt liegen. Als meistgenanntes Problem ergibt sich somit die Suche und Auswahl verlässlicher Partner im Ausland, das von

86,3 % der Unternehmen dieser Branche genannt wurde. Dieses Problem ist für die Unternehmen außerdem sehr schwerwiegend, da es das Gros als großes Problem und 10,8 % der Unternehmen gar als K.o.-Kriterium klassifizieren. Als zweitwichtigstes Problem ergeben sich in dieser Branche, anders als im Durchschnitt, zu hohe eigene Preise mit 81,9 % im Vergleich zu durchschnittlichen 75,8 %; eine zu starke Konkurrenz im Zielmarkt wird von 78,4 % der Unternehmen genannt und somit auf den dritten Rang verdrängt. Außerdem scheinen für die Unternehmen dieser Branche die Anpassung ihrer Produkte an die Marktanforderungen sowie ein hohes Wechselkursrisiko von außerordentlich hoher Bedeutung und erscheinen in der Top 10 auf den Rängen acht und neun. Jedoch stellen sich diese den Unternehmen überwiegend nur als gelegentliche Probleme dar und führen nur in den seltensten Fällen das gesamte Engagement vor das Aus.

2.9 Erfolgsfaktoren

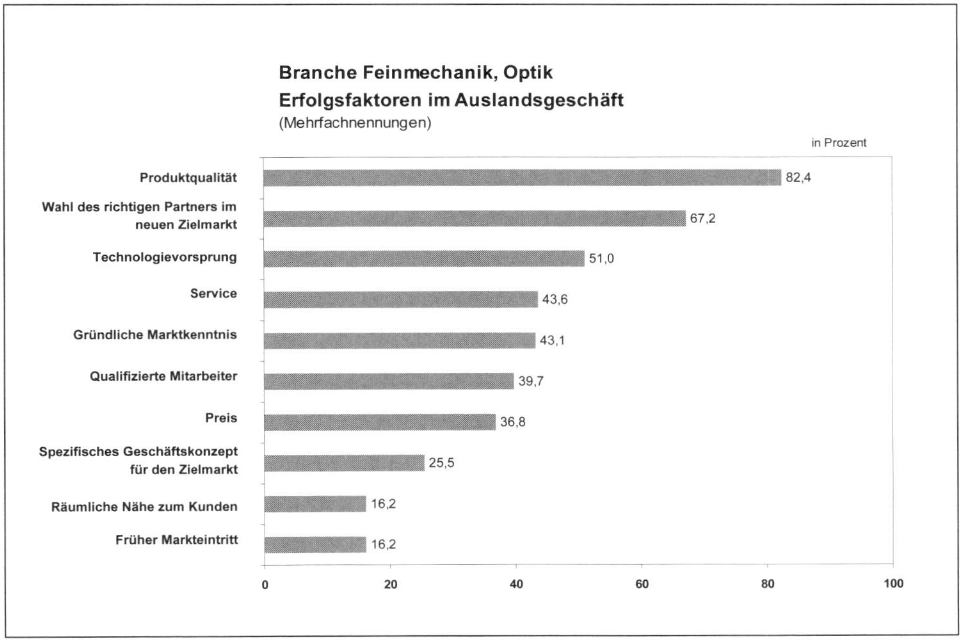

Quelle: Eigene Studie „Going International“

Abbildung 384: *Erfolgsfaktoren im Auslandsgeschäft der Branche Feinmechanik, Optik*

Analog zur Betrachtung der Probleme stellt sich nun die Frage, was aus Sicht der Unternehmen der feinmechanischen und optischen Industrie im positiven Sinne zum Erfolg ihres Auslandsgeschäftes führt.

Die Unternehmen der Branche Feinmechanik und Optik schätzen mit 82,4 % die Produktqualität mit deutlichem Abstand als die Nummer eins ihrer Erfolgsfaktoren ein. Auch die Wahl des richtigen Partners ist in dieser Branche von herausragender Bedeutung und belegt mit 67,2 % den zweiten Rang. Auffällig ist vor allem der Faktor Technologievorsprung, der mit 51 % an dritter Stelle steht. Dieser Faktor weist zum Gesamtergebnis der Studie (19,9 %) eine außerordentlich hohe Differenz von über 30 Prozentpunkten auf. Somit sind die Werte der drei wichtigsten Erfolgsfaktoren der feinmechanischen und optischen Industrie im Branchenvergleich die höchsten. Auffällig ist weiterhin, dass dem Preis als Erfolgsfaktor mit 36,8 % in dieser Branche nur eine untergeordnete Bedeutung beigemessen wird, wohingegen er als Problem an zweiter Stelle rangiert. Dieser vermeintliche Widerspruch ist aber leicht aufzulösen, wenn man den hohen Spezialisierungsgrad und die Komplexität der Geschäfte in der Branche betrachtet, bei dem ab einem höheren Qualitätsspektrum der internationale Wettbewerb oft zudem begrenzt ist. Dabei rangiert der Preis – vor allem im Rahmen einer mittelfristigeren Betrachtung – am Ende einer Palette erfolgsabhängiger Faktoren. Er steht immer dann im Vordergrund, wenn die Unternehmen der Branche von außen her neu in einen ausländischen Markt einsteigen müssen und ausreichende Erfahrungen zur richtigen Preisfindung noch nicht vorliegen. Können die Unternehmen jedoch auf eine längere erfolgreiche Marktbearbeitung zurückschauen und sind darüber hinaus bereits Investitionen, insbesondere in Form von Produktionsstätten, vorhanden, relativiert sich das Bild und der Faktor Preis tritt in den Hintergrund.

2.10 Kernaussagen

- Der Internationalisierungsgrad der im Ausland aktiven feinmechanischen und optischen Industrie ist im Branchenvergleich nach dem Maschinenbau der zweithöchste.
- Ein Auslandsengagement scheint für diese Unternehmen außerordentlich positive Auswirkungen auf ihre Geschäftsentwicklung im Inland zu haben. Der Anteil positiver Entwicklungen beim Umsatz, Gewinn und vor allem beim Personalbestand übertrifft die durchschnittlichen Werte bei weitem.
- Der wichtigste Grund für die Erschließung eines Auslandsengagements ist mit großem Abstand die Erschließung eines neuen Marktes für den Verkauf, gefolgt von der Wettbewerbssituation, der Nähe zum Kunden und der Erschließung eines Marktes für den Einkauf. Alle weiteren Gründe und Motive scheinen für die Unternehmen eher nebensächlich.
- Die Unternehmen sind – mit Ausnahme der „Zehn neuen EU-Mitgliedstaaten“ – in allen Regionen der Welt überdurchschnittlich stark vertreten. Die Erfolgsquoten liegen für die

Regionen „Nord- und Lateinamerika“ überdurchschnittlich hoch, die der „EU-Bewerberländer“ und „Afrika“ weit unter dem Durchschnitt.

- Österreich erreicht auch in dieser Branche sowohl für die aktuelle Geschäftssituation als auch für deren Perspektive eine sehr hohe Bewertung. Polen scheint in den Augen der Unternehmen ein ungeheuer hohes Potenzial aufzuweisen – sowohl in der Perspektive sowie auch in der Dynamik. Zu den dynamischsten Ländern zählen neben Polen und Russland vor allem Länder der Region „Asien/Pazifik“.
- Der Anteil der Unternehmen der feinmechanischen und optischen Industrie, die in den vergangenen fünf Jahren im Ausland investierten, ist im Branchenvergleich der dritthöchste. Dabei handelte es sich jedoch größtenteils um kleinere Investitionssummen.
- Die sichersten Erfolge liegen für die Unternehmen dieser Branche im Export und im Sourcing/Einkauf. Die Erfolgsquoten für ein Joint Venture und E-Commerce liegen hingegen weit unter dem Durchschnitt der Studie.
- Die Unternehmen der feinmechanischen und optischen Industrie scheinen während ihres Engagements öfter mit Problemen konfrontiert zu sein als der Durchschnitt, die Reihenfolge der Probleme ist jedoch ähnlich. Die meistgenannten sind die Suche und Auswahl verlässlicher Partner, zu hohe eigene Preise und eine zu starke Konkurrenz im Zielmarkt.
- Die wichtigsten Erfolgsfaktoren sind in dieser Branche die Produktqualität, die Wahl des richtigen Partners und der Technologievorsprung. Die Werte für diese drei Faktoren sind im Branchenvergleich die höchsten.

Branche Handel

1. Branchenbeschreibung

1.1 Branchenskizze

Der Handelssektor fungiert als wichtigste Schnittstelle zwischen Herstellern und Verbrauchern und stellt den größten verbraucherbezogenen Dienstleistungsmarkt. Er gehört in Deutschland mit rund 700.000 Unternehmen und 4,2 Millionen Beschäftigten zu den beschäftigungsintensivsten Wirtschaftsbereichen. Über 15 % aller Erwerbstätigen sind im Handel tätig. Aufgrund seiner engen Verflechtung mit dem Dienstleistungsmarkt ist seine Bedeutung sogar noch höher als meist angenommen. Trotz des auch durch den wachsenden Einfluss der Globalisierung entstehenden Drucks, sich zu größeren organisatorischen Einheiten zusammenzuschließen, ist der Wirtschaftsbereich immer noch stark mittelständisch geprägt. Der Handel realisiert einen Umsatz von über 1 Billion Euro. Sein Beitrag zur Bruttowertschöpfung liegt bei rund 11 %.

Die großen Bereiche sind der Einzelhandel (ca. 400.000 Unternehmen) und der Großhandel (ca. 110.000 Unternehmen). Daneben gibt es rund 70.000 Unternehmen von Handelsvermittlern und rund 100.000 Kfz-Handelsbetriebe und Tankstellen. Zum Wirtschaftsbereich gehören außerdem rund 10.000 Reparaturbetriebe für Gebrauchsgüter.[639]

1.2 Aktuelle Entwicklungen

Nach Jahren der Flaute und einem schwachen Wachstum von nur 1,1 % in 2005 hat sich die Konjunktur im Jahr 2006 wieder etwas belebt. Dies beruht zwar insbesondere auf guten Geschäften im Großhandel, der vom boomenden Export gestützt wird; der zumeist binnenorien-

---

[639] Quelle: Branchenfokus Handel, in: http://www.bmwi.de, aufgerufen am 22.05.2006.

tierte Einzelhandel gibt jedoch, trotz weiterhin negativer Wachstumsraten, die beste Lageeinschätzung seit fünf Jahren.[640]

„In Zeiten schwacher Konjunktur erweist sich allein der Export als unternehmensstrategische Alternative, insbesondere für den Mittelstand. Betrachtet man die Rahmendaten der deutschen Volkswirtschaft über die letzten Jahre, erkennt man, dass Wachstumspotenziale fast nur noch im Außenhandel liegen."[641] Für ein stetiges Wachstum eines Handelsunternehmens sind die Konjunktur und die mäßige Konsumfreude in Deutschland somit längst nicht mehr ausreichend. Handelsunternehmen müssen ihre Tätigkeiten verstärkt ins Ausland ausweiten, was auch die Ergebnisse der Studie „Going International" belegen. Im Folgenden werden die Ergebnisse mit Fokus auf die Branche Handel dargelegt.

2. Ergebnisse der Studie „Going International"

2.1 Grad der Internationalisierung

Um Aufschluss über die Bedeutung der Auslandsgeschäfte in dieser Branche zu geben, gilt es zu untersuchen, wie hoch der Grad der Internationalisierung der in der Außenwirtschaft aktiven Handelsunternehmen im Jahr 2004 war und wie er sich, nach Einschätzung der Unternehmen selber, bis zum Jahr 2009 entwickeln wird (Abb. 385).

Der Internationalisierungsgrad deutscher auslandsaktiver Handelsunternehmen ist sehr hoch. Sie erzielen nach eigenen Angaben im Durchschnitt über 40 % ihres Umsatzes im Ausland, was über dem Gesamtergebnis der Studie liegt. Hierbei ergeben sich jedoch innerhalb der Branche Handel Unterschiede bei den einzelnen Wirtschaftszweigen. Die Handelsvermittler weisen so mit 43,8 % einen außerordentlich hohen Internationalisierungsgrad auf, während der des Einzelhandels nur bei 36,7 % liegt.

Die Handelsunternehmen sind, was ihre Auslandsgeschäfte angeht, sehr zuversichtlich und erwarten sowohl beim Umsatz- als auch beim Marktanteil im Ausland steigende ausländische Anteile. So soll der Auslandsanteil am Umsatz bei Handelsunternehmen nach eigenen Erwartungen im Schnitt um 10 Prozentpunkte steigen. Den höchsten Anteil erwarten dabei die Handelsvermittler: Sie rechnen für 2009 mit einem ausländischen Umsatzanteil von gar 60 %, was der absolut höchste Wert aller Branchen ist. Der durchschnittliche Marktanteil im Ausland soll um 4,3 Prozentpunkte wachsen, angesichts des besonders großen Wettbewerbs

640 Quelle: DIHK-Handelsreport 2006, Berlin 2006.

641 Putzier 2004.

beim Handel ebenfalls eine ehrgeizige Zielmarke. Insgesamt ist der Grad der Internationalisierung deutscher Handelsunternehmen also bemerkenswert hoch.

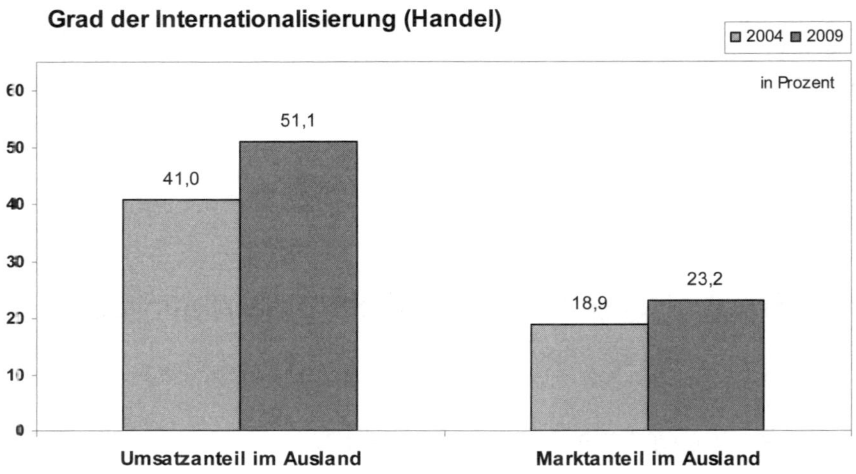

Quelle: Eigene Studie „Going International"
Abbildung 385: *Grad der Internationalisierung des im Ausland aktiven Handels*

2.2 Unternehmensentwicklung im Auslandsgeschäft

Um der Bedeutung von Auslandsgeschäften der Handelsunternehmen für den Standort Deutschland nachzugehen, ist die Frage nach der Unternehmensentwicklung auslandsaktiver Unternehmen im Inland mit den Indikatoren Umsatz, Gewinn und Personalbestand zu klären (Abb. 386). Hier wird auch beim Handel das branchenübergreifende Ergebnis der Studie weitgehend bestätigt, denn die ermittelten Tendenzen für Gewinn und Umsatz bei auslandsaktiven Handelsunternehmen sind nahezu deckungsgleich mit dem Durchschnitt der Studie. Hervorzuheben bleibt jedoch, dass sich die Entwicklungen im Peronalbestand leicht unterscheiden.

Das Gros der Handelsunternehmen konnte seinen Personalbestand offenbar seit Beginn des Auslandsengagements halten. In dieser Hinsicht fällt das Antwortverhalten im Vergleich zum Gesamtergebnis zwar etwas moderater aus, zugleich wurden aber auch seltener Arbeitsplätze abgebaut (20,8 %), wodurch sich ein stabiler Positivsaldo von 12,2 Prozentpunkten ergibt.

Eine Ausnahme macht hier die Gruppe der Handelsvermittler: Bei ihnen liegt der Positivsaldo bei nur 2,7 Prozentpunkten, da nur 21 % dieser Unternehmen ihren Personalbestand seit Beginn ihres Engagements ausgeweitet haben. Diese beiden Werte liegen deutlich unter dem Gesamtergebnis der Studie.

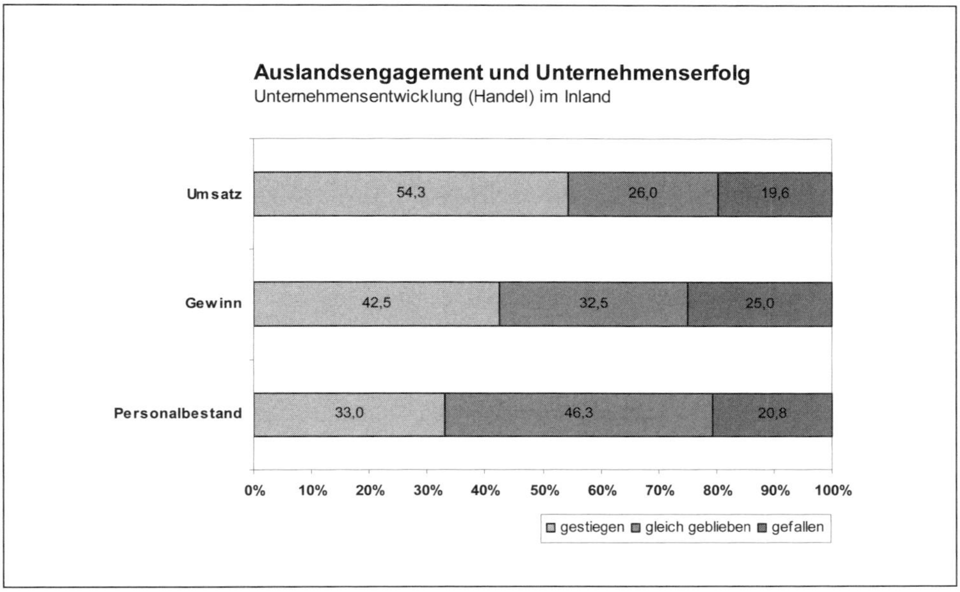

Quelle: Eigene Studie „Going International“
***Abbildung 386:** Auslandsengagement und Unternehmenserfolg im Handel*

2.3 Gründe und Motive für das Engagement

Im Rahmen der Studie „Going International“ wurden die Unternehmen unter anderem auch nach den Beweggründen gefragt, die zu einem Auslandsengagement geführt haben. Wertet man die Ergebnisse mit Fokus auf die im Handel tätigen Unternehmen aus, so kommt man zu einem dem Gesamtergebnis der Studie sehr ähnlichen Bild. Somit sind die wichtigsten Gründe für ein Auslandsengagement von Handelsunternehmen eindeutig marktorientiert (Abb. 387). Die Erschließung neuer Märkte sowohl für den Einkauf als auch für den Verkauf, eine bessere Wettbewerbssituation im Ausland oder die Nähe zum Kunden sind die meistgenannten Gründe. Im Vergleich zum Gesamtergebnis lohnt es sich, nur die höhere Bedeutung der Erschließung eines neuen Einkaufsmarktes hervorzuheben. Die Unternehmen, deren Motivation für das Auslandsgeschäft marktorientiert ist, sehen ihre Anfangserwartungen in der geschäftlichen Praxis überwiegend erfüllt. So sind von den Unternehmen, die mit dem Ziel der Erschließung neuer Märkte für den Verkauf Geschäftsbeziehungen zum Ausland aufgebaut haben, rund 86 % mit dem Ergebnis zufrieden. Bei der Erschließung neuer Märkte für den Einkauf liegt diese Quote bei knapp 80 % etwas niedriger, was jedoch deutlich über dem Gesamtergebnis liegt. Die aus Sicht der Handelsunternehmen eher nachrangigen Gründe wie höhere Produktivität, Förderung, bessere Personalverfügbarkeit, besseres Know-how und Infrastruktur werden meist nicht erfüllt.

Vergleicht man die einzelnen Handelsgruppen untereinander, so ergeben sich nur für die Handelsvermittler einige Verschiebungen, während die wichtigsten Beweggründe der Groß- und Einzelhändler übereinstimmen. Für die Handelsvermittler verliert entsprechend die Nähe zum Kunden stark an Bedeutung, während die persönlichen Beweggründe für sie wichtiger werden und an vierte Stelle in der Rangfolge aufrücken.

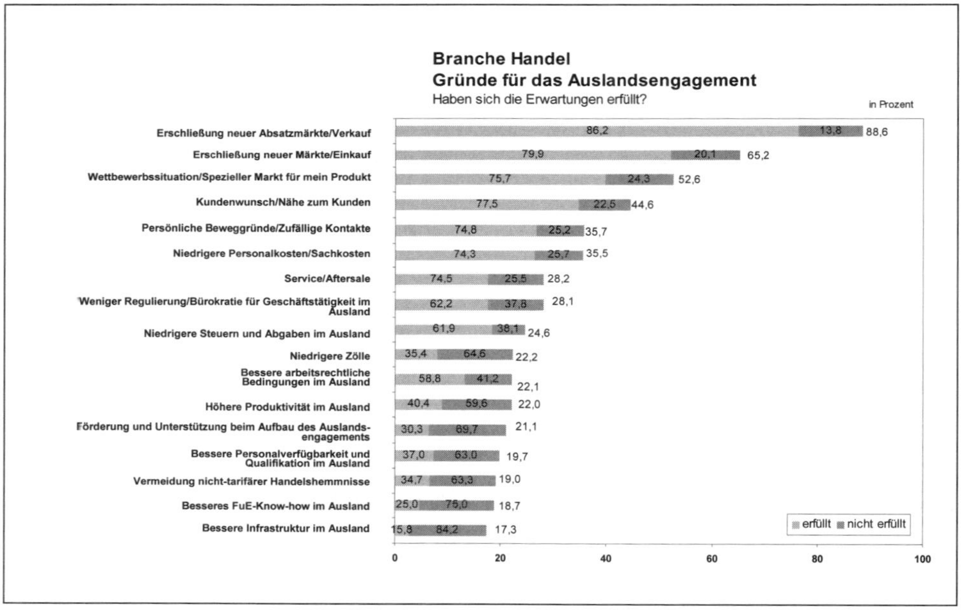

Quelle: Eigene Studie „Going International“
Abbildung 387: *Gründe und Motive für das Auslandsengagement der Handelsbranche*

2.4 Zielmärkte für den Handel

Für die Zielregionen der Auslandsgeschäfte der im Handel tätigen Unternehmen zeichnet sich qualitativ ein dem Gesamtergebnis ähnliches Bild ab. Quantitativ gesehen werden jedoch alle Regionen von Handelsunternehmen deutlich schwächer frequentiert als im Durchschnitt der Studie, was auf die geringe Anzahl an Mehrfachnennungen der Unternehmen zurückzuführen ist. So benannte jedes Handelsunternehmen im Schnitt nur zwei bis drei Zielregionen, im Gesamtergebnis waren es jedoch drei bis vier.

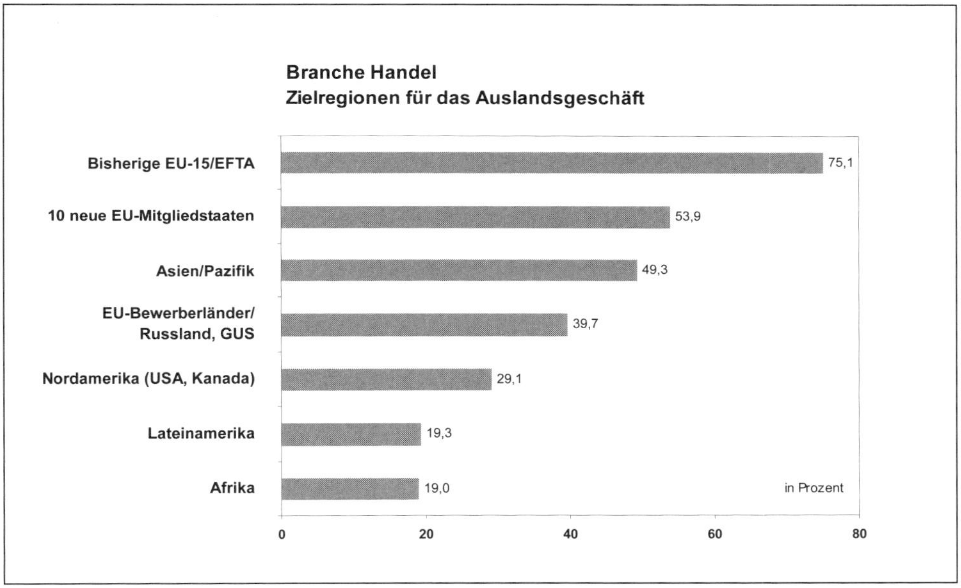

Quelle: Eigene Studie „Going International“
Abbildung 388: *Zielregionen für das Auslandsgeschäft der Handelsbranche*

Drei Viertel aller befragten Unternehmen geben die „Bisherige EU-15/EFTA“ als eine ihrer Zielregionen an, die somit, wie im Gesamtergebnis und in allen Branchen, den wichtigsten Markt darstellt (Abb. 388). Rund die Hälfte der Handelsunternehmen ist in den „Neuen EU-Mitgliedsstaaten“ oder im Raum „Asien/Pazifik“ aktiv. „Nordamerika“ verliert in der Branche Handel im Vergleich zum Gesamtergebnis an Bedeutung und landet mit knapp 30 % hinter den „EU-Bewerberländern, Russland, GUS“. „Lateinamerika“ oder „Afrika“ werden im Handel nur noch von jedem fünften Unternehmen als Zielmarkt angegeben.

Betrachtet man die einzelnen Gruppen der Händler separat, ergeben sich jedoch einige Diskrepanzen. So sind der Einzelhandel und die Handelsvermittler in allen Zielregionen schwächer vertreten als der Großhandel. Besonders hoch ist die Differenz bei den Handelsvermittlern in der Region der „Bisherigen EU-15/EFTA“, die von ihnen deutlich weniger frequentiert wird als vom Großhandel. Im Einzelhandel ist jedoch die Region „Asien/Pazifik“ mit nur noch 40,4 % weitaus weniger beliebt als im Großhandel, was auf die geografische und kulturelle Distanz der Region zurückgeführt werden kann.

Fragt man die Unternehmen nach ihrem Erfolg in der jeweiligen Region, so ergeben sich in der Branche Handel kaum Unterschiede zum Gesamtergebnis. Nur in „Nordamerika“ sind die Handelsunternehmen unzufriedener, so dass fast jedes dritte Unternehmen sein Geschäft in dieser Region als „nicht erfolgreich“ einstuft (Abb. 389). Vergleicht man die einzelnen Handelsgruppen untereinander, ergeben sich jedoch sehr wohl Unterschiede. So sind die Handelsvermittler in allen ihren Zielregionen erfolgreicher als der Groß- und Einzelhandel. Die Erfolgsquoten liegen vor allem in den Regionen der „Zehn neuen EU-Mitgliedstaaten“, der „EU-Bewerberländer, Russland, GUS“ und „Asien/Pazifik“ mit Werten von jeweils über 90 % weit über dem Durchschnitt der Studie. Für den Einzelhandel ergibt sich jedoch ein exakt konträres Bild. In den zuvor genannten Regionen hatten diese stets niedrigere Erfolgsquoten aufzuweisen.

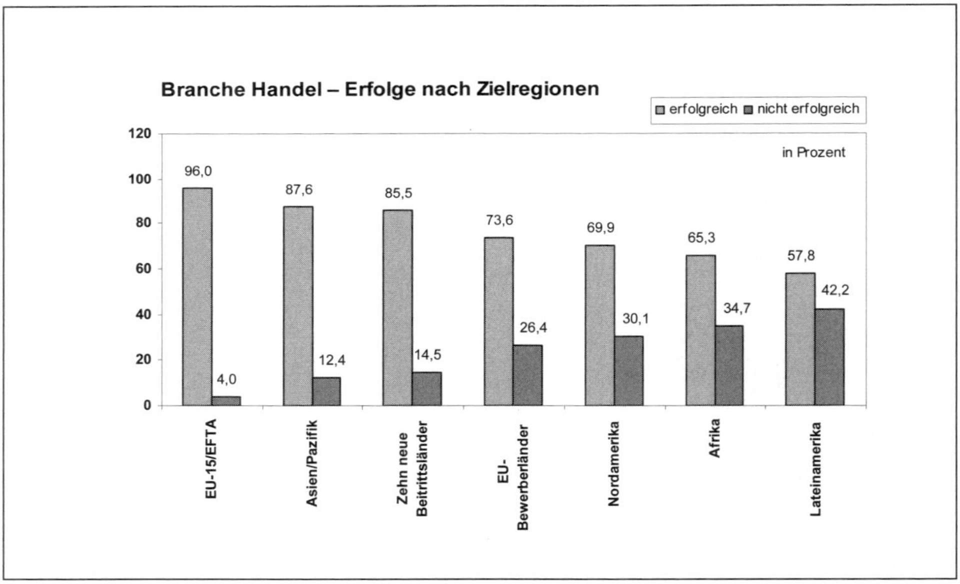

Quelle: Eigene Studie „Going International“
Abbildung 389: *Erfolge nach Zielregionen des Handels*

Ganz im Gegensatz zum produzierenden Gewerbe konzentrieren sich Handelsunternehmen bei der Bearbeitung der Märkte auf eine geringere Anzahl von Regionen. Die Zahl der bearbeiteten Regionen liegt beim Handel mit knapp 2,9 Zielregionen pro Unternehmen unter dem Durchschnitt aller Unternehmen von 3,1 Zielregionen und wird nur noch durch Dienstleistungsunternehmen unterschritten.

2.5 Geschäftssituation in den Zielländern

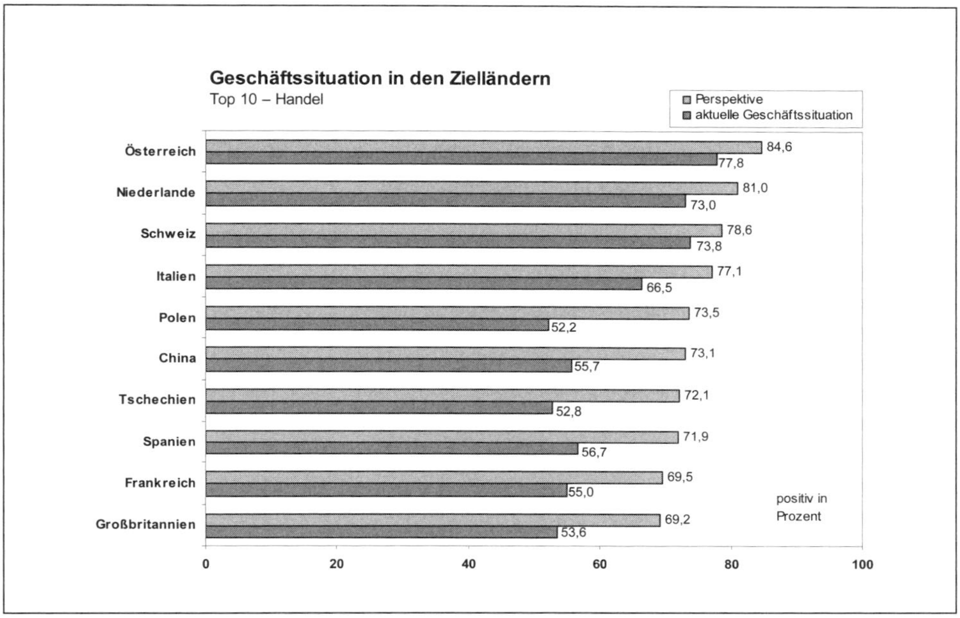

Quelle: Eigene Studie „Going International“

Abbildung 390: *Geschäftssituation in den Zielländern der Handelsbranche, geordnet nach den Top 10 der Perspektiven*

Nach der Betrachtung der Erfolgsquoten der Handelsunternehmen in den verschiedenen Zielregionen stellt sich nun die Frage, wie die Unternehmen die aktuelle Geschäftssituation in ihren einzelnen Zielländern sowie deren Entwicklung in den nächsten Jahren einschätzen.

Die Einschätzungen der im Handel tätigen Unternehmen entsprechen im Wesentlichen dem Gesamtergebnis der Studie. Die Top 10 werden mit wenigen Verschiebungen von den gleichen Staaten belegt, und zwar mit großem Übergewicht von Staaten der „Bisherigen EU-15/ EFTA“ (Abb. 390). Auffällig ist, dass die heutige Geschäftssituation in China von Handelsunternehmen besser eingeschätzt wird als vom Durchschnitt der Studie, womit China Rang 6 der aktuellen Geschäftssituation belegt. In den nächsten zwei bis fünf Jahren schätzen die Unternehmen die Entwicklung in den jeweiligen Staaten etwas anders ein. Zwar bleiben die Top 3 von denselben Staaten belegt, wobei die Niederlande die Schweiz überholen. Das Bild der stark dominierenden „EU-15/EFTA“ wird jedoch ein wenig dadurch relativiert, dass sich – in der Bewertung der Perspektiven – die Staaten Polen, China und Tschechien in den nächsten Jahren weit in die Spitzengruppe vorschieben werden. Sie belegen beim Blick in die Zukunft die Ränge fünf, sechs und sieben.

Dieser Sprung wird auch mit einem Blick auf die Dynamik der Geschäftsentwicklung dieser Staaten deutlich (Abb. 391), die sich als Differenz zwischen der aktuellen Geschäftssituation und der Perspektive in den nächsten Jahren ergibt. Nach Einschätzungen der Unternehmen wird sich die Situation für den Handel in Polen um gut 21 %, in Tschechien um mehr als 19 % und in China um mehr als 17 % verbessern. Die höchste Dynamik der Geschäftsentwicklung weisen die Staaten Türkei mit knapp 24 % und Russland und Ungarn mit jeweils rund 22 % auf. Die erwartete Verbesserung in diesen Ländern ist bemerkenswert. Für den Handel liegen die dynamischsten Länder somit eindeutig in der Region „EU-Bewerberländer, Russland, GUS“ sowie in der Region der „Zehn neuen EU-Mitgliedstaaten“. Auch die Wachstumslokomotiven China und Indien sind mit dabei.

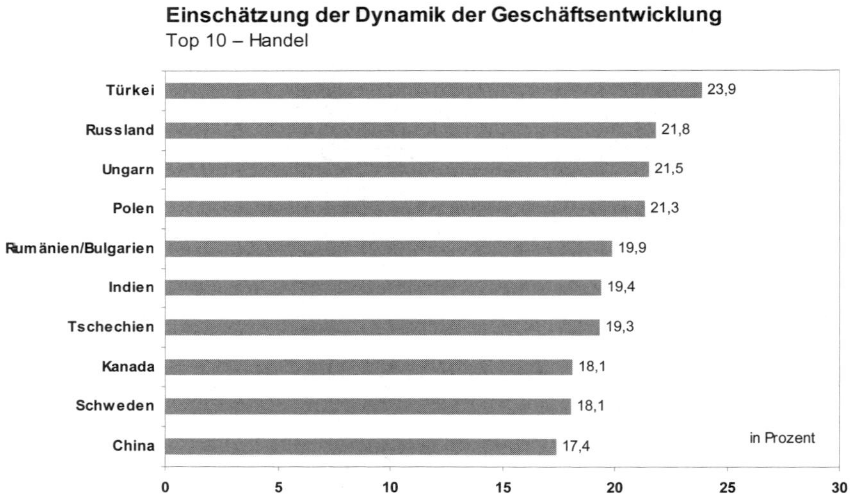

Quelle: Eigene Studie „Going International“
***Abbildung 391**: Dynamik der Geschäftsentwicklung – Handelsbranche*

2.6 Auslandsinvestitionen

Hat ein Unternehmen erfolgreich einen ausländischen Markt erschlossen und möchte über eine einfache Handelsbeziehung hinweg seine Marktposition ausbauen bzw. seine Wettbewerbsfähigkeit im Ausland sichern, so ist der Einsatz von Kapital im Zielland unabdingbar. Gilt dies in diesem Umfang auch für Handelsunternehmen?

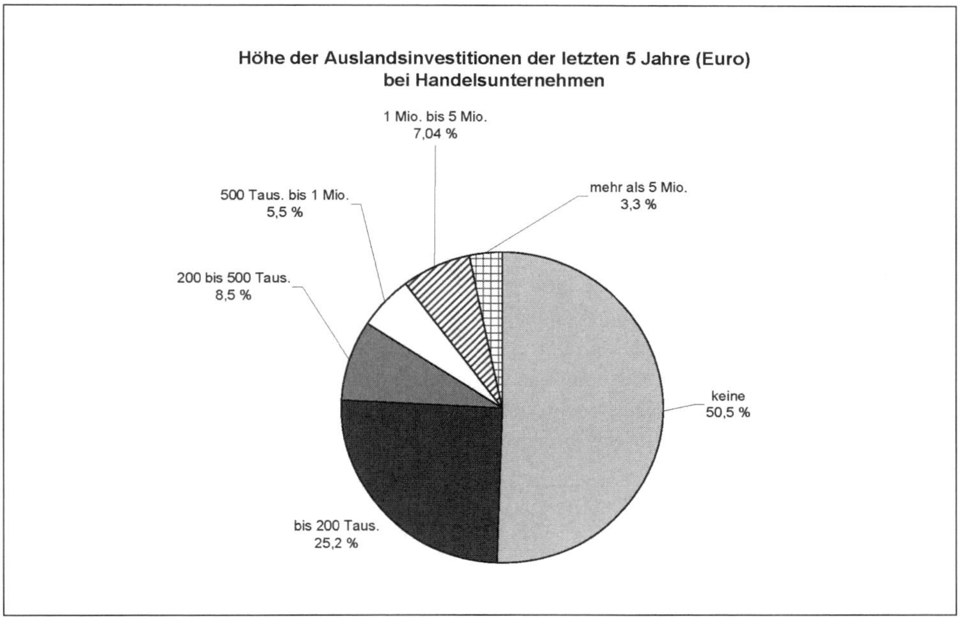

Quelle: Eigene Studie „Going International“
Abbildung 392: *Höhe der Auslandsinvestitionen des Handels*

Die Mehrheit der Handelsunternehmen hat in den letzten fünf Jahren keine, ein Viertel der Handelsunternehmen bis zu 200.000 Euro in ihren Zielländern investiert (Abb. 392). Somit rangieren die Auslandsinvestitionen dieser Branche unter dem Durchschnitt. Dies ist nicht verwunderlich, agieren die meisten Unternehmen auch in den Handelsvolumina im kleinteiligen Bereich, weswegen die meisten Geschäfte von Deutschland aus erledigt werden. Große Investitionen werden von Handelsunternehmen vergleichsweise ebenfalls nur selten getätigt. So investiert nur jedes zehnte Unternehmen mehr als 1 Million Euro in sein Zielland, im Durchschnitt aller auslandsaktiven Unternehmen sind es immerhin 15,1 %. Für den Einzelhandel ergibt sich ein sehr charakteristisches Bild. Für diese Unternehmen ist der Anteil der Investierenden mit 43 % viel geringer, wobei 32 % der Unternehmen nur entsprechend kleine Beträge bis 200.000 Euro einsetzten.

2.7 Aktivitäten und Erfolge

Zu untersuchen ist ferner, ob sich die von den Handelsunternehmen gewählten Formen des Auslandsengagements bewährt haben. Dabei bestätigt die Mehrheit der im Handel tätigen auslandsaktiven Unternehmen einen Erfolg in ihrem Auslandsgeschäft (Abb. 393). Außer mit der Form des E-Commerce waren die Handelsunternehmen mit den von ihnen gewählten Aktivitäten im Ausland überwiegend erfolgreich. Am erfolgreichsten sind Handelsunternehmen beim Export, bei Sourcing/Einkauf und beim Import mit Erfolgsquoten von jeweils deutlich über 90 %. Dieses Ergebnis entspricht exakt dem Gesamtergebnis der Studie, bei der die auslandsaktiven Unternehmen ebenfalls lediglich beim E-Commerce mehrheitlich enttäuscht wurden. Insgesamt fällt das Risiko, nicht erfolgreich zu sein, umso höher aus, je stärker ein Unternehmen auf fremde Partner setzt.

Bei den traditionellen Formen des Außenhandels sind die Quoten eines Misserfolges verschwindend gering. Zwischen Großhändlern, Einzelhändlern und Handelsvermittlern ergeben sich dabei nur in zwei Punkten Unterschiede. Zwar sind der Einzelhandel und die Handelsvermittler beim Import deutlich weniger erfolgreich als der Großhandel, ihre Erfolgsquoten bei Kooperationspartnern im Ausland liegen jedoch mit 90,5 % bzw. 85,7 % deutlich über den 72,5 % der Großhändler. Dies zeugt von größerer Flexibilität dieser meist kleineren Handelsunternehmen bei der Marktbearbeitung im Ausland.

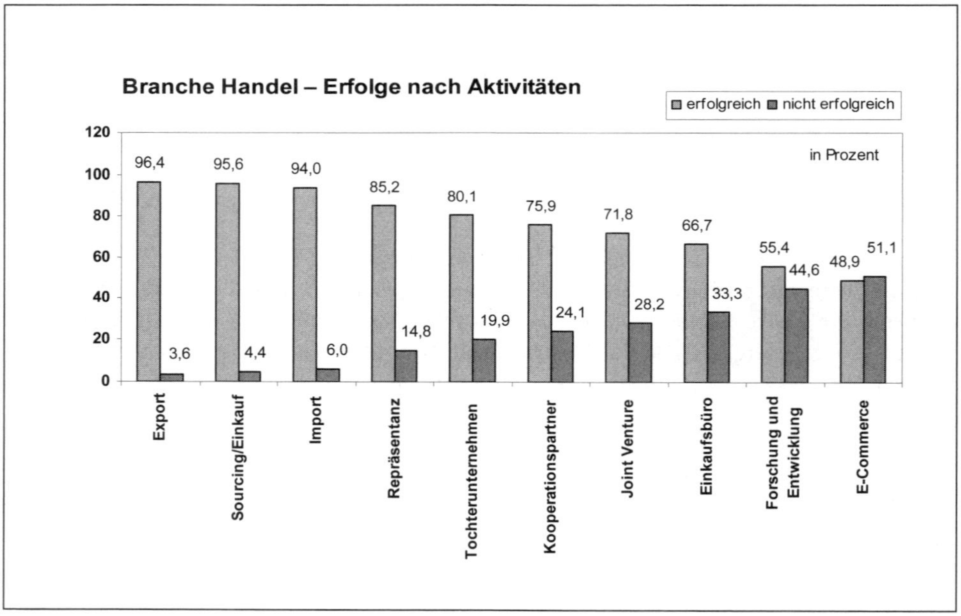

Quelle: Eigene Studie „Going International"

Abbildung 393: *Erfolge nach Aktivitäten der Handelsunternehmen*

2.8 Probleme

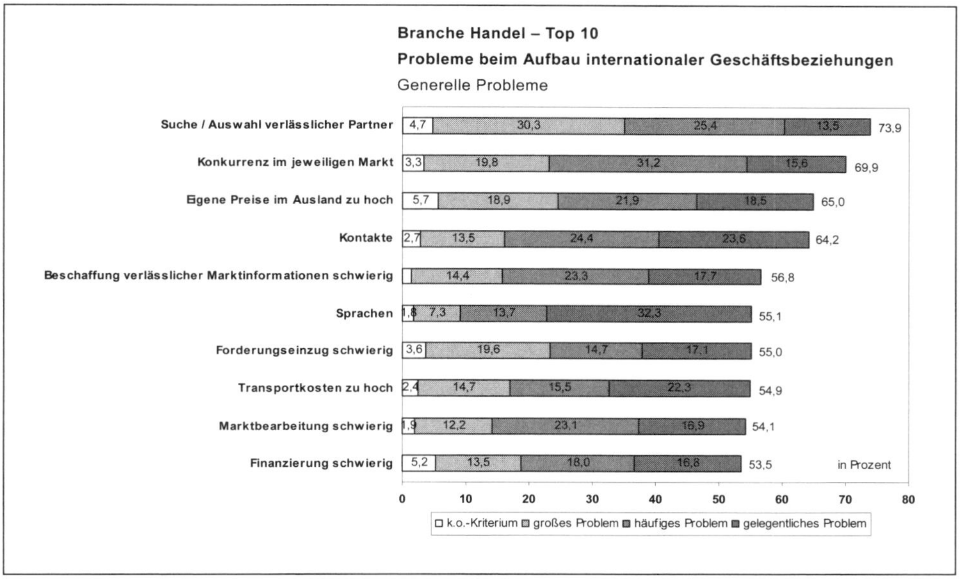

Quelle: Eigene Studie „Going International“
Abbildung 394: *Probleme beim Aufbau internationaler Geschäftsbeziehungen im Handel*

Handelsunternehmen sind im Auslandsgeschäft etwas erfolgreicher als der Durchschnitt der Studie. Vor diesem Hintergrund stellt sich nun die Frage nach den Problemen, auf die ein Handelsunternehmen bei seinem Vorhaben im Ausland stößt, im Folgenden beschränkt auf die zehn häufigsten Probleme (Abb. 394).

Handelsunternehmen scheinen aufgrund des breiteren Produktspektrums weitaus weniger Probleme bei ihrem Auslandsgeschäft zu haben als der Durchschnitt der Unternehmen. So liegen die Ergebnisse der Handelsunternehmen quantitativ bei allen angegebenen Punkten unter dem Durchschnitt, teilweise mit erheblichen Differenzen. Qualitativ stoßen sie auf die gleichen Probleme wie im Gesamtergebnis, da die Top 10 der meistgenannten Probleme nahezu identisch ausfallen und fast in der gleichen Reihenfolge auftreten. Die fünf meistgenannten Probleme sind unverändert, auffällig sind insgesamt nur die Punkte „Sprachen“ und „Marktbearbeitung“. Die Sprachbarrieren werden von den Handelsunternehmen vergleichsweise als erheblicheres Problem eingeschätzt als von der Allgemeinheit, jedoch ist dies überwiegend nur ein gelegentliches Problem, das die Unternehmen nur in den seltensten Fällen vor das Aus ihres Engagements stellt. Das Problem einer schwierigen Marktbearbeitung verliert im Gegenzug an Bedeutung und rutscht im Vergleich zum Gesamtergebnis vom fünften auf den neunten Rang.

2.9 Erfolgsfaktoren

Handelsunternehmen bewerten ihre Erfolgsfaktoren im Auslandsgeschäft etwas anders als der Durchschnitt aller Branchen. Zwar stehen die Faktoren Produktqualität und die Wahl des richtigen Partners nach wie vor an der Spitze, sie werden jedoch im Handel mit 66,7 % bzw. 58,6 % im Vergleich zu 73 % und 61 % weitaus schwächer bewertet (Abb. 395). Der Faktor Preis wird in der Branche Handel überdurchschnittlich hoch bewertet und ist der drittwichtigste Erfolgsfaktor für diese Unternehmen. Eine gründliche Marktkenntnis und der Faktor Service gewinnen ebenfalls an Bedeutung und liegen mit 52 % und 47,5 % über dem Durchschnitt. Bemerkenswert ist ebenfalls, wie stark der Faktor Technologievorsprung für Handelsunternehmen an Bedeutung verliert: Mit nur 18,1 % im Vergleich zu 30 % der Allgemeinheit rangiert er im Handel nur noch an zweitletzter Stelle. Somit verlieren die stark produktbezogenen Faktoren Produktqualität und Technologievorsprung an Bedeutung, während der Preis – ganz handelstypisch – stark in den Vordergrund rückt.

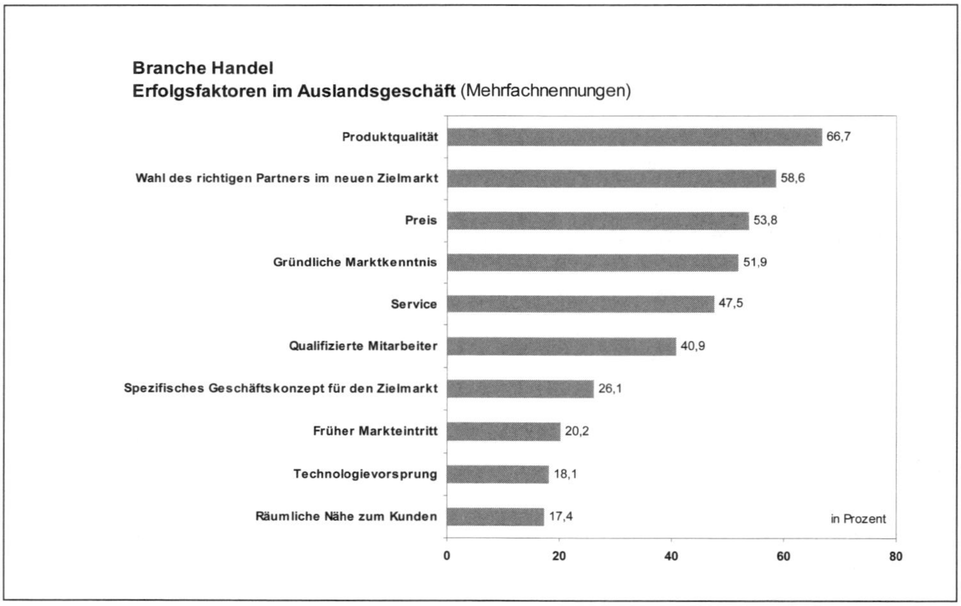

Quelle: Eigene Studie „Going International"
***Abbildung 395:** Erfolgsfaktoren im Auslandsgeschäft der Handelsunternehmen*

Vergleicht man an dieser Stelle die einzelnen Gruppen der Handelsunternehmen, fallen bemerkenswerte Unterschiede auf. Während für den Einzelhandel im Vergleich zum Branchenergebnis die Wahl des richtigen Partners und auch der Preis deutlich an Bedeutung verlieren, gewinnen eben diese beiden Erfolgsfaktoren für die Handelsvermittler an Relevanz und liegen fast gleichauf mit der Produktqualität. Die räumliche Nähe zum Kunden hingegen, die für den Großhandel und die Handelsvermittler an letzter Stelle steht, wird für Einzelhandelsunternehmen wichtiger.

2.10 Kernaussagen

- Der Internationalisierungsgrad deutscher auslandsaktiver Handelsunternehmen ist mit 40 % bemerkenswert hoch. Für 2009 rechnen die Unternehmen mit einem ausländischen Umsatzanteil von rund 51,1 %. Die Gruppe der Handelsvermittler ist innerhalb der Branche die am stärksten internationalisierte. Der von diesen Unternehmen für 2009 erwartete Umsatzanteil ist sogar der höchste aller Branchen.
- Die Entwicklung des Umsatzes und des Gewinns auslandsaktiver Handelsunternehmen entspricht im Schnitt dem Gesamtergebnis der Studie, die Entwicklung des Personalbestands ist sogar noch besser als im Durchschnitt. Für die Handelsvermittler jedoch liegt der Positivsaldo der Beschäftigungsentwicklung im Inland nur bei 2,7 %, was deutlich unter dem Durchschnitt liegt.
- Die Beweggründe für ein Auslandsengagement der Handelsunternehmen entsprechen dem Gesamtergebnis, wobei lediglich der Erschließung eines neuen Einkaufsmarktes eine höhere Bedeutung zukommt.
- Handelsunternehmen spezialisieren sich stärker als andere Unternehmen auf einzelne Zielregionen, wodurch diese Branche insgesamt alle Regionen deutlich schwächer frequentiert. Die Erfolgsquoten der Unternehmen entsprechen dem Durchschnitt der Studie, wobei die der Handelsvermittler sogar darüber liegen.
- Die Geschäftssituation ihrer Zielländer schätzen die Unternehmen der Branche ähnlich dem Gesamtergebnis ein. Österreich, die Schweiz und die Niederlande erhalten somit die besten Bewertungen, wobei China überdurchschnittlich positiv bewertet wird. Die höchste Dynamik wird der Türkei zugesprochen, gefolgt von Russland.
- 49,5 % der Handelsunternehmen haben in den vergangenen fünf Jahren ins Ausland investiert, was unter dem Durchschnitt liegt. Dabei handelt es sich größtenteils um kleinere Beträge bis 200.000 Euro.
- Die Erfolgsquoten der Unternehmen in ihren verschiedenen Aktivitäten entsprechen ziemlich genau dem Gesamtergebnis der Studie, d. h. hohe Erfolgsquoten bei den traditionellen Formen des Außenhandels, niedrige Erfolgsquoten beim E-Commerce.
- Die Handelsunternehmen scheinen insgesamt auf weniger Probleme im Auslandsgeschäft zu stoßen als im Durchschnitt der Studie. Die meistgenannte Probleme sind dabei die Suche und Auswahl verlässlicher Partner sowie die Konkurrenz im jeweiligen Zielmarkt.

- Die Faktoren „Produktqualität“ und „Wahl des richtigen Partners“ sind zwar die meistgenannten Erfolgsfaktoren, sie werden aber im Vergleich zum Durchschnitt deutlich schwächer bewertet. Der Faktor „Preis“ gewinnt bei Handelsunternehmen an Bedeutung und ist der drittwichtigste Erfolgsfaktor.

Branche Dienstleistungen

1. Branchenbeschreibung

1.1 Branchenskizze

Die Dienstleistungswirtschaft gliedert sich nach der OECD in folgende Bereiche: Distributions- (Verkehr, Nachrichten), Unternehmens- (Finanzdienste, Leasing), persönliche (Gastgewerbe, Kultur) und soziale Dienstleistungen (Gesundheit, Bildung).

Seit Jahren vollziehen sich in Deutschland wie auch in anderen Industrienationen weit reichende Strukturveränderungen, die durch einen zunehmenden Anteil des tertiären Sektors am Bruttoinlandsprodukt gekennzeichnet sind. Dienstleistungen machen mittlerweile circa 70 % der Bruttowertschöpfung in Deutschland aus, mehr als 68 % der Erwerbstätigen arbeiten im Dienstleistungssektor.[642] Verglichen mit dem enormen Anteil an Beschäftigten ist der Dienstleistungssektor jedoch nur mit 14 % an den Exporten der Bundesrepublik beteiligt, was das große Potenzial aufzeigt, das es im Handel mit Dienstleistungen zu aktivieren gilt.

Auch innerhalb des Dienstleistungssektors sind strukturelle Veränderungen auszumachen. So ist die Bedeutung unternehmensnaher Dienstleistungen gestiegen. In den letzten zehn Jahren nahm die Zahl der Arbeitsplätze in diesem Bereich bundesweit um 77 % oder 1,9 Millionen zu, bei einem jährlichen Arbeitsplatzzuwachs von durchschnittlich 6,5 %. Damit zählt der Bereich der unternehmensnahen Dienstleistungen zu dem am stärksten wachsenden Teil des tertiären Sektors.[643]

---

[642] Quelle: Branchenfokus Dienstleistungswirtschaft, in: http://www.bmwi.de, aufgerufen am 29.06.2006.

[643] Quelle: DIHK-Dienstleistungsreport.vom März 2006.

1.2 Aktuelle Entwicklungen

Die deutsche Dienstleistungswirtschaft hat 2006 einen Aufschwung erfahren, Dienstleistungsunternehmen geben die beste Geschäftslage seit über fünf Jahren an. Grund hierfür ist nicht nur die verbesserte Binnenkonjunktur in Deutschland, sondern auch die anziehende Weltkonjunktur und der Exportboom, von dem nun auch Dienstleister, und hauptsächlich die unternehmensnahen, profitieren. Diese Serviceanbieter nämlich fakturieren oftmals gemeinsam mit Industrieunternehmen Leistungspakete und bringen ihre Dienstleistungen somit im „Huckepackverfahren“ ins Ausland.[644] Dementsprechend haben sich an der Studie „Going International“, die im Folgenden mit Fokus auf die Unternehmen der Dienstleistungsbranche analysiert wird, mit großem Übergewicht unternehmensnahe Dienstleister beteiligt.

2. Ergebnisse der Studie „Going International“

2.1 Grad der Internationalisierung

Als Erstes soll die Bedeutung von Auslandsgeschäften für die Unternehmen der Dienstleistungsbranche anhand der Frage nach dem Grad der Internationalisierung dieser Unternehmen beleuchtet werden.

Über ein Drittel des Umsatzes der befragten auslandsaktiven Dienstleistungsunternehmen wird im Ausland erwirtschaftet (Abb. 396), was aber noch unter dem Gesamtergebnis der Studie liegt. Ihren heutigen Marktanteil sehen die Dienstleistungsunternehmen mit rund 19 % höher als im Gesamtergebnis. Obwohl sie ihre Geschäfte im Ausland intensivieren und somit deren Umsatzanteil in den kommenden Jahren stark erhöhen wollen, geben die Dienstleistungsunternehmen eine etwas verhaltenere Perspektive für die kommenden fünf Jahre an als der Durchschnitt aller Unternehmen. Vor allem der Marktanteil der Dienstleister im Ausland soll nach den eigenen Erwartungen nur sehr schwach steigen. Der Grad der Internationalisierung der heute schon auslandsaktiven Dienstleistungsunternehmen liegt somit etwas unter dem Durchschnitt, ist aber dennoch sehr hoch.

---

[644] Quelle: DIHK-Dienstleistungsreport vom März 2006.

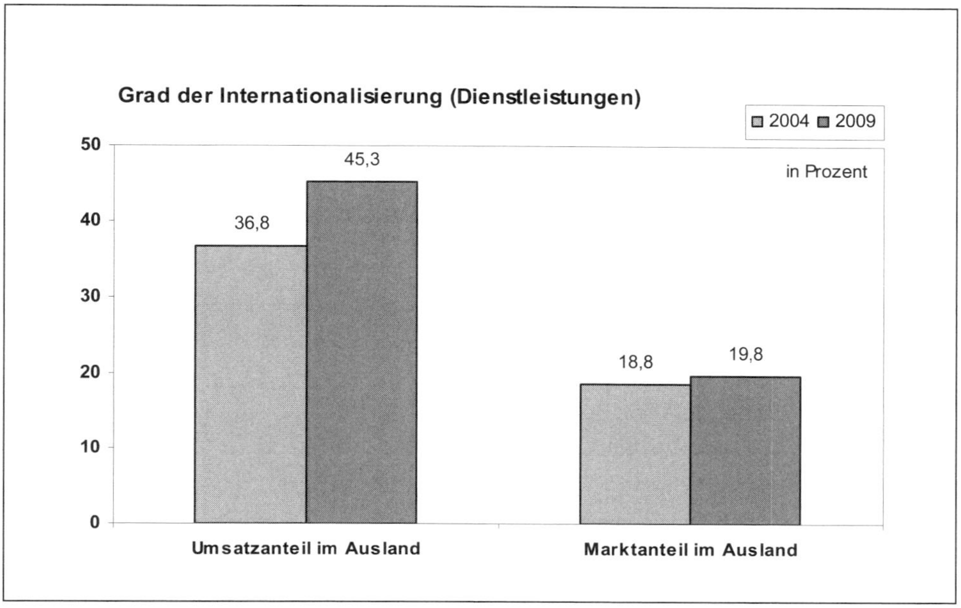

Quelle: Eigene Studie „Going International“
Abbildung 396: *Grad der Internationalisierung der auslandsaktiven Dienstleistungsunternehmen*

2.2 Unternehmensentwicklung im Auslandsgeschäft

Die Frage nach der Unternehmensentwicklung auslandsaktiver Unternehmen im Inland ist vor allem für die Bedeutung von Auslandsgeschäften für den Standort Deutschland von Bedeutung. Im Großen und Ganzen wird das Gesamtergebnis der Studie zwar bestätigt, es ergeben sich jedoch kleine Verschiebungen. So sind bei Dienstleistungsunternehmen sowohl Umsatz und Gewinn als auch der Personalbestand etwas seltener gestiegen als bei der Gesamtheit der Unternehmen; die einzelnen Werte liegen drei bis vier Prozentpunkte unter dem Durchschnitt (Abb. 397).

Trotzdem sind die Häufigkeiten eines gefallenen Umsatzes, Gewinns und Personalbestands nahezu gleich hoch, wodurch sich der immer noch positive Saldo nur leicht schmälert. Insgesamt sind die Auswirkungen eines Auslandsengagements zwar etwas verhaltener zu betrachten als im Gesamtergebnis, sie sind jedoch auch für Dienstleistungsunternehmen sehr positiv zu werten, insbesondere was den Personalbestand anbetrifft.

Betrachtet man die bislang noch ungenutzten Potenziale der Internationalisierung von Geschäften im Dienstleistungssektor, die bei weitem binnenwirtschaftlich bedeutendste Branche in Deutschland, so sind die positiven volkswirtschaftlichen Auswirkungen des Auslandsengagements hier besonders wichtig.

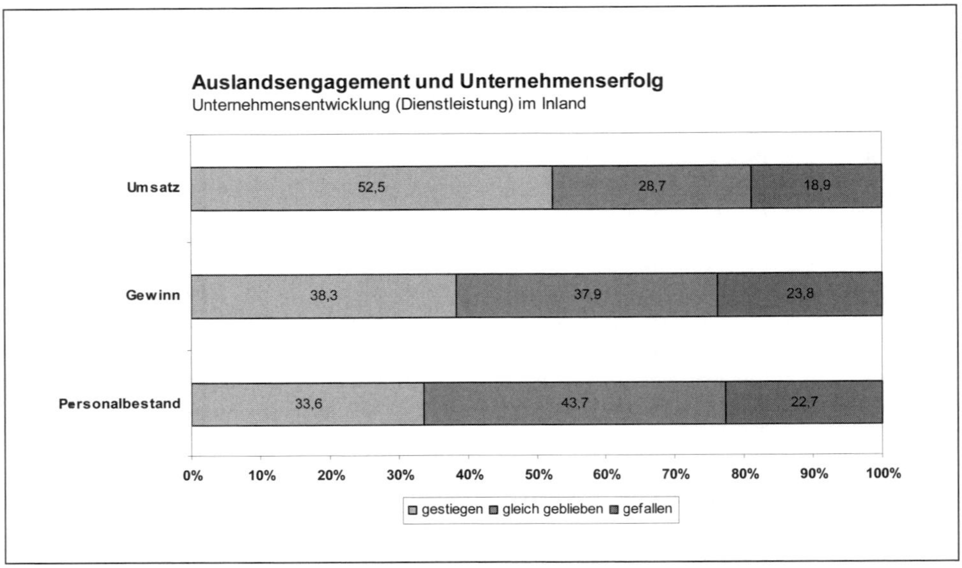

Quelle: Eigene Studie „Going International“
Abbildung 397: *Auslandsengagement und Unternehmenserfolg der Dienstleistungsbranche*

2.3 Gründe und Motive für das Engagement

Im Rahmen der Studie wurden die Unternehmen auch nach den Beweggründen gefragt, die zu einem Auslandsengagement geführt haben. Betrachtet man die Ergebnisse mit Fokus auf die Branche Dienstleistungen, so ergeben sich einige nennenswerte Unterschiede zum Gesamtergebnis der Studie.

Der unverändert meistgenannte Grund für ein Auslandsengagement ist mit 88,3 % die Erschließung eines neuen Absatzmarktes für den Verkauf, wobei die darauf gestützten Erwartungen der Unternehmen deutlich weniger erfüllt werden als im Durchschnitt (Abb. 398). Auffällig sind weiterhin die Verschiebungen auf den darauf folgenden Rängen: Deutlich häufiger als im Durchschnitt sehen Dienstleistungsunternehmen einen speziellen Markt für ihr Produkt im Ausland oder folgen mit ihrem Auslandsgeschäft einem Kundenwunsch. Diese beiden Gründe liegen in dieser Branche auf den Rängen zwei und drei, was mit der Eigenart des „Produkts“ von Dienstleistern, nämlich – im Gegensatz zur Produktion einer Ware – der Erbringung von komplexen Serviceangeboten durch Mitarbeiter, zusammenhängt. Insbesondere bei den unternehmensbezogenen Dienstleistern, die oft der Industrie ins Ausland folgen, sind diese Gründe von besonderer Bedeutung. Die Erschließung neuer Märkte für den Einkauf hat für Dienstleistungsunternehmen eine deutlich geringere Bedeutung und wird nur noch von weniger als der Hälfte der Unternehmen als Beweggrund angegeben. Für dieses Motiv erfüllen sich die Erwartungen der Unternehmen dieser Branche im Vergleich zum Durchschnitt relativ selten, nur bei den Maschinenbauern ist die Erfolgsquote hier noch niedriger. Ebenso werden niedrigere Sach- und Personalkosten sowie Service/Aftersale von Dienstleistungsunternehmen deutlich seltener genannt.

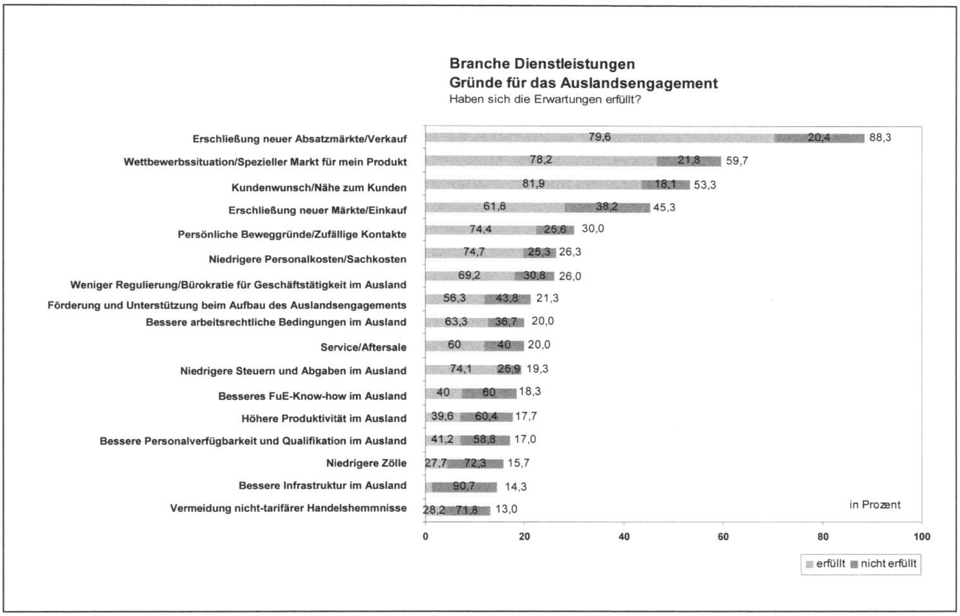

Quelle: Eigene Studie „Going International“
Abbildung 398: *Gründe und Motive für das Auslandsengagement der Dienstleistungsbranche*

Trotz den genannten Verschiebungen gilt das Gesamtergebnis der Studie, dass Unternehmen, die aus marktorientierten Motiven heraus ein Auslandsengagement beginnen, überwiegend erfolgreich sind, auch in der Dienstleistungsbranche.

Dienstleister gehen offenbar aber auch realistischer an das Auslandsgeschäft heran als Unternehmen in anderen Branchen: So sind bei den seltener genannten Gründen wie Produktivität, Personalverfügbarkeit und Infrastruktur zugleich auch die Erwartungen der Firmen ganz überwiegend nicht erfüllt worden.

2.4 Zielmärkte für Dienstleistungsunternehmen

Für die Zielregionen der Auslandsgeschäfte der Dienstleistungsunternehmen ergibt sich qualitativ ein dem Gesamtergebnis der Studie sehr ähnliches Bild, quantitativ weichen die Werte jedoch erheblich vom Durchschnitt ab. Dies ist darauf zurückzuführen, dass Dienstleistungsunternehmen sich sehr stark auf eine Zielregion zu spezialisieren scheinen. So hat im Durchschnitt der Gesamtheit ein Unternehmen gleichzeitig 3,1 Zielregionen angegeben, bei den Dienstleistungsunternehmen waren es im Durchschnitt nur 1,3. Diese extreme Fokussierung der Auslandsgeschäfte auf wenige verschiedene Zielmärkte lässt sich auf die geringere Durchschnittsgröße der Unternehmen, die meist überschaubaren operativen Möglichkeiten und das im Vergleich zu einem Standard-Massenprodukt der Industrie schwieriger auf ausländischen Markt zu platzierende „Produkt" zurückführen.

Qualitativ gesehen entspricht das Bild der Dienstleistungsunternehmen dem Gesamtergebnis. So ist die „Bisherige EU-15/EFTA" die mit Abstand wichtigste Zielregion der Branche (Abb. 399). Bemerkenswert ist dabei nur, wie eng die Regionen der „Zehn neuen EU-Mitgliedstaaten" und „Asien/Pazifik" auf den Rängen zwei und drei zusammenliegen.

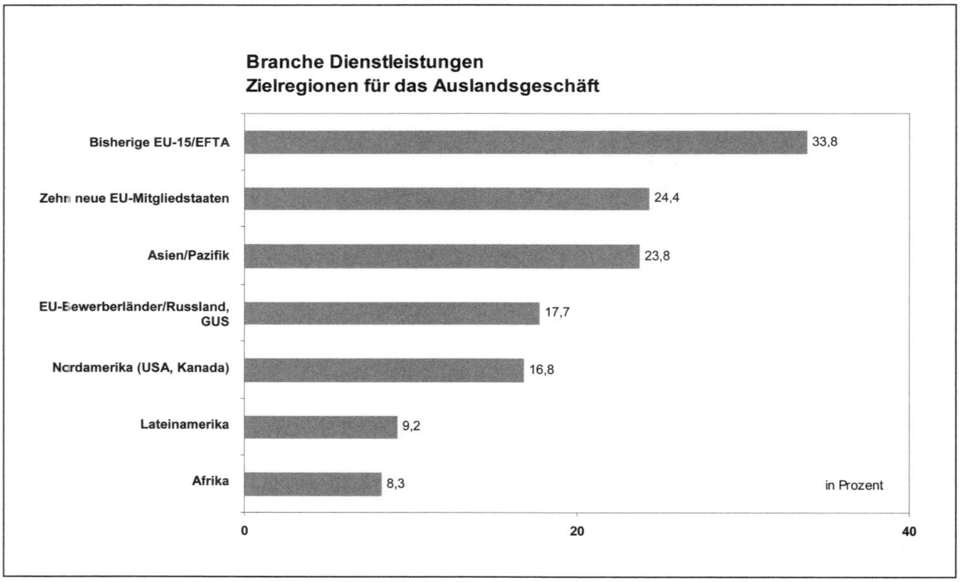

Quelle: Eigene Studie „Going International"
Abbildung 399: *Zielregionen für das Auslandsgeschäft in der Dienstleistungsbranche*

Die Frage nach den Erfolgsquoten der Dienstleistungsunternehmen in ihren Zielländern zeichnet ein dem der Allgemeinheit sehr ähnliches Ergebnis ab. So waren auch in dieser

Branche die Unternehmen in ihren jeweiligen Zielregionen überwiegend erfolgreich. Nur die Region „Nordamerika“ hat die Dienstleistungsunternehmen häufiger enttäuscht als die Gesamtheit, in ihr waren 69,3 % dieser Unternehmen erfolgreich (Abb. 400). Eine überdurchschnittliche Erfolgsquote weist die Branche Dienstleistungen für die Zielregion „Afrika“ auf, was in der Eigenart und im Entwicklungsstand der dortigen Märkte begründet sein dürfte. Afrikanische Länder verheißen gerade erfahrenen technischen Dienstleistungsunternehmen in bestimmten Bereichen gute Geschäftschancen.

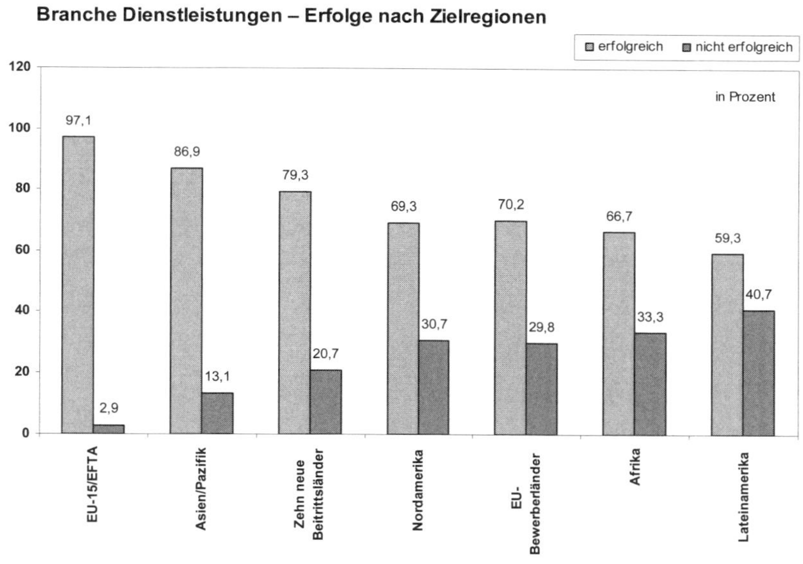

Quelle: Eigene Studie „Going International“
Abbildung 400: *Erfolge nach Zielregionen in der Dienstleistungsbranche*

2.5 Geschäftssituation in den Zielländern

Nach der Betrachtung der Erfolgsquoten der Dienstleistungsunternehmen in den verschiedenen Zielregionen stellt sich nun die Frage, wie sie die aktuelle Geschäftssituation in ihren jeweiligen Zielländern einschätzen.

Die Einschätzungen der aktuellen Geschäftssituationen ihrer Zielländer sind in der Branche Dienstleistungen dem Gesamtergebnis der Studie sehr ähnlich. Auch bei den Dienstleistern steht Österreich, sowohl heute als auch in den Erwartungen der nächsten fünf Jahre am höchsten im Kurs. Die Top 10 der aktuellen Geschäftssituationen werden – mit kleinen Verschiebungen – nahezu von denselben Ländern belegt und zwar überwiegend von Ländern der „Bisherigen EU-15/EFTA“ (Abb. 401).

Die Geschäftsentwicklung in den nächsten Jahren schätzen Dienstleistungsunternehmen jedoch sehr unterschiedlich ein. Zwar erhalten Österreich und die Schweiz die besten Perspektiven, für die Staaten Russland, China und Polen wird jedoch in dieser Branche mit erheblichen Verbesserungen der Geschäftssituation gerechnet. Somit überholen diese Staaten die übrigen westeuropäischen in der Rangliste der Perspektive der Geschäftssituation (Abb. 401).

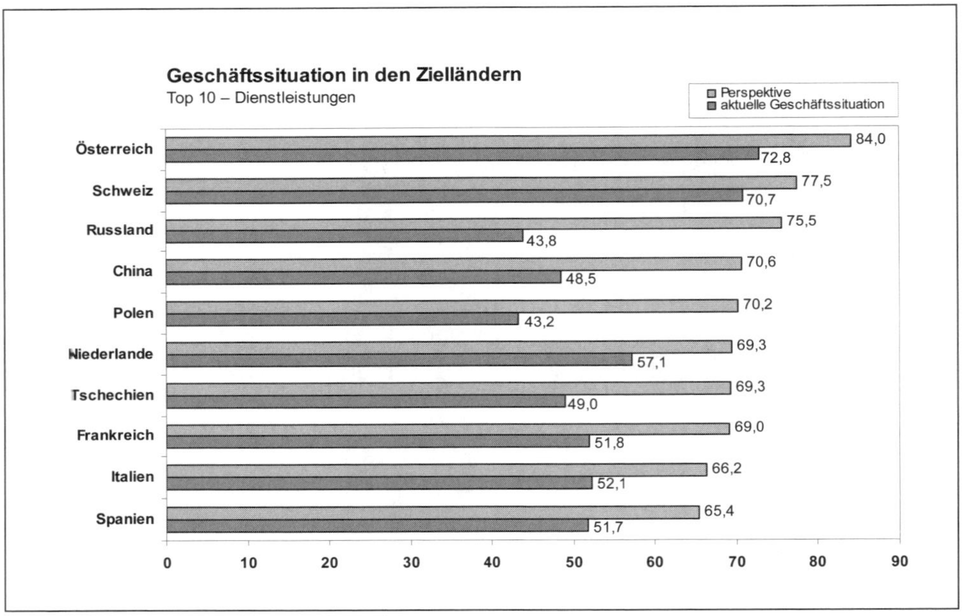

Quelle: Eigene Studie „Going International“

Abbildung 401: *Aktuelle Geschäftssituation und Perspektiven in den Zielländern der Dienstleistungsunternehmen, geordnet nach den Top 10 der Perspektiven*

Dieser Sprung wird mit einem Blick auf die Dynamik der Geschäftsentwicklung der Staaten deutlich. Russland weist mit 31,7 % mit Abstand die höchste Dynamik auf (Abb. 402), die auch im branchenübergreifenden Vergleich eine der größten ist. Vor allem die Dynamik von Rumänien, Bulgarien und der Türkei ist ebenfalls beachtlich, aufgrund der zurzeit jedoch als relativ schlecht eingeschätzten Geschäftssituation in dieser Branche verfehlen sie aber den Sprung in die Spitzengruppe. Die westeuropäischen Staaten weisen in dieser Darstellung, ausgehend von einer bereits sehr hohen Einschätzung der aktuellen Geschäftssituation, nur noch vergleichsweise geringe Verbesserungen auf.

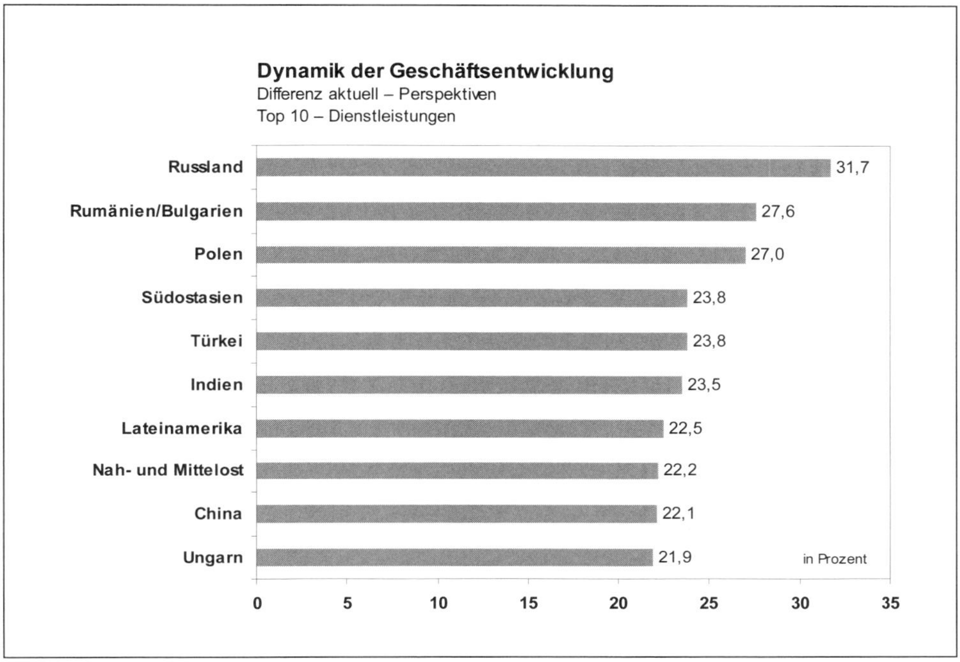

Quelle Eigene Studie „Going International“
Abbildung 402: *Dynamik der Geschäftsentwicklung – Branche Dienstleistungen*

2.6 Auslandsinvestitionen

Hat ein Unternehmen erfolgreich einen ausländischen Markt erschlossen und möchte über eine einfache Handelsbeziehung hinweg seine Marktposition ausbauen bzw. seine Wettbewerbsfähigkeit im Ausland sichern, so ist der Einsatz von Kapital im Zielland unabdingbar. Somit stellt sich nun die Frage nach den Auslandsinvestitionen von Dienstleistungsunternehmen. Die Quote der Dienstleistungsunternehmen mit einem Kapitaleinsatz im Ausland ist auffällig hoch. Insgesamt investieren 57,1 % der Service-Anbieter im Ausland; das ist beinahe die höchste Quote aller Wirtschaftszweige.

Jedoch handelt es sich hierbei um eher kleinere Summen, was ein Blick auf die Größenverteilung der Investitionen beweist (Abb. 403). 41,7 % der Dienstleistungsunternehmen investieren Beträge bis zu 500.000 Euro im Ausland, was im Vergleich zu den übrigen Branchen den bei weitem höchsten Anteil in dieser Größenordnung darstellt. Im Ergebnis ist dies nicht verwunderlich, benötigen Dienstleistungsunternehmen für die Aufnahme von Geschäftsaktivitäten in aller Regel zuerst die nötige Büroinfrastruktur vor Ort.

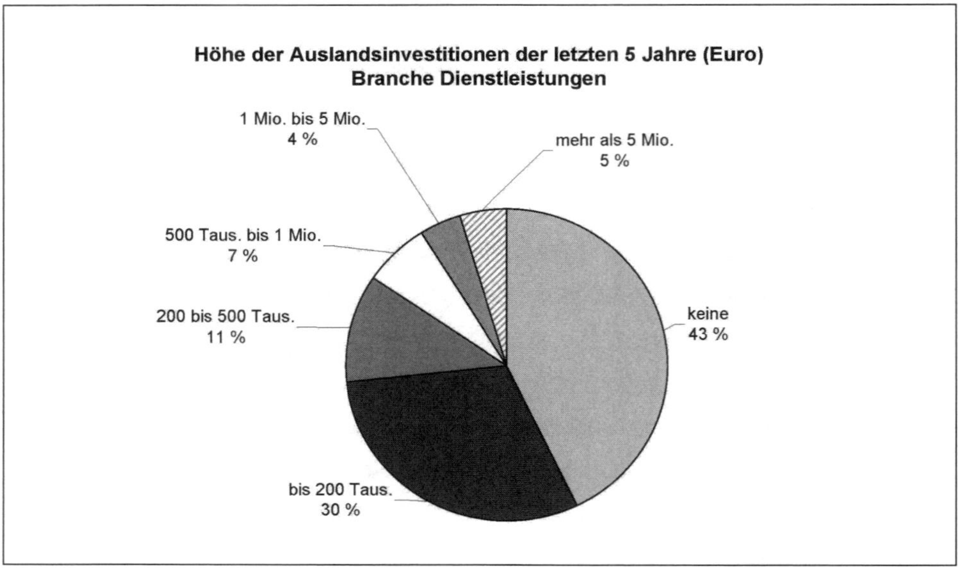

Quelle: Eigene Studie „Going International“
Abbildung 403: *Höhe der Auslandsinvestitionen der Dienstleistungsbranche*

2.7 Aktivitäten und Erfolge

Als Nächstes wird der Frage nachgegangen, ob sich die von den Dienstleistungsunternehmen gewählten Formen des Auslandsengagements bewährt haben. Dabei bestätigt die große Mehrheit der auslandsaktiven Service-Anbieter einen Erfolg in ihrem Auslandsgeschäft. Außer mit der Form des E-Commerce waren sie mit den von ihnen gewählten Aktivitäten im Ausland überwiegend erfolgreich, was das Gesamtergebnis der Studie in dieser Hinsicht bestätigt. Die sichersten Erfolge liegen dabei dem Export, Import und Sourcing mit Erfolgsquoten von jeweils über 90 % zugrunde (Abb. 404).

Zugleich hebt sich das Ergebnis für die Branche Dienstleistungen aber auch vom durchschnittlichen Gesamtergebnis ab. So sind die Erfolgsquoten für alle Geschäftsformen, Einkaufsbüro und E-Commerce ausgenommen, relativ hoch und nahezu gleich verteilt. Export und Sourcing/Einkauf einmal ausgenommen, liegen die Erfolgsquoten der Dienstleistungsunternehmen über alle Geschäftsformen hinweg höher als im Durchschnitt aller. Es zeigt sich bei den auslandsaktiven Unternehmen des Dienstleistungssektors, dass die Erfolgsquoten nicht wesentlich sinken, wenn mehr auf ausländische Partner gesetzt wird. Insgesamt ist auch hier die Häufigkeit eines Misserfolges bei den traditionellen Formen der Außenwirtschaft sehr gering.

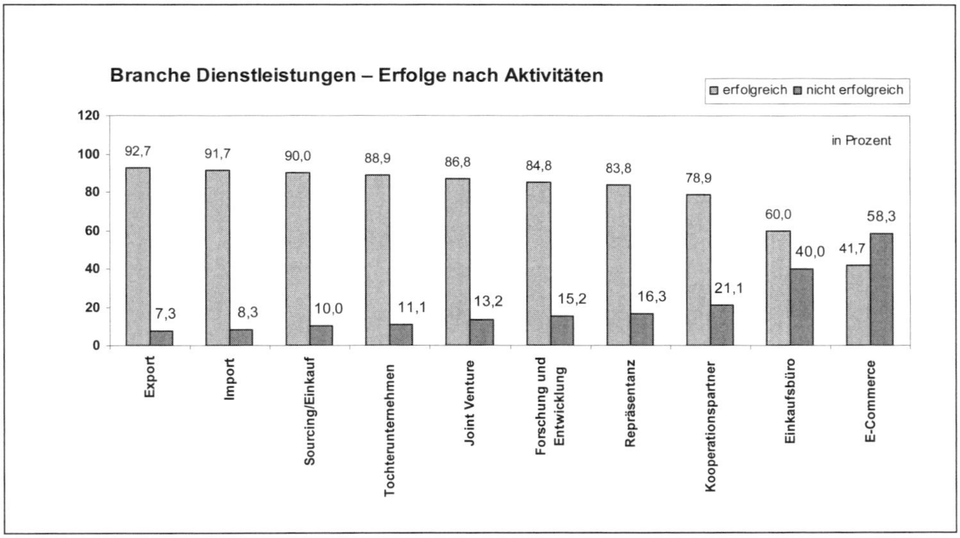

Quelle: Eigene Studie „Going International“
Abbildung 404: *Erfolge nach Aktivitäten in der Dienstleistungsbranche*

2.8 Probleme

Vor dem Hintergrund der herausgestellten relativ hohen Erfolgsquoten der auslandsaktiven Dienstleistungsunternehmen stellt sich nun die Frage nach den Problemen, auf die diese Unternehmen bei einem Vorhaben im Ausland stoßen, begrenzt auf die zehn am häufigsten genannten.

Dienstleistungsunternehmen scheinen im Allgemeinen nicht so häufig auf gravierende Probleme zu stoßen wie die Gesamtheit der Unternehmen. So liegt die Häufigkeit aller auftretenden Probleme bei den Service-Anbietern weit unter den Durchschnittswerten. Qualitativ stoßen sie jedoch auf die gleichen Probleme wie die Allgemeinheit, da die Top 10 der meistgenannten Probleme größtenteils mit den gleichen Problemfeldern besetzt ist. Die drei meistgenannten Probleme sind somit die Suche und Auswahl verlässlicher Partner, die Konkurrenz im Zielmarkt und, anders als im Durchschnitt, die richtigen Kontakte, die für Dienstleister sogar noch problematischer als zu hohe Preise sind (Abb. 405). Im Vergleich zur Gesamtheit ist das Problem der Korruption im Ausland für Dienstleister wohl ebenfalls bedeutender und steht für diese Branche an zehnter Stelle.

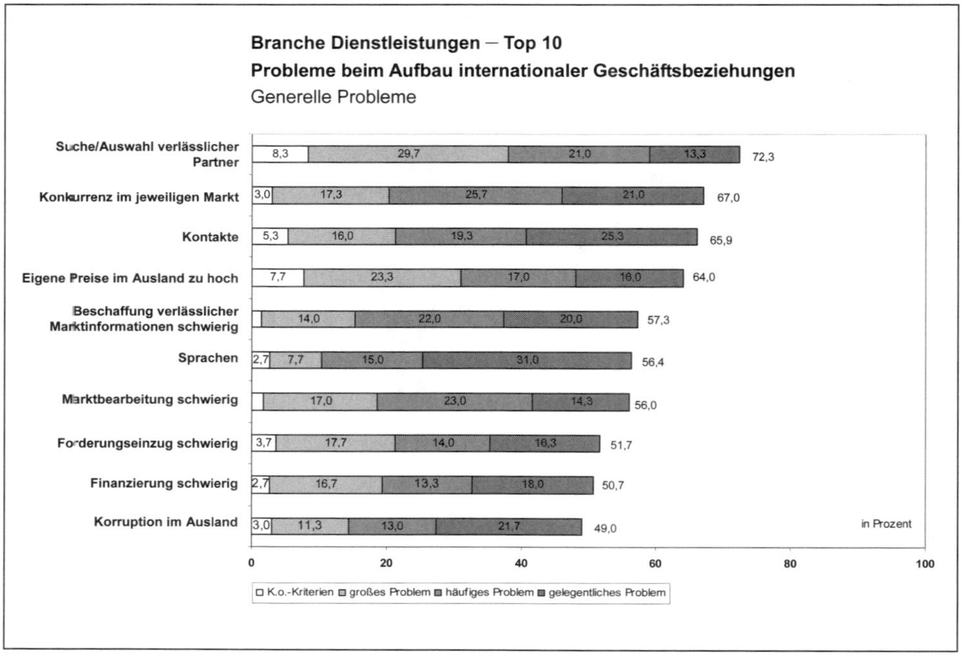

Quelle: Eigene Studie „Going International"

Abbildung 405: *Probleme beim Aufbau internationaler Geschäftsbeziehungen in der Dienstleistungsbranche*

2.9 Erfolgsfaktoren

Die Bewertung der Erfolgsfaktoren der Dienstleistungsunternehmen unterscheidet sich teilweise erheblich vom Gesamtergebnis der Studie und spiegelt die Eigenarten dieser Branche wider. So ist nicht mehr die Produktqualität, sondern die Wahl des richtigen Partners im Zielmarkt der wichtigste Garant für ein erfolgreiches Engagement. Die Produktqualität steht zwar noch an zweiter Stelle, verliert aber erheblich an Bedeutung im Vergleich zur Gesamtheit der Unternehmen und liegt nun gleichauf mit dem Faktor „Qualifizierte Mitarbeiter" (Abb. 406). Dies ist nur folgerichtig, da in der Dienstleistungsbranche im Grunde mit humanem Kapital gehandelt wird und die Qualität der Mitarbeiter somit Hand in Hand mit der Produktqualität geht. Ein spezifisches Geschäftskonzept ist für auslandsaktive Dienstleister ebenso sehr viel wichtiger als für die Gesamtheit.

Auffällig ist außerdem, wie vergleichsweise schwach der Faktor Preis bei den Dienstleistungsunternehmen im Auslandsgeschäft zum Tragen kommt; dieser wird von einem Drittel der Unternehmen dieser Branche als Erfolgsfaktor angegeben, im Durchschnitt der Gesamtheit sind es immerhin 44,1 %.

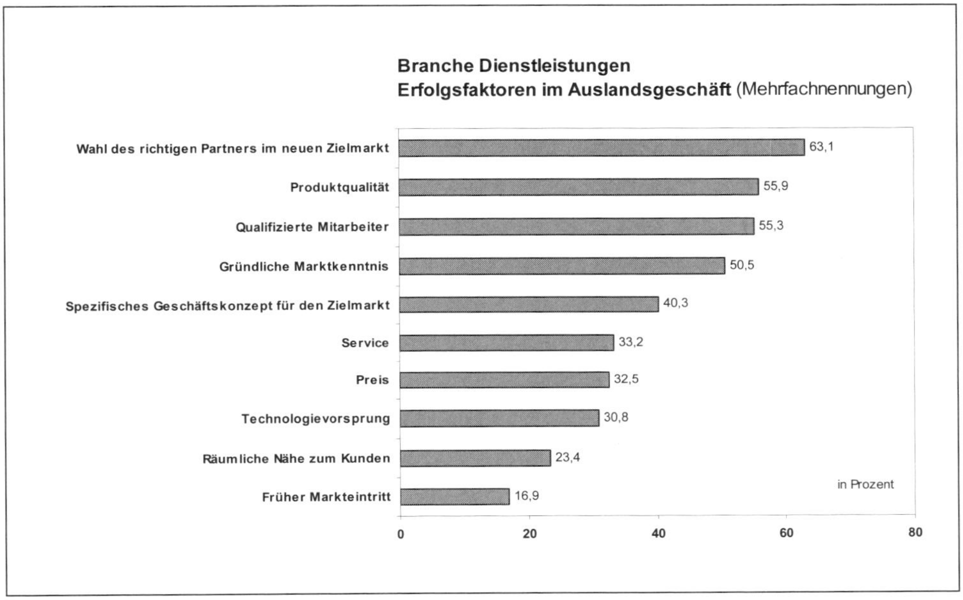

Quelle: Eigene Studie „Going International“
Abbildung 406: *Erfolgsfaktoren im Auslandsgeschäft der Dienstleistungsbranche*

2.10 Kernaussagen

- Der Internationalisierungsgrad der auslandsaktiven Dienstleistungsunternehmen liegt mit 36,8 % etwas unter dem Durchschnitt. Auch die Perspektive der Unternehmen bis 2009 ist in dieser Hinsicht etwas verhaltener als im Durchschnitt.
- Die Auswirkungen eines Auslandsengagements von Dienstleistungsunternehmen auf deren Umsatz, Gewinn und Personalbestand sind zwar verhaltener als im Durchschnitt, aber dennoch deutlich positiv.
- Das Motiv der Erschließung eines neuen Marktes für den Einkauf verfolgen in dieser Branche mit 45,3 % wesentlich weniger Unternehmen als im Durchschnitt. Dabei waren die Erfolgsquoten ebenso relativ gering.

- Dienstleistungsunternehmen scheinen ihre Auslandsaktivitäten stark auf ein bis zwei Zielregionen zu fokussieren. Mit dieser Einschränkung ergibt sich für die Zielregionen jedoch ein dem Gesamtergebnis der Studie sehr ähnliches Bild.
- Die heutige Geschäftssituation bewerten die Unternehmen zwar fast ausschließlich in der „EU-15/EFTA“ am besten, für ihre Perspektive erhalten jedoch, anders als im Durchschnitt, auch die Länder Russland, China und Polen sehr gute Einschätzungen.
- Der Anteil der im Ausland investierenden Unternehmen ist mit 57 % im Vergleich zum Gesamtergebnis sehr hoch. Dabei handelt es sich jedoch mit großem Übergewicht um kleinere Summen.
- Die Erfolgsquoten der Dienstleistungsunternehmen sind außer im Export und im Sourcing/Einkauf etwas höher als im Durchschnitt.
- Die zehn meistgenannten Probleme dieser Branche entsprechen im Wesentlichen dem Gesamtergebnis, wobei ihre Häufigkeiten allgemein unter dem Durchschnitt liegen.
- Für Dienstleistungsunternehmen ist, anders als im Durchschnitt, die Wahl des richtigen Partners im Zielmarkt der wichtigste Erfolgsfaktor, gefolgt von der Produktqualität und qualifizierten Mitarbeitern. Der Faktor Preis verliert für diese Branche deutlich an Bedeutung.

Teil V

Checkliste

Checkliste – Internationaler Geschäftsaufbau

Ein ausgearbeitetes und fundiertes Geschäftskonzept ist ein relevanter Erfolgsfaktor des internationalen Geschäftsaufbaus. Dies gilt durchweg für alle Zielregionen und Geschäftsformen und wird von Unternehmen aller Branchen so bestätigt.

Vor jedem Auslandsengagement stehen Fragen wie: Soll man überhaupt international aktiv werden bzw. wie interessant ist ein bestimmter möglicher Zielmarkt? Welche Chancen sind damit verbunden? Welche Risiken muss man berücksichtigen? Wie kann man vorgehen? Die korrekte Beantwortung dieser und weiterer Fragen ist entscheidend wichtig für den zukünftigen internationalen Unternehmenserfolg – sofern dieser geplant generiert und nicht zufällig entstehen soll.

Im Folgenden wurde deshalb eine Checkliste entwickelt, die dem praktischen Bezug des vorliegenden Handbuchs Rechnung trägt. Sie basiert auf dem Unternehmensentwicklungsprozess[645] und ist zu verstehen als „hands-on"-Anleitung für Unternehmen bei der Entscheidung über internationale Aktivitäten. Sie umfasst zehn Teile, mit konkret auf das eigene Unternehmen hin zu beantwortenden Anregungs- bzw. Leitfragen:

1. Ist-Analyse

- Hier wird die Situation im Unternehmen betrachtet:
- Wie ist die Ist-Situation des Unternehmens? Entwickeln Sie mit entsprechenden Analyse-Methoden ein aussagekräftiges Bild des derzeitigen Zustands des Unternehmens.
- Welches allgemeine unternehmerische Ziel soll mit dem internationalen Engagement erreicht werden? (Wachstum, Wettbewerbsfähigkeit etc.)
- Welche wettbewerbsfähigen Produkte/Dienstleistungen existieren im Unternehmen? Mit welchen soll in einem neuen Zielmarkt agiert werden?

645 Die vorliegende Checkliste folgt in ihrer Systematik Abb. 53 in diesem Buch. Diese Systematik wird ausführlicher erläutert und mit weiterführenden Quellen sowie vertiefenden Analysemethoden versehen in: Faix 2006, S. 10 ff.

- Welche Ressourcen stehen zur Verfügung:
  - Finanziell?
  - Personell?
  - Produktionskapazitäten?
- Liegen Kundenaufforderungen vor?
- Was sind die Erfolgsfaktoren des aktuellen/nationalen/internationalen unternehmerischen Handelns?
- Ist das Unternehmen bereits international aktiv? Wenn ja, mit welchen Produkten/Dienstleistungen? Mit welchen Ergebnissen? In welchen Märkten?
- Ist das Unternehmen international ausgerichtet? Das heißt, gibt es bereits internationale Erfahrungen im Unternehmen bzw. Mitarbeiter mit internationalem Erfahrungshintergrund?

2. Analyse der Rahmenbedingungen

- Hier werden die Rahmenbedingungen des Unternehmens betrachtet:
- Sind Konkurrenten/Kunden bereits im Ausland aktiv? Wenn ja, wie viel Prozent davon und in welchen Ländern?
- Wie erfolgreich sind diese Kunden/Konkurrenten in den Ländern?
- Gibt es Kunden oder andere Unternehmen, mit denen eine internationale Kooperation denkbar wäre?
- Wie werden aktuell die verschiedenen Hauptmärkte Ihrer Branche in den Medien bewertet?
- Welche Informationsquellen wollen Sie nutzen, um sich über bestimmte Märkte zu informieren?
  - Organisationen
  - Berater
  - Private Kontakte
  - Banken
- Sammeln Sie Informationen über die verschiedenen Märkte, die Sie am meisten interessieren:
  - Wirtschaftliche Entwicklung allgemein
  - Wirtschaftliche Bedeutung und Entwicklung der eigenen Branche in diesen Märkten
  - Politische Systeme, Entwicklungen und Stabilität
  - Währungssysteme, Geldtransfermöglichkeiten
  - Zahlungsmoral

  - Zollregelungen
  - Wirtschaftsregionen
  - Etc.

3. Definition der Potenziale und Risiken

- Die Ergebnisse der bisherigen Überlegungen und Recherchen zusammenfassend, sollen nun die möglichen Potenziale festgehalten werden:
- Mit welchen Produkten/Dienstleistungen besteht möglicherweise eine Chance in ausländischen Märkten?
- Welche Länder sind die vielversprechendsten?
- Welche Geschäftsideen könnten in den verschiedenen Ländern erfolgreich sein?
- Welche Risiken müssen beachtet werden?
- Welche Informationen fehlen derzeit über die Länder/Märkte?

4. Analyse der vorausgewählten Zielmärkte

Nun werden die verschiedenen in Frage kommenden Zielmärkte analysiert und bewertet, so dass am Ende eine Entscheidung bezüglich der anzugehenden Zielmärkte getroffen werden kann:

- Durchführung von Marktanalysen in den potenziellen Zielländern
  - Beschaffung primärer und sekundärer Informationen
- Gezielte Überprüfung der Geschäftsideen in den Zielländern
  - Optimalerweise durch primäre Analysen vor Ort bei denen potenzielle Zulieferer, Kunden, Partner und Know-how -Träger etc. konkret befragt werden

5. Zielmarktdefinition

In welches Land soll es nun gehen? Bitte verwenden Sie für den analytischen Vergleich der Märkte die Methoden aus Teil I, Einführung in die Außenwirtschaft, S. 58 ff.

6. Strategisches Konzept

Mit welchem strategischen Konzept wollen Sie sich in dem Land positionieren? Nische, Differenzierung, Preis- oder Kostenführerschaft? Etc.

Planen Sie alles Weitere aus diesem Blickwinkel!

7. Unternehmerische Ziele

- Welche konkreten, in Zahlen fassbaren unternehmerischen Ziele möchten Sie mit dem neuen Auslandsengagement im ersten, zweiten, dritten, fünften Jahr erreichen?

8. Finanzplan

- Wie sieht der konkrete Finanzplan für die ersten drei bzw. fünf Jahre aus?
- Erstellen Sie eine Plan-Bilanz für die ersten fünf Jahre.

9. Strategie - Der Weg zum Ziel

Unternehmerisches Handeln hat immer die Erreichung konkreter Unternehmensziele im Blick. Aus dieser Perspektive entscheidet man Vorgehen, Struktur und Aufbau einer Organisation bis hin zu Mitarbeiterqualifikationen. Insofern geht es bei unternehmerischen Entscheidungen also immer um die Frage nach dem geeigneten Weg zum Ziel, der wiederum die Strategie zur Zielerreichung darstellt. Nach der Entscheidung für einen Zielmarkt und der Festlegung der zu erreichenden Ziele muss konkret geplant werden, wie die Ziele erreicht werden unter Berücksichtigung der zur Verfügung stehenden Ressourcen. Festgelegt werden müssen – je nach umzusetzender Geschäftsidee:

- Was sind die Erfolgsfaktoren zur Zielerreichung?
- Welcher Standort/welche Standorte sind für Sie geeignet und warum?
- Welche Geschäfts- und Organisationsform wählen Sie?
- Wie soll die Anbindung an die Muttergesellschaft aussehen in Bezug auf:
  - Kommunikation
  - Sprache und Unternehmenskultur
  - Prozesse zwischen Deutschland und dem Ausland
- Wollen Sie Partnerschaften eingehen? Wenn ja, warum und welche Kriterien muss der Partner erfüllen?
- Müssen Sie Ihre Produkte/Dienstleistungen an den neuen Zielmarkt anpassen? Wenn ja, wie?
- Wie organisieren Sie Ihr Marketing?
- Wie organisieren Sie den Vertrieb?
- Wie organisieren Sie den Einkauf/das Sourcing? Wie definieren und finden Sie geeignete Lieferanten?
- Wie organisieren Sie die Logistik?

- Wie organisieren Sie Ihre Produktion in Bezug auf:
  - Prozesse
  - Methoden
- Wie führen Sie Ihr Qualitätsmanagement durch?
- Wie organisieren Sie Ihr Finanzmanagement?
- Welche Mitarbeiter und Führungskräfte wollen Sie einsetzen? Wie und wo rekrutieren Sie diese? Welche Qualifikationen müssen diese haben? Wie wollen Sie Schlüsselpersonen binden?
- Welche Informationstechnologie wollen Sie nutzen in Bezug auf:
  - Systeme
  - Angleichung an die deutsche Organisation
- Wie organisieren Sie Ihr Informations- und Know-how Management? Wie schützen Sie Ihre „Intellectual property"?
- Wie definieren und organisieren Sie Ihre Geschäftsprozesse für das Auslandsgeschäft?
- Welche rechtlichen Rahmenbedingungen müssen beachtet werden?
- Welche strategischen Instrumente wollen Sie einsetzen?

10. Zielerreichungskontrolle

Regelmäßige Überprüfung der Entwicklung im Auslandsgeschäft.

- Werden die in Zahlen definierten Ziele erreicht?
- Werden die Erfolgsfaktoren berücksichtigt und umgesetzt?

Literaturverzeichnis

1. Literatur

ALBAUM, GERALD / STRANDSKOV, JESPER / DUERR, EDWIN: Internationales Marketing und Exportmanagement, 3. Auflage, München 2001.

ALBERS, SÖNKE / HILDEBRANDT, LUTZ: Methodische Probleme bei der Erfolgsfaktorenforschung. Messfehler, formative versus reflektive Indikatoren und die Wahl des Strukturgleichungs-Modells, in: Zeitschrift für betriebswirtschaftliche Forschung, Februar 2006, S. 2-33.

ALEXANDROVA, OLGA: Russland und die GUS, in: Wissenschaft und Frieden, 2/2000, in: http://www.iwif.de, aufgerufen am 19.06.2006.

ALTMANN, JÖRN: Außenwirtschaft für Unternehmen, 2. Auflage, Stuttgart 2001.

ANGST VOR ASIEN. Die USA und China, in: Die Zeit, Nr. 17, 20.04.2006.

ANSOFF, HARRY IGOR: Management-Strategie, München 1966.

AUSWÄRTIGES AMT: Aufgaben der deutschen Außenpolitik. Südostasien sowie Australien, Neuseeland und Pazifische Inseln am Beginn des 21. Jahrhunderts, Berlin 2002.

BAUER, GÜNTHER: Globalisierung. Auswirkungen auf die Unternehmen in Ostwürttemberg. Vortrag in der IHK Ostwürttemberg/Heidenheim am 11. November 2005.

BECK, ULRICH: Was ist Globalisierung? Irrtümer des Globalismus – Antworten auf Globalisierung, 9. Auflage, Frankfurt am Main 1997.

BEIßEL, JÖRG: Anreizsysteme in der Beschaffung. Eine informationsökonomische Analyse der Abnehmer-Lieferanten-Beziehung. Schriften zur quantitativen Betriebswirtschaftslehre, Wiesbaden 2003.

BELITZ, HEIKE: Ausländische Unternehmen weiten Forschung und Entwicklung in Deutschland aus, Wochenbericht des DIW, Berlin Nr. 16/2004, in: http://www.diw.de, aufgerufen am 05.07.2006.

BIRKE, HEIKE: Erfolgreich mit tschechischen Partnern zusammenarbeiten, Landsberg 2005.

BOFINGER, PETER: Wir sind besser, als wir glauben. Wohlstand für alle, Reinbek 2006.

BORCHERT, MANFRED: Außenwirtschaftslehre. Theorie und Politik, 7. Auflage, Wiesbaden 2001.

BRENNER, HATTO / FUCHS, BURKHART: Exportieren leicht gemacht. 44 Checklisten weisen den Weg, Köln 2003.

BREWSTER, CHRIS / KABST, RÜDIGER: Personalpraktiken national und international tätiger Unternehmen, in: Gerhard und Lore Kienbaum Stiftung / Gutmann, Joachim / Kabst, Rüdiger (Hrsg.): Internationalisierung im Mittelstand. Chancen – Risiken – Erfolgsfaktoren, Wiesbaden 2000, S. 289-314.

BUNDESVERBAND DER DEUTSCHEN INDUSTRIE (BDI)/DEUTSCHER INDUSTRIE- UND HANDELSKAMMERTAG (DIHK)/BUNDESVERBAND DES DEUTSCHEN GROß- UND AUßENHANDELS (BGA)/BUNDESVERBAND DEUTSCHER BANKEN (BDB)/ARBEITSGEMEINSCHAFT DER LÄNDERVEREINE: Außenwirtschaft stärken – Arbeitsplätze und Wohlstand sichern! Die außenwirtschaftspolitischen Erwartungen der deutschen Wirtschaft zur 16. Legislaturperiode, Berlin 2005, abrufbar unter http://www.dihk.de.

CORSTEN, HANS: Grundlagen der Wettbewerbsstrategie, Stuttgart 1998.

DEUTSCHE BUNDESBANK: Auswirkungen der EU-Osterweiterung auf die deutsche Wirtschaft, Monatsbericht Mai 2004.

DEUTSCHE BUNDESBANK: Kapitalverflechtungen mit dem Ausland, Statistische Sonderveröffentlichung 10, Frankfurt am Main 2006.

DEUTSCHE BUNDESBANK: Zur Problematik internationaler Vergleiche von Direktinvestitionsströmen, in: Monatsberichte der Deutschen Bundesbank, 49. Jg., Nr. 5, Mai 1997, S. 79-86.

DEUTSCHER INDUSTRIE- UND HANDELSKAMMERTAG: Dienstleistungsreport, Berlin 2006

DEUTSCHER INDUSTRIE- UND HANDELSKAMMERTAG: FuE-Verlagerung. Innovationsstandort Deutschland auf dem Prüfstand. Berlin 2005.

DEUTSCHER INDUSTRIE- UND HANDELSKAMMERTAG: Handelsreport, Berlin 2006.

DEUTSCHER INDUSTRIE- UND HANDELSKAMMERTAG: Industriereport, Berlin 2005.

DEUTSCHER INDUSTRIE- UND HANDELSKAMMERTAG: Investitionen im Ausland – Ergebnisse einer DIHK-Umfrage, Berlin 2006.

DIETZ, DANIELA: Die Härtegrade des E-Commerce, in: Asia Bridge, 6/2006, S. 20f.

DIECKHEUER, GUSTAV: Internationale Wirtschaftsbeziehungen, 5. Auflage, München 2001.

DIK, WOLFGANG: Nordafrika und der Mittlere Osten: Ein Markt mit Zukunft, in: IHK-Magazin Wirtschaft Region Stuttgart, Nr. 10/2003, http://www.stuttgart.ihk24.de, aufgerufen am 26.05.2006.

DILLERUP, RALF / STOI, ROMAN: Unternehmensführung, München 2006.

DISSELKAMP, MARKUS / SCHÜLLER, RALF: Lieferantenrating. Instrumente, Kriterien, Checklisten, Wiesbaden 2004.

DÜLFER, EBERHARD: Internationales Management in unterschiedlichen Kulturbereichen, München 1999.

EBEL, BERND: Internationales Operations-Management, in: Meier, Harald / Roehr, Sigmar: Einführung in das Internationale Management, Herne/Berlin 2004.

EMMRICH, VOLKHARD: Globale Produktionsstandorttheorien, in: Krystek, Ulrich / Zur, Eberhard (Hrsg.): Handbuch Internationalisierung. Globalisierung – eine Herausforderung für die Unternehmensführung, 2. Auflage, Berlin 2002, S. 331-348.

ERMSCHEL, ULRICH: Einführung in das Internationale Marketing, in: Meier, Harald / Roehr, Sigmar (Hrsg.): Einführung in das Internationale Management, Herne/Berlin 2004, S. 89-114.

FAIX, WERNER G.: Die Unternehmensentwicklung zu Wachstum und Globalisierung, in: Faix, Werner G. / Schulten, Annette / Keck, Gerhard / Sailer, Joachim / Mezger, Patricia: Management von Wachstum und Globalisierung, Steinbeis-Edition, Stuttgart 2006, S. 1-42.

FAIX, WERNER G. / LAIER, ANGELIKA: Soziale Kompetenz. Das Potential zum unternehmerischen und persönlichen Erfolg, Wiesbaden 1991.

FAIX, WERNER G. / SCHULTEN, ANNETTE / KECK, GERHARD / SAILER, JOACHIM / MEZGER, PATRICIA: Management von Wachstum und Globalisierung, Steinbeis-Edition, Stuttgart 2006.

FAIX, WERNER G. / ZYWIETZ, TASSILO / SCHULTEN, ANNETTE / TABORÉ-STRAUB, SYLVIE: Going International. Erfolgsfaktoren im Auslandsgeschäft, Steinbeis-Edition, Stuttgart 2003.

FELD, LARS P.: Nettozahler Deutschland? Eine ehrliche Kosten-Nutzen-Rechnung, in: Wessels, Wolfgang / Diedrichs, Udo (Hrsg.): Die neue Europäische Union: im vitalen Interesse Deutschlands? Studie zu Kosten und Nutzen der Europäischen Union für die Bundesrepublik Deutschland, Berlin 2006, S. 93-113.

FLECK, ANDREE: Hybride Wettbewerbsstrategien, Wiesbaden 1995.

FOLLATH, ERICH / RAO, PADMA: Ein Moloch erwacht, in: Spiegel Special: Globalisierung. Die neue Welt, Nr. 7/2005, S. 54-64.

FREY, GERDA: Das Wunder von Deutschland, in: Focus Money, 24. Mai 2006, S. 68-70.

GAMBKE, THOMAS / KLEVERS, THOMAS: Produktion von High-Tech-Teilen in Tschechien – Erfahrungen, Risiken und Chancen, in: Krystek, Ulrich / Zur, Eberhard (Hrsg.): Handbuch Internationalisierung. Globalisierung – eine Herausforderung für die Unternehmensführung, 2. Auflage, Berlin 2002, S. 349-359.

GERHARD UND LORE KIENBAUM STIFTUNG / GUTMANN, JOACHIM / KABST, RÜDIGER (HRSG.): Internationalisierung im Mittelstand. Chancen – Risiken – Erfolgsfaktoren, Wiesbaden 2000.

GERUM, ELMAR: Internationalisierung mittelständischer Unternehmen durch Netzwerke, in: Gerhard und Lore Kienbaum Stiftung / Gutmann, Joachim / Kabst, Rüdiger (Hrsg.): Internationalisierung im Mittelstand. Chancen – Risiken – Erfolgsfaktoren, Wiesbaden 2000, S. 273-285.

GLOSAUER, CHRISTIAN: Golfländer im Wachstumsrausch, in: Markets. Das Servicemagazin für Außenwirtschaft, Februar 2006, S. 8-13.

GOLDMAN SACHS: Dreaming with BRICs. The Path to 2050. Global Economics Paper, No. 99, 2003.

GÖRRES, CORNELIUS / WANG, EDGAR: Interkulturelle Aspekte, in: Bundesverband für Materialwirtschaft, Einkauf und Logistik e.V. / Bogaschewsky, Ronald (Hrsg.): Einkaufen und Investieren in China, Würzburg 2004.

GRABENDORFF, WOLF: Lateinamerikas unsichere Zukunft, in: Aus Politik und Zeitgeschichte, B 38-39 / 2003.

HARDOCK, PETRA: Produktionsverlagerung von Industrieunternehmen ins Ausland, Wiesbaden 2000.

HAVNES, PER-ANDERS / AHOKANGAS / HAAHTI, ANTTI J.: Strategies of Internationalisation – Theoretical Point of Departure, in: Havnes, Per-Anders / Haahti, Antti (Eds.): Dynamics and Diversity. Discoveries in Internationalisation of European Small and Medium Enterprises. Insights from a Longitudinal Study in Eight European Countries, Rovaniemi 2006, S.9-33.

HEIDUK, GÜNTER S.: Außenwirtschaft. Theorie, Empirie und Politik der interdependenten Weltwirtschaft, Heidelberg 2005.

HELMES, MARION: Das Management von Produktionsverlagerungen. Eine Darstellung am Beispiel der deutschen Bekleidungsindustrie in Mittel-/Osteuropa, Berlin 1996.

HINTERHUBER, HANS H. / MATZLER, KURT / PECHLANER, HARALD: Methoden und Techniken der internationalen Wettbewerbsanalyse, in: Macharzina, Klaus / Oesterle, Michael-Jörg (Hrsg.): Handbuch Internationales Management. Grundlagen – Instrumente – Perspektiven, 2. Auflage, Wiesbaden 2002, S 333-359.

HORNIG, FRANK / JUNG, ALEXANDER: Der Markt hat kein Herz. Gespräch mit US-Ökonom Paul A. Samuelson, in: Spiegel Special: Globalisierung. Die Neue Welt, Nr. 7/2005, S. 150-153.

HORNIG, FRANK / WAGNER, WIELAND: Duell der Giganten, in: Spiegel Special: Globalisierung. Die Neue Welt, Nr. 7/2005, S. 82-94.

INANÇ, TURAN: Erfolgreich kommunizieren und verhandeln mit türkischen Geschäftspartnern, hg. v.: IMT-Institut für Management und Türkei-Beratung, München 2006, S. 6.

INTERNATIONAL MONETARY FUND: World Economic Outlook April 2006. Globalization and Inflation, Washington D.C. 2006.

JAHRMANN, FRITZ-ULRICH: Außenhandel, 11. Auflage, Ludwigshafen 2004.

JANKER, CHRISTIAN G.: Multivariate Lieferantenbewertung, Wiesbaden 2004.

KABST, RÜDIGER: Internationalisierung mittelständischer Unternehmen. Schriftenreihe Empirische Personal- und Organisationsforschung, Band 24, Mering 2004.

KACHCHAROVA, CONSTANCE: Ein Markt ist besser als sein Ruf, in: Markets, Das Servicemagazin für Außenwirtschaft, 01/2006, S. 20.

KAPPEL, ROBERT: Entwicklungsstrategien für Wirtschaft und Gesellschaft, in: Bundeszentrale für politische Bildung (Hrsg.): Afrika I, Informationen zur politischen Bildung Nr. 264, 1999, in: http://www. bpb.de, aufgerufen am 27.05.2006.

KEMPF, ANDREAS: Russland holt mächtig auf, in Stuttgarter Zeitung, 02.06.2006, S.13.

KESSLER, WOLFGANG: Gesellschaften unter Globalisierungsdruck, in: Bundeszentrale für politische Bildung (Hrsg.): Globalisierung, Informationen zur politischen Bildung, Nr. 280/2003, S. 27-33.

KLAUS, PETER: Finanzierungskonferenz Nordafrika Mittelost der Kreditanstalt für Wiederaufbau, München 2005, in: http://www.bdi-online.de/Dokumente/Internationale-Maerkte/Klaus-KfW_Bankengruppe.pdf, aufgerufen am 05.06.2006.

KOPPELMANN, UDO: Beschaffungsmarketing, 4. Auflage, Berlin 2004.

KRUGMAN, PAUL R.: What do Undergrads Need to Know About Trade?, in: American Economic Review, 83. Jg., Nr. 2, 1993, S. 23-26.

KRUGMAN, PAUL R. / OBSTFELD, MAURICE: Internationale Wirtschaft. Theorie und Politik der Außenwirtschaft, 6. Auflage, München 2004.

KÜHLMANN, TORSTEN M.: Internationalisierung des Mittelstands als Herausforderung für die Personalauswahl und -entwicklung, in: Gerhard und Lore Kienbaum Stiftung / Gutmann, Joachim / Kabst, Rüdiger (Hrsg.): Internationalisierung im Mittelstand. Chancen – Risiken - Erfolgsfaktoren, Wiesbaden 2000, S. 357-371.

KUNDU, KUNAL KUMAR: Deutsche Direktinvestitionen in Indien: Unausgeschöpftes Potenzial, in: Deutsche Bank Research, Aktuelle Themen 338, 29. November 2005.

KUTSCHKER, MICHAEL / SCHMID, STEFAN: Internationales Management, 4. Auflage, München 2005.

LAU, ALEXANDER / ZYWIETZ, TASSILO / FAIX, WERNER G.. / SCHULTEN, ANNETTE: Going International. Erfolgsfaktoren im Auslandsgeschäft. Erfahrungen, Lösungen und Perspektiven, Berlin 2005.

LINK, WOLFGANG: Erfolgspotentiale für die Internationalisierung. Gedankliche Vorbereitung - Empirische Relevanz – Methodik, Wiesbaden 1997.

MACHARZINA, KLAUS / WOLF, JOACHIM: Unternehmensführung, Wiesbaden 2005.

MECKL, REINHARD: Probleme der Gründung von Auslandsgesellschaften, in: Macharzina, Klaus / Oesterle, Michael-Jörg (Hrsg.): Handbuch Internationales Management. Grundlagen – Instrumente - Perspektiven, 2. Auflage, Wiesbaden 2002, S. 653-676.

MEIER, HARALD: Internationales Personalmanagement, in: Meier, Harald / Roehr, Sigmar (Hrsg.): Einführung in das Internationale Management, Herne/Berlin 2004, S. 203-230.

MEIER, HARALD / ROEHR, SIGMAR (HRSG.): Einführung in das Internationale Management, Herne/Berlin 2004. (Meier / Roehr 2004a)

MEIER, HARALD, / ROEHR, SIGMAR: Internationalisierung der Wirtschaft, in: Meier, Harald / Roehr, Sigmar (Hrsg.): Einführung in das Internationale Management, Herne/Berlin 2004, S. 14f. (Meier / Roehr 2004b)

MICHAELI, RAINER: Competitive Intelligence. Strategische Wettbewerbsvorteile erzielen durch systematische Konkurrenz-, Markt- und Technologieanalysen, Berlin 2005.

MÜLLER, STEFAN / KORNMEIER, MARTIN: Motive und Unternehmensziele als Einflussfaktoren der einzelwirtschaftlichen Internationalisierung, in: Macharzina, Klaus / Oesterle, Michael-Jörg (Hrsg.): Handbuch Internationales Management. Grundlagen – Instrumente - Perspektiven, 2. Auflage, Wiesbaden 2002, S. 99-130.

MÜLLER-STEWENS, GÜNTER / LECHNER, CHRISTOPH: Strategisches Management. Wie strategische Initiativen zum Wandel führen, 2. Auflage, Stuttgart 2003.

NAGEL, KURT: Die sechs Erfolgsfaktoren des Unternehmens, 5. Auflage, Landsberg 2001.

NAGEL, KURT: Praktische Unternehmensführung. Analysen, Instrumente, Methoden, Loseblattsammlung, 55. Nachlieferung, München 2005.

NEUBERT, MICHAEL: Internationale Markterschließung. Vier Schritte zum Aufbau neuer Auslandsmärkte, Landsberg am Lech 2006.

NICOLAI, ALEXANDER / KIESER, ALFRED: Trotz eklatanter Erfolglosigkeit: Die Erfolgsfaktorenforschung weiter auf Erfolgskurs, in: Die Betriebswirtschaft, 62. Jg. 2002, S. 579-596.

NICOLETTI, GIUSEPPE ET AL.: Policies and International Integration: Influences on Trade and Foreign Direct Investment. OECD Economics Department Working Papers No. 359, Paris 2003.

NIEHOFF, WALTER / REITZ, GERHARD: Going Global. Strategien, Methoden und Techniken des Auslandsgeschäfts, Berlin 2001.

NIERMEYER, RAINER: Kriterien der Personalauswahl, in: Gerhard und Lore Kienbaum Stiftung / Gutmann, Joachim / Kabst, Rüdiger (Hrsg.): Internationalisierung im Mittelstand. Chancen – Risiken - Erfolgsfaktoren, Wiesbaden 2000, S. 327-343.

NÖCKER, RALF: Internationalisierung als Wettbewerbsstrategie, Hamburg 2001.

OECD: Trends in Foreign Direct Investment, in: OECD Economic Outlook, No. 73, Paris 2003.

OECD: Trends and Recent Developments in Foreign Direct Investment, OECD 2005, in: http://www.oecd.org, aufgerufen am 08.07.2006.

OLDAG, ANDREAS: Global integriert, in: Süddeutsche Zeitung Nr. 143, 24./25. Juni 2006, S. 19.

PERLITZ, MANFRED: Internationales Management, 5. Auflage, Stuttgart 2004.

PERLITZ, MANFRED: Spektrum kooperativer Internationalisierungsformen, in: Macharzina, Klaus / Oesterle, Michael-Jörg (Hrsg.): Handbuch Internationales Management. Grundlagen – Instrumente – Perspektiven, 2. Auflage, Wiesbaden 2002, S. 533-549.

PICHLER, J. HANNS / VOITHOVER, PETER: SME Strategic Behaviour and Attitudes toward Cooperation and Networking, in: Havnes, Per-Anders / Haahti, Antti (Eds.): Dynamics and Diversity. Discoveries in Internationalisation of European Small and Medium Enterprises. Insights from a Longitudinal Study in Eight European Countries, Rovaniemi 2006, S. 253-264.

PLEITNER, HANS JOBST: Klein- und Mittelunternehmen in einer dynamischen Wirtschaft. Ausgewählte Schriften von Hans Jobst Pleitner, hg. v.: Mugler, Josef / Schmidt, Karl-Heinz unter Mitarbeit von Habersaat, Magrit. Schriftenreihe des Schweizerischen Instituts für gewerbliche Wirtschaft an der Hochschule St. Gallen für Wirtschafts-, Rechts- und Sozialwissenschaften, Band 12, Berlin 1995.

PORTER, MICHAEL E.: Consumer Behavior, Retailer Power, and Manufacturer Strategy in Consumer Goods Industries, Doctoral Dissertation (unpublished), Harvard 1973.

PORTER, MICHAEL E.: Nationale Wettbewerbsvorteile. Erfolgreich Konkurrieren auf dem Weltmarkt, München 1991.

PORTER, MICHAEL E.: Wettbewerb und Strategie, München 1999. (Porter 1999a)

PORTER, MICHAEL E.: Wettbewerbsstrategie. Methoden zur Analyse von Branchen und Konkurrenten, 10. Auflage, Frankfurt am Main 1999. (Porter 1999b)

PUTZIER, WOLFHART: Sichere Wege in neue Absatzmärkte im Ausland – Die Rolle des Außenhändlers, Berlin 2004, in: http://www.bga.de.

RAVENHILL, JOHN: Global Political Economy, Oxford 2005.

RENTZSCH, HANS-PETER: Erfolgreich Verhandeln im weltweiten Business, Wiesbaden 1999.

RICARDO, DAVID: On the Principles of Political Economy and Taxation, 3. Auflage, London 1821.

ROBASCHIK, FRANK: Deutschlands Wirtschaftsbeziehungen mit Japan beleben sich, in: Bfai: Markt des Monats: Japan, 11.04.2005, http://www.ixpos.de.

ROSE, KLAUS / SAUERNHEIMER, KARLHANS: Theorie der Außenwirtschaft, 13. Auflage, München 1999.

SACHS, RUDOLF / KAMPHAUSEN, RUDOLF E.: Leitfaden Außenwirtschaft, 6. Auflage, Wiesbaden 1996.

SCHAAF, BERND: Deutsche Ausfuhr gerät ins Stocken, in: Asia Bridge, 6/2006, S. 36.

SCHARRER, JOCHEN: Internationalisierung und Länderselektion. Eine empirische Analyse mittelständischer Unternehmen in Bayern, München 2000.

SCHEEN, THOMAS: China rollt den afrikanischen Kontinent auf, in: Frankfurter Allgemeine Zeitung vom 12.05.2006, http://www.faz.net, aufgerufen am 24.05.2006.

SCHLEGEL, GABRIELE / Schlegel, Volker: Managerwissen kompakt USA, München 2006.

SCHLÜCHTERMANN, JÖRG / KLÖPFNER, RALF / POINTNER, MARIA: Internationalisierung der Produktion – Zur Entstehung internationaler Produktionsnetzwerke, in: Wagner, Gerd Rainer (Hrsg.): Festschrift zum 65. Geburtstag von Hartmut Kreikebaum, Wiesbaden 1999, S. 271-302.

SCHRÖDER, ERNST-JÜRGEN: Australien als Standort deutscher Direktinvestitionen im asiatisch-pazifischen Wirtschaftsraum, in: Petermanns Geographische Mitteilungen, Band 140, Heft 2, 1996, S. 109-114.

SCHROLL-MACHL, SYLVIA: Was ist im Kontakt mit Mittel und Osteuropa zu beachten?. in: Hernsteiner – Fachzeitschrift für Management und Entwicklung, 4/ 2004, in: http://www.gera.ihk.de/GIHK24/GIHK24/produktmarken/international/Thema5921/Kontakt_mit_Geschaeftsleuten_aus_Mittel-_und_Osteuropa_200..pdf, aufgerufen am 17.07.2006.

SCHULZ-NIESWANDT, FRANK / SESSELMEIER, WERNER: Arbeitsmarkt Deutschland: Effekte der EU-Mitgliedschaft, in: Wessels, Wolfgang / Diedrichs, Udo (Hrsg.): Die neue Europäische Union: im vitalen Interesse Deutschlands? Studie zu Kosten und Nutzen der Europäischen Union für die Bundesrepublik Deutschland, Berlin 2006, S. 73 – 92.

SCHUMPETER, JOSEPH A.: Theorie der wirtschaftlichen Entwicklung. Eine Untersuchung über Unternehmergewinn, Kapital, Kredit, Zins und den Konjunkturzyklus, 9. Auflage, unveränderter Nachdruck der 1934 erschienenen 4. Auflage, Berlin 1997.

SENTI, RICHARD: WTO – System und Funktionsweise der Welthandelsordnung, Zürich 2000.

SIEBERT, HORST: Außenwirtschaft, 7. Auflage, Stuttgart 2000.

SIMON, HERMANN: Die heimlichen Gewinner (Hidden Champions). Die Erfolgsstrategien unbekannter Weltmarktführer, Frankfurt am Main 1999.

SIMON, HERMANN / VON DER GATHEN, ANDREAS: Das große Handbuch der Strategieinstrumente. Werkzeuge für eine erfolgreiche Unternehmensführung, Frankfurt am Main 2002.

SMITH, ADAM: Der Wohlstand der Nationen. Eine Untersuchung seiner Natur und seiner Ursachen. Aus dem Englischen übertragen und mit einer Würdigung von Horst Claus Recktenwald, München 1999.

STAHL, GÜNTER K.: Internationaler Einsatz von Führungskräften: Probleme, Bewältigung, Erfolg, in: Krystek, Ulrich / Zur, Eberhard (Hrsg.): Handbuch Internationalisierung. Globalisierung – eine Herausforderung für die Unternehmensführung, 2. Auflage, Berlin 2002, S. 277-302.

STOLL, PETER-TOBIAS / SCHORKOPF, FRANK: WTO – Welthandelsordnung und Welthandelsrecht, Köln 2002.

STRASSER, WOLFGANG: Erfolgsfaktoren für die Unternehmensführung. So werden Unternehmen schneller, schlagkräftiger und wettbewerbsfähiger, Wiesbaden 2004.

STRUNZ, HERBERT / DORSCH, MONIQUE: Internationale Märkte, München 2001.

THIELKE, THILO: Der verscherbelte Kontinent, in: Spiegel Special: Globalisierung. Die Neue Welt, Nr. 7/2005, S. 98-101.

TIETJE, CHRISTIAN: Einführung, in: WTO. Welthandelsorganisation, 2. Auflage, München 2003, S. IX-XXI.

TROMPENAARS, FONS / HAMPDEN-TURNER, CHARLES: Riding the waves of culture, 2. Auflage, London 1997.

UNCTAD: World Investment Report 2004. The Shift Toward Services, in: http://www.unctad.org, aufgerufen am 08.07.2006.

VALIULLINA, ELVIRA / VALIULLIN, RADIK: Managerwissen kompakt Russland, München 2006.

VERBAND DER DEUTSCHEN WIRTSCHAFT IN DER RUSSISCHEN FÖDERATION: Jahresbericht 2005, Hamburg 2005.

VW KANN WERK IN INDIEN BAUEN, in: Manager Magazin, 07/2006, in: http://www.manager-magazin.de, aufgerufen am 03.07.2006.

WEBER, WOLFGANG / KABST, RÜDIGER: Internationale Joint Ventures, in: Gerhard und Lore Kienbaum Stiftung / Gutmann, Joachim / Kabst, Rüdiger (Hrsg.): Internationalisierung im Mittelstand. Chancen – Risiken - Erfolgsfaktoren, Wiesbaden 2000, S. 257-272.

WELGE, MARTIN K. / HOLTBRÜGGE, DIRK: Internationales Management. Theorien, Funktionen, Fallstudien, 3. Auflage, Stuttgart 2003.

WESSELS, WOLFGANG / DIEDRICHS, UDO (HRSG.): Die neue Europäische Union: im vitalen Interesse Deutschlands? Studie zu Kosten und Nutzen der Europäischen Union für die Bundesrepublik Deutschland, Berlin 2006.

WINKLER, EGON (HRSG.): Erfolg in aller Welt, Wien 2002.

WOJCIECHOWSKI, KRZYSZTOF: Knigge für deutsche (Nicht-nur-) Unternehmer in Polen, hg. v.: Deutsch-Polnische Industrie- und Handelskammer, Warschau 2005.

2. Internetquellen

AGA-PORTAL – AUSLANDS-GESCHÄFTSABSICHERUNG DER BUNDESREPUBLIK DEUTSCHLAND: http://www.agaportal.de.

AUSWÄRTIGES AMT: http://www.auswaertiges-amt.de.

BAYERISCHE LANDESBANK: http://www.bayernlb.de.

BRASILIANISCHE BOTSCHAFT: http://www.brasilianische-botschaft.de.

BRITISCHE BOTSCHAFT BERLIN: http://www.britischebotschaft.de.

BUNDESAGENTUR FÜR AUßENWIRTSCHAFT: http://www.bfai.de.

BUNDESMINISTERIUM FÜR WIRTSCHAFT UND TECHNOLOGIE: http://www.bmwi.de.

BUNDESZENTRALE FÜR POLITISCHE BILDUNG: http://www.bpb.de.

CENTRAL INTELLIGENCE AGENCY: http://www.cia.gov.

CDU/CSU-FRAKTION IM DEUTSCHEN BUNDESTAG: http://www.cducsu.de.

DEUTSCHE BOTSCHAFT LONDON: http://www.london.diplo.de.

DEUTSCHE BOTSCHAFT PARIS: http://www.amb-allemagne.fr.

DEUTSCHE BUNDESBANK: http://www.bundesbank.de.

DEUTSCHER INDUSTRIE- UND HANDELSKAMMERTAG: http://www.dihk.de.

DEUTSCHER INDUSTRIEVERBAND FÜR OPTISCHE, MEDIZINISCHE UND MECHATRONISCHE TECHNOLOGIEN E.V. (SPECTARIS): http://www.spectaris.de.

EUROPÄISCHE UNION: http://europa.eu.

EUROSTAT: http://epp.eurostat.ec.europa.eu.

FINNISCHES SCHULMINISTERIUM: http://www.minedu.fi.

FRANZÖSISCHE BOTSCHAFT BERLIN: http://www.botschaft-frankreich.de.

GESAMTVERBAND KUNSTSTOFFVERARBEITENDE INDUSTRIE E.V. (GKV): http://www.gkv.de.

INDUSTRIE- UND HANDELSKAMMER PFALZ: http://www.pfalz.ihk24.de.

INDUSTRIE- UND HANDELSKAMMER REGION STUTTGART: http://www.stuttgart.ihk24.de.

INSTITUT FÜR MITTELSTANDSFORSCHUNG BONN (IFM BONN): http://www.ifm-bonn.de.

INVEST IN FRANCE AGENCY GERMANY: http://www.investinfrance.org.

IXPOS (AUßENWIRTSCHAFTSPORTAL DES BUNDESMINISTERIUMS FÜR WIRTSCHAFT UND TECHNOLOGIE): http://www.ixpos.de.

OANDA CURRENCY CONVERTER: http://www.oanda.com/convert/classic.

SCHWEDISCHE REGIERUNG: http://www.regeringen.se.

SOZIALDEMOKRATISCHE PARTEI DEUTSCHLANDS (SPD): http://www.spd.de.

STATISTISCHES BUNDESAMT: http://www.destatis.de.

THE ECONOMIST: http://www.economist.com.

TRANSPARENCY INTERNATIONAL: http://www.transparency.org.

VERBAND DER CHEMISCHEN INDUSTRIE E.V. (VCI): http://www.vci.de.

VERBAND DEUTSCHER MASCHINEN- UND ANLAGENBAU (VDMA): http://www.vdma.org.

VEREINTE NATIONEN: http://www.un.org.

WELTHANDELSORGANISATION (WTO): http://www.wto.org.

Anhang

Verzeichnis der Fragen – Going International 2005

Nr.	Frage
1.	Was sind Ihre wesentlichen Erfolgsfaktoren im Auslandsgeschäft?
2.	Sie haben bereits internationale Geschäftsbeziehungen auf- bzw. ausgebaut. Welche Gründe haben Sie hierzu bewogen? Haben sich Ihre Erwartungen erfüllt?
3.	Wie hoch sind in Ihrem Unternehmen im Ausland der prozentuale Umsatzanteil (im Verhältnis zum Gesamtumsatz), der Marktanteil und der Produktionsanteil (im Verhältnis zur Gesamtproduktion) sowie der Anteil ausländischer Vorprodukte/ Handelswaren (Stand 2004 und Prognose 2009)?
4.	Wie und wo agieren Sie im Ausland (Regionen, Geschäftsformen und Erfolg)?
5.	Wie lange war die Vorbereitungszeit für Ihr erstes erfolgreiches Vorhaben im Ausland?
6.	Sofern Sie exportieren: Haben Sie Ihre Produkte/Dienstleistungen an den ausländischen Markt angepasst?
7.	Welche Wege gehen Sie bei der Suche nach neuen Mitarbeitern für internationale Aufgaben?
8.	Woher rekrutieren Sie Ihr Management (in den wichtigen Funktionsbereichen) für ausländische Niederlassungen/Joint Ventures?
9.	Welche der folgenden Eigenschaften waren Ihnen bei der jeweiligen Besetzungsentscheidung besonders wichtig?
10.	Wie beurteilen Sie Ihre Geschäftsbeziehungen zu folgenden Ländern (aktuelle Geschäftssituation und Perspektive für die nächsten 2 – 5 Jahre)?
11.	Wie erkunden Sie einen neuen Markt im Ausland?
12.	Haben Sie Ihre Produktion ganz oder teilweise ins Ausland verlagert und/oder planen Sie eine solche Verlagerung in Zukunft? Wenn ja, in welche Regionen?
13.	Haben Sie Ihre F&E-Aktivitäten ganz oder teilweise ins Ausland verlagert und/oder planen Sie eine solche in Zukunft? Wenn ja, warum?

14.	In welche Regionen haben Sie Teile Ihrer F&E-Aktivitäten verlagert bzw. planen Sie eine Verlagerung in Zukunft?
15.	Planen Sie Rückverlagerungen (Produktion/F&E)?
16.	Wie hoch waren Ihre Auslandsinvestitionen in den letzten 5 Jahren insgesamt?
17.	Hat sich ein ausländisches Unternehmen an Ihrem Unternehmen in den letzten 5 Jahren beteiligt und wenn ja, in welcher Form und aus welcher Region?
18.	Haben Sie Fördermittel für Ihr Auslandsengagement beantragt bzw. erhalten und wenn ja, von welcher Stelle?
19.	Woher bekommen Sie die Unterstützung bzw. würden Sie Unterstützung beim Aufbau internationaler Geschäftsbeziehungen einholen? Und wie zufrieden sind Sie damit?
20.	Wie hat sich Ihr Unternehmen seit Beginn Ihres Auslandsengagements entwickelt (Umsatz, Gewinn, Personalbestand)?
21.	Wie hoch war Ihr Umsatz in Deutschland im Jahr 2004?
22.	Worin sehen Sie die Hauptprobleme beim Aufbau internationaler Geschäftsbeziehungen (K.-o.-Kriterien sowie große, häufige und gelegentliche Probleme)?

Stichwortverzeichnis

F

G

L

M

Autoren

Prof. Dr. Werner G. Faix, geb. 1951.
Professor für Unternehmensführung an der Steinbeis-Hochschule Berlin (seit 1999) und Direktor der Transfer-Institute Business Administration and International Entrepreneurship, International Studies und Growth Management. Seit 1993 Leiter der Steinbeis Akademie für Unternehmensführung, ein Transferzentrum der Steinbeis-Stiftung für Wirtschaftsförderung. Regionalvorstand Baden-Württemberg der Deutsch-Chinesischen Wirtschaftsvereinigung e.V. und Mitglied des Außenwirtschaftsausschusses der IHK Region Stuttgart.
Chemie-Ingenieur-Studium an der Fachhochschule Aalen (Dipl-Ing. (FH) 1973). Studium der Chemie und der Biochemie an der Universität Ulm (Dipl.-Chem. 1978) und Promotion zum Dr. rer. nat. (1981). An der Universität Ulm wissenschaftlicher Angestellter und Strahlenschutzbeauftragter. Von 1982 bis 1995 Mitarbeiter der IBM Deutschland, Manager in verschiedenen Bildungs-, Personalentwicklungs- und Führungskräfteentwicklungsfunktionen, zuletzt Direktor der IBM Bildungsgesellschaft. Von 1988 bis 1996 Lehrbeauftragter an den Universitäten Stuttgart und Heidelberg und von 1996 bis 1999 stv. Leiter des Zentrums MBA der Donau-Universität Krems (A). Umfangreiche Publikations- und Vortragstätigkeit (u. a. 15 Bücher) in den Bereichen Wachstum und Globalisierung, Außenwirtschaft, Technologiemanagement, Unternehmensführung, Führungskräfteentwicklung, Entrepreneurship und Personale Entwicklung.

Stefanie Kisgen, geb. 1979, studierte Diplom-Regionalwissenschaften China an den Universitäten Köln und Nanjing/China. Nach einer Zusatzqualifikation in Betriebswirtschaft und Management sowie einem Praktikum im Bayerischen Wirtschaftsministerium ist sie verantwortlich für den Master of Science in International Management am Steinbeis-Transferinsitut Business Administration and International Entrepreneurship der Steinbeis-Hochschule Berlin. Dort absolviert sie zudem berufsbegleitend ein Studium zum Master of Business Administration. Bisher veröffentlichte sie verschiedene Aufsätze zum chinesischen sowie internationalen Recht.

Alexander Lau, geb. 1966, Jurist/Rechtsanwalt, verheiratet, studierte Rechts- und Wirtschaftswissenschaften an den Universitäten Bochum, Lausanne/CH, Bonn und Tübingen. Erstes juristisches Staatsexamen 1992 in Baden-Württemberg, anschl. Assistententätigkeit an der Universität Tübingen. 1993 – 1995 Referendariat am Landgericht Ellwangen/Jagst mit Auslandsstationen in Maastricht/NL (EIPA) und Atlanta/USA (AHK). 1995 Zweites juristisches Staatsexamen in Baden-Württemberg, anschl. rechtsanwaltliche Tätigkeit. 1996 Ausbildungsring der Deutschen Industrie- und Handelskammern beim DIHT mit Auslandsstation in Seoul/Korea (AHK), 1997 – 2001 Assistent des Hauptgeschäftsführers bei der Südwestfälischen Industrie- und Handelskammer zu Hagen, dort auch zugleich Geschäftsführer der Wirtschaftsjunioren. Seit 2001 Leiter des Grundsatzreferats Außenwirtschaftsförderung im Bereich International/AHK des Deutschen Industrie- und Handelskammertags (DIHK) in Berlin und Geschäftsfeldkoordinator International. Besondere Erfahrungen in den Bereichen Internetportale, Kooperationsanbahnung, Außenwirtschaftsinformationen, internationale Partnerschaftsprogramme (Indonesien, VR China), institutionsübergreifende Projektarbeit und Koordination ehrenamtlicher Gremienarbeit. Umfangreiche Publikations- und Vortragstätigkeit mit den Schwerpunkten Globalisierung, Außenwirtschaftsförderung und Organisationsentwicklung für die deutschen Industrie- und Handelskammern.

Annette Schulten, geb. 1967, studierte evangelische Theologie in Wuppertal, Münster und Heidelberg. Nach einer Zusatzqualifikation in Personal- und Organisationsentwicklung und Tätigkeiten in der Personalentwicklung namhafter internationaler Unternehmen begann sie ihre Arbeit als Projektleiterin für internationale Qualifizierungsprojekte bei der Steinbeis-Stiftung für Wirtschaftsförderung. Von dort wechselte sie im Jahr 2000 zum Transfer-Institut Business Administration and International Entrepreneurship der Steinbeis-Hochschule Berlin und baute den Studiengang InternationalMBA Globalisation Management auf. Neben der Leitung dieses Studiengangs ist sie für den internationalen Ausbau der Studienprogramme des Institutes verantwortlich. Seit 2005 ist sie Direktorin des Transfer-Institutes International Studies an der Steinbeis-Hochschule Berlin. Bisher veröffentlichte sie verschiedene Studien über internationalen Geschäftsaufbau.

Autoren

Prof. Dr. Werner G. Faix, geb. 1951.
Professor für Unternehmensführung an der Steinbeis-Hochschule Berlin (seit 1999) und Direktor der Transfer-Institute Business Administration and International Entrepreneurship, International Studies und Growth Management. Seit 1993 Leiter der Steinbeis Akademie für Unternehmensführung, ein Transferzentrum der Steinbeis-Stiftung für Wirtschaftsförderung. Regionalvorstand Baden-Württemberg der Deutsch-Chinesischen Wirtschaftsvereinigung e.V. und Mitglied des Außenwirtschaftsausschusses der IHK Region Stuttgart.
Chemie-Ingenieur-Studium an der Fachhochschule Aalen (Dipl-Ing. (FH) 1973). Studium der Chemie und der Biochemie an der Universität Ulm (Dipl.-Chem. 1978) und Promotion zum Dr. rer. nat. (1981). An der Universität Ulm wissenschaftlicher Angestellter und Strahlenschutzbeauftragter. Von 1982 bis 1995 Mitarbeiter der IBM Deutschland, Manager in verschiedenen Bildungs-, Personalentwicklungs- und Führungskräfteentwicklungsfunktionen, zuletzt Direktor der IBM Bildungsgesellschaft. Von 1988 bis 1996 Lehrbeauftragter an den Universitäten Stuttgart und Heidelberg und von 1996 bis 1999 stv. Leiter des Zentrums MBA der Donau-Universität Krems (A). Umfangreiche Publikations- und Vortragstätigkeit (u. a. 15 Bücher) in den Bereichen Wachstum und Globalisierung, Außenwirtschaft, Technologiemanagement, Unternehmensführung, Führungskräfteentwicklung, Entrepreneurship und Personale Entwicklung.

Stefanie Kisgen, geb. 1979, studierte Diplom-Regionalwissenschaften China an den Universitäten Köln und Nanjing/China. Nach einer Zusatzqualifikation in Betriebswirtschaft und Management sowie einem Praktikum im Bayerischen Wirtschaftsministerium ist sie verantwortlich für den Master of Science in International Management am Steinbeis-Transferinsitut Business Administration and International Entrepreneurship der Steinbeis-Hochschule Berlin. Dort absolviert sie zudem berufsbegleitend ein Studium zum Master of Business Administration. Bisher veröffentlichte sie verschiedene Aufsätze zum chinesischen sowie internationalen Recht.

Alexander Lau, geb. 1966, Jurist/Rechtsanwalt, verheiratet, studierte Rechts- und Wirtschaftswissenschaften an den Universitäten Bochum, Lausanne/CH, Bonn und Tübingen. Erstes juristisches Staatsexamen 1992 in Baden-Württemberg, anschl. Assistententätigkeit an der Universität Tübingen. 1993 – 1995 Referendariat am Landgericht Ellwangen/Jagst mit Auslandsstationen in Maastricht/NL (EIPA) und Atlanta/USA (AHK). 1995 Zweites juristisches Staatsexamen in Baden-Württemberg, anschl. rechtsanwaltliche Tätigkeit.

1996 Ausbildungsring der Deutschen Industrie- und Handelskammern beim DIHT mit Auslandsstation in Seoul/Korea (AHK), 1997 – 2001 Assistent des Hauptgeschäftsführers bei der Südwestfälischen Industrie- und Handelskammer zu Hagen, dort auch zugleich Geschäftsführer der Wirtschaftsjunioren. Seit 2001 Leiter des Grundsatzreferats Außenwirtschaftsförderung im Bereich International/AHK des Deutschen Industrie- und Handelskammertags (DIHK) in Berlin und Geschäftsfeldkoordinator International. Besondere Erfahrungen in den Bereichen Internetportale, Kooperationsanbahnung, Außenwirtschaftsinformationen, internationale Partnerschaftsprogramme (Indonesien, VR China), institutionsübergreifende Projektarbeit und Koordination ehrenamtlicher Gremienarbeit. Umfangreiche Publikations- und Vortragstätigkeit mit den Schwerpunkten Globalisierung, Außenwirtschaftsförderung und Organisationsentwicklung für die deutschen Industrie- und Handelskammern.

Annette Schulten, geb. 1967, studierte evangelische Theologie in Wuppertal, Münster und Heidelberg. Nach einer Zusatzqualifikation in Personal- und Organisationsentwicklung und Tätigkeiten in der Personalentwicklung namhafter internationaler Unternehmen begann sie ihre Arbeit als Projektleiterin für internationale Qualifizierungsprojekte bei der Steinbeis-Stiftung für Wirtschaftsförderung. Von dort wechselte sie im Jahr 2000 zum Transfer-Institut Business Administration and International Entrepreneurship der Steinbeis-Hochschule Berlin und baute den Studiengang InternationalMBA Globalisation Management auf. Neben der Leitung dieses Studiengangs ist sie für den internationalen Ausbau der Studienprogramme des Institutes verantwortlich. Seit 2005 ist sie Direktorin des Transfer-Institutes International Studies an der Steinbeis-Hochschule Berlin. Bisher veröffentlichte sie verschiedene Studien über internationalen Geschäftsaufbau.

Tassilo G. W. Zywietz, geb. 1961. Seit 2000 Geschäftsführer Außenwirtschaft bei der IHK Region Stuttgart, verantwortlich für das Geschäftsfeld International. Gesamtkoordination Außenwirtschaft der baden-württembergischen Industrie und Handelskammern. Vertreter der bundesdeutschen IHKs im Produktbeirat der AHKs (Auslandshandelskammern – DEinternational). Berufsbegleitendes Studium der Betriebswirtschaft mit Schwerpunkt Absatz- und Außenwirtschaft AKAD Rendsburg, Abschluss: Dipl.-Betriebswirt (FH). Bis 1992 bei Telefunken electronic als Länderreferent verantwortlich für verschiedene Regionen von Afrika über Lateinamerika bis hin zur NAFTA. Anschließend stv. Vertriebsleiter Europa und als Business Center Manager weltweit für Communication Integrated Circuits verantwortlich. Von 1996 bis 2000 in der Logistik-Branche als Business Center Manager und Stv. des Area Directors bei DHL Worldwide Express Frankfurt, Mitglied im Aufsichtsrat. Weitere Aktivitäten: Geschäftsführer der WJS (Wirtschaftsjunioren Stuttgart), Kuratorium AIESEC (Uni Hohenheim und Uni Stuttgart), Beirat neue Produkte Messe Stuttgart.